实验室建设

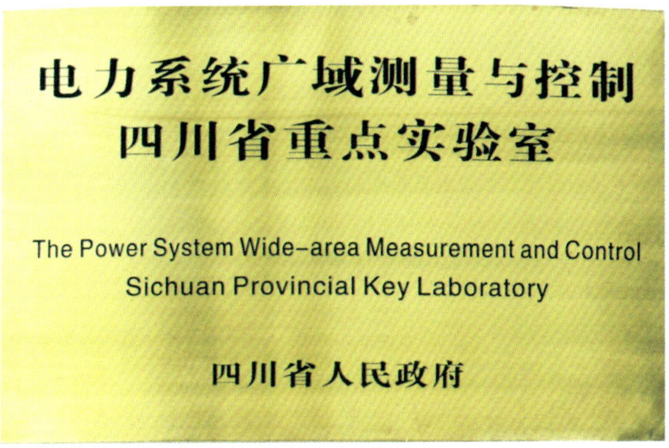

四川省重点实验室电力系统广域测量与控制

四川省重点实验室人工智能

四川省重点实验室智能电网

智能二次设备性能检测实验室

电网中心实验大厅

物资检测实验室

动模实验室

国际标准

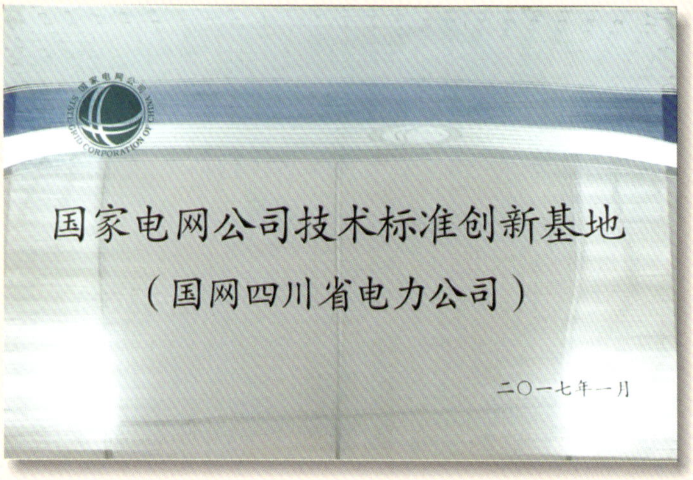

国网四川电科院获批国家电网公司技术标准创新基地

IEEE1894工作组

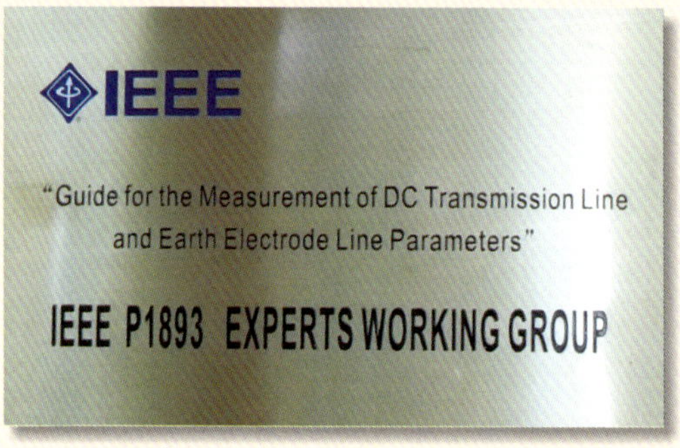

IEEE1893工作组

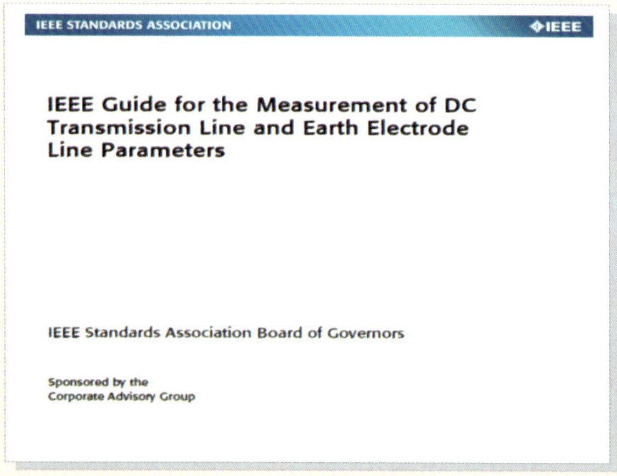

IEEE STANDARDS ASSOCIATION IEEE

IEEE Guide for the Measurement of DC Transmission Line and Earth Electrode Line Parameters

IEEE Standards Association Board of Governors

Sponsored by the
Corporate Advisory Group

国网四川电科院成功发布IEEE1893国际标准

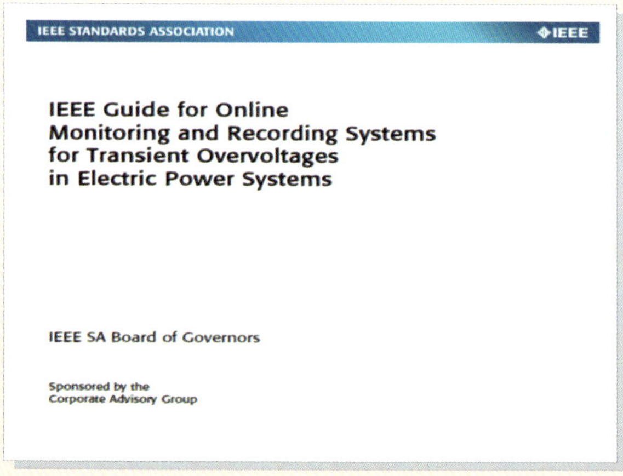

IEEE STANDARDS ASSOCIATION IEEE

IEEE Guide for Online Monitoring and Recording Systems for Transient Overvoltages in Electric Power Systems

IEEE SA Board of Governors

Sponsored by the
Corporate Advisory Group

国网四川电科院成功发布IEEE1894国际标准

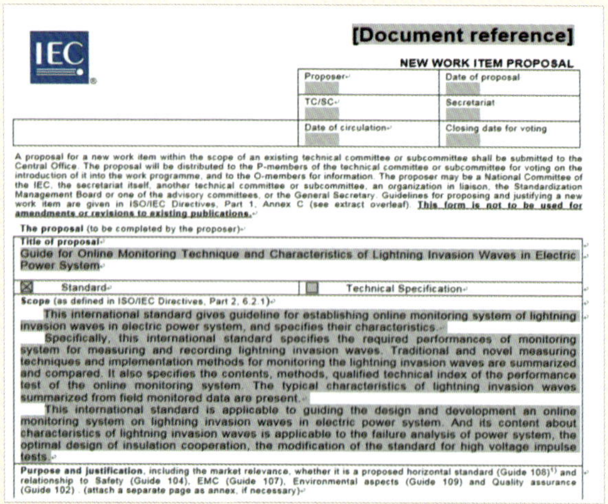

IEC

[Document reference]

NEW WORK ITEM PROPOSAL

Proposer	Date of proposal
TC/SC	Secretariat
Date of circulation	Closing date for voting

A proposal for a new work item within the scope of an existing technical committee or subcommittee shall be submitted to the Central Office. The proposal will be distributed to the P-members of the technical committee or subcommittee for voting on the introduction of it into the work programme, and to the O-members for information. The proposer may be a National Committee of the IEC, the secretariat itself, another technical committee or subcommittee, an organization in liaison, the Standardization Management Board or one of the advisory committees, or the General Secretary. Guidelines for proposing and justifying a new work item are given in ISO/IEC Directives, Part 1, Annex C (see extract overleaf). **This form is not to be used for amendments or revisions to existing publications.**

The proposal (to be completed by the proposer)

Title of proposal
Guide for Online Monitoring Technique and Characteristics of Lightning Invasion Waves in Electric Power System

☒ Standard ☐ Technical Specification

Scope (as defined in ISO/IEC Directives, Part 2, 6.2.1)

This international standard gives guideline for establishing online monitoring system of lightning invasion waves in electric power system, and specifies their characteristics.

Specifically, this international standard specifies the required performances of monitoring system for measuring and recording lightning invasion waves. Traditional and novel measuring techniques and implementation methods for monitoring the lightning invasion waves are summarized and compared. It also specifies the contents, methods, qualified technical index of the performance test of the online monitoring system. The typical characteristics of lightning invasion waves summarized from field monitored data are present.

This international standard is applicable to guiding the design and development an online monitoring system on lightning invasion waves in electric power system. And its content about characteristics of lightning invasion waves is applicable to the failure analysis of power system, the optimal design of insulation cooperation, the modification of the standard for high voltage impulse tests.

Purpose and justification, including the market relevance, whether it is a proposed horizontal standard (Guide 108)[1] and relationship to Safety (Guide 104), EMC (Guide 107), Environmental aspects (Guide 109) and Quality assurance (Guide 102). (attach a separate page as annex, if necessary)

国网四川电科院向IEC提交新提案申请

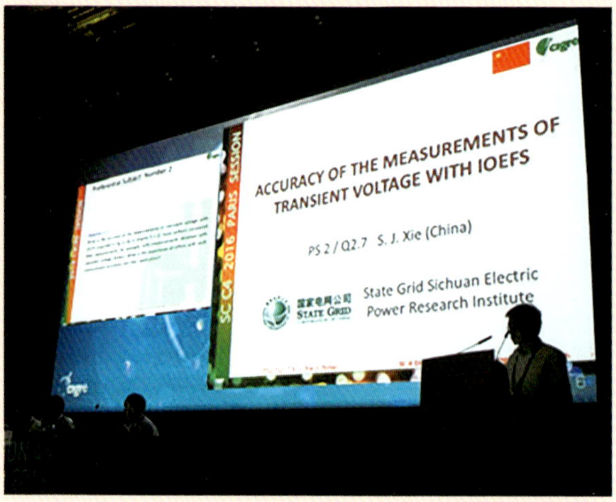

国网四川电科院技术人员在巴黎召开的CIGRE 2016年会上做技术报告

资质能力

特级调试资质

智能变电站现场调试A级水平

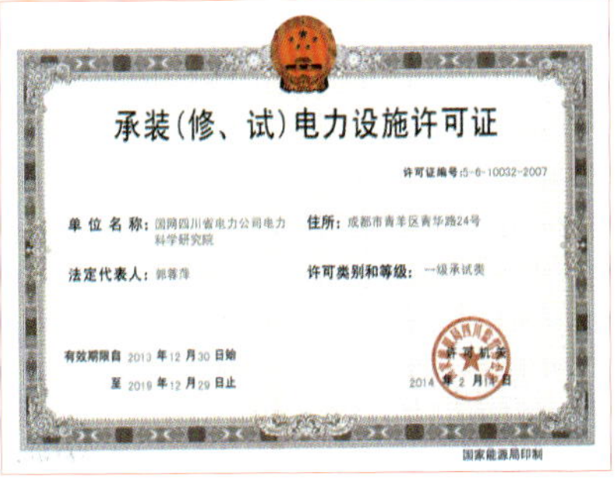

一级承试类资质

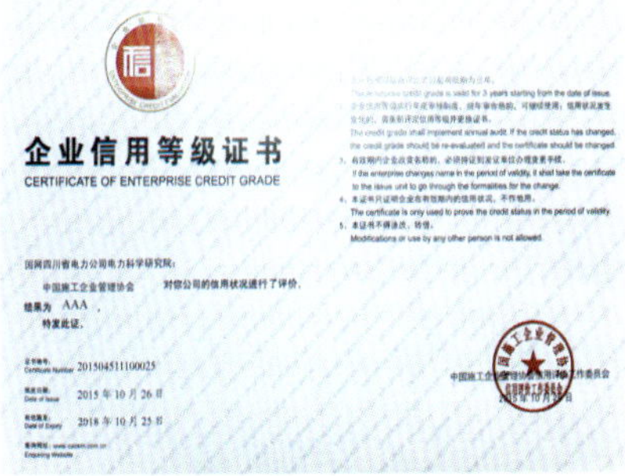

中施企协AAA信用等级证书

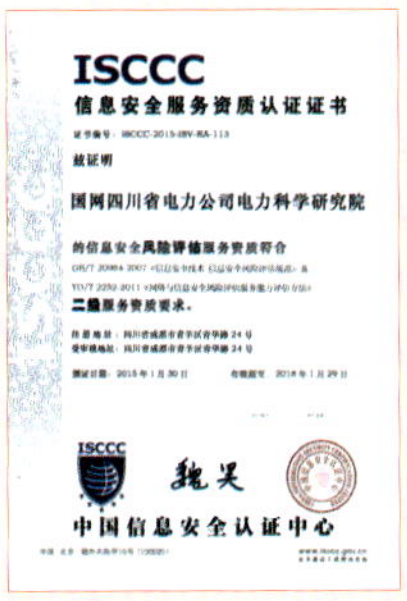

信息安全服务资质认证

国网四川电科院职业健康安全管理体系建设

国网四川电科院环境管理体系建设

国网四川电科院质量管理体系建设

国网四川电科院实验室认可

国网四川电科院检验检测机构认定

取得荣誉

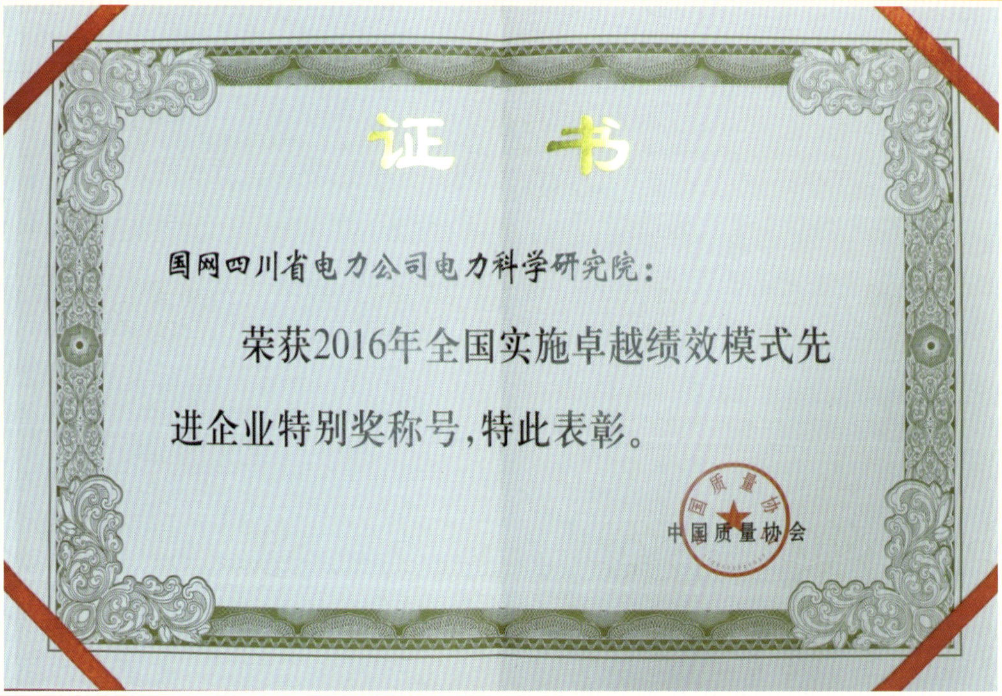

国网四川电科院获2016年全国实施卓越绩效模式先进企业特别奖

国网四川电科院获2016年度全国电力建设优秀调试企业奖

国网四川电科院获2016年国家电网公司科技工作先进集体

全国电力建设诚信典型企业

国网四川电科院获2016年度四川省企业管理现代化成果一等奖

三个建设

中国共产党国网四川电科院第一次代表大会胜利召开

国网四川电科院举办心理体验日活动

国网四川电科院召开党风廉政建设责任制考核会

国网四川电科院举办离退休健康讲座

国网四川电科院“两学一做”为社区“爱心超市”捐赠物品

国网四川电科院举办中层干部及业务骨干履职能力培训

国网四川电科院参加西南分部篮球比赛

国网四川电科院举办“放歌金秋 祝福祖国”文艺演出

英大泰和财产保险股份有限公司四川分公司

国网资阳供电公司向四川分公司总经理朱滨（左四）一行捐赠锦旗

崇州支公司保险工作暨理赔知识培训会

泸州中心支公司保险工作暨理赔知识培训会

甘孜州“7.5”泥石流灾害温泉电站现场查勘

3.15消费者权益日诚信保险，自主消费宣传

7月8日，全国保险公众宣传日“彩虹定位跑”活动

青年志愿者服务队

团总部帮扶崇州怀远镇一贫困村民

组织员工观看中国共产党成立95周年大会实况直播

第三届客户服务节活动现场

民主生活会

入党宣誓

参加第二届保险行业足球赛

国网四川省电力公司经济技术研究院

国网四川省电力公司副总经理董京营调研经研院

一届四次职代会暨2017年工作会议

党委2017年工作会

荣获国网公司科技进步一等奖

2015-2016年度集体企业管理工作先进单位

全院党员大会

支部书记讲党课展示评比

重温入党誓词

12月4日，法治宣传日宣誓

廉洁宣誓

冬季送温暖慰问活动

EAP培训

会东500千伏变电站配套工程终勘现场

成都天府国际机场迁改工程现场

“百人百讲”形势任务宣讲活动

经研微课堂

商务礼仪培训

青年员工五四座谈会

“三八节”女职工拓展活动

“青春不留白”公益跑步活动

“青春光明行”志愿者活动

国网四川省电力公司计量中心

国网四川省电力公司计量中心园区占地60亩，建筑面31500平方米，计量自动化生产系统已全面建成。2016年累计完成计量器具集中检定636.8024万只，统一配送633.5164万只，全年累计完成智能电表换装472.6526万只。完成采集接入546.7821万只，采集接入率为99.08%；对68.6163万只智能电表开展时钟校时工作，完成590个统调电厂和130个自备电厂的采集接入，实现省公司上网电量日报送。"掌上川电"绑定智能电表319.3874万只，剩余金额采集成功率为97.28%。全省累计开通掌上远程购电28.8412万户，远程购电充值成功率95.86%。

2016年，积极配合四川省质量技术监督局和省公司承办"5.20世界计量日"活动，邀请多名人大代表、政协委员、市民代表走进计量中心，近距离了解电能计量体系，体验智能计量在居民生活、经济发展、城市建设等方面发挥的重要作用。迎接成都市人大代表荣克霞参观调研工作，展示了计量中心良好的对外形象。顺利召开第一次党员大会，圆满完成两委换届选举工作。

计量中心继续加大对藏区帮扶工作力度，为藏区单位员工提供了专场培训，指导帮扶阿坝、甘孜两家单位的互感器建标工作。加强管理体系建设，顺利获得CNAS实验室认可和三标认证，申请的12项校准和2项检测项目获认可。

计量中心承担的"超大型发电站（厂）并网关口互感器检测调试技术研究及应用"项目成果荣获2016年度电力建设科学技术进步二等奖；"基于综合参量的电容式电压互感器（CVT）在线监测系统"和"一种基于采样值报文传输故障模拟技术的数字化电能表可靠性测试系统及方法"分别荣获2016年中国仪器仪表学会科学技术三等奖和科技成果奖；"Field Integral Dectecting System Of Three-Phase Electric Energy Measuring System Of Electric Distribution Network（配电网三相电能计量系统现场整体检测系统）"荣获英国专利局授权，实现了计量中心成立以来在省部级科技奖项和国际专利上的重大突破。此外还荣获2016年省公司科学技术进步奖一等奖1项，二等奖2项，三等奖2项，中电联信息化成果二等奖1项，中电联职工技术成果三等奖1项。申请国家专利23项，授权国家专利18项，申请国际专利1项。发表论文10篇，参与编写、修订国家、行业、团体、国网企标标准18项。荣获省公司"职工书屋"示范点、"健康食堂"示范点和"创建和谐劳动关系先进企业"等荣誉称号，中心职工夏桦裕入选中国电力作家协会四川分会成员。

3月4日，国网四川省电力公司总经理石玉东在省公司办公室、营销部负责人的陪同下，到计量中心调研指导工作。

3月31日，国网四川省电力公司党委书记、副总经理潘敬东在省公司办公室、营销部负责人的陪同下，到计量中心调研指导工作

1月15日下午，国网四川省电力公司副总经理陈云辉、营销部主任王林来到计量中心督导安全生产工作并看望慰问一线员工。

12月1日，省公司营销部主任何勇一行莅临计量中心，就计量中心建设、计量采集重点工作推进情况等进行调研。中心主任彭军、党委书记李洪武及领导班子成员陪同调研并参加工作座谈。

4月28日至29日，国网公司营销部组织在国网四川省计量中心召开国网电能表状态检验工作研讨会，了解各试点单位的电能表状态检验工作开展情况和优化状态检验技术方案。国网营销部计量处彭楚宁主持会议，国网计量中心余海波、国网四川省电力公司营销部、国网四川省计量中心覃剑参加会议。

7月14日，省计量中心工会主席杨敏率综合室、现场室负责人奔赴巴中110kV恩阳变电站，对中心现场工作人员进行慰问，给奋战在一线的中心员工带去夏日的清凉和上级工会组织的关怀。

1月26日，国网四川省电力公司计量中心召开退休人员迎新春座谈会。会议由计量中心主任彭军主持。党委书记李洪武，副主任、工会主席杨敏出席会议。

2月2日上午，国网四川省电力公司计量中心隆重召开一届三次职代会暨2016年工作会

11月9日，受天府供电公司委托，计量中心派员赴龙泉龙威金属制品有限公司开展电量差错调查，对该公司的自备110kV降压站GIS电流互感器进行检测与故障分析

计量中心申请的“Field Integral Dectecting System Of Three-Phase Electric Energy Measuring System Of Electric Distribution Network”发明专利荣获英国专利局授权，这是计量中心成立以来第一次授权国际专利，也是四川公司今年唯一授权的国际专利。

2016年7月6日至29日，省计量中心组织2015年新进员工到阿坝公司跟班实习，以促进新进员工尽快提升自身的综合素质。

计量中心互感器技术室动员员工自己动手安装调试数字计量综合试验平台

为提高229万户“掌上川电”注册用户远程充值成功率，提升“电力互联网+”的优质服务水平，省计量中心于1月8日至21日在成都、雅安、自贡、绵阳、达州等地连续举办5期“掌上川电”远程充值技术培训班，全省22个市州公司300余名员工参加培训。

8月1日至6日，计量中心互感器技术室技术人员奔赴凉山州木里县，按照“三查三强化”安全专项行动要求开展现场工作，顺利完成了500kV木里变电站和布昌、卡卓水电站的互感器现场检测工作

国网四川省电力公司计量中心召开第一次党员大会合影

9月19日，国网四川省电力公司计量中心召开第一次党员大会

2016年2月1日下午，国网四川省电力公司计量中心党委2016年工作会议召开。

7月27日，国网四川省电力公司计量中心召开党委中心组学习（扩大）会议，开展“两学一做”专题二“讲规矩 有纪律”第二次学习讨论。

10月27日，计量中心第一党支部结合“两学一做”学习教育“三亮三比”活动，在成都龙泉驿区万兴环保发电厂的升压站里开展现场技术服务工作

3月14日，国网四川甘孜电力有限责任公司党委书记刘有志、副总经理邓毅等一行6人来到计量中心进行结对帮扶座谈并对计量中心一年多来的大力支持表示感谢

中心员工曾荣光荣地接受了赴藏区开展为期两年援助建设工作的使命，成为计量中心勇赴藏区第一人。2016年10月9日，中心为其召开援藏干部欢送座谈会。

5月19日，四川省质量技术监督局和国网四川省电力公司联合组织开展“520世界计量日”活动，邀请多名人大代表、政协委员、市民代表走进国网四川省电力公司计量中心，近距离了解电能计量体系，体验智能计量在居民生活、经济发展、城市建设等方面发挥的重要作用

8月11日下午，成都市人大代表荣克霞在成都供电公司相关人员陪同下走进省计量中心，参观了解计量新技术，并与计量中心交流座谈

9月28日，计量中心举办的青年员工工作成果展示活动。

计量中心现场检验室首次开展了“我想讲我享讲”的员工培训微课堂活动，拉开打造富有“计量特色”的企业文化品牌建设的序幕。

2016年11月2日，省计量中心与中国电科院举行羽毛球友谊赛

2016年11月17日，“园林杯”篮球友谊赛在管理培训中心圆满落下帷幕，计量中心篮球队的队员们齐心协力、克服困难，赛出了计量中心的风采，取得了第三名的好成绩

9月22日，计量中心团委及计量中心各分工会组成的志愿服务队来到甘孜州乡城县热打乡下洼村，开展爱心帮扶活动，在冬季来临之际，为藏区贫困儿童送去毯子、棉被等御寒过冬物资

9月22日，中心志愿服务队结合自身专业知识，走进教室，给甘孜热打二完小的孩子们讲了安全用电常识等趣味课，孩子们积极参与互动，用嘹亮的声音表达他们热爱学习、追求进步的美好愿望。

国网广元供电公司

国网四川省电力公司广元供电公司成立于1984年，是国家电网公司下属特大型Ⅱ类供电企业，担负广元市七县区107万户电力客户供电任务，供电面积1.63万平方公里，供电人口315万，负责依法运营、管理、规划、建设广元电网。被授予“全国文明单位”，先后荣获“全国五一劳动奖状”、“全国模范职工之家”、国务院国资委党委“抗震救灾先进基层党组织”、四川省“优秀诚信企业”、国网公司“抗震救灾先进集体”、“文明单位”、“五四红旗团委”等荣誉。公司设13个职能部门，7个业务支撑和实施机构，辖青川、朝天、旺苍、剑阁、昭化、苍溪6个全资县供电公司。截止2016年12月末，公司全口径职工总数3455人，其中：全民748人、全民其他888人、主业农电810人、控股农电398人、集体84人、集体直签295人、社会劳务派遣232人。至2016年12月份，全网共有变电站85座/603.72万kVA（500千伏 1座、220千伏7座、110千伏27座、35千伏50座），35千伏及以上输电线路172条/3358.9767公里；10千伏及以下配电线路1.17万公里，10千伏配电变压器1.16万台/141.7675万kVA。光纤长度4193公里。

2016年完成售电量47.63亿千瓦时，综合线损率7.45%，实现营业收入18.46亿元，全员劳动生产率40.15万元/人·年；当年完成固定资产投资6.73亿元，固定资产原值71.00亿元。

2016年5月26日，广元、绵阳电力联合应急演练

2016年7月6日，国网四川省电力公司副总经理董京营调研国网旺苍县供电公司

2016年11月7日，国网广元供电公司总经理赵矗陪同广元市副市长赵文峤调研35千伏龙潭变电站施工

2016年10月18日，国网广元供电公司召开中共共产党员国网广元供电第一次代表大会

2016年2月26日，国网广元供电公司对220千伏白新线进行消缺

2016年12月23日，国网广元供电公司党员突击队抗击曾家山冰雪灾害，消缺保供电

2016年11月16日，国网广元供电公司对110千伏竹园变电站开展大修，为迎峰度冬打基础

2016年3月2日，国网广元供电公司对旺苍县学堂村进行农网改造

2016年8月4日，国网广元供电公司对220千伏袁家坝变电站Ⅰ号主变进行大修，保障迎峰度夏期间电网安全稳定运行。

2016年1月16日，国网广元供电公司夜间抢修保供电

2016年3月9日，国网广元供电对220千伏袁家坝变电站进行带电水冲洗作业

2016年3月11日，四川广元进入春耕黄金时期，为保障山区农业正常生产，国网广元供电公司“电保姆”深入田间地头，帮助农户检修室内线路。

2016年5月14日，国网广元供电公司对市城区东坝片区进行绝缘化改造

国网广元供电公司党员服务队进校开展安全用电宣传

2016年8月5日，国网广元供电公司电力工人抢修821小区电缆故障

2016年3月28日，国网广元供电公司电力工作人员在田家架设低压线路，保障春耕用电。

2016年11月3日，国网广元供电公司对旺苍县五红村（省级贫困县）进行农网升级改造

国网广元供电公司全面加强“三个建设”举办新闻竞赛

2016年6月8日，国网广元供电公司员工为白龙湖沉船搜救平台搭建临时应急照明电源

2016年6月16日，全国安全日，国网广元供电公司在万达广场开展电力安全宣传

2016年10月20日，国网广元供电公司举办2016职工篮球比赛，丰富公司职工业余文化生活

2016年4月15日，国网广元供电公司开展4.15维权咨询服务

国网广元供电公司员工在鱼塘附近安装“禁止在高压线下钓鱼”的安全警示桩

国网广元供电公司驻朝天区羊木乡新山村第一书记杨齐国，帮助贫困村村民，拓展农副产品销售渠道，上门收购农副产品受到农民的欢迎。

2016年9月7日，国网广元供电公司员工深入村寨，服务老百姓秋收用电

国网自贡供电公司

2016年5月9日，国网四川省电力公司公司副总经理陈云辉在自贡，就鸿化厂拖欠电费一事，与副市长唐杰举行会谈。最终在各方共同努力下，成功追讨回鸿化厂欠费。（摄影：曾林）

2016年1月6日，国网自贡供电公司总经理姚建东，带队到通航工业园区现场办公，开启公司“园区服务专项行动”。（摄影：文莉）

2016年7月，省公司居民合表用户改造暨“三供一业”分离移交工作推进现场会在自贡召开（摄影：曾林）

2016年7月，自贡供电公司带电作业人员在烈日下抢修，保证不受停电影响。（摄影：侯键）

2016年6月，自贡供电公司与富顺县政府联合开展大面积停电应急演练（摄影：曾林）

2016年3月1日，国网自贡供电公司为四方村进行农网升级改造，为在当地已小有名气的“小康村”拓宽了致富路。（拍摄：曾林）

2016年9月，持续高温高负荷，电力工人连日高强度工作保供电。（摄影：侯键）

2016年1月24日，自贡遭遇大雪，电力员工冒雪开展线路特巡工作（拍摄：曾林）

2016年7月，自贡公司3名援建人员到达甘孜州石渠，迅速进入角色开展工作。（摄影：曾林）

2016年5月16日，自贡沿滩板仓工业园，3名线路检修工，以蓝天为幕，在高约20米的铁塔上娴熟的进行高空架线工作。(拍摄：周艳）

2016年7月20日，酷暑难耐，自贡供电公司组织带电作业队伍，在不停电、不扰民的同时，有序开展排障工作（拍摄：侯键）

2016年3月，自贡公司开展“学雷锋电力关爱进校园”活动（摄影：杨忠福）

2016年迎峰度夏期间，当人们在享受空调房的丝丝凉意时，电力“泥鳅人”奋战在地下电缆隧道，守护清凉。（拍摄：侯键 ）

2016年11月23日，电力工人在荣县吴家湾村贫困户朱安心家中更换老化电源线，实施“电力扶贫”。（摄影：曾林）

2016年8月，迎峰度夏期间，自贡供电公司配抢工作人员正在紧张处理故障。（摄影：侯键）

2017年8月，自贡供电公司党员服务队及时处理用电故障，客户现场表示感谢。(摄影：侯键)

2016年2月，国网自贡供电公司与市委、市政府共同出资的民生工程"老旧小区电力改造"三年收关，改造后优质服务进驻社区，惠民约50万。(拍摄：曾林)

2016年1月28日晚，自贡供电公司举行"携手迈向新征程"职工文化成果展示。(拍摄：曾林)

2016年4月26日，劳动节前夕，自贡供电公司与自贡晚报联合举办"小记者与劳模探秘变电站"活动(拍摄：杨小兵)

2016年8月，自贡公司组织摄影骨干聚焦变电站，电力人拍电力事(摄影：刘卫东)

国网阿坝供电公司

国网四川省电力公司总经理石玉东到公司调研

公司董事长、总经理罗亮考察九寨沟充电桩建设情况

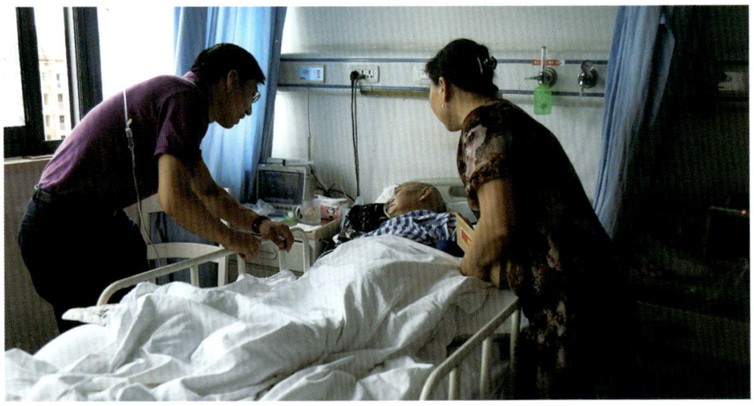

公司党委副书记、副总经理郑文强慰问困难党员

公司召开“大客户座谈会”，现场答疑解惑

公司为红原“雅克音乐节”保电

公司参加“全球能源互联网”知识竞赛获团体三等奖

公司召开第二届“团代会”

公司举办“纪念红军长征胜利八十周年”职工文化成果展示活动

公司青年志愿者关爱孤寡老人

国网四川甘孜州电力有限责任公司
国网四川省电力公司甘孜供电公司

国网四川省电力公司甘孜供电公司（简称：分公司）成立于2006年1月，是隶属于省电力公司的以输电和售电为主的分公司，现有长期职工277人。国网四川甘孜州电力有限责任公司（简称：州公司）成立于2012年3月20日，下辖全资县级子公司17个（除德格县和海螺沟景区），是省电力公司控股的市州级供电企业，现有各类员工2312人，其中全民（其他）2161人，劳务派遣用工151人。按照一套人马、两块牌子、管理高度融合的原则，分公司人员整体无偿支援州公司。

2016年，公司扎实开展“两学一做”学习教育，狠抓经营管理提升，稳步推进电网建设，不断夯实发展基础，持续加强“三个建设”，实现公司健康快速发展。

2016年，公司完成电网投资10.69亿元，投产10千伏及以上线路1405公里；售电量13.56亿千瓦时，同比增长38.81%。全面完成省公司下达的各项考核指标，实现扭亏为盈目标，全年未发生受考核的安全生产、优质服务、队伍稳定和党风廉政事件。

2016年，公司荣获甘孜州“民族团结进步创建活动示范单位”、四川省电力工会“先进分工会”等称号，多名员工荣获国家电网、省部级表彰。

2016年6月13日，国网四川省电力公司总经理石玉东调研公司220千伏榆林变电站（摄影：黄丽）

2016年11月3日，国网四川省电力公司党委书记潘敬东一行调研公司110千伏香格里拉变电站（摄影：黄丽）

2016年10月13日，公司第一次党代会隆重召开（摄影：黄丽）

2016年9月22日，国家电网公司后勤工作部副主任薛峰一行赴公司调研（摄影：黄丽）

2016年11月3日，公司员工王安全获得“感动甘孜十大最美好人”称号颁奖现场（摄影：黄丽）

2016年4月15日，公司田坝110千伏变电站授旗仪式（摄影：黄丽）

2016年2月1日，甘孜州委书记刘成鸣一行调研慰问公司共产党员服务队（摄影：黄丽）

2016年2月23日，公司员工抗雪保电现场（摄影：黄丽）

2016年8月11日，公司积极为甘孜州“三节”保电（摄影：黄丽）

国网绵阳供电公司

四川省省长尹力，肯定绵阳供电公司扶贫工作

公司开展党规党纪印我心并获奖

绵阳市刘超市长视察迎风度夏工作现场

电气连万家签约仪式

员工带电作业

无人机巡线

第三届中国科技城科技博览会保电现场之一

卓越“电管家”在芙蓉汉城小区服务

天浩大厦为客户提供抢修服务

第三届中国科技城科技博览会开幕现场保电之二

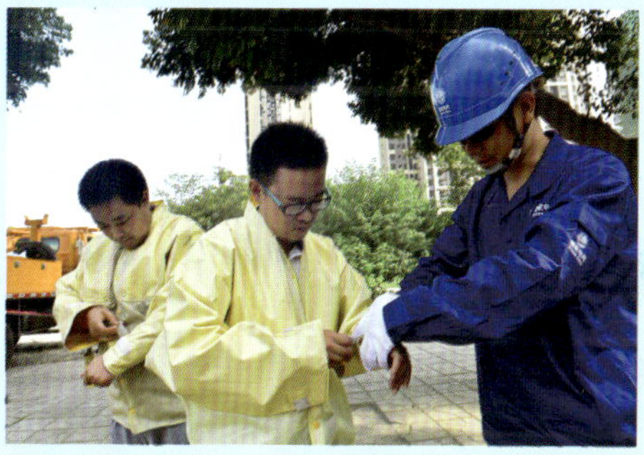

邀请媒体记者，走进带电作业现场

国网绵阳供电公司运用智能机器人进行变电站巡检，以科技促企业提质增效

党员服务队走进北川残疾人儿童医院服务

国网内江供电公司

2016年，面对经济形势复杂多变、电力需求增长乏力、改革发展任务艰巨等考验和挑战，国网内江供电公司全体员工迎难而上，积极应对，全面落实“效益提升年”各项工作部署，深入开展“两学一做”学习教育，安全生产保持平稳，经营效益不断提升，电网建设扎实推进，“三个建设”不断深化，公司发展态势良好。

2016年，公司完成售电量43.05亿千瓦时，同比增长10.62%；累计电费回收率100%；实现营业总收入23.37亿元；220千伏及以下线损率6.82%，下降0.34个百分点；完成电网投资5.24亿元；完成省公司下达的利润总额目标值；实现连续安全生产4420天，连续四年被省公司评为“安全先进单位”；公司继续保持“全国文明单位”和“全国模范职工之家”称号，员工队伍和谐稳定，圆满完成年度既定的目标任务。

公司总经理、党委副书记何自力调研对口帮扶贫困的石庙子村。（摄影：罗国强）

公司总经理、党委副书记何自力深入变电站督察安全工作（摄影：王春香）

国网四川省电力公司总经理、党委副书记石玉东看望四川电力（内江）共产党员服务队。（摄影：罗国强）

公司总经理、党委副书记何自力深入变电站督察安全工作。（摄影：王春香）

公司第一次党代会胜利召开。（摄影：罗国强）

公司与三县两区人民政府签署小城镇（中心村）电网改造升级和“机井通电”合作协议。（摄影：罗国强）

公司全力建设220千伏资铁智能变电站。（摄影：蒲志平）

公司员工抗风雪，抢修受损的10千伏线路。（摄影：王冕）

国网内江市东兴供电公司员工抗雪抢修受损的10千伏线路（摄影：王乐平）

上门服务页岩气开采用电。（摄影：王春香）

公司大力农网升级改造。（摄影：王冕）

公司员工抢修因大雪受损的10千伏线路。（摄影：王冕）

公司农村“三为”志愿者服务队义务为村活动广场更换照明设备。（摄影：罗国强）

公司“爱心轮值妈妈”教帮扶对象小洁放风筝。（摄影：王春香）

全省首个供电营业厅“母婴室”对外开放。（摄影：罗国强）

国网眉山供电公司

国网四川省电力公司眉山供电公司(以下简称国网眉山供电公司）于2001年12月26日随眉山建市而成立，是国网四川省电力公司下属特大型一类供电企业，经营区域覆盖全市两区四县,供电范围6049平方公里，服务人口352万人。

公司成立以来，把自身的发展与眉山地方经济高速发展相结合，围绕建设电网坚强、资产优良、服务优质、业绩优秀的“一强三优”现代公司的战略目标，不断提升企业综合实力，在为地方经济社会持续快速发展提供可靠能源电力保障的同时,自身也得到了快速发展。截至2015年底，公司拥有35千伏及以上变电站74座（不含500千伏），变电容量571.03万千伏安；35千伏及以上线路196条，总长2347.54千米。眉山电网形成了以两座500千伏变电站为支撑，以220千伏输电线路为骨干网，110千伏环网双电源备自投装置全覆盖的坚强网架格局。公司售电量从2001年的13.15亿千瓦时最高增长到2013年的85.89亿千瓦时。

公司在加快物质文明建设的同时,努力弘扬“努力超越、追求卓越”的企业精神，忠实履行社会责任，不断推进公司的创新发展。公司相继荣获“全国文明单位”、“全国五一劳动奖状”、“全国模范职工之家”、“全国电力行业优秀企业”、“省级最佳文明单位”等430余项市级及以上荣誉称号。

“十三五”期间，公司将以“93330”发展目标为指引，紧紧围绕“深化改革创新降本提质增效”的总体部署，坚决贯彻创新、协调、绿色、开放、共享的发展理念，以安全、质量、效益、效率为中心，以“夯基础、增动力、提质效、激活力”为工作主线，深入推进“两个转变”，加快建成“一强三优”现代公司，为眉山市建设“现代工业新城、历史文化名城、生活品质之城”提供坚强的电力保障。

2016年8月，公司开展变电站特殊巡视（摄影：张雨薇）

双桥供电所荣获国网公司企业文化示范点称号（摄影：李珊）

双桥供电所荣获省总工会工人先锋号（摄影：李珊）

2016年11月，农网工程升级改造现场（摄影：张雨薇）

2016年，员工夜间抗洪抢险（摄影：张雨薇）

2016年2月26日，公司为村社村民春灌用电架专线（摄影：祁克军）

助力扶贫攻坚 电亮最美乡村活动启动（摄影：牟雯雯）

国网遂宁供电公司

8月3日，遂西线路组塔施工（摄影：王春芝）

4月29日，春耕保电现场（摄影：王春芝）

9月19日，开展智能电表换装（摄影：王春芝）

11月23日，电亮乡村劳动竞赛启动（摄影：王春芝）

9月13日，公司与留守孩子共渡中秋佳节。（摄影：冯成华）

国网雅安电力（集团）股份有限公司

10月18日，雅安首条纯电动在线快充公交示范线开通仪式上，雅安市委副书记、市长兰开驰充分肯定雅电集团的电力保障工作。（摄影：熊德兵）

12月27日，雅安市召开2016年电网“迎峰度冬”暨电网建设工作会议。（摄影：熊德兵）

2016年10月28日，省文明办对国网雅安电力（集团）公司“省级最佳文明单位”创建工作进行测评验收。（摄影：熊德兵）

12月1日，国网雅安电力（集团）公司与中国移动雅安分公司签订战略合作协议（摄影：汤小强）

电网重建，三年收官。图为经过灾后技改的金花110千伏变电站（摄影：汤小强）

9月20日，国网雅安电力（集团）公司集中力量对名山220千伏变电站进行集中检修，保障电网安全运行。（摄影：汤小强）

2月23日，国网宝兴县供电公司员工雪地巡查电力设施受损情况，（摄影：汤小强）

11月15日，国网雅安电力（集团）公司员工正在对新棉220千伏变电站实施综合自动化改造，图为HGIS设备安装现场。（摄影：汤小强）

10月18日，国网雅安电力（集团）公司员工服务中国西部第一条纯电动公交线路用电。（摄影：熊德兵）

4月13日，国网雅安电力（集团）公司员工迁建线路，为雅康高速建设提供服务保障。（摄影：汤小强）

电进悬崖村，照亮脱贫路。11月16日，国网汉源县供电公司员工前往古路村彝家村寨开展供电服务。（摄影：汤小强）

12月2日，国网雅安电力（集团）公司举行“践行两学一做 争当四有青年”主题演讲比赛。（摄影：汤小强）

国网泸州供电公司

11月10日，四川泸州供电公司员工在220千伏杨桥变电站吊装1号主变套管。（摄影：古春）

7月21日，四川泸州供电公司员工冒着38摄氏度高温，开展农网升级改造工程。

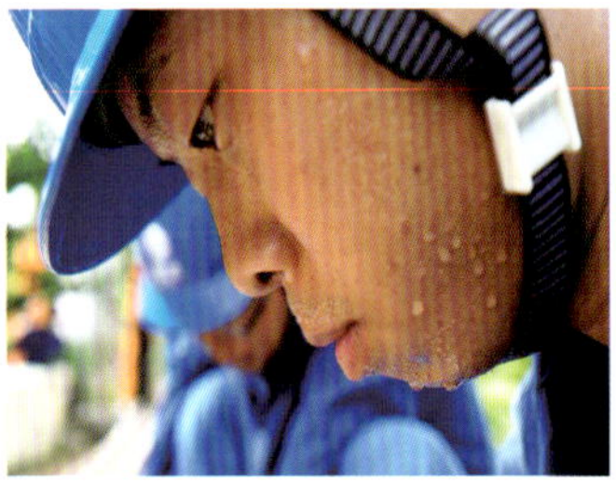

8月7日，烈日当空，在四川泸州龙马潭区春雨路齐家变电站附近，国网泸州供电公司电力员工冒着42摄氏度高温，开展电缆下地工程施工。（摄影：古春）

8月12日，国网泸州供电公司紧急抽调精兵强将120余人，顶着30多度的高温，彻夜抢修受损电缆。（摄影：古春）

11月4日，国网泸州供电公司的电力员工来到泸县得胜镇高石塔村，开展农网升级改造和扶贫攻坚。2016年，泸县供电公司计划投资1.23亿元用于农网改造升级工程，共29个项目，涉及27个行政村，受益户达2.27万户。（摄影：周凤丹）

7月29日，四川泸州供电公司员工冒着36摄氏度高温，在泸州泸县黄金村开展农网升级改造工程。图为电力员工正在架设低压架空线路。（摄影：古春）

7月25日，四川泸州供电公司员工冒着36摄氏度高温，在泸县黄金村开展农网升级改造工程。

11月4日，国网泸州供电公司的电力员工在泸县得胜镇高石塔村开展农网升级改造和扶贫攻坚施工现场。（摄影：周凤丹）

11月4日，国网泸州供电公司的电力员工来到泸县得胜镇高石塔村，开展农网升级改造和扶贫攻坚。（周凤丹）

11月24日，四川泸州供电公司员工，到江阳区纪念标社区新三村巷69号，为社区建立的“留守儿童爱心小屋”义务服务。（摄影：古春）

10月21日，四川泸州供电公司员工在龙马潭区天立春天花园小区，宣传推广网上购电业务。（古春）

12月8日，国网泸州供电公司开展以“风‘羽’同舟，携手同行”为主题的第一届羽毛球文化节。（摄影：古春）

国网四川省电力公司物资分公司

国网四川物资公司是四川省电力公司下属分公司，主要为省公司系统电力生产建设提供物资供应及配送服务。

公司现有在职正式员工177人，离退休员工221人。设立10个职能部门（办公室、党群工作部、人力资源部、财务部、物资计划部、物资采购部、物资供应部、招标工作部、合同管理部、质量监督部），2个中心（仓储配送中心、供应商服务中心），1个公司（国网四川招标公司），委托管理1个集体企业（四川环网物资有限责任公司）。

公司历经了46年的发展历程。1971年，四川省电力工业局供应公司成立，先后改为西南电管局供应公司、四川电力物流集团公司、四川电力物资公司。2013年6月，更名为国网四川省电力公司物资公司。2016年3月，按照国网公司“三集五大”体系建设的统一要求，改制为国网四川省电力公司物资分公司。

公司职能为：主要负责省公司物资一体化采购平台与仓储配送体系的建设；负责省公司所需物资的催交催运、配送仓储、移交验收、现场服务；负责所辖仓库仓储物资管理和库存储备物资的配送；负责库存物资和应急储备物资的日常管理；负责开展物资核算工作，配合省公司物资结算工作；负责在招标人委托的范围内组织招标活动并提供相关服务；负责配合省公司编制物资需求计划及供应商管理；负责实施省公司废旧物资处置。

四川省副省长刘捷、国网四川省电力公司总经理石玉东看望慰问公司物资公司老党员马其良

国网四川省电力公司党委书记潘敬东到公司调研

公司举行川渝电网500千伏第三通道物资保障授旗仪式

川渝三通道首基铁塔发运仪式现场

公司组织干部员工参观四川省法纪教育基地

公司第一时间响应攀枝花公司应急物资需求请求

环网公司员工正在对到货物资进行检查验收

工程现场叉车正在转运物资

四川岷江水利电力股份有限公司

技改后下庄电厂

公司启动生产标准化作业，图为郭家坝现场

省文明单位创建验收工作组一行在公司杨柳坪变电站检查社会主义核心价值观的宣传

公司志愿服务队，为精准扶贫结对帮扶的汶川县克约村特困户改造电力线路

公司党委换届选举大会现场

公司开展丰富多彩的企业文化活动，图为员工表演的羌族舞蹈

国网宜宾供电公司

该公司前身为宜宾供电局，成立于1978年，是省公司下属的特二型供电企业，承担着宜宾市两区八县中的两区一县（翠屏区、南溪区、江安县）的供电任务，直供面积4680平方公里，总营业户数75万余户。趸售长宁县电力公司及四川能投控股的屏山县、兴文县、高县、筠连县、宜宾县、珙县电力公司。公司下设11个职能部室，7个业务支撑和实施机构，5家县级供电企业。各类用工总量2907人（全民881人、地方全民349，农电用工814人，其他用工863人）。公司固定资产原值43.18亿元，35千伏及以上变电站62座，总容量536.6万千伏安；35千伏及以上输电线路127回，线路长度2328公里。

2016年，面对复杂严峻的内外部环境和艰巨的改革发展任务，公司上下认真落实国家电网公司和省公司决策部署，在攻坚克难中砥砺前行，在应对挑战中聚力发展，实现了“十三五”良好开局。完成固定资产投资4.26亿元，其中电网投资4.22亿元；售电量50.8亿千瓦时，完成省公司下达指标的100.79%；完成电费回收考核指标；实现综合电费收入28.14亿元，同比下降6.17%；线损率5.36%，同比上升0.48个百分点；全口径劳动生产率43.15万元/人.年，同比增长7.32%。公司和电网保持科学健康发展态势，全面实现年度各项生产经营目标。

2016年7月5日，省公司总经理石玉东莅临公司调研指导工作（摄影：王青青）

2016年9月23日，公司资产全寿命周期管理“领先型”创建接受国网公司检查（摄影：王青青）

2016年11月17日，公司总经理陈强指导宜宾县城北新区线路迁改工作（摄影：陈刚）

2016年5月20日，省公司党委书记潘敬东莅临公司讲授专题党课（摄影：王青青）

2016年8月19日，公司党委书记黄克林参加宜宾市第九届栋梁工程扶助金发放仪式（摄影：陈鸿）

2016年12月7日，公司与通服宜宾分公司签订战略合作协议（摄影：王青青）

2016年4月21日，公司领导班子到调控中心指导工作（摄影：王青青）

2016年3月23日，公司员工周介荣获第四届宜宾市劳动模范（摄影：王青青）

2016年10月24日，公司在道德讲堂开展争做“当代老实人”签名仪式（摄影：王青青）

2016年12月1日，公司举办员工大讲堂电亮新梦想主持人大赛（摄影：王青青）

2016年10月26日，公司建管的首座220千伏智能变电站（云台站）投运（摄影：张博）

国网资阳供电公司

2016年，国网资阳供电公司在四川省电力公司和资阳市委、市政府的坚强领导下，紧紧围绕“五型”发展战略，立足地方经济发展与民生改善，在电网建设、优质服务、安全生产等工作中取得优良成绩，实现“十三五”良好开局。

一是电网建设扎实推进，安全供电水平不断提升。公司全年完成各类电网投资13.33亿元。开展农网工程“百日攻坚”专项行动，治理了3163个农村“低电压”台区，整治危及安全的小方杆、手摸杆1.2万根。全力支持川渝第三通道500千伏线路工程，保障项目按期启动。促成省公司与资阳市签订战略合作协议，为加快资阳电网建设，促进地方经济社会发展创造良好局面。坚持创新管理，在全省率先制订“安全用电村”供、用电设施技术要求两个区域性地方标准，建成10个安全用电示范村，完成100所学校隐患排查整治。强化警企协作，在全省率先建立电力系统立体化治安防控体系，打造出雁江迎接、保和供电所等一批标准化“电力警务工作站”示范点。

二是深化改革，增供促销，优质服务持续提升。与安岳县、乐至县、雁江区政府部门召开电力工作专项推进会，与公安局、质监局、华西医院资阳医院等单位签订战略合作协议，固化对口联系和沟通协调机制，企业发展外部环境不断优化。加快推广电动交通、电蓄冷、电锅炉等技术应用，实现替代电量1.38亿千瓦时。完成雁江区城乡居民同网同价工作，为用户节省电费1504万元，惠及23万户城乡居民。实行专属客户经理制，完成各级工业园区战略合作协议签订，为资阳南骏汽车等30余家客户制定降低用电成本措施，大工业用电实现逆势增长6845.62万千瓦时，增长率8.49%。建立社区电力客服经理，全面推行社区经理制便民措施。全面推广掌上川电APP，实现网上远程购电22807户。累计安装运行智能电表106万只，全市智能电表覆盖率达100%。加强与水、气公司协作，实现“多表合一”2614户，居民用电更加便捷、智能。

三是践行央企责任，“红细胞”工程建设再上新台阶。创新性开展“红细胞”进校园0公里志愿关爱行动，排查安全隐患211处，建立10个校园“红细胞”爱心书屋，组织召开2016年“红细胞”联盟年会，联盟成员单位发展至22家，“红细胞”助力“三农”宣传片通过央视在全国展示，“红细胞”工程已成为资阳崭新的城市名片。

四川省发改委副主任、省能源局局长雷开平、四川省电力公司总经理石玉东、资阳市委书记、市人大常委会主任周喜安三位领导共同开启启动装置

雷开平、石玉东、周喜安三位领导为参建单位授旗

2016年10月30日，省公司与资阳市政府签订战略合作协议

2016年5月9日，公司与资阳市质监局签订战略合作协议

2016年12月29日，资阳公司与华西医院资阳医院签订战略协议

2016年12月5日，公司与市经济开发区管委会签订战略合作协议

2016年7月7日，资阳公司与市公安局签订战略协议

2016年5月12日，公司总经理涂辉在农配网“百日攻坚”现场督导安全

周礼镇东林村新架10千伏线路

石玉东慰问“红细胞”突击队

2016年8月4日，涂辉雁江公司督导“警企合作”立体化安防体系建设

2016年6月1日，资阳市启动2016年安全生产月活动暨“红细胞”志愿服务进校园关爱行动

资阳公司成立20个管理技术创新团队

2016年7月1日，资阳市“红细胞”联盟看望百岁老党员蒋光明

电力工人在安装智能电表

公司会同综治、公安、安监等多部门，联合开展了涉电鱼塘安全隐患排查整治专项行动（摄影：曹志刚）

2016年3月17日，资阳市2016年“安全用电示范村”现场推进会

国网凉山供电公司

国网凉山供电公司始建于1974年，是国网四川省电力公司直属的特一型供电企业。下设职能部门13个、直供直管公司2个（国网凉山州安宁供电公司、国网木里县供电公司）、业务支撑和实施机构7个。从2005年2月至今，公司先后控股了喜德、会理、德昌、越西、雷波、宁南、甘洛、会东、木里、布拖和盐源等11个县级供电公司。公司现有用工总数4304人，其中凉山公司全民员工596人。固定资产原值78.69亿元，在全省各地市供电单位中位列第三，是2010年20.08亿元的3.92倍。公司运维线路分布全州16县（市）。供区面积49300余平方千米，占全州面积60114平方千米的82%，供电人口约400万人，约占全州人口511万人的78.28%，年售电量64.45亿千瓦时，占全州全社会售电量97.2亿千瓦时的87.7%（含四川西昌电力股份有限公司2016年售电量20.8亿千瓦时）。

截止2016年底，公司拥有220千伏变电站14座，变电容量3750兆伏安，线路长度2748.96千米；110千伏变电站32座，变电容量2090.5兆伏安，线路长度2962千米；35 千伏变电站103座，变电容量861.15兆伏安，线路长度3032.5794千米；10千伏线路长度13625.8千米。

公司荣获了“全国国防军工协作配套先进单位”“全国文明单位”“全国重合同、守信用企业”“国网公司工会工作先进集体”“四川省五一劳动奖状”“四川省电力公司抗震救灾恢复重建杰出贡献先进集体”“四川省电力公司抗旱保电功勋集体”“国网四川省电力公司安全生产先进单位”等荣誉称号。

6月29日，国网四川省电力公司总经理（前排右一）与时任凉山彝族自治州州长罗凉清在成都签署战略合作协议。（摄影：曹志刚）

10月25日，四川省电力公司总经理石玉东(右二)前往喜德县光明阿吼村调研精准扶贫工作，并在种植基地听取羌活、百合种植计划。（摄影：蒋志明）

11月3日，中国共产党国网四川省电力公司凉山供电公司第一次党代会在公司大会议室隆重召开。（摄影：蒋志明）

1月27日，国网凉山供电公司总经理周林(右三)视察春晚保电现场。（摄影：蒋志明）

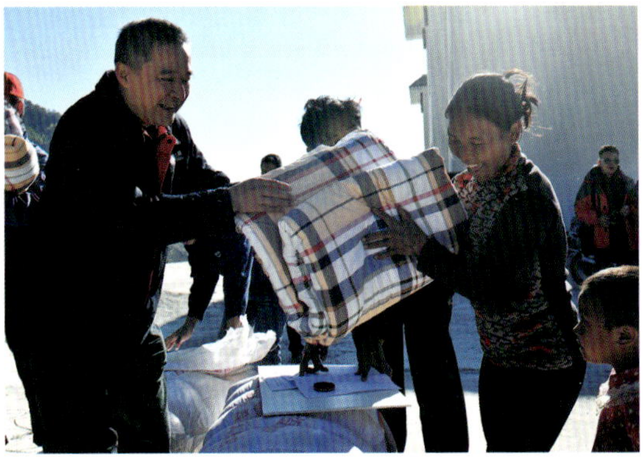

11月21日，国网四川省电力公司“走基层 送温暖”活动在凉山州喜德县光明镇阿吼村拉开了序幕，国网凉山供电公司党委书记杨荣为贫困户发放棉衣棉被。（摄影：蒋志明）

5月23日，凉山州全州电网安全生产工作会议召开，对加强凉山电网安全的各项工作进行安排部署。（摄影：蒋志明）

4月11日，国网凉山供电公司召开“效益提升年”活动推进布置会，对公司2016年“效益提升年”活动进行专项部署。（摄影：蒋志明）

5月19日，凉山电网2016年厂网联席会召开，总结了2015年凉山电网总体运行情况，对2016年凉山电网运行方式进行介绍。（摄影：蒋志明）

2016年8月6日零点40分，国网凉山供电公司圆满完成“第100次”卫星保电工作任务。（蒋志明 摄）

6月7日，国网德昌县供电公司永朗供电所所长汪小林（左一），5月21日，在德昌县黑龙潭，他二次下水、英勇抢救溺水女孩冯悠悠。图为家人送来感恩锦旗。（摄影：蒋志明）

10月17日，扶贫日，四川电力（凉山、成都、德阳）共产党员服务队在阿叽村开展以“扶贫济困、奉献爱心，点亮彝村、传递文明”为主题的电力线路升级改造活动，解决村民安全用电之忧。（摄影：蒋志明）

公司员工吴贵琼荣获2015感动凉山十大人物。（蒋志明 摄）

四川大唐国际甘孜水电开发有限公司

四川大唐国际甘孜水电开发有限公司（简称甘孜水电公司）于2006年7月在四川省甘孜藏族自治州注册成立，主要具体负责建设运营大渡河康定市境内长河坝、黄金坪两个水电站,目前正处于基建和生产运行并举时期。该公司设置16个部门,在编在岗员工183人。

2016年,甘孜水电公司以“120分”的工作标准，圆满完成了长河坝下闸蓄水、黄金坪电量攻坚两大核心任务，年末岁尾又实现了长河坝首台机组并网发电，突破性地完成了全年赶超计划。2016年，甘孜水电公司先后荣获了四川省五一劳动奖状、中国大唐集团公司文明单位、大唐国际特殊贡献单位等多项荣誉称号。

长河坝水电站全景

黄金坪水电站地下厂房

黄金坪水电站下游全景

长河坝4#机组转子吊装

长河坝水电站地下厂房

长河坝泄洪系统进口和电站进水口

中国水电基础局有限公司

旁多水利枢纽防渗墙工程

红石岩堰塞体整治工程

结巴水库全景图

南京海赋尚城

马来西亚沙巴水电站施工现场（摄影：杨晓）

成都电力金具总厂

西南电力金具基地

成都电力金具总厂始建于1958年10月，系世界500强中国电力建设集团有限公司下属全资企业，全国电力金具标准化委员会成员单位，国内电力金具制造行业骨干企业，是我国西南地区唯一具备可锻铸铁类、锻件类、铜铝类、铸铁类电力金具许可证和自营进出口经营许可权的企业，英国国家电网公司中国境内唯一一家NG全球合格供应商，国家三体系认证企业，国家安全生产二级认证企业，四川省高新技术企业，四川省省级先进企业，四川省“重合同，守信用”企业，四川省省级技术中心，四川省文明单位，成都市龙泉驿区纳税大户。工厂位于成都经济技术开发区（国家级）的西南电力金具生产基地，占地132亩，建筑面积33000平方米，软硬件设施居于国内先进水平，年生产能力超3万吨，年销售收入超7亿元。企业综合实力处于国内同行业领先水平。

工厂秉承“全优、全新、全方位”服务的宗旨，向客户提供优质高效的1000千伏交流、±1100千伏直流及以下电压等级“全”牌系列电力金具的设计、制造、销售服务，为广大客户提供电气化铁路、地铁接触网零部件，风力发电、光伏发电设施，高速公路交安设施等产品设计、制造和安装服务。

历年来，工厂参与了国内几乎所有重点输变电项目的设计和建设，是国内唯一一家在每条特高压线路都有供货产品的金具企业。近年来，成功进军风电、核电、光伏发电等新能源建设和铁路、地铁、高速公路项目建设非传统领域，产品畅销全国各省市、自治区，工程业绩遍及美洲、亚洲、欧洲、非洲的30多个国家及地区，产品及服务质量得到了用户的一致好评。

成都电力金具总厂热忱欢迎国内外客户来厂洽谈，我们将竭诚为您提供优质服务！

厂区

2016川藏国网四川省电力公司科技进步特等奖

高企证书

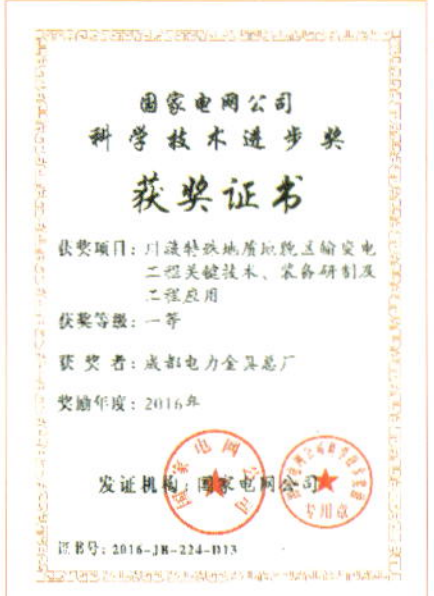

2016川藏 国网公司科技进步一等奖

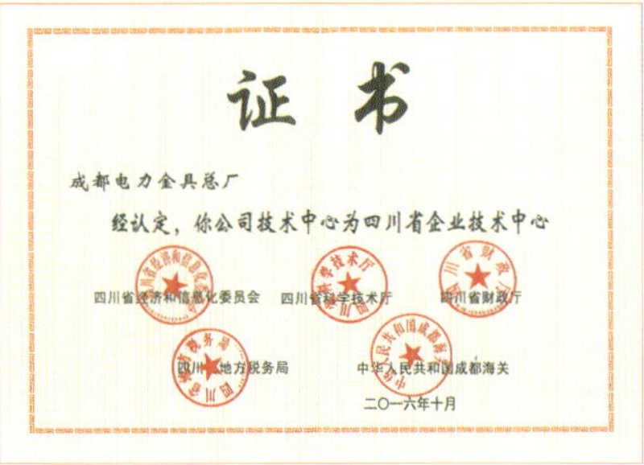

省级技术中心

四川省水电投资经营集团永安电力股份有限公司

四川省水电投资经营集团永安电力股份有限公司（以下简称永安公司）始建于1948年，公司总部坐落于四川省三台县北坝镇北泉路11号。1993年经省体改委批准改组为定向募集股份有限公司，是水利部建立现代企业制度试点企业、四川省能源投资集团有限责任公司和四川省水电投资经营集团有限公司控股公司、四川水利电力产业集团成员企业。

永安公司是三台县的龙头企业,水利部十强和“百龙工程”企业，先后荣获“全国精神文明建设先进单位”、“全国优秀县电网”、“水利部部级先进企业”、“四川省优秀企业”、“四川省安全文明生产双达标企业”、“四川省地电行业十强企业”、“四川省电力行业最大规模和最佳效益双十佳企业”等近百项殊荣。

能投水电集团领导督导公司两学一做工作开展情况。

永安公司党委深入开展两学一做学习教育工作。

三台县十二五农村电气化建设通过上级验收。

深入开展精准脱贫工作，扶持贫困村养殖产业发展。图为公司帮扶干部为贫困村送去养殖鸡苗。

全力推进省市县重点工程，冬瓜山电航工程建设。

文峰电厂增效扩容工程完工验收会。

永安公司首台大功率应急发电车投入使用。

四川省水利电力工程局

缅甸勐瓦水电站工程

四川省水利电力工程局成立于1963年4月，初成立时单位名称为四川省水利厅水利工程处，1979年12月扩建为四川省水利建设工程公司，1991年7月更名为四川省水利电力工程局。

四川省水利电力工程局是国家水利水电工程施工总承包一级企业，能承担国内外大中型水利水电工程的土建、机电设备安装、金属结构非标准件制作和安装、地基处理，以及水利水电、工业与民用建筑工程设计，工业与民用建筑、公路、铁路、机场、桥梁、码头、爆破与拆除等工程的建设施工，享有水利水电境外工程和境内国际招标工程承包及所需设备、材料出口和外派工程所需劳务的经营权。通过了ISO9001：2008标准质量管理体系、ISO/14001：2004标准环境管理体系、GB/T28001：2001标准职业健康安全管理体系认证。2016年被水利部评为全国水利建设市场主体AAA级信用单位。

局长、党委书记　邬清富

“两学一做”学习教育活动重温入党誓词

优质工程大禹奖

全国防汛抗旱先进集体

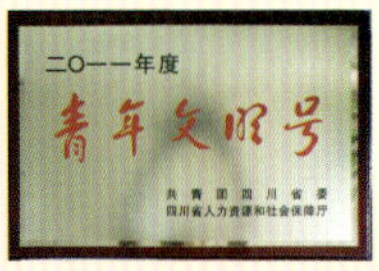

四川省抗击特大山洪泥石流灾害先进集体

荣誉

绵阳市武都水库电站转子吊装

绵阳三江水电站闸坝工程

老挝色萨拉龙灌溉项目

南部县升钟水库大坝及溢洪道工程

云南省昭通市昭鲁城市走廊公路工程

四川省能投攀枝花水电开发有限公司

2016年，金沙水电站被确定为国家重大建设项目，同时也是四川省、攀枝花市重点建设项目。该公司以开发金沙江金沙水电站为己任，秉承“开发能源、推动发展、服务社会、实现双赢”的管理理念，按照“依法、科学、程序、廉洁、高效”的建设方针，以“创绿色精品工程、建生态环保电站”为建设目标，充分发扬“吃得苦、耐得劳、盯得住”的能投精神，优质高效推动金沙水电站各项工作。

2011年8月31日下午，集团公司董事长、党委书记郭勇，总经理张志远带领集团公司部分领导和有关部门考察金沙水电站

12月13日，金沙水电站导流明渠成功进行过水分流

2015年12月，金沙水电站沙石系统混凝土拌合楼在左岸拔地而起，为金沙水电站建设提供了“粮仓”

5月，金沙水电站左岸边坡狮子岩危岩体处理完成，为电站厂坝工程施工及将来电厂生产运行打下了良好的安全基础

能投攀枝花公司业主营地于2013年9月交付使用，5月，经攀枝花市有关部门验收合格

9月3日，能投攀枝花公司在金沙水电站施工现场举行厂坝工程开工仪式，标志着金沙水电站从此进入了主体工程施工阶段

12月23日凌晨，金沙水电站上游围堰龙口合拢，成功实现预截流

10月，金沙水电站导流明渠纵向围堰施工顺利完成

四川省紫坪铺开发有限责任公司

四川省副省长王铭晖（左三）赴紫坪铺检查指导工作

尼泊尔总理奥利（中）一行参观考察紫坪铺水利枢纽工程

省政府副秘书长杨新元（中）赴公司检查水库备汛工作

紫坪铺公司“两学一做”主题教育活动

紫坪铺公司成功召开第一次股东大会和第四届董事会第一次会议

公司党员重温宣誓仪式，缅怀革命先烈

四川川投燃气发电有限责任公司

四川川投燃气发电有限责任公司（以下简称：川投气电）是四川省投资集团有限责任公司、四川省能源投资集团有限责任公司、达州市国有资产经营管理公司按照85%、10%、5%比例合资组建的四川川投燃气发电有限责任公司负责建设和生产经营的四川地区首座也是唯一的一座大型环保F级重型燃气电站，项目建设地点在四川省达州市斌郎乡桥坝村，位于达州市天然气能源化工产业园区内，规划装机容量4×35万千瓦等级燃气－蒸汽联合循环机组，总投资约50亿元，现已装机2×35万千瓦。电厂投产后，填补了四川省F级大型天然气发电的空白，对实现资源就地转化，减少污染物排放，推进节能减排，调整四川电源结构发挥了十分重要的作用。

11月28日，全国政协委员庄聪生到川投气电考察

年9月7日，四川省委常委甘霖到川投气电调研

10月27日，四川省副省长刘捷到川投气电调研

11月8日，四川省委常委黄新初到川投气电调研

3月1日中石化副总裁焦方正到川投气电考察

11月30日，日中央党校中青班学员社会调研组到川投气电开展调研工作

四川省电力设计院

四川省电力设计院成立于1958年8月的四川省电力设计院，座落在中国历史文化名城—成都浣花溪，是全国建院最早的电力勘察设计院之一，也是国家首批甲级电力设计院之一。具有中华人民共和国住房和城乡建设部颁发的电力行业甲级工程设计证书、工程勘察甲级证书、工程咨询单位资格甲级证书、建设项目水资源论证资质乙级证书、水土保持方案编制资格甲级证书、工程监理企业资质乙级证书、建筑工程设计乙级证书等资质，还持有“开展对外经济技术合作业务”的资质。

该院主要从事电力工程勘测设计、电力系统规划设计、新能源发电工程设计（风力发电、太阳能发电、生物质发电含垃圾发电等）、技术咨询服务、水土保持设计、水资源评价、民用建筑设计、工程总承包及电力工程建设监理等业务。

李涛院长、党委书记（摄影：杨炯）

院办公大楼（摄影：陈世劲）

会东县生活垃圾无害化处理开工仪式（摄影：邓亮）

3A信用等级证书（摄影：刘敏）

省级文明单位（摄影：刘敏）

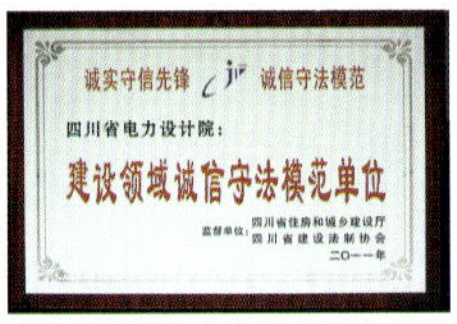

建设领域诚信守法模范单位（摄影：刘敏）

四川电力年鉴工作先进单位（摄影：刘敏）

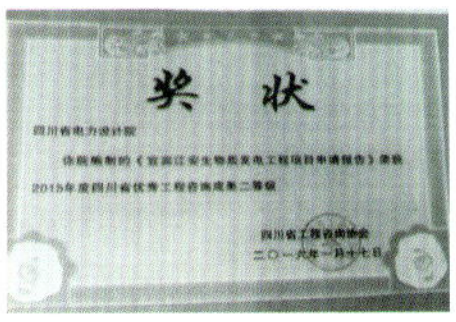

《宜宾江安生物质发电工程项目申请报告》荣获2015年度四川省优秀工程咨询成果二等奖（摄影：刘敏）

四川省电力设计院2016年度职工乒乓球比赛（摄影：林波）

达州分布式能源站项目审查（摄影：吴绍利）

四川省电力设计院召开企业文化建设研讨会（摄影：林波）

四川省电力设计院团委开展五四青年活动（摄影：尹恒）

四川电力设计咨询有限责任公司

四川电力设计咨询有限责任公司（以下简称川电设计咨询）的前身是1979年7月组建的四川省电力局设计处（1981年后更名为西南电业管理局设计处）。1983年8月，经水利电力部批准，在原设计处基础上成立了西南电业管理局电力设计院。单位名称随着主管局名称的更换相应易名，1989年更名为四川电力工业勘察设计院。2001年8月，面对即将到来的电力行业体制改革，在全国电力设计甲级企业中率先成功实施了全面改制，成立了四川电力设计咨询有限责任公司；2010年初，按上级要求，经重组整合，成为四川省电力公司全资子公司。2011年底，根据国网企业主辅分离改革及电力设计、施工企业一体化重组改革要求，整体划转至中国电力建设集团有限公司。

5月13日，四川省总工会副主席彭闯（左一）为川电设计咨询颁发“四川省五一劳动奖状”（摄影：何畅）

11月9日，贞丰县煤电冶一体化工业园热电联产动力车间项目开工典礼在贞丰县白层镇项目所在地举行（摄影：何畅）

承担的二滩至普提1回线路π接进盐源变500千伏线路新建工程获评2016年四川省优秀测绘工程金奖（摄影：谢玲）

承担勘测设计的西藏昌都电网与四川电网联网500kV输变电工程获国家优质工程金质奖（摄影：何畅）

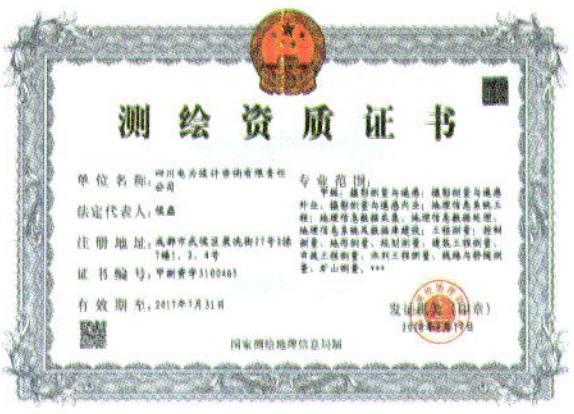

国家测绘地理信息局颁发的测绘资质甲级证书（摄影：范雄）

与西南交通大学共建研究生工作站（摄影：任德顺）

11月17日，左右江革命老区电力扶贫项目，兴义至百色220千伏输变电工程项目启动会在广西百色召开（摄影：高强）

深入凉山州布拖县吉为谷村落实精准扶贫（摄影：何畅）

参与设计的上海庙—山东±800千伏特高压直流输电线路（摄影：何畅）

四川省港航开发有限责任公司

四川省港航开发有限责任公司是1996年经省政府批准成立的国有独资企业，注册资本36亿元，主要从事港口、电站、航道等水运基础设施项目和水上旅游、地产、现代农业等综合开发项目的投资、建设、经营和管理，是省交投集团三大核心子公司之一。近年来，省港航公司在以嘉陵江渠化和泸州港、广安港、南充港为代表的四川港口和航道基础设施建设中取得了突出成绩，得到了省委、省政府和交通运输部的充分肯定。

在四川省构建现代综合交通运输枢纽和“四江六港”水运发展规划引导下，该公司控股嘉陵江、岷江、渠江流域航电枢纽13个，泸州港、广安港、乐山港、南充港等我省重点港口4个，建成和在建的四级以上国家高等级航道835公里，建成和在建集装箱吞吐量220万标箱，总规模分别占“四江六港”规划的85%、75%以上，是集全江梯级渠化开发、港口航道建设、营运管理以及水上运输于一体的综合性内河水运投资经营企业。

5月27日，港航公司召开“两学一做”学习教育视频动员部署会

11月24-25日，嘉陵江航运配套工程一期工程接受省交通运输厅质量安全综合督查

2016年1月7日，省委常委、省纪委书记王雁飞（前排右）调研犍为枢纽

8月25日，省发改委邓长金副主任（左一）一行调研岷江犍为航电枢纽工程

4月11日-4月14日，岷江老木孔航电枢纽工可复审和龙溪口航电枢纽工可审查会在成都召开

3月30日-4月1日，岷江龙溪口航电枢纽工程可行性研究报告内审会在成都召开

岷江犍为航电枢纽工程标准化管理水平不断提升

2016年，港航公司控股金银台公司工会获全国总工会“全国模范职工小家”称号

11月，岷江犍为航电枢纽左岸闸坝基坑及厂房基坑土石方开挖工作加快推进

1月13日，港航公司第三次党员代表大会在南充召开

四川省能投风电开发有限公司

会东县鲁南风电场

四川省能投风电开发有限公司（以下简称“能投风电公司或公司”）于2011年11月1日在成都市锦江区工商局注册登记成立，目前注册资本金11.3亿元，是四川省能源投资集团有限责任公司的控股企业。公司主要从事风电、光伏等新能源项目投资、建设和运营管理。

截至2016年底，该公司先后控股组建四川能投会东、盐边、美姑、雷波等4个新能源开发有限公司，建成四川省第一个高山风电场项目——凉山州会东县拉马、鲁南风电场，并实现项目当年建成当年盈利的目标，建成四川省第一个农风光互补试验项目——盐边大面山一期风电场，获得了超过200万千瓦的风电资源和40万千瓦的光伏资源。现已建成投产5个风电、光伏项目，总装机19.65万千瓦。在建项目3个，总装机容量19.75万千瓦。已核准待建6个项目，总装机容量49.7万千瓦。获得了超过200万千瓦的风电资源和40万千瓦的光伏资源。

风机机组吊装

会东县鲁北风电场

盐边大面山一期风电场

盐边农风光互补发电项目升压站一角

盐边大面山二期风电场

盐边红山光伏电站

四川水利职业技术学院

羊马校区

四川水利职业技术学院创立于1956年，学院历经灌县水利学校、灌县水利专科学校、四川省水利学校、四川省水利电力学校办学历史，于2003年升格为高等职业技术学院。60年来，学院为国家培养了五万余名高素质水利水电行业技术骨干和管理人才，为我国水利电力行业的发展和水利职业教育事业的进步做出了重要贡献，享有四川水利"黄埔军校"的美誉。

学院建有都江堰老校区、双合生产性实训校区、羊马新校区三个校区，建筑面积26万余平方米，资产总值7.87亿元，藏书量60万册。教学仪器设备总值近1亿元。学院现有专任教师477人，副高级以上（含）专业技术人员138人，享受国务院政府特殊津贴专家1人，四川省青年学术带头人1人，在校全日制学生11000余人。学院下设七个教学系部，开办专业涵盖水利、水电、水产、建筑、测绘、地质、资源环境等行业，其中，水利部、四川省示范（重点）专业6个，形成了以工科专业为主，综合类专业和边缘学科并行，省级重点专业为骨干、院级重点专业为基础的专业建设体系。

2016年，学院召开建校60周年庆祝大会，原水利部党组副书记、副部长、水利部参事咨询委员会主任矫勇，省政府副省长、省委秘书长王铭晖，原水利部党组成员周保志，以及水利部人事司、省委教育工委、教育厅、水利厅和成都市的领导悉数莅临学院视察指导，3000多名校友、200余家兄弟单位、兄弟院校和社会各界到校祝贺。

羊马校区综合实训场

双合实训校区

羊马校区图书馆

羊马校区梦想风帆

羊马校区莲花湖

都江堰校区运动场

四川省能源投资集团有限责任公司

2016年4月29日，四川省委书记王东明在波兰华沙的四川推介会上听取能投集团展台介绍

2016年8月，四川能投旗下金沙水电站获得国家发改委批准建设，2016年年底已具备大江截流条件。图为省政府国有企业监事会主席肖世同带队调研

2016年6月6日，川法企业经贸合作推介会上，四川省省长尹力见证四川能投与ENGIE集团签约

2016年3月，遂宁市城市生活垃圾环保发电项目获省发改委批准，火热进行中：左图为奠基仪式，右图为四川电视台对该项目的报道

2016年5月5日，新都华润雪花啤酒分布式能源项目成为国家发改委、能源局批复的全国首个国家天然气分布式能源示范项目，也是国家发改委批准的首个分布式能源示范项目

九寨沟水电开发有限责任公司

公司积极参与精准扶贫工作，践行企业社会责任与担当

截至2016年12月31日，公司已建并投运项目有黑河塘、双河、青龙、多诺4个水电站及其配套工程。在当前政策条件下，永乐水电站和陵江水电站不能进一步开发建设，白水江流域规划“一库七级”最终建成5级

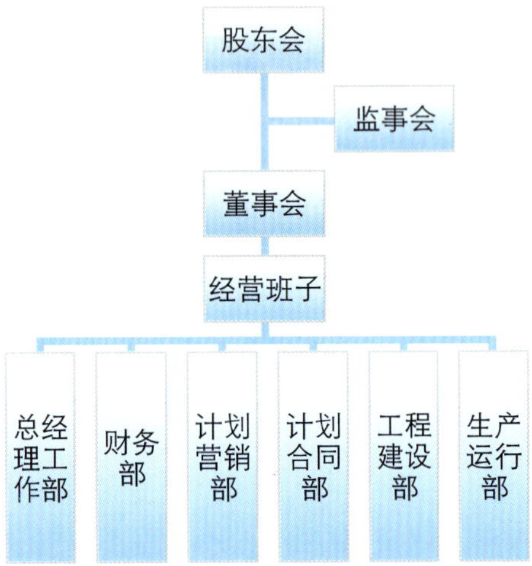

公司按照精干高效的组织机构，工程建设实行总承包形式，电站、线路工程运行维护采用委托管理方式

公司将于2017年基本完成开发建设任务，全面进入运营期，受建造成本较高、电力市场形势、电力体制改革和供给侧改革等因素影响，公司经营步入阶段性困难时期。

在电建集团和成都院的坚强领导和大力支持下，公司全体职工将齐心协力，砥砺前行，多措并举，力争早日改善公司经营状况，推动公司持续健康发展

中国电建集团成都院监测及试验研究所

2016年8月2日，中国电建集团成都院院长章建跃莅临监试所

中国电建集团成都院监测及试验研究所是成都院承担水电工程安全监测、材料、岩土、水工模型试验等传统监测、试验研究及新材料、新技术研发的专业处室，全面负责本专业的组织、管理和技术开发与应用等工作。截止2016年底，监试所全所在岗员工94人，劳务派遣及协议人员134人。

2016年，监试所综合项目结算产值约为4200万元，完成专业项目收款10600万元，合计完成产值1.47亿元。年度内累积完成62项专业项目合同，新签合同额9500万元。主要承担综合项目：锦屏一级、玉松、米林、林芝、加查、蕨木、双江口、长河坝、叶巴滩等27个水电工程项目，涉及大渡河、金沙江、雅砻江、雅鲁藏布江、岷江、白水江等多个流域。专业项目：分别与各业主签订雅砻江中上游水电工程混凝土材料优选级应用研究合同、官地抗磨砂浆、混凝土采购合同、长河坝水电站大坝填筑质量第三方检测合同协议、瀑布沟水电站库区库周地质灾害隐患排查及监测服务、沙坪二级水电站监测施工合同等。承担科研项目情况：院或集团公司科研项目立项情况:(1)泄洪消能建筑物高韧性抗冲磨修补防护材料(2)水电工程大坝混凝土运行状态使用寿命调研及对策措施的研究。

2016年，成都院监试所专业发展方面：水库影响区安全稳定综合监测系统研究；过鱼设施研究；流场数值模拟；原型观测；水环境综合整治；GNSS高精度智能变形监测系统研究；GNSS高精度智能变形监测系统研究；生态混凝土研究；两河口心墙土料冬季冻融机理及防控体系研究；开展数值反演计算与工程安全预测分析工作研究。

2016年，修编、完善并出版了《监测及试验研究所管理办法》、《质量手册（2016版）》、《程序文件（2016版）》等内部管理制度文件，确保计量认证体系（CMA）和三体系文件在本部门有效运行。

2016年，独立承担院内科研项目及完成情况:1、水工大坝混凝土永久保温防渗材料的研究（P14912）。2、大体积混凝土抗裂剂的研发（P23014）。3、高拱坝温控防裂关键技术研究与实践（PC1814-03）。

2016年，行业标准\规程规范编写\修订：1、水电工程土工试验、岩石试验中美标准对照研究（补充完善S20615）。2、水电水利工程钻孔土工试验规程（S11514）。3、水电工程土工试验、岩石试验中美标准对照研究（S20615补充完善）。4、可再生能源工程勘察基本术语标准。5、水电行业技术标准体系课题研究。

2016年获得的专利：1、带休息池的竖缝式鱼道。2、施工支洞布置结构。3、施工支洞布置一种鱼道回旋上升段休息池。4、岩体表面二次应力测试仪器。5、迂回型鱼道回旋上升段休息池。6、岩体表面二次应力测试仪和岩体表面二次应力测试方法。7、水工混凝土高强保温材料的制备方法。8、水工混凝土高强保温材料。

2016年获奖情况：1、带休息池的竖缝式鱼道获申请+授权奖励。2、施工支洞布置结构获申请+授权奖励。3、一种鱼道回旋上升段休息池获实用新型授权奖励 。4. 岩体表面二次应力测试仪器获实用新型授权奖励。5、迂回型鱼道回旋上升段休息池获申请组成员奖励。6、岩体表面二次应力测试仪和岩体表面二次应力测试方法获申请组成员奖励。7、水工混凝土高强保温材料的制备方法获申请组成员奖励。

2016年4月14日，监试所金沙试验室揭牌

四川电力年鉴

（2017卷）

四川电力年鉴编纂委员会　编

方志出版社

图书在版编目（CIP）数据

四川电力年鉴，2017 / 四川电力年鉴编纂委员会编
——北京：方志出版社，2017.9

ISBN 978－7－5144－2541－3

Ⅰ.①四… Ⅱ.①四… Ⅲ.①电力工业－四川－2017－年鉴Ⅳ.①F426.61－54

中国版本图书馆 CIP 数据核字（2017）第 235320 号

四川电力年鉴（2017）

编　　者：四川电力年鉴编纂委员会
责任编辑：何明忠

出 版 人：冀祥德
出 版 者：方志出版社
地址：北京市朝阳区潘家园东里9号（国家方志馆4层）
邮编　100021
网址　http://www.fzph.org
发　　行：方志出版社图书经销中心
电话：（010）67110500
经　　销：各地新华书店
印　　刷：成都市前智印务有限责任公司

开　　本：889×1194　　1/16
印　　张：46
字　　数：1672千字
版　　次：2017年9月第1版　　2017年9月第1次印刷
印　　数：0001～1000 册

ISBN　978－7－5144－2541－3　　定价：390.00 元

四川电力年鉴编纂委员会成员名单

（排名不分先后）

主 任 委 员： 秦安禄　四川省地方志编纂委员会原常务副主任

副主任委员： 黄朝阳　四川省经信委总经济师

雷开平　四川省发展改革委党组成员、副主任、四川省能源局局长

何淑兰　国家能源局四川监管办公室副专员

石玉东　国网四川省电力公司董事长

孙长平　中国三峡建设管理有限公司党委书记、副总经理

李文志　四川省投资集团有限公司副总经理

祁宁春　雅砻江流域水电开发有限公司总经理

涂扬举　国电大渡河流域水电开发有限公司总经理

钟国东　中国华电集团公司四川公司党组书记、执行董事

陈武生　国电四川发电有限公司总经理

赵明川　华能四川水电有限公司总经理

胡贵良　华电金沙江上游水电开发有限公司总经理

石四存　国家电投集团四川电力有限公司执行董事、总经理

荣其富　中电建水电开发集团有限公司董事长

潘　明　大唐四川发电有限公司总经理

熊　林　四川省水电投资经营集团有限公司总经理

蒋国俊　神华四川能源有限公司总经理

李　蕾　中国电力工程顾问集团西南电力设计院有限公司党委书记

黄　河　中国电建集团成都勘测设计研究院有限公司执行董事兼总经理

贺鹏程　中国水利水电第五工程局有限公司总经理

申茂夏　中国水利水电第七工程局有限公司总经理

何其刚　中国水利水电第十工程局有限公司总经理

徐广渊　四川省地方电力局局长

石俊杰　四川省电力行业协会常务副理事长（国网四川省电力公司总工程师）

编委会委员： 凌廷亮　四川省电力行业协会秘书长

卿三红　四川省经信委电力处处长

陈　琦　四川省能源局电力处处长

卢宏亮　国家能源局四川监管办公室综合处副处长

刘　冰　国网四川省电力公司办公室主任

周双超　中国三峡建设管理有限公司办公室副主任

刘小平　四川省投资集团有限公司能源部项目经理

孙文良　雅砻江流域水电开发有限公司总经理工作部主任
张洪涛　国电大渡河流域水电开发有限公司总经理工作部部长
聂　明　中国华电集团公司四川公司办公室副主任
易本胜　国电四川发电有限公司总经理工作部主任
周序红　华能四川水电有限公司总法律顾问兼总经理工作部主任
胡佐君　华电金沙江上游水电开发有限公司总经理工作部副主任
朱　琦　国电投四川电力有限公司办公室主任
冯金银　中电建水电开发集团有限公司党委工作部主任
张克义　大唐四川发电有限公司总经理工作部主任
邹仕昆　四川省水电投资经营集团有限公司董事会秘书、总经理助理、办公室主任
李　洁　神华四川能源有限公司总经理工作部经理
高　元　中国电力顾问集团西南电力设计院有限公司院长工作部主任
邱　云　中国电建集团成都勘测设计研究院有限公司党群工作部副主任
温海岩　中国水利水电第五工程局有限公司总经理工作部主任
张占国　中国水利水电第七工程局有限公司新闻中心副主任（主持工作）
张贺强　中国水利水电第十工程局有限公司党委工作部副主任（主持工作）
游元奎　四川省地方电力局政策研究室主任

主　　编： 黄正平

副 主 编： 曹照陆、姚国寿

四川电力年鉴编辑部成员名单

主　　任： 黄正平

副 主 任： 曹照陆、姚国寿

编　　辑： 卓正昌、曾逸农、冯大星、李燕辉、李杨、邵长梅

四川电力年鉴编纂委员会特别邀请单位

单位名称	职位	姓名
四川省能源投资集团有限责任公司	董事长	郭　勇
四川大唐国际甘孜水电开发有限公司	总经理	熊　雄
四川省紫坪铺开发有限责任公司	总经理	李　洪
四川省港航开发有限责任公司	董事长	贺晓春
四川省能投攀枝花水电开发有限公司	董事长	何　林
四川省能投风电开发有限公司	董事长	李昌伟
四川川投燃气发电有限责任公司	董事长	张华端
四川省电力设计院	院长、党委书记	李　涛
四川电力设计咨询有限责任公司	总经理	侯　磊
成都电力金具总厂	厂　长	刘　杰
永安电力股份有限公司	董事长	刘　毅
中国水电基础局有限公司	总经理	刘建发
英大泰和财产保险股份有限公司四川分公司	总经理	朱　滨
九寨沟水电开发有限责任公司	总经理	向　东
四川水利职业技术学院	院　长	刘建明
四川中鼎科技有限公司	董事长	赵国建
中国电建集团成都勘测设计研究院有限公司监测及试验研究所	所　长	王泽溪
四川省水利电力工程局	局　长	邬清富

《四川电力年鉴》（2017）撰稿名单

单　　位	姓　名
四川省经济和信息化委员会	孙拥民
四川省能源局	冉　强
国家能源局四川监管办公室	赵志强等
中国三峡建设管理有限公司	
三峡金沙江白鹤滩水电站	周双超等
三峡金沙江乌东德水电站	
长江三峡技术经济发展有限公司	
三峡金沙江川云水电开发有限公司	徐丽丽
三峡金沙江云川水电开发有限公司	张思偲
中国长江电力股份有限公司溪洛渡水力发电厂	袁玉比
中国长江电力股份有限公司向家坝水力发电厂	姜　薇
长江三峡设备物资有限公司	吴玉婷
四川省投资集团有限责任公司	刘小平
四川省紫坪铺开发有限责任公司	马　峻
四川川投燃气发电有限责任公司	康昭勇
四川泸州川南发电有限责任公司	陈　瑾
四川省能源投资集团有限责任公司	李军军
四川省能投风电开发有限公司	刘亚欧
四川省能投攀枝花水电开发有限公司	石启胜
雅砻江流域水电开发有限公司	郑　确
国电大渡河流域水电开发有限公司	赵　影
龚嘴水力发电总厂	吴　蔚
瀑布沟水力发电总厂	陈　阵
大岗山水电开发有限公司	刘凤玲
猴子岩水电建设有限公司	钟小君
国电大渡河检修安装有限公司	王兴林
国电四川发电有限公司	陈显超
国电成都金堂发电有限公司	简春蓉
国电深能四川华蓥山发电有限公司	杜天太
国电达州发电有限公司	丁明和
国电南桠河水电分公司	何　艰
国电四川电力股份有限公司	陈庆宏

单　　位	姓　名
国电四川毛滩水电开发有限公司	王晓明
国电丹巴东谷河水电开发有限公司	吕尚昆
国电四川阿水电力开发有限公司	刘丽莎
国电四川民和水电投资有限公司	袁超林
国电四川色曲电力开发有限公司	王良羽
中国华电集团公司四川公司	郑宗旺
四川广安发电有限责任公司	黄雪莉
华电四川发电有限公司宜宾分公司	蓝　滨
华电四川发电有限公司内江发电厂	赵　艳
四川华电泸定水电有限公司	蒋留生
华电集团公司四川宝珠寺水力发电厂	刘文超
四川华电杂谷脑水电开发有限责任公司	朱勐辉
四川凉山水洛河电力开发有限公司	贺宁宁
四川华电黄桷庄发电有限公司	牛　牧
四川华电西溪河水电开发有限公司	陈　卓
四川华电电力投资有限公司	谢　阳
攀枝花三维发电有限责任公司	刘爱军
四川华电瓦屋山水电开发有限公司	刘　璐
四川华电木里河水电开发有限公司	姜　林
理县星河电力有限责任公司	崔桂旭
四川华电宜宾发电有限责任公司	张廷兰
四川华电燃料有限公司	刘　力
四川盐源华电新能源有限公司	周苹雁
华电金沙江上游水电开发有限公司	王州隆
巴塘（拉哇）建设公司	朱　翔
苏洼龙（昌波）建设公司	谢华平
叶巴滩公司波罗电站筹备处	余良权
中电建水电开发集团有限公司	刘元秀
大唐四川发电有限公司	张笑天
华能四川水电有限公司	翁昌友
四川华能太平驿水电有限责任公司	刘小蓉

单位	姓名
四川华能宝兴河电力股份有限公司	宋词
四川华能涪江水电有限责任公司	杨沛
四川华能嘉陵江水电有限责任公司	高原
四川华能康定水电有限责任公司	潘春虹
四川华能泸定水电有限公司	张晨
国家电投集团四川电力有限公司	叶静
国家电投凉山筹备处	江明珠
国家电投甘孜分公司	尹茜
国家电投雅安筹备处	庞爱民
国家电投乐山筹备处	张艳
国家电投四川中水公司	王文旭
国家电投阿坝新能源有限公司	杨勇
国家电投攀枝花公司	王春香
国家电投遵义筹备处	庄乾鑫
国家电投广元筹备处	李欣怡
神华四川能源有限公司	刘刚
四川省港航开发有限责任公司	刘晓蕾
四川大唐国际甘孜水电开发有限公司	白鸿杰等
九寨沟水电开发有限责任公司	尹黎
二滩咨询四川公司	黄佳含
国网四川省电力公司	张烨等
电网建设与电力调度控制中心	高勇等
四川省电力公司检修公司	杜先明等
四川省电力公司建设管理中心	吴迪
四川电力送变电建设公司	彭少博
国网成都供电公司	张爽
国网乐山供电公司	方美凤
国网攀枝花供电公司	肖杰等
国网德阳供电公司	伍盛等
国网眉山供电公司	税秀花
国网雅安供电公司	李元源
国网达州供电公司	王智民等
国网绵阳供电公司	杨佳

单位	姓名
国网天府新区供电公司	刘清宇
国网宜宾供电公司	周泽明
国网阿坝供电公司	姜和平
国网凉山供电公司	张文友等
国网内江供电公司	刘进等
国网广元供电公司	沈志平等
国网泸州供电公司	赵亮宇
国网南充供电公司	王含果等
国网自贡供电公司	邹庆
国网广安供电公司	舒莘珂
国网资阳供电公司	左一丁等
国网遂宁供电公司	赵炯
国网巴中供电公司	祝中华等
国网甘孜供电公司	张显兴等
四川省电力公司客户服务中心	左为等
四川省地方电力局	游元奎
四川省水电投资经营集团有限公司	刘岢
永安电力股份有限公司	龚美红等
成都勘测设计研究院有限公司	朱岩等
西南电力设计院有限公司	黄旭
四川省电力设计院	刘敏
四川电力设计咨询有限责任公司	王淇
中国水利水电第五工程局有限公司	李丹等
中国水利水电第七工程局有限公司	朱隐等
中国水利水电第十工程局有限公司	李林峰等
中国水电基础局有限公司	贾艳
四川省水利电力工程局	夏永红
东方电气集团	
东方电机有限公司	
东方汽轮机有限公司	颜海英等
东方锅炉股份有限公司	
中国电建成都电力金具总厂	叶旭

单　　位	姓名	单　　位	姓名
夹江水工机械公司	程敏强	四川电力技能培训中心	章志刚等
四川物资公司	丁妍文	四川水利职业技术学院	刘斯琴
四川科税得实业集团有限公司	胡　兵	四川电力管理培训中心	丘东懿等
英大泰和财产保险股份有限公司	房　芳	四川电力医院	仲　冬
四川省电力公司综合服务中心	孙　尧	四川省电力行业协会	邵长梅
四川电力科学研究院	彭　灿	四川省水力发电工程学会	杨　桦
成勘院监测试研所	吉华伟	四川省电机工程学会	赵红梅
四川电力工业调整试验所	杨　星等	四川电力年鉴编辑部	姚国寿
四川中鼎科技公司	杨　艺	四川电力年鉴编辑部	卓正昌

编 辑 说 明

一、本年鉴以马克思列宁主义、毛泽东思想、邓小平理论、“三个代表”重要思想和科学发展观为指导，贯彻落实习近平总书记系列重要讲话精神和治国理政新理念新思想新战略，坚持辨证唯物主义和历史唯物主义的立场、观点和方法，翔实、系统地记述四川省电力行业每年的发展进程和运行轨迹，全面反映四川电力行业主管部门和企事业单位在改革开放中不断进取、不断创新、不断发展的新成就、新经验和先进事迹、先进人物。为各级领导决策和制定全省电力工业发展规划，为广大电力工作者、社会各界人士了解、研究电力改革、建设、发展的需求；为编史修志和开展四川电力行业与全国各省（市、区）电力行业乃至国际的信息交流搭建一个平台，以推动四川电力工业稳步发展。

二、本年鉴在2003—2006年间是由四川省电力公司牵头编纂出版的。由于体制改革，厂网分开，省电力公司不能继续独家承担本年鉴的编纂出版任务。为保证年鉴的继续出版，经四川省政府领导批准，省地方志编纂委员会于2007年4月行文明确由省电力行政管理部门和省内主要电力单位领导出任本年鉴编纂委员会成员，继续编纂出版本年鉴。至2017年10月，已陆续编辑出版《四川电力年鉴》2003卷、2004卷、2005卷、2006卷、2007—2009卷、2010—2011卷、2012卷、2013卷、2014卷、2015卷、2016卷、2017卷。

三、《四川电力年鉴》2017卷，记述的内容为2016年1月1日—12月31日范围内的资料。对于首次进入本年鉴的单位和栏目，简要作历史回顾，以方便读者查阅。

四、本年鉴采用条目体进行编纂，即按类目、分目、条目三个层次进行编排。2017卷共设19个类目，208个分目，1843个条目。

五、本年鉴所用资料，主要由各电力入编单位提供；部分资料由编辑部自行收集整理。

六、本年鉴行文，一律按国家有关出版物用字和标点符号用法规定执行。注释均采用脚注，当页编码；所有表格统一编排序号。

目 录

特 载

概 况

大 事 记

电力行政管理

电源建设与发电生产

新 能 源

电网经营管理与建设

供 用 电

地方电力

勘测设计

基建施工

设备制造

物资物流与多元化经营

科教文卫

协会学会

人物及单位荣誉

附　录

编 后 语

企业风采

特载

责任编辑：姚国寿

本年鉴《特载》栏目设《电力论坛》《要事特辑》两个分目。《电力论坛》主要刊载四川电力管理单位领导、专家对四川电力发展具有独特见解的文章；《要事特辑》主要刊载当年四川电力重大事项。

2017 卷《电力论坛》刊载的有国家能源局四川监管办专员马军杰、副专员何淑兰、国网四川省电力公司总经理石玉东、党委书记潘敬东、国电大渡河流域水电开发公司总经理涂扬举等领导的文章。这些文章从各个不同角度总结了 2016 年四川电力生产建设的成功经验，对全省电力工业的发展具有借鉴作用。《要事特辑》刊载有电力发展“十三五”规划、电力体制改革、溪洛渡水电站获菲迪克工程项目杰出奖、中国电建成都院获全国“五一劳动奖状”、乌东德水电站开展劳动竞赛等文章，从各个不同角度展示了四川电力的新形象。

电力论坛

加强和创新电力监管　服务电力行业健康发展

四川能源监管办专员　马军杰

2016年，在国家能源局和四川省委、省政府的坚强领导下，在省政府相关部门、电力企业的大力支持和密切配合下，四川能源监管办按照简政放权、强化监管的总要求，秉承“四个服务”的工作理念，紧密结合实际，突出问题导向，创新监管方式，深入开展重点专项监管和问题监管，不断提升监管效能，促进了电力安全生产运行和供应保障，维护了公平公正的电力市场秩序，为四川电力行业健康持续发展提供了监管保障。

一、加强电力安全监管，完善事故防范工作机制

强化电网风险管控。针对四川电网风险，督办国网四川省电力公司，要求进一步加强和完善两项一级风险的管控措施；协调解决了影响宜宾电网及特高压近区电网安全稳定运行相关问题。全面梳理电网安全事故隐患，针对电网薄弱环节和突出风险，及时落实预控措施，指导电网发展规划，提升电网安全风险管控水平，确保四川电网未发生电网大面积停电事故。

加强水电站大坝安全监管。会同国家能源局大坝安全监察中心重点加强大坝注册登记和定期检查的监督管理，督促未注册大坝及时开展相关工作，针对定检中发现的问题开展复核。对汛期检查中发现问题的水电站大坝运行单位开展了监管约谈，督促落实大坝运行安全主体责任，全面开展整改落实工作。2016年，四川电力行业水电站大坝无病坝、险坝，未发生水电站大坝垮坝、漫坝事件，确保四川水电站大坝安全稳定运行。

强化电力应急管理。针对四川电力建设工程项目多、地质条件复杂、强降雨较多、极易引发地质灾害的特点，联合省国土资源厅全面开展四川电力行业在建工程地质灾害防治知识宣传培训。坚持在每年5月开展“防范地质灾害应急演练月”活动，组织电力企业开展应急演练。督促各电力建设企业结合实际，认真开展专项演练。通过大力抓好电力行业应急管理，2016年四川电力行业因自然灾害造成的人员伤亡同比大幅下降。

二、加强电力市场运行监管，规范电力市场秩序

推进四川电力市场建设。研究提出《四川电力市场建设方案》和《四川电力交易机构组建和规范运行试点方案》（征求意见稿），两个专项方案的内容已被纳入《四川省电力体制改革综合试点方案》，并获得国家发改委、国家能源局批复。在国家批复的基础上，进一步修改完善了两个专项方案，现已上报省电力体制改革联席会议。

开展四川水电弃水专项调研。结合“水电大省”频遭限电媒体报道的热点，组织开展调研，剖析弃水的原因，向国家能源局建议明确四川水电基地建设在国家能源发展战略中的地位、实现四川水电资源在全国范围内优化配置等方面给予相应政策支持。同时，向省政府专题报告，研究提出了统筹协调水电和新能源发展规划、适当放缓四川水电开发节奏、大力推进“电能替代”等措施。

建立电力调度协调工作机制。从6月份开始，每月定期组织召开四川电力调度协调会，及时披露电力运行和生产调度情况，围绕协调会重点问题开展讨论。以信息公开为抓手、以数据为基础，加大信息公开力度，细化四川水电弃水监管措施，缓解四川汛期水电弃水，促进电力“三公”调度。

协调处理厂网电费结算矛盾。针对调整四川电网丰枯峰谷电价政策引起的电网与发电企业的电费结算纠纷，组织召开协调会，了解电价政策调整和执行情况，分析当前电费结算纠纷的原因和企业的难处，研究提出了解决的方案，及时化解了电网与发电企业的矛盾。

三、加强电力建设监管，规范电力投资开发秩序

开展四川电网建设规划落实情况专项督查。为落实国家能源局有关专题会议要求和郑栅洁副局长的重要指示，全面核查了四川电网 2014—2016 年规划的电网建设项目落实情况，分析电网项目落地难的原因，向国网四川省电力公司发出监管意见书，协调解决电网规划建设项目存在的困难和问题。

开展煤电项目规划建设情况专项监管。按照国家能源局部署的煤电项目规划建设情况专项监管工作的有关要求，对四川省纳入规划、核准、在建和新投产的煤电项目进行了梳理，与省能源局组成联合督察小组，现场核实项目核准、建设、股权变动、建成投产情况。现场督查煤电项目，清理出了 19 家自备电厂规划、建设和生产中存在的问题。相关工作情况已形成专项监管工作报告上报国家能源局。

规范新建水电项目投资开发秩序。会同四川省能源局，开展了新建电源项目投资开发秩序专项监管，发布了四川省新建水电项目投资开发秩序专项监管报告。重点披露了部分项目核准前先行开工建设、部分核准项目未在核准有效期内开工建设等问题。提出了依法依规处理项目法人“未核先建”行为和限期整改“核而未建”行为等监管意见。有关企业开展了整改工作。

开展新能源发电并网专项监管。探索“双随机”执法检查，通过抽查部分新能源发电项目，重点对落实新能源规划政策、发电项目并网、“三公”调度执行、新能源消纳和弃能等方面进行监管，推动新能源发电项目违规建设、新能源发电项目并网不规范等问题的解决，为新能源项目开发与电网建设协调发展提供保障，落实可再生能源发电保障性收购制度，促进新能源全额消纳。

四、加大违法违规查处力度，规范电力企业生产经营行为

立案查处用户受电工程违规行为。根据用户受电工程市场秩序专项监管发现的问题，对违法违规供电企业进行了立案查处，对“三指定”、不按照规定办理用电业务和违规收费等行为予以行政处罚，对乱收费予以清退。

严肃查处电力安全违法违规行为。对违反安全法规的行为加大行政查处力度，对所有停工项目要求逐一整改，整改不到位，一律不许复工。

（本文摘自作者在 2017 年 3 月 27 日在四川电力监管工作座谈会上的讲话）

树立安全发展观念　落实安全生产责任

四川能源监管办副专员　何淑兰

2016 年电力安全生产和电力安全监管工作基本目标是：杜绝重大以上电力人身伤亡责任事故、杜绝重大以上电力安全事故、杜绝电厂垮坝事故，防止主设备严重损坏事故、防止对社会造成重大影响事故、防止重大以上环境污染事故，维护电力系统安全稳定运行，为经济社会发展提供安全可靠的电力保障。

四川能源监管办将按照国家能源局和省政府安委会的要求和安排，全面加强四川电力安全监管工作，切实履行电力安全监管工作职责，重点做好以下工作：

一、牢固树立安全发展观念，落实安全生产责任

（一）四川能源监管办督促电力企业落实安全责任，完善安全生产责任体系有关制度规程，加强安全生产基础能力建设，依法依规加大对非法违法违规行为的惩罚力度。各电力企业要全面深入排查安全隐患和薄弱环节，狠抓安全防范措施落实，切实防范和坚决遏制重特大事故发生。

（二）按照国家能源局和省政府安委会的要求，推进四川电力行业安全生产诚信体系建设，建立健全安全生产诚信制度和“黑名单”制度，完善诚信激励和失信惩戒机制。各电力企业要认真履行安全生产法定义务和社会责任，强化安全生产责任意识，深化安全生产自主管理，促进安全生产主体责任的落实和自我约束机制的形成，构建安全生产长效机制，不断提高企业安全生产整体水平。

（三）配合国家能源局完成水电企业安全生产现场督查手册的编制。组织有关电力安全方面的专家，依托具有先进安全管理经验的发电企业，充分考虑水电企业的生产特点，共同完成《水电企业安全生产现场督查手册》的编制工作。

二、加强监管执法，完善工作机制

（一）加强对隐患排查治理工作的监督检查和指导，完善重大隐患挂牌督办、跟踪治理和逐项整改销号制度，推动企业及时排查治理安全隐患。电力企业要进一步建立完善隐患排查治理制度，形成自查、自报、自改的闭环管理。

（二）建立完善电力事故（事件）警示通报和约谈制度，对事故多发、整改措施不力的单位，进行警示、通报和约谈，按照“四不放过”原则，严肃电力事故（事件）调查处理和责任追究，加强事故（事件）原因分析和规律性研究。电力企业要重视和加强电力安全信息报送工作，加强领导，落实责任，建立健全工作机制，进一步完善工作制度，采取有效措施，切实做好信息报送工作，确保信息的及时、准确和完整。

三、坚持问题导向，强化专业监管

（一）深化电网安全监管。深入开展电力系统安全运行风险管控专项监管，做好电网重大及以上风险挂牌督办工作，编制2016年度电网运行安全风险分析报告。电力企业要做好电网运行风险的分析、识别、监视和控制工作，确保电网安全运行。

（二）强化电力工程施工安全和质量安全监管。四川能源监管办继续组织电力工程施工安全和工程质量安全检查，逐步理顺四川电力工程质量监督体系，加强电力工程质量监督工作。电力建设企业要贯彻落实《电力建设工程施工安全监督管理办法》，落实安全生产责任，防范电力建设施工安全事故的发生。

（三）继续加强水电站大坝安全监管。四川能源监管办进一步贯彻落实《水电站大坝运行安全监督管理规定》，督促各电力企业积极开展大坝安全注册登记、定期检查等工作，推进大坝信息化建设工作，加强汛期水电站大坝安全监管，监督问题大坝的排查治理和除险加固工作。各电力企业要明确和落实水电站大坝从建设到运行的安全管理责任，严格执行大坝安全注册和新建水电站大坝备案登记制度，认真开展水电站大坝安全检查工作及大坝安全监测管理，及时开展病坝治理、险坝除险加固工作。

（四）继续开展地灾防治相关工作。按照国家能源局、省政府关于地质灾害防范的有关要求，组织电力企业开展地质灾害防灾措施落实情况自查工作。各有关电力企业应按要求继续开展在建电力建设工程防范地质灾害专项演练。

（五）继续完善四川电力可靠性监督管理工作体系，宣传贯彻落实可靠性管理相关规章制度、规范性文件和技术标准，强化开展四川电力可靠性管理工作，发布《四川电力可靠性监管年度报告》。各电力企业要进一步夯实可靠性管理基础工作，健全可靠性管理组织体系和工作机制，落实可靠性管理职责，提高四川电力可靠性管理水平。

（六）加强电力企业网络与信息安全工作。各电力企业要认真开展电力企业信息安全等级保护测评、电力监控系统安全防护评估工作和电力工控PLC设备的隐患排查及漏洞整改工作。

（七）进一步加强汛期电力安全生产工作，按照国家能源局、四川省政府要求，组织各有关电力企业开展2016年四川电力行业防汛抗旱检查工作，并于6月至9月对防汛重点流域、重点企业和建设工程等就防汛抗旱责任落实、防汛准备、施工营地防灾避险及防汛等情况开展督查、抽查。各电力企业要认真总结上一年度防汛抗旱工作经验，完善防汛机制，落实汛期值班制度，抓好防汛抗旱检查工作，确保电力生产运行和电力工程建设安全度汛。

（八）继续抓好《电力行业反恐怖防范标准》的落实，督促电力企业落实人防、物防和技防具体措施，扎实做好反恐怖防范工作，加强宣传教育，提高电力行业反恐怖防范能力。

（九）督促电力企业抓好农村电网改造升级安全管理工作。各有关电力企业要加强组织领导、统筹协调和规划指导，做好项目储备，上下形成合力，加大安全投入，强化施工队伍安全管理，确保工程安全顺利实施。

四、强化应急管理，提升应急能力

（一）贯彻落实《国家大面积停电事件应急预案》，结合四川电网实际，会同省直相关部门、电力企业等，修订完善《四川省大面积停电事件应急预案》，建立健全大面积停电事件处置机制，加强《四川省大面积停电事件应急预案》的宣传培训，并适时组织开展四川电网大面积停电应急演练。各有关电力企业要认真宣贯《四川省大面积停电事件应急预案》，结合相关内容和要求，及时修编本企业相关应急预案。

（二）强化四川电力应急管理工作，结合日常安全检查，采取通报、约谈等措施，督促四川电力企业按照《四川电力企业应急预案管理实施细则》要求，加快开展各类应急预案的编制、演练、评审、备案等工作，促进电力行业应急能力和管理水平提升。已完成评审备案的电力企业要抓好应急预案的演练、评估和修编工作。

五、坚持固本强基，促进安全发展

（一）按照国家能源局关于《电力安全培训监督管理办法》等文件的要求，加快推进四川电力行业安全培训工作，对培训工作开展不力的企业采取监管约谈等方式进行督促，全面完成四川电力安全培训工作。各电力企业要落实培训工作的主体责任，结合企业实际制定培训计划，完成电力企业相关负责人及安全生产管理人员的培训取证工作，落实好本企业其他从业人员的安全培训工作。

（二）加强安全生产宣传教育，组织开展安全生产月、“六打六治”打非治违、大检查“回头看”等安全生产活动，结合四川电力安全培训工作，广泛宣贯《电力监控系统安全防护规定》《电力安全生产监督管理办法》《水电站大坝运行安全监督管理规定》《电力建设工程施工安全监督管理办法》，督促四川电力行业落实新规定、新办法。

（三）推进重要用户供用电安全管理课题研究，形成课题研究成果，完善“一套标准、一套信息管理系统、一种管理机制”，开展规范重要用户供用电安全监管试点工作，对试点情况进行评估，根据评估情况向全省推广。

（四）继续推进电力安全生产标准化建设，加强对标准化建设工作的监督指导。四川能源监管办结合日常安全监管工作，通过安全生产风险预控体系建设、安全生产诚信体系建设、安全检查、专项监管和问题监管等方式，督促电力企业自主开展标准化建设工作；结合电力安全事故（事件）调查处理，查找电力企业标准化建设工作中存在的突出问题，依法依规予以处理。各电力企业要将标准化建设作为企业日常安全管理的重要内容，结合本单位实际和安全风险预控体系建设，进一步完善安全生产管理标准、作业标准和技术标准，积极主动地开展标准化建设工作，促进企业安全生产水平的不断提升。

（本文摘自作者2016年3月1日在四川电力安全生产工作暨先进表彰大会上的讲话）

能源互联网“四川行动”全面提升绿色发展能力

国网四川省电力公司总经理　石玉东

国家电网公司董事长刘振亚日前强调，构建全球能源互联网对公司发展具有重要战略意义，将提升公司战略影响力，特高压加快发展，将为公司开辟广阔发展空间。构建全球能源互联网是重大的思想创新、战略创新、技术创新、实践创新。国网四川电力充分认识构建全球能源互联网的重大意义，深入学习领会战略精髓，决心充分发挥四川资源禀赋比较优势，大力实施中国能源互联网“四川行动”，努力构建能源发展新篇章。

全球能源互联网为可持续发展开辟新路

当今世界，大规模开发利用化石能源导致资源紧张、环境污染、气候变化诸多全球性难题，对人类生存发展构成严重威胁。国家电网公司深入研究，积极探索能源与环境问题，提出构建全球能源互联网的战略构想，保障世界能源安全、清洁、高效发展。

最近，全球能源互联网大会在北京成功召开，全球能源互联网发展合作组织正式成立，对于加快推动全球能源互联网发展，开创世界能源清洁绿色发展新局面具有重要的里程碑意义。作为21世纪能源领域的重大创新，构建全球能源互联网，建设以特高压电网为骨干网架、以各国泛在智能电网为基础、以输送清洁能源为主导的全球能源配置平台，是破解化石能源困局，实现能源、经济、社会、环境可持续协调发展的治本之策。

按照全球能源互联网发展路线图，经过国内互联、洲内互联、洲际互联三个阶段，到2050年将基本建成全球能源互联网。届时，清洁能源占全球一次能源消费总量比重将达到80%，每年可替代相当于240亿吨标准煤的化石能源，减排二氧化碳670亿吨，可以实现全球气温升高控制在2℃以内的目标，让地球村人人都能享有充足、清洁、廉价、高效、便捷的绿色电能。因此，构建全球能源互联网是“一带一路”建设的创新发展，是推进能源革命的重大举措，是推动经济社会发展的强大引擎，必将促进经济、社会、生态环境全面协调可持续发展。

构建全球能源互联网激发四川内生动力

四川是“一带一路”和“长江经济带”的重要接合部，是连接西南西北、沟通中亚南亚东南亚的重要交通走廊，在全球能源互联网战略中具有特殊位置。四川省委、省政府以“一带一路”的战略视角，抢抓机遇、精准切入，重新优化调整基础设施发展规划，进行全面对接、优化设计和重点推进，为全球能源互联网战略在四川落地创造了极好的环境。

清洁能源是构建能源互联网的根本。四川是清洁能源大省，目前全省 80%的发电装机都是清洁能源，其中水能资源富甲天下，水电技术可开发量约 1.2 亿千瓦、居全国前列，已建发电装机约 7000 万千瓦、居全国第一，“十三五”时期将建成的水电装机约 1500 万千瓦；风能、太阳能资源也非常丰富，清洁能源大规模开发潜力巨大，大力实施“大枢纽、大平台、大通道”战略，四川电网将在全球能源互联网中发挥更大的作用。

智能电网是构建全球能源互联网的基础。四川在智能电网建设中步履坚实。“十二五”以来，四川电网累计投入 1481 亿元，初步建成 500 千伏电网覆盖全省各市州，具有信息化、自动化、互动化为特征的四川电网。在智能电网创新方面，全川累计建成智能变电站 140 座，安装智能电表 1860 万只；投运全国首条无线充电社区公交线路；积极融入国家“互联网+”发展行动，与腾讯签署战略合作协议，利用现代电商来打造传统电商，使传统电商和现代电商很好地融合，迈出了由传统电网向智能电网升级的坚实步伐。

特高压电网是构建能源互联网的关键。四川是我国较早建设投运特高压电网的省份之一，先发优势明显。向家坝至上海（复奉）特高压直流输电工程是我国自主研发、自主设计和自主建设的世界上电压等级最高、技术水平最先进的直流输电工程之一。包括复奉线在内，起源于四川省的三大特高压直流输电线路（复奉线、锦苏线、宾金线），5 年来已累计向华东地区上海、江苏、浙江等地输送四川清洁水电达到 2033 亿千瓦时，相当于节约燃煤 9314 万吨，减排烟尘 7.4 万吨、二氧化硫 45.8 万吨、氮氧化物 48.4 万吨、二氧化碳 18297 万吨。四川清洁能源以清洁和绿色方式满足了中国东部的能源需求，为实现节能减排，推进大气污染防治作出了重要贡献。

积极实施全球能源互联网“四川行动”

国网四川电力主动围绕全球能源互联网战略构想，将大力实施能源互联网“四川行动”计划。

目前，四川携手清华大学与美国华盛顿大学、华盛顿州共同开展“气候智慧型/低碳城市”2+2 合作，国网四川电力积极参与，推进相关科学研究与产业发展，进一步落实《中美气候变化联合声明》的倡议，并参与四川省和清华大学促进清洁低碳发展合作示范项目，设立卢强院士工作站。具体工作中，本着“促共识、搭平台、引资源、建示范”原则，让能源互联网构建得到更广泛传播和成为各界共识；搭建能源互联网创新平台，吸引社会资源，共同研发和技术攻关，引领技术变革，驱动创新发展；坚持统筹规划、协同推进、试点先行的原则，开展试点示范项目。

国网四川电力正进一步加强大电网分析技术攻关，深化大规模清洁能源送出及并网调控、自然灾害预警与应急抢险等技术研究，强化科研成果培育，完善创新体系。加快跨省跨区联网特高压发展，以构筑连接华中华东、新疆西藏、西北电网的电力“大枢纽”。建设覆盖主要负荷中心和清洁能源基地的坚强特高压交流骨干网架，打造推动水火互济、风光互补、购送灵活的资源配置“大平台”。逐步把四川电网建成中国能源互联网的重要组成部分，满足省内外需要，同时为接纳疆电藏电提供网架支撑，建设西部清洁能源打捆外送的“大通道”。重点推进 1000 千伏四川特高压交流环网及向德格、巴塘延伸的特高压交流工程，西北与西南特高压交流联网的阿坝-果洛、陇南-广安-长寿特高压交流工程，±1100 千伏准东-成都、±800 千伏雅中-南昌、±800 千伏金沙江上游-赣州特高压直流“一交三直”等特高压工程建设，全面提升四川电网安全保障能力、资源配置能力和绿色发展能力。

构建全球能源互联网为国网四川电力和四川电网的发展创造了崭新黄金机遇期。我们将认真贯彻落实国家能源发展战略部署，积极服务四川清洁能源基地建设，主动作为、努力实践、攻坚克难，在全球能源互联网构建中做出新的更大贡献！

（原载《四川日报》2016 年 4 月 27 日）

学为实　做为根　深学笃行化常态

国网四川省电力公司党委书记　潘敬东

在全体党员中开展“两学一做”（注）学习教育，是强化党的思想政治建设的一项重要举措，是深化党内教育的又一次重要实践。为贯彻落实国网公司党组理论学习中心组“两学一做”学习(扩大)会议和深入开展“两学一做”学习教育确保电网安全和优质服务电视电话会议精神，国网四川省电力公司以“真学”“常思”“深悟”“践行”为切入点，把“两学一做”融入日常工作，当好“政治明白人”“实践带头人”和“党建守护人”。

信仰坚定，当好“政治明白人”。作为共产党员，必须时时警醒，时时铭记，坚定共产主义追求，坚定社会主义信仰，具体而言就是把这种信仰转化成工作的热情和正能量。群众观点是我们党的基本政治观点，作为党员干部，务必要解决好立场问题，永远和群众心贴心、心连心，从思想上切实解决好为谁工作、为谁服务的问题。为此，国网四川电力各级党组织重点围绕“讲政治有信念”这一主题开展了系列活动：抓好专题集中学习讨论，在学习中强党性、明方向、改不足；同步开展好党课教育，以“基层党组织书记讲党课”活动为载体，充分调动基层党组织书记的积极性，做到党课教案四结合，即与“两学一做”学习教育相结合、与实际工作相结合、与支部实际情况相结合、与党员的思想和工作相结合，基层党组织书记全参与、党员教育全覆盖，进一步引导广大党员切实增强“四种意识”；国网四川电力创新开展的“微宣微讲”“基层党支部书记讲党课”等活动，通过灵活多样、以小见大的多种形式，把党的历史、理论、纪律规矩和习近平总书记系列重要讲话学习领悟讲得更加透彻、更加生动具体，全面提升了党员队伍的思想政治素质，激发了党员干部干事创业激情。

党性引领，当好“实践带头人”。在“两学一做”学习教育中，党员的党性修养锻炼不能仅停在书本上、落在会议中，而是要以问题为导向，带着问题学、针对问题改，把践行作为检验党性强不强的试金石。党性修养是共产党员自律、自强和自我完善的过程，因此我们唯有真正做到知行合一，才能过好“践学”关，才能真正解决党性意识弱化、宗旨观念淡薄、组织纪律涣散等问题。为此，国网四川电力不断深化“三亮三比”活动，开展创建“基层服务型党支部”示范点、党员责任区、党员先锋岗、党员身边无违章等实践活动，发挥基层党组织战斗堡垒作用，积极选树“两学一做”学习教育中的先进典型，把合格党员的标准亮出来，把优秀党员的标杆树起来，做到重要岗位有党员、主要骨干是党员、关键时刻见党员，促进广大党员立足岗位创先争优。

以文化人、以文育人，我们把“两学一做”与卓越企业文化建设紧密结合起来，强化“四讲四有”，不断促进党的建设和卓越文化建设的相互交融，让每一位党员争当卓越文化的传播者和实践者，大力弘扬“两越”精神和企业核心价值观，用先进的文化教育人、感染人、引导人，激励员工积极投身于全球能源互联网四川行动和降本提质增效攻坚战中。

贵在坚持，当好“党建守护人”。学习能不能接地气、思想能不能引发共鸣，就看“两学一做”能不能深入到党员干部的心坎里去。国网四川电力注重将“两学一做”学习教育从集中性教育向经常性教育延伸，虽然没有设置推进时间表和完成时间，但国网四川电力制定的学习流程图环环相扣，与日常党建工作紧密衔接，以党支部为基础细胞，以“三会一课”、民主评议党员、党员党性定期分析等党内组织生活为基本形式，以落实党员教育管理制度为基本依托，突出正常教育，有针对性地对普通党员和党员领导干部分别提出要求。学习教育的内容安排、方法措施等都需从实际出发，注重分类指导，给基层党组织结合实际开展学习教育留出空间，发挥党支部自我净化、自我提高的主动性。国网四川电力党委始终重视抓好党委主体责任的落实，坚持对基层党建工作进行全方位考核，并与企业生产经营管理挂钩，坚持定期进行书记抓党建述职，并纳入责任考核。不断完善党校建设管理，以党校为阵地，强化党员干部政治理论培训，同时修订了领导干部理论学习相关制度和基层党委书记定期报告工作制度，坚持常态化学习、制度化管理。健全完善了党建工作考核评价制度，坚持党建工作考核评价与领导班子综合考评、经营业绩考核相衔接，与领导干部奖惩、任免挂钩。落实了各级领导干部定点联系基层党组织制度，发挥联系点辐射带动作用。

"两学一做"不是一时之功，更不会一蹴而就，它是推动党内教育从"关键少数"向广大党员拓展、从集中性教育向经常性教育延伸的重要举措。

抓在日常、严在经常，党的思想政治建设需要与时俱进、常抓不懈，"两学一做"，我们一直在路上。

（原载《民生周刊》2016年24期）

（注："两学一做"是学习党章党规、学习习近平总书记系列讲话、做合格共产党员。）

建设智慧企业　推动管理创新

国电大渡河流域水电开发有限公司总经理　涂扬举

国电大渡河流域水电开发有限公司以创新发展理念为指导，深入研判企业改革发展形势和大型流域水电企业发展方向，大力实施创新驱动战略，于2014年在国内率先开展智慧企业建设，融合工业技术、信息技术和管理技术，转变水电企业传统管理模式，提升企业管理水平，增强市场竞争能力，向着打造具有世界影响力的国际一流水电企业、智慧清洁能源综合服务商大踏步迈进。

把握企业转型发展的新趋势与新要求

党的十八届五中全会提出创新、协调、绿色、开放、共享的发展理念，把创新摆在第一位，强调创新是引领发展的第一动力。习近平总书记强调：抓住了创新，就抓住了牵动经济社会发展全局的"牛鼻子"。对于电力行业来说，创新是推动行业向前发展的不竭动力，创新文化是电力企业永葆生命力和凝聚力的重要基础。围绕中国国电集团公司"一五五"核心战略，大渡河公司坚决贯彻落实中央、集团公司战略部署，推进创新理念落地，建设创新型企业。

从全球宏观环境来看，信息技术、能源革命、管理创新正在引发新的变革，生产模式由大批量集中式向智能化、网络化、个性化发展，智能制造、互联互通已经成为世界工业企业发展的新趋势，大量的自动化技术、云计算手段、大数据运用等新兴产业不断涌现，对电力行业带来颠覆性的冲击与影响。作为水电企业，只有积极主动适应科技创新发展趋势，引入新的技术知识与管理方式，加强管理创新与自身革新，才能不断提升自身可持续发展能力，在激烈的市场竞争中赢得机遇、获得发展。

从行业发展情况来看，创新的根本目的在于创效。当前，由于经济持续下行、需求增长乏力、产能过剩加剧，电力企业面临的市场政策环境越来越复杂严峻，发电市场进入了降电价、降利用小时、低电量增长率、低负荷率的"双降双低"通道。在收入和成本两头承压的情况下，企业除了抓好安全生产、市场营销等基础工作外，还需要在创新理念培育、增效手段创新上狠下功夫，积极培育新的利润增长极，创新构建新的盈利模式，通过运用创新管理手段，完善内部管理机制，实现企业转型升级。

从企业经营角度来看，大渡河公司成立15年来，实现了从无到有、从小到大的跨越式发展，接近装机容量千万千瓦、资产规模千亿元"双千"大关。但在经济发展新常态下，发展方式由规模扩张型向质量效益型转变，管理也随之更加精细。管理越精细，越需要创新管理理念，创新管理手段，重新构建一套先进的智慧企业管理系统，改变以往被动的、指令式的管理方式，使企业快速对外部条件做出预判与回应，增强提质增效的内生动力和活力。

明确智慧企业建设的新定位与新思路

企业改革创新的步伐永不止步，智慧企业建设势在必行。大渡河公司清晰定位智慧企业，绝不是企业传统的数字化、信息化、智能化，它是在企业实现业务量化的基础上，将先进的信息技术、工业技术和管理技术高度融合，从而产生的一种全新的、具备自动管理能力的企业组织形态和管理模式，需要全员抓、领导抓、系统抓，找准定位，理清思路，上下形成合力，才能确保智慧企业建设有序推进。

统一全员思想。统一思想是推进改革的前提。一直以来，水电企业靠天吃饭，过安稳日子，很多干部习惯于行政化思维，对新技术、新信息不敏感。

为打破传统观念，2014年4月，公司向全体干部员工赠送《用数据说话》一书，并邀请该书作者做专题讲座，掀起了学习运用量化思维和数据思维的热潮。以此为契机，公司多次邀请大数据、互联网+等领域的知名专家为干部员工授课，主要领导也走上讲台，宣贯智慧企业建设对提升企业治理的重要性。公司领导班子率先到华为公司、浙大网新等地参观学习，同时选派5批次干部职工到深圳、杭州、南京、上海、北京等地区优秀企业培训学习，极大开阔了干部视野，培养了人才骨干。

加强顶层设计。顶层设计是工作的总纲领、总蓝图。为了高标准、高起点做好顶层设计，公司组建了以原中国工程院常务副院长潘云鹤院士为总顾问的顶级专家团队，集合国家信息中心、华为、城云科技、清华大学、浙江大学、天津大学、复旦大学等优秀企业和高校，发挥各自优势，开展智慧大渡河建设研究。经过反复论证，历时1年编制完成了《智慧大渡河战略研究与总体规划报告》。2015年5月，经中国工程院钟登华院士、陈纯院士以及我国信息化、智能化、数据处理、软件开发、水利水电建设领域20多名专家审定，公司智慧企业建设总体规划得以通过并获得高度评价。

明确愿景目标。好的愿景目标能够最大限度地激发员工的积极性、主动性、创造性。2014年，公司确定了“打造幸福大渡河、智慧大渡河，建设国际一流水电企业”的愿景目标，在反复咨询研究的基础上，确立了智慧企业最终愿景是企业实现自动管理，即自动预判、自主决策、自我演进的建设目标。自动预判即企业风险识别要自动化，通过业务量化，采集并生成大数据，应用最前沿的大数据分析处理技术，实现企业各类风险全过程识别、判定，并自动预警。自主决策即企业决策管理要智能化，企业能够自动预判不同层级的问题及风险，由各类“专业脑”自动生成应对问题及风险的方案，并提交企业“决策脑”进行决策。自我演进即企业变革升级要智慧化，企业能够随着各类原始数据和决策数据的不断累积，通过记忆认知、计算认知、交互认知三位一体的认知网络，实现自我评估、自我纠偏、自我提升、自我引领。这一目标，让干部员工看到了“智慧企业最终是将人从艰苦环境和重复劳动、繁重劳动中解放出来，让员工成为数据的主人，让数据驱动企业决策管理，最终让员工成为企业决策管理的主人”的美好愿景，极大激发了80、90后年轻人建设热情。

理清建设路径。2014年以来，公司始终朝着“业务量化、统一平台、集成集中、智能协同”的建设路径，扎实推进各项工作。业务量化，就是在企业通过科学设定标准、量化工作任务，运用智能设备和物联网技术，实时采集、传输、处理各类信息数据，实现对企业各种要素的动态感知。统一平台，就是在企业创建数据标准统一、员工协同工作、数据实时交换、信息实时处理的信息化基础平台。集成集中，就是在企业通过整体规划、系统整合、数据集中、集成运行等策略，消除业务系统分类建设、条块分割、数据孤岛的现象，构筑企业级统一服务平台。智能协同，就是在企业通过深挖数据，提升数据分析处理能力，靠相关数据、平台、应用的支撑，实现人、系统、设备之间的高效协作。

打造智慧企业建设的新亮点与新成效

大渡河公司结合现有业务分布、职能设置，大力推进管理模式再造，大胆进行管理体制机制创新，确立了“一中心、两部门、多单元”的管理模式，着力改变以往层级式管理，打造若干个更加专业化的管理中心，提供更加科学、充分的决策支持，构建更加扁平、高效的管理流程，解决制约企业发展、降低工作效率、影响经营效益的突出问题。一中心是决策指挥中心，是公司的大脑；两部门是规划研发部门和服务保障部门，是支撑发展的两翼；多单元是决策指挥中心的分中心，由若干专业脑构成，是推动发展的业务基础。届时公司管理将完全依托于大数据的管理，基层管理将由专业化、车间化的虚拟人专业管理模式替代。

推进智慧企业建设规划落地。经过近两年的建设实践，取得了系列阶段性成果，形成由决策脑（决策指挥中心）、职能专业脑（专业数据中心）、业务单元脑（智慧单元）构成的智慧企业建设格局。公司决策指挥中心，即为公司决策层服务的“决策脑”正在筹建，计划明年上半年建成投运。公司机关本部“专业脑”初具雏形。财务数据共享中心建成运行让公司财务管控更加有效，大大降低了融资成本，管理人员和成本大幅下降，资金使用水平大幅提高；水库及大坝安全监控中心的建成投运，风险预警更加及时，今年5月初通过监测大数据提前4小时成功预警了S211郑家坪滑破，避免了人民群众生命财产损失；碳资产管理中心使公司成为西南拥有最大碳资产的企业；经济运行中心、售电中心等成功建立和智慧应用，使公司在激烈的电力市场竞争中做到耳聪目明；云计算数据中心的投运为公司在智慧管理奠定了重要的基础。目前，招标及采购数据中心等正在筹建。

推进智慧工程建设。传统水电项目建设过程中，工程施工期长、季节性强、技术复杂，项目的进度、质量、安全、投资等管控复杂，传统的多部门、多层级的决策管理模式，导致信息的碎片化和孤岛化，对工程管理带来较多的不确定性因素。

在打造智慧工程建设中，公司以“全方位、全过程、可追溯、智能化”为特征，将物联网、大数据、人工智能等前沿技术，与工程安全、质量、进度、投资、环保等“五控制”业务深度融合，实现数据驱动的自动感知、自动预判、自主决策的工程管理新模式，对传统水电工程建设带来根本性变化。公司在双江口、沙坪二级电站中广泛运用智慧工程技术，设立了3D数字厂房、混凝土智能制备浇筑生产系统、施工资源实时监控系统、安全实时监控分析系统等单元模块，实现现场混凝土制备浇筑、工程施工进度、施工资源定位监控、工程安全实时监控等数据信息的采集、远程传输与集中化存储管理，打破传统工程管理垂直式信息传递模式，减少不必要的损失及额外成本，解决指令传递失真、决策流程滞后等低效问题。

推进智慧电厂建设。传统水电站受到多方面条件制约，如电网负荷匹配、送电线路容量、水情预测精度、防洪限制要求等，需要实时分析多方面影响因素。当前电力企业大力推行无人值班（少人值守）管理模式，对自动化、数字化、信息化管理技术提出了更高要求。

在智慧电厂建设过程中，以自动控制为基础，以数据管理为核心，整合运行管理历史经验和人工智慧，引导管理系统自主学习、自我演进，谋求设备控制更加自主、生产管理更加智能、风险决策更加科学的全新电力生产组织形态与管理模式。公司在沙坪等新投产电站中全面推广智能巡回系统，采取“无人机+轮式机器人+工业电视”相结合的模式，取代了人工巡回方式，实现在厂房各区域精准可靠地识别、排查、处理各类隐患故障，大幅减少人员劳动工作量，提高工作效率和工作质量。公司不断完善计算机监控系统，将设备运行情况等现场数据全部接入公司云计算平台，实现设备全面在线监测，提高经济运行和风险识别防范能力。在生产现场采用智能钥匙技术，实现现场权限管理精细化。

推进智慧调度建设。水资源调度是提高水电站经济效益的关键。在当前水电项目运行管理中，已逐渐由以往单一电站、单一系统发展为流域梯级电站集中控制模式，通过寻求梯级电站间科学用水匹配，保证合理水位下的最大出力运行，最大限度减少调峰弃水，确保达到效益最优的经济运行方式。

在推进智慧调度建设过程中，公司把建设重点放在精准化的水情测报系统、智能化的梯级调控系统、自动化的风险识别系统三个方面，实现全面收集、分析实时电网负荷、水情雨情、设备工况等海量数据，实时完成调度方案的计算编制，自动优化分配梯级电站发电负荷，实现机组与闸门自动启停启闭，形成智慧科学的梯级调度决策。通过更加全面的信息共享和互联互通，及时感知超标洪水、系统故障、线路跳闸等外部危险源，提前做出预警，自动识别自身设备故障和缺陷等内部危险源，根据风险级别给出措施建议或直接采取处置措施，确保电力生产和防洪度汛的安全。

推进智慧检修建设。随着水电检修管理水平不断提升，检修管理手段由事后检修、预防性计划检修向改进型检修、状态检修演变，更加强调以设备状态监测和故障诊断为基础，通过大量数据分析，科学判断设备性能裂化状况以及发展趋势，确保在故障发生前提前治理，通过优化管理，也避免对健康设备进行重复检修造成资源浪费。

在推进智慧检修建设过程中，公司着力打造由数据中心、算法中心、应用中心和服务中心等构成的智慧检修体系。数据中心对设备状态数据进行实时采集；算法中心对数据中心提供的数据进行比较挖掘和处理，作出趋势预警；应用中心根据算法中心的预警，对故障点进行精准定位定性，结合趋势变化，提出检修策略；服务中心依托精益检修标准体系，自动完成检修方案、物资材料准备、过程管理。

智慧企业建设是国电大渡河公司创新落地的具体实践，通过深入研究和探索，智慧企业建设已走在了行业前列。下一步，公司将深化智慧企业建设，不断提高对电站建设、生产管理、经济运行、设备检修以及企业管理的洞察力，提高应对外部风险能力，增强智慧决策与管控水平，推动管理与效益双提升，打造幸福大渡河、智慧大渡河，建设国际一流水电企业。

要 事 特 辑

电力发展“十三五”规划（2016—2020年）

2016年11月7日，国家发改委、国家能源局召开新闻发布会，对外正式发布《电力发展“十三五”规划》。这是时隔15年之后，电力主管部门再次对外公布电力发展5年规划。上次发布需要追溯到2001年1月1日，当时的电力主管部门——原国家经贸委——发布了《电力工业“十五”规划》。

“十五”电力规划发布以来，“十一五”“十二五”期间都未发布电力规划。在此期间，我国电力工业取得了快速发展，装机容量迅速提升：

截至2015年年底，全国发电装机容量达到15.3亿千瓦，其中水电3.2亿千瓦，占21.1%；火电9.9亿千瓦，占65.56%；核电2608万千瓦，占1.7%；风力、太阳能等新能源发电约1.72亿千瓦。全年用电量达到5.69万亿千瓦时。发电装机容量和发电量均居世界第一位。而在“十五”电力规划发布之时，即截至2000年底，全国发电装机容量为3.19万千瓦，其中水电7935万千瓦，占24.9%；火电2.38万千瓦，占74.4%；核电210万千瓦，占0.7%；风力、太阳能等新能源发电约33万千瓦。全年发电量达到1.37亿千瓦时。发电装机容量和发电量均居世界第二位。

根据《电力发展“十三五”规划》，预计2020年全社会用电量6.8万亿-7.2万亿千瓦时，年均增长3.6%到4.8%，全国发电装机容量20亿千瓦，年均增长5.5%，人均装机突破1.4千瓦，人均用电量5000千瓦时左右，接近中等发达国家水平，电能占终端能源消费比重达到27%。

考虑到为了避免出现电力短缺影响经济社会发展的情况和电力发展适度超前的原则，在预期2020年全社会用电量需求的基础之上，按照2000亿千瓦时预留电力储备，以满足经济社会可能出现加速发展的需要。

按照非化石能源消费比重达到15%的要求，到2020年，非化石能源发电装机达到7.7亿千瓦左右，比2015年增加2.5亿千瓦左右，占比39%，提高四个百分点，发电量占比提高到31%，气电装机增加5000万千瓦，达到1.1亿千瓦以上，占比超过5%，煤电装机力争控制在11亿千瓦以内，占比降至约55%。

抽水蓄能电站装机新增约1700万千瓦，达到4000千瓦左右，单循环调峰气电新增规模500万千瓦，热电联产机组和常规煤电灵活性改造规模分别达到1.33千瓦和8600万千瓦左右。落实全额保障性收购制度，将弃风、弃光率控制在合理水平。

力争淘汰火电落后产能2000万千瓦以上，新建燃煤发电机组平均供电煤耗低于300克标煤每千瓦时。现役燃煤发电机组经改造平均供电煤耗低于310克。火电机组二氧化硫和氮氧化物排放总量均力争下降50%以上，30万千瓦级以上具备条件的燃煤机组全部实现超低排放，燃煤机组二氧化碳排放强度下降到865克每千瓦时左右，火电厂废水排放达标率实现100%，电网综合线损率，控制在6.5%以内。

2020年，电能替代新增用电量约4500亿千瓦时。力争实现北方大中型以上城市热电联产集中供热率达到60%以上，逐步淘汰管网覆盖范围内的燃煤供热小锅炉。

“十三五”期间，全国常规水电新增投产约4000万千瓦，开工6000万千瓦以上，其中小水电规模500万千瓦左右。到2020年，常规水电装机达到3.4亿千瓦。

“十三五”期间，风电新增投产0.79亿千瓦以上，太阳能发电新增投产0.68亿千瓦以上。2020年全国风电装机达到2.1亿千瓦以上，其中海上风电500万千瓦左右；太阳能发电装机达到1.1亿千瓦以上，其中分布式光伏6000万千瓦以上、光热发电500万千瓦。

依托电力外送通道，有序推进“三北”地区可再生能源跨省区消纳4000万千瓦，存量优先。

到2020年生物质发电装机1500万千瓦左右。

“十三五”期间，全国核电投产约3000万千瓦、开工3000万千瓦以上，2020年装机达到5800万千瓦。坚持安全发展核电的原则，加大自主核电示范工程建设力度，着力打造核心竞争力，加快推进沿海核电项目建设。深入开展内陆核电研究论证和前期准备工作，认真做好核电厂址资源保护工作。

“十三五”期间，全国气电新增投产5000万千瓦，2020年达到1.1亿千瓦以上，其中热电冷多联供1500万千瓦。

加快煤电转型升级，促进清洁有序发展。“十三五”期间，取消和推迟煤电建设项目1.5亿千瓦以上，到2020年全国煤电装机规模力争控制在11亿千瓦以内。

“十三五”期间，全国实施煤电超低排放改造约4.2亿千瓦，实施节能改造约3.4亿千瓦，力争淘汰落后煤电机组约2000万千瓦。到2020年，全国现役煤电平均供电煤耗降至310克标煤每千瓦时；具备条件的30万千瓦级以上机组全部实现超低。

加强调峰能力建设，提升系统灵活性。“十三五”期间，抽蓄电站开工6000万千瓦左右，新增投产1700百万千瓦左右，2020年装机达到4000万千瓦左右。

“十三五”期间，“三北”地区热电机组灵活性改造约1.33亿千瓦，纯凝机组改造约8200万千瓦；其他地方纯凝改造约450万千瓦。改造后，增加调峰能力4600万千瓦，其中“三北”地区增加4500万千瓦。

筹划外送通道，增强资源配置能力。“十三五”期间新增“西电东送”输电能力1.3亿千瓦，2020年达到2.7亿千瓦。

实施电能替代，优化能源消费结构。2020年实现能源终端消费环节电能替代散煤、燃油消费总量约1.3亿吨标煤。

加快充电设施建设，促进电动汽车发展。到2020年，新增集中式换电站超过1.2万座，分布式充电桩超过480万个，基本建成适度超前、车桩相随、智能高效的充电基础设施体系，满足全国超过500万辆电动汽车的充电需求。

深化电力体制改革，完善电力市场体系。组建相对独立和规范运行的电力交易机构，建立公平有序的电力市场规则，初步形成功能完善的电力市场，深入推进简政放权。

有序推进电力体制改革。核定输配电价。2017年年底前，完成分电压等级核定电网企业准许总收入和输配电价，逐步减少电价交叉补贴。加快建立规范明晰、水平合理、监督有力、科学透明的独立输配电价体系。建立健全电力市场体系。建立标准统一的电力市场交易技术支持系统，积极培育市场主体，完善交易机构，丰富交易品种。2016年启动东北地区辅助服务市场试点，成熟后全面推广。2018年底前，启动现货交易试点；2020年全部启动现货市场，研究风险对冲机制。2016年年底前完成电力交易机构组建工作。有序放开发用电计划。建立优先购电和优先发电制度，落实优先购电和优先发电的保障措施；切实保障电力电量平衡。逐年减少发电计划，2020年前基本取消优先发电权以外的非调节性发电计划，全面推进配售电侧改革，支持售电主体创新商业模式和服务内容。2018年年底前完成售电侧市场竞争主体培育工作，基本形成充分竞争的售电侧市场主体；鼓励社会资本开展新增配电业务；明确增量配电网放开的具体办法；建立市场主体准入退出机制；完善市场主体信用体系；在试点基础上全面推开配售电改革。

（原载《中国能源报》）

国家发改委批复四川省电力体制改革综合试点方案

2016年9月7日国家发改委对四川省开展电力体制改革试点工作作出批复，具体内容如下：

四川省电力体制改革综合试点方案

围绕贯彻落实《中共中央国务院关于进一步深化电力体制改革的若干意见》（中发〔2015〕9号），破解制约我省电力行业发展中的深层次矛盾和体制机制障碍，促进我省电力行业健康可持续发展，我省拟启动电力体制改革综合试点，为下一步全面深化电力体制改革积累经验。为有力有序推动改革综合试点，特制定本方案。

一、改革重要性和紧迫性

（一）四川省电力行业改革发展取得的成效。

自2002年电力体制改革实施以来，在党中央、国务院领导下，我省电力行业破除了独家办电的体制束缚，实现了厂网分开，电力产业发展步伐加快，电力普遍服务水平不断提升，电力市场主体多元竞争的格局初步形成。截至2015年，全省发电装机容量达8672.88万千瓦，居全国第4位，其中水电和新能源装机占81.3%。2015年全省发电量达3209亿千瓦时，居全国第5位，全年外送电量1226.59亿千瓦时，居全国第4位。“四直四交”的跨省跨区联网格局初步建立。农村无电人口用电问题全面解决。发电侧多元竞争格局初步形成，目前全省拥有数量众多、性质各异的发电企业3389家，其中水电企业3223家。直购电试点范围不断扩大，2015年大用户直购电达280亿千瓦时，占全省总用电量的14.3%。

（二）四川省电力发展存在的突出矛盾和问题。由于复杂的电源结构、电网结构、电价构成及历史因素影响等原因，我省电力行业可持续发展仍存在一些突出矛盾和问题。一是电力配售体制复杂，供电主体服务能力参差不齐，部分县（市、区）电力基础设施建设滞后，电力服务质量有待提高。二是丰水期富余水电消纳矛盾突出，丰水期弃水弃电问题日益严重。2015年我省水电丰水期的调峰弃水电量达102亿千

瓦时。三是电力市场化交易机制和电价形成机制尚未健全完善，电价难以及时反映用电成本、市场供求状况和环境保护支出，易导致电力资源配置发生扭曲和错配。

（三）开展电力体制综合改革试点的必要性。新一轮电力体制改革既是事关我省能源安全和经济社会发展大局的重大战略，也是贯彻创新、协调、绿色、开放、共享发展理念，推进供给侧结构性改革的重要内容，是能源领域市场化改革的重大突破，对充分发挥市场对电力资源配置的决定性作用、促进我省电力行业健康可持续发展具有重要意义。通过有序放开发用电计划，建立公平、公正和规范的市场交易机制，放开输配以外的竞争性环节电价，推动发电和售电侧形成有效竞争，有利于促进我省电力资源优化配置，推动我省电力结构优化升级，进而加快我省结构调整和产业升级步伐。

二、总体目标和基本原则

（一）总体目标。

贯彻落实党的十八大、十八届三中、四中和五中全会精神，按照中央进一步深化电力体制改革的总体部署，坚持社会主义市场经济改革方向，立足四川实际，以市场化交易为主线，以确保安全可靠供电、优先保障民生用电和清洁能源发电为前提，按照“三放开、一独立、三强化”思路，有序放开输配以外的竞争性环节电价，有序放开公益性和调节性以外的发用电计划，有序向社会资本放开配售电业务，培育独立市场主体，组建相对独立的省级电力交易机构，推进建立公平规范的电力市场交易平台，进一步强化电力统筹规划，进一步强化电力安全高效运行和可靠供应，进一步强化政府监管，探索建立主体多元、竞争有序、监管有力的电力交易市场体系。

（二）基本原则。

1. 坚持市场运作与政府引导相结合。充分发挥市场在资源配置中的决定性作用，有序放开输配以外的竞争性环节电价，稳步推进售电侧改革，积极培育市场主体，完善电力市场交易和运行机制，逐步建立有效竞争的市场化电力交易格局和市场体系，促进电力资源的优化配置。切实发挥政府在电力规划、统筹调节、市场监管以及保障民生中的作用，强化政策制定、宏观指导和协调，推进电力事业健康发展。

2. 坚持鼓励竞争和保障民生相结合。按照“管住中间、放开两头”架构，鼓励在发电侧、售电侧培育市场竞争主体，提高电力供应能力和服务客户水平。同时，充分考虑企业和社会承受能力，妥善处理电价交叉补贴问题，保障居民、农业和重要公益事业等用电价格相对平稳。

3. 坚持试点先行和积极稳妥相结合。立足我省电力行业发展现状，在条件相对较好、矛盾相对较小的地区或企业先行开展改革试点，及时解决改革试点中出现的新情况、新问题，及时总结可供推广的经验，同时做好应急处置预案，确保试点期间电力系统安全可靠运行。待时机成熟，再逐步扩大试点范围和全面推开，确保改革平稳推进。

4. 坚持高效运行和可靠供应相结合。以建立统一开放、竞争有序的电力市场为目标，组建相对独立的交易机构，完善电力交易平台，提升电力系统运行效率，同时遵循电力商品的技术经济规律，保障电力系统安全稳定运行和电力可靠供应。

5. 坚持绿色发展和市场培育相结合。立足我省电源特性，构建清洁低碳、安全高效的现代能源体系。充分利用跨区资源配置机制，积极促进富余清洁能源消纳，积极培育省内市场，促进新能源和传统能源统筹发展和有序替代。

三、重点任务

（一）稳妥推进电价改革试点。

1. 有序推进输配电价摸底测算和成本监审。全面调查摸清电网输配电资产、负债、成本和收益情况，开展输配电价成本调查及各电压等级输配电价水平测算。按照国家发展改革委、国家能源局印发的输配电定价成本监审办法，在国家发展改革委统一组织下，开展我省输配电定价成本监审工作。待国家审核通过我省输配电定价成本监审意见后，抓紧研究测算首个监管周期内我省电网企业的准许收入和各电压等级输配电价格。积极争取国家支持，妥善解决民族地区政策性电网的建设、运营成本。抓紧制定我省输配电价改革试点方案，以国网省电力公司的合理共用网络输配电服务资产和业务为基础，按照“准许成本加合理收益”原则，分电压等级核定并适时公布国网省电力公司和地方电网共用网络输配电服务价格。用户和售电主体按照其接入的电网电压等级所对应的输配电价支付过网费用。建立健全输配电价监管方式，设置输配电价监管周期，建立平衡账户，加强对电网输配电总收入和价格水平的监管，建立激励约束机制，推动电网企业提升管理和运营效率。加大电网企业趸售电价和保底电价监管力度，探索电网企业承担保底供电服务的兜底机制。

2.妥善处理电价交叉补贴。结合电价改革进程，系统梳理并逐步配套改革不同电力用户、不同电压等级、不同电源之间的交叉补贴。输配电价改革过渡期间，由电网企业申报现有各类用户电价的交叉补贴数额，经政府价格主管部门审定后，通过输配电价回收。输配电价改革后，测算并单列居民、农业、重要公用事业和公益性服务等享受的交叉补贴以及工商业用户承担的交叉补贴。探索创新电价交叉补贴额度的平衡补偿机制。

3.探索建立公益性以外的发售电价格由市场形成机制。

支持鼓励具备条件的发电企业、独立售电主体和电力用户开展电力直接交易，通过签订购售电协议、参与电力交易机构组织的集中竞价等方式，自主确定市场交易价格。已核定输配电价的地区，参与电力直接交易的用户购电价格由市场交易价格、输配电价（含线损、交叉补贴）、政府性基金及附加三部分组成，暂未单独核定输配电价的地区，可采取保持电网购销差价不变的方式开展电力直接交易。其余未参加直接交易的上网电量，以及居民、农业和重要公用事业和公益性服务等用电继续执行政府定价。

4. 探索两部制定价机制。在我省电力市场建设初期，承担调峰职能的存量燃煤机组纳入电力电量平衡序列，探索推行容量电价加电量电价相结合的两部制电价。在我省电力市场功能日趋完善，长期备用服务市场交易机制建立后，探索通过长期备用服务交易对燃煤机组提供的备用容量服务予以补偿。

（二）电力交易市场化改革试点。

1. 完善电力市场化交易机制。规范和明确市场主体准入标准。按照接入电压等级、节能减排水平、产业政策等条件确定并公布可参加电力市场直接交易的发电企业、售电企业和电力用户准入标准。鼓励符合条件的发电企业、售电企业和电力用户参与市场交易。建立电力市场主体注册制度。有意参加电力交易的发电企业、售电企业和用户须在省级电力交易平台注册后，方能通过交易平台开展直接交易，省政府定期公布注册的市场主体目录，并对目录实施动态监管。分阶段有序推进我省电力市场建设。电力市场建设初期

（2020年前）主要任务是，制定电力市场运营和交易规则，建立电力市场交易技术支持系统，规范和完善中长期电能量交易，推动建立偏差电量调整交易机制，初步建立用户参与的辅助服务补偿新机制，完善跨区跨省交易机制，建立促进可再生能源消纳的市场机制，以及有效的市场监管、风险防控机制和市场信用体系，初步建立较为完善的电力市场。电力市场建设中期（2024年前）主要任务是，加快现货市场建设，推动建立以中长期差价合同管理市场风险、全电量集中竞价的现货市场发现价格的电力市场模式，扩大资源优化配置范围，丰富市场交易品种，开展电能量现货交易、日前辅助服务交易、长期备用容量等交易，探索零售市场竞争和电力期货、期权等金融衍生品交易。电力市场建设后期（2024年及以后）主要任务是，建立开放的市场框架，进一步实现与其他省、区域电力市场的融合。建立健全有效的电力市场安全校核、紧急事故处理和市场干预机制，确保电力交易与供应安全。

完善电力市场辅助服务交易机制。结合电力市场建设进程，开展中长期市场辅助服务交易和现货市场辅助服务交易。中长期辅助服务交易以招投标方式为主，采用价格优先的原则，由调度机构根据系统安全运行需要购买无功和黑启动等服务；现货市场调频、备用和启机等辅助服务由调度机构按价格优先的市场机制购买，由购电主体承担。

完善跨省跨区电力交易机制。推动与其他电力市场和交易平台的对接融合，积极推进我省电力市

场向区域电力市场、省级电力交易中心向区域交易中心转变。加大外送通道建设，积极争取增加跨省跨区送受电的国家计划，通过省际或区域间整体协商方式积极支持我省水电等清洁能源外送，跨省跨区送受电中的国家计划、地方政府协议送电量优先发电，其他跨省跨区送受电参与电力市场交易，鼓励省内发电企业、电力用户、售电主体等以中长期交易为主，通过竞争参与跨省跨区送受电。

2. 组建相对独立的电力交易机构。组建股份制四川电力交易中心，对现有的交易中心进行股份制改造。

将原由电网企业承担的电力交易业务与其他业务分离，实行独立核算。引入具有电力市场设计、电子化集中交易等方面经验和能力的第三方参与交易机构的建设。建立健全电力交易机构的信息发布制度，实时公布电网信息、通道信息和交易信息。电力交易机构主要负责电力交易平台的建设、运营和管理，市场交易的组织，汇总市场主体自主签订的双边合同，提供结算依据及相关服务，市场主体注册管理及交易信息的披露发布。

交易机构按照章程履行自律自治管理职责，其日常运作不受市场主体干预，接受电力市场管理委员会监管和社会监督。在交易机构注册的发电企业、电网企业、售电主体和电力用户同时成为电力交易市场主体。交易机构通过向市场主体收取交易服务费的方式维持日常运作。

搭建电力交易平台。按照国家有关技术标准，建设我省电力交易平台。全省统一的电力交易平台搭建完成前，在已开展大用户直购电试点基础上，鼓励和引导市场主体间开展直接交易，自行协商签订交易合同。全省统一的电力交易平台搭建完成后，积极引导市场主体依托平台参与挂牌交易和集中竞价交易，支持年度优先电能量合同、市场合同电量依托平台开展交易。

组建电力市场管理委员会。由在电力交易机构注册的电网企业、发电企业、售电企业、电力用户等按类别派代表组建电力市场管理委员会，负责研究讨论电力交易机构的章程、交易和运营规则，协调电力市场相关事宜。电力市场管理委员会实行按市场主体类别投票表决等合理议事机制，四川能源监管办、省发展改革委、省经济和信息化委、省能源局派员参加市场管理委员会有关会议，电力市场管理委员会审议结果经审定后执行，四川能源监管办、省发展改革委、省经济和信息化委、省能源局可行使否决权，并根据职能职责分工履行电力监管职责，加强对电力交易和电力调度执行市场规则情况的监管。

科学界定电力交易机构和电力调度机构的职能职责。电力交易机构主要负责市场主体注册管理、组织实施电力市场交易、编制交易计划，提供结算依据，根据市场规则确定的激励和约束机制要求，通过事后结算实现经济责任分担。电力调度机构主要负责日内即时交易、实时平衡和系统安全。电力调度机构向交易平台提供安全约束条件和基础数据，进行安全校核，制定并执行调度计划，及时公布执行结果，向交易各方说明实际执行与交易计划之间产生偏差原因。现货市场建设初期，日前交易由电力调度机构组织，在现货交易具备条件后，将日前交易适时移交电力交易机构。

（三）有序放开发用电计划改革试点。

1. 建立优先购电制度。细化完善我省的有序用电方案，在编制方案时将农业用电、居民生活用电、重要公用事业和公益性服务用电纳入优先保障范围，出现电力缺口或重大突发事件时，其他电力用户按照有序用电方案确定的顺序及相应比例分担限电义务。纳入优先用电保障的用户按照政府定价优先购买电力电量。通过开展需求侧管理试点，推广需求侧响应等途径，健全优先购电保障机制。

2. 建立优先发电制度。将纳入规划的风能、太阳能、生物质能等可再生能源发电，满足电网安全及调峰调频电量纳入一类优先发电保障范围，跨省跨区送受电中的国家计划、地方政府协议送电、水电、余热余气余压发电、超低排放燃煤机组发电等纳入二类优先发电保障范围，通过充分安排年度发电量计划严格执行予以保障。结合我省实际，按照兼顾经济性和调节性的原则，进一步细化年度发电量计划，合理确定各类电源发电的优先顺序。通过充分预留发电空间、加强出力预测和电力外送消纳等途径，健全优先发电保障机制。

3. 建立健全电力电量平衡机制。做好本地区电力供需平衡情况和总发用电量预测，测算跨省跨区送受电电量(含优先发电部分、市场交易部分)，科学测算本地区平均发电利用小时数。在制定年度发电计划时，根据电力市场直接交易情况扣除相应发电容量。在满足安全和供热等约束条件下，组织发电企业通过自主协商或集中撮合等方式实施替代发电，促进节能减排。

4. 探索有序放开发用电计划。根据我省电力发展实际，在确保电力系统安全可靠运行、供需平衡和保障优先购电、优先发电前提下，通过逐步增大直接交易比例，分阶段分步骤放开发用电计划。根据有序放开发用电计划试点工作安排，分阶段、分步骤实现相应电压等级的工商业电力用户、发电企业和享有优先发（用）电权的市场主体进入市场开展交易。随着用电逐步放开，相应放开一定比例发电容量参与市场交易。探索形成参与直接交易的发电能力和用电量间的合理比例关系，确保用户用电特性稳定、避免电力市场非理性竞争。

（四）放开售电侧改革试点。

1. 积极培育配售电业务主体。有序开展售电侧市场主体申报和注册，将符合市场主体准入条件并已开展直购电交易的市场主体直接纳入售电侧市场主体，支持和鼓励具备条件的电网企业、发电企业和其他社会资本等各类市场主体投资设立售电企业。积极推动拥有分布式电源的用户、节能服务公司、能源需求侧管理机构及供水、供气等公共服务部门从事市场化售电业务，多途径培育参与售电侧竞争的市场主体。按照循序渐进、风险可控的原则，选定一定范围和区域开展售电侧市场化交易试点。

2. 开展社会资本投资增量配电业务试点。有序向符合条件的市场主体放开试点区域的增量配电投资业务，鼓励以混合所有制方式发展配电业务。保障电网公平无歧视开放，确保社会资本投资的增量配电网公平接入。拥有配电网运营权的售电企业同时拥有供电营业区内与电网企业相同的权利，并切实履行相同的责任和义务。国网四川省电力公司以外的存量配电资产视同增量配电业务，按照实际覆盖范围划分配电区域。

3. 引导售电侧市场主体积极参与市场交易。在未核定输配电价的地区，采取电网购销差价不变的方式，引导电力用户、发电企业、售电企业自主开展双边交易。在输配电价已核定且省级电力交易平台搭建完成后，引导售电侧市场主体通过电力交易平台参与市场化交易。

4. 探索建立售电侧市场主体准入和退出机制。按照国家统一要求，研究建立我省售电侧市场主体准入和退出机制。建立市场主体目录并进行动态管理。推动建立电力市场主体信用评价体系和评价制度，对违反国家有关法律法规及严重违反交易规则须强制退出的市场主体，建立黑名单制度，并向社会公示。

（五）加强和规范燃煤自备电厂管理。

1. 承担社会责任。企业自备电厂自发自用电量按规定缴纳政府性基金，拥有并网自备电厂的企业，按约定的备用容量缴纳系统备用费。自备电厂应安装脱硫、脱硝、除尘等环保设施，确保满足大气污染物排放标准和总量控制要求，并安装污染物自动监控设备，与当地环保、监管和电网企业等部门（单位）联网。

2. 科学规划建设。除以热定电的热电联产项目外，原则上不再新（扩）建自备电厂项目。公用电厂不得违规转为企业自备电厂。

3. 鼓励参与市场交易。引导拥有燃煤自备电厂的企业，运用市场机制减少自发自用电量，增加市场购电量，逐步实现清洁能源替代燃煤发电。支持具备条件的并网燃煤自备电厂成为合格发电市场主体，有序推进其自发自用以外的电量按交易规则参与市场化的电力交易。

四、改革综合试点组织实施

（一）加强组织领导和统筹协调。建立由分管发展改革、能源工作的省领导任召集人，省发展改革委、省经济和信息化委、财政厅、环保厅、水利厅、省国资委、四川能源监管办、省能源局等省直有关部门和省内主要电力企业参加的全省深化电力体制改革工作联席会议制度。联席会议办公室设在省发展改革委，负责统筹协调和日常工作。联席会议各成员单位要完善工作运行机制，确定专门工作机构和人员，明确职责和任务分工，确保电力体制综合改革试点顺利开展。

（二）注重改革任务的督促落实。严格按照经批准的改革试点方案和各项改革任务推进计划要求，制定配套的改革试点实施方案，明确时间节点、牵头部门和责任人，加强对试点工作的督促检查和具体指导，切实推动各项改革任务落实到位。适时开展调研，及时解决试点推进中存在的问题。

（三）积极营造改革氛围。切实做好深化电力体制改革的舆论引导工作，加强与新闻媒体的沟通协调，广泛宣传相关政策规定，充分调动各方积极性，凝聚共识，形成工作合力。

（四）扎实稳妥有序推进。按照稳妥有序、协同配合的原则，分步骤分阶段推进综合改革试点。在先行试点并及时总结经验基础上逐步推开输配电价改革、售电侧改革、电力交易市场建设等重大改革事项。

（原载《北极星输配电网》）

溪洛渡水电站获“菲迪克2016年工程项目杰出奖”

2016年，溪洛渡水电站获“菲迪克2016年工程项目杰出奖”。

金沙江溪洛渡水电站是世界第三大水电站，是中国西电东送的骨干工程，是长江流域防洪体系的重要组成部分，具有发电、防洪、拦沙和改善下游航运等功能。工程投运3年来运行正常，综合效益全面发挥。电站年均提供571亿千瓦时绿色清洁能源，节能减排效果显著；防洪库容46.5亿立方米，大大减轻了洪水对宜宾、泸州、重庆等城市1000多万人的威胁，配合三峡工程联合调度，进一步提高长江中下游1000多万人、80多万平方千米土地的防洪安全，并极大地改善了库区基础设施建设，显著提高了库区20多万人民生活水平，有力促进了库区经济社会发展。

一、攻克技术难关，取得重大创新成果

1.拱坝承受总水推力高达1400万吨，对基础承载能力、抗滑稳定、变形协调、整体稳定要求极高。首创“以岩级为基础、安全为准则、分坝高区段确定拱坝建基面岩体等级”的拱坝建基面设计原则和评价体系，纳入《混凝土拱坝设计规范》，推动了中国拱坝设计技术进步。

2. 拱坝坝身共设4层25个孔口，结构复杂，混凝土本体材料抗裂性能较弱，施工期温控防裂为世界级难题。首创300米级溪洛渡拱坝智能化建设理论和体系，攻克数字灌浆、智能振捣和智能温控等关键技术并研发了智能控制成套设备，使特高拱坝建设全过程工作性态可预测、反馈与控制，创造了浇筑混凝土680万立方米未出现温度裂缝的世界纪录。该成果取得国家专利45项，获得2015年国家科技进步二等奖。

3.溪洛渡地下厂房洞室群数量（342条洞室）和尺寸（最大尺寸为443.3×31.9×75.6米）均为世界之最，地质条件复杂，设计及运行条件均无先例。首创了超大地下洞室群围岩稳定与控制成套技术，成功解决了层状岩体近库岸特大洞室群集成化布置、深覆盖层（130米）大断面（直径14米）竖井安全施工等世界级难题，为同类工程提供了开创性成果，总体达到国际领先水平，取得国家专利43项。

4.溪洛渡泄洪流量和泄洪功率远超世界拱坝最高水平，泄洪消能综合技术难度居世界之首。创新提出坝身“7个表孔+8个深孔”、坝下设置水垫塘、左右岸各设2条泄洪洞的枢纽布置形式。坝身采用“分层出流、空中碰撞、水垫塘消能”方式；泄洪洞采用“有压接无压、洞内龙落尾”结构形式，出口采用“对称挑流、水下碰撞”消能方式，成功解决窄河谷、高水头、巨泄量泄洪消能关键技术难题。

5.泄洪洞总泄量超过16700立方米/秒，最大流速高达50米/秒。对混凝土材料、洞室开挖支护快速安全施工装备和衬砌混凝土施工工艺等全面创新，首次系统提出了大泄量、高流速泄洪洞建设关键技术，建成“体形精准、平整光滑、高强耐磨”泄洪洞，成功解决抗冲耐磨、防止空蚀、消能防冲等世界级难题，为类似工程提供了新的设计、技术、施工方案。成果达到国际领先水平，共取得国家专利21项。

二、技术卓越，质量优良

1.通过对拱坝建基面设计优化，减少坝基开挖和混凝土工程量各100多万平方米，节省投资近7亿元，减少了施工对环境的不利影响。

2.成功应用拱坝智能化建设关键技术，全坝全过程施工仿真和大坝—基础施工质量智能控制，施工期未发现混凝土温度裂缝，优质、高效实现了建成“无缝大坝”的建设目标。缩短工程工期9.5个月，提前挡水发挥了工程防洪等显著社会效益。溪洛渡拱坝已经历3年蓄水运行，原型监测成果表明，大坝各项指标均在设计允许范围内，至今未发现混凝土温度裂缝。

3.形成了大跨度、高边墙超大地下洞室群开挖支护一次成型成套技术，成功解决层间、层内错动带和节理裂隙发育等不良地质条件下围岩稳定问题，实现了围岩开挖和支护的高质量，施工质量较三峡工程上了一个新台阶超越三峡工程。监测数据表明，地下洞室群处于稳定状态。原中国大坝协会名誉主席潘家铮院士称赞：“溪洛渡地下工程是世界一大奇观，溪洛渡地下电站工程堪称精品，是中国水电工程的骄傲。”

4.首次采用“低热水泥、低掺硅粉、高掺粉煤灰”混凝土技术配置技术研制成功高强抗冲耐磨防裂混凝土，首创研发了适应大断面、变坡度、多曲线隧洞混凝土施工成套装备研发了泄洪洞成套施工技术；显著提高了水工隧洞建造水平和施工质量、安全、效率首创泄洪洞无压段和龙落尾段边墙浇筑常态及温控混凝土，有效解决薄壁衬砌混凝土温控防裂问题，泄洪洞底板基本无温度裂缝。泄洪洞工程经过3个汛期泄洪消能运行检验，累计泄洪27次，经过流后检查，工程各项性能良好。

5.溪洛渡地下厂房埋深超过400米，主要洞室距离洞口最远达2.9千米，通风散烟问题突出。创新了系统研发了可靠、节能、环保的施工期通风期技术，攻克了大埋深、长隧洞、多洞室群施工期通风的施工环境难题，实测爆破散烟时间仅为10分钟左右，实现了施工环境友好、保证了施工人员职业健康安全。

6.全部18台机组均一次启动成功、一次通过72小时试运行、一次通过“首稳百日”考核目标。

工程从2013年运行以来，主要建筑物接受了设计工况考验，监测表明：建筑物各项指标均在设计和预计范围内，运行均正常。工程各项效益全面发挥。

三、获奖单位

中国三峡建设管理有限公司、中国电建集团成都勘测设计研究院有限公司、中国电力建设集团有限公司、中国能源建设集团有限公司。（郑　斌）

国网四川省电力公司实现了“十三五”良好开局

2016 年，国网四川省电力公司主动创新工作，全力提升效益，努力推动改革发展，圆满完成国家电网公司下达的各项目标任务，取得了比预期更好的成效，实现了“十三五”规划良好开局。完成固定资产投资 259.63 亿元，其中电网投资 254.12 亿元。110 千伏及以上项目核准 65 项、开工 56 项、续建 78 项、投产 48 项，新增变电容量 641.35 万千伏安、输电线路 1145.58 公里。售电量 1673.75 亿千瓦时，同比增长 6.04%。营业收入 916.67 亿元。利润 4.95 亿元，同比增加 0.18 亿元。资产负债率 73.80%，同比下降 0.87 个百分点。流动资产周转率 23.49 次；净资产收益率 0.42%，比计划增加 0.16 个百分点。企业负责人业绩考核列国家电网公司第 11 名。

安全生产平稳有序。本质安全建设扎实推进，各级安全责任压紧压实。该公司完善安全工作奖惩规定实施意见，树立安全工作正确导向。深刻汲取西安“6·18”和丰城“11·24”事故教训，重点开展“三查三强化”和建设领域专项排查，全年共治理安全隐患 1.5 万余项。贯彻“两个规范”要求，预警管控各类电网运行和施工作业风险 1000 余项。狠抓作业现场安全管控，累计查处各类违章 1700 余起。强化输电“六防”整治，首批建成国网公司防冰害标杆线路，完成锦苏直流及接地极线路抗冰改造、500 千伏西锦三线、普洪二线滑坡整治。建立变电“五通”体系，德阳换流站连续五年获评国家电网公司红旗换流站。深化停电计划刚性执行和配网调控管理，主网停电计划执行率提高 19%，配网临停率下降 50%。完成运检智能分析管控系统 I 期示范建设，开展电缆线路智能移动巡检、变电站辅助监控系统试点应用，机器人巡检系统实现 500 千伏变电站全覆盖。加强信息安全管理，完成网络攻防演练。成功应对夏季负荷屡创新高的严峻考验，圆满完成三大直流满功率运维保障及 G20 杭州峰会、西博会等保电任务。

电网发展稳步推进。该公司深入分析四川电力现状，创造性提出“三个一”理念，得到各级领导、有关部门和电力行业高度重视。抓住机遇，创造条件，全力推进重点地区电网整合，取得积极进展。参与四川省“十三五”电力规划编制，与各市（州）达成战略合作协议，优化外部发展环境。协调推动 ±800 千伏雅中特高压直流工程前期工作，500 千伏川渝第三通道纳入全省重大项目集中开工并加快建设。利用各级政府重视电力保障的有利时机，加快推进 500 千伏新都输变电、九江 220 千伏配套等工程。实施小城镇（中心村）电网改造升级和机井通电工程，开工项目 3940 个，实现“两年攻坚战”阶段目标。完成农网改造升级建设任务，消除现存“低电压”问题。落实资金 3.94 亿元，改造老旧（弃管）小区供电设施，惠及 12 万户、50 万人。逐村逐户排查贫困村电力保障情况，制定电网改造实施计划，得到各级党委政府高度肯定。国网四川公司获评四川省定点扶贫工作先进单位，精准扶贫项目荣获全国“2016 民生示范工程”。新增智能电表 468.34 万只，用电信息采集 495.12 万户。“多表合一”集采集抄 13.4 万户，居全国前列。初步形成环成都充换电服务圈、沪蓉高速四川段快充网络。“三通一标”应用持续深化，线路机械化施工成效良好，投运国网四川公司首座 110 千伏模块化建设智能变电站。川藏联网工程获得国家优质工程金质奖，填补该公司在国家工程类最高奖项空白。

经营效益稳健提升。该公司深入开展“效益提升年”活动，提质增效理念深入人心。扎实开展经济活动分析，两次得到国网公司表扬。强化亏损企业治理，减少亏损子公司51家，超过国网下达任务47家，减亏7.78亿元。成功消除国网系统唯一“僵尸企业”，完成启明星铝业股权划转。争取农网改造升级中央财政资金8.3亿元。统一“营改增”政策执行，节约增值税支出约2亿元。“两金”余额存量压降10.93亿元，其中库存金额同比下降50%。实施远程异地评标。招标采购节资率达7.13%。规范工程项目后期管理，清理2014年及以前项目538项。开展审计发现问题整改“回头看”，及无电地区电力建设、农网维护费管理等审计，配合国网公司完成任期经济责任和专项审计，促进增收节支2.15亿元。加强运营监控（测），挽回经济损失4500万元。完成股权投资清理处置42项。实施电费排查专项行动，回收陈欠电费5.02亿元，较计划多回收1.32亿元。业扩报装净增容1719.87万千伏安，同比增加26.65%。完成电能替代42.23亿千瓦时，水火替代、自备电厂停发替代113.02亿千瓦时，分别同比增长12.19%、33.22%。综合线损率同比降低0.22个百分点，降幅居国网系统第3位。

各项改革稳妥实施。该公司落实电改部署，发扬“三千”精神，反复沟通汇报，争取支持理解，配合编制四川电改综合试点及专项方案，最大限度确保各方案既遵循中央精神，又符合四川实际。组建全资子公司模式电力交易机构，完成机构设置、人员组聘和机制建设。实现市场化交易电量708亿千瓦时，同比增长33.4%。积极配合做好输配电价成本监审，还原电网实际成本，取得良好效果，坚持不懈、全力争取合理输配电价水平。主动参与配售电业务放开，维护正常电力市场秩序。协议接收35千伏及以上公用供配电资产10.24亿元、“三供一业”项目37个。完成12万户高压和2700万户低压用户营配贯通任务。53家全资县公司“子改分”工作全部完成。德阳什邡等6家控股县公司产权上划获得批复。完成成都、天府新区、资阳公司供电区域、机构人员、职责界面调整与划转。实施集体企业“瘦身健体”，累计压减97户，压减比例达49%，精简用工3192人。

管理与创新成果丰硕。该公司强化对标管理，对标综合排名居国网系统第13位(较上年提升8名)，获评综合进步单位、管理进步单位，电网运行风险预警、备用调度体系建设入选国网典型经验。高效开展卓越绩效评价，综合诊断管理短板，提炼卓越管理案例60项。培养精益带级人才368名，实施精益转型项目200个。深化资产全寿命周期管理体系应用，在中西部地区率先达到“领先型”标准。建立供电服务“曝光台”，落实“说清楚”制度。加强班组建设，相关经验得到全国总工会、国务院国资委充分肯定。推进实验室、科技攻关团队、科技研发和技术标准“四位一体”创新体系建设，技术标准创新基地通过国网公司验收，实现国网级科技攻关团队“零”突破。新提报IEEE和IEC国际标准提案4项，公司获IEEE全球首次颁发的标准推进特别贡献奖（管理类）。获国家科技进步二等奖1项、省部级10项，首次以第一完成单位获得国网公司科技进步一等奖。取得专利授权331件，其中发明专利134件。获国家级管理创新成果二等奖2项，省部级管理创新奖36项，国家电网公司软科学二等奖1项，优秀QC成果7项。命名公司职工（劳模）创新工作室65个。

“三个建设”成效显著。该公司深入落实中共十八届六中全会和全国国有企业党的建设工作会议精神，扎实开展“两学一做”学习教育，党课展示、微宣微讲等活动全面覆盖基层党组织和党员。成功召开公司第一届党代会，完成1689个党组织换届选举。推进服务型党组织建设，打造公司首批示范点31个。该公司作为党建思想政治工作先进代表，先后在全国电力行业、全省及国网系统交流经验。开展三轮18家单位巡察，经验做法得到国家电网公司高度肯定并推广应用。实施“清风川电”主题教育和“讲规矩、转作风、作表率”活动，干部职工纪律规矩意识不断增强。完善《领导干部管理办法》等8项制度，从严治理干部配备“三超两乱”。制定《职员职级管理办法》，职工成长渠道有效拓展。狠抓一线职工技能培训，信通、调控、安监等竞赛调考取得可喜成绩。全面推进甘阿凉“三州”地区职工周转房建设。发布在川央企首份服务地方经济社会发展白皮书。中国电力作家协会四川分会正式成立。职工原创微电影荣获全国微影视大赛金奖。累计建成全国职工书屋示范点28个。新建川电留守学生之家8所。离退休“两项待遇”有效落实。未发生影响公司形象与声誉的信访、维稳、保密、舆情等事件。国网四川公司获得省部级及以上集体(个人）荣誉103个，其中荣获全国、全省“五一劳动奖状（章）”8个，国网劳模、特等劳模共5名。

（沈网伴）

从深山大川到绿色城市的领航者：写在中国电建成都院荣获“全国五一劳动奖状”之际

一甲子沧桑与共，六十年风华节沐。2016年月，当中国电建集团成都勘测设计研究院有限公司（下称：成都院）荣获“全国五一劳动奖状”的消息传来，这不仅是对该院近年来在水电及全产业链市场上开疆拓土的最好褒奖，更意味着，这个在我国水电勘测设计事业中占据“半壁江山”的企业，从未停止为自身品牌价值与核心竞争力添砖加瓦的努力。

长期以来，成都院以建设中国水电、服务全球清洁能源与基础设施建设为己任，铸就了自身价值，形成了企业美誉，奠定了行业地位，业务涵盖能源、水利、水务、城建、市政、水环境、交通、环保等全基础设施领域，涵盖规划、勘察、设计、咨询、总承包、投融资、建设运营、技术服务等全产业链。继2014年资产突破百亿之后，该院在建院60周年的2015年，新签合同首次突破百亿大关，并连续三年进入中国电建集团综合实力前十，更在ENR中国工程设计企业TOP60强排名中持续上升；先后荣膺“中央企业先进集体”“中央企业先进基层党组织”“全国模范职工之家”“全国用户满意企业”“国家优秀环评单位”等称号。

荣誉是实力的见证，实力是发展的保证。每一个成都院人，回首这些年走过的不凡之路，莫不豪情与思绪齐飞。一个以水电业务安身立命的设计院，是如何实现多业务、全价值产业链转型的？一群长期在深山大川默默践行“高峡出平湖”的实干家，是如何步步为营走向城市基础设施建设与运维的？也许一个“全国五一劳动奖状”足以证明其实力，却不足以解答其成功的奥秘。

背靠水电业务　构建全产业链生态

世界风云变幻，中国经济面临新常态，水电建设步入后水电时代，多层压力叠加，突出重围才有生存发展之机。在成都院身上，人们看到，发展，对于一个以传统水电设计为主的企业，是至关重要的硬道理——该院在巩固传统业务优势的前提下，积极谋划，主动作为，拓展新市场，打造勘测设计、总承包、投资运营“三驾马车”和国内国际“两个市场”，唱响了水电设计企业转型升级的激昂凯歌。

成都院深耕国内水电勘测设计市场数十年，并以此为基础，大力拓展非水电勘测设计业务，新签合同额逐年上升，业务结构不断优化。一批世界级规模和难度的重点工程在他们手中横空出世：溪洛渡、锦屏一级等世界级高拱坝工程，瀑布沟等世界级高堆石坝工程，官地等高碾压混凝土重力坝工程，再次验证了该院卓越的勘测设计水平与项目管控能力。与此同时生于水、长于水的成都院做足“水”文章，承接的成都天府新区兴隆湖生态水环境的设计项目，使得该院在已完成的60多个水环境项目再增添新名片，同时也助其实现了从山川深处到城市中心的完美转身。

成都院水电延伸业务一路凯歌，在优质的履约能力支撑下，总承包业务再揽大单，签订了中国电建集团最大规模的库区代建两河口水电站建设征地移民安置专业项目。与此同时，该院持续锻造区域综合服务能力，加强政企合作，不断探索BT、PPP等多种商业模式，重点以水环境、市政为突破口，加大基础设施、公共服务类市场开拓力度，中标兴隆湖湖尾鹿溪河生态湿地公园设计、内江白马安置还建房BT、达州长田新区基础设施总包、广元市剑阁县普安镇市政基础设施一期PPP等项目。

有实力的数据自己会说话。成都院积极发挥投资业务在构筑全产业价值链服务平台中的重要抓手作用，带动勘测设计咨询与工程总承包等相关业务的拓展，投资驱动作用日益显著。截至2015年年底，该院拥有发电权益容量245.64万千瓦，其中已建、在建权益容量112.25万千瓦；拥有城市污水及工业废水处理BOT项目9个，设计处理总规模26.1万吨/日，其中投产处理能力17.1万吨/日。

此外，成都院在国际市场上也势头强劲，实现了合同及营收量的突破、域的扩展、质的提升。该院不仅收购了哈萨克斯坦水利设计院有限公司，有效开拓中亚市场；建立多个驻外机构，覆盖了东南亚、中亚、非洲等地区。更有多种“第一个”不断涌现：签订第一个国际设备成套科特迪瓦苏布雷机电项目，第一个FEPC总承包老挝大捷水电站，第一个独立运作的国际EPC老挝南碧水电站，第一个国际EPC风电项目越南富叻风电场，还拿下了电建集团最大的国际EPC污水处理项目孟加拉达舍尔甘地50万吨级污水处理厂等，每一步都展现出稳健提升的“出海”能力。该院在建国际项目涉及水电、风电、房建、环保等业务领域，服务类型早已从勘测设计扩大到工程总承包和机电设备成套。

聚焦发展抓手　创新活力持续释放

取法于上，仅得为中。成都院深知高标准能力建设之道。为此，该院建立“战略、目标、预算、绩效”四位一体的战略管理体系，强化组织绩效管理，增大业绩目标考核比重，提升“战略协同、计划协同、信息协同、资源协同”管控能力；实施人才强企计划，盘活人才资源，提升人才效能，培养素质优良的人才队伍；以管理创新为手段，以推进“标准化管理”为抓手，提高项目管理精细化水平和成本管控能力；优化资产配置，服务企业转型发展；落实安全生产诚信体系建设部署，强化安全生产管理，不断增强安全生产管理水平和事故防范能力；加快构建依法治企制度体系，完善法律顾问制度，把依法治企落实到经营发展全过程、贯穿于各环节；着力开展“以客户为中心，以奋斗者为本”的企业和品牌文化建设。

不日新者必日退。成都院作为一个以技术见长、人才资本丰厚的企业，在发展中已将引领行业技术进步化为行动自觉，形成了国家级、省级以及国际高端企业合作、企业级四个层级高端研发中心——包括国家水能风能研究中心成都分中心、国家能源水电工程技术研发中心高混凝土坝分中心和大型地下工程分中心，成都院—IBM智慧流域研发院、成都院—法国达索工程数字化研发中心及成都院四川省企业技术中心，成为解决世界级技术难题、推动行业发展的智慧平台。

以高端项目引领技术创新——该院不仅参加了多个“863”“973”项目以及国家支撑计划项目。还牵头承担了中国电建集团首个国家“863”计划项目“虚实融合动态演化技术研究”。以制度体系激励技术创新。至2015年，该院科技投入总额达2.86亿元，研发投入同比增长38%；新获授权专利198项，同比增长196%。这一年，成都院成功获评国家级企业技术中心，沙牌水电站获第三届碾压混凝土国际里程碑工程奖，溪洛渡拱坝智能化建设关键技术摘得国家科学技术进步二等奖。

着眼以人为本　发展动力泉涌不息

成都院普查的水能资源，规划的水利枢纽和水电站，勘测设计并建成的水电项目，均居行业首位，这些傲人成就，是每一位成都院人共同努力的结果。企业的进步需要汇聚众力，企业的发展也为员工的幸福保驾护航。成都院深知，如此良性互动之下，企业才能拥有不竭前进动力。

因此，该院一直将做好党的群团工作放在构建和谐企业的高度，切实加强领导和支持，在尊重职工群众主体地位、发挥职工群众集体智慧，增强发展凝聚力。同时，该院实施薪酬福利总体策划，让职工分享企业发展成果；稳妥且循序渐进地组织部分单位搬迁，改善办公环境条件；实施浣花小区交通改造，缓解职工上班停车难问题；启用职工餐厅，改善职工就餐条件和餐饮质量。保证涉及职工及各类企业供养人员基本生活保障的工资性待遇和养老、医疗等国家强制性社会保险费用。

另外，该院尊重职工群众的主体地位。以促进职工参与企业发展与管理为抓手，通过职代会、调研座谈会、职工信箱、网络征集等多种方式，广泛听取职工群众意见，鼓励职工参与企业民主管理。

在技术体系构建方面，该院也致力于发挥群众集体智慧，注重做好群众创新。重视职工群众技术、管理创新工作，搭建“重点工程劳动竞赛”、“新技术应用大赛”与青年技术（管理）论坛、青年创新基金等创新创效平台，结合现实需要，打造新的创新创效平台，更有效发挥职工群众的集体智慧。

在人文关怀方面，成都院建立工作机制，及时回应职工正常诉求，帮助解决实际困难；做好困难职工群体帮扶，开展“送温暖”活动；关心离退休职工，认真落实中央和地方有关精神和政策，尊重离退休员工的历史贡献和利益诉求，有针对性地做好思想政治工作、关怀爱护工作，优先保障由企业承担的法定合规待遇，并根据企业经营发展状况逐步提高待遇标准和关爱水平，使他们老有所养、老有所依，心系企业、发挥余热。

央企脊梁担当　未来蓝图扬帆起航

央企，不仅仅代表身份，更意味着责任。能力越大，责任就越大。成都院铭记“贡献国家、回报社会”的社会责任，充分发挥技术、管理、人才、品牌等综合优势，彰显央企责任担当，5年来纳税12.93亿元，被国家税务总局评为“信用A级”纳税人。在经济新常态下，该院全力做好节能、绿色、环保、风光水多能互补等文章，肩负建设“美丽中国”使命，着力于“让能源更清洁、让环境更美好、让城市更智慧”，延伸专业优势与影响力，创造更大效益与价值，并与社会共同分享。

在更广阔的企业社会责任方面，成都院积极负起央企责任，捐建6所希望小学，承担九寨沟定点扶贫村、南充高坪区等对口扶贫、精准扶贫；在“5·12”汶川地震抗震救灾中，成功完成了包括唐家山在内的12个堰塞湖、岷江流域震损电站的应急排险以及次生灾害防治等工作。为芦山地震、鲁甸地震、尼泊尔特大山体滑坡应急处置提供技术支持和服务；积极响应“支援西藏、建设西藏”号召，大力开展人才、技术和产业援藏，在推动西藏能源规划和重点项目建设、解决无电地区用电问题等方面做了大量卓有成效的工作。

成都院深入贯彻中共十八大及十八届系列全会精神，牢固树立创新、协调、绿色、开放、共享发展理念，坚持服务国家能源战略，把握“一带一路”与长江经济带带来的重大机遇；在战略规划上做出前瞻性布局，在关键举措上做出针对性部署，在能力建设上补齐产业链短板，努力实现新业务、新市场、新目标的突破，推动发展迈出新步伐、跨上新台阶。

蓝图已绘，扬帆起航。成都院以规划设计为龙头，发挥全产业链一体化优势，聚焦清洁能源、水资源与环境、基础设施三大核心领域，既立足实际，又着眼大势；实施技术、管理、资源、资本四轮驱动，努力实现年度营收和合同额高速增长，继续保持利润与合同额、营业收入同步协调增长，全力打造成为质量效益型百亿营收额企业，路径明朗，目标清晰。

成都院，从江河走向城市，从单一走向多元，从国内走向国际，用行动抒写着一次次进步与辉煌，并将继续演绎跨越式发展的新传奇。

（邱云、王建升）

金沙江下游流域水电开发生态环境保护措施与实践

中国三峡建设管理有限公司（以下简称建设管理公司）按照集团公司“建好一座电站、带动一方经济、改善一片环境、造福一批移民”的“四个一”开发理念，在金沙江下游流域梯级水电开发中，高度重视环境保护和水土保持工作，努力实现经济效益、社会效益和生态效益的和谐统一。

一、水电开发环境保护主要措施

1. 建立健全流域环保管理体系

为落实国家环境保护和水土保持主管部门要求，适应集团公司加强流域水电工程建设管控的需要，2013年，集团公司设立金沙江下游水电开发环境保护管理中心，由建设管理公司代管，统筹流域环境保护和水土保持管理工作。建立健全了环境保护和水土保持管理体系，制定了《环境保护管理制度》《环境监测管理办法》《环境保护考核办法》等制度。

2. 严格遵照法规要求，做好环评和“三同时”落实工作

项目前期，按法律要求做好环境影响评价和水土保持方案设计；项目建设期，按照环境影响评价报告书和水土保持方案报告书及其批复的要求，严格落实各项环保和水保措施，做到环保、水保设施和措施与主体工程同时设计、同时施工、同时投产使用。

3. 全面实施枢纽区环保措施项目，有效控制施工环境影响

严格落实环评文件要求，将环保措施要求落实到工程设计、招投标和运行管理等环节，施工区水、大气和声环境保护、水土流失治理和生态恢复等环境保护效果明显，监测数据显示工程区环境质量符合要求。

向家坝水电站、溪洛渡水电站分别于2012年9月、2013年4月顺利通过蓄水阶段环保验收。同时，在水利部的支持下，开创性地申请开展了蓄水阶段向家坝和溪洛渡水电站水土保持设施验收，为大型水电工程水土保持设施验收管理做了有益探索并得到水土保持主管部门高度肯定。

乌东德、白鹤滩“三通一平”工程的环保项目，按照“三同时”原则全部得到落实，并首次在水电开发准备工程阶段就建成鱼类增殖放流站并成功实现放流。2016年3月，环境保护部主持开展了乌东德、白鹤滩“三通一平”工程竣工环保验收，是环

境保护部首次主持验收的水电工程“三通一平”环保验收项目；2016年4月，取得验收合格意见。

4.探索开展环保和水保监理工作

为了规范水电项目环境综合监理，建设管理公司聘请环境保护部环境工程评估中心专家指导工作，探索环境监理的工作内容、要求和程序等。同时，对流域生态环境对策措施的落实情况及流域生态环境监测的执行情况进行监理，编制环境综合监理报告，制定环境监理管理办法。

各工程建设现场聘请环保监理和水保监理，开展各项环保、水保措施落实和设施建设的第三方监督工作。

5.积极落实鱼类保护措施

金沙江下游流域的珍稀特有鱼类保护措施，是鱼类保护措施体系化、系统化的典型代表。在实践中，工程措施与科学研究相结合，既有针对建设期和运行期影响的减免措施项目，也有应对长期影响开展的人工生态调度工作。主要包括开展增殖放流，补充鱼类资源；建设分层取水设施，减缓低温水影响；开展栖息地规划，保护鱼类自然生境；开展鱼类保护技术研究，推动鱼类保护工作；开展鱼类资源监测与调查，掌握鱼类资源变化情况；落实鱼类保护资金，切实保障生态投资。

6.加强流域生态环境监测

针对金沙江下游生态环境状况，制定了《金沙江下游流域生态环境监测实施方案》，除了常规的水、气、声、渣等监测工作外，系统开展流域生态环境监测，包括水质、水文、水温、过饱和气体、泄洪雾化、水生生态、陆生生态、局地气候等监测工作。

7.组织开展流域环保科研

根据《金沙江下游河段水电梯级开发环境影响及对策研究报告》，向家坝、溪洛渡、白鹤滩、乌东德等项目环评报告及环境保护部批复要求，梳理流域环保科研需求，提出环保科研计划，组织开展过鱼方案、替代生境、梯级生态调度和圆口铜鱼人工繁育技术等环保科研工作，为流域环保工作提供技术支撑。

在国内率先开展梯级电站生态调度相关工作，是践行国家生态保护新要求的重要举措。强调将生态调度理念和要求融入溪洛渡和向家坝水库综合运行调度中，力争通过生态调度减缓低温水和水文情势变化对珍稀特有鱼类繁殖生长的影响。

为保护流域生物多样性，对难以人工成功繁育的重点保护鱼类圆口铜鱼，组织实施了人工繁育关键技术研究攻关、鱼类生境条件监测研究、河流生态价值和鱼类栖息地健康评价关键技术研究等科研项目，取得了圆口铜鱼人工繁殖的突破性进展。

8.环保关键技术取得突破

重视环境保护管理和技术创新，大力开展环境管理和技术工作总结，巩固创新和实践成果，为后续生态保护工作明确突破方向。

结合工程实践，对向家坝、溪洛渡水电站枢纽建设中有利于减缓气体过饱和的独特工程设计和枢纽布置，组织申请发明专利，为水电工程解决类似环境问题提供技术方案。

响应水土保持主管部门的意见，联合国内权威单位开展金沙江干热河谷水土保持生态技术总结工作，形成相应标准和规范，通过主管部门的推行，提升干热河谷地区水土保持工作成效。

二、措施落实情况及实施效果

1.珍稀特有鱼类保护

在金沙江下游珍稀特有鱼类保护上，通过与农业部合作，投入3.82亿元开展长江上游珍稀特有鱼类自然保护区的建设。

2008年7月，建成金沙江溪洛渡向家坝水电站珍稀特有鱼类增殖放流站，该增殖放流站位于向家坝水电站建设区内，总占地面积约2.67公顷，主要承担金沙江和岷江的特有鱼类人工繁殖放流，同时兼顾部分白鲟、达氏鲟、胭脂鱼及分布在长江上游干流的特有鱼类放流任务，已进行多次放流，共放流各类珍稀特有鱼苗124万余尾。金沙江白鹤滩乌东德水电站增殖放流站建设提前至“三通一平”阶段实施，在截流前建成并投入使用。

2.水质保护

水电工程生产废水主要来源于砂石料生产、混凝土拌和等，主要污染物是悬浮物，治理措施是建设相应的生产废水回收和处理系统。历年监测资料显示：生产废水处理系统运行良好，处理后的废水或达标排放，或回收利用；生活污水处理后达标排放，或回用于绿化；施工区金沙江干流江段以及近岸水域水质稳定，生活饮用水的水源水和供水水质符合饮用水卫生标准。工程施工对金沙江总体水质无明显不利影响。向家坝和溪洛渡蓄水后，库区水质类别明显提升。

3.空气质量保护

从污染源控制入手，对燃油机械等执行相应的排放标准；拌和系统均采用密闭输料，并配备收尘设备；开挖等易产生粉尘的工序尽量采用湿法作业；加强对施工作业区和办公生活区道路的清扫、养护工作，减少道路扬尘；加强燃油机械和运输车辆的维护保养。施工区环境空气质量较好，二氧化氮、二氧化硫等指标符合环境空气质量标准。

4.噪声防治

环境噪声主要来源于施工现场和交通干道的车辆运输。采取限速、限鸣和合理安排车辆的运输时间起到良好的效果，选用低噪声设备和工艺、培植绿化带隔声、配备耳塞等防护措施加强了劳动保护。施工区环境噪声符合国家噪声控制标准，且近年逐年降低。

5.固体废物处置

主要是施工弃渣和生活垃圾。对于施工弃渣，运送至指定的弃渣场，并结合施工场地建设有计划地覆土绿化。对生活垃圾实行定时清运和规范化处理。

6.人群健康保护和公共卫生

为保障施工区人员身体健康，施工区设有医疗点或依托地方力量，具体开展医疗急救服务、卫生防疫和公共卫生监督监测工作。施工区公共卫生和人群健康状况良好，未发生传染病流行事件。

7.系统实施水土保持措施

从筹建工程开始，各电站采取了裸露面硬化、护坡、拦渣等工程措施，大量实施种植行道树、植草等植被措施，另外，优化水土保持设计，尽量用桥梁、隧洞代替明路，减少明挖对地表植被的破坏，水土保持成效显著。

8.全面开展库区和库底清理

水库蓄水前，进行了库区固废清理和名木古树、文物迁建工作，并系统地开展了库底清理工作，上述工作均通过了地方政府组织的专项验收。

（徐火清）

溪洛渡工程开创高拱坝智能化建设先河

近日，中国三峡集团在溪洛渡工程建设中应用的“300 米级溪洛渡拱坝智能化建设关键技术”获2015年国家科技成果二等奖。该成果在溪洛渡特高拱坝建设中成功应用，引领水电行业走向现代化、智能化，开创了智能高拱坝建设之先河。

溪洛渡水电站工程是继三峡之后，我国第二、世界第三大水电站工程，也是世界已建成的三座300 米级特高双曲拱坝之一，大坝坝高 285.5 米。大坝位于长江干流上，安全要求特别高。其地震设防标准、坝身泄洪流量及泄洪功率位居世界特高拱坝之首，大坝结构复杂程度为世界拱坝之最，综合技术难度最大。针对以上特点和难点，三峡集团牵头组织开展了“300 米级溪洛渡拱坝智能化建设关键技术”的科技攻关，成功解决了拱坝在设计、实施、初期运行阶段的关键技术问题，确保了溪洛渡大坝的安全高效建设。

据了解，该技术首次创建了特高拱坝智能化建设理论和体系，攻克了拱坝智能建设的关键技术；首次建立了特高拱坝施工进度与真实工作性态的动态耦合仿真分析模型与方法，实现了大坝建设全过程实时工作性态的动态可控；首次创建了全生命周期拱坝全景信息模型（DIM），并研发了拱坝智能建设与运行信息化平台（iDam）。2016 年溪洛渡拱坝已经历了 3 年的蓄水运行，原型监测成果表明，各项指标均在设计允许范围之内。鉴定委员会认为：“该成果是混凝土拱坝筑坝技术的重大创新，居于国际领先水平。”

三峡集团副总经理、项目牵头人樊启祥表示，溪洛渡拱坝智能化建设成果获得国家科技进步二等奖，但与三峡集团承担的国家战略使命还有很长的路要走。智能大坝建设是未来水电发展的大趋势，溪洛渡工程引领着世界高拱坝的发展方向。随着智能建造模式和工程建设精益化管理理念的普及发展，洛渡拱坝智能化建设科技成果的应用将逐步拓展至拱坝水电站整体、其他坝型水电工程乃至其他行业，实现行业级工程全生命周期信息化协同管理与智能建造。三峡集团在贯彻国家“走出去”战略进程中，将会把在国内大型水电开发中形成的先进技术成果和成功的技术应用经验，向其他国家和地区全面推广，在国际上树立起中国水电的良好形象。

据了解，该成果已获省部级科技进步特等奖 2

项、一等奖1项，国家级工法1项，省部级工法4项，授权发明专利12项，实用新型专利18项，软件著作权17项。2016年，该研究成果已在向家坝、白鹤滩、乌东德、藏木等工程推广应用，解决了大型水电工程建设高质、高效、精细化施工难题，直接经济效益约243亿元，在社会上受到广泛关注，在行业内产生了良好的示范作用。

（人民网　发布日期：2016年03月07日）

乌东德续写三峡新传奇

苍茫群山，壁立千仞。日前，中国青年报记者从云南昆明出发，进入禄劝县，翻越崇山峻岭，历经7个小时，来到云南、四川交界处的金沙江下游，探访正在建设中的三峡集团乌东德水电站。

2015年12月16日，经国务院常务会议审议通过，对已列入国家相关规划、具备建设条件的金沙江乌东德水电站项目予以核准，这标志着由三峡集团公司兴建的第三个“三峡”正式迈入主体工程施工阶段。

乌东德水电站是我国已经核准建设的第三大水电站、世界已建和在建的第七大水电站，这是继溪洛渡、向家坝水电站建成投产之后，金沙江下游水电开发的又一重大项目，总投资超过1000亿元人民币。

继世界瞩目的三峡工程之后，乌东德水电站的修建，意味着三峡集团开始了续写三峡传奇的新征程。三峡集团董事长卢纯表示，要全力将乌东德电站建成精品工程、和谐工程、廉洁工程。

【建造一座没有裂缝的大坝】

一个巨大的深坑里，一台精巧的黄色掘进机如同“变形金刚”，前端伸出两枚探针式的手臂，向着坚硬如铁的石壁刺入，土石块瞬间分崩瓦解。

这是正开工建设的右岸地下电站，这里将安装6台单机容量85万千瓦的水轮发电机组，加上左岸6台，乌东德装机总容量达到1020万千瓦，年发电量389.1亿千瓦时。2020年8月，将实现首批机组发电，预计2021年12月全部机组投产发电。

乌东德水电站是金沙江下游河段4个梯级中的首个梯级电站，不仅工程规模巨大，而且技术要求高、地质条件复杂、施工难度大。建造一座无裂缝的安全大坝，是乌东德水电站勘探、设计、施工者的责任与使命。

乌东德水电站的建设，面临着一系列技术和管理的挑战，更有诸多水电站建设世界级难题的考验。

进入地下电站山体，好似穿行在巨大的石洞迷宫中，洞群纵横交错，仿佛走入一个“盗梦空间”。

安全帽、灰色工装服，已经成为三峡集团副总经理樊启祥的“标配”。

在工地现场，他介绍，这个大型地下洞室群规模之大、构造之复杂，都是少有的。在水电施工中，地下洞室群的开挖和支护稳定，堪称世界性难题。

事实上，从在复杂地质条件下建设大跨度高水头拱坝，到单机容量百万千瓦级巨型机组的研发制造和安装调试，乌东德水电站在大水电、大机组、装备制造等方面，用创新攻克了一个个技术难题，打造了中国水电的“升级版”。

据三峡集团乌东德工程建设部主任杨宗立介绍，乌东德水电站开发任务以发电为主，兼顾防洪、航运和促进地方经济社会发展，综合效益显著。

追溯一度电的旅程，乌东德水电站建成后，输送华东、华中和广东电网，点亮万家灯火的同时，作为绿色能源，每年可节省标煤约1220万吨，可减少排放二氧化碳3050万吨、二氧化硫10.4万吨，助力实现我国制定的到2020年的减排行动目标。

【在意每一条鱼　珍惜每一棵树】

水电站不远处，是金沙江白鹤滩珍稀特有鱼类增殖放流站。

站长朱欣舀起一勺鱼饵，扔入水池中，一群游鱼争先恐后地跳起夺食，激起簇簇水花。“这是水性活跃的长薄鳅，栖息在江河中水流较急的河滩、溪涧。”朱欣对放流站里的珍稀鱼类如数家珍，他是研究中华鲟的专家，与珍稀鱼类保护打了20多年的交道，这里的每条鱼，“都像自己的孩子”。

朱欣介绍说，这个放流站2013年6月动工兴建，2014年年底投入运行。增殖放流站近期以放流长薄鳅、齐口裂腹鱼、鲈鲤为主，中长期将增加圆口铜鱼、前臂鲵、四川白甲鱼、裸体鳅鮀的放流，设计年放流105万尾。

乌东德地处金沙江下游，虽然江水奔流不息，但这里属干热河谷地貌，降水稀少，岩壁裸露呈褐色，树木植被成了这里的珍宝。

走在乌东德电站，不时见到一株株缠裹着塑料的小树苗。一棵有着百年历史的黄葛树，从坝址处移植过来，用木枝支撑着，被细心呵护，遒劲的老树如今已发新枝。

国家对乌东德的核准过程，历经十多年的科研、勘测、设计和5年多的筹备，针对金沙江下游河段水电梯级开发环境影响的评估是重中之重。

三峡集团乌东德工程建设部副主任王义锋说，水电站建设本身就是环保项目、绿色项目，在进行水电开发的同时，用超过环评要求的标准实施严格的环保措施，实现水土保持、珍稀鱼类保护与自然生态环境的和谐共融。

不久前，清华大学国情研究院院长胡鞍钢教授来到乌东德施工现场实地考察，他得出的结论是，像乌东德这样一个集群创新的巨型公共工程，既是典型的有效投资，又是绿色投资，“乌东德大坝将成为巨型公共水电工程集群创新发展的世界新样板，也将成为绿色工业革命的标志性工程”。

【向大坝注入生命与情感】

三峡集团乌东德水电站工程投资大，建设期间平均每年可增加就业人数约7万人。电站建成发电后，地方财政每年增收约13.5亿元。

在水电人眼中，大坝是有表情有温度的。一代又一代的三峡水电人，用责任与担当、忠诚与奉献，为水电大坝注入了情感与生命。

王义锋是个老水电人，干这一行已经33年了。世界第一高坝锦屏水电站、二滩水电站、沙牌电站、向家坝等许多世界级水电站的建设都留下了他的足迹。

在他眼里，山川河流是有感情的，水电大坝是有生命的，“我听得懂它们的语言，可以与它们对话，如果让我离开它们，真不知道干些什么，吹牛都找不到素材”。

在王义锋看来，世界上没有两座一样的水电站大坝。面对乌东德水电站的世界级技术难题和巨大挑战，王义锋感触更多的是，“兴奋和振奋，有诸多世界第一要去超越”。

王义锋坦言，作为三峡水电人，是要有些家国情怀，否则干不了水电这一行。水电人聚在一起，总爱说起自己与大坝的不解情缘与苦乐人生。有一位水电人曾经带领团队，在山中徒步15天勘探、考察水电地质地貌。“十几天没洗脸，老乡把一家人一天节省下来的水，给我洗脸，真的下不去手啊！”

看到一座座水电站巍峨矗立，看到大坝泄洪时的壮观，水电人心中总会涌起骄傲与自豪。

在乌东德火热的工地上，还有许许多多的普通建设者，用汗水与热情浇铸着大坝，因为电站也寄托着他们对未来生活的期盼与憧憬。（崔丽）

（中国青年报 发布日期：2016年01月05日）

溪洛渡水电站泄洪洞群建设关键技术获水电科技一等奖

“溪洛渡水电站泄洪洞群建设关键技术”获得2016年度水力发电科学技术奖一等奖。

泄洪洞工程的消能、高速水流空蚀破坏问题一直是困扰全世界的一大难题。溪洛渡泄洪洞群是世界泄量最大、流速最高的泄洪洞，最大总泄量约16700立方米/秒、最高流速达50立方米/秒，消能、防空蚀、抗冲磨难度极大。合理的布置与精准的体型、有效的掺气设施、多性能协调的抗冲磨防空蚀混凝土、平整光滑无痕迹流道面等是保证超高流速泄洪洞不发生破坏的关键因素。高速水流不会放过任何缺陷，不解决上述问题泄洪洞运行安全就无法保证。本课题立足于溪洛渡泄洪洞群安全运用，对布置形式、掺气设施、抗冲磨混凝土材料、施工装备、工艺措施和标准，进行了系统研究，提出一整套解决方案，进行了全方位研究。

一、主要成果及创新点

1. 提出特高水头、超大泄量泄洪洞“洞内龙落尾、全断面立体掺气、出口挑流水下对冲消能”新技术，成功解决顺直河道泄洪洞群布置、50立方米/秒级高速水流空化空蚀和河道消能防冲等难题。

2. 首次采用“低掺硅粉、低热水泥、高掺粉煤灰”复合胶材配制技术，配制出“高强度、高耐磨、高抗裂、良好施工性”多性能协调最优的抗冲磨混凝土。

3. 研制适应大断面、变坡度、多曲线隧洞的精准体型常态混凝土衬砌成套施工装备，研究形成高速水流过流面平整光滑无痕迹混凝土衬砌成套技术及工艺，有效提升体型精度和平整度避免产生高速水流空蚀破坏。

二、应用情况及推广前景

本项目成果已在5座巨型、大型水电站泄洪洞群中得到应用，包括溪洛渡、白鹤滩、乌东德、长河坝和大岗山，这些工程在行业内具有很强的示范作用，对未来的大型水电站建设和运行具有指导和借鉴意义。

三、获奖单位

中国三峡建设管理有限公司、中国电建集团成都勘测设计研究院有限公司、中国水利水电第七工程局有限公司、中国人民武装警察部队水电第三总队、中国水利水电科学研究院、四川大学。

四、获奖人

樊启祥、肖白云、洪文浩、夏 勇、聂庆华、覃壮恩、范寒冰、许唯临、刘之平、杨 敬、李文伟、孙明伦、彭作为、张卫华、张兴全、刘 强、韩金涛、邓良超、刘善均、章晋雄、黄 勇、石江涛、杨 勇、易 丹、李 果、李旭东、罗 勇、段刚强、胡泽清、黄照元、阳明明、刘太平、杨怀德、吴登明、祝细根、许传稳、鲁 毅、吕玉娥、陈俊松、陈庄明、华大恩、韩进奇、孙宪国、朱永福、吴世斌、王 丰、朱正贵、欧阳秋平、尹 强、孙 峰

唱响乌东德的劳动之歌

“我们的地下厂房已经进入施工阶段，导流隧洞实现通水过流，大坝混凝土浇筑即将开始……”站在乌东德水电站施工现场，中国三峡建设管理有限公司乌东德工程建设部主任杨宗立满怀自信对记者说。

面对地质条件复杂、河谷气候干燥等困难，乌东德工程建设部与各施工单位一起，攻坚克难，争分夺秒，让这座世人瞩目的巨型电站的建设有序开展。而在这之中，一场围绕工程建设的劳动竞赛，成为助推乌东德项目建设前进的巨大动力和引擎。

借鉴三峡工程成功经验

乌东德水电站坝址位于云南省昆明市禄劝县与四川省凉山州会东县交界的金沙江下游河道上。总装机容量1020万千瓦，位居世界第七，国内第四，采用混凝土双曲拱坝，坝顶高程988米，最大坝高270米，是国家能源发展“十二五”规划中重点建设的水电站之一。

为充分发挥工人阶级主力军作用，推动金沙江下游水电工程建设步伐，三峡集团充分借鉴三峡工程建设成功的管理经验，在中华全国总工会领导下，自2006年开始持续在金沙江水电工程建设中开展以“当好主力军、建功金沙江”为主题的劳动竞赛活动。

三峡集团公司工会工作部副主任裴成新告诉记者，劳动竞赛在向家坝、溪洛渡、乌东德水电工程建设中深入开展，极大地激发了广大建设者的积极性、主动性和创造性，确保了金沙江流域水电工程项目各项工作扎实有序推进，促进了工程建设，提升了职工素质，和谐了企业与地方政府的关系。

竞赛活动开始前，三峡集团对金沙江流域下游4个水电工程的建设特点进行了分析，根据4个项目的具体特点，提出了金沙江劳动竞赛采取统一领导、统一规划、统一表彰、分工程实施、分层级开展、分类别竞赛、分年度评比的“三统四分”的竞赛办法。

“劳动竞赛不仅促进了巨型水电工程建设，而且成为新时期广大建设者践行 ‘中国梦，劳动美’的重要载体，成为他们参与工程建设的自觉行动。通过20年的劳动竞赛，我认为在社会主义市场经济体制下劳动竞赛仍然具有强大的生命力。”裴成新告诉记者。

据了解，去年下半年，乌东德工程建设部按照金沙江劳动竞赛委员会要求开始筹备劳动竞赛的相关事宜，并于今年2月正式启动。根据施工单位、设计监理单位、后期保障单位的不同特点，竞赛组委会制定了考核评比实施细则。各参建单位高度重视，制定了各自的竞赛工作方案。

乌东德项目的主要施工方——葛洲坝乌东德施工局副局长袁瑞卿告诉记者，从去年“战高坡，保度汛，创典范，保‘三零’”为主题的劳动竞赛活动，

到今年“勇闯安全关，决胜高边坡，周密度转序，匠心创典范”为主题的劳动竞赛，他们制定了周密的参赛计划。

唱响“劳动光荣”主旋律

劳动竞赛的如火如荼开展，激发了各参建单位极大的参与热情。据裴成新介绍，近年来，在乌东德项目建设中，一大批先进集体和个人获得表彰，成为项目建设中的佼佼者。

站在乌东德项目下游围堰上，峡谷陡峭，群山巍峨。如果不仔细观察，可能人们不会注意到，正有一群工人作业于峭壁之上，钻孔、插杆、注浆……他们是葛洲坝乌东德施工局从事边坡防护的专业队伍。在工地上，他们被形象地称为“蜘蛛人”。

“乌东德水电站左岸最大坡高约上千米，右岸最大坡高约830米，均为超高型高边坡，两岸共有近50万平方米的边坡亟须治理。”杨宗立说。由于地质条件复杂、坡度大，边坡的稳定与否，直接着关系着乌东德主体工程建设的安全与进度。而这群“蜘蛛人”们，则名副其实成为乌东德项目施工安全的守护者。

在工地上，记者见到了这支“蜘蛛人”队伍的“首领”——龚清洪。别看只是30出头的年纪，他已经练就了一身“飞檐走壁”的盖世武功。他告诉记者，每天早晨5时，他就带领着他的团队走上工作面。悬崖峭壁上，他们如履平地，30多摄氏度的高温，几十公斤的负重，锚杆钻孔、插杆、注浆、挂网、喷护等多道工序在他们手中娴熟地完成。

每一天，他的团队都在峭壁上上演着支护攻坚战。在这样的艰苦环境中，龚清洪的团队出色地完成了边坡护理的任务，他本人也在劳动竞赛中脱颖而出，被评为2015年度金沙江乌东德水电工程建设优秀建设者，并荣获云南省“五一劳动奖章”。

在乌东德项目的建设工地，活跃着一大批像龚清洪一样默默耕耘于一线的劳动者，他们践行着三峡集团“当好主力军，建功金沙江”的发展理念，为乌东德项目的早日竣工贡献着光和热。

“通过开展劳动竞赛，我们弘扬了勤奋劳动、诚实劳动、创新劳动的理念，充分激发了广大职工的劳动热情和创造活力。也唱响了‘劳动光荣、工人伟大’的主旋律，使通过劳动来推动经济社会发展、创造美好幸福生活的理念，真正成为人们的共同心声和普遍追求，形成‘尊重劳动、尊重劳动者、尊重劳动价值’的良好社会氛围。这也是我们工会组织应有的作为和担当。”裴成新告诉记者。

（赵坤）

（原载《中国电力报》2016年12月05日）

面对江河的呼唤：全国勘察设计大师成都院总工程师王仁坤的水电人生

溪洛渡，以1386万千瓦装机容量雄踞中国第二、世界第三大水电站，作为金沙江开发的启动工程，终于在2014年完成华丽蜕变，累计发电量突破1500亿千瓦时。

纵观溪洛渡工程从前期到投产各阶段建设，不能不提到第四任总设计师、成都勘测设计研究院总工程师王仁坤。这位毕业于清华大学的博士，在不忘初心的人生征途中，收获满满，享受国务院政府特殊津贴、入选“新世纪百千万人才工程”，是当时最年轻的入选者之一。2016年12月，当选第八批全国工程勘察设计大师，是成都院继刘克远、李文纲当选全国工程勘察设计大师之后，第三人获此殊荣。

坚守：30载付溪洛渡

溪洛渡工程综合技术难度高，具有高拱坝、高地震、巨泄量、超大地下硐室群的特点。为了设计安全可靠、技术可行、经济合理、环境优美的建设方案，几代成都院人付出了艰苦卓绝的努力。

王仁坤无疑是其中最优秀的代表之一。他毕业后，就一直从事水电工程设计工作，先后主持或参与国内外20多座大、中型水电工程设计；从一名普通的工程师，逐渐成长为成都院技术最高决策者之一。王仁坤主持设计的溪洛渡、锦屏一级、大岗山等特高拱坝巨型水电站成功投产，代表当今世界水电技术最高水平，被誉为我国特高拱坝设计领域的技术带头人和领军人物。

在溪洛渡工程上，王仁坤干了30个年头。用一个字描述他与溪洛渡的关系，那就是“爱”。

王仁坤认为，优秀设计离不开超前的设计思维和先进的设计理念。双曲拱坝是适合于狭窄河谷修建、安全性与经济性较优越的坝型，具有结构合理，受力好，可以大大节约混凝土的优点。

王仁坤属于专家型领导，思维敏捷。作为科学家，王仁坤经常问自己：

“我们设计的拱坝体型是不是已经最优？”

“建基面抬高，能保证安全吗？”

类似这些问题，经常在他头脑萦绕。

夜深人静，王仁坤仿佛又听到了遥远的江河的呼唤，又看到了那不舍昼夜流速的大江，他决心走一条新路，闯一片天地。

于是，他从最具挑战性的拱坝建基面下手，建基面优化开始了。这一漂亮变化，节省工程直接投资约 6 亿元，经济效益十分显著，被潘家铮院士称为“高坝设计宝典”。而成功的背后，只有王仁坤本人以及他率领的团队，才深深知道其中的艰辛和不易。

担当：三思后行破难题

王仁坤对孔子“三思而后行”有过这样的解释，面对问题，多思考，找思路，并上升到思想的高度定出路，如此再三思考后的行动就不会偏离真正能解决问题的有道之路。溪洛渡团队在他的带领下，成熟壮大，与他这种智慧分不开。

说说溪洛渡竖井的事儿。

溪洛渡左右岸地下厂房各布置 2 条出线竖井，其中有 3 条竖井内径为 10 米，一条竖井内径为 11 米；竖井深度左岸为 488.5 米，右岸为 493.50 米，均超过东方明珠电视塔，右岸竖井高度甚至超过上海环球金融中心。

竖井除了电缆敷设，更是连接地面与地下、通风及安全疏散的重要通道。

以目前的施工技术，如果在岩石上开挖如此深度的竖井，并不算什么难事，而溪洛渡竖井偏偏遇到了拦路虎——覆盖层，而且深度达 120 米，往下才是岩体。

考虑结构衬砌需要，开挖断面直径在 14—15 米，这么大尺寸的电缆竖井穿越如此巨厚覆盖层，在水电工程及其他矿井工程中尚无先例。如何设计？如何施工？又如何确保覆盖层竖井大断面施工的井壁稳定安全和竖井长期运行安全？

在工程界，覆盖层成井的处理方式，大致有冷冻法、沉井法、灌注桩法，等等。王仁坤带领团队，通过实地调研和分析研究，发现照搬采用这些常规方法，费用无法估量，也不符合本工程的实际。

在这些“寻常路”上绕圈，总是不得要领。只得放弃。

但问题摆在那儿，总是要解决的。

王仁坤再一次表现了一个总工的魅力，他要找出适合溪洛渡竖井的方法。

“三思而行”的王仁坤，先从问题的本质入手。

覆盖层开挖最大的问题是稳定，而圆状的井筒受力最好，对稳定最有利。从竖井本身结构考虑，就利用井壁保证稳定，挖一段衬一段。这是路子的第一步。

表面几层开挖覆盖层，怎么都容易。挖到一定深度，衬到一定距离，问题就来了，衬砌结构下方的覆盖层一开挖，井壁在重力作用下，会往下滑动，自然影响开挖，更威胁施工人员安全，况且离进口越远，这种不确定性越大。

这个问题在谙熟各种力学原理的王仁坤那里，立马有了解决之道。将井壁一开始就设计一个结构，锁定在井口——他想到了喇叭口状的井口盘。这个井口盘，除了能有效解决上面遇到的难题，还有一点，它能提供向下的重力，压实下面的土层，对开挖有利。

于是，一切水到渠成，只需要把方案再细化，以便更具操作性。这一独创性施工方法，保证了竖井安全顺利成型，也获得各种专利和奖项。

理念：优秀设计在路上

除了工程技术问题，王仁坤无意间提起的溪洛渡金沙江大桥的一个细节，更让人心灵受到震撼。

金沙江大桥是连接溪洛渡工程左右岸运输的重要通道。大桥的设计方是另一家单位。在初期设计方案中，大桥右端离岩壁近，而岩壁危岩体多，若要保证道路通行安全，势必需要对分布高度数百米的危岩体进行处理，难度大，费用高。

王仁坤从溪洛渡整个工程环境和谐考虑，希望不要破坏天然的岩壁景观，并提出将大桥位置上移 100 米，对于右岸桥端与地面交通衔接转弯半径不够的问题，他建议可以采用半立交的方式解决。

王仁坤喜欢谈溪洛渡，他描绘的情景，让人听了又激动，又温暖。

他说：“这些岩壁雄浑壮丽，从远处一看，各种神话人物栩栩如生，什么溪仙姑、貂蝉、弥勒佛，还有西游记里面神仙妖怪，这里都能找到，真是形态各异，鬼斧神工，是大自然赋予溪洛渡的财富，千万不能糟蹋它。”

王仁坤一贯以优秀工程师的眼光看待工程问题。任何工程问题的解决，都不止一个方案，哪个方案更适合特定工程，却是杰出设计者应该考虑的事情。

后来，金沙江大桥按照王仁坤的建议建设成目前的样子，车辆在桥上桥下毫无障碍地穿梭，仿佛在诉说一段佳话。

再说一件发生在修路过程中的小事，事虽小却能说明大问题。

根据溪洛渡场内交通布置，5 号公路将直接穿过杨家坪工区一棵百年黄葛树。如果按原计划施工，该古大树将存在两种可能：一种是移栽，该树树龄较大，主干木质部分已出现中空，移栽无法保证成活率；另一种就是直接伐除。为了保护该古大树，王仁坤团队与业主研究，对 5 号公路的线路进行调整，由原来的直接穿过方案改为绕行方案，并结合现场特点修建了景观措施，使这棵古树受到更好保护。

说到这棵树，王仁坤有点兴奋。

“一棵树逃脱了被‘强拆’的命运，这是设计理念的进步。” 王仁坤打开了话匣子。

“这在过去是不可能的。以前人们只注重直接投资与收益，很少去关注无形的价值，现在就大大改观了。这是时代发展的要求，也是设计理念不断创新进步的结果。” 王仁坤抚今追昔，他接着说：“工程要做到安全、经济、环保、美观，这几点同样重要，不能薄此厚彼。”

如今，这棵树愈发枝繁叶茂，形成一道独特自然景观。

当然，王仁坤还有不少得意之作，无不体现了他的设计理想，人文情怀。

品格：攀登不息人生路

在技术攻克和创新专研上，王仁坤是个难得的人才。能拥有水电事业的情怀和领悟，像他这样的人物，也是不多见的。王仁坤以其博大的胸怀深藏着对祖国水电事业以及与他朝夕相处的每一位员工的热爱，展现了成都院优秀的人文品质。如今身兼数职的他，在繁忙的工作之余，依旧喜欢与员工交流。他经常妙语连珠，一语中的且风趣幽默，让倾听者如沐春风。

其实，王仁坤的聪明才华并不比别人高强多少，如果你看到他对不懂的问题，像学生一样谦虚请教，对不熟悉的领域知识认真地做记录，那么你就会明白，世上并没有“超人”。

王仁坤除了心系水电事业发展，也注重新技术的研究与运用，主导推进“三维协同设计系统”，显著提升我国水电水利行业设计水平；牢记使命勇于担当，深入“5•12”汶川大地震震区工程和堰塞湖排险。他出色的学识才干，可贵的水电情怀，赢得了业界和社会广泛认同。

30 多年的奋斗，王仁坤荣誉等身，先后获得“全国优秀科技工作者”“全国五一劳动奖章”“中央企业优秀共产党员”“中国大坝首届杰出工程师”等荣誉；担任国家认定的企业技术中心主任、国家能源高混凝土坝分中心和大型地下工程分中心主任。

然而，王仁坤没有沉浸在一个接一个的成功里，更没有躺在荣誉簿上沾沾自喜，始终保持着谦逊谨慎、不骄不躁。他说，这些成绩和荣誉，是成都院这个集体共同创造出来的，更是这个伟大的时代赋予水电工作者的使命。

下一处工程现场，下一场大会发言，下一个技术难题，下一项科研攻关……还有许多诸如此类的“下一个”等着他。

江河奔腾不息，攀登历程不止——这就是王仁坤坚定践行的水电人生。

（邱云、王建升）

概况

责任编辑：姚国寿

2016 年，四川省电力工业在四川省委、省政府的领导下，全体川电职工深入贯彻落实中共十八届五中、六中全会精神，面对错综复杂的经济形势，省内用电需求放缓，大量清洁能源亟待消纳，电力体制改革有序推进等因素，坚持科学发展、稳步发展的工作基调，团结一致，顽强奋斗，全力保持电力平稳较快发展，保民生、促发展，在电源建设、电网建设、生产运营、科教文化、企业管理、党群工作等各个方面都取得了新的成绩。

2016 年，全省发电总装机容量达到 9108 万千瓦，新增发电装机 435 万千瓦。总发电量 3369.8 亿千瓦时，同比增长 5%。其中水电 2988.7 亿千瓦时，火电 349.3 亿千瓦时，风电 21.2 亿千瓦时，光伏电 10.7 亿千瓦时。电网建设又好又快发展，特高压线路陆续投运，500 千伏电网覆盖全省各市州，多层级电网协调发展的格局更加完善。外送电创历史新高，全年水电外送电量 1285 亿千瓦时。

四川电网已从局部电网跃升为联通西北、华中、华东电网的重要枢纽和特高压交直流混联运行的枢纽电网。四川电力行业继续保持科学、平稳发展。

同时，水电集中投产、电力外送通道严重不足，配网极需整改完善，电网“两头薄弱”问题依然突出，弃水、弃风、弃光“三弃”并存问题日益凸显，电力生产运营也暂时出现了电力供大于求的新情况。

四川省2016年经济和社会发展计划执行情况

2016年，面对错综复杂的国内外经济形势，在中共中央、国务院和省委的坚强领导下，全省各族人民齐心协力、努力奋斗，取得了经济社会发展的新成绩，省十二届人大四次会议确定的目标任务圆满完成，实现了“十三五”规划良好开局。

全力稳定增长，经济发展总体平稳稳中向好。全省地区生产总值超过3.2万亿元、增长7.7%，其中一、二、三产业分别增长3.8%、7.5%和9.1%，全社会固定资产投资增长12.1%，社会消费品零售总额增长11.7%，地方一般公共预算收入增长8.3%，主要经济指标均好于预期，成绩来之不易。年初部分经济指标回落，部分地区和行业稳增长形势较为严峻，我们主动谋划，采取了一系列政策措施。抓“项目年”稳增长。突出抓好631个全省重点项目和100个省级重点推进项目，雅康和汶马高速公路、中电科网络信息安全产业园等建设加快推进，英特尔骏马等一批重大项目建成投产。新开工项目完成投资1.3万亿元，对投资增长贡献率达85%。抓消费稳增长。组织近10万家企业参加市场拓展“三大活动”，推动“四川造”产品销售额超过8000亿元。限额以上网络零售额增长29.8%，网销四川品牌产品343.3亿元。抓产业稳增长。农业综合生产能力提升，粮食总产量3483.5万吨、增长1.2%。规模以上工业增加值增长7.9%，工业和技改投资分别增长10.9%、13.1%。白酒、建材等传统产业企稳回升，战略性新兴产业总产值6900亿元、增长9.5%，高新技术产业总产值1.6万亿元、增长10%。服务业保持领先增长，占地区生产总值比重超过第二产业。旅游总收入增长24%，金融业增加值预计增长11%左右。抓分类指导稳增长。对15个重点产业建立省领导牵头联系推进机制，开展6轮稳增长调研督导，推动政策落地落实。设立17只产业发展基金，总规模超过470亿元。制订促进民间投资和外贸等政策举措，民间投资增速逐步回升，进出口增速高于全国平均水平。

坚定不移促改革，发展动力活力持续释放。大力实施供给侧结构性改革。聚焦“三去一降一补”，出台工作方案和17条政策措施，淘汰钢铁产能420万吨、煤炭产能2303万吨，全面完成国家下达的年度任务。年底全省商品住房消化周期8.7个月，同比缩短3.7个月。工业企业资产负债率降低0.8个百分点以上。减轻企业负担820亿元。结合实际补短板，广泛开展提升产品质量和创品牌等活动，4家川企获第二届“中国质量奖”提名奖，新获批国家地理标志保护产品12个，新增驰名商标8件。扎实推进全面创新改革“一号工程”。以成都德阳绵阳为核心区域，全面推开创新改革试验，编制实施综合改革等9张清单，总结了60多项可复制推广的经验。出台激励科技人员创新创业16条措施，新增各类市场主体74万户。成功获批国家级引领型知识产权强省建设试点省。同时，扎实推进国家部署的9项农村改革试点，土地确权登记基本完成，启动供销合作社综合改革和180个国有林场改革。加快深化国有企业“三项制度”和混合所有制改革，推进二重、化工控股等企业整合重组。全面取消非行政许可审批，省级核准事项减少60%。全面实施“先照后证”，积极推广“双随机、一公开”监管。投融资、财税、金融、电力、卫生、教育等领域改革取得积极进展。

深化对外开放合作，开放型经济水平持续提升。加快建设进出川大通道。天府国际机场开工建设，成贵高铁等项目扎实推进。建成成安渝等高速公路503公里，通车总里程达6519公里。国际（地区）航线新增10条、达95条，成都中欧班列开行460列。出入境人数约500万人次。精心打造开放合作平台。中国（四川）自由贸易试验区获批。成功承办二十国集团财长和央行行长会议、世界航线大会、第五届中法地方政府合作高层论坛等重要活动，进一步提升了我省国内外影响力。与13家大型央企、9所知名院校、12家金融机构开展深度合作，成功举办西博会、科博会、中外知名企业四川行等重大活动，吉利新能源汽车、清华紫光IC国际城等一批重大项目落户。新增国际友城和友好合作关系14对。世界500强企业新增落户17家、达316家，实际利用外资85.5亿美元，到位国内省外资金9614亿元。加强国内外产业合作。主动融入“一带一路”建设和长江经济带发展，积极推进国际产能合作。对外工程承包新签合同额增长54.5%。中德、中法、中韩等国别园区加快建设。与港澳台地区和渝浙粤等省市合作进一步深化。

坚持城乡统筹发展，区域发展协调性进一步增强。新型城镇化进程加快。编制完成省域城镇体系和四大城市群规划，在14个县（市）开展“多规合一”试点。深入开展城市基础设施建设等行动，建设地下综合管廊203公里，完成海绵城市项目193个，改造城镇危旧房和棚户区27万套，超额完成货币化安置任务。常住人口、户籍人口城镇化率进一步提高。城乡均衡发展加快推进。深化城乡“五个统筹”“五项改革”，加快城乡居民基本医疗保险制度整合，推进基本公共服务常住人口全覆盖。新建成幸福美丽新村6729个，7个镇被评为首批中国特色小镇，新（改）建农村公路2.3万公里，城乡居民收入比继续缩小。多点多极竞相跨越发展。成都平原经济区经济总量突破2万亿元，天府新区作为新兴增长极的基本骨架逐步成型，川南、川东北经济区经济总量均超过5000亿元，攀西、川西北经济区稳步发展，地区生产总值千亿以上市（州）达15个、百亿以上县（市、区）达112个。

强力推进脱贫攻坚，举全省之力打好开局之战。按照中央和省委部署，把脱贫攻坚作为头等大事，在每个贫困村落实1名县领导、1个帮扶单位、1名驻村农技员等“五个一”帮扶措施。切实解决住房安全问题。新建、改造和保护农房40.6万户，完成25万贫困人口易地扶贫搬迁任务。着力推动产业助农增收。编制实施贫困县、贫困村产业脱贫规划，逐户落实脱贫措施，6.8万个农业专合组织、5180家农业产业化龙头企业参与脱贫攻坚，贫困家庭劳动力实现转移就业84.2万人。着力阻断贫困代际传递。改善贫困地区义务教育薄弱学校基本办学条件，全面推行民族地区15年免费教育，75所公办高校对口帮扶贫困县取得成效。努力防止因病致贫返贫。贫困人口一般诊疗、白内障复明手术等10种项目收费全部免除，县域内住院费用个人支付比例控制在10%以内。年初确定的脱贫攻坚目标全面完成，5个贫困县摘帽、2437个贫困村退出、107.8万贫困人口脱贫。

大力发展民生社会事业，社会基本公共服务水平有了新提升。在财力趋紧的情况下，全省一般公共预算民生支出占比达65%。城镇新增就业104万人，城乡居民人均可支配收入分别增长8.1%、9.3%，居民消费价格上涨1.9%。认真办好民生实事。十项民生工程和20件民生大事全面完成。向残疾人低保对象发放困难生活补贴，免费治疗包虫病等重大传染病地方病，新建路侧护栏6000公里、农村渡口渡改桥120座。提高退休人员基本养老金。强化生态环境保护。启动绿化全川行动，森林草原覆盖率不断提高。全省40.6%的面积划定为生态保护红线区域，打响大气、水、土壤污染防治“三大战役”，启动省内环保督察，严格环保执法。PM2.5年均浓度下降4%，地表水水质达标率72.4%。教育卫生文化体育得到新发展。95个县（市、区）义务教育均衡发展通过国家验收，教育水平进一步提升。全面两孩政策稳步实施，城市公立医院药品加成全面取消，医疗卫生综合改革不断推进。建成村文化室2500个，免费开放的博物馆、纪念馆接待群众3843万人次。在全国率先实现足协与体育主管部门脱钩，川籍运动员在里约奥运会、残奥会取得了好成绩。

加强政府职能和作风转变，努力提高社会治理能力和水平。加强作风建设。扎实开展“两学一做”学习教育，落实中央八项规定精神和省委、省政府十项规定，强化党风廉政建设责任制，努力解决不正之风和腐败问题。大力推进依法行政。提请审议地方性法规草案8件，制定发布省政府规章12件，全面实施行政决策合法性审查，依法纠正违法或不当行政行为，完善行政应诉工作机制。自觉接受人大、政协监督，加强行政监察和审计工作。加强和创新社会治理。深化国家安全宣传教育，扎实推进“法律七进”，加强调解、信访工作，强化社会治安综合治理，注重防范化解各类风险，依法打击违法犯罪活动。推进综合行政执法体制改革试点，开展食品药品安全专项整治和安全生产大检查，加强防汛减灾等工作，生产安全事故起数下降14.7%、死亡人数下降14.2%。

同时，国防动员、人民防空、优抚安置和民族宗教工作进一步加强。对台、外事侨务、统计、保密、档案、气象、地震、地质、测绘、机关事务、参事文史、新闻出版广播影视、慈善、红十字会、残疾人、妇女儿童、青少年、老龄、哲学社会科学、地方志等工作都取得了新成绩。

（本文摘自四川省人民政府省长尹力在四川省第十二届人民代表大会第五次会议上的讲话）

四川省电力工业2016年发展情况

【发展概况】2016年，四川省电力工业发展总体平稳。全省电力行业采取了一系列积极措施，推进电力体制改革，继续加快电网建设，有序放开发电计划，注重风电、光伏电发展，进一步优化发电方式，扩大直购电试点，深化富余电量消纳政策，努力做好水电外送等工作，实现了全省电力供应充足，发电装机持续增加，发电量平稳增长，全社会用电量增速由负转正，为四川全省社会经济发展和民生用电提供了安全可靠的电力供应。

同时，四川电力行业也面临发电设备利用小时数继续下滑，枯水期火电机组开机容量大幅下降，丰水期水电弃水压力逐年加大，电力外送通道严重不足，配网亟须整改完善，深化改革矛盾凸显，电力企业经营困难等挑战。

据统计，2016年，全省电力基本建设投资完成409.41亿元（不含跨省发电项目），比上年同期降低14.42%。其中，电源建设投资完成166.52亿元，比上年同期降低34.07%；电网基本建设完成投资242.88亿元，比上年同期增加7.55%。

【电源建设规模】四川省2016年电源基本建设规模为3011万千瓦（不含跨省项目），本年施工规模为791万千瓦，其中：国电集团大渡河公司所属205万千瓦；华电集团四川公司所属84.1万千瓦；华能集团四川分公司所属10.5万千瓦；雅砻江流域水电开发有限公司所属465万千瓦；中电建水电开发集团有限公司所属11.4万千瓦；中国大唐集团四川分公司所属15万千瓦。

2016年基本建设规模

表1　　万千瓦

雅砻江	国电大渡河	大唐	华电	中水	华能
465	205	15	84.1	11.4	10.5

【电源建设工程投资】2016年，电源基本建设自开工累计完成投资2462.06亿元，当年完成投资约为166.52亿元，其中：国电集团大渡河公司完成55.59亿元，华电集团公司四川公司完成11.73亿元，华能集团公司四川分公司完成5.82亿元，雅砻江水电开发公司完成81.33亿元，中国水电建设集团四川电力开发有限公司完成3.90亿元，中国大唐集团四川分公司完成8.13亿元。

电源建设投资166.52亿元中，国电集团大渡河公司占33.38%，华电集团四川公司占7.05%，华能集团四川分公司占3.49%，雅砻江公司占48.85%，中国水电建设集团四川电力开发有限公司占2.35%，中国大唐集团四川分公司占4.88%。

2016年电源完成投资情况表

表2　　亿元

雅砻江	国电大渡河	大唐	华电	中水	华能
81.33	55.59	8.13	11.73	3.9	5.82

【电网情况】截至2016年年底，四川电网共有±800千伏直流换流站3座，±500千伏直流换流站1座，500千伏变电站45座，500千伏开关站1座，主变87台，总变电容量7490万千伏安；220千伏变电站265座，220千伏开关站3座，主变569台，总变电容量8263.2万千伏安；110千伏及35千伏变电站2584座，主变4299台，总变电容量8993万千伏安。全网已建成并投运±800千伏直流输电线路6条，额定输送容量2160万千瓦；±500千伏直流输电线路2条，额定输送容量300万千瓦；500千伏交流输电

路 172 条，共 14885 千米；220 千伏输电线路 846 条，共 23333.2 千米；110 千伏及 35 千伏输电线路 4806 条，共 57313.9 千米。

2016 年，四川省电力公司电网基建投资 254.12 亿元，同比上升 8.0%。新开工 500 千伏线路 1052 公里、变电容量 400 万千伏安；220 千伏线路 252 公里、变电容量 174 万千伏安；110 千伏线路 541 公里，变电容量 171.5 万千伏安。

【发电装机情况】截至 2016 年年底，四川全省发电装机容量 9108 万千瓦，较 2015 年底增长 5.0%。其中，水电 7245 万千瓦，增长 4.4%；火电 1642 万千瓦；风电 125 万千瓦，增长 70%；光伏 96 万千瓦，增长 164%。

全省装机容量表

表 3　　单位：万千瓦

时间	全省总计	水电	火电
2015 年	8672	6939	1623
2016 年	9108	7245	1642

截至 2016 年年底，全省 6000 千瓦及以上各类发电企业 671 家，装机容量为 8241.92 万千瓦。其中：雅砻江流域水电开发有限公司装机 1470 千瓦；三峡金沙江川云水电开发有限公司 1333 万千瓦；国电四川、大渡河发电公司装机 957.3 万千瓦；华电集团四川公司、金上公司装机 837.25 万千瓦；四川投资集团公司装机 351 万千瓦；华能集团四川公司装机 298.8 万千瓦；大唐集团四川公司装机 296.6 万千瓦；中电建水电开发集团有限公司装机 287.008 万千瓦；中国电力投资集团四川公司 128.54 万千瓦；四川港航开发有限公司装机 80.5 万千瓦；四川久隆水电开发股份有限公司 104.6 万千瓦；中国广核能源有限公司四川公司 52.42 万千瓦等。

从地区情况看，大部分地区的发电装机容量的增长速度趋于平缓。增长率靠前的四个地区分别为：达州市新增装机容量 72.313 万千瓦，增长 42.74%；巴中市新增装机容量为 2.4 万千瓦，增长 19.22%；甘孜藏族自治州新增装机容量 25.3 万千瓦，增长 4.64%；凉山彝族自治州新增装机容量为 53.658 万千瓦，增长 3.44%。

地区发电装机情况表

表 4　　单位：万千瓦

地区	2015 年	2016 年	增加绝对值	增长率（%）
达州市	169.177	241.49	72.313	42.74
巴中市	12.485	14.885	2.4	19.22
甘孜州	545.0773	570.3773	25.3	4.64
凉山州	1561.5151	1615.1731	53.658	3.44

2016 年全省新增发电装机容量为 435 万千瓦，其中：水电 306 万千瓦，火电 18 万千瓦，风电 51 万千瓦，光伏 60 万千瓦。

【发电机组结构】截至 2016 年年底，纳入全行业统计调查范围的 6000 千瓦及以上机组容量合计为 8241.92 万千瓦，其中，60 万千瓦及以上（包含 60 万千瓦）机组容量为 5232.04 万千瓦，占 6000 千瓦及以上机组容量的 63.48%；30 万千瓦至不足 60 万千瓦（包含 30 万千瓦）机组容量 391.45 万千瓦，占 6000 千瓦及以上机组容量的 4.75%；10 万千瓦以上至不足 30 万千瓦（包含 10 万千瓦）机组容量 1327.27 万千瓦，占 6000 千瓦及以上机组容量的 16.1%；10 万千瓦以下机组容量 1291.14 万千瓦，占 6000 千瓦及以上机组容量的 15.67%。

【发电情况】2016 年，四川全口径发电量 3369.8 亿千瓦时，同比增长 5.0%。其中，水电发电量 2988.7 亿千瓦时，同比增长 8.0%；火电 349.3 亿千瓦时，同比下降 18.6%；风电 21.2 亿千瓦时，同比增长 120.8%；光伏电 10.7 亿千瓦时，同比增长 383.4%。

2016 年，全口径上网电量 3195.38 亿千瓦时，同比增长 6.22%。其中：水电 2922.23 亿千瓦时，同比增长 8.69%；火电 242.05 亿千瓦时，同比下降 21.44%；风电 20.83 亿千瓦时，同比增长 121.17%；光伏电 10.27 亿千瓦时，同比增长 389.5%。

省调电厂上网电量 1454.6 亿千瓦时，同比增长 1.87%。其中：水电 1185.2 亿千瓦时，同比增长

6.36%；火电239亿千瓦时，同比下降20.7%；风电20.9亿千瓦时，同比增长109%；光伏电9.6亿千瓦时，同比增长339%。

国调电厂上网电量1177.6亿千瓦时，同比增长6%。西南网调电厂上网电量155亿千瓦时，同比增长14.9%。

全省发电量情况

表5　　单位：万千瓦时

	全省	水电	火电	风电	太阳能
2015年	3209	2767	429	10.3	2.21
2016年	3369.8	2988.7	349.3	21.2	10.7
与上年增减（%）	5.00	8.00	-18.60	120.80	383.40

【用电情况】2016年，全省全社会累计用电量为2101亿千瓦时，历史上首次突破2100亿千瓦时，同比增长5.5%。其中：第一产业用电13.8亿千瓦时，同比增长11.05%；第二产业用电1377.4亿千瓦时，同比增长1.21%；第三产业用电317.2亿千瓦时，同比增长13.9%；城乡居民生活用电392.7亿千瓦时，同比增长15.2%；工业用电量1337.7亿千瓦时，同比增长1.23%。全省大用户直购电约380亿千瓦时，占全省总用电量的18.09%。

四川省2016年全社会用电量分类表

表6　　单位：万千瓦时

产业类别	电量	同比
全社会用电总计	21010235	5.45%
A、全行业用电合计	17083022	3.44%
第一产业	137654	11.05%
第二产业	13773609	1.21%
第三产业	3171759	13.90%
B、城乡居民生活用电合计	3927213	15.20%
城镇居民	2311116	15.40%
乡村居民	1616098	15.03%
全行业用电分类	17083024	3.43%
一、农、林、牧、渔业	137654	11.05%
二、工业	13376701	1.23%
轻工业	1623127	8.69%
重工业	11753574	0.27%
产业类别	电量	同比
三、建筑业	396908	0.79%
四、交通运输、仓储和邮政业	426030	16.30%
五、信息传输、计算机服务和软件业	250027	18.87%
六、商业、住宿和餐饮业	1085691	11.78%
七、金融、房地产、商务及居民服务业	598521	13.92%
八、公共事业及管理组织	811490	14.25%

【发电设备利用小时】2016 年，发电设备平均利用小时数为 3810 小时，同比减少 125 小时。其中，水电在装机规模进一步加大影响下，利用小时数 4246 小时，同比减少 12 小时；火电全年基本均为最小方式开机，火电利用小时数 2133 小时，同比大减 555 小时。

从电厂调度管理关系来看，国调电站平均利用小时数为 5123 小时，同比增长 6%；网调电站利用小时数为 4667 小时，同比增长 13%。省调电站平均利用小时数为 2898 小时，同比下降 11.1%。其中：水电平均利用小时数为 3363 小时，同比下降 8.9%。

【外购外送电情况】2016 年，全省水电外送电量 1285 亿千瓦时，同比增长 4.89%其中，国调水电外送电量 976 亿千瓦时、省调水电外送电量 264 亿千瓦时、二滩送重庆电量 45 亿千瓦时。

现有 2850 万千瓦送电能力的“四直四交”外送通道在调度运行过程中，实际最大外送电力 2650 万千瓦。向上（640 万千瓦）、锦苏（720 万千瓦）、溪浙（800 万千瓦）三大特高直流（2160 万千瓦）和川渝交流（390 万千瓦）基本保持满负荷送电。德宝直流送电负荷只有 100 万千瓦（包含送华北的 60 万千瓦），仅为设计能力的三分之一。

2016 年，全省外购电量 18 亿千瓦时，同比增长 63.6%。

【燃料消耗、节能减排】2016 年，全网累计耗煤总量 1444.8571 万吨，同比下降 19.72%。

2016 年，全省 6000 千瓦及以上电厂发电燃煤消耗 1432.2809 万吨，同比下降 20.25%。

2016 年，全省 6000 千瓦及以上电厂发电煤耗为 305.84 克/千瓦时，同比下降 0.08 克/千瓦小时。供电煤耗为 328.62 克/千瓦时，同比下降 0.04 克/千瓦时。

（四川电力年鉴编辑部）

大事记

责任编辑：卓正昌

《大事记》采取一事一记方式，按时间排序，记录 2016 年四川电力工业建设和发展中的重大事件以及四川各电力单位较为重大的事件。

大事记

大事记分两部分，凡各电力单位记录的大事，在省内有一定的影响，或省部级领导到该单位视察调研，以及大的管理公司（单位）领导班子人事变动，选入四川省电力大事记；不符合这些条件的，选入四川省各电力单位大事选。

四川省电力大事记

1月

1月5日 四川省委书记王东明对四川省电力公司《关于“十二五”工作完成情况以及“十三五”工作思路的报告》做出批示，高度肯定该公司的工作和下一步发展思路。

王东明批示:近年来，国网四川省电力公司坚持围绕中心、服务大局，积极践行央企社会责任，做了大量卓有成效的工作，特别是强化电力保障、加快藏区电网建设、落实创新驱动战略、助推脱贫攻坚等方面成效明显。王东明强调，国网四川电力下一步的发展目标和工作思路清晰，希望再接再厉、扎实推进，不断开创新局面，为四川省同步全面建成小康社会做出新的更大贡献。

1月6日 四川省电力公司调控中心承建的四川省、地、县调控系统一体化模型数据中心正式上线运行。四川省调成功构建覆盖全川±800千伏特高压直流至10千伏配网设备的一体化模型、数据管理平台。

同日 成都电力金具总厂研制的世界最高等级±1100千伏级特高压输电线路串型和配套金具成功通过国家权威机构中国电力科学研究院检测认证。标志着该厂特高压输电线路金具研发设计能力迈上一个新台阶，走在了世界特高压技术发展前沿。

1月7日 省委常委、省纪委书记王雁飞一行到岷江犍为航电枢纽工程施工现场调研。乐山市委书记唐坚，乐山市委副书记、市长张彤，省交投集团董事、港航公司董事长贺晓春等领导及有关人员陪同。

1月8日 省国资委系统对口帮扶凉山暨国企凉山深化合作座谈会在成都举行。省政府副省长刘捷，省国资委主任刘国强，凉山州委书记林书成，州委副书记、州长罗凉清等出席会议，凉山州政府各部门及省内国有企业负责人等参加会议。雅砻江公司董事长陈云华，副总经理吴世勇出席会议。会上雅砻江公司与凉山州政府签订了《雅砻江流域风光水互补清洁能源示范基地开发合作协议》。

同日 中国水电七局首家“四川省农民工文化驿站示范点”在成都天府新区锦江生态带整治项目挂牌成立。该示范点为省总工会批准授予的全省首批50家示范点之一。

1月22日 国电集团党组成员、副总经理张国厚出席国电四川公司干部大会，宣布公司干部调整决定。

1月23日 四川省副省长刘捷在四川省电力公司《关于“十二五”工作完成情况及“十三五”工作思路》的报告上做出批示，充分肯定国网四川电力过去的成绩，对今后的工作提出了希望和要求。

刘捷批示：“‘十二五’期间，国网四川省电力公司认真贯彻落实省委、省政府决策部署，采取多种措施不断提升供电保障能力，积极践行社会责任，在助推四川清洁能源基地建设，促进产业加快发展，服务民生改善等方面做出了重要贡献。希望‘十三五’期间，按照中央和省委省政府要求，全面深化改革创新驱动转型发展，为四川经济社会发展提供坚强电力保障。”

1月29日 国内首个大型水电站设计施工总承包（EPC）项目——杨房沟水电站项目设计施工总承包合同签字仪式在成都举行。合同签字双方为雅砻江公司和中国水利水电第七工程局有限公司与中国电建集团华东院组成的联合体。雅砻江公司董事长陈云华，中国电力建设股份有限公司总经理孙洪水，水电七局执行董事、总经理申茂夏，华东院执行董事、总经理张春生出席签字仪式并致辞。签字仪式由雅砻江公司总经理祁宁春主持。该合同施工标的为杨房沟水电站主体工程枢纽，包括155米的混凝土双曲拱坝和大型地下厂房。百万千瓦级大型水电站采取设计施工总承包模式，这在国内尚属首次。此次合作，被业内誉为“第二次鲁布革冲击波”，也是我国新常态下水电开发理念与方式的重大创新。

2月

2月10日 四川省政协副主席、乐山市委书记唐坚到大渡河公司枕头坝一级、沙坪二级水电站现场看望慰问了生产建设一线值班员工。唐坚强调，企地双方要强管理、重协调，务必确保枕头坝一级水电站安全生产运行，确保沙坪二级水电站蓄水发电目标。

2月24日 石玉东、潘敬东到四川省政府向省委副书记、省长尹力主动汇报公司工作情况，积极争取省政府大力支持，协调推进±800千伏雅中－江西特高压直流输电工程加快实施，推动1000千伏川渝特高压交流电网构建，加大电能替代政策支持力度。全国“两会”期间，四川代表团将积极呼吁国家有关部委尽快确定川渝特高压电网交流建设方案，加快推进工程实施。

2月24—3月2日 国务院派驻国有重点大型企业监事会第七办事处副主任王玉清一行赴大渡河公司及流域单位检查指导工作。检查组对大渡河公司各项工作给予了充分肯定。

2月25日 针对四川省日益突出的水电“弃水”现象，四川省电力公司表示，“弃水”是四川在打造国家清洁能源基地发展过程中，出现的发电产能阶段性过剩问题，仅通过电价调整难以有效解决。随着省内用电负荷和川电外送能力的不断提升，“弃水”问题将逐步得到改善，但需要政府、企业、社会等各方共同努力。“十二五”规划以来，随着水电装机快速增加和省内外用电需求持续下行，四川省电力供大于求矛盾日益突出，从2012年开始，弃水问题逐渐凸显，2012-2015年四川电网水电弃水电量分别为76亿、26亿、97亿、102亿千瓦时，其中2015年弃水电量约占水电发电总量的3.96%。

同日 华能四川水电有限公司获得《四川省发展和改革委员会关于大渡河硬梁包水电站项目核准的批复》，批复核准同意建设大渡河硬梁包水电站工程。

2月26日 中国三峡建设管理有限公司组织召开乌东德、白鹤滩水电站落实环评意见暨梯级水电生态环保总结等工作专题会议，中国长江三峡集团公司党组成员、副总经理樊启祥主持。会议进一步明确了乌、白两电站环评批复工作内容分工，并对重点专项环保工作进行了安排和部署。

3月

3月1日 环境保护部西南环境保护督查中心对乌东德水电站“三通一平”等工程进行了现场检查，出具了《关于金沙江乌东德水电站“三通一平”等工程竣工环境保护验收合格的函》（环验〔2016〕37号）。

同日 四川能源监管办公室召开四川电力安全生产工作暨先进表彰大会。马军杰要求全省电力行业要绷紧安全生产这根弦，按照“强监管、严执法”的要求，加大安全监管工作执法力度，坚持“命”字在心、“严”字当头、“实”字担肩，在2015年工作的基础上，一如既往地抓好安全生产工作，确保电力行业安全生产形势的稳定。

3月2日 柬埔寨李华集团董事长李华、执行董事李兴，柬埔寨德润集团执行董事长伍国权，柬埔寨云翔环球公司总经理陈琨及新加坡信凯工程有限公司执行董事徐楷荣一行到访四川省能源投资集团有限责任公司。

3月4日 水电十局公司承建的老挝南康3水电站蓄水仪式在大坝举行，老挝琅勃拉邦省副省长南玛翁·波孔出席蓄水仪式并启动下闸按钮，老挝国家电力公司副总经理通沛，中国电建国际公司老挝代表处华楠以及公司老挝区域经理部有关负责人参加了蓄水仪式。

3月7日 四川省人民政府副省长甘霖率省政府办公厅、省发改委、省能源局、国开行四川省分行等部门、单位相关人员赴二滩水电站考察调研。

3月8日 四川省人民政府副省长甘霖一行赴锦屏水电站就雅砻江流域水电及风光水互补、旅游综合开发展开调研。

3月11日 四川省副省长、省防指指挥长曲木史哈赴紫坪铺水利枢纽工程检查指导2016年防洪度汛工作。省政府副秘书长杨新元、省防办主任谭小平、省政府办公厅二处相关负责人等参加检查。曲木史哈对该公司本年度防洪度汛准备工作给予了充分肯定。

3月14—16日 国务院派驻国有重点大型企业

监事会主席骆玉林到国电四川公司调研，先后深入华蓥山公司、达州公司现场，了解生产生活情况，慰问一线干部职工。

3 月 14—18 日 国电集团党组成员、副总经理谢长军到国电四川公司调研，察看华蓥山、达州、川股、南桠河公司生产现场，详细了解职工生产生活情况，亲切慰问一线干部职工。

3 月 16 日 中国神华王永成副总裁到公司调研，对公司物资管理工作进行指导。

3 月 17 日 印尼总统佐科•维多多在印尼公共工程与民居部长巴苏基和印尼西爪哇省省长艾哈迈德 • 赫尔亚万陪同下，视察了水电十局有限公司承建的印尼佳蒂格德大坝工程，该公司副总经理胡湛军到印尼随同总统察看了工程项目。

3 月 24 日 四川省委常委、省纪委书记王雁飞，省国资委党委书记、主任徐进到四川省电力公司电力客户服务中心调研指导工作。

3 月 28 日 中国长江三峡集团公司下达《关于向中国三峡建设管理有限公司拨付资本金和划转股权的通知》，明确建设管理公司注资有关事项。

3 月 30 日 中国华电集团公司四川公司召开干部会议，集团公司人事部主任徐刚宣读了集团公司党组关于四川公司领导班子任职调整的文件。根据工作需要，集团公司党组决定，四川公司领导班子实行党政分设，四川公司总经理罗小黔不再兼任党组书记职务，钟国东提任四川公司党组书记。

4月

4 月 6 日 神华集团党组副书记、副总经理、中国神华总裁韩建国在神华四川能源有限公司四楼会议室听取了公司生产经营、项目建设和党建工作情况的汇报。

同日 神华集团党组在神华四川能源有限公司召开干部大会，宣布集团党组关于任命刘志强为公司董事长、党委书记的决定。

4 月 8 日 环境保护部分别以《关于金沙江乌东德水电站‘三通一平’等工程竣工环境保护验收合格的函》（环验〔2016〕37 号）、《关于金沙江白鹤滩水电站‘三通一平’等工程竣工环境保护验收合格的函》（环验〔2016〕年 38 号），批复同意金沙江乌东德、白鹤滩水电站“三通一平”等工程通过竣工环保验收。

4 月 11 日 国家投资集团公司党组成员、副总经理夏忠到国电投四川公司调研，听取了四川公司的工作汇报，并前往公司拟选办公基地进行考察。

同日 国电集团党组成员、副总经理谢长军在成都分别会见四川省副省长甘霖和副省长、雅安市委书记叶壮。

4 月 15 日 中国长江电力股份有限公司发布重大资产重组完成公告，标志着四川省能源投资集团有限责任公司将持有的三峡金沙江川云水电开发有限公司 15%股权参与长江电力资产重组工作圆满完成。

4 月 16 日 在厄瓜多尔西北部地区发生了 7.8 级强震。水电十局领导第一时间向公司厄瓜多尔 CCS 项目部发电询问了灾害情况，在得知项目安然无恙后，要求项部目立即参与到救援工作中，积极履行央企的社会职责。项目部按照电建股份和公司领导要求，积极配合电建股份公司抢险救援部署，战斗在受灾地一线，为中国电建和公司赢得了荣誉。

4 月 19 日 三峡金沙江云川水电开发有限公司公司设立非法人分公司：三峡金沙江云川水电开发有限公司禄劝乌东德电厂（简称“禄劝乌东德电厂”）和三峡金沙江云川水电开发有限公司宁南白鹤滩电厂（简称“宁南白鹤滩电厂”）。

4 月 21—22 日 电力规划设计总院在成都对川渝第三通道 500 千伏工程可研进行评审。四川省发改委、能源局、环保厅、住建厅、国土厅、林业厅、水保局，以及国家电网公司、国家电网公司西南分部、国网四川省电力公司、国网重庆市电力公司、国网经研院、中国电科院、西南电力设计院等单位参加评审会。

川渝第三通道工程的建设是为满足四川水电外送需求，提高川渝断面输电能力。工程包括川渝第三通道500千伏工程，即资阳－铜梁500千伏双回线路，长度约160公里，途经四川、重庆。雅安500千伏开关站及雅安－眉山－资阳500千伏双回线路，长度约180公里。

4 月 21—23 日 华能集团公司纪检组长赵建明一行到拉拉山电站调研并慰问现场职工。四川公司董事长冉群、纪委书记李小联陪同调研。

4 月 24 日 金沙江乌东德水电站左岸地下电站主厂房机窝首仓混凝土在 3 号机窝顺利开仓浇筑，并于 4 月 25 日凌晨完成垫层找平混凝土浇筑。

4 月 27—29 日 国家电投集团公司党组成员、副总经理时家林到四川公司调研，并前往雅安龟都府电站，详细了解安全生产、经营管理、绩效考核等情况。

4 月 28 日 老挝南欧江梯级水电站二期一、三、

四、七级项目开工典礼在万象举行，老挝政府副总理宋迪、能源矿产部部长坎马尼，电建股份海外投资公司总经理杜春国，水电十局总经理何其刚、副总经理余明川出席开工典礼并剪彩。

4月29日 黑山中国友好协会主席萨米尔·哈季奇、副主席兼黑山中国经济中心首席执行官森卡·咖巴卡帕到访四川电力设计咨询公司。

同日 华电四川公司四川盐源华电新能源有限公司在建的凉风坳风电场首台风机基础砼顺利开仓浇筑，标志着该风电场主体工程正式开工建设。

4月29日—5月2日 四川省能源投资集团有限责任公司在华沙、布拉格参加四川推介会并参展，四川省委书记王东明先后两次参观四川省能源投资集团有限责任公司展台，听取关于四川省能源投资集团有限责任公司展品的介绍。

5月

5月2日 金沙江乌东德水电站泄洪洞首仓混凝土开仓浇筑，标志着泄洪洞工程由开挖支护顺利实现向混凝土浇筑转序，泄洪洞工程施工进入了新阶段。

同日 大唐四川发电有限公司乡城硕涞水电站三号机顺利通过72小时试运行，成功进入商业运行。随着硕涞三号机的顺利投产，标志着装机18万千瓦的硕涞水电站全部建成，3台机组全面投产发电。

5月5日 四川能源监管办召开2016年四川电力行业汛期安全生产工作会议。对2016年防汛抗旱检查工作开展情况进行了通报，对未按照要求报送自查总结的安委会成员单位进行了通报批评，要求有关电力企业对照本次通报企业存在的问题，举一反三，进一步排查整改，切实做好各项防汛安全工作。

5月8日 20时20分，金沙江白鹤滩水电站泄洪洞首仓大体积混凝土正式开始浇筑，由开挖向混凝土浇筑转序正式拉开序幕。

同日 大唐四川公司“洞松电站投产发电、甘南续建项目全部投产暨大唐四川公司在役装机突破200万千瓦、项目提质增效”座谈会在乡城县大唐甘孜南部集控中心召开。四川公司党组副书记、副总经理（主持工作）潘明出席会议并作重要讲话。党组成员、总会计师姚立三出席会议并作经营管理提质增效专题报告。

5月12日 国内最大的水电送端省级电力市场交易平台——四川电力交易中心有限公司在成都挂牌成立。将推动四川省形成高效开放、竞争有序的电力市场交易机制，有力促进电力资源更大范围优化配置，对四川电力可持续发展、助力打造国家清洁能源基地具有重要的意义。

同日 中国电力企业联合会党组成员、专职副理事长王志轩一行赴国电四川公司所属金堂公司开展节能环保专题调研，深入金堂公司集控室、脱硫集控室、脱硫废水处理装置等实地查看，听取该公司工作汇报，就提高节能环保工作水平交换意见。

5月12—16日 国家能源局副局长、金沙江上游水电开发协调领导小组组长刘琦赴金沙江上游水电基地现场调研，详细了解金沙江上游水电开发存在的困难和问题。刘琦一行现场察看了苏洼龙电站建设现场和巴塘、拉哇、昌波电站坝址，并在巴塘综合营地召开专题会议，听取了集团公司、金上公司，四川、西藏两省（区）能源局和甘孜、昌都两市（州）、水电总院等单位对有关情况的汇报和进一步推进金上水电开发的建议。

5月18日—6月3日 四川首次在电力市场交易平台上开展水火替代补偿交易，共成交电量49.16亿千瓦时。成交结果：枯替代火电电量（指标）29.54亿千瓦时，水电成交6.27亿千瓦时。丰替代火电电量（指标）28.55亿千瓦时，水电成交28.55亿千瓦时。在场外双边协商交易中，枯替代火电电量（指标）12.66亿千瓦时，水电成交2.1亿千瓦时，丰替代火电电量（指标）12.24亿千瓦时，水电成交12.24亿千瓦时。

5月21日 华电四川公司首个光伏发电项目——攀枝花分公司西沟灰场第一期0.289万千瓦分布式光伏发电项目顺利竣工，正式进入240小时试运行，标志着四川公司在光伏发电项目上实现“零”突破，成功向新能源产业建设迈出了坚实一步。

5月23—24日 四川省委副书记、省长尹力一行到绵阳市北川羌族自治县开坪乡凤阳村等地，实地察看扶贫情况、走访困难群众，专项督察脱贫攻坚工作。尹力高度肯定四川省电力公司加大电力基础设施建设力度，把扶贫工作做得更准确、更有针对性，推动了四川省委、省政府各项决策部署落地落实。

5月24—26日 中国大唐集团公司副总经理金耀华到四川公司所属川北公司东河五级电厂、亭子口水利枢纽、雅安公司调研指导工作。集团公司安全生产部副主任刘延滨，四川公司党组成员、副总经理、纪检组长、工会主席杜兆祥陪同调研。

5月25日 中国科学院院士、第三世界科学院院士、中国国际科技合作协会会长朱作言一行到四川省能源投资集团有限责任公司金沙水电站鱼类增殖站，开展长江上游土著鱼类保护专项调研。

5月30日 国电集团党组成员、副总经理张国厚出席国电四川公司干部大会，宣布国电集团和集团党组关于国电四川公司干部调整决定。

5月30日—6月3日 两年一度的国际输变电资产运维绩效（ITMOS）2015总结大会在美国弗吉尼亚州首府里士满市召开。四川省电力公司代表国家电网公司作特高压线路运检管理和地震应急响应两个专题报告，得到参会成员的一致好评。

6月

6月2日 四川省副省长杨兴平视察调研水电五局有限公司承建的川藏铁路成雅段工程项目。

6月2—5日 金沙江乌东德水电站工程截流验收专家组在乌东德工地开展了工程截流现场检查和技术预验收，专家组经讨论并形成了技术预验收意见。专家组一致认为，乌东德水电站已实施的导截流工程满足2016年安全度汛要求，同意通过工程截流技术预验收。

6月6日 四川省委副书记、省长尹力在巴黎会见法国ENGIE集团全球执行副总裁蓝敏娜，就川法开展能源合作的有关情况进行交流洽谈，并见证四川省能源投资集团有限责任公司与ENGIE集团签约。

6月8日 四川省副省长、省防指指挥长王铭晖到紫坪铺水利枢纽工程调研防洪度汛工作。王铭晖副省长要求紫坪铺公司要认真贯彻落实省委、省政府和省防指的各项要求，进一步做好安全度汛的所有相关工作，落实防汛值班制度、操作规程和管理要求，充分发挥好紫坪铺水库防洪、灌溉、供水、发电、环境保护、应急避灾等功能，确保紫坪铺工程防洪度汛安全，最大努力保障下游成都地区防洪安全和供水安全。

6月13日 由商务部主办，国家发改委宏观经济研究院组织的发展中国家能源规划访华团到四川省能源投资集团有限责任公司访问。

6月15日 中国长江三峡集团公司副总经理樊启祥赴金沙江溪洛渡水电站工地现场对2016年度汛准备情况进行检查，召开会议，研究溪洛渡水电站防洪度汛、下半年生产计划和拱坝长期安全特性课题等有关事宜。

6月15—16日 中国长江三峡集团总经理、党组副书记王琳检查和指导了金沙江防洪度汛及移民工作，并在金沙江白鹤滩水电站筹建工地现场主持召开专题会，对白鹤滩筹建工程、乌东德工程防洪度汛和移民工作进行了再检查、再部署和再落实。

6月15-16日 中国神华王树民副总裁到神华四川能源有限公司调研，并到天明项目现场和通口水电厂检查指导工作。

6月16日 云南省政府在楚雄彝族自治州元谋县召开金沙江乌东德水电站移民工作推进会。会上，中国长江三峡集团与云南省移民开发局签订了《金沙江乌东德水电站云南部分移民安置工作协议》，与楚雄州人民政府签订了《战略合作协议》。

同日 中国神华副总裁王树民在成都会见了四川省投资集团公司刘国强董事长。

6月17日 国家发改委副主任、能源局局长努尔·白克力调研成都院设计的西藏扎囊县110千伏输变电工程。党委书记郝元麟，机电处相关负责人陪同并参加调研。

6月21日 国家发改委稽查特派员胡振玉率国家发改委农网改造升级工程稽查组一行到公司对农网改造升级工程进行专项稽查。四川省电力公司在“十二五”规划期间不断加快农村电网发展，供电能力持续增强，供电质量显著提高，实现了供区户户通电，深入实施电力扶贫工作，积极服务于“三农”，同时工程建设和供电服务并行，基本实现“十二五”规划目标，并取得明显成效。

6月22日 金沙江向家坝水电站8台机组全部并网运行，全厂出力达600万千瓦，8台机组2016年首次满发，比2015年满发时间提前25天。

6月24日 四川省电力公司针对水电“弃水”连年加剧的问题，通过市场化交易促进水电外送、扩大直购电规模、落实富余电量政策与积极推进电能替代等多种举措消纳水电，效果显著。

四川电力交易中心挂牌成立后，通过国内最大的水电送端省级电力交易平台，水电大省四川的跨区跨省外送电量由计划电转变为市场电，大大激发跨区跨省水电交易的市场活力，已落实269.65亿千瓦外送电交易合同，超过了上年的省调外送电力总量。同时通过交易方式四川电网2016年共签约直购电364.6亿千瓦时，较上年增加了约30%，有力支持了省内工业经济发展。

同日 四川省委、省政府决策咨询委员会主任甘道明率队到四川省能源投资集团有限责任公司，开展有关国家财税金融政策助推企业拓展产业发展空间、转移过剩产能情况调研。

6月28日 在中国共产党成立95周年之际，四川省副省长刘捷在国网四川省电力公司总经理石玉东的陪同下，看望慰问四川省电力公司老党员马其良，并送上省委、省政府的亲切问候和关怀。

6月29日 8时，起于四川境内的±800千伏锦（屏）—苏（南）、复（龙）—奉（贤）、（宜）宾—金（华）3条特高压直流输电线路相继进入满功率运行状态，送华东电网功率达2160万千瓦，日送电量超5亿千瓦时。2016年是锦—苏、复—奉、宾—金三大特高压直流输电线路满功率运行的第四年。四川境内复—奉、锦—苏、宾—金三大特高压直流线路输送功率分别为640万千瓦、720万千瓦和800万千瓦，总输电功率达2160万千瓦，占华东最大负荷的10%。每日外送电量5.19亿千瓦时，相当于每天减少原煤消耗约23万吨，减少二氧化碳排放约49万吨，充分发挥了保障西南水电大规模送出和华东负荷中心电力供应的双重效益，为减少大气污染物排放，推动中国能源生产和消费革命，促进清洁发展、可持续发展发挥了重要作用。

7月

7月5日 中国电建与资阳市政府、成都市政府成安渝高速公路四川段项目《特许权协议》签约仪式在成都举行。

7月17日 水电十局负责运维的老挝南俄5项目以较高得分顺利通过电力安全生产标准化一级现场评审，成为中国境外首家通过安全生产标准化一级的水力发电企业。

7月18日 国家发改委印发《关于调整水电建设管理主要河流划分的通知》，大渡河被列为我国七大水电基地之一。

7月20日 国家工商行政管理总局决定向社会公示2014—2015年度“守合同重信用”企业共6023家，水电十局进入国家级的“守合同重信用”企业名单。

7月22日 水电水利规划设计总院会同西藏自治区发展改革委、能源局及四川省发展改革委、能源局在成都召开会议，审查通过了《金沙江上游叶巴滩水电站可行性研究报告》。

7月27日 以色列岩石力学学会主席、国际岩石力学学会DDA专业委员会联合主席、中科院特聘研究员Yossef Hatzor教授赴金沙江白鹤滩水电站进行了地下厂房工程稳定性咨询和考察，并开展了学术交流活动。中国长江三峡集团公司土建专业总工翟恩地，白鹤滩建设部党委书记、副主任樊义林，集团总工办、建设部各相关部门、设计、科研、监理、施工等单位的领导和相关人员全程参与了考察交流活动。

7月16日 金沙江白鹤滩水电站围堰工程通过专家组技术验收。

7月29日 四川省国资委国有企业党建工作现场会在雅砻江公司召开。四川省国资委党委书记、主任徐进出席会议并讲话，会议由四川省国资委党委专职副书记梁志仓主持，四川省委组织部组织二处副调研员赵争真，四川省国资委在蓉的委领导、监事会主席，108家中央在川企业、省属国有企业党委（党组）书记和党建工作部负责人共240余人参加会议。雅砻江公司董事长、党委书记陈云华参加会议并作为示范点单位在大会作交流发言。

7月30日 大唐国际党组成员、副总经理孟繁逵一行到黄金坪水电站检查指导工作。

8月

8月1日 中国水电七局夹江公司承建的四川武引二期武都水库金属结构工程荣获“中国钢结构金奖”，这是水工机械行业第一家获此殊荣的企业。

8月2日 四川省委书记王东明在四川省电力公司《关于2016年上半年主要工作情况的报告》上批示：“感谢国家电网的大力支持。上半年省电力公司坚持围绕中心、服务大局，做了大量艰苦细致的工作。七个方面的重点工作很有成效，下步的工作思路和重点安排也很好。望再接再厉，扎实推进，特别是积极向上汇报争取，进一步加强对我省电力基础设施、清洁能源基地建设、消纳富余水电以及脱贫攻坚等方面的重点支持，为全省民生改善和经济社会发展做出更大的贡献。”

8月3日 川内最长巨无霸电缆——成都220千伏桃双一线电缆通过耐压试验，标志着历时2个多月的桃双一线隐患排查整治工作高质量完成，电缆具备了投运条件。220千伏桃双一线是四川电网长度最长（13.7公里）、截面积最大（2500平方毫米）、中间接头最多（26组共计78只）的运行电缆，是名副其实的巨无霸电缆。

8月8日 金沙江溪洛渡水电站机组总出力达到1260万千瓦，实现2016年首次满发。

8月8日 国务院国资委国资监督管理信息平台刊载了大渡河公司《创新基层党建，助力企业发展——国电大渡河公司党委“六步走”打造党建新格局》的经验做法，向各中央企业进行宣传推介。

8月8—11日 华电集团公司党组副书记、副总经理任书辉一行赴金上清洁能源基地现场调研，听取金上公司工作汇报，实地了解金上开发建设情况，看望慰问干部职工，并参加苏洼龙分公司工程管理党支部“党员活动日”活动。

8 月 9 日 四川省副省长、雅安市委书记叶壮到水电五局有限公司承建的川藏铁路成雅段雅安车站调研指导。

同日 大唐集团公司西南区域纪检组长座谈会在四川成都召开，集团公司党组成员、纪检组长熊皓出席座谈会并作重要讲话。集团公司监察部主任王元春，四川公司执行董事、党组副书记、副总经理(主持工作)潘明，党组成员、副总经理、纪检组长、工会主席杜兆祥及西南区域各单位纪检组长（纪委书记）出席会议。

8 月 9—12 日 四川省政协副主席翟占一带队，省委统战部、四川大唐国际甘孜水电开发有限公司等单位相关负责人一行 28 人组成调研督导工作组，赴凉山州美姑县就精准扶贫工作进行蹲点调研督导。

8 月 10 日 大唐集团公司副总经理、党组成员王森、总会计师、党组成员刘传东到大唐四川公司调研指导工作，并出席公司专题工作汇报会。四川公司执行董事、党组副书记、副总经理（主持工作）潘明，党组成员、副总经理黄宇，党组成员、总会计师姚立三出席会议。

8 月 11 日 中国华电集团公司党组副书记、副总经理任书辉一行到四川公司调研，了解企业经营发展和“两学一做”学习教育开展情况。

8 月 16 日 省委组织部、省经信委、省国资委、省科技厅、省科协等七部委联合发文，批准四川省能源投资集团有限责任公司等十家单位设立四川省第五批院士（专家）工作站。

8 月 17—19 日 中国国际工程咨询公司在四川成都组织召开金沙江白鹤滩水电站关键技术问题（枢纽部分）咨询会议，对白鹤滩水电站项目申请报告（枢纽部分）开展咨询工作。中国国际工程咨询公司副总经理黄峰，云南省能源局副局长张春红，中国长江三峡集团公司副总经理樊启祥出席会议并讲话。

8 月 19 日 华电集团公司在成都召开金沙江上游川藏段水电开发协调会，集团公司副总经理杨清廷出席会议并作讲话。杨清廷要求，金沙江上游水电开发有限公司上下和各参建单位要紧紧围绕集团公司确定的开发建设目标，全面加快金上开发建设，早日建成水风光互补的大型清洁能源基地，为国家能源结构调整、藏区经济社会发展和扶贫攻坚做出积极贡献。

同日 《亮丽四川——国网四川省电力公司服务四川“十三五”经济社会发展白皮书》在成都发布，这是驻川央企发布的首份服务地方经济社会发展白皮书。四川省委常委、组织部部长范锐平，中国工业经济联合会执行副会长路耀华，国家电网公司党组成员、工会主席刘广迎出席发布会并讲话。

同日 大唐集团公司董事长、党组书记陈进行在成都与四川省委副书记、省长尹力进行了会晤。双方就推进集团公司在川清洁能源项目建设、促进四川经济社会快速发展等事宜深入交换了意见。四川省政府秘书长罗强、经济和信息化委主任陈新有、水利厅厅长胡云、发展改革委副主任梁武湖，集团公司规划发展部主任王琪瑛、计划营销部主任秦建明、人力资源部主任刘峰彪，四川公司执行董事、总经理、党组副书记潘明等参加了会晤。

8 月 23—25 日 省纪委副书记李世成、甘孜水电公司总经理熊雄带队，赴康定市三合乡、金汤镇就精准扶贫工作进行蹲点调研督导。

8 月 24 日 四川省副省长刘捷在《国网四川省电力公司关于近期持续高温下电力运行情况的报告》上批示：工作值得肯定，要再接再厉。近段时间，面对凶猛的“秋老虎”，公司积极应对，采取有效措施确保输变电设备正常运行，全力保障居民生活用电。电力员工坚守酷暑一线，不分昼夜 24 小时组织抢修、排除故障的行为获得了省、市各级领导的点赞。

同日 国有资产监督管理委员会正式行文（国资产权〔2016〕2003 号）批复，同意将中国长江三峡集团公司所持股份公司 8.8 亿股股份无偿划转给中国三峡建设管理有限公司持有。

8 月 29 日 金沙江向家坝水电站累计发电量突破 1000 亿千瓦时。

9 月

9 月 1 日 中国长江三峡集团公司副总经理樊启祥在武汉主持召开金沙江下游梯级电站生态保护技术研讨会，通过对金沙江下游梯级电站生态保护关键技术问题的研究和探讨，对于贯彻中央的五大发展理念，落实国家核准文件及环境保护部批复要求，顺利实现金沙江乌东德、白鹤滩水电站的蓄水发电具有重要的作用。

9月3日 四川省委副书记刘国中到甘孜水电公司调研，勉励该公司继续保持项目建设和安全生产的良好势头，继续发挥中央企业的龙头带动作用，为建设富裕、幸福、和谐的康定及四川贡献央企力量。

9月10日 浙江省委副书记、代省长车俊调研长龙山抽水蓄能电站，中国长江三峡集团公司副总经理樊启祥陪同调研。

9月19日 四川能源监管办配合国家能源局开展压缩用电报装时间相关事项调研，召开电力用户座谈会。现场调研国网四川省电力公司、国网成都供电公司供电服务情况。

9月23日 国家能源局金沙江上游水电开发协调领导小组办公室在北京主持召开了金沙江上游（川藏段）水电开发生态环境保护与综合管理体系总体规划报告评审验收会议。

9月26日 金沙江溪洛渡水电站喜获素有国际工程咨询领域“诺贝尔奖”之称的“菲迪克2016年工程项目杰出奖”，成为全球21个获奖项目中唯一的水电项目，这是继三峡工程之后，中国长江三峡集团在水电工程建设管理领域再次获得世界认可。

9月26—28日 中国华电集团公司党组书记、董事长赵建国，副总经理杨清廷一行深入金沙江上游川藏段苏洼龙电站、叶巴滩电站建设现场、巴塘电站坝址和各项目业主营地，详细了解工程投资、工期安排、枢纽布置、征地移民等情况，亲切慰问一线职工和参建单位人员。

9月27日 G42沪蓉高速四川境内淮口、遂宁、南充、岳池、荆坪等5对双向服务区的10座电动汽车快充站于27日上午正式投入运营，为国庆“黄金周”期间准备自驾出游的车主带来便利。

9月29日 四川能源监管办启动“水电大省”频遭限电专项监管工作。按照国务院领导批示和国家能源局领导要求，就今夏四川极端高温天气影响暴露出的四川电网建设和水电消纳的问题开展专项监管。此次专项监管根据监管内容，分为“四川电网建设规划落实情况专项督查”和“四川水电弃水情况专题调研”。

9月29日 中国华电集团公司党组书记、董事长赵建国，副总经理杨清廷在成都拜会了四川省委书记王东明，省委副书记、省长尹力。双方围绕统筹做好金沙江上游水电开发和外送、加强生态环境保护进行了交谈。会见时，双方希望在清洁能源开发利用、加强生态环境保护、加大脱贫攻坚支持力度等方面进一步深化合作，努力实现互利共赢发展。

10月

10月10日 国家电网公司与四川省人民政府10日在成都签署合作协议，共同推动农村发展和扶贫攻坚，加快城乡电力服务均等化。两年内，国家电网将投入94亿元实施四川省小城镇电网改造升级和机井通电工程（小城镇电网改造升级规划投资90亿元，农田灌溉机井通电改造规划投资4亿元）。将涵盖公司供区范围内的0.6万个小城镇、中心村，涉及1000万人口、0.5万眼灌溉机井、39万亩农田。

同日 国家发展和改革委员会印发《国家发展改革委关于金沙江叶巴滩水电站项目核准的批复》（发改能源〔2016〕2368号），正式核准金沙江上游装机容量最大的电站——叶巴滩水电站开工建设。

10月11日 省国资委、四川能投集团到水电集团召开干部大会，宣读了省国资委关于四川省水电集团主要负责人调整的通知。决定张志远不再兼任水电集团董事长、党委书记，罗毅不再兼任水电集团副董事长、党委副书记、总经理，熊林不再担任水电集团纪委书记；由曾勇任水电集团董事长、党委书记，熊林任水电集团董事、总经理。

10月14日 华电集团公司纪检组组长蒋亮平到金沙江上游水电开发有限公司和四川公司调研，听取公司工作汇报，详细了解金上建设情况，看望慰问干部员工，并对公司领导班子进行集体廉洁谈话。

10月19日 中国长江三峡集团公司副总经理樊启祥在北京组织召开智能灌浆系统试验总结及后续工作专题会，对后续深化研究、规模化应用和市场化推广智能灌浆系统等工作进行了部署。集团公司总工程师陈文斌等参会。

10月23日 水利部副部长刘宁到中国水电七局承建的牛栏江红石岩堰塞湖整治工程一线调研指导。云南省副省长张祖林、省水利厅厅长陈坚、中国工程院院士马洪琪、科学院院士陈祖煜等领导专家，以及中国水电七局总工程师向建陪同。

10月26日 12点53分，猴子岩水电站500千伏智能开关站四回线路成功试运行，标志着地面开关站正式投入运行，实现了大渡河公司在智能开关站相关技术的零突破，向猴子岩“高标准高质量”接机发电目标又迈进了一大步。

同日 长河坝水电站初期导流洞正式下闸蓄水，标志着集团公司最大的在建水电站进入蓄水阶段。大唐国际总经理、党组副书记王欣，党组书记、副总经理王国平代表大唐国际，向公司发来贺信，祝贺长河坝下闸蓄水成功。

10 月 27 日 四川省副省长刘捷到四川川投燃气发电有限责任公司调研。

同日 华能集团公司副总经理张廷克一行在四川公司董事长、党委书记冉群的陪同下，深入太平驿电站生产现场，实地察看了电站大坝灾后恢复生产情况，并听取公司工作汇报。

10 月 28 日 国网四川省电力公司总经理石玉东向四川省副省长、公安厅厅长邓勇，汇报电力助推脱贫攻坚、电力设施保护和反恐防暴工作开展情况。

10 月 31 日 川渝电网 500 千伏第三通道工程 31 日正式开工建设，这是“十三五”规划期间四川省建设的首条电力外送通道。工程投运后将新增川电外送能力 200 万千瓦，预计每年帮助外送消纳水电 70 亿千瓦时，一定程度缓解四川“弃水窝电”压力。川渝电网第三通道起于四川资阳市雁江区，止于重庆铜梁区，总投资 11 亿元，全长 327.5 公里，预计于 2017 年 7 月底建成。

11 月

11 月 2—3 日 中国华电集团公司副总经理杨清廷应邀出席第十六届中国西部国际博览会并到金上公司调研，对金上开发消纳市场和送出、支持政策等问题进行研究和协调，主持召开了金上水电开发消纳市场、送出以及支持政策协调会，听取了金上公司工作汇报。

11月3日 在第十六届西博会开幕之际，四川省国资委在大渡河公司集控大楼二楼多功能厅举行四川省属国有企业与省内外企业合作项目签约仪式。省委常委、省委统战部部长崔保华参加签约仪式并致辞，省人大常委会副主任黄彦蓉,以及有关省直单位、市州负责人和在川部分央企、省属国有企业、部分市（州）国有企业负责人，共160余人参加签约仪式。签约仪式由省国资委党委书记、主任徐进主持。

同日 第十六届中国西部国际博览会暨第八届中国西部国际合作论坛在成都开幕。国务委员王勇出席开幕式并致辞。中国华电集团公司副总经理杨清廷作为世界 500 强企业和央企高管代表应邀出席开幕式和招待晚宴。

11 月 7 日 大渡河双江口水电站被列为国家《电力“十三五”规划》项目，规划要求继续做好大渡河水电基地建设，继续推进大渡河双江口龙头水电站建设，并在“十三五”规划末基本建成大渡河水电基地。

同日 交通运输部、国家发改委组织督查组调研岷江犍为航电枢纽项目。省交通运输厅，乐山市、犍为县政府及港航公司相关领导陪同。

11月15日 四川省电力公司原创歌舞剧《我愿意，谢谢你》在中央电视台“我要上春晚”节目中，以全场最高票顺利晋级“直通春晚”节目。

《我愿意，谢谢你》是以发生在川藏联网工程建设、国网成都崇州供电公司文井江供电所的真实故事为原型改编的原创歌舞剧，歌曲集合了众多员工自己的原创歌词，以歌舞剧的形式不仅展现了四川瑰丽的美景，而且还展现了四川电力员工的精神风貌。参演员工均是来自公司系统的一线员工。

11 月 16 日 四川省国资委、绵阳市项目对接洽谈会暨签约仪式在金牛宾馆举行，四川省副省长刘捷、副秘书长罗治平出席并见证四川省能源投资集团有限责任公司与绵投控股签约仪式。

同日 由国网成都供电公司承担的±800千伏酒泉－湖南特高压直流工程，酒泉换流站大件运输项目首运完成。此次运输起点为甘肃省酒泉市瓜州县柳沟火车站，终点为酒泉换流站，全程运输距离35公里。

“酒泉－湖南工程”是目前世界上在建的电压等级最高、送电距离最长、输送容量最大的特高压直流输电工程。该工程输电线路起于甘肃酒泉市，止于湖南省湘潭县，线路全长 2383 公里，工程投资 262 亿元，2015 年 6 月 3 日开工，计划于 2017 年建成投运。

11 月 18 日 国家主席习近平对厄瓜多尔进行国事访问，与厄瓜多尔总统出席了水电十局有限公司参建的CCS水电站八台机组全部发电启动仪式，水电十局党委书记陈勇到厄瓜多尔CCS项目见证了两国主要领导人按下发电按钮的激动人心时刻。

11 月 21 日 四川省委常委、农工委主任曲木史哈到水电十局承建的毗河供水一期工程项目调研，对项目工程给予了很好的评价。

11 月 23—25 日 国电集团党组成员、副总经理谢长军在成都会见四川省委常委、常务副省长王宁，并深入国电四川公司所属金堂公司生产现场，详细了解企业生产经营情况，慰问一线干部员工。

11 月 25 日 由成都市龙泉驿区科技局拨款支持，成都电力金具总厂自主研发的“5000 米高海拔运行困难地区长寿命免维护输电线路串型及配套金具”项目顺利通过龙泉科技区计划项目验收。该项目属于国内首次针对在极端恶劣自然条件无人区建设输电线路而研制的配套产品。该项目技术和产品共获得14项国家实用新型专利，并荣获中国电建科学技术进步一等奖。

同日 四川盐源华电新能源有限公司凉风坳风电场B线共17台风力发电机组全部并网发电，实现华电在川风电“零”突破。

11月30日 神华集团董事长、党委书记张玉卓到神华四川能源有限公司调研指导工作并到郫县水电厂现场调研，听取神华四川能源有限公司工作情况汇报并做了重要讲话。

12月

12月5—7日 国家电投集团公司党组成员、副总经理夏忠带领集团公司安全生产第六检查组到四川公司进行安全生产大检查。

12月6日 环境保护部专家及日本专家一行到国电四川公司金堂公司调研超低排放改造进展情况，双方就节能、环保方面进行了充分讨论和交流。

12月7日 中国华电集团公司总会计师邵国勇在成都出席集团公司决算会议并到金上公司调研，详细了解金上清洁能源基地开发建设情况。针对金上下一步工作，邵国勇要求：要切实把项目开发节奏把握好、时序安排好、项目选择好，全力建设“四好”工程，为集团做贡献。

12月8—9日 环境保护部环境工程评估中心在北京组织召开《金沙江上游巴塘水电站环境影响报告书》技术评估会议。经会议讨论，与会领导、专家和代表一致认为：报告书充分响应了“三通一平”工程环境影响报告书批复意见，贯彻落实了国家“生态优先、绿色发展”的战略举措，经修改完善后，可上报环境保护部审批。

12月12日 全国首届智慧企业创新发展峰会在成都召开。此次峰会聚焦智慧企业建设，以“推进管理创新，打造智慧企业”为主题，围绕智慧企业建设理论与实践、企业提质增效、自主创新的转型升级路径等内容进行了深入探讨。大渡河公司在企业界首次提出了建设智慧企业的思路，首次系统阐述了智慧企业理论体系和框架，首次在大型国有企业进行探索与实践并取得了显著成果，得到了与会专家学者的高度评价。四川省国资委党委书记、主任徐进在会上宣读了《关于授予国电大渡河流域水电开发有限公司智慧企业管理创新示范基地的决定》。会议现场举行了揭牌仪式。

同日 四川能源监管办召开2016年电工进网作业许可考试点管理工作会。部署2017年电工进网作业许可工作，加大对电工进网作业许可考试管理制度执行情况监管力度。

12月13日 由四川省电力公司为项目法人负责申报的西藏昌都电网与四川电网联网输变电工程即川藏电力联网工程，荣获国家优质工程金质奖。

川藏电力联网工程于2014年11月20日投运，结束了西藏昌都地区长期孤网运行的历史，让近70万牧民告别了酥油灯，为西藏昌都、四川甘孜州南部地区经济社会发展提供了坚强保障。

12月15日 根据统调日发受电量和非统调统计数据，截至当日零时，四川省全社会用电量突破2000亿千瓦时大关，较上年增长5.42%，创历史新高，全省经济回暖趋势明显。四川省是中国第八个全社会用电量超过2000亿千瓦时的省份，稳居西部地区首位。

12月16日 四川碳市场开市暨全国碳市场能力建设（成都）中心揭牌活动在成都隆重举行。公司党委书记、副总经理何仲辉应邀出席开市仪式，国家发展改革委气候司副司长孙桢，四川省人大常委会党组书记、副主任陈光志，省政府副秘书长、办公厅主任蔡竞，成都市委副书记、代市长罗强等相关领导参加。

12月20日 四川省委书记王东明在国网四川省电力公司《关于四川省全社会用电量再次突破2000亿千瓦时大关有关情况的报告》上批示：“我省用电总量的突破、用电结构的优化，印证了全省经济的积极变化，要按照既定部署，继续落实工作。感谢国家电网和四川省电力公司在电力保障、清洁能源基地建设及脱贫攻坚等方面的大力支持。”

12月21日 四川省人大常委会副主任彭渝率队到四川省水电集团调研。省国资委副主任宣迅，四川能投集团公司领导陪同。

12月26日 金沙江乌东德水电站大坝迎来第一仓试验混凝土浇筑，标志着乌东德水电站主体工程全面跨入核心工程关键施工期。

同日 中共四川省委办公厅、四川省人民政府办公厅通报表扬四川省电力公司在十六届中国西部国际博览会举办期间，在接待外国政要、国内外代表、知名企业家和境内外媒体以及后勤保障工作中做出了突出贡献。这是继2016年第三次二十国集团（简称“G20”）财长和央行行长会议保电取得圆满成功后，四川省电力公司保电工作再次得到表扬。

同日 晚，四川省电力公司携原创音乐剧《来电了》再上央视舞台，在央视“直通春晚”节目录制现场，向全国电视观众激情演绎川电人的故事、展示四川电力员工的时代风采。经过与来自全国各地的 7 个优秀节目同台激烈角逐，成功突围，顺利晋级“直通春晚”颁奖晚会。

12 月 28 日　水电十局有限公司在老挝万象隆重举行进入老挝 20 周年交流座谈会，公司党委书记陈勇、副总经理兼老挝公司总经理余明川等出席座谈会，中国驻老挝大使馆经参处参赞王其辉，老挝国家电力公司总经理奔温·西万彭、副总经理通沛，老挝中国总商会会长孙磊出席会议，中国驻老挝 25 家政府机构、中资企业代表参加了座谈会。

同日　成都电力金具总厂和成都铁塔厂重组整合及干部任命会议在成都电力金具总厂召开，以 2016 年 6 月 30 日为基准日，中国电力建设集团有限公司将持有的成都铁塔厂的产权以净资产方式划入成都电力金具总厂，成为成都电力金具总厂的子公司。

12 月 30 日　在中央电视台“直通春晚”节目颁奖盛典上，春晚总导演杨东升在来自全国 28 个节目中，发出 6 张直通春晚邀请函，四川省电力公司原创音乐剧《来电了》获得最佳创新奖。全新创作和编排的音乐剧《来电了》参加演出的 29 名演员全部来自公司系统 18 个基层单位一线员工，通过舞台艺术真实地反映户户通电、精准扶贫、光芒照山河的动人场景，展示了一线电力员工在困难面前，守卫光明、默默奉献、不畏艰险、乐观向上的精神风貌。

同日　猴子岩水电站首台机组顺利完成 72 小时试运行。猴子岩水电站是国家 2010 年西部大开发重点工程之一、国家支持藏区发展能源建设重点开发项目，位于四川省甘孜州康定市境内。

12 月 31 日　下午 14 时 30 分，长河坝水电站首台 65 万千瓦机组顺利实现一次并网成功，标志着首台机组完成了 2016 年年底机组具备送电条件的重大目标。

四川省各电力单位大事选

国家能源局四川监管办公室

2 月 1 日　四川能源监管办党组书记、专员马军杰率有关负责人到华电四川公司调研电力生产运营和企业改革发展情况。

4 月 11 日　四川能源监管办印发《四川省新建水电项目投资开发秩序专项监管报告》。

6 月 23 日　四川能源监管办调研西南电力调度控制分中心职责及调度管辖范围。

8 月 30 日　四川能源监管办对中国水利水电第五工程局、三峡金沙江云川水电开发有限公司、长江三峡技术经济发展有限公司就“8·14”人身伤亡事故开展监管约谈。

11 月 2 日　四川能源监管办召开油气管网设施开放相关信息公开工作座谈会。认真开展油气管网设施开放相关信息公开工作，组织省内油气管网设施运营企业对管网设施相关信息进行公开，并在公共平台公布相关企业管网设施信息及方式。

11 月 14—25 日　国家能源局党组第四巡视组对四川能源监管办党组开展专项巡视工作。

（赵志强、王钦霞）

国网四川省电力公司

1 月 12 日　在成都市第十六届人民代表大会第四次会议上，全国人大代表、成都市人大代表、国网四川省电力公司副总经理、国网成都供电公司总经理褚艳芳，成都市人大代表、国网四川省电力公司副总经理董京营，为本次市人大会认真准备了相关建议，为未来成都电网建设与发展建言献策、积极呼吁。

1 月 21 日　四川省电力公司总经理石玉东，党委书记潘敬东在四川省电力公司本部会见国电大渡河流域水电开发有限公司总经理、党委副书记涂扬举和大唐国际发电股份有限公司第一副总经理简英俊，就进一步加强合作、拓展合作领域等方面内容进行深入交流，共商发展大计。

1 月 17 日　国家电网公司 2015 年特高压跨区跨省输送电量 1534 亿千瓦时，同比增长 12.2%。起点在四川的复（龙）—奉（贤）、锦（屏）—苏（南）、（宜）宾—金（华）三大特高压直流输电线路跨省跨区输送电量达 996 亿千瓦时，占国家电网公司特高压跨省跨区输送电量的64.9%，充分发挥了主力军作用。其中，复奉线外送电量达315.79亿千瓦时、锦苏线外送电量达363.56亿千瓦时、宾金线外送电量达316.63亿千瓦时。

三大特高压直流输电线路总输电功率2160万千瓦，日输电量5亿千瓦时，出力约占四川水电外送任务的85%、华东外受电的三分之二。相当于减少火电原煤消耗4000多万吨，减少二氧化碳排放约9960万吨，减少二氧化硫排放300万吨。

1月25日 受国家档案局委托，四川档案局和西藏档案局在成都组织召开西藏昌都电网与四川电网联网输变电工程项目档案验收会，川藏电力联网工程档案通过验收。

1月29日 在四川省第十二届人民代表大会第四次会议举行第三次全体会议上，石玉东高票当选四川省第十二届人民代表大会常务委员会委员。

2月19日 四川省电力公司建设部组织召开雅中－江西±800千伏特高压直流输电工程（四川境内）设计监理第一次联络会，明确设计质量、设计深度和进度要求，部署工程初步设计阶段重点工作。

雅中－江西±800千伏特高压直流输电工程是四川省水电外送的第四条特高压直流工程，按照国家电网公司对工程建设管理的职责分工，四川省电力公司负责建设管理雅中换流站征地拆迁、“四通一平”、大件运输道路桥梁改造配套、四川境内特高压直流线路、接地极及其线路等工程。

3月2—3日 石玉东在四川省电力公司先后会见到访的英大国际信托有限责任公司总经理张传良，四川省能源投资集团有限责任公司党委书记、董事长，化工控股董事长郭勇，交流四川水电、新能源以及电动汽车的发展前景，探讨富余水电消纳、通道建设、经营管理等方面问题，并达成共识。

4月6日 ±800千伏锦－苏特高压直流线路抗冰改造工程全面展开，重点拆除锦－苏特高压直流线路及接地极线路旧塔23基，新建29基，拆除线路8.373公里，新建线路8.4公里，调整线路2.6公里。四川省电力公司400多名员工集聚大凉山，全面打响锦苏特高压直流线路抗冰改造攻坚战。

4月20日 四川芦山“4·20”强烈地震三年来，国家电网公司充分发挥集团优势，推进四川雅安电网灾后重建，雅安电网规模和供电能力全面超越震前水平。国家电网公司累计在雅安投入电网建设资金40.06亿元，开工建设35千伏及以上电网项目51个，10千伏及以下项目1059个。雅安电网已形成以500千伏电网为支撑，220千伏电网为骨干，110千伏及以下电网为基础的供电网络，实现电力资源区域内就地转换的互联电网。电网发展促进了雅安水电资源开发利用，截至2016年年底，全市水电装机达1256万千瓦，较2013年增长294万千瓦，增长30.56%。

5月5日 四川省电力公司组织召开复（龙）－奉（贤）、锦（屏）－苏（南）、（宜）宾－金（华）3条±800千伏特高压直流输电线路2016年迎峰度夏运维保障工作动员会，分析了三大直流输电线路满功率运维面临的形势和风险，提出了保障工作目标，深刻吸取不安全事件教训，进一步查漏补缺，完善并强化落实各项保障措施，确保2016年三大直流输电线路满功率运维保障工作万无一失。

6月14日 石玉东在本部会见来访的雅砻江流域水电开发有限公司董事长陈云华一行，双方就清洁能源发展和水电消纳等相关问题进行深入交流。

6月17日 “中国电力作家重走长征路·光明行”采风活动在红军长征最为波澜壮阔之地——四川拉开序幕。这是电力作家重走长征路系列活动继行走江西、贵州后的第三站。在纪念中国共产党成立95周年暨红军长征胜利80周年之际，开展“中国电力作家重走长征路·光明行”活动，旨在缅怀革命先烈，弘扬长征精神，激发电力作家创作更多反映老区电力发展的精品力作。28位电力作家及10余名四川公司系统创作人员从成都出发，走进邛崃、石棉、芦山、古蔺、仪陇、泸定、康定等地，公司对此项活动高度重视，分别派出四路记者对采风活动进行全程跟踪采访，予以全方位报道。

6月24日 四川省电力公司召开四川电网迎峰度夏新闻通气会，向新华社、人民网、四川日报、四川卫视等20多家媒体记者介绍四川电网迎峰度夏形势。

入夏以来，四川电网全网用电负荷增长较快，最大用电负荷和日最高用电量均超上年同期水平，分别达到2620万千瓦和5.03亿千瓦时。考虑到可能存在的极端天气，预计2016年迎峰度夏期间四川电网最大用电负荷约为2900万千瓦，同比增长2.6%，最大日用电量5.6亿千瓦时，同比增长2.2%。2016年，四川电网发电装机增速明显高于用电负荷增长，电力供应能力大幅增强，综合考虑外送和外购电力后，预计四川电网今夏电力供应总体供大于求。但持续高温天气下局部地区如成都主城区供电紧张仍会出现。

7月6日 在中国安徽省合肥市召开的IEEE P1893&P1894第五次工作组会上，四川省电力公司包揽 IEEE 标准特别贡献奖。两项国际标准《IEEE P1893 直流输电线路及接地极线路参数测试导则》和《P1894 电力系统暂态过电压在线测量与记录系统技术导则》由公司牵头制定。2015 年 9 月 3 日，两项标准在日本通过了最终评审，标准有效期为 10 年。

7 月 18 日 四川省电力公司深入开展“效益提升年”活动，突出效益导向，启动综合计划三年滚动项目储备；创新预算管理模式，建立成本效益挂钩机制；提前启动大规模水电外送，充分应用直购电、富余电量等政策开拓市场，业扩申请新增装容 2026.93 万千伏安，同比增长 38.12%。上半年，四川省电力公司累计完成售电量 780.46 亿千瓦时，同比增长 1.08%；累计完成固定资产投资 81.22 亿元；全口径外送电量 428.23 亿千瓦时，同比增长 10.56%。

7 月 24 日 2016 年第三次二十国集团（简称“G20”)财长和央行行长会在成都闭幕。其间，四川省电力公司高度重视，对涉及 G20 会议的变电站、线路多次进行检查，认真落实安全责任，做好应急预案，加强值班值守，并全力做好电力设施应对外力破坏等突发事件的准备，圆满完成此次重大会议安全保电任务。保电涵盖世纪城国际会议中心、成都大熊猫繁育研究基地、香格里拉酒店等 6 处核心区域，供电电源涉及 220 千伏变电站 9 座、110 千伏变电站 6 座、110 千伏线路 11 条、10 千伏线路 7 条和开关站 4 座。

8 月 17 日 四川境内的±800 千伏锦（屏）—苏（南）、复（龙）—奉（贤）、(宜）宾—金（华）三大特高压直流输电线路已连续 49 天满功率平稳运行，输送功率分别为 640 万千瓦、720 万千瓦和 800 万千瓦，总输电功率达 2160 万千瓦，每日外送电量达 5.19 亿千瓦时。三大特高压直流输电线路满功率平稳运行为四川电网稳定运行奠定了坚实基础。

8 月 20 日 四川盆地的高温酷热天气已持续一周，四川电网用电负荷屡破新高，电力负荷缺口已突破 20%。国网成都供电公司、天府新区供电公司在成都市 168 个抢修驻点，安排输电、配电、变电各专业工种抢修值班人员 8000 余人值守岗位，不分昼夜 24 小时组织抢修、排除故障,全力保障居民用电。

8 月 22—24 日 连续三日四川全省用电负荷达到了 3250.2 万千瓦，较上年最高增长 14.85%，日用电量达到 6.46 亿千瓦时（24 日），同比增长 17.58%均再创新高。其中成都（含天府供电公司）在 22 日创下用电 1077 万千瓦、电量 2.17 亿千瓦时的新高。

8 月 23 日 四川省内各地天气迅速开启“烧烤模式”。受此影响，四川电网用电负荷快速攀升，省内半数以上地区电网日用电量和日最高负荷都已刷新历史新高。在高温天气中，四川电网经受住了考验。四川省电力公司各下属供电公司在加强排查电网薄弱点同时，电网建设、农网升级改造等工程也在酷暑中同步推进，员工在田间、在街头、在变电站，不分昼夜战酷暑，同时积极采用“零点作业”、带电作业等多种措施，全力以赴确保全川人民群众清凉度夏。

9 月 13 日 国家电网公司表扬公司认真落实 G20 杭州峰会保电任务,周密组织、精心安排，全体工作人员坚持岗位、恪尽职守，以高度的责任感和严谨的工作态度，全面落实各项措施，全力以赴做好电网运行，设备运维、信息通信保障相关保电工作，确保了电网安全稳定运行，高标准、高质量、圆满地完成供电保障任务，特向为 G20 峰会保电辛勤付出的公司有关单位给予通报表扬！

G20 杭州峰会保电是 2016 年国家电网公司特别重大保电任务。公司严格落实国家电网公司保电工作统一部署，全面动员、全力奋战，精心策划、尽心准备，建立强大的供电保障机制，详细制定供电保障方案，千余名保电干部员工连续作战，确保了三大特高压直流安全可靠供电和跨地区大电网安全稳定运行，实现了“设备零故障、客户零闪动、工作零差错、服务零投诉”保电目标。

9 月 14—18 日 2016 年中国乒乓球公开赛在成都隆重举行，本次公开赛，包括张继科、马龙、许昕、丁宁等世界冠军，以及波尔、萨姆索诺夫、梁夏银等世界知名球员都将亮相成都参赛。国家乒乓球队队员马龙、樊振东、刘诗雯、陈梦、王曼昱、周雨在国家队带队教练秦志戬的带领下到国网四川电力乒乓球基地指导。

9 月 29 日 四川省电力公司组织召开川渝第三通道 500 千伏工程推进会。四川电网负荷虽然近 3200 万千瓦，但全省发电装机却接近 9000 万千瓦，装机容量年增长 9.4%，用电量却仅增长 3.38%，四川水电弃水严重，迫切需要加快外送通道建设。

10 月 6 日 火锅是成都美食的代表，深受本地人和外地游客青睐。相对于“燃气灶、大铜锅”的典型成都火锅，安全、卫生的电磁灶火锅是新生事物。成都已有超过 5000 家火锅店炉灶实现以电代气，占成都火锅店总数的四成左右。国家发改委等 8 个部委联合印发《关于推进电能替代的指导意见》。国网成都供电公司针对成都火锅餐饮特点，积极宣传电磁灶清洁、安全的优势，并配合改造电网末端设备，满足火锅店用电需求。

10 月 13 日 四川省电力公司召开新一轮农村电网改造升级工作领导小组办公会，通报工程建设总体情况，安排部署下一阶段重点工作，介绍了公司《新一轮农网改造升级工程建设实施方案》和《2016 年农网工程建设专项督查工作方案》。

10 月 20 日 国家电网公司党群队伍技能竞赛西南赛区复赛在四川电力职业技术学院激烈开战，四川省电力公司代表队以绝对优势获得第一名，成功晋级决赛。

11 月 3 日 四川省电力公司第四届四川省文明单位迎检集中汇报会在国网四川客户服务中心召开。四川省文明办创建处处长王伟率队对迎检单位进行测评。国网天府新区供电公司、国网四川管培中心、国网绵阳市游仙供电公司、国网四川客户服务中心、国网四川节能服务公司、四川科锐得实业集团有限公司、四川科锐得文化传播有限公司、国网达县供电公司等 8 家单位分别通过四川省最佳文明单位和四川省文明单位测评。

11 月 7 日 国家电网公司 2016 年度±800 千伏复（龙）—奉（贤）、锦（屏）—苏（南）、（宜）宾—金（华）三大特高压直流输电线路满功率运行工作圆满收官。四川省电力公司驻守在 18 个保电站的 308 名巡线工经过 130 多日的努力圆满完成任务，三大特高压直流输电线路保电期间，四川超特高压电网平稳运行。

11 月 19 日 由四川省电力公司推送的电力员工原创歌曲《我想请个假》在西安举办的“中国梦、劳动美”第三届全国微影视大赛中摘得“MV 类金奖”，音乐作品同时获得了“最佳原创音乐奖”。

11 月 24—25 日 彝族新年，石玉东前往凉山彝族自治州，与州委书记林书成，州委副书记、代州长苏嘎尔布座谈，共商凉山电力发展大计，并到阿吼村实地调研电力助推扶贫攻坚工作，看望慰问贫困村民。

11 月 29 日 眉山市政府与四川省电力公司签订《共同建设眉山智能电网战略合作协议》，以进一步促进双方加强合作、合力共为，推动“十三五”规划期间眉山智能电网规划实施，为眉山市经济社会发展提供安全可靠电力保障。眉山市委书记李静、市长罗佳明和石玉东，副总经理董京营、陈云辉等出席签字仪式。

12 月 5 日 是国际志愿者日，由四川省委宣传部、省文明办主办的“四川志愿•携手圆梦”2016 年度四川省暨成都市志愿服务展示交流活动中，国网四川省电力公司荣获四川省志愿服务贡献奖，国网遂宁供电公司参与的遂宁市关爱农民工子女、留守学生“阳光关爱”志愿服务项目荣获四川省十佳志愿服务项目。

12 月 29 日 经过社会责任专家委员会评审，四川省电力公司荣获 2016 年中国电力行业公众透明度“最佳透明度管理奖”。公司在全国省级电网公司公众透明度整体评价名次由上年的第 22 名上升到 2016 年的第 5 名。

12 月 31 日 四川省电力公司完成售电量 1673.75 亿，比 2015 年增长 6.04%；完成固定资产投资 259.63 亿元；新增变电容量 641.35 万千伏安，输电线路 1145.58 公里；全口径外送电量 1285.46 亿千瓦时，比 2015 年增长 4.82%；回收陈旧电费 5.02 亿元；全省发电装机容量超过 9000 万千瓦，其中水电装机容量 7246 万千瓦；全省社会用电量突破 2100 亿千瓦时。 （程彦韬）

中国电力工程顾问集团西南电力设计院有限公司

1 月 6 日 西南电力设计院有限公司在国网西藏电力有限公司 2015 年第六批 35 千伏及以上电网建设工程设计招标中，中标两个标包，中标项目包含 220 千伏吉雄（贡嘎）变电站新建工程，林芝 500 千伏变—卧龙 220 千伏变等线路工程。

同日 西南电力设计院有限公司中标神华国华清远（2×100 万千瓦）电厂新建工程技经咨询服务项目。

1 月 12 日 西南电力设计院有限公司签订印尼 350 万千瓦电力发展计划项目群中的巴亚瓦信(2+2)×12.5 万千瓦发电工程勘察设计和技术服务合同。

1 月 20 日 西南电力设计院有限公司在雅中至江西±800 千伏特高压直流输电工程勘察设计招标中，中标雅中至江西工程送端换流站A包、送端换流站阀厅设计、线路工程包 5、光纤通信工程设计及直流覆冰观测及冰区划分专题研究等五个标包的勘察设计任务，中标标包数位列 35 家投标设计企业之首。

3 月 8 日 西南电力设计院有限公司在国网西藏电力有限公司 2016 年第一批设计招标中，中标柳梧 220 千伏输变电工程勘察设计、年楚 220 千伏输变电工程可研、次角林 220 千伏线路搬迁改造工程、拉萨换流站水系统改造工程共 4 个标包。

3 月 26 日 西南电力设计院有限公司设计的越南海阳电厂 2×100 万千瓦工程项目开工。

5 月 26 日 西南电力设计院有限公司中标中泰

±500 千伏直流送电项目可行性研究工程。

6 月 6 日 西南电力设计院有限公司首次设计的欧洲电站——波黑斯坦纳瑞 1 台 30 万千瓦燃煤电站工程顺利完成 720 小时可靠性运行。

6 月 8 日 当地时间上午 8 时，西南电力设计院有限公司设计的印度尼西亚芝拉扎 2 期扩建 1 台 66 万千瓦燃煤电站项目顺利完成 168 小时试运，正式获得商业运行证书。

6 月 20 日 西南电力设计院有限公司中标川渝第三通道 500 千伏输变电工程（四川段）勘察设计项目。

6 月 22 日 西南电力设计院有限公司中标±800 千伏雅中换流站加装调相机工程勘察设计项目。

7 月 31 日 23 时 57 分，西南电力设计院有限公司设计的国华寿光电厂一期 2 台 100 万千瓦工程 1 号机组顺利通过 168 小时试运行。

8 月 西南电力设计院有限公司入选全国工程项目管理完成合同额 2016 年度排名（第 54 位）和工程总承包完成合同额 2016 年度排名（第 82 位）。

8 月 11 日 越南海阳 2×60 万千瓦燃煤电厂工程三大主机设备订货合同签字仪式在公司多功能厅举行。中国电力工程顾问集团有限公司党委常委、副总经理薛丹峰出席签字仪式。

9 月 2016“成都企业 100 强”及“成都服务业 100 强”榜单相继出炉。公司再登成都企业百强榜，排名第 63 位，较上年排名上升一位；在成都服务业百强榜单中排名第 32 位。

10 月 西南电力设计院有限公司以“扶贫济困，奉献爱心”为主题，组织干部职工参加全国第三个“扶贫日”捐赠活动。共收到职工志愿捐款 11.8715 万元。

11 月 25 日 2016 ENR/建筑时报“中国承包商 80 强和工程设计企业 60 强”排名揭晓。西南电力设计院有限公司再次入围“中国工程设计企业 60 强”，排名第 46 位。

11 月 29 日 西南电力设计院有限公司执行董事、总经理郝群岩参加了国家电网公司在临沂±800 千伏换流站召开基建工作现场调研座谈会。

12 月 2 日 2016“四川企业 100 强”及“四川服务业企业 100 强”榜单相继出炉。公司再登四川企业百强榜，排名第 88 位，在四川服务业百强榜单中排名第 33 位。

（黄　旭）

中国电建集团
成都勘测设计研究院有限公司

1 月 4 日 成都院编制的《叶巴滩水电站防震抗震研究设计专题报告》通过水电总院的审查。

1 月 9—10 日 成都院编制的《四川省石棉县挖角乡烧房沟泥石流治理工程勘察设计报告》通过中国水利水电建设工程咨询有限公司审查。

1 月 12 日 成都院与大唐四川发电有限公司签署了凉山州普格乌科梁子区域、中梁子区域的风电项目设计合同。

1 月 22 日 成都院勘测设计的双江口水电站通过省、市、县政府有关部门及水电总院、质监总站等单位的截流验收。

1 月 26—27 日 成都院编制的《水电行业工程勘察技术标准体系》通过水电总院验收。

1 月 31 日 成都院与西南交通大学共同完成的《四川华能宝兴河硗碛水电站水库蓄水后库岸稳定性复核研究报告》通过四川省扶贫和移民工作局审查。

3 月 14 日 成都院与丹巴县政府正式签订了《四川大渡河猴子岩水电站建设征地移民安置格宗移民安置点配套工程代建合同》。

3 月 29—30 日 成都院编制的《水电工程小流域水文计算规范》通过水电总院的审查。

4 月 7 日 成都院与四川省地质工程勘察院联合以综合评标得分第一的成绩，成功中标成都天府新区锦江航运梯级河坝建设项目勘察设计工作。

4 月 25 日 成都院编制的《四川省大渡河瀑布沟水电站水库运行与电站运行调度规程》通过水电总院审查。

4 月 26 日 成都院主编的《水电工程生态流量计算规范》通过水电总院审查。

5 月 17 日 成都院编制的《德昌铁炉风电场工程可行性研究报告》《德昌茨达风电场工程可行性研究报告》通过评审。

7 月 22 日 成都院完成的《叶巴滩水电站可行性研究报告》通过水电总院的审查。

7 月 25 日 成都院在国家电投贵州金元集团股份有限公司 2016 年第二批集中招标中，成功中标“贵州蒙江流域水电站远程集中控制系统设计”。

8 月 3 日 成都院提交的Poso-1 水电站闸坝及取水口详细设计成果顺利通过印度尼西亚大坝安全委员会审查。

8 月 9 日 成都院获得中国水土保持学会公布的“生产建设项目水土保持方案编制单位水平评价证书”。

8 月 26 日　中电建水电开发集团公司、西昌飓源风电开发公司、东方电气风电公司、水电七局等单位举行西昌风电工程签约专题会，成都院签订了《四川省西昌市安宁河谷黄联关风电场工程设计、采购、施工总承包合同》《四川省凉山州西昌市黄联关风电场风力发电机组及其附属设备采购合同》和《四川省凉山州西昌市安宁河谷黄联关风电场风力发电机组塔筒制造及服务采购合同》。

8 月 27 日　厄瓜多尔总统拉斐尔·科雷视察由成都院参与设计的索普拉多拉水电站，项目部有关技术人员做了汇报。

9月1日　成都院承担的EPC总承包项目——越南富叻风电场首批次风机并网发电。

9 月 10 日　成都院负责机电金结设计的非洲在建最大水电站——埃塞俄比亚吉布 3 水电站全部投运发电。

9 月 14 日　成都院获得由成都企业联合会、成都市工业经济联合会、成都企业家协会联合评选的“2016 成都企业 100 强”和“成都服务业 100 强”称号,分列第 50 位和第 24 位。

10 月 14 日　成都院企业技术中心通过国家认定,并获正式授牌。

10 月 12 日　成都院编制的《大唐普格乌科梁子风电场工程可行性研究报告》通过评审。

11 月 10 日　由成都院勘测设计的叶巴滩水电站开工建设，正式取得国家发改委核准。

11 月 25 日　由美国《工程新闻记录》（英文简称ENR）和中国《建筑时报》共同主办的“2016 年度中国工程设计企业 60 强”揭榜，成都院位列第十七。

11 月 3 日　成都院成功中标雅安大兴河道及湿地综合整治工程EPC总承包项目。

11 月 15 日　成都院院士专家工作站获中国科协授予 2016 年全国示范院士专家工作站。

12 月 5 日　成都院承担的直孔发电公司四站集控改造和巴河发电公司集控改造总承包工程通过国网西藏电力公司的验收。

12 月 6 日　成都院编制的《大洪河水电站水库洪水复核专题研究报告》《狮子滩、下洞水电站水库洪水复核专题研究报告》通过国家电投集团的评审。

12 月 6 日　成都院承办 2016 年全国大坝安全监测技术与运用学术交流会。

12 月 8—18 日　成都院承担的大岗山水电站枢纽工程通过国电大渡河公司委托中国水利水电建设工程咨询有限公司开展的竣工安全鉴定。

12 月 12—14 日　成都院编制的能源行业标准《水电工程招标设计概算编制规定》通过水电总院审查。

（李以为、朱　岩）

中国三峡建设管理有限公司

1 月 28 日　中国三峡建设管理有限公司副总经理於三大主持召开金沙江向家坝、溪洛渡水电站运行期水库地震监测工作实施方案内部讨论会，初步研究和完善了运行期两电站水库地震监测和研究工作内容。

2 月 25 日　中国长江三峡集团公司樊启祥副总经理在武汉主持召开乌东德水电站截流验收工作专题会，对相关工作进行了部署。

2 月 26 日　溪洛渡水电站右岸电厂获“南方电网 2015 年系统运行及调度工作先进集体”荣誉称号。

4 月 12 日　长江三峡设备物资有限公司成功中标上海福伊特水电设备有限公司“金沙江乌东德水电站左岸 6 台套主要部件公路运输招标项目”，标志设备物资公司重大件运输市场拓展迈出坚实一步。

4 月 14—18 日　国家能源局云南监管办公室党组书记、专员李现武一行及中国长江三峡集团公司质量安全部、三峡金沙江云川水电开发有限公司到白鹤滩水电站开展防洪度汛及施工安全监督检查。

5 月 27 日　四川省 2016 年长江珍稀特有鱼类增殖放流活动暨金沙江溪洛渡、向家坝水电站珍稀特有鱼类增殖放流站 2016 年春季放流活动在宜宾市合江门举行，宜宾市公证处对放流活动进行了全程公证。

6 月 15 日　18 时 30 分，金沙江向家坝水电站累计发电量突破 900 亿千瓦时。

6 月 22 日　金沙江向家坝水电站 8 台机组全部并网运行，全厂出力达 600 万千瓦，8 台机组 2016 年首次满发，比 2015 年满发时间提前了 25 天。

7 月 7 日　中国设备管理协会授予向家坝电厂关于“专业技术组在缺陷管理中的‘第三方监管’实践”和“80 万千瓦水轮发电机组滑环系统实现免维护、绿色运行的创新优化”两个设备管理成果第二届“全国设备管理创新成果一等奖”“全国设备管理创新成果二等奖”荣誉称号。

7 月 12 日　随着上游围堰填筑至设计高程 873 米，金沙江乌东德水电站大坝围堰工程施工全面完成，顺利实现 2016 年工程围堰挡水目标，满足防洪度汛要求，为电站大坝后续基坑开挖与混凝土施工创造了良好的条件，为乌东德水电站主体工程建设奠定了坚实基础。

7 月 12 日　溪洛渡电厂 2016 年左岸电站首次满

发。

7月13日 中国长江三峡集团公司副总经理樊启祥赴昆明基地现场进行了建设推进情况实地调研，7月28日在北京召开昆明基地建设推进专题会议。中国长江三峡集团公司总工程师陈文斌一行在白鹤滩工地开展白鹤滩水电站围堰度汛验收工作。7月16日，金沙江白鹤滩水电站围堰工程技术验收专家组经讨论并形成了技术验收鉴定书。专家组一致认为：围堰工程质量满足规范及设计要求，具备验收条件，同意通过围堰工程技术验收。

7月27日 随着金沙江流域第一个河谷移动式大风检测系统—乌东德缆机测风气象系统正式投运，历时近六年的金沙江乌东德水电站坝址区域大风立体监测网初步形成，为工程建设期大风有效预报预警和电站运行期的电力生产安全奠定了坚实的基础。

8月8日 金沙江溪洛渡水电站机组总出力达到1260万千瓦，实现2016年首次满发。

8月17日 金沙江乌东德水电站工程右岸对外交通半角至新村公路（以下简称半新公路）龙头山隧道全线贯通，标志着乌东德水电站工程右岸对外交通工程建设取得重大进展。

8月29日 云南省禄劝县委县政府在禄劝县乌东德镇新村举行新村安置点开工典礼，此举标志着金沙江乌东德水电站禄劝县移民安置实施工作全面展开。

10月14日 溪洛渡电厂与四川省雷波县民族宗教与扶贫移民工作局、马湖乡人民政府在金沙江溪洛渡水电站工地签署捐赠协议，捐赠人民币50万元用于马湖乡大杉坪村莼菜基地农田水利基础设施建设。

11月10日 水电水利规划设计总院以水电规库〔2016〕171号、水电规库〔2016〕170号印发了《金沙江白鹤滩水电站移民安置规划报告（云南部分、四川部分）审查意见》。

11月24日 中国长江三峡集团向国家发改委报送了金沙江白鹤滩水电站项目核准的请示。这标志着可行性研究、行政许可办理等各项前期工作全面完成，进入国家项目核准最后的评估、批复阶段。

10月25日 金沙江乌东德水电站工程左岸地下电站2号尾水主洞首仓边顶拱混凝土浇筑顺利完成，这是继左岸引水洞首仓边顶拱混凝土浇筑后，乌东德水电站实现的又一建设节点。

11月26日 中国三峡建设管理有限公司被中国电力企业联合会评选授予“电力标准化工作先进集体”。

11月27日 中国三峡建设管理有限公司牵头申报的《溪洛渡水电站泄洪洞群建设关键技术》荣获中国水力发电科学技术进步一等奖。

同日 中国三峡建设管理有限公司牵头申报的《溪洛渡特高拱坝建设项目管理创新与实践》《巨型电站大型地下洞室群施工期通排风系统建设关键技术》分获中国电力创新奖二等奖、三等奖。

12月1日 溪洛渡电厂2016年发电量达到575亿千瓦时，提前30天完成年度发电任务。

12月8日 溪洛渡电厂申报的“溪洛渡右岸电站孤岛仿真及现场试验”获2016年(第八届)全国电力职工技术成果奖一等奖。

12月12日 中国三峡建设管理有限公司荣获四川省水土保持局（川水保函〔2016〕507号）颁发的“2016年生产建设项目水土保持工作先进单位”称号。

12月18日 金沙江乌东德水电站工程坝基最后一个水平光面爆破于早上七时准时起爆，坝基最终全面开挖至设计高程。至此，历时19个月的坝基开挖如期顺利完成，乌东德水电站建设迎来又一崭新里程碑。

12月20日 金沙江白鹤滩、乌东德水电站珍稀特有鱼类放流活动，共放流4万余尾珍稀鱼苗。

12月26—27日 乌东德水电站通过大坝建基面技术预验收。

12月31日 向家坝电厂2016年发电量达332.25亿千瓦时，提前40天完成了年度发电任务。

2016年三峡金沙江云川水电开发有限公司按照20%的资本充足率，相继增加公司注册资本和实收资本，2016年4月，股东追加项目资本金20亿元，云川公司注册资本和实收资本增加到135亿元。2016年8月，股东追加项目资本金20亿元，云川公司注册资本和实收资本增加到155亿元。通过增加注册资本金，有效降低企业杠杆率。（周双超）

雅砻江流域水电开发有限公司

1月23日 攀枝花市与雅砻江公司二滩、桐子林水电站区域综合协调委员会第一次全体会议在成都召开。中共攀枝花市委书记张剡，中共攀枝花市委副书记、市长杨自力，雅砻江公司董事长陈云华、总经理祁宁春出席会议并作重要讲话。

1月24日 凉山州与雅砻江公司关于雅砻江中下游水电开发2016年工作会议在成都召开。中共凉山州委书记林书成，雅砻江公司董事长陈云华出席会议并讲话。会议由中共凉山州委副书记、州长罗凉清主持。雅砻江公司总经理祁宁春，党委书记张肇刚，副总经理吴世勇、毛学工，总经济师陶卫国出席会议。

2月23日 雅砻江公司与水利部长江水利委员会工作座谈会在武汉举行。雅砻江公司董事长陈云华、总经理祁宁春、副总经理吴世勇、王继敏，长江水利委员会主任刘雅鸣、副主任熊铁、副主任兼总工程师马建华等领导参加座谈会。座谈会后，举行了杨房沟水电站设计施工总承包监理合同签字仪式。

3月27日 桐子林水电站全面投产暨雅砻江流域水能资源开发“第二阶段”战略胜利收官总结大会在桐子林水电站主厂房安装间举行。随着桐子林水电站最后一台机组于3月22日完成72小时试运行，雅砻江流域水能资源开发第二阶段圆满收官，雅砻江公司将在继续开发中游的同时，打造千万千瓦级风光水互补清洁能源示范基地。

4月15日 四川省能源局在成都组织召开风光水互补清洁能源示范基地规划编制启动会。此次会议的召开，标志着雅砻江流域风光水互补清洁能源示范基地规划正式纳入国家规划及2016年重点工作。

5月12日 国家发展和改革委员会印发《温室气体自愿减排事项备案通知书》（发改办气候备〔2016〕233号），同意对桐子林水电站CCER项目予以备案。

6月1日 杨房沟水电站左岸坝肩开挖工程正式开工建设，标志着杨房沟水电站EPC项目按合同节点全面进入主体工程施工阶段。

8月15日 四川省委常委、统战部部长崔保华到两河口水电站调研指导。

8月24日 四川省委常委、省委组织部部长范锐平一行在凉山州委常委、州委组织部部长张伟的陪同下，赴锦屏水电站就电站工程建设及电力生产情况开展调研工作。

9月6—8日 国务院驻国投监事会主席赵小平、第13办主任胡力勇在国投电力有限公司董事长、党委书记胡刚，国投集团审计部主任邓星斌及相关人员的陪同下到雅砻江公司调研。

9月12日 雅砻江公司与水电水利规划设计总院座谈会及两河口水电站技术咨询等合同签字仪式在成都举行。

9月13日 雅砻江公司日发电量达到3.02亿千瓦时，首次突破3亿千瓦时。

10月10日 四川省委常委黄新初在攀枝花市委书记张剡陪同下到二滩水电站调研。

11月1日 两河口水电站大坝心墙填筑仪式暨劳动竞赛表彰大会在工程现场举行。会上，四川省总工会对两河口水电站建设者开展第一阶段劳动竞赛的先进集体、先进个人进行了表彰。

11月11日 杨房沟水电站成功实现大江截流。在截流现场，四川省总工会对杨房沟水电站建设者开展第一阶段劳动竞赛的先进集体、先进个人进行了表彰。

11月13—16日 锦屏一级、二级水电站项目档案通过国家档案局组织的专项验收。

11月18日 中共四川省委、四川省人民政府决策咨询委员会在成都主持召开雅砻江流域风光水互补清洁能源示范基地建设研究课题讨论会。

12月21日 长江水利委员会主任、党组书记魏山忠一行在四川省水利厅副厅长张强言的陪同下到雅砻江公司检查指导工作。

12月28日 两河口水电站工程安全生产标准化一级达标通过评审、公示及认证授牌，成为四川境内第一个在施工高峰期就通过国家安全生产标准化一级达标的巨型水电站工程。（郑　确）

国电大渡河流域水电开发有限公司

1月11日 大渡河公司召开“智慧大渡河”工作专题部署会，听取2015年公司智慧企业建设情况汇报，部署2016年“智慧大渡河”建设工作。

1月20日—23日 大渡河公司碳资产管理中心按照集团公司要求对国电长源（湖北）公司所属的长源第一发电厂进行碳资产盘查，正式拉开了集团公司内部碳盘查工作大幕。

1月22日 枕头坝二级水电站下游河道疏浚施工技术方案通过评审，标志着设计优化方案取得实质性突破，为枕头坝二级水电站后续开发工作奠定了基础。

同日 吉牛水电站顺利通过由四川省电力公司大坝安全监察中心组织开展竣工安全鉴定，电站具备枢纽工程专项验收条件。

1月25日 四川省国电大渡河爱心帮扶基金会助学捐助仪式在甘洛县教育局举行。瀑电总厂代表四川省国电大渡河爱心帮扶基金会向甘洛县5名大学生、5名中学生发放助学金共计25000元，并为每名贫困学子捐赠了毛毯，在严寒冬日为贫困学生送去了节日的问候和企业的温暖。

2 月 24 日—3 月 2 日 国务院派驻国有重点大型企业监事会第 7 办事处副主任王玉清一行赴公司及流域单位检查指导工作。

3 月 3 日 枕头坝 4 号机组顺利完成有水试验后成功报备，标志着枕头坝电站投运后首台机组检修工作圆满完成。

3 月 16 日 四川电力送变电建设公司沙坪项目管理人员及施工队伍进驻现场，标志着沙坪二级水电站 500 千伏送出工程正式开工。

3 月 22 日 枕头坝一级水电站鱼道工程顺利通过完工验收，为下一步竣工阶段环保验收及竣工验收工作奠定了坚实基础。该鱼道工程是大渡河流域建设的首条鱼道，也是枕头坝一级水电站最大的环保专项工程。

3 月 24 日 库坝中心在 2015 年度水库地震台网监测资料评比中获得了最高等级 I 类监测台网的第一名，得到了四川省地震局和业内的高度认可。

4 月 5 日 沙坪二级水电站工程厂房上游拦沙坎全线完工，比计划工期提前 25 天。

5 月 3 日 大渡河碳资产管理中心成功完成了石龙水电站和丝梨坪水电站 2 个VCS项目减排量国际交易，共计成交 5.5 万吨减排量，交易价格高于同期欧洲环交所CDM项目CER交易价格。

5 月 4 日 大渡河公司日发电量超过 1 亿千瓦时，首次在 5 月单日发电量突破 1 亿千瓦时大关。

同日 库坝中心自主设计研发的外部变形自动化监测一体化测站调试成功，实现了外部变形自动化一体化测站的远程控制及操作。

5 月 5 日 猴子岩水电站首台机组（4 号机）转轮顺利通过出厂验收，为下一步现场设备安装打下了坚实基础。

同日 新能源公司与中国质量认证中心成都分中心在公司正式签署战略合作协议，双方将在节能减排领域的资源优化、技术共享、政策研究、降低成本以及课题研究等方面全面深化战略合作。

5 月 10 日 大渡河公司成功发行 10 亿元超短期融资券，年内累计发行成功 20 亿元超短期融资券，综合融资成本低于同期银行借款利率。

同日 大渡河公司应急指挥系统流域现场查勘工作正式展开，标志着公司应急指挥中心系统建设正式启动。

5 月 11 日 瀑电总厂单日发电量再创新高，达到 5349.61 万千瓦时。

5 月 13 日 国家电网公司北京电力交易中心发布了“2016 年汛期四川水电外送最终交易结果”，龚电总厂如期获得了申报电量。截至 2016 年年底，该总厂共取得外送电量高出年初预测 13%，有利于收入和效益的提升。

5 月 17—21 日 国际大坝委员会第 84 届年会在南非约翰内斯堡召开。公司党委书记、副总经理何仲辉，双江口建设分公司有关代表参加了此次会议。

7 月 24 日 四川省企业联合会、企业家协会会长邹广严，省国资委党委书记、主任徐进一行到公司调研，公司总经理、党委副书记涂扬举，党委书记、副总经理何仲辉陪同调研。

7 月 28 日 集团公司汛期安全生产工作督查组到猴子岩工程开展汛期安全生产工作督查，详细了解了工程建设进展，重点检查了汛期安全生产相关工作。

7 月 30 日 双江口智能大坝系统设计与实施方案评审会议在成都召开。天津大学钟登华院士、水规总院副总工魏志远等专家领导到会议指导工作。大渡河公司党委委员、副总经理严军出席会议。

8 月 1 日 集团公司“规范二级单位党委工作实践和研究”“规范基层企业党委工作实践和研究”两个政研课题研究工作启动会在公司召开。

9 月 3 日 猴子岩水电站俄呷桥梁板吊装工作顺利完成，标志着俄呷桥基本具备通车条件。俄呷桥为 2—35 米预应力砼简支 T 型梁桥，桥梁全长 79 米。该桥为猴子岩水电站库周交通项目之一，主要用作猴子岩水电站下闸蓄水后恢复热溪河左岸汗牛公路与右岸俄呷村之间的交通。

9 月 20 日 大渡河公司总经理、党委副书记涂扬举赴清华大学参加首届企业管理创新高端论坛，做了题为《建设智慧企业，推进管理创新》的交流报告，同与会专家学者共同分享了公司智慧企业建设经验与实践成果。

9 月 30 日 中国工程院出版的最新一期《Engineering》期刊，刊登了双江口水电站心墙堆石坝建设专题文章。

10 月 16 日 大渡河干流大岗山、枕头坝电站经四川电力调度中心批准同意，成功接入大渡河集控中心实现远方集中控制。至此，大渡河流域干流所有投产电站均实现远方集控,远控装机规模达到 905 万千瓦，居四川电网集控中心远控规模第一位。

10 月 19 日 大渡河公司梯调大楼“智能一卡通”系统建设正式启动。

10 月 20—21 日 中国大坝协会 2016 学术年会暨国际水库大坝研讨会在陕西西安举行。大渡河公司总经理、党委副书记涂扬举应邀参加会议并作智慧企业建设专题报告。

10 月 26 日 大渡河公司与四川大学锦城学院签订校企合作协议。锦城学院校长邹广严，公司总经理、党委副书记涂扬举，党委书记、副总经理何仲辉等见证了签约仪式。党委委员、副总经理、工会主席王存福与锦城学院副校长张明高分别在合作协议上签字。

11 月 11 日 中午 13 时 18 分，猴子岩水电站 3 号机组水轮发电机转子一次性成功吊入机坑，为电站按计划投产发电奠定了坚实的基础。

12 月 16 日 四川碳市场开市暨全国碳市场能力建设（成都）中心揭牌活动在成都隆重举行。大渡河公司党委书记、副总经理何仲辉应邀出席开市仪式，国家发展改革委气候司副司长孙桢，四川省人大常委会党组书记、副主任陈光志，省政府副秘书长、办公厅主任蔡竞，成都市委副书记、代市长罗强等相关领导参加。

12 月 21 日 乐山市国资委专题调研沙坪公司对口帮扶峨边县新场乡庞沟村精准扶贫工作，并参加了“爱心帮扶基金”捐赠仪式。 （赵 影）

国电四川发电有限公司

1 月 23 日 国电集团党组成员、副总经理张国厚到川看望慰问国电四川公司退休老干部、劳动模范和困难职工。

3 月 28 日 国电集团财务共享中心四川分中心完成川渝藏共 30 家核算单位的纳入工作，全面启用涵盖四川、重庆、西藏三个区域的“跨法人、跨区域”会计集中核算、资金集中支付共享流程。

3 月 17 日 国电四川公司所属华蓥山公司收到达州市环保局正式批复，31 号机组脱硝改造工程顺利通过环保验收评审。

4 月 11—12 日 国电集团党组成员、副总经理谢长军在成都参加中外知名企业四川行活动。

5 月 31 日 国电集团外部董事田会、曲大庄、张晨霜到国电四川公司调研，察看金堂公司生产现场，亲切慰问一线员工，并在成都听取了川、藏三家单位工作汇报。

6 月 23—24 日 国电集团党组副书记、副总经理张国厚到国电四川公司调研“两学一做”学习教育开展情况，并主讲专题党课，期间察看了金堂公司生产现场，看望慰问了一线员工。

8 月 3 日 根据国电集团党组统一部署，国电集团第二巡视组开始在国电四川公司开展为期两周的例行巡视工作，并召开了巡视见面会。

8 月 30 日—9 月 1 日 国电四川公司在达州举办了国电川渝云贵区域 2016 年 30 万千瓦火电机组运行值班员技能竞赛，来自国电四川公司及国电云南公司、贵州公司、重庆分公司的 9 支代表队共 18 名选手参加了竞赛。

8 月 6 日 国电四川公司所属南桠河电厂所在区域普将大雨，引发厂房食堂后边山体滑坡，塌方量约 1000 立方米，造成食堂楼房受损，由于及时撤离，无人员伤亡。

8 月 29 日 国电四川公司所属南桠河流域统一调度方案获得四川省经信委批复。

9 月 12 日 “2016 成都企业 100 强”榜单发布，国电四川公司所属金堂公司再列其中，连续第 6 年获此殊荣。

9 月 14 日 国电四川公司所属东谷河公司国如水电站通过环保验收，获得四川省环保厅正式批复。

10 月 17 日 在国电集团安全文明生产标准化验评末次会上，验评组宣布金堂公司现场验评结果合格，成为国电四川公司首家通过集团验评的单位。

12 月 9 日 国电集团党组成员、纪检组长谢俊到国电四川公司调研检查，组织召开国电集团第二巡视组与国电四川公司反馈意见会。

12 月 20 日 10 时 18 分，金堂公司 62 号机组超低排放改造工程一次性通过 168 小时试运行，期间机组运行稳定，二氧化硫、氮氧化物、烟尘排放值全部达标。

12 月 29 日 国电四川公司召开干部大会，宣布中国国电国电集团党组关于国电四川公司干部调整的决定。 （陈显超）

中国华电集团公司四川公司

1 月 27 日 四川省发展和改革委员会副主任、党组成员梁武湖到中国华电集团公司四川公司调研，详细了解企业生产经营和改革发展情况。

1 月 29 日 国家能源局四川监管办公室党组书记、专员马军杰一行到中国华电集团公司四川公司调研，亲切慰问企业干部员工，详细了解电力生产运营和企业改革发展情况。

6 月 2 日 集团公司 2016 年水电站防汛应急演练在华电四川宝珠寺电厂举行，由此拉开了集团公司“安全生产月”序幕。集团公司副总经济师杨家朋，广元市委常委、政法委书记邓光志现场观摩演练，四川公司执行董事、总经理罗小黔致欢迎辞，集团公司水电与新能源产业部主任王辉主持演练。

7月10日 四川盐源华电新能源有限公司在建的凉风坳风电场14号风机叶片成功安装到位，标志着华电在川的首台风力发电机组吊装任务圆满完成。

7月14日 中国华电集团公司四川分公司与阿坝藏族羌族自治州人民政府在成都签署了《清洁能源开发战略合作协议》。华电四川公司执行董事、总经理罗小黔，阿坝州委副书记、州长杨克宁出席签字仪式并致辞。

7月15日 木里河公司立洲电站1、2、3号机组启动验收会议在成都召开，3台机组均顺利通过启动验收。

9月26—28日 华电集团公司法律工作西南片区各成员单位在成都召开法律工作研讨会，并举办了西南片区2016年法律培训班。四川公司纪检组长、工会主席、总法律顾问王小红主持了研讨会议。

11月2日 在第十六届西部博览会上，四川公司与四川省内江市签署清洁能源项目开发合作框架协议，携手拓展内江区域分布式能源业务，助推华电在内江企业转型升级。

12月7日 华电集团公司2016年财务决算会议在成都召开，集团公司总会计师邵国勇在讲话中总结回顾了集团公司2016年财务工作情况，分析了经营发展面临的形势，要求公司上下深刻理解集团公司改革发展的新战略、新思路，坚定不移推进财务工作转型，认真落实从严治党要求，推进战略型、集约型、价值型、共享化、标准化、精益化财务建设。（郑宗旺）

华电金沙江上游水电开发有限公司

3月7—8日 甘孜州政府、昌都市政府及相关部门在巴塘县召开了金沙江上游川藏段水电开发推进会议。

3月15日 下午，西藏自治区党委常委、昌都市委书记罗布顿珠到金沙江上游苏洼龙电站建设现场调研，详细了解电站建设情况。罗布顿珠代表西藏自治区党委、政府和昌都市委、市政府，对苏洼龙电站开发建设取得的明显进展表示充分肯定，对华电集团为金上水电开发和藏区经济社会发展做出的积极贡献表示衷心感谢，向电站建设者表示亲切的慰问。

3月31日 华电金沙江上游水电开发有限公司第十次股东会暨五届一次董事会、监事会会议在成都召开。中国华电集团公司副总经理、华电金沙江上游水电开发有限公司董事长杨清廷主持会议。会议要求，公司上下要认真贯彻落实集团公司和董事会要求，抓住当前难得的机遇，科学有序加快推进金上水电开发，为集团公司实现“1881”战略目标做出积极贡献。会议推荐选举了公司第五届董事会和监事会成员，选举产生了董事长和监事会主席，并审议批准了有关议案和决议。

4月8日 金沙江上游水电开发有限公司总经理、党组书记胡贵良一行赴西藏昌都市，拜会了西藏自治区党委常委、昌都市委书记罗布顿珠，汇报了金上川藏段开发情况，以及恳请自治区和昌都市帮助协调解决的有关问题。罗布顿珠表示，自治区和昌都市将从讲政治的高度，高度重视，强力协调，推动地方各级干部进一步树立为电站建设服务的意识，共同把项目开发好、建设好。

4月28日 华电金沙江上游水电开发有限公司成立十周年座谈会在公司本部召开。会上，公司总经理、党组书记胡贵良做了题为《把握机遇 拥抱未来 共同开创公司更加美好的明天》的讲话。

8月17日 西藏自治区人大常委会副主任、发展改革委员会主任纪国刚一行到金沙江上游水电开发有限公司本部调研，详细了解金上开发进展。纪国刚表示，西藏自治区将进一步发挥区位优势，充分发挥好党和国家对西藏的政策倾斜，创新思路，在支持政策、消纳市场和送出等方面给予大力支持，帮助企业更好地度过水电开发建设期及投产前期的困难期。

10月12日 共青团华电金上公司第一次团员大会在巴塘顺利召开。大会选举产生了共青团华电金沙江上游水电开发有限公司第一届委员，在随后召开的共青团华电金沙江上游水电开发有限公司第一届委员会第一次全体会议上选举产生了团委书记、副书记。

11月10日 金沙江上游水电开发有限公司总经理、党组书记胡贵良一行赴国家电网公司西南分部拜会了全国政协委员、国家电网公司副总经济师兼西南分部主任王抒祥，双方就加快金上清洁能源基地开发建设有关问题进行了深入交流。（王洲隆）

华能四川水电有限公司

1月6日 华能四川水电有限公司民治电站3号机发电机层混凝土浇筑顺利收仓。至此，民治电站所有 3 台机组土建施工已全部浇筑至发电机层，电站全面进入机电设备安装阶段。

1 月 11—14 日 国家能源局大坝中心对水牛家、自一里、木座电站大坝就第二次安全注册进行现场检查，初步评定水牛家、自一里、木座电站大坝为甲级坝。

3 月 7—11 日 国家能源局大坝中心对硗碛电站大坝进行注册换证现场检查,同意硗碛大坝的甲级坝注册申请。

3 月 14—15 日 华能集团公司 2016 年反腐倡廉工作推进会在四川都江堰召开，成都片区 15 家二级单位纪委书记参加会议，华能集团公司党组成员、纪检组长赵建明出席会议并讲话。

3 月 18 日 国家电网公司大坝安全监察中心对古城、红岩电站进行竣工安全鉴定，认为古城、红岩电站已具备竣工安全鉴定条件，并出具了竣工安全鉴定报告。

6 月 4 日 东西关水电站实现连续安全生产 7000 天，再创该站连续安全生产纪录新高。

6 月 14—17 日 国家能源局大坝安全监察中心对古城水电站大坝进行了安全注册登记现场检查，古城水电站大坝被评定为甲级坝。

6 月 26 日 华能四川水电有限公司民治水电站首台机组转子顺利吊装完成、首部枢纽蓄水安全鉴定顺利通过专家组验收。

7 月 25 日 四川省发改委核准华能四川水电有限公司民治水电站 220 千伏送出工程项目。

9 月 27 日 古城水电站实现连续安全运行 1000 天，实现了长周期连续安全生产。

9 月 22 日 宝兴水电站连续安全运行 2500 天，实现了长周期连续安全生产。

9 月 30 日 华能四川水电有限公司与昭觉县人民政府签订扶贫捐款协议,向对口帮扶的昭觉县碗厂乡团结村捐赠扶贫资金 85 万元，用于实施村民饮水改善和乐古吊桥改建项目;与阿坝县人民政府签订扶贫捐款协议,向精准扶贫的阿坝县茸安乡阿斯玖村捐赠扶贫资金 130 万元,用于农业合作社建设。

10 月 10 日 华能四川水电有限公司发起以“扶贫济困，奉献爱心”为主题的“扶贫日”捐赠活动倡议，活动共收到系统各单位职工捐款 81370 元。款项将主要用于为公司精准扶贫的阿斯玖村和对口帮扶的团结村学校购买学习、体育用品。

11 月 13 日 华能四川水电有限公司太平驿公司累计年发电量 13.8 亿千瓦时，提前 48 天完成全年发电目标。

11 月 15 日 华能四川水电有限公司拉拉山水电站取得了水规总院印发的竣工阶段质量监督报告，同意工程具备竣工验收条件。

12 月 1 日 华能四川水电有限公司红岩水电站枢纽工程专项验收会在绵阳市召开，会议通过电站枢纽工程专项验收。

12 月 12 日 华能四川水电有限公司民治电站通过了建设工程竣工验收消防备案；12 月 15 日，电站开始进行引水隧洞充水；12 月 16 日，电站通过了四川省能源局的蓄水验收。

12 月 23 日 华能四川水电有限公司民治水电站大坝水位已蓄至正常蓄水位 1587 米。（翁昌友）

国家电投集团四川电力有限公司

1 月 12 日 国家电投集团四川电力有限公司总经理石四存、副总经理李厚新拜会国网四川电力总经理石玉东、党委书记潘敬东。双方就清洁能源基地打造、电力交易、阿坝草原牧区供电具体合作事宜等相关问题交换意见并达成共识。

3 月 8 日 国家电投集团四川电力有限公司总经理石四存会见习水县委书记向承强，双方就加强能源领域合作、推进能源项目建设等内容进行了交流。

4 月 11 日 国家电投集团四川电力有限公司与甘孜州签订战略框架合作协议。

4 月 11—13 日 国家电投集团公司党组成员、副总经理夏忠参加“2016 中外知名企业四川行”活动。

4 月 16—18 日 国家电投集团公司总经理助理、安全生产督查组长、水电新能源补总经理李树雷一行对凉山分公司筹备处开展安全生产专项检查。

5 月 13 日 国家电投集团四川电力有限公司总经理石四存、副总经理魏毅会见东方风电总经理陈军一行。双方就深化合作、互利共赢进行了会谈。

5 月 25—27 日 集团公司总法律顾问、法律事务部总经理吴姜宏带领集团公司法治调研组到四川公司调研指导工作。

11 月 30 日 国家电投集团四川电力有限公司总经理石四存会见中国电建贵阳院总经理潘继录一行，双方就进一步加强合作交换了意见。

（叶　静）

大唐四川发电有限公司

1月4日 大唐四川公司在本部召开干部大会，宣布公司领导干部调整决定。集团公司党组成员、副总经理栗宝卿出席会议并作重要讲话。大唐四川公司党组书记、总经理刘峰彪，党组副书记、副总经理熊国民、潘明，党组成员、副总经理黄宇，党组成员、副总经理、纪检组长、工会主席杜兆祥，党组成员、总会计师姚立三出席会议。会议由刘峰彪主持。

2月22日 大唐四川公司上石盘电站投产发电仪式在川北公司上石盘电站安装间如期举行。大唐集团公司工程管理部副主任李文谱，广元市副市长赵文峤，大唐四川公司党组副书记、副总经理（主持工作）潘明，党组成员、总会计师姚立三，水电十局党委书记陈勇及二滩国际总经理蒋跃光出席仪式并致贺词。

3月4日 大唐四川公司党组副书记、副总经理（主持工作）潘明陪同四川省政府副秘书长杨新元一行到亭子口公司调研。

4月1日 大唐集团公司安全总监王铃丁，大唐四川公司党组副书记、副总经理（主持工作）潘明在西昌会见了凉山州委书记林书成，双方就推进大唐四川公司参与凉山州风电项目开发建设等方面进行了广泛而深入的交流。

同日 四川省雅安市天全县昂州河流域白水沟突发山体滑坡。灾害发生后，四川公司、雅安公司立即启动应急预案，成立应急指挥领导工作小组，按照集团公司董事长陈进行和总经理王野平的指示精神及副总经理金耀华相关要求，集团公司安全总监王铃丁在现场召开灾情分析会，四川公司主要负责人潘明带领大唐四川公司和雅安公司干部职工按照地方政府的统一部署，积极组织开展人员搜救、排查和善后处理等各项工作。

6月29—30日 由大唐集团公司安全生产部主任梁永磐带队的检查组一行到四川公司所属的川北公司、亭子口公司检查指导安全生产工作，四川公司党组副书记、副总经理（主持工作）潘明，党组成员、副总经理、纪检组长、工会主席杜兆祥陪同检查。

8月30日 大唐四川公司执行董事、总经理、党组副书记潘明陪同省委常委、组织部部长范锐平，广元市委书记王菲调研督导苍溪县精准扶贫工作。

9月6日 嘉陵江亭子口水利水电开发有限公司第十六次股东会暨五届一次董事会、监事会会议在成都召开。大唐四川公司执行董事、总经理、党组副书记、亭子口公司董事长潘明主持股东会、董事会，大唐四川公司党组成员、总会计师、亭子口公司董事姚立三出席会议。

9月28日 大唐四川公司执行董事、总经理、党组副书记潘明在成都拜见了四川省副省长刘捷，就大唐在川项目的发展进行了交流。

10月24日 19时18分，经万源地调确认,大唐四川公司洪口电站2号机组顺利通过72小时试运行并转入商业运行。洪口电站一月内完成双投，从10月14号1号机组正式投产转商运到二号机组正式投产转商运，仅用了不到10天时间。试运期间，水工建筑物、机组各主辅设备运行工况良好，机组振动、摆度、各部位温度等主要指标均满足设计要求。现两台机组均已转商运，标志着洪口电站全面投产，洪口续建目标圆满完成。（张笑天）

中电建水电开发集团有限公司

1月10日 中电建水电开发集团有限公司新疆克孜河夏特水电站取得新疆维吾尔自治区发展改革委员会的项目核准批复。

1月31日 中电建水电开发集团有限公司西昌风电一期工程38台风机已全部投产。

2月23日 中电建水电开发集团有限公司大渡河安谷水电站的库区开闸放水，使7000多亩耕地从此自流灌溉。

2月13日 中电建水电开发集团有限公司四川晶源电力开发有限公司在盐源县注册成立。

3月25日 中电建水电开发集团有限公司总经理杜学泽与西藏自治区拉萨市当雄县签订光伏电站产业园项目投资开发建设协议。

3月29日 中电建水电开发集团有限公司四川圣达水电开发有限公司、阿坝水电开发有限公司正式被中国电力企业联合会确认为标准化良好行为AAAA企业。

5月21日 中电建水电开发集团有限公司松林河公司通过电力企业“标准化良好行为AAAA级企业”现场确认。

5月31日 中电建水电开发集团有限公司在四川省天府新区注册成立中电建西南电力销售有限公司。

8月23日 中电建水电开发集团有限公司四川圣达公司“高流速强透水层水下帷幕灌浆技术在沙

湾水电站工程的研究与应用”荣获集团2016年度科技进步三等奖。

8月25日 中电建水电开发集团有限公司大渡河安谷、沙湾水电站共计放流珍稀鱼苗30万尾，这是公司自2014、2015年之后的第三次放流，三年共投放80万尾。

11月4日 中电建水电开发集团有限公司与电建国际、电建昆明院在成都就云国投签署合作协议。

11月9日 中电建水电开发集团有限公司小金川公司在春厂坝水电站上游库区放流一万尾齐口裂腹鱼和长须裂腹鱼鱼苗。

11月30日 中电建水电开发集团有限公司顾轩、卢东明申报的“一种水电站保压自加热消防供水系统”项目通过国家知识产权局审核，获国家实用新型专利证书。

12月17日 中电建水电开发集团有限公司扶贫工作组赴黑水县定点扶贫村开展“送温暖”活动。

12月27日 中电建水电开发集团有限公司春厂坝水电站机组全部建成投产。

12月31日 中电建水电开发集团有限公司巴拉水电站环境影响报告书获中华人民共和国环境保护部批复。（刘元秀）

四川省能源投资集团有限责任公司

1月11日 四川省国资委副主任李继郁率队到四川省能源投资集团有限责任公司开展国有资本“十三五”布局和结构调整规划调研。

同日 国务院国企改革专项督查组到四川省能源投资集团有限责任公司调研近期深化改革情况。

1月13日 省发改委副主任、能源局局长雷开平，能源局副局长李明騄一行视察四川省能源投资集团有限责任公司新都华润雪花啤酒分布式能源项目。

1月18日 董事长郭勇为四川能投物资产业集团有限公司授牌。

1月21日 马达加斯加前总理蒙加•罗因蒂佛•扎菲辛米瓦洛一行到访能投电力公司洽谈合作事宜。

同日 国务院国资委企业分配局副局长殷长波一行到四川省能源投资集团有限责任公司调研。

1月26日 四川省民政厅副厅长罗平恩带领专项督导组到四川省能源投资集团有限责任公司金沙水电站检查工程建设情况。

3月3日 能投风电公司投资建设的凉山州会东县鲁北风电场首个风机基础浇筑完成，标志着该风电场全面进入风机基础施工阶段。

3月9日 四川能投分布式能源有限公司揭牌仪式顺利举行，标志着能投分布式公司正式改制为中外合资企业。

3月30日 董事长郭勇会见来访北京有色金属研究总院副院长、国联汽车动力电池研究院公司董事长熊柏青一行。

4月1日 四川省能源投资集团有限责任公司与内江市政府签订《战略合作框架协议》。

4月6日 四川省能源投资集团有限责任公司与四川省核工业地质局签订《战略合作协议》。

4月8日 四川省国资委副主任任兴文率队到四川省能源投资集团有限责任公司开展国有企业提质增效督查调研。

4月11日 四川省能源投资集团有限责任公司与甘孜州政府签订《战略合作协议》。

4月19日 四川省国资委党委书记、主任徐进，党委副书记朱家德，纪委书记秦明等领导到四川省能源投资集团有限责任公司调研。

4月20日 四川省能源投资集团有限责任公司与中江县签订《战略合作框架协议》。

4月26日 四川省能源投资集团有限责任公司与长江电力签订《战略合作框架协议》。

5月5日 四川省能源投资集团有限责任公司新都华润雪花啤酒天然气分布式能源项目被列为“国家天然气分布式能源示范项目”。

5月6日 四川省能源投资集团有限责任公司与中铁二院签订《战略合作框架协议》。

5月20日 四川能投风电开发有限公司党委书记、董事长李昌伟，四川能投新力光源股份有限公司董事长陈华明、四川能投物资产业集团执行董事吕必会、四川能投攀枝花水电开发公司董事长何林被授予“四川省优秀企业家”荣誉称号。

6月6日 四川省能源投资集团有限责任公司新力光源公司最新研发的T8一体化植物照明灯亮相国家“十二五”科技创新成就展。

6月15日 四川能投与南瑞集团签订《战略合作框架协议》。

6月15日 四川省能源投资集团有限责任公司碳纤维导线产品荣获第四届中国国际新材料产业博览会参展产品金奖。

6月28日 中国贸促会会长姜增伟会见四川省能源投资集团有限责任公司党委书记、董事长郭勇一行，并出席中经公司与四川省能源投资集团有限责任公司的《战略合作协议》签署仪式。

7 月 1 日 四川省能源投资集团有限责任公司与成都交投集团签订《战略合作框架协议》。

同日 能投物产众能公司复合材料杆塔及横担项目同时被列入四川省重点项目和省级领导督导项目。

7 月 15 日 能投物产众能公司凭借碳纤维导线产品，以其领先的碳纤维导线生产技术和设备，被成都市经信委列入成都市新材料企业。

8 月 18 日 四川省能源投资集团有限责任公司成功发行了第二期 20 亿元长期限含权中期票据（永续债），期限为 5+N年，前 5 年年票面利率为 4.00%，比同期银行贷款基准利率 4.75%低 0.75 个百分点。

9 月 5 日 四川省委组织部副部长蒋天宝带领省委督导组一行到四川省能源投资集团有限责任公司金沙水电站工地开展督导工作。

9 月 12 日 “2016 成都百强企业排行榜”出炉，能投物产集团荣登“2016 年成都企业 100 强”第 22 位、“2016 年成都服务业 100 强”第 6 位。

10 月 8 日 四川省委第五巡视组巡视四川省能源投资集团有限责任公司党委动员会在集团召开。

11 月 3 日 四川省能源投资集团有限责任公司参加省国有企业与省内外企业合作项目签约仪式。

12 月 14 日 根据省委要求和省委巡视工作的部署，省委第五巡视组向四川省能源投资集团有限责任公司反馈了专项巡视情况。

12 月 31 日 四川省能源投资集团有限责任公司以 2015 年实现营业收入 211 亿元，荣登“2016 中国能源企业 500 强”第 104 位，同时也是四川省范围内入围该榜单的第一位。 （李军军）

神华四川能源有限公司

1 月 22 日 中国神华能源公司印发《关于四川江油煤炭储备发电一体化新建工程初步设计的批复》（中国神华工〔2016〕63 号），神华四川能源有限公司天明煤电一体化项目初步设计获得集团批准。

3 月 8 日 绵阳市政协主席张锦明到神华四川能源有限公司天明发电公司调研煤电一体化项目进展情况，江油市市长马辉陪同调研。

3 月 9 日 绵阳市委常委、江油市委书记李江率市级相关部门负责人到神华四川能源有限公司天明发电公司现场办公，协调解决项目建设问题和困难。

3 月 16 日 神华集团电力管理部总经理刘志江到神华四川能源有限公司调研指导工作。

同日 神华集团安监局到神华四川能源有限公司江油发电厂、郫县水电厂检查安全生产责任落实情况。

3 月 22 日 神华集团下派监事会主席车仁浦到神华四川能源有限公司调研。

4 月 11 日 在成都举行的“2016 年中外知名企业四川行——甘孜州投资推介会暨合作项目签约仪式”上，神华四川能源有限公司与甘孜州在水能、太阳能、风能、地热等资源开发、建设方面签署了战略合作框架协议。

4 月 14—15 日 神华集团生产指挥中心副总经理郭凡进到神华四川能源有限公司调研。

5 月 16 日 神华集团战略规划部副总经理刀琼平一行到郫县水电厂调研指导工作。

5 月 17 日 神华集团工程管理部副总经理秦文军到天明发电公司调研。

5 月 24 日 绵阳市常务副市长付康到天明发电公司检查指导地质灾害防治工作，江油市委书记周涛陪同检查。

5 月 26 日 神华集团监事会主席寻寰中到通口河水电厂调研指导工作，董事长刘志强陪同调研。

6 月 6—7 日 神华集团工会主席解建宁、副主席薛丽到神华四川能源有限公司调研并出席公司首届职工技能大赛暨集团第十五届职工技能大赛选拔赛开幕式。

6 月 12—13 日 神华集团安监局副局长赵岫华到神华四川能源有限公司下属发电企业检查调研防汛工作。

7 月 20 日 神华四川能源有限公司总经理蒋国俊应凉山州政府邀请出席凉山州新能源发展大会，并对新能源项目进行实地考察。

7 月 27—28 日 神华四川能源有限公司副董事长、总经理蒋国俊陪同神华集团工程管理部总经理毛迅和资本运营部副总经理陈磊，赴雅砻江流域水电开发有限公司锦屏水力发电厂考察。

8 月 8 日 神华四川能源有限公司总经理蒋国俊拜会甘孜州政府副州长杜德清、州政协常务副主席刘昌泽，双方就加快推进清洁能源项目开发工作进行会谈交流。

8 月 12 日 神华集团安监局副局长赵振海一行到神华四川能源有限公司通口水电厂、通口河筹备处调研指导工作。

8 月 25 日 绵阳市人大常委会副秘书长李激率市人大代表团一行 10 人及绵阳日报、绵阳晚报、绵阳电视台等媒体单位到神华四川能源有限公司江油发电厂调研节能环保工作。

9月13日 董事长刘志强在公司会见甘孜能源发展集团董事长陈泽明，双方就共同开发清洁能源合作模式事宜深入交换了意见，总经理蒋国俊参加会见。

9月18日 神华集团下发《关于下达中国神华能源公司2016年投资调整计划的通知》（中国神华规〔2016〕564号）文，确认天明2×100万千瓦新建工程列入集团2016年度投资调整计划。

9月21日 神华集团战略规划部副总经理魏慎洪一行到神华四川能源有限公司天明发电公司调研指导工作。

9月22日 神华四川能源有限公司董事长刘志强参加第四届中国（绵阳）科博会凉山主题日“中国•凉山州创新驱动绿色发展宣荐大会”，代表神华四川能源有限公司与凉山州在新能源开发、建设方面签署了战略合作框架协议。

9月30日 四川省总工会机电冶煤工会主席王筱泉、副主席李双凤一行到神华四川能源有限公司所属卧龙公司调研。

10月14日 神华集团企业管理部副总经理邬京忠一行到神华四川能源有限公司调研，并到天明发电公司检查指导工作。

10月25日 神华集团下发《关于四川江油煤炭储备发电一体化新建工程开工的批复》（中国神华规〔2016〕657号），确认天明发电公司煤炭储备发电一体化新建工程开工请示获得集团批复。

10月26日 神华集团工程管理部组成的检查组到天明发电公司检查指导2×100万千瓦新建工程安全、质量、造价等管理工作。

11月1日 神华集团工程管理部总经理毛迅一行到天明发电公司调研工作。

11月2日 神华四川能源有限公司总经理蒋国俊会见西藏自治区日喀则市副市长甘立泉一行，双方就合作开发日喀则地区光热发电项目事宜进行深入交流。

11月24日 神华集团级科技创新项目“江油发电厂长周期存煤技术和数字化煤场项目”通过集团组织的验收。

12月7—9日 神华集团文明单位第四检查评选工作组组长、神华物资集团党委书记刘斌一行五人到神华四川能源有限公司文明申报单位检查指导工作。

12月8—9日 神华集团资产运营部总经理周大宇到神华四川能源有限公司调研指导工作。

（刘　刚）

四川省水电投资经营集团有限公司

1月6日 四川省国资委党委委员、副主任任兴文到四川省水电集团美姑电力有限公司调研。

1月13日 四川省政府国有企业第四监事会主席肖世同率队到四川省水电集团，调研企业改革发展工作。

1月25日 四川省三方机制企业方首席代表、原省经信委巡视员张国斌，省企业联合会副会长兼秘书长梁勤一行到四川省水电集团调研企业改革发展和文化建设等工作情况。

3月1日 四川省水电集团对19个县、80个农网项目进行为期10天的现场督导检查。

3月17日 四川能源监管办稽查处处长李孝敏、副处长颜泉一行到四川省水电集团调研农网改造升级工作。

3月21日 由四川省水电集团四川金翔置业公司投资建设的莲花湖片区土地前期开发市政道路工程项目，顺利通过了达州市相关部门组织的竣工验收，正式交付使用。

3月24日 四川省水电集团永安电力公司文峰电厂增效扩容改造工程正式通过专家组完工验收。省地电局副局长陈庆主持验收会议。

4月12日 四川省水电集团召开农网改造升级工作推进会，通报农网项目建设进度情况，安排部署下一步农网改造升级工作。

4月20—23日 由中国能源研究会主办，能投水电集团承办的地方电力协同发展高峰会议在成都温江召开。国家能源局原总工程师吴贵辉出席会议并讲话。来自华北电力大学的专家学者和陕西、山西、广西、四川等4省地方电力企业负责人参加了会议。

5月5日 爱众集团到访四川省水电集团，双方就加强合作、协同发展进行了深入交流。

7月11日 四川省水电集团召开2016年第一批农网项目建设启动会议。各项目实施单位、EPC总承包商、施工单位、供货单位、监理单位负责人参加了会议。

8月11日 深圳科陆集团到访四川省水电集团，就智能电网建设、售电侧改革等内容进行交流会谈。

10月14日 省能源局电力处副处长曾智斌率

领验收工作组，开始对四川省水电集团2014年度农网项目进行总体工程验收。

11月8日 四川省水电集团召开农网项目建设安全专题会议。会议以视频形式召开，四川能投集团安全环保部、能投股份公司、能投物产集团有关负责人，四川省水电集团有关部门负责人，各EPC项目承包商、监理单位负责人在主会场参加会议。四川省水电集团和能投股份所属公司负责人及有关单位人员在各视频分会场参加会议。

12月15日 伯速将军带领泰国荣邦集团考察团，到四川省水电集团进行考察交流。双方就电网规划、建设、运营、合作进行了交流。（刘 岢）

中国水利水电第五工程局有限公司

2月4日 河南省省长谢伏瞻到水电五局有限公司承建的郑州陇海路快速通道工程九标施工现场慰问广大员工。

2月6日 河南省委书记郭庚茂到水电五局有限公司承建的郑州市农业路快速通道工程中州大道互通立交段施工现场看望慰问广大员工。

2月29日 水电五局有限公司承建的科特迪瓦最大水电站苏布雷水电站成功截流。

3月4日 科特迪瓦政府总理敦坎视察由水电五局有限公司EPC承包建设的苏布雷水电站。

3月15日 赞比亚总统埃德加·伦古到水电五局有限公司承建的赞比亚穆巴拉—纳孔德公路项目视察。

4月12日 水电五局有限公司承建的赞比亚芒古·塔博公路项目顺利通过竣工验收。

同日 水电五局有限公司承建的浙江仙居抽水蓄能电站首台机组并网发电。

4月27日 水电五局有限公司承建的赞比亚芒古-塔博公路项目竣工剪彩仪式在项目终点塔博镇隆重举行，赞比亚总统埃德加·伦古亲临现场为仪式剪彩。中国驻赞比亚大使杨优明受邀出席。

4月29日 水电五局有限公司申报的“高陡边坡混凝土浇筑反轨液压爬模施工工法”“硬岩条件下过渡料机械破碎制备施工工法”两项施工工法获批为2016年度电力建设工法。

5月30日 河南省委常委、郑州市委书记马懿深入“畅通郑州”工程建设项目工地，实地督导察看水电五局有限公司承建的农业路快速路项目建设情况。

6月6日 由水电五局有限公司制安分局承建的江苏省规模最大的抽水蓄能电站——溧阳抽水蓄能电站首台机组采用水轮机工况成功启动。

7月15日 水电五局有限公司自主研发的新设备《一种高陡边坡混凝土浇筑反轨液压爬模》获得国家发明专利授权。

7月22日 水电五局有限公司自主研发的“一种土石坝高塑性黏土填筑中砼盖板基面泥浆喷涂工艺方法”“一种用于土石坝底部两墙间的黏土填筑施工方法”“一种基于φ32mm药卷的光面爆破方法”“一种应用于软岩和极软岩的光面爆破方法”四项创新技术成果喜获国家知识产权局发明专利授权。

7月31日 水电五局有限公司总承包管理施工的郑州市农业路快速通道工程中州大道立交8条匝道全部通车。

8月30日 由水电五局有限公司承建机组安装任务的清远抽水蓄能电站4号机投入商业运行。至此，清远抽水蓄能电站全面投产发电。

9月6日 四川省委常委黄新初一行到水电五局有限公司参建的犍为航电枢纽工程调研指导。

9月26日 水电五局有限公司承建的川藏铁路成雅段站前二标项目金鸡关1号隧道顺利贯通，该隧道是川藏铁路成雅段站前二标第一条贯通的隧道，也是川藏铁路成雅段全线首条贯通的隧道。

9月30日 水电五局有限公司申报的“一种堆石坝高标准过渡料的一体化生产工艺”获得国家发明专利授权。

同日 水电五局有限公司承建的乐沙城际生态大道五标段项目顺利实现通车目标。

10月14日 由水电五局有限公司一分局承建的福建省福州市江北城区山洪防治及生态补水工程正式启动。该工程是福州城区有史以来最大的水利工程。

10月21日 财政部发布了第三批PPP示范项目名单，由水电五局有限公司投资承建的剑阁县西成客专剑门关站站前广场项目位列其中。

11月11日 由水电五局有限公司自主研发的“潜孔钻跟管成孔回填砼稳定临空面处理塌方施工方法”“一种挂篮千斤顶预压方法”“一种堆石坝高标准过渡料的一体化生产工艺”“一种水塔进水口整流锥用支模结构”“一种悬臂梁现浇施工用接长挂篮及其施工方法”五项创新技术成果获得了国家知识产权局发明专利授权。

11月18日 水电五局有限公司被四川省人力资源和社会保障厅、四川省总工会、四川省企业联合会、四川省工商业联合会联合评定为“四川省模范劳动关系和谐企业”。

11月30日 水电五局有限公司五分局承建的深圳玉律渣土场整治工程顺利通过竣工验收。

12月1日 水电五局有限公司申请的“一种金属卷材定型加工装置”获得国家实用新型专利授权。

12月9日 水电五局有限公司参建的重庆梁忠高速公路全线正式通车。

同日 水电五局有限公司苏布雷水电站总承包项目框架下的约普贡Ⅱ变电站正式剪彩投运。科特迪瓦总理敦坎、中国驻科特迪瓦经济商务参赞孙亮等出席剪彩仪式并致辞，共同见证了这一重大里程碑。

同日 水电五局有限公司申报的“高陡边坡水平栈道警装置”获得国家实用型新型专利授权。

12月13日 四川省副省长邓勇一行到水电五局有限公司承建的剑阁县西成客专站前广场项目施工现场视察工程建设情况。

12月16日 水电五局有限公司五分局承建的深圳北山牛场边坡整治工程顺利通过竣工验收。

12月17日 浙江仙居抽水蓄能电站4号机组正式投入商业运行，该电站“一年四投”投产目标圆满实现，成为我国已建成单机容量最大的抽水蓄能电站。

12月19日 水电五局有限公司自主研发的“一种用于液压启闭的潜孔式双吊点弧形闸门的吊装方法”“不同土层用于筑坝土料的掺配方法”“一种混凝土圆管涵安装装置”三项创新技术成果获得了国家知识产权局发明专利授权。

同日 水电五局有限公司申报的“高悬空重荷载整流锥及盖板现浇混凝土施工工法”“硬岩条件下过渡料机械破碎制备施工工法”“隧道爆破水楔破岩施工工法”等37项工法喜获电建工作。

12月20日 水电五局有限公司承建的郑州市北三环（南阳路—中州大道）BT项目桥梁工程获评2016—2017年“国家优质工程”奖。

12月27日 水电五局有限公司申报的“一种大型竖井爬模系统”等34项科技创新成果获国家实用新型专利。

12月30日 水电五局有限公司参建的渝蓉高速公路成都二绕至省界段建成通车，这条由东西向的高速大通道真正实现了连通川渝、拉动周边的功能，向川渝两地人民献上了一份元旦厚礼。

（李　丹）

中国水利水电第七工程局有限公司

1月10日 由水电七局承建的巴基斯坦卡洛特水电站主体工程举行奠基仪式。

1月11日 四川大学水电七局实践教育基地在彭山揭牌。

1月17日 水电七局承担安装任务的西藏多布水电站最后一台（1号）机组顺利完成72小时试运行并网发电。

1月18日 水电七局承建的云南弥勒茨柯山风电场11号风机调试完成后一次性通过联合验收，投产发电。

1月21日 水电七局参建的印度尼西亚首条高速铁路——雅加达至万隆高铁项目正式开工。

2月22日 水电七局承建的中国第一所海外大学——厦门大学马来西亚分校一期建成。

3月2日 水电七局所属夹江水工机械公司承制的构皮滩升船机主提升机首件卷筒轴组装完成，并打破国内组装大吨位卷筒轴的纪录。

3月4日 水电七局承建的高摩赞水电站正式移交。

3月6日 水电七局试验检测研究院通过国家实验室认可资质（CNAS）评审。

3月7日 水电七局承建的成都地铁4号线西延线全线贯通。

3月18日 成都市政府与水电七局共建“海外成都”巴基斯坦工作站在拉合尔市挂牌成立。

3月21日 水电七局承建的马来西亚最高高架桥万捞高架桥项目主体工程全线完工。

3月24日 水电七局与四川凉山彝族自治州人民政府签订战略合作框架协议。

3月26日 水电七局承建的深圳市茅洲河流域（宝安片区）水环境综合整治工程一标段举行开工奠基仪式。

3月28日 水电七局承建的泸州S308线项目笔架山隧道全线贯通。

3月30日 由水电七局夹江公司制造安装的世界结构和用料最复杂弧门在巴基斯坦水电发展署WAPDA及美国监理咨询公司的见证下开启成功。

4月1日 水电七局承建的成都地铁4号线二期110千伏变电所混凝土开仓浇筑。

4月6日 水电七局承建的马来西亚Jimah 2x1000MW燃煤电站项目正式破土动工。

4月11日 中国商务部援外司副司长赵刚、商务部财务司处长王林、欧洲司商务参赞何丙华、中国驻马其顿大使馆参赞于绪欣等一行人抵达水电七局承建的马其顿KO高速公路项目视察。

4月12日 欧洲华文传媒协会中东欧地区"一带一路"媒体采访团集体采访报道水电七局承建的马其顿KO高速公路项目。

4月18日 京张铁路开工动员会暨合同签字仪式在北京铁路局举行，水电七局中标承建京张铁路JZSG－8标段。

4月19日 水电七局承建的成都地铁轨道交通18号线工程天府大道锦城广场站打下首根围护桩，土建工程正式开工。

5月14日 水电七局新建京张铁路项目全线首家梁场正式动工。

5月25日 水电七局承建的武汉轨道交通21号线三标段阳逻开发区站提前一个月完成主体结构封顶，率先完成21号线首个车站封顶。

同日 马其顿新任总理埃米尔•迪米特里耶夫携国家广播电视台MRT及ALFA、SITEL、KANAL 5、TELMA等媒体抵达水电七局承建的马其顿MS高速公路项目施工现场视察，实地采访报道。

5月27日 水电七局参建的观音岩水电站最后一台机组完成72小时试运行正式投运。至此，总装机容量300万千瓦的观音岩水电站五台机组全面投产发电。

6月1日 水电七局城市轨道交通工程公司在成都挂牌成立，总经理申茂夏出席并讲话。

同日 水电七局承建的国内首个百万千瓦级水利水电EPC工程杨房沟水电站主体全面开工。

6月6日 水电七局承建的电建金属结构研发中心项目主体结构提前10天实现封顶。

6月8日 水电七局首个PPP项目，瓯飞工程瑞安垦区与南金公路连接线道路PPP项目投资协议在浙江签订。

6月14日 水电七局承建的深圳地铁7号线7502标常规机电设备安装及装饰装修工程通过竣工验收。

6月15日 国家知识产权局授予水电七局渝广高速公路项目研究成果"一种用于公路瓦斯隧道的柴油机控制系统"和"一种用于公路瓦斯隧道的柴油机防爆系统"，"一种用于公路瓦斯隧道的柴油机防爆方法"和"一种用于公路瓦斯隧道的柴油机自动控制方法"新型专利证书和发明专利。

6月16日 水电七局承建的武汉轨道交通21号线三标段军武区间领航全线区间贯通。

同日 茅洲河流域（宝安片区）水环境综合整治工程内部施工承包合同签约仪式在深圳隆重举行，水电七局总经理申茂夏出席签字仪式。

6月21日 水电七局承建的成都地铁4号线二期西公区间路面恢复工作较计划工期提前9天完工。

6月22日 水电七局承建的杨房沟地厂工区提前59天完成引水发电系统尾调排风洞的全线开挖。

6月30日 水电七局承建的泸州S308线项目赤水河特大桥主桥全部合龙。

7月3日 水电七局承建的深茂铁路五标恩平段新屋隧道提前70天贯通；五林宫隧道于7月4日提前45天贯通。

7月14日 水电七局成水公司承建的武汉轨道交通21号线三标段平江路站封顶。

7月28日 水电七局参建的深圳地铁7号线实现"三权移交"，将调度指挥权、属地管理权和设备使用权顺利移交，这标志着深圳地铁7号线由建设阶段全面转入运营阶段。

7月31日 水电七局承建的新建京张铁路八标项目张家口南特大桥开工。

8月22日 电力建设集团暨股份公司2016年新闻宣传工作会议在成都双流召开。水电七局连续五年获评标兵记者站。

8月22日 水电七局试验检测研究院深圳项目测量中心科研成果"一种基坑围护结构深层水平位移监测系统"荣获国家知识产权局颁发的实用新型专利证书。

8月27日 水电七局夹江水工自主研制的管片专用吊具在中国电建温江管片厂试吊成功，填补了该型设备的国内空白。

8月31日 国内首个大型EPC项目——杨房沟水电站内部承包协议在水电七局成都总部签订。

9月1日 水电七局成贵铁路项目部创建的综合示范段，经成贵公司检查验收，达到示范标准，符合验收条件，成为全线首家综合示范段一次性通过验收的施工单位。

9月20日 水电七局承建的深圳市茅洲河流域（宝安片区）水环境综合整治工程一标段松岗水质净化厂再生水补水工程举行开工仪式。

9月29日 水电七局巴基斯坦特瑞穆拦河坝修复升级工程项目部一期围堰工程开工。

10月11－10月13日 水电七局承建的猴子岩深孔泄洪洞通过单位工程验收。

10月20日 水电七局承建的杨房沟水电站右岸导流洞上游进口围堰成功破堰，提前11天过流。

10月25日 全球最大的盾构机制造商德国海瑞克股份公司亚太区域总经理塔斯基一行到访水电

七局夹江公司。

11 月 8 日 水电七局夹江公司承担的向家坝2000 千牛/2-800 千牛双向门机和巴基斯坦NJ项目2×6000 千牛液压启闭机两项四川省重大技术装备创新研制和产业化资金项目顺利通过省经信委验收。

11 月 10 日 水电七局夹江公司研发的“钢丝绳调整装置”和“一种钢丝绳调整装置”两项成果获得国家发明专利授权。

12 月 2 日 水电七局荣登2016年四川企业百强榜。

12 月 6 日 水电七局承建的成都地铁 4 号线二期机电A标南熏大道站以 98.4%的通过率，刷新了成都地铁的该项纪录。

12 月 8 日 水电七局承建的西藏第二大水电站果多水电站最后（1 号）一台机组投产发电。

12 月 14 日 水电七局苏丹上阿特巴拉金属结构安装项目部，较计划提前 3 天完成首台（4 号）机组冲水试验。

12 月 15 日 水电七局承建的去学水电站一期蓄水安全鉴定通过专家验收。

12 月 15 日 水电七局 3 项科技成果被鉴定达到国际领先水平。

12 月 18 日 水电七局荣获年度中国建筑业竞争力 200 强企业。

12 月 20 日 水电七局承建的雅康高速始阳天全河大桥双幅架设完成。

12 月 20 日 水电七局承建的杨柳河站通过多方验收，正式将移交成都地铁运营。

12 月 21 日 22 时，水电七局承建的江西乱罗嶂风电场首台（28 号）风机机组顺利并网发电。

12 月 25 日 水电七局夹江公司通过四川省安全监督管理局安全生产二级标准化达标评审。

12 月 26 日 水电七局承担安装任务的尼泊尔上马蒂水电站 2 台机组顺利通过 72 小时试运行，正式进入商业运行。

12 月 28 日 水电七局承建的西藏 DG 水电站成功截流。 （朱　隐）

中国水利水电第十工程局有限公司

1 月 2 日 由中国电力建设集团德尔西水电站EPC项目质量管理部组织开展的德尔西水电站样板工程评审会议中，水电十局安装分局德尔西项目部申报的“1 号机配水环管安装”和“压力钢管岔管安装”均评定为A级样板工程。

1 月 6 日 水电十局中标红岭灌区工程东干渠土建施工第Ⅳ标段工程，中标金额 18576.0195 万元。

1 月 8 日 水电十局中标华能新疆亚曼苏水电站厂区枢纽工程施工工程，中标金额 31353. 3261 万元。

1 月 16 日 由水电十局承建的老挝东萨宏水电站项目提前 15 天完成截流目标任务。

2 月 22 日 西昌市政府向水电十局发出成凉工业园区统规统建村民安置区A地块一期项目、西昌市海南乡棚户区拆迁安置点建设项目、西昌市小庙乡泸川天王山大道东地块棚户区改造安置点工程建设项目三个PPP项目的中标通知书。中标金额合计143710 万元。

3 月 15 日 水电十局安装分局中标陕西定边董新庄、王圈风电场 35 千伏集电线路及 110 千伏升压站安装工程。共装设 50 台容量 2000 千瓦的风机，总装机容量 10 万千瓦。

3 月 17 日 印尼巴丹托鲁水电站运维项目谈判暨签约仪式在印尼雅加达举行，中国电建印尼代表处高级总经理李毅代表电建集团与北苏门答腊水电能源公司（PT NORTH SUMATERA HYDRO ENERGY）的授权代表理查德（Richard）签署了项目运维合同。

3 月 24 日 水电十局中标喀双隧洞工程KS9 勘探实验洞施工工程，中标金额 15943.6693 万元。

3 月 28 日 水电十局收到攀枝花协鑫光伏电力有限公司发来的中标通知书，水电十局中标攀枝花盐边太阳坡 3.5 万千瓦设施农业光伏发电项目光伏主阵列区三标段。水电十局进军光伏新能源首战告捷。

3 月 29 日 水电十局与中国水电（香港）控股有限公司签订老挝南欧江三级水电站土建、金属结构及机电设备安装工程中标合同，中标价格14596.96 万美元。签订老挝南欧江四级水电站土建、金属结构及机电设备安装工程中标合同，中标价格9065.03 万美元。

3 月 31 日 水电十局负责的“盐边太阳坡 3.5 万千瓦设施农业光伏发电项目阵列区三标段建安工程及光伏阵列区设备材料采购（PC）”工程的开工仪式正式开始，标志着机电安装分局光伏项目建设正式启动。

4 月 1 日 水电十局机电安装分局中标盐边县红格大面山二期风电场土建工程。

4 月 5 日 水电十局中标四川省天全河胜利水电站土建工程，中标金额 14327. 8481 万元。

4 月 11 日 水电十局检运公司负责运维的老挝

南俄5水电站生产管理信息系统正式通过上线评审，标志着南俄5水电站正式引入信息化管理。

4月12日 水电十局与亚洲清洁能源投资集团有限公司签订印尼Selorkomo水电项目勘察设计与技术服务合同

同日 华电西藏能源有限公司发来中标通知书，水电十局中标西藏大古水电站右岸进厂交通洞工程，工程总工期为20个月。

4月19日 水电十局三分局新型构架施工公司成立。

4月28日 水电十局成功申报中国电力建设工法一项：面板混凝土全机械化快速施工工法。

同日 水电十局二分局西藏项目TBM掘进机试掘进启动成功，业主、监理、设计和厂商海瑞克等单位参加了试掘进仪式。

5月6日 水电十局与盐边鑫能光伏电力有限公司签订盐边太阳坡35MW设施农业光伏发电项目合同，合同签订金额19615.6584万元。

5月20日 水电十局与永善金源水电开发有限公司在都江堰市签订金竹水电站设计合同。

5月24日 水电十局中标锅浪跷水电站业主管理营地工程。

5月31日 水电十局与中国电建集团成都勘测设计研究院有限公司签订达州长田新区市政基础设施建设工程合同，合同签订金额78488万元。

6月29日 水电十局中标西藏大古水电站左右岸坝肩工程，中标金额24418.2567万元。

7月11日 水电十局与巴新弗里达河有限公司签订巴新弗里达河铜金矿工程ISF造价估算咨询服务项目中标合同，中标价格12.99万美元。

7月20日 水电十局与中电建路桥集团有限公司渝广高速公路总承包部签订京昆高速公路复线重庆至广安土建工程第一分部施工项目补充合同，合同签订金额24702.2121万元。

8月4日 中国水利水电第十工程局有限公司机电安装分局承建的四川能投大面山风电场二期工程施工二标段23号风机基础混凝土顺利开仓。

8月16日 东萨宏水电站举行浇筑仪式，提前4个月实现第一罐混凝土浇筑。

8月19日 水电十局中标新疆伊犁精河二级枢纽导流洞工程。

8月19日 由水电十局机电安装分局承建的黄联关风电场建筑及安装工程III标项目正式启动。

8月31日 水电十局与中电建中电建四川渝蓉高速公路有限公司签订成安渝高速公路四川段工程建设项目剩余工程合同，合同签订金额72834.6895万元。

9月7日 水电十局与云南能投对外能源开发有限公司合作协议签约仪式在老挝万象举行。

9月7日 三峡国际招标有限责任公司发来中标通知书，确认水电十局勘测设计院中标四川冕宁铁厂乡风电场升压站电站土建工程以及电气安装工程。

9月28日 水电十局三分局中标四川雅砻江两河口水电站库周交通恢复（阿宗村—绒坝大桥汽车便道）施工工程。

9月28日 由水电十局EPC总承包的尼日尔GOUROUBANDA重油电站1号机组首次启动试机一次成功。

10月8日 水电十局取得了水利水电工程施工总承包特级资质证书、水利行业（水库枢纽、引调水、灌溉排涝）等3个专业甲级资质证书。

10月11日 水电十局中标古瓦水电站首部枢纽工程施工标工程，中标金额80748.0317万元。

10月15日 水电十局与中国水电建设集团国际工程有限公司签订缅甸L矿采矿剥离合同及补充协议的项目委托实施协议，委托实施金额10562.50万美元。

10月21日 水电十局中标四川省乡城县古瓦水电站首部枢纽工程。中标金额达8亿多元。

10月24日 中国水电建设集团国际工程有限公司与老中铁路有限公司签订老挝新建铁路磨丁至万象线铁路工程项目合同，水电国际公司委托该公司实施工V标段施工工程，委托实施金额123259.04万元。

11月1日 成都市商务局关于对2016年“走出去”发展项目予以支持的公示，水电十局申请对外承包工程类拟支持资金共计125.58万元，

11月7日 水电十局贵州板万光伏项目支架基础开始微孔灌注，为下一步的支架安装奠定了坚实基础。

11月23日 水电十局参与水利建设市场主体（施工单位）信用AAA等级初评结果获得公示。

11月24日 中国水电国际公司与浙富控股公司在北京签订了老挝南俄3水电站项目主机设备采购合同，并委托公司机电安装分局具体实施。

11月25日 由水电十局二分局承建的陕西汉江旬阳水电站工程厂房工程项目在厂房开挖处举行了开工仪式。

12月2日 水电十局再次蝉联四川百强企业，是近十年来第九次荣登四川百强企业榜单。

12 月 4 日 水电十局承建的攀枝花盐边太阳坡3.5 万千瓦光伏项目，顺利通过阶段验收。

12 月 24 日 水电十局正式取得了水利安全生产标准化达标一级单位资质。

12 月 26 日 水电十局在老挝万象与韩国浦项建设工程有限公司签订南立1水电站项目土建设计、采购、施工总价分包合同，合同工期30个月。

12 月 26 日 水电十局与中国重型机械有限公司签订老挝南俄 4 水电站项目C3、C4 标段中标合同，中标价格 71379.65 万元。

12 月 28 日 水电十局在老挝万象举行老挝公司揭牌仪式并召开干部大会，水电十局党委书记陈勇、公司副总经理兼老挝公司总经理余明川出席会议并为老挝公司揭牌。（李林峰）

中国水电基础局有限公司

1 月 5 日 中国水电基础局有限公司承建的西藏山南雅砻水库成功截流。

1 月 11 日 中国水电基础局BG1200A型全自动拔管机设计成果汇报研讨会在天津武清召开。

2 月 3 日 中国水电基础局《企业文化手册》（2016 版）发布会隆重举行。这是基础局首次推出《企业文化手册》，是企业发展和企业文化建设里程碑事件。

6 月 18 日 中国水电基础局参与出资建设的西藏水利水电培训暨高原技术研究中心项目在林芝揭牌运行。

10 月 19 日 西藏自治区水利厅检查组到中国水电基础局雅砻水库项目检查工程建设进展情况，并召开了专题会议协调解决项目建设相关问题。

12 月 10 日 基础局科研设计院组织设计，天津机械制造分公司组织生产制造的新型全自动拔管机生产组装完毕，并进行了场内调试试验。（贾 艳）

四川大唐国际甘孜水电开发有限公司

4 月 17 日 四川省委组织部机关党委书记黄林率领四川省委第六巡视组到甘孜水电公司黄金坪水电站厂房、大坝，长河坝水电站地面开关站等生产、基建现场调研。

4 月 11—12 日 甘孜州委常委、农工委主任杨凯，副州长舒大春以及州、市相关职能部门30余人在甘孜水电公司组织召开康定市移民安置工作推进会议。

4 月 21 日 四川省安监局处长金刚玉到甘孜水电公司进行安全生产检查。

4 月 26 日 11 时 10 分，甘孜水电公司所属黄金坪右岸环保电站首台机组转子吊装成功。

4 月 27 日 10 时 38 分，甘孜水电公司所属长河坝水电站首台机组转子一次吊装成功。

4 月 28—29 日 大唐国际总工程师方占岭到甘孜水电公司检查防洪度汛工作。

5 月 4 日 甘孜州委副书记李江一行到甘孜水电公司调研移民和水电开发工作。

5 月 12 日 四川省能源局、水电工程质量监督总站大渡河流域调研组就大渡河流域在建工程管理现状、投产项目弃水限电情况和“大渡河流域水电站综合管理”课题研究到甘孜水电公司开展现场调研。

5 月 13 日 甘孜水电公司第三届九次董事会、第三届四次监事会暨第三十一次股东会在北京召开。大唐国际党组成员、副总经理、公司董事长简英俊出席并主持会议。

5 月 18 日 四川省扶贫和移民工作局总工程师都勤、甘孜州副州长杜德清一行到甘孜水电公司检查督导移民安置工作。

6 月 2 日 黄金坪水电站实现投产发电以来首次机组满负荷运行。同日，黄金坪水电站完成日发电量 1527 万千瓦时，双创历史纪录。

6 月 24 日 长河坝水电站 3 号机组转子一次吊装成功。

6 月 27 日 黄金坪水电站年发电量突破 10 亿千瓦时大关，达到 10.086 亿千瓦时。

6 月 29 日 黄金坪水电站 6 号机组顺利通过 72 小时试运行，正式投入商业运行。

7 月 5 日 四川省政府防汛抗旱指挥部第七工作组到甘孜水电公司对防洪风险隐患和防洪薄弱环节进行检查。

7 月 13—14 日 四川省安监局执法总队副总队长余致远率执法二支队，对甘孜水电公司黄金坪水电站建设工程项目安全生产“三同时”工作进行检查。

7 月 18—21 日 水电工程质量监督总站副主任薛建峰率领的专家组，对长河坝水电站工程进行第 8 次质量监督检查。

8 月 11 日 黄金坪水电站 5 号机组顺利通过 72 小时试运行，正式投入商业运行。至此，黄金坪水电站 6 台机组全部投产发电。

8 月 28 日 黄金坪水电站连续安全生产 365 天，实现新机组安全生产一周年。

9 月 11 日 长河坝水电站工程大坝顺利填筑至

1697米高程，全线填筑到顶，提前8个月完成任务目标。

9月28日 长河坝水电站工程顺利通过蓄水验收，在一个月内完成蓄水安全鉴定、蓄水阶段质量监督、蓄水验收现场检查和蓄水验收委员会会议。

9月30日 长河坝水电站1号机定子吊装就位。

10月25日 大唐国际党组成员、副总经理简英俊到公司现场讲授“两学一做”学习教育专题党课，并要求甘孜水电要继续狠抓安全生产、强化工程建设，决战四季度，力争完成12月底首台机组投产目标。

10月27日 中国大唐集团公司给大唐国际并甘孜水电公司发来贺信，祝贺长河坝水电站成功下闸蓄水。

11月7日 甘孜水电公司组织开展2016年珍稀鱼类放流活动，共有30万尾各类珍稀鱼苗放入大渡河，为保护长江母亲河做出了大唐人的努力和贡献。甘孜州农牧局，康定市农牧局、环保和林业局、四川省甘孜州康巴公证处等部门共同参加、见证了此次珍稀鱼类放流活动。

11月10日 黄金坪水电站累计年发电量突破28亿千瓦时，提前51天完成了2016年生产经营目标，为利润出零米打下了坚实基础。

11月16日 甘孜水电公司所属长河坝电站省道211复建公路索子沟大桥孔玉端桥墩下方锚索施工完成封锚施工，开始拆除脚手架，至此，索子沟大桥剩余锚索工程完工。

11月17日 国家外汇管理局甘孜藏族自治州中心支局一行到甘孜水电公司进行调研和访问。

11月20日 长河坝水电站初期导流洞临时堵头浇筑工程完成。

11月20日 长河坝500千伏六氟化硫耐压试验顺利通过。

11月28日 长河坝水电站中期导流洞成功下闸。

11月30日 甘孜水电公司完成康定国能水电开发有限公司工商登记注销工作。

11月30日—12月4日 长河坝水电站4号机组通过水电工程质量监督总站专家组启动阶段质量监督检查。

12月9日 长河坝水电站地下厂房1号机组转轮吊装就位，标志着该机组转动部分装配已经进入机坑安装阶段。

12月18日 长河坝水电站2号机组转子成功吊装就位，标志着该机组顺利进入总装阶段，同时也标志着公司顺利、圆满地完成了年内“五大吊”的收官之作，即完成了电站2号、1号机组两台定子吊装和4号、3号、2号机组三台转子吊装任务。

12月21日 长河坝水电站4号机组启委会顺利在成都召开。

12月22日 大唐国际综合联查组对甘孜水电公司全年工作进行全面检查，在监察审计工作中主要对公司党风廉政宣传教育、廉洁文化宣传工作、大监督格局建设及效能监察工作、“三重一大”集体决策的监督及领导、惩防体系及治理商业贿赂工作等内容进行了检查。（白鸿杰、魏宏杰）

四川省紫坪铺开发有限责任公司

3月8日 四川省政府副秘书长、省防指副指挥长杨新元带领省防办主任谭小平，省政府办公厅秘书二处相关负责人赴紫坪铺水利枢纽工程检查2016年防洪度汛工作。杨新元指出，省委、省政府高度重视紫坪铺工程防汛工作，要求公司认真贯彻落实省委、省政府的防汛决策部署，进一步落实防汛责任，细化完善防汛措施，加强监测预警预报，确保紫坪铺工程防洪度汛安全。

8月9日 四川省紫坪铺开发有限责任公司党委书记、总经理李洪带领公司扶贫工作小组冒着高温酷暑，赴大寺村调研指导扶贫开发攻坚工作。在调研考察期间，李总强调，公司扶贫工作小组要认真贯彻省委、省政府决策部署，将大寺村扶贫开发攻坚工作作为当前和今后一个时期的重大政治任务来抓，对产业和基础设施帮扶项目、贫困户生产生活设施改善以及医疗、教育帮扶措施再细化、再落实，将“两不愁三保障”和“四好”工作目标落实到位，按扶贫规划要求如期实现大寺村整村脱贫、贫困户全部脱贫的目标。

8月31日 四川省紫坪铺开发有限责任公司召开第一次股东大会和第四届第一次董事会，会议选举了新任董事并一致同意李洪为董事长。

（马　峻）

四川省能投风电开发有限公司

1月6日 四川省能投风电开发有限公司鲁北风电场主体工程开工。

3月2日 攀枝花市委常委、组织部部长谢晓东一行到四川省能投风电开发有限公司盐边公司调研指导工作。

3月3日 四川省发改委副主任、省能源局局长雷开平，副局长邓超等一行到盐边公司调研。

3月31日 国家发改委气候司在中国自愿减排交易信息平台发布公告，会东拉马、鲁南风电场备案成为一类CCER（国内自愿减排）项目。

5月31日 四川省能投风电开发有限公司鲁北风电场风机基础全部浇筑完成，标志着该项目工程的首个重要节点目标顺利实现。

6月3日 四川省能投风电开发有限公司鲁北风电场首台风机顺利完成吊装。鲁北风电场从主体工程开工到首台机组吊装工期仅用了5个月。

6月6日 四川省能投风电开发有限公司大面山二期10万千瓦风电项目全部风机基础浇筑顺利完成，标志该项目主体工程进入全面施工的建设攻坚阶段。

7月8日 四川省能源局新能源处副处长周建新带队，成都电力勘察设计院、四川省电力咨询员院等相关专家赴四川省能投风电开发有限公司盐边公司调研风电发展工作。

7月29日 四川能投盐边县“红格大面山2万千瓦农、风、光互补发电项目”，从全省300万千瓦光伏项目的角逐中脱颖而出，被纳入四川省2016年光伏优选配置项目名单。

8月18日 四川能投风电公司盐边公司以93.01分成功获得“电力安全生产标准化一级企业”称号，成为四川省首个风电类安全生产标准化的一级企业。

9月12日 攀枝花市委副书记虞平、盐边县委书记邓斌等一行到四川能投风电公司盐边公司调研指导工作。

9月23日 财政部、国家发改委和国家能源局联合下发了《关于公布可再生能源电价附加资金补助目录（第六批）的通知》，四川能投风电公司会东拉马、鲁南风电场项目及接网工程均列入本批次目录。

10月15日 四川能投风电公司鲁北风电场全部风电机组完成吊装工作。

10月3日 四川能投风电公司盐边大面山二期10万千瓦工程首台风机吊装完成。

10月10日 四川省发改委下发了《企业投资项目备案通知书》，四川能投风电公司盐边县红格大面山农风光发电互补项目成功取得备案。标志着风电公司在“新能源+”产业模式的探索中迈出了坚实步伐，农风光互补项目从试验转为实战阶段。

11月17日 四川能投风电公司鲁北风电场首台机组一次性并网成功，标志着鲁北风电场正式进入投产运行阶段。

12月5日 四川能投风电公司红格大面山农风光互补项目现场工作会在盐边县益民乡蔡家坪子施工现场召开，红格大面山设施农业与光伏互补项目正式破土动工。

12月7日 四川省政府监事会主席肖世同、监事会办公室主任刘宵一行到四川能投风电公司盐边公司现场调研。

12月19日 凉山州委书记林书成、会东县县长环江红、县委副书记刘朝荣、副县长王仕稳一行到会东鲁南风电场调研。

12月27日 四川能投风电公司盐边县红格大面山二期风电场项目首批机组启动验收会议在成都召开。

12月29日 四川能投风电公司美姑公司取得四川省发改委《关于核准凉山州美姑县沙马乃托一期风电场项目的批复》（川发改能源〔2016〕670号）核准批复文件。 （刘亚欧）

四川省能投攀枝花水电开发有限公司

2月29日 《金沙江金沙水电站移民安置规划报告》获得四川省扶贫和移民工作局批复。

3月10日 金沙水电站可研报告通过国家水规总院的批复，标志着金沙水电站可行性研究阶段的勘察设计工作全面完成。

4月7日 四川省能投攀枝花水电开发有限公司在攀枝花市西区召开了第二次股东会、第二届第三次董事会和第一届第二次监事会。会上，何林当选第二届董事会董事长，并作为公司法定代表人。

6月1—3日 中国国际工程咨询公司在成都主持召开了金沙水电站项目核准申请报告评估会议。

8月11日 国家发展改革委下达《关于金沙江金沙水电站项目核准的批复》，标志着金沙水电站工程建设的全面启动。

9月3日 金沙水电站厂坝主体工程正式开工。

11月17日 长江防汛抗旱总指挥部办公室、四川省人民政府防汛抗旱指挥部办公室在武汉市先后主持召开了《金沙江金沙水电站工程2017年防洪度汛方案》《金沙江金沙水电站工程2017年防洪抢险应急预案》技术审查会。

12月12日 金沙水电站大江截流验收技术评审会通过金沙水电站大江截流专家组检查评审验收，金沙江金沙水电站具备大江截流条件。

12月16日 金沙江金沙水电站正式取得省林业厅项目使用林地审核同意书。

12 月 23 日 金沙水电站二期围堰上游龙口合龙，实现大江预截流。（*石启胜*）

四川川投燃气发电有限责任公司

2 月 16 日 省经信委总工程师徐小拭到川四川川投燃气发电有限责任公司调研。

3 月 1 日 中石化副总裁焦方正到四川川投燃气发电有限责任公司考察。

9 月 7 日 四川省委常委甘霖到四川川投燃气发电有限责任公司调研。

11 月 8 日 四川省委常委黄新初到四川川投燃气发电有限责任公司调研。

11 月 28 日 全国政协委员庄聪生到四川川投燃气发电有限责任公司考察。

11 月 30 日 中央党校中青班学员社会调研组到四川川投燃气发电有限责任公司开展调研工作。（*康昭勇*）

四川省港航开发有限责任公司

1 月 14 日 四川省委组织部副部长戴允康到苍溪航电枢纽检查指导工作。省交投集团董事、港航公司董事长贺晓春，广元市委常委、组织部部长冯磊等领导及有关人员陪同检查。

1 月 20 日 省岷江港航电综合开发推进工作组在成都组织召开了 2016 年第一次工作例会。省交通运输厅副厅长张琪主持会议。省级相关部门，乐山市政府及相关部门、区县政府，省交投集团、港航公司等单位的领导及有关人员参加了会议。

1 月 27 日 交通运输部水运局副局长，阿坝州委常委、副州长杨华雄到岷江犍为航电枢纽调研并召开专题座谈会。乐山市副市长黄平林、省交通运输厅航务管理局局长刘孝明等领导陪同调研并出席座谈会，乐山市、犍为县政府及岷江公司等有关单位负责人参加调研及座谈会。

3 月 7 日 国家能源局四川监管办召开四川电力安全生产工作暨先进表彰大会。港航公司及控股的金溪公司、小龙门公司、金盘子航电公司和 11 名员工荣获先进称号

3 月 22 日 省交通运输厅总工程师陈乐生到新政航电枢纽检查指导汛前安全生产工作。

3 月 23 日 乐山市委书记彭琳一行到犍为航电枢纽施工现场调研。犍为县委、县政府，港航公司及岷江公司有关领导陪同调研。

3 月 31 日 岷江犍为航电枢纽临时航道一阶段工程（江心滩 320 米高程以上）土石方开挖进行工作面交接及完工验收。

3 月 30 日—4 月 1 日 岷江龙溪口航电枢纽工程可行性研究报告评审会在成都召开。港航公司、岷江公司、省交通设计院、贵阳院等单位的有关负责以及特邀专家 50 余人参加会议。

4 月 14 日 省政府国有企业第五监事会主席舒勇到港航公司检查指导工作并召开座谈会。集团董事、港航公司董事长贺晓春，省政府第五监事会、集团有关部门负责人、港航公司有关领导参加座谈。

4 月 11—14 日 省交通运输厅在成都组织召开岷江老木孔航电枢纽工可复审和龙溪口航电枢纽工可审查会。

4 月 20—22 日 省扶贫和移民工作局组织专家组对沙溪航电枢纽蓄水移民工作进行现场验收。

5 月 24 日 长江委水土保持局组织检查组对岷江犍为航电枢纽工程水土保持工作进行督导检查。

5 月 31 日—6 月 2 日 集团董事、港航公司董事长贺晓春先后到南充、广安的港口、航电枢纽、旅游码头和在建项目检查指导安全工作。

6 月 5 日 乐山市委副书记、市长张彤现场调研犍为航电枢纽建设情况。乐山市政府及犍为县，港航公司等单位的有关负责人陪同调研。

6 月 6 日 省水利厅副厅长张文彪到沙溪航电枢纽检查防汛安全工作。

6 月 13—14 日 水电水利规划设计总院会同省扶贫和移民工作局在乐山召开了岷江老木孔航电枢纽工程移民安置规划报告复核审查会。乐山市政府及有关部门，港航公司、岷江公司等相关单位的领导、专家参加会议。

6 月 15 日 水电水利规划设计总院会同省扶贫和移民工作局在乐山召开了岷江龙溪口航电枢纽工程建设征地农村部分补偿补助单价调整报告审查会。乐山市、犍为县、沐川县政府及有关部门，港航公司、岷江公司、设计单位等单位的领导、专家参加会议。

6 月 28—29 日 省交通运输厅航务管理局在成都组织召开了岷江老木孔、龙溪口航电枢纽工程航道通航条件影响评价报告评审会。

6 月 30 日 港航公司机关一、二支部联合开展庆祝建党 95 周年暨主题党日活动。港航公司党委书记、董事长贺晓春参加活动并讲话。

7 月 8 日 国家能源局大坝安全监察中心正式批复，金溪航电枢纽大坝安全注册等级由乙级升为

甲级。

7月11日 岷江老木孔、龙溪口航电枢纽工程前期工作推进会在乐山召开。乐山市政府相关部门，港航公司及有关设计单位参加了会议。

7月21日 岷江犍为航电枢纽工程设计优化专题研讨会在成都召开。港航公司及相关设计单位参加会议。

8月25日 省发改委副主任邓长金到岷江犍为航电枢纽工程调研。乐山市委、市政府及相关部门，港航公司、岷江公司等有关单位负责人陪同调研。

9月6日 省委常委黄新初率省督导调研组一行到岷江犍为航电枢纽调研项目建设情况，乐山市委书记彭琳，市委副书记、市长张彤，以及市级相关部门、港航公司等单位相关负责人陪同调研。

11月25日 省交通运输厅在成都组织召开岷江犍为航电枢纽工程方案设计审查会。乐山市有关部门，港航公司、岷江公司、设计单位的有关负责人及特邀专家参加会议。（刘晓蕾）

四川省电力设计院

1月6日 四川省工程咨询协会授予四川省电力设计院编制《南充市嘉陵区4万千瓦天然气分布式能源工程项目申请报告》荣获2015年度四川省优秀咨询成果二等奖。

同日 四川省工程咨询协会授予四川省电力设计院编制《盐亭盈基2×1.5万千瓦生物质发电工程项目申请报告》荣获2015年度四川省优秀咨询成果三等奖。

同日 四川省工程咨询协会授予四川省电力设计院编制《宜宾红安生物质发电工程项目申请报告》荣获2015年度四川省优秀咨询成果二等奖。

7月10日 盘南煤电气化一体化生态工业基地煤电铝热电联产动力车间项目规模为2×35万千瓦超临界机组+1×2.5万千瓦高温高压机组，是四川省电力设计院的第一个此等级、此规模的火力发电机组设计项目，终于顺利完成本工程初步设计的初版文件，并顺利出版。

7月28日 由四川省电力设计院变电处设计的腾冲自治110千伏变电站新建工程通过了保山电力股份有限公司的竣工验收。

8月31日 四川省电力设计院在成都召开“达州经济开发区天然气分布式能源站项目（含项目节能评估报告和项目申请报告技术咨询）可研报告审查会”。参加会议的有：达州市发展改革委，四川省电力设计院，项目业主达州志能祥赢新能源科技有限公司和《达州经开区天然气分布式能源站可行性研究报告》编制单位中冶赛迪工程技术股份有限公司的领导、专家和代表共计20余人。

11月7日 三菱重工分布式能源首席专家前原则保、马步平等带队的三菱重工分布式能源技术团队与四川省电力设计院发电处分管院长罗衡、发电处副处长张嘉嘉及发电处热机及暖通等专业人员进行了交流。会议就温度对燃机选择的影响等方面展开了积极的讨论。

11月11日 中共四川省电力设计院第八届党委纪委换届选举党员大会召开，顺利完成了党委、纪委的换届选举工作。省水利厅党组成员、副厅长张文彪，厅直机关纪委副书记、厅机关团委书记封艾宁出席会议并讲话。大会由党委副书记龚文波主持。

12月27日 四川省电力设计院发电处风力发电技术团队与国内某知名企业合作开发泰国风能项目。技术团队克服重重困难，顺利完成项目前期谈判阶段的技术图纸及资料，并获得合作企业的高度认可。

12月28日 泸州泸县220千伏输变电工程水土保持设施竣工和自贡仙市220千伏输变电工程水土保持设施竣工验收评审会在成都市召开。本项目的水土保持设施验收技术评估工作由四川省电力设计院承担，会议由四川省水利厅委托省水土保持局主持，业主单位国网四川省电力公司泸州供电公司、地方水行政主管部门以及设计、施工、监理、方案编制等单位的代表参加。

12月12日 “会东县生活垃圾无害化处理项目开工仪式”在会东县举行。会东县委书记刘晓博以及县政府各部门主要负责人、四川明日得环保科技有限公司、四川成渝高速公路股份有限公司等参加了开工仪式，四川省电力设计院院长李涛在开工仪式上指出本项目是本院转型的开端，也是本院第一个环保项目，意义重大。李涛表示一定要抓住机遇，确保按工期要求保质保量完成。（刘　敏）

四川电力设计咨询有限责任公司

1月18日 四川电力设计咨询公司中标雅中—江西±800千伏直流特高压线路包9和雅中换流站B包，首次承担±800千伏换流站B包业务。

1月28日 四川电力设计咨询公司总承包的炉霍贡唐岗光伏电站工程并网发电，创造了当时国内海拔最高的光伏电站建设周期纪录。

3月15日 国网西藏电力有限公司董事长兼党组书记刘晓明一行到四川电力设计咨询公司西藏办公基地调研指导工作。

3月25日 四川电力设计咨询公司与中国远洋物流有限公司签订战略合作协议。

4月22日 四川省总工会副主席任远明带队到四川电力设计咨询公司调研指导工作。

5月12日 四川电力设计咨询公司与三一重型能源装备有限公司签订战略合作协议。

6月8日 中国出口信用保险公司副总经理查卫民一行率队到四川电力设计咨询公司开展调研交流活动。

6月31日 四川电力设计咨询公司取得了中国水土保持学会颁发的“生产建设项目水土保持方案编制单位水平评价证书”。

9月11日 中国勘察设计协会2016年勘察设计行业从事工程项目管理和工程总承包企业完成合同额的排序名单出炉，四川电力设计咨询公司第11次进入工程总承包完成合同额百强名单，排名大幅提升至第46位，首次入围前50强。

10月24日 四川设计咨询公司中标左右江革命老区电力扶贫项目兴义至百色220千伏输变电工程的总承包工程，建设规模、合同额、服务范围均创国内电网项目EPC总承包新高。

10月28日 西藏自治区发改委副主任、能源局局长任京东一行到四川电力设计咨询公司调研指导工作。

11月9日 四川电力设计咨询公司与西南交通大学达成研究生工作站共建协议。

11月24日 四川电力设计咨询公司通过环保部核与辐射环评机构监督检查。

12月22日 四川电力设计咨询公司总承包的科特迪瓦目前最大的水电站送出工程苏布雷输变电项目顺利投运。

12月22日 四川电力设计咨询公司与中国核工业二三建设有限公司签订战略合作框架协议。

（王 淇）

成都电力金具总厂

1月9日 在四川省安全生产监督管理局组织开展的国家二级安全生产标准化企业达标复评工作中，成都电力金具总厂顺利通过四川省联合检查组现场检查验收，持续保持国家安全生产标准化二级企业称号。

2月19日 成都电力金具总厂顺利通过生产许可证换证复查，取得了锻件类、铝铜铝类、铸铁类金具生产许可证。

3月3日 成都电力金具总厂顺利通过了中质协质量保证中心质量、环境、职业健康安全管理体系认证复评。

4月1日 成都电力金具总厂在电力系统外部市场开拓取得突破，顺利通过了中石化专家组现场审查评价，正式成为中国石油化工集团公司的合格供应商，并与中石化胜利油建物资供应公司成功签订了合作后的首批铁附件订单合同。

5月6日 成都电力金具总厂承接的巴基斯坦萨希瓦尔500千伏变电站项目首批次货物完成发货，并顺利抵达施工现场，该项目是该厂进入巴基斯坦变电市场的首个项目，也是该厂完成的海外变电项目电压等级最高的项目，为该厂后续南亚板块市场开拓奠定基础。

6月15日 成都电力金具总厂参与完成的±800千伏特高压直流工程1250平方毫米导线配套金具研制项目荣获2016年度中国电建科学技术一等奖。

6月20日 成都电力金具总厂设计完成的川藏特殊地质地貌区输变电工程关键技术、装备及工程应用项目获得国网四川省电力公司科技进步奖特等奖。

7月20日 成都电力金具总厂以联合体的形式成功中标成都地铁四号线二期工程供电系统集成及施工A标接触网零部件项目，这是该厂首次作为地铁接触网供应商进入城市轨道交通装备市场，一举成为国内第三家有供货业绩的地铁接触网供货商。

7月28日 成都电力金具总厂作为中国国家能源局与缅甸电力部签署电力物资援助协议的电力物资援助单位，圆满完成全部890吨电力抢险物资的生产和供货，服务国家战略需要，履行了中央企业责任，扩大了企业国际影响力。

8月2日 成都电力金具总厂中标贵州省大秦安龙光伏农业科技大棚兴隆一期3万千瓦光伏支架项目，这是该厂首次在新能源市场领域获得的重大突破，为该厂进一步开拓非传统产业市场领域奠定基础。

10月11日 成都电力金具总厂顺利通过了四川省经济和信息化委员会评审和认定，获得四川省第二十一批企业省级技术中心认证。

11月17日 在深圳举行的第十八届中国国际高新技术成果交易会中国智慧能源·智造创新峰会上，由成都电力金具总厂自主研制设计的智能电网预绞式间隔棒荣获该峰会智造创新银奖。

12月8日 成都电力金具总厂通过四川省高新技术企业认定管理工作领导小组办公室组织评审，获得2016年第二批四川省高新技术企业认定。

12月18日 成都电力金具总厂主持完成的“电气化铁路接触网产品设计与制造”科技成果顺利通过由中国铁路总公司、中铁电气化勘测设计院、广铁集团、成都铁路局等行业权威单位组成的专家组技术鉴定，项目达到国内先进水平，项目推广的经济社会效益明显。（叶 旭）

九寨沟水电开发有限责任公司

1月22日 玉瓦水电站4号支洞上游与绕纳沟下游隧洞贯通。

4月12日 玉瓦水电站调压室衬砌混凝土全部浇筑完成。

4月23日 玉瓦水电站厂区综合值班楼混凝土全部浇筑完成。

5月7日 玉瓦水电站5号支洞下游与6号支洞上游隧洞贯通。

6月16日 玉瓦水电站4－5号支洞控制段隧洞贯通。

7月19日 玉瓦水电站调压室竖井固结灌浆施工完成。

8月4日 玉瓦水电站压力管道钢管全部安装完成。

10月10日 玉瓦水电站4号上游完成引水隧洞Ⅲ类围岩洞段挂网喷混凝土支护。

10月24—29日，玉瓦水电站首部蓄水安全鉴定通过专家审查。

11月2日 玉瓦水电站调压室上室浇筑挡水墙，调压室分部工程全部施工完成。

11月11日 玉瓦水电站厂房后边坡消防水管坡面镇墩浇筑完成。

11月15－16日 玉瓦水电站首部枢纽蓄水安全验收完成。

12月19－24日 玉瓦电站输水系统专项安全鉴定完成。

电力行政管理

责任编辑：姚国寿

2016 年，四川电力行政管理和行业监管主要由省经信委、省能源局和国家能源局四川监管办实施，在保障电力生产正常运行和可靠供应、电力行政管理和行业监管方面做了大量工作，促进了全省电力工业的科学健康平稳发展。

四川省经济和信息化委员会

【年度特点】2016年，四川省电力生产运行总体平稳，电力装机继续维持较大增长，全社会用电量低水平增长，电力供应充足，枯水期火电机组开机容量大幅下降，丰水期水电弃水压力逐年加大。

【装机情况】截至2016年年底，四川全省发电总装机容量达到9108万千瓦，其中水电7245万千瓦(居全国第一位)、火电1642万千瓦；风电125万千瓦；光伏96万千瓦。

全年新增发电装机435万千瓦，其中：水电机组306万千瓦、火电18万千瓦、风电51万千瓦、光伏60万千瓦。

【电网情况】截至2016年年底，全网共有±800千伏直流换流站3座，±500千伏直流换流站1座；500千伏变电站45座，500千伏开关站1座，主变87台，总变电容量7490万千伏安；220千伏变电站265座，220千伏开关站3座，主变569台，总变电容量8263.2万千伏安；110千伏及35千伏变电站2584座，主变4299台，总变电容量8993万千伏安。全网已建成并投运±800千伏直流输电线路6条，额定输送容量2160万千瓦；±500千伏直流输电线路2条，额定输送容量300万千瓦；500千伏交流输电线路172条，共14885.0千米；220千伏输电线路846条，共23333.2千米；110千伏及35千伏输电线路4806条，共57313.9千米。

【发电情况】2016年，全口径上网电量3195.38亿千瓦时，同比增长6.22%。其中：水电2922.23亿千瓦时，同比增长8.69%；火电242.05亿千瓦时，同比下降21.44%；风电20.83亿千瓦时，同比增长121.17%；太阳能10.27亿千瓦时，同比增长389.5%。

省调电厂上网电量1454.6亿千瓦时，同比增长1.87%。其中：水电1185.2亿千瓦时，同比增长6.36%；火电239亿千瓦时，同比下降20.7%；风电20.9亿千瓦时，同比增长109%；光伏9.6亿千瓦时，同比增长339%。

国调电厂上网电量1177.6亿千瓦时，同比增长6%。西南网调电厂上网电量155亿千瓦时，同比增长14.9%。

【用电情况】2016年，全省全社会累计用电量为2101.0亿千瓦时，历史上首次突破2100亿千瓦时，同比增长5.5%。其中：第一产业用电13.8亿千瓦时，同比增长11.05%；第二产业用电1377.4亿千瓦时，同比增长1.21%；第三产业用电317.2亿千瓦时，同比增长13.90%；城乡居民生活用电392.7亿千瓦时，同比增长15.20%。工业用电量1337.7亿千瓦时，同比增长1.23%。全省大用户直购电约380亿千瓦时，占全省总用电量的18.09%。

四川省2016年全社会用电量分类表

表7　　单位：万千瓦时

产业类别	电量	同比
全社会用电总计	21010235	5.45%
A、全行业用电合计	17083022	3.44%
第一产业	137654	11.05%
第二产业	13773609	1.21%
第三产业	3171759	13.90%
B、城乡居民生活用电合计	3927213	15.20%
城镇居民	2311116	15.40%
乡村居民	1616098	15.03%

续表 7

产 业 类 别	电 量	同比
全行业用电分类	17083024	3.43%
一、农、林、牧、渔业	137654	11.05%
二、工业	13376701	1.23%
轻工业	1623127	8.69%
重工业	11753574	0.27%
三、建筑业	396908	0.79%
四、交通运输、仓储和邮政业	426030	16.30%
五、信息传输、计算机服务和软件业	250027	18.87%
六、商业、住宿和餐饮业	1085691	11.78%
七、金融、房地产、商务及居民服务业	598521	13.92%
八、公共事业及管理组织	811490	14.25%

【外购外送情况】2016 年，全省水电外送电量 1285 亿千瓦时。其中，国调水电外送电量 976 亿千瓦时、省调水电外送电量 264 亿千瓦时、二滩送重庆电量 45 亿千瓦时。现有 2850 万千瓦送电能力的“四直四交”外送通道在调度运行过程中，实际最大外送电力 2650 万千瓦，向上（640 万千瓦）、锦苏（720 万千瓦）、溪浙（800 万千瓦）三大特高直流（2160 万千瓦）和川渝交流（390 万千瓦）基本保持满负荷送电，德宝直流送电负荷只有 100 万千瓦（包含送华北的 60 万千瓦），仅为设计能力的三分之一。

2016 年，全省外购电量 18 亿千瓦时，同比增长 63.6%。

【电力供需特点】省内电力供大于求的矛盾进一步突出：火电机组从往年的丰水期最小方式，转变为 2016 年的全年最小方式运行。枯水期 1-4 月燃煤机组开机容量仅 420 万千瓦，占总容量的 35%，同比减少 220 万千瓦，一半以上燃煤机组长期停机备用，燃煤机组平均负荷率 62.5%，仅略高于最小技术出力（60%）。水库电站在枯水期末难以消落至低水位，隐形弃水压力加大，并首次从 5 月平水期起水电开始大规模弃水。8 月上旬之前，电力供应形势宽松，水电弃水较多。8 月中下旬，全省范围遭遇历史罕见的连续高温少雨天气，发、用电负荷节节攀升，连创新高，8 月 25 日统调用电负荷达到 3283.6 万千瓦，同比增长 16.2%，水电弃水减少。9、10 月随着气温下降和来水的增加，弃水压力明显加大，全年累计发生调峰弃水电量 141.4 亿千瓦时，同比增加 39.2 亿千瓦时，装机弃水电量接近 300 亿千瓦时。

【有序放开发用电计划】根据国家新一轮电力体制改革精神和国家发改委《有序放开发用电计划的实施意见》要求，2016 年对年度电力生产计划的安排方式进行了较大的调整，全年发电量分为计划电量（优先发电量）和市场电量两部分组成，市场电量由各发电企业根据自身来水情况、市场需求情况，有针对性地参与各类市场交易，提高全年发电小时数。同时，继续强调计划的公平性、公正性，在充分征求各方意见的基础上，制定出台了 2016 年节能调度电力生产计划。在实际调度中，有效平衡各发电企业利益，督促省电力公司严格按照“三公”原则进行调度，基本保障计划完成率处于同一水平（由于国调机组丰水期留川电量、市场电量的偏差、二滩电站的超发造成省调水电丰水期合同电量完成进度只有 42%左右）。

【认真做好日常电力调度工作】每季度召开电力调度信息披露会，发布经济运行情况和电力生产调度情况，帮助电力企业、市州经信委等有关单位协调解决在电力运行中遇到的问题，较好地维护了电网经营企业和电力生产企业合法权益，保证了电力生产安全稳定运行。加强预警预测和运行监测分析工作，及时跟踪了解发电生产情况，每月坚持对发用电情况进行汇总分析和上报。针对运行中出现的重大问题或特殊情况及时召开电力运行专题会议进行研究，提出对策措施，重点协调了迎峰度夏发电、汛末蓄水和枯水期存煤外购等问题。

【加强水位调控和水情预测监控】加强对省内有调节能力水电站的水位调控，保证二滩、瀑布沟、宝珠寺、紫坪铺等电站进入枯水期前水库蓄至最高水位。会同省电力公司制定了有季调节及以上能力的二滩等20个水库电站的消落计划。在5月水库水位消落困难的情况，及时协调电力运行方式，统筹平衡水库电站水位消落和径流式水电站发电的问题。

【进一步优化火、水电发电方式】尽可能压减火电开机方式，2016年丰水期火电机组按照电网安全约束开机运行，最小日上网电量不到5000万千瓦时。继续开展水火替代和自备火电厂停发替代工作，为水电腾出发电空间。同时，组织协调火电开机保养政策，在尽量不增加弃水的情况下，对长期停运、备用机组和运行机组适当安排一定的发电时间进行保养性的运行，更好地保障电网长期安全稳定运行和可靠供电。

【市场外送电量好于预期】2016年，按照国家发改委分类有序放开跨省跨区送受电的思路，四川省丰水期水电外送除小部分电量继续保留国家计划外，其余绝大部分外送电量需要通过市场方式实施。通过积极向国家发改委、国家电网公司汇报四川省实际困难，加强与陕西、华东、华中和华北等相关受端省和电网进行对接等方式，2016年四川省落实的市场外送电量好于2015年、好于年初预期。

【市场外送面临新问题】2016年，随着市场外送工作的推进，也逐步暴露以下问题。

一是四川水电送华东地区的量问题不大，但电价有所下降。浙江、上海、江苏等省市从低碳、减排的角度，表示愿意接纳四川水电，但提出“保量不保价”的原则：“保量”是基本按通道能力购入，“不保价”是四川水电需要参与受端地区竞价，落地价要和当地煤电实际上网电价基本一致。随着今后受端地区电力市场化的深入，四川省水电外送电价面临进一步下降的趋势。

二是外送西北地区的量难度较大。2015年，国家为加强四川水电外送，优化清洁能源的配置，对德宝直流进行了增容改造，四川送西北的能力由过去150万千瓦提高到300万千瓦，当年外送西北地区电量76亿千瓦时，其中送陕西电量47亿千瓦时，均创历史新高。但2016年以来，青海、甘肃等省自身风、光能源都难以消纳，难以再接受四川水电；陕西是煤炭资源和火电大省，过去长期属于电力送出省份，2015年由于四川水电送陕西电量的大幅增加，转变为电力购入省份，基于省内稳增长的需要，在市场方式下对接纳四川水电意愿不太积极，仅按丰枯等量互换的原则接纳了四川省 11 亿千瓦时的电量。

【深化直购电试点】2016年，按照国家电力体制改革有关精神，结合省委、省政府稳增长要求，进一步深化直购电试点。一是直购电量规模进一步扩大，全年直购电量规模按不低于 300 亿千瓦时进行安排，根据实际情况进行调整，全年预计实施直购电量380亿千瓦时。二是扩大直购电用户参与范围，完善用户准入条件，充分挖掘用户潜力。将年用电量1000万千瓦时及以上的用户纳入直购电范围，新增用户84户，参与直接交易的用户数量已达到630户，全年用电量占全省工业用电量的比例达到30%。三是进一步放开水电参与范围，取消水电企业准入条件中对投产年限和装机容量的限制，所有统调统分水电机组都可以参加，全省225户水电企业、10户火电企业均可参与2016年直购电交易，扩大市场参与面。四是对重点行业实施精准扶持政策，深化铝硅电合作，鼓励电解铝、多晶硅和重点钢铁企业、氯碱生产企业、部分高新技术企业用户与发电企业建立长期战略合作关系。五是探索新增风电企业参与直购电，促成风电与捷普科技公司开展电力直接交易，交易电量、价格等通过市场方式自主协商确定，进一步丰富四川省直购电内容。六是利用直购电等市场偏差电量结余资金对重点工业企业进行扶持。按照省政府《关于印发促进经济稳定增长和提质增效推进供给侧结构性改革政策措施的通知》（川府发〔2016〕17号）要求，省经信委牵头会同省级有关部门研究提出了2015年直购电、富余电量等政策实施中形成的偏差电量结余资金的处理意见，决定对一季度用电量达到 5000 万千瓦时以上的主网直供区重点企业进行用电激励和扶持，资金额度共1.3 亿元，补贴用户29户。

【制定富余电量政策】为充分发挥水电资源优势，有效减少水电弃水，促进工业经济稳增长，年初会同省发展改革委等部门出台了《关于实施2016年富余电量消纳政策的通知》（川经信电力〔2016〕125号）。2016年富余电量政策在交易价格、输配电价标准、控制虚假增量等方面有较大突破，企业富余电量到户电价更低。同时，为进一步支持攀西战略资源创新开发试验区的建设和发展，结合攀西电网断面内的水电企业送出受限的实际，制定了攀西地方富余电量政策，在富余水电消纳范围、基数确定、钒钛资源综合利用重大项目等方面给予特殊支持。全年富余电量交易实施30亿千瓦时左右，降低工业企业用电成本约5亿元。

【稳步实施留存电量】2016年，省经信委会同省发改委批复三州实施留存电量实施方案，全年按80亿千瓦时安排，其中甘孜州 26.6 亿千瓦时、阿坝州35.4亿千瓦时、凉山州18亿千瓦时。针对阿坝铝厂、眉山启明星、瑞能多晶硅等企业的特殊实际，采取市场留存方式，充分调动发电企业的参与积极性，进一步降低电解铝、多晶硅企业的用电成本，也确保留存电量指标能够用好、用足。全年实际执行留存电量77亿千瓦时，较2015年高出10亿千瓦时。

【清算2015年超欠电量】根据省发展改革委、省经济和信息化委、四川能源监管办、省能源局《关于印发〈四川省统调统分公用燃煤机组电价补偿试行措施〉的通知》（川发改价格〔2015〕113号）和省经济和信息化委、省发展改革委《关于印发〈四川省替代发电补偿措施（试行）〉的通知》（川经信电力〔2015〕122号）的精神，对2015年统调水火企业发电电量进行了清算，并以《关于2015年四川主网统调统分水火电企业超欠发电量的函》（川经信电力函〔2016〕642号）文件下发，指导火电机组2015年欠发电量的补偿。

【开展电力需求侧考核工作】按照国家发改委《关于开展2015年度电网企业实施电力需求侧管理目标责任考核的通知》要求，组织了省节能监察中心等有关单位的专家，组建了年度工作考核组，对电网2015年度电网公司开展电力需求侧管理目标责任落实情况报告进行了认真审核。完成了对河南省考核工作，迎接天津市对四川省考核。

【规范工业领域电力需求侧管理工作】2016年2月，四川省印发了《关于加强工业领域电力需求侧管理工作的通知》（川经信电力〔2016〕50号）。要求各地高度重视，坚持政府主导，充分利用现有的政策手段，创新工作方式方法，切实调动工业企业开展电力需求侧管理工作的积极性，推动经济发展方式转变和经济结构调整，全面提升用电效率。同时，大力推动重点行业企业开展试点，培育示范工程，对绵阳、凉山前期试点企业以及成都、德阳等7个地市企业明确进一步推进方案。

【依法做好电力设施保护执法和安全工作】指导和督促各市（州）经信委强化电力执法工作，贯彻落实《四川省电力设施保护和供用电秩序维护条例》，指导有关市（州）建立电力执法队伍，加大违法查处力度，帮助协调处理疑难问题。积极配合省电力电信广播电视设施（以下简称“三电”）安全保护工作办公室和公安厅，一是坚决打击盗窃破坏犯罪活动，重点整治挂牌案件。二是创新工作机制，强化与公安、住建、林业、交通和司法等部门和电力企业的沟通协作。三是加强“三电”设施隐患排除工作，确保G20系列会议期间“三电”设施安全保护与运行，督导消除“三大”直流输电线路外力破坏安全隐患，开展全省“三电”工作开展情况检查及突出问题整治工作督导检查。四是加强保护“三电”设施宣传工作，推进“平安三电”创建活动，营造全社会参与氛围。五是落实“三定”管理及“三防”措施，做好前预防工作。六是严格电力设施保护区施工作业审批管理，开展联合执法，坚决遏制外力破坏电力设施安全的违法犯罪行为。

【做好供电营业许可证换发工作】2016年共计完成17个市（州）78个《供电营业许可证》的换发工作。

【按期完成小火电机组关停任务】按照国家能源局下达四川省2016年31万千瓦的小火电机组关停任务，省经信委根据国家相关规定，进行了关停计划下达和关停后的现场核查验收工作，及时进行了公告，按期完成了国家下达的关停目标任务。

2016年全年实际完成2个企业、7台机组、31万千瓦容量的关停工作，完成国家下达四川省关停小火电机组的目标任务。关停的2户企业分别为：攀钢集团钒钛资源股份有限公司、四川嘉阳集团有限责任公司。

（孙拥民）

四川省能源局

【概述】“十三五”时期，是四川决胜全面小康、建设经济强省的重要阶段。电力是关系国计民生的基础产业，对保障和促进经济增长与社会发展、提高人民生活水平具有重要作用。适应经济新常态，把握发展新趋势，制定未来五年电力发展规划，积极推动四川清洁能源纳入全国电力市场统筹消纳，对于加快把四川建成全国优质清洁能源基地和国家清洁能源示范省具有重要意义。

在保障全省社会经济发展的前提下，充分考虑经济结构调整和增长方式转变带来的影响，体现绿色增长、节能减排和可持续发展的要求。

【供应能力】为保障全面建成小康社会的电力电量需求，提高电能利用比例，预期2020年全省电能占终端能源消费比重达到36%，全社会用电量2500亿千瓦时，年均增速4.4%，全省发电装机容量11031万千瓦，年均增长4.93%，人均装机接近1.3千瓦，人均用电量2942千瓦时,缩小与全国平均水平的差距。最大发电负荷4720万千瓦,年均增速4.8%。

规划装机的发电能力具有一定裕度,可以满足高负荷水平需要,能够保障经济社会可能出现加速发展的需求,而且为创建全国清洁能源基地奠定基础。

【电源建设目标】按照建设清洁能源示范省的要求,到2020年全省非化石能源发电装机比重提高到83.5%,清洁能源发电装机占比达到87.3%。电源总装机11031万千瓦,水电装机8301万千瓦,煤电装机1401万千瓦,余气余压余热发电206万千瓦,气电装机211万千瓦(其中分布式发电141万千瓦),风电装机600万千瓦,太阳能发电装机250万千瓦,生物质发电装机12万千瓦,垃圾发电50万千瓦。

【电网建设目标】加强外送通道建设,增强电力外送能力。"十三五"新增外送能力不低于1200万千瓦。电网主网架进一步优化,严格控制电网建设成本。省内电网新增500千伏变电容量约2370万千伏安,新增500千伏线路约3228公里,新增220千伏变电容量约3558万千伏安,新增220千伏线路约8257公里。

加强配电网统筹规划,优化电源与电网布局,促进新能源、分布式能源、电动汽车充换电设施等多元化负荷与配电网协调有序发展。实施城市配电网供电可靠性提升行动和配电网网架优化行动,优化城乡网络,扩大电网覆盖范围,提高供电可靠性和智能化水平,消除城乡用电瓶颈。中心城市(区)供电可靠率达到99.99%,综合电压合格率达到99.97%,智能化建设和应用水平大幅度提高;城镇地区供电可靠率达到99.9%,综合电压合格率达到98.79%,供电能力和供电安全水平显著提升;乡村地区供电可靠率达到99.8%,综合电压合格率达到99.5%,综合线损率降低到10%以下,基本消除低电压,户均配变容量不低于2千伏安,基本实现县城和重要供电区域110千伏变电站直供电,全面解决县域电网与主网联系薄弱问题,建成满足全面建设小康社会供电需求的城乡输配电系统。

【节能减排目标】"十三五"期间完成煤电节能减排升级改造1056万千瓦,关停小火电机组115.6万千瓦。全网火电平均供电煤耗降低至310克标准煤/千瓦时。电网综合网损率进一步降低至6%。煤电度电二氧化硫排放量年均下降6.3%,煤电度电氮氧化物排放量年均下降8.3%。

【贫困地区电力基础设施建设目标】完成全省贫困地区小城镇和中心村农网改造升级、机井(提水灌溉)通电、贫困村通动力电,基本实现城乡供电服务均等化,满足贫困地区居民生产生活用电需求。

根据《四川省煤电节能减排升级与改造实施意见(2014-2020年)》,推进煤电节能减排升级与改造工作,启动四川省煤电机组节能减排升级改造。

配合省经济和信息化委关停一批小火电机组,优化四川省电源结构。

2016年农网改造升级中央预算内投资计划已下达,四川省争取到61.6亿元投资,其中中央预算内资金7.2亿元,企业自筹资本金6亿元,农网还贷基金通道统还的银行贷款48.4亿元。

川渝电网第三通道2016年8月核准,10月开工建设,预计2017年6月底前建成,将增加200万千瓦外送能力,年新增外送电量约70亿千瓦时。

(冉　强)

国家能源局四川监管办公室

【概况】国家能源局四川监管办公室(以下简四川能源监管办)是国家能源局派驻四川的机构,是根据《中央编办关于国家能源局派出机构设置的通知》(中央编办发〔2013〕130号)、《国家能源局关于印发〈国家能源局派出机构主要职责内设机构和人员编制规定〉的通知》(国能人事〔2013〕438号),在原国家电力监管委员会四川电力监管专员办公室基础上设立,于2013年12月16日正式挂牌。

【机构基本情况】领导班子:党组书记、专员马军杰,党组成员、副专员何淑兰,党组成员、副巡视员高晓楠。

内设机构:综合处、市场监管处、电力安全监管处、行业监管处、资质管理处、稽查处。

主要职责:监管电力市场运行,规范电力市场秩序;监管电网和油气管网设施的公平开放;监管电力调度交易,监管电力普遍服务政策的实施;负责电力等能源行政执法工作，依法查处有关违法违规行为，监督检查有关电价；负责除核安全外的电力运行安全、电力建设工程施工安全、工程质量安全的监督管理以及电力应急和可靠性管理，依法组织或参与电力事故调查处理；负责组织实施电力业务许可以及依法设定的其他行政许可；负责法律法规授权以及国家能源局下达或交办的有关事项监管。

【能源市场监管】抓住电改机遇，争取市场监管工作主动权。按照四川能源监管办年初确定的“依托电力体制改革试点，强化电力交易、电力调度机构监管”的总体思路，在电力市场建设上主动作为，充分发挥派出机构熟悉国家政策、工作更为专业、与国家能源局沟通便捷的优势，积极向四川省政府领导汇报，制定电力市场建设专项方案和电力交易机构组建专项方案。四川能源监管办牵头编写的两个专项方案的主要内容已纳入《四川省电力体制改革综合试点方案》，上报国家发改委、国家能源局并获得了批复，为推动四川电力市场建设奠定了较好的基础。

加强可再生能源消纳监管，开展四川水电弃水专项调研。结合“水电大省”频遭限电媒体报道的热点，组织开展了四川水电弃水情况专项调研，剖析四川水电弃水的主要原因，在四川省已采取措施的基础上，研究提出了统筹协调水电和新能源发展规划、适当放缓四川水电开发节奏、释放居民用电潜力、大力发展新兴用电市场、大力推进“电能替代”、加强四川电网局部地区薄弱网架改造等六项措施，并向国家能源局提出给予建立跨省跨区水电消纳保障机制等四个方面政策支持的建议。

坚持问题导向，开展新能源发电并网专项监管。探索“双随机”执法检查，通过抽查部分新能源发电项目，重点对落实新能源规划政策、发电项目并网、“三公”调度执行、新能源消纳和弃能等方面进行监管，推动新能源发电项目违规建设、新能源发电项目并网不规范等问题的解决，为新能源项目开发与电网建设协调发展提供保障，落实可再生能源发电保障性收购制度，促进新能源全额消纳。

建立电力调度协调工作机制，加强电力调度监管。从6月开始，建立了电力调度协调工作机制，每月定期组织召开四川电力调度协调会，通过及时披露电力运行和生产调度情况、围绕协调会重点问题开展讨论、印发会议纪要明确措施，以信息公开为抓手，以数据分析为基础，加大信息公开力度，细化四川水电弃水监管措施，缓解四川汛期水电弃水，增强了电力“三公”调度。

协调解决电费结算问题，强化电费结算监管。针对调整四川电网丰枯峰谷电价政策引起的电网与发电企业的电费结算纠纷，组织召开电网企业和发电企业电费协调会，了解电价政策调整和执行情况，分析当前电费结算纠纷的原因和企业的难处，研究提出了解决的方案，印发了协调解决电费结算问题的会议纪要，及时化解了电网与发电企业的矛盾。

规范新建水电项目投资开发秩序，构建良好投资环境。会同四川省能源局组织开展新建电源项目投资开发秩序专项监管，发布了四川省新建水电项目投资开发秩序专项监管报告。重点披露了部分项目核准前先行开工建设、部分核准项目未在核准有效期内开工建设、部分项目股权变动未及时向核准部门报告、征地和移民问题影响水电项目开发建设进度、合同纠纷影响水电项目开发建设进度等五个方面问题，提出了严肃整治新建水电项目投资开发秩序，依法依规处理项目法人“未核先建”的行为、强化项目法人的投资开发主体责任，限期整改“核而未建”的行为、规范水电项目股权转让的行为，严厉查处恶意倒卖资源的投机行为等三个方面的监管意见，并责令有关企业开展整改工作。

积极参与能源规划工作，支持四川能源健康发展。积极参与四川省能源规划工作，认真研究四川省能源主管部门编写的 “十三五”能源规划、“十三五”电力规划，提出考虑四川受国际国内形势的影响，四川省经济增长乏力、增速明显放缓、经济进入新常态的客观事实，结合近期全社会用电量增长的实际情况，合理预测“十三五”规划期间四川省用电增长情况，并相应调整其他有关数据，适当调整可再生能源比重，压缩风电、光电建设规模等意见。

【电力安全监管】2016年，四川电力行业没有发生重大以上电力人身伤亡事故，没有发生电网大面积停电事故，没有发生较大电力设备事故，没有发生水电站大坝垮坝、漫坝以及对社会造成重大影响的事件。全年发生电力人身伤亡责任事故3起，死亡5人，同比事故起数增加3起，死亡人数增加5人。其中，电力生产人身伤亡事故1起，死亡1人，起数同比增加1起，死亡人数增加1人；电力建设人身伤亡事故2起，死亡4人，事故起数同比增加2起，死亡人数增加4人。发生自然灾害造成的人身伤亡事故2起，死亡和失踪5人。

开展四川电力系统安全风险管理工作。始终把防范大面积停电事故放在重中之重，组织召开四川电网风险协调会，督办落实四川电网风险管控措施等方式开展四川电网风险管控工作。建立了以科学防范为导向，流程管理为手段，全过程闭环监管为支撑的全面覆盖、全程管控、高效协同的四川电网安全风险管控机制，以防止系统稳定破坏和电网大面积停电事故为目标，全面梳理四川电网安全事故隐患，准确掌握四川电网薄弱环节和突出风险，及时落实预控措施，指导电网发展规划，提升四川电网安全风险管控水平。

电力安全培训开展情况。组织开展四川电力行业安全培训工作，通过要求各电力企业制定培训计划、通报培训开展情况等有效措施，切实推动四川电力企业认真开展电力安全培训工作，进一步强化了企业安全培训责任意识，提升了企业安全培训管理水平，夯实了四川电力行业安全基础。

汛期安全生产工作开展情况。开展2016年四川电力行业防汛抗旱检查工作，要求电力企业在4月下旬至5月上旬，组织所属企业和建设工程全面开展防汛抗旱自查工作，汛前成立以主要负责人为组长的防汛组织机构，制定相应的防汛管理制度，落实汛期24小时值班制度，明确防汛组织机构各级人员防汛职责，将防汛抗旱检查工作与汛前安全检查、日常安全工作等紧密结合。组织召开2016年全省电力行业汛期安全生产工作会议，对2016年汛前检查情况进行了通报，分析了四川电力行业汛期安全生产存在和面临的风险，对下一步汛期安全生产工作进行了部署。

应急管理工作开展情况。针对四川电力建设工程项目多、地质条件复杂、强降雨较多，极易引发地质灾害的特点，从2012年起将每年5月定为“防范地质灾害应急演练月”，坚持组织开展应急演练。督促各电力建设企业结合本企业电力建设工程项目的实际，认真开展专项演练。同时，继续联合省国土资源厅全面开展四川电力行业在建工程地质灾害防治知识宣传培训。继续组织四川电力行业开展应急预案的编制、评审和备案工作，已有80余家电力企业完成了电力安全类相关应急预案评审和备案工作。

切实开展水电站大坝安全监管。采取现场检查、约谈企业等多种措施强化水电站大坝安全监管。重点加强了大坝注册登记监督管理工作，对全省未开展大坝安全注册登记和备案的水电站大坝进行全面清理，并督促相关单位开展备案安全注册登记工作。督促水电企业按照要求报送水电站大坝汛期信息，做好汛期水电站大坝安全风险预控，确保大坝运行安全和社会公共安全。2016年，四川电力行业水电站大坝无病坝、险坝，未发生水电站大坝垮坝、漫坝事件。

开展发电企业同业对标。将电力安全监管工作中安全管理责任落实、应急管理、信息报送、可靠性等进行对标，通过企业内部的安全管理与四川能源监管办的电力安全监管相结合，实现了在线监管及企业横向对比，通过非现场监管手段，抓两头促中间，激发企业内在动力，发掘本企业内部管理漏洞与安全差距，促进电力安全管理由他律逐步转化成为企业的自律，同时有效提升了企业安全管理信息化水平，规范企业安全管理行为。

建立定期联系机制。安全生产定期联系机制将事后监管的关口前移到事前监管，使监管部门与监管对象的安全工作信息得到互通，做到紧密联系、提前筹划、有序监管、有效落实，将安全风险及事故隐患做到防患于未然，为更好地开展电力安全监管工作打下基础。

开展电力安全监管专项检查。根据监管工作需要，先后组织四川电力行业开展电力监控系统安全防护专项检查工作，深化开展电力建设工程领域安全生产专项整治工作，组织开展《电力建设工程落实施工方案专项监管报告》《电力工程质量专项监管报告》披露问题整改情况“回头看”检查工作，开展四川发电企业电力行业网络与信息安全自查工作。

开展全省电力行业反恐怖防范重要目标调查工作。组织全省电力行业开展了反恐怖防范重要目标调查工作，对全省电力行业反恐怖防范重要目标进行了梳理，完成了《全省电力行业反恐怖防范重要目标分布情况表》和《全省电力行业反恐怖防范重要目标基本情况表》。通过调查工作基本掌握了全省电力行业反恐怖防范重要目标的基本情况和电力行业反恐怖防范重要目标在全省 21 个市州的分布情况，为反恐怖防范和应急工作提供了基础数据支撑。

【行业监管】以规划落实为抓手，狠抓项目建设落实情况。开展煤电项目规划建设情况专项监管工作。针对国家能源局部署的煤电项目规划建设情况专项监管工作，与四川省能源局组成联合督察小组，制定监管工作方案，开展现场核查，核实项目核准、建设、股权变动、建成投产情况。现场督查煤电项目5个，发现问题5个，提出建议3条。同时清理出了19家自备电厂规划、建设和生产中存在的问题。

开展四川电网建设规划落实情况专项督查工作。成立专项督查工作组，认真核查四川电网2014—2016年规划的电网建设项目落实情况，查找分析四川电网项目落地难的原因，向国网四川省电力公司发出监管意见书，并适时向省政府进行专题报告，协调解决电网规划建设项目存在的困难和问题。

开展新建电源项目投资开发秩序专项监管后续

工作。针对2015年开展的新建电源项目投资开发秩序监管中检查出的四川境内八个存在问题的风电、光伏项目，建立档案督促整改，已于2016年5月全部整改完毕并形成了整改报告上报国家能源局。

开展四川省新能源发电并网专项监管工作。重点对四川省内新能源发电项目规划、审批、建设情况进行专项核查，督促企业认真整改，落实国家能源产业政策。

积极对省内能源规划建言献策。积极参与规划的编制工作，先后对四川省“十三五”能源发展规划、电力发展规划、煤炭工业发展规划等专项规划提出意见建议。

以信息公开报送为契机，深入开展油气监管工作。认真开展油气管网设施开放相关信息公开工作。组织省内油气管网设施运营企业对管网设施相关信息进行公开，并在公共平台公布相关企业管网设施信息及方式，为油气管网设施公平开放打下基础。

积极开展成品油质量升级监督检查工作。积极落实国家能源局对成品油质量升级工作的有关要求，主动参与四川省成品油质量升级监督检查工作，全面了解四川省成品油质量升级工作情况，特别是质量升级工程实施情况、汽柴油市场供需平衡现状及2017年全面推行国Ⅴ标准油品的供应保障情况。

协助开展成品油质量专项整治工作。积极支持和协助四川省质监局、工商局等部门牵头开展成品油质量专项整治工作，在对四川省市场成品油质量专题调研基础上，针对四川省少数地区出现的市场成品油质量低下、经营渠道混乱的现象，分析了原因，提出工作建议和意见。

踏实开展石油天然气日常监管工作。坚持四川省天然气供需情况日报制度，通过数据分析，掌握全省天然气供需情况；全面掌握四川省石油天然气项目建设情况、投资完成情况、石油天然气产销情况，研判石油天然气未来供需形势和存在的问题，及时协调和解决企业面临的有关问题和困难。

以服务大局为目标，全力保障经济发展。就推动四川社会经济协同发展，配合四川省能源局制定了四川省燃煤电厂节能减排升级改造工作计划；积极开展了春节期间煤矿停产放假情况调查，参与了“五一”期间煤矿停产情况督查；支持省政府去产能工作领导小组开展了钢煤行业“化剩脱困”相关工作，实地督查地方政府落实国家要求；与相关部门协作开展了2016年四川省春耕化肥供应保障工作；与省能源局联合印发了四川省燃煤电厂超低排放和节能改造性能测试管理细则。

【能源稽查】提高综合监管能力。一方面组建供电监管专家库，组织专项监管现场检查专家培训，明确检查程序、检查重点和检查要求，规范现场检查行为，落实廉洁自律要求，提高现场监管能力；另一方面，依托四川省用户受电工程市场信息与监管平台，开展用户受电工程市场运行情况监控，定期分析业扩办理情况，定期形成用户受电工程市场运行分析报告，及时发现违规行为，提高非现场监管能力。

加大行政执法力度。根据用户受电工程市场秩序专项监管发现的问题，对“三指定”、不按照规定办理用电业务、违法许可和违规收费等行为予以行政处罚，对乱收费予以了清退。发布《关于2015年度用户受电工程市场秩序专项监管的通报》和《四川省2015年度供电监管报告》，披露供电监管和专项监管中发现的问题，要求全省供电企业对照问题举一反三地开展自查整改。

搞好闭环监管工作。一是向受处罚的供电企业下发《责令整改通知书》，责令供电企业针对专项监管发现的问题，限期完成整改；二是向接受供电检查的供电企业下发《关于对供电检查中发现问题的通报》，要求对照2015年度供电检查中发现的问题，逐条限期完成整改；三是充分运用现场检查的成果，全面梳理2015年来供电监管中发现的问题，要求全省供电企业对照问题进行整改。四是对受处罚企业的整改情况进行核查验收，确保了问题认识到位、整改到位和处理到位，实现了全过程监管闭环。

拓展监管内容。根据国家能源局制定的《配网升级改造行动计划》，通过深入细致的调研，确定了把配网规划、项目立项、项目实施、安全质量管控、资金使用中的违法违规行为作为监管重点，并研究制定了《配网升级改造专项监管工作方案》、《配网升级改造专项监管现场检查表》，以增强监管工作的针对性和提高现场检查工作效率。

创新监管方法。首次在供电专项监管中实行“双随机”，随机抽取现场检查专家，随机选择被检查单位，体现了抽调专家和选择被检查单位的公平性，保障了现场执法的公正性。首次将用户受电工程市场秩序、供电质量服务及信息报送、配电网升级改造等三项专项监管整合开展现场检查，提高了现场检查效率，减少了被检查单位的负担。首次在现查检查中对被检查单位领导干部进行询问，以此掌握该单位掌握监管法规、落实监管要求等情况，为快速确定现场检查突破口提供了条件。首次将现查检查与监管调研相结合，通过现场检查掌握监管对象存在的问题，同时又通过现场检查了解问题解决途径，为理清后续工作思路打下了基础。

强化成果应用。着力推进“12398能源监管投诉举报工作机制创新研究”课题的成果应用，切实做好能源监管投诉举报工作。一是充分运用研究的成果，明确四川能源监管办投诉举报受理范围，投诉举报处理的内容、目标以及依据。二是从能源监管投诉举报的管理体制、调查方法、查审分离、普遍服务、效果跟踪、信息应用等方面，健全完善四川能源监管办投诉举报处理工作机制，推动建设与能源企业服务热线的联动机制。三是从能源法规政策执行、市场秩序、价格与成本、节能减排以及普遍服务等5个方面，梳理可能的投诉举报事项和处理依据，制定典型案例的处理预案，着力提高“12398”投诉举报处理质量。

【资质监管】进一步推进行政许可在线审批平台建设。全面实行网上申请、网上审批、网上监督，不断改进和完善平台功能，加强对企业使用平台的指导和服务，利用平台开展证前、证中、证后的非现场动态监管，提高了行政许可的规范度、透明度。加大了对资质管理信息系统安防和维护的资金投入，确保系统的稳定性和信息查询的及时性。同时为方便办证企业，提高办证效率，优化办证流程，根据企业申报材料实际情况适时对在线审批平台进行调整。

开展两项专项监管。按照《国家能源局关于印发2016年燃煤发电项目执行电力业务许可制度情况等两项专项监管工作方案的通知》要求，结合四川省实际情况，制定专项监管工作方案，组织国网四川省电力公司、省水电集团开展自查自纠，汇总上报城区配电网建设工程项目情况及施工招投标情况，并开展现场检查工作。

加强了电工考试点管理。加强电工考试点的巡考力度，严肃考场纪律，确保考试成绩的真实有效。对考试点严格要求，一旦出现作弊等问题，将直接取消其考试点资格。通过明察暗访，对发现存在严重问题的考点采取了监管约谈，停考整顿等措施进行处理。同时，为了保证特种电工每种专业每月都有班次，方便企业取证，要求有关考试点交替轮流开班。

开展承装（修、试）机具设备标准修订工作。通过现场核查和企业反馈，现在执行的2012年修订的承装（修、试）机具设备标准，已不能完全适应现在实际施工需要，个别设备已淘汰，部分试验设备更新换代为功能集成化的设备。为理好服务企业，分级征求企业意见，着手对机具设备标准进行再次修订。

【机关党建】坚持“两手抓、两促进”，抓实做细党建工作。

认真开展巡视整改工作。中央第十三巡视组专项巡视国家能源局党组情况反馈会和国家能源局巡视整改工作动员大会召开后，四川能源监管办公室党组向全办党员干部传达了会议精神，成立了巡视反馈意见整改工作领导小组，制订计划、明确分工，举全办之力开展整改工作，机关纪委发挥执纪监督作用，确保事事有回音、条条有整改、件件有着落。认真开展“两学一做”学习教育，坚持学习教育制度化、常态化；坚持知行合一，把解决问题贯穿学习教育全过程；坚持发挥领导干部和优秀党员的带头、示范作用；坚持加强宣传引导,营造学习氛围，运用多种宣传手段，营造浓厚的学习氛围，先后在门户网站开辟了“两学一做”学习教育专栏，建立了“两学一做”微信群。加强党组织建设。一是党组加大党建管理力度,认真落实管党治党主体责任，3位党组成员均按要求认真落实“双重组织生活”制度。二是成立机关纪委，解决了长期没有纪检监督机构的问题，廉政工作进一步加强。机关党支部改选后，处级党员领导干部均兼任了机关党支部书记或副书记，强化了处级干部落实“一岗双责”的机制。

落实干部管理要求，促进干部队伍健康发展。加大干部岗位交流力度。根据轮岗要求和干部特长，对干部职位进行了较大规模调整。为干部创造基层锻炼机会。下派1名副处长挂职区委副书记，下派1名科级干部挂职乡党委副书记。

分层次开展党务知识培训。先后安排党组织有关负责人参加了纪委书记培训、党办主任培训、新任党支部书记培训等专题培训。同时，四川能源监管办公室还对业务骨干进行了有关党支部建设和日常党建工作等相关知识培训。

（赵志强、王钦霞）

电源建设与发电生产

责任编辑：姚国寿

2016 年，在四川从事电源建设和发电生产企业主要有：中国三峡建设管理有限公司、四川省投资集团有限公司、四川省能源投资集团有限公司、雅砻江流域水电开发有限公司、国电大渡河流域水电开发有限公司、国电四川发电有限公司、中国华电集团公司四川公司、华能四川水电有限公司、华电金沙江上游水电开发有限公司、中电建水电开发集团有限公司、国家电投四川电力有限公司、中国大唐集团公司四川分公司、神华四川能源有限公司、四川省水电投资经营集团有限公司、四川省港航开发有限公司、四川紫坪铺开发有限公司、还有映秀湾水力发电总厂、四川大唐国际甘孜水电开发有限公司、九寨沟水电开发有限责任公司、四川华能泸定水电有限公司、四川省能投风电开发有限公司、四川泸州川南发电有限公司、能投攀枝花水电开发有限公司、川投燃气发电有限公司、乐山电力股份有限公司等。

各电力企业按照规划，有序抓好电源建设，从事水电项目开发和火电项目开发。特别是四川水电开发为国家能源结构调整、节能减排，助推地方经济发展做出了重大贡献。各电力单位在电力建设中保质量、抓安全、加强环境保护，做出了成绩。

各发电企业面对省内电力供大于求的矛盾，火电机组转为全年按最小方式运行，利用小时数进一步减少；水电机组装机继续增加，丰水期弃水压力逐渐加大等错综复杂的市场形势，攻坚克难，加大替代发电，优化水火电开机方式，扩大直购电试点，确保电力供应，不断强化内部管理，推进技术创新，加强成本控制，强化安全生产措施，抓好节能减排，努力减亏增盈，均取得了良好业绩。全省电力生产运行总体平稳。

中国三峡建设管理有限公司

【企业概况】中国三峡建设管理有限公司（简称中国三峡建设）是全球最大的水电开发企业和中国最大的清洁能源集团——中国长江三峡集团公司（简称中国三峡集团）的二级子企业，是一家为全球客户提供大中型水电工程、抽水蓄能电站、水利工程和公共基础设施等项目全产业链服务的工程投资、建设、管理和咨询公司。该公司为国有独资公司，注册资本金20亿元，注册地为北京市海淀区。

中国三峡建设由中国三峡集团最核心的水电开发建设业务发展而来，其历史可以追溯到中国三峡集团前身中国长江三峡工程开发总公司（简称中国三峡总公司）。

1993年9月27日，为建设三峡工程，开发治理长江，经国务院批准，中国三峡总公司正式成立，全面负责三峡工程建设管理。秉承“为我中华、志建三峡”的担当精神，三峡建设者率先建立了以项目法人责任制为核心的招标投标制、建设监理制、合同管理制、投资融资制等“五位一体”的管理体制，负责工程规划、设计组织管理、质量管理、进度管理、安全管理、环境管理、工程验收、试运行等，对工程建设质量、安全、进度、投资实施了全方位、全过程控制。

【工程建设】2003年2月，启动金沙江下游河段溪洛渡、向家坝、乌东德、白鹤滩等四座梯级电站开发。一期工程溪洛渡、向家坝水电站分别于2003年和2004年开始前期工程建设，两座电站全部机组已于2014年建成投产发电；二期工程乌东德、白鹤滩水电站首批机组分别计划于2020年、2021年投产发电。

【国外工程】2008年以来，通过EPC总承包模式先后承建马来西亚沐若水电站和巴基斯坦卡洛特水电站。沐若水电站于2015年投产发电，并荣获第三届碾压混凝土坝国际里程碑工程奖。卡洛特水电站是“一带一路”首个大型水电投资建设项目，也是“中巴经济走廊”首个水电投资项目。该项目于2016年1月开工建设。经过多年项目建设管理实践，中国三峡集团工程建设板块积累了丰富的项目投资、建设、管理经验，形成了一支年龄结构合理、专业配置齐全、建设管理经验丰富的专业人才队伍。

【企业改革】2015年7月，中国三峡集团紧跟国有企业改革步伐，为进一步强化核心竞争能力，传承发展以三峡工程为代表的大型水电建设管理经验，实施企业“国际化”战略，系统整合水电开发建设板块的专业技术力量，正式组建成立中国三峡建设，作为中国三峡集团大型水电工程开发建设的实施主体，全面承接中国三峡集团国内、国际水电工程开发建设业务。

【建设业绩】截至2015年年底，中国三峡建设公司已建成水电装机4370.4万千瓦，在建水电装机2692万千瓦。其中，三峡、溪洛渡、向家坝、马来西亚沐若水电站装机规模分别为2250万千瓦、1386万千瓦、640万千瓦、94.4万千瓦，均已投产发电；在建的乌东德、白鹤滩、巴基斯坦卡洛特水电站设计装机规模分别为1020万千瓦、1600万千瓦、72万千瓦，投产发电后全球装机排名前十位的水电站中，就有五座由中国三峡建设开发建设。

此外，中国三峡建设还广泛参与抽水蓄能电站、风电、光伏电站、公共基础设施等工程项目开发建设，业务范围涉及水利、电力、新能源、交通、市政、设备制造和安装、输变电工程等，工程咨询和监理业务遍布国内外。开发建设了呼和浩特抽水蓄能电站，在建浙江长龙山抽水蓄能电站，承担了北京十三陵抽水蓄能电站监理和北京奥运会国家游泳

11月5日，乌东德工程建设部前往左岸新马乡河门口村、三台村、狮子尾村扶贫慰问　（周吉　摄）

中心（水立方）、北京市海淀区公租房、金沙江移民专项公路和桥梁工程等项目的建设管理任务，其中参与建成抽水蓄能电站 200 万千瓦，在建抽水蓄能电站 210 万千瓦。

中国三峡建设在多年业务发展中已经具备了项目投资开发整合能力、大型水电工程建设管理能力、水电技术与科技创新能力和水电标准引领能力。获得国际行业协会科技成果奖 3 项，国家级科技成果奖 12 项，省部级科技成果奖 60 项，主编或参编国家、行业标准 18 项。

【水电开发理念】中国三峡建设是“中国三峡”品牌的主要传承者，将以科学发展观为指导，积极倡导和推行“建好一座电站、带动一方经济、改善一片环境、造福一批移民”的水电开发理念，在工程建设管理过程中坚持“工程质量零事故、安全生产零事故”的“双零”管理目标，坚持开发和保护并重的方针，高度重视生态环境保护，全面贯彻创新、协调、绿色、开放、共享五大发展理念，努力实现社会效益、生态效益和经济效益的协调统一，按照专业化、市场化、现代化和国际化的要求，全力打造成为世界一流的项目投资、建设、管理和咨询公司，为“中国三峡集团创建国际一流清洁能源集团，让世界共享中国水电建设先进成果，贡献更多清洁能源，建设美好家园”再续新篇章。 （周双超等）

三峡金沙江云川水电开发有限公司

【公司概况】三峡金沙江云川水电开发有限公司（下称“云川公司或公司”）是由中国长江三峡集团（下称“三峡集团”）、四川省能源投资集团有限责任公司（下称“四川能投”）、云南省能源投资集团有限公司（下称“云南能投”），根据国家发改委同意开展前期工作和有关核准文件要求，以及《关于联合组建金沙江下游水电开发公司的框架协议》（下称“股东框架协议”），共同发起设立的国有股份制企业，三方股权比例分别为 70%、15%、15%，由三峡集团控股。

该公司于 2013 年 1 月 29 日在云南省昆明市注册成立，截至 2016 年 12 月 31 日的累计注册资本金为 155 亿元，经营范围为水电开发、建设、投资、运营和管理，专业技术服务，清洁能源开发与投资。

【机构设置】云川公司按照《中华人民共和国公司法》和《三峡金沙江云川水电开发有限公司章程》规定建立了法人治理结构，成立了股东会、董事会和监事会。

该公司的领导班子由 4 人组成，包括总经理 1 人、副总经理 3 人，其中 1 名副总经理兼任董事会秘书。公司设立综合管理部(董事会办公室)、经营管理部、资产财务部和质量安全部 4 个职能部门；下设 2 个分公司，分别为禄劝乌东德电厂、宁南白鹤滩电厂。

截至 2016 年年末，云川公司本部从业人员人数 33 人。

【注册资本】云川公司首期注册资本 10 亿元，后经股东追加资本金，至 2016 年末注册资本 155 亿元，实收资本 155 亿元。

【主要业务】根据中国三峡集团、川能投和云能投三方签订的《框架协议》，云川公司负责金沙江乌东德水电站、白鹤滩水电站的开发建设和运营管理。

【资产情况】截至 2016 年 12 月 31 日，云川公司资产总额 656.06 亿元。

【建设投资情况】2016 年，云川公司本年度完成投资 136 亿元，累计完成投资 627.92 亿元。

【改革措施】2016 年，云川公司本部以总经理办公会/支委会形式明确落实“创新、协调、绿色、开放、共享” 五大发展理念与公司重点工作任务相结合的有关要求。

2016 年，该公司通过同步增加注册资本，有效降低企业杠杆率。按照 20%的项目资本金安排，全力协调股东及时足额到位资本金增强了公司融资能力，相继增加公司注册资本和实收资本，完成了工程所需筹资金，保障了工程建设资金需要。截至 2016 年 12 月 31 日，乌东德和白鹤滩工程项目累计完成投资 627.92 亿元。

2016 年，云川公司组织研究修订了《公司章程》《董事会议事规则》《总经理工作规则》《云川公司落实“三重一大”实施办法》等管理制度，把加强党的领导和完善公司治理统一起来，进一步规范了公司“三会”治理与经营管理活动。

2016 年，该公司组织研究乌东德、白鹤滩工程建设委托管理合同，专题研究两站项目管理、项目总承包不同受托管理方式的合同风险分析，拟定合同文本。签订委托管理合同，明确工作边界与工作程序，签订投资控制责任书，层层传递投资控制责任。

云川公司还牵头三峡集团水电业务的“营改增”专项政策研究，组织提出采用“甲供工程”方案，妥善处理乌东德、白鹤滩工程存量合同、新签合同调整处理方式。

2016 年，是云川公司和建管公司合署办公的第一年，本着“两条线、一体化”的思路，该公司积极求变，合理优化岗位设置，在充分履行法人主体责任的同时，探索 1+1 大于 2 的管理协同效益，努力做到协同共进，共谋发展。

【**党的建设和廉政建设**】2016 年 7 月选举产生了云川公司新的党支部。公司党支部书记和纪检委员都为兼职，根据职责分工，党支部书记全面负责公司党建工作，履行党风廉政建设主体责任。作为党风廉政建设第一责任人，支部书记对重要工作亲自部署、重大问题亲自过问、重点环节亲自协调；领导班子其他成员根据工作分工，对职责范围内的党风廉政建设负主要领导责任。公司纪检委员负责公司纪检监察日常工作，履行党风廉政建设监督责任，并按照集团有关要求拟定了落实主体责任和监督责任的措施。

云川公司党支部书记与各部门负责人签订廉洁从业责任书。对公司绩效考核办法进行修订，增加“党风廉政建设”和“员工廉洁从业”内容，纳入年底绩效考核。

【**工程进展**】云川公司有乌东德水电站及白鹤滩水电站两个在建项目。

2016 年白鹤滩水电站处于核准准备阶段，至 2016 年年底“三通一平”工程已完工，导流洞及上下游围堰运行正常，大坝工程、引水发电工程、泄洪洞工程施工平稳推进。

【**企业管理**】2016 年，云川公司按照 20%的资本充足率，相继增加公司注册资本和实收资本。2016 年 4 月，股东追加项目资本金 20 亿元，云川公司注册资本和实收资本增加到 135 亿元。2016 年 8 月，股东追加项目资本金 20 亿元，云川公司注册资本和实收资本增加到 155 亿元。通过增加注册资本金，有效降低企业杠杆率。

2016 年年底，白鹤滩水电站左岸高线混凝土系统施工形象

（陈旋　摄）

2016 年，国家“营改增”政策全面实施，鉴于乌东德、白鹤滩电站已进入机电设备采购期，为理顺税收关系、规范增值税进项税管理，该公司于同年 4 月设立两个非法人分公司：宁南白鹤滩电厂和禄劝乌东德电厂，主要满足“营改增”政策下的税收征管和增值税进项税管理的需要，不增加公司定员编制，也不改变现有工程建设管理体系以及后续电力生产管理体系。

（张思偲）

三峡金沙江川云水电开发有限公司

【**公司概况**】三峡金沙江川云水电开发有限公司（以下简称川云公司）于 2013 年 1 月 29 日在四川省成都市注册成立，是由中国长江三峡集团公司（以下简称三峡集团公司）、四川省能源投资集团有限责任公司（以下简称四川能投）、云南省能源投资集团有限公司（以下简称云南能投）根据《关于联合组建金沙江下游水电开发公司的框架协议》（以下简称股东三方协议）共同发起设立的有限公司，三方股权比例分别为 70%、15%、15%，由三峡集团公司控股。

2015 年，三峡集团公司金沙江溪洛渡和向家坝梯级电站资产证券化暨中国长江电力股份有限公司（以下简称长江电力）重大资产重组开始启动，2015 年 11 月 6 日，长江电力第四届董事会审议通过了资产证券化暨重大资产重组预案。2016 年 3 月 31 日，川云公司原股东三峡集团公司、四川能投、云南能投将其所持全部股权转让给长江电力，川云公司成为长江电力全资子公司。

川云公司注册资本金为340亿元。川云公司经营范围包括水电开发、建设、投资、运营和管理，专业技术服务，清洁能源开发与投资。川云公司负责金沙江下游溪洛渡水电站、向家坝水电站的开发建设和运营管理。

【经营业绩】溪洛渡、向家坝两电站共有26台机组投产发电，总装机容量2026万千瓦，多年平均发电量879亿千瓦时。截至2016年12月31日，川云公司营业收入241.45亿元，利润总额104.59亿元，本年实现净利润96.61亿元，川云公司资产总额1567.18亿元，负债1106.88亿元，所有者权益总额460.30亿元。

【机构设置】川云公司设立综合管理部(党群工作部)、资产财务部、经营管理部和质量安全部4个内设部门；此外，为满足税收缴纳需要，川云公司下设2个分公司：宜宾向家坝电厂、永善溪洛渡电厂。

川云公司职工50人，其中高级管理人员5人，女职工23人，35岁以下青年员工28人。

（徐丽丽）

中国长江电力股份有限公司向家坝水力发电厂

【企业概况】向家坝水电站位于四川省宜宾县和云南省水富县交界的金沙江峡谷出口处，是中国三峡集团在金沙江流域开发建设的梯级水电站群的最末一级，以发电为主，兼有防洪、航运、灌溉、拦沙及反调节等综合效益。由左岸电站、右岸电站组成，各安装4台额定容量80万千瓦的水轮发电机组，总装机容量640万千瓦。向家坝工程于2006年11月正式开工建设，2012年11月5日首台机组投产发电，2014年7月10日全面实现投产发电。

向家坝电厂于2009年4月开始筹建，2012年2月27日正式成立。一直以来，向家坝电厂认真贯彻落实“党政同责、一岗双责、失职追责”的总体要求，不断推进本质安全型电站建设，完善精益生产管理体系，有序完成了生产筹备、工程参建和接机发电各项工作，实现了电站的安全稳定运行，连续五年超额完成发电任务，发电可靠性指标继续保持行业领先水平，不断推进创建国际一流水电厂工作向前迈进。

【领导班子及机构设置】厂长、党委副书记王建忠，党委书记、副厂长陈健国（2016年7月任职），副厂长、党委委员周家明（2016年3月调离），党委副书记、纪委书记、工会主席徐斌（2016年11月调离），副厂长、党委委员刘明闪，副厂长、党委委员梅雪东，纪委书记、副厂长白平（2016年12月任职），总工程师、党委委员宋晶辉（2016年11月调离）。

向家坝电厂内设综合管理部、党群工作部、生产管理部、安全监察部、运行部、机械水工维修部、电气维修部等7个二级部门；其中，综合管理部、党群工作部合署办公。

截至2016年12月31日，向家坝电厂总人数457人，其中男职工370人、女职工87人，35岁及以下青年职工379人，大专及以上学历为430人，有375人拥有各级职称。

2016年，向家坝电厂安全生产形势持续向好，实现全年安全生产“零人身伤亡事故、零设备质量事故、零环保事件”的“三零”目标，连续安全生产天数达到1770天；2016年共发电332.25亿千瓦时，完成年计划发电量的108.9%。

2月3日，金沙江乌东德水电工程劳动竞赛启动大会

（袁磊　摄）

自2012年首台机组投产以来，向家坝电站历年累计发电量突破1126亿千瓦时，相当于减少原煤消

耗 3076.7 万吨、减排二氧化碳 9176.9 万吨，为国家经济优化能源结构、节能减排做出了积极贡献。

2016 年 11 月，以 97.92%的综合得分率通过“防止电力生产事故的二十五项重点要求”查评工作，进一步完善电力安全生产事故预防措施，有效防止电力生产事故的发生，提高了安全生产水平，连续安全生产天数突破 1770 天。

【科技创新成果】2016 年，向家坝电厂持续推行以自主科研为核心的科技创新工作机制，结合生产实际开展科研项目、自主科研课题以及 QC 小组课题研究等工作。组织完成了 8 台机组调速器和励磁系统建模试验、8 台机组调速器孤网功能完善及验证试验等涉网性能试验，完成了 8 台机组 PMU 升级改造项目，实现了电网调度对涉网设备的全方位在线监视；申报知识产权 77 项，被授权 32 项，其中 500 千伏 GIS 进线 PT 铁磁谐振改造等项目已取得初步成效；对外共发表论文 23 篇，其中核心期刊 5 篇；制定 12 项以生产实践中所需解决的实际问题的自主重点研究课题计划，均已全部结题；成立 25 个 QC 小组分别进行课题研究，涵盖运行、机械、水工、电气等多个专业，荣获 2016 年“全国电力行业 QC 小组活动优秀企业”称号；成立了青年科技创新工作实验室、电气二次实训室等多个青年科技创新平台；多项职工科技创新成果分别荣获中国水力发电工程学会、全国设备管理创新成果、中电联 2016 年（第八届）全国电力职工技术成果等奖项。

【党建工作】切实贯彻中共十八大和十八届历次全会、国有企业党建工作会精神，认真学习习近平总书记系列重要讲话精神。扎实开展“两学一做”学习教育，策划开展了企业文化“六个一”理念实践活动、“两学一做”知识抢答赛等特色自选活动，实现了“规定动作”有成效，“自选动作”有特色；进一步落实党委的主体责任和纪委的监督责任，建立了厂党委委员联系点定期轮换制度；优化调整了基层党支部设置，组织完成 3 个党总支、10 个党支部的换届选举和党员组织关系的集中排查工作；增强干部员工的廉洁从业意识，务实开展反腐倡廉宣传教育月、党风廉政教育日、家庭促廉承诺等活动，在节假日等重要节点推送廉洁从业提示短信，在办公区域悬挂廉洁文化标语、布置廉政宣传展板，塑造廉洁文化氛围。

【扶贫工作】积极履行社会责任，2016 年，向家坝电厂援建宜宾县绿色农产品生产项目，建设 100 亩林下养鸡场、106 亩生态养鱼基地及周边基础设施建设、硬化公路 800 米；援建安边镇中心医院改善医疗条件项目取得初步成效；按照精准扶贫要求与宜宾市 4 个贫困户进行了结对帮扶。

（姜薇）

中国长江电力股份有限公司溪洛渡水力发电厂

【企业概况】溪洛渡水力发电厂是中国长江电力股份有限公司下属的生产单位，负责溪洛渡电站的运行管理和发电生产成本控制。

该电厂于 2009 年 4 月 30 日开始筹建，2012 年 11 月 8 日正式成立。初步定员 460 人，人均管理装机装量 3 万千瓦。内设综合管理部、党群工作部、生产管理部、安全监察部、运行部、机械水工维修部、电气维修部等 7 个部门（其中综合管理部与党群工作部合署办公）。

厂长、党委副书记冉毅川，党委书记、副厂长王东林，

副厂长鲁结根（2016 年 11 月 28 日调离），党委委员、副厂长杨兴斌，总工程师兼生产管理部主任：陈辉（2016 年 5 月 31 日调离），厂长助理、副总工程师兼生产管理部副主任张舸，厂长助理兼运行部主任李天智。

【经营业绩】2016 年，溪洛渡电厂全体员工在长江电力的正确领导下，艰苦奋斗，开拓进取，以 97.12% 的得分率通过了《防止电力生产事故二十五项重点要求》现场评审，年度发电 610.03 亿千瓦时，历年累计发电 1768.3 亿千瓦时，为国家经济发展注入了强大的绿色动力，同时相当于减少使用标准煤 7000 多万吨，减排二氧化碳 1.76 亿吨、二氧化硫 530 余万吨、氮氧化物近 260 余万吨，为建设美丽中国做出巨大贡献，为国家“保增长、调结构、惠民生”做出了积极贡献。

【科技创新】溪洛渡电厂 2016 年技术创新成果丰硕。溪洛渡电厂主持编写的电力行业标准《DLT443-2016 水轮发电机组及其附属设备出厂检验导则》成功发布，《水轮发电机组励磁配置技术导则》完成征求意见稿，《电力系统用蓄电池直流电源装置运行维护规程》获得修订权。

2016 年，溪洛渡电厂专利申请 95 项，专利授权 54 项，其中发明专利 2 项，实用新型 52 项。溪洛渡电厂自动化备品备件管理获第二届全国设备管理创新三等奖，溪洛渡电厂生产区域信息管理网络建设获集团公司科技创新成果二等奖，溪洛渡电厂主机分部获评全国电力行业质量信得过班组，溪洛渡电厂获得 2016 年（第八届）全国电力职工技术成果奖一等奖 1 项，三等奖 2 项。（袁玉比）

金沙江向家坝水电站工程

【工程概况】向家坝水电站是金沙江水电开发的最末一个梯级，位于四川省宜宾县和云南省水富县交界处。电站开发以发电为主，同时改善航运，兼顾防洪、灌溉，并具有拦沙和对溪洛渡水电站进行反调节等作用。 向家坝水电站上距溪洛渡河道里程 156.6 公里，下距宜宾市区 33 公里。电站正常蓄水位 380 米，死水位 370 米，总库容 51.63 亿立方米，调节库容 9.05 亿立方米，为不完全季调节水库。电站装机 8 台，单机额定容量 80 万千瓦，总装机容量 640 万千瓦，保证出力 200.9 万千瓦，多年平均发电量 308.8 亿千瓦时。 工程枢纽由混凝土重力坝、左岸坝后厂房、右岸地下厂房、左岸垂直升船机、冲排沙建筑物和两岸灌溉取水口等组成，最大坝高 162 米。

向家坝工程 2004 年 7 月开始筹建，2006 年 11 月正式开工，2008 年 12 月工程截流；2012 年 10 月 10 日电站下闸蓄水，10 月 16 日顺利蓄至初期蓄水位 354 米；2012 年 11 月首批 2 台机组投产发电；2013 年 4 月大坝全线浇筑至坝顶高程 384 米，9 月工程提前抬高蓄水位至正常蓄水位 380 米，2014 年 7 月 7 日，最后一台机组投产发电，除升船机外，主体工程全部完工，升船机预计 2017 年 9 月投入试运行。预计至 2017 年 5 月，向家坝累计发电 1228 亿千瓦时。

向家坝水电站建设过程中，在高坝底流泄洪消能、大坝深层抗滑稳定、复杂地基渗控设计与施工、大跨度地下厂房、变顶高尾水隧洞替代尾水调压室、巨型沉井群、人工砂石系统和长距离带式输送机、大跨度缆机、大容量水轮发电机组等方面取得了一系列科研成果。其中高速水流脱离底板技术处于国内外领先水平，变顶高尾水隧洞技术目前尚属首次应用于大型水电工程项目，巨型沉井群施工技术开创了国内水电建设先例。 向家坝与溪洛渡两水电站联合运行，可将下游沿岸的宜宾、泸州、重庆等城市的防洪标准从 5—20 年一遇提高到 50—100 年一遇；电站的修建将极大改善金沙江宜宾段以上 105 公里航道条件，使坝址以上航道由Ⅴ级提高到Ⅳ级，结束了“自古金沙不通舟，水急天高一望愁”的历史。 为保护长江上游珍稀特有鱼类及避免库区人工网箱养鱼对水质的污染，三峡集团为此兴建了金沙江溪洛渡向家坝珍稀鱼类人工增殖放流站，对长江上游各类珍稀、特有鱼类实施保护，自投运以来，向金沙江投放各类珍稀鱼苗 120 万尾，“四大家鱼” 60 万尾。向家坝灌区可覆盖四川、云南所属的宜宾、泸州、自贡、内江、昭通等近 20 个市县，灌溉面积达 530 万余亩。

向家坝水电站每年提供的清洁能源相当于减少标准煤消耗 1000 万吨，减少二氧化碳排放 2500 万吨。

【工程建设概况】2016 年，工程建设部按照年度计划稳步推进，克服了诸多困难，避免了各种风险，大坝一线的收尾工作有序，左岸主体及导流工程、二期Ⅲ标段、右岸地下电站已按计划完成合同验收；升船机一线总体可控，完成屋顶网架施工、螺母柱安装，进行船厢运行试验等，基本完成三期围堰开挖；右岸坝后电站因环评等手续办理问题已暂停施工；北干渠于 7 月 4 日实现全线贯通，并完成主洞衬砌 1476 米；南总干渠完成主洞衬砌 3595 米；翻坝转运横江大桥完成主桥的拱肋及拱上腹孔墩施工；上半年完成向家坝永久消防站和水富气象站的施工；永久供电系统及左岸水厂改造已启动；内卫武警营地完成方案审查。

【重点工程项目】工程度汛

2016 年，向家坝水电站大坝和电站厂房按照永久运行的标准度汛，面临右岸坝后电站和翻坝转运横江大桥防超标准洪水、尾工项目点多面广监管难度大、施工区防洪度汛工作不确定因素多等情况。为切实做好施工区 2016 年防洪度汛工作，建设部早准备、早部署、早落实，参建各方立足于“防早汛、防大汛”，紧紧围绕各重点度汛项目，切实做到了“思想、组织、措施、物资”四个落实和“人员、物资、工作”三个到位，确保了向家坝工程 2016 年安全度汛。

（1）及时启动，全面落实防汛组织领导责任。3 月中旬在下发设计院 2016 年度汛要求基础上，召开了 2016 年防汛工作启动会议，全面梳理各重点度汛项目，确保各度汛项目均能在汛前准备到位，具备防大汛条件。4 月中旬成立了由各参建单位相关负责人组成的防洪度汛领导小组和度汛办公室，明确了职责范围，实施坚强有力的组织领导。

（2）编制度汛方案和应急预案并经过审查。5 月下旬前编制完成枢纽工程、南北总干渠、翻坝转运横江大桥防洪度汛方案和应急抢险预案、泄水建筑物闸门调度方案和原型试验方案，并报送相关主管单位（部门）审查通过。汛前组织开展了右岸坝后电站、翻坝转运横江大桥、北干渠、冲沙孔、升船机船厢室、马延坡渣场等部位防洪度汛应急预案的演练。

（3）排查治理度汛隐患，确保工程形象满足度汛要求。通过汛前 6 次防汛检查，分清界面范围，明确责任单位（部门）、整改要求、完成时间、闭合验收管理等，将度汛隐患的排查治理工作落到实处，确保枢纽工程、右岸坝后电站、升船机—冲沙孔消力池—三期基坑一线、南北干渠、翻坝转运横江大桥等重点项目形象满足度汛要求、防超标准洪水措施到位。

（4）继续保持与宜宾、水富两地安监、防汛等部门良好的信息沟通机制，特别是保持与横江上游张窝电站建立的横江水情信息沟通机制，确保信息畅通，为防汛工作做好保障。同时，参照 2015 年 9 月与宜宾市应急办建立的水情信息通报机制，2016 年 5 月下旬建设部再次联合梯调中心成都调控中心与昭通市应急办接口，协商建立了与昭通市的向家坝水电站水情信息快速通报机制。

（5）强化内部沟通，配合做好检查。4 月上旬对施工区水文气象信息接讯人员进行了调整，并及时更新向家坝水电站防汛工作微信群，各参建单位相关负责人、现场巡视检查人员充分利用即时通信工具及时沟通各类汛期信息，认真配合做好四川省副省长、总经理王琳、建设管理公司、副总经理张诚、国家防总办等领导的防汛检查工作。

（6）强化过程控制，切实做好度汛工作。2016 年 6 月 1 日启动汛期 24 小时值班值守并加密安全监测频次，7 月 1 日启动防汛工作周报制度，并预报做好汛期巡查及强降雨过程、横江洪峰应对工作。针对强降雨引起的道路边坡垮塌、落石、截排水设施淤堵等问题，及时组织各方现场查看、提出处理措施并及时处理。

（7）不断完善工程监测系统与设施，加强监测管理与阶段性成果分析，保障枢纽及近坝库岸处在安全状态；加强近坝库岸地质灾害监测与巡查，确保近坝库岸安全或及时避险。2016 年汛期向家坝水库虽然经历了汛前水位消落，以及汛末再蓄水抬升等较大水位波动，但近坝库岸未发生大规模的滑坡、崩塌、泥石流等大型地质灾害，枢纽工程各监测物理量变化规律基本正常，大坝及其建筑物工作性态总体正常。

（8）按照《长江防总关于溪洛渡、向家坝水库 2016 年联合蓄水方案的批复》，向家坝水库汛末蓄水于 2016 年 9 月 5 日从 372.5 米开始，9 月 26 日 09 时 40 分向家坝上游水位达到 379.5 米，历时 21 天。蓄水期间，累计蓄水量 6.03 亿立方米；累计水位升幅 6.58 米，日均水位升幅 0.31 米；最大日均出库流量 119000 立方米/秒，最小日均出库流量 3290 立方米/秒，在通航标准范围内。蓄水过程未发现异常情况，向家坝水库圆满完成 2016 年蓄水任务。

振动问题的研究与协调

积极开展振动问题研究与协调工作，不断深入开展科研攻关、工程措施实施以及相关协调工作。

首先，调度方面，在总结 2013—2015 年调度运行经验的基础上，根据 2016 年溪洛渡、向家坝两库运行特性，制订了两库联合泄洪优化调度方案，均化下泄流量，降低泄洪流量峰值，并在日常闸门调度中采取双池表中孔多孔口、小开度、均匀开启的泄洪方式，分散入池水流的能量，保持流态平稳，从源头上减小泄洪振动；实施昼夜分级泄流，夜间尽量减小孔口下泄流量，其余时段下泄流量适当加大，以减小汛期夜间泄洪振动对居民休息的影响；其次，在协调工作方面，紧密依靠水富县委、县政

2016 年向家坝水电站全景　　（高峰　摄）

府，分层次开展维稳工作，得到了县委政府大力支持，与水富县政府联合成立了振动处置工作协调领导组，建立了沟通协调机制，联合开展维稳工作并成立了“接访站”，接访站于 2016 年 8 月正式投入运行，以水富县政府为主，实行 24 小时值班制度，及时掌握舆情、疏导居民情绪，有力地保障了社会安定，2016 年汛期未发生群体事件。

【设计工作】组织召开设计供图计划会、技术准备及资源配置例会，强化供图的及时性；协调现场设计配合工作，保证现场施工技术支持。

航运研究。完成《关于向家坝水电站升船机运行管理有关问题的建议》的上报。

振动研究。继续开展了向家坝泄洪振动的原型观测工作，并联合振动监测单位对电站枢纽区及水富县城的重点监测部位实施振动监测，对日常振动监测数据进行复核、分析和预判，对历年泄洪振动监测数据进行系统收集、整理、分析、总结。

①2016 年 4 月，向家坝与溪洛渡工程建设部组织召开了向家坝水电站 2015 年泄洪期间下游局部区域房屋门窗振动影响与治理专题研究成果审查会议。

②在总结 2013—2015 年调度运行经验的基础上，根据 2016 年溪洛渡、向家坝两库运行特性，制订了两库联合泄洪优化调度方案。

口门区整治研究。针对口门区流速超标的情况，中南院联合西科所通过物模试验和二维数学模型对向家坝水电站升船机下游引航道口门区的通航水流条件进行了复核研究，提出了改善和优化措施，并完成了向家坝水电站升船机下游引航道口门区及连接段通航水流条件优化方案审查和招标文件审查。

向家坝升船机　　（高峰　摄）

【科研工作】水富县城局部区域门窗振动专题研究

根据研究成果向家坝与溪洛渡工程建设部已开展房屋振动改造工程招标工作，对泄洪振动影响的房屋门窗进行改造施工。

向家坝水电站安全监测资料反馈分析

通过对电站运行期的安全监测和资料反馈，分析水电站运行期间的安全稳定状况，通过安全监测和资料反馈分析提前发现不利于电站运行的工况并及时解决，确保电站运行安全稳定。

向家坝水电站坝基渗控监测智能化控制系统研究

将坝基渗控监测进行智能化深入研究开发，通过软件系统与坝基安装的监测硬件联合运行，利用三维统一模型实现将坝基渗控情况远程反馈至管理端的功能。已完成系统软件编写，尚未开展现场调试，需要设计院进一步明确系统自动调控标准。

向家坝水电站坝基地质三维建模与灌浆分析系统研究及系统维护与服务研究，正在进一步补充完善加深帷幕灌浆资料，其余项目已经完成研究。

【工程投资】向家坝工程造价管理体系健全。向家坝招标采购领导小组，负责对建设部招标采购工作的组织、领导和协调。招标采购领导小组下设办公室，负责日常招标采购的具体工作。

招标方式选择上，不论规模大小，只要条件具备时，尽量选择公开招标，坚持“能公开不邀请招标，能邀请不委托”的原则。在招标过程中，根据《招投标法》和集团公司招标管理办法等规定的要求，坚持公开、公平、公正和诚信的原则，择优选择中标人。评标中邀请纪检监察人员全过程参与监督，保密工作落实，未发生违规违纪现象。

合同管理机制完善。根据《向家坝水电站工程合同管理实施细则》等内控制度，进一步明确各部门在合同管理中的职责，明确了立项、审批、评标、合同签订等环节的工作流程，强化合同管理日常工作的程序化和标准化。

变更索赔审核机制进一步完善，变更索赔处理及时。根据实际情况，对各合同项目定期与不定期召开经济问题协调会，对合同变更逐一清理，确定基本处理原则；建设部内部也定期对重大变更召开专题会议，及时确定处理方案；对重大变更组织和协调集团公司召开专题会议，形成了向家坝重大变更或索赔项目备忘录，及时处理了大部分历史遗留的变更问题；在合同项目实施过程中，要求做到先变更后施工或先确定变更原则和变更价格后再实施。对于重大技术措施改变，要求设计单位作经济预评估；在调整重大布置方案前，对可能引起的投资变化进行量化分析；加大项目部合同变更管理的责任和工程量复核的力度；加大现场签证管理的力度，要求有简图示意和工程量计算式，实行监理双签（现场签证人员和监理项目负责人）、三方备案等方式，以提高签证单的及时性和准确性。

2016 年向家坝工程共完成投资 35532.62 万元（含灌区工程13769.13万元，不含机电、移民投资），其中，建安工程完成投资 11821.99 万元。

2016 年右岸坝后电站共完成投资 2231.05 万元，其中建安工程完成投资 1317.56 万元。

【设备物资供应管理】物资方面

（1）2017 年物资供应的预期计划为：预计全年向家坝水电站混凝土浇筑施工方量约 1.5 万立方米，物资供应预计中热水泥供应 0.4 万吨，普硅水泥 0.04 万吨，粉煤灰供应 0.12 万吨，钢材供应 0.3 万吨。

2016 年实际完成混凝土浇筑方量约 2.3 万立方米左右，物资供应量：中热水泥供应 0.24 万吨，高抗 0.003 万吨，普硅水泥 0.39 万吨，粉煤灰供应 0.13 万吨，钢材供应 0.27 万吨。

（2）在 2016 年全年供应中，没有出现因物资供应不及时导致的停工、窝工现场，2016 年度计划未完成，是由于右岸坝后电站缓建而导致。

（3）物资核销管理：

①已完成施工但未办理竣工核销项目，制定物资核销进度计划。每月召开物资核销例会，通报项目的核销进度，2016 年共完成 9 个项目的竣工核销审批，3 个项目的竣工核销施工单位已报至监理部审批，15 个项目部已报至项目部审批。

②横江大桥、右岸水厂工程、永久消防站和气象站项目进行月度核销。

金结、启闭机设备方面

①2016 年金属结构、启闭机总体到货进度良好，满足工地现场安装需求。预计完成情况为：

左岸冲沙孔部分：左岸冲沙孔出口工作闸门 1 扇、门槽 1 套、液压启闭机 1 台。

灌溉孔部分：左岸灌溉孔事故闸门 1 扇、门槽 1 套、拦污栅 1 扇、 门机 1 台、液压启闭机 1 台；右岸灌溉孔事故闸门 1 扇、门槽 1 套、拦污栅 1 扇、液压启闭机 1 台。

右岸坝后电站部分：拦污栅 6 扇、快速事故门 3 扇、尾水闸门 6 扇、检修门库埋件 2 套、进水口坝顶门机 1 台、液压启闭机 3 台。工程量约 3144 吨。

②2016 年实际完成情况为：

左岸冲沙孔部分：左岸冲沙孔出口工作闸门 1 扇、门槽 1 套、液压启闭机 1 台。

灌溉孔部分：左岸灌溉孔事故闸门 1 扇、门槽 1 套、拦污栅 1 扇、门机 1 台、液压启闭机 1 台；右岸灌溉孔事故闸门 1 扇、门槽 1 套、拦污栅 1 扇、液压启闭机 1 台。

右岸坝后电站部分：拦污栅 13 扇、快速事故门 3 扇、进水口坝顶门机 1 台、液压启闭机 3 台。到货工程量约 2468 吨。

右岸坝后电站部分：拦污栅 6 扇、快速事故门 3 扇、尾水闸门 6 扇、检修门库埋件 2 套、进水口坝顶门机 1 台、液压启闭机 3 台。工程量约 3144 吨。

【坝区管理】施工区社会治安综合治理工作进一步深化，“企地共建”工作得到有效推进。坝区各单位与地方的关系融洽，移民、船东、振动影响上访等苗头性问题得到了有效调解，未发生影响工程建设及坝区稳定的群体性事件；

坝区安全保卫工作有序开展。重点保卫目标明确，保卫力量及执勤岗点布置合理，实现了从武警水电、武警交通撤场到武警内卫进驻的平稳过渡；坝区消防工作责任目标管理制度进一步健全，消防设施逐步配置完善，永久消防站建设及主体工程消防验收工作顺利推进，消防演练及消防检查等工作落实到位，坝区各单位防火安全意识及自防自救能力逐步增强。向家坝专职消防队于 12 月正式入驻新营地；

着力开展道路交通安全管理工作。专用公路通行车辆非法营运得到了严厉查处，“三超”“酒驾”等违法违规驾驶行为得到了有效控制，交通秩序良好，事故明显减少，继续保持了交通管理“零死亡”目标；

做好协作队伍退场管理工作，切实维护农民工合法权益。建筑市场管理措施得力，参建单位协作队伍退场得到了有效监管，参建农民工的各项合法权益得到有力维护，农民工队伍秩序稳定；

继续做好物业、绿化、保洁等工作。坝区卫生防疫工作到位，营区食堂及餐饮单位卫生检查及培训工作措施得力，未发生公共卫生事件；坝区绿化、保洁及营地物业管理工作有序推进，为建设者营造出绿树成荫、环境优美、文体设施完善的美丽坝区。

【环境保护体系建设】三峡集团公司十分重视水电开发中环境保护工作，为了适应金沙江水电开发对环境保护要求的需要，建立了“集团公司—建设管理公司—工程建设部—监理和施工单位”四位一体的环境保护管理体制。

2016 年向家坝工程环境管理体系在配合地方环

保部门执法监察、排污申报、施工现场环境管理、环保水保工作考核、单项工程环保水保验收、统计报表、信息收集及发布等方面都发挥了重要的作用。

【环境保护主要工程及投资】2016 年已实施的主要环保水保工程与措施包括：生产废水和生活污水处理工程，施工区大气、噪声防治工程，开挖面、渣场、道路边坡的防护工程（浆砌石挡墙、锚杆喷浆护坡、网格梁护坡、截排水沟等）。

本年度水土保持工作重心为水土保持设施运行管理和维护，主要工作有施工区绿化养护、新田湾渣场运行、其他零星改造修复工程等。施工区无乱堆乱弃现象发生，水土保持效果良好。

截至2016年12月底，施工区已绿化面积107.56公顷，网格梁植草护坡面积 26.06 公顷，TBS 和 CBS 液压喷播植草护坡面积 10.34 公顷，绿化美化工程使施工区生态景观焕然一新。

经统计，2016 年度环境保护和水土保持措施投资 1897.42 万元，其中环境监测投资 167 万元，环保设施运行投资 1199 万元，环境管理投资 105 万元。缴纳 2016 年排污费 80.72 万元，鱼类增殖站运行管理费及放流费用 335.7 万元。

【环境保护管理工作】依据规章制度，加强环境管理。依据已制定颁发的各项管理、考核办法，细则等共 14 项，为环境保护管理工作提供了有章可循、有法可依的保障手段。

坚持环保水保工作例会制度，及时解决环保、水保工作中存在的问题，并通报和部署下一步工作。

建立合同项目环保水保竣工验收制度。为了做好向家坝工程竣工时的环保水保验收工作，建设部建立了对单项工程进行环保和水保验收的制度，并颁布了相应的验收规定。截至 2016 年年底，共累计完成 151 项。

向家坝右岸地下厂房　　（高峰　摄）

编制环保水保报告，及时汇报环保水保工作情况。2016 年，向家坝与溪洛渡工程建设部共编制完成环保水保季报各 4 期、环保水保年报各 1 期，及时向相应政府主管部门汇报环保水保工作完成情况。

坚持环境保护巡查机制。向家坝与溪洛渡工程建设部环保中心不定期对向家坝施工区进行巡查，检查环境保护措施落实情况及环保设施运行情况，发现相关问题后，及时通报相应施工单位，并督促其整改。

维护环境管理信息系统，增强环境管理手段。向家坝工程环境管理信息系统2016年进行了历史数据的补录工作和日常数据的录入与维护。

【鱼类保护】金沙江溪洛渡向家坝水电站珍稀特有鱼类增殖放流站主要承担金沙江、岷江的特有鱼类人工繁殖放流，同时兼顾部分白鲟、达氏鲟、胭脂鱼及分布在长江上游干流的特有鱼类放流任务。增殖放流站位于向家坝工程施工区右岸高程 360 米平台，总占地面积约 2.67 公顷。

2016 年，增殖放流站分别开展了春季、秋季放流，共放流珍稀特有鱼类 17.5 万尾。截至 2016 年年底，向家坝累计向金沙江投放珍稀特有鱼苗 124 万尾。在 2016 年各项工作检查中，主管部门和专家对增殖放流站的运行情况予以了充分肯定。

【环保检查】2016 年，宜宾和昭通两市环境监察支队、宜宾、水富和绥江三县环境监察大队按季组成联合执法监察组，对向家坝工程环境保护“三同时”执行情况开展环保执法监察工作。建设部技术管理部、坝区管理部、环保中心和监理、施工单位主动接受配合现场执法监察工作。监察组对向家坝环境保护工作给予了高度评价。

【施工区环境质量】废（污）水、大气、噪声监测

田坝混凝土生产废水处理厂本年度共监测 12 次，生活污水共监测 4 次，监测结果表明，生产废水处理厂及莲花池生活污水处理厂运行情况良好，全年各项指标均符合标准，生活污水经处理后达标排放。

2016 年环境空气质量监测结果与 2015 年同期相比污染有所减轻，降尘污染较往年同期也有所缓解，全年各监测点位除总悬浮物、可吸入颗粒物偶有超标外，其余指标均能达标。

2016 年环境噪声监测数据显示，施工区内噪声

超标地段主要集中在右岸交通道路沿线，施工区外环境噪声超标主要是受到了来往车辆及居住人群的影响。

施工区疾控监测

2016 年施工区疫情情况无特殊，无甲类及按甲类管理的传染病发生，无暴发传染病疫情发生。通过采取消、杀、灭方式对病媒生物（蚊、蝇、鼠）进行防治，经灭前、灭后监测对比显示，向家坝工程施工区病媒生物密度有了明显下降，取得了较好的成效。

施工区水土保持监测

2016 年分别于汛前、汛中、汛后对向家坝工程施工区开展了 3 次水土保持监测。重点对封闭管理区坝肩开挖、弃渣场、道路、施工营地、表土资源堆放场，以及其他施工项目等进行了现场监测。监测结果表明，金沙江向家坝水电站各项水土保持措施正按照《水保方案》的要求逐步实施，封闭管理区坝肩开挖、弃渣场、道路、施工营地、表土资源堆放场，以及其他施工项目的水土流失程度逐渐减弱，水土流失防治基本达到了《水保方案》的要求。已建成完成的以格网护坡为主的工程措施和以坡面植草为主的植物措施等各项水土保持工程措施布局合理，质量总体良好。水土流失强度逐年减低，流失量逐年减少。尤其是施工营地区和施工道路区开展的土地平整、硬化、绿化、网格护坡等措施，水土流失治理效果明显，不仅减少了水土流失危害，还保护和美化了环境，带来了生态效益。

【质量管理】2016 年，在三峡集团公司和建管公司的统一安排下，向家坝与溪洛渡工程建设部在质量管理方面牢固树立“质量是工程建设成败的关键”的管理理念，按照“收尾有力不留隐患”的要求，狠抓质量体系建设，确保工程收尾阶段质量管控体系持续有效；继续实行风险预控和快速反应机制，加强质量预控，推进精细化管理，持续改进质量管理水平提升工程施工质量。主要体现在以下几方面：

（一）质量管控体系运行平稳有序

质量体系是质量管理的根本，2016 年建设部继续将体系建设放在质量管理工作的首位，不因工程处于收尾阶段就放松质量管理力度，组织了对参建单位质量管理体系进行检查，认真开展质量月活动；组织参建单位试验室开展了人工砂原材料试验检测比对活动，不断提高试验检测精确度；2016 年建设部和各单位质量管理体系运行正常，顺利通过了水利部建安中心的检查，工程施工质量总体良好。

（二）实施风险预控，完善快速反应机制

质量风险预控是指用预防手段减少或避免质量缺陷发生的一种管理措施。该措施是“质量管理预防为主”管理思想的具体体现，曾在大坝大体积混凝土浇筑、洞室开挖等主体项目中发挥较大作用。2016 年，在南北干渠开挖与衬砌、右岸坝后电站压力钢管安装等项目中，继续推行风险预控制度，洞室防坍塌应急救援预案、不良地质超前预报、混凝土风险预控表、金结埋件提示表等一系列预控措施得到较好执行，对保证北干渠顺利贯通、衬砌与结构混凝土外观质量优良和趸船及浮堤建造质量受控发挥了较大作用；在快速反应机制方面，继续执行了喷混凝土厚度快速检查、锚杆第三方检查、项目部现场值班及监理单位总监值班等制度，将质量管理的重心下沉至施工现场，通过“抓早抓小”将质量问题和质量隐患消除在萌芽阶段。

（三）采取针对性质量管控措施，确保重点项目质量受控

对重点项目，采取了针对性的质量控制措施，取得了较好的效果：在北干渠开挖向混凝土衬砌的转序过程中，制定衬砌标准化工艺并加强培训、成立 QC 小组开展衬砌质量攻关等一系列措施，确保北总干渠衬砌施工迅速步入正常轨道，质量稳步提升；在上游库区趸船及浮堤制造过程中，制定针对性质量措施，严格执行施工、监理、金结中心三级检测，并克服施工场地受限、材料进场困难、潮湿气候对防腐质量的影响等不利因素，高质量地完成了建造工作，焊缝质量，防腐质量，形位尺寸偏差等关键的质量控制点均达到了优良标准；对于翻坝转运横江大桥，编制各类作业指导书、加强施工技术交底和现场技术指导、狠抓关键工序质量检查，成立拱肋预制质量控制 QC 小组，不断提高主桥的拱肋、T 梁等的预制、吊装质量；对于右岸坝后电站主厂房上下游墙为免装修混凝土施工，按照“精品工程”的要求，参照免装修混凝土施工工艺要求，提前研究编制施工方案，并采用面板全新的钢模板进行施工，过程中不断总结改进，确保了施工质量。

（四）围绕竣工验收八个专项，重点推进枢纽、消防、档案、安全四个专项的验收，并按要求完成了三期基坑进水前验收的各项工作。

（1）三期基坑进水前验收：2016 年 1 月 15—24 日，开展升船机三期基坑进水前安全鉴定第三次现场活动，形成升船机三期基坑进水前安全鉴定意见；1 月 25—28 日，开展升船机三期基坑进水前验收专家组现场检查和技术预验收，形成专家组验收评审意见；1 月 29 日，召开升船机三期基坑进水前验收委员会大会，通过三期基坑进水前验收。

（2）工程竣工验收：2016 年 1 月 25—28 日，

开展枢纽工程专项验收安全鉴定第二次现场活动，审阅各单位提交的安全鉴定自检报告并提出修改意见；2016 年 4 月 17—28 日，完成了向家坝水电站枢纽工程竣工安全鉴定第三次现场活动，中国水利水电建设工程咨询有限公司已形成《金沙江向家坝水电站枢纽工程竣工安全鉴定报告》（讨论稿）。

（3）档案预验收：除升船机项目外，向家坝枢纽工程项目档案已基本收集入库。

（4）消防验收：2016 年 1 月 6 日，大坝防火分区通过消防验收；2016 年 12 月 7 日，左岸坝后厂房防火分区通过消防验收。

（5）合同验收：左岸主体及导流工程于 2016 年 5 月 24 日完成；二期III标段于 2016 年 5 月 25 日完成；右岸地下电站于 2016 年 7 月 19 日完成。

（五）积极开展分析与总结

工程收尾阶段，经验总结是与现场施工同样重要的质量管理任务。在梳理、收集工程建设资料和研究资料的基础上，编写了《复杂环境高坝大功率泄洪新型消能技术研究与工程管理》和《高重力坝地基深厚软弱破碎岩体处理技术与工程管理》总结的编制目录大纲。

（六）认真落实质水利部建安中心质量监督巡查意见

认真落实水利部建设管理与质量安全中心巡查组的检查、验收意见，提出的意见与建议已全部整改落实到位。

（七）认真开展“质量月”活动

紧紧围绕“创新、协调、绿色、开放、共享”五大发展理念，抓住“十三五”规划开局之年的有利契机，让“追求卓越、崇尚质量”成为全体员工的价值导向，大力推进质量强企建设工作，组织开展向家坝工程质量月活动，并组织、指导、协调各参建单位开展质量月活动。

溪洛渡右岸厂房　　（王孝海　摄）

（八）单元工程评定情况。

全年厂坝工程、升船机工程、灌区工程、右岸坝后电站工程等重点项目共评定单元工程 854 个，一次合格单元 854 个，一次合格率 100%；优良单元数 817 个，优良率 95.7%，工程质量总体优良。

【安全管理】2016 年，向家坝水电站大坝和电站厂房按照永久运行的标准度汛，面临右岸坝后电站和翻坝转运横江大桥防超标准洪水、尾工项目点多面广监管难度大等情况，施工区防洪度汛工作不确定因素多等情况。为切实做好施工区 2016 年防洪度汛工作，建设部早准备、早部署、早落实，参建各方立足于“防大汛、抗大洪、抢大险”，紧紧围绕各重点度汛项目，切实做到了“思想、组织、措施、物资”四个落实和“人员、物资、工作”三个到位，确保了汛期施工安全和度汛安全。

【防洪度汛】立足于“防早汛、防大汛”，及时启动防汛工作，全面落实组织领导责任。

3 月中旬，建设部在及时转发设计单位编制的《金沙江向家坝水电站工程 2016 年度汛要求》的基础上，召开了 2016 年防汛工作启动会议，听取了中南院关于重点部位防洪度汛要求、主要施工、监理和运行单位关于防汛检查及措施的汇报，全面梳理了各重点度汛项目，并对全面启动 2016 年防洪度汛工作提出了具体要求。

4 月中旬，为保证施工区 2016 年防洪度汛工作顺利开展，认真落实汛期防洪水、防暴雨、防大风、防坍塌、防泥石流、防雷击等各项措施，督促、协调、检查和统一指挥度汛工作，建设部下发了《关于成立向家坝水电站 2016 年防洪度汛组织机构的通知》（向技术〔2016〕52 号），成立了以建设部、设计、监理、施工、运行等单位组成的防洪度汛领导小组，明确了建设部、设计单位、金沙江水文气象中心、施工承包及运行单位、监理单位的职责，实施坚强有力的组织领导，将责任具体落实到人，并在度汛领导小组下设度汛办公室。

编制度汛方案和应急预案并经过审查

3月下旬，各施工单位根据《度汛要求》分析各自防汛工作重点、特点和面临的困难，提前研究工程度汛形象进度要求，制定了各分部分项工程的度汛方案和应急预案。

（1）枢纽工程和右岸坝后电站。4 月上旬，建设部结合设计单位和施工单位的度汛要求和度汛措施，编制完成了《金沙江向家坝水电站施工区2016年防洪度汛方案和应急预案》，5月3日正式将此文件报送工程建设管理局，6月24日建管公司正式将此文件报送长江防总审批。

（2）泄水建筑物闸门调度。5月19日，建设部组织专题审查会，审查了中南院编制的《金沙江向家坝水电站2016年泄水建筑物闸门调度方案》和《金沙江向家坝水电站2016年泄水建筑物运行调度原型试验方案》，讨论了闸门调度方案的编制原则、编制依据、闸门调度方案及原型试验方案，提出了修改完善意见。

（3）南北总干渠。5月15日，建设部组织专题审查会，《金沙江向家坝水电站灌区工程南北总干渠首部取水隧洞2016年度汛方案及应急预案》经四川省宜宾市、云南省水富县等相关部门审查通过。

（4）翻坝转运横江大桥。5月24日，建设部组织专题审查会，《金沙江向家坝水电站翻坝转运横江大桥2016年度汛方案及应急预案》经四川省宜宾县、云南省水富县等相关部门审查通过。

组织开展汛前检查，排查治理度汛隐患

3月15日第一次防汛专项检查，为召开防汛启动会全面梳理重点度汛项目做准备；5月4日，对照中南院出具的《向家坝水电站2016年防汛检查报告》组织开展第二次防汛专项检查；5月10—11日，根据集团公司会议精神，建设部负责人和分管领导带队开展防汛防灾工作再检查，并召开防洪度汛专题会议，梳理检查发现的问题，明确责任单位、整改要求和完成时间；5月26日，对照各参建单位按照度汛方案和应急预案中审定的防汛物资准备清单，组织开展防汛物资储备专项检查，对部分单位“物资储备不规范”等情况进行督促整改；6月24日主汛前检查，并召开了防汛整改专题会议落实各项整改要求；6月30日联合中南院检查对外专用公路边坡地质灾害情况。

通过多次防汛检查，建设部以检查通报或会议纪要的方式明确了过程中发现隐患的责任单位（部门）、整改要求、完成时间、闭合验收管理等，将度汛隐患的排查治理工作落到实处。

重点项目形象满足度汛要求

（1）枢纽工程。2016年汛期大坝、升船机和电站厂房按照永久运行的标准度汛。

（2）右岸坝后电站。厂房进水口和厂房按照永久运行标准度汛，尾水渠施工基坑度汛标准为全年10年一遇洪水，相应流量25100立方米/秒，最高挡水水位287.11米。防超标准洪水措施为：当预报出库流量大于15000立方米/秒时，立即完成尾水闸门下门、临时廊道封堵门关门工作，组织人员设备撤离并启动基坑充水工作。

（3）升船机—冲沙孔消力池—三期基坑一线。汛前三期围堰已基本开挖完成，6月22日完成左岸坝后厂房防洪墙施工交通洞下放临时闸门，升船机下闸首-冲沙孔消力池-三期基坑一线具备按照永久运行标准度汛条件。

（4）南北干渠。隧洞取水口进口挡水闸门始终保持关闭状态并做好闸门下游侧渗水的抽排工作，并在汛前完成各施工支洞洞口排水系统清淤、各渣场局部高陡边坡的平整修坡、填渣体与两侧山坡临时排水沟槽形成、渣场底部箱涵及沉渣池清理等工作。

（5）翻坝转运横江大桥。汛前，完成缆索吊装系统的拼装及验收取证工作，并拉好侧向缆风索等辅助固定措施，确保塔架的抗风及抗冲刷稳定性；对宜宾岸已经成孔的桩基础完成桩身混凝土浇筑工作，对无法完成混凝土浇筑的钻孔进行回填处理；完成宜宾岸主拱桥台基坑的回填、压实及永久边坡的防护、排水工作，确保汛期宜贾公路的安全；完成主拱圈的吊装及接缝浇筑工作，使主拱圈与两岸主拱桥台形成稳固的整体；在整体拱圈未形成前采取切实可靠的措施保证已安装拱肋的抗风及抗洪水冲刷稳定性。

组织开展防汛应急演练

4月底开始，建设部组织各参建单位开展各施工部位防洪度汛应急演练，检验应急预案及专项方案的可行性、可操作性，包括：4月27日升船机船厢室防洪度汛应急逃生演练；5月5日马延坡渣场防汛逃生演练；5月10日N1#施工支洞防汛逃生演练；5月19日右岸坝后电站超标准洪水人员设备撤离应急演练；6月19日翻坝转运横江大桥防汛应急演练。

【加强沟通协调，配合接受防汛检查】继续保持与宜宾、水富两地安监、防汛等部门良好的信息沟通机制，特别是保持与横江上游张窝电站建立的横江水情信息沟通机制，确保信息畅通，为防汛工作做好保障。同时，参照与2015年9月与宜宾市应急办建立的水情信息通报机制，2016年5月下旬工程建设部再次联合梯调中心成都调控中心与昭通市应急办接口，协商建立了与昭通市的向家坝水电站水情信息快速通报机制。

为确保水文气象信息在坝区各参建单位的及时有效传达，4月上旬建设部结合各参建单位人员变动情况，对接讯人员进行调整，明确了2016年向家坝水电站施工区水文气象信息接讯人员名单，并正式函告三峡梯调通信中心。

及时更新了向家坝水电站防汛工作微信群，各参建单位相关负责人、现场巡视检查人员充分利用即时通信工具及时沟通各类汛期信息。

认真对待上级各单位防汛检查，包括：4 月 20 日，四川省副省长曲木史哈、省防办主任谭小平、宜宾市副市长李敏等一行调研向家坝水电站的防汛工作；5 月 6 日，总经理王琳一行检查向家坝水电站安全生产和防洪度汛工作；5 月 24 日，工程建设管理局开展汛期防汛防灾再检查；6 月 17 日，副总经理樊启祥一行检查防汛工作；8 月 2 日，副总经理张诚一行检查防汛工作；9 月 19 日，国家防总办检查防汛及汛末蓄水工作。

【强化过程控制，切实做好汛期各项度汛措施】强化汛期值班。建设部 6 月 1 日启动了汛期 24 小时防汛值班值守工作，带班领导、应急及值班人员严格按照职责要求坚守岗位，切实做好突发事件的信息报送和处理工作，确保重要信息及时、准确上报。

加密安全监测。安全监测中心 6 月 1 日起按照设计相关要求加密安全监测频次，并在汇总分析各项监测数据的基础上，每周向建设部、中南院提交《汛期安全监测简报》。

坚持防汛工作周报。建设部 7 月 1 日起每周五向成都值班室发送《向家坝工程防洪度汛工作简报》，总结汇报金沙江、横江水情、坝区强降雨等异常天气情况、水库上下游水位、防汛工作开展情况、泄洪及振动信息、重点部位有无异常情况等内容。

做好汛期巡查及强降雨过程、横江洪峰应对工作。

（1）2016 年汛期，溪洛渡、向家坝联合调度，最大出库流量未超过 12000 立方米/秒，未影响向家坝下游通航。汛期不定期巡视检查各重点度汛项目，检查各参建单位防汛组织体系及职责责任落实情况、汛期专人现场巡视检查、防汛应急物资准备情况、防大风应急预案制定情况等内容，针对发现的隐患督促相关单位逐项整改落实。

（2）根据气象中心预报坚持做好强降雨过程“雨前、雨中、雨后”的巡视检查，针对强降雨引起的道路边坡垮塌、落石、截排水设施淤堵等问题，及时组织各方现场查看、提出处理措施并及时处理。

（3）根据张窝电站出库预报，在横江洪峰出现前组织人员、物资、设备紧急撤离，最大洪峰约 7000 立方米/秒（横江 20 年一遇洪水流量 8110 立方米/秒）未对大桥施工造成影响。

重点项目度汛。

（1）枢纽工程、右岸坝后电站汛期未发现异常情况，近坝库岸巡视检查工作正常开展。2016 年汛期向家坝水库近坝库岸未发生大规模的滑坡、崩塌、泥石流等大型地质灾害，枢纽工程各监测物理量变化规律基本正常，大坝及其建筑物工作性态总体正常。

（2）针对汛期强降雨引起的珍珠湾泥渣可能造成马延坡渣场涵洞入口淤堵从而影响渣场稳定的安全隐患，及时采取工程措施，加固马延坡公路沉降拉裂部位和修建珍珠湾排水系统，消除了该安全隐患。

（3）翻坝转运横江大桥在汛期主要做好

①缆索吊系统主塔及风缆防大风、雷电和超标准洪水冲刷；

②主拱圈未形成双基肋合龙稳定结构前必须采取辅助固定措施，防超标准洪水冲刷；

③宜宾岸桩基础防超标准洪水冲刷；

④重庆路边坡治理后的持续监测等工作。

【汛前消落与汛末蓄水】汛前消落

向家坝水库 1—5 月配合溪洛渡消落及线路检修进行调节，6 月集中消落，7 月 1 日消落至 372.36 米，水位日变幅范围在 2.5 米以内。

汛末蓄水

按照《长江防总关于溪洛渡、向家坝水库 2016 年联合蓄水方案的批复》，向家坝水库汛末蓄水于 2016 年 9 月 5 日从 372.5 米开始，下泄流量不低于 4720 立方米/秒，按均匀蓄水的方式，9 月 20 日蓄水至正常蓄水位 380 米。

建设部按照相关溪向联合蓄水协调会议精神，及时将长江防总关于水库蓄水的相关批复意见转发宜宾、昭通、雷波等地方政府，并明确该批复意见是一个原则性意见，实际调度过程在该原则下根据来水、电网、枢纽自身安全、库岸稳定等适时调整。蓄水期间加强枢纽和近坝库岸安全监测和巡视检查工作以及与航运部门的信息沟通，配合做好汛末蓄水的相关工作。

9 月 26 日 09 时 40 分，向家坝上游水位达到 379.5 米，历时 21 天。蓄水期间，累计蓄水量 6.03 亿立方米；累计水位升幅 6.58 米，日均水位升幅 0.31 米；最大日均出库流量 119000 立方米/秒，最小日均出库流量 3290 立方米/秒，在通航标准范围内。蓄水过程未发现异常情况，向家坝水库圆满完成 2016 年蓄水任务。

（高峰等）

金沙江溪洛渡水电站工程

【工程概况】溪洛渡水电站是金沙江下游梯级水电开发的第三级，位于四川省雷波县和云南省永善县交界的金沙江峡谷段，是我国继三峡工程之后在建的第二大水电站，是国家“西电东送”的骨干电源之一。溪洛渡水电站是一座以发电为主，兼有防洪、拦沙和改善下游航运条件等综合利用效益的巨型水电站。溪洛渡水电站建成后，可将下游沿江城市的防洪标准大大提高，增强了下游地区的自然减灾能力，在长江防洪体系中发挥重要的作用。同时，通过水库合理调度，可使三峡水库入库含沙量比天然状态减少 34%以上，下游航运条件得到充分改善，水库区亦可实现部分通航。

溪洛渡水电站正常蓄水位 600 米，死水位 540 米，水库总库容 126.7 亿立方米，调节库容 64.6 亿立方米，防洪库容 46.5 亿立方米，具有不完全年调节能力。溪洛渡水电站左右岸地下电站各安装 9 台 77 万千瓦的水轮发电机组，最大装机容量 1386 万千瓦，多年平均发电量 571.2—640 亿千瓦时（近期—远景）。

溪洛渡水电站工程具有窄河谷、高拱坝、大泄量、多机组、大地下洞室群等特点。其 285.5 米的坝高，在目前世界高拱坝中排名第三；高地震烈度区大坝设防标准为Ⅷ度；泄洪总功率 1 亿千瓦，居世界拱坝泄洪功率之冠；大尺寸的地下电站洞室群为世界之最。

溪洛渡工程 2003 年开始筹建，2005 年 12 月 26 日，工程正式开工建设，2007 年 11 月 8 日，成功实现大江截流，2009 年 3 月 27 日，大坝混凝土开始浇筑，2013 年 5 月下闸蓄水，7 月首批机组投产发电，2014 年 3 月 6 日，大坝坝体全线浇筑到顶，6 月 30 日，最后一台机组投产发电，2015 年 10 月，主体工程建设全部完工。溪洛渡水电站挡水建筑物采用混凝土抛物线双曲拱坝，坝顶高程 610 米，建基面最低高程为 324.5 米，最大坝高 285.5 米，坝顶拱冠 厚度 14 米，坝底拱冠厚度 60 米，顶拱中心线弧长 681.51 米。

溪洛渡大坝被誉为世界上最聪明的大坝——溪洛渡智能大坝。2015 年，溪洛渡水电站首创的 300 米级拱坝智能化建设关键技术荣获国家科学技术进步奖二等奖。2016 年，溪洛渡水电站工程获得有国际工程咨询领域“诺贝尔奖”之称的“菲迪克 2016 年工程项目杰出奖”。溪洛渡水电站建成后，源源不断地提供大量的清洁能源，相当于每年减少标准煤消耗 2000 万吨，减少二氧化碳排放量约 5000 万吨。

2016 年溪洛渡水电站全景　　（王连生　摄）

【2016 年工程建设综述】2016 年溪洛渡工程主要围绕“尾工建设稳步推进、枢纽运行平稳有序、变更处理基本完成、竣工验收全面启动”总体目标开展项目建设管理工作。工程建设方面，顺利实现年初各项节点目标。其中，大坝工程顺利完成尾工清理和移交工作；水垫塘永久加固工程圆满完成，并通过汛期表孔、深孔联合过流检验；雾化区边坡及下游河道治理进展顺利并顺利通过汛期检验；新增 2 号排水洞提前实现贯通，混凝土衬砌施工进展顺利。

2016 年溪洛渡工程累计完成投资 74176.60 万元，其中建安工程完成 17925.57 万元，金属结构及机电设备费完成投资 4495.39 万元，建设征地移民安置费完成投资 46902 万元，其他费用完成投资 4853.59 万元。

【重点工程建设】大坝工程。溪洛渡水电站大坝工程混凝土、装修、临建设施拆除、工作面清理、移交等全部完工。

主要完成大坝 610 拌和系统拆除及工作面清理，具备场地移交条件；21 号坝段电梯前室装修及电梯井（9 号、21 号）部位移交；完成坝顶门机及深孔

50t 检修桥机尾工处理及设备移交。

水垫塘永久加固工程。2016 年 2 月下旬正式开工， 3 月 25 日完成混凝土切割，5 月 21 日完成混凝土浇筑，5 月 25 日完成锚索和灌浆施工。6 月 27 日完成水垫塘边坡马道、二道坝及塘内施工临建设施清理撤退，具备充水条件。6 月 28 日水垫塘内水位由高程 355 米充水至高程 373.5 米左右，充水结束，水垫塘永久加固工程全部完成。

2016 年水垫塘总渗流量同比较 2015 年减少 545 升/分钟，结构混凝土未发现新增渗漏点，个别排水孔排水量变大，渗压变化平缓，水垫塘运行正常。

雾化区边坡及下游河道治理工程。右岸合同内工作已于 2016 年 8 月完工。左岸高程 412 米以下部位混凝土施工已于汛前完工。受度汛影响，截至 2016 年年底，左岸 412 米以上边坡完成 5 个单元支护施工（共 9 个单元）；其余部位正加紧安排施工，计划 2017 年汛前完工。

2 号交通洞安全度汛补充设施工程。2 号排水洞已于 6 月底贯通；排水洞进口天然边坡治理完成；排水洞出口明渠临江侧边坡混凝土浇筑施工和水下部分贴坡混凝土施工已经完成，剩余靠山侧贴坡开挖及混凝土施工计划汛后实施；2 号交通洞进口闸室已完成并移交运行单位。

【生态环境保护】生态环保投资。2016 年度，溪洛渡水电各项环境保护和水土保持措施发挥了良好的生态环境保护效益，该电站共完成环境保护投资 1031.82 万元，其中水土保持措施投资 740 万元，生活污水处理运行费用 89.98 万元，施工区生活垃圾处理费用 40.41 万元，水土保持监测和陆生生态监测投资 19.4 万元，缴纳排污费 99.53 万元等。

溪洛渡电站下游　　（王孝海　摄）

环境监测成果。2016 年，溪洛渡水电站干流断面水质良好，施工活动没有给金沙江干流水质带来明显波动和影响。蓄水阶段库区水质加密监测结果表明，工程蓄水后，库区干流水质状况良好，未发现异常。

2016 年，施工区的水环境、大气环境、噪声环境质量总体良好，生活污水处理率 100%，处理达标率 100%， BOD5 和 COD 指标全部达标。生产废水处理率 100%，利用率 90%以上，达标率 95%以上，SS 平均去除率达到了 99%以上，pH 值指标全部达标。环境空气监测显示，施工区和对外交通环境空气质量均满足《环境空气监测质量标准》(GB3095-1996) 二级标准。施工生活营区环境噪声监测结果基本满足《城市区域环境噪声标准》（GB3096-93）II 类标准的要求。

2016 年，水土保持工程的数量和质量均满足主体工程对于水土保持的要求，水土保持植物措施的实施和管护基本能够满足涵养水源与持水固土的要求。

水土保持动态监测结果表明，施工区和对外交通区扰动土地整治率达 97.60%，水土流失总治理度达 94.41%，土壤流失控制比达 0.87，拦渣率达 96.30%以上，林草植被恢复率达 96.12%，林草覆盖率达 21.18%。六项指标全部符合溪洛渡水电站蓄水阶段水土流失防治目标。

节能措施及综合利用实施情况。坚持节约资源和保护环境是我国的基本国策，关系人民群众切身利益和中华民族的生存和发展。溪洛渡水电站坚持降低能源消耗强度、减少主要污染物排放总量、合理控制能源消费总量相结合，大幅度提高能源利用效率，显著减少污染物排放。2016 年，溪洛渡工程万元产值综合能耗较 2015 年下降了 14.1%。

环境保护的监督与执法检查。2016 年 9 月 20 日，永善、雷波两县环境保护局联合对溪洛渡水电站施工区开展环境保护“三同时”执行情况现场监察。监察组总体肯定了前期溪洛渡水电站前期水保、环保取得的成果，并提出要求尽快组织实施施工迹地后续生态恢复专题设计审查，促进溪洛渡水电站工程生态环境保护的落实。

2016年11月18日，昭通市环境保护局组织永善县环境保护局对溪洛渡水电站施工区实施环境保护“三同时”执行情况现场监察。监察组肯定溪洛渡水电站环境保护措施的落实，同时也提出完善要求。建设部高度重视监察组提出的意见，积极组织相关参建单位进行落实完善。

【科技创新】在前阶段已形成工程技术总结的基础上，进一步分项目、分专业开展审核修订工作。其中泄洪洞工程技术总结、特高拱坝智能化建设技术创新和实践、缆索起重机管理总结已具备出版条件。

积极参与重大科技奖励申报工作，科技创新取得丰硕成果。其中地下厂房洞室群建设关键技获第七届中国岩石力学与工程学会科技进步二等奖；溪洛渡水电站泄洪洞群建设关键技术获2016年度水力发电科学技术奖一等奖；溪洛渡水电站喜获素有国际工程咨询领域“诺贝尔奖”之称的“菲迪克2016年工程项目杰出奖”，这是全球21个获奖项目中唯一的水电项目。

【质量管理】2016年，溪洛渡电站现场质量管控重点为2号排水洞洞身开挖支护、出口工作桥T梁预制、张拉及底板混凝土施工，水垫塘检修工程止水安装、混凝土浇筑、聚脲刮涂等，通过现场技术交底、质量三检制、质量检查及整改等，各部位施工质量受控，完成单元工程质量评定354个，其中合格单元工程354个，合格率100%；优良单元工程332个，优良率94.02%。

结合工程进入收尾阶段的现状，持续监督完善各参建单位质量体系建设工作，分别行文至主要监理单位后方，要求其确保现场监理人员投入，确保收尾工作有序、工程质量稳定。

认真开展“质量月”活动。紧紧围绕“创新、协调、绿色、开放、共享”五大发展理念，抓住“十三五”规划开局之年的有利契机，让“追求卓越、崇尚质量”成为全体员工的价值导向，大力推进质量强企建设工作，组织开展溪洛渡水电站质量月活动，并组织、指导、协调各参建单位开展质量月活动。

【安全管理】加强重点危险源安全监控。主要围绕水垫塘永久检修施工、溪洛渡沟新增2号排水洞施工、雾化区边坡及下游河道治理等现场重点工程项目开展工作，抓住现场洞室开挖与支护、爆破作业、大件吊装、排架搭设使用及拆除等重点危险源监控和临边、临江、涉水等高危作业管控，严格执行相关管理规定和程序文件，加强现场监督检查，按计划顺利完成现场重点工程项目施工。

扎实抓好防洪度汛各项工作

1. 清醒认识、高度重视，在面临2016年超强厄尔尼诺现象、建设单位机构改革、原有应急抢险队伍退场等条件和因素变化的情况下，牢固树立“防大汛、抢大险、救大灾”意识，组织参建各方对今年防汛工作进行周密部署和详细安排。

2. 汛前按期完成水垫塘永久检修、溪洛渡沟新增2号排水洞洞室开挖及下游河道治理等度汛项目实施，确保工程度汛安全。

3. 完善防汛体系，编制防汛方案和预案，组织开展水垫塘防汛、杨家坪营地防泥石流等应急演练，细化落实“三责”、严格执行“三查”，开展防汛防灾全面排查、再检查、复查，落实各项防汛措施和整改要求，加强汛期值班工作，建立并利用好防汛微信群，及时、准确、有效传递各类信息；积极做好高水位条件下泄洪建筑物水力学原型观测的安全风险管控，试验过程顺利、正常。成功应对洪峰（9月23日洪峰流量达14000立方米/秒）和“6·6-6·7”暴雨、“7·5-7·6”暴雨等多次强降雨过程，第三次顺利实现正常蓄水位600米蓄水目标。

积极应对处置系列突发事件。1. 针对对外交通和场内因暴雨导致的多次塌方、泥石流等突发地质灾害，积极有效开展应急处置，对外交通专用公路等抢通保通及时，未造成人员伤亡和较大财产损失。2. 针对8月初发现的永善县雪柏村桥湾变形体，协调各方、积极应对，加强与地方政府的沟通，有序开展了应急监测和落实监测成果通报机制、组织大坝上游沿岸和拦漂排作业巡视检查、编制应急处置方案并在地方政府备案等系列应急处置工作，未造成人员伤亡和财产损失。

深入开展安全大检查活动。2016年11—12月，在施工区深入开展安全生产大检查，深化“打非治违”以及危险化学品和易燃易爆物品专项整治活动，制订并印发了《关于开展溪洛渡水电站安全生产大检查的通知》，从工程或合同项目开工许可、安全生产责任、工期管控、施工方案和安全技术措施、大型施工设备、预防坍塌事故措施、特殊部位及特种作业、重大危险源、应急预案、冬季施工措施、安全教育培训、工程建设与电厂运行界面、水上作业、其他等十四个方面进行全面检查，共排查隐患81项，落实治理资金7.2万余元，督促责任单位及时进行了整改闭合。

（王连生等）

金沙江白鹤滩水电站工程

【工程概况】

（一）地理位置

白鹤滩水电站为金沙江下游四个水电梯级——乌东德、白鹤滩、溪洛渡、向家坝中的第二个梯级，坝址位于四川省宁南县和云南省巧家县境内，上游距巧家县城约45公里，距乌东德坝址约182公里；下游距离溪洛渡水电站约195公里，距离宜宾市河道里程约380公里。电站距昆明公路里程306公里，至重庆、成都、贵阳直线距离均在400公里左右，到广州的直线距离约1150公里，到华中地区武汉的直线距离约1200公里，到华东地区上海的直线距离约1850公里。

（二）工程效益

1. 巨大的清洁能源发电效益

作为国家实施西部大开发战略和实施“西电东送”战略的骨干电源，建设白鹤滩水电站是我国能源可持续发展战略需要，也是实现我国节能减排目标的重要措施。

电站建成后，将在满足四川、云南两省用电需求的同时外送，拟供电华东、华中、南方电网。可明显提高水电在系统中的比重，改善电网电源结构，对促进全国能源结构优化配置具有重要的作用。在同等满足电力系统用电需求的情况下，可替代火电年均发电量624.43亿千瓦时，每年可节约标煤约1968万吨，同时可减少温室气体排放，每年可减少排放二氧化碳CO_2约5160万吨、二氧化硫SO_2约17万吨、氮氧化物NOX约15万吨，减少烟尘年排放量约22万吨，环境效益显著。

2016年白鹤滩水电站全景　　（陈臣　摄）

由于白鹤滩水库巨大的调节作用，可增加下游溪洛渡、向家坝、三峡、葛洲坝等梯级水电站的年发电量24.3亿千瓦时，并可增加下游各梯级枯水期（12—5月）发电量92.1亿千瓦时，明显改善下游各梯级的电能质量。

2. 加强和完善长江防洪体系的重要举措

白鹤滩水库控制流域面积43.03万平方公里，占金沙江流域面积的91%，是长江流域开发治理的控制性工程之一。水库在金沙江下游四个梯级中库容最大，防洪库容为75.0亿立方米，是长江防洪体系的重要组成部分，将为解决川江、长江中下游防洪问题发挥重要作用。

3. 为改善地方航运创造了条件

水库形成后，常年回水区全长约145公里，为发展地方航运创造了条件。通过水陆联运，为开发金沙江下游航运资源，进一步提升长江“黄金水道”功能、建设综合立体交通走廊创造了条件。

4. 促进长江经济带建设、带动地区经济社会发展

白鹤滩水电站建设可将当地的水电资源优势转化为经济优势，加快库区群众脱贫致富，为当地经济社会增长做出较大贡献。白鹤滩水电站直接用于枢纽建设和库区建设的资金超过1700亿元，电站建设投入的资金可拉动相关行业的投资，新增就业机会和当地税收，改善当地产业结构，改善工程周边地区的交通、通讯等基础设施条件，推进新型城镇化建设，提高当地居民生活水平，促进当地社会经济的发展，对金沙江下游地区经济社会发展意义重大。

5. 带动我国机电设备和工程技术走向世界

白鹤滩水电站的建设，将引领国内高坝建设、巨型地下洞室施工、高水头大流量泄洪消能、超高坝建筑材料等技术攻关，带动和促进我国机电设备制造业、建材业等相关产业和科研的发展。以白鹤滩水电站为依托正在开展的单机百万千瓦级大型水轮机组技术研究和制造，对提升我国机电设备制造及相关材料行业的科研水平和国际竞争力都具有积

极的意义。

（三）水文水能

坝址控制流域面积 43.03 万平方公里，占金沙江流域面积的 91%；坝址多年平均流量 4170 立方米/秒，多年平均径流量 1315 亿立方米；千年一遇设计洪水流量 38800 立方米/秒、万年一遇校核洪水流量 46100 立方米/秒。

电站装机容量 1600 万千瓦，多年平均发电量 624.43 亿千瓦时。水库正常蓄水位 825 米，相应库容为 190.06 亿立方米，水库总库容 206.27 亿立方米；防洪限制水位 785 米，防洪库容 75 亿立方米；死水位 765 米，调节库容 104.36 亿立方米，为年调节水库。

（四）工程地质

工程区金沙江呈自北向南流向，地势北高南低、河谷呈不对称的 V 字形、左缓右陡。

国家地震安全性评定委员会评定的工程场址区地震基本烈度为Ⅷ度。坝址设计地震水平加速度 451gal，校核地震水平加速度 534gal。

地层岩性主要为玄武岩，上覆砂、泥岩。玄武岩根据喷发间断共划分为 11 个岩流层。岩流层顶部凝灰岩构造错动，层内发育错动带。地质构造为倾向南东的单斜，产状缓倾上游偏右岸。断层主要发育 NWW 向、NNW 向、NNE 向及近 SN 向 4 组。岩体卸荷主要表现为沿构造结构面的张开，左岸岩体水平方向卸荷深度总体上大于右岸。地下水位埋深左岸 50—150 米、右岸 100—400 米。左岸地厂第一主应力量值约在 19—23MPa；右岸地厂第一主应力量值约在 22—26MPa。

（五）枢纽布置

1．挡水建筑物

拦河大坝为椭圆线型混凝土双曲拱坝，最大坝高 289 米，坝顶弧长 709 米，坝顶宽度 14 米，弧高比 2.453，厚高比 0.218。坝体浇筑混凝土 818 万立方米，开挖土石方为 845 万立方米。

2．泄洪消能建筑物

泄水建筑物由坝身 6 个表孔和 7 个深孔、左岸 3 条无压泄洪直洞组成，最大总泄量为 42348 立方米/秒，坝身和岸边泄量比例约 7:3。坝身 6 个表孔为开敞式溢洪道，堰顶高程 810.0 米，孔口尺寸 14.0 米×15.0 米（宽×高），采用大差动跌流坎和舌形坎的自由跌流；7 个深孔为有压泄水孔，出口工作闸门底槛高 724 米，孔口尺寸为 5.5×8.0 米（宽×高），采用挑流消能；坝下设水垫塘(长 400 米)、二道坝，水垫塘采用反拱底板复式梯形断面；3 条无压泄洪直洞均布置在左岸，为无压直洞、洞内“龙落尾”形式，洞身长度约 2100—2300 米，控制闸门孔口尺寸为 15×9.5 米（宽×高），出口采用挑流消能。

3．引水发电建筑物

地下厂房采用首部开发方案，左右岸各布置 8 台 100 万千瓦水轮发电机组，额定流量 547.8 立方米/秒，额定水头 202 米。左右岸引水发电系统均由进水口、压力管道、主副厂房、主变洞、尾水管检修闸门室、尾水调压室、尾水隧洞、尾水出口及地面出线场组成。

电站进水口采用分层取水岸塔式，8 个进水塔直线布置，前缘总 265.6 米，高 105 米。

压力管道采用单机单洞竖井式，上平段采用钢筋混凝土衬砌，内径 11 米；其后压力管道采用钢板衬砌，内径 10.2—8.6 米。

厂区主要洞室主副厂房洞、主变洞、尾水管检修闸门室、尾水调压室平行布置，主变洞布置在主副厂房洞下游侧。主副厂房洞长 438 米，高 86.7 米，开挖跨度 31—34 米；主变洞布置在主副厂房洞下游侧，两者间岩壁净距为 60.65 米。主变洞总长 368 米，宽 21 米，高 39.5 米。母线洞连接主副厂房洞和主变洞，长 60.65 米。

尾水管检修闸门室布置在主变洞与尾水调压室之间，门室长 374.5 米，闸门室跨度 12.1—15.0 米。

尾水调压室采用圆筒形、阻抗式，左右岸各 4 个，开挖直径 42—48 米，直墙高度 77—92 米。

尾水隧洞采用 2 台机合 1 洞的布置形式，左右岸各布置 4 条尾水隧洞，其中左岸 3 条、右岸 2 条尾水隧洞结合导流洞布置。

尾水出口采用地下竖井式，门室开挖跨度 15.0 米，长 250 米，高 22.53 米。

两岸 500 千伏开关站均采用地下 GIS 布置形式，布置于主变洞内，地面仅设出线场。

4．施工组织设计

工程量：主体工程（不包括导流工程、场内交通、施工支洞及其他辅助工程）土石方开挖量约 8000 万立方米，混凝土约 1700 万立方米，钢筋约 60 万吨。

施工导流：导流建筑物包括 5 条导流隧洞、6 个坝身导流底孔和上、下游围堰。导流标准采用 50 年一遇洪水设计，Q=28700 立方米/秒。

砂石混凝土系统：设置 3 个主要砂石料加工系统、4 个混凝土生产系统，选择旱谷地料场灰岩作为大坝混凝土骨料料源，选择工程玄武岩开挖料作为其他建筑物混凝土骨料料源。

场内交通：左岸分高、中、低设置 4 条干线公路、16 条主要支线公路，总长约 42.7 公里，三分之一为隧洞。右岸设置 3 条干线公路、12 条主要支线公路，总长约 33.9 公里，三分之二为隧洞。

施工总布置：设置 4 个主要渣场、1 个永久营地、3 个施工营地、1 个中心变电站、4 个分区变电站和 2 个施工供水系统。

工程建设安排首批机组发电工期 10 年，工程建设总工期 12 年。

【工程进展】交通工程。

1．对外交通工程。葫白公路总长 27.4 公里，共有隧道 10 座、桥梁 13 座，已经全线通车；葫芦口大桥为全长 746 米、主跨 656 米的钢桁加劲梁悬索桥，桥梁全部施工已完成；旱谷地料场进场道路为大坝骨料运输专用通道，全长 12.8 公里，于 2016 年 11 月中旬全线通车。

2．场内交通工程。场内交通主要由 7 条干线公路，33 条支线公路和 4 座交通桥，以及连接左右岸交通的 2 组临时索道桥、1 座悬索钢桥和 2 座永久交通桥组成。总长约 76.6 公里，其中明路 34.9 公里，隧洞 41.7 公里，已经全部建成通车。

公共工程。白鹤滩水电站工程施工区共布置 8 个渣场、6 个砂石加工及混凝土生产系统、6 个水厂、1 座 110 千伏中心变电站和 4 座 35 千伏变电站、5 个营地；场外还布置有旱谷地大坝砂石骨料加工系统。除高、低线混凝土生产系统外，白鹤滩施工附属企业、营地等已全部投入使用。

导截流工程。导流洞工程于 2014 年 4 月通过安全鉴定和过流验收，同年 11 月过流。上、下游围堰于 6 月 23 日完成并安全度汛。

大坝工程。大坝基础开挖于 2014 年 8 月开始，计划 2017 年 3 月完成大坝基础开挖，并具备大坝主体混凝土开浇条件。计划 2021 年 8 月完成大坝混凝土浇筑。

白鹤滩水电站上村梁子营地　　（陈旋　摄）

地下厂房工程。左右岸引水发电系统由进水口、压力管道、主副厂房、主变洞、尾水管检修闸门室、尾水调压室、尾水隧洞、尾水出口及地面出线场组成。

1．左、右岸进水塔混凝土于 2016 年 5 月开始浇筑，分别计划 2019 年 6 月、2019 年 8 月完成。

2．左、右地下厂房工程于 2014 年 6 月开挖，分别计划于 2017 年 12 月和 2018 年 2 月完成开挖支护，主厂房混凝土计划于 2018 年 10 月完成浇筑。

3．左、右岸主变室开挖全部完成，预计 2018 年 8 月完成混凝土浇筑。

4. 左、右岸尾水管检修闸门井以上开挖已完成，正在进行闸门井溜渣井施工。

5．左岸尾调室正进行井身段开挖，右岸 5 号、8 号正在进行井身段开挖，6 号、7 号尾调室正在进行穹顶开挖，预计 2018 年 11 月全部开挖完成，2021 年 1 月全部完成混凝土浇筑及灌浆。

6．左、右岸尾水洞开挖可于 2017 年 1 月 20 日前全部完成，预计 2022 年 1 月完成混凝土浇筑及灌浆。

7．2019 年 12 月首批机组开始安装，2021 年 5 月首批机组安装完成，2021 年 7 月首批机组投产发电，2022 年 12 月底全部 16 台机组投产发的。

（六）泄洪洞工程

1．泄洪洞进水塔浇筑至高程 779 米，计划 2017 年底浇筑完成。

2．泄洪洞洞身上平段开挖支护完成，2016 年 12 月开始混凝土浇筑，计划 2020 年 4 月完成混凝土浇筑。

3．龙落尾段开挖支护完成 75%，计划 2017 年 9 月完成。计划于 2018 年 7 月开始混凝土浇筑，2021 年 3 月混凝土浇筑完成。

【科技创新】白鹤滩水电站工程规模巨大，地质条件复杂，技术难度大，设计周期短，投入的人力和物力巨大，组建了勤奋敬业、管理高效的勘测设计队伍，完成了 20 余万米钻孔和 5 万余米平洞的现场勘探，以及巨量的现场试验工作，联合国内外科研机构和高等院校开展 180 余项专题科学研究和技术攻关，取得了丰硕的研究成果。白鹤滩水电站勘测设计工作力求在充分吸收国内外类似工程技术经验的基础上，开展技术总结与提炼，积极采用新技术、新材料、新设备和新工艺。成功解决了复杂地形地质条件下不对称拱坝设计和抗滑稳定、高拱坝柱状节理玄武岩大坝基础、全坝使用低热水泥，高应力复杂地质条件下巨型地下洞室群的开挖支护设计等世界级关键技术问题。

【质量管理】2016 年，白鹤滩建设部按照集团公司领导提出的“建设世界一流精品工程”目标和“规范、有序、协调、健康”的管理要求，制定了“弘扬三峡质量文化，铸就水电典范工程”的质量目标，遵循“精细管理、和谐发展、追求卓越”的质量理念，持续完善质量管理体系，不断夯实质量管理基础，创新管理模式，改进施工工艺，以卓越的工程质量，打造水电行业典范。

强化了质量管理措施落实。主标施工单位按照建设部“三层次四体系”的管理要求实施项目管理；强化了开工条件审查，巩固了总监办质量巡查机制，重点对实物质量进行检查，发现问题、及时通报、督促整改；公开招标引入的专业单位已开展“第三方”质量抽查；关键、重点项目采用专业管控和联合管控模式；积极推进 10 余项 QC 小组活动；进一步明确、细化了旁站项目和旁站工序，根据监理单位每月报送的旁站计划现场检查旁站值守情况，采取指纹考勤机对监理人员进行考勤，强化了旁站监理人员履职履约管理；建立了工序质量影像留存制度，确立了施工质量合格状态和实物数量认定机制，实现隐蔽工程过程质量可追溯；积极推进“标准化作业”，印发 10 余项标准化工艺手册；扎实开展“质量月”活动，营造全面质量管理氛围；结合工程进展修订了施工质量和监理工作考核办法，严格执行考核奖惩制度。

加强了实物工程质量管控。坝基开挖采取精细化爆破、支护跟进等措施，柱状节理玄武岩松弛和层间层内错动带剪切变形控制良好；针对大跨度高边墙地下洞室群高应力等复杂地质条件，采取了薄层开挖、加强监测、反馈分析、优化方案、及时支护等措施，确保了大型地下洞室群开挖稳步推进；岩壁梁混凝土浇筑实行联合管控、全程旁站的管理模式，外观质量好、体型偏差小；强化了灌浆工程质量管控，各参建单位设立灌浆专业管理机构，联合成立灌浆记录仪管理小组并定期巡检，成果资料多家保存并及时防伪验证，逐步完善灌浆数据无线传输实时监控，实行水泥及时核销机制，确保灌浆工程质量受控；全年配合政府质量监督机构开展抽检和年度巡检 3 次，工程质量获得专家组认可。

【安全管理】2016 年，白鹤滩工程各参建单位切实将安全生产工作放在首位，主要领导开会谈安全，思考问题想安全，现场工作抓安全，以严格的要求推进白鹤滩工程本质安全建设，完善安全管理体系，促进安全责任落实，以隐患排查治理为基础，充分利用白鹤滩安全隐患微信平台，促进全员参与安全管理，各项安全管理措施能够得到有效落实。目前，白鹤滩工程安全生产形势基本稳定，良好的安全氛围正在初步形成。

进一步健全安全管理体系。建设部高度重视白鹤滩工程安全管理体系建设，组织成立了白鹤滩工程安全生产委员会，白鹤滩安委会由白鹤滩建设部和各参建单位等 22 家单位组成。白鹤滩安委会下设办公室，负责安委会日常工作。建设部现设有分管安全领导及安全总监各 1 名，专职安全管理人员 6 人，各参建单位专（兼）职安全管理人员满足合同及施工现场安全管理要求。

加强安全管理制度建设。白鹤滩建设部制定了包括安全生产管理办法、安全生产责任制等 30 余项安全管理制度并及时进行修订完善，满足白鹤滩工程建设安全管理要求。

强化安全教育培训。日常开展了地质灾害、防洪度汛、应急救援以及新员工入场培训等各类安全教育培训；邀请了昭通市培训中心、四川省培训中心到白鹤滩工地开展“三项岗位人员”及“特种设备操作人员”的取证培训，2016 年白鹤滩建设部参与组织的培训共 16 次，累计参训人员 1101 人•次，监理单位开展安全教育培训共 126 次，累计参训人员 4678 人•次，施工单位开展安全教育培训共 1046 次，累计参训人员 15681 人•次；施工区累计开展安全教育培训共 1188 次，累计参训人员共 21460 人•次。

深化隐患排查治理。开展了日常巡查、专项检查和综合大检查，定期巡视检查各施工作业面，组织防汛防灾、车辆交通、特种设备、施工用电、施工排架、爆破作业、洞室开挖、竖井施工等专项检查；开展节前、节后等综合性安全大检查。建设部积极推广使用安全隐患管理微信平台，制定使用管理办法和采取考核的方式，督促各单位积极上报和整改隐患，提高隐患整改效率，缩短隐患整改时间，促进全员参与，2016 年微信平台共上报隐患（含文明施工）20510 条，已整改闭合 20373 条，整改率 99.33%。

全面做好防洪度汛。汛前，建设部组织各单位全面整改落实防洪度汛及地灾隐患防治项目；汛中，建立防洪度汛领导值班制度，设立建设部防洪度汛值班室，执行防洪度汛 24 小时值班；汛后，认真总结，积累经验，不断提升应对防汛防灾能力。2016 年汛期，白鹤滩工区经历“5•22”“6•9”“6•16”“7•1”“9•9”等 5 次强降雨天气过程，共发布 5 次蓝色预警信息，各参建单位根据不同级别应急预警信息及时启动响应程序，开展了“雨前、雨中、雨后”巡查检查，做好矮子沟、白鹤滩沟、凉水沟等重点区域和部位的监控管控，督促可能受影响的相关人员和设备及时撤离，成功应对各类险情，未发生人身伤亡和财产损失。

应急管理体系建设。完成建设部 1 项综合应急预案和 15 项专项应急预案的修订工作，及时印发至各参建单位，并向宁南、巧家县主管部门备案。白鹤滩施工区专业应急救援队伍已成功重新组建，并开展日常训练，应急救援物资、装备登记建档，开展防洪度汛、施工安全、洞室爆破、消防等各类应急培训和演练工作，促使白鹤滩工程应急处置能力进一步提升。

安全生产标准化建设。建设部组织编制印发了《白鹤滩水电站工程安全文明标准化图册》。白鹤滩工程各主标单位均按照《图册》要求开展了现场工作面安全标准化样板工程打造，2016 年 4 月份在主要施工部位开展了安全文明施工样板作业面打造，共打造样板作业面 25 个。

【环境保护管理】2016 年是白鹤滩水电站工程至关重要的一年，“三通一平”等工程顺利完工，工程由“三通一平”工程全面转入主体工程准备阶段。白鹤滩工程建设部组织各参建单位积极落实环评报告及其批复要求，各项工作有序开展。配合完成“三通一平”工程竣工环保验收，2016 年 4 月 8 日，金沙江白鹤滩水电站“三通一平”等工程通过环境保护部竣工环保验收（环验〔2016〕38 号）。修订了《白鹤滩水电站工程环境保护与水土保持工作考核管理办法》，更新了《白鹤滩建设部环境管理体系 2015 年环境受控文件清单（内部）》《白鹤滩建设部环境管理体系 2015 年环境受控文件清单（外部）》等文件，并建立了《白鹤滩水电站环境保护与水土保持工作联系单整改闭合台账》《白鹤滩水电站环境保护与水土保持季度例会会议纪要整改闭合台账》等；环境管理体制得到进一步完善。

白鹤滩水电站左岸地下主厂房施工形象　　（陈旋　摄）

严格按照环评报告书与水土保持方案报告书及其批复的要求与“三同时”原则落实了环境保护与水土保持措施。2016 年环保水保管理体制完善，建成“粉尘控制五部曲”施工扬尘防治体系，体系运行正常，各项环境管理制度得到了较好的执行，施工区环境质量与生态环境良好。　　（陈浩等）

金沙江乌东德水电站工程

【工程概况】乌东德水电站位于云南省昆明市禄劝县与四川省凉山州会东县境内，是中国长江三峡集团公司开发建设的金沙江下游河段四个巨型水电站中的最上游一级，也是国家能源发展“十二五”规划中重点建设的水电站之一。

乌东德水电站综合效益巨大，其开发任务以发电为主，兼顾防洪、航运和促进地方经济社会发展。电站建成后，对满足受电地区经济发展需求，优化能源结构，促进“西电东送”，推动西部地区“精准扶贫”具有重要作用。

乌东德水电站共安装 12 台 85 万千瓦水轮发电机组，总装机容量 1020 万千瓦，多年平均发电量 389.1 亿千瓦时，保证出力 315 万千瓦 。

电站建成后，水库正常蓄水位高程 975 米，总库容 74.08 亿立方米，防洪库容 24.4 亿立方米，具有季调节能力，防洪效益明显，与下游白鹤滩、溪洛渡、向家坝水库联合运用，可显著提高川江沿岸城市的防洪标准。

乌东德工程建设影响涉及云南、四川两省 4 市（州）10 个县（区）的 38 个乡（镇），规划水平年/移民安置人口约 31048 人，建设征地总面积 139.89 平方公里。

按2015年3季度价格水平计算，乌东德水电站工程总投资约976.57亿元。

乌东德水电站枢纽主要由混凝土双曲拱坝、泄洪建筑物、引水发电系统等组成。混凝土双曲拱坝坝顶高程988米，最大坝高270米，坝顶上游面弧长326.95米。大坝共分15个坝段，混凝土浇筑总量约290万立方米，主要采用3台平移式缆机浇筑方案，最大月浇筑强度11万立方米，年浇筑强度约105万立方米。

乌东德水电站为首个高拱坝坝身不设导流底孔的水电站，其泄洪设施采用坝身泄洪与岸边泄洪洞分流相结合的方式，坝身设置5个表孔和6个中孔，表孔孔口 尺寸12×16米，中孔孔口尺寸6×7米；坝下采用护岸不护底的水垫塘消能，水垫塘末端设置混凝土二道坝，最大坝高95.5米。3条泄洪洞均于左岸靠山侧布置，进口底板高程910米，出口采用挑流消能，下方设护底人工水垫塘消能，出口鼻坎高程860米，塘底高程795米。

引水发电系统采用左、右岸地下厂房布置形式，主要由进水口、引水隧洞、地下厂房、母线洞、主变洞、尾水调压室、尾水洞、出线竖井和出线场等建筑物组成。引水隧洞采用一机一洞布置形式，左、右岸引水隧洞洞径分别为13.5米、12.5米；主厂房开挖尺寸为333.00×30.5(32.50)×89.80米(长*宽*高)，各布置6台单机容量85万千瓦的水轮发电机组；主变洞开挖尺寸为272.00×18.80×35.00米。

乌东德水电站尾水调压室为首个采用半圆形调压室的水电站，半径25米，高度113.50米。尾水洞在调压室前为一机一洞布置，经调压室后为两机一洞布置，并且左、右岸各有两条尾水洞与导流隧洞结合。

乌东德水电站工程建设采用河床一次断流、围堰全年挡水、左右岸导流隧洞泄流的施工导流方式；后期导流采用陆续投入运行的永久泄水建筑物泄水。建设期间，共设置“左2右3、4低1高”5条导流隧洞，4条低洞出口尾端均与电站尾水隧洞结合，1号、2号导流洞布置于左岸，断面尺寸16.5×24米，3号、4号、5号导流洞布置于右岸，3号、4号导流洞断面尺寸与左岸相同，5号导流洞断面尺寸为12×16米 。

2014年12月，左、右岸导流洞实现过流。2015年底乌东德水电站核准开工。2016年进入主体工程施工阶段，2016年6月，大江围堰形成，12月基坑开挖完成，大坝工程、地下电站工程、泄洪洞工程基本完成开挖，转序进入混凝土与金结埋件施工。

工程建设计划2018年7月，开始左、右岸电站机组安装。2019年12月，导流洞下闸封堵，进行导流洞封堵期水库蓄水。2020年6月，大坝浇筑至坝顶高程；7月水库开始按初期发电水位945米蓄水，8月实现首批机组发电。2021年汛前，完成大坝表孔闸门安装，大坝完工；8月初，水库开始蓄水至初期运行控制水位965米。2022年2月，全部机组投产发电。

【2016年工程概貌】2016年是乌东德工程通过国家核准之后，主体工程由开挖全面向混凝土浇筑转序的一年，在紧紧围绕围堰安全度汛、大坝建基面开挖到位，以顺利通过专家组技术预验收、具备大坝砼浇筑这个为总体目标下，在参建各方的共同努力下，成果丰富，成绩有目共睹，整体进度满足计划要求，地质揭露情况，与可研勘探吻合性好。

2016年，乌东德综合计划累计完成投资39.80亿元（不含征地移民、贷款利息与所有分摊费的固定资产部分），占年初计划41.70亿元的95.44%，其中枢纽工程33.78亿元，其他费用6.02亿元。

2016年，乌东德工程完成主要工程量：土石方开挖1096.77万立方米、混凝土浇筑110.96万立方米、钢筋4.12万吨、锚杆25.27万根、固结灌浆7.02万米、帷幕灌浆3.03万米。

2016年乌东德水电站全景　　　（袁磊　摄）

经过多次洽谈，征求多方意见，完成《乌东德水电站枢纽工程招标和施工详图设计阶段勘察设计协议》的签订以及《乌东德水电站枢纽工程勘察设计工作考核办法》的制定，为下一步各项设计管理工作和设代服务水平提高，逐步实现制度化、程序化、规范化奠定了较好地基础。

根据工程进展，完成了工程截流验收、大坝建基面专项验收、政府质量监督、围堰专项验收工程防洪度汛及项目实施安全评价、2016年项目审计与巡视等相关工作，取得了较好的效果。特别是大坝建基面，开挖揭露地质情况跟可研一致，有效地保证了后续大坝施工，说明设计可研阶段勘探设计成果精细、优良。从目前看，如围堰工程设计质量、施工质量都很好，渗水量很小。

【生态环境保护】2016年，按照《金沙江乌东德水电站环境影响报告书》《金沙江乌东德水电站水土保持方案报告书》及其批复意见的要求，开展环保、水保相关工作，各项环保、水保设施正常运行，运行效果整体满足要求。

2016年，乌东德水电站未发生环保责任事件，未受到行政或刑事处罚，并配合集团公司于2月底完成了“三通一平”等工程竣工环境保护现场检查与验收。

1.环保体系完善

按照《金沙江乌东德水电站环境影响报告书》《金沙江乌东德水电站水土保持方案报告书》及其批复意见的要求，乌东德工程建设部与长江水资源保护科学研究所签订了环境监理和水土保持监理备忘录，完善了施工区环境监理和水土保持监理机构，并按照《乌东德水电站环境监理实施规划（咨询意见稿）》与《乌东德水电站水土保持监理实施规划（咨询意见稿）》开展环保、水保监理工作。2016年度重点对施工区古大树移栽、生活垃圾清运以及机修厂废机油存储进行了监理。

2.环保管理工作

（1）环境保护工程：继续完善鱼类增殖站运行设施，完成站内循环水养殖车间生物滤材安装，并于12月下旬开展2016年度增殖放流活动，放流4万—5万尾；完成鲹鱼河区域剩余的9株酸角古树移栽，至此施工区所有古树均已实施移栽保护；完成施期硫黄矿渣填埋场环境保护验收调查，并正常运行；施工区生活污水处理厂与砂石骨料加工、混凝土拌和废水处理设施正常运行，运行效果满足要求。

（2）环境保护监测：按照主体工程环评报告与水土保持方案开展相关监测工作，各项监测数据表明乌东德工程环境保护、水土保持效果较好。每月开展了施工区人群健康保护与监测工作，重点对生活区的环境进行消杀，饮用水进行检测，并开展疫苗接种、健康教育培训等活动，有效改善了施工作业人员的生活环境，为工程建设提供了健康保障。

（3）环境保护监察：接受会东县、禄劝县环境监察大队的环境监察两次，针对监察发现的问题及时整改。

（4）环境保护宣传教育：为提高乌东德水电站施工区各参建单位环境保护法律意识以及专业知识水平，进一步提升乌东德水电站环境保护工作管理质量，乌东德工程建设部以“世界环境日”为契机，2016年6月5日组织参建单位开展了环境保护知识竞赛活动，在施工区取得了较好的效果。

【科技创新】科研项目开展情况。2016年，乌东德工程建设部组织实施的科研项目共25项，其中在研科研项目8项，正在开展立项及合同签订阶段的14项，员工科研项目3项。

重点科技专项执行情况。①大坝智能建造：9月成立了乌东德、白鹤滩建设部联合工作组，开展乌东德、白鹤滩特高拱坝智能建造招标文件编制，10月中旬完成集团公司阶段性审查，由三峡建设管理公司统一组织开展立项工作。

②智能灌浆：10月中旬召开智能灌浆系统试验总结及后续工作专题会，研究部署智能灌浆下一步的工作安排。

③乌东德水电站低热水泥混凝土应用：10月下旬《金沙江乌东德水电站低热水泥混凝土应用专题研究报告》通过水电水利规划设计总院审查，明确大坝的全部大体积混凝土采用低热水泥混凝土，泄洪洞及地下厂房等部位优先采用低热水泥混凝土。

④乌东德水电站复杂地质条件高水头导流隧洞群封堵新方法研究：11月上旬，集团公司组织对成果进行了审查，招标立项已批准，正在合同签订阶段。

⑤2016年申报国家项目：乌东德工程建设部作为课题“深孔泄水建筑物疏堵与闸门修复技术及装备”的承担单位，参加了南京水科院和河海大学在南京联合召开的项目启动会并汇报了课题实施方案。目前该项目正在进行资料收集与分包合同签订工作。

科技成果申报及获奖情况。2016年，乌东德工程建设部申报集团公司技术总结26项，其中《乌东德地下厂房高边墙开挖围岩变形控制技术总结》获得集团公司二等奖，《金沙江乌东德水电站坝肩开挖施工粉尘控制技术》《金沙江乌东德水电站边坡开挖爆破安全控制标准研究》《金沙江乌东德水电站工程高位自然边坡“蜘蛛人”块体识别技术总结》《乌东德水电站金坪子滑坡体变形安全监测技术总结》获得集团公司三等奖；《乌东德水电站原生植物资源移栽创新管理模式》获得集团公司第三届职工技术创新成果三等奖。

【质量安全管理】QC活动成果，荣获国优奖，取得了集团历史突破性佳绩。质安部负责组织开展的“岩石上的雕刻QC小组”荣获“2016年全国优秀质量管理小组”奖、“2016 年度全国工程建设优秀质量管理小组”奖；“降低大坝拱肩槽开挖不平整度”QC 成果荣获“2016 年度全国电力行业 QC 成果特等奖”“2016 年度电力建设 QC 成果一等奖”。

组织开展的乌东德水电站工程安全标准化达标创建工作顺利通过了外部专家评审，达到了国家能源局“电力工程建设项目安全生产标准化”Ⅰ级，安全管理软实力进一步增强。

组织推广应用安全微信 gala 系统，实现了“隐患随手拍，整改随时查”的监管模式，充分发挥了其在隐患排查和治理工作中的便捷高效、实时监控、跟踪闭环的特点，营造了良好的安全管理氛围。

组织质量安全专项治理活动，迈向制度化、规范化和标准化。从活动方案的制定、任务目标的设立、宣传贯彻动员与工作布置、督促与落实、问题的查改、总结提升等各个环节，精心组织、策划、实施，使活动圆满达成预设目标。国家能源局质量专家组评价：乌东德已呈现高标准建好工程的质量、安全氛围。

【扶贫工作】2016 年是国家推荐“精准扶贫”工作重要之年，在三峡集团公司的指导和支持下，乌东德工程建设部立足施工区工程建设中心，着力帮扶施工区周边学子和贫困老百姓，积极履行社会责任，主要开展工作如下：

（1）2016 年 1 月，参加施工区周边小学“暖冬助学”活动，主要给师生送爱心午餐和捐赠水杯、水盆和饮水机等生活物资等，常年不定期为周边小学送水，缓解用水困难。

（2）2016 年 4 月，参加禄劝县组织的“环城自行车大赛”，并捐赠教育资金 2 万元，助力精准扶贫，努力为加强企地交流，“唱响三峡”做贡献。

（3）2016 年 10 月，利用国家首个“扶贫日”，开展了一系列关爱库区“五保户”活动，给施工区周边贫困居民送油、米以及慰问金等(价值 2 万余元)。

【党风廉政建设】2016 年，乌东德工程建设部党委在集团公司党组和党组纪检组的坚强领导下，紧跟中央和集团公司发展战略，认真学习贯彻十八届六中全会和全国国有企业党的建设工作会议精神，深刻领会董事长卢纯、总经理王琳在年度工作会议上的讲话和组长龙飞在年度反腐倡廉工作会议上的报告精神，坚持围绕工程建设抓党建、抓好党建促发展的工作思路，结合“两学一做”学习教育，落实党风廉政建设“两个责任”和党建工作责任制。

乌东德工程建设部党委着力落实党建工作责任制，年初编制印发了《乌东德工程建设部党委 2016 年党建工作方案》和《乌东德工程建设部 2016 年党风廉政建设和反腐败工作要点》，全年度认真完成工作方案和要点的各项任务。此外，为将党建工作责任制落实传导，乌东德工程建设部党委书记和主任一同与各部门负责人签订了《乌东德工程建设部 2016 年党风廉政建设责任书》，印发了建设部《关于建立党建工作报告制度的通知》，并制订出台了《中国建设管理有限公司乌东德工程建设部党风廉政建设和反腐败工作考核办法（试行)》，确保党建工作任务明确、责任到人、落实到位、考核有序。

2016 年，建设部党委牢固树立责任意识，把党风廉政建设工作作为重点工作贯穿于全年工作的始终，全年先后召开 17 次党风廉洁建设相关专题会议，做到党风廉洁建设工作与工程建设同布置、同实施、同检查、同考核，统一领导党风廉政建设和反腐败各项工作，切实履行全面从严治党的党委主体责任和纪委监督责任。

党委委员在各支部和全体党员集中学习会上讲授专题党课达 12 次，认真落实党委委员联系点制度，约谈分管部门负责人了解党风廉政建设情况达 90 余人次，对发现的倾向性、苗头性问题早提醒、早教育，切实履行好“一岗双责”。

8 月 11 日，中国三峡集团为乌东德工程建设者“送清凉”
（袁磊　摄）

纪委委员就履行职责开展了相关工作，纪委委员讲授专题党课 5 次，进行专题调研 1 次，对部门负责人开展廉洁谈话 50 余人次、其他干部员工 120 余人次，对 4 名提拔的干部进行了任前廉洁谈话。积极践行监督执纪“四种形态”，对违纪违规行为，做到失责必究、问责必严。

此外，乌东德工程建设部党委和纪委认真落实自查自纠和巡视整改各项工作，将全面从严治党的各项要求落到实处，切实履行好“两个责任”。2016 年乌东德工程建设部开展了 2 次党风廉政建设自查自纠工作，对自查出的问题及时进行了整改。根据集团公司《开展“四风”问题整治情况“回头看”工作方案》的部署和要求，对乌东德工程建设部贯彻落实中央八项规定精神、“三严三实”学习教育及“三公经费”使用情况等 6 个方面的内容进行“回头看”，并按期完成相关整改工作。6 月至 7 月，集团公司党组巡视组对乌东德工程建设部进行了为期 1 个月的现场巡视工作，乌东德工程建设部党委和纪委积极配合巡视工作，并将巡视整改工作作为最紧迫的政治任务来抓，确保巡视整改相关工作不折不扣地按时完成。同时，注重运用好自查自纠和巡视成果，通过落实自查自纠和巡视整改，不断夯实党风廉政建设和反腐败工作以及党建、党务工作的基础，持之以恒贯彻落实中央八项规定精神，不断提升管理水平，为工程建设提供坚强保证。

（宛良朋）

长江三峡技术经济发展有限公司

【向家坝水电站监理工作】2016 年，向家坝工程处于尾工建设及电站运行阶段，尾工阶段主要施工项目由长江三峡技术经济发展有限公司向家坝监理部承担。

三峡发展向家坝监理部设有综合部、技术管理部、安全环保办公室和合同部 4 个职能部门，机电部、金结设备部、升船机项目部、灌溉取水洞项目部、厂坝项目部和公共项目部等 6 个项目部。主要承担了升船机工程，灌区工程南、北干渠首部取水隧洞工程，右岸坝后电站，太平料场及马延坡砂石加工系统，翻坝转运横江大桥，右岸水厂及供水系统改造，向家坝永久消防站，水富县气象站，混凝土生产系统和 8 台套大型施工设备的安装、运行、拆除及交验退库监理工作等工程主要项目，此外还包括 2 号、8 号、10 号路黑化工程等零星项目的监理工作。

12 月 20 日，金沙江白鹤滩乌东德水电站珍稀特有鱼类放流活动　（刘亦辰　摄）

【承监工程项目进度稳步推进，满足全年工程形象进度总体计划】全年承监的工程项目：

（一）右岸坝后电站

1. 土建施工：右岸坝后电站工程 2016 年混凝土完成 1.3 万立方米。

2. 金结制安： 9 号机压力钢管内支撑拆除 1-20 管节已拆除完成；10 号机压力钢管内支撑拆除 1-24 管节已拆除完成；主机房桥机轨道安装完成；9 号、10 号、11 号 3 台机组蜗壳内支撑拆除完成；9 号、10 号、11 号 3 台机组尾水管里衬内支撑拆除完成。

（二）升船机工程

1. 升船机Ⅰ标金结安装已按计划完成；升船机Ⅰ标金结制作安装 2016 年计划完成 1514.684 吨，实际完成 1514.684 吨，完成率 100%。玻璃幕墙安装完成、螺母柱全面安装完成、进行屋顶 TPO 防水施工，共验收 2 个分部工程，4 个分项工程。

2. 升船机Ⅱ标：2016 年主要进行三期横向围堰拆除、剩余尾工处理及合同验收工作。三期横向围堰 6 月拆除完成；进行了辅助闸首及下闸首工作门调试工作；栏杆及电缆沟盖板施工完成；完成了 7 个分部工程验收。

3. 升船机主体设备标：船厢机械设备单机调试完成、进行上闸首和下闸首工作门水封安装、驱动机构电气控制系统调试完成。

（三）向家坝灌区工程南、北总干渠首部取水隧洞工程

2016 年Ⅰ标段（北总干渠）和Ⅱ标段（南总干渠）监理工作稳步推进，成效显著。Ⅰ标段（北干渠）全线贯通并顺利实现向二衬转序，Ⅱ标段（南干渠）混凝土浇筑进展顺利。其中，北总干渠主洞完成洞挖 891.5 米，完成年计划的 100.0%，于 7 月 4 日全

线贯通开挖阶段结束，10月10日各作业面全面启动二衬施工，预计年底可完成二衬浇筑1200.0米；南总干渠继续进行二衬混凝土浇筑，预计年底可完成浇筑3200.0米。

（四）公共工程

1. 太平料场及马延坡砂石加工系统

2016年，共完成成品砂石料销售172906吨，成品砂石料生产355600吨。

2. 翻坝转运横江大桥建设及川云铁路桥维修工程（XJB/1564）

翻坝转运横江大桥49片主拱拱肋的预制和吊装于8月中旬完成，纵缝及拱板混凝土浇筑于10月底完成；腹孔排架墩预制及吊装于11月底全部完成，T梁预制至11月15日累计完成46片；11月中旬完成第七联现浇箱梁底板、腹板钢筋及内模板安装，完成底板及腹板混凝土浇筑。

3. 右岸水厂及供水系统改造工程

向家坝右岸水厂及供水系统改造工程从2014年11月14日正式开工，2015年已完成了土建工程项目，2016年主要进行新建供水系统安装及调试，场内围墙砌筑、道路、散水、排水沟等施工。2016年11月16日进行右岸供水系统试运行，年底前将进行正式运行。

4. 向家坝永久消防站扩建及水富县气象站工程

消防站、气象站工程于2015年7月30日正式开工，2016年完成气象站办公楼、消防站2号综合楼及训练塔主体结构施工及附属配套设施的施工，到2016年10月完成向家坝永久消防站和水富县气象站完工移交。

5. 坝区内其他零星辅助项目

向家坝水电站2号、8号、10号道路增设沥青路面工程从2016年7月1日正式开工，到2016年10月13日完成了合同内所有项目，包括2号、8号、10号道路的沥青路面铺设及增加铺沥青路面项目，于10月13日移交并正式通车。

（六）设备管理

2016年，混凝土生产系统和8台套大型施工设备的安装、运行、拆除及交验退库监理工作（包括受建管局委托的1台CC2400型履带型起重机）。全年设备运行状况整体良好。完成了左岸冲沙孔坝段1号吉林2000门机拆除，并交验退库（设备拆除总重891吨）。向家坝2号平移式缆机4月24日开始拆除，4月27日起重事故后暂停施工，11月1日完成整改后恢复施工，计划于2017年1月完成拆除。右岸EL300米砼生产系统拆除：5月4日开始拆除，12月份完成拆除。300混凝土生产系统共生产混凝土1.11万立方米；门港机、缆机等业主浇筑设备共浇筑混凝土0.51万立方米，设备总体完好率95%以上。

向家坝水电站上游库区浮堤与趸船制造项目，趸船与浮堤已制造完成，由于库区水位暂不满足趸船与浮堤下水条件，无法按原计划下水。预计趸船与浮堤的下水工作应能于12月底前完成，在船舶压载块安装阶段通过合理组织资源投入，尽量缩短该阶段的施工工期，争取于2017年1月底前完成船舶的抛锚定位工作。

【强化履职履责，监理服务质量进一步提升】

2016年，向家坝监理部根据监理工作实际情况，健全管控体系，强化履职履责，监理服务质量得到进一步提升。

（一）完善和修订管理制度，健全管控体系

2016年，监理部召开了监理部质量工作会议，讨论通过了一系列质量工作文件并下发了向家坝监理部2016年度质量工作计划，对监理部2016年各月质量管理工作重点做了具体安排和布置，同时调整了监理部质量管理委员会、质量管理办公室成员，促进了监理履职履责检查的开展，全方位全过程对监理工作质量实施管理。为保证各项目施工质量，努力实现监理合同和施工合同条件中确定的施工质量要求，监理部先后修编下发了《关于印发<三峡发展向家坝监理部内部履职履责检查考核表（修订）>的通知》《调整监理部质量管理委员会及质量管理办公室成员的通知》和《关于印发<向家坝监理部质量工作考核办法（修订）>的通知》等19项质量管理文件，对质量管理制度进行了完善和修订，进一步健全了管控体系，为正确履职履责和监督管理提供了依据。

（二）加强检查考核，巩固管理成果，确保正确履职履责

为确保各项管理制度的正确实施，保证管控体系正常运转，2016年，向家坝监理部进一步加强了检查考核，共开展4次监理履职履责检查、年中质量责任书执行情况检查，重点检查监理工作是否满足质量管理体系、监理规程规范和监理部各项管理制度和要求，各部门内部制度管理、技术质量管理、监理控制程序、监理日志及信息管理，尤其是各类信息及时性、规范性及完整性，培训计划完成情况，以及监理工作常见病、顽症整改情况，针对2016年中旬公司年中内审所提意见的落实整改情况进行了复查，进一步规范监理人员行为，提高监理工作效率，加强和完善监理质量管理工作，确保全面实现今年质量工作计划目标。2016年年初，监理部召开质量安全管理工作会议，与各部门签订质量和安全责任书，及时组织质量和安全管理全面考核，并兑现了考核结果。

（三）加强质量、安全风险预控和预警机制建设

为了防范质量和安全风险，加强质量和安全风险预控和预警机制建设，2016 年，向家坝监理部主要做了以下工作。一是继续坚持实施内部分级技术交底制度；二是继续严格规范现场监理工程师开展质量控制和验收，编制了《混凝土仓位验收质量风险预控表》与《混凝土仓位浇筑质量风险预控表》，事前识别风险因素，做好质量全过程控制；三是继续大力推行“一岗双责”模式，突出项目部门安全监管职能，明确现场监理安全管理职责；四是强化监督检查，以“危险源动态辨识”工作为基础，通过严格审批、加强检查、重点排查整治隐患、追究处理事故险情各个环节紧抓现场爆破、排架搭设、高空作业等重大危险源，确保现场高危作业监控到位；五是建设质量和安全文化，积极组织施工单位开展安全文明生产示范区创建和“质量月”“安全月”系列活动，加强质量和安全基础管理，提高全员质量安全意识。通过这些措施，有效地加强了质量和安全风险预控，从源头上杜绝质量和安全事故发生。

白鹤滩水电站压力钢管厂　（陈旋　摄）

（四）进一步加强对施工单位管理体系监督检查

从 2010 年起，六年来向家坝监理部从施工单位质量、安全和生产管控体系入手，加强监督检查，督促整改落实，形成固定工作模式。据向家坝工程建设部要求和向家坝监理部 2015 年度质量工作计划安排，为进一步完善施工单位质量管理体系，确保各合同项目施工质量满足规范和设计要求，全年，向家坝监理部对施工单位进行了 4 次质量保证体系检查，主要从施工单位及协作队伍的资质情况、施工单位主要负责人及技术人员变动情况、“三检制”执行情况、安全管理与培训情况等方面进行了全面检查，消除“常见病”及“顽症”，确保施工单位质量管理体系的完整与正常运行，并下发了检查意见，要求施工单位逐项及时整改。

（五）严格审核，严格把关，加强投资控制

2016 年，向家坝监理部共审理合同变更 100 份，合同项目完工结算 13 个。

施工单位申报变更理赔金额 2.46 亿元，监理审核认定金额 1 亿元，核减 59.35%；完工结算金额 36.14 亿元，监理审核认定金额 31.72 亿元。

（六）加强试验检测、工程测量和单元工程质量评定工作

2016 年，向家坝监理部通过旁站和平行试验等方式，对施工现场的原材料、混凝土拌和物及拌和称量系统共抽检 1118 组，检测合格率为 96.7%；对于工程所使用的原材料主要是做好原材料的进场检验环节，严格执行工程标准，对于抽检不合格的材料坚决不能用于工程施工。2016 年，监理共对工程使用的水泥、粉煤灰、砂石骨料、外加剂及钢材等抽检 390 组。除砂石骨料细度模数和石粉含量存在不合格外，其他原材料均合格。

混凝土生产过程的控制，严格按规范要求的频率进行抽检。通过事前、事中、事后的全过程质量控制，保证了混凝土的生产质量。2016 年，▽300 混凝土拌和站共生产混凝土 2.47 万立方米，合计成型 32 组；南干渠拌和站共生产混凝土 4 万立方米，合计成型 50 组；北干渠拌和站累计生产混凝土 2.8 万立方米，合计成型 36 组；新横江大桥共生产混凝土 1 万立方米，合计成型 35 组；设计龄期强度均达到 100%。完成一期拌和系统及二期 380、303 拌和系统完工物资核销工作。

向家坝监理部承监项目工程共验收评定 854 个单元工程，合格率 100.0%，其中优良单元 817 个，优良率 95.7%。翻坝转运横江大桥单元工程质量评定数 233 个，合格率 100%。

（七）认真开展技术总结和科技创新

2016 年，向家坝监理部认真开展技术总结和科技创新工作，提交了《渡槽段 120 度全拱封拱施工》《缆索吊塔架横移技术总结》、《向家坝坝水电站管背管混凝土施工质量控制措施》等 13 篇科技论文。

（八）进一步加强信息化管理工作，提高服务效率。

2016 年，向家坝监理部共处理各类文件 3522 份；充分运用好集团 OA 办公系统、计量签证管理系

统（TGPMS）和金沙江公文流转协同平台，全年 OA 系统公文流转 1792，纸质文件办理及协同平台公文流转 825 格执行国家新的公文标准，严格执行公司文书档案管理制度，及时和公司综合部沟通，持续规范文件办理工作。

（九）进一步加强档案管理工作，全面完成档案资料移交任务。

2016 年向家坝监理部补充、完善各类资料共计 320 件，35 盒；2016 年移交 12 个合同项目竣工档案，共计 82 盒、856 件资料。正式办理 1 个合同项目档案移交手续。截至 2016 年年底：累计移交 182 个工程项目竣工档案，共计：1972 盒、30741 件资料。监理部高度重视和做好保密工作，无泄密事件发生。

【全面实现质量控制目标】2016 年，向家坝监理部实现承监工程项目实体质量零事故，监理服务产品规范、合格。金沙江水电开发质量检查专家组和水利部水利工程建设质量与安全监督总站监督检查无重大意见，质量管理体系内审和外审无严重不合格项。

【安全与环保监管控制在目标值范围内】2016 年，向家坝监理部继续坚持“安全第一、预防为主、综合治理” 的安全生产方针，严格执行“以人为本，教育为先，管理从严”的安全管理制度，扎实开展安全隐患排查治理，深入推进“一岗双责”，安全生产总体形势良好，未发生一起安全生产和环境事故。

【坚持以人为本，夯实基础，提升职工整体综合素质】扎实开展职工教育培训工作，提升职工综合素质

2016 年，川云经理部继续扎实开展职工教育培训工作。全年，共培训员工 47 批次，安排职工外出培训 26 人次，共培训 723 人次。

开展技术比武，推动提升职工综合素质

2016，监理部结合工程监理实际情况，开展了以“步入质量时代　设质量强企”为主题的“质量月”活动。对活动进行了动员，通过悬挂质量宣传横幅、制作宣传栏、张贴宣传画等方法，大力宣传质量知识和制度。对专业技术规程和《工程建设标准强制性条文》进行了宣传贯彻；对重点施工技术进行 7 次专业培训；对葛洲坝等 12 家施工单位进行体系检查并要求及时整改。

（梁昌华等）

四川省投资集团有限责任公司

【企业概况】在“十三五”规划开局的2016年，四川省投资集团有限公司（以下简称川投集团），在省委、省政府和省国资委领导下，各项工作取得了新的成绩。四川省原国资委主任刘国强任川投集团董事长，以刘国强为核心的新一届领导班子带领川投全体员工攻坚克难，砥砺奋进，开启了川投集团服务四川经济的新征程。

新领导班子顶层设计，深化改革。新编“十三五”规划点亮未来；国有资本投资公司改组方案正式上报，政企政资关系更加明确；控股企业实行董事长坐班制，企业法人治理结构更加完善；三项制度改革全面实施，人才活力进一步释放。改革措施为集团企业发展提供动力，增添活力。

【宏伟目标】电力能源是川投集团主要产业，在集团总资产中占比80%多。面对发电小时数下降，电力产能过剩的形势，在国家“三去一降一补”政策驱动下，集团新领导班子高瞻远瞩，统揽全局，以打造西部一流国有资本投资集团为目标，制定“3233”发展战略，调结构谋发展，力争在“十三五”规划末达到以能源产业为支柱，金融（基金）、现代服务业、基础设施建设、高新技术产业多极支撑的五大产业集群齐头并进、资产规模超千亿元的宏伟目标。

【经营业绩】2016年，川投集团各所属电力企业认真研判经济态势，加强与省级部门和行业管理部门沟通协调，加大电力营销力度，采取各种降本增效措施，保持了企业的稳健经营和安全发展。全年完成营业收入76.61亿元，实现利润总额37.29亿元，净利润36.84亿元，归属于母公司净利润18.70亿元，净资产收益率11.28%，超过全国国有企业优秀水平。集团合并资产总额510.28亿元。参控股电力总装机3604万千瓦。

【项目建设】2016年项目建设稳步推进。桐子林水电站4台机组实现投产发电，雅砻江下游1470万千瓦的水能资源开发全面完成，开发建设重心完全转向中上游项目，相关项目前期工作顺利推进；江油天明电厂2×100万千瓦煤电项目建设全面推进，累计完成投资11.99亿元；川投气电项目尾工和竣工审核工作有序推进；田湾河流域金窝电站按计划完成1号机的扩容改造，新增装机2万千瓦；福溪发电公司完成1台环保示范机组技改；川投售电公司正式注册成立；“一带一路”走出去项目广泛收资，对重点项目进行了可行性论证和法律尽调。

【安全生产】2016年，川投集团将“两学一做”活动与企业安全生产工作结合，开展“党员身边无事故，员工身边无隐患，保安全促发展”活动，充分发挥党员在安全生产工作中的示范引领作用，实现集团公司全年安全生产“零事故”，安全生产形势持续平稳。

2016年，川投人站在一个新起点，更加充满信心在新领导班子带领下，团结一心，继往开来，以更优异的成绩迎接中央十九大胜利召开，向着中华民族伟大复兴的目标奋力前行。

（刘小平）

四川省紫坪铺开发有限责任公司

【企业基本概况】四川省紫坪铺开发有限责任公司（以下简称紫坪铺公司），1998年10月经省政府（川府函〔1998〕578号）批准成立，为省属国有重要骨干企业，注册资本金22亿元。

截至2016年年底，紫坪铺公司共有在岗职工208人。公司主要内部机构设置为总经理办公室、党群工作部、计划发展部、人力资源部、财务部、营销部、生产管理部（安办）、紫坪铺水力发电厂、紫坪铺水库调度中心（防办）、紫坪铺大坝监测中心等。

紫坪铺公司作为紫坪铺水利枢纽工程建设业主，主要负责资金筹措、工程建设、生产运行、经营管理、偿还贷款、滚动开发等。

【主要生产经营指标完成情况】2016年紫坪铺公司完成电量销售28.9亿千瓦时，实现营业收入（电费收入）7.51亿元，上缴税费约1.7亿元，实现利润1.27亿元，同比增长25.2%，较好地完成了省国资委下达的年度生产经营预算目标。

【安全生产】2016年紫坪铺公司认真贯彻落实新《安全生产法》，省委、省政府及上级有关部门系列安全生产工作要求，抓好工程检修维护及技术改造,深入开展安全生产隐患排查治理、安全生产大检查和应急演练等专项工作，安全基础更加牢固。该公司全年未发生较大及以上人身伤亡和设备事故，紫坪铺电厂长周期安全运行2335天，枢纽各类水工建筑、高边坡和坝前堆积体安全稳定。

（一）完成了电厂、泄洪冲沙闸门系统设备和水工建筑物年度检修维护任务。紫坪铺公司按照省电力公司下达的检修计划和公司工程计划安排，全年共完成1台·次机组大修，6台·次机组小修和70余台（套）泄水闸门设备检修，结合设备检修完成了9个技术改造项目；完成了枢纽建筑物维修、环境与安全设施治理项目21项，进一步提高了枢纽建筑设备运行的可靠性，夯实了安全生产基础。

（二）深入开展了安全生产专项行动和安全生产大检查。紫坪铺公司在抓好工程建筑设备设施日常巡检维护的同时，进一步健全安全隐患排查治理体系，把隐患排查治理从设备缺陷管理拓展到人员、作业环境和管理隐患等方面，认真落实检查、整改、复查验收闭环动态管理，建立健全安全生产长效机制。按照上级有关部门的安排，结合工程现场生产安全特点以及季节不同，公司全年开展安全生产大检查6次、专项检查32次；针对水库弃水频繁，重点加强了泄洪冲砂隧洞及金结设备的隐患排查和维护保养，排查发现各类隐患及缺陷140项，已按计划整改完成123项，实现了安全生产的隐患排查、有效治理和持续改进，有效防止和减少了各类事故的发生。

（三）进一步加强应急预案演练，提高了突发事件处置能力。紫坪铺公司根据《电力企业专项应急预案编制导则》，重新修编了公司综合应急预案和10个专项应急预案，并通过了四川能源监管办的评审备案。结合生产运行实际，全年开展防洪抢险、防范地质灾害、防水淹厂房事故等专项应急演练7次，提高了广大员工突发事件处置能力。此外，加强工程现场环保管理，完成了电厂和坝顶两套污水处理设施的技术改造，坝区生产生活污水实现了达标排放；委托有资质单位将工程生产运行过程中所产生的4.36吨危废品全部外运处理。

【综合效益】紫坪铺公司坚持“电调服从水调，水调服从洪调”的原则，服从服务下游地区千万亩农田灌溉、城乡供水和防洪安全需求，统筹兼顾供水、发电、防洪抗旱等各方需求，加强水雨情预报研判，超前谋划，超前部署，落实水库调度运用计划和防洪抢险应急预案措施，优化水库调度，精细调度，较好地发挥了紫坪铺水库综合效益。

（一）水库调度优化取得了显著成效。2016年受汛期降雨偏少及持续高温天气影响，全年来水较多年平均偏枯，主汛期水库长时间处于低水位运行，同时受电力需求增速放缓，机组出力不足，水库弃水成为常态。为此，该公司适时调整优化水库运行方式，提高水资源的综合利用效率，在主汛期积极与省电力调度中心协调，保证下游地区抗高温伏旱用水需求，通过机组发电平稳过水，减少泄洪设施弃水4.75亿立方米，增加发电量1.46亿千瓦时。根据后汛期流域水文气象预报分析，9月开始提前启动水库回蓄，10月中旬完成水库蓄水目标，为满足今冬明春下游地区用水需求和电网负荷需求奠定了坚实的基础。

省政府副秘书长杨新元（中）赴公司检查水库备汛工作

（二）满足了都江堰灌区和成都市综合用水及需求。其中上半年枯水期和都江堰春灌用水高峰期调丰补枯向下游地区增供水量6.64亿立方米，特别是在5月上旬都江堰春灌高峰期到来之前，电站单回送出线路检修全厂停电期间，该公司连续6天开启冲砂洞应急向下游地区供水1.13亿立方米，保证了成都市生产生活用水需求，同时利用线路检修时机抓好水库回蓄，预留可调水量2.26亿立方米，满足了都江堰640万亩水稻泡田插秧用水需求。8月持续高温少雨，紫坪铺水库来水较多年同期平均减少四至五成，成都出现了近30年来最高气温，该公司调用水库库容连续15天向下游地区补水，共增补水量3亿立方米，保证了成都市生产生活用水及抗高温伏旱用水的需求。

（三）保证了下游地区防洪度汛安全。2016 年度汛期来水总体较多年同期偏枯，仅 7 月水库来水区降雨较为丰沛，出现了三次常规洪水过程，最大洪峰流量 1534 立方米/秒（出现在 7 月 15 日），总洪量 15.23 亿立方米，该公司拦洪削峰、错峰调度，共拦蓄洪水 3.92 亿立方米，保障了下游地区防洪度汛安全。同时，坚持以人为本、人水和谐，继续与金马河沿岸五县（市、区）水务部门共同做好泄流安全管理，进一步加强水库泄流预警预报，拓宽泄流信息传播渠道，加大安全管理经费、人员投入，抓好枯水期、高温炎热时节、节假日等重点时段和重要河段安全督查，确保了金马河泄流安全平稳。

（四）水库管理取得了新的进展。在继续做好水库库面漂浮物打捞的同时，针对近年来库区采矿、采砂、捕鱼及规模放生等活动频发，影响水库水质和运行安全，紫坪铺公司积极争取省水利厅的支持，2016 年与都江堰市、汶川县有关部门开展水库联合执法行动 4 次，制止非法放生 1 次，取替非法砂场 4 处，有效遏制了库区非法涉水活动，促进了水库运行安全、水质安全。

【经营管理】2016 是我国经济仍处于转型调整周期，经济增速缓慢，用电需求减少，发电企业竞争加剧，为适应新局面，紫坪铺公司加强市场形势预判，逐渐转变营销方式，迎难而上，积极主动，抢发电量。同时理顺管理体制，完善公司治理机构，为公司进一步发展奠定了基础。

（一）加大电力营销力度，市场开拓取得新成效。该公司密切关注和研判电力体制改革政策新动向，提前主动出击参与市场竞争，注重直购电客户的培育维护，深化与火电企业的战略合作，创新性地与同行业水电厂开展“水水替代”，千方百计抢抓计划外电量，全年抢抓各类计划外交易电量 16.37 亿千瓦时，较 2015 年增加 25%，占本年度总发电量的 57%。其中丰水期（5—10 月），在雅砻江流域部分电站留川电量未转送省外、水电装机大幅增加导致整个主网水电计划内电量完成偏低（仅完成 41%）的不利情况下，该公司共抢抓完成各类计划外电量 12.29 亿千瓦时，占同期上网电量的 73.5%，极大地缓解了水库弃水压力，减轻了高流速泄洪设施的运行强度，并且获得了较好的经济效益。2016 年度紫坪铺电站机组利用小时数达 3129 小时，在四川主网具有调节能力的电站中位居第二。

（二）深化改革，强化管理，增强公司活力和抗风险能力。紫坪铺公司认真贯彻省委省政府深化国有企业改革的决策部署和省国资委深化企业改革的各项工作要求，突出问题导向，结合公司实际，扎实推进改革。年内对公司管理体制和治理结构进行了完善。紫坪铺公司召开了股东会、董事会，调整了董事会成员，成立了公司新一届董事会，制约公司多年发展的管理体制，股权归属等问题得到妥善解决。公司功能界定和监管进一步明确，经省政府同意，公司界定为功能 II 型企业，经营业绩考核、工资薪酬核定等重要事项由省国资委监督管理。

（三）加强和改进内部管理，保证了公司持续稳健经营。紫坪铺公司围绕省国资委下达的公司年度生产经营预算目标，加强和改进管理，挖潜掘能，降本增效，努力克服生产经营遇到的各种困难，确保了年度生产经营责任目标的实现。

1. 经营预算目标责任管理和考核进一步深化，预算管理工作有序推进。该公司认真贯彻省国资委《关于省属企业功能界定与分类监管的指导意见（试行）》，按照省国资委下达的年度生产经营预算目标和企业负责人年度、任期经营业绩考核要求，结合实际，紧紧围绕服从服务于都江堰灌区综合用水安全和成都地区防洪安全需求、实现国有资本持续保值增值两个总目标，细化供水量、发电量、营业收入、成本费用和利润等考核指标，将目标责任分解落实到公司领导、各部门。深入推行全员业绩考核，全面加强部门绩效考核管理，调动了各部门和广大员工的积极性、主动性。

尼泊尔总理奥利（中）一行参观考察紫坪铺水利枢纽工程

预算管理工作进一步改进和完善，该公司按照《四川省省属企业全面预算管理工作指引》要求，在已有成效基础上，针对以前年度开展全面预算管理存在的问题，进一步改进和完善预算管理工作。

建立完善了生产工程计划、财务预算和筹资预算等体系，做好生产工程计划和财务预算的匹配衔接，强化预算关键要素监控和执行，定期对预算执行情况进行总结分析，及时调整纠正偏差。

2．加强资金调度管理，保证了公司生产经营的正常进行。为满足公司生产经营需要，加强电费销售收入结算管理，保证了电费销售收入按正常结算周期较好回收。加强与银行的沟通协调，优化公司借款结构，有效缓解了公司资金压力，保证了银行借款本息按期支付和日常生产经营资金需求。同时，加强成本费用控制，努力降本增效。规范维修维护项目和物资采购，加强合同管理，严控生产成本。深入落实中央八项规定、省委省政府十项规定和《四川省省属企业负责人履职待遇、业务支出管理办法》及相关配套制度，坚持厉行节约、反对浪费，全面加强公司领导班子成员履职待遇和业务支出管理，强化公司差旅交通、业务招待、会议、办公用品设备管理以及办公用房、公务车辆使用管理，努力降低各项费用开支。

3．内部审计监督工作进一步加强。调整成立了纪检监察部、法律与审计事务部，充实了内部审计监察力量。做好省国资委委托开展的年度财务报表审计、工资专项审计配合工作。认真开展内部审计、监察工作。结合年度生产经营安排，重点开展了工程维修维护项目发包和合同管理效能监察工作，进一步提升了公司的管理效能。

【党建工作】紫坪铺公司党委认真贯彻落实中央、省委全面从严治党的决策部署和省国资委党委的各项工作要求，在深化改革中坚持党的领导，加强党的建设，统筹推进领导班子建设、基层支部建设、党员队伍建设和人才队伍建设，认真开展“两学一做”学习教育，落实党风廉政建设“两个责任”，持续深入改进干部作风，为公司年度各项工作的完成提供了坚强的思想、组织和作风保证。

（一）领导班子和党员干部思想政治建设不断加强。紫坪铺公司党委坚持把党的领导作为重大原则，把加强党的建设作为头等大事，切实落实全面从严治党要求，管党治党意识不断提高。理论学习持续深化， 2016年公司党委中心组重点抓了五个专题的学习，把学习贯彻习近平总书记系列重要讲话精神贯穿始终，相继开展了学习党章、《中国共产党廉洁自律准则》《中国共产党纪律处分条例》《中国共产党问责条例》和中共十八届六中全会、省委十届九次全会精神等活动。通过深入学习，坚定了党员干部理想信念，坚决拥护以习近平为核心的党中央，牢固树立“四个意识”，忠党报国，勇于担当，坚决贯彻执行中央、省委、省政府的重大方针政策和决策部署，把公司做强做优做大。

（二）党建工作体制机制不断完善。按照省国资委党委有关要求，完成了公司党委、纪委及各党支部（党总支）的换届工作。进一步落实党建主体责任，完善党建工作责任书、年度工作要点、考核“三位一体”责任体系，在部门负责人年度工作考核中加大党建工作考核权重。完善“三会一课”、领导干部双重组织生活会和民主评议制度，严格党内生活。认真开展党员组织关系集中排查、党费收缴工作专项检查，规范党员档案管理。整顿软弱涣散党支部，集中解决了支部建设中存在的工作不规范、活动不经常、效果不明显等问题，确保了年度整改提高晋位升级目标的完成。加强基层党支部书记培训，开展党员“固定党日”活动，进一步提升基层党支部书记党建工作水平，增强党员队伍凝聚力。

（三）“两学一做”学习教育取得重要阶段性成果。紫坪铺公司党委认真贯彻落实省委、省国资委党委部署和要求，坚持党委带头，以上率下，把每个党支部动员起来、把每名党员组织起来，扎实开展“两学一做”学习教育工作，引导党员员工在公司改革发展中发挥先锋模范作用。精心设计工作方

副省长王铭晖（左三）赴紫坪铺检查指导工作

案，结合公司实际，该公司党委制定了《在全体党员中开展“两学一做”学习教育实施方案》，为扎实推进“两学一做”学习教育工作打下了基础。公司领导班子，先行一步、深学一层，带头开展学习讨论，把学习贯彻系列讲话作为中心组学习的首要任务，围绕“学习习近平总书记系列重要讲话”“学习习近平总书记‘七一’重要讲话”等主题，先后召开“两学一做”专题学习会 6 次，班子成员自觉参

加所在党支部学习并带头讲党课。基层党支部把“三会一课”制度落到实处，每季度至少召开一次党员大会，均按实施方案要求完成了专题学习讨论。聚焦问题、边学边改，按照省国资委党委要求，该公司党委认真开展“三项整改”回头看，把抓好党的群众路线教育实践活动、“三严三实”专题教育对照检查问题整改方案落实，作为学习教育重要内容同安排、同部署、同查摆、同整改，制定新的工作措施，统筹解决。“两学一做”学习教育，基础在学，关键在做，紫坪铺公司党委抓住“做”这个关键，开展了“共产党员示范行动”，设立共产党员示范岗16个、示范团队3个，激励广大党员牢记使命、不忘初心、继续前进，在各自岗位上展现新作为，在促进公司改革发展中创造新业绩。

（四）巡视整改取得阶段性成效。2015年底，省委第九巡视组向紫坪铺公司反馈了巡视意见。该公司党委坚决把巡视整改作为一项重大政治任务，成立整改工作领导小组，由公司主要领导总负责，其他党委成员分管负责，狠抓整改落实。坚持以系统思维和全局观念抓整改，围绕巡视反馈的7个方面问题和6条整改意见建议，制订整改总体方案，细化分解成16项整改任务，建立整改台账，明确整改时限、责任单位和责任人。按期全面完成了各项

紫坪铺公司“两学一做”主题教育活动

整改任务，健全完善了公司党建和党风廉政建设长效机制。通过巡视整改，“两个责任”落实不够严格问题得到有效改善，执行中央八项规定精神的自觉性进一步提高，选人用人、治理结构、工程维修招标和物资采购等方面存在的问题得到认真解决。深入开展巡视整改“回头看”，对发现的问题做到立行立改、即知即改，不断深化巡视整改工作，为促进公司各项工作提供了坚强有力的保障。

（五）党风廉政建设工作进一步加强。紫坪铺公司党委结合巡视整改严格落实党风廉政建设“两个责任”，坚持把党风廉政建设工作纳入公司年度工作稳步推进，与生产经营、改革发展工作同部署、同落实、同检查、同考核。明确职责任务，制定了年度党风廉洁建设工作安排，明确了公司班子成员和各部门责任分工，与公司各部门、党支部签订了年度党风廉政建设责任书，与中层以上管理人员签订了廉政承诺。公司班子成员严格按照“一岗双责”要求，自觉把党风廉政建设摆在重要位置，与分管业务同研究、同部署、同检查，督促党风廉政建设责任落实。抓好廉政教育，筑牢从业防线，该公司班子带头集中学习党规党纪，在全体党员中开展了“刻纪于心”知识竞赛和“党纪党规印我心”征文活动；强化警示教育，组织党员干部观看了《贪欲大开堕落之门》，学习了“关于10起国有企业违纪违法典型案件通报”，不断增强党员干部政治意识、纪律意识、规矩意识和自律意识。深化作风建设，驰而不息正风肃纪，领导干部带头落实中央八项规定、省委省政府十项规定精神，带头转变作风，结合“两学一做”学习教育，组织专题讨论，引导广大党员进一步改进作风，密切联系群众；紧盯重要节点查纠“四风”，在元旦、春节、国庆等重要时间节点，向公司中层以上管理人员发送廉洁提醒短信，督促党员干部知禁而止。推进惩防体系建设，深入开展廉洁风险点排查，对查找出来的廉洁风险点进行分类评级，制定防控措施，逐步健全了以岗位为点、流程为线、制度为面的防控长效机制；按照“五个着力”要求，认真开展系统化防治腐败工作，制定了《系统化防治腐败工作方案》，切实做好问题整改，构建系统化防治腐败新格局。

（六）坚持党管干部的原则，选人用人工作进一步规范。该公司严格按照规定的标准和程序选拔任用干部，落实公司党委在确定标准、规范程序、参与考核、推荐人选方面的审核把关作用，年内根据工作需要，选聘中层管理人员7人。适应改革发展的新要求，推进市场化选人用人机制，公开招聘公司经营发展所需专业技术人才。加强人才培养，公司通过调训、内训等途径培训干部员工226人次。

【对口扶贫】紫坪铺公司深入贯彻落实省委《关于集中力量打赢扶贫开发攻坚战确保同步全面建成小康社会的决定》，按照公司、省林厅、阿坝师范学院

《三方共扶汶川县克枯乡大寺村帮户扶贫工作实施方案（2015—2020 年）》进度安排，2016 年紫坪铺公司投入 21.5 万元，基本建成了大寺村 5 亩特色产业品种试验园，完成生态水果采摘道路建设并倡议公司员工购买大寺村蓝莓、青红脆李等生态农产品，引导公司员工积极参与大寺村扶贫。“两学一做”学习教育活动中，公司聚焦服务脱贫攻坚任务，坚持以“走”促学、以“走”促做，公司领导带头深入大寺村蹲点调研，按省委省政府有关部署带队参与汶川、越西、壤塘脱贫攻坚评估、督查；派出 3 个支部与大寺村签订党组织共建协议，指导大寺村党建促脱贫工作。目前，大寺村脱贫攻坚顺利通过第三方评估和州级考核验收，待省级评估验收后，有望实现摘帽脱贫目标。

（本文图片由紫坪铺公司提供）

（马　峻）

四川泸州川南发电有限责任公司

【企业概况】2016 年，四川泸州川南发电有限责任公司（以下简称川南发电公司）积极克服机组利用小时数大幅降低、机组节能调度排名靠后、煤炭价格快速上涨等不利因素影响，通过持续深化改革、加强管理，较好地推进了安全环保、电力营销、电煤采购、降本增效等生产经营各项工作。实现全年安全生产零事故，至年底连续安全生产 1007 天，荣获泸州市 2016 年度安全生产一等奖；累计完成发电量 24.29 亿千瓦时，实现营业收入 8.71 亿元，公司党建、群团工作迈上新台阶。

【狠抓清洁生产，强化节能减排】该公司认真组织员工学习并严格执行国家《大气污染防治法》《土壤污染防治行动计划》等环保法律法规和公司环保管理制度，不断增强员工环保减排意识。加强环保改造工程管理，顺利完成 1 号机组烟尘治理改造项目。全年 1 号机组脱硫投运率 100%、综合脱硫效率 95.62%，2 号机组脱硫投运率 100%、综合脱硫效率 94.72%；1 号机组脱硝投运率 100%、综合脱硝效率 79.35%，2 号机组脱硝投运率 99.99%、综合脱硝效率 78.45%；2 号机组烟尘治理项目于 1 月 22 日顺利通过环保验收并从 2 月开始执行 0.002 元/千瓦时的除尘加价，全年除尘投运率 99.75%，烟尘平均排放浓度控制在 17.84 毫克/标准立方米，全部实现低于国家标准排放。同时实现了固废综合利用、废水零排放和废气达标排放，做到了环保生产，得到了前来公司检查的上级单位和政府部门一致好评。不断强化管理，深挖潜力，动员全体员工立足岗位为公司降本增效建言献策，全年收集员工合理化建议 146 项，采纳了 127 项，节约成本近 3000 万元。

【加强与客户沟通联系，抢占售电市场份额】随着国家电力体制改革，售电市场将逐步开放。该公司提前布局，主动拜访泸州市及周边用电大户企业，积极争取直供电，培养潜在的用电客户。于 4 月 6 日在省内发电企业中率先承办市级直购电工作对接座谈会，来自泸州市各区、县经信局、泸州供电公司、20 余家电力上下游企业的代表参加会议，促进了泸州市煤炭生产、铁路运输、燃煤发电、供电、用电和产业链相关企业之间的合作，为公司开展直购电工作打下了坚实的基础。全年成功与 38 家电力用户签订直购电量 10.63 亿千瓦时，累计完成“水火替代”挂牌交易电量 5.48 亿千瓦时、“火火替代”交易电量 2960 万千瓦时。

【完善制度，加强管理，深化改革】川南发电公司制订、修订并严格执行《安全文明生产考核管理标准》《人工成本管理制度》《辅助服务及并网运行管理考核办法》、《中层管理人员年度考核管理办法》等 23 项管理制度，进一步完善了公司制度管理体系，推进制度化、规范化、标准化管理。第二轮三项制度改革相关工作顺利完成，得到省国资委和川投集团验收组的充分肯定。在川投集团下属企业中，该公司三项制度改革验收成绩排名第一。组织 9 名发电运行人员到越南茶荣省沿海县沿海三期（2×62.2 万千瓦）燃煤电站进行技术培训服务工作，走出国门服务国家“一带一路”战略，在企业转型、劳务输出、对外创收上趟出了一条新路。

【充分发挥党委政治核心、党支部战斗堡垒、党员先锋模范作用】一是以党建活动为载体，不断加强思想政治建设。该公司党委认真贯彻执行十八大及历次全会精神，深入学习贯彻习近平总书记系列重要讲话精神，通过深入开展“两学一做”学习教育，不断加强党的建设，引领党员干部职工深入学习理论、增强“四个自信”和“四个意识”、增强干事创业的责任心和推动改革发展的自觉性；认真开展了软弱涣散基层党组织整顿、党员组织关系排查、党费收缴整治工作；切实履行第一责任，抓好党风廉政建设；坚持党管干部原则，以领导班子思想政治建设为抓手，深化“四好班子”创建工作，抓好公司中层副职以上管理人员选拔推荐工作；加强党风廉政建设、综治维稳工作。立足岗位面向职工，加强基层服务型党组织建设，继续推进“三联”制度全覆盖，并对职工实行了“四必访”，即重大节日必访、生病住院必访、婚丧大事必访、员工家庭碰到突发事件必访，进一步密切联系群众，使党委的领导核心和政治核心作用、党支部的战斗堡垒作用和党员的先锋模范作用得以充分发挥。2016 年，该公司 1 个党支部、2 名党员分获川投集团先进基层党组织、优秀共产党员和优秀党务工作者；在川投集团举办的“两学一做作表率，执纪为民建功业”征文及演讲赛中，该公司获得征文最佳组织奖，选送的征文分获一等奖、二等奖各 1 个、三等奖 2 个，演讲比赛获得三等奖。

二是加强对群团组织的领导和企业文化建设，促进公司全面发展。落实以职代会为基本形式的职工民主管理；开展劳动竞赛、创建模范职工小家、工人先锋号、巾帼文明岗等各类创争活动，发动职工立足岗位建功立业。做好困难职工帮扶、生病住院职工慰问等工作，及时将公司的关爱落实到职工身上，全年慰问生病住院职工、困难职工帮扶、“夏送清凉、冬送温暖”等 18.52 万元。共青团以开展“五四”义务劳动、志愿者活动、“我是青春卫士”青年安全生产系列活动为载体，发挥青年突击队作用。2016 年该公司团委被共青团四川省委授予“四川省五四红旗团委”称号。督促指导积极开展文体活动，丰富职工业余生活，促进公司企业文化建设。先后开展了迎春杯足球赛、元宵节游园、三八节女职工活动、篮球赛、羽毛球赛等多项活动；组织参加川投集团第四届职工运动会，参赛的八个项目获得金牌 3 枚、银牌 4 枚、铜牌 1 枚，团体总分列全集团第三名。

（陈瑾）

四川川投燃气发电有限责任公司

【企业概况】四川川投燃气发电有限责任公司（以下简称：川投气电）是四川省投资集团有限责任公司、四川省能源投资集团有限责任公司、达州市国有资产经营管理公司按照 85%、10%、5%比例合资组建的发电有限责任公司，负责建设和生产经营四川地区首座大型环保 F 级重型燃气电站，项目建设地点在四川省达州市斌郎乡桥坝村，位于达州市天然气能源化工产业园区内，规划装机容量 4×35 万千瓦等级燃气－蒸汽联合循环机组，总投资约 50 亿元，分两期建设。一期装机为 2×35 万千瓦等级燃气－蒸汽联合循环机组，总投资约 25.4 亿元。该项目于 2012 年 12 月 14 日全面开工建设，历时二年，顺利完成土建施工和设备安装调试，1 号、2 号发电机组分别于 2015 年 1 月、6 月一次性通过 168 小时试运，转入商业运营。机组整套启动时间和各项性能参数均处于国内同类型机组先进水平。该电厂投产后，填补了四川省 F 级大型天然气发电的空白，对综合利用四川丰富的天然气资源，实现资源就地转化，减少污染物排放，推进节能减排，调整四川电源结构，促进地方经济发展和生态文明建设发挥了十分重要的作用。

10 月 27 日，四川省副省长刘捷到川投气电调研

（康昭勇　摄）

截至 2016 年年底，川投气电共有在册职工 11 人。该公司内部机构设置为综合事务部、党群纪检部、财务部、计划营销部、设备管理部、安全监察部、发电部等。公司党委书记、董事长、总经理：张华端。

【生产经营】2016 年是川投气电公司全面进入生产经营的第一年。在川投集团的正确领导和大力支持下，川投气电公司团结一心，以开展“基础年”活动为推手，着力解决上网计划电量少、天然气协调难度加大、燃机设备检修成本高、贷款利率高、财务成本下降难度大等经营困难，通过全体员工的共同努力，全面完成了年度生产经营预算目标。全年完成上网电量13.95亿千瓦时，实现销售收入5.8427亿元。

【安全生产】川投气电公司2016年全年未发生安全事故、环保事故和质量事故，实现了全年“零伤亡、零事故”的安全目标。截至2016年12月31日，该公司连续安全生产长周期698天。

【机组检修运行管理工作】该公司积极优化设备运行方式，降低设备单耗，节约厂用电消耗，提高设备利用率，节约资源成本，使各项指标逐步回归设计要求；严格执行电网调度程序，对电网需求的负荷调整，积极配合，迅速主动；严格按调度要求进行机组启动、停运，从各个环节减少不合格电量。加强运行分析，针对现场出现的异常情况，认真分析、集思广益，提出并制定行之有效的措施，对各项重要指标勤调、细调，尽可能做到主要指标可控、在控，保证机组稳定经济运行；对现场的缺陷做到早发现、早通知、早处理，保证机组的安全稳定运行。

全年1号机组启停151次，2号机组启停122次，未发生非计划停运。

由于机组采用日启停模式，给设备消缺及检修工作带来极大难度，为切实做好设备保障工作，该公司以“日巡夜修、点检定修与状态检修相结合”模式开展设备管理工作。机组发电期间强化巡检、夜间停运后对机组重点设备缺陷进行消除，建立了设备健康管理台账、定期维养工作记录；建立了点检巡查制定期开展工作，为状态检修提供了有力支撑，确保各设备处于定检定维受控状态，大幅减少了设备隐患和运维成本。为优化整套系统经济稳定运行，该公司积极开展技改和两措工作，对安装调试期间存在的问题进行了清理，制定了技改方案，进一步优化设计，及时发现并解决了1号炉低压汽包焊缝夹渣、中压主气门磨损、2号机主蒸汽管道疏水管座裂纹等重大缺陷和隐患，确保了机组运行安全。完成了停机冷却水改造和1号机粗滤改造等技改工作，降低了循环水外排量和取水量，有效地降低了机组运行成本，提高了继续运行的稳定性。消除了1号、2号机组控制油滤网差压开关设置错误、2号机组盘车装置TCS卡件通道故障、1号机组TPS3 CPU故障等缺陷,确保了设备处于监管视线范围内，实现了设备健康运行无事故。

【降本增效工作】川投气电公司在年初制定并下发了年度预算目标，对各项管理费用控制指标分解到各个部门并明确了管控的具体责任人。组织开展了公司月度、季度、半年经济活动分析会议，对各类消耗、费用、成本等生产经营要素进行分析、研究，确保了各项成本、费用控制在预算范围内。

9月7日，四川省委常委甘霖到川投气电调研

（康昭勇　摄）

按月组织开展资金预算，加强资金预算管理；严格资金支付的计划管理，做好资金调度管理和资金理财工作；最大限度开具银行承兑汇票，减少生产准备资金占用；加大电费回收力度，提前归还银行贷款，降低财务成本；优化公司财产保险方案，公司财产保险费用比上年同期大幅降低。

【深化“三改”工作】2016年，川投气电一是深化用工制度改革，坚持市场化公开招聘、择优录用、能进能出的机制。5月，该公司通过北极星电力网面向社会、条件公开发布招聘信息，共收到简历200多份，甄选了50余人参加公司组织的招聘会，通过笔试、面试，择优录取，新招聘员工20人，其中应届大学毕业生7人。新员工进公司后均予以严格培训和考核，对初次考试成绩不理想的学员均提出了警告，部门领导和公司领导亲自找其谈话，要求其端正态度、认真学习，迎头赶上；对历次考试成绩仍然不及格的，按照公司《招聘管理制度》以及《劳动合同法》的有关规定，在试用期即解除其劳动合同。该公司对在岗员工也开展动态考核，对不胜任岗位工作要求的人员，及时按照制度规定进行转岗、换岗以及调整到低岗位使用等措施，体现了能进能出，岗位能上能下，收入能高能低。

二是深化干部人事制度改革。公司严格按照干部选拔的有关制度、规定开展工作，在选拔干部时实行竞聘上岗、择优聘用，对应聘人员进行严格的考试，公开答辩，公正评价，岗位能力测评，对竞聘结果进行公示。根据工作需要，2016 年该公司新招聘中层干部 2 人，同时为进一步加强队伍建设，有 2 名中层干部实行了内部换岗培养。

三是深化工资分配制度改革。川投气电公司修编了《绩效管理办法》，成立了绩效管理委员会，该公司领导班子多次研究完善绩效管理实施方案，下发了公司各部门年度、季度绩效计划，落实了考核指标，开展了公司经济活动分析等各项工作。从 2016 年第一季度开始推行全员季度绩效考核，以公司季度工作计划为导向，科学评价公司各部门和岗位员工的工作完成情况，合理拉开员工收入分配差距，切实做到收入能增能减和奖惩分明，充分调动了部门及员工的积极性。该公司以绩效考核为抓手，实现了各项工作有计划、有落实、有考评的管理模式，同时将各项生产运行小指标纳入绩效考核，提高了员工的责任心，有效实施成本管理促进公司减亏，增强了竞争力。

3 月 1 日，中石化副总裁焦方正到川投气电考察

（康昭勇　摄）

四是通过了川投集团继续深化三项制度改革“回头看”验收。

【员工培训工作】川投气电公司根据工作实际出发，以提升员工业务技能和工作水平为宗旨制定了年度培训计划，形式多样地开展员工培训工作。生产运行和设备管理部门建立了部门月度培训和专业周培训模式，各专业开展了全员讲课、全员培训等工作；其他业务部门以实际工作出发，通过“请进来、走出去”等方式开展安全教育、公文写作、企业管理、法律法规知识等学习培训。2016 年该公司开展内部技术培训统一讲课 653 学时，2131 人/次；员工取证培训 5 人，外出培训 30 余人。为尽快提高公司新入职员工和转岗员工的操作技能、检修技能，该公司组织开展了“一对一”导师带徒活动，2016 年共签订导师带徒合同 26 对。

【党建纪检工作】川投气电公司党委一是认真落实党建主体责任。公司党委在年初组织召开“三严三实”专题民主生活会，公司领导班子以“严以用权、严以修身、严纪律己、谋事要实、创业要实、做人要实”为主题认真开展批评与自我批评；公司领导班子成员全体签署“双廉责任书”，落实“一岗双责”。

扎实开展“两学一做”学习教育活动。公司党委成立“两学一做”学习教育领导小组，按照上级党委要求并结合公司实际制定学习总体目标及具体学习计划，每月组织党委中心组（扩大会）学习，严格按照“规定动作”要求组织三个专题学习讨论。从严抓实学习教育。

二是加强支部建设和党员管理。公司党委在 4 月组织开展了党支部换届改选工作，各支部扎实开展新一轮“三分类、三升级”活动，支部书记亲自落实，精心组织，认真开展自查、评级，找差距、整改等系列活动，及时解决工作中出现的新情况、新问题，为支部发挥战斗堡垒作用打下坚实基础。建立《四川省党员基本信息登记卡》，做好党员档案整理工作，认真清理党员组织关系情况，开展组织关系集中排查，对组织关系不在公司在职党员，要求限期将关系转到单位。公司党委制定了党员示范单位创建工作方案，经各支部推荐，公司党委审议确定了共产党员示范团队和党员示范岗；组织开展了党员示范团队、示范岗的授牌仪式，全体党员在工作中亮明党员身份，接受群众监督，处处起到先锋带头作用。

三是抓好党员发展工作。该公司党委把党员发展作为加强组织建设的基础工作来抓，严把质量关和程序关，确保发展工作有序进行。2016 年川投气电公司新发展两名预备党员，另一名预备党员正在办理转正手续，同时根据两个支部推荐，公司党委审议确定了 5 名入党积极分子。

四是认真开展创新方式讲党课活动。公司党委书记、支部书记和优秀党员分别结合公司发展战略、部门生产管理和个人工作经验及思想认识开展讲党课活动，使公司党员受到教育，激发干事创业的激情；与此同时，该公司还邀请达州市委党校教研室主任就学习习总书记弘扬社会主义价值观向全体员工讲党课，把接受党课教育范围拓展到全体员工，把“两学一做”延伸到做合格员工。

五是加强纪检监察工作。该公司2016年成立党群纪检部，配备专职党群纪检人员3人，加强纪检监察工作，认真落实党风廉政责任。组织全体党员干部签署拒收礼金承诺，开展“每月一课”，组织党员干部、业务部门专业人员观看有关警示教育、党性教育片，开展《廉洁自律准则》、《纪律处分条例》知识竞赛，开展重温入党誓词等主题党日活动，组织全体员工参加法律知识讲座，通过党员QQ群、公司微信群推送《永远在路上》等学习材料、视频，确保公司上下“真抓实干、风清气正”的良好风尚，公司未发现党员、干部的违规违纪行为。

11月30日，中央党校中青班学员社会调研组到川投气电开展调研工作　（康昭勇　摄）

【厂务公开、民主管理工作】川投电公司工会组织召开了一届三次职代会，按议程审议并通过了涉及职工群众切身利益的一系列议题。组织开展了《集体合同》《女职工特殊权益保护集体合同》等签订工作。成立了由工会委员组成的食堂食材采购监督小组，对每次采购的质量、重量进行监督检查，开展市场价格调查工作于采购价进行对比并予以公示。组织了食堂供应商比选工作，提高了食材质量，防控了可能的漏洞，食堂月采购费用平均下降近20%。

【工会工作】2016年，川投气电公司开展了创建达州市集体合同协商工作示范企业活动，在年末通过了达州市总工会组织的综合考评。该公司设备部热控点检班获得了达州市总工会颁发的“工人先锋号”称号。公司工会相继组织开展了迎新职工文艺汇演、元九登高节、三八妇女节参观新农村、3月植树、羽毛球比赛、摄影比赛、拔河比赛、警民联谊、义务献血、步行比赛等各种形式多样、丰富多彩，职工喜闻乐见的娱乐、竞技活动，丰富了职工业余文化生活，增强了企业凝聚力，打造了积极向上的企业文化。

【扶贫工作】2016年，川投气电认真贯彻落实中央“精准扶贫”要求,落实结对帮扶责任，组织党员干部到对口帮扶对象达州市斌郎乡红花村进行扶贫帮困义务植树活动。

（康昭勇）

四川省能源投资集团有限责任公司

【企业概况】四川省能源投资集团有限责任公司（简称“四川能投”）成立于2011年2月21日，注册资本93.16亿元。公司为四川省人民政府批准，在四川省工商局依法注册登记的国有资本投资公司，是四川推进能源基础设施建设、加快重大能源项目建设的重要主体。

四川能投成立以来，以“开发能源、服务社会、改善民生、推动发展”为企业使命，与国际国内战略伙伴开展友好合作，实现了存量资产的保值增值和新增业务的快速发展。截至2016年年末，四川能投旗下共有下属公司188家，业务涵盖能源、化工、现代服务业、战略性新兴产业四大领域，实现总资产967亿元，净资产306亿元。2016年全年实现营业收入339亿元。成功进入中国服务业200强企业行列。

能投集团公司办公大楼　　（能投集团提供）

【发展战略】四川能投依托资本市场，利用自身优势，运用现代企业经营管理理念，进行股权投资和资产经营管理，引领各类资金投向能源、化工、现代服务业、战略性新兴产业领域，推动重大能源项目建设和化工产业转型升级，打造“一流资本投资公司”，实现国有资产保值增值。

【能源产业】电网和无电地区电力建设方面，已拥有31个县级供电区域，构建了川南、川东、凉山东部、平武青川四个区域配电网，供电人口1800万人，占四川全省总人口的22%。水电方面，拥有大中小型各类水电站174座，总装机（含权益装机）920万千瓦。在金沙江干流上，控股开发总装机56万千瓦的金沙水电站，参股向家坝、溪洛渡、白鹤滩、乌东德4座巨型水电站。风电和太阳能方面，已获取省内外风电资源200万千瓦、光伏资源40万千瓦，已建成4座风电场和1座光伏电站。其中大面山风电场为四川第一个农风光互补项目，鲁南风电场为中国“十佳风电场”。生物质能方面，自贡市垃圾发电项目和广安垃圾发电项目已建成投产。天然气方面，组建了四川省天然气投资有限责任公司，在天然气输配送、天然气趸售、城市燃气经营、LNG全产业链、点式供能、智能微网等领域，服务四川省11个市州共计40余个区县。气体能源开采方面，参股“四川长宁天然气开发有限责任公司”和“四川页岩气勘探开发有限责任公司”，已有页岩气项目建成投产，积累了相关经验；开展了四川省泸州石宝煤层气项目钻探试验。分布式能源方面，在省内外获取了56个分布式能源项目，总装机达187万千瓦。省内首个冷热电三联供分布式能源项目—新都分布式能源发电项目获得国家级示范项目称号。

【化工产业】2015年，四川省政府将四川化工控股（集团）有限责任公司100%产权划转至四川能投。自此，四川省化工产业正式并入四川能投旗下。传统化工业务加快产能国际化，抢抓国家“一带一路”政策机遇，联合国内实力企业，以资本和技术输出实现传统产业在海外转型发展。精细化工业务加快产品高端化，结合氢氰酸、农药向资源地转移项目实施，向下游高端延伸产品链，转型发展成为以市场为导向、产品为载体、客户需求解决方案为核心的高端精细化学品服务供应商。未来新兴化工业务加快力争布局前沿化，与高校及科研院所建立密切合作关系，抢占技术制高点和市场先机，在化工新材料、电子化学品、储能材料等领域，形成从研发、生产到市场终端服务为一体的全产业链发展模式。

【现代服务板块】金融板块，向构建“全牌照”综合金融平台方向不断延伸，业务范围涵盖商业银行、融资担保、基金管理、股权及债权投资、融资租赁、资产管理、互联网金融、小额贷款、保险销售 9 大领域，管理金融资产规模超过 200 亿元。旅游康养板块，拥有景区特许经营权面积超过 4000 平方公里，完成了四川省“东、西、南、北、中”的业务布局，并向西藏延伸。九寨云顶项目、泸定桥景区已开门迎宾；雅安牛背山、达州铁山、泸州福宝项目破土动工；阿坝州松潘七藏沟、攀枝花红格旅游康养小镇、凉山州冕宁灵山、彝海等项目正有序推进。贸易板块，坚持供应链集成服务商的市场定位，涉足供应链服务、国际贸易、高新技术材料、现代物流综合服务、信息和工程咨询服务等业务领域，业务延展至科威特、瑞典、东南亚、韩国等 10 余个国家和地区。

【战略新兴产业】以打造战略性新兴产业园区为方向，主动融入“中国制造 2025”国家战略布局，进军新材料、新技术领域，在碳纤维产业、以交流 LED 为代表的现代照明产业等领域已形成规模。与工信部设立的国家级动力电池创新中心合作，动力电池核心产业落地川化青白江战略性新兴产业园。

到 2020 年，四川能投力将着力培育电网、风电光伏、分布式能源、普惠金融、气体能源等多个领域的上市公司，成为国际国内具有一定影响力的大型综合能源企业。

（李军军）

四川省能投攀枝花水电开发有限公司

【企业历史沿革及概况】2005 年，华润电力控股有限公司（以下简称“华润电力”）提出开发金沙水电站（位于金沙江攀枝花河段）的设想，并于 2006 年 11 月与长江勘测规划设计研究院（以下简称“长江设计院”）、攀枝花市国有投资（集团）有限责任公司（以下简称“攀枝花国投”）三方签订了《关于共同开发金沙江攀枝花河段的合作意向协议》。2007 年 6 月，协议三方注册成立攀枝花华润水电开发有限公司（以下简称“攀枝花华润”），受攀枝花市政府委托开展金沙江攀枝花河段（含金沙和银江两个水电站）水电开发环评影响报告、可研审查等相关工作。

9 月 3 日，能投攀枝花公司在金沙水电站施工现场举行厂坝工程开工仪式，标志着金沙水电站从此进入了主体工程施工阶段

（能投攀枝花公司提供）

根据四川省发展和改革委员会《关于金沙江攀枝花段金沙、银江两个水电站梯级项目法人有关问题的请示》（川发改〔2011〕320 号），2011 年 8 月，《四川省人民政府常务会议纪要（88）》明确由四川省能源投资集团有限责任公司（以下简称“能投集团”）控股开发金沙水电站。

根据上述精神，能投集团会同攀枝花市政府和长江设计院积极开展金沙水电站前期工作的申请。同时攀枝花市政府为大力支持相关工作的开展，于 2011 年底批复同意金沙水电站业主营地的建设。经省国资委批准后，由能投集团成立全资子公司——四川省能投攀枝花水电开发有限公司（以下简称能投攀枝花公司），注册资本金为 6000 万元，负责业主营地的报建和金沙水电站的投资开发、建设和经营管理。

2015 年 3 月 25 日，省国资委正式批复同意能投攀枝花公司增资扩股，能投集团持股 60%，长江设计院持股 25%，攀枝花国投持股 15%，注册资本金 1 亿元，于 2015 年 8 月进行增资，注册资本金 4 亿元。

【组织机构及人员情况】能投攀枝花公司共设“八部一办”，即：工程建设部、技术管理部、安全环保部、机电物资部、计划合同部、党群人事纪检部、资金财务部、行政部、征地移民办。截至 2016 年 12 月底，公司员工 67 人，其中：领导班子成员 6 人，中层管理人员 17 人。员工文化程度为研究生 6 人，本科生 43 人。中共党员 30 人；女工 13 人。专业技术力量雄厚，其中：教授级高工 2 人，高级职称 15 人，中级职称 18 人。

【金沙水电站基本情况】金沙水电站 2016 年被确定为国家重大建设项目，同时也是四川省、攀枝花市重点建设项目。金沙水电站是金沙江中游十级水电枢纽规划的第九级，位于金沙江中游攀枝花西区河段，上距观音岩水电站坝址 28.9 公里，距攀枝花市区 11 公里，下距银江水电站坝址 21.3 公里。电站最大坝高 66 米，坝顶高程 1027 米，坝轴线长度 394.50 米；水库正常蓄水位 1022 米，死水位 1020 米，总库容为 1.08 亿立方米，调节库容 1120 万立方米，具有日调节功能，控制流域面积 25.89 万平方公里，多年平均流量 1870 立方米/秒；电站总装机容量为 56 万千瓦（4×14 万千瓦），多年利用小时数 4540 小时，多年平均年发电量为 21.77 亿千瓦时。电站建设周期为 7 年，总投资约 74.23 亿元，计划 2020 年首台机组发电，2021 年工程竣工。

12 月 13 日，金沙水电站导流明渠成功进行过水分流
（能投攀枝花公司提供）

金沙水电站建设不仅对地方经济和社会发展、推动长江经济带建设具有重要作用，而且对改善生态环境、优化产业结构具有重要意义。工程以发电为主，同时兼有供水、改善城市水域景观和取水条件、对观音岩水电站进行反调节等综合效益。建成后库区的水位将抬高约 20 米，为打造库区城市水域景观提供得天独厚的条件。同时，作为可再生的清洁能源，每年约可节约火电标煤约 79 万吨，每年可减少 CO_2、SO_2、NOx 排放量分别为 200 万吨、0.6 万吨 和 0.5 万吨。

【金沙水电站项目进展情况】2016 年 8 月 11 日金沙水电站取得项目核准。

2005 年，由华润电力控股有限公司提出开发金沙水电站设想。2016 年 8 月 11 日，国家发改委正式对金沙水电站开发核准。金沙水电站地跨川、云两省，涉及 30 多个核准要件或前置环节，每个要件均要经过国家相关部委、两省各级政府、有关部门层层把关，面对千头万绪的工作，该公司创新作为，加大协调汇报力度，充分挖掘各种社会资源，并行开展各项工作，做到了依法合规，尤其是关键要件（如环评、国土报件）的取得周期，较国内同类水电站均有所缩短。

【提前实现大江截流】金沙水电站前期准备工程自 2012 年开工以来，受征地移民搬迁、地质条件复杂、设计变更、高边坡开挖等多重不利因素影响，工程施工艰难推进。面对困难和挑战，该公司发挥五位一体（政府、设计、业主、监理、施工）作用，反复沟通协调，取得地方政府的支持，会同各参建单位，发挥业主方的主导作用，创新思路、多措并举，顺利实现了一个又一个节点目标。

1. 前期辅助工程：

业主营地于 2013 年 9 月 30 日正式入住办公，2014 年 6 月 26 日通过由攀枝花市相关部门组织的竣工验收；

上、下游索道桥于 2013 年 8 月 30 日通车；

1 号进场公路 2014 年 7 月 31 日具备通车条件；

砂石、混凝土生产系统于 2015 年 12 月 28 日建成投运。

导流明渠工程于 2016 年 12 月 14 日破堰分流；

施工供水工程于 2016 年 1 月 19 日开始试运行。

35 千伏施工变电站于 2015 年 8 月 12 日完成通电调试运行，正式向工区供电；

2016 年 4 月 30 日，鱼类增殖站完成竣工验收，5 月正式投入运行， 并于当年实现了增殖放流。

2. 主体工程：

厂坝工程主体工程于 2016 年 9 月 3 日开工，上游围堰戗堤于2016年11月1日开始预进占，于2016年12月23日成功实现大江截流，较移民安置报告确定“项目核准第二年实施截流”的时间提前了近1年。

【安全工作可控受控，环保水保成绩显著】在金沙水电站建设过程中，该公司面对安全压力和风险，严格贯彻“安全第一、预防为主、综合治理”的安全管理方针，以人为本，坚持“管生产必须管安全”的原则，切实贯彻安全管理党政同责的理念，健全责任体系，夯实基础管理，大力开展安全宣传培训教育，提高安全防范意识，深入开展隐患排查，实行动态过程管理，始终树立安全红线意识，做到安全警钟长鸣。公司自成立以来，未发生轻伤及以上人身伤害事故，2013—2016年，该公司连续四年被能投集团评定为“安全生产先进单位”。

【千方百计降低融资成本，项目资金得到有效保障】在2016年没有形成相应贷款条件的情况下，该公司筹措到较基准利率低5%的1.5亿元贷款。2016年还向国开行申请到了3亿元的国家重大建设项目专项建设基金，年利率仅1.2%，贷款期限18年，初步估算能为公司节约财务费用近2个亿。在项目取得核准以后，该公司采取“银行拼盘”的方式进行融资，所有借款较基准利率均下降10%，为后期的资金保障打下了坚实基础。

【强化投资控制，确保国有资产保值增值】2016年完成投资11.08亿元，截至2016年年底，金沙水电站已累计完成工程投资25.72亿元。该公司把合理节省工程建设投资作为一件大事来抓，本着开源节流、挖潜增效的原则，实现国有资产保值增值，在设计优化、技术创新、招标控制、项目管理、施工方案优化、争取政策支持等各个环节想办法，动脑筋。该公司成立5年以来，除融资成本降低、招标较概算费用大幅降低外，还节省投资3.8亿多元。

【党建工作】2016年，能投攀枝花公司党委按照省委、省国资委党委和集团公司党委要求，以中共十八届四中、五中、六中全会精神为指导，深入开展“两学一做”学习教育，以“五大发展理念”为引导，以改革创新为动力，紧紧围绕金沙水电站工程建设和大江截流目标，突出党的领导核心和政治核心作用，切实履行两个主体责任，全面加强领导班子思想建设，大力推动干部队伍能力建设，持续深化党员干部作风建设和反腐倡廉建设，努力提升党建工作水平，为工程建设的顺利开展和大江按期截流，提供了坚强的组织、思想保证和文化智力支持。

一是坚持抓好理论学习，在不断提高领导班子理论水平上下功夫。

二是坚持从严落实管党治党责任，在加强公司党建工作上下功夫。

三是坚持加强领导班子和干部人才队伍建设，在为工程建设提供人才保证上下功夫。

四是坚持开展党的主题活动，在探索建立党组织“互联共建”机制上下功夫。

五是坚持抓好反腐倡廉和党风廉政建设，在塑造廉洁干部队伍上下功夫。

六是坚持创建和谐向上的内部环境，在支持工会独立自主开展工作上下功夫。针对公司员工远离家庭，文化生活比较枯燥的实际，党委支持工会充分发挥“职工之家”的作用，为职工创造和开放公司体育健身场所及业余休闲场所，活跃并丰富了职工文化生活。工会举办了第三届“金沙杯”职工篮球赛和羽毛球赛，200余名员工参加比赛。

（石启胜）

雅砻江流域水电开发有限公司

【企业概况】雅砻江流域水电开发有限公司（以下简称雅砻江公司）原名为二滩水电开发公司，始建于1989年，1995年2月改制为有限责任公司，2012年11月根据国家能源局的要求更名为现名称。现股东方为国家开发投资公司和四川省投资集团有限责任公司，出资比例分别为52%和48%。公司注册资本金241亿元，水电总装机规模达1470万千瓦。

雅砻江公司主要业务是水力发电，根据国家发改委授权，负责实施雅砻江水能资源开发。为此，雅砻江公司在认真总结国内外水电开发经验，深入分析国家电网发展与“西电东送”、四川经济社会发展态势与促进少数民族地区经济发展需要等情况的基础上，提出了“雅砻江流域水能资源开发四阶段战略”，并提出了与之相适应的“流域化、集团化、科学化”发展与管理模式。2016年，雅砻江流域水能资源开发第一、第二阶段战略已实施完成，雅砻江下游锦屏一级、锦屏二级、官地、二滩和桐子林水电站已全部建成投产。

同时，雅砻江公司积极推进转型升级与创新发展，在以雅砻江流域水电开发为主的基础上，深入探索和实践流域资源综合开发，重点推动雅砻江流域风光水互补清洁能源示范基地建设，着力将其打造成为国家级千万千瓦级清洁能源示范基地，推动公司从单一的水电企业转型升级为风光水协同开发的清洁能源企业。

【雅砻江公司对外宣布打造风光水互补清洁能源示范基地】2016年3月26日，雅砻江公司召开雅砻江流域水能资源开发“第二阶段”战略收官暨清洁能源开发战略媒体恳谈会，会议在成都举行。这是雅砻江公司在桐子林全面投产、雅砻江下游水能资源开发全面收官、公司即将着手打造风光水互补清洁能源示范基地战略转型期召开的一次重要信息披露会。雅砻江公司将依托“一个主体开发一条江”这一显著优势，在稳步推进雅砻江全流域水能资源开发的同时，着手打造世界级千万千瓦风光水互补清洁能源示范基地。

根据初步测算，雅砻江沿岸甘孜州、凉山州、攀枝花市地处川西风能和太阳能资源富集区域，风电和光伏资源可开发量超过3000万千瓦，相当于再造一条雅砻江。根据初步规划成果，雅砻江流域沿岸将布局风电场址约74个，测算装机容量1181万千瓦；光电场址约26个，测算装机容量1888万千瓦。上述风电和光电项目总装机容量3069万千瓦。

【雅砻江桐子林水电站全面投产雅砻江下游水电开发收官】2016年3月27日，雅砻江桐子林水电站最后一台机组正式投产运行，至此，雅砻江下游水能资源开发全面完成，流域水能资源开发第二阶段圆满收官，雅砻江公司将在继续开发中游的同时，打造千万千瓦级风光水互补清洁能源示范基地。

桐子林水电站是2010年国家确定的西部大开发23个标志性重点项目之一，是雅砻江下游最末一个梯级电站，以发电任务为主。电站安装4台15万千瓦轴流转浆式水轮发电机组，总装机容量60万千瓦，多年平均发电量29.75亿千瓦时，电站核准总投资62.57亿元。桐子林水电站具有水库淹没损失小、建设工期短、供电质量好等突出特点。电站距四川主网和攀西电网均较近，上游已建成二滩水库、锦屏一级水库，随着两河口水库的建成，受三大水库径流调节影响，桐子林水电站枯期出力大幅增加，是四川电网不可多得的优良电源点之一，也正是当前电力系统急需的电源类型。

国内首个大型水电站EPC合同-雅砻江杨房沟水电站设计施工总承包合同在成都签订 （宋志评　摄）

随着桐子林水电站全面投产，雅砻江公司总装机规模一举跃升至1470万千瓦，成了国家“西电东送”的重要骨干电源点之一，节能减排效益凸显。从2016

年开始，雅砻江每年将有近650亿千瓦时的清洁电能送往川渝和华东，相当于每年节约原煤消耗约3000万吨，每年减少二氧化碳排放约5360万吨。

【雅砻江流域控制性“龙头”电站 两河口水电站开始大坝心墙填筑】2016年11月1日，位于四川省甘孜州雅江县境内的两河口水电站开始大坝心墙填筑，标志着这座雅砻江中游控制性“高坝大库”的“龙头”水电站工程全面进入主体工程建设新阶段。

两河口水电站属于雅砻江干流规划开发22级电站中的中游控制性龙头电站，总投资664.57亿元。电站总装机容量300万千瓦，多年平均年发电量110亿千瓦时，计划2021年实现首台机组发电，2023年全部工程竣工。两河口水电站拥有世界水电最大规模高边坡群、世界最大的泄洪水头高度及泄洪流速最大的泄洪设施，是我国藏区开工建设规模和投资规模最大的基建项目，是四川电网的骨干电源和战略工程。两河口水电站的建设，对促进国家能源结构调整、改善四川电力系统电源结构具有重大意义。同时，两河口水电站作为四川省水电开发进入藏区腹地的标志性工程，将助推甘孜藏区跨越式发展，为我国藏区水电开发积累设计施工、建设管理方面的宝贵经验。

桐子林全面投产暨雅砻江流域水能资源开发第二阶段战略胜利收官总结大会　（宋志评　摄）

【雅砻江杨房沟水电站成功实现大江截流】2016年11月11日，国家清洁能源重大工程、我国第一个采用设计施工总承包模式进行建设的百万千瓦级大型水电站项目，位于凉山州木里县境内的雅砻江杨房沟水电站成功实现大江截流，标志着该项工程全面进入主体工程施工阶段。

杨房沟水电站为雅砻江干流中游“一库七级”开发的第六级水电站，是雅砻江公司流域水电开发“四阶段”战略第三阶段继两河口水电站之后的又一关键工程。电站装机容量150万千瓦，多年平均发电量68.6亿千瓦时。工程枢纽主要由最大坝高155米的混凝土双曲拱坝、泄洪消能建筑物和引水发电系统等组成，电站总投资达200亿元，杨房沟水电站计划2021年投产发电，2024年工程竣工。

雅砻江公司在杨房沟水电站选择设计施工总承包的建设管理模式，开辟了国内百万千瓦级大型水电站采用设计施工总承包进行建设的先河，被行业内誉为“第二次鲁布革冲击”。

【安全管理】雅砻江公司始终把人的生命安全放在生产第一位，以如履薄冰、如临深渊的态度坚持安全生产，并将安全视为企业发展的“红线”和“底线”。认真贯彻落实国家安全生产各项政策法规，进一步强化安全责任制考核，扩大签订安全生产目标考核责任书和交纳安全风险奖惩抵押金范围，不断严格安全生产考核指标体系，坚决贯彻好“五落实”“五到位”。深入推进安全生产标准化达标评级和NOSA体系建设工作，不断提高安全管理科学化水平。积极组织公司及外部专家、政府有关部门深入现场开展安全大检查，及时落实安全整改措施，着力强化安全闭环管理。持续健全应急管理组织和预案体系，通过针对性演练不断提高应对突发事件的处置能力。通过开展安全工作信息管理平台建设，基本实现了对电力生产、工程建设和总部区域办公的各个安全管理环节的监督管理。积极开展“安康杯”“安全生产月”“打非治违”和隐患排查治理等专项活动，加强安全生产教育培训，营造良好的安全文化氛围，筑牢本质安全发展基石。

2016年，雅砻江公司全面杜绝了直接责任性一般及以上人身伤亡事故、非公司直接责任性较大及以上事故，安全生产态势持续稳定。二滩电厂实现长周期安全纪录3383天，创下电站投产发电以来最好成绩。雅砻江公司连续八年获得全国“安康杯”竞赛优胜单位，并首次荣获全国“安康杯”竞赛活动示范单位；连续九年荣获“中央在川和省属重点企业安全生产工作先进单位”称号。

【生产经营】2016年，随着国家经济下行压力持续加大和电力体制改革进程不断加快，发电企业普遍经营困难，加之雅砻江流域来水偏少、受电地区不断提出利益诉求，雅砻江公司电力生产经营形势十分严峻。面对诸多不利因素，雅砻江公司一方面苦练内功、深挖潜力，将2016年定义为电力生产“技术提升年”，广泛开展电力生产技术管理提升专项活动，通过加强设备全生命周期管理、组织开展技术3

比武活动、学习行业先进管理经验、自主开展技术攻关等一系列措施，着力巩固深化“设备管理年”成果，创新电力生产管理理念和方法，有效提升电力生产技术管理水平。同时，不断完善电力生产应急管理机制，着力强化应急处理能力。在总结历年经验的基础上积极研究水电联合优化调度，深入挖掘电站经济运行潜力，充分发挥水库补偿调节性能，尽可能多发满发，提高公司发电效益。

另一方面，雅砻江公司主动适应电力市场新形势，成立生产经营专项工作领导小组，统筹协调公司电力生产、市场营销重大事项和对外联系，努力构建和谐的发售电环境，在全力争取流域梯级电站群年度发电计划的同时，积极参与市场竞争，合理制定竞价策略，通过富余电量、自备电厂替代发电、大用户直供等方式努力增大公司售电量，提高市场占有率。密切跟踪分析电力体制改革进展和相关省市电力市场化情况，成功实现桐子林水电站碳减排项目备案，适时成立售电全资子公司——雅砻江四川能源有限公司，为进一步促进电量消纳，应对售电侧改革做好准备。

2016 年，公司累计发电 710 亿千瓦时，其中二滩水电站累计完成 155.7 亿千瓦时，锦官电源组累计完成 537.1 亿千瓦时，桐子林水电站累计完成 17.2 亿千瓦时，再创电力生产历史新纪录。

【科技创新】雅砻江公司高度重视科技创新能力建设，继续与国家自然科学基金委合作，设立第二期雅砻江联合基金，不断完善以企业为主体的科技创新体系，积极促进“产学研”有机结合；继续推动锦屏地下实验室二期建设工作，不断支持国家基础科学研究。2016 年，雅砻江公司承担的国家“十二五”科技支撑计划“数字流域关键技术”研究项目顺利通过科技部验收；“水轮机顶盖减压板空蚀深度测量仪”及“采用沟槽减阻的混流式水轮机转轮”两项实用新型专利获得国家知识产权局授权；“锦屏一级复杂地质特高拱坝建设关键技术研究与应用”获水力发电科学技术特等奖，“超深水位变幅水力自升降拦漂工程关键技术研究与应用”获电力建设科学技术进步一等奖，以及其他多个省部级奖项。同时，雅砻江公司还成功申请到国家“十三五”重点研发计划“深部围岩长期稳定性分析与控制”和“特高拱坝及近坝库岸长期安全稳定运行”两个课题的研究任务，充分体现了公司较强的科技创新能力。

【党建与企业文化】2016 年，雅砻江公司按照全面从严治党要求，以“围绕中心抓党建，抓好党建促发展”为主线，以“从严从实强党建、提质增效促发展、创新创优树品牌”为目标，创新实施“卓越党建管理模式”，着实筑牢“八大工程”，不断把党的政治优势、组织优势和群众工作优势转化为公司的创新优势、发展优势和竞争优势，为推动公司创新发展提供了坚强的政治、思想和组织保证。雅砻江公司党政领导班子认真履行全面从严治党主体责任，压实“一岗双责”，充分发挥公司党委在引领公司发展中的政治核心作用。深入开展“两学一做”学习教育，坚持学思结合、学改结合、学用结合、学做结合，不断把学习教育引向深入。深刻领会国投卓越党建管理模式要义，充分结合自身实际大胆探索和创新，使卓越党建管理模式在雅砻江公司各级党组织得到了有效实施。强化监督责任，定期开展“八项规定”精神落实情况专项检查、“四风”问题整治情况“回头看”和“廉洁雅砻江”活动。全面经受国投党组严格的“政治体检”。

雅砻江杨房沟水电站大江截流仪式暨劳动竞赛表彰大会

（宋志评　摄）

雅砻江公司大力推进企业文化建设，编制完成《企业文化建设“十三五”规划》；开放公司“澎湃雅砻江”展厅；开展书画摄影大赛、企业文化歌词歌曲创作比赛和微电影拍摄活动，其中一部获全国职工微影视大赛宣传类金奖；开展劳动竞赛活动，打造班组建设品牌，通过“一网、一刊、一园、一微、一厅”五大宣传载体，大力宣传公司员工在各条战线上所展现出来的“雅砻江精神”，努力营造“学先进、比贡献”的浓厚氛围。同时，雅砻江公司高度重视对外宣传工作，结合流域开发重要里程碑事件开展大型宣传活动，配合中央电视台拍摄完成《五年规划》之《规划中国》和《中国建设者》之两河口水电站工程专辑《高峡出平湖》纪录片，深度展现公司“贡献清洁能源，服务国家发展”的工作动态与重大举措，不断提升“雅砻江水电”品牌影响力。

（郑　确）

国电大渡河流域水电开发有限公司

【公司概况】国电大渡河流域水电开发有限公司（以下简称大渡河公司）是中国国电集团公司下属的二级单位，也是中国国电集团公司所属最大的集水电开发建设与运营管理于一体的大型流域水电开发公司。公司于 2000 年 11 月在成都高新区注册成立，公司股东分别为中国国电集团公司系统占 90%（其中国电总部占 21%、国电电力占 69%），四川川投能源股份有限公司占 10%。截至 2016 年年底，公司有在岗职工 2170 人，有 19 家所属及控股二级单位，累计向成都市缴纳税费 22.67 亿元。

大渡河公司负责大渡河干流 17 个梯级电站的开发，涉及四川三州两市（甘孜州、阿坝州、凉山州、雅安市、乐山市）14 个县，总装机约 1775 万千瓦。截至 2016 年，公司总资产 897.56 亿元，投产装机 1011.24 万千瓦，在川投运装机约占四川统调水电总装机容量的四分之一，承担了四川电网主要调峰调频任务。公司先后荣获全国“五一劳动奖状”、全国“厂务公开先进单位”，建成了“全国模范职工之家”，被国务院国资委评为“抗震救灾先进集体”和“中央企业先进基层党组织”；获得集团公司“国电特级奖状”“绩效贡献特别奖”“党建工作先进集体”等荣誉，累计获得省部级和国电集团公司科技成果奖 64 项，取得 88 项知识产权成果，成为四川省工业企业最大规模 50 强企业和最佳经济效益 10 强企业。

3 月 16 日，国务院监事会主席骆玉林、国电集团谢长军在大渡河集控中心调研 （张琦 摄）

【2016 年工作概述】2016 年，大渡河公司系统深入贯彻落实国电集团“一五五”战略，紧紧围绕年初确定的“三四五”工作思路，攻坚克难，砥砺前行，圆满实现了年度目标，各项工作取得了新的成效，公司再次获得集团公司考核 A 级。2016 年年底，公司完成发电量 308.82 亿千瓦时，实现营业收入 69.74 亿元。

【安全管理】瞄准“建成集团公司水电安全生产标准化示范企业”目标，以“提质增效”和“双提升”工作为抓手，强化安全风险分级管控，创新安全生产巡查，探索智慧安全管控，结合“重细节、找问题、强管理”专题组织开展安全检查，成功应对了“4·30”大岗山库区省道 S211 地质灾害，避免了重大山体滑坡地质灾害事故造成人员伤亡和交通要道中断，实现了“零”伤亡避险。研发智能安全帽，实施电力生产现场、安全对标管控模型，启动建设公司安全风险管控数据中心，初步实现典型性生产现场违章行为和安全隐患的自动辨识功能。公司荣获 2016 年全省“安全生产月”活动优秀组织单位、“中央在川及省属重点企业安全生产工作先进单位”荣誉称号。

【生产经营】成立经济运行中心和售电服务中心，积极参与外送、替代等市场挂牌交易，想方设法寻找新增电量。压实电厂主体责任，加强调度会商，优化经济运行，深化对标考核，瀑布沟电站完成了水库消落、回蓄目标。龚嘴、铜街子两电站作为母体电厂，老厂焕发青春，管理和效益都上了新台阶。按照公司智慧企业建设“风险识别自动化、管理决策智能化”的管理要求，水电积极推进智慧检修，完善生产管理系统相关功能模块，提升生产管控水平，初步实现设备检修从以定期检修为主逐步向状态检修转变。制定《公司 2016 年增收节支、提质增效方案》，细化 44 条增收措施和 58 条节支措施，按照“一企一策”原则，每月梳理盘点落实。持续压降融资成本，加强成本费用管控，八项费用同比下降 12.38%。加强产业互保，积极开拓市场，四个转型平台为公司实现利润目标做出了突出贡献。

【工程建设】加强基建“五控制”管理，全年完成投资 56.9 亿元。猴子岩电站二期面板提前 42 天完成，施工质量获得监督总站好评。上下同心协力，送出工程提前建成，合力扭转了猴子岩移民搬迁被动局面，如期实现了下闸蓄水，首台机组 72 小时试运行一次性成功。沙坪二级电站按照“有序干、高起点”的要求，紧紧围绕“建精品、树标杆”的目标，工程质量不断提升，大坝及厂房浇筑到设计高程，厂房具备了挡水条件。“双江口”智慧工程建设方案基本定型，工程管理系统建设方案完成初步设计，双江口智能大坝完成碾压质量监控功能建设，具备碾压试验监控条件。

【前期工作】持续抓好优化，前期项目稳中有进。金川、枕头坝二级、沙坪一级等项目经济指标持续优化，金川投资决策通过集团公司能源院评估。枕头坝二级、沙坪一级电站完成了正常蓄水位等重大专题咨询，启动了老鹰岩一、二级水电站预可研，帕隆藏布流域水电规划持续深化。

【转型升级】在做强主业的同时，积极培育新的增长极度过困难期。通过积极开拓外部检修和工程管理市场，检修业务快速拓展到了贵州、新疆、云南等地，已成为公司未来发展的一个新增长点；发挥公司在水电工程管理优势，积极开拓对外工程管理和咨询业务。通过大力拓展碳资产管理业务，形成了碳开发、交易、碳咨询、碳金融、碳中和业务体系，累计开发 CCER 项目近 40 个，拥有 800 万吨可交易 CCER 现货，储备 CCER 可签发量超过 1000 万吨/年，已建成国内 CCER 储备量最大的碳资产管理机构。通过抢占电力市场，售电服务形成了电力销售、客户管理、园区配售、电能转换四大业务体系，认真开展了增量配电网、煤改电、冰储能等 13 个课题，以及近 30 个园区配网、煤改电项目可行性研究分析。完成了四川省首个园区配售电项目广元国家经济开发区售电合作，3 年累计完成直购电销售 170 亿千瓦时。通过成立水电科技咨询中心，强化与高校、科研单位的协同创新，促进“四新”技术和专利成果的转化创效。

【智慧企业建设】完善顶层设计，发布了《智慧大渡河战略研究与总体规划报告 3.0》，智慧企业理论体系更加完善。加快推进项目落地，云数据中心建成投运，流域库坝安全管理中心、国内首个大型流域水电站联合调度控制系统等智慧单元投入运行；智慧工程、智慧电厂、智慧检修、智慧调度建设深入推进，沙坪智慧工程通过专家鉴定，达到了国际领先水平；智慧党建云建设完成试点。成功承办了首届智慧企业创新发展峰会，大渡河智慧企业建设在业界“三个首次”（首次在企业界提出了建设智慧企业的思路，首次系统阐述了智慧企业理论体系和框架，首次在大型国有企业进行探索与实践并取得了显著成果）地位得到确立，大渡河公司被清华大学和四川省企业联合会分别授予“管理创新实践基地”和“智慧企业管理创新示范基地”。该公司智慧企业建设的经验做法被人民日报、新华社、中新社、央广网、四川日报等 34 家媒体刊发报道。

【企业管理】制定了公司“十三五”发展规划，牵头组织完成了 11 个专项规划和 6 个专项研究课题。积极推动大渡河流域综合管理试点工作，四川省发改委 10 月底组织召开了启动会。持续研究完善大渡河干流后续项目发展专题报告，积极协调金川等项目列入国家专项建设基金项目。引入国内一流的管理咨询机构，全面推进公司整体战略研究，研究成果得到公司领导的充分肯定。规范了制度体系建设，以分类和分层管理为原则，梳理公司成立以来的制度 936 个，建立了规章制度类别及分层级管理标准，启动了全面风险管理体系试点建设。全面推进法治大渡河建设，创立了大渡河法治讲坛，有力促进公司系统干部队伍法治素质提升。严格财务收支和“八项费用”审计，坚持审计发现问题按月通报制，重点进行回访督导，狠抓审计整改和成果运用，防范了经营风险。

智慧企业峰会在成都启动　　（陈隆祥　摄）

【科技创新】编制公司“十三五”科技发展规划，启动国家重点研发计划《水资源的高效利用》子课题研究工作，承办“中国面板堆石坝 30 年研讨会”并获高度评价。截至 2016 年年底，大渡河公司累计获得省部级科技进步奖 6 项，集团公司科技进步奖一等奖 1 项、二等奖 2 项、三等奖 1 项，获得集团公司优秀合理化建议 4 项，全国设备管理创新成果一等奖 3 项；获得知识产权成果 12 项，瀑布沟水电站获得第十四届“中国土木工程詹天佑奖”。

【党建及精神文明建设】扎实开展“两学一做”，大渡河公司学习教育工作得到国资委党建局、四川省国资委党委高度评价，四川卫视《四川新闻联播》和省国资委党建工作专刊分别进行了专题报道。管党治党责任全面落实，党的基层组织建设得到加强，标杆支部和服务型党组织创建成效明显，完成检修公司智慧党建试点，大渡河智慧党建云 I 期投入使用。基础工作得到强化，修编了“三重一大”集体决策、党委工作规则、党委会议等重要制度，新增修订形成了党群制度汇编。瀑电总厂荣获中央企业先进基层党组织标杆，检修公司荣获四川省先进基层党组织。工会工作有声有色。召开公司四届一次职代会和工代会，完成工会换届选举，组织开展了职工才艺展示，举办了斯洛克比赛、职工足球赛、水电站自动化专业技能竞赛等系列活动，职工文化生活得到较大丰富。完成年度帮扶任务，开展爱心帮扶基金会成立 10 周年回顾系列活动，拍摄了专题宣传回眸片，线上线下集中展示，树立了履行社会责任的良好形象。举办青年智慧企业论坛暨主题团日活动，承办了集团“青年创新工作室”创建经验交流会，组织了“我身边的先进典型”基层宣讲活动。（赵　影）

国电大渡河龚嘴水力发电总厂

【企业概况】国电大渡河公司龚嘴水力发电总厂（以下简称龚电总厂）位于四川省乐山市沙湾区境内，管理着大渡河上先期建成的龚嘴和铜街子两座水电站，总装机容量为 147 万千瓦。其中，龚嘴水电站设计装有 7 台单机 10 万千瓦混流式机组，于 1966 年 3 月开工建设，1971 年第一台机组发电，1979 年全部投产。为消除设备缺陷，减少弃水，提高水能利用率，总厂从 2002 年开始对龚站机组进行增容改造，2012 年完成全部 7 台机组增容改造，单机容量由 10 万千瓦提升至 11 万千瓦，龚站总装机容量提高至 77 万千瓦（7×11 万千瓦）。铜街子水电站设计装有 4 台单机 15 万千瓦的轴流转桨式机组，于 1985 年开工建设，1992 年第一台机组发电，1994 年全部投产。总厂于 2012 年至 2016 年，完成了铜站 4 台机组增容改造工作，单机容量由 15 万千瓦提升至 17.5 万千瓦，铜站总装机容量提升至 70 万千瓦。

龚嘴电站大坝　　（陈隆祥　摄）

2016 年，龚电总厂始终坚持党的领导，以“一五五”核心战略为指引，紧紧围绕公司“三四五”的工作思路，认真落实公司工作会等系列会议精神，紧盯年度目标，深入推进提质增效工作，全面实现保 A 争先目标。安全基础持续夯实，连续安全天数突破 4000 天，连续 5 年保持了设备“零非停”。全力拼搏，勇闯市场，深耕经济运行，全年共完成发电量 60.19 亿千瓦时，完成年度利润目标。历时 15 年的龚铜机组增容改造圆满收官，发展上了新水平。全面强化依法治企，管理水平得到显著提升。全面落实从严治党，“两学一做”学习教育扎实有效，党建工作富有特色，确保了职工队伍稳定。在大渡河公司年度考评中被评为 A 级，荣获奖励基金特等奖；被评为集团公司五星级企业。

【安全生产】开展了总厂安全理念提炼、负责人安全理念宣讲等形式多样的主题宣教活动，职工安全红线意识、责任意识和技能不断强化提升。深入开展了危险源辨识和风险评估，辨识评估危险源 26643 项。狠抓结果应用，确保落地生根，安全风险预控日益完善。建立健全了总厂“重细节、找问题、强管理”活动工作和激励机制，共发现问题 2271 项，完成整改 2166 项，安全管理基础更加牢固。严格落实总厂专业检查、防汛检查和部门抽查机制，共发现问题 284 项，整改完 283 项，完成率 99.65%。强化安全技能培训，严格规范车辆管理和调度，确保了全年交通安全无事故。

【经营效益】加强了营销队伍建设，完善了激励机制。积极争取优先发电企业政策落地，争取到计划电量 39.98 亿千瓦时，利用小时数高于全网统调平均 1008 小时。建立了计划外电量竞价策略模型，共争取到电量外送、精准扶持等市场电量计划 24.55 亿千瓦时。全年计划利用小时取得率高于三同平均值 17.96 个百分点。全力破解送出难题，主动介入推动线路改线工程，通过争取部分合同电量单列和龚站开关站开合环运行等有效措施，汛期共完成发电量 28.8 亿千瓦时，计划完成率优于全网平均 3 个百分点。建立了经济运行对标管控考评体系，责任体系更加健全。开展了经济运行知识培训考试，持续深化了小指标竞赛，采取分段水位控制、优化机组开机策略等专项措施，确保每一方水得到有效利用。科学决策，精算电量价格，全年市场电量平均电价同比提高约 0.025 元/千瓦时，全年售电均价同比提高约 0.02 元/千瓦时。

【设备管理】坚持问题导向，严格落实设备缺陷管控实施细则，深入开展了设备状态分析和问题评估，狠抓隐患排查和预控，全年设备缺陷同比减少 19%，消缺率为 99.57%。建立完善了“走动式管理”机制和设备过程管控评价机制，及时发现龚站 7F 机组异响等重大设备安全隐患，有效防止了事故发生。严格落实标准化检修规范，实行检修过程可追溯和责任追究制，顺利完成了铜站 13F 机组增容改造等去冬今春检修、技改工作，历时 15 年的龚铜两站 11 台机组增容改造圆满完成。强化了一线班组、生产处室对设备异常应急处置的意识和能力，针对龚站完全开环送出方式，有针对性地开展了涉网反事故演习，连续第 5 年实现了机组“零非停”。

3 月 30 日，全体职工进行设备隐患排查　（谢小琴　摄）

【综合管理】坚持问题导向，将提质增效工作与落实“双提升”“四个集中管控”等重点工作相结合，统筹推进各项措施落地，紧盯核心指标动态，有力推动了全年目标任务完成，提质增效经验做法被集团公司宣传推广。通过争抢计划外电量、充分利用水资源等 5 个方面措施落地，严格预算管理，通过精打细算、修旧利废，顺利实现全年增收节支目标。针对有效性、可执行性不高等问题，对备品备件管理等 54 项管理制度进行了修编，梳理完善了固定资产及废旧物资移交等 4 类管理流程和台账。开展了全面风险管理监控指标分析，深化依法治企，强化审计、纪检监察作用发挥，严格合同招标过程管控，全年未发生任何合同纠纷。对审计发现问题立行立改，进一步规范了经营管理。

【队伍建设】成立了经济运行处，顺利完成了机械专业职责调整。修订了绩效考核及薪酬管理办法，强化了部门团队绩效考评。实施了市场营销、安健环创建、增效创效等专项奖励，四大管控平台对标奖励制度深入人心。建成了人才培养管理系统，实现了培训考试上“平台”。采用汛期挂职锻炼与检修期专项技能培训相结合的方式，不断提高职工综合素质。在公司自动化专业技能竞赛中，荣获团体和个人一等奖，29 名生产一线职工获得岗位晋升。坚持正确选人用人导向，规范干部选拔任用。加强了年轻干部和后备干部培养，2 名中层干部参加集团公司挂职锻炼和英才培训班。通过网络学院培训、两级干部培训班、自主选学等方式，搭建了干部成长平台，干部队伍履职能力全面提升。

【党建及精神文明建设】“两学一做”扎实推进，认真学习党章党规、习近平系列重要讲话、十八届六中全会精神，引导全体党员“四讲四有”，做合格党员，党内政治生活更加规范和严肃。切实落实党建八项重点任务，持续开展标杆党支部创建，推动党支部规范化管理和特色化建设，党建特色更加彰显。不断完善党风廉洁风险预控体系，开展了“一名党员一滴清水”专题学习活动，认真学习《准则》和《条例》，做好了三项整改和四风问题“回头看”整改，政治生态更加清明。组织开展了庆祝发电 45 周年系列活动，落实了 39 项惠民工程项目，实施了精准慰问，保持了两支队伍和谐稳定。团委开展了沙湾片区“青年研习社”建设、青年兴趣小组等活动，群团工作丰富多彩。

（吴　蔚）

国电大渡河瀑布沟水力发电总厂

【企业概况】国电大渡河瀑布沟水力发电总厂（以下简称“瀑电总厂”）位于四川省汉源县和甘洛县交界处，距电力负荷中心成都市 240 公里，下辖瀑布沟和深溪沟两座水电站，总装机容量 426 万千瓦，2009 年首台机组投产发电，2011 年 7 月全部投产发电，是中国国电集团公司（以下简称“国电集团公司”）装机规模最大的水力发电厂，实行“一厂两站”“运维合一”“无人值班（少人值守），远方集控”生产管理模式。瀑电总厂设厂长办公室、人力资源处、财务管理处、生产技术处、安全监察处、运行维护处、市场营销处、党群办公室等 8 个二级部门，现有在岗职工 178 人，平均年龄 32 岁，本科及以上学历占比 91.6%。

2016 年，瀑电总厂认真贯彻国电集团公司“一五五”核心战略和大渡河公司“345”工作部署，以“安全、效益、智慧、提升”主题，全力构建“风险预控、智慧电厂、快乐团队”三大平台，有效增强了企业管控能力，切实提高了企业发展水平，圆满完成了年度各项目标任务，完成发电量 146.66 亿千瓦时，实现营业收入 33.55 亿元、利润 3.87 亿元。瀑电总厂在大渡河公司生产单位年度目标责任制考核中连续 7 年评为 A 级，连续 4 年获集团公司五星级企业称号。

【安全管理】贯彻落实习近平总书记、李克强总理关于加强安全工作的重要指示批示，全面加强安全风险管控。坚持“党政同责、一岗双责、失职追责”原则，逐级签订了安全生产目标责任书和遵章守纪承诺书，编制了《各部门安全责任及各级人员安全生产责任标准》，有效落实安全责任，安全生产“责任网、保障网、监督网”运转顺畅。建成了风险预控体系，初步实现了“走错间隔、工作许可未到现场安全交底、跨越遮拦”现场 3 类典型违章行为的自动识别功能，以 93%的得分率保持了安健环五星级企业称号，实现了全年安全零事故，连续安全生产天数达 2575 天，获“全国安全文化示范企业”称号。

【生产经营】深入挖潜增效，切实推进“两个转变”，全力争取发电计划实现区域领先，全年完成发电量 146.66 亿千瓦时，实现利润 3.87 亿元。其中签订直供电量 2.34 亿千瓦时，瀑布沟和深溪沟全年争取计划利用小时数分别增加 250 小时和 100 小时。开展水库实时调度，瀑布沟全年未发生弃水，汛前水位消落历史最低，深溪沟弃水期间平均负荷率 49.56%，高于对标单位 2.9 个百分点。多措并举加强经营管理，通过低成本超短融资金等方式压降成本，较年初预算节约 2.68 亿元，全年收回增值税退税款 4557 万元，落实西部大开发优惠政策减免所得税 7465 万元，“营改增”进项税抵扣同比增加 549 万元。

6 月 29 日，瀑电总厂获集团公司 2015 年度先进单位称号

（黄情　摄）

【设备管理】探索设备管理新模式，实施了设备全生命周期管理，制订《设备失效管理方案》《两站设备管理关注重点及“三漏”风险分析提示》等技术手册，提升了设备运行风险认知和防控水平，及时发现并消除了瀑布沟 1 号机组上导油槽冷却器渗水、深溪沟 2 号机组定子绝缘能力降低等 6 项重大设备隐患。初步建立标准作业体系，印发了检修作业指导书 30 余册，维护作业指导书 10 余册，推进了检修、维护标准化作业；修订了两站《运行规程》34 册，《检修规程》218 册、《设备定值清册》12 册，确保了生产规程符合实际，生产操作有章可循，圆满完成两站 10 台机组、8 台主变等设备检修任务，被评为第六届全国电力行业设备管理先进单位。

【人才培养】持续加大人才培养力度，增强造血输血功能，提出了“7 种工作方法练就过硬本领”，明确了两级干部争做执行、责任、团结等“七型”干部要求，创新培训载体，开辟网络课程，储备了管理后备力量，全年选拔科级后备人员 19 名，向国电集团公司“英才计划”推荐优秀年轻干部 5 名。持续增强职工专业素质，结合生产实际细化了 16 门专业要求，组织任职资格证考试 521 人次，发放任职资格证书 515 个；立足检修技改开展单元式培训和专项技术比武，营造了“比学赶帮超”学习氛围，推动了职工“干中学、学中干”成长成才，全年职工岗位晋升 53 人，向大渡河公司流域单位输送成熟人才 12 人。

【科技创新】加快智慧电厂建设，完善智慧电厂管理体系，印发了智慧电厂建设规划方案，推进了 3 套体系建设，实施了 5 大重点项目。在大渡河公司率先上线运行缺陷标准化体系，收录标准缺陷 1821 条，完成了前 3 码段设备标准编码库建设，推进了全流域统一的物资编码体系建设，实现了智能钥匙和智能安柜，以及安全违章自动识别 3 种功能和人资管理系统网上绩效自动汇算功能。同时，结合设备整治开展专项技术攻关，“发电机溢油监测控制系统”获国家发明专利，“一种主变铁芯、夹件的接地连接装置”获国家实用新型专利，全年在省部级以上刊物发表技术论文 50 余篇。

9 月 25 日，瀑电总厂组织安全工器具技术比武

（谢增峰　摄）

【尾工收官】全速推进尾工项目，持续攻坚克难，重点突破黑马复垦工程，完成了黑马料场等 3 块地 1541 亩复垦工程并顺利移交地方政府。有序推进土地证办理和公路移交，全面梳理了两站土地征用情况，制订了土地证办理方案，土地登记证办理进入正常办理程序，持续跟踪公路移交工作，与四川省公路局、雅安市公路局分别召开了公路移交座谈会，各项工作有序推进。瀑布沟投资结算顺利通过集团公司审批，开展了瀑布沟工程后评价现场评审，工程建设及市场运营工作获得评审专家组的一致肯定，瀑布沟工程获第十四届中国土木工程詹天佑奖。

【企业党建】扎实开展“两学一做”学习教育，有效提升了党员党性修养。深入落实党建和党风廉政建设责任制，严格执行“三重一大”等集体决策制度，确保了重大事务决策的民主性和科学性。推进党建创新，实施流程图管理、菜单式活动等举措，构建了流程明晰、权责对应、运转高效的业务工作体系，探索形成“标杆党支部”创建工作经验在大渡河公司交流推广，“先锋团支部”考评体系工作经验在集团公司团干部培训班作了专题分享。编制《“快乐团队”建设实施方案》，开展了“鏖战酷暑，防汛保电”等劳动竞赛，营造了奋发进取的建功氛围。获“中央企业先进基层党组织标杆”“全国模范职工之家”等称号。

（陈　阵）

国电大渡河检修安装有限公司

【企业概况】国电大渡河检修安装有限公司（以下简称检修公司）是国电大渡河流域水电开发有限公司（以下简称大渡河公司）全资设立的国有独资公司，于 2011 年 12 月 22 日在成都市高新区注册成立。检修公司经营范围包括：水电厂检修安装，水利水电工程总承包，水利水电机电设备安装，检修安装技术咨询、项目管理，水电工程科技研发及技术咨询等。主要职责是负责大渡河流域已建和新投产电站机电设备检修及重大技术改造等工作，参与在建电站前期机电设备安装工程的见证和验收，同时按市场化要求参与对外电站机电设备检修、安装、改造业务，提供重大技术咨询、典型缺陷攻关等服务，是四川省境内唯一的一个区域化、专业化水电检修公司。

检修公司设有总经理办公室、生产技术部、市场经营部、安全监察部、人力资源部、财务管理部、党群办公室等7个职能部门和铜站检修项目部、龚站检修项目部、枕深检修项目部、瀑站检修项目部、大岗山检修项目部、试验中心、对外工程项目部和检修准备部等8个生产部门。检修公司共有职工473人，其中领导班子成员7人，中层干部46人，一般管理和专业技术人员106人，生产职工314人。职工中具有大学专科及以上学历366人，高级职称11人，中级职称63人，技师及以上的技能人才97人，党员210人。主要负责大渡河流域龚嘴、铜街子、瀑布沟、深溪沟、沙坪二级、枕头坝一级、大岗山、猴子岩、革什扎9个电站的检修维护和对外市场拓展工作。

2016年，检修公司以“安全优质检修，体制机制完善，市场品牌塑造，稳定稳步发展”为主题，稳字当头、大胆探索、深化转型，持续提升核心发展能力，圆满完成了大渡河公司下达的各项目标任务，保持了大渡河干流全部30余台机组“零非停”，再次获得了大渡河公司考核A级，荣获了“大渡河公司先进单位”，实现了“十三五”良好开局。

【安全生产】该公司始终将安全生产作为企业发展的第一要务，加强安全监督、检查、指导，做好过程控制，保持了安全强抓严管态势。全面推行《安全文明施工标准》，提升了检修作业标准化、规范化水平。分阶段、有重点开展14项安全专项活动，持续深化“影像曝光”“互查互学”等活动，强化“拉网式”安全管理履职尽责情况检查，确保了设备检修工作安全。加大对KYT活动的检查和考核，推行《检修项目安全风险辨识及防范措施落实清单》，增强了各级人员安全管控力。全年累计开展KYT活动9000余次，清查危险源1222项，排查并消除安全隐患251项，隐患消除率100%，连续安全天数跨越2300天。

2月17日，重达540吨的铜站12号机组转子安全吊出

（张燕　摄）

【质量管理】检修公司始终将质量作为树立企业品牌的根本，狠抓质量过程管理和典型缺陷治理，顺利完成了流域五厂七站30台机组检修及沙坪二级、猴子岩电站检修筹建等任务，优质高效完成了铜街子水电站13号机组增容改造工程，修后设备均一次性启动成功，全年未发生非计划停运。成功处理了龚站机组滑环摆度偏大，瀑站4F、6F机组发电机推力油槽油雾偏大等38项典型重复缺陷，34项典型重复缺陷得到有效解决，治理成功率达93.75%。全面铺开了猴子岩、沙坪二级电站的检修筹建工作，开展了关键点见证项目176项，编写了精益检修筹建体系文件282份，提出了整改优化项目55项，为猴子岩、沙坪二级电站顺利投产做出了积极贡献。历时152天完成了铜站13F机组增容改造，较14号机组增容改造工期提前21天，定子三向电压差创历年最低。

【企业管理】面对流域检修和经营发展的新形势，检修公司以提质增效为抓手，不断优化体制机制，建立了“片区统协调、项目化管理、班组大工种、作业小组制”的生产组织模式，调整了检修准备部职责，成立了大岗山检修项目部、枕深检修项目部，为同步开展流域检修奠定了基础。强化了内部基础管理，对车辆管理、物资管控、八项费用等工作进行内部巡视检查，出台了84项强化管控措施，修编了管理制度162个，提升了精细化管理水平。成立了管控效能等5个工作小组，着重开展“重细节、找问题、强管理”“双增双节”等专项活动，增强了全员经营意识。截至12月31日，在增加了大岗山、枕头坝一级2个电站检修，猴子岩、沙坪二级2个电站检修筹建工作的情况下，主营业务成本仍较去年同期减少14.06万元，持续增添了企业发展动力。

【智慧检修】以实现“风险识别自动化、决策管理智能化、变革升级智慧化”为目标，完成了水电行业首个《水轮发电机组智慧检修标准》，明确了水轮发电机组智慧检修的总体要求，对智慧检修建设工作起到纲要性的指导作用。与奥技异、能信等公司深入推进了智慧检修系统的开发，与航天三院、IBM、大连三环等单位开展了专业技术攻坚研究，智慧检修得到了越来越多知名企业的关注和支持。首次进行状态检修试点工作，仅用3天时间完成了73项指标状态评估及检修工作，较常规检修工期减少9天。完成了设备状态诊断评价系统建设，实现了7000余个状态监测量的编码和数据实时远程传输，初步实现故障诊断、故障定位、自动给出检修策略的功能，智慧检修初具雏形。

【市场拓展】在确保大渡河流域电站安全发电的前提下，大力开展对外检修工作，制定了《2016年市场拓展任务分解表》，层层分解了创收任务，形成全员共行动的良好态势。采取了整体托管的方式对锐达公司进行全面经营管理，创新了新疆吉林台项目管理，开拓了贵州大型四段轴线机组检修，铺开了华能宝兴河大坝定员编制技术服务工作，形成了多元化盈利的市场拓展模式。与贵州黔源电力等多家单位建立了战略合作关系，检修业务拓展至贵州、新疆、陕西、西藏等水电检修市场。全年完成30台对外项目机组检修，总容量达245.6万千瓦，合同总金额同比增加21.78%，创历史新高。

【人才培养】以“提素质”为目标，瞄准企业发展需求，加强了干部队伍建设，持续深化新任干部、重要岗位、关键岗位人员轮岗交流制，制定了《两级干部素质提升方案》，优化了中干绩效考核体系，全年调整干部14人次，提拔提升6人次，机关与基层交流3人次，行政与党群交流5人次。制定了3大专业组、15个二级单位年度、汛期和检修期培训计划，举办各级技术比武12项，全年举办各类培训班265个，外培427人次，累计培训7712人次。开展了青年职工技术提升“三个一”活动，全年新增技师和高级技师12名，工程师、高级经济师和高级工程师14名。进一步优化了网络培训管理，上传试题26000余道，中层管理人员及36个班组共完成培训课程190项，丰富了培训手段。

【党建及精神文明建设】坚持融入中心抓党建、从严从实强党建，做到了党建工作与中心工作同研究、同部署、同检查、同考核。不断完善项目化党建管理机制，坚持“月度管专项工作、季度抓重点工作、年度盯目标完成”的工作思路，扎实推行党建清单化管控、消缺化管理，夯实了党建基础工作。深入推进“标杆”党支部建设，在思想建设、载体建设、团队建设上树立标杆，建成了大渡河公司“标杆”党支部。充分发挥党委“把方向、管大局、保落实”作用，开展了“五好”党支部等创先争优活动，有效推动了生产经营工作。深入推进了“两学一做”学习教育，制定了“两学一做”学习教育安排表和流程图，开展了共产党员示范行动以及“重温入党志愿、重温入党誓词”等主题实践活动，确保了“两学一做”学习教育融入经常、抓在日常。加大幸福大渡河建设投入，落实了“现场洗衣房建设”等惠民工程31项，增强了职工的幸福感、归属感。检修公司党委被中共四川省委表彰为“全省先进基层党组织”，“智慧党建”政研会课题荣获了大渡河公司一等奖。

（王兴林）

3月30日，铜站12号机组推力轴承检修

（张燕　摄）

国电大渡河大岗山水电开发有限公司

【企业概况】国电大渡河大岗山水电开发有限公司(以下简称大岗山公司)位于四川省雅安市石棉县境内，电站设计装机总容量260万千瓦，多年平均年发电量114.3亿千瓦时，是具有日调节性能的高坝大型水电站，坝型为混凝土双曲拱坝，最大坝高210米。电站枢纽建筑物由混凝土双曲拱坝、水垫塘及二道坝、泄洪洞、引水及尾水建筑物、发电厂房、开关站等组成，发电厂房为地下式，厂内安装四台单机容量65万千瓦水轮发电机组，2015年年底全部投产发电。

2016年，大岗山公司紧紧围绕“安全·管理·达标·效益”的年度工作主题，以“高效收尾、达标投产、创优创效、和谐稳定”为着力点，全体干部职工攻坚克难、砥砺奋进，抓细抓实双提升，提质增效做贡献，较好地完成了全年各项目标任务。顺利实现了投产一年即接入大渡河集控中心实现远方集控目标，成功处置郑家坪变形体塌方险情，工程主体项目全部完工，顺利通过大渡河公司组织的合同完工验收，实现连续安全生产4140天，电站安全运行487天，获得大渡河公司2016年奖励基金一等奖、集团公司四星级企业、“四川省青年文明号”、四川省“十二五”劳动竞赛优胜单位等荣誉称号。

【安全生产】坚持“安全第一，生命至上”的安全理念，强化安全风险分级管控和安全生产责任制落实，全力确保电力生产和工程收尾安全。严抓现场管控，开展隐患排查470项，发现隐患471项，整改率达99.8%，执行操作票1523份、工作票2617份，“两票”合格率100%。加大消防队培训，全员参与NOSA创建，大力开展专题培训危险源辨识和风险预评估，顺利推进NOSA安全风险管控体系建设。开展应急预案演练和特种作业取证培训，持证上岗率100%。成立大岗山片区防汛工作组和防洪抢险队，做好防洪度汛预案演练。大力开展“安全生产月”、“安全警醒日”“三反四保”和“重细节、找问题、强管理”主题等各类安全活动，切实增强全员安全意识和技能水平。成功处置S211郑家坪变形体险情，保障车辆通行和安全施工。加强危险源分级管控，强化管控责任落实和效果评价，实施动态管理，确保了外委工程、缆机及高线拌合系统等项目的安全推进。

【经营管理】营造全员营销意识，智慧应对经营环境。围绕“水”字做文章，优化蓄水策略，强化经济运行，收集、分析水情信息，加强与省调、集控联系，深入开展降本增效、电量争取、经济运行和市场营销工作，枯水期减少机组旋备和空载运行时间，保持高水位运行。全力以赴争取电量指标，全年取得电量指标81.77亿千瓦时。在计划电量方面，争取到调峰调频补偿电量6.5亿千瓦时，丰期占比78.38%为全网最高；市场电量方面，取得枯期水火替代电量指标7亿千瓦时（全网占比最高），与34家大用户签订直购电协议，建立大用户数据库。并通过“流动红旗”、发电运行小指标等竞赛活动，抢发汛期电量。加强资金管理，促使融资成本降低，通过与各家银行沟通协调，制定增收节支措施，确保年度利润目标最大化。

大岗山水电站大坝全景　　（大岗山提供）

【设备管理】顺利推进设备检修，圆满完成电站2015—2016年度检修任务，设备经受住了汛期长时间大负荷运行考验。顺利启动2016—2017年度设备检修工作，检修工作质量、工期可控，修后设备运行稳定。全年电站发生主设备缺陷471项，9月至12月缺陷同比下降40.2%，年消缺率达到99.8%。结合现场实际编制典型缺陷处理方案17个，相关缺陷均已按方案完成治理。大力开展技术攻关，召开设备专题分析会13次，以87%的综合得分率通过集团公司技术监督评价查评。全面推进现场检修、维护作业标准化，确保了设备健康稳定运行。

【队伍建设】紧紧围绕大渡河公司水电人才培养基地定位标准，加快完善人才培养构架，不断满足系统人才需求。加强管理培训，以党委中心组学习、干部自主选学、精品课程选学、两级干部专题培训为载体，不断提升干部管理及业务水平。制订《岗位交流管理办法》，开展岗位交流锻炼5人。强化生产一线生产技能人才的培养，充分利用检修期、仿真技术比武、“一帮一”结对子活动等多渠道培养技能人才，全年共开展内部专题培训223次，共计2577人次参加，并坚持以老带新、熟带生，助力新职工快速成长成才。在大渡河公司2016年水电自动化专业技能竞赛中，荣获个人二等奖和团体第三名。

【基础管理】以对标创标为抓手，以抓细双提升，做实提质增效为落脚点，成立“抓细抓实双提升，提质增效做贡献”工作机构和专业工作组，制定印发提质增效工作方案和实施细则，建立管控模型。顺利完成大岗山公司和电厂机构及人力资源整合，加快体制机制建设，启动公司8方面约350项制度“废、立、改”工作，管理实现平稳过渡。统筹抓好尾工建设安全、质量、进度、造价和环保工作，确保工程收尾推进有序、风险可控。开展营区整修工作，工区形象提升，积极宣传贯彻企业文化理念，点亮精神文明窗口，安全文明施工形象面貌焕然一新。扎实推进“智慧电厂”建设，设备编码完善、图纸资料管理系统等首批智慧电厂建设项目按期投运。

【工程收尾】2016年工程主体项目全部完工，顺利通过大渡河公司组织的合同完工验收。大坝标和厂房标重大争议变更问题已商谈完毕；机电Ⅱ标、厂房装饰等5个标段完工结算书已提交审计；大坝砂石、复建公路等10个标段变更处理已基本完成，完工结算书将于近期陆续送审。石棉县移民搬迁安置全部完成，土地复垦工作全面启动。工程竣工安全鉴定和大坝安全性态评价顺利完成，达标投产高分通过大渡河公司复验，工程现场及文档资料均得到专家的高度赞扬，具备了行业及集团公司复验条件。

【党建及精神文明建设】大岗山公司坚持学做结合，扎实推进“两学一做”学习教育，制定《党员积分评星管理办法》《党员示范行动实施方案》，每季度评选“五好党支部”和“明星党员”，每年评比表彰“标杆党支部”和“五星级党员”，夯实战斗堡垒、永葆党员的先进性和纯洁性。建立1个党员活动室、3个支部党务公开栏，开通1个政工微信号，筑牢服务型党组织阵地。制订“回头看”工作方案，教育实践活动、“三严三实”专题教育整改率100%，整改完成“四风”问题15项。完成14项惠民项目，改善职工工作生活环境。制定《“送温暖”活动管理办法》，开展困难职工慰问、劳模慰问、节日慰问全年达838人次。组织回访库区贫困学生和空巢老人30余名。发力精准扶贫，开展贫困户“订单”种植和援建新房活动，赠送核桃树和黄果柑树苗、鸡苗，勇担企业责任，树立良好企业形象。（刘凤玲）

国电大渡河猴子岩水电建设有限公司

【企业概况】猴子岩水电站位于四川省甘孜藏族自治州康定市境内，部分库区在甘孜州丹巴县和阿坝州小金县境内，电站装机容量170万千瓦（42.5万千瓦×4台），年均发电量70.15亿千瓦时。猴子岩工程枢纽建筑物主要由面板堆石坝、右岸地下厂房、左岸深孔及非常泄洪洞、右岸溢洪洞及放空洞组成。其中，面板堆石坝最大坝高223.5米，水库正常蓄水位1842米，相应库容6.62亿立方米，具有季调节能力。猴子岩工程于2011年11月通过国家核准并开始主体工程建设，2016年11月导流洞下闸蓄水，计划2017年投产发电。猴子岩水电站由国电大渡河猴子岩水电建设有限公司（以下简称猴子岩公司）负责投资建设、运营管理。

2016年，猴子岩公司深入贯彻落实集团公司“一五五”战略和大渡河公司总体部署，坚定信心、主动担当、攻坚克难，有效驾驭了复杂局面，圆满实现了2016年各项目标任务。全年完成投资25.46亿元，截至2016年年底，猴子岩公司资产总额147.73亿元，资产负债率为80.23%。获得国电大渡河流域水电开发有限公司年度目标责任制考核A级，荣获国电集团公司五星级企业。

【安全生产】持续开展了安全生产标准化和本质安全型企业创建工作，安全培训和事故警示教育扎实有效开展，危险源逐月分级动态管理成效显著。全年公司共开展安全检查“回头看”、安全生产专项整治、安全生产月等专题活动10次。注重隐患排查治理，围绕交叉作业、防洪防地灾等开展针对性安全检查45次，月度安全大检查12次。面对“7·1”营地道路边坡滑塌、汛期洪水等自然灾害事件，应急措施及时到位，全年安全稳定无事故。

12月9日，大渡河猴子岩水电站库区　（王涛　摄）

【工程进度】2016年9月22日，1号导流洞下闸，11月15日2号导流洞下闸，水库开始蓄水；10月25日，开关站GIS设备带电运行，10月31日首台（4号）机组安装完成；12月30日21点58分，首台机组顺利完成72小时试运行。猴子岩500千伏送出工程于10月25日π接带电。

【工程质量】严格三级质量管控和质量奖惩，充分利用第三方检测加强渗控工程质量管控，引入光纤陀螺仪等监测技术，多方位准确监测大坝沉降数据。主体土建单元工程合格率100%，优良率93.4%。机电安装引进三维立体设计，准确定位施工，保证了机组安装质量，提高了精细化安装水平，机电安装单元工程优良率100%。

10月5日，猴子岩水电站大坝面板混凝土浇筑（王野 摄）

【移民工作】猴子岩工程征地移民涉及甘孜和阿坝两州的康定、丹巴、小金3县4个乡18个村，2016年蓄水阶段移民安置规划设计专题报告高效通过审批；及时取得三县林木采伐许可证；完成格宗安置点垫高场平工程，完成小金焦子坪安置点基础设施初设省局核定；库周交通全部具备通行条件；完成通信线路迁改，电力复建正在施工；克服时间紧、任务重、程序多、环境复杂、稳定压力大、协调区域广、协调难度大等一系列困难，完成库底清理，顺利通过移民专项验收，为如期下闸蓄水奠定了胜局。

【建管协同】生产准备工作稳扎稳打，建管协同高效，获集团公司验收专家组高度认可，2016年10月13日高标准通过生产准备验收。成立生产技术处和运行维护处，实行“运维合一”电力生产模式。全面建立技术标准、管理标准、工作标准3大体系。全方位介入基建各个环节。成立培训管理小组，员工培训覆盖与参与率100%；145人次生产人员取得各类特种作业证，人员持证上岗满足接机发电要求。智慧建设持续创新，生产管理系统、点检、在线监测等多个基础功能系统陆续投运，建成国内首个水电站智能化开关站并顺利运行，实现了水电站开关站二次设备网络化和数字化。

【党建、廉政建设】充分发挥党组织的政治核心、战斗堡垒和党员先锋模范作用，从严落实党风廉政建设党委主体责任和纪委监督责任，认真落实“一岗双责”。党建工作主要特点：一是有层次。按照“党委有部署、支部有计划、党员有落实”统筹规划，从领导干部、基层支部、党员个人三个层次，从严从实，学习教育工作常抓不懈。二是有重点。扎实推进“两学一做”学习教育和“一名党员一滴清水”两项法规专题学习教育，围绕基层党建“八项重点任务”，开展专题研究、专项检查、专人整改，对重难点项目实施项目化管理，完成一个销号一个，完成基层党组织换届选举、党费清查收缴、领导人员双重组织生活制度落实等重点工作。成立了党群办公室，进一步充实基层党务力量。三是有特色。结合纪念建党95周年和红军长征胜利80周年系列活动，创新开展了支部党课PK、党员示范创建、百名党员大签名等特色活动，组织策划了第三党支部“两学一做”专题组织生活、“红旗飘飘、我心向党”知识竞赛等，多方位深化党建主题。四是有实效。紧密结合工程下闸蓄水、接机发电中心工作，在三期面板浇筑、机组安装、开关站π接受电、库区库底清理等重点工作中，组织开展了“保度汛、保蓄水、保发电”劳动竞赛，多层次推进党员示范创建活动，关注新进职工思想动态，及时疏导排忧解难，为实现年度目标任务凝聚力量。

（钟小君）

国电四川发电有限公司

【企业概况】国电四川发电有限公司（以下简称国电四川公司或公司）成立于 2006 年 12 月，系中国国电集团公司的全资子公司，主要从事电源开发、投资、建设、经营和管理，组织电力（热力）生产和销售等业务。

国电四川公司本部设总经理工作部（法律事务部）、计划发展部、人力资源部、财务产权部、安全生产部、市场营销部、工程建设部、监察审计部、政治工作部、燃料管理部、财务共享中心等职能部门，下辖 11 个直属、全资、控股单位，在册职工 2694 人。2016 年，该公司在国电集团党组、省委、省政府的正确领导下，积极应对市场变化带来的困难和考验，深入实施“一五五”战略，扎实开展“双提升”工作，全面加强党的建设和党风廉政建设，企业生产经营、改革发展和党建工作取得显著成效。公司系统安全形势平稳、职工队伍稳定；完成发电量 88.74 亿千瓦时，同比减少 13.61%，其中火电完成发电量 60.77 亿千瓦时，同比少发 16.69 亿千瓦时，降幅达 22%；主营业务收入 28.35 亿元；在国电集团年度绩效考核中被评为 A 级，党建政工工作被评定为优秀，荣获奖励基金二等奖 1 个，创建五星级企业 1 个、四星级企业 3 个，全面实现年初职代会提出的“争 A 创优”目标。

6 月 16 日，国电四川公司国如水电站通过环保专项验收
（吕尚昆　摄）

【从严治党更加深入】深入开展“两学一做”学习教育，选树党员示范岗、示范团队和示范单位，推动党内教育从“关键少数”向广大党员拓展、从集中性教育向经常性教育延伸。落实从严治党责任，加强基层组织建设，推行党委书记抓党建述职考核和政工工作考核评价。深入学习贯彻中共十八届六中全会、全国国企党建工作会议精神，完成公司党组改设党委工作，抓好了“三分类三升级”活动、党支部标准化建设及党建八项重点任务自查自纠等工作。加强干部队伍建设，抓好了后备干部选拔、“英才计划”评选、扶贫驻村干部选派等工作。加强文化文明建设，评选表彰“十佳文明”和“首届道德模范”，深化了道德讲堂建设。加强群团组织工作，深化民主管理、厂务公开和班组建设，开展燃料指标竞赛、川渝云贵火电仿真机竞赛及职工文体活动，认真落实了送温暖和困难帮扶机制。加强信访维稳工作，克服经营困难、项目停缓建等巨大压力，保持了企业和队伍的和谐稳定。

持续深化党风廉政建设，围绕用好“四种形态”、深入推进“三转”、宣传贯彻“两部法规”、提升监督执纪问责能力，全面推进从严治党向基层延伸。建立主体责任、廉洁风险防控、违纪风险防控三张清单，逐步形成了分责、述责、考责、问责机制。深入开展“一名党员一滴清水”学习教育，进一步严明了纪律和规矩。深化作风建设，主动运用监督执纪第一种形态，着力开展大访谈活动，群众满意度明显提升。积极推进“三转”，本部成立监察部，强化了纪委书记述职考核。强化审计监督，成立审计委员会及办公室，抓好了集团巡视、审计的配合及整改工作，实施内部审计项目 33 个。

【安全形势总体稳定】认真贯彻《安全生产法》，全面落实各级安全责任，深入开展安全大检查、隐患排查治理、防汛等应急演练，深刻汲取江西丰城电厂等事故教训，细化落实集团公司 25 项重点反措，公司安全基础进一步夯实。深入开展星级企业创建，推进安全文明生产标准化建设，金堂、达州公司通过集团公司安全文明生产验收。全年未发生人身伤害和设备事故，完成机组检修29台次，实施重大技改项目57项，三家火电单位均无锅炉“四管”爆漏故障，南桠河流域电站连续安全生产超过4000天，岷江龙池电站连续安全生产超过8700天。

高度重视环保工作，有序推进金堂公司超低排放改造，完善达州、华蓥山公司超低排放可研方案，认真落实了各级环保工作要求。加强环保设施检修维护，环保设备能耗指标持续下降，各项污染物排放指标保持区域领先，公司系统未发生有不良影响的环保事件，华蓥山、达州公司脱硝和除尘项目顺利通过验收并取得环保电价。持续加强节能降耗工作，火电综合厂用电率6.16%，在区域可比企业中保持最低；由于机组长期低负荷运行，供电煤耗同比增加（6.28）克/千瓦时。

【经营管理减亏增效】坚持以效益为中心，强化市场竞争意识，大力实施“智慧营销”“绿色营销”“全员营销”等先进模式，努力“开拓市场，争量保价，务求实效”，积极参与市场竞争，为超额完成全年经营目标做出了积极贡献。努力争取政策支持，面对四川水电丰枯电价政策拟再次调整，积极采取措施沟通协调，力争政策调整影响最小，同时群策群力推进火电两部制或火电补偿电价政策，全力为火电企业生存争取空间。

强化全面预算管理，落实“一企一策”措施，深入推进了三年治亏工作。严格成本费用管控，八项费用同比降低19.81%，其中业务招待费同比降幅53.85%、车辆使用费同比降幅14.16%。加强资金保供降本工作，获准注册公司债，在集团系统第一家完成跨境融资贷款业务。积极引入新的合作银行，统一调剂公司系统资金，积极开具银行承兑汇票，全年财务费用同比大幅减少。加强资金安全风险防范，强化了“两金”及“双控”工作。强化财务基础管理，抓好税务总局重点稽查迎检工作，深入开展了风险评估及多经会计基础工作检查。加强资产管理工作，再次开展了项目股权转让的审计和评估，川股公司完成安瑞发电资产收购，转让磨房沟股权已在北交所挂牌，积极推进了岷江公司火电关停资产处置。完成栗子坪电站竣工决算，毛滩工程竣工结算取得实质性进展。积极争取集团公司指导和帮助，多次与深能源进行沟通协调，全力推动华蓥山公司国有资本注资工作。

【燃料实现保供控价】积极应对突变的煤炭市场形势，以保供控价为核心，用好阳光采购和议价采购两种方式，严格采购过程审核与管理，大力拓展煤炭采购半径，努力克服电煤市场供应紧张局面，切实保障了发电用煤。狠抓市场分析研判，深化燃料对标管理，找准电煤采购节奏，电煤控价工作取得显著成绩。加强煤炭验收管理、规范采制化流程，严控各项燃料指标，厂内费用、热值差等均控制在考核目标值以内。以掺烧经济煤种作为降低燃料成本的抓手，深入开展了精细化配煤掺烧，节约了燃料成本。

加强燃料智能化建设及运维管理，全面提升燃料自动化水平。金堂公司、达州公司智能化系统综合投运率均达到95%以上，华蓥山公司仅用不到半年的时间，即完成施工和单体调试，顺利转入系统联调。夯实燃料基础管理，加强制度体系建设，修订并完善公司燃料管理办法等14项规章制度，组织开展燃料管理检查和存查煤样抽检互查工作，稳步提升了公司系统燃料管理整体水平。

6月30日，国电四川公司召开“两学一做”学习教育骨干培训座谈会。（窦月 摄）

【转型发展平稳推进】严格执行国电集团公司投资计划，全年完成投资1.45亿元，无超计划和计划外投资现象。按照集团公司指示精神，依法依规推进部分项目股权转让，进一步确立转让原则，编制上报了打捆处置方案。积极寻求意向受让方，先后与五家国有企业合作洽谈，努力形成有利于挂牌转让的竞争态势。坚持边处置边治理的原则，结合四川省政府《关于进一步加强和规范水电建设管理的意见》，深入研究应对策略，认真开展了流域规划调整和设计优化工作。阿水公司绰斯甲电站、民和公司益地电站经设计优化后，资本金内部收益率均达 8%以上。色曲公司初步完成色曲河合并一级开发布置方案，基本满足政策要求。积极协调推进金沙江旭龙、奔子栏前期工作，省能源局已研究项目投资注册相关事宜，同意加快旭龙电站前期工作。

认真落实基建“四高四优”要求，在建项目安全质量总体受控，停缓建项目现场安全稳定。东谷电站首部枢纽汛前达到防汛标准，S303 复建公路实现单车通行；完成国如电站大坝基础渗漏处理勘察设计及毛滩电站海曼修复加固工程招标。单元工程合格率 100%，优良率 90.2%。完成毛滩电站竣工结算编制，完成国如电站 3 个专项验收。完成工程造价管理自查整改，全面检查梳理并有力推进了停缓建项目合同遗留问题的解决。

【内部改革全面深化】全面推进组织机构改革，完成财务共享中心、物资采购、燃料管理和纪检监察等机构调整和人员配备，推进了运营单位“三改四定”、“三供一业”分离移交和“机构压减”等工作。完善考核激励机制，每季度开展目标责任制考核分析预警，强化了考核过程管控。积极推进电改工作，上报了省级售电公司组建方案及公司章程，取得四川省工商局《企业名称预先核准通知书》，积极与园区和地方政府探索成立售电公司合作模式。

加强物资集中管控，完善制度、流程，实现采购集中管控全覆盖。扎实推进财务共享中心建设，顺利通过国电集团公司验收，实现川渝藏 30 家单位资金、会计集中核算和监控，月均资金归集率达 99.15%，同比提高 1.64 个百分点。深化依法治企工作，法律事务审核把关、风险防范、权益维护作用得到充分发挥，国电四川公司被评为国电集团公司法治工作先进单位。

（陈显超）

国电成都金堂发电有限公司

【企业概况】国电成都金堂发电有限公司（以下简称金堂公司）成立于 2005 年，隶属于中国国电集团公司。由国电四川发电有限公司和广东新川有限公司（其母公司为香港新创建基建有限公司）以 65：35 的股比投资组建。该公司注册资金 9.24 亿元，主要从事电力生产、电力工程建设、电力技术咨询、热力生产和供应、脱硫副产品销售等业务。职工人数 929 人。

12 月，国电金堂公司两台 60 万千瓦机组在川率先全面达到超低排放标准 （黄伟 摄）

金堂公司位于成都市东北40公里的金堂县淮口镇境内，投资建设的国电金堂电厂一期2×60万千瓦亚临界燃煤机组工程，工程总投资43.7亿元，三大主机设备均由东方电气集团公司设计制造，是中国国电集团公司在川控股单机容量最大的火力发电厂。工程于2004年11月开工建设，2007年实现双机投产发电。

【安全管理】坚持以集团公司“155”核心战略为指引，以“双提升”为抓手，严格按照“三严三实”要求，坚持以人为本、安全发展理念，坚持“强基固本、正本清源”工作思路，坚持“固强补弱、植深固根”工作手法，全面深入贯彻落实“安全第一、预防为主、综合治理”的安全生产工作方针，牢固树立责任意识、红线意识、风险意识、忧患意识，进一步加强制度链、流程链、责任链、措施链建设，固化管理要求，规范管理流程，严格管理标准，明确管理目标，全面推进安全文明生产标准化建设和检修标准化作业，深入隐患排查整治，强化反违章工作。按“务实朴素”达标原则，全面推进现场安全文明生产标准化专项整治，按期通过集团公司组织的现场验评，企业本质安全生产水平进一步提升。2016年安全生产形势平稳，截至12月31日实现连续安全生产2458天。

【生产管理】加强设备管理，进一步强化设备全覆盖检查检修工作，提高维护消缺质量，推行“6R检修管理”，完成两台机组C修。严格按照《6R定期维护检查标准》加强设备定期检查维护消缺管理，严格按照集团安全文明生产标准化要求整治设备设施。并结合公司实际，做好机组长期停备用保养及启动前分部试运等工作。

加强运行管理，全面推进了“值际评估平台”应用，根据区域电价政策、季节性特点、平均利用小时下降等因素，开展机组整体运行优化，加强停备用保养、小指标竞赛管理，生产指标保持区域先进。主动争取提前实施脱硝提效改造项目，两台机组在区域内率先达到超低排放标准，为争取环保电价补贴和利用小时奖励创造了条件。

【成本管控】加强成本费用对标，加强对三项可控费用，特别是材料费、修缮费及劳务费的管控。围绕资产经营目标，细化预算管理，开展了内控指标和成本控制责任目标考核。突出与预算目标的偏差分析，缩小预算执行的偏差度，进一步完善滚动预算机制。加强对预算指标的动态监控，每月实际完成数与预算相差控制在3%以内。通过全面预算管理，公司可控费用得到了有效控制。在燃料成本控制方面，一是将燃料采购实行挂网招标，实行阳光采购；二是根据机组运行情况适时调整采购方案；三是根据经济煤种的价格情况，合理参配，有效降低了燃料成本。在资金成本方面，通过开立银行汇票、与银行协商提前还款等方式节约资金成本，全年财务费用进一步降低。

【节能减排】加大科技环保投入，积极落实年度技术改造和科技项目专项资金。开展各种有针对性的节能降耗活动，实现机组经济运行，提高发电效益。牢固树立绿色、低碳、循环发展的环保理念，主动适应国家不断提高的环保标准，把节能环保能力作为公司核心能力全面强化提升。坚决贯彻集团关于燃煤机组全面实施超低排放的决策部署，超前谋划，争取主动，完善设备治理三年规划，重点做好2016—2018年的统筹安排。继续强化脱硫、脱硝、电袋除尘环保设备设施的运行优化和参数调整，加强环保设备的治理，保证设备可靠运行，确保各项环保指标任务的完成。根据《全面实施燃煤电厂超低排放和节能改造工作方案》“西部地区在2020年前完成超低排放改造”要求，着手实施提效改造工程，并于2016年年底全面完成超低排放改造工作，成为川内第一家实现超低排放的电厂。

【党建工作】深刻认识全面从严治党的重大意义，认真落实“一岗双责”抓党建和基层工作联系点制度，不断健全完善工作检查、考核考评等机制，推进支部工作与所属部门目标检查考核“双向融入”，全面落实从严治党、管党治党责任。深入开展“两学一做”学习教育，抓好“三会一课”落实，选树党员示范岗、示范团队，推动党内教育从“关键少数”向广大党员拓展、从集中性教育向经常性教育延伸。加强基层党组织建设，完成支部换届选举，持续推进党支部工作标准化建设，认真开展“三带三促”“三分类三升级”和结对帮扶等活动，各级组织和广大党员围绕中心发挥作用，政治优势得以充分发挥。荣获国电四川公司“先进基层党组织”称号，保持了“全国模范之家”“省级文明单位”称号。

国电金堂公司注重党员发挥作用，围绕中心开展共产党员技术攻关活动（黄伟　摄）

扎实开展“一名党员一滴清水”学习教育活动，推进廉洁自律准则和党纪处分条例学习，进行“廉洁风险点”及党员违纪风险排查，组织开展主体责任落实情况巡查、燃料等重点环节的效能监察和内部审计，按期完成上级审计项目整改，进一步落实了党风廉政建设两个责任。开展“四风”问题整治情况“回头看”，严格履职待遇和业务支出管理，开展公务用车改革，有效促进作风建设。（简春蓉）

国电深能四川华蓥山发电有限公司

【公司概况】国电深能四川华蓥山发电有限公司（以下简称华蓥山公司）位于四川省达州市渠县临巴镇，占地面积183.75万平方米（2756.25亩）。该公司成立于2004年10月15日，注册资本49469.96万元，国电四川发电有限公司控股73.75%，深圳能源集团股份有限公司参股26.25%。公司经营范围是“火力发电，火力发电相关产品开发、生产、销售；热力相关产品开发、生产、销售；电力设施承装（修、试）业务”，（公司统一社会信用代码：91511725767263391Y）。2007年11月20日，该公司整合国电华蓥山发电厂资产，实现人、财、物一体化运营。该公司现有规模为2×30万千瓦亚临界燃煤发电机组，分别于2006年2月17日、3月24日投产进入商业运行；原四台共计32.5万千瓦机组，分别于2007（5.5万千瓦+5万千瓦）和2009（2×11万千瓦）年关停。该公司先后创建成为原国家能源部“双达标企业”“全国模范职工之家”，四川省电力公司“一流火力发电公司”，获得四川省“最佳文明单位”、“中国文化管理示范单位”和电力行业企业文化软实力“十佳品牌企业”等荣誉称号，取得中国质量认证中心颁发的“三标”标准化管理认证证书。

5月11-12日，国电四川公司2016年职工乒乓球赛在石棉县进行，所属各单位职工100多人次参加了角逐，通过“小锻炼”激发了爱岗敬业的“大活力”（陈庆宏 摄）

【经营管理】2016年，国电深能四川华蓥山发电有限公司全力打好“提质增效升级攻坚战”战略部署，突出质量效益导向，全面深化“双提升”工作，围绕治亏一个中心，突出增收、降本两个重点，着力“营销、电煤、资金”三个经营抓手，认真开展“制度落实年”活动，稳步推进安全文明生产达标工作，切实做好“安全生产、精益管理、精细发电、最佳替代、做优灰渣、压降煤价、控制费用、突破供热、拓宽市场、加强党建”十项工作，团结拼搏、克难奋进，努力推动公司持续健康发展。2016年完成发电量12.25亿千瓦时，在四川公司绩效考核中荣获B级。

【加强党建】一是推动管党治党责任有效落地。专题宣传贯彻了国企党建工作会议精神，认真执行党建政工工作年度考核评价办法等制度，落实了党建考核机制。二是注重加强思想政治建设。坚持开展了党委中心组学习、职工思想动态分析、政治学习和月度支部书记会，深入开展了党委成员讲党课和“四个主题”学习研讨，强化了理论武装，增强了破解难题、做强企业的信心和决心。三是强化监督责任。注重把握运用监督执纪“四种形态”，加大了纪律审查力度，严格执行了“八项规定”，开展了“四风”问题整治情况“回头看”，坚持纠正“四风”和不严不实问题，2016年业务招待费同比下降37.46%，公务用车费用同比下降14.61%。四是加强基层党组织建设。扎实开展了“两学一做”学习教育，完成了党员组织关系、党费收缴等专项排查，进行了党的组织生活专项检查，举办了党支部委员培训班，积极开展“立足公司，共克时艰”主题实践活动，服务型党组织工作实效不断提升。五是发挥群团组织的桥梁纽带作用。加强了民主管理和班组建设，开展了精准扶贫、春节送温暖等爱心活动，组织了丰富多彩的文体活动。共青团工作不断加强，积极引导青年思想进步，充分发挥了团青的青春正能量。

【安全生产】2016 年，始终坚持综合治理保安全，认真开展“十个强化”系列安全活动。未发生一类障碍、非计划停运以及任何人身、设备事故，企业安全形势保持了稳定。坚持以现场安全文明生产标准化建设为抓手，全力消除了生产现场跑、冒、滴、漏现象，现场安全文明生产管理水平逐步提升，标准化管理长效机制逐渐健全。认真做好机组维护消缺，切实加强了班组基础管理和技术管理，加强了设备低负荷优化运行管理，加强了逢停必检和备用机组的保养管理，认真做好了配煤掺烧工作，运行机组工况良好。认真做好了日运行分析，月生产小结，重大操作总结，运维水平不断提高。

【精益管理】2016 年是该公司的“制度落实年”，制定了《规章制度管理办法》，适时开展了管理制度执行情况督导督查；修订了《综合管理考核办法》和劳动人事管理等规章制度，加强了劳动组织管理和岗位人员优化，积极推进人力资源信息建设；继续深化了全员教育培训，学风考风明显改进；坚持任务闭环，积极推行“工作任务督办平台”，实现了电子化闭环管理，提升了管控效能；广泛开展了 QC 活动，成立了厂用电精益化管理等 6 个 QC 项目活动小组，有效降低了运行成本。全年财务费用同比减少 1358 万元，资金成本率同比下降 0.79%。

【探索供热】认真落实国电集团公司、四川公司重大战略部署，在推动企业改革发展方面，重点寻求供热转型新突破，为企业培植新的经济增长点和生存发展寻找出路。2016 年已经与相关企业就在老厂区建设年产 60 万吨食品盐项目达成初步协议，计划以此为基础打造临巴食品产业园和盐卤生态旅游园区。

【拓展市场】面对单机组低负荷间断发电的现状，积极实施“走出去”战略，利用企业检修队伍优势与资质，对外承揽电力设施承装（修、试）业务。全年完成了华能珞璜电厂化学化验分析、四川省电力调试所火电机组调试项目、达州公司#32锅炉及除灰脱硫大修工作及机务维护A、B标段的相关工作，适应了市场、锻炼了队伍。

（杜天太）

国电达州发电有限公司

【企业概况】国电达州发电有限公司（以下简称达州公司），隶属国电四川发电有限公司，成立于 2006 年 10 月，建设规模 2×30 万千瓦燃煤发电机组，总投资 25.2 亿元，占地面积 820 余亩。位于四川省达州市通川区东岳镇，地处襄渝铁路旁，距达州市区 17 公里，紧靠达陕、达万、达巴高速公路，交通便利。两机组 2007 年投产运行，机组各项经济技术指标持续提升，环保设备设施健全可靠，并依法全部投运，排放指标优于国家技术标准，供电煤耗、厂用电率、机组利用小时数等均处于四川省同类型机组的先进水平。

2016年，达州公司全面贯彻国电集团和四川公司各项工作部署，认真落实集团“一五五”发展战略，紧紧围绕年度目标任务，主动适应新常态，积极有效应对复杂多变的形势和严峻的经营环境，全力打造“双提升”升级版，紧盯质量效益一个中心，夯实安全、稳定两个保障，抓住电量、煤价两条主线，扎实开展各项工作。全年安全形势平稳可控，通过了国电集团公司“现场安全文明生产标准化”验评，较好地完成国电四川公司下达的调整目标。获得了四川公司绩效考评火电A级第一名，四川公司“2016年共产党员示范单位”，集团公司四星级企业称号。

4 月 10 日至 5 月 3 日，国电四川公司国如水电站开展了 1 号机组大修。图为大修现场

（吕尚昆　摄）

【安全生产】公司 2016 年达州紧紧围绕安全生产责任目标，坚持“安全第一、预防为主、综合治理”

方针，切实做到“全覆盖、零容忍、硬考核、严查处”，坚持党政同责、一岗双责、失职追责、齐抓共管，全面落实安全生产责任制。认真开展现场安全文明生产标准化建设，人员观念和设备状况、现场环境进一步明显改善，深入开展安全监督和隐患排查治理工作，将预防工作做在前头，加强治安保卫，确保了生产经营正常秩序，通过了国电集团公司“现场安全文明生产标准化”验评。强化交通和消防安全措施，加强职业健康教育及保障工作，全年未发生人身轻伤、一般设备事故及以上不安全事件和任何环保、火险火灾和治安事件，未发生职业病，无环保异常事件，安全生产可控在控。截至 12 月 31 日，连续安全生产 1200 天。

【经营管理】达州公司 2016 年坚持问题为导向，全方位对标。以抢电量、降煤价、保资金、控成本为主线，挖潜增效成效显著。一是抢发电量，争取政策，创收增效。做好“以热保电”文章，短时间内化解了全停的被动局面，进一步加大了与省市政府部门、电网公司的沟通，保持了“矮子里头的高子”优势。除尘环保电价足额到位，欠发电量补贴基本全额回收，积极跟进新一轮电改动态。二是加强燃料管理，优化燃料指标。继续坚持精细化场内收、存、转、堆、配工作外，克服电煤市场异常逆转的不利因素，加强与政府部门、煤矿企业以及重点供户的沟通协调，在价格同比可控的情况下保证了电煤供应。及早谋划，精心组织，严格把关，反复试验和创新改进，完成了燃料智能化系统建设和投运，投运率和可靠程度在同行中领先，助推了降本增效。燃料工作燃料管理获四川公司通报表扬。三是保资金供应，严控成本。严格执行集团、四川公司资金管理的相关规定，确保了资金安全。筹集（拓展）资金渠道，成功获得了成都银行 2 亿元的贷款授信，及时地保证了资金供应。统筹兼顾，积极运作，进一步降低了资金成本。开展全面预算管理，以预算为引领，过程监控、刚性约束，严控“三公”经费等八项费用支出，深化成本费用管控，抓好维护检修技改、管理、财务三大费用控制，持续提升了成本管理水平。

12 月 16 日，中国共产党国电四川发电有限公司第一届代表大会第一次会议在成都胜利召开，会议选举产生了公司第一届党委委员和第一届纪委委员。公司系统 95 名党员代表出席了会议

（窦月　摄）

【设备技改】强力推进检修标准化建设，高起点、高标准抓好设备全覆盖的逢停必检、缺陷管理和零星项目等检修工作，提升缺陷消除的及时性和消除率，设备等效可用系数达到 100%，设备可靠性进一步提高，完成了 32 号机组 A 修和 31 号机组 C 修工作。认真履责，加强环保设备设施的维护管理和运行优化，完成了电除尘器的扩容改造，加强了灰场管理和运灰道路改造，坚持达标排放，未发生任何环保违法违规和不良影响事件。不断优化配煤掺烧方案，科学合理开展运行方式优化，积极进行节能降耗技术改造和 QC 活动，定期进行对标分析和小指标竞赛活动，机组主要经济技术指标持续优化。

【党建及党风廉政建设】认真学习贯彻中共十八大和十八届历次全会精神，切实增强“四个意识”，坚决与以习近平总书记为核心的中共中央保持高度一致，认真落实管党治党责任，党建及党风廉政工作取得明显成效。扎实开展“两学一做”学习教育，党员干部的党性修养和自律意识进一步增强。领导班子开展了集中学习讨论、到支部讲授了专题党课，召开了专题民主生活会。组织了党员志愿服务队、党员突击队，在安全生产、服务职工群众等工作中勇挑重担，带头示范，将做合格党员落到实际行动上。加强党风廉政建设，全力推动“两个责任”的落实。认真落实“三重一大”集体决策，严格执行民主集中制，坚持重大事项民主决策和集体决议。加强制度建设，制定了贯彻落实中央八项规定精神实施办法，建立了抓早抓小工作机制。着力抓班组标准化、规范化建设，班组建设工作取得了良好成效。深入实施惠民工程，落实困难职工帮扶机制，积极开展了“夏送清凉”“冬送温暖”活动，织实群团纽带，有效发挥了突击队和生力军作用，保持了企业和谐稳定的良好局面。

（丁明和）

国电四川发电有限公司南桠河水电分公司

【企业概况】国电四川发电有限公司南桠河水电分公司（以下简称南桠河公司）注册成立于 1995 年 10 月；2002 年电力体制改革，该公司划归国电集团公司；经 2008 年至 2011 年分离重组和吸收合并后，现为国电四川发电有限公司的分公司。该公司设置总经理工作部、政治工作部、人力资源部、财务产权部、经济运营部、市场营销部、计划合同部、安全监察部、生产技术部、水工部、运行部和维护部等11个部门，在册员工113人，承担着总装机为37.2万千瓦的南桠河冶勒电站（24 万千瓦，2×12 万千瓦）和姚河坝电站（13.2万千瓦，3×4.4万千瓦）的生产经营，是一个单一发电企业。

3 月 16-17 日，国电集团党组成员、副总经理谢长军到国电四川公司南桠河流域进行调研，详细考察流域各级电站生产运营情况，亲切慰问一线干部员工　　（陈庆宏　摄）

【安全生产】强化安全生产重中之重地位，“全覆盖、零容忍、严查处、硬考核”。日常工作中更加突出“安全、效益、文明”三个重点，“强监督、严管理、硬考核”。安全教育培训全覆盖生产系统，持续规范安全生产基础管理，应急管理工作水平进一步提升。对违章及不安全事件零容忍，奖惩更加严格、更加分明、更加逗硬。全年未发生任何考核安全责任事故，确保了安全生产局面平稳在控。

【生产经营】设立经济运营部，建立日跟踪周分析月例会工作制度，加强过程管控。克服困难，提前实现冶勒水库消落，增发枯期电量，实现发电效益最大化。汛期冶勒电站尽量少发电，全力保蓄水，克服初期滞后和顶峰压力，按计划完成蓄水任务，为实现全年利润目标打下坚实基础。关注市场，制定科学合理发电策略，注重结构，优化负荷曲线，全年电量峰谷比、枯期电量等指标均优于计划，继续保持高电价水平；各项经济运行指标在区域中处于领先地位。

【提质增效】以各类检查和专项活动为契机，举一反三整改，不断加强和规范基础工作。合同管理加强制度建设，进一步规范各个环节和程序；财务管理进一步夯实会计基础工作，在财务人员因支援国电四川公司而大量减少的情况下，工作未受影响，管理进一步提升；加强信息化建设，工作票、操作票、缺陷管理等实现电子化，档案管理系统更新和档案数字化项目基本完成，更加实用、科学和规范，提高了工作效率和管理水平。高位求进，按照集团“同类可比、同业先进”对标要求，高标准、严要求，荣获中国国电集团公司五星级发电企业称号。

【流域联调】以“流域效益最大化”为目标，牵头不断推进南桠河流域梯级电站统一调度。建立统筹协调机制，建立流域信息共享系统，大幅提高负荷匹配精准度；沟通统筹安排常态化，同步进行流域各站检修；加大技改力度，提高设备可靠性，有效延长机组大修周期，减少检修频次；积极争取电网支持，努力压降调度弃水。2016 年南桠河流域四站利润较往年大增，是国电四川公司创效增盈主阵地。

【加强培训】抓实抓细技能培训，提升一线技术人员业务素质。对于新进员工主要培训提升岗位履职能力；对于技术骨干则着重培养能独当一面、解决问题的岗位能手。探索和创新培训方式，融入工作、无时不在，以干带培、以培促干，从源头抓起、从开始导航，转变意识、刚性考核，内训外培相结合，多措并举，技术培训工作面貌一新、成效显著。

【现场文明】积极推进安全生产检修作业标准化及安全文明标准化建设工作，结合实际安排相关人员到国电集团先进企业学习取经，把标准化建设贯穿到设备检修技改及日常生产工作中；下力气进行生产现场文明环境打造，持续集中整治，“小改造、大心思，小投入、大改观”，生产现场作业环境及安全文明形象明显提升。（何　艰）

国电四川电力股份有限公司

【企业概况】国电四川电力股份有限公司（以下简称川电股份公司）是由原四川省电力公司作为主要发起人，联合原四川巴蜀电力开发有限责任公司、四川电力实业总公司、自贡电力实业公司四家企业共同发起，经四川省体改委批准，于1993年3月8日在四川省工商局注册成立的股份有限公司。2003年，因国家电力体制改革，根据国家发展计划委员会计基础〔2002〕2704号文件规定，四川省电力公司在该公司持有的72.532%的股权及其权益全部划转给中国国电集团公司。2006年12月，中国国电集团公司将在国电四川电力股份有限公司持有的全部股权及其权益无偿划转给国电四川发电有限公司。国电四川发电有限公司持有国电四川电力股份有限公司72.532%的股权并依法享有资产受益、选择管理者和做出重大决策等相应的股东权利。公司股东及股权比例分别为：国电四川发电有限公司72.532%，神华四川能源有限公司（原四川巴蜀电力开发有限责任公司、原神华巴蜀电力有限公司）10.170%，四川电力实业总公司占0.801%，自贡蜀能电力物业公司（原自贡电力实业公司）占0.153%，其他社会股东占16.344%。主营业务有水力、火力发电；水、火电的购销，输电配电变电站（所）的论证，勘测，施工；机电设备安装和技术咨询；电力工程项目论证，招标，投标；电力工程承包；电力技术服务和咨询；销售普通机械，电器设备，金属材料（不含稀贵金属），交电，化工原料及产品（不含危险化学品）。

川电股份公司实行董事会领导下的总经理负责制，本部设有总经理工作部、人力资源部、财务产权部、安全生产部、市场营销部、经济运营部、计划证券部、政治工作监察审计部等8个部门。截至2016年年末，川电股份公司可控总装机容量31.5万千瓦。拥有南桠河发电厂一个直属发电厂；拥有国电四川栗子坪发电有限公司、四川启明星科技发展有限责任公司、冕宁磨房沟发电有限公司3个全资子公司；控股四川国电紫马电力有限公司；参股国电西藏尼洋河流域水电开发有限公司、四川华电黄桷庄发电有限责任公司、四川安宁电力股份有限公司。

【安全生产】2016年，川电股份公司推行“大安监”管理模式，实施“沉底靠前”，突出“清单闭环”式管理抓督导、强检查、勤复查，将“安全责任及保证措施”等条款梳理成检查清单，逐个落实常态安检和春秋检、互学互查、防地震灾害等专项检查和演练，共计检查整改问题300余项，成功应对了丹巴强降温冰雪天气、“5·18”栗子坪地震等突发紧急状况，安全生产总体平稳，主要生产指标持续改善，无安全考核事故。

5月12日，中电联专职副理事长王志轩到国电金堂公司调研（黄伟　摄）

【发电营销】2016年，在发电计划普遍下降、电价政策变化较大的市场形势下，川电股份公司多次向政府有关部门沟通汇报，成功争取到栗子坪电站成为全网极少数与多年调节水电站进入优先发电序列的径流式电站，并取得了电价提升、市场“粮票”、转移发电等显著成绩，全年所属电站全部实现电量超发，为主营业务增利明显。

【经济运行】2016年，针对流域电站特性、来水准确预测率等难题，川电股份公司新设立经济运营部门，陆续建成了流域生产实时信息共享系统、电量计划发电模型、历史资料数据库、多维度对标体系。

按月制定经济运营方案，通过“大数据”抢抓有利时机，优化运行减少“面粉”浪费，考核利用小时差异率、来水预测准确率、发电耗水率、弃水期负荷率等指标显著提升。特别是水库消落、顶峰发电等重要时段，成功争取到栗子坪与上游水库电站同步发电的许可，最大程度减少了丰期弃水，确保了南桠河流域效益最大化。

【财务管控】2016 年，川电股份公司着力整合财务机构，做好标准化流程建设，财会业务核算、资金支付等纳入了上级财务共享分中心集中管控。跟踪预算分解执行情况，抓好成本费用对标分析，主营业务成本连续 4 年大幅下降。严格资金管理，加快资金周转，用票据贴现、低息置换等措施解决了资金缺口，资金成本率在国电集团对标排名靠前。组织“营改增”政策及发票专题培训，配合税务机关理顺了总分支机构增值税申报等问题。

【机制创新】2016 年，川电股份公司成立本部协同中心，组织对安监、财务、档案等专业管理进行大整合，资源系统优化配置初见成效。探索“老厂新制”管理，全面推行月度绩效考核，增强了部门、单位奖励支配权力，收入分配真正向关键岗位和一线岗位倾斜。组织形势宣讲、激励培训、绩效考核讲解，实施了竞聘、退养、休岗、优秀干部向基层转移等举措，干部交流任职及人员内部流动极大增强。规范公司系统非招标、电商采购、三会运作等工作流程，管理规范性得到提升。

【资产收购】2016 年，川电股份公司认真贯彻上级“两项规范”工作要求，严格按照《公司法》等规定，通过智慧部署和精心安排，克服法定程序繁、时间要求紧、职工诉求多、队伍维稳难等困难，圆满完成了石棉县安瑞电力有限责任公司发电资产收购工作，新增装机容量 0.9 万千瓦。履行国企责任，主动配合安瑞公司做好账务清查及税务清理等后续事项，确保原股东按期拿到了收购款和分红款，赢得了职工群众认同，维护了和谐稳定的经营环境。

【党的建设】2016 年，川电股份公司全面完成了“621”体系的支部标准化建设任务及特色阵地打造，以“党建日程”落实“一岗双责”的工作案例被上级作为从严治党经验进行推广，该公司党委获评“四川省国资委先进基层党组织”。开展了党员“生日问候”、成立志愿服务队、党员示范行动，进一步加强了服务型党组织建设，服务型党组织建设案例入选全国第四届基层党建创新典型案例，在人民网、中国共产党新闻网等中央媒体推广经验。新闻宣传工作被国电集团作为典型经验进行了宣传。

7 月 1 日，国电四川公司举办了“知行合一，崇德向善”道德讲堂暨道德模范故事分享会　（实月　摄）

（陈庆宏）

国电四川毛滩水电开发有限公司

【企业概况】国电四川毛滩水电开发有限公司（以下简称毛滩公司）于 2009 年 9 月成立，系国电四川发电有限公司的控股子公司。2016 年负责毛滩水电站 10.5 万千瓦装机（3×3.4 万千瓦+0.3 万千瓦）的生产经营管理。

截至 2016 年 12 月 31 日，毛滩公司设置有综合管理部、计划营销部、财务产权部、经济运营部、安全生产部、运行部、维护及水工部等 7 个部门，在册员工 60 人（其中，高级职称 5 人，中级职称 14 人，初级职称 22 人）。

【生产经营】2016 年，毛滩公司在国电集团公司和国电四川公司的正确领导下，积极适应电力体制和市场化改革，以深化“双提升”为主线，以安全防汛和经营治亏为中心，努力破解生产经营和发展困局。该公司保持持续安全稳定生产，未发生机组非计划停运和重大人身、设备事故，实现“零”非停、

“零”事故和安全度汛。全年完成发电量 40845 万千瓦时，完成上网电量 40136 万千瓦时，设备平均利用小时数 3890 小时，综合厂用电率 1.74%，实现营业收入 9234 万元，利润总额亏损 4291 万元，同比减少亏损 55 万元，完成国电四川公司下达的生产经营目标任务。未发生违反廉洁从业规定和影响企业形象及对社会稳定造成不良影响的事件，完成党建和党风廉政建设目标任务。该公司在四川公司 2016 年绩效考核中被评为 B 级。

【安全生产保持持续稳定】坚持将安全放在全部工作的首位。一是强化安全管理。补充完善 30 项安全生产管理制度和包括防汛抢险应急预案在内的 5 项专项应急预案。加强“两票三制”管理，认真组织开展“安全生产月”、春秋季安全大检查、安全性评价复查等安全检查活动及整改工作，截至 2016 年 12 月 31 日，共查出各类问题 38 项，完成整改 30 项。二是加强设备维护和水工建筑物治理，确保安全生产。组织完成 2 号机组 B 修、1 号机组 C 修，启动实施 1 号机组 B 修；开展 23 孔泄洪冲沙闸启闭系统检查处理、双向门机缺陷处理；开展海漫修复施工、尾水渠及库区防洪堤背坡维护处理和右岸下游导流堤垮塌抢险。三是开展汛前检查、防汛抢险应急演练，加强防汛值班工作。2016 年汛期，电站经受了 9 次（包括一次最大 9370 立方米/秒洪水）4000 立方米/秒以上洪水的考验，实现安全度汛。截至 2016 年 12 月 31 日，已连续安全生产 1115 天。

【加强经济运行和电力营销工作】认真贯彻落实集团国电公司要求，强化经济运行管理，注重部门间的协调配合，努力提高电站经济运行水平和发电效益。一是认真分析流域及上游电站多年水情及发电情况，积极落实月度发电计划及日发电计划申报工作，保证发电需求。二是加强与省调及上游电站的沟通联系，精心操作，勤调负荷，努力提高发电效能。三是积极开展经济运行纵向、横向对标管理，对关键指标按月开展对标分析比较，查找问题和短板，努力减弃增发，提高发电效益。2016 年，毛滩公司经济运行各项指标在区域对标中总体保持良好水平。在努力提高发电效益的同时，该公司积极适应电力体制改革和区域电力市场发展新形势，加强政策和市场跟踪，确保实现年度经营目标。在国电四川公司支持帮助下，继续落实了公益性电站 100 小时合同电量补偿，获得计划电量 18127 万千瓦时，参与电力市场交易取得自备替代电量、常规直购电量、精准扶持电量、水火替代电量、挂牌外送电量等共 26518 万千瓦时，全年取得电量计划 44645 万千瓦时，保证了发电需求。2016 年，毛滩公司设备平均利用小时数 3890 小时，较上游同类型电站高 701 小时，较省统调水电平均利用小时数高 390 小时，比集团指定的 7 家对标企业平均利用小时数高 168 小时，排名第二。

国电金堂公司积极开展全面健身活动，提高职工身体素质，锻炼陶冶情操　　（黄伟　摄）

【完成工程项目后评价工作】按照国电集团公司工作安排，毛滩公司于 2016 年 5 月中旬启动了毛滩水电站工程项目后评价工作，历时一月余完成《项目自我总结评价报告》并通过专家现场查评。

【党建和谐建设进一步巩固】毛滩公司党委班子认真落实全面从严治党要求，切实履行党建、党风廉政建设和安全“一岗双责”职责。一是认真开展“两学一做”和“一名党员一滴清水”宣传教育，增强了党员干部的党性观念和政治纪律意识。二是进一步强化党的组织建设，落实廉政责任书、廉洁从业承诺书制度和党支部标准化建设工作，完成支部换届选举、党费清查补缴、领导人员履职待遇和业务支出管理、“三重一大”制度和“八项规定”落实情况的监督监察和专项检查，防范了廉洁风险。三是通过建立实施职工补充医疗保险、建设职工活动室、积极推行厂务公开，开展征集合理化建议、运行“非停”竞赛、检修技术比武等活动，员工工作积极性得到进一步提高，促进了员工队伍和谐稳定。

（王晓明）

国电丹巴东谷河水电开发有限公司

【企业概况】丹巴东谷河水电开发有限公司（以下简称东谷河公司）成立于2004年，注册资本为1亿元，国电四川发电有限公司于2011年6月收购其全部股权，2012年11月完成冠名相关手续，正式更名为国电丹巴东谷河水电开发有限公司。东谷河公司现阶段主要负责丹巴县境内东谷河流域水电资源的开发和经营管理。东谷河属岷江水系，为大渡河上游右岸一级支流，发源于道孚县境内大雪山以及丹巴县与康定县交界的大炮山等山脉，河流分为两源，南源称牦牛河，西源为沙冲沟，至陡水岩处两河汇合后即称为东谷河。自西南往东北方向经东谷、水子等乡后于丹巴县城西端注入大渡河。计划采取“一库八级”的开发方式，其中牦牛河一级、牦牛河二级、牦牛河三级（即永西电站）、沙冲沟一级、沙冲沟二级（即国如电站）、东谷河一级（即东谷电站）由该公司负责开发建设，规划总装机容量为29.6万千瓦，年发电量约14亿千瓦小时。

2016年，在国电集团公司和国电四川公司的正确领导下，东谷河公司积极应对市场变化带来的困难和考验，深入实施“一五五”战略，扎实开展“双提升”工作，全面加强党的建设和党风廉政建设，企业生产经营、改革发展和党建工作取得成效。该公司安全形势平稳、职工队伍稳定；完成发电量1.43亿千瓦时，主营业务收入3090.59万元，实现利润-690.11万元，同比减亏804万元；东谷电站完成投资6018.96万元，永西电站完成投资500万元。全年1人获集团“优秀员工”称号；2名党员分获国电四川公司党组“优秀党员”“优秀党务工作者”称号。全面实现年度目标任务。

【前期勘察】2013年1月，国电集团公司完成牦一、牦二、牦三及沙一水电站勘察设计招标工作。2013年4月11日，该公司与广西电力工业勘察设计研究院正式签订四个电站勘察设计合同，随即广西院开展牦二、牦三前期勘察设计工作。通过协调沟通，2013年5月获得道孚县同意，又启动牦一、沙一的前期勘察设计。2016年5月，国电集团公司同意开展永西水电站的前期工作，根据四川省政府《关于进一步加强和规范水电建设管理的意见》，该公司积极对后续开发电站进行设计优化。2016年，广西院完成了施工总布置规划专题报告、正常蓄水位选择专题报告和坝址比较专题报告的编制，以及永西电站前期进度及工作计划，正在深化牦二和永西水电站设计方案优化，使牦二具备季或年调节能力，以满足核准要求，为后续工作持续开展打好基础。

【工程建设】为顺利推进工程建设，东谷河公司上下群策群力，加强协调工作，克服不利因素、订施工方案、排工程进度、抓资金到位、推招标工作、控工程质量。全年，国如水电站于2016年1月29日，通过水保专项验收；6月16日，通过环保专项验收，并于8月26日，取得了四川省环境保护厅批复；9月28日，通过劳动保护与工业卫生专项安全评审验收。东谷水电站在地方政府的全力协调及大力支持下于10月19日，S303改线公路实现试通车；12月17日，完成左岸连接挡水坝段基础开挖。

【工程质量】采取事前、事中、事后控制相结合，以检查监督承包商质量保证体系运行情况为核心，以人、材、机、施工技术措施为质量控制重点，以工序质量检查为基点，严格执行质量三级检查制度、工序验收制度和隐蔽工程验收制度，严把工序质量检查与单元工程质量验收评定关，现场采取巡视、旁站相结合和抽检、全检相结合的手段，确保工程施工质量处于受控状态，有效监督、协助承包商实践合同质量承诺。开展好对口竞赛、对标管理，加强对设计、监理的管理，加大监督考核力度，确保工程项目各类指标可控在控。

【安全确保】一是认真贯彻《安全生产法》，全面落实各级安全责任，深入开展安全大检查、隐患排查治理、防汛等应急演练，深刻汲取江西丰城电厂等事故教训，细化落实集团公司25项重点反措，加强员工安全警示教育，牢固树立“红线”意识和“底线”思想，建立健全安全生产监督体系和安全保障体系，以“五抓”为主线充分发挥三级安全网的监督作用。重点强化“两票三制”“反习惯性违章”“应急管理”等重点环节的安全管理。截至12月31日，国如电站安全运行682天，未发生人身伤亡、B类一般事故及以上事故。二是强化设备健康状况的跟踪、分析和评估，加大设备可靠性管理和技术监督力度，坚持早动员、早部署、早准备，科学合理地安排检修工期，提高设备系统运行的安全可靠性和设备健康水平。加强技术监督管理，及时发现并消除#1主变运行中多点接地、10千伏汇流柜刀闸严重发热等重大设备隐患，避免了设备损坏事故，出色完成了在运机组汛期不发生非停弃水集团重点关注问题。同时完成汛期提高发电进度，弥补枯期主变铁芯运行中接地停运损失电量及在运机组不发生非停，保证设备健康安全，满足发电条件等国电四川公司“一企一策”重点关注问题，推动了公司“双提升”有序开展，提质增效取得一定实效。2016年B修、C修各1次，全年消缺60余项，确保设备隐患治理始终可控在控。2016年全年未发生非计划停运。三是强化责任落实，全面落实防洪度汛工作。2016年受强厄尔尼诺影响，防洪度汛、防灾减灾工作极为严峻。该公司高度重视，召开专题会贯彻落实上级防洪度汛会议精神，安排部署防汛工作，加强隐患排查，完善应急预案，备足应急物资，提高应急响应能力，落实汛期领导24小时值班制度。东谷电站首部枢纽防洪度汛措施落实到位，确保了度汛安全。

【经营管理】2016年，东谷河公司从市场营销、计划管理、成本控制、财务管控、节能降耗、设备可靠性六个方面入手，牢固树立“电量就是效益”的理念，进一步提高市场意识，全方位抓好市场营销工作。全年完成电量1.43亿千瓦时，取得计划外电量8770万千瓦时。积极开展电力营销的研究和实施工作。采取多样化的营销手段，多沟通、勤联系，加强与电网公司的沟通与协调，尽最大努力争取电量计划，省网公司于2016年丰水期补偿电量1000万千瓦时。充分利用水火替代政策减少弃水，积极寻找外部电量替代机会，合理统筹和优化电量结构，努力提高机组经济性。

【党建工作】一是成立“两学一做”学习教育办公室，开展党员示范岗活动、选树示范团队，推动党内教育从“关键少数”向广大党员拓展、从集中性教育向经常性教育延伸。落实从严治党责任，深入学习贯彻中共十八届六中全会、全国国企党建工作会议精神，抓好了“三分类三升级”活动、党支部标准化建设及党建八项重点任务自查自纠等工作。加强干部队伍建设，按照国电四川公司统一部署，抓好了青年干部选拔、“英才计划”评选和培养工作。加强文化文明建设，深化道德讲堂建设。加强群团组织工作，深化民主管理、厂务公开，开展提高设备可靠性劳动竞赛及职工文体活动，认真落实了送温暖和困难帮扶机制。加强信访维稳工作，克服经营困难、阻工、扰工事件、法律诉讼等巨大压力，努力保证了企业和队伍的和谐稳定。二是持续深化党风廉政建设，围绕用好“四种形态”、深入推进“三转”、宣传贯彻“两部法规”、提升监督执纪问责能力，全面推进从严治党向基层延伸。建立主体责任、廉洁风险防控、违纪风险防控三张清单，逐步形成分责、述责、考责、问责机制。深入开展“一名党员一滴清水”学习教育，进一步严明了纪律和规矩。深化作风建设，主动运用监督执纪第一种形态，着力开展谈心谈话活动，群众满意度得到提升。积极推进“三转”，纪委强化使命担当，全力协助党委落实主体责任，着力完善公司、部门、员工三级责任体系，层层签订目标责任书，制定“两个责任”清单，督促提醒各责任主体积极履职。通过层层谈话，级级传导，将党委主体责任落到实处，把党委管党治党的鲜明态度亮出来，把“两个责任”核心地位突出来。配合上级各项案件调查8次；同时，加强审计监督，抓好了上级巡视、审计的配合及整改工作，实施内部审计4次。

8月26日，国电四川公司团委开展金秋助学活动，将学习书籍、文具用品和助学金交到岷江公司困难职工子女手中

（李汲篷　摄）

【法律事务】2016年7月10日，甘孜州中级人民法院对东谷河公司与村民余金成财产纠纷案进行了最终判决，该公司取得全面胜诉。该案回绝了村民无理诉求，避免了损失79.65万元，为公司以后依法处理类似纠纷提供了借鉴。2016年12月16日，四川省高级人民法院对该公司与浙江水电建筑安装有限公司（简称浙水公司）合同纠纷案进行了判决。由于收购期前，原东谷河公司未进行分项招标及资料不齐等因素，判决结果为浙水公司与东谷河公司总包协议无效。

【企业文化】2016年，东谷河公司党委紧紧抓住“两学一做”学习教育和“双提升”“提质增效”、读《大同故事·推创新实践》、“提高党支部工作质量与实效”等活动开展的契机，在多年来坚持践行社会主义核心价值观，贯彻落实国电集团公司“一五五”发展战略，认同集团公司系列文化理念的基础上，结合该公司实际和承担的生产经营工作任务、所处区位与环境、着眼持久有序科学发展，不断探索、培育、完善具有东谷河公司特点、特色的各种理念与文化，形成内涵深刻、内容丰富、形式多样的公司企业文化。全年，先后提炼形成了以“敬业乐群奉献”为主要特质的公司“责任文化”；以“安居乐业平安”为主要特质的公司“安全文化”；以“笃行乐智创新”为主要特质的公司“创新文化”；以“凝聚合作效率”为主要特质的公司“协作文化”；以“博识乐学传承”为主要特质的公司“和谐文化”，初步形成了东谷河文化体系。撰写了《立足康藏高原，敬业乐群奉献——东谷河公司企业文化建设与优秀成果》文章，总结了近年来公司在责任文化、安全文化、创新文化、协作文化、和谐文化等建设方面的初步经验与成果。接下来将进一步总结提炼，形成具有自身特色、特点和特质的理论成果、精神财富，并不断充实、丰富、提升，形成“东谷河文化”产品。

（吕尚昆）

国电四川阿水电力开发有限公司

【企业概况】国电四川阿水电力开发有限公司（以下简称阿水公司）是由国电四川发电有限公司（股比90%）和四川省阿坝州政府国有资产监督管理委员会（股比10%）共同投资组建，于2009年7月24日在阿坝藏族羌族自治州注册成立，初始注册资本为20000万元；经2012年第二次股东会决议决定并经四川省阿坝州工商行政管理局批准，注册资本调整为11111.1111万元；经2015年第一次股东会决议决定并经四川省阿坝州工商行政管理局批准，注册资本调整为13000万元；经2016年第一次股东会决议决定同意将股东方阿坝藏族羌族自治州国有资产监督管理委员会持有的公司10%股权变更为阿坝州国有资产投资管理有限公司，股比不变。

阿水公司依据《中华人民共和国公司法》（以下简称“公司法”）设立了股东会、董事会和监事会，下设职能部门6个，分别为综合管理部、计划部、工程部、物资部、财务部和移民环保部，为大力推动核准工作早日完成，阿水公司还专门抽调精干力量，成立了核准工作领导小组办公室，专职负责核准工作。阿水公司现有正式员工23人，全部为大专以上学历，其中，博士研究生2人，研究生4人，本科17人；高级职称7人，中级职称7人。

【项目简介】阿水公司主要从事四川省阿坝州足木足河卜寺沟水电站（36万千瓦）和四川省阿坝州绰斯甲河上寨水电站(45万千瓦)、绰斯甲水电站(39.2万千瓦）与观音桥水电站（18.65万千瓦）共计4个水电站的开发建设和经营管理，设计总装机约138.85万千瓦，总投资约238亿元。2016年，4个电站均处于项目前期，暂未能取得核准。

【安全生产管理】安全稳定形势平稳。2016年阿水公司未发生安全事故，实现连续安全生产。一是安委会每季度定期召开安全生产工作会，学习贯彻各级各项安全文件，研究和部署安全工作。二是针对绰斯甲施工用电工程线路加强巡查监控，及时消除了安全隐患，顺利度过了2016年汛期，保证了施工用电工程的安全稳定运行。三是定期开展现场安全巡视检查，加强对暂停施工的绰斯甲2号—6号地质探洞、施工用电工程及马尔康管理集控中心等工程项目现场的维护和看守，确保了所有暂停工项目安全可控在控。四是针对严峻的道路交通安全形势，进一步建立健全了车辆管理等制度，加强驾驶员安全教育培训，形成了一套较完善的道路和天气信息收集渠道，保证了交通安全。

【项目设计优化】阿水公司结合G317公路改扩建的外部条件改变等因素，在多次现场调研的基础上，及时开展了绰斯甲水电站第二阶段设计优化工作，取得了《绰斯甲水电站施工总布置优化设计报告》《绰斯甲水电站施工总布置优化调整设计概算及经济评价》等成果报告。通过对渣场、暂存料场、回采料场和砂石加工场等进行优化布置规划，取消了可研报告中原日柯沟排水洞、暂存堆料场规划方案和蒲西石料厂开采方案，加上其他优化措施使技术经济指标实现了大幅度提升。

【党建工作】认真学习贯彻中共十八大及十八届历次全会精神，深入开展“两学一做”学习教育，切实增强“四个意识”，坚决与以习近平总书记为核心的中共中央保持高度一致。一是按照党委抓党建主体责任、党委书记党建第一责任、党委委员“一岗双责”规定，组织领导班子成员、各部门签订了党建目标责任书，确保责任落实到人，制定了全年党建工作重点任务和工作计划。二是按照“621”标准化体系持续推进党支部标准化建设，有效推动党支部战斗堡垒作用的发挥。年内完成党员情况清理、党费补缴等专项重点工作，深化了党员按时足额缴纳党费义务的认识。三是举办了竞走健身、快乐“悦”读、迷你马拉松、“追寻红色记忆”主题党日、纪念红军长征胜利80周年等系列活动，营造了团结协作的工作氛围。四是加强新闻宣传，着力提升企业文化，从思想上引导员工关注企业重点工作、宣传企业文化，通过召开党委专题会议研究部署新闻宣传工作，下达分解指标任务，纳入绩效考核，激发员工创作热情，增强企业凝聚力、向心力，营造企业良好的文化氛围，宣传成效明显提升。

3月4日，国电四川公司团委开展“体验环卫工作，感受环卫辛苦，传雷锋精神，扬国电旗帜”学雷锋活动　（龙跃　摄）

【落实党风廉政建设】2016年，阿水公司深入贯彻中央纪委六次全会精神，认真落实集团公司和四川公司党风廉政建设工作部署，紧紧围绕用好“四种形态”、深入推进“三转”、宣传贯彻“两部法规”、提升监督执纪问责能力的总体思路，深入推进党风廉政建设向基层延伸。年初召开反腐倡廉建设工作会，明确了党风廉政建设“四三二一”的总体思路，细化分解了主要领导“四个亲自”、分管领导“六个凡是”、各个部门“三个主动”三类主体责任，对党风廉政建设工作做出了全面部署。进一步统一了思想，提高了认识，自觉把守纪律、讲规矩摆在更加重要的位置，实现“三转”落地，作风改善。

（刘丽莎）

国电四川民和水电投资有限公司

【企业概况】国电四川民和水电投资有限公司（以下简称民和公司）成立于2007年7月13日。为国电四川发电有限公司下属的国有控股企业。国电四川发电有限公司、深圳市玉湖投资集团有限公司、深圳市田东投资有限公司分别持股比65%、20%、15%。民和公司主要经营水电开发：水利、水电工程建设（凭资质证书经营）；水利、发电设备的销售、租赁。国电四川公司控股的民和公司增资扩股后，注册资本14285.71万元。组织机构按照“精简，高效”的原则，设置综合管理部、计划部、机电物资部、工程部、财务部、生产准备部六个部门。

2016年是民和公司发展历程中一段困难时期，面对国电集团公司战略调整和投资管控影响，该公司全体员工团结一心，不退缩、不气馁，转变思想观念，强化效益意识，深入贯彻集团公司“一五五”战略，积极应对因项目停缓建带来的各种稳定和法律风险，确保了停缓建项目有序收尾、内外部安全稳定。与此同时该公司内部管理能力提升，项目优化工作成果显著，为民和公司转型发展打下坚实基础，夯实了安全基础，确保了队伍稳定。2016年目标责任制考核获得国电四川公司B级，1名员工荣获四川公司优秀共产党员，1名员工荣获国电四川公司优秀党务工作者，民和公司第一党支部荣获四川公司“先进基层党组织”，1名员工荣获国电四川公司年度优秀员工，1名员工荣获国电四川公司“十佳”文明员工称号。对外新闻宣传翻倍完成任务，位居基建单位首位，1名员工荣获国电四川公司新闻宣传先进工作者。

【安全生产管理】安全稳定形势平稳。2016年民和公司未发生安全事故，实现连续安全生产。一是建立安全防控体系，全面提升基建安全保障能力。层层落实安全生产责任制，逐级签订安全生产责任书，落实一岗双责。二是深入开展“春安大检查”“安全生产月”等专项活动。深刻汲取江西丰城电厂等事故教训，扎实开展“百日事故讨论”和“百日隐患整治”，排查整改各类安全隐患。细化落实防汛措施和防汛预案，主动联系两州两县相关部门建立汛情预警机制，及时掌握汛情，建立防灾联动机制，确保安全度汛。三是狠抓交通安全管理，严格落实交通出行制度，确保人员进出现场安全。开展全员安全教育培训，结合本公司实际开展了火灾、地震、泥石流、山体滑坡、交通事故等突发事件的逃生技能、应急处置能力实战演练。四是充分利用法律咨询和审计平台，开展基建合同遗留问题处理和合同友好协商终止等合同问题解决工作。做好应急资金保障，做好应急支付。加大与两州两县政府沟通，取得地方政府的理解和宽容，缓解项目因停缓建以及征地移民问题带来的企地矛盾，营造良好外部环境。细化落实维稳应急预案，层层落实维稳责任，积极化解稳定风险。截至2016年12月31日，实现连续安全生产2738天。

【项目建设情况】益地电站开工准备工作扎实推进。在未获得国电集团公司下达前期费用计划和新增设计委托的情况下，取得中南院的大力支持，开展第二阶段设计优化工作。在此基础上，中南院正式出版、提交了《四川省东义河益地水电站设计优化研究及概算复核报告》。根据该报告，益地水电站工程总投资为137019.29万元，工程静态总投资122466万元，单独运行时，多年平均年发电量7.082亿千瓦时，装机年利用小时4215小时，单位千瓦投资7290元，单位电度投资1.617元。基础出厂电价为0.261元/千瓦时，按此电价测算电站投资回收期为13.61年，投资利润率5.97%，投资利税率6.16%，资本金利润率29.87%，借款偿还期21.38年。按照集团公司经济评价办法中的主要计算参数测算，益地水电站资本金内部收益率达到12.29%，经济指标全面满足集团公司开工决策要求。

流域开发方式研究取得初步成果。一是民和公司在2016年5月委托中南院启动了益地、色苦水电站联合开发方式研究。经中南院现场调研，提出了四个方案进行了初步研究并出具了相关研究成果。二是贯彻国电四川公司水电开发“差异化”竞争策略，主动应对四川省政策调整，2016年8月委托中南院启动了益地水电站龙达河口筑坝方案研究。经过现场实地勘察，中南院选取了正常蓄水位1900米和1820米两个方案，并进行了认真研究分析，认为两个方案均有年调节以上调节性能，对上网电价和电能质量都有很大提升；两个方案均在原益地水电站开发河段，不涉及上游色苦水电站，与联合优化方案相比，在审批上更有利，但工程造价偏高。

积极应对政策风险，妥善处理小水电遗留问题取得实效。为应对政策风险，在做好流域开发方式优化研究的基础上，认真追踪两州对《关于印发妥善解决2.5万千瓦以下小水电遗留问题的处理意见的通知》（川发改能源〔2015〕340号）后续处理意见，积极争取两州两县政府支持，加快推动2.5万千瓦以下项目遗留问题解决。2016年，已争取到两州发改委分别将俄桠、洋那、往子沟、小水牙、尼隆沟、高羊古和开江宫水电站纳入遗留项目处理清单。凉山州发改委已于9月组织相关部门对俄桠、洋那水电站进行复核评估，并经州政府同意继续开展前期工作。甘孜州方面，已办理完成尼隆沟、高羊古、开江宫和小水牙四个支沟电站的水资源论证、行洪和水土保持方案专题等共计12个前期要件延期手续，有效期延长至2019年。往子沟电站纳入第一批临时环保备案，为后续并网验收创造了条件。认真做好完建项目手续完善工作，抓好往子沟电站重大设计变更审批手续，编制完成《引水工程方案调整报告》，并已上报甘孜州发改委审批。此外，对往子沟电站消纳方案进行进一步研究，积极推进往子沟并网验收和各专项验收相关准备。

【发展工作情况】股权转让工作稳步推进。按照上级公司统一安排，民和公司按时配合完成股权转让项目的审计和评估。并对2015年的评估数据以及收购时的评估数据进行逐项对比分析，与评估单位沟通评估方法和估值条件的选取。为争取最有利的评估结果，及时出版《益地水电站设计优化研究及概算复核报告》，益地电站投资总额较可研概算降低了5.43亿元，并与评估机构沟通，使用优化设计后的投资数据对益地电站进行收益法评估，净资产评估值由1.71亿元增加到2.41亿元，与账面值相比，评估增值70.87%。

工程合同清理和法律风险化解成效显著。全面完成基建合同问题清理工作。工程遗留问题处理和完工结算工作稳步推进。

法律风险有效防范。法律顾问单位嵌入公司合同审核、制度建设审核及重大决策法律的审核。公司专门委托法律顾问单位，基本完成前期基建合同履行过程存在的法律风险进行排查，共确定191个重点排查对象。成功应对了色苦—益地110千伏输电线路工程因违法分包造成的工程欠款诉讼案件。

【内控管理情况】内部管理进一步加强。一是密切关注国家金融政策，加强与各银行沟通，多方筹集资金保障项目建设，益地电站共计获得各大银行授信额度33.20亿元。强化资金内控管理，严格审批手续，统筹合理安排付款比例和顺序，保证项目建设资金需求与日常管理开支需求，确保资金链不断裂。二是全面启动基建财务信息化体系建设，加强财务内控管理，采取多项措施压降管理费用，不断夯实会计工作基础，提高财务管理水平，以各种内外部检查审计为契机查漏补缺，以财务信息化系统为平台，逐步建立规范标准的财务核算体系。三是成立管理双提升领导小组，明确职责和专项管理提升内容，制定完善管理制度12项。四是修编完善绩效考核办法，增加定量考核指标，考评方式也由上级考核调整为全方位考评，形成了奖惩分明的考核评价体系，让绩效考核渗入到公司运作发展的每一个环节。五是开展“每周一讲”活动。每周确定一个主题，明确讲座时间，持续开展“基建人员每周一讲”活动，鼓励职工利用业余时间参加各类专业学习，组织人员参加四川公司交流培训。六是严控三公费用支出，该公司2016年八项费用支出控制在国电四川公司下达的年度预控数内。

3月4日，国电金堂公司志愿者到敬老院慰问，传承雷锋精神
（黄伟　摄）

【党建群团及反腐倡廉建设情况】以开展“两学一做”学习教育为契机，以抓实规定动作，突出特色实效的总体思路，做好党员队伍建设。一是认真做好学习组织工作。公司党委及时制订学习计划，全年组织中心组集中学习12场次，组织专题学习讨论6场次，党委副书记带头讲党课2场次，与兄弟单位联合举办“两学一做”党支部书记、委员专题培训班，坚持组织做好每周三下午思想政治学习，促学习教育学深学透。二是开展特色活动。组织全体党员开展了“重温入党誓词，争做合格党员”主题党日活动，举办“两学一做”学习心得征文活动和“两学一做”学习教育硬笔书法展。三是开展红色基因教育。通过实地参观渣滓洞、白公馆、集体观看《我的长征》《建党伟业》等红色电影，开展了纪念“长征胜利八十周年”系列活动。四是强化“做”的力度，把学习教育融入企业中心工作。五是抓群团共建，形成和谐文化氛围。定期研究群团工作，建立了公司“读书一角”，制作形势任务宣传教育展板5块，制定新闻宣传月度绩效考核机制，公司对外新闻宣传上稿51篇，翻倍完成四川公司年度宣传目标任务。六是抓好基层组织建设，强化党员教育。公司两支部建立了活动阵地，按照“一室两栏八有”标准新建党员活动室1个。建立了覆盖全体党员的三级党建微信群，每月晒计划、晒工作、晒实绩，强化了党建责任。按照四川公司“621”标准化体系深入落实“三会一课”制度、组织生活会、民主评议党员等党内组织生活。按时完成党费清理和补缴工作。七是抓机制完善，夯实党建基础。制定党建思想政治工作量化考核管理办法，建立了公司党建周例会制和党委班子成员“党建日程安排”制度。制定下发了《国电四川民和水电投资有限公司党支部、团委兼职书记、委员月度考核管理办法》，强化兼职人员考核管理的同时，落实了相关待遇和党建工作经费。

（袁超林）

国电四川色曲电力开发有限公司

【企业概况】国电四川色曲电力开发有限公司（以下简称色曲公司）于2011年6月22日正式成立，为国电四川发电有限公司所属全资子公司，注册资本金5100万元。公司主营电力开发生产、新能源开发及电力建设，主要负责甘孜州色达县洛若乡光伏太阳能电站建设和色曲河干流水电梯级开发。该公司现任行政领导班子共4人，其中硕士研究生学位1人，本科学士学位3人，设置有6个职能部门，分别为综合管理部、计划部、工程部、财务部、安全生产部、物资部（下设征地移民办公室），合计在编员工22人。

【项目简介】色曲公司项目所在地位于四川省甘孜

州色达县，地处青藏高原东南缘，甘孜藏自治州西北部，地处两省（四川、青海）三州（本省的阿坝州、甘孜州、青海的果洛州）六县（阿坝的壤塘、本州的甘孜、炉霍、石渠，果洛州的达日、班玛）结合部，平均海拔4127米。

色达县洛若乡光伏太阳能电站建设：

色达县是四川省太阳能资源最好的区域之一，色达洛若乡电站多年平均太阳总辐射为6149.5兆焦每平方米，多年平均日照时数为2420.3小时，参照《中国太阳能资源利用区划》等级，属二级太阳能资源丰富带，本地区夏季辐射强，冬季辐射弱。正午辐射强，早、晚辐射弱，具有较好的开发价值。

色达县洛若乡光伏电站拟装机容量为5万千瓦，在有调节性能水电站占较大比例的电网中能稳定运行。综合考虑光伏电站附近地区电力系统供需现状、负荷增长预测及电网建设等因素，建成后年发电量7184.0万千瓦时，年利用小时数1436.8小时。

色曲河干流水电梯级开发：

色曲河为绰斯甲河右岸一级支流，发源于四川省色达县与青海省班玛县交界处，由西北向东南流，经色达县县城，过霍西乡，至翁达乡后折向东流，于歌乐沱乡下游草坡村从右岸汇入绰斯甲河。规划河段范围为洛若乡至绰斯甲河上寨梯级电站水库色曲河支库回水末端，规划河段长98.0公里，天然落差640米，平均比降6.53‰。

计划采取“一库四级”的开发方式，各梯级电站自上而下依次为：霍西（混合式，6.2万千瓦）、杨各（引水式，2.8万千瓦）、甲学（引水式，6.0万千瓦）和歌乐沱（引水式，5.2万千瓦），四级电站共利用落差637米，总装机容量20.2万千瓦，年发电量7.9109亿千瓦时/8.664亿千瓦时（单独/联合），装机年利用小时数3913小时 /4327小时（单独/联合）。

【创新举措】一是以人为本，扎实抓好干部员工队伍建设。色曲公司坚持以人为本的理念，以中国国电集团公司“155战略”和“家园文化”为引领，统一思想，艰苦奋斗，努力提高公司员工的认同感、归属感和使命感，让员工与公司同呼吸、共命运，激励公司员工扎根高原，奉献藏区，岗位成才。二是积极开展党建工作，为公司发展提供了强有力的政治组织保证。该公司坚持开展党建工作，以教育实践活动、“三严三实”专题教育和创先争优活动为载体统一员工思想，激发员工事业豪情，形成了一个团结拼搏奋进的战斗集体，为企业工作提供坚强的政治组织保证，推动企业科学发展。三是狠抓党风廉政建设。公司严格落实党委主体责任和纪委监督责任，针对党员干部及关键岗位、高危岗位人员进行党风廉政建设教育培训、廉洁文化宣传等工作，制度完善、责任明确、措施得力、宣传及检查及时到位，全面落实了党风廉政建设责任制，为公司的发展提供了坚强的纪律保证。四是扎实抓好安全工作。该公司项目均地处山高路险、气候多变、灾害频发的甘孜州，安全问题尤为突出，色曲公司坚持把安全工作放在首位,强化员工责任和事故防范意识，建立健全安全规范制度，提前制定了防范措施和事故处理措施，全年未发生安全事故。

（王良羽）

中国华电集团公司四川公司
华电四川发电有限公司
华电国际电力股份有限公司四川分公司

【企业概况】 中国华电集团公司四川分公司（简称四川分公司）成立于2003年3月23日，是华电集团公司在四川设立的分公司，按照华电集团公司授权与委托，履行区域公司管理职责。华电四川发电有限公司成立于2004年11月8日，是以华电集团公司在川宝珠寺电厂等7家内部核算电厂全部资产、西溪河水电开发有限公司等13家控股企业和8家参股企业组建的有限责任公司，是华电集团公司的全资子公司。2014年10月14日，华电集团公司委托华电国际电力股份有限公司管理四川分公司，并设立华电国际电力股份有限公司四川分公司，与中国华电集团公司四川分公司、华电四川发电有限公司实行“一个机构，三块牌子，合署办公”。

四川分公司管理31家企业，运行装机容量921.88万千瓦，资产总额609亿元，在册员工6865人。其中，火电装机容量479万千瓦，主要有广安电厂、珙县电厂、白马电厂、高坝电厂、黄桷庄电厂、攀枝花电厂等；水电装机容量437.64万千瓦，主要有宝珠寺电站、紫兰坝电站、泸定电站、瓦屋山电站、雅安周公河流域梯级电站、杂谷脑河流域梯级电站、西溪河流域梯级电站、木里河俄公堡电站、立洲电站，水洛河宁朗电站和撒多电站；风电装机容量4.95万千瓦，主要有盐源凉风坳风电项目；光伏装机容量0.29万千瓦，主要有攀枝花西沟灰场光伏项目等。在建项目总装机138.4万千瓦，主要有木里河上通坝、卡基娃电站，水洛河固滴、新藏、博瓦电站，俄日河红卫桥电站，西溪河青松电站，盐源凉风坳、银头山风电场等。前期和规划建设项目总装机532.96万千瓦，其中水电规划装机105.2万千瓦、风电规划装机82.6万千瓦、光伏规划装机249.1万千瓦、燃气分布式及燃机规划装机96.06万千瓦。参股煤矿产能400万吨/年，主要有广安龙滩煤矿、宜宾金堂煤矿、新维煤矿等。

【领导人员】

党组书记、副总经理：钟国东

副总经理：蒋晓明

总会计师：冯荣

副总经理：刘建云

纪检组长、工会主席：王小红

副总经理：周其平

领导人员变动情况：2016年3月18日，钟国东任中国华电集团公司四川分公司、华电四川发电有限公司党组书记。2016年6月13日，刘建云任中国华电集团公司四川分公司、华电四川发电有限公司党组成员、副总经理，华电国际电力股份有限公司四川分公司副总经理。2016年11月15日，罗小黔不再担任中国华电集团公司四川分公司、华电四川发电有限公司、华电国际电力股份有限公司四川分

9月29日至30日，中国华电集团公司党组书记、董事长赵建国在成都拜会了四川省委书记、省人大常委会主任王东明和省委副书记、省长尹力，并到华电四川公司调研（华电四川公司提供）

公司总经理，华电四川发电有限公司执行董事，中国华电集团公司四川分公司、华电四川发电有限公司党组成员职务。

【区域年度工作业绩】2016年，完成发电量212.75亿千瓦时，同比减少32.21亿千瓦时；资产负债率80.26%，同比下降0.26个百分点；投产清洁能源40.98万千瓦，运行装机达到921.88万千瓦。

【区域生产经营管理】提质增效扎实推进。千方百计多发优发电量，争取到关停和停止运行火电厂电量计划21.4亿千瓦时；落实火电被替代电量29.56亿千瓦时；通过调整水电丰枯电量计划结构、推动水火替代发电，减少水电弃水电量15.31亿千瓦时；积极开拓并取得市场电量64.3亿千瓦时，公司水、火电利用小时达到同流域、同约束区域平均水平，市场电量电价高于区域平均水平。积极争取政策，通过实施替代发电增加收入6.32亿元（含税），落实欠发补偿3.01亿元（含税），争取到位关停电厂土地补偿4.71亿元。工程板块大力实施“走出去”战略，对外工程业务收入达8055万元（含税），较2015年增加29%。努力改善资产结构，取得华电集团公司资本金注入1.54亿元，其他股东资本金注入3.5亿元。

安全基础不断巩固。突出抓班组、抓一线、抓操作层面，深入开展安全生产标准化、安全性评价、无违章创建、环保技改安全和输卸煤系统“双治理”、安全生产检查，努力夯实安全基础。按照精细化检修管理要求，完成机组大小修59台次，设备健康水平逐步提升。

【区域项目发展】投产木里河立洲及卡基娃生态机组共35.74万千瓦、盐源凉风坳风电4.95万千瓦、攀枝花灰场光伏一期0.29万千瓦，风电和光伏产业双双实现“零的突破”，清洁能源装机占比达到48%。积极推进清洁能源储备开发，初步落实光伏项目资源逾200万千瓦，发起宜宾江安、广安武胜工业园区分布式项目。积极推动出台小火电关停配套机制，会同能源协会向省政府上报《四川省“十三五”关停落后燃煤机组配套政策研究报告》。大力开展设计优化，节约工程投资7710万元。切实加强招投标管理，基建招标项目较概算金额节约29%。

【改革创新】扎实推进“做实”“强基”，做好组织机构改革和部分运行机制调整，积极推进业务体系升级。加强对燃料、物资、资金等“大成本”集约化管控，节约燃料成本0.54亿元，剔除一次性因素影响，三项费用进一步压降0.8亿元。切实加强筹融资工作，合理安排使用资金，有效保障资金安全。进一步健全完善业绩考核和薪酬分配机制，更加突出业绩导向。坚持党管干部、党管人才，切实加强企业领导人员管理，进一步选优配强企业领导班子，持续开展人员优化配置，员工队伍建设水平不断提升。

【党的建设、精神文明建设、企业文化建设】落实全面从严治党主体责任，严肃党内政治生活，加强党内监督。建立完善“党委为核心、支部当堡垒、党员打前锋”的三级联动机制，扎实开展“两学一做”学习教育，组织开展领导干部挂牌攻关、“三带三促”“两学一做、岗位争先”等活动，区域副处级及以上干部认领岗位工作中的难题123项，开设“党建论坛”，举办微党课比赛，严格规范“党员活动日”。建立党风廉政建设“两个责任”清单，基本完成“三位一体”保障体系建设和监督体系建设。着力打造“三力”工会，深入推进“三大”劳动竞赛，5人荣获“华电集团公司技术能手”称号；推进员工创新工作室创建，建设“四心”服务阵地60个。开展“提质增效·青创先锋”主题实践活动和“1+X”结对活动，试点实施“青苹果计划”，积极为青年成长成才搭建平台。

（郑宗旺）

四川广安发电有限责任公司

【企业概况】四川广安发电有限责任公司（简称广安公司）是四川省电力系统首家按照《公司法》和现代企业制度组建的独立法人企业，成立于1996年6月1日，华电国际电力股份有限公司持股80%，神华四川能源有限公司持股20%，已形成总资产102亿元。广安公司总装机容量240万千瓦，分三期建成，一期2×30万千瓦燃煤机组分别于1999年10月、2000年2月投产发电；二期2×30万千瓦燃煤机组分别于2004年7月、2004年11月投产发电；三期2×60万千瓦燃煤机组分别于2006年12月、2007年6月投产发电。截至2016年年底，累计完成发电量1110亿千瓦时，实现工业总产值326.93亿元。

截至2016年年底，广安公司下设18个部门，员工总人数896人，平均年龄39岁，其中大专及以上学历员工占83%。

【领导人员】

董事长：罗小黔
副董事长：杨强、张戈临
董事：钟国东、罗强骏、张维群、严金平
职工董事：龙太聪、雷闪
监事会主席：冯荣
监事：杨昕瑞、黄平
职工监事：李纯洲、吕霞
总经理：严金平
党委书记：龙太聪
生产副总经理：李化霜
副总经理、总工程师：张洪
纪委书记、工会主席、总法律顾问：雷闪
总会计师：刘顺彬
经营副总经理：刘起

【年度工作业绩】全年完成发电量42.12亿千瓦时，同比降低18.65亿千瓦时；综合标煤单价完成476.77元/吨，同比降低19.53元/吨；供电煤耗完成328.30g/（千瓦时），同比降低0.11g/（千瓦时）；综合厂用电率完成9.38%，同比升高0.58个百分点。

1月27日，四川省发展和改革委员会副主任、党组成员梁武湖到中国华电集团公司四川公司调研，详细了解企业生产经营和改革发展情况 （华电四川公司提供）

【经营管理】全力抢发电量。积极汇报沟通，减少机组非停考核电量2700万千瓦时；完成5次开机保养，增发电量2.48亿千瓦时；与109家大用户签订直购电协议，完成电量13.25亿千瓦时。强化燃料管理。灵活调整采购策略，优化进煤结构，加强掺配掺烧，低硫煤同比减少采购14.3万吨，节约燃料采购成本2030万元，降低生产环保成本813万元。严格费用管控。协调收回三期61号锅炉、脱硫系统、翻车机、斗轮机、铁路工厂站等委外项目，优化劳务用工，减少成本支出305万元；取消二级库房，利库消耗物资1796项，完成利库712万元；通过提前还款、增加系统内委贷等措施降低融资成本，同比减少财务费用5166万元。抓实政策争取。2016年共完成水火替代发电9.62亿千瓦时。收回欠发电量补贴1.12亿元、水火替代电费7147万元；通过主动沟通汇报，落实了一二期机组和62号机组除尘电价，增加节能减排升级改造补助资金400万元、整体优化技改项目清算资金465万元。

【安全生产】坚守“人身安全”红线，狠抓安全生产责任落实，不断推动本质安全型企业建设。深入开展安全性评价、春秋季检查、“安全生产月”、防汛度夏等安全专项活动，强化反违章管理和隐患排查治理，加强交通消防管理，持续推进安全文化建设，增强职业健康安全意识，全年安全生产形势稳定。截至2016年12月31日，实现连续安全生产2461天。全力推进环保技改建设，2016年完成二、三期机组湿式除尘器、61号机组脱硝烟温提升技改工程，各项污染物均达标排放。实施灰渣、石膏“零排放”，灰渣、石膏全部综合利用，切实履行好了企业环保责任。

【改革创新】加快新能源发展步伐，努力以新的优势项目带动新的经济增长点。依托市政府拟建设“节能环保城市”契机，全力开拓热能市场，广安经开区供热项目已实现供热。加强与政府沟通联系，收集信息，开展广安城区居民冬季供暖、夏季供冷可行性前期研究，加快构建高效火电、清洁能源、热电联产“三位一体”复合型产业格局。编制“十三五”规划，为今后一段时期改革发展提供战略指引。在四川区域率先启动精益管理，试点班组完成首次精益课题发表。梳理各部门职责分工，管理标准由原来的487个优化为256个。建立月度计划及月度绩效考评体系，将月度绩效与薪酬分配挂钩考核，提高了薪酬激励的时效性。推进职位序列管理试点工作，激发员工干事创业热情。完成全厂89个生产区域7S打造，利用7S红牌系统，持续深入推进7S管理。

【党的建设、精神文明建设、企业文化建设】全面深化“两学一做”学习教育，开展党委中心组学习、党委委员讲党课、“怎样当好支部书记”大讨论、“党章党规印我心”知识竞赛、“手抄党章100天”等活动。组织全体党员通过讲党课、看视频、谈感悟等方式，学习党章党史、学习政策精神，将“党员活动日”落到实处，累计开展“党员活动日”160余场次，参加党员3000余人次。以“全民读书”、道德讲堂、未成年人教育、“我们的节日”等活动为抓手，引导员工践行社会主义核心价值观。举办4期“幸福人生”讲座，提升员工职业素养。广安公司被华电集团公司评选为“第三批企业文化建设示范单位”。

（黄雪莉）

华电四川发电有限公司宜宾分公司
四川华电珙县发电有限公司

【企业概况】华电四川发电有限公司宜宾分公司（简称宜宾分公司）、四川华电珙县发电有限公司（简称珙县公司）实行“两块牌子、一套机构、合署办公”。宜宾分公司地处四川省宜宾市二二四，前身是四川省电力工业局宜宾发电总厂，成立于1993年1月，由原宜宾发电厂、豆坝发电厂和黄桷庄发电厂组建而成。1995年4月，黄桷庄发电厂改制为黄桷庄发电有限公司，成立独立法人，控股方四川省电力公司授权宜宾发电总厂为代管单位，负责黄桷庄发电厂的生产运行及维护管理工作。2002年12月1日，宜宾发电厂和宜宾发电总厂脱离管理关系。

2002年，根据国家电力体制改革精神，原宜宾发电总厂划归中国华电集团公司，企业更名为中国华电集团公司宜宾发电总厂。2004年宜宾发电总厂划为华电四川发电有限公司内核电厂。2007年，受华电四川发电有限公司委托，投资组建宜宾华电电力工程有限公司。2009年1月，更名为华电四川发电有限公司宜宾分公司，在宜宾县工商行政管理局注册登记，注册资本为10903万元，经营范围为主营火力发电，兼营机械加工及维修。宜宾分公司所属豆坝电厂总装机30万千瓦（2×5万千瓦+2×10万千瓦），2008年已全部关停。

黄桷庄电厂位于宜宾市西南方9公里，现有装机容量40万千瓦。一期工程为2×20万千瓦，被列入国家“八五”计划重点工程，于1991年11月开工建设，两台机组分别于1994年1月和1994年10月投产发电。

珙县电厂位于四川省宜宾市珙县孝儿镇，工程规划建设2×60万千瓦+2×100万千瓦火电机组。工程于2003年正式开展项目的可行性研究工作。一期工程2×60万千瓦机组选用国产首台60万千瓦超临界、“W”火焰炉发电机组，同步建设全烟气脱硫装置，61号机组同步建设脱硝装置，62号机组2013年通过技改增装脱硝装置。2007年10月5日，取得国家发改委同意开展前期工作的“路条”；2008年6月10日，取得了国家发改委正式核准并开工建设；2008年6月26日举行开工典礼；2011年2月、2011年8月，61号机组、62号机组先后投入商业运行。一期工程是“5·12”汶川特大地震灾害后四川第一个获得国家发改委核准开工的重大项目，也是震后华电集团公司系统第一个获得核准的“上大压小”项目，静态投资45.23亿元，工程动态投资47.94亿元，概算总投资48.23亿元。

截至2016年年底，企业定员共1367人，在册1355人，在岗1232人，内退110人，协议离岗13人，在岗员工平均年龄45岁。退休员工1232人。宜宾分公司关联厂办集体企业宜宾元亨实业有限公司，在册员工210人，退休204人。

【领导人员】

宜宾分公司

总经理：钟华富

党委书记：姚继华

副总经理：何守光、何田（兼珙县电厂厂长）、潘健

副总经理、总工程师：肖宏博

纪委书记、工会主席：周平

珙县公司

执行董事、总经理：钟华富

副总经理：何守光、何田（兼珙县电厂厂长）、潘健

副总经理、总工程师：肖宏博

【年度工作业绩】2016年完成发电量25.28亿千瓦时，同比减少13.35亿千瓦时；累计入厂标煤单价600.84元/吨（含税），同比上升74.7元/吨（含税）；资产负债率77.3%，同比上升2.19个百分点。

【经营管理】全力争取年度电量计划，通过提前谋划，及时加强与省经信委有效沟通，成功争取增加计划上网电量1.2亿千瓦时。加强与电网调度的联系沟通，及时掌握用电水平及水电来水情况，紧盯电量计划完成率，实现丰水期计划完成率高于川南

区域同类型火电机组平均水平。大力争取和落实各类补偿政策，全力抓好替代发电和电费回收，电费回收率100%。积极参与直供电市场交易，完成直供电量11.31亿千瓦时；电除尘改造后半个月内成功获得除尘环保电价0.2分/（千瓦时）的批复。面对区域内煤炭资源严重短缺的严峻局面，及时调整采购模式，并通过建立煤炭保供领导机制、快速反应机制、进煤激励机制、接卸通报机制，多方开辟重庆、宁夏、贵州、云南等省外电煤供应通道，并加强巡站巡矿、催交催运，有效保证了电煤供应。积极应对电煤价格大幅飙升，通过合理调整供煤结构、优化合同价格条款、加强掺配掺烧，合理确定库存，努力降低储煤成本，全力控制电煤价格，实现全年入厂煤价全川最低。强化入厂煤验收和监督管理工作，严把入厂验收关，全年热值差0.235兆焦/千克，较四川分公司下达值低0.183兆焦/千克，无亏煤现象发生；制定科学掺配掺烧方案并组织实施，确保机组安全经济稳定运行。全力降低各项成本开支，压缩各项费用预算并强化执行，配套修订了系列相关制度，设立了节约费用和节能降耗的专门奖项，调动降本增效积极性。全面完成珙县电厂房屋所有权证办理目标任务。

【安全生产】全面修订完善各类规程制度和标准，细化降“非停”措施并严格执行；认真开展61号机组扩大性小修、公用系统及61号机组DCS改造、62号炉吸收塔浆液管防磨改造、灰场四级子坝加高、煤场道路改造以及输卸煤系统综合治理等工程。认真开展技术监督工作，发挥技术监督基础保障作用。持续开展对标分析，合理优化电量结构，通过生产指标竞赛等举措，使机组最大限度处于最佳工况运行，全年耗差等各项指标在华电集团公司同类型机组中排名靠前。积极开展安全生产大检查、防地质灾害、防洪防汛、“零误操作”“两票专项治理”等专项安全活动。加强安全技能培训，广泛开展“反违章知识技能竞赛”等活动，有效提升安全技能水平。扎实开展防洪防汛、防煤场自燃等应急预案实战演练，提高了应急处置能力。深刻吸取“10•2”事故教训，对事故进行深刻反思，认真吸取事故教训，广泛开展“安全生产大讨论”活动，针对事故暴露出的各类问题，举一反三开展安全整顿工作，全面排查隐患和存在的问题，严格落实整改，进一步落实各级安全生产责任制，强化制度执行刚性，做到严查、严纠、严考核、严落实，切实将安全生产各项要求落实到一线、班组和操作层。加强环保指标日常监管和环保设施运行维护，严格控制污染物排放，环保设备投运率和可靠性创历史最好水平。积极推进大气污染物超低排放和废水零排放改造前期工作。顺利完成61号炉加装脱硝催化剂等环保技改项目，进一步提高了环保基础水平，确保了环保安全。

【项目发展】遵循价值思维理念，主动作为，全面摸排筛选和抢占川南优质清洁能源发展资源，积极推进燃气分布式、水电、大型燃机等清洁能源项目储备和开发。江安工业园区天然气分布式能源项目发起已顺利通过华电集团公司批复；制定了宜宾分公司关闭撤销方案并上报四川分公司。通过研判和风险评估，暂不向参股煤矿注入资本金，缩小参股股份以及坚持派驻管理人员等措施，积极防范参股煤炭项目风险，积极维护公司投资利益。强化对外电力技术服务，完成了福溪电厂电气设备维护及2号汽轮发电机组大修、印尼金光集团DSS3号机组检修、重庆安稳电厂、重庆奉节电厂新机保运、广安电厂辅机运维等对外工程项目，并积极派出专业技术人员参与越南、印尼、波黑等国外机组调试工作；首次进入核电检修市场，派出多名骨干人员参与福清核电厂PX泵大修；对外电力技术服务全面实现区域、领域、产值“三突破”目标。

1月29日，国家能源局四川监管办公室党组书记、专员马军杰一行到中国华电集团公司四川公司调研，亲切慰问企业干部员工，详细了解电力生产运营和企业改革发展情况　　（华电四川公司提供）

【党的建设、精神文明建设、企业文化建设】认真贯彻全面从严治党要求，为中心工作提供坚强保障。深入开展“两学一做”学习教育，班子成员带头参加所在支部学习并讲党课，组织开展服务生产突击劳动、辅导讲座、征文、演讲等活动。以多种形式落实“党员活动日”制度，把党员的教育和管理抓在日常、严在经常。实施以量化评价为主的党建目标管理办法，加强对基层支部的检查督导。顺利完成党委、支部换届选举和党组织关系排查等工作。狠抓党风廉政建设“两个责任”的落实，开展反腐倡廉宣传教育、守纪承诺、廉洁谈话、执纪检查等活动，运用“四种形态”对严重违反多经企业管理办法的违规事件进行处理。严格执行公务用车管理规定，清理停运小车、商务车 17 辆，全面取消领导干部专车。大力加强“三力”工会、“四心”关爱工程建设，完成工会换届选举，创建“曾俊创新工作室”，创造性开展“传承中国好家风”家庭趣味活动、“我爱阅读”职工读书活动。深入开展青年创新创效、“1+X”联系服务青年、“乐动青春秀”联欢活动，凝聚团员青年力量。

（蓝　滨）

华电四川发电有限公司内江发电厂

【企业概况】华电四川发电有限公司内江发电厂（简称内江发电厂）是由原中国华电集团公司内江发电总厂根据华电四川发电有限公司《关于设立华电四川发电有限公司内江发电厂的通知》改制而成，于2008 年 12 月 1 日正式营运。装机容量 52 万千瓦，分别为白马电厂 21 号机组（22 万千瓦）、22 号机组（20 万千瓦）和高坝电厂 11 号机组（10 万千瓦）。21、22 号机组先后于 1988 年 5 月、1989 年 3 月投产发电；11 号机组锅炉设备从芬兰引进，是我国建设的第一座 10 万千瓦级循环流化床锅炉示范电站，于 1996 年 9 月投产发电。

在第十六届西部博览会上，四川公司与四川省内江市签署清洁能源项目开发合作框架协议，携手拓展内江区域分布式能源业务，助推华电在内江企业转型升级　（华电四川公提供）

内江发电厂下设厂长工作部、计划营销部、项目发展部、生产技术部、安全监察部、人力资源部、财务部、燃料供应部、燃料管理部、物资部、党委工作部、纪检监察部、工会办公室、保卫处、离退休办公室 15 个职能部门。下属单位运营公司（白马电厂、高坝电厂）、内江华电电力工程有限公司、内江电力实业（集团）公司。截至 2016 年年底，在册职工 1279 人，其中：在岗职工 1194 人（距法定退休年龄 5 年内 252 人）、内退职工 85 人（距法定退休年龄 5 年内）、离退休职工 1557 人。

【领导人员】

厂长：郭强

党委书记：郑修国

副厂长：王永旭

副厂长、工程公司总经理：周其涛

纪委书记、工会主席兼总法律顾问：黄国胜

高坝电厂厂长：张俊

主要领导人员变动情况：2016 年 11 月 8 日，郑修国任党委书记，陈峰不再担任党委书记职务。

【年度工作业绩】2016 年全年完成发电量 2.06 亿千瓦时，较年初预算增加 0.46 亿千瓦时；完成替代电量 7.82 亿千瓦时，较年初预算增加 0.80 亿千瓦时；实现主营业务收入 18543.03 万元，同比减少 5182.28 万元。

【经营管理】千方百计争取电量计划，继续保持了 10 万千瓦机组循环流化床示范机组地位，全年计划电量 2.7 亿千瓦时，计划利用小时 2700 时；落实了白马计划电量指标 8.4 亿千瓦时。积极与相关职能部门沟通汇报，争取和创造发电机会，利用内江部分线路断面超限的状况，与调度联系成功启动 11 号机组发电。全力落实欠发补偿资金，积极与电网公司汇报、沟通，与多发单位接触、协调，2014 年欠发补偿资金基本落实到位，2015 年欠发补偿资金全部落实到账。积极应对“去产能”以及限产导致的电煤市场紧张、煤价疯长，跟踪分析研判市场变化趋势，合理调整供煤结构，保证电煤稳定供应，着力控制采购价格。精心制定燃煤掺配掺烧方案，优化上煤方式，确保机组安全经济运行。采取有效措施盘活存量资产，组织开展白马电厂存煤对外转售工作，处置余煤增加收入；充分利用现有库存物资，白马、高坝库存物资进行互通有无，相互调拨，减少资金占用率。严格执行中央“八项规定”精神和上级公司要求，牢固树立“过紧日子”思想，厉行勤俭节约，把有限的资金用到刀刃上，从严从紧控制，五项费用同比降低。积极与内江市国税局、地税局等税务部门进行沟通、汇报，寻求理解、支持，争取各类税收减免。

【安全生产】秉承“以人为本、全员尽责、防治并举”的安全理念，牢固树立“红线”意识和“底线”思维，严格落实安全生产责任制。坚持“党政同责、一岗双责，齐抓共管、失职追责”，“五落实、五到位”，持续强化安全生产各级责任落实。按照“高、严、细、实”管理原则，扎实开展各类安全检查、隐患排查治理、安全性评价、无违章企业创建等活动，安全生产保障能力不断提升。认真开展标准化、规范化检修，实施技术改造，成功解决安全、环保、经济运行等诸多问题，机组带负荷能力进一步提高。按照华电集团公司发、承包工程安全控制要求，明确外委工作管理职责，建立健全外委工程安全管理档案；加强外包队伍现场管理，严格作业安全过程控制，确保安全组织措施和技术措施的有效执行；加强外出承包工程过程管理，实行项目经理负责制，配备专（兼）职安全员，明确安全管理职责，实现外委工程、劳务用工、防洪度汛、交通、消防等安全管理全覆盖。截至 2016 年 12 月 31 日，全年实现在运机组“零非停”，实现连续安全生产 5317 天。

【项目发展】2016 年 9 月 23 日，向华电四川分公司报送白马 2 台 40 万千瓦级燃气发电项目发起申请报告，同时积极与内江市政府沟通协调，得到市政府及省能源主管部门支持，省能源局初步同意将白马 2 台 40 万千瓦级燃气发电项目列入四川省“十三五”能源发展规划和电力发展规划。在第十六届西博会上，四川分公司与内江市政府签订了《2×46.3 万千瓦燃气发电项目开发合作框架协议》，为白马燃机项目前期工作的顺利开展打下了坚实基础。

稳步推进“走出去”战略，工程公司在完成厂内机组检修、维护、保养工作，巩固原有市场基础上，继续加强了与外部市场传统伙伴的合作。运营板块完成了土耳其锡洛皮项目保运工作，乌兹别克斯坦安格连项目调试、试运行、336 时的可靠性运行及总包方的 PAC 项目，得到业主方和总包方的一致认可。检修板块完成了神华云潭、乐山嘉阳、内蒙古双欣等电厂的检修维护项目。多经公司继续做好云潭电厂运灰运渣工程。在拓展新市场方面，充分利用“内电”品牌优势，争取新项目。运营板块中标越南升龙保运项目；检修板块中标重庆能投安稳电厂维护项目，新开拓内江、泸州区域变电站改造工程；成功介入水电电气试验市场，实现“零”突破。多经公司在做好厂内各类存量资产管理的同时，强管理、寻发展、“走出去”。物业公司成功中标奉节电厂主厂区内辅景观工程和云潭电厂厂区道路整修工程；运输公司先后拓展了内江方碑、万达广场、隆昌等土石方运转和运灰工程。工程公司、多经公司均按期完成了各项资质更换工作。

8 月 15 日至 17 日，华电四川公司执行董事、总经理罗小黔随四川省委常委、常务副省长王宁一行深入阿坝州金川县蹲点调研督导脱贫攻坚工作

（华电四川公提供）

【改革创新】完成高坝维修分公司、机修分公司、白马电厂和高坝电厂相关部门等机构和人员整合，组建了运营公司和工程公司运营分公司，减少了 8 个部门、16 个班组，进一步优化了人力资源配置，稳定了员工队伍，为“走出去”提供了有力的人员保障。

【党的建设、精神文明建设、企业文化建设】坚持

“强基固本增活力，文化引领强队伍，改革创新促发展，凝心聚力保稳定”的党建工作思路，进一步加强企业党建工作，落实党建工作责任制。完成了各党（总）支部换届选举工作。深入开展“双争”“党员示范岗、示范团队”“党员责任区”等活动。坚持以上率下，扎实推进“两学一做”学习教育，规定动作不走样，自选动作有特色，坚持开展“两学一做、岗位争先”党员主题实践活动。全面落实“两个责任”，坚持“三重一大”集体决策制度，强化对党纪政纪执行情况的监督检查，强化党员干部纪律规矩意识，强化对权力运行的监督和制约，确保了企业廉洁运营。加强“三力”工会建设，大力开展“大培训、大比武、大提升”全员劳动竞赛，实施关爱工程，服务企业、服务职工更加到位。2016 年，内江发电厂继续保持四川省文明单位称号，荣获华电集团公司文明单位、2016 年四川省质量管理小组活动优秀企业称号，青创项目在四川分公司第二届青年创新创效大赛中荣获金奖。

（赵　艳）

四川华电泸定水电有限公司

【企业概况】四川华电泸定水电有限公司（简称泸定公司）于 2006 年 6 月注册成立，由华电国际电力股份有限公司全资设立，负责泸定水电站的投资、建设和运营。

泸定水电站于 2004 年 6 月开始筹建，“三通一平”等前期工程于 2005 年 12 月 8 日开工，2009 年 3 月 3 日获得国家发改委项目核准，2009 年 11 月 7 日实现大江截流，首台机组于 2011 年 10 月份投入商业运行，末台机组于 2012 年 6 月份投入商业运行，装机规模达到 92 万千瓦的设计值。

截至 2016 年年底，泸定公司共有员工 162 人，下设办公室、党群工作部、监察审计部、计划合同部、财务资产部、市场营销部、生产技术部、安全监察部、机械工程部、运行维护部、移民工作部和后勤物业部共 12 个部门。

【领导人员】

总经理：杨体忠

党委书记：刘伟

副总经理：王明光

总会计师：王绍莲

总工程师：罗兴忠

纪委书记、工会主席：赖敏

副总经理：晏国顺

【年度工作业绩】2016 年完成发电量 33.27 亿千瓦时，综合厂用电率 0.80%，发电耗水率 5.88 立方米/（千瓦时），荣获华电集团公司文明单位、信息化水平评价 A 级企业和华电国际安全生产管理先进单位称号。

【经营管理】通过积极反映困难、协调省经信委增加计划电量 4600 万千瓦时；将枯水期 2.5 亿千瓦时电量调整到丰水期，增加收入 3000 万元；认真研究留州电量新政策，争取留存电量补偿和奖励创效益 3400 万元。提前思考谋划、积极拓展市场，共争取到市场电量 19.74 亿千瓦时。努力争取经济运行负荷曲线降低耗水率，设备利用小时、机组负荷率、电费回收率、直购电让利等指标成为四川区域径流式水电企业标杆值或先进值。积极促成华电四川分公司、泸定公司与四川启明星公司签订富余电量战略协议，为加强战略合作谋发展做好准备。抓好成本控制，将压降成本费用指标分解至各责任部门，全年压降可控管理费 510 万元。通过提前归还项目贷款、置换高利率贷款，降低了融资成本，全年新增利率下浮 10%的中短期贷款 9.7 亿元，归还长期及非下浮利率贷款 5.65 亿元，节约财务费用 796 万元。加强财税政策争取，避免缴纳建设期财政贴息所得税税款 1100 万元。全年财务费用较上年同期减少 5158 万元。

【安全生产】严格落实安全生产责任制，层层签订“安全生产目标责任书”。组织开展了防汛应急演练和防地质灾害、人员疏散专项演练及紧急救护培训，进一步提高应急处置能力。认真开展安全生产大讨论、季节性安全大检查、节前安全大检查和直流系统、防地质灾害、防汛等专项大检查，全年共发现问题 200 项，整改 183 项，完成率 91.5%；共查出隐患 13 项，整改 12 项，完成率 92.31%；发现缺陷 550 项，消除 538 项，消缺率 97.82%；未完成项目正在按计划整改和消缺。完成四台套发变组设备汛前扩大性 C 修、2 号引水系统放空检查、3 号机组快速闸门水封更换和闸门侧轮检修加固、4 号发电机中性点过热处理等多项重大检修技改工作，消除了机组转轮叶片裂纹等重大缺陷，设备健康水平明显提高。截至 2016 年 12 月 31 日，连续安全生产 1919 天。

【项目后期工作】移民安置方面。代建的 919 户已完成主体建设 869 户，竣工验收 851 户，完成率 92.6%，入住 535 户、入住率 58.3%。新城安置点于 11 月底顺利通过竣工验收，但 201 户因政府原因尚未入住。积极开展移民生产安置工作，生产安置人口界定已经完成，生产安置协议正在签订。扎实开展移民安置规划和概算调整工作，共清理 30 个专题变更项目和 19 个特殊问题项目，完成了《泸定水电站新增水库影响区范围界定专题报告》等 13 个报告的评审工作，已审定其中 12 个变更项目，协调召开了《泸定水电站建设征地移民安置变更项目分析专题报告》咨询会，为下一步调规调概奠定了坚实基础。

工程结算方面。按照“尊重合同、实事求是、合法合规”的原则，全力推进完工结算工作，对尚存分歧项目采用一揽子协商解决方式与各结算单位商谈。成立完工结算决策委员会，进一步提高决策效率；通过聘请咨询公司，进一步加强结算力量；成立完工结算绩效考评小组，全天候、全方位加快工作进度。合同变更索赔项目达成一致的项目共 904 项，剩余 528 项未达成一致。按照上级公司一揽子解决方案，中铁五局、水电七局、水电基础局等三家单位完工结算已基本达成一致，正完善相关手续。水电十四局、葛洲坝公司、安能公司等三家单位的变更索赔项目已全部评审。完成大坝安全监测工程、景观绿化及植被恢复等多个项目的完工结算。

竣工验收方面。抓好环保及水保项目实施，完成枢纽区高边坡绿化、枢纽区及国道 G318 沿线树木补栽等项目；TBS 边坡绿化成效显著，得到了水保验收专家一致好评，并作为样板工程在大渡河流域电站边坡治理中推广。完成现场水土保持设施项目实施，利用水土保持验收权限下放契机，加强与四川省水保局沟通联系，顺利通过了水土保持设施专项验收。继续抓好大坝下游侧河道右岸涌水点处理，重点抓好过程监督、确保灌浆质量，于 2016 年 5 月完成坝基 0+250 米—0+256 米段防渗墙及下游侧补强灌浆工作。完成《大坝防渗体系分析评价》及《涌水点处理分析评价》两个专题报告，为第二阶段蓄水安全鉴定和竣工安全鉴定工作的开展奠定基础，通过咨询专业公司、组织专家召开专题报告评审会议，明确了下一步工作方向。全面梳理环保验收项目并逐项完善，与环保部积极沟通，有望在坝后景观再造项目实施前完成竣工环保验收工作。

【改革创新】把对标管理、星级企业创建、7S 管理、标准化等一系列管理手段互为融合，逐步形成成熟、稳固、高效的管理机制。加强绩效考核透明度，定期将绩效考核结果进行公示。加强制度建设，全年修订或新编制度 62 个，并对制度进行认真宣传贯彻，进一步强化标准化管理。完成了 FAM 系统合同模块、费用报销模块、两票模块、电子商务、设备管理上线运行，实现了 FAM 系统对管理流程的全覆盖；重新打造企业内部网站，进一步完善信息共享和厂务公开机制；优化服务器备份系统设置，提升公司数据备份安全等级，信息化管理水平明显提升。取得电站主厂房、中控楼、GIS 楼、机电物资仓库、鱼类增殖站等共 1.5 万平方米建构筑物房产证，在华电四川系统房屋、土地权属办证工作中率先取得突破。

7 月 14 日，中国华电集团公司四川分公司与阿坝藏族羌族自治州人民政府在成都签署了《清洁能源开发战略合作协议》

（华电四川公司提供）

【党的建设、精神文明建设、企业文化建设】扎实开展“两学一做”学习教育，组织开展“手抄党章”、庆祝建党 95 周年等系列主题实践活动，创新“党员活动日+”模式，加强党员经常性教育，党员党性党悟得到提升。健全党建工作制度，组织召开了首次党代会，规范党内政治生活，加强支部建设，夯实党建工作基础，提升党建工作水平。坚持“两手抓，两手都要硬”的方针，将精神文明建设纳入日常管理，开设道德讲堂，注重典型引导和形势任务教育，提升员工思想道德素质。深入推进“两个责任”落实，强化监督执纪问责，运用新媒体讲好传统廉政课，认真贯彻落实中央八项规定精神，党风廉政建设和反腐败工作进一步深入。加强新闻宣传工作，充分发挥工团作用，开展创新创效工作，支持员工在企业改革发展中成长成才、建功立业。

（蒋留生）

华电四川发电有限公司宝珠寺水力发电厂
四川紫兰坝水电开发有限责任公司

【企业概况】华电四川发电有限公司宝珠寺水力发电厂（简称宝珠寺电厂）成立于1996年10月，是中国华电集团公司的全资内核电厂；四川紫兰坝水电开发有限责任公司(简称紫兰坝公司)成立于1998年9月，由华电集团公司控股。两单位于2007年11月实现管理整合，实行“一套班子，两块牌子”的统一管理模式。

宝珠寺电厂所辖宝珠寺电站位于白龙江下游，装有4台混流式机组，单机17.5万千瓦，总容量70万千瓦，库容25.5亿立方米，其中调节性库容13.4亿立方米，承担着四川电网调峰调频和事故备用重任。1996年首台机组发电，1998年全面投产。截至2016年底，累计发电288.09亿千瓦时。

紫兰坝公司所辖紫兰坝电站距上游宝珠寺电站14公里，紫兰坝电站装有3台贯流式机组，单机3.4万千瓦，总容量10.2万千瓦。总库容0.392亿立方米，调节性库容0.12亿立方米，是宝珠寺电站的反调节电站。1号、2号机组分别于2006年7月、12月投产发电，3号机组于2007年5月投产。截至2016年年底，累计发电32.74亿千瓦时。

【领导人员】

宝珠寺电厂

厂长：黄铜锁

副厂长：黄敏胜、赵志强

纪委书记、工会主席、总法律顾问：粟彬章

副厂长：张德智

主要领导变动情况：

2016年9月19日，余跃辉任调研员，不再担任党委书记职务。

紫兰坝公司

董事长：钟国东

副董事长：罗朝国

董事：岳秀旗、曾治安、常思武、黄铜锁、刘庆东、赵明基

职工董事：粟彬章

监事会主席：黄平

监事：张晓曦、魏民、张文华、王伟宁、董喻梦

职工监事：余跃辉

总经理：黄铜锁

副总经理：黄敏胜、赵志强、张德智

主要领导变动情况：2016年3月29日，曾治安担任董事，韦熙不再担任董事职务；张晓曦担任监事，刘顺彬不再担任监事职务。

【年度工作业绩】宝珠寺电厂完成发电量12.99亿千瓦时，实现收入6.46亿元；紫兰坝公司完成发电量2.64亿千瓦时，实现收入7878万元。荣获中华全国总工会“全国五一劳动奖状”，荣获华电集团公司“文明单位标兵”“三星级企业”“安全生产先进单位”“第三批企业文化建设示范单位”等称号，荣获华电国际公司“2016年度先进企业”等称号。

【经营管理】狠抓经济运行，宝珠寺电站低空运行时间同比下降396小时，增加收入792万元，紫兰坝电站耗水率同比降低0.17立方米（千瓦时）。强抓市场开拓，紫兰坝电站签订直购电5065万千瓦时，有效缓解了丰水期电量计划不足的状况，节约购电费85万元。注重直购电营销、检修业务和新能源发展“三结合”，以增值服务巩固加深合作关系，多元化拓展企业盈利支撑点。积极筹谋成立售电公司，得到了广元市委、市政府的支持。大力开展修旧利废、清仓利库工作，严控“八项费用”，加强会议、接待和公务用车管理，费用同比下降。力抓重点项目，积极推进值班公寓项目前期工作，办理了规划许可证，待开工报告审批通过后组织招标工作；认真开展宝珠大桥维修整治，移交工作按计划开展；加快推进紫兰坝站占补平衡土地整理项目，完成项目审计。

【安全生产】坚持“党政同责、一岗双责、齐抓共管、失职追责”，层层签订安全目标责任书，建立有效的责任追究、倒查机制。扎实开展安全教育培训，认真开展“居安思危”大讨论，全面推行安全作业卡与“两票”配套使用。坚持检修技改标准化和精细化管理，顺利完成宝、紫两站10台次C修。持续开展7S整治，发布实施《设备维护保养手册》，以设备消缺和“三漏”治理为抓手，全年消除缺陷

323个、处理漏点192个，现场环境得到明显的改善。早计划、早开展防洪设备设施检查和维护，保障了汛期安全。圆满承办华电集团公司2016年度防汛应急演练，达到预期效果。

【项目发展】启动工程公司机制改革，有序推进核心技术开发和服务延伸，扎实推进资质升级，取得承装电力设施许可承修类、承试类二级资质和电力工程施工总承包、输变电工程专业承包三级资质，水利水电机电设备安装工程专业承包资质三级升二级通过四川省建设厅网上平台审核，企业竞争力全面提升。积极拓展系统外市场和推行“走出去”战略，取得贵州黔源公司引子渡电站检修项目。充分发挥资源优势，摸排、寻求临近市、县涉电企业电气设备维护、保养、年检等“短、平、快”合作项目，全年系统外项目数目同比增加8个，收入同比增加34.4%。

1月25日至27日，四川公司2016年工作会暨二届三次职工代表大会在成都召开　（华电四川公司提供）

【改革创新】推进标准制度制定、评价、改进常态化，累计修订13个管理标准。完善综合业务信息管理系统模块功能，建立班组管理信息化系统，“五化精益管理”有效落实，“四大控制体系”运转良好。规范运用FAM系统合同模块，企业经营风险得以有效规避。扎实开展提质增效，落实责任，定期严督实导，成效显著。标本兼治开展执行力建设，累计对特种设备、高处作业、两票管理、安全大检查等10项工作开展了督查督办。创新人才培养模式，注重全员综合素质培养与提升，以赛促学，以学促做，为企业提供优良的人才资源，在华电集团公司第26届水电检修技能大赛，1人获个人一等奖，被授予“华电集团公司技术能手”称号，并推荐为“中央企业技术能手”，2人获个人二等奖，被授予“华电集团公司技术能手”称号。

【党的建设、精神文明建设、企业文化建设】扎实开展“两学一做”学习教育，承办华电四川分公司基层服务型党组织观摩会。认真开展“党员活动日”，组织“新起点、新常态、新发展”大讨论，切实“学理论、谋大事、出思路”。落实“一岗双责”，积极开展反腐倡廉宣传教育，强化作风建设，加强关键领域监督，风清气正发展环境持续保持。持续推进“善水”文化和“幸福宝电”建设。积极开展“三力”工会建设，打造“怡心”心灵驿站、完善“乐心”职工活动室设施。结合华电集团公司“1+X”结对和华电国际“青苹果计划”，制定青工职业生涯规划，利用“善水”青年论坛，狠抓青年创新创效。一项创新成果获四川分公司、华电国际银奖，华电集团公司优秀奖，厂团委荣获四川分公司“五四红旗团委”、华电国际“创新创效先进团组织”。

（刘文超）

四川华电杂谷脑水电开发有限责任公司

【企业概况】四川华电杂谷脑水电开发有限责任公司（简称杂谷脑公司）系由原国家电力公司等六家股东共同发起组建的有限责任公司。历经国家电力体制改革及股东变更，现由华电国际电力股份有限公司控股，理县水电开发有限责任公司、中国电建集团成都勘测设计研究院有限公司、安蓉建设总公司参股，现注册资本2亿元，实行董事会领导下的总经理负责制。

杂谷脑公司在原国家电力公司“五大一小”水电布局中主要承担阿坝州境内岷江支流之一的杂谷脑河流域开发建设，流域水电开发规划为“一库七级”，承担狮子坪电站、红叶二级电站、薛城电站和古城电站四级电站的开发建设。

狮子坪电站为梯级开发的第一级电站，也是杂谷脑河流域水电开发的龙头水库工程。装机容量19.5万千瓦，多年平均发电量8.761亿千瓦时。电站于2004年5月开工建设，2010年3月投产发电。

红叶二级电站是梯级开发的第二级水电站。上游与狮子坪电站和跨河引水的红叶一级电站衔接，下游与理县电站相连。装机容量9万千瓦，多年平均发电量4.66亿千瓦时。电站于2000年12月开工建设，2002年10月投产发电。

薛城电站是梯级开发的第三级水电站。上游与甘堡电站衔接，下游与古城电站相连。装机容量13.8万千瓦，多年平均发电量6.492亿千瓦时。电站于2005年4月开工建设，2007年12月投产发电。

古城电站是梯级开发的第四级水电站。电站位于杂谷脑河中、下游河段，是薛城电站的下游衔接梯级，装机容量16.8万千瓦，多年平均发电量8.07亿千瓦时。电站于2005年4月开工建设，2010年11月投产发电。

截至2016年年底，杂谷脑公司设有总经理工作部、人力资源部、财务资产部、计划经营部、纪检监察部、政治工作部、市场营销部、基建部等8个职能部门，安全监察部、生产技术部、集控中心、检修维护工程公司、狮子坪电站建设指挥部、狮子坪电站，红叶二级电站、薛城电站、古城电站等9个生产基建部门，拥有员工257人。

【领导人员】

董事长：罗小黔

副董事长：依当措

董事：唐荣斌、谢炜、王会萍、曾治安、冉洪、王永平、谢斌

监事：戎芳、黄平、雷琪、童玉德、吴江、段光红

总经理：谢斌

党委书记：胡尚诚

副总经理：马文龙、杨天勇、粟勇

纪委书记、工会主席：吴江

【年度工作业绩】全年未发生人身伤亡事故和设备事故，未发生重大交通、火灾和环境污染事故，未发生对企业形象和稳定造成不利影响的事件，安全生产持续保持稳定。完成发电量25.34亿千瓦时，超年度计划电量1.14亿千瓦时；综合厂用电率0.93%，与计划值基本持平；销售收入5.62亿元（含税）。

【经营管理】统筹安排好生产经营和资本性支出计划，在保障还款本息及税款的前提下，优先考虑二古溪公路建设资金，有效保障了生产经营的正常运转。积极与金融机构沟通，归还贷款8.89亿元，新增（接续）贷款8.64亿元。全力以赴抓好市场营销，超前谋划全年发电策略，争取计划电量12.07亿千瓦时。积极应对利用小时下滑、电价下调的严峻形势，加大市场开拓力度，重点抓好大用户直接交易，争取市场交易电量12.66亿千瓦时。千方百计抢发电量，全年发电利用小时数高于全网统调水电平均利用小时831小时。强化全面预算管理，可控固定成本及费用较年度预算目标减少711万元。合理调配自有资金，通过提前归还部分长期贷款、减少贷款带息时间等方式，降低财务费用103万元。积极争取政策支持，争取“营改增”进项税额290万元，继续执行所得税15%的优惠政策，争取稳岗补贴及阿坝州突出贡献奖共计51.6万元。扎实做好保险理赔工作，落实保险索赔资金17.55万元。加强两金清理工作，已收回陈欠电费101.24万元，存货由年初31万元下降至2万元，压降94%。扎实开展低效无效资产清理工作，清理低效无效资产原值668万元。

【安全生产】全面落实安全生产责任制，扎实开展“节前安全大检查”、春秋季安全检查、“防汛及地质灾害隐患排查治理”“居安思危”大讨论等安全生产活动。强化运行和检修管理，完成机组检修12台次、技术改造6项及狮子坪、薛城电站全停水、全停电工作，设备健康水平进一步提升。抓好应急管理、防洪度汛、基建、交通、委外工程和劳务用工安全管理，全年未发生人身事故、设备事故、涉网事故和造成社会影响的安全生产事件。

【项目发展】及时协调参建各方，千方百计克服移民、工程技术、场地受限等困难，二古溪改线路工程累计完成进尺2309米，提前45天完成年度考核目标，工程进度、质量、安全及投资可控、在控，计划在2017年8月底前建成通车，狮子坪水库计划在2017年汛末实现“二期蓄水”。切实加强与审计单位、施工单位沟通协调，完成狮子坪电站、古城电站完工结算审计工作，为开展竣工决算奠定坚实的基础。加快推进专项验收及鉴定工作，完成薛城电站枢纽工程专项验收、红叶二级电站竣工安全鉴定及狮子坪电站大坝注册备案工作。

【改革创新】强化制度体系建设，修订完善了12个方面共256项管理标准，标准化管理体系初步形成。推行全员绩效管理，分类分级确定考核目标，绩效考评的激励作用得以充分发挥。强化执行力建设，积极开展督查督办，有效保障了重大决策、重要工作部署的贯彻落实。持续推进星级企业创建、7S管理和班组建设工作，精益化管理水平稳步提升。加大力度推进各电站土地、房产权属规范工作，所属房产、土地权证办理工作均已完成，企业合法权益

得到有效维护和保障。扎实推进“强基”工作，积极探索“远程集控”组织架构下的管控模式，认真做好组织机构改革和运行机制调整调研工作，为推进管控模式升级打下了坚实的基础。

【党的建设、精神文明建设、企业文化建设】认真落实全面从严治党主体责任，严肃党内政治生活，加强党内监督。健全组织机构，完成党委换届选举工作。扎实开展“两学一做”学习教育，组织开展“三带三促”和“两学一做、岗位争先”等活动，解决基层工作难题6项。修订完善“两个责任”任务清单，建立两个“三位一体”责任、保障体系。大力推进队伍建设，坚持“好干部”标准选贤任能，注重在急难险重任务中考验干部，合理调整职能部门及中层干部6人次，管理人员结构得到进一步优化。扎实做好教育培训工作，充分利用内外部培训机会，全年共选派68人次参加各类培训，员工素质和技能水平得到进一步提升。扎实开展“大培训、大比武、大提升”全员劳动竞赛活动，“三力”工会创建工作成效显著。进一步规范团组织建设，开展“提质增效·青创先锋”主题实践活动和“1+X”结对活动，为青年成长成才搭建平台。

（朱勐辉）

四川凉山水洛河电力开发有限公司

【企业概况】四川凉山水洛河电力开发有限公司（简称水洛河公司）成立于2006年1月，由四川华电电力投资有限公司、丰华能源投资集团有限公司、成都九龙电力股份有限公司（2016年4月将其持有的水洛河公司13%股权转让给丰华投资集团有限公司）、四川沃能投资有限责任公司、凉山金源电力开发有限责任公司五家单位共同出资组建，主要负责四川省凉山州木里县境内水洛河干流的水电开发建设和运营管理。2011年9月，华电国际电力股份有限公司通过收购四川活兴投资有限责任公司、四川协兴投资有限公司（后合并为四川华电电力投资有限公司）100%股权，持有水洛河公司57%的股份，成为实际控制人。

水洛河干流按“一库十一级”开发，总装机容量148.8万千瓦。截至2016年年底，宁朗、撒多电站三台机组已全部投产发电；固滴、新藏、博瓦三座电站开工建设；水洛河流域光水牧互补项目前期工作扎实推进。

水洛河公司下设总经理工作部、计划发展部、工程建设部、生产技术部、安全监察部、人力资源部、财务资产部、机电物资部、党群工作部、电站建设管理部（撒多、固滴、新藏、博瓦、公共项目）、发电运行部。截至2016年年底，共有员工195人。

【领导人员】

董事长：罗小黔

总经理：蒲春雨

党委书记：谢志宽

副总经理、总工程师：康玉锋

副总经理、总会计师：王永珍

副总经理、纪委书记、工会主席：周有志

副总经理：廖全胜

副总经理：张进

【年度工作业绩】全年共完成发电量10.57亿千瓦时，签订直购电总量1.628亿千瓦时，完成基本建设年度投资计划8.23亿元；未发生任何人员伤亡及重大设备损坏事件，安全生产形势稳定。

【生产经营管理】克服生产、基建、前期工作任务繁重等困难，全年实现生产“零”事故，基建工程“零”事故，交通“零”事故，检修“零”事故，全面保证了安全周期的连续运转。加强资金运作，实现贷款融资利率下浮5%，深入研究“营改增”政策，实现降本4391万元。优化电量结构，增加收入791万元。及时督促股东到位往年欠缴资本金17102.58万元。积极应对电力市场供大于求、四川省水电受外送限制的不利形势，千方百计争政策、全力以赴抢电量，实现年利用小时3263小时。

【项目发展】扎实推进麦日、钻根电站项目前期工作，克服涉及州县区域多、协调难度大等困难，完成麦日电站实物指标调查，解决了近两年来的遗留问题。电站项目核准所需的25个批复文件中，麦日电站和钻根电站已分别取得21个和16个，基本完成了核准前的大量报批工作。加快推进光伏开发工作，编制了《水洛河流域光伏项目规划报告》，规划光伏厂址10个，装机容量107万千瓦，获得政府认可。流域规划的陇撒光伏一期（3万千瓦）已完成可研阶段所有专题的委托，并达到备案条件。取得了四川省发改委关于固滴220千伏送出工程的核准批复。

【改革创新】为职工争取到企业年金开户批复，并补缴了以前年度企业年金。制定《中层管理及专业技术人员管理办法》，为员工职业晋升发展拓宽了通道。加强信息化建设，FAM系统财务、物资、合同三大模块全面上线运行，OA系统高效便捷，有效地提升了工作效率。深入开展内控评价，完善制度、优化流程、强化考核，风险防控能力进一步增强，顺利通过了华电国际审查。强化审计监督，对22项基建工程项目开展跟踪审计，审减工程造价257.53万元。加大车辆及后勤管理力度，在车辆维修、优化经济调度和节假日值班等方面措施到位，成效显著。增设现场后勤管理人员，不断提升服务水平。

【党的建设、精神文明建设、企业文化建设】扎实开展“两学一做”学习教育，不断加强党的建设。全面推动落实从严治党主体责任，牢固树立“抓好党建是本职、不抓党建是失职、抓不好党建是不称职”的责任担当，推动班子成员、各党支部和各部门负责人肩负起分管领域的主体责任和“一岗双责”。将全面从严治党要求融入管理机制，修订完善了《“三重一大”决策实施办法》制度，进一步规范了企业管理机制、明确了决策程序。加强“三力”工会建设，建立了年轻职工成都倒班临时居住场所、工地现场心灵驿站、职工书屋、职工医疗站等；积极推动“志愿”服务，“七彩小屋·爱在水洛河”志愿项目荣获了全国第三届志愿服务项目银奖、四川省金奖。（贺宁宁）

四川华电黄桷庄发电有限公司
四川华电金川水电开发有限公司

【企业概况】四川华电黄桷庄发电有限公司（简称黄桷庄公司）和四川华电金川水电开发有限公司（简称金川公司）实行“两块牌子、一套人员、合署办公”的管理模式。黄桷庄公司1995年由四川省电力公司（股权已划转至华电四川发电有限公司）、四川省巴蜀电力开发有限公司（已更名为神华四川能源有限公司）、四川省电力股份有限公司（现国电四川电力股份有限公司）按60%：30%：10%的比例共同出资组建。主要负责位于四川省宜宾市的黄桷庄电厂2台20万千瓦汽轮发电机组的电力生产和销售工作，2台机组分别于1994年1月20日和1994年10月28日投产发电，公司委托华电四川发电有限公司宜宾分公司进行机组运行及安全管理。受节能调度、环保等政策因素影响，机组停机，主要通过替代发电方式维持公司经营。自投产以来，累计完成发电量322.56亿千瓦时，上缴税收总额10.27亿元。

金川公司于2009年12月11日登记注册成立，由华电四川发电有限公司和阿坝藏族羌族自治州政府国有资产监督管理委员会（股权已划转至阿坝州国有资产投资管理有限公司）分别出资80%和20%组成。主要负责俄日河流域梯级水电站（从上至下依次为银恩4.5万千瓦、七家寨5.7万千瓦、俄日6.9万千瓦和红卫桥11.1万千瓦四个电站，总装机28.2万千瓦，静态总投资41.32亿元）和绰斯甲河蒲西电站（12万千瓦，静态总投资16.16亿元）的投资、建设及运营管理，红卫桥电站、俄日电站均已取得核准，施工准备工作全面完成，主体工程已开工，两电站同步推进。

【领导人员】

四川华电黄桷庄发电有限公司：

董事长：罗小黔

副董事长：杨飞

董事：钟国东、张维群、罗强骏、冷晓坤、林军

监事会主席：冯荣

监事：张晓曦、王卓、刘义祥

职工监事：罗纪刚

总经理：林军

副总经理：张高学

主要领导人员变动情况：2016年3月29日，杨飞任副董事长，李林不再担任副董事长职务；冯荣任监事会主席职务；张晓曦、王卓任监事，刘顺彬、王健不再担任监事职务；罗纪刚任职工监事，王敏不再担任职工监事职务。

四川华电金川水电开发有限公司：

董事长：罗小黔

董事：蒋晓明、李毅、周平、曾治安、林军

职工董事：廖朝雄

监事会主席：蒋智

监事：吴卫东、张晓曦

职工监事：张高学、徐亚莉

总经理：林军

副总经理：杨克燕、廖朝雄、唐燚

纪委书记、工会主席：张高学

主要领导人员变动情况：2016年4月29日，李毅、周平、曾治安任董事，郑子贵、严英、谢斌不再担任董事职务；廖朝雄任职工董事，陈清文不再担任职工董事职务；蒋智任监事会主席，谢茂群不再担任监事会主席职务；张晓曦任监事职务，刘顺彬不再担任监事职务。

5月21日，四川公司首个光伏发电项目——攀枝花分公司西沟灰场第一期2.89兆瓦分布式光伏发电项目顺利竣工，正式进入240小时试运行，标志着四川公司在光伏发电项目上实现“零”突破，成功向新能源产业建设迈出了坚实一步（华电四川公司提供）

【年度工作业绩】黄桷庄公司2016年机组全停，无自发电量；实现被替代电量8亿千瓦时，同比增加0.48亿千瓦时；收入同比下降24.65%，资产负债率107.41%，较年初上升8.13个百分点。金川公司2016年实际完成投资16362.83万元，完成投资计划的101.95%，其中红卫桥电站9641.96万元，俄日电站6721.29万元。项目安全管理、工程管理、征地移民、招标合同管理、项目资金保障、内部管理、党建群建等工作稳步推进。

【经营管理】积极争取替代发电，多方反映困难，配合上级公司争取到8亿千瓦时替代发电合同并全部完成（枯水期替代1.44亿千瓦时，丰水期替代6.56亿千瓦时）。着力缓解经营压力，在已处置2.19万吨存煤的基础上，继续清理厂内存煤死角，超额完成存煤处置任务，实现存煤盘盈。及时催收电费，就替代电费和欠发补偿税率调整，与替代方做好沟通解释工作，确保合同电费按期回收。加强资金管理，将银行不再接续的2.3亿元贷款分批置换为统借统贷借款，降低贷款利率，保证经营资金。强化内部管理，以加强预算管理和非生产用能管理为突破口，从严控制各项费用，全年五项费用同比下降16.66%。

【安全生产】黄桷庄公司机组全停期间协同宜宾分公司做好厂区、机组安全保卫工作，完善停运设备和系统的封、堵、隔和安全警示，清理处置易燃易爆品和危险化学品，消除危险源。加强厂区安保，确保电厂人员和设备设施安全。及时了解职工思想动态，疏导消极情绪，保持队伍稳定。

【项目发展】金川公司项目发展稳中有进。一是施工辅助工程全面完工。俄日河流域梯级水电站建设管理中心已于6月正式入驻；110千伏红卫桥变电站、红卫桥至俄日35千伏线路及俄日35千伏变电站均成功带电运行；绰斯甲河跨河桥顺利通车。二是红卫桥电站、俄日电站主体工程基本同步推进。红卫桥电站3月主体工程开工，各标段施工道路、桥梁、支洞和营地等稳步推进。俄日电站7月主体工程开工，完成部分施工临建及辅助工程建设。三是全面加强项目施工管理。及时发现和处理工程建设中的质量、安全隐患等问题，要求监理单位按规程、规范开展监理工作，提供技术支持；督促施工单位编制工程建设节点计划，及时报审施工组织设计、施工方案和安全防护措施；加强工程计量和工程设计变更管理，保证工程质量，控制工程造价；稳妥推进征地移民工作，及时提供项目建设用地；充分发挥业主主导作用，协调各方关系，确保工程建设有序推进。四是确保工程建设安全稳定。全面落实安全生产责任制，认真开展季节性安全大检查和防汛防地灾专项安全检查，及时消除事故隐患，预防安全事故。工程建设全年未发生人身伤亡事故、交通事故、火灾事故和其他不安全事件。

【改革创新】黄桷庄公司积极争取征地补偿，就成贵高铁翠屏区段在未事先发布征地公告的情况下占用黄桷庄公司石板溪灰场约3.8亩土地有关事宜，积极联系地方政府及相关部门寻求征地补偿，取得了100余万元的征地补偿款；积极谋划土地开发或变现，多次与华电置业公司和其他地产商进行开发可行性研究，与地方政府沟通协调，争取更利于土地增值的用途规划。金川公司适应新变化，全力争取清洁能源项目储备，促成控股股东华电四川分公司与阿坝州政府签订《清洁能源开发战略合作协议》，金川公司嘎斯都村10万千瓦光伏项目开发权授予事宜已基本落实；积极配合华电四川分公司开展对国电绰斯甲河、足木足河和色曲河水电及光伏项目收购相关工作。

【党建、精神文明建设、企业文化建设】将“两学一做”学习教育作为重要政治任务，利用多种途径全方面、系统地提升学习效率，保证学习效果，提高学习认识。坚定落实党建责任制，党委负责人履行党建第一责任人职责，班子成员履行“一岗双责”，夯实党建基础。抓好班子建设，切实加强领导班子思想政治建设和领导干部思想政治修养。加强干部队伍建设，建立公开、平等、竞争、择优的选人用人机制，规范干部选拔程序，强化选拔任用监督工作，完善教育培训管理体系，增强培训的针对性和实效性。加强作风建设，签订党风廉政建设责任书及关键岗位廉洁从业承诺书。坚决贯彻落实中央八项规定精神，进一步划清“红线”、标出“雷区”，加强监督，杜绝“四风”问题发生。推进工会建设，精心打造“四心”项目，切实缓解项目现场员工精神生活枯燥、心理压力较大，就医问药较难的实际困难。关注青年成长，深入开展“1+X”结对活动，推动团干部到青年中去，以优秀青年谈成长成才，激励青年员工立足岗位奋发有为。

（牛　牧）

四川华电西溪河水电开发有限公司

【企业概况】四川华电西溪河水电开发有限公司（简称西溪河公司）由华电四川发电有限公司（投资比例 90%）和凉山州国有投资发展有限责任公司（投资比例 10%）共同出资，负责金沙江下游左岸一级支流—西溪河流域水电资源的开发和电站运行管理。

截至 2016 年年底，西溪河公司共有职工 225 人，下设 13 个部门，即总经理工作部、计划物资部、营销部、安全监察部、生产技术部、计划合同部、工程技术部、财务资产部、人力资源部、政治工作部、集控中心、运维部以及青松项目部。运维部下设洛古、联补、地洛 3 个电站。

【领导人员】

董事长：罗小黔

副董事长：冯荣、安旭源

董事：张维群、李晋强、岳秀旗、许琦、韦熙、吴福全

监事：周红、黄平、陈碧、马兰、苏桐

总经理：韦熙

党委书记、副总经理：杨毅

党委副书记（兼纪检书记、工会主席）：杨华刚

副总经理：吴福全、王竹、李祖辽

总工程师：阴友权

【年度工作业绩】2016 年完成发电量 13.06 亿千瓦时，实现营业收入 2.87 亿元。安全形势总体平稳，年内实现 3 个百日安全生产长周期，保持了投产以来连续安全生产的良好局面，截至 2016 年 12 月 31 日，实现连续安全生产 2762 天。

【经营管理】千方百计多发优发电量，上半年完成发电量 5.6 亿千瓦时，为投产发电以来最高水平；全年利用小时数 3841 小时，在送出严重受限的情况下，超过省调直调水电机组平均利用小时数 384 小时。强化政策研判和运用。努力争取年度电量计划指标，通过采用流域统一优化调度等方式，增加合同电量指标 8000 万千瓦时。大力开拓电力市场，与省内优质用户签订合作协议，2016 年在华电四川系统内率先完成直购电销售协议签订，销售电量 1.96 亿千瓦时，让利幅度低于全网水电平均让利水平。加强全面预算管理和精益管理，八项费用可控在控；三项费用可控成本压降 150 万元。及时开展低效无效资产清理处置，清理并处置低效无效资产共 135 项，减少资产原值 381 万元。加强检修、技改管理，在保证安全生产的前提下，努力降低检修、技改费用，全年检修、技改费用较 2015 年降低 243 万元。

【安全生产】充分发挥安全监督体系作用，确保安全生产责任制落细落实。持续开展员工“九项基本技能”和“一专多能”培训考核，全员安全业务技能不断提升。积极完善和强化安全生产信息化管理手段，着力打造流域安全生产实时、可控、在控闭环管理体系。深刻吸取系统内外事故教训，认真抓好委外工程安全管理，工程质量和作业安全可控在控。切实加强防汛、防震、防地灾及交通安全管理，确保安全平稳度汛，实现交通安全无事故，全年交通车辆安全行驶 49.6 万千米。根据机组实际状态，有针对性地开展检修和技改工作，完成流域电站机组 C 级检修 6 台次，技改项目 9 项。积极推进机组预知性检修，建立健全机组检修档案，坚持对流域电站机组进行汛前、汛后过流部件检查、对比和分析工作，为提前计划和安排机组检修工作奠定坚实基础。

【党的建设、精神文明建设、企业文化建设】扎实开展“两学一做”学习教育，严格执行“党员活动

日”制度，不断创新开展形式，丰富学习内容，确保“两学一做”深入实施。制定并执行支部党建考评和支部书记日常工作考核相关制度，强化支部建设，党建基础不断夯实，2016 年党建工作获得四川分公司党建考评 A 级评价。深入推进“两个责任”落实，强化监督执纪问责，贯彻落实中央八项规定精神，党风廉政建设和反腐败工作进一步深入。定期开展职工思想动态调查，员工队伍稳定。开展企业文化理念体系意见征集和完善，基本形成“同•远”文化理念体系。加强工会、团青组织建设，围绕公司中心工作，积极打造“三力”工会，加大“四心”工程建设力度，把人文关怀落到实处；注重思想引领，将团青凝聚到实现控亏减亏、提质增效等工作中来，工会、团青组织基础不断加强，2 个集体获华电国际公司 2016 年度先进集体称号。

（陈　卓）

四川华电电力投资有限公司

【企业概况】四川华电电力投资有限公司前身为四川活兴投资有限责任公司、四川协兴投资有限公司，分别成立于 2006 年 5 月、2006 年 6 月，位于成都市高新区蜀绣西路，注册地四川省成都市，注册资本为 89405.88 万元，系华电国际电力股份有限公司全资子公司。2015 年 12 月，原四川活兴投资有限责任公司吸收合并四川协兴投资有限公司，2016 年 2 月更名为四川华电电力投资有限公司，主要经营电力生产、电力设备生产、工程技术咨询、电站项目投资及咨询服务、高新技术投资及资产管理。

四川华电电力投资有限公司专注于水电和新能源投资，在资金、技术、人才等方面拥有较强实力，是华电国际电力股份有限公司在水电板块的重要投资平台。截至 2016 年年底，在册员工共 18 人，共投资水电开发项目 6 个，投资控股水洛河项目，参股乡城项目、得荣项目、巴郎河项目、巴河项目、理塘项目。同时，受华电四川发电有限公司委托，对 8 家在川基层企业（内江发电厂、宜宾分公司、攀枝花分公司、宜宾发电公司、广安公司、宝珠寺水力发电厂、磨房沟电厂、五通桥发电厂）下属多经企业进行监督管理，以及对华电四川发电有限公司参股项目股权进行监督管理。

水洛河项目。水洛河公司投资开发凉山州水洛河一库十一级电站（总装机 148.8 万千瓦）。其中，宁朗（装机 3×3.8 万千瓦）于 2013 年陆续建成投产发电；撒多（装机 3×7 万千瓦）于 2013 年 11 月底投产发电；固滴（装机 3×4.6 万千瓦）、新藏电站（装机 3×6.2 万千瓦）、博瓦电站（3×5.6 万千瓦）完成核准并陆续开工建设。

乡城唐电项目。乡城唐电公司投资建设乡城、洞松两级电站，位于甘孜州乡城县硕曲河规划的五级开发中的第三、第四级水电站，总装机 30 万千瓦。乡城电站（装机 3×4 万千瓦）于 2014 年 10 月投产发电，洞松电站（装机 3×6 万千瓦）于 2016 年 4 月投产发电。

得荣唐电项目。得荣唐电公司负责开发定曲河的古学（装机 9 万千瓦）、扎杂（装机 3.2 万千瓦）、奔都（装机 4.5 万千瓦）三个水电站，总装机 16.7 万千瓦。其中，古学电站于 2015 年 8 月投产发电。

巴郎河项目。巴郎河公司投资建设的巴郎口、华山沟两级电站均已建成发电，总装机 16.8 万千瓦。

巴河项目。巴河公司开发管理平昌县巴河风滩、双滩水电站，总装机 6.58 万千瓦（含技改增加的 0.36 万千瓦），均已投产发电。

理塘河源项目。理塘河源公司投资开发无量河一库六级和稻城河措洼电站共七级，总装机 59.7 万千瓦。措洼电站（5.7 万千瓦）、确如多电站（15.1 万千瓦）在建，其余项目尚处于前期准备阶段。

【领导人员】

执行董事：罗小黔

监事：王会萍

党总支书记、总经理：刘映德

副总经理：张吉强

【经营管理】截至 2016 年年底，参控股水电总装机 281.68 万千瓦，权益装机 115.17 万千瓦；已投运装机 94.78 万千瓦，投运权益装机 41.60 万千瓦；在建装机 70.0 万千瓦，在建权益装机 29.19 万千瓦；前期项目装机 116.9 万千瓦，前期项目权益装机 44.39 万千瓦。

（谢　阳）

攀枝花三维发电有限责任公司
华电四川发电有限公司攀枝花分公司
四川攀枝花华电新能源有限公司

【企业概况】华电四川发电有限公司攀枝花分公司、攀枝花三维发电有限责任公司（简称攀枝花分公司、三维公司，统称为“公司”）实行“二块牌子，一套班子”的管理模式。华电四川发电有限公司攀枝花分公司是在撤并原攀枝花、河门口、新庄电厂基础上组建而成，在1999年至2007年间，先后按国家规定共关停33万千瓦小火电机组，现已无在役运行机组。攀枝花三维发电有限责任公司位于四川省攀枝花市西区，由5家单位出资组建而成。其中，华电四川发电有限公司控股50%，攀枝花三维实业集团有限公司、四川启明星铝业有限责任公司、攀枝花市国有投资（集团）有限责任公司、四川电力设计咨询有限责任公司分别占股28.1%、15%、4.3%、2.6%，注册资金2.32亿元，总投资9.97亿元，现经营两台135万千瓦掺烧煤矸石循环流化床机组。四川攀枝花华电新能源有限公司成立于2015年12月20日，由华电四川发电有限公司全额出资组建成立，是国有独资的有限责任公司，由华电四川发电有限公司攀枝花分公司代管。

截至2016年年底，公司共有职工1028人，其中在岗职工609人，内部退养419人。下设18个部室，代管四川攀枝花华电新能源有限公司。2016年，三维公司继续保持“省级安全文化建设示范企业”“省级电力企业安全生产标准化达标企业”“中国华电集团公司四川公司文明单位”“四川省文明单位”荣誉称号。攀枝花分公司继续保持“中国华电集团公司四川公司文明单位”“四川省文明单位”荣誉称号。

【领导人员】

总经理：贺熹坤

四川攀枝花华电新能源有限公司西沟灰场光伏一期项目于2016年5月21日投入试运行，同年6月1日正式投入商业运行。实现华电在川光伏发电项目“零”的突破。（华电四川公司提供）

党委书记：黄庭章

副总经理、总工程师：陈涛

纪委书记、工会主席、总法律顾问：谭勇

副总经理：韩玉彦

总会计师：李剑

【年度工作业绩】2016年，三维公司累计完成上网电量5.79亿千瓦时（含替代电量），同比下降0.89亿千瓦时，完成省经信委年计划（6.8711亿千瓦时）的84.24%。自发电量售电平均单价399.2元/千（千瓦时）（含税）；同比下降64.67元/千（千瓦时）；替代电量售电平均单价76.81元/千（千瓦时），同比下降53.15元/千（千瓦时）。全年累计进煤24.84万吨，同比增加12.55万吨；入厂标煤单价458.97元/吨（含税），同比降低114.08元/吨（含税）；资产负债率为104.77%。全年无非计划停运，截至2016年12月31日，连续安全生产3943天。攀枝花新能源公司主要经营0.588万千瓦太阳能发电项目，其中，一期0.289万千瓦太阳能发电项目于2016年1

月15日完成招标，5月21日并网发电，6月1日通过攀枝花市西区发改局组织的竣工验收。截至2016年12月31日，累计完成上网电量239.91万千瓦时，连续安全运行268天。

【经营管理】成立提质增效工作组织机构，印发《提质增效工作方案》和《2016年重点工作任务分解和跟踪督查的通知》，持续实施低成本战略。确定了“枯期自发为主，丰期替代为主，充分利用开机保养机会自发，全力降低欠发率”的电量营销指导思想，抢抓枯期电量，全年计划电量完成率同比上升17.22%。加强沟通协调，降低考核电量费36.4万元。结合全年发电方式，调整电煤库存结构和进煤策略，有效控价提质，全年实现入炉标煤单价同比降低178.04元/吨，节约燃料成本2030.06万元。推行全面预算管理，加强预算在企业经营过程中的控制、导向和保障作用，实现财务预算与业务预算有效衔接。从计划、采购、合同、使用管理等各环节压缩生产费用支出。全年材料费、维修费、其他费用合计同比降低499.87万元，比年初下达预算减少330万元。继续稳固四川区域的西溪河、水洛河、瓦屋山水电站检修项目，新拓展金沙江上游水电开发有限公司苏哇龙、巴塘水电站施工电源和理县星河甘堡电力有限责任公司水电站运行维护市场，全年累计签订对外检修、运行维护项目施工合同23份，实现对外工程项目收入1500万元。坚定不移地争取税收优惠政策的落实，取得增值税返还206万元。实现免征西沟灰场光伏项目土地使用税31.6万元，新能源公司企业所得税三免三减半收益21万元以及三维发电公司困难企业稳岗补贴156.98万元。落实2015年欠发电量补贴1180万元，以及金沙水电站建设造成瑞钢变电站及线路闲置的补偿资金1100万元。

【安全生产】严格落实各级人员安全生产责任制，持续开展安全文明生产标准化管理、无违章创建活动。吸取珙县公司“10·2”高空坠落和丰城电厂“11·24”冷却塔施工平台倒塌事故教训，举一反三，开展生产现场作业环境、防人身伤害隐患及缺陷排查活动。全年累计发现各类隐患和缺陷1138项，实现整改完成率97.63%。完成11号锅炉CEMS系统现场验收、12号锅炉电除尘改造后性能考核试验。制定并组织安装烟气脱硝系统实施方案，在运机组主要污染物排放指标符合国家标准。

【改革创新】根据国务院国资委以及华电集团公司、华电四川分公司关于供水、供电、供气和物业管理（简称“三供一业”）分离移交工作要求，成立“三供一业”分离移交工作组织机构，制定具体实施方案，主动对接市国资委和华电四川分公司，完成资产清理和费用初步核算，完成供水、供电框架协议的签订。修订完善中层干部管理办法，继续推行中层干部绩效考核评价，通过定性评价和定量考核相结合的方式进行综合评定。结合走出去人才需求，推行跨专业、跨岗位技术培训和实操取证培训，组织开展了三期对外运维专题培训，41人通过特种作业考核取证，有效充实了对外运维队伍人员储备。积极开展群众性技术创新活动，打造1个劳模创新工作室样板间，建立7个工作室。按照华电集团公司全面推进“法治华电”建设的总体要求，施行“业务工作谁主管、风险防范谁负责、普法宣传谁主导”的风险防范和普法责任制，推进依法治企、建设法治攀电各项工作。开展法律体检和合同专项检查工作，针对合同履行中存在的问题，逐一落实整改。

【党的建设、精神文明建设、企业文化建设】启动“两学一做”学习教育，将规定动作和“以党员‘亮身份’、‘亮承诺’、‘亮职责’、‘亮业绩’、‘亮形象’的‘五亮’工程，推行立足岗位做贡献”等自选动作相结合，党员党性意识得到增强。修订《党支部工作考核实施细则》，定期对基层支部工作的检查和考评。加强示范党支部建设和党务干部培训，开展纪念建党95周年主题党日、突击劳动等系列活动，彰显基层党支部的战斗堡垒和党员的先锋模范作用。组织开展“道德讲堂”活动，以“身边人讲身边事，身边人讲自己事，身边事教身边人”为主要形式，搭建文明新平台，打造精神大殿堂。发挥工团组织优势，加强“四心”建设，对“乐心”活动室场馆的墙体、健身房进行了改造、装修；对“怡心”心灵驿站进行了扩大改造，建立了“团队活动区”和“心语小屋”；“爱心”医护点为班组配发小药箱、清凉饮品等；“悦心”书屋开展了新书推荐活动，增强了企业凝聚力。

（刘爱军）

四川华电瓦屋山水电开发有限公司
华电雅安发电有限公司

【企业概况】四川华电瓦屋山水电开发有限公司（简称瓦屋山公司）和华电雅安发电有限公司（简称雅安公司）是以水电生产、销售为主的水力发电企业，分别于2005年、2002年成立，建设经营4座水电站，总装机容量40.3万千瓦，总投资约47.3亿元，葫芦坝水电站、瓦屋山水电站、水津关水电站、沙坪水电站相继于2006、2008、2009、2011年投产发电，年发电量达12.5亿千瓦时，可实现年销售收入4.5亿元（含税）。

瓦屋山公司注册资本为4.5亿元，主要经营范围为投资开发水电，电力生产、销售等。下属的瓦屋山电站位于四川省眉山市洪雅县瓦屋山镇，距洪雅县城约76公里，是青衣江一级支流周公河干流七级开发的第一级，也是龙头水库电站，坝址以上控制流域面积776平方公里。水库正常蓄水位1080.00米，水库死水位为1020米，总库容5.843亿立方米，坝高138.76米，电站装机容量26万千瓦（2×13万千瓦），属中型电站，设计利用小时2951小时，多年平均发电量6.99亿千瓦时。2008年1月，瓦屋山水电站投产发电。批复的基准执行电价为0.383元/（千瓦时）。

雅安公司注册资本为3.6亿元，主要经营范围为：电力开发生产，机电设备，金属材料销售。下属三座电站现已投产发电，分别为葫芦坝水电站2.4万千瓦（2×1.2万千瓦）、水津关水电站6.3万千瓦（3×2.1万千瓦）和沙坪水电站5.6万千瓦（2×2.8万千瓦）。执行电价为0.288元/（千瓦时）。

瓦屋山公司、雅安公司实行“两块牌子，一套机构”的管控模式，现有员工188人，设有总经理工作部、计划营销部、人力资源部、财务资产部、生产技术部、安监保卫部、政治工作部、运行部、维护部等9个部门。

【领导人员】

总经理：刘庆宁

党委书记、副总经理：唐小兰

纪委书记、工会主席、总法律顾问（兼）：刘勇

副总经理：王方容、赵勇、邢小暘

【年度工作业绩】2016年，瓦屋山（雅安）公司完成发电量13亿千瓦时，同比增加1.37亿千瓦时，实现销售收入37845.53万元。其中，瓦屋山公司完成发电量8.27亿千瓦时，销售收入27123.18万元；雅安公司完成发电量4.73亿千瓦时，销售收入10722.35万元。

【经营管理】面对日趋严峻的电力市场，贯彻“度电必争”“多发优发”的电力营销理念，开拓市场，电量同比增加1.3689亿千瓦时，瓦屋山、葫芦坝、沙坪电站丰水期合同电量完成率达87.09%，水津关丰水期合同电量完成率为41.99%，均高于全网平均水平。密切关注国家金融政策，认真制定融资方案，保证资金链正常。加强沟通协调，争取银行理解与支持，取得46450万元贷款，保证生产经营和还本付息所需资金，有效防控财务风险。采取有效措施，抓住关键环节，成功取得浦发银行成都分行7.3亿元的项目营运期贷款批复。积极落实资产顺位抵押登记事项办理，确保浦发银行置换国开行贷款的正常放款。认真落实降息政策执行到位，有效提升经营成果，财务费用同比降低约2010万元。加强资金管理，积极开展贷款置换和还款计划调整，节约财务费用约304.3万元。制定周密提质增效和减亏提效工作方案，强化全面预算管理。认真落实“八项费用”开支管理要求，厉行节约。加强财税政策争取，不断完善合同管理及物资采购流程，共节约费用约690万元。

【安全生产】认真落实“党政同责、一岗双责、齐抓共管、失职追责”，突出抓好重点人员、重要设备、重点部位、重要工作和薄弱环节的安全管控。通过深入开展安全性评价、无违章创建、安全生产检查、隐患排查治理，以及“规范管理、提升素养”为主题的安全文明生产整顿等活动，进一步夯实安全生产基础工作。加强设备管理，全面完成年度检修、技改工作，重视设备的日常维护和消缺工作，设备可靠性逐步提高。

【党的建设、精神文明建设、企业文化建设】扎实开展“两学一做”学习教育，抓好集中学习、专题研讨、微党课和主题实践活动，认真开展好“党员活动日”。开展革命传统和爱国主义教育，不断提高职工思想道德水平。开展党群工作调研，坚持每季度分析职工思想动态，及时收集意见建议，全力

解决职工实际困难和问题。实施党建“三基工程”，扎实开展“支部建设年”活动，开展“怎样当好支部书记”大讨论和党员“亮身份、亮承诺、亮职责、亮业绩、亮形象”活动，定期开展支部工作绩效考评和党员量化考评，不断推进标准化支部建设。组织党群业务普考和技能大赛，努力提升专兼职政工人员综合素质；成功召开第二次党员大会，换届选举公司二届两委委员。贯彻落实中央八项规定精神，弛而不息纠正“四风”，加强“八项费用”管控，强化节日期间监督检查，开展效能监察，全面落实“两个责任”，督促履行“一岗双责”。开展“企业文化建设年”活动，学习宣传华电集团公司《华电宪章》、四川分公司企业文化体系，按照“三统一”要求完善和规范以“家园文化”为特色的企业文化理念体系，开展企业文化宣讲，制作悬挂班组管理与企业文化看板，大力弘扬企业精神，宣传先进事迹，提升公司全体员工对“家园文化”核心理念内涵的认知度、认同度和执行力。打造“四心”阵地，成立兴趣小组，组织开展第二届职工运动会、登山比赛等丰富多彩的文体活动，开展冬送温暖、夏送清凉和金秋助学活动，努力建设给力、魅力、活力“三力”工会；开展“五型”班组创建、劳动竞赛和班组长培训；开展“我为提质增效献良策”职工合理化建议征集、青年创新创效、7S 行动和“空巢筑爱”、学雷锋活动，启动“青苹果计划˜牵手行动”，抓好“1+X”结对协议签字和落实等，引导做好“桥梁纽带”，彰显生力军作用。2016 年，瓦屋山（雅安）公司党建工作获得四川分公司考评 A 级，并荣获华电集团公司文明单位称号。

（刘　璐）

四川华电木里河水电开发有限公司

【企业概况】四川华电木里河水电开发有限公司（简称木里河公司）于 2005 年 11 月在四川省凉山州注册成立，由华电四川发电有限公司、四川黄桷庄发电有限责任公司、凉山金源电力开发公司和四川西昌电力股份有限公司共同出资组建。2012 年股东发生变更，引进成都康利斯水电开发有限公司，股权结构比例为：华电四川发电有限公司 58.5%、成都康利斯水电开发有限公司 35%、凉山金源电力开发有限责任公司 5.11%、西昌电力股份有限公司 1.39%。负责凉山州境内木里河流域上通坝、卡基娃、俄公堡和立洲电站开发的资金筹措、建设管理、生产运营和贷款偿还等工作。

11 月 20 日，木里河公司卡基娃电厂两台 0.62 万千瓦生态流量小机组，完成 72 小时试运行，正式投入商业运行。至此，木里河投产机组容量达 92.94 万千瓦，实现该公司运行装机容量的新突破　　（华电四川公司提供）

木里河流域是雅砻江中游右岸最大支流，流域面积为 19114 平方公里，河口多年平均流量为 142 立方米/秒，年径流量为 44.8 亿立方米，干流全长 387.5 公里，落差 2210 米。根据规划报告，上通坝至阿布地河段开发方案为“一库六级”，自上而下为上通坝、卡基娃、沙湾、俄公堡、固增和立洲六个水电站。木里河公司负责开发建设的上通坝、卡基娃、俄公堡和立洲四级电站，总装机容量为 117.94 万千瓦，静态总投资 158.11 亿元，多年平均年发电量 49.05 亿千瓦时。

上通坝水电站采用引水式开发，多年平均流量 85.9 立方米/秒。混凝土重力坝，最大坝高 28 米，装机容量 24 万千瓦，多年平均年发电量 10.99 亿千瓦时。静态投资 20.75 亿元，具有日调节性能。

卡基娃水电站采用混合式开发，多年平均流量 99.9 立方米/秒。面板堆石坝，最大坝高 171 米，在国内同类型大坝中排名靠前，为四川省在建最高坝。装机容量 45.24 万千瓦，多年平均年发电量 16.51/17.14 亿千瓦时（单独/联合）。静态投资 53.52 亿元，具有年调节能力。

俄公堡水电站采用引水式开发，多年平均流量 115 立方米/秒。混凝土闸坝，最大坝高 15 米，装机容量 13.2 万千瓦，多年平均年发电量为 6.306 亿千瓦时（联合调度）。静态投资 16.26 亿元，具有日调节性能。

立洲水电站采用混合式开发，多年平均流量 131 立方米/秒。碾压混凝土双曲拱坝，最大坝高 132 米，是目前在建的世界第二高碾压混凝土双曲拱坝，装机容量 35.5 万千瓦，多年平均年发电量 15.46 亿千瓦时。静态投资 36.85 亿元，具有年调节性能。

截至 2016 年年底，木里河公司设总经理工作部、计划合同部、工程技术部、安全监察部、生产技术部、财务资产部、人力资源部、市场营销部、政治工作部 9 个职能部门，卡基娃、立洲、上通坝、俄公堡 4 个电站建设分公司，检修维护部、水工部和俄公堡电厂、卡基娃电厂、立洲电厂 5 个生产部门，共有在册正式员工 300 人。

【领导人员】

董事长：罗小黔

副董事长：蒋晓明、康文

董事：张维群、曾治安、牟遗忠、周科、庞弘轩、杨富勇、古强、杨兵

监事会主席：吕小柏

监事：黄平、李启远、廖丽娜、陈代友

职工监事：杨建华、王建军

总经理：牟遗忠

党委书记：杨建华

党委副书记、纪委书记、工委主席：杨兵

党委委员、副总经理：向富权、徐孝刚、蒋达、田德伟、邱宁

副总经理：杨培中

主要领导人员变动情况：2016 年 4 月 12 日，吕小柏任监事会主席，王成不再担任监事会主席职务。

【年度工作业绩】2016 年完成投资 11.06 亿元，累计完成投资 146.53 亿元。全年完成发电量 24.99 亿千瓦时，平均售电单价 312.86 元/千瓦时（含税），实现销售收入 66266.44 万元。

【经营管理】积极应对严峻电力市场形势，认真分析市场供需状况、电网约束和负荷预测等因素，加强沟通协调，争取到省经委计划电量 21.6 亿千瓦时，签订直购电电量 3.18 亿千瓦时，争取到外送电量 3.77 亿千瓦时、水火替代电量 2.5 亿千瓦时。牢固树立“度电必争”理念，强化电量计划执行管理，流域各电厂电量计划完成率紧跟省调全网合同电量进度。卡基娃电站水库水位在 3 月底提前降到死水位，枯水期完成电量 5.7 亿千瓦时，多发电量 1962 万千瓦时，增加收入 230 万元，将水库蓄能转化为经营成果。强化成本控制，强化全员、全要素预算管理，严格执行预算考核制度。狠抓生产要素管控，严控机组检修和技改等费用。严控非生产性费用开支，“八项费用”完成年度控制目标。在保证工程需要和资金安全的前提下，采取优化融资结构、降低存量贷款利率等措施，全年按基准利率共落实银行贷款 12.62 亿元、净增加贷款额 6.63 亿元，部分存量贷款利率较基准利率下调 5%，共节约利息成本 222.48 万元。全年资本金到位 1.91 亿元，累计到位 25.49 亿元。加强与保险公司的沟通协商，认真复核工程损失，及时提交相关理赔资料，全年结案 9 件，共收到保险赔偿 793.94 万元。

【安全生产】强化施工单位主体责任，加强对参建单位的安全监管、考核，提高现场安全文明施工水平。组织开展季节性安全检查、森林防火、交通安全等专项安全检查，对发现问题督促整改和复查验收。严格执行汛期领导带班值班制度，扎实开展汛期隐患排查治理、应急演练，落实防汛物资，确保了安全度汛。狠抓上通坝电站引水隧洞衬砌和厂房压力管道上、下竖井开挖支护等重点部位的施工安全管理。强化安全生产红线、底线意识，加强“两票三制”、安全技术交底、危险点分析、安全文明生产管理，落实防误操作、反违章措施。强化生产技术管理，落实反措计划、技术监督计划，抓好设备巡视、状态监控、状态分析、维护消缺等工作，确保机组“零非停”。抓好重大安全隐患预控、水库优化调度、设备经济运行管理等工作，确保各电厂设备健康、稳定、经济运行，立洲电站 3 台机组、卡基娃电站 2 台生态机组投产以来，机组各项性能指标良好。

【项目发展】认真贯彻上级公司大力发展非水新能源的决策部署，积极主动与地方政府进行沟通，利用现有水电送出通道，以“水光互补”模式，规划开发木里河流域的光伏资源（总装机 63 万千瓦，未含巴尔牧场 30 万千瓦）。组织开展流域沿岸光伏规划选址工作，委托设计单位提交规划报告，取得木里县政府原则同意开展相关前期工作的“路条”。多次组织专家现场踏勘，论证落实资源、场址、土地和送出等关键条件。流域规划报告已分别通过四川分公司内审和华电集团公司审查。11 月，四川分公司批复木里河争西（40 万千瓦）光伏项目发起请示。截至 2016 年年底，已完成争西光伏扶贫项目的环评、水保报告送审稿的编制，以及可研及备案所需相关专题工作。加强工程建设，上通坝电站首部

枢纽施工全部完成；引水隧洞衬砌累计完成18.5公里（剩余3.24公里），占总长的85%；厂房土建完成，1号、2号机组主机本体安装基本完成。立洲电站1、2、3号机组于8月相继投产发电，创下“一月三投”的建设佳绩。卡基娃电站5、6号生态机组顺利投产发电。

【改革创新】加强内控管理，及时清理完善规章制度，新增、修订45项，作废5项。进一步明确各级管理责任，按照精简、节约、高效的原则，推进7S管理和星级企业创建，不断提升公司标准化、科学化管理水平。

【党的建设、精神文明建设、企业文化建设】扎实推进“两学一做”学习教育，公司领导带头联系支部讲党课，挂牌攻关破解难题8项，以上率下示范带动，各党支部利用“党员活动日”规范党内政治生活，强化党员思想教育，引导党员发挥先锋模范作用。落实党风廉政建设“两个责任”，构建明责、督责、追责完整链条，印发“漫解《准则》《条例》”画册，制作专题微信、展板，发送节日廉洁短信，讲授廉政微党课等，创新反腐倡廉宣传教育载体，紧盯工程建设重点环节，用好执纪监督“第一种形态”，加强权力监督制约。深入开展“建功立业木里河，创先争优铸精品”省重点工程劳动竞赛，紧紧抓住提高工程质量和加快工程进度两个重点，全力攻坚投产发电任务。全面推进“大培训、大比武、大提升”活动，切实提升全员技能水平，2名职工在上级公司技能竞赛中表现突出，分获“华电集团公司技术能手”“四川公司技术能手”称号。深化全员创新创效，激发职工聪明才智，1项创新创效成果荣获华电集团公司银奖。 （姜　林）

理县星河电力有限责任公司
理县星河甘堡电力有限责任公司

【企业概况】理县星河电力有限责任公司、理县星河甘堡电力有限责任公司（简称理县、甘堡公司）成立于2005年5月，原股东为深圳市环宇星河投资有限责任公司，2012年5月华电国际电力股份有限公司收购深圳市环宇星河投资有限责任公司100%股权，理县、甘堡公司成为华电国际公司的全资子公司。理县、甘堡公司合署办公，采取“两块牌子、一套人马”模式，主营业务为电力生产、输变电、供电。

理县、甘堡公司坐落在四川省阿坝藏族羌族自治州，位于岷江一级支流杂谷脑河流域，属发、输、供一体的水力发电企业，拥有理县、甘堡两个电厂和一个位于桃关工业园区的变电站，总装机容量为6.7万千瓦，年发电量约4亿千瓦时，年发电小时数约6000小时。配备一个库容100万立方米的不完全日调节水库，可以有效调节理县峰平谷的电量结构。其中，甘堡电厂1990年竣工投产，装机容量为4×0.85万千瓦；理县电厂1995年竣工投产，装机容量为3×1.1万千瓦；桃关变电站一期工程于2004年6月竣工投入运行，二期工程于2006年7月竣工投入运行，变压器容量为2×63000千伏安，所属的110千伏输电线路由理甘线、甘桃线、平桃线三段组成，全长106.534公里，理县电厂、甘堡电厂所发电量经110千伏甘桃线送至桃关变电站，在华能太平驿电站内的皂角湾开关站接入四川省电网。

理县、甘堡公司设有9个部门及“两厂一站”三个生产单位，分别为：总经理工作部、企划部、生产技术部、安全监察部、财务资产部、市场营销部、政治工作部、工会办公室、后勤保障部、理县电厂、甘堡电厂、桃关变电站。截至2016年年底，共有员工138名，其中班子成员5人、中层干部18人，员工115人，平均年龄41岁。

【领导人员】

总经理：张军

党总支书记、副总经理：王绥锋

副总经理：尹肖三

副总经理：邓志坚

工会主席：宋明秋

【年度工作业绩】全年发电量完成4.27亿千瓦时，同比增加2363万千瓦时，增长11.72%，利用小时6385小时，同比增加353小时，增长5.86%。

【经营管理】持续提高市场竞争能力，于2016年1月正式取得由四川省经济和信息化委员会颁发的“供电营业许可证”，成为华电首家实现水电“发、输、供一体经营模式”的企业，有力保证了供电营业合法化，巩固了原有供区市场，对开拓新的市场奠定了坚实基础。加强电费回收，经过全力协调和沟通，再次取得了全年平均销售电价不降反升、电费全部回收的佳绩。始终以经营承包责任书为抓手，全面预算管理为重点，提质增效为手段，大力实施精益化管理和低成本战略，不断强化财务管理，提升经营业绩。

【安全生产】加强安全教育培训、着重宣传引领，并积极开展安全月活动和宣传工作，使安全月主题深入人心，持续提高员工安全素养。全面落实安全生产责任制和领导带班值班制度，牢固树立风险意识、加强应急管理工作，完善应急救援体系，成立了应急管理的组织机构和应急处置队伍。加强了汛情、雨情监测，严格落实防洪度汛措施，抓好地质灾害排查治理，实现安全平稳度汛。全年开展各类安全检查（专项活动），并针对查出的隐患积极整改。截至 2016 年 12 月 31 日，实现连续安全生产 1643 天，保持了生产安全和队伍稳定。

【项目发展】积极开展新能源开发前期工作，完成阿坝州黑水、松潘、茂县、若尔盖 4 县新能源开发资料收集工作，并对黑水县瓦钵梁子光伏能源场址进行了考察，全力以赴推动和开展黑水县瓦钵梁子 10 万千瓦光伏电站项目建议书的编制和设计收资等项目前期争取工作。

【改革创新】积极适应电力体制改革新要求，以提升质量和效益为中心，扎实推进提质增效工作。逐步建立健全制度体系，强化标准化管理和对标管理，降低运营成本，提升效益水平，确保企业健康发展。通过内部控制及效能监察等工作，梳理各项业务，积极整改发现的缺陷及问题，并进行漏洞排查，不断改进规范各项业务流程，推进流程制度化、规范化、程序化，确保工作合法合规。

【党的建设、精神文明建设、企业文化建设】加强基层组织建设，全面从严治党，建立《党建责任制管理办法》，明确党总支书记、班子成员、支部书记及各部门的党建责任。完成了党总支、党支部换届选举，配齐配强支部领导班子。深入开展“两学一做”，评选产生 10 个“共产党员示范岗”，积极融入企业生产经营发展。结合企业实际，建立党总支主体责任、纪检监察监督职责、管理部门管理和监督责任等“三个责任”并列出责任清单，进一步完善党风廉政建设责任及反腐败工作制度体系。持续加速企业文化建设，初步建立“心”文化体系。组建“益健行”公益协会，开展挑战 16 公里、向山区孩子捐物等公益活动，提升员工身体素质，积极倡导崇德扬善。深入推进岗位建功活动，获得全国“工人先锋号”和全国“安康杯”竞赛优胜班组等荣誉称号。组织开展水电运行与检修等 4 项技能比武，劳动竞赛覆盖率超过 82%。推动“三力”工会建设，发挥“四心”服务阵地延伸功能，探索工会活动项目化管理，拓宽活动覆盖面，提高职工参与率。开展“青”字号活动，鼓励团员青年参与到检修技改、安全管理等重点工作中去，助力青年成长成才。

（崔桂旭）

四川华电宜宾发电有限责任公司

【企业概况】四川华电宜宾发电有限责任公司（简称宜宾发电公司）位于四川省宜宾市长江北岸，主要从事火力发电的生产和运营管理，前身为宜宾发电厂，始建于 1939 年，初期为一台英国制造的次中压 6000 千瓦机组。1957 年，扩建 2 台中温中压国产 6000 千瓦机组。1992 年 5 月，宜宾发电厂 3 台 6000 千瓦机组按原电力部要求报废退役。1993 年经恢复性大修后从事多种经营发电，直到 1999 年 6 月关停。为解决宜宾发电厂职工出路问题以及充分利用电厂的土地及人力资源，原四川省电力公司决定对宜宾发电厂进行“以大代小”技术改造。2001 年 2 月 5 日，四川宜宾发电有限责任公司作为宜宾发电厂技术改造项目业主正式注册成立。四川省电力公司、宜宾市投资有限公司、东方锅炉（集团）股份有限公司三方股东按 80%、10%、10%比例出资首期资本金 1280 万元。2003 年年初，四川省电力公司所持公司 80%股权整体划转中国华电集团公司，公司名称更改为四川华电宜宾发电有限责任公司；2006 年 6 月 1 日起，华电集团公司将所持公司股权 80%整体划转华电四川发电有限公司。

宜宾发电公司按照宜宾市政府城市建设统一规划，两台发电机组于 2012 年 12 月 31 日临时停产。2013 年 3 月 15 日，按照四川省经信委要求正式开始实施替代发电政策，由宜宾珙县发电公司执行，每年 10 亿千瓦时发电量，实施 6 年。2013 年 4 月 25 日，两台发电机组按照四川省经信委要求正式关停。2013 年 12 月 6 日，四川省经信委确认宜宾发电公司符合获得淘汰落后产能中央财政奖励条件。2013 年年底，完成人员分流安置工作。截至2016年年底，领导班子成员3人，留守人员22人。

【领导人员】

总经理：方万兴

党委书记：郑世奉

纪委书记、工会主席：叶明涛

【年度工作业绩】2016年完成替代电量5亿千瓦时，实现安全生产长周期纪录4733天。

【项目发展】全力推进生产区政府回收土地及建构筑物处置，2016年3月22日与宜宾市临港区经济技术开发区正式签订了《四川华电宜宾发电有限责任公司及所属企业整体搬迁补偿协议》，补偿金额达5.04亿元，为政府补偿企业提供了法律依据。为确保补偿资金及时到位，积极与政府主要领导和有关部门沟通、汇报，取得政府理解支持，2016年上半年到位补偿款4.5亿元，占补偿款总额的90%，扣除支付宜宾分公司土地处置补偿款6875.25万元后，宜宾发电公司收入38296.26万元。

【党的建设、精神文明建设、企业文化建设】认真开展“两学一做”学习教育活动，紧密结合企业实际，创新主题教育活动载体，推出多层次多形式的学习教育载体。严格落实“两个责任”，党委切实履行主体责任，定期研究党风廉政建设工作，加强领导，纪委加强监督工作检查，堵塞管理漏洞。根据关停工作需要，建立健全廉政管理制度并坚决贯彻执行，确保不想贪、不能贪、不敢贪，营造风清气正氛围。

（张廷兰）

四川华电燃料有限公司

【企业概况】四川华电燃料有限公司（简称四川燃料公司）是华电四川发电有限公司的全资子公司，成立于2011年3月，实收资本1000万元，位于四川省成都市高新区蜀绣西路100号，前身是华电煤业集团有限公司四川分公司，成立于2005年11月；2009年中国华电集团公司燃料体制改革，整体划归华电四川分公司管理，并更名为华电四川发电有限公司燃料管理分公司。

四川燃料公司不设股东会，由投资人华电四川发电有限公司直接行使股东会职权，决定企业的重大事项；设执行董事1名和监事1名，由华电四川发电有限公司委派。四川燃料公司法定代表人由执行董事担任。经营范围有煤炭批发，商品批发与零售，货运代理服务，仓储业，商务服务业（含投资与资产管理、企业管理服务等）。根据华电四川分公司授权，四川燃料公司对华电在川火电企业燃料管理进行指导、协调、服务、监督、考核，核心主业为电厂燃料管理服务，煤炭批发及仓储。

截至2016年年底，四川燃料公司下设综合管理部、电煤供应部、煤炭经营部、财务资产部等4个部门，员工19人，其中，编制内人员16人。

【领导人员】

执行董事、总经理：徐祝山

党支部书记、副总经理：李秀平

监事：张晓曦

【年度工作业绩】全年组织电厂采购电煤261万吨，全力保证了四川分公司火电机组发电用煤需要，没有发生缺煤停机或降负荷；入厂标煤单价同区域对标排名第二；厂内燃料管理热值差完成-0.279MJ/kg，水分差占耗煤量比例完成-0.39%，储存损耗占电厂日均存煤量的0.18%；经营煤炭14.80万吨。

【经营管理】坚持“控价、保供、提质、阳光采购、加强管理”的工作思路，切实强化“燃料成本最小化，采购模式网络化，入厂验收标准化，煤场堆放数字化，掺配掺烧精细化”燃料“五化”管理，认真践行增效从降本做起的理念，大力实施低成本战略，全力控制燃料成本。以目标管理为抓手，以控制煤价、保障供应、提升煤质、防范风险、增长效益为重点，努力提升燃料管理和效益水平。一是燃料供应管理成效突出。强化电煤采购预算管理，加强电力、煤炭市场研判，制定科学电煤采购策略，优化进煤结构，严控高价煤超计划发运，并以效益最大化为原则，合理搭配组进低价的高硫分、低热值煤，实现达标排放与机组经济运行相协调，电煤价格涨幅得到有效控制。二是燃料精细化管理水平稳步提升。扎实推进燃料“五化”管理，统筹电煤采购与接卸验收、储存、使用环节的衔接，努力挖掘管理效益潜力。以华电集团公司燃料管理评价为契机，贯彻落实华电集团公司“燃料管理评价细则”，不断加强燃料“人防”“技防”管理，持续提升燃料管理标准化、规范化、精细化水平。

【党的建设、精神文明建设、企业文化建设】认真贯彻落实四川分公司党组系列决策部署，按照“抓班子、带队伍、促改革、推发展”的党建工作总体要求，紧扣党的建设“五位一体”总体布局，不断完善党建制度体系，持续构建齐抓共管、协调联动的党建工作格局。一是重点抓好“两学一做”学习教育，制定了专门的工作计划和工作流程，认真完成了党员集中学习和自学相结合、手抄党章、支部书记讲党课、纪念建党95周年活动、“两学一做、岗位争先”党员主题实践活动等基本任务。通过利用新媒体、设立专题展板等方式，促进党员联系自身工作实际，带头发挥党员先锋模范作用，在工作岗位中创先争优。二是坚持“党员活动日”制度，及时编制印发“党员活动日”方案，坚持每周集中活动不少于 2 小时。三是不断加强党的组织和制度建设，认真落实全面从严治党要求，切实加强党的干部队伍建设，贯彻落实“两个责任”的具体措施，积极履行“一岗双责”，修订制度 6 个，不断完善制度建设，不断强化制度的执行和监督。四是切实加强党风廉政建设，建全反腐倡廉建设工作机制，不断强化宣传反腐倡廉和廉洁从业教育，严格执行监督考核，齐抓共管形成党风廉政建设的强大合力。五是持续深化作风建设，认真贯彻落实中央八项规定精神和各级党组织改进工作作风、密切联系群众的有关规定，严格执行“八项经费”管理、领导干部履职待遇等方面的规定，全年无违规违纪现象发生。六是切实加强精神文明建设和企业文化建设，以《华电宪章》为主导，认真践行四川分公司企业文化理念，努力形成企业和员工共同的精神追求和价值取向。七是着力推进“三力”工会建设，积极开展合理化建议征集活动、管理制度竞赛等各项工会活动，实现党群共建。（刘　力）

华电四川发电有限公司五通桥发电厂

【企业概况】华电四川发电有限公司五通桥发电厂留守处位于四川省乐山市五通桥区桥沟镇，其前身为1970年1月由“5501生产筹建处”（内厂）与“岷江电厂金粟桥发电所”（外厂）合并组建的五通桥发电厂，总装机为11.2万千瓦。2003年5月，五通桥发电厂更名为四川华电五通桥发电厂，2004年12月划归华电四川发电有限公司。根据国家节能减排的要求，五通桥发电厂 2×5 万千瓦机组于 2006 年度正式关停。2007年9月至10月，实施了关停小火电机组人员配置工作。2007年11月更名为华电四川发电有限公司五通桥发电厂。2010年6月，撤销五通桥发电厂党委、纪委、工会，设立华电四川发电有限公司五通桥发电厂留守处、中共华电四川发电有限公司五通桥发电厂留守处总支委员会。

截至2016年年底，五通桥发电厂留守处共有职工78人，其中在岗职工13人，离岗退养职工61人，协议离岗职工4人。

（郑宗旺）

华电金沙江上游水电开发有限公司

【企业概况】华电金沙江上游水电开发有限公司（以下简称金上公司）成立于2006年4月28日，是由中国华电集团公司、华电四川发电有限公司和华电国际电力股份有限公司共同出资组建的有限责任公司，主要负责金沙江上游川藏段水电资源开发建设和管理。2007年10月，中国华电集团公司决定整合在川管理关系，中国华电集团公司四川公司、华电四川发电有限公司、华电金沙江上游水电开发有限公司实行“一个机构，三块牌子，合署办公”。2014年10月23日，中国华电集团公司决定调整在川管理关系，华电金沙江上游水电开发有限公司与华电四川发电有限公司（中国华电集团公司四川公司）分开管理，不再合署办公，华电金沙江上游水电开发有限公司由中国华电集团公司直接管理。2016年12月，中国华电集团公司党组会议研究决定，将华电四川发电有限公司所持有全部股份无偿划拨中国华电集团公司。

华电金沙江上游水电开发有限公司成立十周年座谈会
（金上公司提供）

金上公司设总经理工作部（法律事务部）、规划发展部、人力资源部、财务资产部、工程管理部、移民管理部、流域环境保护管理中心、政治工作部（工会办公室）、监察审计部（纪检办公室）等9个部门，下属苏洼龙分公司（昌波分公司）、叶巴滩分公司、巴塘分公司（拉哇分公司）、波罗（岗托）水电站建设公司筹备处和昌都分公司，代管华电金藏物资成都有限公司，主要负责开发建设金沙江上游（简称金上）川藏段岗托、岩比、波罗、叶巴滩、拉哇、巴塘、苏洼龙、昌波等8级水电站共961万千瓦，以及沿江6县1500万千瓦光电和800万千瓦风电资源。

金上公司成立以来，全面贯彻落实中国华电集团公司工作部署，攻坚破难，奋发有为，在水电资源开发权竞争异常激烈、水电开发环境复杂严峻的形势下，通过长期艰苦不懈的努力和扎实稳妥有效的工作，金上开发取得重大突破。金上川藏段梯级电站已被国家列入“十三五”支持西藏经济社会发展的重大建设项目，列入“十三五”国家能源、电力、水电和可再生能源发展规划，成为“西电东送”接续基地建设的重要内容和先导工程。金上干流首座电站—苏洼龙水电站于2015年11月5日通过国家发改委核准，规划装机最大的叶巴滩水电站已于2016年11月10日通过核准。金上公司将全面贯彻落实中共十八大和十八大以来历次全会精神，全面贯彻落实集团公司决策部署，按照建设一个基地、提升两种能力、抓好四大任务、强化五项保障的“1245”工作思路，紧紧围绕建设国内领先的大型清洁能源基地，着力提升核心竞争力和全面风险防控能力，着力抓好落实开发配套条件、降低投资、项目前期、工程建设四大重点任务，着力强化党的建设、安全稳定、移民环保、改革创新、队伍建设五项保障，努力建设安全好、质量好、效益好、形象好的“四好”工程，全面推进公司做强做优做大。

【领导人员】

董事长：杨清廷

总经理、党组书记：胡贵良

党组副书记、副总经理：段　伟

党组成员、副总经理：黄　辉

党组成员、纪检组组长、工会主席：王文德

党组成员、副总经理：侯建刚

党组成员、总会计师：杜静芝

党组成员、副总经理：汪　良

【年度工作业绩】2016年，金上公司干部职工牢牢把握机遇，加快推进金上开发建设。金上开发进一步得到国家、集团公司和川藏两省（区）高度重视，开发配套条件争取工作取得新进展；流域装机最大的叶巴滩电站喜获核准，取得沿江6县1500万千瓦光电和800万千瓦风电测风测光权，开展沿江风光电总体规划；筹建工作打开新局面，基建投资同比增长114%，圆满完成年度基建投资计划；投资控制取得新成效，移民环保展现新形象，建设环境有了新改观，“三化”管理得到新提升，党建水平迈上新台阶，各项工作取得明显成效，为公司做强做优做大打下了坚实基础。

【项目发展】配套条件争取工作取得新进展。全方位加强汇报沟通，不遗余力争取落实消纳市场、送出和支持政策配套条件。金上开发进一步得到国家、集团公司和四川、西藏两省（区）高度重视，金上川藏段7级电站被列为“十三五”中央支持西藏经济社会发展的重大项目，列入国家“十三五”能源、电力、水电和可再生能源发展规划，成为国家、集团公司和两省（区）“十三五”发展重点。国家能源局印发的《关于促进西藏能源跨越式发展的指导意见》，将“西电东送”接续基地建设作为重点任务，要求“十三五”加快推进金沙江上游苏洼龙、叶巴滩、巴塘、拉哇等电站开发建设。全力争取落实国家能源局副局长刘琦调研提出的4点政策建议，争取落实支持政策。安排专人加强沟通，协调电规总院编制金上电力消纳方案。与国务院发展研究中心、中国水电工程学会等单位共同开展“新常态下中国水电可持续发展政策研究”，荣获国家能源软科学研究成果二等奖。全力争取西藏优惠贷款和国家专项建设基金，提高项目经济性。

前期工作实现新突破。编制公司“十三五”发展规划，以建设水风光互补的大型清洁能源基地为努力方向，强化战略引领。紧紧围绕核准目标，分解落实前期工作计划，紧盯关键专题和关键节点，加强跟踪分析，及时纠偏。抓好专题专项报告的过程管理，确保设计质量和进度。充分发挥业主主导作用，召开30余次讨论会，对各专题严格审核把关。抓好内部审查与外部审批的有序衔接，与审批单位加强沟通，专人蹲守催批，一年来安排专题审查50余次，取得批复18个，继2015年苏洼龙电站核准后，2016年叶巴滩电站又喜获核准。全力协调落实沿江风光电测风测光权，风光电项目规划完成初步成果，首批光伏示范项目选址完成。

筹建工作打开新局面。精心研究工程建设节点计划，抓好“五策划一优化”，加强工程建设管控。全面强化安全管理，严格落实各单位和参建各方安全生产责任制。开展春安、秋安检查，安全生产月活动和4次防汛防地灾专项检查。狠抓隐患排查治理，加强安全文明施工管理，严肃查处违章行为，安全生产可控在控。发挥第三方检测机构作用，严格质量验收程序和标准，推广质量管控经验，国家水电质监总站对苏洼龙电站质量监督检查评价较好。分解细化施工进度，统筹安排招标、合同谈判和进场准备工作。督促施工单位加大资源投入，重点抓好苏洼龙导流洞、G215复建等关键项目管控，较好完成年度施工任务。抓好施工、监理单位管理和考核，强化民工工资支付管理。落实分大标思路，调整完善各电站分标方案。发挥规模优势，优化油料、火工材料、水泥、钢材等大宗物资采购，既保障了供应，又节约了成本。

投资控制取得新成效。紧紧围绕提升项目经济性，全方位全过程控制投资。以设计为龙头，对重要方案深入研究论证，从预可研、可研等布局阶段抓好设计优化，苏洼龙、叶巴滩、巴塘、拉哇4级电站可研阶段投资比预可研阶段取得一定幅度降低。以造价管控为重点，抓好施工方案优化，加强工程计量、变更、索赔和结算管理，努力将各标段控制在合同价内。

9月，中国华电集团公司党组书记、董事长赵建国（中）在苏洼龙调研

（金上公司提供）

移民环保展现新形象。切实加强移民工作，妥善处理各类纠纷，协调加快南戈村搬迁进度。与两省（区）签订苏洼龙电站移民安置协议，协调综合设代、综合监理、独立评估进场开展工作。按照方案统筹、进度统一、资金拼盘的原则，结合精准扶贫开展移民搬迁，在西藏侧率先安排4个定点帮扶村。编制《创建“绿色金上”工作方案》，抓好环

水保专题审批，叶巴滩电站环评报告批复、巴塘电站枢纽布置调整等问题得到妥善解决。开展 4 次环保监督检查，督促落实现场环水保措施。建成营地污水、生产废水处理设施，有效落实洒水降尘、隔声降噪和垃圾清运措施。完成渣场挡护和边坡防护，规范弃渣管理，环保形象明显提升。苏洼龙、叶巴滩电站 CCER 项目备案工作全面启动。

建设环境有了新改观。与两市（州）党委、政府和沿江各县加强沟通，密切配合，按照“合法合规、政府主导、市场行为”的原则，引导当地群众有序参工参建。坚持原则，妥善处理地方诉求，维护良好地企关系。2016 年 4 月，昌都市派出 9 个工作组进驻苏洼龙现场开展建设环境专项整治，西藏侧建设环境得到根本改善；巴塘县、白玉县随后也相继开展了建设环境整治，建设环境不断改善，地方与企业共同推进工程建设的氛围逐步形成，有力促进了工程建设顺利开展。

【改革发展】2015 年，金上公司以精益管理、“做实”“强基”为重点，加强规范化、精益化、信息化“三化”管理，全面推进提质增效。认真落实《“强基”工作指引》，制订完善制度 40 余个。建立健全内部监督和重点领域、重点环节、重点岗位制衡机制，不断完善外部监督机制。开展苏洼龙电站全过程跟踪审计，组织“三重一大”效能监察和工程结算、工程物资、招投标、资金支付专项检查，督促整改到位。开展“执行力建设年”活动，组织“学业务，用制度”全员学习和考试。全方位、全过程推进精益管理，完成苏洼龙等 4 级电站注册，积极应对“营改增”，推行施工主材“甲指乙供”，实现增值税进项税应抵尽抵。严格资金管理，资金计划准确率 95%以上。坚持厉行节约，“八项费用”控制在预算内。加强管理创新和科技创新，在设计方案优化、工程建设管控、苏洼龙大坝填筑精益管理、用火山岩粉替代粉煤灰等方面开展深入研究，创新举措。完成流域工程管理信息系统规划立项，加快推进现场营地网络建设，该公司本部与所属各单位全面实现广域网连接，征地移民信息管理平台初步具备应用条件，ERP 合同模块全面推广应用。

【党的建设、精神文明建设、企业文化建设】金上公司以“两学一做”学习教育为主线，坚持服务中心、服务职工，“大党建”水平进一步提升，荣获集团公司党建考评 A 级。建立党建责任清单，党建责任制全面落实。“两学一做”学习教育深入推进，“党员活动日”和“两学一做、党员争先”“三带三促”主题活动扎实开展。深入推进“四强四优”“三分类三升级”活动，扎实开展 8 个专项检查，80%以上党组织实现“六有”目标。领导班子和领导干部管理切实加强，素质能力进一步提升。落实人才队伍建设规划，引进急需人才 13 人，举办培训班和专题讲座 20 个，培训 990 人次。加强党风廉政建设和反腐败工作，印发《作风建设负面清单》，重申 9 个方面、56 项禁止性规定。抓好“四风”问题整治情况“回头看”，52 项整改措施全部落实。推进企业文化落地，举办道德讲堂，精神文明建设进一步加强，公司首次荣获集团公司“文明单位”。启动“建设四好工程、助推藏区发展”流域劳动竞赛，并被确定为四川省“十三五”省级劳动竞赛示范项目。苏洼龙分公司“职工书屋”创建为四川省职工文化驿站和“职工书屋”示范点。健全职工医疗保障体系，建成苏洼龙、叶巴滩 2 个职工医疗服务站。成立公司团委，基层团组织建设全面加强。积极履行社会责任，打造了良好企业形象。

（王州隆）

华电金沙江上游水电开发有限公司苏洼龙分公司（昌波分公司）

【企业概况】华电金沙江上游水电开发有限公司苏洼龙分公司（昌波分公司）（简称昌波分公司）成立于 2016 年 5 月 30 日，其前身为 2014 年 7 月 30 日由原华电金沙江上游水电开发有限公司拉哇、巴塘、苏洼龙、昌波建设公司分设的苏洼龙（昌波）建设公司。

昌波分公司经华电金沙江上游水电开发有限公司授权，全面负责位于西藏自治区芒康县和四川省巴塘县交界的金沙江干流上的苏洼龙电站和昌波电站的开发建设和运营管理。

苏洼龙电站最大坝高 112 米，水库总库容 6.38 亿立方米，具有日调节能力，装机容量 120 万千瓦，多年平均年发电量 54.26 亿千瓦时。工程静态投资 146.3 亿元，动态总投资 178.9 亿元。

昌波电站是苏洼龙电站的下一个梯级，规划装机容量 106 万千瓦，多年平均年发电量 48.47 亿千瓦时。

【领导人员】

总经理：何永胜

党委书记：田光华

副总经理：邓则军、胡永锋、罗宗伟

纪委书记、工会主席：周智勇

总工程师：奚向军

【前期进展】2015 年 11 月，国家发展改革委印发《国家发改委关于金沙江苏洼龙水电站项目核准的批复》（发改能源〔2015〕2571 号），正式核准金沙江上游苏洼龙水电站。苏洼龙水电站是金沙江上游干流获得核准的首座电站，标志着金沙江上游水电开发取得实质性突破，正式拉开了藏电外送的序幕，对促进我国经济稳增长、调结构和水电可持续发展、实现藏区经济社会跨越式发展具有重大意义。

昌波水电站已完成预可研报告编制。计划在 2017 年完成预可研报告，积极推进可研设计，完成生态减缓措施专题研究和正常蓄水位专题，力争完成施工总布置专题。

苏洼龙电站砂石加工系统　　（金上公司提供）

【在建工程建设】工程建设稳步推进：全年完成投资 17.99 亿元，完成计划投资的 99.96%；完成国道 215 工程施工、监理标、主体监理、大坝施工精益化管理等 23 个招标项目和 24 个非招标项目的采购工作，累计签约合同金额 17.98 亿元；完成 1 号、2 号公路，1 号、4 号渣场沟水治理，业主营地土建施工；砂石骨料加工系统、110 千伏施工供电线路、油库、炸药库投入使用。正在开展导流洞及溢洪道、国道 215 和西索路、鱼类增殖站、上游临时索桥等工程施工；全年未发生人身伤亡事故，未发生重大交通、火灾和环境破坏事故及水土流失事件，质量管理体系与保证体系持续有效运行，未发生一般及以上质量事故。

【征地移民及地方协调】启动围堰截流水位以下的搬迁安置工作，实施国道 215、西索路、角比西大桥、安贡公安置点等移民项目工程；在西藏侧注重用好国家战略“政治观”，昌都市将苏洼龙水电站作为引领“三江”水电开发的示范工程，在 2016 年 4 月派驻工作组开展了建设环境专项整治活动，取得明显成效；四川巴塘县随后也开展了专项整治，在四川侧细化提出了完成各阶段投资所必备的保障条件，将政府部门应提供的保障措施落实到具体单位和时间点。针对地方参工务工等问题，按照“合理合规、政府主导、市场行为”的指导原则，与两岸政府共同协商形成了管理办法。在现有协调机制下，金上公司与各级政府部门分层级搭建了“务实、互信、高效”的沟通平台，正逐步形成“场内问题，场外解决”的协调模式。

【经营管理】一是围绕“执行力建设年”这一主题，系统性开展了“增强责任心、提高执行力”活动，全面查摆并整改了关于执行落实、工作作风、工作效率、大局观念、服务质量等五个方面存在实际问题，取得了积极成效。二是以建立健全规章制度为抓手，对已完工项目开展后评价工作，再造制度、流程 146 项，制度体系更加契合工程建设实际，开展全员“学业务、用制度”活动，切实增强制度的应用和运用能力。三是以理顺和规范工作流程为抓手，确保公司各项工作实现标准化和规范化。严格按制度、按原则和按程序办事，通过工作流程的固化和规范化管理，使广大干部职工培养良好的工作习惯和严谨、求实的工作作风，杜绝工作的随意性。四是以加强综合计划管控为抓手，进一步提高公司管控水平和能力。严格落实“计划、执行、反馈、监督”的闭环管理机制，同时抓好人员和工作任务的统筹，将每项工作分解到岗、落实到人，形成“人人有任务、层层抓落实”的良好氛围。五是以绩效考核为保障，加强执行监督，按月检查通报公司重点工作完成情况，严格落实奖罚，推动公司各项工作及时、规范、有序开展，月度重点工作完成率同比提高 32%。六是积极践行价值思维，围绕提升项目经济性，全方位、全过程抓好投资控制，提质增效工作取得一定成果。七是大力开展形势任务教育，弘扬文化传承，以劳模工作室为平台，以“师带徒”活动为主要方式，打造水电开发人才梯队，广泛开展“学业务、用制度”活动，全面建设学习型企业。

【党群工作】按照金上公司党组关于开展“两学一做”学习教育的统一部署，昌波分公司切实把握“基础在学、关键在做”的内在要求，以解决实际问题、推动工程建设为实践，检验学习成效。2016 年，开展集中学习和研讨共 33 次，组织开展了“学讲话、找短板、提措施、保截流”活动和“以学促做·推进发展”大讨论，以及“提质增效促发展、我为企业献良策”大讨论活动，收到建议 24 条，采纳 22 条。以“两学一做”为载体，推动全面落实党风廉政建设“两个责任”，明确了各级党风廉政建设责任区域和责任内容，严格执行“三重一大”集体决策制度，切实履行“一岗双责”，持续加大对重点领域、关键岗位和重要环节的廉洁风险防控。针对“四风”回头看和基建全过程审计检查发现的问题，进行了闭环整改。自主立项开展了“非招标采购管理效能监察”和“八项规定贯彻落实和八项费用管理使用情况效能监察”，有效堵塞管理漏洞和防范管理风险。制定并发布了创建文明单位管理办法，以部门为单位常态化开展员工思想教育和精神文明建设，以公司内网、微信群为宣传阵地，利用新媒体持续开展形势任务教育和培育践行社会主义核心价值观系列活动。坚持党建带工建、带团建选举成立了分公司团支部并开展相关工作；持续做好“三力”工会创建，大力推行以职工代表大会为基本形式的企业民主管理，保障职工民主权利。积极开展职工文体活动，丰富职工业余文化生活。落实职工休假、定期体检、疗休养制度，减少高原高寒缺氧对职工身体造成的影响。建成苏洼龙现场医疗服务站，构建职工医疗保障体系，加强对一线职工的人文关怀和心理疏导，开展员工生日慰问，看望慰问生病住院职工及困难家庭活动，凝聚方方面面的强大合力，营造团结和谐的工程建设氛围。

苏洼龙电站导流洞进口施工　　　（金上公司提供）

（谢华平）

华电金沙江上游水电开发有限公司叶巴滩分公司

【企业概况】华电金沙江上游水电开发有限公司叶巴滩分公司（简称叶巴滩分公司）成立于 2016 年 7 月（其前身为成立于 2008 年 4 月的叶巴滩水电站建设公司筹备处，2011 年 10 月更名为叶巴滩电站建设部，2014 年 7 月更名为叶巴滩电站建设公司）。

叶巴滩分公司经华电金沙江上游水电开发有限公司授权，全面负责位于西藏自治区贡觉县和四川省白玉县交界的金沙江干流上的叶巴滩电站的开发建设和运营管理。

叶巴滩电站总装机容量 224 万千瓦（4×51 万千瓦+20 万千瓦环保机组），多年平均发电量 91.60/102.05（单/联）亿千瓦时。

【领导人员】

副总经理（主持工作）：贾忠奇

党委书记：吴昌辉

党委副书记、纪委书记、工会主席：雷大友

副总经理：曾乾礼　申宏波　王道荣

【前期进展】叶巴滩电站如期取得核准批复，前期工作全部完成。一是以项目核准为总目标，及时完成专题设计。认真组织召开年初、年中设计联络会，细化设计工作安排，明确节点目标，统一思想认识，安排专人盯守专题设计，督促设计院加大设计力量投入，确保按期完成各项设计工作，全年排定的社会稳定风险分析等 9 项专题设计工作全部按计划顺利完成编制，为前期工作有序推进奠定了坚实基础。二是抓好各环节沟通，加快专题审批，确保项目如期核准。加大与国家、省、市（州）、县有关部门、水规总院、中咨公司等单位的沟通汇报，提前谋划和衔接落实审查时间，争取各级理解、支持，保证了各专题按计划顺利完成审查：项目《水资源论证报告书》于 1 月通过审批；3 月份取得项目取水许可批复；4 月，取得项目《环境影响评价报告书》批复；5 月，取得项目用地预审意见；6 月，取得项目《移民安置规划报告》两省区批复，接入系统方案通过审查；8 月，项目《工程安全监测方案》《社会稳定风险报告》《节能评估报告》《可行性研究报告》先后通过审查；11 月 10 日，项目申请报告获批，叶巴滩电站取得国发发改委核准批复。项目前期累计取得批复意见 32 项，前期工作全部完成。

【征地移民及地方协调】一是完成电站移民前期全部主线工作。经过上下不懈努力，克服重重困难，先后逐级完成了三县、两市州、两省区及水规总院关于项目《建设征地移民安置规划报告》审查，并于 2016 年 6 月取得批复文件，标志着为期两年半的项目移民前期主线工作全部完成。加快电站征地移民工作，完成叶巴滩移民实施策划和枢纽区移民搬迁，为项目建设移民搬迁工作顺利开展及项目核准夯实了基础。二是完成用地预审工作。积极跟踪协调项目涉及的三县、两市州、两省区及国土资源部，加快项目建设用地预审工作，5 月取得取得了三县、两市州、两省区和国土资源部的用地预审文件。三是积极开展地方协调工作。主动加强与地方的沟通联系，加大与县委、县政府主要领导的经常性沟通汇报，经过多次协调，地方参与电站建设场外和场内运输事宜基本达成一致。充分发挥白玉县叶巴滩电站工程建设协调领导小组作用，开展建设环境专项治理，6 月对乱搭乱建及环境卫生进行集中整治，改善了电站建设环境；9 月开展非法阻工集中打击，对 18 名阻工人员进行强制处理、教育，引导当地百姓理解支持电站建设，建设环境不断改善，促进了工程建设和项目前期有序开展。

【在建工程建设】在建工程奋力推进：巴白路欧帕拉隧道于 2016 年 8 月贯通，洞内除侵限段扩挖衬砌未完成外，其余项目均已完成。220 千伏施工供电工程于 9 月完成线路运检验收、设备安装调试、试验等工作，12 月 8 日投产带电运行；35 千伏场内施工供电一期工程 6 月完工，12 月 12 日投产带电运行。

220 千伏叶巴滩变电站全景　（金上公司提供）

业主营地工程各建筑主体结构施工完成，装饰装修工程基本完成。进场公路工程全线路基开挖、填筑完成 85%，浆砌石挡墙完成 80%，混凝土挡墙完成 40%。降曲河沟水处理工程主排水洞开挖累计完成 2535 米，计划 2017 年 1 月 30 日开挖贯通，临时排水洞工程于 10 月 3 日完工过流。场内低线公路工程 4 号、6 号临时桥建成通车，1 号、2 号公路毛路基本形成，各隧道工程抓紧建设。左岸高线公路及俄德西沟沟水处理工程各隧洞施工有序开展，俄德西沟便道修建 2.7 公里。四川侧炸药库、油库工程均已完成场平施工。

【经营管理】一是全面落实“强基”工作要求。认真贯彻落实金上公司“强基”工作指引，制定印发《叶巴滩分公司 2016 年规范化、精益化、信息化管理和执行力建设工作计划》，部署开展执行力建设和“三化”管理工作。根据“强基”工作指引要求，印发管理制度汇编（2016），开展“学业务、用制度”专项活动，强化日常学习管理，于 11 月开展全员考试。深入推进依法治企，加强对招标文件、合同签订等的法律审核把关，普法工作取得积极进展。二是切实做好信息化建设。认真开展PMIS系统建设，做好信息系统等级保护测评备案及软件正版化相关工作。三是狠抓执行力建设。针对电站项目核准、“三通一平”关键线路工程施工、移民安置规划报告等关键性工作，实施关键目标考核，明确责任人及节点目标，加强月度重点工作和月度专项工作的管理和考核。四是加强资金管理，严控“八项费用”。抓好资金计划管理，提高资金的使用效率；编制印发《费用报销手册》，规范财务工作流程。五是抓好提质增效工作。印发《提质增效工作方案》，督促落实工作任务。六是加强员工队伍建设。全面强化员工教育培训工作，不断加强员工队伍建设。定点开展员工健康体检，建立员工健康档案。七是加强后勤管理。合理调整办公和生活用房，建设完成电站过渡医疗服务站并投用。八是严抓交通安全管理。开展冬季、雨季安全行车专项教育活动，抓好车辆运行和维护管理，强化驾驶员安全教育。

【党群工作】一是全面强化党群组织建设，选举产生分公司党委、纪委。二是深入开展“两学一做”教育活动。创新学习形式，认真抓好教育活动专题党课、专题研讨及集中学习等重点工作，结合实际开展“两学一做，岗位争先”活动、“三带三促”活动和党员干部直接联系群众的“连心”行动。三是落实党风廉政建设两个主体责任。开展“双炼双展一助”活动，完善岗位廉洁风险点防控措施，开展“四风”问题回头看、反腐倡廉宣传教育月活动及“四方铸廉”活动。四是积极开展效能监察工作。组织分公司职工代表对盖玉业主营地管理进度进行效能监察，继续深入开展职工休假管理效能监察工作。五是强化工会工作。选举产生了工会委员会和专门委员会，成立了7个职工兴趣小组；在盖玉营地建立了职工书屋；开展了“每天一万步，健康快乐行”健步走活动。六是加强团组织建设。选举产生分公司团支部组织机构，团组织活动逐步有序开展。七是加强宣传思想工作。围绕分公司中心工作、难点工作开展职工思想动态分析，促进队伍和谐稳定。

（余良权）

华电金沙江上游水电开发有限公司巴塘分公司（拉哇分公司）

【企业概况】华电金沙江上游水电开发有限公司巴塘（拉哇）分公司（以下简称“分公司”）成立于2016年7月，隶属于华电金沙江上游水电开发有限公司，其前身为华电金沙江上游水电开发有限公司拉哇（苏洼龙）电站建设部、巴塘（昌波）水电站建设公司筹备处、华电金沙江上游水电开发有限公司巴塘（拉哇）建设公司。主要负责金沙江上游川藏段巴塘、拉哇水电站的建设管理工作。

巴塘水电站是金沙江上游河段13级梯级规划中的第9级。可研阶段推荐方案枢纽为沥青砼心墙堆石坝。电站正常蓄水位为2545米，相应水库库容为1.547亿立方米，为日调节水库。大坝坝体最大高度69米，总装机容量75万千瓦，多年平均发电量33.93亿千瓦时，电站静态投资81.14亿元。2016年，巴塘水电站已完成预可研，全面展开可研设计工作。巴塘水电站正常蓄水位、施工总布置、坝址坝线枢纽布置、压覆矿产、地质灾害、文物考古、水文站影响评价、水土保持方案、行洪论证、规划符合性论证等专题报告已取得国家相关主管部门批复；两省区审查通过了实物指标调查细则及工作方案，下达了电站“封库令”，已完成实物指标调查工作；已取得移民安置规划大纲批复。巴塘水电站确保2017年完成电站核准。

拉哇水电站是金沙江上游河段13级梯级规划中的第8级。预可研阶段推荐方案为混凝土面板堆石坝。电站正常蓄水位为2702米，相应水库库容为19.93亿立方米，为不完全年调节水库，大坝坝体最大高度234米，总装机容量200万千瓦，多年平均发电量83.64亿千瓦时，电站静态投资259.07亿元。目前，拉哇水电站已完成预可研，全面展开可研设计工作。拉哇水电站正常蓄水位、施工总布置、坝址坝线枢纽布置、压覆矿产、地质灾害、水土保持方案、行洪论证、规划符合性论证等专题已取得国家相关主管部门批复；两省区审查通过了实物指标调查细则及工作方案，并下达电站“封库令”，已完成实物指标调查工作；已完成移民安置规划大纲的编制工作，正在组织审查。拉哇水电站力争 2017 年完成电站核准。

【领导人员及变动情况】

总经理：胥洪远

副总经理：刘强

副总经理：邹高翔

副总经理：胡世奎

纪委书记、工会代主席：谢礼、杨晓东

总工程师：陈家万

2016 年 7 月 5 日，华电金沙江上游水电开发有限公司巴塘（拉哇）建设公司撤销，成立华电金沙江上游水电开发有限公司巴塘分公司，任命胥洪远为华电金沙江上游水电开发有限公司巴塘分公司总经理；刘强、邹高翔、胡世奎为华电金沙江上游水电开发有限公司巴塘分公司副总经理，陈家万为华电金沙江上游水电开发有限公司巴塘分公司总工程师；成立华电金沙江上游水电开发有限公司拉哇分公司，任命胥洪远为华电金沙江上游水电开发有限公司拉哇分公司总经理；刘强、邹高翔为华电金沙江上游水电开发有限公司拉哇分公司副总经理，陈家万为华电金沙江上游水电开发有限公司拉哇分公司总工程师。

5 月，国家能源局副局长刘琦在巴塘营地察看金上川藏段电站展板 （金上公司提供）

2016 年 7 月 5 日，中共华电金沙江上游水电开发有限公司巴塘（拉哇）建设公司委员会更名为中共华电金沙江上游水电开发有限公司巴塘分公司（拉哇分公司）委员会，胥洪远、刘强、邹高翔、杨晓东为中共华电金沙江上游水电开发有限公司巴塘分公司（拉哇分公司）委员会委员，杨晓东为中共华电金沙江上游水电开发有限公司巴塘分公司（拉哇分公司）纪律检查委员会书记。

2016 年 7 月 5 日，华电金沙江上游水电开发有限公司巴塘（拉哇）建设公司工会委员会更名为华电金沙江上游水电开发有限公司巴塘分公司（拉哇分公司）工会委员会，杨晓东为华电金沙江上游水电开发有限公司巴塘分公司（拉哇分公司）工会委员会代理主席。

2016 年 7 月 5 日，谢礼因个人原因提出辞去领导人员职务，免去其原任的中共华电金沙江上游水电开发有限公司巴塘（拉哇）建设公司委员会委员、中共华电金沙江上游水电开发有限公司巴塘（拉哇）建设公司纪律检查委员会书记、华电金沙江上游水电开发有限公司巴塘（拉哇）建设公司工会委员会主席职务。

【年度业绩】巴塘电站：2016 年 1 月取得了巴塘电站施工总布置调整报告审查意见；取得了巴塘水电站行洪论证、水规划符合性论证报告审查意见；3 月，成立了巴塘电站现场设代处，西北院筹建了巴塘电站设代处，并正式入住巴塘营地办公；取得了巴塘电站“三通一平”工程前期工作批复；完成了巴塘电站安全预评价报告审查；4 月，取得了水利部水土保持报告批复；取得了巴塘电站“三通一平”工程林地使用手续；完成巴塘电站环保报告初稿、抗震设计及装机台数调整报告；5 月底完成了巴塘、芒康两县的实物指标补充调查和成果确认工作，6 月完成移民安置规划大纲征求意见稿编制，经巴塘、芒康两县和昌都、甘孜两市州审核、转报，水规总院于 9 月会同两省区相关部门对大纲进行审查后印发了审查意见，10 月下旬取得了两县、两市（州）确认文件。在大纲取得两市（州）确认文件后，条件不具备的情况下，积极协调两县对移民安置规划报告进行审核并取得转报文件，11 月中旬昌都市和甘孜州分别对报告进行了审查并取得了转报文件，12 月 20 日至 22 日，水规总院会同两省区各级政府对规划报告进行了审查。12 月取得长江委水资源报告批复；通过环保部环评报告的审查。全年共取得 20 项专题专项批复。

拉哇电站：2016 年 3 月取得了水利部拉哇水电站水土保持报告批复；成立了拉哇电站现场设代处，中南院筹建了拉哇电站设代处，并正式入住巴塘营地办公；完成了拉哇水电站最大洪水位专题报告审查；取得了拉哇电站三通一平工程前期工作批复；4月，取得了拉哇电站“三通一平”工程林地使用手续；5月，启动四县的实物指标调查工作；9月，完成整个电站实物指标调查工作；11月，完成四县实物指标调查成果确认及移民安置规划大纲芒康、贡觉两县审核工作；12月，昌都市完成大纲审核并取得转报文件；完成大纲白玉、巴塘县审核并转报甘孜州，12月22日甘孜州在成都组织了大纲州级审核；取得长江委水资源报告批复；通过环保部环评报告的审查。全年共取得15项专题专项批复。

【经营管理】合同管理水平逐步提升。该分公司严格按照上级要求，抓好合同管理，及时处理合同遗留问题，降低合同风险，着力造价控制。全年共签订合同23个，金额1839.74万元。

制度管理进一步规范。该分公司按照金上公司《“强基”工作指引》要求，组织进行了全员学习，并按照指引对分公司各项业务流程进行认真梳理，查漏补缺，共完成新增和修编制度144项、业务流程图113幅，对分公司规范化管理提供了有效的制度保证和业务指导。

【党的建设、精神文明建设、企业文化建设】认真开展“学系列讲话、学党章党规，做合格党员”学习教育和“两学一做、岗位争先”主题实践活动。大力加强服务型党组织建设，结合“强基”工作，健全完善相关制度40余项。全面贯彻落实党风廉政建设责任制，督促各级干部履行“一岗双责”，着力加强反腐倡廉教育；加强群团工作，做好“三力”工会创建，推进民主管理、厂务公开和维护职工权益工作，不断增强企业的凝聚力和向心力。

（朱　翔）

中电建水电开发集团有限公司

【企业概况】中电建水电开发集团有限公司（以下

8 月 18 日，荣其富赴乐山片区调研指导工作

（张兵　摄）

简称电建水电开发公司）成立于 2006 年 10 月 20 日，是中国电力建设集团有限公司成员企业，是上市中央企业中国电力建设股份有限公司的控股公司。注册资本金 47.17 亿元。该公司经营范围：项目投资，电力生产，电力设备的销售及技术咨询，电站及电力设备的维修，2016 年 1 月 28 日，增加了技术进出口、货物进出口，并在成都市工商局做变更登记。股东组成：中国电力建设股份有限公司持股 82%、中国电建集团成都勘测设计院有限公司持股 6%、中国水利水电第七工程局持股 6%、中国水利水电第八工程局持股 6%。

该公司按照《公司法》和现代企业管理制度设股东会、董事会、监事会及经营管理层，拥有 4 家全资子公司、12 家控股子公司和 4 家参股公司。总部设在四川省成都市高新区天府二街 139 号，有 18 个职能部门（详见组织机构图）。

2016 年，该公司共有员工 900 人。大学文化程度 476 人，其中：博士 4 人、研究生 60 人；高级以上专业技术职称 134 人,其中，教授级高级工程师 26 人。

项目进度总体可控：浑水塘光伏电站、克州新隆乌恰光伏电站、春厂坝水电站全部投产发电；西昌风电二期 8 月 30 日主体工程开工；杨家湾水电站厂房开挖略有滞后，但进度基本受控。筹建项目有突破：巴拉水电站获得环保部批复；西藏当雄光伏电站 10 月获自治区能源局备案；夏特电站核准并取得中国电力建设股份有限公司投资批复；西昌风电三期可研报告初稿编制完成。资源储备与开发前期工作进度满足四川公司持续发展的需求。

【主要经济指标】2016 年，该公司总资产达 345.43 亿元，完成固定资产投资 21.75 亿元，完成融资（净增加）12.73 亿元，发电装机容量达 301.9 万千瓦，完成发电量 100.06 亿千瓦时，实现营业收入 24.03 亿元。

【领导班子】2016 年，该公司领导班子成员：董事长（法人代表）、党委副书记荣其富，总经理、党委副书记杜学泽，副总经理、党委书记职小前，副总经理罗朝国（兼总会计师）、杨建明、刘万海、杨清（兼总工程师），党委副书记、纪委书记、工会主席李宏伟，副总经理刘运华。（12 月 8 日，中电建股党干〔2016〕78 号文，解聘张跃涛副总经理职务，改任咨询。）

8 月 9 日，职小前赴克州新隆公司调研指导工作

（杨祥慧　摄）

【董事会、监事会成员】2016 年，董事会成员：许贺龙、唐定乾、张维荣、贺昌林、申茂夏、朱素华、荣其富、杜学泽、职小前、李宏伟。监事会成员为：李家俊、陆元务、张元刚、冯正文、金维、张高宏。

2016 年底电建水电开发公司组织机构图

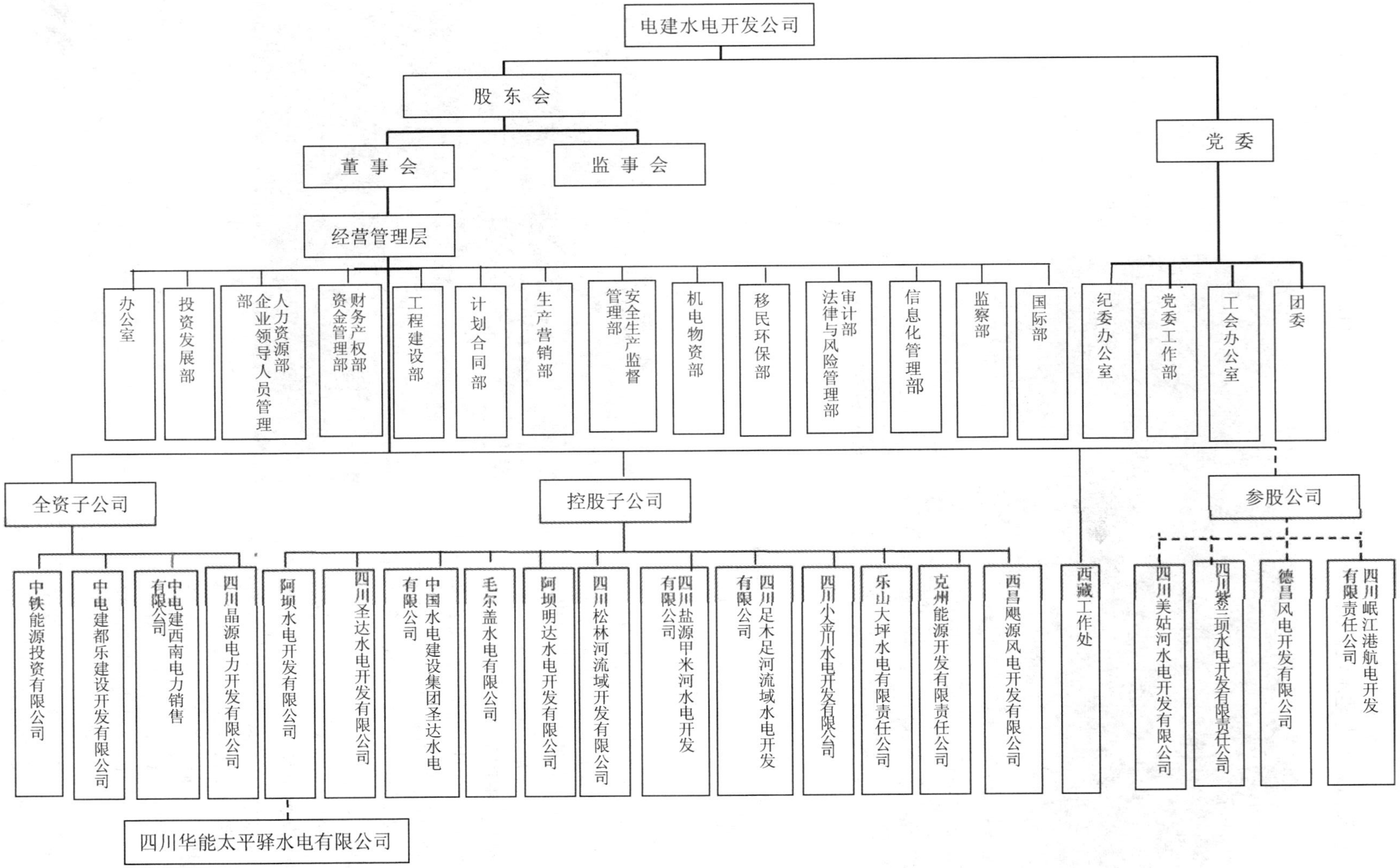

【**重大项目**】2016 年，该公司已建成投产电站 20 个，总容量 301.9 万千瓦。在建项目 2 个，总容量 26.5 万千瓦。筹建项目 13 个，装机容量约 295.7 万千瓦。参股资源权益量约 55.0997 万千瓦。投资业务主要分布在四川省乐山、雅安、阿坝州、甘孜州、凉山州等地，并进入新疆克孜州，筹备进入西藏、青海市场，该公司控股开发水电、风电、光伏总资源量约 1200 万千瓦。

安谷水电站：该电站位于四川省乐山市境内，由中国水电建设集团圣达水电有限公司负责开发管理，装机 4 台 19 万千瓦和 1 台 1.2 万千瓦轴流转桨式水轮发电机组，总装机容量 77.2 万千瓦，2015 年机组全部投产发电。2016 年完成发电 24.83 亿千瓦时。

沙湾水电站：该电站位于四川省乐山市境内，由四川圣达水电开发有限公司负责开发管理。安装 4 台轴流式水轮发电机组，总容量 48 万千瓦，2010 年机组全部投产发电。2016 年发电 13.89 亿千瓦时。

毛尔盖水电站：该电站位于四川省阿坝藏族羌族自治州黑水县境内，由毛尔盖水电有限公司负责开发管理。安装 3 台混流式水轮发电机组，总容量42万千瓦，2012 年机组全部投产发电。2016 年发电 14.25 亿千瓦时。

柳坪水电站：该电站位于四川省阿坝州茂县境内，由阿坝水电开发有限公司负责开发管理。安装 3 台混流式水轮发电机组，总容量 12 万千瓦，2009 年机组全部投产发电。2016 年发电 4.62 亿千瓦时。

色尔古水电站：该电站位于四川省阿坝州黑水县境内，由阿坝水电开发有限公司负责开发管理。安装 3 台混流式水轮发电机组，总容量 15 万千瓦，2009 年机组全部投产发电。2016 年发电 5.40 亿千瓦时。

木坡水电站：该电站位于四川省阿坝州小金县木坡乡境内，由四川小金川水电开发有限公司负责开发管理。装机 3 台混流式水轮发电机组，总装机容量 4.5 万千瓦，2014 年机组全部投产发电。2016 年完成发电 1.72 亿千瓦时。

春堂坝水电站：该电站为沃日河梯级开发中的第四级电站，由四川小金川水电开发有限公司负责开发管理。电站采用引水式开发，主要建筑物包括首部取水枢纽、左岸引水系统和厂区枢纽。拦河坝采用混凝土闸坝形式，最大坝高 21.5 米，装机 3 台混流式水轮发电机组，总装机容量 5.4 万千瓦，设计年发电量 2.379 亿千瓦时。3 号、1 号、2 号机组分别于 2016 年 8 月 2 日、8 月 3 日和 12 月 27 日并网发电。2016 年完成发电量 0.89 亿千瓦时。

大金坪水电站：该电站位于四川省雅安市石棉县松林河流域，由四川松林河流域开发有限公司负责开发管理，安装 3 台混流式水轮发电机组，总容量 12.9 万千瓦，2007 年机组全部投产发电。2016 年发电 4.71 亿千瓦时。

洪一水电站：该电站位于四川省雅安市石棉县洪坝河流域，由四川松林河流域开发有限公司负责开发管理，安装 2 台混流式水轮发电机组，总容量为 8 万千瓦，2009 年机组全部投产发电。2016 年发电 2.33 亿千瓦时。

五一桥水电站：该电站位于四川省甘孜州九龙县九龙河，由中铁能源投资有限公司负责开发管理，安装 3 台混流式水轮发电机组，总容量 13.2 万千瓦，2009 年机组全部投产发电。2016 年发电 4.50 亿千瓦时。

甲米河一、二级水电站：电站位于四川省凉山州盐源县境内，由四川盐源甲米河水电开发有限公司负责开发管理，甲米河一级水电站安装 3 台混流式水轮发电机组，总容量 3.6 万千瓦，2012 年机组全部投产发电。2016 年发电 1.29 亿千瓦时。甲米河二级水电站安装 3 台混流式水轮发电机组，总容量 2.4 万千瓦，2013 年机组全部投产发电。2016 年发电 0.83 亿千瓦时。

11 月 16 日，杜学泽赴克州新隆公司调研指导工作
（杨祥慧　摄）

木坡水电站：该电站位于四川省阿坝州境内，由四川小金川水电开发有限公司负责开发管理。安装 3 台混流式水轮发电机组，总容量 4.5 万千瓦，2014 年机组全部投产发电。2016 年完成发电量 1.72 亿千瓦时。

塔日勒噶水电站：该电站位于新疆柯尔克孜自治州乌恰县吾合沙鲁乡境内的克孜勒苏河中游河段上，由克州新隆能源开发有限公司负责开发管理。

安装4台，单机容量1.25万千瓦混流式水轮发电机组，2015年机组全部投产发电。2016年完成发电1.69亿千瓦时。

柳洪水电站：该电站位于四川省凉山彝族自治州美姑县境内，是美姑河水电规划“一库五级”方案的第四级水电站。由四川美姑河水电开发有限公司开发管理。安装3台混流式水轮发电机组，总装机容量18万千瓦，2007年机组全部投产发电。2016年完成发电量6.91亿千瓦时。

坪头水电站：该电站位于凉山彝族自治州境内，由四川美姑河水电开发有限公司开发管理。安装3台混流式水轮发电机组，总装机容量18万千瓦，2011年机组全部投产发电。2016年发电6.43亿千瓦时。

杨家湾水电站：该电站为小金川支流抚边河水电梯级规划中第四级电站，由四川小金川水电开发有限公司负责开发管理。水库正常蓄水位2574米，具有日调节性能。电站装机2台，总装机容量6万千瓦，设计年发电量2.598亿千瓦时。杨家湾水电站主体工程于2015年4月开工建设，提前实现闸首度汛和二枯截流目标，闸首工程提前完成二枯截流、防渗墙混凝土浇筑及闸门液压启闭设备安装；引水隧洞工程完成隧洞开挖支护10000米，剩余1370米；地下厂房工程完成主厂房第一层开挖及固结灌浆。2016年完成投资1.17亿元，

三叉水电站：该电站系小金川干流(小金段)梯级规划四级开发方案中自上而下的最下游一级电站，由四川小金川水电开发有限公司负责开发管理。电站采用低闸引水式开发。项目由首部取水枢纽、引水系统和厂区枢纽组成。拦河坝采用混凝土闸坝形式，最大坝高14.5米，坝顶高程2254.5米，正常蓄水位2253米，引水隧洞长14.2千米，电站装机3台，总装机容量8.4万千瓦，设计年发电量3.694亿千瓦时。三叉水电站于2014年11月26日获得四川省发改委核准批复，于2016年12月获得四川省发改委核准延期一年的批复，2016年完成投资407万元。

10月，安谷水电站标杆电厂形象面貌　（郑大禹　摄）

大德风电场（西昌风电一期）：该电站位于四川省凉山彝族自治州西昌市安宁河谷黄水乡境内，由西昌飓源风电开发有限公司负责开发管理。总装机容量9.5万千瓦（38×0.25），设计装机等效年利用小时数达2115.2小时，年发电量约2亿千瓦时。于2014年8月8日获得四川省发改委核准，总投资约8.5亿元，于2016年3月10日，38台风机全部投产发电，2016年完成发电1.49亿千瓦小时。

大德风电场（西昌风电二期）：该电站位于四川省凉山彝族自治州西昌市黄联关镇、中坝乡、阿七乡内，由西昌飓源风电开发有限公司负责开发管理。该项目于2015年12月30日获四川省发改委核准。项目总装机容量20.5万千瓦，总投资约17亿元，设计年发电量约4.37亿千瓦时。2016年完成投资7.2亿元，计划于2017年内全部建成投产。

浑水塘光伏电站：该电站位于四川省凉山州盐源县卫城镇境内，由四川晶源电力开发有限公司负责开发管理，电站装机容量3万千瓦，总投资约2.67亿元。项目于2015年5月取得项目备案，同年10月中旬开始施工，12月30日通过项目启动验收首批阵列于2016年1月17日并网发电，于当年3月21日全部阵列并网发电，2016年完成发电量0.42亿千瓦时。

克州新隆乌恰光伏电站：该项目位于新疆维吾尔自治区克孜勒苏柯尔克孜自治州乌恰县西南部，距离乌恰县城约24公里，由克州新隆能源开发有限公司开发管理，总装机容量20.964兆瓦光伏。本项目设计经营期25年，工程总投资18244万元。2016年6月28日投产发电，2016年完成发电622万千瓦时。

【改革发展】一是成立了售电公司，整合营销资源，统一营销体系，构建电力销售平台，加强营销能力建设，将公司业务链由生产端向售电延伸，初步完成售电公司顶层设计和制度体系建设。二是设立了国际部，密切跟踪相关国际潜在水电投资项目，对集团内成员企业开发建设的非洲、南美洲水电项目运维业务进行跟踪。三是组建了中电建都乐建设开发有限公司，着力构建优势多元平台，开拓主业关联多元业务，重点在乐山、西昌推动落实

有关项目。四是研究筹建检修公司，拟定检修公司顶层设计和组建方案,统筹建立新能源项目运维检工作体系，待中国电力建设股份有限公司批复后实施。五是做好压缩管理层级减少法人户数工作。完成了晶源公司的股权整合，晶源公司成为公司的全资子公司。六是电站营运能力提升，四川松林河流域开发有限公司、四川圣达水电开发有限公司、阿坝水电开发有限公司获得电力生产标准化“AAAA”授牌。

【成立中电建西南电力销售有限公司】该公司 2016 年 5 月 31 日在四川省天府新区注册成立，是电建水电开发公司全资子公司，中国电力建设集团有限公司第一家售电公司，注册资金 3 亿元；公司经营范围：电力供应，电网建设，节能技术服务，合同能源管理，互联网技术开发。该公司的成立标志着中国电建集团完成了从电力规划、设计、施工、运营到销售全产业链的打造。

【成立四川晶源电力开发有限公司】该公司 2014 年 2 月 13 日在四川省盐源县注册成立，注册资本金为 3000 万元。电建水电开发公司（持股 80%、控股），中电建新能源开发有限责任公司（持股 20%)。以盐源县境内太阳能资源的开发建设和运营管理为主体。2016 年 12 月 15 日，临时股东会决议中电建新能源开发有限责任公司将持有的所有股权转让给中电建水电开发集团有限公司，成为电建水电开发公司全资子公司，总资产 28812 万元。2016 年 12 月 27 日，并通过盐源县食品药品和工商质量监管局变更登记。

【获得实用新型专利】2016 年 11 月 30 日，由克州新隆公司青年员工顾轩、卢东明申报的“一种水电站保压自加热消防供水系统”项目通过国家知识产权局审核，获国家实用新型专利证书。该项目主要针对寒冷地区水电站消防管路容易发生结冰现象而设计的消防系统，该技术获得国家专利并推广应用，填补国内外在相关领域的空白，杜绝高寒地区管网冻结的可能性。

【党建工作】2016 年，电建水电开发公司党委围绕公司改革发展大局和加快打造质量效益型优秀发电企业的战略目标，全面履行起从严管党治党的主体责任，为实现公司“十三五”良好开局、全面实现年度各项工作目标提供了坚强保证。一是深刻学习领会中共十八大以来的历次全会、党规党纪、习近平系列讲话精神和全国国有企业改革工作座谈会、全国国有企业党的建设工作会精神，以及集团公司党建、纪委工作会精神，强化思想建设，深化理论武装。二是坚持将学习教育作为加强党员教育管理、推动全面从严治党向基层延伸、保持发展党的先进性和纯洁性的重要举措，从严抓好“两学一做”学习教育，有效提升公司全体党员干部的思想认识和党性觉悟。三是持续抓好党的组织建设、班子建设、队伍建设，充分发挥政治核心作用。四是持续抓好反腐倡廉建设和作风建设，认真落实党委主体责任，严格执行“一岗双责”要求，在“两学一做”学习教育中开展“三项整改回头看”专项检查，将整改中好的经验做法，固化为长效机制，促进作风建设常态化、长效化，有效防止问题反弹。五是持续抓好制度建设，不断完善公司法律管理组织体系、制度体系和法律风险防范机制建设，推进依法治企；畅通信息公开通道，建立公司信息公开平台，促进权力的透明公开，强化权力运行规范运行，努力推进公司全面打造阳光央企、法治央企工作。六是坚持党建带群建，充分发挥工会组织桥梁、纽带作用，切实关心青年员工成长成才、激励广大员工创新创效，形成公司发展与职工发展共赢的良好局面。

3 月 7 日，四川圣达公司团委为当地葫芦镇小学捐赠“爱心书屋”
（杨怡 摄）

【反腐倡廉】2016 年，该公司两级党委抓学习教育，做好“两学一做”，强化中学组学习，认真贯彻落实上级精神；抓责任制落实，完善责任清单，落实“一岗双责”，签订责任书，认真考核，完善纪检监察组织体系；抓作风建设，严防“四风”问题反弹，完善制度建设，注重节日监督检查，严肃查处；抓关键事项，落实好监督责任，坚持制度反腐，修订完善制度 14 项。做好效能监察、专项巡检、谈话制度及廉洁风险防控，全年重点监督 24 项，约谈 28 人次。坚持有信必核，严格纪律审查，全年自收信访 2 件、收到上级转办 3 件，办理 5 件，初核 3 次，约谈 4 次。问题线索受理、信访办结、上级转办件反馈等完成率均达到 100%。抓自身建设，持续深化“三转”。加强同级监督，落实好纪委书记述职及对“一把手”“画像”和纪委“双报告”制度。一年来，两级公司领导干部没有违反八项规定行为发生，未发现不廉洁行为；公司党风廉政建设和反腐败工作总体平稳，保持了稳定可控的良好态势。

【扶贫工作】2016 年，该公司党委贯彻落实省委、省政府和集团（股份）公司对扶贫工作的要求，一是突出干部帮扶，坚持择优派选原则，选派专职扶贫县委副书记 1 名，驻村副乡长、第一书记 1 名，确保脱贫力量到位；二是积极协调对接，切实发挥项目投资拉动作用，投资 1200 万元建成色尔古莲花岛防洪堤工程，用真帮实扶的有力举措，推进了脱贫攻坚进程；三是真情实意帮扶，组织干部职工捐款 9 万余元，为联系村贫困群众捐棉衣、棉被 112 套，同时加强对联系帮扶村的 18 户贫困户科学规划，坚持“输血式扶贫”与“造血式扶贫”相结合，有力助推了联系村贫困群众增收致富、早日奔康，为当地经济社会发展做出了应有的贡献。

“两学一做”中的“党员先锋队”“青年突击队”（朱天宇 摄）

【共青团工作】2016 年，电建中电开发公司团委“围绕中心，服务大局”，引领青年员工思想潮流，召开了第一次代表大会，完成换届工作。完成 6 个基层团组织负责人候选人的批复，完善了团组织建设。开展“两学一做·青年行”学习教育活动，织组织集体学习 200 余次。以“提质增效”为主题征文 36 篇。开展了第三届电力生产技能大赛、青年安全生产示范岗创建活动，开展了公司第一届青年论坛，共完成五小创新成果 25 项。

【工会工作】2016 年，该公司两级工会落实职代会制度，发挥职工代表参政议政作用，深化厂务公开和信息公开，积极开展职工代表巡视活动，不断深化职工民主管理；以劳动竞赛为平台，以技术创新为手段，深耕班组建设，强化群众性安全工作，服务公司安全生产经营；以公司十周年纪念活动为契机，开展丰富多彩的主题文体活动，以“成长大讲堂”为媒介，将先进代表带到基层，弘扬模范精神，充分发挥了工会“大学校”作用；注重对职工的人文关怀，积极开展送温暖、送清凉、“五必访”工作，打造“职工幸福之家”；以“完善健全制度、构建长效机制”为主旨，推进工会工作规范化建设，提升两级工会工作人员专业水平、专业能力。

【企业文化】2016 年，电建水电开发公司一是开展“十年成就展”“十年十人”先进评选，以及“水电跨越杯有奖征文”、书画摄影评比、文艺会演等纪念活动调动全体干部职工爱岗敬业、二次创业的激情和活力，促进公司科学可持续发展。二是与公司相关部门联合制定了公司“十三五”时期发展规划的企业企业文化建设相关内容。明确了公司五年内企业文化建设的指导思想、基本内容、总体目标和工作步骤；提出了企业使命、企业愿景、企业精神、经营理念等内容。三是对宣传画册和形象宣传片进行了系统升级，全面展示了公司发展改革成果。四是加强公司诚信建设和品牌建设工作。五是加强了对各子公司企业文化和精神文明建设的指导，贯彻落实公司党委关于加强企业文化建设的整体工作部署，加强企业文化基础载体建设，强化对社会主义核心价值观和公司核心价值理念在各单位的宣传贯彻。

【履行社会责任】2016 年 2 月 23 日“知时节”，中国水电建设集团圣达水电有限公司在大渡河安谷电站的库区开闸放水，灌溉安谷灌区庄稼，使 7000 多亩耕地从此自流灌溉，还同时惠及着超过万亩的原有农田，农业生产带来了历史性、根本性变化。8 月 25 日，四川圣达水电开发有限公司在大渡河安谷、沙湾水电站共计放流胭脂鱼、黄颡鱼、长薄鳅、中华倒刺鲃、白甲鱼等珍稀鱼苗 30 万尾，这是自 2014、2015 年之后的第三次放流，三年共投放 80 万尾。10 月 18 日，毛尔盖水电有限公司库区投放珍稀冷水鱼苗 30 万尾，自 2011 年以来，已累计投放珍稀冷水鱼苗 130 万尾，通过增殖放流活动，对补充和恢复黑水河鱼类种质资源，改善和保护岷江流域水生生物多样性。11 月 9 日，四川小金川水电开发有限公司在春厂坝水电站上游库区开展了鱼类增殖放流活动，共计放流了一万尾齐口裂腹鱼和长须裂腹鱼鱼苗。以上活动是“中国电建”履行央企社会责任，努力推进生态文明建设的重要实践。

（刘元秀）

华能四川水电有限公司

【企业概况】华能四川水电有限公司（以下简称“华能四川公司”）是中国华能集团公司在四川设立的区域公司，主要负责华能集团在四川地区的电力开发建设和生产经营管理，现有注册资本14.698亿元，其中华能集团占51%、华能国际占49%。

1990年5月，华能集团四川分公司成立。2000年7月，华能集团四川分公司与华能国际电力开发公司成都分公司合并重组，名称仍为中国华能集团公司四川分公司。2004年7月12日，改组成立华能四川水电有限公司。公司本部部门设有总经理工作部（信息中心）、计划部、工程部、财务部、生产技术部（采购办公室）、安全与环境监察部、市场营销部、人力资源部、纪检监察部、审计部、党建工作部、实业管理部等12个部门。公司拥有太平驿、宝兴河、东西关、嘉陵江、康定、涪江、明台、巴塘、泸定、新能实业、能源销售等11个子公司，分布在四川省的雅安、绵阳、南充、广安、阿坝、甘孜六个市州。四川公司班子成员现为董事长、党委书记冉群，总经理、党委副书记赵明川，党委委员、副总经理王雄志，党委委员、总会计师熊文武，党委委员、副总经理钏毅民，党委委员、副总经理付维平，党委委员、纪委书记李小联，党委委员、副总经理张文学。截至2016年年底，公司在册职工879人。

华能集团公司副总经理刘国跃在公司调研　（林静　摄）

华能四川公司于1990年开始陆续进入四川岷江、嘉陵江、涪江、宝兴河、瓦斯河、巴楚河、大渡河等流域开发水电。已建成太平驿、雨城、铜头、东西关、明台、青居、小关子、冷竹关、自一里、小天都、硗碛、水牛家、木座、阴坪、宝兴、红岩、古城、拉拉山、飞仙关、民治等20座水电站，装机容量263.1万千瓦，在建水电站1座，装机111.6万千瓦；公司正处于前期和规划的水电站10座，容量114.6万千瓦。

作为最早入川开发电力的中央企业，华能四川公司秉承华能“三色”使命，讲政治、顾大局，实现了与地方经济社会的和谐发展。截至2016年年底，该公司累计发电1500亿千瓦时，上缴地方税收77亿元。华能四川公司是最早进入四川藏区开发水电的电力企业。1990年，率先进入阿坝州，开始岷江太平驿水电站建设；1997年，以“稳藏兴康”的政治责任感，翻过二郎山、跨过泸定桥，进入甘孜州开发瓦斯河流域，为藏区人民送去了光明，促进了藏区经济的发展。该公司投入资金2600万元，实施“哺农惠民工程”，帮助电站周边居民解决住房、教育、交通等实际问题，惠及农民群众5.6万多人。

华能四川公司先后荣获国务院国资委“抗震救灾先进基层党组织”“中国华能集团公司先进企业”“全国电力行业优秀企业”等称号。

【安全生产保持平稳】2016年，华能四川公司积极推进安全生产责任落实，公司系统各级领导班子坚持“三带头、三亲自”，多次深入基层和生产一线调研、检查安全生产工作。深入开展安全大检查，按照“全覆盖、零容忍、严执法、重实效”的原则，认真组织开展春季、汛前、汛中、秋季、冬季安全检查活动，及时排查治理各类安全隐患633项。强化安全生产体系季度检查考核，定期对各单位体系执行情况进行检查评比，发现问题并积极整改，安全管理水平进一步提升。持续深入推进安全生产管理体系建设工作，宝兴河公司和太平驿公司体系工作通过集团公司确认，至此，公司系统各生产单位安全生产管理体系全部通过集团公司确认。加强应急管理，在明台电站举办防洪应急演练，完成四家单位应急预案评审、备案和发布工作，积极推进应急通信系统二期建设，应急保障能力进一步提升。完成太平驿电站下游河道疏通，坝区值守永久住房投入使用。加强检修技改，积极推进太平驿机组技改增容及自一里发电机消缺技改，完成15台机组大修、42台机组小修工作，解决了飞仙关电站正常蓄水等多项问题，机组可靠性进一步提高。加强安全生产管理创新，以涪江公司为试点单位，积极推进远程协同维护项目研究和实施，提高了专业技术人员工作效率，提升了现场设备缺陷处理能力。公司安全生产形势保持平稳，未发生各类事故。康定公司被中国安全生产协会评为“全国安全文化建设示范企业”，水牛家等电站实现全年无非停。

【生产经营攻坚克难】2016年，四川主网装机增长率7.5%，主网用电增长率4%，水电出现首次平水期大规模弃水，全年弃水电量400亿千瓦时，主网水电利用小时数同比下降8%。计划电量大幅减少，市场电量大幅增加，全年市场电量总量约800亿千瓦时，占主网上网电量比例55%。为完成华能集团公司下达的经营指标，华能四川公司积极开拓市场，全力争取政策，积极应对电改，扎实做好电费回收工作。经过不懈努力，公司完成发电量102.74亿千瓦时，同比增加2.65%。

【基建前期稳步推进】稳步推进硬梁包电站建设，截至2016年年底，华能四川公司完成投资11.5亿元。招标文件编制评审等技术准备工作取得成效，完成主体工程土建及监理标等资格预审，完成引水隧洞施工标招标文件编制和评审。积极推进民治电站建设，经过参建各方共同努力，克服了调压室缺陷处理、验收滞后等困难，民治电站3台机组在12月底全部进入试运行，实现了3台机组全部投产目标。积极推进已投产电站的竣工验收工作，完成飞仙关水电站工业卫生、水土保持、环境保护3个专项验收；完成拉拉山水电站劳动安全、工业卫生、环境保护6个专项验收。

【前期项目取得积极进展】2016年，华能四川公司针对后续资源储备不足难题，积极争取相关部门和地方政府支持，清洁能源开发取得了新的进展。积极争取开发光伏资源，以对口扶贫阿坝县为契机，与阿坝州、县政府签订了战略合作协议。根据协议，该公司在阿坝县光伏电站装机容量2020年将达到20万千瓦，计划2017年第一批光伏扶贫项目4万千瓦备案，2018年开工建设，2019年完成投产。积极介入天然气发电项目，与巴中市政府签署天然气发电项目合作框架协议，委托设计院开展了投资机会研究报告编制，根据初步成果，拟规划装机容量90万千瓦，采用热电联产、冷热电三联供方式进行开发。积极跟踪成都市彭州天然气发电项目，与彭州市、中石化达成共识，拟共同开发该地区天然气发电项目。积极探索地热发电项目，与甘孜州康盛地热有限公司达成初步意向。探索开展涪江流域水利规划调整工作，积极协调将铁笼堡电站纳入水利规划。积极应对电力开发政策变化，研究探索巴楚河流域风、光、水、旅游综合开发模式。

【加快推进营销体制改革】2016年，华能四川公司主动适应电力市场化改革，加快推进营销体制改革，成立能源销售公司，实地调研天府新区、彭州、巴中、雅安、金堂、邛崃、泸州等地数十家用户和工业园区，积极参与配电网和分布式能源发展方面相关工作，与多家用户和工业园区达成初步合作意向。

【积极推进机构改革】积极推进公司本部和基层单位机构改革，优化本部职能管理，成立安全环保监察部，优化计划部、工程部、党建工作部、纪检监察部等部门职能设置，撤销移民环保部。全面推进系统基层单位机构定员改革工作，按照“积极推进、稳步实施、成熟一家、批复一家”的总体思路，完成5家基层单位机构定员改革方案制定与批复工作，其中3家单位机构与人员已到位，正在持续优化完善管理流程及部门、岗位职责，另外2家单位机构与人员也将于近期到位。

华能集团公司纪检组长赵建明在公司调研　（林静　摄）

【加强制度建设】制订法治建设实施方案，废改立制度74项。全面风险管理，内控测评与评价工作实现常态化。“三重一大”事项决策管理制度得到较好落实。配合审计署和集团公司审计组完成经济责任审计和专项审计；强化内部审计监督，抓好审计整改，构建长效机制。加强采购招标管理顶层设计，健全采购组织体系，抽调人员设立采购办公室，梳理二级集采分类及范围，降低招标采购限额，加强公司二级集中采购管理。修订完善22个采购管理制度，全面对接集团公司采购管理要求。根据集团公司2016年采购对标结果，公司限额以上采购项目全部实现应招标必招标，应公开招标必公开招标，公开招标率、电子招标率达到100%，其他多项采购对标指标达到先进水平。全年完成采购金额5.47亿元，节约概算1.2亿元。加强三公经费管理，修订完善接待相关制度。保密管理、应急管理等工作得到进一步加强。信息化建设持续推进。新的标准化OA系统、企业门户系统、电子商务平台建成上线，并实现全覆盖；在线经营系统推广力度加大，ERP系统应用广度和深度持续拓展。强化网络安全管理，不断完善信息安全制度，提升应急处置水平，公司网络信息安全工作取得积极进展。

【全面从严治党不断深化】党建工作取得新进展。认真学习贯彻中共十八届六中全会和全国国有企业党的建设工作会议精神，深入学习贯彻习近平总书记系列重要讲话精神，认真落实管党治党责任。认真落实集团公司22项重点任务，完成系统各单位将党建工作要求写入公司章程工作，加强党建力量配备，充实公司本部党建工作部人员，在系统各基层单位独立党建工作部。聚焦党建主业，将党建工作部承担社会责任等职能划转至其他部门。认真开展“四个排查”，召开公司第三次党代会，完成党委换届选举，公司系统基层党组织100%按期完成换届，党费收缴使用管理和党员组织关系更加规范。举办党组织书记、纪委书记和党务骨干培训班，深化党组织书记抓党建述职评议考核，强化党建工作责任制落实。推进党支部规范化建设，深化党员示范行动，开展“领导带党员、支部带班组、党员带职工，促改革、促创新、促发展”的“三带三促”活动。加强党员教育管理，开展重温入党誓词、“爱党知党”党的知识竞赛活动。

华能四川公司召开二届二次职代会暨2016年工作会议
（田园　摄）

“两学一做”学习教育扎实开展。坚持统筹推进，建立组织协调、工作督导、联系基层工作机制。坚持以上率下，各级党员领导干部认真落实中心组学习等制度，集体学习研讨288次，带头讲党课112次。坚持“学做”结合，加强和规范党内政治生活，落实“三会一课”制度，开好领导班子民主生活会和支部组织生活会，开展民主评议党员工作，基层基础工作不断夯实。公司学习教育受到了省国资委党委肯定，省国资委党委以专题简报形式反映了公司学习教育开展情况。

【党风廉政建设深入推进】深入学习贯彻《准则》《条例》等党内法规，落实“两个责任”，完善15项党风廉洁制度，开展纪律谈话325人次。开展企业负责人党风廉政情况和履行主体责任情况评价及纪委书记年度履职情况专项考核工作。深化落实中央八项规定精神和集团公司改进工作作风30条具体要求，完善改进作风25条措施。加强对“三重一大”、选人用人、招投标等重点领域和关键环节的监督检查，开展“四风”问题整改“回头看”等专项检查，深化“三转”，加强纪检监察队伍建设，积极推进纪委书记交流任职，公司系统全年没有发现违规违纪行为。

【干部队伍和人才队伍建设不断加强】选优配强各级领导班子和领导干部，全年调整干部22人。强化选人用人工作程序和工作纪律，修订公司干部管理规定，加强干部监督管理，完成公司党委管理干部人事档案清理，开展干部调研及常态化考核。强化干部个人事项填报管理，加强因私出国（境）证件集中管理。加强干部锻炼，选派12名员工到公司本部和上级单位挂职。积极推进系统基层单位机构定员改革，调整优化基层单位部门设置和定员。加强技术技能人才队伍建设，四川公司聘任3位技术、技能专家，系统基层单位聘任10位技术、技能带头人，建立了技术技能人才成长成才新通道。优化整合现有培训资源，积极推进太平驿实训基地建设，研究确定建设方案，完成机电实训设备采购，有序开展场地和设备设施建设，完成投资金额1336.5万元，实训基地建设取得阶段性成果。

【和谐企业建设取得新进展】认真践行社会主义核心价值观，举办“不忘初心、感恩奋进”道德讲堂活动。以纪念红军长征80周年为契机，开展“三色闪耀长征路”活动。加强职代会建设，召开第三次工会会员代表大会，选举产生第三届工会委员会。持续开展职工之家创建，授予涪江公司“职工之家”称号。开展职工书画摄影展、“传承、创新、跨越”文艺演出等活动。

【履行社会责任，务实做好扶贫工作】根据省委和省国资委安排，华能四川公司承担了两项扶贫任务，一是与四川省审计厅、四川交通投资集团公司共同负责阿坝州阿坝县茸安乡阿斯玖村精准扶贫工作；二是负责凉山州昭觉县碗厂乡团结村对口帮扶工作。该公司向阿斯玖村农业合作社捐赠130万元，支持设立贫困户扶贫基金，帮助建设种植大棚，积极资助贫困户危房改造。该公司投入资金85万元，用于团结村实施村民饮水改善项目和乐古吊桥改建项目，解决859人安全饮水和出行问题。开展“爱心助学，情暖大凉山”活动，号召职工捐款8万元，为贫困村民送去棉被、棉衣过冬物资，为学生送去书包、篮球等文体用品。发挥专业优势，开展产业扶贫工作，协助阿坝县政府编制完成《阿坝县光伏开发规划》，与阿坝县签订《产业扶贫支援阿坝县脱贫攻坚战略合作协议》。扎实做好维稳、信访、统战、团青等工作，企业和职工队伍保持稳定。

【集体荣誉】

1. 华能四川公司荣获中国华能集团公司“2016年度先进企业”称号；

2. 华能四川涪江公司荣获中国华能集团公司“2016年度先进企业”称号；

3. 华能四川公司财务部荣获中国华能集团公司“2016年度先进集体”称号；

4. 华能四川康定公司安生部荣获中国华能集团公司“2016年度先进集体”称号；

5. 华能四川太平驿公司安生党支部荣获中国华能集团公司“四强”党组织荣誉称号；

6. 华能四川嘉陵江公司安生党支部荣获中国华能集团公司“四强”党组织荣誉称号；

7. 华能四川泸定公司团支部荣获中国华能集团公司“2016年度五四红旗团支部”称号

【荣获个人荣誉】

1. 四川公司黄守全荣获中国华能集团公司“四优”共产党员称号；

2. 四川公司杜鹏侠荣获中国华能集团公司“2016年度先进个人称号”；

3. 泸定公司李建荣获中国华能集团公司“2016年度先进个人称号”；

4. 宝兴河公司任伟荣获中国华能集团公司“2016年度青年岗位技术能手”称号；

5. 康定公司毛奇清荣获中国华能集团公司“‘四优’共产党员”称号；

华能硬梁包水电站开工仪式　（崔晋乐　摄）

6. 涪江公司谢江红荣获中国华能集团公司优秀党支部书记荣誉称号；

7. 涪江公司李卫南荣获中国华能集团公司“2016年度优秀共青团员”称号

（翁昌友）

四川华能宝兴河水电有限责任公司

【企业概况】四川华能宝兴河水电有限责任公司（简称宝兴河公司），坐落在四川省的西部城市雅安市，距省会成都120公里，成立于1991年5月，注册资本5.161亿元，负责全面开发宝兴河流域水电项目。2016年，该公司资产总额62.6亿元。

宝兴河公司由华能四川水电有限公司、四川省电力开发公司、雅安市国有资产公司、长江水利水电开发总公司和雅安电力（集团）股份有限公司出资组建，于 1991 年经省发改委批准组建。

宝兴河公司实行董事会领导下的总经理负责制。公司设有 4 个职能部门：经理工作部、安全生产部、财务经营部、基建办公室。公司现有职工 202 人，领导班子成员 5 人：总经理杨友均，党委书记、副总经理、工会主席林光杰，副总经理张兴、左坤，纪委书记吴利燕。

宝兴河公司坚持“建一座电站、保一方水土、富一方百姓”的开发理念，负责统筹宝兴河流域水电站梯级开发。宝兴河公司自成立之初便高度重视电站的自动化控制水平，各电站实现了“无人值班，少人值守”。宝兴河流域开发在全国特别是中型流域梯级开发方面具有示范意义，是全国水电流域梯级开发的先行者。截至 2016 年 12 月，宝兴河公司已建成雨城（6 万千瓦）、飞仙关（10 万千瓦）、铜头（8 万千瓦）、小关子（16 万千瓦）、宝兴（19.5 万千瓦）、民治（10.5 万千瓦）和硗碛（24 万千瓦）共 7 座水电站，总装机 94 万千瓦。

四川华能宝兴河流域梯级电站调度中心（宝兴河公司提供）

【经营业绩】2016 年，宝兴河公司完成发电量 32.55 亿千瓦时，完成年计划的 104.21%，同比上涨 6.06%；实现营业收入 69173 万元，完成年计划的 95.74%，同比下降 6.84%；实现利润总额 10190 万元，完成年计划的 127.65%，同比上涨 3.68%。

【安全生产工作】安全生产管理体系顺利实施，严格以管理体系文件指导公司生产经营活动，进一步提高公司安全生产保障能力，在 2016 年 1 月底顺利通过华能集团公司体系审核确认。该公司在检修技改任务重、电站多、战线长、自然灾害和社会干扰频繁的各种困难下，克服了生产技术人员不足，较好地完成了各项工作。宝兴河公司精心部署，统筹协调民治电站机电安装调试及线路送出工程，倒排工期，加大施工力量投入，顺利完成了民治电站投产发电目标。加强了各站点地质灾害排查及防洪演练，确保防洪物资、应急物资配置到位，做到未雨绸缪、科学备战，提高各站人员抗灾能力。加强了隐患排查及治理工作，以体系文件为指导开展专项检查整治工作，同时进行了月度、节假日定期安全检查，查找隐患并督促落实整改。

【基建项目工作】2016 年是民治水电站投产发电的关键一年，面对投产前任务繁重、交叉干扰多等特点，为保证电站安全、高效地实现发电目标，宝兴河公司着力加强民治水电站工程安全管理力量，抽调公司安监室安全管理人员轮流驻现场开展安全管理工作，牢固树立安全责任意识，认真贯彻“安全第一，预防为主，综合治理”的安全生产方针，切实把安全工作放在一工作的首位，突出重点，深化安全隐患专项整治，加大安全投入，推进安全标准化建设，确保了工程各施工阶段的安全，实现了安全生产形势持续稳定好转。宝兴河公司在四川公司的正确领导下，在参建单位的共同努力下，与发电相关的主体土建工程于 2016 年 8 月全部完建，投产前的移民验收、蓄水验收、消防验收、输水系统验收、和启委会等各项工作也在克服了种种困难的情况下得以稳步推进，最终民治电站 3 台机组于 2016 年 12 月 31 日并网发电。

【2016 年安全生产创造了新纪录】截至 2016 年 12 月 31 日，宝兴河公司 6 座运营电站的安全生产纪录持续刷新，雨城、飞仙关、铜头、小关子、宝兴、硗碛六个电站安全纪录分别达到 7577 天、953 天、7577 天、5936 天、2600 天、3656 天。

【企业管理与企业改革情况】2016 年，为解决了制度和流程与新机构的配套适应问题，对部门职责做了更加细致准确的划分，对人员配备进行了更合理的搭配，宝兴河公司对管理流程制度进行了再造梳理，并编制了机构改革方案，为实现简洁高效、科学有序的管理目标打下了坚实基础。

【职工教育情况】2016 年，宝兴河公司安排外派专业、专项培训共 10 次，共计 32 人，项目包括电力生产班组长培训、调度员培训、电气一次检修培训、热工专业培训、运行电气值班员培训、ERP 系统操作培训、各技术监督专业培训、水轮发电机组值班员技能培训等。各电站认真开展各类技术培训，通过反事故演习、事故预想、设备故障分析及处理、员工考问讲解等形式，提高员工的专业能力，全年累计培训共计947人次。

该公司将2016年新员工培训作为年度重点培训任务来抓。培训伊始，公司即成立了由分管副总经理任组长的培训小组，各部门抽调骨干人员组成培训组，多次召开专题会议讨论、部署培训目标、方案、内容等。培训中，公司分入职培训、入岗培训两个阶段，历时4个月对新员工进行了系统培训。入职培训采用公司技术骨干对生产新员工12人进行集中授课方式，入岗培训采用“师傅带徒弟”模式让新员工跟班学习。

【2016年获得省以上荣誉称号的单位和个人或事项】

宝兴河公司获“四川电力安全生产先进集体”称号；

基建办获“华能四川公司先进集体”称号；

赵付华获“集团公司先进个人”称号；

任伟获“集团公司青年岗位技术能手”称号

王兆明获“四川省国有企业优秀共产党员”称号；

沈兴望获“四川电力安全生产先进个人”称号；

李军获“四川电力安全生产先进个人”称号；

张智文获“四川电力安全生产先进个人”称号；

田斌获“华能四川公司先进个人”称号。

【党的建设和精神文明建设情况】2016年年初完成了上一年度党委书记述职评议后的整改工作，认真开展三项整改“回头看”。主持召开党委会议18次，组织研究公司干部人事调整、纪律谈话方案、厂务公开、优秀推荐等工作。成立了扶贫工作领导小组，召开2次扶贫工作专题会议，3次到宝兴县五龙乡胜利村，实地调研扶贫工作。认真践行“四种形态”下的谈话制度，与公司领导班子成员、部门负责人开展提醒谈话13次。进一步规范畅通员工选拔渠道，公开选拔竞聘中层副职干部和梯调中心值长等重要岗位，对拟提任干部的档案材料和“三龄两历”信息严格审查把关。注重技能人才发展通道，推选产生宝兴河公司技术、技能带头人3名，其中2人被评选为华能四川公司技术专家。认真贯彻落实中共十八大精神，深入学习贯彻习近平总书记系列重要讲话精神，扎实开展“两学一做”专题教育，充分发挥党组织的政治核心作用，严格遵守党的政治纪律和组织纪律，认真落实党风廉政建设责任制，扎实推进惩防体系建设，职工队伍稳定。

（宋　词）

四川华能涪江水电有限责任公司
华能明台电力有限责任公司

【企业概况】四川华能涪江水电有限责任公司（简称涪江公司）于2002年3月在四川省平武县注册，由华能四川水电有限公司和平武县光大国有投资（集团）有限公司分别按95%、5%的比例出资组成，注册资本金18865.2632万元，主要负责涪江上游干流及火溪河水电的开发建设和生产经营。2010年与华能明台电力有限责任公司实现整合，采取“两块牌子，一套班子”管理模式，全面负责华能在涪江流域水电开发建设和管理，现已投产的有明台电站（4.50万千瓦）、自一里电站（13.00万千瓦）、水牛家电站（7.00万千瓦）、木座电站（10.00万千瓦）、阴坪电站（10.00万千瓦）、红岩电站（2.40万千瓦）、古城电站（10.00万千瓦）七座水电站，装机容量56.90万千瓦。公司正致力于涪江干流高坪铺电站（9.20万千瓦）、小坪子电站（10.00万千瓦）和铁笼堡电站（28.00万千瓦）三座水电站的开发建设，全部建成投产后，公司总装机将超过100万千瓦。

该公司设8个职能部门：经理工作部、党建工作部（工会办公室）、财务经营部、生产技术部、运行部、检修维护部、安全与环境监察部、基建办公室，现有职工156人。公司实行董事会领导下的总经理负责制，董事长冉群，总经理、党委副书记朱平，党委书记、副总经理王锦平，纪委书记云晓科，副总经理徐永全、李随德，副总工程师张晓洪。

截至2016年年底，涪江公司装机容量56.90万千瓦，固定资产净值50多亿元，全年发电量21.60亿千瓦时，销售收入近5亿元；实现利润3500多万元，较好地完成了年度目标任务。

【企业管理与企业改革情况】2016年，涪江公司围绕安全生产、经营管理、基本建设等中心工作，不断深化企业管理和改革工作。在上级公司的统一决策部署下，顺利完成人事机构改革工作，将 4 个部门拆分为 8 个部门，使 5 名中层干部得到了晋升、12 人走上了中层干部管理岗位。在改革过程中重点解决了制度和流程与新机构的配套适应问题，对部门职责做了更加细致准确的划分，对人员配备进行了更合理的搭配，对管理流程制度进行了再造梳理，为实现简洁高效、科学有序的管理目标打下了坚实基础。在人才选拔方面坚持述职竞聘，进一步完善了中层干部试用期考核等工作，有效地激发了广大员工当家做主、参与公司民主决策管理的积极性。

涪江公司 2016 年中干岗位述职与竞聘会　（李雪　摄）

【职工教育情况】2016 年，涪江公司按照年初制订的员工培训计划，结合公司实际生产、经营、管理工作需要和工作战线长、人员流动大的具体情况，采用了内部培训和外部培训两种方式进行培训。年累计参加培训 59 项，参加人次 846 人次。其中内部培训 33 项，参加人次 805 人次。外部培训 26 项，参加人次 65 人次，其中管理人员共计 8 人次，生产及专业技术人员共计 57 次。

【取得荣誉】涪江公司获得华能集团公司“2016 年度先进企业”称号；

涪江公司获得国家能源局四川监管办公室“电力安全生产先进集体”称号；

涪江公司获得中国能源化学工会华能工作委员会“职工全员阅读活动先进集体”称号；

涪江公司获得华能四川公司“2016 年度先进企业”称号；

涪江公司获得平武县委县政府“2016 年度支持县域经济发展财税突出贡献企业”称号；

检修维护部获得华能四川公司“2016 年度先进集体”称号；

基建财务党支部获得华能四川公司“四强”党支部称号。

【党的建设和精神文明建设情况】2016 年涪江公司深入开展“两学一做”学习教育，健全基层联系点制度，以党委中心组学习会议带动各党支部积极开展集中学习和讨论。坚持规范组织管理，完成全体党员党费核查和补缴工作，及时充实调整党支部设置，指导团委完成换届选举，落实民主集中制。以多元化活动激发党建工作活力，组织开展了“继承传统 坚定信仰”革命理想信念学习教育、“带党徽 亮身份”等党性活动明确党员身份，以“七一”表彰、“党员示范岗”选树先进典型。

该公司党建部主办、团委承办的“红绿蓝”大讲堂，进一步促进了部门职工彼此之间相互了解，增进了信任，增加了青年员工的组织归属感和集体荣誉感，同时也激发了广大生产战线上员工团结干事的活力，形成了弘扬正气、爱岗敬业的工作氛围。使党委的政治核心作用，党支部的战斗堡垒作用和党员的先锋模范作用得到进一步发挥。

涪江公司继续开展精神文明企业文化建设，大力弘扬华能“三色”企业文化，四川公司“川流不息 笃行致远”，和“团结敬业、科技创新、绿色发展、精品一流” 这一具有涪江特征的企业文化，坚持以人为本，积极倡导“组织讲关怀，职工讲奉献”的文化氛围，充分发挥企业文化建设在指导和促进公司和谐稳定发展中的作用。2016 年，该公司“职工之家”顺利通过四川公司验收。　（杨　沛）

四川华能嘉陵江水电有限责任公司

【企业概况】四川华能嘉陵江水电有限责任公司（简称嘉陵江公司）是华能四川水电有限公司下属流域公司，在嘉陵江流域负责青居水电站和东西关水电站建设管理和生产管理。

华能青居水电站和华能东西关水电站，分别位于嘉陵江干流中段的四川省南充市青居镇和广安市武胜县境内，是嘉陵江苍溪至合川段水电规划十三级开发方案中的第十级和第十一级。华能青居水电站总装机 13.6 万千瓦，设计年发电量 5.9 亿千瓦时。华能东西关水电站总装机 18 万千瓦，设计年发电量 9.55 亿千瓦时，2011 年 8 月开始，陆续对四台机组进行了技改增容，改造完成后总装机增至 21 万千瓦（5.25 万千瓦×4），设计年发电量增至 10.45 亿千瓦时，已于 2015 年 5 月完成全部机组技改，电站总装机达到 21 万千瓦。两个电站均以水力发电为主，兼顾航运，按“无人值班、少人值守”设计。

四川华能嘉陵江水电有限责任公司实行董事会领导下的总经理负责制，设有经理工作部、党建工作部、财务经营部、运行维护部、生产技术部和安全与环境监察部 6 个职能部门。截至 2016 年年底，在职职工 97 人，其中高级职称 20 人，中级职称 43 人。

【领导班子】2016 年，四川华能嘉陵江水电有限责任公司的领导班子成员：

总经理、党委副书记：周尚欣

党委书记、工会主席、副总经理：陈小明

纪委书记：邓树明

副总经理：赵玉明

【安全管理】2016 年，嘉陵江公司安全工作总体平稳，未发生轻伤及以上人身伤亡事故、重大设备损坏事故、环境污染事故、交通事故，没有发生影响企业稳定的事件，确保了企业生产、经营、政治和形象安全。截至 2016 年 12 月 31 日，东西关电站实现安全纪录 7210 天，青居电站实现安全纪录 4602 天。

【经营业绩】2016 年，东西关电站完成发电量 6.97 亿千瓦时，完成年计划的 87.13%；青居电站完成发电量 3.69 亿千瓦时，完成年计划的 83.86%。

【重大事件】2016 年的春冬检修季，青居电站完成 4 号机组和东西关电站 3 号机组 A 级检修项目。

2016 年 8 月 29 日，启动东西关电站山林地（太极岛）开发。按照盘活闲置资产和“一点两翼”的开发思路，各项工作稳步开展，有序推进，已初具雏形。

2016 年 12 月 9 日，该公司股东大会、董事会和监事会在都江堰市顺利召开。

【职工教育培训】2016 年，嘉陵江公司的安全生产培训采取自主培训和外送培训两种形式，自主培训动员公司技术人员授课，包括安全生产管理体系宣传贯彻培训、人身伤亡事故案例分析培训、运行规程及两票管理学习培训、外包工程人员入厂教育培训等形式多样的安全技术培训。外送培训内容包括安全、技术、管理等各种中高级培训，外送培训机构包括集团、行业协会、政府监管部门等单位，培训 300 余人次。

【党建及精神文明建设】2016 年，嘉陵江公司围绕生产经营中心工作，扎实做好党的建设、廉政建设和企业文化建设。一是深入贯彻落实中共十八大六全会精神。认真扎实开展“两学一做”学习教育。在加强和改进自身建设中，带好党员队伍，全面提高职工整体素质。二是狠抓廉政建设，改进工作作风，全面落实中央“八项规定”和华能集团公司 30 条要求。该公司全年未发生违法违纪案件和不廉洁情况。三是积极开展企业文化建设，通过成立太极拳健身班、组织篮球友谊赛等活动，不断丰富职工业余文化生活，增强职工的归属感和认同感。加强职工宿舍公寓化管理和后勤格式化管理，提高后勤保障服务水平和精神文明水平，致力改善职工工作环境，提升职工士气和干劲。

董事长冉群在东西关电站调研　（四川华能公司提供）

嘉陵江公司取得了良好的经济效益，在保障自身发展的同时积极上缴税费，自公司成立以来，陆续累计上缴税收 13.31 亿元。积极响应中共中央“精准扶贫结对帮扶”，反哺库区百姓，为广安市、南充市革命老区的经济发展做出了贡献。该公司先后获得华能集团、华能四川公司、广安市、南充市授予的“安全生产先进单位”“优秀企业”“突出贡献企业”“诚信企业”“纳税大户”“纳税先进”“依法诚信纳税先进”“十大突出贡献企业”等数十项荣誉称号。

（高　原）

四川华能康定（巴塘）有限责任公司

【公司概况】四川华能康定水电有限责任公司（简称康定公司）成立于1997年4月，由华能四川水电有限公司和甘孜州电力开发有限责任公司按6∶4的比例合资组建，全面负责甘孜州境内大渡河支流瓦斯河上电站流域、梯级、综合、协调开发和管理。四川华能巴塘水电有限公司成立于2012年12月，由华能四川水电有限公司和巴塘县国有资产经营管理有限责任公司按6∶4的比例合资组建，全面负责甘孜州境内金沙江支流巴楚河上电站流域、梯级、综合、协调开发和管理。两个公司实行“一套人马、两块牌子”的管理模式。

康定公司实行董事会领导下的总经理负责制。董事长冉群，总经理殷家庆。公司下设安全生产部、经理工作部、基建办公室、财务经营部及安全监察室5个部门。共有员工141名，平均年龄35，其中专业技术人员68人，大学专科以上学历138人，其中研究生以上学历10人。

康定公司现已建成投产电站共2座，总装机42万千瓦。其中，冷竹关水电站装机18万千瓦（3×6万千瓦），拥有220千伏冷临线（169.953千米）、220千伏兴侯北线（34.17千米）、220千伏临兴线（32.5千米）三条输电线路，一座220千伏临邛变电站（15万千伏安），工程总投资为10.68亿元（含送出）；小天都水电站装机24万千瓦（3×8万千瓦），拥有220千伏小雅线（108.426千米），220千伏小冷线（8.323千米）两条输电线路，工程总投资为12.9亿元（含送出）。两电站运行采用流域集中控制模式，控制中心设在成都。巴塘公司拉拉山水电站于2014年12月5日建成投产，装机9.6万千瓦（2×4.8万千瓦），拥有220千伏拉塘线（31.818千米）一条输电线路，设计概算9.68亿元（含送出），电站运行采用流域集中控制模式，控制中心设在成都。

1月20日，四川公司总经理赵明川到公司慰问调研

（俞艺超　摄）

2016年，康定公司发电量18.67亿千瓦时，巴塘公司发电量3.5亿千瓦时；康定公司共争取市场电量10.56亿千瓦时，巴塘公司共争取市场电量2.12亿千瓦时。公司三站全年留州电量共计2.4亿千瓦时，电费回收率100%。

【2016年主要工作成果】

（一）华能康定公司

1．安全生产工作

按照华能四川公司体系实施要求，康定公司积极推行体系考核系统。以体系为主线、以安全生产为载体，有效规范运行调度、设备检修、技术改造、安全监督等重要环节。认真落实整改措施，持续改进体系运作，进一步提高了安全生产管理水平。

2016年，康定公司三站共完成1台次机组大修、12台次机组小修，设备预试、技术改造合理推进；三站共发现设备缺陷426项，消缺397项，消缺率93.1%，切实保障了设备健康水平。公司积极参与四川公司《设备巡回检查标准》研究讨论，将项目成果应用于巡检系统升级改造；结合设备变动情况，组织技术人员及时修订设备图纸和检修规程，有效提高了技术管理水平。

该公司高度重视应急管理工作，建立健全应急管理机构。组织专业人员对综合预案、专项预案和现场处置方案进行讨论修编，进一步完善应急预案体系文件，并积极开展预案评审的前期工作。各电站按计划实施应急演练活动，全年共开展地质灾害、设备故障、人员救援等各类演练27次，参演人员370余人次。公司以电力企业应急能力建设为契机，全面落实组织机构、人员配备、物资保障等环节的工作，不断提升应急处置能力。

2016年，康定公司组织综合及专项安全检查12次、配合华能四川公司现场督查5次，共发现隐患312项，整改完成274项，整改率87.8%，未完成项已纳入整改计划。通过安全检查与整改，有效强化了隐患排查治理的长效机制。为进一步规范生产现场安全监督，该公司制订了《安全生产监督工作实施细则》等制度，明确了依法依规开展安全监督的要求，体现了安全监督服务电站生产的宗旨。该公司还加强拉拉山电站运维外委安全监管，细化外包项目考核办法，确保电站运维工作顺利开展。

康定公司按照地方政府有关部门和华能四川公司关于防汛工作的系列要求，坚持“完善防汛体系、落实主体责任”的原则，积极开展预案报批、防汛值班、信息预警、水库调度、河道巡查、企地联动等方面的工作，为电站防洪度汛提供有力保障。2016年，三站顺利实现安全度汛目标。

2．职工教育培训情况

康定公司坚持高端人才培养与整体技能提升双驱动。该公司制订了《高级技术、技能人才选拔管理办法》，进一步规范高端人才培养选拔机制，1名职工获聘四川公司技能专家。公司对新员工实行“入厂培训、岗前培训和岗位培训”三步走模式，积极推行兼职培训师授课制度。2016年开展各类培训110项、参培人员1830余人次。既提高了职工队伍的整体业务水平，也为公司提供了有力的人才保障。

3．企业管理与改革情况

康定公司制订相关管理制度，明确公务用车、公务接待及差旅费等费用的使用原则及执行标准，从源头上捆紧公费支出的袋子，有效降低管理成本。合理利用国家政策，采取提前还贷及申请下调贷款利率的措施，共节约财务费用约195万元。

切实为员工做好后勤保障工作。该公司围绕“吃、住、行”三方面，不断提升后勤管理和服务水平。认真执行车辆保养相关规定，加强行车安全教育，保持全年交通安全“零责任事故”。

4．党建及精神文明建设

康定公司党委积极贯彻全面从严治党方针，切实履行主体责任，扎实开展“两学一做”学习教育，严肃党内政治生活，加强党内监督，发挥政治核心和领导核心作用，公司管党治党水平得到有效提升。

从全面从严治党的目标任务、抓手载体等方面梳理工作思路，重点抓党委引领、党支部落实、争做合格党员。2016年，该公司制订了《党的建设和队伍建设工作要点》等8项党建制度。积极探索党建工作机制，建立了党建季度工作会、党建季度工作总结计划、党建月度工作报表及简报、党委书记约谈支部书记、以党建带团建等工作机制。

积极探索构建纪委委员、纪检委员两级监督网络，严格执行中央八项规定和集团三十条要求，认真开展“四风”问题“回头看”。设置纪律谈话室，积极开展“四种形态”下的纪律谈话，班子成员共开展谈话23人次。持续抓巡视整改，积极推进干部人事档案专项核查。加强反腐败警示教育和廉洁从业教育，增设举报信箱，畅通监督渠道。

在“两学一做”学习教育中，康定公司按照《党支部日常工作手册》认真开展“三会一课”，已完成3个专题学习讨论、党支部组织生活会、党员党性分析及民主评议，共讲党课11次、集中学习33次、研讨12次。严格执行民主集中制，集体决策重大事项34项。高质量地召开领导班子民主生活会，严肃开展批评与自我批评。坚持正确的用人导向，严格落实“三人酝酿”机制。

切实强化领导班子自身建设，认真开展党委中心组集体学习，深入学习宣传中共十八届六中全会精神，2016年共组织学习13次。鼓励入党积极分子、共青团员及职工骨干参加党支部“三会一课”。

学习借鉴长客股份“可视化”党建经验，积极开展党建品牌创建。强化责任担当，大力推进党员示范行动，以“凝心、聚力、亮剑”为主线，针对公司重点、难点和薄弱点工作，确立党员攻关项目26个、党员责任区6个，178人次党员主动认领责任

（二）华能巴塘公司

1．主要工作情况简述

巴塘公司拉拉山水电站集中“六位一体”的智慧，克服重重困难，以建设期“零事故”，项目验收合格率100%、平均优良率94.67%的优良成绩，安全、优质、高效地实现了与川藏电力联网工程同步投运，成为华能深入甘孜州藏区腹地的第一个水电项目，也是川藏联网工程第一个投产的支撑电源点。

拉拉山电站已完成消防验收、竣工安全鉴定、竣工阶段质量监督、水土保持验收、建设工程区水生生物影响后评价、竣工安全设施验收、职业病防治设施专项验收、竣工环保验收8个专项。拉拉山电站建设期间的所有合同完工结算已于2016年9月完成，竣工决算报告于10月初编制完成并上报四川公司初审。

拉拉山电站水库不具备调节能力，2016年电站弃水约0.97亿立方米，换算电量约0.57亿千瓦时，损失了部分效益。巴楚河流域首级党恩电站，规划

装机 15.8 万千瓦，其水库具有年调节性能。如党恩电站建成投产，能够有效解决下游电站无调节性水库的客观问题，发电效益将进一步改善。2016 年，该公司已委托中南设计院，以电源建设和旅游开发为主要目的，开展党恩电站综合开发的研究工作。

【取得荣誉】

1．公司荣誉

康定公司荣获中国华能集团公司“二〇一六年度先进集体”。

康定公司荣获中共华能四川水电有限公司委员会“‘爱党知党’党的知识竞赛二等奖”。

康定公司荣获国家能源局四川监管办公室“2016 年度电力安全生产先进集体”。

2．集体荣誉

康定公司第三党支部荣获华能四川水电有限公司“‘四强’党组织”荣誉称号。

康定公司安生部荣获华能四川水电有限公司“2016 年度先进集体”。

3．个人荣誉

毛奇清荣获中国华能集团公司“‘四优’共产党员”。

徐钢荣获华能四川水电有限公司“2016 年度华能四川水电有限公司先进个人”。

刘加将、范小波荣获华能四川水电有限公司“2016 年度优秀合理化建议三等奖”。

何虎昌荣获国家能源局四川监管办公室“2016 年度电力安全生产先进个人”。

吕进荣获华能四川水电有限公司“2016 年财务先进个人”。

（潘春虹）

四川华能泸定水电有限公司

【企业概况】四川华能泸定水电有限公司（简称泸定公司）是华能四川水电有限公司的子公司，现有员工 33 人，设经理工作部、党建工作部、财务部、征地移民部、安全与环保部、计划工程部和设备物资部 7 个部门，主要负责大渡河硬梁包水电站前期及建设管理工作。

【硬梁包水电站工程项目】硬梁包水电站是大渡河干流梯级调整规划 28 级开发方案中的第 14 级电站，位于四川省甘孜藏族自治州泸定县境内，坝址距上游泸定县城 25 公里，距成都市约 300 公里，交通便利，建设条件优越。硬梁包水电站开发任务主要为发电，建成后接入四川 500 千伏主网。电站采用低闸长引水式开发，装机容量为 111.6 万千瓦（包括 3.6 万千瓦生态电站），总库容 2074.5 万立方米，与上游双江口水电站联合运行时多年平均年发电量约 51.42 亿千瓦时，建成后每年可创造利税约 7 亿元，是地方经济发展的有力支柱。

硬梁包水电站是华能四川水电有限公司继冷竹关、小天都和拉拉山电站之后，在甘孜州开发的又一个水电站项目，同时也是中国华能集团在川开发的首座百万千瓦级装机的水电站。工程静态投资约 129.40 亿元，工程总投资约 160.98 亿元。主体工程建设总工期为 78 个月。

2016 年 2 月 25 日，泸定公司获得了《四川省发展和改革委员会关于大渡河硬梁包水电站项目核准的批复》（川发改能源〔2016〕25 号），电站项目前期工作取得重大突破。

【2016 年主要工作情况】2016 年，泸定公司工作主要是：在年初实现项目核准的基础上，为尽快实现主体开工的目标，积极协调开展现场征地移民工作，全面开展项目招标工作，有序推进施工准备工程建设，为项目的全面展开打下坚实基础。

1. 招标工作

2016 年，泸定公司全面推进招标工作，先后完成了业主营地勘察设计、德威大堰复建、承包商管理营地、磨子沟治理及炸药库专用道路、主体标（含隧洞及地下厂房）施工资格预审、监理服务资格预审施工等多个项目的招标工作；积极推进引水隧洞工程、厂房枢纽及金属结构安装工程、主体监理服务、建设管理营地场平及磨房沟治理等项目的招标文件编制工作。

年内还完成火工材料、柴油、水泥、钢筋等主要材料招标文件的编制及内部审查；完成环水保监理、水保监测、实验中心、测量中心等服务项目招标文件的初稿编制。此外，还开展了主机招标文件及招标方案的编制，为主体工程顺利开展提供坚强保障。

2. 征地移民工作

截至 2016 年年底，硬梁包水电站完成了约 3231.416 亩土地青苗补偿及已建和在建准备工程项目征占土地清表及交付；完成89户338人周转协议签订；完成17户72人分散安置自主建房协议签订（其中14户已完成房屋建设）；完成9家企事业单位搬迁及房屋拆除工作；分别完成通信线路和电力线路复建工程95%和70%的工程量。店子、二里坝、扯索坝等三个移民集中安置点开展了设计、移民意愿对接等前置工作。

同时，泸定公司积极做好征地移民技术准备和相关手续办理工作。与四川省移民局签订了移民安置协议，协调泸定县政府与成勘院完成移民工程代建协议签订，完成《大渡河硬梁包水电站移民安置独立评估招标文件》编制及与省移民局的联合审查。启动了项目林地报批和土地报征工作，启动土地复垦报告编制工作；林地可研报告通过省林业厅审查，林地使用申请其他相关工作同步进行中。

此外，该公司还积极配合地方政府对《移民人口界定办法》等政策进行了修编；协调泸定县移民局多次组织对地方移民干部和各参建单位进行政策培训；配合移民代建项目部开展了移民代建工程的各项准备工作。

3.施工准备工程

泸定公司有序推进部分施工准备工程的建设，截至2016年年底，完成了5号、6号支洞公路及4号支洞口明挖工程的收尾工作，德威大堰复建工程隧洞段全线贯通，承包商营地工程建筑主体施工全面实施。

泸定公司建设管理团队积极了解和学习国内水电建设的先进经验。2016年4月，组织工程管理人员赴雅砻江两河口水电站和金沙江白鹤滩、乌东德水电站进行了考察调研，深入现场了解大型洞室开挖支护、施工辅助设施选型布置等先进技术经验，学习优秀水电企业在合同、安全及环保等方面的先进管理经验，为硬梁包项目的管理提供了有力帮助。在总结考察成果的基础上，对硬梁包项目工程辅助设施布置、环保设施和监测等均进行了优化；结合硬梁包电站地下洞室规模较大、施工通风要求较高的特点，对国内外先进施工设备、先进工法的应用进行了初步规划，以期将硬梁包电站建设成为国内技术先进、管理领先的优秀项目。

同时，泸定公司不断加强工程管理、安全管理，建立健全制度体系，新建、修编工程管理制度22项，安全管理制度132项，为推进电站建设提供了坚强的制度保障。

【党建工作】2016年，泸定公司继续贯彻落实中共十八大和历届全会精神以及习近平总书记系列重要讲话精神，结合“三严三实”整改、“两学一做”学习教育，严格落实全面从严治党要求，确保党建工作取得实效。

健全了党建工作组织架构，该公司党委、纪委于2016年5月正式成立，并设立了相应党支部。广泛深入开展“两学一做”学习教育，严格落实“三会一课”制度。进一步规范党员管理，排查清理党员组织关系，认真按时完成党费补缴工作。继续深入开展党员示范行动，与征地移民、工程建设、设计优化、制度建设等内容紧密结合，切实推动企业中心工作。继续加强群团工作，召开职工运动会，组织摄影培训，开展主题团日活动。公司建设支部被四川公司党委评为“四强”党组织，1人被评为“四优”共产党员；公司团支部被华能集团评为2016年度“五四红旗团支部”。

泸定公司团支部组织团员到成都市成华区爱慧特殊儿童关爱中心开展志愿服务活动　（吴睿　摄）

在党风廉政建设和反腐败工作中，泸定公司认真贯彻落实党风廉政建设责任制，制定了“两个责任”实施细则和清单，严格贯彻落实中央八项规定和华能集团改进作风30条要求，强化监督执纪。组织党员深入学习《廉洁准则》《纪律处分条例》和《问责条例》。开展了“四风”问题整治情况回头看，切实做好“四种形态”谈话、台账和信息报送等工作，不断提升纪检工作规范化水平。加强对工程招评标工作的监督、检查，加强对重要环节和关键岗位的管控。公司至今未发生任何违纪违法情况。

进一步加强制度建设，不断完善内部管理制度和流程，对党建、纪检、行政、人资、财务、后勤、信息、档案等方面50余项制度进行全面梳理、修编并印发。

完成对泸定筹建处的资产评估，并完成划转至公司的各项手续。配合 6 家国有银行对电站项目进行评审，为项目贷款作积极准备。认真研究“营改增”相关政策，为工程顺利开展打下坚实基础。认真做好内控测评及风险管理工作，进一步促进公司健康发展。实现基建管理信息系统建成和试运行，进一步理顺工程、物资结算管理流程。

（张　晨）

四川华能太平驿水电有限责任公司

【企业概况】 1991 年，由中国华能集团公司、国能能源投资公司、阿坝州人民政府合资修建四川华能太平驿水电站，该电站位于四川省汶川县银杏乡境内，电站安装 4 台水轮发电机组，单机容量 6.5 万千瓦，总装机容量 26 万千瓦。水库库容 92 万立方米，最大引用流量 250 立方米/秒，设计水头 108 米。多年平均发电量 15 亿千瓦时，年利用小时数 6385 小时，保证出力 10.4 万千瓦。电站工程主要包括首部枢纽、引水系统、厂区枢纽和送出线路。

1991 年，太平驿电站被列入国家“八五”计划重点建设工程，于 7 月 1 日正式开工建设，经过紧张施工和艰苦努力，第一台机组于 1994 年 11 月 10 日正式并网发电，最后一台机组于 1996 年 2 月 10 日投产发电。

太平驿电站在建设中得到了国家的殷切关怀和莫大支持，在建期间，全国人大常务委员会委员长乔石、国务院副总理邹家华到电站视察工作，并提出了“水电要滚动、梯级开发”的发展战略，四川省人民政府副省长马麟多次到建设现场视察工作。在领导的关心下，电站建设者努力奋战，只用了 40 个月提前实现第一台机组并网发电，创下了电站建设周期短、投资省、质量好、效益好的纪录。

太平驿电站建成后，为理顺管理体制，提高科学管理水平，1996 年，依照《公司法》对电站进行了改制，由中国华能集团公司、中水集团分别以 60%、40%的投资比例，成立了四川华能太平驿水电有限责任公司（简称太平驿公司），该公司实行董事会领导下的总经理负责制，负责经营、管理太平驿水电站。

太平驿公司成立以来，紧紧以“满发稳发，度电必争、创最佳经济效益”为经营方针，广泛运用先进、成熟，科技水平含量高的设备，努力提高水力发电运行的安全，增加设备的可靠性。该公司按照“少人值守，无人值班”的原则实现了全计算机监控系统远方监控。在经历了 2008 年“5·12”汶川特大地震后，太平驿公司经过艰难的恢复重建，发电能力恢复到震前水平，其后连续多年发电量连创新高。截至 2016 年 12 月 31 日，已累计发电 294 亿千瓦时，年平均发电利用小时和平均等效可用系数等指标在同行业中名列前茅，为企业发展和民族地区经济振兴做出了积极贡献。

【领导班子】 公司现任董事长冉群，总经理陈正刚。

2015 年公司领导班子成员表

表 8

姓　名	职　务	任职时间
陈正刚	总经理	2014 年 1 月—
邓树明	党委书记、副总经理	2016 年 10 月—
黄　金	纪委书记	2015 年 8 月—
庞　飞	副总经理	2015 年 10 月—
李东风	顾　问	2016 年 10 月—
程　洪	顾　问	2013 年 5 月—

太平驿公司职能部门设有：经理工作部、党建工作部、财务经营部、生产技术部、运维部、安全与环境监察部、实训基地 7 个部门。截至 2016 年年底，在职职工 173 人。其中，管理、专业技术岗位 28 人，生产岗位 71 人，服务性岗位 25 人，其他岗位 49 人，职工中具有各类专业技术职称的 71 人，其中高级 12 人，中级 13 人，初级 46 人。

2016 年，太平驿公司在华能四川公司的领导下，认真执行华能集团公司和四川公司工作会议精神，提升管理、和谐发展，面对非常艰难的外部电力市场环境，团结一心，奋力拼搏，保安全、争效益，在安全发电，经营效益，机组技改增容，灾后恢复，安全生产管理体系确认，机构设置及人员定编等方面实现了预定目标，党风廉政建设得到提升，促进了企业和谐、稳定发展。该公司于 11 月 13 日，提前 48 天完成全年发电任务。截至 2016 年年底，太平驿公司完成发电量 15.74 亿千瓦时，为公司全面提升发展能力创造了条件。

【重大工程建设】

1. 完成的主要设备设施修复　该公司根据电站河流泥沙含量大、设备运行环境恶劣的情况，及时开展设备工况调研，摸清设备的安全隐患，确定设备维护和检修项目。先后完成了 2 台机组 AB 修、2 台机组 C 修、主变保护年检及高压电气设备的年检预试；完成了 110 千伏及开关站 220 千伏接地引下线改造工作。针对近年来河道泥沙含量及过机推移质剧增，对水轮发电机组过流部件严重受损的实际情况，公司制定了针对机组过流部件损害的专项预防性检查措施，通过检查，及时发现并消除了 4 号机组水轮机转轮、尾水锥管裂纹、掉块等安全缺陷，确保了机组安全运行。

2. 机组安全隐患整治技改增容改造工作　2016 年该公司把机组安全隐患整治技改增容改造作为重点工作来抓。开年后，该公司统筹兼顾，多管齐下，一方面努力协调地方，于 2 份完成了地方政府备案工作；另一方面在积极调研的基础上，开展机组设备采购招标工作。先后完成了进水蝶阀设备采购及安装、发电机组和主变压器设备采购等，总金额为 1.06 亿元的合同签订。

3. 企业管理与企业改革情况

太平驿公司把安全生产管理体系建设作为提升安全基础管理水平和保障能力的重要抓手，并结合机构设置和定员改革，积极推进安全生产管理体系落地化进程。2016 年 3 月，在华能四川公司的指导和帮助下启动体系建设，按照部门设置、岗位分工、专业分工对安全生产管理体系逐项梳理、检查、修编，不断调整完善。7 月完成 78 个体系文件修编，8 月开展试运行，10 月底完成体系自评价，11 月 21 日，顺利通过华能集团公司专家组现场审核确认。通过体系运行，健全完善了安全管理流程和制度，有效促进了管理方式的转变，提升了管理考核力度，使高效、有序的安全管理逐渐形成。

太平驿公司结合经济形势，认真分析管理上存在的利弊，进一步规范财务制度，加强资金管理的计划性。5 月，为适应“营改增”带来的不确定性影响，太平驿公司提前做好政策学习的功课，积极会同地方税务局对本公司涉及的“营改增”重大项目进行鉴别。涉及项目金额 1800 余万元，有效保证了“营改增”期间公司项目的顺利结算，未发生任何财务经营风险。为强化开源节流、提质增效，该公司清理出低值无效资产，涉及资产原值 103 万元，并按规定流程进行报废处理。

太平驿电站进行 1 号主变压器全停水检修　（王勇　摄）

根据华能集团公司《水电厂机构设置和编制定员标准》的文件要求，太平驿公司成立了人事机构改革工作领导机构，严格按照标准要求开展工作。通过认真梳理以往管理中的难点和遗留问题，对现有组织机构和人员现状进行分析，梳理部门职责分工，对机构设置进行设计与完善，设置了新的岗位体系，编制了部门和岗位的工作标准。太平驿公司机构改革实施方案经四川公司批复同意后，该公司进一步深化了部门分工，完善岗位职责，按照方案程序，按期完成了机构设置和人员选聘到位工作。通过对管理模式进行优化，部门职能更加明确，管理更加精细化，进一步夯实了管理基础，提高生产经营管理水平。

4. 职工教育情况　2016 年结合公司工作实际，从安全生产、生产技术、企业文化等多方面对员工进行了培训。全年开展各类培训共 132 次，参加培训职工共 1898 人/次。

为提升现场人员应对突发事件的应急处理能力，太平驿公司组织了防洪演练现场培训，参加人员达 80 人/次。该公司组织对全体员工进行了拓展训练，开拓了员工视野，员工素质得到了提高。为了高效、高质量完成体系落地修编任务，体系办完成了12班次培训，培训人数达80人/次，体系讲解宣传贯彻达40人/次，为2016年11月26日高分值通过华能集团管理体系审查确认工作，打下了坚实的基础。2016年太平驿公司更加重视生产骨干的技能培训和持证上岗工作，公司组织特种作业（电工）人员复训有41人取证，起重人员复训有7人取证，压力容器人员复训有4人取证,进一步提高了公司员工的技术素质。

5.2016年获得省以上荣誉称号的单位和个人　6月，太平驿公司安生党支部荣获华能集团公司“四强”党组织荣誉称号。

6.党的建设和精神文明建设情况　太平驿公司党委认真落实党建主体责任，严格“一岗双责”，在抓好生产经营管理的同时，进一步提升公司党建工作水平。一是落实主体责任，提高党建工作质量。公司以党委会、中心组学习和党风廉政建设专题工作会的形式，研究部署党建工作，制定《党建工作要点》，对党委委员进行职责分工，明确了党委委员基层联系点。严格“三会一课”制度，制定了《党委中心组学习计划》，确定了中心组学习日，支部学习日。二是加强基层组织建设，发挥党组织的战斗堡垒作用。该公司按照“三分类三升级”的活动要求，对公司三个支部进行调查和定级分类，确定了建设升级目标；在基层党支部开展了党员信息登记、党费清缴整治等基础工作；广泛开展党员示范行动，充分发挥党员先锋模范作用。三是强化党风廉政建设，营造良好的政治生态。公司党委充分利用党委会、党风廉政建设专题工作会，对党风廉政建设进行研究部署。签订党风廉政建设责任书11份，制定了《党风廉政建设监督责任清单》，进一步落实了职责。公司纪委认真执行四种形态谈话制度，先后开展各类谈话15次，约谈人员13人，牵头调查处理群众来信2封，较好的澄清了群众反映的各类问题。为防止“四风问题”反复，建立了“招标采购情况统计表”“三重一大台账”“ 三公经费开支情况统计表”等台账，既堵塞了管理漏洞，又提升了管理水平。四是认真开展“两学一做”，不断提高党员党性意识。该公司认真开展“两学一做”学习教育，充分运用微信、微感悟、微党课等形式，引导党员干部强化自学。结合建党95周年，开展了以重温誓词、党员亮身份、主题党课、重走长征路等为内容的主题活动。通过“两学一做见行动，我为党旗添光彩”活动引导党员在示范活动中做表率，把增强党性、攻坚克难、提质增效等实际工作融合在一起。五是以凝聚人心为着力点，抓好群团组织建设。2016年太平驿公司工会以职代会为载体，以厂务公开为依托，积极拓展民主参与渠道。工会召开3次职代会，向职工代表报告公司生产经营、发展情况，对工会重大问题进行商议，改选了工会主席、华能四川公司工会职工代表人选。工会积极开展各类文体活动，该公司组建的舞蹈队在四川公司“三八”节文艺会演中获得一等奖。结合实际开展了职工拓展训练，加强了职工情感交流。该公司针对大坝职工久住板房，工作环境差的实际情况，加快大坝综合楼修建进度，7月完成建设，彻底改善了大坝职工工作、生活环境。针对开关站住宿楼渗水等缺陷，组织开展了缺陷维修处理，为现场职工营造了一个良好的工作生活环境。公司为特困职工及家属送去生活困难补助1万余元，安排职工体检191人次。工会积极倡导爱心援助活动，号召公司职工向阿坝县贫困农牧民捐款1.207万元。该公司班子成员连续三年承担了汶川县威州镇牛脑寨村贫困农民佘文花的扶贫任务，赢得当地群众和公司职工的一致好评。

（刘小蓉）

四川公司在都江堰组织召开机组技改工作会　（王勇　摄）

国家电投集团四川电力有限公司

【企业概况】国家电投集团四川电力有限公司（以下简称国家电投四川公司）是国家电力投资集团公司（以下简称国家电投）的全资子公司，于2012年6月25日揭牌成立，国家电投四川公司作为国家电投在四川省的对口单位，代表国家电投与地方政府及有关部门进行工作联系，全面负责国家电投在川及其周边区域资产的投资、建设、发展和运营管理，承担国家电投西南区域发展战略和发展布局的重任。

截至2016年年底，国家电投四川公司注册资本金18.96亿元，资产总额83亿元，在建及投产装机容量近100万千瓦，发展和储备装机容量超过500万千瓦，全部为清洁能源。项目遍布川滇黔10余个市州，涵盖水电、光伏、风电，形成“储备一批，开工一批，即将投产一批”的良好态势。

国家电投四川公司积极融入地方经济社会发展大局，全面提升发展速度和质量，扎实推进各项工作，取得了较好的成绩，为四川省经济社会发展做出了应有贡献。国家电投四川公司成立以来，以地方产业规划为引导，结合西南地区资源禀赋及自身发展实际，始终坚持清洁发展战略不动摇，确立了“电为核心、水新并举、清洁发展”战略，以差异化发展为突破口，着力构建起“区域化、流域化、规模化”的发展模式，重点打造位于四川甘孜、阿坝、凉山及贵州黔北的四个百万千瓦清洁能源基地，并辐射周边，带动攀枝花、广元等地联动发展，大力加强西南区域新能源开发。明确提出了“151”战略目标，即“十二五”“十三五”“十四五”规划末，该公司总装机分别突破100万、500万、1000万千瓦。

12月6日-7日，国电投集团公司党组成员、副总经理夏忠前往四川公司调研

国家电投四川公司全体干部员工正在以团结一致，直面挑战，持续奋斗的态度，加快公司健康高速发展，使之成为产业结构合理，管理水平优秀，经济效益明显的清洁能源企业。

【公司领导】

执行董事、总经理、党组副书记	石四存
党组书记、副总经理	李厚新
党组成员、副总经理	周庆葭
党组成员、副总经理	魏　毅
党组成员、纪检组组长、工委主任	张　伟
党组成员、副总经理	谭本刚
党组成员、财务总监	张　玮

【“十三五”发展规划】国家电投四川公司围绕四川省能源发展规划和政策导向，坚持清洁发展思路，“十三五”期间重点在新能源、水电和综合智慧能源等领域发展布局。建设甘孜、阿坝、凉山百万千瓦级清洁能源基地。其中：甘孜州建设水电、光伏互补能源基地，规划装机240万千瓦；阿坝州以毛尔盖流域梯级电站为基础建设水电、风电、光伏发电基地，规划装机198万千瓦；凉山州建设风电基地，规划装机105万千瓦。推动广元、攀枝花清洁能源协同发展，规划光伏、风电装机85万千瓦。在成都及周边开展综合智慧能源项目，促进能源高效利用。发挥产业优势，开展攀枝花等地区开展煤矿采空区等综合治理，建设领跑者技术光伏基地。

【2016年发展情况】凉山：喜德47万千瓦风电已列入国家规划。鲁基、则约9.9万千瓦风电实现投产。红莫、博洛拉达9.9万风电开工建设，预计2017年4月投产。西河6.6万千瓦风电取得核准。甘孜：会同华电金上公司、省能源协会完成了《金上风光水互补清洁能源基地研究报告》。阿坝：开工建设剑科24.6万千瓦时水电站。完成阿坝州新

能源规划，取得150万千瓦新能源开发权。启动红原、若尔盖光伏扶贫项目。其他区域：开展攀枝花煤矿采空区综合治理工作，完成相关规划编制。与广元青川、旺苍县政府签订了战略协议，开展风电前期规划工作。

【扶贫工作情况】在融入四川发展的同时，国家电投四川公司认真履行央企社会责任，承担凉山州美姑县和喜德县扶贫任务，助力大小凉山打赢脱贫攻坚战。结合贫困地区的实际情况，国家电投四川公司按照精准扶贫、精准脱困的思路，“输血”与“造血”并重，累计投入扶贫资金1600万元，着力民生、教育等扎实推进扶贫工作，取得实效。2016年扶贫工作主要体现以下五方面。一是完成美姑县、喜德县贫困户“建档立卡”工作，夯实精准扶贫基础。二是投入扶贫资金600万元。310万元山羊产业化项目、120万元新建吊桥项目、30万元扶贫培训、40万元“救急难”项目、100万元搬迁扶贫项目全部按计划实施见效。三是发挥新能源优势开展产业扶贫。结合当地实际，主动承担地方水电、风电、光伏资源规划开发工作，提升帮扶地区的“造血”功能和自我发展能力。四是择优选派挂职驻村干部，形成结对帮扶，更加切实有效地开展扶贫工作。五是精心谋划“十三五”扶贫工作。在驻川央企中率先完成“十三五”扶贫规划，计划再投入2880万元，保障扶贫工作的连续性和有效性，达到远近结合、标本兼治的效果，得到政府肯定，受到帮扶地区贫困群众欢迎。

【安全生产】坚持“三个任何”的安全理念，充分发挥安委会组织领导作用，严格落实安全生产责任制，以HSE管理提升为抓手，坚持以问题为导向，深刻汲取江西丰城发电厂“11·24”特别重大事故教训，扎实开展各类安全活动和专项行动，有效消除隐患，落实风险防范、预控措施，强化安全教育培训，着力提升安全生产意识，保持了安全生产整体稳定。

强化责任意识。会前引入安全时刻、核安全文化理念宣传贯彻；公司领导坚持安全生产巡视、检查、重大事项到岗、到位；公司全面梳理完善各岗位安全生产责任；各单位结合中小水电专项整治，加强现场安全管理日常工作，发现问题全方位整改。强化制度建设。本部梳理完善安全生产制度，所属单位完成安全管理制度升版，所有电站结合实际完成了运行、检修等规程修编。强化闭环管理。根据安全生产督查整改意见，结合暴露的短板，开展覆盖全公司所有人员、所有项目、所有单位的安全生产专项整治、整顿和大检查，完成整治1175项。强化安全风险管控。结合安健环体系建设，积极推进HSE管理提升；按照集团公司要求设立HSE部、安全总监，抓实“三基”工作，规范“两票三制”“两会一活动”，严格执行“两票”三级审查制度；规范车辆安全管理，全年安全行车23万公里；严格落实汛期应急要求，成功应对青衣江流域10年一遇洪峰，实现安全度汛。

【规范工程建设基础管理工作】根据国家电投集团公司管控思路的调整以及权力清单，按照国家电投四川公司要求及时梳理工程建设规章制度。同时，制定下发了《工程建设管理程序文件》；下发了《关于加强启动验收工作的通知》，规范了并网手续办理流程、工作内容和资料准备。

【加强监督、检查、考核，确保工程安全】一是按照工程安全管理要求，对在建的水电、风电项目进行了日常安全检查及时整改；二是严格落实国家电投集团公司对喜德风电、剑科水电站的安全督查、四川能源监管办对剑科电站的专项安全督查、国家电投集团公司紧急通知要求，以及江西丰城“11·24”事故教训，加强督查和问题整改；三是积极按照国家电投集团公司、四川公司开展的小水电安全生产专项整治工作，制定了工作方案和检查考核细则，并安排检查组对喜德风电、剑科水电站进行安全督导，共查处问题66项，整改完成62项，有效保证了安全生产的稳定；四是严格落实度汛措施，确保安全度汛，对各在建项目制定了2016年度汛方案和超标准洪水应急预案，防洪度汛工作顺利完成。

四川公司2016年工作会议

【构建质量管控体系，加强工程质量监督检查】一是对重点项目委托专业试验、检测机构，对包括原材料、压力钢管焊缝等进行第三方平行检测；对主机设备等实行驻厂监造；从源头上控制好材料、设备质量；二是协调项目公司积极联系四川省、地州市政府质量监督机构对乡城水电项目、剑科水电站、凉山喜德风电项目进行质量监督和检查，从政府层面进行工程质量监督和控制；三是充分利用咨询专家力量，加强设计及重大施工方案审查，完成喜德风电、剑科电站 6 个专题的审查，确保设计质量；四是结合“质量月”、质量监督“回头看”、“施工专项方案”整治等要求，组织专家对鲁基、则约风电、剑科水电站进行质量巡视检查。督办问题整改，形成有效的过程管控。

【强化计划刚性约束】一是落实并下发2016年必投、争投项目进度实施计划，并分解细化了责任和节点目标；二是主动加强与项目公司的协调沟通，及时掌握工程建设动态信息，通过周碰头会、月度工程建设协调会、专题会及时协调工程施工过程中存在的问题；召开专题协调会，着重解决制约工程进度的变更、结算、施工资源配置等问题，为工程正常实施提供了较好的协调保障；三是加强过程控制，严格月度考核。有效促进了现场进度。年内凉山喜德鲁基、则约风电项目实现全面投产。

石四存拜会国家电网四川省电力公司

【严格控制造价】对在建项目设计变更、工程结算、工程合同梳理、处理进行了安排布置，联系第三方造价咨询单位进场进行设计变更的审查。

【生产管理】凉山筹备处风电投产，国家电投四川公司努力开拓发展，积极开发新能源项目，充分开展相关生产准备工作。公司所属风电项目鲁基风电场、则约风电场在克服恶劣的地理环境和气候环境条件下，于 4 月 19 日完成最后一台 16 号风机吊装，7 月 15 日首台机组成功并入系统运行，鲁基风电场、则约风电场是该公司首个投入运营的新能源场站，实现了公司新能源项目的“零突破”。

【部门职能变更】面对电力市场体制改革，电力市场竞争越发激烈，10 月 17 日，经国家电投集团四川公司党组会议研究决定，并经集团公司批复，公司生产技术部调整更名为生产运营部。主要职责涉及生产管理、电力营销管理、科技信息化管理等，公司首次将电力营销工作纳入部门管理职能，完成了由生产到营销全流程管理的职能转变。

【公司防汛工作】国家电投四川公司立足于防大汛、抗大灾、防流域性大洪水、防水淹厂房与防局部暴雨、山洪、泥石流并重，按照《关于进一步加强防汛和地质灾害防治工作的紧急通知》的要求，做好应对极端天气和多重灾害重叠发生的应急准备，切实做好“思想、组织、措施、物资”四落实，“人员、措施、工作”三到位，进一步提高各级人员防汛意识，加强应急预案的演练，提高全面应急处置水平。7 月，雅安龟都府电站所在区域连续频降暴雨，7 月 5 日，水库入库洪峰流量达 8000 立方米/秒，公司启动应急预案，开展防汛应急工作，确保流域洪峰顺利通过，实现了公司 2016 年度安全防汛。

【公司监控中心投运】按照公司“四个有利于”的工作要求，提高生产管控能力，着力开展生产调度系统建设。4 月 1 日，四川公司监控中心成功投入运行，顺利实现对晴朗、龟都府、茶溪、挖黑、铁觉等电站的实时监视，实现电站自动化信息接入国家电投集团监控中心。为实现公司属电站“无人值班，少人值守”的发展奠定基础，对提高工作效率提供了有效的技术保障。

（文中图片由国家电投四川公司提供）（叶　静）

国家电投集团四川公司凉山分公司筹备处

【企业概况】国家电投集团四川公司凉山分公司筹备处（以下简称凉山筹备处）成立于 2013 年 5 月，主要负责开展喜德县境内风能、水能、光电、气电等资源开发的前期及建设、生产、经营管理工作；

负责可河水电站生产运营管理工作；负责凉山州喜德县以外地区的项目发展工作。作为四川公司在凉山区域的管控主体，凉山筹备处全面履行对中电投喜德电力有限公司（以下简称喜德公司）、会东县星光电力有限责任公司（以下简称星光公司）及今后凉山区域发展新设立单位的管理职责，按照“一套人员多块牌子”的区域管控模式运行。

红莫风电场风机图

【项目发展】2016 年，凉山筹备处积极推进凉山地区新能源项目发展建设和水电项目的并购工作，先后促成了四川公司与喜德县政府、会东县政府、冕宁县政府、越西县政府签订战略合作框架协议。现已取得喜德县风电资源开发权，计划总规划装机 88.4 万千瓦，其中 46.95 万千瓦的风电项目列入凉山州风电基地建设“十三五”规划。当前，凉山筹备处已有 8 个风电项目（总装机 39.6 万千瓦）获取省发改委路条，其中鲁基、则约（共 9.9 万千瓦）两期风电项目已投产发电；红莫、博罗拉达（共 9.9 万千瓦）两期风电项目已于 2015 年 7 月核准，计划 2017 年投产发电；西河 6.6 万千瓦风电项目已于 2017 年 2 月取得四川省发改委核准批复，预计今年 9 月开工建设，2018 年年底投产发电。北山 3.4 万千瓦、东河 10 万千瓦、玛果梁子 10 万千瓦风电项目已经完成测风塔的建设，正在开展预可研、可研等前期专项报告的编制工作，计划明后年核准后陆续开工建设，“十三五”规划末投产发电。

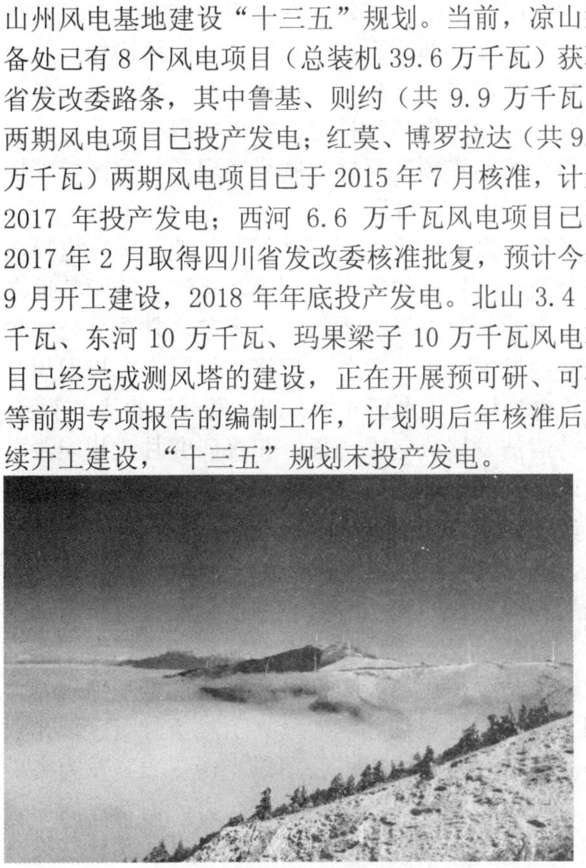

雪中的风机图

【工程建设】凉山筹备处鲁基、则约风电项目（共 9.9 万千瓦）已于 2016 年年底全部实现并网发电，在建的红莫、博洛拉达风电项目，总装机 9.9 万千瓦，已于 2016 年 11 月完成 66 台风机的全部吊装，预计 2017 年 4 月并网发电。四期风电项目装机均为 4.95 万千瓦，采用 33 台 0.15 万千瓦的风力发电机组，各项工程项目正稳步推进。

红莫升压站全貌图

风机基础浇筑图

【安全管理】针对高山风电项目建设的特殊性，凉山筹备处严格贯彻落实国家和国家电投集团内部相关安全管理要求，认真贯彻落实安全生产责任制，从机构设立、制度建设、教育培训、安全检查、隐患整改和应急演练等方面层层落实，及时处理日常检查过程中发现的安全问题，部署各阶段安全生产工作，确保工程建设、风电和水电生产在安全可控、在控的形势下平稳推进。

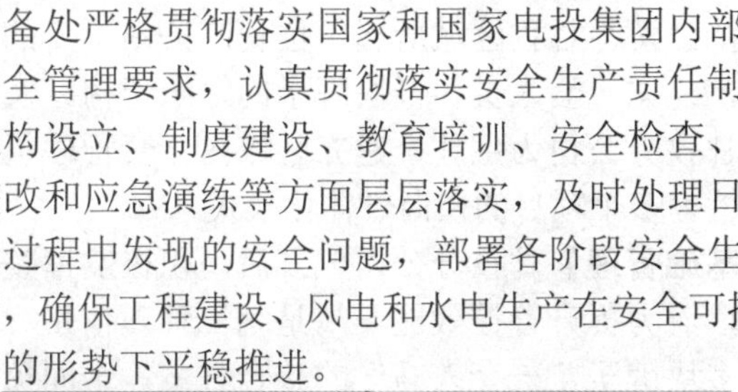

红莫风场风机吊装图

【生产经营】当前，凉山筹备处投运电站为可河水电站和鲁基风电场，总装机容量为17.1万千瓦。其中，可河水电站位于凉山州会东县可河乡境内，电站总装机7.2万千瓦（4×1.8万千瓦）。电站当前正在开展监控、继电保护、直流系统、调度系统的改造，提高电站自动化管理水平，实现“无人值班、少人值守”的管理模式奠定基础。鲁基风电场位于凉山州喜德县境内，总装机9.9万千瓦（66×1.5万千瓦），于2016年下半年并网发电。鲁基风电场220千伏鲁月线于2016年7月15日1时13分并入月城500千伏变电站。鲁基风电场35千伏2号、3号、4号集电线路50台风机于2016年8月20日15时27分至2016年8月30日15时36分通过240小时连续带负荷运行；1号集电线路于2016年11月22日16时50分并入系统，1号集电线路16台风机于2017年1月28日16时20分通过240小时连续带负荷运行。2016年，凉山筹备处累计完成发电量2.45亿千瓦时。其中鲁基风电场累计完成发电量0.35亿千瓦时，机组利用小时数为361.4小时；可河水电站累计完成发电量2.1亿千瓦时，机组利用小时数为2913.8小时。

（文中图片由国家电投四川公司提供）（江明珠）

国家电投集团四川电力有限公司甘孜州分公司

【企业概况】国家电投集团四川电力有限公司甘孜州分公司（简称甘孜分公司）是四川公司在甘孜区域的全资、控股子公司，于2016年7月由国家电投集团四川公司甘孜分公司筹备处(简称甘孜筹备处)、乡城县鸿能电力有限责任公司(简称鸿能公司)、四川中兴电力发展有限公司(简称中兴公司)整合成立。作为国家电投集团四川电力有限公司（简称四川公司）在甘孜区域唯一管理主体，对区域内公司现有和新组建所属单位和发展项目实施统一管理和集约管控。通过现有甘孜区域所属单位组织机构、人员配置、运营管理等整合，将发展、人力、管理等各方面资源集中到甘孜分公司统筹配置。在保持公司与甘孜区域所属单位资产关系不变的基础上，建立一套人员、多块牌子的组织架构。实现了以甘孜分公司为主体，建立区域内一套管理机构统筹管理多个项目的横向一体化模式。

【基础管理】甘孜分公司成立后，积极发挥整合优势，着力提升管控效能。一是统一管理体系。按照“多块牌子，一套人马”的整合方案，全面梳理管理事项，建立统一的框架体系，执行统一管理标准和流程，理顺管理界面，厘清部门与电站之间，各部门之间的职责事权界面，明确各部门及各岗位职责，各司其职，共同推动甘孜分公司各项工作。二是统筹人员调配。对各项目公司的员工进行统筹管理，发挥区域性管控优势，将7名热枯河电站生产骨干人员调配到乡城在建项目进行生产准备工作，将马三电站2名人员和热枯河电站运行人员进行互调，同时分批次从热枯河运行值班长中抽调骨干人员到电站管理岗和分公司管理部门进行培养和轮训，通过岗位练兵，实现了人力资源的优化配置，加强人才队伍建设，为公司改革发展积蓄力量。三是统筹成本管控。集中控制各项成本费用，统一资源配置，合并管理事项，避免重复性管理造成资源浪费，最大程度降低非生产性成本，成本费用较年初预算节约近百万。

在国家电投四川公司党组的正确领导下，甘孜分公司全体干部职工，牢记使命，团结协作，管理融合不断加强，安全生产形势稳定，整合工作平稳过渡，各项工作稳步推进，圆满实现了甘孜区域管控整合的初步预期目标，圆满实现了甘孜区域管控整合的初步预期目标。

【项目开发】甘孜百万清洁能源基地是国家电投四川公司全力打造的四个百万千瓦级清洁能源基地之一。面对甘孜区域激烈的资源竞争，甘孜分公司始终坚持发展为第一要务，严格贯彻国家电投四川公司“电为核心、水新并举、清洁发展”的战略部署，坚持清洁发展战略不动摇，积极研究甘孜州能源发展政策，结合地方发展规划，紧紧抓住甘孜州建设国家级西部清洁能源光伏发电示范基地的发展契机，以光伏资源规划为切入点，主动配合地方政府，先后完成甘孜州光伏综合利用规划及甘孜州南部乡城、得荣、巴塘高原光伏发电基地初步规划工作，启动了甘孜州北部、东部高原光伏发电基地规划编制工作。通过规划编制，掌握了整个甘孜区域光伏资源储备及开发情况。公司以光伏资源开发为突破口，有效利用甘孜分公司整合合力，创新发展模式和合作开发方式，充分发挥国家电投在光伏建设方面的产业优势、管理优势、技术优势和甘孜州地方国企在资源获取方面的条件优势，计划于2017年6月30日前并网发电。

【在建工程】马熊沟二级水电站 马熊沟二级水电站开发任务主要为发电，同时兼顾下游生态环境用水要求。本电站装机2台，单机容量0.325万千瓦，总装机容量0.65万千瓦，年利用时数4488小时，多年平均发电量2917万千瓦时。马熊沟二级水电站2016年1—5月完成电站所有土建及机电、金结安装及调试工作，5月30日，完成送出线路工程。送出线路2016年10月11日得到甘孜州发改委的项目核准批复，11月完成线路验收及质量监督检查验收等工作。

曲堆水电站 曲堆水电站改扩建工程装机1.5万千瓦（3×0.5万千瓦），采用径流引水式开发；设计引用流量为3.21立方米/秒，设计水头563.10米，保证出力3090千瓦，多年平均发电量6986万千瓦时，年利用小时数4657小时。曲堆水电站2016年1—7月完成泄水洞衬砌施工完成；8月全部完成引水隧洞施工及支洞封堵；10月20日完成压力管道土建及钢管安装工作，11月完成升压站设备安装。

然乌沟水电站 然乌沟电站的开发任务是发电，兼顾下游生态用水要求。本电站装机容量2.2万千瓦，设计水头531米，多年平均发电量9966万千瓦时，年利用小时数4530小时。然乌沟水电站2016年1—11月首部枢纽已完成90%（剩余项目与隧洞衬砌有关），引水隧洞开挖支护累计全年完成5480米，完成隧洞总长的84.6%，完成1号—2号施工支洞间底板清理及底板砼浇筑826米；完成调压井开挖，完成岔管及下游支管安装及外包砼施工，完成副厂房结构砼浇筑封顶，主机间结构砼浇筑至屋面下部，完成安装间封顶；完成GIS楼装饰及设备、出线架安装。

【安全管理】甘孜分公司高度重视安全工作，认真贯彻落实国家关于安全生产的管理要求和集团公司安全理念，结合水电安全专项整治、集团公司安全生产督查整改，健全完善安全生产的相关制度和标准，强化安全责任的落实，推进安健环体系建设。公司编制下发了一系列安全文明施工管理相关的规章制度，成立了相关的组织机构，并强化执行。严格执行安全培训、教育制度，不断提升员工安全责任意识，提高全员安全生产意识。针对实际，开展专项检查，加大检查力度，切实落实整改要求。严格奖罚措施，促进安全管理。积极开展HSE管理提升，夯实基础管理。严格执行“两票三制”，提升安全基础。组织集中开展安规考试、加大对违章行为的惩处力度、对“两票”实际执行中违章案例深入剖析。逐步规范“两票三制”执行、管理各个流程，明确“三种人”的安全权责，进一步强化操作、作业过程管理。

【党群工作】完成公司党总支支委组建，深入开展“两学一做”专题教育，不折不扣完成三个专题学习教育，建立了党员示范岗，发挥党员先锋模范作用。坚持领导带头，确保学习教育取得成效。深入学习贯彻习近平总书记系列重要讲话精神，自觉增强廉洁自律意识、坚守廉洁底线。不断深化党风廉政建设，与关键岗位签订《廉洁从业承诺书》，认真贯彻落实中央“八项规定”精神，贯彻执行集团公司“5条禁令、23个不准”，积极倡导勤俭节约、艰苦奋斗的风气，紧抓作风建设。开展集团公司“和文化”宣传贯彻，建立职工书屋，提高员工职业素养。进一步完善员工生活、办公设施，极大地改善员工工作生活条件。举办乒乓球比赛、登山活动，增强员工凝聚力、向心力。进一步树立核心意识。

（尹　茜）

国家电投集团四川电力有限公司雅安分公司筹备处

【企业概况】国家电投集团四川电力有限公司雅安分公司筹备处（以下简称雅安筹备处）于2013年5月成立。根据国家电投集团四川电力有限公司（以下简称四川公司）战略定位，全面负责四川公司在雅安地区资产的投资、建设、发展和管理工作。目前，雅安筹备处管理资产为龟都府电站，装机容量6.3万千瓦。龟都府电站为雅安市雨城区政府招商引资的项目，位于雨城区草坝镇水口村。于2003年10月开工建设，2007年11月首台机组并网发电，2009年4月三台机组全部投运。2011年8月25日并入中国电力投资集团公司（以下简称集团公司）。龟都府电站作为雅安电网的主力电站，担任电网调频、调峰的任务，多年来为雅安地区的经济发展做出了突出的贡献。特别是在“4·20”芦山地震期间，坚持发电，受到了国家能源局的通报表彰。荣获“四川省电力安全生产先进集体”、“集团公司安全生产先进集体”、省、市级“守合同重信用企业”、“四川公司先进集体”、“安全生产标准化达标三级企业”称号。

【2016 年工作概述】2016 年，雅安筹备处紧紧围绕国家电投集团公司“转型发展年”工作大局，以四川公司“质量效益年”活动为载体，坚持“电为核心、水新并举、清洁发展”的道路，以奋斗者为本，不断推动企业稳定、健康发展，全年完成发电量 29567 万千瓦时，实现营业务收入 6681 万元。

【安全生产】强化制度建设，全年新编、修编安全生产管理标准 42 部、应急预案 12 部、事故应急处置方案 39 个。根据设备风险评估成果，组织完成 1、2 号机组导水机构改造。年度顺利度过 2000 立方米/秒以上洪峰 18 次，其中 9 次达到 3500 立方米/秒以上。年度最大洪峰发生在 7 月 5 日，达到了 8000 立方米/秒，与电站投运以来的最高洪峰流量持平。加强生产工程项目管理，坚决杜绝以包代管，强化安全管理。

【经营管理】雅安地区取消峰谷电价及电价下调，公司不再具有冲峰优势和电价运作空间。每月召开经济活动分析会，对比各类数据，查找偏差原因，调整发电策略，加强汛期水位控制，强化与电力公司的沟通协调等方式，增发电量。2016 年发电量完成年度计划的 111.53%，同比增长 15.6%。同时，公司积极开展融资租赁工作，取得投资收益 614 万元。

【项目发展】雅安筹备处在经营好现有存量资产的基础上，转变思维，积极寻找其他地区的项目资源。在雅安周边积极寻找风电资源，目前基本锁定雅安石棉县低风速风电开发，正与县政府保持密切沟通，寻找合适机会介入。与眉山市金象化工产业园区签署综合智慧能源项目开发协议，争取尽快开工建设。

【基础管理情况】制定、修编规章制度 82 部，所有制度、合同均接受律师审核，降低公司法律风险。建立绩效考核体系，绩效向勤奋敬业者、做出贡献者倾斜。同时公开员工竞聘通道，实施岗位动态管理。进行管理人员年中述职及部门季度工作约谈，聚焦各部门及管理人员的不足和短板，有针对性地提出改进意见，提升管理人员科学的工作方法和综合素养。

【党建及精神文明建设】建立健全党组织机构，结合雅安公司实际，设立管理党支部、生产党支部，落实党建责任。按照四川公司党组安排，不断加强员工思想政治教育，党务工作步入正轨。初步建立党风廉政建设和反腐败工作的基本体系，把党风廉政建设和反腐倡廉工作纳入目标管理，突出任务分解、监督检查和考核评价，注重抓好职工廉政教育、突出关键岗位、重点工作的监督管理，有效防控廉政风险。扎实开展“两学一做”学习教育。制定符合雅安公司实际的学习教育实施细则，在全面完成规定动作的基础上，补充学习《论共产党员的修养》《唯物辩证法大纲》《之江新语》等内容；严格党员积分考核，实现党员“三个一”闭环管理。持续宣传贯彻集团公司“和文化”理念，完成新办公楼的建设和搬迁，改善员工工作、生活条件。通过工会平台完成职工书屋、活动场所的建设，组织开展业余文化活动，构建起和谐奋进的企业氛围。

（庞爱民）

国家电投集团四川电力有限公司乐山分公司筹备处

【企业基本情况】国家电投集团四川电力有限公司乐山分公司筹备处(以下简称“乐山筹备处”)位于乐山市境内，全面负责国家电投四川公司在乐山片区资产的生产经营管理工作，管理的两个发电公司（含七座水电站）是国家电投集团四川电力有限公司全资二级子公司,目前总装机容量为 9.56 万千瓦。其中,六座水电站位于马边县境内,装机容量为 9.24 万千瓦，另外,大竹坝水电站位于峨边县境内,装机容量为 0.32 万千瓦。年均发电量近 4 亿千瓦时，总资产 6.4 亿元。下设综合管理部、计划财务部、生产运营部、HSE 四个管理部门，共有职工 133 人，其中领导 3 名，管理人员 18 名，生产人员 112 名。

2016 年，紧紧围绕四川公司“十三五”发展战略，抓机遇谋发展、增效益育人才、抓党建强保障，扎实开展“质量效益年”活动，深入开展“两学一做”专题教育，在安全生产、企业管理、队伍建设等各方面取得了一定的成绩，发电量突破 4 亿千瓦小时，发售电创历史新高，较好地完成了年度目标任务。1人被评为集团公司优秀党务工作者，1人被评为四川公司优秀党务工作者，1人被评为四川公司先进个人。

【安全生产】汲取事故教训，做实安全基础，生产保障能力显著提高。2016年6月19日，挖黑水电站紧急抢修过程中发生一起外来人员意外坠落伤亡事故。面对“6·19”事故，乐山筹备处痛定思痛，正视问题，勇于面对，迅速对事故暴露出的问题举一反三、逐项对照检查，制定切实有力的整改措施，明确责任部门、责任人、层层落实责任，明确整改期限和要求，采用严格手段，确保整治实效；积极开展小水电安全专项整治工作，从人的不安全行为、物的不安全状态和管理存在的问题进行了全面再排查、再整改、再落实，严格隐患闭环管理和分级监控，清晰并动态维护现场风险标示，规范“两票三制”管理，强化过程管控，先后完成了137项安全隐患、问题及不符合项整治，安全基础得到明显加强；在查摆整治过程中，克服时间紧、任务重、资金紧缺的困难，对自己能处理的问题发动职工自己动手，利用职工倒班休息及电站停机时间，进行部分护栏维修、围墙砌筑、坑洞盖板铺设、标识划线、设备防腐刷漆等，极大消除了安全隐患，改善厂容厂貌，职工的主人翁意识进一步得到增强；强化承包商安全管理。严格审查施工方案及“三措”，审查施工作业人员购买人身意外保险，补充安全协议相关规定和要求写入合同条款中，加强对检修、技改工程承包商单位和人员的资质审查、核实，督促各电站审核现场作业人员的素质与承包项目的匹配性，确保外包队伍和人员具备安全施工的能力；严格执行入厂人员安全教育培训、现场安全技术交底及风险告知，由本人签字确认，严格执行进厂作业人员必须经安全培训考试合格后，方可允许进入现场作业，加强外包作业人员的过程监管，明确作业活动区域并有效隔离，强化现场人员管控，无关人员严禁进入生产区域，不得在生产区域随意走动及乱触乱动设备设施；通过各种手段，提高全员安全意识，提高现场风险预控能力，确保安全生产；对个别暂时无法彻底消除的安全隐患，采取加大日常巡查加强风险监控，针对色拉水电站引水渠道安全状态不稳定，建立常态管理，每月组织开展不少于一次渠道全程巡查，观测地基变形及松动情况，做好巡查记录，分析引发坍塌可能性，对发现的危险点做好相应防范措施；加大各电站生产现场安全生产监管力度，进一步规范运行、维护、检修等工作程序，常抓不懈做好防汛、防火、防盗等工作，加强特种设备管理，建立档案，推进使用登记证的办理；加强各电站设备检修、技改和消缺力度，协调处理其中出现的各种问题，确保达到实效，努力提高设备可靠性和自动化水平；及时协调处理各种突发事件，保证了各电站生产稳定。

国家电投四川公司领导一行到电站现场调研检查（郑瑶　摄）

【经营管理】发扬“三千”精神，发售电量创新高。

面对严峻的生产经营形势，乐山筹备处认真研究，采取外争市场，内挖潜力，加大营销工作，力求增量促增效。主动与地方政府、电网沟通建立友好合作关系，跑市场要指标，加强营销工作，千方百计多争取上网电量计划指标。同时，又积极响应，参与马边县政府推行的丰水期富余电量发、用电价格联动政策，使得筹备处丰水期增发电量7648万千瓦小时，有效减少了丰水期电站弃水，售电量同比实现4.78%的增长；强化运行管理，做实指标考核。充分研究利用月计划±12%上网考核规则，紧盯日负荷，积极与调度沟通协调，准确把握信息，及时调整机组运行方式，做到度电必争；认真研究分期分段电价变化，充分利用茶溪电站具有日调节能力库容，采用优化水库运行调度，在不发生弃水的前提下，多发峰、平段电量，最大限度减少因高峰低谷上网不匹配引起的考核拒购电量；克服困难，积极采取措施减少电站弃水，主汛期色拉电站引水渠两次垮塌全站停机、铁觉电站1号发电机转子绝缘损坏造成停机，正值电站发电的黄金季节，电站的停机对公司发电影响很大，乐山筹备处在四川公司大力支持下，及时组织抢修，在确保安全质量的前提下以最短时间恢复了电站发电，最大限度减少了电站弃水；充分利用条件增加直供，做好电费回收风险防范工作。利用峨边大竹坝电站的地理优势扩大直供电范围，全年实现直供电量 194 万千瓦时，同时为降低直供电费风险，对直供用户电费采用预付方式，使电费结算、回收均达到 100%，实现了下属的峨边公司扭亏为赢；加强设备日常维护，提高安全运行水平。抓好设备消缺管理，加大对重点部位的缺陷实时跟踪，做到缺陷故障及时发现、及时处理，全力做好设备维护消缺工作，提高设备健康水平，为抢发多发奠定基础。

【管理提升】2016 年，扎实开展“质量效益年”活动，提高全员成本意识和责任意识，制定管控措施，建立完善各类台账，抓好督促落实检查，严格预算和成本控制，严控“三公经费”等非生产性支出，坚持预算的刚性；全面梳理并修编完善机构职能和岗位职责，增设HSE部，健全内部管理体系，有效促进管理提质增效；成立检修维护班，设置 14 个岗位，明确职责范围，通过专业化管理提高维护检修队伍的能力和水平；全面推行绩效考核，建立完善筹备处综合业绩考核体系，出台《绩效考核管理办法》，强化考核执行力度，严格考核，兑现奖惩，充分调动员工工作积极性；完善企业法人治理结构，完成马边四个公司股权整合，优化内部资源配置，降低管理成本；搭建公司 OA 系统办公平台，建立表单 23 份，在各电站推广应用，实现无纸化办公，提升管理效率；编制规章制度框架体系及 2016 年制度建设计划，升版管理制度 116 部，修编运行规程 7 部，全面持续开展制度宣传贯彻和制度执行力建设活动。

【党建、廉政建设】深入开展“两学一做”学习教育，组织党员进行了 4 次集中学习，五个党支部共开展 12 次党课，促进广大党员不断增强党性意识、纪律意识、规矩意识；抓好抓实党建工作，做好党建标准化检查考评工作；认真开展党员信息统计排查工作，核查党员身份信息，开展党费清缴工作，进一步理顺了组织关系，夯实了党建工作基础；扎实开展反腐倡廉宣传教育月活动，组织观看专题教育影片，在重点节假日编发廉洁信息提醒，组织开展廉洁从业承诺，签订家庭助廉公约，建立监督台账，监督机制不断完善；建立关心困难职工台账，全年开展送温暖、送清凉等慰问活动 5 次，慰问困难、生病住院职工 11 人，发放员工生日慰问卡 133 份；深入开展“文化、创新、安全、关爱”四大行动，在所属电站建立启用“职工书屋（架）”4 个，藏书 800 余册；有序推进工会组织筹建工作，成立了管理分工会等 6 个分工会并选举产生第一届工会委员会。

【队伍建设】大力宣传贯彻、加强融合，促进“和文化”落地生根。年初发放《我们的方向》《文化之道》等员工企业文化读本供员工自学，张贴“和文化”宣传海报，并组织本部全体干部员工开展“和文化”宣传贯彻培训。观看了集团公司《有文化就有未来》视频专题片，深入学习领会了集团公司领导关于企业文化建设重要讲话精神，观看了集团公司以大量案例和企业实际深入浅出地对“和文化”进行详细解读的视频；以书屋建设为载体，有序提高员工综合素质，倡导“奋斗者”精神，调动员工工作积极性、主动性和敬业精神；采用内外部培训、师带徒等多种形式展开培训，组织完成列入计划内的培训项目 11 项、计划外培训项目 12 项，让员工走出去，把师傅引进来；结合实际，制定并分步实施通用工种人员转岗分流，经培训考试合格，已顺利转岗 2 名；结合公司新能源及综合智慧能源、电力体制改革等新形势，组织开展相关业务培训；完成了管理人员安全资格证 17 人次、特种设备作业人员 12 人次的培训和考试取证工作，达到持证率 100%；全年培训达 247 人次。加强干部队伍建设，实施岗位动态管理，建立员工竞聘通道，在筹备处全范围公开竞聘岗位 6 个，全年员工晋升 6 人，降岗 2 人；先后选派 3 名优秀人员上挂四川公司学习，3 名生产人员上挂本部学习锻炼，1 名生产人员评选为国家电投四川公司 2016 年度先进个人。

建立健全工会组织，成立了管理分工会等 6 个分工会，选举产生第一届工会委员会　　（郑瑶　摄）

（张　艳）

四川中水能源有限公司

【企业概况】四川中水能源有限公司（以下简称“中水公司”）成立于2010年3月，是国家电投集团四川电力有限公司（以下简称四川公司）所属控股企业。2013年8月，中水公司完成四川兴鼎电力有限责任公司（以下简称“兴鼎公司”）100%股权收购。

按照国家电投三级管控模式，中水公司、兴鼎公司实行“一套人马、两块牌子，一体化运营”管理模式，全面负责阿坝州毛尔盖河流域水电项目基本建设与生产经营管理。公司员工101人，按照国家电投四川公司设立安全监督部门的要求，在公司生产技术部安全监察与环境保护室的基础上，成立公司HSE部。现本部部门设置有综合管理部、计划经营部、财务部、生产技术部、工程管理部和HSE部六个职能部门。生产技术部下辖4个生产室（中心），负责投产水电站生产运营管理和后续投产水电站的生产准备工作。

【项目简介】毛尔盖河流域位于阿坝州松潘县、黑水县境内。流域干流水电项目为“一库三级”梯级开发，自上而下依次为剑科水电站、晴朗水电站、西里水电站，总装机容量50.1万千瓦。

剑科水电站

该电站位于阿坝州松潘县境内，为毛尔盖河干流梯级开发自上而下的第一梯级“龙头水库”电站。水库有效库容1.146亿立方米，具有年调节能力。电站装机容量24.6万千瓦（3×8.2万千瓦），引用流量57.4立方米/秒，多年平均年发电量9.09亿千瓦时。在四川电力系统中可承担部分调峰、调频和事故备用任务，对下游梯级电站有较强的补偿调节作用，形成毛尔盖流域的整体优势。工程动态总投资26.71亿元。2012年9月取得项目核准，列入四川省重点建设项目，进入主体工程建设。

晴朗水电站

该电站位于四川省阿坝州黑水县境内，为毛尔盖河干流梯级开发自上而下的第二梯级电站。电站装机容量18万千瓦(3×6万千瓦)，水库有效库容14.71万立方米，具有日调节能力。电站多年平均年发电量为8.024亿千瓦时(单独)/ 8.981亿千瓦时(联合)。2008年11月取得项目核准，正式开工建设，2011年2月建成投产。

西里水电站

该电站位于四川省阿坝州黑水县境内，为毛尔盖河干流梯级开发自上而下的第三梯级电站。电站装机容量7.5万千瓦（2×3.75万千瓦），多年平均年发电量3.239亿千瓦时(单独)/3.613亿千瓦时(联合)。2008年取得前期工作路条。

【安全生产管理】中水公司研究部署安全生产重点工作，签订安全生产目标责任书，落实安全生产责任。修编发布安全和职业卫生管理制度27部。修订完善应急抢险预案，开展双盲应急演练3次，消防实战演练活动1次。及时落实集团公司安全督查整改、省能监办安全大检查相关要求，认真实施水电安全专项整治。分别梳理形成生产、基建领域安全检查表单，实现安全监督检查表单化、标准化，形成安全生产长效机制。生产领域完成整改158项，完成率95.8%，基建领域完成整改118项，完成率97.5%。推进HSE管理提升，认真实践HSE管理工具，开展核安全文化宣传贯彻，严格落实“两票三制”和反习惯性违章，公司安全生产管理逐步提升。截至2016年12月31日，晴朗电站安全运行2163天，剑科电站未发生安全事故。

【经营管理】积极探索清洁发展道路，开展毛尔盖流域水光互补规划。主动应对电力市场的新变化新情况，认真分析市场化电量政策，通过走访直购电客户，外送电交易平台竞牌，锁定留州电量等方式，获取市场交易份额。汛前完成晴朗电站永久送出工程改接，为多发满发奠定基础。加强营销力量，全员参与营销，与省调等部门形成多层次、多层面人员密切对接，尽最大努力争取临时负荷。合理利用小水库有限库容增发电量，做到度电必争。全年完成发电量51588万千瓦时。强化预算管理，控制生产成本，压降三项可控费用。利用低息债券置换晴朗电站项目贷款，优化负债结构，减少利息支出。协调设计单位进行工程设计复核，开展剑科电站导流洞尾水消力池等项目设计优化。积极研究营改增税收政策，争取工程建设更多进项税留抵，降低工程造价。

【项目建设情况】完成剑科水电站首部枢纽完成右坝肩及右岸副坝3200米以上开挖支护，左岸坝肩3260米以上开挖。引水隧洞开挖完成1795米，压力钢管制作完成654吨、安装完成413吨。完成1号机组蜗壳（座环）、机坑里衬安装及2号机组锥管安装。永久征地指标获取国土部门批复。

【党建、廉政建设】经国家电投四川公司党组批准，增选中水公司党委委员。对党支部进行调整，成立经营、生产、基建三个党支部。成立公司工会，组建三个分工会，完成会员登记，选举职工代表和工会组织机构，完善工会组织建设。成立了公司纪委，选举了纪委书记、委员。认真梳理党群管理制度，形成比较完善的党群管理制度体系，促进公司党群工作规范化管理。狠抓党风廉政建设，落实党风廉政建设"一岗双责"，严格执行八项规定、"五条禁令，23个不准"及集团公司、四川公司各项要求，关键岗位签订《从业廉政承诺书》。梳理历史遗留问题、工程建设、物资采购、资金管理等重点领域和关键环节的全过程监督。建立中心组学习制度，组织自学和定期集中学习。按照中共中央、各级党组织要求，认真开展"两学一做"学习教育，不折不扣完成三个专题学习教育，开展党员示范岗活动，充分发挥党员先锋模范作用。开展集团公司"和文化"宣传贯彻，建立职工书屋，提高员工职业素养。

【基础管理工作】全面推进标准化建设，完成标准制定发布工作，应用电投集团公司标准化信息平台，将标准与制度融合。加强依法治企，充分利用法律手段，解决遗留问题。修订"三重一大"决策实施办法，进一步规范领导班子决策行为。全年召开决策会议26次，审议议题118项。严格按照干部选拔任用要求，选拔任用三名中层干部，对试用期满干部进行考核；通过岗位公开竞聘，补充两名关键管理岗位人员。强化工作督办，推行重点工作绩效考核，执行力建设得到加强。（王文旭）

国家电投集团四川阿坝新能源有限公司

【企业概况】国家电投集团四川阿坝新能源有限公司，是经国家电投集团公司批准，于2015年3月在阿坝州红原县注册成立，全面负责阿坝州内风电、太阳能光伏资源的开发、建设和运营管理。阿坝新能源公司现有员工19人，其中：公司领导3人，女职工4人，占公司总人数的26.3%，45岁以上人员5人，占公司总人数的26.3%。近两年新进高校毕业生7人，占公司总人数的36.8%。高级职称5人，占公司总人数的26.3%，党员11人（含预备党员1人），占公司总人数的57.9%。

【工程建设情况】2016年，阿坝新能源公司筹建工程项目为红原若先2万光伏项目和若尔盖阿西3万光伏项目。其中红原若先项目位于阿坝州红原县邛溪镇玛萨村，一期装机容量2万千瓦，站址平均海拔3600米，计划2017年并网发电。项目建成后年平均等效满负荷发电小时数为1312小时，年平均上网发电量为7225.5万千瓦时，与燃煤电厂相比每年可节约标煤2.23万吨，相应每年可减少多种大气污染物的排放，其中减少二氧化硫排放量约534.8吨，氮氧化物156吨，二氧化碳5.8万吨。若尔盖阿西光伏项目位于阿坝州若尔盖县阿西乡，一期装机容量3万千瓦，站址平均海拔3600米，占地约855亩，计划2017年开工建设。项目建成后年平均等效满负荷发电小时数为1302小时，年平均上网发电量为4302.8万千瓦时，与燃煤电厂相比每年可节约标煤1.31万吨，相应每年可减少多种大气污染物的排放，其中减少二氧化硫排放量约315.6吨，氮氧化物92吨，二氧化碳3.42万吨，电站投产所发电能作为清洁能源的太阳能电力将会对四川电网供电能力形成有益的补充。目前项目正在开展前期工作。红原若先光伏项目和若尔盖阿西项目已完成地灾评估、节能评估、压覆矿资源评估、安全预评价、水土保持、社会稳定评估、环评报告等各项专题报告编制、评审和批复。

【安全生产】2016年，阿坝新能源公司安全生产形势总体稳定，全面完成了年度工作目标。一是推进安全标准化建设和安健环管理提升，修编了《安全生产责任制度》，成立了HSE部（安全质量环保部），设置安全总监，夯实安全管理基础。二是强化安全主体责任制的落实，组织召开公司安委会和安全生产专题会议，布置公司安全生产重点工作；开展安全培训和警示教育，学习集团公司安全典型事例分析，吸取教训；开展"6·19""10·23"等安全专项检查和整治工作。三是加强承包商安全管理，签订《安全值守协议》。四是加强车辆日常安全管理和安全警示教育；充分发挥GPS作用，做到了实时监控。

【党建工作】2016年，阿坝新能源公司扎实开展"两学一做"学习教育。制定了《阿坝新能源公司"两学一做"学习教育实施方案》，按照计划，较好地完成了三阶段学习教育。认真组织学习和遵守《中国共产党廉洁自律准则》和《中国共产党纪律处分条例》，严格执行中央“八项规定”、集团公司24条实施细则和“5条禁令、23个不准”，以及四川公司29条实施细则和“八项规定”。加强工程设计变更，物资采购招投标管理和纪律监督，2016年，阿坝新能源公司无违规、违纪行为发生。

（杨　勇）

国家电投集团四川攀枝花公司筹备处

【企业概况】国家电投集团四川攀枝花公司筹备处（以下简称“攀枝花筹备处”）成立于2015年10月，经国家电力投资集团（以下简称“集团公司”）、国家电投集团四川电力有限公司批准（以下简称“国家电投四川公司”），于2016年6月2日成立攀枝花中电投新能源有限公司（以下简称“攀枝花公司”），为四川公司全资子公司。按照集团公司三级管控模式，2016年6月攀枝花公司与会泽中电投新能源有限公司合署办公，办公地点设在攀枝花仁和区，由攀枝花筹备处代行管理，实行“一套人马、两块牌子，一体化运营”管理模式，在四川公司的领导下，负责四川省攀枝花市、云南省境内光伏发电、风电等新能源项目的储备、前期工作、开发建设、生产运营及攀枝花市、云南省境内水电等清洁能源项目的开发；参与售电、增量配电业务改革等。

【项目简介】

攀枝花仁和区光伏发电项目：自2015年12月15日与仁和区政府签订太平乡投资框架协议后，已完成太平乡30000千瓦光伏项目可研及用地预审、环保评审等12个专题报告编制和评审工作，并根据四川省能源局要求，完成项目核准备案前的相关手续。同步开展同德30000千瓦农光互补项目可行性论证。根据四川公司与攀枝花市政府签订的《攀枝花市煤矿采空区综合治理工程规划编制及示范工程建设合作框架协议》，配合四川公司计划部加快推进攀枝花市煤矿采空区综合治理前期工作。

会泽县火红乡光伏发电项目：自2014年6月与会泽县政府签订了光伏投资框架协议，开展了会泽县54800千瓦光伏项目前期工作，获得光伏项目开发权及会泽县发展和改革局投资项目备案证。2016年5月会泽光伏项目作为扶贫光伏项目上报云南省能源局。7月中旬，与会泽县政府签订了光伏扶贫项目合作协议，项目报送资料经云南省能源局审核上报国家能源局。

宾川县光伏发电项目：2016年1月，通过对宾川县光伏项目现场踏勘、资料收集，拟选场址初步规划容量80000千瓦，可就近接入30000千瓦。宾川县政府已组织宾川县发改局和县电力公司等部门开始统一规划光伏送出事项。经多次与宾川县政府、宾川县发改局、大理州发改委等部门进行汇报沟通，取得了各级政府部门的认可和支持。宾川县政府表示愿与该公司签订合作框架协议，并推荐了当地的农业开发龙头企业“宾川绿宝源辣木开发有限责任公司”，与该公司合作共同打造农光互补发电项目。

综合智慧能源项目：贯彻落实集团和四川公司“发展综合智慧能源项目”战略部署，与内江威远县委、县政府沟通，拟开展连界、严陵、镇西3个产业园区综合智慧能源项目及页岩气为主的多能互补特色产业园区规划，结合节能减排和城镇公共设施改造，提供清洁能源综合供给方案。已通过四川公司向威远县政府致函，表明开发意图和合作方向，县投资促进局已开始收集资料，准备项目规划编制工作。

分布式光伏发电项目：锁定攀枝花市仁和区新视窗体育运动中心、同乐世界家居博览中心、会泽县中小产业园区、云南滇中产业园陶瓷园区分布式光伏发电项目，分别与上述项目房产所有人初步达成5000千瓦屋顶分布式光伏合作协议，并已委托国核电力规划设计院进行现场踏勘、收集资料、编制项目建议书。

【基础管理】攀枝花筹备按照四川公司“质量效益年”活动要求，以“规范管理、强化质量、提高效益”为主题，以查找不足、完善制度、创新机制为重点，着力解决了基础管理不规范、项目前期跟踪不到位等问题。制定发布管理制度38部，制度管理框架体系初步建立。细化落实部门、岗位职责。制定岗位职责说明书，明确岗位横向、纵向管理关系，梳理优化业务流程，明晰工作界面，进一步提高整体工作效率。强化健康、安全、环境“三位一体”管理体系建设，确保公司安全管理全覆盖。加强财务管理，推进风险管控体系建设，着重强化资金风险管理和内部流程控制，确保经营活动正常有序开展。

【党群工作】完善党群组织机构，通过选举并报经四川公司党组、工委审批，成立公司党支部、工会，党务工作和工会工作步入正常轨道。通过建立“三重一大”管理制度，组织全员签订《廉洁从业责任书》，设立兼职纪检监察人员，多渠道、多形式地宣传中央“八项规定”、集团公司“5条禁令、30个不准”，四川公司“29条实施细则、11条禁令”，完善物资采购内控流程等措施，加强纪检监察基础工作，落实党风廉政建设主体责任和监督责任。

（王春香）

国家电投集团贵州遵义新能源公司筹备处

【企业概况】国家电投集团贵州遵义新能源公司筹备处（以下简称遵义筹备处）、国家电投集团贵州赤水新能源有限公司筹备处（以下简称赤水筹备处）与国家电投集团习水新能源有限公司（以下简称习水公司）一套人马，合署办公，主要负责贵州省遵义市境内风电、光伏发电等新能源项目的储备、前期工作、开发建设、生产运营及贵州省其他区域水电、新能源等清洁能源项目的开发。其中，习水公司为国家电投集团四川电力有限公司（以下简称四川公司）全资子公司，2016年1月28日，习水公司注册完成。

【项目简介】

贵州习水风电项目：2014年12月16日，四川公司与习水县人民政府签订了《习水县风能资源合作开发框架协议》；2015年4月20日，四川公司与习水县人民政府签订了《中电投贵州习水风电项目投资开发协议书》，锁定资源，进行相关前期工作；2016年8月16日，公司取得贵州省能源局下发《关于同意习水县东皇、桑木风电场项目开展前期工作的通知》（黔能源新能〔2016〕139号）的批复，习水取得东皇10万千瓦、桑木5万千瓦风电项目路条。截至年底，公司已具备核准条件，全力取得项目核准。

贵州赤水风电项目：2014年6月20日，四川公司与赤水市人民政府签订《风能源战略合作框架协议》；2015年5月14日，四川公司与赤水市人民政府签订《中电投贵州赤水风电项目投资开发协议》，计划装机容量20万千瓦。 2016年4月，2个风场测风塔测风满一年；正开展剩余风场立塔测风工作。

贵州仁怀风电项目：2015年11月4日，四川公司与仁怀市人民政府签订《仁怀市人民政府中电投四川电力有限公司风力资源开发利用战略合作框架协议》，计划装机容量26万千瓦；2016年8月，立塔2座，正开展测风数据收集工作。

贵州桐梓风电项目：2016年4月27日，习水公司与桐梓县人民政府签订了《贵州省遵义市桐梓县风电项目合作开发协议书》，计划装机容量25.6万千瓦；2016年8月，立塔2座，正开展测风数据收集工作。

贵州正安风电项目：2016年4月29日，习水公司与桐梓县人民政府签订了《贵州省遵义市正安县风电项目合作开发协议书》，计划装机容量12.4万千瓦；2016年8月，立塔1座，目前正开展测风数据收集工作。

遵义清洁能源项目：2015年12月3日，四川公司与遵义市人民政府签订《遵义市人民政府中电投四川电力有限公司遵义清洁能源战略合作框架协议》；2016年10月9日，取得遵义市发改委下发的开展综合智慧能源前期工作的批复（《关于遵义市辖区智慧能源项目开展前期工作的通知》遵市发改基础函〔2016〕59号）；正开展前期工作。

其他项目合作进展：遵义筹备处为拓展开发空间，加强与地方政府沟通协调，在垃圾发电、生物质发电方面开展相关工作；在水电、光伏、风电等能源领域与其他能源企业加强对接，探讨多种形式的合作开发。

【经营管理】秉承国家电投四川公司 “电为核心、水新并举、清洁发展”战略，以差异化发展为突破口，着力构建起“区域化、流域化、规模化”的发展模式，以地方产业规划为引导，积极融入地方经济社会发展大局，打造贵州黔北百万千瓦清洁能源基地，并辐射周边。

【基础管理】结合质量效益年活动，合理制定活动方案，扎实开展“管理提升”活动，大力推行从严治企，严格遵照“三重一大”要求，完善决策机制，提高决策水平，有效预防决策风险。大力开展制度建设，使公司运作有章可循。严格“三公经费 ”管理使用，建立使用台账，严控成本费用。规范物业后勤管理，安保、车辆运行良好。

（庄乾鑫）

国家电投集团四川广元新能源有限公司筹备处

【企业概况】国家电投集团四川广元新能源有限公司筹备粗（以下简称“广元筹备处”），于 2016 年 3 月 29 日正式批复成立，作为四川公司在广元等地区的项目管理机构，对四川广元及川东北、陕南、陇南、鄂西、渝北等区域内组建的风电等项目实体公司实施统筹运作和管理。

【基础管理】结合筹备处成立之初的现状和人员到位情况，完成了领导班子分工；修订完善管理制度，建立管理台账。

【项目简介】由于筹备处现处于项目前期，现只有旺苍云雾山风电项目和陇南西和、武都风电场项目。一、 旺苍云雾山风电项目，规划装机规模 7.2 万千瓦。与河北新天绿色能源股份有限公司签订的前期成果承接合同正在执行中。二、陇南西河、武都风电场，目前还在测风阶段。

【党建工作】建立健全党组织机构，深入学习并加强党建理论学习，开展业余文化，如：开展乒乓球比赛等活动。认真学习“两学一做”，组织学习新《准则》和新《条例》。完善职工书屋的建设，提高员工的职业素养。

（李欣怡）

大唐四川发电有限公司

【公司概况】大唐四川发电有限公司（以下简称大唐四川公司）是中国大唐集团公司的全资子公司，2015年5月9日正式挂牌，其前身为中国大唐集团公司四川公司，成立于2006年12月22日。大唐四川发电有限公司主要从事电源项目的开发、建设与运营，负责管理嘉陵江亭子口水利水电开发公司、大唐乡城水电开发有限公司、大唐乡城唐电水电开发有限公司、大唐得荣唐电水电开发有限公司、大唐四川川北电力开发有限公司、大唐雅安电力开发有限公司、大唐广元风电开发有限公司、大唐玉曲河电力开发有限公司、大唐凉山新能源开发有限公司、大唐广元火电项目筹建处等11个基层企业。截至2016年5月初，大唐四川公司资产总额300亿元，职工总人数800多人，公司在役水电站26座，机组76台，在役风电场1座，总装机容量212.939万千瓦；在建水电站8座，总装机容量48.73万千瓦；前期规划总容量约700万千瓦；在役、在建、规划总容量约940万千瓦。

8月23日，集团公司董事长、党组书记陈进行在成都与四川省委副书记、省长尹力进行了会晤。双方就推进集团公司在川清洁能源项目建设、促进四川经济社会快速发展等事宜深入交换了意见　（大唐四川公司提供）

在大唐集团公司党组的正确领导和大力支持下，在地方各级政府的关心和帮助下，该公司坚持依法治企与从严治企相结合，抓发展与抓党建相结合，加快工程建设与加强营销工作相结合，深化改革与落实职工的主体地位相结合，着眼于四川公司未来发展的全局，公司领导班子经认真分析、思考和研究，明确提出了“五年两步走”的发展战略。第一步，用两年时间解决好历史遗留问题，实现续建项目全部建成；第二步，再用两到三年的时间，使大唐四川公司达到或者接近大唐集团公司先进单位的行列。为贯彻落实全心全意依靠工人阶级的根本指导方针，该公司提出了“以职工为导向”的基本工作思路，相信职工，依靠职工，最大限度地调动广大干部职工的积极性、主动性和创造性，并力争把这个工作思路贯彻到工作的方方面面。紧紧围绕“四个坚持、三个着力、两个转变”的总体工作要求，公司上下以时不我待的精神状态，主动作为、敢于担当，广大干部职工的思想观念、工作作风、工作干劲和担当精神等发生了可喜的变化。

【项目发展】进一步拓展和改善经营发展环境，公司项目发展实现众多新突破。面对激烈的竞争形势，该公司坚持把发展作为第一要务，密切与四川各级地方政府和职能部门等方面的关系，营造了良好的发展环境，取得了丰硕成果。一是与省委、省政府有关领导建立了畅通的良好沟通渠道，重大事项的协调更加有力有效。二是主动与省委、省政府等职能部门建立保持了良好的沟通渠道。年初成功将广元两个风电项目（合计容量20万千瓦）挤进了省和国家年度拟核准计划的盘子。在四川省风电政策变化的关键时刻，成功将广元罗圈岩及何家山风电场（合计20.6万千瓦）挤进近期核准计划，四川省发改委对何家山风电场项目进行了批复。三是与省内重要能源地区的政府建立了良好的地企合作关系。将几乎已被抢走的广元朝天区项目争取了回来，在广元市规划70多万千瓦风电项目。与广元市政府签署了东河流域罐子坝水库开发框架协议；与雅安市政府签署了能源开发战略合作框架协议；即将与四川省水利厅、巴中市政府签订战略合作框架协议，进一步加强了与甘孜州、凉山州等地方政府的联系，较大改善了各单位在当地的发展环境。

另外，其他项目前期和开工也取得较好的成果。一是广元罗圈岩风电场（10.4万千瓦）、普格甘天地二期风电场（8 万千瓦）和普格乌科梁子风电场（13 万千瓦）均具备核准条件。二是完成了广元、普格两地风电资源开发整体规划，并通过了大唐集团公司审查。这也是大唐集团公司系统内首家对同一片区域风电资源进行总体开发规划研究的分子公司。三是玉曲河扎拉水电项目（102.52 万千瓦）紧张有序推进。四是广元火电所有专题全部完成，受大环境影响，省发改委已来文明确暂缓核准。五是望江坪等 4 个风电项目等实现了开工，公司新的效益增长点有了一个好的开局。

【启动核心竞争力】顺应电力体制和国企改革发展大势，启动了“核心竞争力”战略思维的研究落实工作。该公司坚持贯彻“五年两步走”发展战略，在“三大支撑”的基础上，适应当前电力体制改革和国企改革需要，全面推进“核心竞争力”的研究落实，提出了建设“三个核心竞争力”目标要求。第一个核心竞争力是做好亭子口公益性项目基本电量、基本电价的保证和争取等方面工作，巩固四川公司生存的基础。第二个核心竞争力是加快推进风电板块建设及检修板块建设。第三个核心竞争力是加快开发龙头水库和大水电项目开发，带动流域整体效益提升。

【安全生产】直面问题，综合治理，扭转了安全生产的被动局面。2016 年，大唐四川公司面对“4·1”雅安地质灾害等严峻的安全生产形势，全面贯彻落实集团公司安全生产的有关指示精神，认真查问题，找差距，抓关键，补短板，该公司安全生产的思想认识、体制机制以及管控能力等有了较大的提高。一是公司党组专题研究并下发了《关于加强当前安全生产工作的意见》，从思想、组织、制度和专业技术等方面对安全生产工作提出了具体明确的指导意见。二是制定并落实了《四川公司安全生产会商制度》，公司每周一进行安全生产会商，及时会商协调研究解决安全工作事项。三是根据各电站现状，按“集中控制，运维一体，区域检修”的工作思路，积极推进集控中心建设，倒逼安全管理水平和设备健康水平持续提高。甘南流域、雅安流域、川北流域、广元区域、普格区域的各水电、风电集控项目正有序开展。其中，川北公司已经实现了上石盘电站远控虎头寺电站的功能。四是全面进行了地质灾害隐患排查治理，保证了在建项目和运行电站的基础安全。五是全力推进“七个加强”和班组建设工作。全面部署了“七个加强”工作，作为年度重点工作有序推进。补充了安监人员，修编了《四川公司安全生产责任制管理实施办法》等系列规章制度，积极推进区域专业试验室筹备建设。全面推行 6S 管理，大力整治现场安全文明生产不规范的现象。六是全面落实各项防汛准备工作，保证了防洪度汛工作安全平稳。七是加强设备检修管理工作和生产准备工作。全年完成机组检修 65 台次，技改项目完成率 100%，技改投资完成率 97.06%。注重在各电站投产之前协调解决生产准备工作中存在的问题，确保接机投产人身和设备安全。

【提质增效】全面开展提质增效，逐项攻坚，增收减亏取得了显著成效。大唐四川公司坚持“办法总比困难多和有 1%的希望就要 100%努力”的信念，积极应对“电量、电价双下降”考验，强化“电量为王”的理念，提质增效，逆势攻坚，精准减亏，最大限度地冲减了不利因素对全年利润指标的影响。雅安公司、广元风电公司完成了集团公司下达的电量目标，检修公司、广元风电公司完成了四川公司下达的赢利目标，四川公司完成了集团公司下达的利润指标。一是全力争取电量计划、市场电量、拓展新的电量空间，精算、深算、细算水账，千方百计为“争取计划、抢发电量”和“发高价电”创造条件。二是债务重组取得历史性突破，存量、增量利率双下降。亭子口公司及两个风电公司新增贷款全部实现下浮 10%。大唐四川公司全年实现 46 亿元基准利率的存量贷款利率下调，每年降低财务费用

1 月 4 日，大唐四川公司在本部召开干部大会，宣布公司领导干部调整决定。集团公司党组成员、副总经理栗宝卿出席会议并作重要讲话。大唐四川公司党组书记、总经理刘峰彪，党组副书记、副总经理熊国民、潘明，党组成员、副总经理黄宇，党组成员、副总经理、纪检组长、工会主席杜兆祥，党组成员、总会计师姚立三出席会议。会议由刘峰彪主持　　（大唐四川公司提供）

1700 万元以上。三是瘦身健体成绩卓著，雅安公司创造了 4 个月注销 13 个法人实体公司的纪录，降低了成本，减少了风险。四是 6 个竣工决算项目顺利完成，解决了多年没有解决的难题。五是亏损企业治理完成年度目标，实现减亏 3300 万元。六是低效无效资产处置有力推进，朝天段水电项目开发权处置收回转让费 1373.56 万元。七是启动了争取将亭子口电站纳入公益性电站工作，甘孜州政府参股甘南项目工作已开始进场交易。八是及时决定开展大干四季度活动，强化、固化目标任务，落实责任，产生了较好的联动效果。

【推进项目收口工作】全力推进续建项目收口工作，基本完成“五年两步走”发展战略第一阶段任务。该公司坚持“五年两步走发展战略”统领，按照“工期不拖、支付不超、安全可靠、保质保量”的总体要求，全力推进续建项目收口工作。5 月洞松电站（18 万千瓦）机组全部投产发电；10 月洪口电站（2.4 万千瓦）机组全部投产发电，大唐集团公司特为洪口发电投产发来了贺电。8 月天全河支流 5 级电站全面恢复建设。大唐四川公司完成续建项目装机容量 43.639 万千瓦，占续建项目总装机容量 47.599 万千瓦的 92%（剩余 4 万千瓦在 2016 年全部建成），标志着公司“五年两步走”战略第一阶段目标（中小水电续建目标）基本完成。

8 月 10 日，集团公司总会计师、党组成员刘传东到四川公司调研指导工作，并出席公司专题工作汇报会。四川公司执行董事、党组副书记、副总经理（主持工作）潘明，党组成员、副总经理黄宇，党组成员、总会计师姚立三出席会议（大唐四川公司提供）

【年度投产全面完成】年度投产任务已全面完成，“精品”工程建设取得重要成果。按照四控制要求，坚持以精品理念管工程、创“精品”，积极推进工程项目建设，基建安全质量可控在控，工程建设总体进展顺利。一是上石盘工程（3 万千瓦）2 月全部按期投产；锅浪跷电站（22 万千瓦）工程形象得到了改观。古瓦电站（20.54 万千瓦）开工准备工作基本就绪，设计优化、精品工程策划等已经得到大唐集团公司批复。二是普格风电、广元风电项目建设按照里程碑计划稳步推进。三是上石盘精品工程已顺利通过集团公司复检，成为大唐集团内第一个通过复检的小水电项目。望江坪等 4 个风电项目完成了第一阶段精品工程复检；锅浪跷电站完成了建设阶段精品工程复检；古瓦电站精品工程策划已经得到大唐集团公司批复。

【各项工作有序推进】体制机制改革务实深化，各项工作有序推进。该公司坚持以改革创新的思维，着力破解制约效率等根源上的问题，该公司资源要素效率得到更好的发挥。一是进一步理清了甘南项目管理机制。根据基建全面完成后运行集中管理的趋势，公司再次对甘南项目管理体制的由分到合事项进行专题研究，将甘南拆分的乡城水电、乡城唐电公司进行了合署管理。二是积极开展罐子坝水利项目前期工作，东河五级电站装入亭子口公司的工作正在实施推进。三是积极应对电力市场激烈的竞争形势，成立售电公司工作组，为抢占电改先机做好了组织上的准备；成立集控中心建设工作组，集控中心筹建处取得了集团公司的批复；按照大唐集团公司的统一部署，成立物资公司工作组和集团物资公司共同开展相关工作，取得了物资公司股权划转相关工作批复。四是为充分发挥员工薪酬管理的调控、激励和约束作用，按照“向一线倾斜、向艰苦地区倾斜”和“公平、合理、平稳”的原则，推进薪酬分配制度改革，制定了六个专项工作考核管理办法，有效调动了所属各单位工作的积极性。

【加强干部队伍建设】认真落实“用好各年龄段的干部，培养使用好年轻干部”要求，干部队伍建设得到了大力加强。该公司坚持干部标准，调整优化了干部队伍，保持了平稳有序局面，得到了大唐集团公司的充分肯定。公司党组结合基层企业和公司本部实际，对公司本部中层干部及所管理企业领导班子成员进行了三次大的选拔、调整，“把优秀的人员选拔出来，把合适的人员放在合适的岗位上”，其中提拔副处级以上干部 16 名，调整 23 名。这次调整后的单位（部门）领导班子整体合力明显提高，精神面貌发生了很大的变化，主动解决问题的多了，往上推的少了，自己主动作为的多了。

【依法从严治企】 全面加强依法从严治企工作，管控力得到了新的提升。该公司全面树立规矩意识和看齐意识，多方加强依法从严治企，进一步维护了和谐有序的工作环境。一是各项工作坚持做到依法合规，凡涉及“三重一大”事项全部经过领导班子集体讨论，共召开44次党组（党委）会议研究和讨论重大事项。二是按计划和要求开展审计工作，坚持有审必改，加强审计整改监督等方面的工作。三是切实加强法律风险防范，公司规范运作的水平进一步提升。四是公司制度体系建设进一步完善，实现了公司管理制度在安全生产、经营管理、工程建设、党建工作中的全覆盖，为逐步提升公司依法治企、从严治企、合法经营提供了制度保障。

6月29日，大唐凉水泉风电场项目开工仪式于河西街道办事处郑家沟村隆重举行，标志着该公司已核准项目全部开工建设，向打造“广元50万千瓦山地风电基地”的奋斗目标又迈进了坚实一步　（大唐四川公司提供）

【党风建设】 深入开展“两学一做”学习教育及党风建设和反腐败工作，党的建设进一步加强。公司党组（党委）按照要求组织开展“两学一做”学习教育、党风建设及反腐败工作、群团工作等，为促进公司中心工作和目标任务实现提供了有力的思想保证、舆论支持、精神动力和文化氛围。一是坚持中心组理论学习制度。共组织13次中心组理论学习。二是扎实深入开展“两学一做”学习教育。落实党员领导干部讲党课要求，召开了专题民主生活会，主要对照全面从严管党治党要求、政治纪律、政治规矩和习近平总书记系列重要讲话精神，对照集团公司董事长、党组书记陈进行关于“对党忠诚”特别是“严守纪律规矩”方面指出的11个现象深刻查摆了存在问题，分析了原因，制定了整改措施。三是规范系统各单位的党委换届选举工作。专题研究部署，驻点指导，严肃纪律，把换届选举工作各项要求落到了实处。四是公司文明单位建设、新闻宣传工作、企业文化建设、工会、团青活动等也得到了新的加强。五是进一步加强党风建设和反腐败工作，认真落实两个责任。落实主体责任方面，该公司党组（党委）加强组织领导，认真研究部署党风廉政建设工作。党组（党委）负责人带头履行第一责任人责任，带头作廉洁承诺、讲廉政党课、廉政约谈，签订廉政目标责任书，把党风廉政建设的各项要求纳入公司生产经营发展全过程。通过多种形式，积极宣传贯彻《准则》《条例》和《问责条例》，营造守纪律、讲规矩的良好氛围。班子成员切实履行“一岗双责”，对分管领域和身边工作人员做到了经常教育、经常提醒，严格管理。落实监督责任方面，建立了廉政谈话制度；扎实开展“四风”问题整治情况“回头看”工作；坚持抓节点、节点抓，通过日常监督、节假日提醒检查等方式，确保了中央八项规定精神、集团公司二十四条规定有效落实；突出问题导向，做好专项监督工作；认真抓好巡视整改，建立长效机制；畅通信访举报渠道，强化执纪问责。

（张笑天）

神华四川能源有限公司

【企业概况】神华四川能源有限公司（以下简称神华四川公司）的前身是成立于1993年8月10日的四川巴蜀电力开发有限责任公司；2012年3月，由中国神华能源股份有限公司与四川省投资集团有限责任公司按照51%和49%的股权比例通过增资扩股方式组建神华巴蜀电力有限责任公司；2013年4月，经公司股东会审议批准，更名为神华四川能源有限公司。主要经营范围是煤炭批发经营，电力和电力相关产业的投资、管理、技术咨询；电力生产、电力工程；电力设备安装、检修、调试；招投标代理；废弃资源和废旧材料回收加工；商品批发与零售。

截至2016年年底，神华四川公司资产总额为56.52亿元，在册员工1635人，在役机组总装机容量138.52万千瓦，其中火电126万千瓦，水电12.52万千瓦，在建2×100万千瓦火电机组。

2016年，该公司完成发电量30.62亿千瓦时，其中火电实发23.95亿千瓦时，水电实发6.67亿千瓦时；供电煤耗完成326.98克/千瓦时，同比下降3.43克/千瓦时；利润总额完成733.14万元。

【领导班子】截至2016年年底，神华四川公司领导班子成员有：党委书记、董事长刘志强，党委副书记、副董事长、总经理蒋国俊，副总经理罗晓放，党委副书记、纪委书记、工会主席杨强，副总经理、财务总监何丽娜，副总经理季明彬。

神华四川公司大楼　　（王挺　摄）

【组织机构】神华四川公司本部设有“十部一中心”：经营计划部、生产营运部、工程建设部、战略发展部、内部控制部、财务产权部、人力资源部、党群（企业文化）工作部、纪检监察部、总经理工作部、燃料管理中心。

神华四川公司拥有分公司1个，全资及控股企业8个，参股企业10个：下辖神华四川江油发电厂1家分公司，四川神华电力工程公司、神华四川天明发电公司2家全资子公司，控股神华四川江油燃煤公司、神华四川北川通口公司、神华四川江油通口公司、神华四川卧龙公司、神华四川绵竹公司、神华四川西能公司6家企业，参股神华国神白马公司、华电广安发电公司、国电四川电力股份公司等10家企业。

【企业管理（公司“123”战略）】神华四川公司以神华集团“1245”清洁能源发展战略为指引，主动适应、把握经济发展新常态和能源发展新形势，瞄准“建设世界一流区域清洁能源企业”的一个发展目标，坚持“安全可靠、优质高效”的两大发展理念，坚定“立足四川、面向西南、清洁发展”的三个发展方向，以提高发展质量和效益为中心，以调整结构、转型升级为路径，以全面从严治党为保障，持续优化存量、拓展增量，努力开创公司各项工作新局面。

坚持发展优质高效清洁能源项目，着力抓好现役火电机组清洁改造和供热转型、天明百万机组项目建设、可再生能源开拓、分布式能源项目研究等工作，构建“火水互济、风光并举、协调多元”的产业布局。

战略实施路径：一是抓住从严治党这个根本要求，坚定正确政治方向。二是抓住本质安全这个基础前提，确保企业长治久安。三是抓住经营管理这个永恒主题，提升运营质量效益。四是抓住清洁发展这个要务，提升发展质和量。抓好天明项目建设，30万机组热电联产改造，区域优质资产并购，唐家山水电项目推进，西藏地区和川西“三州一市”优质风光水清洁能源开发，研究燃气发电项目，探索分布式能源建设可行性，参与售配电业务试点工作，探索充电桩、微电网、多能互补等新项目。五是抓住深化改革这个动力之源，激发企业内生活力。六是抓住职工队伍这个根本依靠，全面提升素质能力。七是抓住品牌建设这个关键策略，提升企业软实力。创建示范电厂。把天明项目建成“安全可靠、成本领先、指标先进、国内标杆、宽负荷高效”的示范电厂，把江油电厂建成热电冷多联供示范电厂，把通口水电厂打造成效益示范电站，把卧龙公司打造成生态示范电站，把郫县水电厂打造成窗口示范电站，把绵竹电厂打造成创业示范电站。

【安全生产】神华四川公司以风险预控管理为主线，夯实安全根基，提升安全管理，安全形势持续向好。一是体系建设达标升级。全面落实安全生产责任制，深入推进风险预控管理体系建设，加大反“三违”、“四不两直”和安全专项检查力度，加强隐患排查治理，按“五个一样”要求规范外委队伍管理，电力生产、基本建设实现零伤害、零死亡。严密部署防洪防汛工作，实现安全度汛。全面完成年度体系建设目标，1 家火电和 3 家水电达标神华集团二级。二是生产管理持续优化。推进检修、运行标准化管理，加强技术监督，全年检修火电机组 1 台，水电机组 18 台，修后均一次启动成功。加强运行精细化操作，确保了火电机组在长期低负荷、煤质波动大的工况下安全稳定运行。设备可靠性大幅提升，等效可用系数同比增加 4.32 个百分点，首次实现年度“零非停”。

【经营管理】神华四川公司以对标管理为抓手，推行精益管理，抓好“提质增效”专项工作，面对电力市场量价齐跌，煤价攀升、供应吃紧的不利形势，立足外部开拓抢市场、内部挖潜控成本、千方百计争政策，经济运行保持稳健。一是市场营销逆势而上。按照“争计划电、抢机会电、抓直供电、扩交易电、落实补偿电”策略抢发电量。火电计划利用小时数高于川内同类型机组 103 小时；签订计划内直购电 6.2 亿千瓦时；落实水火替代 3.98 亿千瓦时、火火替代交易电量 1420 万千瓦时；落实欠发电量电价补偿 4716 万元。卧龙公司电量计划完成率居全省前列，其他地调水电实现按照来水能力发电，火电在区域同类型机组中市场占有率达 108.43%。尤其在 2016 年 8 月，受极端天气影响，区域电力供应异常紧张，该公司克服煤炭价格上涨、供应困难等不利因素，紧急协调省内外资源，铁路、公路运输并举，全力以赴战高温、保供煤、抢发电。4 台火电机组满发、稳发半个月，共计抢发电量 1.99 亿千瓦时，为电网安全可靠供电做出了积极贡献，在区域树立了关键时刻顶得上、靠得住的品牌形象，也进一步深化了火电在四川电网具有不可替代性的共识，实现了经济效益和社会效益双赢。二是对外工程持续增长。按照“做优、做强”的总体思路，推进工程公司转型发展，加大拓展电力检修及运维市场，全年实现营业收入 4820 万元，同比增长 10.12%。工程公司业务资质取得突破，获得了电力施工总承包三级资质和二级承修、三级承试资质。三是成本管控取得实效。严格全面预算管理，强化全员、全过程控成本，单位完全成本（剔除燃料）较年度预算目标下降 1.80 元/兆瓦时。取消三台火电机组 C 修，节约修理费 975 万元，全年修理费较预算下降 16.39%；运行材料费同比降低 3.42 元/万千瓦时；入厂标煤单价涨幅较区域平均水平低 7.71%；资金成本率创历史新低，财务费用同比降低 1253 万元；七项费用同比下降 5%。四是低效股权（资产）处置成效显著。完成双柏电力股权挂牌转让和四川天贸实业有限公司机构注销，取得收益 1670 万元；江油电厂“三供一业”分离工作取得阶段性进展；清理出固定资产、存货、在建工程、应收款项等拟盘活处理资产 251 项。五是用好政策提增效益。挖掘金融政策空间，统筹存量资金运作，取得资金收益约 700 万元。利用房产契税减免优惠政策，减少税务支出 404 万元。做好天明税收策划，预计投产后可抵减企业所得税 3000 万元。联合区域火电企业建立“六方”协调会机制，全力推进建立保证火电企业持续经营发展的长效政策机制，“两部制”电价政策已纳入四川省电改综合试点方案。

【节能减排】该公司狠抓节能减排工作，火电机组经济技术指标创历史最好水平，供电煤耗同比下降 3.43 克/千瓦时，全面完成“3 年降 10 克/千瓦时”的目标，获得四川省“十二五”节能减排降碳工作先进集体荣誉称号。2 台 33 万机组通过四川省能源局节能测试，供电煤耗低于 320 克/千瓦时，在区域率先达到节能升级改造标准。

神华四川江油发电厂 220 千伏升压站　（刘刚　摄）

【清洁发展】神华四川公司以“安全可靠、成本领先、指标先进、国内标杆、宽负荷高效”精品工程为目标，依法合规、全力推进天明项目50万吨储煤基地及2×100万千瓦超超临界燃煤发电机组建设，高标准完成项目“四清”工作，降低投资约6.7亿元。截至2016年12月底，主厂房基础已出零米，锅炉钢结构提前46天吊装，施工图设计全面开展，主体工程各标段施工资源配置满足进度要求，安全、质量、进度、投资可控、在控，全力打造“四川省首个超低排放火电标志性工程”。推进燃煤机组超低排放、热电联产改造，热电联产示范项目纳入四川省“十三五”规划并通过评审。加快唐家山水电项目推进，西藏地区和川西“三州一市”优质风光水清洁能源开发，研究燃气发电项目，探索分布式能源建设可行性，参与售配电业务试点工作，探索充电桩、微电网、多能互补等新项目。

【科学技术发展和新技术应用】神华集团级科技创新项目“长周期存煤技术及数化煤场研究与应用项目”通过神华集团科技部验收，完成了“100万千瓦机组单机低负荷运行安全性和经济性研究”“生产经营分析与决策支持系统研究”公司级2项科技创新项目。“一种用于降低凝汽器真空泵工作液温度的装置”“刚性顶压逆流再生交换器”“湿法脱硫系统pH测量装置”“一种湿法脱硫供浆装置”“一种湿法脱硫装置”“一种电机加热装置”“取水口拦污装置”“煤堆测温装置”“空气压缩机系统”“取水口拦污装置”10件专利取得国家知识产权局正式授权。“电厂基建投资计划管理系统”“电厂基建物资管理系统”“电厂基建财务管理系统”“电厂基建系统管理系统”“财务固定资产管理系统”“企业微信推送平台系统”“门禁管理系统”和“内部网站发布系统”8个软件产品获得国家版权局颁发的“计算机软件著作权登记证书”。建立了“赵文元创新工作室”，正创建以超超临界百万千瓦机组燃煤电厂生产技术研究为特色的“白永军创新工作室”的和以计算机软件开发为特色的西能公司“叶建远创新工作室”。

北川通口水电厂大坝　（神华四川能源提供）

【党建工作】认真履行全面从严治党政治责任，落实各级领导班子成员“一岗双责”责任；“两学一做”学习教育，规定动作到位，自选动作有效，党员参学率100%，在神华集团综合排名中始终位列前10名左右；积极探索管理型党支部书记由高级主管兼任的模式，作为“两学一做”典型案例上报神华集团；开展内部专项巡察和“四风”问题“回头看”专项检查，提出整改问题40项，提出意见和建议15条；完成党员组织关系排查、档案清理和党费补交工作，共整改突出问题13项，整改率达100%；创新党内教育培训方式，公司党委与神华党校联合举办了四川公司基层党支部书记培训班，第一次把党校培训搬到了基层现场，有效提升了教育培训的针对性；成功承办神华集团参展十六届西博会；积极开展扶贫工作，选派2名驻村干部和2名处级干部到凉山州挂职副县级领导；深入开展职工技术创新和技能竞赛活动，设立了创新工作室；树立先进典型，1个先进集体和4名个人被神华集团表彰；深入实施员工幸福工程，走访慰问一线职工、劳动模范、困难职工约800余人次。

【荣誉奖励】四川绵竹巴蜀水电开发有限公司党支部获神华集团公司先进基层党组织、罗宁、徐建获神华集团公司优秀共产党员、汪丽华获神华集团公司优秀党务工作者。

神华四川公司获四川省国资委2015年度国有企业党建工作通报表扬。

郫县水电厂获四川省国资委系统先进集体、彭卫红获四川省国资委系统先进个人。

四川绵竹巴蜀水电开发有限公司党支部获四川省国资委先进基层党组织，罗宁获国有企业优秀共产党员、汪丽华获国有企业优秀党务工作者。

江油发电厂高红的“微气点火助燃燃烧器及微气点火系统”获四川省机电冶煤系统一线职工技术创新成果二等奖。

（刘　刚）

四川省港航开发有限责任公司

【企业概况】四川省港航开发有限责任公司（以下简称省港航公司）是1996年经省政府批准成立的国有独资企业，注册资本36亿元，主要从事港口、电站、航道等水运基础设施项目和水上旅游、地产、现代农业等综合开发项目的投资、建设、经营和管理，是省交投集团三大核心子公司之一。近年来，省港航公司在以嘉陵江渠化和泸州港、广安港、南充港为代表的四川港口和航道基础设施建设中取得了突出成绩，得到了省委、省政府和交通运输部的充分肯定。

在四川省构建现代综合交通运输枢纽和“四江六港”水运发展规划引导下，省港航公司抢抓机遇，主动作为，控股嘉陵江、岷江、渠江流域航电枢纽13个，泸州港、广安港、乐山港、南充港等全省重点港口4个，建成和在建的四级以上国家高等级航道835公里，建成和在建集装箱吞吐量220万标箱，总规模分别占“四江六港”规划的85%、75%以上，是集全江梯级渠化开发、港口航道建设、营运管理以及水上运输于一体的综合性内河水运投资经营企业。

省港航公司拥有航电枢纽、港务物流、农旅综合开发三大业务板块，下辖子公司32个，参股12个公司，现有员工2600余人。公司本部内设12个职能部门，现有员工90余人。2016年年底，完成投资38.87亿元，其中完成重点交通项目投资26.32亿元、自主项目投资12.55亿元；实现营业收入62.57亿元、利润7100万元。其中，航电产业全年完成上网电量25亿千瓦时。

1月7日，省委常委、省纪委书王雁飞（前排右）调研岷江犍为航电枢纽　（四川省港航公司提供）

航电产业是该公司的核心业务，控股13个航电枢纽，总装机246.1万千瓦，总投资569.32亿元。其中，建成项目9个，总装机80.5万千瓦，总投资112亿元；渠江金盘子枢纽和嘉陵江苍溪、金银台、沙溪、新政、金溪、小龙门、凤仪、桐子壕枢纽已建成投产；岷江犍为航电枢纽已于2015年年底开工建设，截至2016年年底已完成投资15.08亿元，拟建老木孔、东风岩、龙溪口枢纽，4个枢纽总装机165.6万千瓦、总投资457.32亿元。参股东西关、红岩子、青居、亭子口4个航电枢纽，总装机150.6万千瓦，总投资204.81亿元，均已建成投产。

【领导班子】

党委书记、董事长　贺晓春
党委委员、总经理　赖忠泉
党委委员、副总经理　金代勇
党委委员、副总经理　杨　军
党委副书记、工会主席　谢敬远
党委委员、总工程师　潘荣伟
党委委员、监事会主席　罗宗全
党委委员、副总经理　曹　文
党委委员、纪委书记　袁　野

【重点项目前期工作有序推进】岷江龙溪口、老木孔航电枢纽取得省交通运输厅出具的工可报告行业审查意见，龙溪口航电枢纽除工可报告外33项前置专题要件全部取得批复，老木孔航电枢纽前期工作涉及的42项专题要件批复已取得36项。

【投资建设任务顺利完成】犍为航电枢纽被列入交通运输部水运工程标准化工地示范项目，枢纽进入第一个枯期施工高峰期，左岸正式下河且主体工程进入混凝土浇筑阶段，左岸砂石筛分系统等大型临时保障工程和一期围堰闭气全部完成，左岸十孔泄水闸、厂房基础开挖有序推进。嘉陵江航运配套一期工程按计划推进，二期工程开工建设。富流滩船闸主体工程施工及水下工程交工检测全部完成。

【生产经营管理持续强化提升】积极应对嘉陵江流域来水创新低、售电端市场化及上游枢纽蓄水等不利因素。一是经向省经信委、省能源监管办等部门汇报争取，单个枢纽获增 150 小时年发电计划，增加 1.2 亿千瓦时；新增丰期上网电量指标约 1.7 亿千瓦时。二是多渠道开展电力销售，全年市场化电量销售已占全部上网电量的 54%，其中 60%以上完全由公司通过市场化竞价与用户直接达成交易。提前布局购售电以及配电网建设运营业务，与南充市工业园区、仪陇经开区达成配电网建设及售电业务合作。三是经过多方努力，苍溪航电枢纽历史遗留问题涉及的地方资金全部落实。四是成功中标安居、汉阳电站等 5 个外部市场机电检修安装项目。同时，持续优化控股航电枢纽集团化检修与项目公司自主检修，提升检修效率，降低运营成本。

【安全生产形势保持总体稳定】2016 年全年，省港航公司未发生安全责任事故，维持了安全生产工作良好态势。一是逐级分解安全目标并签订了安全目标责任书，广泛开展安全教育培训和宣传工作。二是持续开展安全生产大检查和隐患排查治理，全年排查整改一般安全隐患 300 余项。三是深入开展了百日安全生产、安全生产月工作，重点加强了对建设项目施工、航电项目检修、港口船舶，以及危险化学品、消防、特种设备的安全管理。四是扎实开展了防汛及地质灾害防治，及时修编了防洪预案，结合业务板块特点积极开展应急预案演练，密切与地方气象、水情、航运相关部门的信息传递联系，做好防汛准备和大型漂浮物处置。强化了救生、消防、排水设施设备的检查、维护，保障了防洪物资的储备。五是加强信息系统运行维护，着重抓好系统安全监控、故障处理等环节，切实保障和提高了信息系统安全运行水平。

8 月 25 日，省发改委副主任邓长金（前排左）调研岷江犍为航电枢纽　　（四川省港航公司提供）

【企业建设运营保障能力不断增强】

一是党建和党风廉政建设不断深化。全面贯彻落实中央、省委、省国资委及省交投集团党委决策部署，认真履行全面从严治党“两个责任”，深入开展“两学一做”学习教育，推动党员干部坚定理想信念、增强“四个意识”。加强基层服务型党组织建设，金沙公司党总支被省国资委党委评为先进基层党组织；强化党风廉政建设，推动内部监督检查工作常态化、全覆盖，从严从实监督领导班子和党员干部。严格落实中央八项规定和省委省政府十项规定，持续深化作风建设，强化监督执纪问责。加强系统化防治腐败工作，逐步完善预防体系建设。不断加强纪检监察队伍建设，切实提高监督水平

二是现代企业管理持续规范提高，3 家三项制度改革试点公司相关制度已通过省交投集团审批，4 家公司已试行市场化绩效考核，5 家市场化公司优化了机构设置。完成本部及全部控股公司效能监察、财务交叉检查，7 个项目的财务收支审计，以及本部和 27 个项目的效能评价，2 个项目的竣工结算审核，11 个项目阶段性经济责任审计及意见交换。移动办公自动化平台及财务、电力生产、效能监督、档案管理信息系统和即时通信系统投入运行，岷江港航电基建信息管理系统启动实施，部分项目数据专网建设及 9 个航电项目设备点巡检信息系统整体建设完成。

三是企业文化和群团工作进一步提升。形成了杂志、PPT、视频、网站、展板、宣传册等传统与数字化宣传媒介结合的宣传标准化系统，加强“凤仪湾天然饮用水”、“凤仪湾农场”等产品的市场化品牌打造，犍为、小龙门枢纽建筑优化，以及犍为航电枢纽建设营地、桐子壕枢纽管理用房改造和实景展示、南充港港务大楼导视系统等工程的实施。顺利完成 1 个工会组织组建，4 个工会组织、3 个团支部换届改选，金银台公司工会获全国总工会“全国模范职工小家”荣誉称号。贴合员工多样的文化需求，先后开展了体育竞赛、文化交流、主题征文、青年活动、知识竞赛等各类活动。

（刘晓蕾）

四川省港航开发有限公司控股公司

【四川嘉陵江苍溪航电开发有限公司】苍溪航电枢纽位于四川省苍溪县城上游约 3 公里的河段上，上游接亭子口水利枢纽，下游与沙溪电站相连。工程总投资 13.39 亿元（不含送出工程），总工期 46 个月。工程设计水头 6.3 米，总装机容量 6.6 万千瓦，具有日调节能力。电站枯期平均出力 1 万千瓦，增设亭子口电站多年平均年发电量 2.66 亿千瓦时。船闸设计通航船舶吨级 2×500 吨，单向年通过能力 376 万吨。工程枢纽由土石坝段、接头坝、发电厂房、泄洪冲沙闸、水力自控翻板坝段和船闸组成。

苍溪航电枢纽建成后平均多年发电量 2.66 亿千瓦时，这对满足四川省用电需要、缓解电力紧张、促进工业及高耗能产业发展具有重要作用。工程的建成将使航道从内河七级提高到四级标准，对于提高嘉陵江中上游航道等级以及推动嘉陵江水运发展均有重要意义。

1 月 13 日，港航公司第三次党员代表大会在南充召开
（四川省港航公司提供）

2016 年，该公司全年实现上网电量 17812 万千瓦时，收入 4748 万元。公司员工李进博被国家能源局四川监管办评为“2016 年度电力安全生产先进个人”；秦东被四川省交投集团评为“2016 年优秀党员”。

【四川港航嘉陵江金沙航电开发有限公司沙溪枢纽】沙溪航电枢纽位于阆中市沙溪乡嘉陵江干流，是嘉陵江苍溪至合川十三个水电梯级规划中第 3 梯级，枢纽上接苍溪梯级，下与金银台梯级相连，坝址距阆中市约 5 公里。沙溪工程总投资 16.9 亿元，总装机容量为 8.7 万千瓦，枢纽船闸四级，渠化航道 26 公里，年通航能力 319 万吨。该项目由四川省港航开发有限公司控股 90%，阆中市水电开发有限公司参股 10%，共同组建四川沙溪航电开发有限公司。2012 年 1 月 11 日，金银台航电公司与沙溪航电公司合并成立四川港航嘉陵江金沙航电开发有限公司，负责对沙溪航电枢纽进行建设、经营和管理。

沙溪航电枢纽一期右岸泄洪冲沙闸及厂房工程于 2007 年 8 月 1 日开工建设，二期左岸闸坝及船闸工程于 2008 年 9 月 1 日开工建设。该工程于 2012 年 1 月实现首台机组发电。工程荣获 2014 年四川省建设工程“天府杯”金奖。

2016 年，金沙枢纽全年实现上网电量 25338 万千瓦时，收入 7587 万元。金沙党总支荣获省国资委“先进基层党组织”荣誉称号；金沙公司获评“阆中市 2016 年纳税工作先进集体”。

【四川港航嘉陵江金沙航电开发有限公司金银台枢纽】金银台航电枢纽是国家批准的《广元至重庆嘉陵江渠化开发规划报告》十六级开发方案中的第 4 级。项目总投资 9.06 亿元，装机 12 万千瓦，设计年发电量 5.7 亿千瓦时，建四级船闸一座，渠化航道 23 公里，设计年通航能力 240 万吨。该项目由四川省港航开发有限公司控股 95%，阆中水电开发有限公司参股 5%组建的四川嘉陵江金银台航电开发有限公司，2012 年 1 月 11 日，金银台航电公司与沙溪航电公司合并成立四川港航嘉陵江金沙航电开发有限公司，负责对金银台航电枢纽进行建设、经营和管理。

金银台航电枢纽于 2002 年 2 月 28 开工，首台机组于 2005 年 4 月 28 日并网发电，第二台机组于同年 10 月 26 日并网发电，第三台机组于 2006 年 7 月 6 日并网发电，工程完工。工程建成后具有发电、航运、灌溉、防洪、环保和旅游开发等综合效益，对促进嘉陵江流域经济带的形成，推动地方经济发展，将发挥重要作用。2016 年，枢纽已正常蓄水，阆中城区嘉陵江段水位比蓄水前上升 5—6 米。一湖碧水绕古城，嘉陵第一江山、阆苑仙境以更加灵秀的姿态呈现在眼前。

2016 年，金沙枢纽实现上网电量 38870 万千瓦时，收入 10439 万元。金银台枢纽工会荣获“全国模范职工小家”荣誉称号；员工郭立新被四川省交投集团评为2016年优秀党员。

【四川嘉陵江新政航电开发有限公司】新政航电枢纽是国家批准的《广元至重庆嘉陵江渠化开发规划报告》十六级开发方案中的第7级，项目装机10.8万千瓦，设计年发电量5亿千瓦时，建四级船闸一座，渠化航道37公里，设计年通航能力375万吨。

新政航电枢纽于2002年12月24日开工，首台机组于2006年4月28日并网发电，同年12月底三台机组全部投产发电，船闸于2008年4月通过通航验收，工程质量优良，荣获2007年度四川省建设工程“天府杯”银奖。机组投产以来，公司狠抓安全生产和人员培训，加强设备维护保养，深挖发电潜力，取得了良好的效益。

2016年，新政枢纽全年实现上网电量33857万千瓦时，收入8796万元。

3月30日—4月1日，岷江龙溪口航电枢纽工程可行性研究报告内审会在成都召开　（四川省港航公司提供）

【四川嘉陵江金溪航电开发有限公司】金溪航电枢纽是国家批准《广元至重庆嘉陵江渠化开发规划报告》十六级开发方案中的第8级，工程预计总投资17亿元，渠化航道42公里，上衔新政梯级，下接马回梯级。工程由电站、拦河闸坝、重力挡水坝、船闸四部分组成。电站装机容量15万千瓦，设计多年平均发电量7.1亿千瓦时，建四级船闸一座，设计标准船队为2×500吨级，年设计通航能力近期76万吨，远期222万吨。工程由四川省港航开发有限责任公司控股96%，蓬安县水电开发公司参股4%共同建设，注册资本4000万元。

工程于2003年10月1日开工建设，首台机组于2006年4月2日投产发电，2008年8月7日枢纽第四台机组投产发电；2008年9月26日船闸通过蓄水验收进入试运行；2008年11月3日，枢纽蓄水至正常水位▽310米高程，顺利实现全面发电，枢纽电站由四川省电力公司负责负荷调度。

2016年，金溪枢纽全年实现上网电量44113万千瓦时，收入11083万元。金溪公司被国家能源局大坝安全监察中心评为“水电站大坝安全甲级单位”。金溪公司被四川省交投集团评为“2016年先进基层党组织”。

【四川嘉陵江凤仪航电开发有限公司】凤仪航电枢纽是国家批准的《广元至重庆嘉陵江渠化开发规划报告》十六级开发方案中的第10级，距南充市区25公里，上游接马回梯级，下与小龙门梯级相连。项目总投资约15亿元，装机8.4万千瓦，设计年发电量3.9亿千瓦时，渠化航道24公里。工程施工分两期进行，一期工程于2007年9月1日正式动工，二期工程于2008年10月1日动工。该项目由四川省港航开发有限责任公司控股90%，南充小凤电航有限责任公司参股10%，共同组建四川嘉陵江凤仪航电开发有限公司，负责对凤仪航电枢纽进行建设、经营和管理。2012年4月，凤仪3台机组全部发电。

2016年，凤仪航电枢纽实现上网电量27342万千瓦时，发电收入7533万元。公司员工方正雨被四川省交投集团评为“2016年先进个人”

【四川嘉陵江小龙门航电开发有限公司】小龙门航电枢纽位于嘉陵江中游的南充市顺庆区和高坪区境内河段上，是经国家批准的嘉陵江干流广元至重庆段16级开发方案中的第11级。工程以航运和发电为主，同时兼顾美化城市环境，开发旅游等综合效益。该工程渠化小龙门至凤仪场20千米航道，船闸按4级航道建设，设计年通过能力为384万吨，可通航2×500吨级船队；电站正常蓄水位269.3米，正常水位以下库容0.44亿立方米，具有日调节性能，电站设计水头5米，引用流量1220立方米/秒，装机容量5.2万千瓦，保证出力1.46万千瓦，年发电量2.445亿千瓦时，年利用小时4702小时。

2016年，小龙门枢纽全年实现上网电量15534万千瓦时，发电收入4348万元。小龙门公司被四川省交投集团评为“2016年先进基层党组织”；员工郭峰被四川省交投集团评为“2016年优秀党员”。

【四川嘉陵江桐子壕航电开发有限公司】桐子壕航电枢纽位于武胜县中心镇嘉陵江干流小中坝河段，是嘉陵江干流梯级渠化开发规划的第14级。枢纽以航、电开发为主，兼有水利、防洪、水产、旅游、生态等综合效益。船闸为四级航道标准，可通行千吨级船队，远期年通航能力250万吨，渠化航道43.9公里；电站为河床式，贯流式机组3台，装机容量

10.8 万千瓦，年利用 5550 小时，年发电量 5.25 亿千瓦时，电站库容 9900 万立方米，可调节库容 580 万立方米，利用水头 10 米，引用流量 1215 立方米每秒，概算总投资 7.8 亿元。枢纽建筑物从右到左依次由右岸接头坝、船闸、发电厂房、冲砂泄洪闸、溢流坝、左岸接头坝等水工建筑物组成。工程于 2000 年开工，2003 年 3 台机组全部投产。2004 年船闸通航，工程建设结束，实际投资 7.0 亿元。

桐子壕公司先后获得交通部“九五”“十五”计划期全国内河水运建设先进集体、“国家开发建设项目水土保持示范工程”“四川省诚信企业”“四川省天府杯银奖”“四川电力 30 强企业”“四川省生态工业园区”“广安市十大杰出贡献企业”“广安市级最佳文明单位”“广安市园林式单位”等荣誉称号，取得了良好的生产经营效益。

岷江犍为航电枢纽工程标准化管理水平不断提升

（四川省港航公司提供）

2016 年，桐子壕枢纽实现上网电量 36841 万千瓦时，发电收入 9820 万元。公司员工蒲挺被国家能源局四川监管办评为“2016 年度四川电力安全生产先进个人”。

【四川渠江金盘子航电开发有限公司】四川渠江金盘子航电枢纽位于达县渡市镇金盘村，距达州市 39 公里。系支持大巴山革命老区经济建设，促进四川水上交通发展，经交通部批准、列入国家建设计划的航电项目。由四川省港航开发有限责任公司控股，达州市交通发展总公司、达县国有资产经营公司参股建设的“航电结合、以电养航、综合开发”在川试点工程。金盘子航电枢纽是渠江渠化七级梯级的第一个梯级。枢纽建筑物从左至右依次是船闸、泄洪闸、冲砂闸、主厂房、副坝。航电枢纽大坝总长 294.5 米，渠化航道 40 公里，最大坝高为 37.3 米，正常蓄水位为 270 米。船闸为四级，可通行 500 吨级船舶或千吨级船队，年设计通行能力 193 万吨；电站装机 3 万千瓦。工程于 1994 年 12 月开工，于 2002 年 7 月建成投产，船闸于 2004 年 6 月正式通航。机组发电由 110 千伏盘木线送入木头变电站，并入四川电网。

金盘子公司已建设成为省级卫生先进单位、达州市最佳文明单位；先后被达州市水利局、税务局授予“全市水利系统‘9·3’抗洪救灾先进单位”“A 级纳税信用企业”；公司工会已被四川省交通工会授予“先进职工小家”称号；公司团支部已被省交通厅授予厅级“青年文明号”集体荣誉称号。

2016 年，金盘子枢纽实现上网电量 10826 万千瓦时，收入 2923 万元。公司员工扈小燕被四川省交投集团评为“2016 年优秀党务工作者”，张红兵被四川省交投集团评为“2016 年优秀党员”。

【四川岷江港航电开发有限责任公司】按照省政府战略部署，2011 年 4 月四川岷江港航电开发有限责任公司（以下简称岷江公司）正式成立，首期注册资本金为 10 亿元，其中四川省港航开发有限责任公司持股 51%，中电建水电开发集团有限公司持股 20%，华电四川发电有限公司持股 20%，乐山市交通投资开发有限公司持股 9%。岷江公司作为项目业主，负责岷江港航电综合开发。

岷江是国家“两横一纵两网十八线”内河高等级航道网和长江经济带综合立体交通走廊规划的重要组成部分，乐山至宜宾段 162 公里航道是四川省重大技术装备进出川的唯一通道。岷江港航电综合开发主要任务是建成可常年通行 1000 吨级船舶的内河Ⅲ级航道，具体包括：渠化岷江上段乐山至龙溪口 81 公里航道的老木孔、东风岩、犍为、龙溪口四级航电枢纽工程；整治岷江下段龙溪口至宜宾合江门 81 公里航道工程；建设乐山港老江坝作业区一期工程。项目工可估算总投资近 500 亿元。

岷江犍为航电枢纽于 2015 年 12 月 25 日顺利实现开工建设。岷江港航电综合开发迈出了历史性一步，为岷江港航电综合开发项目“十三五”规划期间加快建设拉开了序幕。2016 年度，岷江公司加强施工组织与管理，狠抓项目建设质和进度，较计划提前完成了江心滩临时航道水上部分开挖、一期一段围堰填筑和承包商施工营地、砂砼系统、钢筋加工厂等临建设施建设等，完成投资 15.08 亿元。

2016 年，岷江公司犍为分公司被国家能源局四川监管办评为“2016 年度电力安全生产先进集体”。

（刘晓蕾）

非集团公司（厂）

四川大唐国际甘孜水电开发有限公司

【企业概况】四川大唐国际甘孜水电开发有限公司（简称甘孜水电公司）于2006年7月在四川省甘孜藏族自治州注册成立，主要具体负责建设运营大渡河康定市境内长河坝、黄金坪两个水电站，处于基建和生产运行并举时期。该公司设置16个部门，在编在岗员工183人。

2016年，甘孜水电公司始终坚持“价值思维、效益导向”核心理念，紧紧围绕大唐集团公司“一五八”战略要求，按照大唐国际“大干二季度”“苦战三季度”“决战四季度”的决策部署，以“120分”的工作标准，圆满完成了长河坝下闸蓄水、黄金坪电量攻坚两大核心任务，年末岁尾又实现了长河坝首台机组并网发电，突破性地完成了全年赶超计划。2016年，甘孜水电公司先后荣获了四川省“五一劳动奖状”、中国大唐集团公司文明单位、大唐国际特殊贡献单位等多项荣誉称号。

【领导班子】甘孜水电公司领导班子成员12人，具体成员为：

总经理	熊　雄
党委书记	赵子昂
副总经理	陆　杰
副总经理	谢卓健
副总经理	赵树峰
副总经理	高凤川
纪委书记、工会主席	田永生
副总经理	周　浪
总会计师	刘伟萱
总工程师	张小春
总经理助理	白鸿杰
副总工程师	宋卫民

【长河坝水电站】长河坝水电站处于大渡河上游河段，上接猴子岩水电站，下接黄金坪水电站，系大渡河干流水电规划“三库22级”的第十个梯级电站。坝址控制流域面积5.66万平方公里，多年平均流量约843立方米/秒，水库正常蓄水位1690米，总库容为10.75亿立方米，具有季调节能力。电站总装机容量260万千瓦，安装4台单机容量为65万千瓦的大型混流式水轮发电机组。工程为一等大（Ⅰ）型，采用砾石土心墙堆石坝和地下厂房，最大坝高240米，坝顶长度497.94米，坝顶宽度16米，是以单一发电为主的大型水库电站。长河坝水电站动态总投资219.05亿元，静态总投资174.43亿元，单位千瓦造价9374元；执行概算255.1945亿元，单位千瓦造价9815元；电站已于2016年10月26日成功下闸蓄水，首台4号机组于2016年12月31日较可研提前7个月并网发电；剩余3台机组计划分别于2017年全部投运。全投后年均可研发电量为107.9亿千瓦时。

【黄金坪水电站】黄金坪水电站位于康定县境内姑咱镇黄金坪村上游约3公里处，下接泸定水电站，系大渡河干流水电规划“三库22级”的第十一个梯级电站。坝址控制流域面积5.69万平方公里，多年平均流量847立方米/秒；水库正常蓄水位为1476米，相应水库库容为1.28亿立方米，具有日调节能力。黄金坪电站总装机容量85万千瓦。工程为二等大(Ⅱ)型，枢纽建筑物主要由沥青混凝土心墙堆石

长河坝水电站地下厂房　（甘孜水电公司提供）

坝、泄洪建筑物和引水发电建筑物等组成，“一站两厂”混合式开发；最大坝高 96.5 米，坝顶长度 408.13 米，坝顶宽度 12 米。黄金坪水电站动态总投资 117.68 亿元，静态总投资 97.15 亿元，单位千瓦造价为 13845 元；执行概算 121.4089 亿元，单位千瓦造价 14283 元；2015 年实现了左岸大厂房一年四投，2016 年 8 月剩余两台生态小机组全部投产，可研年平均发电量为 38.6 亿千瓦时。

【安全管理】甘孜水电公司始终坚持“安全第一，预防为主，综合治理”的方针，一手抓基建安全，一手抓生产安全，确保不出意外、万无一失：在基建安全上：长河坝、黄金坪水电站工区具有战线长、边坡高、洞室多、地质条件差、国内最高边坡土料场等安全管控难点，遇到强降雨，滚石、岩崩及泥石流等灾害频发，安全隐患高、治理难度大。一是以创建、保持大唐集团公司安全文明样板工地为抓手，以专项行动和防洪度汛工作为重点，通过落实“四个责任”、深化“四个凡是”，构建安全文明施工标准化和安全隐患排查治理长效机制。二是成立安全督导队，强化安全职能，重点整治安全生产违章行为，坚决实行“安全一票否决”，始终保持高压态势。三是加强外委队伍管理，严格外委队伍资质审查，履行好业主主体责任，落实好“工作票”安全措施、“三措两案”各项要求，重点抓好现场作业的安全管理和监护。四是深入开展各阶段专项治理、隐患排查“回头看”等工作，重点做好汤坝料场边坡治理，实现工程现场“九杜绝”。通过全员、全过程、全方位、全天候抓安全，该公司连续五年保持大唐集团公司“安全文明样板工地”称号，并代表基层企业在国家能源局 2015 年的大坝安全会议上进行基建期水电站地灾防治的先进经验交流。在生产安全上：黄金坪水电站进入生产期后，该公司及时调整了安全生产的保证、监督责任体系，建立了公司、部门和班组的“三级安全监督网络”，以“四不伤害”“七个加强”形成了全员控制、互为保障、互相负责的安全工作机制。一是强化运行管理，严格规范地执行“两票三制”和“三讲一落实”，杜绝了设备误操作事故和违反调度纪律的事件发生。二是强化设备管理，通过加大设备巡视检查力度，强化设备隐患排查与治理，及时发现、消除设备缺陷，确保了机组安全稳定运行。三是狠抓安全防范，强化了重点领域、重点设施的安全风险防控，深入开展各类应急预案演练，增强了生产人员应对突发事件的应急处置能力。四是规范“6S”管理，有效地推动了现场管理的标准化和精益化，提升了安全生产管理水平，确保了投产机组“零非停”良好态势。截至 12 月 31 日，黄金坪水电站安全稳定运行 491 天。

【经营管理】该公司树立“电量为王”工作理念，公司党政“一把手”带头由“经营者”向“销售者”转变，2016 年在大用户直购电、水火替代、富余电量等交易上均取得突破，黄金坪水电站取得市场电量 24.31 亿千瓦时，总上网电量达 30.23 亿千瓦时；超额完成大唐国际控亏 2.7 亿元的力争值目标，一举实现了利润“出零米”；全年机组平均利用小时数为 3579 小时，超省调水电机组平均水平 243 小时，位居先进行列；超前谋划并筹备长河坝水电站营销工作，年内四川省经信委将长河坝纳入节能发电排序（水电有调节能力机组第 8 位），并下达 2016 年生产计划合同电量 0.528 亿千瓦时，为 2017 年增盈创效奠定了基础。

【生产运行】该公司把优化运行工作细化到生产管理的每个系统、每台设备、每个职工。扎实开展“创新型、学习型、成长型”班组建设活动，加强设备可靠性管理，夯实安全基础，使机组高效经济运行；加强对电网调度规程、两个细则的研究，制定相应的防范措施，不合格电量大幅降低；利用水情自动测报系统、电网水调信息精算水账，优化调度，紧紧抓住大渡河流域来水偏峰的有利时机，谋求最佳的用水策略，2016 年度黄金坪水电站总弃水 4.21 亿千瓦时，水情预报正确率 85.1%，水量利用率为 89.7%；水能利用提高率 9.8%，在年初大唐国际下达的力争目标 5.1%的基础上提升了近一倍。

黄金坪水电站下游全景　　（甘孜水电公司提供）

【工程建设】全力打造“工期短、造价低、质量优、效益好”的精品工程。工期短：黄金坪水电站顺利实现了全投目标；长河坝水电站按期实现了初导洞下闸蓄水，圆满完成了大唐国际下达的节点任务目标;在水规总院的大力支持下,该公司抓住大渡河来水偏峰的有利时机，优化长河坝水电站蓄水速度，于12月31日实现了首台机组并网发电,较可研批复工期提前了 7 个月。质量优：长河坝单元工程质量评定土建优良率 92.2%,机电安装工程优良率均达到95%以上；大坝蓄水后渗漏量为 30.29L/S,远小于设计允许渗漏量 140L/S。长河坝首台机组投产运行后，机组各部位温度稳定，振摆检测系统各参数达到或优于设计标准，所有安装测量数据均优于国家优良标准,机电安装质量受到水规总院等业内专家的高度评价。黄金坪水轮机安装一次成优、发电机组装精度高、机组总装工艺达到国内先进、电缆管线铺设规范美观，被大唐集团公司评定为“2016 年度水电机电安装水平单项精品工程”。造价低：2016 年两级电站完成年度投资 31.3 亿元，造价和物资供应等工作有力保障了工程进展；该公司还通过长河坝右岸封堵堵头、右岸雾化 A 区防淘墙等一系列优化措施，节约投资近 930 万元。

【移民工作】在地方政府的大力支持下，甘孜水电公司解难题、破困局，紧紧围绕长河坝下闸蓄水目标，统筹兼顾、超前谋划，稳步推动移民工作。2016年不遗余力完成长河坝库区矿山企业处理一次性补偿兑现，一举解决了下闸蓄水移民验收的最大障碍；顺利完成了长河坝库底清理工作，提前完成了库区电力线路迁改；8 月 26 日，一次性通过四川省移民蓄水验收，较上游电站提前了 3 个月。该公司积极推进移民安置点建设，黑日移民安置点高水平、高标准建成，在康定市首开先例完成竣工验收并移交地方政府；两级电站共有移民4002 人，已安置移民 1040 人，占移民总数的 26%；章古河坝移民安置点仍在继续推进当中。

【管理提升】2016 年甘孜水电公司力争税收优惠，获得地方政府代扣代缴税金手续费、税收减免、发票抵扣税金等共计 5562.5 万元；完成该公司对康定国能的吸收合并，平均每年节约企业所得税近 200 万元；大力推进债务重组，年内实现了 173 亿元长期借款由原来基准利率下调了 10%,节约财务费用近 8000 万元；该公司长期借款累计额 233.79 亿元，已实现利率下浮 10%的借款总额达到 229.79 亿元，占比达到 98.3%。完善了公司治理结构，吸收合并了康定国能。开展了中层干部述职竞聘工作，向新任职的 27 名中层干部颁发聘书，在大唐国际基层企业系统内率先开展了中层干部竞争上岗改革。管理软科学研究工作取得实效，按照康定市委要求开展了“康定市发展水电产业创新精准扶贫模式”课题研究；自主开展了组建售电公司、清洁能源市场营销等专题管理创新研究工作。健全了档案管理体制，完善了档案工作标准及制度，档案管理“三率”均达到100%。科技管理工作取得成效,培育科技成果 9 项，完成上报 3 项；培育发明专利 1 项。

【党群和精神文明建设】在政治保障上下功夫，扎实推进“两学一做”学习教育；严格执行“三重一大”议事规则，落实“两个责任”、“一岗双责”。在从严治党上下功夫，持续深化作风建设，不断强化纪律规矩意识，守住底线、不越红线。在企业文化上下功夫，全面开展“铁军先锋、勇争第一”百日大讨论活动，深入开展“十比十创”劳动竞赛活动，该公司系统内 47 个集体或个人荣获四川省“五一劳动奖章”“五一劳动奖状”“工人先锋号”等荣誉称号。在宣传报道上下功夫，年内发表内部稿件 646 篇，发表外宣稿件 274 篇，超额完成了宣传任务赶超计划，在系统内名列前茅。

（白鸿杰、魏宏杰）

九寨沟水电开发有限责任公司

【企业概况】九寨沟水电开发有限责任公司成立于2003 年 6 月，现股东为中国电力建设集团有限公司（91%股份)、九寨沟县国有资产经营公司（9%股份）两家单位。公司承担着白水江流域（九寨沟县段）开发任务，规划 “一库七级”共 7 个梯级水电站，分别为：多诺水电站（龙头水库，装机 10.18 万千瓦，包含 0.18 万千瓦一座）、玉瓦水电站（4.9 万千瓦）、陵江水电站(2.6 万千瓦)、黑河塘水电站(8.6 万千瓦)、永乐水电站（11.1 万千瓦)、双河水电站（8.1 万千瓦）、青龙水电站（10.2 万千瓦）,总装机容量为 55.68 万千瓦。2016 年已投产装机达 36.9 万千瓦。

公司已完建项目有黑河塘、双河、青龙 3 个水电站及 1 个双合联合开关站；多诺水电站已投产发电并完成二期蓄水；玉瓦水电站已于 2012 年 10 月经四川省发改委核准，并于 2014 年开工建设；

【生产经营管理】2016年，公司围绕董事会下达的各项年度目标积极开展工作，加强生产经营管理，细化目标、明确措施、狠抓落实。公司认真抓好电力安全生产，密切关注、适时动态分析电力市场，积极有效开展电力销售；同时加强投运电站及送出工程运维管理，保障电力安全生产和产能发挥。经过不懈努力，2016年实现发电量126205万千瓦时、上网电量122253万千瓦时；全年累计实现发电收入2.42亿元，在公司还贷高峰期，降低管理成本、提高管控效率，为实现公司效益最大化而不懈努力。

【工程建设】2016年，继续做好多诺龙头水库电站的后续建设管理，确保水库效益发挥。9月召开征地移民变更初审会；复垦土地移交等事项。

加强对玉瓦水电站建设报告进度管理，6月16日引水隧洞全线贯通；9月完成了蓄水阶段安全鉴定及质量监督；11月完成了蓄水阶段移民专项验收，12月通过了蓄水验收及输水系统专项安全鉴定；积极推进玉瓦水电站工作各项，为项目准时发电创造了条件。

6月对黑河塘水电站直流系统改造、压力容器探伤工作完成；对220千伏变电站建设工作进行协调，确保不影响玉瓦电站投产发电。

2月完成双河水电站2#机组大修；6月对双河水电站闸首清污机进行了改造；9 月完成大坝定检；

6月对青龙水电站引水隧洞进行放空检查工作，同时对检查发现的问题进行维修，历时30天，青龙水电站放空检查维修圆满完成；3月进行了移民验收现场检查，12月通过了移民调整报告的审查；9月完成竣工安全鉴定。

2016年3月，取得玉瓦110千伏送出线路工程核准批复，截至年底工程建设基本完成；6月对多黑线及黑双线避雷器进行了更换；双合开关站母差保护改造；4月通过了双沙一回及二回线路（甘肃段）水土保持工作竣工验收工作；5月通过了双沙一回及二回线路（四川段）水保专项验收；6月中旬完成了双沙一回及二回线路（甘肃段）环保专项验收；12月通过了双沙一回及二回线路（四川段）环保竣工验收；

【安全生产】2016 年，公司安全生产形势平稳，没有发生有人员责任的人身伤亡和设备事故，实现了安全生产事故零目标。截至到 2016 年 11 月 25 日，黑河塘电站实现安全生产运行 3627 天；双河电站实现安全生产运行 2709 天；青龙电站实现安全生产 1661 天；多诺电站实现安全生产生产 1296 天；送出工程及双合开关站实现安全运行 3627 天。

全年未出现一起责任事故，确保了流域投运项目和在建项目的平稳运行。结合公司治理体系建设计划，以“规范化、标准化、信息化”为目标逐步制定安全类规章制度。

【党建和文化建设】2016 年，公司党支部在中国电建成都院党委的坚强领导下，紧紧围绕公司中心工作和全党工作大局积极开展学习教育工作。一是制定切合该公司实际的学习计划，适时根据党中央、国资委党委和集团党委、院党委要求，补充完善学习计划。二是严格按照制定的计划全面推进实施学习工作；根据公司具体情况结合温江办公区、九寨沟现场两地办公的特点，利用视频会议系统组织党员学习；按照中组部在川督查要求，结合该公司实际，设定了公司固定党日，每月固定学习；该公司党支部设立了 2 个党小组，经常性以小组形式开展支部内的补充学习；党建工作主动邀请院党群相关部门和院党建督导员参加，以指导支部党建工作开展；带着问题“学”，“做”要带着问题改。针对企业发展的制约因素，支部全体党员充分献言献策，出谋划策，发挥作用。

参与驻地政府“精准扶贫”，积极履行社会责任。2016 年，根据中央关于“精准扶贫”工作的要求和九寨沟县委、县政府有关“精准扶贫”工作部署，完成年度扶贫工作任务；支部党员利用微信、QQ 等网络社交平台，倡议、联络、组织募捐，先后收集整理衣服、鞋帽、学习用品等共计 200 余包，重量近一吨。先后分 5 次捐至西藏昌都地区江达县，日喀则地区定结县、萨嘎县妇联、仲巴县中学和阿里地区狮泉河镇派出所等地，不仅为边远贫困地区的老人和孩子献出一片爱心，更送出了电建人的温暖。

【公司治理体系建设】公司所投资建设的白水江流域各项电站陆续投入生产，对治理体系要求更高。2016 年，公司发布了《运行生产调度管理办法》《设备检修管理办法》等管理制度 15 个；白水江流域电站各项预案合计 10 个。

（尹　黎）

新能源

责任编辑：李燕辉

四川新能源事业继续发展，各电力企业在开发水电、火电常规能源外，正着手进行风能、太阳能等新能源开发。至2016年年底，全省风电装机容量达125万千瓦，太阳能发电装机容量达96万千瓦。

中国电建集团成都勘测设计研究院有限公司新能源处积极做好了川内新能源项目的规划设计工作。

四川电力设计咨询有限公司积极开展新能源业务；能投风电公司、华电盐源新能源公司等努力做好新能源项目建设和项目拓展。

中国电建集团成都勘测设计研究院有限公司新能源处

【企业概况】中国电建集团成都勘测设计研究院有限公司新能源处（以下简称新能源处）主要负责成都院风电、太阳能发电等新能源项目生产的组织、管理，生产（部分）和新技术研究与应用等工作，开展新能源项目的市场经营。

截至 2016 年 12 月底，新能源处共有在职员工 56 人，其中：教授级高级工程师 2 人，高级工程师 8 人，工程师 16 人，助理工程师 10 人；男员工 43 人，女员工 13 人；30 岁以下员工 18 人，30 岁以上 38 人。新能源处有正、副处长 3 人，处长助理 1 人，专业副总工程师 2 人，下设 3 个专业设计室：资源评价室、电气室、综合室。

【专业发展思路】以工程勘测设计为主导，带动总承包业务，争取将新能源发展成为集勘测、设计、咨询、总承包为一体的综合性产业，计划 2020 年年末，争取成为国内领先的勘测、设计、咨询、总承包、运营管理单位。

【资源评价室】主要从事风电场和光伏电站的规划；承担新能源设计项目中动能经济设计，包括资源评价、工程开发任务的确定、工程规模的分析论证、风电场微观选址、机型选择、发电量估算、经济评价等内容以及本专业的科技攻关、科研工作；承担新能源规划、项目投资咨询和项目建议书、项目申请报告等编制工作；承担技施项目的设计说明书编写等工作。

【电气室】承担新能源设计项目中电气设计及系统设计（含电气一次、电气二次、光伏系统及通信），包括：编写电站各阶段设计报告（电气篇编写及附图绘制）；承担主要电气设备招标设计、技术联络及参加设计联络会等；技术交底、现场设代、试运行报告（电气篇）及技施设计说明书（电气篇）编写等；新能源发电技术（风力发电、太阳光伏、太阳光热发电及生物质能发电等）新技术研究与本专业的科技攻关、科研工作及技术交流；其他设计工作。

【综合室】承担新能源设计项目中地质、建筑、交通等相关专业设计，包括勘测工作策划、区域地质及工程地质分析、升压站布置及建筑设计、风机基础设计、场内外道路规划及设计、施工总布置；承担技施项目的设计说明书编写等，以及其他指定的设计工作。

【经营业绩】新能源处积极拓展风光项目，完成了四川省和西藏自治区“十三五”新能源发展规划编制，完成了四川省首个风电项目——德昌一期示范风电场、世界最大山地光伏项目群首期工程——万家山光伏电站等几十个新能源项目前期设计工作，开启了川藏能源结构调整的关键一步。

（新能源处）

中国电建集团成都勘测设计研究院有限公司典型新能源项目

【雅砻江流域风光水互补清洁能源示范基地规划项目】

1. 项目概况

雅砻江流域风、光、水互补清洁能源示范基地规划是四川省政府 2016 年能源工作的重要组成部分，规划已列入四川省和国家能源局“十三五”能源规划发展中。2015 年 8 月，中国电建集团成都勘测设计研究院有限公司(简称成都院)受雅砻江流域水电开发有限公司委托开展流域内的风光资源调查和规划选址，通过资源调查得知，雅砻江流域具有丰富的风能和太阳能，仅干流两侧 60 公里范围内就初步规划了 1181 万千瓦风电和 1888 万千瓦光伏，规划规模等于再造了一条雅砻江。

分析雅砻江流域水能、风能、太阳能资源发现，风、光、水在年内具有较强的互补性，利用风电和太阳能发电与水电出力的互补性，结合雅砻江流域以水电为主的电网系统，实现风光水打捆送出，既不会带来流域内水电新增弃水，还能大大提高现有水电外送通道的利用率，增加输电效益。

2016 年 8 月，新能源处修编完成了雅砻江流域风光水互补清洁能源示范基地规划报告；大部分规划风电场投资为 8200—9600 元/千瓦，光伏项目投资为 7600—8400 元/千瓦。

2. 项目亮点

（1）打造示范样本

该项目是四川省创建国家清洁能源示范省的重要任务，将在能源“四个革命、一个合作”方面探索新做法、新经验，促进能源结构低碳化，能源生产智能化，能源消费清洁化，为促进清洁能源开发与消费良性互动提供经验。

（2）搭建开发平台

项目突破现有的开发投资方式，重点研究风光水利益协调政策。项目规划提出示范基地开发主要涉及地方政府、电网公司、水电站、风电场、光伏电站的开发业主等，搭建不同利益主体的合作开发平台。

（3）提出示范项目建设方案

为探索适宜风光水互补的接入方式、开发投资等，按照“统一规划，分步实施，试点先行”的原则，“十三五”期间雅砻江流域风光水互补开发建设主要以示范项目开发为主。按照就近接入的原则，将盐源地区建设条件较好、经济指标较优的近一百万千瓦的风光项目接入官地水电站，开展四川省首个风光水互补项目开发研究。

3. 项目进展情况

2015 年年底成都院完成了项目规划报告（初稿）。

2016 年 2 月，水电水利规划设计总院组织有关单位进行讨论；3 月，成都院就规划的最新进展和存在的问题向雅砻江公司进行了汇报；4 月，国家能源局下发委托函，雅砻江流域风光水互补开发研究正式开展；4 月 27 日，雅砻江流域风光水互补清洁能源示范基地规划的工作大纲通过成都院技经委评审。重新调整了工作大纲，并通过国家能源局、省能源局、水规总院等单位评审；7 月 14 日，国家能源局在北京组织开展课题和规划的研讨会，对存在的问题进行了充分的讨论和沟通，确定了下一步工作计划；8 月，完成了雅砻江流域风光水互补清洁能源示范基地规划报告（送审稿）；9 月 7 日，四川省能源局在成都组织召开了课题和规划报告（送审稿）讨论会，针对存在的问题提出了有益的设想和工作方向 ；9 月 20 日，四川省能源局组织召开课题和规划报告咨询会，认为报告内容翔实充分，成果较为扎实，具备上报条件；12 月，成都院完成了先期试点方案报告初稿。下一步，项目部将加强人员的投入，确保基地规划报告如期获得批复；同时配合雅砻江公司尽早在盐源开展先期示范项目启动工作；与雅砻江水电站调度有关部门开展以水电站为中心的风光水互补调度机制研究；配合雅砻江公司开展新龙县新能源规划工作。

【德昌县德州、黄家坝风电场工程】

1. 工程概况

（1）德州风电场工程位于德昌县安宁河左岸的麻栗镇民主村至烧房沟之间长约 7 公里的区域。布置 19 台直驱风电机组 DF121-2500-90 米，总装机规模为 4.75 万千瓦，风电机组采用二回 35 千伏集电线路汇流至阿月 220 千伏升压站。与李家坝风电场共经一台 220 千伏主变升压后以一回线路接入西昌南 220 千伏变电站 220 千伏侧。

（2）黄家坝风电场工程位于安宁河右岸。布置 18 台直驱风电机组 DF121-2500-90 米，总装机规模为 4.5 万千瓦，风电机组采用二回 35 千伏集电线路汇流至阿月 220 千伏升压站。经一台 220 千伏主变升压后以一回线路接入西昌南 220 千伏变电站 220 千伏侧。

2. 工程建设情况

2014 年 5 月和 8 月，成都院先后编制完成德州风电场、黄家坝风电场预可研及可研报告，并通过四川省工程咨询研究院的审查。

2014 年 12 月，四川省发改委正式核准批复两风电场工程项目。 该工程由成都院以 EPC 总承包形式承建，同年 12 月，德州风电场、黄家坝风电场正式开工建设。

2015 年 12 月底，德州风电场全部机组建成投产。

2016 年 1 月底，黄家坝风电场全部机组建成投产。

3. 工程主要特点和难点

（1）机组选型设计

为保证德州风电场和黄家坝风电场经济效益最大化，成都院在总结前三期工程勘测设计、建设管理、运营等方面经验的基础上，与风电机组厂家一道论证分析了适应风电场风能资源条件和建设条件的机组，选择了较前三期工程风轮直径更大、轮毂高度更高的机型。

（2）新型风电机组基础适应性

德州、黄家坝风电场部分沿河布置在地势较低滩地上的风电机组机位基础可能受洪水的影响。根据洪水分析计算结果并结合地形地质资料，两风电场共有7台风电机组基础可能受50年一遇洪水的影响。

鉴于此情况，成都院联合同济大学共同研究了新型基础。根据风电场地质、水文、机组荷载、基础环结构等资料，从技术、经济、安全、可施工性等方面对传统基础环板式基础与新型预应力锚栓板梁式进行研究分析。德州、黄家坝风电场全部风电机组基础形式由可研阶段的基础环连接式圆形扩展基础变更为预应力锚栓连接式板梁基础方案。

风电机组基础：为满足工程进度、便于现场施工需求，技施阶段德州风电场风电机组基础采用现浇钢筋混凝土浅埋基础，其基础形式为新型圆形独立肋梁基础，具有混凝土用量少，浇筑时间短，减少或避免施工缝，其结构有利于混凝土水化热的散失，有效避免了混凝土产生温度裂缝，确保了混凝土的施工质量；连接方式改为预应力锚栓式连接，可改善台柱部分混凝土受力，从而改善结构整体性能。

【鲁北风电场工程】

1. 工程概况

鲁北风电场位于四川省凉山州会东县堵格乡境内的山脊地带，山脊总长约 17 公里。风电场由 25 台单机容量为 2000 千瓦的风电机组、25 台箱式变电站、35 千伏集电线路及交通道路等组成。

工程通过两回35千伏集电线路送至鲁南风电场110千伏升压站，经鲁南风电场110千伏升压站接入电网。

2. 工程进展情况

2014年12月，成都院组建的项目人员与业主方在项目所在地举行现场勘查设计联络会。

2015年3月，完成工程地质勘查工作，并形成了工程地质报告；5月，完成了鲁北风电场两回集电线路初步设计并通过业主审查；8月，根据业主现场征地条件，完成个别风机机位调整； 12月，成都院设计的该风电场风机基础通过机组厂家的确认。

2016年3月，完成现场各项主体施工所需图纸的设计工作；11月底，鲁北风电场项目所有机组具备发电条件，并通过业主等单位的启动验收。

3. 工程亮点

（1）切实做好风电场微观选址复核

2014年12月，组织资源、地质、电气等相关专业技术人员前往风电场范围内进行微观选址复核，针对工程前阶段完成的风机机位、地质条件、集电线路路径、场内道路进行现场勘察，为后续设计等工作奠定基础。

（2）科学设计，优化集电线路方案

工程所在地的微气候特征比较明显，且有较多的少数民族聚居。在集电线路设计过程中，设计人员多次进行现场调查，收集覆冰厚度资料、影响区域典型微气候特征相关的地形条件、线路路径沿线的人口居住情况等，形成优化集电线路设计方案：

①本工程线路位于中重冰区，根据《重覆冰架空输电线路设计技术规程》的要求，重冰区线路路径选择应尽量做到避开调查确定的覆冰严重地段和污秽较重地区；尽量沿起伏不大的地形走线；避免横跨垭口、风道和通过湖泊、水库等容易覆冰的地带；尽量避免大挡距、大高差；通过山岭地带，沿覆冰时背风坡或山体阳坡走线；耐张段不宜太长，中冰区不超过 5 公里，重冰区不超过 3 公里；转角角度不宜过大。

②本工程集电线路位于山顶风速较平地偏大，且了解到当地易覆冰，经常发生雨凇、雾凇等恶劣天气，结合本风电场一期工程的运行经验本工程覆冰按20毫米设计。为预防铁塔横担融冰流向悬垂串及跳线串而导致冰闪事故的发生，第一片绝缘子采用大帽绝缘子。

③为预防导线脱冰跳跃引起相间闪络，本线路在档距中央加装了相间间隔棒。

【麦尔玛光伏电站工程】

1. 工程概况

麦尔玛光伏电站场址位于阿坝县麦尔玛乡范围内，总装机容量为50兆瓦。场址分为两个片区：光伏阵列1区及光伏阵列2区。

工程全站共由 30 个典型 1.6 兆瓦方阵和 2 个 1.0 兆瓦方阵组成，每个典型 1.6 兆瓦由 318 串支路并联形成，每个典型 1.0 兆瓦由 198 串支路并联形成。

光伏阵列区所发电能经箱变升压后，以四回集电线路接入升压站内35千伏母线，所发电能通过一回 110 千伏出线接至麦尔玛 110 千伏变电站 110 千伏侧。

根据业主开发时序，前期先建设36兆瓦，剩下的14兆瓦根据项目整体进展情况再行确定建设时间。

2. 工程进展情况

2014年6月，成都院项目人员开展了现场查勘；9月完成可行性研究报告审定版。

2015年3月，根据业主方要求，重新编写完成了新版可行性研究报告；7月，完成升压站场平设计工作，并于月底进行设计交底；8月，完成工程主体设备招标设计；10月，完成工程各项技施图纸设计。

2016年2月，工程各项设计工作完成，并通过业主启动验收。

3．工程特性

项目初版可行性研究报告完成后，项目部组织召开了“麦尔玛50兆瓦光伏电站内部专业审查会议”，针对工程的光伏资源、升压站主接线、阵列区组件组串形式、光伏组件市场价格等几个核心要素进行了讨论，形成以下设计要点：

①根据现场坡度、朝向等地形条件，重新核实光伏组件折减效率。

②重新核实光伏电池组件市场价格，为造价中心提供更合理的组件单价。

③光伏阵列区光伏组件接线采用组串式接线方式。

【西昌黄联关风电场工程】

1.工程概况

西昌市安宁河谷黄联关风电场建设规模为205兆瓦，安装单机容量为2500千瓦风电机组82台，由共计8条35千伏集电线路连接后接入已建的大德220千伏升压站，与前期已建的黄水、洼垴风电场统一送出。

该工程是成都院承接的、装机容量最大的风电场EPC项目；2016年8月开工，2017年7月完工，合同建设工期为12个月。

2.工程建设情况

2016年6—8月，项目部人员先后进行了工程技施阶段的风机微观选址及地勘报告和招标设计；随后开展了项目临建设施施工、征地、场内道路施工等；12月12日首台风机吊装。

预计2017年上半年完成工程风机基础、场内临时道路、集电线路及升压站土建等所有工作。

【哈萨克斯坦巴丹莎风电场工程】

1.工程概况

（1）巴丹莎风电场一期工程位于哈萨克斯坦西部阿克托别市Badamsha区，场址总面积约22平方公里，平均海拔高度435米。风电场场址内测风塔50.8米高度处平均风速为7.29米/秒，风功率密度为400.2瓦/平方米，资源条件较好。可研阶段，场址拟推荐安装单机容量2.5兆瓦的风电机组80台，总装机容量约200兆瓦，同时拟配套建设一座220千伏升压站汇集所有风电机组电能，最终以两回220千伏线路送至当地电网。

经可研阶段初步计算，本风电场平均上网电量为64433.7万千瓦时，年利用小时数为3221.7小时。

（2）巴丹莎风电场二期工程位于哈萨克斯坦西部阿克托别市Badamsha镇，场址总面积约20平方公里，平均海拔高度426米。风电场场址内测风塔50.8米高度处平均风速为7.29米/秒，风功率密度为400.2瓦/平方米，资源条件较好。可研阶段，场址拟推荐安装单机容量2.5兆瓦的风电机组40台，总装机容量约100兆瓦，拟配套建设一座110千伏升压站汇集所有风电机组电能后以两回110千伏线路送至当地电网。

经可研阶段初步计算，本风电场平均上网电量为353269.1万千瓦时，年利用小时数为3532.7小时。

为便于运行维护管理，巴丹莎风电场二期与一期合建一个升压站，但两个风电场在电气系统上无连接。

2．工程进展情况

2015年3月，签署巴丹莎风电项目总承包合作协议MOU；5月，中国水电顾问集团、成都院、中地海外完成首次项目现场查勘；8月，向业主提交初步建议书、合同和第一轮报价；10月，向业主提交详细技术建议书、合同和第二轮报价；10—12月，与业主进行合同谈判及合同修改工作；

2016年1月14日，正式签署本项目EPC总包服务合同；2月，中国水电顾问集团与成都院签署哈萨克斯坦巴丹莎风电项目委托执行协议;4月下旬，成都院组织项目部及相关部门和专业人员进行现场查勘;9月底完成巴丹莎风电场二期可行性研究报告设计，并向业主提交了审批稿。

【普格海口风电场工程】

1.工程概况

普格海口风电场场址位于以水海子水库为中心的周边几条山脊上，海拔3300—3700米，风电场属于高海拔山区风电场，总面积约11平方公里。海口风电场建设规模为50兆瓦，拟安装单机容量为2000千瓦风电机组25台，拟建设一座110千伏升压站，集电线路3条。

2.工程建设情况

2013年5月，普格海口风电场工程建设经四川省发改委审批同意开展前期工作。此后，项目部着力开展勘测设计，11月，完成《大唐普格海口风电场工程预可行性研究报告》。

2015年8月，完成《大唐普格海口风电场用地预审》《大唐普格风电开发有限公司大唐普格海口风电场项目环境影响报告书》等，并经主管部门审批，

9月，获得四川省住房和城乡建设厅关于大唐普格海口风电场建设项目选址意见书。

2016年4月，主体工程全面开工建设。预计2017年6月第一批机组投产发电，9月，全部机组建成发电。

【西昌黄水、洼垴风电场工程】

1. 工程概况

黄水、洼垴两个风电场为西昌市风电场开发的第一期项目，同期建设，装机规模均为47.5兆瓦，均采用19台、单机规模为2500千瓦的风电机组，总规模为95兆瓦，升压变电站1座，集电线路3条。

黄水风电场总投资45556.66万元；洼垴风电场总投资39515.01万元。

两风电场于2013年12月通过四川省工程咨询研究院组织的审查。

2. 工程建设情况

2013年7月，在成都院完成的西昌市风电场规划报告中，将黄水、洼垴风电场列入西昌市第一批开发的风电项目，并成立了项目部开展勘测设计工作。8月，完成了两风电场工程的预可研报告，12月，完成可研报告。

2014年8月，黄水、洼垴风电场获省发改委核准；12月，项目主体工程全面开工建设。2016年3月，全部机组建成发电。

【广元望江坪、凉水泉风电场工程】

1. 工程概况

（1）望江坪风电场工程位于广元市利州区工农镇境内，面积约40平方公里。建设规模为50兆瓦，安装单机容量为2.0兆瓦的风电机组25台，建设一座110千伏变电站。

工程主要特征：

①风机：该工程采用双馈机型，单机容量2000千瓦。

②风机变压器：该工程每台风电机组配置一台35千伏箱式变压器。

③集电线路项目通过3回35千伏集电线路送至风电场110千伏升压站，工程分3组线路，其中：A回集电线路9台机组，B回集电线路10台机组，C回集电线路6台机组。

④升压站形式：升压站总平布置围墙最大平面尺寸58米×88米。升压站围墙内布置有综合楼、SVG装置室、35千伏配电装置室、给水设备房、污水处理间建筑物，总建筑面积1189.03平方米。

⑤风机基础：圆形独立扩展基础由上、下两部分组成，上部结构为圆柱体，下部为圆台体。

⑥场内外交通：本工程风电设备的运输可通过全国高速公路网干线京昆高速G5，再由广元下G5高速，经广元市区至工农镇，再经乡镇公路至望江坪风电场场址。

风电场场内道路的新建和改扩建，参照现行《公路工程技术标准》《厂矿道路设计规范》，本着节约投资、永临结合原则进行。

望江坪风电场静态总投资44764.02万元，单位千瓦投资8952.8元，单位电能投资4.33元。

（2）凉水泉风电场工程位于广元市利州区河西街道办事处的白山村、郑家沟村、杨家岩街道办事处的杨柳村以及工农镇联盟村境内，面积约24平方公里。建设规模为36兆瓦，安装单机容量为2.0兆瓦的风电机组18台，与芳地坪风电场共用一座110千伏变电站。

工程主要特征：

①风机：本项目采用双馈机型，单机容量2000千瓦。

②风机变压器：本项目每台风电机组配置一台35千伏箱式变压器。

③集电线路：凉水泉风电场机组通过2回35千伏集电线路汇集接入已建成的芳地坪110千伏升压站，通过芳地坪升压站至明月峡220千伏变电站的1回110千伏线路送电至四川主网。

本项目集成线路采用直埋敷设方式和架空线路两种混合方式汇集至升压站。直埋电缆按两组架空线路架设，分别为9台，单机容量为2000千瓦

④升压站形式：本工程110千伏变电站与芳地坪风电场共用一座变电站。

⑤风机基础：圆形独立扩展基础由上、下两部分组成，上部结构为圆柱体，下部为圆台体。

⑥场内外交通：本项目位于广元市利州区境内，交通便利。为满足大宗物资和机电设备重大件运输要求，新建通往机位的道路，根据交通道路的使用功能及重大件运输要求，本着节约工程投资，永临结合，同时满足工程建设需要的原则，参照现行《公路工程技术标准》《厂矿道路设计规范》实施。

本工程静态总投资31354.17万元，单位千瓦静态投资8709.49元/千瓦，单位静态电能投资4.14元/千瓦时。

2. 工程进展情况

（1）望江坪风电场

2012年12月，成都院组建的项目部编制完成了《大唐广元望江坪风电场工程可行性研究报告》。2013年1月，完成广元望江坪风电场工程项目的核

准；2014年1月，编制完成《大唐广元望江坪风电场工程设计方案调整报告》；2015年12月，启动望江坪风电场工程招标技施设计阶段工作；2016年10月，望江坪风电场工程正式开工建设；业主计划于2017年6月发电，相应设计服务工作延续至12月。

（2）凉水泉风电场

2014年11月，项目部编制完成了《大唐广元凉水泉风电场工程可行性研究报告》，12月，完成了凉水泉风电场工程项目核准；2016年2月，启动凉水泉风电场工程招标技施设计阶段工作，11月，凉水泉风电场工程正式开工建设；业主单位计划于2017年6月发电，相应设计服务工作延续至12月。

【盐源华电新能源风电场工程】

1.工程概况

盐源华电新能源风电场工程系牦牛山片区6个项目，分别是：

（1）凉风坳风电场。布设单机容量1.5兆瓦风机33台，总装机容量49.5兆瓦；

（2）银头山风电场。布设单机容量1.5兆瓦风机33台，总装机容量49.5兆瓦；

（3）牦牛山风电场。布设单机容量2.0兆瓦风机25台，总装机容量5万千瓦；

（4）观塔坡风电场。布设单机容量2.0兆瓦风机25台，总装机容量50兆瓦；

（5）长坪子风电场。布设单机容量2.0兆瓦风机60台，总装机容量120兆瓦；

（6）白乌风电场。布设单机容量2.0兆瓦风机40台，总装机容量80兆瓦。

该工程由成都院勘测设计；中国水利水电建设工程咨询西北有限公司监理；电站主体工程施工单位：凉风坳风电场220千伏升压站由水电五局施工；盐源牦牛山片区风电进场公路由水电六局施工；凉风坳风电场主体工程施工由水电八局承担；银头山风电场主体工程施工由水电四局承担，其余项目尚未技施。

2.工程建设情况

根据业主单位对工程建设的需要，牦牛山片区风电场电站进场道路于2015年10月开工，2016年3月完成。

凉风坳风电场工程核准于2014年12月。电站招标施工图阶段的勘测设计工作开始于2015年7月，2015年8月和2016年3月、4月为交通、土建、电气各专业的设计高峰期。该项目主体工程和220千伏升压站于2016年3月开工，12月，项目B回集电线路具备投产发电条件。

银头山风电场核准于2014年12月。电站招标施工图阶段的勘测设计工作开始于2016年8月，2016年10月、11月为土建、电气各专业的设计高峰期。该项目主体工程于2016年11月开工，正在建设中。

牦牛山风电场核准于2015年12月，尚未开展招标技施工作。

观塔坡风电场核准于2015年12月，尚未开展招标技施工作。

长坪子风电场可研设计于2016年8月完成内审稿，尚未核准。

白乌风电场可研设计于2016年8月完成内审稿，尚未核准。

【盐边太阳坡设施农业光伏发电工程】

1.工程概况

太阳坡35兆瓦设施农业光伏发电项目位于攀枝花市盐边县红格镇。工程总装机容量35兆瓦，共由14个1.6兆瓦和11个1.0兆瓦的子阵列组成的光伏发电单元组成和建设110千伏升压站1座，配置25台35千伏箱式变压器。采用3回35千伏共8.67公里直埋电缆集电线路接入110千伏升压站，再以1回110千伏长约4公里送出线路送电至红格110千伏变电站。建设总工期8个月。

2.工程进展情况

2015年9月，成都院组成的项目部开始进行光伏场址的踏勘，开展可行性研究报告等工作；2016年3月，开始工程招标施工图阶段的勘测设计工作，4月，进行光伏阵列区的设计，同时开始进场道路和光伏阵列区的孔桩基础施工；7月，项目通过核准；截至2016年年底，工程已全部完成光伏土建及电气设备的安装，静态试验已全部完成，升压站已完成全部土建及电气安装和调试工作。

业主单位计划电站第一条和第三条集电线路于2017年4月发电，工程设计服务工作将延续至6月。

（李以为、段莹、李凯）

四川电力设计咨询有限责任公司新能源业务

【企业概况】四川电力设计咨询有限责任公司（以下简称川电设计咨询）紧跟能源革命的新形势，较早开展了技术储备与市场跟踪，有效推进人才引进与培养，有机整合技术优势和项目管理优势，在项目核准、规划选址、技术咨询、工程并网和后期服务上深度介入，通过一系列项目的设计与实施，打造出自身在山区光伏、风电设计方面的特色优势和在新能源建设全产业链上的综合比较优势。经过近年来的快速发展，截至 2016 年年底，川电设计咨询参与新能源设计项目 100 余项，装机总容量达 2000 万千瓦，实现新能源总承包合同额 38 亿元；新能源业务已经从该企业的培育型业务发展为新的业务增长点，业务涵盖了测风、测光、风光资源分析、宏观选址、微观选址、阴影遮挡仿真、系统集成仿真、三维布置仿真、工程数据管理等新能源项目全生命周期；同时，该企业的“十三五”战略规划确定了进一步扩展新能源业务单位、促进技术及管理成熟并使之成为支撑业务的发展目标。

川电设计咨询总承包的大秦农业光伏项目一期工程

（王光勋　摄）

川电设计咨询发电分公司的新能源部自 2015 年成立以来进一步壮大，在风资源、光资源、除灰、运煤等专业配置了高水平的专业人员，为公司新能源项目提供了有力的技术支撑，作为市场开拓与总包管理的上下游主要衔接点发挥了自身的价值创造力。

【典型新能源项目】

1. 炉霍贡唐岗并网光伏电站工程

由川电设计咨询总承包的炉霍贡唐岗（5 万千瓦）并网光伏电站位于海拔 4200 米的四川省甘孜州炉霍县，地处高海拔、低含氧区域，物流组织困难且无法保证正常的水电供应。川电设计咨询依靠自身在数十项总承包项目中磨砺出的优秀项目管控能力，在不到 120 天的时间内打通了长达 20 公里左右的送出通道，顺利完成了工程建设、并网发电，创造了国内海拔最高的光伏电站（含升压站、送出线路）建设周期纪录。

2. 会理龙泉并网光伏电站工程

由川电设计咨询总承包的会理龙泉并网光伏项目位于四川省凉山州会理县，包括会理县龙泉 1 个 3 万千瓦光伏电站（含龙泉 220 千伏升压站）、1 个 2 万千瓦光伏电站及其 220 千伏送出工程。该项目同样地处地形复杂、条件恶劣的山区，川电设计咨询仅用不到 4 个月的时间便完成建设任务，全部 4 条集电线路一次性并网成功，进度、质量、安全等各项工作得到了业主充分肯定。

3. 日喀则岗巴并网光伏电站工程

由川电设计咨询总承包的日喀则岗巴 2 万千瓦并网光伏电站属于西藏日喀则地区岗巴县 12 万千瓦光伏光热发电及光热电站余热供暖项目的组成部分，位于岗巴县城周边牧草地，海拔约 4600 米。在该项目建设过程中，公司率先在日喀则地区高海拔环境下对“逆”“变”一体化箱式中压逆变器方案进行了尝试，联合全球领先逆变器企业“阳光电源”及变压器企业“ABB”进行了深入的技术研讨，综合自身在高海拔工程应用方面取得的丰富经验，提出了建设性意见，完善了新设备应用细节考虑不周之处，顺利推进了世界首个高海拔逆变一体化大型并网光伏电站的建设。

（王淇）

四川省能投风电开发有限公司

【企业概况】四川省能投风电开发有限公司（以下简称“能投风电公司”）于2011年11月1日在成都市锦江区工商局注册登记成立，注册资本金11.3亿元，是四川省能源投资集团有限责任公司的控股企业。该公司主要从事风电、光伏等新能源项目投资、建设和运营管理，现有员工152人。

能投风电公司自成立以来，时刻牢记“开发能源、服务四川、改善民生、推动发展”的企业使命，坚持“依法、理性、务实、高效”的工作方针，全体员工团结协作、只争朝夕、开拓奋进，取得了较好的生产、经营和管理成绩。截至2016年，该公司先后控股组建四川能投会东、盐边、美姑、雷波4个新能源开发有限公司，建成四川省第一个高山风电场项目——凉山州会东县拉马、鲁南风电场，并实现项目当年建成、当年盈利的目标，建成四川省第一个农风光互补试验项目——盐边大面山一期风电场。

会东县鲁北风电场　（能投风电公司提供）

截至2016年年底，能投风电公司已建成投产5个风电、光伏项目，总装机容量19.65万千瓦。在建项目3个，总装机容量19.75万千瓦。已核准待建6个项目，总装机容量49.7万千瓦。获得了超过200万千瓦的风电资源和40万千瓦的光伏资源。

【生产经营指标】2016年，能投风电公司实现发电量40448.9万千瓦时，为年度计划的104.3%，同比增长32.80%；上网电量39205.13万千瓦时，为年度计划的104.76%，同比增长32.58%。截至2016年12月31日，能投风电公司总资产304854.59万元，为年度计划的105.67%，同比增长73.46%；实现营业收入19809.97万元，为年度计划的101.15%，同比增长33.05%；利润总额6714.34万元，为年度计划的126.00%，同比增长52.84%。

【安全生产】安全生产方面，安全生产责任制进一步落实，安全生产标准化体系逐步建立健全，盐边公司获得“电力安全生产标准化一级企业”称号，成为四川省首个新能源类安全生产标准化的一级企业。顺利组织完成了拉马、鲁南35千伏集电线路隐患整治，提高了风电场集电线路的抗覆冰能力。针对暴雨、冰雪极端气象情况的风险预警工作进一步完善，员工风险防控意识和事故应急处置能力逐渐提高。运营管理方面，公司全年实现发电量40448.9万千瓦时，为年度计划的104.3%，所属会东新能源公司鲁南风电场在1039家风电场8672万千瓦风电装机参与角逐的2015年度全国风电场生产运行统计指标评比中，以优异成绩进入前10强，荣获生产运行指标一等奖。通过优化流程、加强考核和大数据管理等措施，风机故障停机时间较2015年减少6104小时，风机可利用率较2015年提高2个百分点，达到了97.1%。检修计划更加科学有序，定期维保损失电量较上年减少19.7万千瓦时。“小指标”考核初见成效，员工责任心和主动性大大提高，业务技能进一步提高。

【项目建设】会东鲁北49.5兆瓦风电场于2016年1月6日主体工程开工，11月17日提前投产，12月12日全部机组并网发电，是能投风电公司第一个当年主体工程开工、当年全部投产的项目；盐边大面山二期100兆瓦风电场于2016年4月12日主体工程开工，10月3日首台风机吊装完成，2016年12月27日召开启委会，2017年1月5日首回路并网发电。从主体工程开工到具备投产条件仅用8个月，发电时间比原计划提前约4个月，创造了四川省10万千瓦级山地风电场建设的新纪录。绿荫塘77.5兆瓦风电场12月实现了主体工程开工；盐边大面山20兆瓦农风光发电互补项目也于2016年12月10日开工建设，标志着该公司农风光互补项目从试验阶段转化为实战阶段，“新能源+”产业模式日趋成熟。

【项目拓展】在做优“存量”项目建设的同时，该公司也十分重视优质“增量”项目的拓展。会东堵格一期100兆瓦风电场项目、美姑沙马乃托50兆瓦风电场项目均在2016年年底获得核准批复。攀枝花水电营区屋顶230千瓦分布式光伏项目于11月获得攀枝花发改委备案批复，成功切入分布式光伏发电领域，有力拓宽了公司的业务范围。

盐边红山光伏电站　（能投风电公司提供）

【管理创新】能投风电公司力推在改革中求发展，发动全员谈改革，就运维检修模式、工程管理模式、前期管理模式、财务管理模式等问题展开研讨，掀起改革头脑风暴，为进一步优化内部管理奠定了良好的实践基础。同时，强化依法治企，狠抓制度的“废、改、立”工作，不断完善公司内部控制体系。对工程建设、生产管理、资金管理、招投标、采购及档案管理等业务进行了全面梳理和流程再造，加强了对重要决策、规章制度、重要合同等方面的法律审核力度，努力营造按制度办事、靠制度监督的良好氛围。大力加强人才队伍建设，打造风电公司一体化人才流动机制， 通过上挂下派、基层培养锻炼、借用、兼职等多渠道人才培养方式 ，使人才效率最大化，逐渐形成了风电特色的人才培养体系。

【党群工作】能投风电公司以“五大发展理念”为引领，以改革创新为动力，紧紧围绕公司改革发展中心任务，充分发挥党组织政治核心和领导核心作用，以“两学一做”学习教育为抓手，着力加强领导班子和党员干部思想、能力和作风建设，统筹开展工会群团工作。结合工作实际，扎实开展“两学一做”学习教育活动并取得实效。党建方面，进一步完善制度、夯实基础，狠抓党建基础工作整改薄弱环节，党建工作更加规范化。党风廉政建设方面，进一步明确上级关于两个责任的制度规定并完善制度，认真开展党纪学习和警示教育，并强化重点岗位、重点领域的预防与监控。工会群团工作方面，开展了“凝心聚力练技能、立足岗位做贡献”劳动技能竞赛，组织员工新春文艺活动和送温暖送清凉慰问一线员工，成立了摄影兴趣小组，开展合理化建议，设立职工之家，增强了凝聚力、向心力和团队活力。

（刘亚欧）

四川盐源华电新能源有限公司

【企业概况】四川盐源华电新能源有限公司（简称盐源新能源公司）于2014年12月在四川省凉山州盐源县注册成立，隶属于华电四川发电有限公司（简称四川公司），负责盐源风能资源和部分太阳能资源等新能源的规划、开发、建设和运营工作。

盐源新能源公司在盐源县境内已规划凉风坳、银头山、小高山等13个风电项目，总装机容量约117.1万千瓦，静态总投资约103亿元，建成后上网电量约25亿千瓦时，预计年产值约13.2亿元，与同等规模火电厂相比，每年可节约80万吨标准煤。初步规划凉风坳、牦牛圈、白杨坪3个光伏项目，装机容量约30万千瓦。总规划装机容量达147万千瓦，具备建成百万千瓦级新能源基地条件。2016年12月28日，首座风电场——凉风坳风电场（装机4.95万千瓦）33台风电机组全部投产发电；其他后续规划项目的前期工作和工程建设等有序推进。

截至2016年年底，盐源新能源公司设置了工程建设部、计划合同部、安全生产部、财务资产部和综合管理部5个部门，在册员工47名，平均年龄40岁。

【领导人员】

执行董事、总经理、党总支书记：孟吉

副总经理、工会主席：陆义松

副总经理：李咏波

主要领导变动情况：2016 年 9 月 5 日，中共四川盐源华电新能源有限公司总支部委员会成立，孟吉兼任党总支书记。

【年度业绩】2016 年安全无事故，圆满实现安全管理目标。凉风坳风电场工程建设质量、工期、投资等要素可控、在控，全年无质量事故发生，工程投资在华电集团公司批复概算的基础上预计节余率超过 10%。截至 2016 年 12 月 31 日，凉风坳风电场完成发电量 382.599 万千瓦时。

【经营管理】积极争取有利的财税政策，变更企业注册地址，把城建税税率由 5%降低到 1%；争取到各项目企业所得税“三免三减半”优惠政策；凉风坳风电场工程建设保险费率由 0.065%下降为 0.055%；银头山风电场新签订的融资合同取得基准下浮 5%的优惠利率。全力以赴做好电力营销，取得了凉风坳、银头山风电场电价批复 0.62 元/千瓦时。

【项目发展】以尽早开发、加快开发新能源项目为要务，扎实推进项目前期各项工作。大河、沃底、长坪子、白乌 4 个风电场项目可研报告递交省发改委；第四批风电项目开发的大坝梁子、白杨坪风电场完成风资源评估报告审查，已通过四川公司的项目发起。积极配合上级公司推进盐源、木里风光水储多能互补集成优化示范工程申报。充分发挥业主主导作用，狠抓过程管控和延伸管理，完成凉风坳风电场建设，银头山风电场项目开工建设；小高山进场道路工程基本具备开工条件，工程建设安全、质量、工期、造价等要素可控、在控。

【党的建设、精神文明建设、企业文化建设】自 2016 年 9 月党总支部成立以来，牢固树立“围绕中心抓党建，抓好党建促发展”的理念，狠抓党的组织和制度建设，注重思想政治工作和宣传工作，以“岗位建功比贡献”“两学一做”学习教育和“党员活动日”等活动为载体，扎实开展党建工作。召开第一次会员大会，选举产生工会“两委委员”，正式成立工会组织。通过“四风”整治回头看、签订《年度目标考核责任书》、集体廉洁谈话和廉洁承诺等举措，扎实推进党风廉政建设工作和反腐败工作，认真落实了“两个责任”。经过积极地引领、融合与积淀，以“团结、协作、奋斗、阳光”为主要内容的企业文化已初具雏形，1 个部室获华电国际公司先进集体称号。

（周莘雁）

电网经营管理与建设

责任编辑：卓正昌

2016 年，四川省电力公司完成固定资产投资 259.63 亿元，其中电网投资 254.12 亿元。110 千伏及以上项目核准 65 项、开工 56 项、续建 78 项、投产 48 项，新增变电容量 641.35 万千伏安、输电线路 1145.58 公里。

截至 2016 年年底，四川省电力公司拥有 500 千伏变电站（含开关站）46 座，换流站 1 座，总变电容量 7490 万千伏安；输电线路 166 条，线路长度 13560.443 公里；220 千伏变电站（含开关站）268 座，变电容量 8263.2 万千伏安；输电线路 678 条，线路长度 19308 公里；110 千伏变电站 800 座，变电容量 6600 万千伏安；输电线路 1801 条，线路长度 26348 公里。2016 年，四川电网 500 千伏电网覆盖全省各市州，多层级电网协调发展的格局基本形成。四川电网已从局部电网跃升为联通西北、华中、华东、华北四大区域电网、特高压交直流混联运行的枢纽电网。

国网四川省电力公司

【概况】2016年，四川省电力公司完成固定资产投资259.63亿元，其中电网投资254.12亿元。110千伏及以上项目核准65项、开工56项、续建78项、投产48项，新增变电容量641.35万千伏安、输电线路1145.58公里。售电量1673.75亿千瓦时，同比增长6.04%。资产负债率73.80%，同比下降0.87个百分点。流动资产周转率23.49次；净资产收益率0.42%，比计划增加0.16个百分点。企业负责人业绩考核列国家电网公司第11名。在公司取得优异成绩的同时，四川电力发展也迈上了新台阶。全省发电总装机突破9000万千瓦，其中水电7246万千瓦（居全国第一）；全社会用电量2101.02亿千瓦时，成为全国第8个突破2000亿千瓦时大关的省份；外送电量再创新高，全口径外送1285.46亿千瓦时，公司净外送264.35亿千瓦时，分别同比增长4.82%、24.26%。

【领导班子】2016年，四川省电力公司领导班子成员有轻微变化，2月4日免去潘贤芝副局级调研员职务并退休；9月21日免去胡柏初副局级调研员职务并退休。调整后的公司领导班子成员为：

石玉东：总经理、党委副书记

潘敬东：党委书记、副总经理

李　华：副总经理、党委常委

褚艳芳：副总经理、党委常委，国网成都供电公司总经理、党委副书记

董京营：副总经理、党委常委

杨桂荣：总会计师、党委常委

周　群：纪委书记、党委常委

刘　勇：副总经理、党委常委

左宇龙：工会主席、党委常委

陈云辉：副总经理

石俊杰：总工程师

【机构设置】截至2016年年底，公司本部职能部门26个，下属二级单位36个（其中发供电企业23个、直属单位13个）；上市公司及控（参）股公司6个；县级供电企业151个（其中全资103个，控股46个，代管2个）。调整后的所属基层企业名录见表9：

四川省电力公司基层企业名录

表9

类别	细　类		备　注
	序号	单位名称	
（一）发供电企业	1	国网四川省电力公司成都供电公司	
	2	国网四川省电力公司乐山供电公司	
	3	国网四川省电力公司德阳供电公司	
	4	国网四川省电力公司雅安供电公司	与国网四川雅安电力（集团）股份有限公司合署办公
	5	国网四川省电力公司眉山供电公司	
	6	国网四川省电力公司攀枝花供电公司	
	7	国网四川阿坝州电力有限责任公司（国网四川省电力公司阿坝供电公司）	
	8	国网四川省电力公司绵阳供电公司	
	9	国网四川省电力公司天府新区供电公司	
	10	国网四川省电力公司达州供电公司	
	11	国网四川省电力公司凉山供电公司	
	12	国网四川省电力公司泸州供电公司	
	13	国网四川省电力公司宜宾供电公司	
	14	国网四川省电力公司南充供电公司	
	15	国网四川省电力公司广元供电公司	
	16	国网四川省电力公司内江供电公司	
	17	国网四川省电力公司广安供电公司	
	18	国网四川省电力公司遂宁供电公司	
	19	国网四川省电力公司资阳供电公司	

续表 9

类别	细类		备注
	序号	单位名称	
（一）发供电企业	20	国网四川省电力公司自贡供电公司	
	21	国网四川省电力公司巴中供电公司	
	22	国网四川甘孜州电力有限责任公司（国网四川省电力公司甘孜供电公司）	
	23	国网四川省电力公司映秀湾水力发电总厂	
（二）省层面业务支撑和实施机构	1	国网四川省电力公司电力应急中心（国家电网公司应急培训基地）	
	2	国网四川省电力公司综合服务中心	
	3	国网四川省电力公司经济技术研究院	
	4	国网四川省电力公司电力科学研究院	
	5	国网四川省电力公司检修公司	
	6	四川电力送变电建设公司	
	7	国网四川省电力公司信息通信公司	
	8	国网四川省电力公司物资公司	
	9	国网四川省电力公司管理培训中心	
	10	国网四川省电力公司技能培训中心	
	11	四川电力医院（国网高原病防治中心）	
	12	国网四川电力服务有限公司（机关事务服务中心）	
	13	四川电力交易中心有限公司	
（三）上市公司	1	四川岷江水利电力股份有限公司	
	2	四川明星电力股份有限公司	
	3	乐山电力股份有限公司	
	4	四川西昌电力股份有限公司	
（四）控（参）股单位	1	四川峨眉山电力股份有限公司	
	2	四川蜀盛源资产管理有限责任公司	

【安全生产】2016 年，完善安全工作奖惩规定实施意见，树立安全工作正确导向。深刻汲取西安“6•18”和丰城“11•24”事故教训，重点开展“三查三强化”和建设领域专项排查，全年共治理安全隐患 1.5 万余项。贯彻“两个规范”要求，预警管控各类电网运行和施工作业风险 1000 余项。狠抓作业现场安全管控，累计查处各类违章 1700 余起。强化输电“六防”整治，首批建成国家电网公司防冰害标杆线路，完成锦苏直流及接地极线路抗冰改造、500 千伏西锦三线、普洪二线滑坡整治。建立变电“五通”体系，德阳换流站连续五年获评国家电网公司红旗换流站。深化停电计划刚性执行和配网调控管理，主网停电计划执行率提高 19%，配网临停率下降 50%。完成运检智能分析管控系统 I 期示范建设，开展电缆线路智能移动巡检、变电站辅助监控系统试点应用，机器人巡检系统实现 500 千伏变电站全覆盖。加强信息安全管理，完成网络攻防演练。成功应对夏季负荷屡创新高的严峻考验，圆满完成三大直流满功率运维保障及 G20 杭州峰会、西博会等保电任务。

【电网发展】2016 年，协调推动±800 千伏雅中特高压直流工程前期工作，500 千伏川渝第三通道纳入全省重大项目集中开工并加快建设。利用各级政府重视电力保障的有利时机，加快推进 500 千伏新都输变电、九江 220 千伏配套等工程。实施小城镇（中心村）电网改造升级和机井通电工程，开工项目 3940 个，实现“两年攻坚战”阶段目标。完成农网改造升级建设任务，消除现存“低电压”问题。落实资金 3.94 亿元，改造老旧（弃管）小区供电设施，惠及 12 万户、50 万人。逐村逐户排查贫困村电力保障情况，制定电网改造实施计划，得到各级党委政府高度肯定。公司获评四川省定点扶贫工作先进单位，精准扶贫项目荣获全国“2016 民生示范工程”。新增智能电表 468.34 万只，用电信息采集 495.12 万户。

“多表合一”集采集抄13.4万户，居全国前列。初步形成环成都充换电服务圈、沪蓉高速四川段快充网络。“三通一标”应用持续深化，线路机械化施工成效良好，投运公司首座110千伏模块化建设智能变电站。川藏联网工程获得国家优质工程金质奖，填补公司在国家工程类最高奖项空白。

【经营效益】2016年，经营效益稳健提升。深入开展“效益提升年”活动，提质增效理念深入人心。扎实开展经济活动分析，两次得到国家电网公司表扬。强化亏损企业治理，减少亏损子公司51家，超过国网下达任务47家，减亏7.78亿元。成功消除国网系统唯一“僵尸企业”，完成启明星铝业股权划转。争取农网改造升级中央财政资金8.3亿元。统一“营改增”政策执行，节约增值税支出约2亿元。“两金”余额存量压降10.93亿元，其中库存金额同比下降50%。实施远程异地评标。招标采购节资率达7.13%。规范工程项目后期管理，清理2014年及以前项目538项。开展审计发现问题整改“回头看”，及无电地区电力建设、农网维护费管理等审计，配合国家电网公司完成任期经济责任和专项审计，促进增收节支2.15亿元。加强运营监控（测），挽回经济损失4500万元。完成股权投资清理处置42项。实施电费排查专项行动，回收陈欠电费5.02亿元，较计划多回收1.32亿元。业扩报装净增容1719.87万千伏安，同比增加26.65%。完成电能替代42.23亿千瓦时，水火替代、自备电厂停发替代113.02亿千瓦时，分别同比增长12.19%、33.22%。综合线损率同比降低0.22个百分点，降幅居国网系统第三位。

【企业改革】2016年，各项改革稳妥实施。落实电改部署，发扬“三千”精神，反复沟通汇报，争取支持理解，配合编制四川电改综合试点及专项方案，最大限度确保各方案既遵循中央精神又符合四川实际。组建全资子公司模式电力交易机构，完成机构设置、人员组聘和机制建设。实现市场化交易电量708亿千瓦时，同比增长33.4%。积极配合做好输配电价成本监审，还原电网实际成本，取得良好效果，坚持不懈、全力争取合理输配电价水平。主动参与配售电业务放开，维护正常电力市场秩序。协议接收35千伏及以上公用供配电资产10.24亿元、“三供一业”项目37个。完成12万户高压和2700万户低压用户营配贯通任务。53家全资县公司“子改分”工作全部完成。德阳什邡等6家控股县公司产权上划获得批复。完成成都、天府新区、资阳公司供电区域、机构人员、职责界面调整与划转。实施集体企业“瘦身健体”，累计压减97户，压减比例达49%，精简用工3192人。

10月10日，国家电网公司与四川省人民政府在成都签署《推进四川省小城镇（中心村）电网改造升级和机井通电工程合作协议》，双方就加快相关工程建设、推动配套政策资金落实和建立长效合作机制等事项达成共识　（曹志刚　摄）

【管理创新】2016年，管理与创新成果丰硕。强化对标管理，对标综合排名居国网系统第13位（较上年提升8名），获评综合进步单位、管理进步单位，电网运行风险预警、备用调度体系建设入选国网典型经验。高效开展卓越绩效评价，综合诊断管理短板，提炼卓越管理案例60项。培养精益带级人才368名，实施精益转型项目200个。深化资产全寿命周期管理体系应用，在中西部地区率先达到“领先型”标准。建立供电服务“曝光台”，落实“说清楚”制度。加强班组建设，相关经验得到全国总工会、国务院国资委充分肯定。推进实验室、科技攻关团队、科技研发和技术标准“四位一体”创新体系建设，技术标准创新基地通过国家电网公司验收，实现国网级科技攻关团队“零”突破。新提报IEEE和IEC国际标准提案4项，公司获IEEE全球首次颁发的标准推进特别贡献奖（管理类）。获国家科技进步二等奖1项、省部级10项，首次以第一完成单位获得国家电网公司科技进步一等奖。取得专利授权331件，其中发明专利134件。获国家级管理创新成果二等奖2项，省部级管理创新奖36项，国家电网公司软科学二等奖1项，优秀QC成果7项。命名公司职工（劳模）创新工作室65个。

【“三个建设”】2016年，“三个建设”成效显著。深入落实中共十八届六中全会和全国国有企业党的建设工作会议精神，扎实开展“两学一做”学习教育，党课展示、微宣微讲等活动全面覆盖基层党组织和党员。成功召开公司第一届党代会，完成 1689 个党组织换届选举。推进服务型党组织建设，打造公司首批示范点 31 个。公司作为党建思想政治工作先进代表，先后在全国电力行业、全省及国网系统交流经验。开展三轮 18 家单位巡察，经验做法得到国家电网公司高度肯定并推广应用。实施“清风川电”主题教育和“讲规矩、转作风、作表率”活动，干部职工纪律规矩意识不断增强。完善《领导干部管理办法》等 8 项制度，从严治理干部配备“三超两乱”。制定《职员职级管理办法》，职工成长渠道有效拓展。狠抓一线职工技能培训，信通、调控、安监等竞赛调考取得可喜成绩。全面推进“三州”地区职工周转房建设。发布在川央企首份服务地方经济社会发展白皮书。中国电力作家协会四川分会正式成立。职工原创微电影荣获全国微影视大赛金奖。累计建成全国职工书屋示范点 28 个。新建川电留守学生之家 8 所。离退休“两项待遇”有效落实。未发生影响公司形象与声誉的信访、维稳、保密、舆情等事件。公司获得省部级及以上集体（个人）荣誉 103 个，其中荣获全国、全省“五一劳动奖状（章）” 8 个，国网劳模、特等劳模共 5 名。

人力资源管理

【概况】2016 年，四川省电力公司人力资源工作紧密围绕提质增效、改革发展等重点任务，加强基层调研和诊断分析，各项工作有序推进。人力资源机制建设、“三定”管理、用工规范管理、薪酬管理、福利保障管理、绩效管理、人才援藏、人才培养及“五位一体”深化应用等工作取得新成效，人力资源管理水平大幅提升，用工总量持续下降，员工队伍结构进一步优化，为公司深化改革提供了坚实的组织保障和人才支撑。

截至 2016 年年底，该公司全口径用工 10.6 万人，同比减少 3.85%，其中主业用工 8.66 万人，减少 2.16%；全口径劳动生产率 42.53 万元/人·年，同比增长 5.57%；人才当量密度 0.9894，同比增长 2.86%，竞赛调考成绩大幅提升至 A 段（第五名）。该公司人力资源同业对标取得综合评价第七名、管理对标评价第三名、华中区域标杆的历史性突破。

【“五位一体”深化应用持续推进】2016 年，该公司自主编制培训课件及考试题库，实施以视频培训、集中培训、全员在线考试为主的“五位一体”培训宣贯，全年累计培训考试 5. 9 万人。基于“1+1+1”工作机制，组织完成要素比对，印发 45 项工作任务清单，在优化配网抢修流程、完善业扩报装流程、推进财务标准一体化等方面取得成效。推进“五位一体”末端融合，建立覆盖公司运检、营销、建设、信通、物资等五大专业的标准作业程序体系。

【“三集五大”管理】2016 年，“三集五大”体系运转得以巩固提升。全年完成 53 家县公司“子改分”后名称更改、员工劳动合同变更、社会保险登记证变更、信息系统调整等工作。落实电改要求，快速完成四川电力交易中心有限公司机构组建和人员配备，顺利实施国网成都、天府新区、资阳供电公司供区划转及职责调整，划转员工 1512 人。完成国家人社部、国家电网公司 2 项劳动定员标准（规划专业）编制，组织新版劳动定员标准测算，分解国家电网公司下达定员至班组、岗位并应用落实。专项下达各单位科级干部和职员职数。印发业务外包规范管理指导意见，规范业务外包管理流程与职责界面。

【用工规范管理】2016 年，该公司用工规范管理不断深化。组织相关单位进一步压减劳务派遣用工规模，稳妥转换为业务委托用工，全年主业劳务派遣用工减少 469 人，集体企业减少 9 人，公司劳务派遣用工整体比例小于国家规定并继续缩减。完成公司关于集体合同履行情况的报告（2014－2016 年）。编制启明星铝业原省电力公司系统员工再就业安置工作方案，完成 72 人再就业安置。开展特殊工时制度情况调查，掌握公司各单位实行不定时工作制和综合计算工时工作制情况。依法规范农电用工管理，优化供电所用工配置，三新供电服务公司实体化运作经验在国家电网公司工作动态刊发。

【内部人力资源市场建设】2016 年，内部人力资源市场效能逐步发挥。组织开展各单位超缺员情况摸底调查，形成公司人力资源超缺员情况分析报告，适时掌握基层单位超缺员情况。印发公司 2016—2017 年内部市场建设方案，下达各单位人员配置指标值计划并监督执行。协调相关职能部门统一研究确定内地与藏区、内地跨地市单位劳务协作费用标准。审核宜宾与自贡、绵阳与阿坝、遂宁与甘孜开展劳务协作方案和协议，编制劳务协作业务审核单由公司相关职能部门审核确认，全年组织新增 35 名援藏劳务协作人员。

开展各单位内部欠发达一、二类地区甄别统计，摸清艰苦边远地区长期职工分布情况。全年充分运用六种配置方式，应用市场信息平台配置6734人次，进一步缓解了各单位结构性超缺员矛盾。

【人工成本集约管控】2016年，该公司人工成本集约管控不断强化。实施人工成本计划全覆盖，将全部单位、各类用工的各项人工成本纳入人工成本计划管理。坚持效率效益导向，分类设置工资总额挂钩指标和权重，同时考虑年度重点工作、艰苦边远地区人员稳定等因素分类核定工资总额。健全岗位绩效工资制度，强化考核结果与员工薪酬分配挂钩联动，薪酬分配向关键人才倾斜，完善薪级动态调整积分规则，开展供电服务公司岗位绩效工资制度试套测算，稳步推进新上划县公司、集体企业、供电服务公司工资制度建设。落实人社部降低社保费率政策，配合国网开展补充医疗保险政策分析研究，完成年度住房公积金缴存标准调整与备案。

【全员绩效管理】在组织考核上，全面建立涵盖过程管控、分析诊断、沟通反馈和专业辅导的持续改进提升机制。在员工考核上，借助全员绩效信息化管理，实现3.7万人签订年度绩效合约并开展周期性绩效考核，系统针对各类员工的岗位性质和业务特点优化两类考核模式，深入推进一线员工工时积分同价计酬机制，分五个片区组织开展专项督导，各单位在收集基础数据、开展模拟测算的基础上运用积分同价计酬机制兑现绩效薪金，科学衡量员工劳动价值和业绩贡献。全面理顺先进表彰管理，梳理明确各类表彰的项目名称、人员范围、受奖比例、表彰周期等，分类确定表彰授奖形式。

【企业大学建设】一是加强企业大学运营机制建设，进一步落实专业部门、培训机构责任，坚持企业大学工作例会，加强专业部门和培训中心沟通联系，建立月度工作计划机制，促进专业人才培养规范高效。二是加强培训资源建设，建设特高压实训线段和攀枝花、达州鉴定基地并投入运行。新增兼职培训师380名，对1374名各专业培训师、200名考评员开展培训。调用内训师授课、考评714人次，涉及37个专业工种，其中输配电线路、电力营销专业调用占比比例最大。三是加强培训课程建设，制定完善技能人员履职培训大纲、培训内容、考核标准和评分细则，完成开发23门微课件（通过视频动画等多种形式展示课程内容的网络学习课件）（其中：营销专业10门，调度专业6门，检修专业4门，信通专业3门），14门集中培训课件（以教材、讲义、PPT等形式用于集中授课的课件）（其中：安全教育8门，人资管理3门，纪检监察2门，企业基础管理1门）和1套题库（调度专业）。牵头国家电网公司教育管理、换流站运检专业培训规范和考试题库开发，为员工履职能力轮训奠定良好基础。四是加强培训移动应用平台建设，推广移动学习方式，规范移动学习运营管理，完成移动学习APP试运行，累计参与人数4602人。进一步拓展培训的时间和空间，满足员工多元学习需要。

【推进网络大学深化应用】一是开发省直分院特色功能。按照“统一数据结构、统一接口规范、统一功能框架”原则，完善网大统计和资源分级管理功能，实现各省直分院数据统计和培训资源、项目的分级分专业管理。二是开展省直分院特色项目。以公司“电力雏鹰”等项目为抓手，增加线上学习部分，累计举办网络培训班29个，推送学习项目92个，开发网络培训课程240余门，完成在线考试91场，考试考核25.6万人次。其中，安监部、监察部通过网络大学开展了5项专业培训考试项目，累计参与人数超过4万人。三是储备省直分院的特色资源。收集和开发10个网络培训视频课件、240余门专业课程，60个典型案例和6500道“发展策划”“运维检修”和“人力资源”专业网络考试题库。四是形成网大运维机制。按照试点工作方案明确业务运维团队，发挥培训机构支撑作用，努力形成“人资牵头、专业负责、机构支撑、团队运维”的业务运营模式。

9月28日，国网四川省电力公司2016年度运检专业群众创新实践活动优秀成果发布会在四川技培中心（罗家碾校区）召开，国网四川电科院、国网四川检修公司、国网成都供电公司等9家基层单位展示了16项创新实践活动成果

（李成鑫）

【规范教育经费及培训项目实施】一是严格执行教

育培训经费管理相关制度规定，规范教育经费的储备库建设、计划制定、项目实施等各环节管理。严抓落实，确保教育培训专项计划有效实施。二是针对工作中发现的培训项目和经费管理过程中存在的问题，加强对基层单位项目管理的帮助指导，提升教育培训管理者的专项计划编制和执行水平。

【人才和员工队伍素质提升】2016 年，扎实开展全员履职能力培训，完善全员轮训机制，优化生产技能人员履职能力培训体系，建立管理、技术人员履职能力培训体系，坚持开展送考进藏，全年累计举办各类集中培训班 5087 期，网络培训班 29 个，培训考核 25.6 万人次。开展各类人才选拔及培养，选拔 276 名省电力公司级优秀专家人才。实施 22 名特高压人才专项培训，开展 25 期智能变电站培训，持续选拔培养 200 名“电力雏鹰”人才。加强竞赛调考管理力度，公司竞赛调考成绩段位由 C 段大幅跃升至 A 段，名次由第 12 名提升至第 5 名。组织 1.01 万人参加职业技能鉴定，2807 人参加专业技术资格评审，近 1.5 万人实现素质提升，公司人才当量密度同比增长 2.86%。完成“521”人才援藏培训 202 人次、藏区“四基”培训 149 人次、运维人员培训 3945 人天、岗位准入培训 256 人。研究完善“三定生”培养机制，持续开展“送考进藏”活动，441 人参加属地现场职业技能鉴定。

【人才选拔与培养】一是规范四级四类人才管理。创新人才选拔流程，修编公司《专家人才选拔考核管理实施细则》。开展公司 2016 年度优秀专家人才选拔工作，推荐 282 名候选人。二是加大职鉴职称评审力度。组织 1.01 万人参加职业技能鉴定，2807 人参加专业技术资格评审，并首次开展教授级高工职称评审，首次彻底消除“三无”人员，5 人获全国电力行业技术能手。三是开展专项人才培训。实施 22 名特高压人才专项培训，开展 25 期智能变电站培训，持续选拔培养 200 名“电力雏鹰”人才。四是加快藏区人才队伍建设。完成“521”人才援藏培训 202 人次、藏区“四基”培训 149 人次、运维人员培训 3945 人天、岗位准入培训 256 人。研究完善“三定生”培养机制，持续开展“送考进藏”活动，441 人参加属地现场职业技能鉴定。

【人力资源规划计划管控】2016 年，滚动修订公司《“十三五”人力资源规划》，全面落实《人力资源计划管理实施细则》，优化下达基层单位人资计划指标 29 项。完成覆盖省地县三个管理层级、198 家单位、全口径用工的人力资源诊断分析，由摸清家底、数据治理扩展到查找管理短板、多维度对标，全面梳理、深入剖析 6 个专业管理方面的问题困难，制定出挂牌帮扶计划，提出 7 个重点诊断事项的可行性解决措施并组织实施。完成人力资源管理 18 个问题的深入调研，为破解难题奠定坚实基础。推广 ERP—HR 一级部署实施，分 7 个片区开展地市县两级关键用户 380 余人次培训，完善组织岗位、考核结果数据，开展全员关键基础信息数据核查补录，不断提升人力资源信息系统应用水平。

【逐步完善全员轮训机制】2016 年，国网四川省电力公司全员培训率达 96.02%，培训经费投入 1.33 亿元，累计举办各类培训班 5087 期，培训考核 32.3 万人次，近 1.5 万人实现素质提升，人才当量密度达到 0.9894。一是创新开展生产技能人员先参加履职能力培训后进行职业技能鉴定的“9+3”考核模式，促进“履职”“职鉴”有机融合，有力提升培训满意度和培训质量，有效缓解工学矛盾。二是持续开展新一轮全员履职能力培训考核，组织对培训考核方案的专项宣传贯彻培训，制定技能人员履职能力集中培训计划和自助考核计划，强化计划管理和目标考核。组织 140 期技能人员履职集中培训，共计培训 4879 人次；开展 18 期技能人员自主考核，共计考核 600 人次。三是全面开展全球能源互联网、特高压、智能电网等专项培训，实施各级各类优秀人才的轮训和培养。

【干部和人才援藏（四川藏区）】根据公司结对帮扶安排和藏区公司需求，完成 156 名援藏人员选送到岗和 55 名藏区人员送出培养。编印《援藏人员简明工作指南》，加强帮扶人员管理和使用。完成 2016 年国家电网公司 60 名藏区“三定”（定向招生、定向培养、定点安置）培养计划招生，当年 44 名“三定”毕业生全部通过国家电网公司统一招聘考试顺利安置到岗。加快藏区人才队伍建设。完成人才援藏培训 202 人次、藏区“四基”培训 149 人次，甘孜电网运维专项集中培训 3945 人天，完成岗位准入考核取证 256 人，持续开展职鉴“送考进藏”活动。

（王　秋）

资产与财务管理

【经营和财务状况】2016 年，国家宏观经济增速持续下行，四川省电力公司积极应对复杂多变的经济形势，切实履行中央企业“保增长”责任，深入开展“效益提升年”活动，继续强化财务集约化管理，大力开源节流、增收节支，财务状况总体平稳，经营业绩稳步提升，

全面完成了各项年度关键业绩指标，为公司实现“两个一流”、加快“两个转变”奠定了坚实基础。全年实现营业总收入净额912.8亿元，同比减少1.9亿元，下降0.21%，其中主营业务收入实现907.2亿元，同比减少1.76亿元，下降0.19%；营业总成本913.02亿元，同比减少1.12亿元，降低0.12%，其中主营业务成本870.51亿元，同比减少1.1亿元，降低0.13%；完成可控成本94.52亿元，比预算节约4.4亿元，节约4.45%；资产负债率73.79%，比预算下降2.36个百分点，同比降低0.88个百分点；净资产收益率0.46%，比预算增加0.2个百分点；经济增加值－15.21亿元，比预算增加1.59亿元；流动资产周转率23.02次，同比降低1.58次。

【财力集约化管理】2016年，四川省电力公司坚持“深化应用、提升功能、实时管控、精益高效”十六字总要求，围绕国网总部“三个实时”（信息实时反映、过程实时控制、结果实时监督）重点任务，细化落实工作措施，修订完善指标体系，深入推进业财融合，营财一体化、业务凭据电子化、新员工报销等系统实现全覆盖，不断推进工程自动竣工决算、资金在线监控、项目预算管理、产权管理等财务管控模块深化应用，建立健全业财协同重点业务实时监督规则，成功搭建甘孜州、阿坝州等藏区单位财务共享服务中心，公司从业务到财务全价值链管控体系初步构建，进一步促进了“三集五大”体系高效运转。

【预算管理】围绕“效益提升年”主题活动，以“增收节支、降本增效”为主线，全面推进公司提质增效。强化投入产出意识，坚持量入为出原则，严格投资规模管控，优化项目结构和建设时序，全年固定资产投资同比减少53.24亿元，降低17.02%。按季开展经营效益滚动预测，加强财务预算预调预控，确保全面完成年度经营目标。坚持一户一策深入亏损企业治理，强化亏损单位经营管控，亏损单位同比减少39家，同比减亏7.78亿元，圆满完成减亏扭亏年度任务。坚持“过紧日子”思想，深化细化标准成本管理，严控非生产性和一般性支出，从严从紧下达“三公费用”、会议费、外部劳务费等重点敏感性费用，全年节约可控费用4.4亿元。强化项目预算全过程管控，严格储备项目经济性与合规性评审，深化应用项目资金一体化管控平台，协同业务部门按时发布项目预算执行通报，促进各单位不断提升项目预算精益化管理水平。

【价税管理】2016年，四川省电力公司积极配合价税体制改革，夯实公司可持续发展基础。按照输配电价成本监审跟踪要求，认真收集填报监审基础资料和相关报表，配合监审组完成现场成本审核，争取到监审组和国家发改委同意按合并口径开展监审，并将藏区电网纳入监审范围。促请价格主管部门将趸售工商业电量纳入降价范围，保障了改制县公司适当降低一般工商业电价的调价资金来源；争取到外送电输电价格全部按照3分/千瓦时执行，扭转了2015年德—宝送西北外送电价差偏低的局面，促进公司提升经营效益。积极争取中央财政资金补助，落实农网升级改造国有资本金8.3亿元；继续推动西部大开发等所得税优惠政策落地，2015年税收清算节税2.18亿元；全面推广“营改增”政策执行，2016年节约增值税支出约2亿元。

【资金管理】2016年，四川省电力公司加强资金集中管控，确保资金安全高效。持续强化电费资金实时监控，促进各单位优化分旬电费上交比例，进一步提高资金运作效率效益，全年上中旬电费解交比例为44.86%（按季平均统计），同比提升6.52个百分点。统筹县级子公司融资管理，利用商业银行、中电财、集体企业等内外部平台，帮助经营困难单位累计争取外部融资0.74亿元，切实解决融资难、利息高等问题。积极推进藏区单位逾期贷款处置，指导甘孜州公司以农行“委托资产批量转让”政策为支撑，成功处置逾期贷款本息1.3亿元，实现处置收益0.77亿元。全面推广应用资金实时监控平台，完成第二批国网总部统推功能开发与部署，实现大额支付实时提醒、资金异动实时反馈、存量资金实时管控，确保资金安全可控、在控。

【资产与产权管理】不断规范资产产权管理，努力提升资产质量。推广应用适应输配电价改革的电网投资能力测算模型，组织开展不同层级单位、不同时间跨度投资能力测算，强化电网投资的源头把控。继续抓好工程竣工决算工作，严格决算办理时限，深入开展物资、设备和资产编码“三码”对应工作，推进工程竣工决算自动编制，提高决算编制效率。牵头开展项目后期清理工作，累计清理2014年及以前项目538个，当期完成决算项目717个，有效提升工程结算和竣工决算办理质效。加快推进资产重组整合，全年完成13项低效无效股权投资清理处置，完成“僵尸企业”四川启明星铝业有限责任公司股权债权无偿划转。继续规范公司资产租赁管理，强化重点租赁业务审核，将业务合规性纳入年度评价指标，形成租赁业务闭环管理机制。

【财务风险防范与控制】强化财务监督与稽核评价，不断增强公司依法理财能力。修订发布财务实时管控考评指标，提升指标针对性和时效性，按季开展指标考评通报，督导各单位落实财务实时管控各项要求，规范开展经济业务。持续完善实时监督体系，上报国网总部财务稽核规则405条，对236条资产、产权监督规则进行逐项验证，提出差异化分析及建议87条。配合国网总部按月开展实时监督，核查业务数据25万余条，核实并完成问题整改75项。组织开展信息化建设、“两金”清理和资产管理内控专题评价，通过现场评价与自评价相结合的方式，发现并整改问题29个，完善内控缺陷62个，持续深化财务在公司经营管理薄弱环节和“关键少数”部位的监督作用。配合国家电网公司顺利完成电费回收、资金安全专项检查，以及前任总经理离任审计等各项重大检查任务，推进相关问题整改到位。

【财会队伍建设】2016年，四川省电力公司不断强化财会队伍建设，努力提升财会人员专业素养。依托内部网络企业大学平台和财务部门网站，推动专业知识学习常态化、远程化，为财务人员自主学习、信息交互创造良好条件。组织开展继续教育培训和会计知识竞赛，建立完善调考选拔机制，创新开展“以考代训”“以教促学”“模块培训”等培训方式，持续提升培训成效。在2016年国家电网会计知识竞赛中，公司代表队获得团体三等奖、一名个人三等奖的优异成绩。财会高端人才培养硕果累累，2016年，公司财会系统有全国会计领军人才1人、省级会计领军人才2人、国家电网公司领军人才2人、国家电网公司专家2人、公司专家后备人才1人、省电力公司级专家人才11人。（罗　羿）

审计管理

【“回头看”工作成效明显】按照国家电网公司统一部署，扎实推进2011－2015年审计发现问题整改情况“回头看”工作。坚持整改工作一把手负责，审计部门牵头组织，专业部门重点落实；整改工作多次重点传达布置，加强整改过程督导，建立整改台账，实行销号管理；针对未整改到位问题，定期跟踪整改进展，及时反馈业务部门，形成问题整改闭环机制。

2011－2015年，国网四川省电力公司及所属单位共接受和开展审计检查1658项，需整改问题8774个，涉及金额143.49亿元。其中省电力公司接受审计署和国家电网公司审计检查10项，发现问题199个，已整改完成197个问题，整改成效明显。

【农网改造升级工程自查自纠工作】2016年2月，通过电视电话会的方式安排部署了农网改造升级工程自查自纠工作，并根据国家电网公司对农网改造升级工程自查自纠工作方案，以下发文件的形式再次明确了全过程跟踪审计的相关要求。该项工作自4月开始至10月结束，全面完成自查自纠工作并按期向国网上报自查自纠报告。本次2011－2015年农网工程项目自查共涉及22家单位，自查金额合计151.15亿元。通过自查自纠发现问题共49个，涉及问题金额17.62亿元。截至11月，已整改完成44个问题，涉及金额15.05亿元，整改完成率92%。

【高效完成河北公司审计任务】按照国家电网公司部署，积极组织河北省电力公司物资及招投标、集体企业管理专项审计和石家庄供电公司原总经理经济责任现场审计，公司领导重点关注，审计部领导全程参与，强化现场管控、督导，坚持召开碰头会，记录初稿三级复核，及时完成提交报告初稿、系统录入，较快完成审计报告最后提交。并积极参与国家电网公司审计报告汇总、提炼工作，顺利完成汇总任务。

【专项审计成效突出】2016年，重点组织开展无电地区电力建设工程和农网维护费管理专项审计。无电地区电力建设工程共审计工程项目1333个，投资金额37.79亿元，审计发现问题共136个，涉及金额70.69亿元；农网维护费专项审计共涉及21家单位，审计发现问题共201个，涉及金额11.87亿元。本次专项审计工作重点抓好了以下四点：一是精心组织专业骨干编写专项审计方案，开展审计方案及专业管理知识培训并同步启动自查工作；二是全面跟踪自查自纠并重点督导，提前开通工程、财务、营销等系统权限，全面组织在线审计；三是审计部门领导率队现场检查，适时督导，把握重点，督促审计方案全面落实；四是强化现场复核，重要审计事项重点核实，提升项目审计质量。

【全面完成常规审计项目】认真落实“离任即审”的新要求，积极推进任中经济责任审计，已完成广安和遂宁供电公司任中现场审计工作，完成达州、阿坝和文传公司原总经理任期经济责任现场审计工作。南充供电公司、电力科学院和阆中供电公司原负责人任期经济责任审计正处于现场审计阶段。开展工程项目审计3044项，审计投资金额107.31亿元，审计发现问题 3458 个，提出审计意见和建议 2999 个。其中省电力公司本部开展工程项目审计 404 项，审计投资金额 43.79 亿元，审计发现问题 289 个，提出审计意见和建议 293 个。

【配合内外部审计检查工作】一是完成国网审计组对原总经理任期经济责任审计和物资、招投标专项审计迎审工作。迎审过程中，积极组织协调相关部门（单位）提供资料；并加强过程管控，通过不定期召开迎审领导小组办公室会议以及专题研究会等，督促各部门单位加强过程沟通、积极解释和提供佐证支撑材料；及时了解并报告审计工作动态，汇总分析审计发现的问题，加强沟通和解释，争取审计组的理解和认同，迎审工作顺利完成。二是迎接审计署成特办国家重点政策措施落实和公路收费资金专项审计中对电力迁改项目的延伸审计工作，在审计期间积极协调相关单位和部门，及时提供审计组所需的资料，随时了解审计动态，全过程跟踪审计进展情况，积极引导，确保了延伸审计工作风险的全面掌控。

【落实审计问题整改】一是积极梳理公司原总经理任期经济责任审计和物资、招投标专项审计发现的问题，按照风险程度进行归类和风险分析，提出了相应的建议意见；按照国家电网公司要求积极组织整改，并按规定及时上报国家电网公司整改报告。二是针对无电地区电力建设工程和农网维护费管理专项审计所发现的问题列出整改任务清单，实行立查立改和对账销号制度，不折不扣严肃整改落实，着力规范各级管理行为，促进实现工程管理提质增效目标。

【提高审计工作质效】一是创新审计手段，开展在线审前调查，实时调取业务数据，提高远程分析效率；集中优质审计资源，加强过程和质量管控；及时固化应用成果，提高审计工作成效。二是改进计划申报方式，将原预计申报方式改为各单位按照公司批次招标计划通过 ERP 系统提报审计服务需求计划，提高项目审计计划准确。三是优化中介机构管控，通过三方互评，将中介机构的评价结果纳入供应商管理并实行末位淘汰制，对被审单位的评价纳入年度评先（优）的指标体系。并经常保持与中介机构沟通交流，收集项目审计最实际的问题和建议，项目审计质效有效提高。

【促进审计成果运用】一是发挥纪检监察、审计、财务、营销等协同监督作用，将审计发现问题信息共享和移送专业部门。在2016年任期和工程审计中，对被审单位存在的重大管理问题，深入研究分析问题产生的根源，移送监察部处理情况报告 1 份；向专业部门提请管理管理建议书 3 份。二是抓好审计成果的提炼。通过组织基层单位互学、互评优秀审计案例的形式，提炼具有典型性和指导性的审计成果进行推广。三是进一步推进卓越绩效工作，撰写了审计专业“卓越绩效”深化应用典型案例 11 篇。

【提升审计信息化应用水平】一是明确目标落实具体措施。四川省电力公司制定《审计专业评价标准》，并在年度工作计划中明确信息化深化应用工作目标，分解落实省、市两级应用主体工作责任，划清工作界面，规范工作流程。二是创新搭建信息化运用团队。以系统业务模块结合审计人员专业进行分组，组建 5 个信息化推进小组，以点带面强力示范，在具体项目中提炼典型经验进行分享交流，使大家在互帮互学中提升工作质效，进一步推动信息化深化应用。三是引领示范推动信息化应用。采取“本部先行、示范引领”的措施，带动和促进公司系统深化应用工作，省电力公司本部从 2015 年开始，带头组织任期非现场审计的实施，针对提高信息化应用管理措施不断优化、细化，进一步推进审计信息化建设与审计实务结合。四是通过组建审计运维小组并落实运维人员职责，确保系统稳定运行和对应用问题的快熟响应，提升了审计工作效率和执行力。

【推进审计标准化建设】一是以制度建设为契机推进审计标准化建设，认真落实国网通用制度建设各项要求。二是积极配合完成卓越绩效体系推广建设任务，从“方法－展开－学习－整合”四个维度，通过资料收集和梳理，召集相关单位研讨、汇总基层意见等制定审计部评价细则，进一步推进精益化管理水平和对标管理目标持续提升。三是结合“五位一体”协同机制，深化职责、流程、制度、标准、考核“五位一体”应用，将业务流程、制度标准、岗位职责有机融入审计工作中，对相关单位开展“五位一体”应用情况检查，促进提高审计工作质量和效率。

【充实审计力量】一是进一步深化市县一体化运作。充分发挥市、县两级审计人员的作用，引导直属单位审计人员参与公司审计项目，积极促进四川省电力公司各专业的优秀管理人才作为兼职审计人员参与到重大审计问题研究、审计方案制定、现场审计各个环节，审计资源集约化管理得到进一步优化。二是积极推进审计中心和“在线审计室”的建设，该公司组队赴山东公司调研，派员参与华中分部赴江苏、浙江公司学习交流，在充分借鉴兄弟单位成功经验的基础上，结合公司实际拟定了审计中心建设方案，积极推进省电力公司审计中心筹建工作，为下一步集中审计力量，充分发挥上审下，打下了良好的基础。

【开展审计业务培训】一是全面开展无电地区建设项目和农网维护费专项检查、兼职审计人员业务提升等培训工作，结合人员实际情况，采取分层分类的培训，提升业务培训的效果。二是立足于实际操作和使用，针对性开展审计信息化系统深化应用培训，通过创新引入案例教学法，用具备借鉴性和可操作性的案例，在线讲解，培训成效明显。三是创新开展中介机构业务培训，使其快速掌握审计工作要求，熟悉电力行业相关管理规定，为后续审计工作的顺利进行打下基础。

【确保审计工作有效推进】一是按照《企业负责人业绩考核管理办法》，对国家电网公司组织实施的经济责任审计及物资招投标管理专项审计、省电力公司组织实施的经济责任审计和专项审计中发现的问题的 12 家单位，进行了绩效评价减项指标考核；二是按照国家电网公司考核要求和《审计专业评价标准》，加强信息化应用情况跟踪和督导，按月通报系统应用情况，督促系统各单位加强应用；三是工程项目审计采取每季度定期通报的方式促进各单位加快计划审计项目进度，并将通报结果纳入季度企业负责人审计专业评价考核中，确保审计进度有效推进。（朱文爽）

安全管理

【概况】2016 年，四川省电力公认真贯彻落实国家电网公司 2016 年安全工作实施意见，深入贯彻“安全第一、预防为主、综合治理”方针，始终坚持以人为本，推进安全发展，贯彻执行《安全生产法》《安全工作规定》《安全职责规范》等法规制度，深入开展安全管理提升活动，全面落实各级安全责任，全面强化安全基础管理，全面推行风险分级管理、隐患排查治理双重预防性工作机制，创新安全监督方式方法，进一步提升安全质量管控能力和本质安全水平，为公司和电网持续健康发展提供了安全保障。一年来，公司未发生人身死亡事故，未发生一般及以上电网、设备事故，未发生重大火灾事故，未发生五级信息系统事件，未发生负同等责任的特大交通事故，成功处置了各类突发灾害，确保了四川电网安全稳定运行，安全生产保持平稳局面。截至 2016 年 12 月 31 日，公司安全生产 4326 天，

【全面落实安全责任制】2016 年，坚持落实各级安全主体责任这一工作主线，着力构建超前谋划、具体实践、激励约束“三位一体”工作机制。提前谋划安全工作重点任务，牢固树立安全工作全局“一盘棋”思想，各专业围绕“安全工作实施意见”主动开展安全策划，形成上下协调联动、专业齐抓共管的良好组织格局。以深化落实安全生产月、周、日例会制度为抓手，推动各级安全责任落实。不断深化安全激励约束机制，坚持安全目标与过程管理并重，修订《安全生产奖惩实施办法》，健全安全业绩评价考核体系，搭建更为完善的科学激励和责任追究制度平台。严格落实安全工作“问责”制度，强化责任倒查追究，针对安全管理突出问题，开展安全约谈，震慑和警醒各级人员不触事故“红线”、不越安全“底线”。

【推进本质安全工作】贯彻国家电网公司《关于强化本质安全的决定》，针对四川省电力公司和电网安全发展任务和实际，做好“顶层设计”，制定发布公司强化本质安全方案和 17 个专业子方案，细化 204 条工作指引和配套举措，从电网结构、设备质量、安全管理、队伍素质各方面，全面强化确保安全的治本之策，进一步增强安全治理的系统性、整体性和协同性；突出主体责任，进一步明晰安全保证体系和监督体系的关系，以安委会会议为平台，建立定期报告机制，督促专业履责，做到可操作、能落地，相关做法和成效获上级高度肯定。

【安全风险预警管控】落实风险管控“先降再控”，修订发布四川省电力公司《电网运行风险预警管控实施意见》和《输变电工程施工风险预警管控实施意见》，全面规范各层级组织、流程、职责、措施和落实。基于专业风险预警，完善修订电网预警、生产作业、基建施工、配网工程现场管控到岗到位标准，强化现场履责，提升管控质量。全年管控电网、施工风险预警 700 余项，保障了各级重点工程、重要检修顺利实施和电网安全运行。提炼优秀思路和典型做法，《基于智能化软件平台的电网风险预警“六化”管理模式》成为国网系统唯一入选“安全风险预警管控”科目的典型经验。

【反违章工作】2016 年，突出高风险领域巡查，狠抓电网四级及以上、作业四级及以上高风险作业巡查，强化风险管控，同时对小型、零星、分散作业以及农网工程进行抽查，对农网、基建任务繁重单

9 月 27 日上午，G42 沪蓉高速沿线淮口、遂宁、南充、岳池、荆坪等 5 对双向服务区的电动汽车快速充电站正式投入运营。这也是四川省境内首条电动汽车快充站全线覆盖的高速公路。十余家国家、省、市级媒体记者赶赴现场体验

（文　学　摄）

位反复巡查，严格“四不两直”，形成震慑。强化各专业协同，建设、运检、农电、调控、科信等各专业部门针对本专业违章发生的规律和特点，狠抓重要环节、关键时段的反违章，每月共享违章数据，并在安全例会上进行通报，形成强大的反违章态势。加强巡查队伍协作，加强省、地市和县三级巡查大队沟通交流和紧密协作，整合巡查计划，该公司巡查大队以高风险作业巡查为主，进行制度宣贯和安全文化传播，零星、小型作业由县级公司自查。建立违章举报平台，公布违章举报电话，建立违章举报平台，鼓励多种形式的违章举报，调动各级人员反违章积极性，自主发现违章、自觉纠正违章、相互监督整改违章，形成违章“群防群治”良好氛围。强化反违章教育培训，完成《电力生产典型违章 300 条》图像化制作并出版发行，违章现象直观、易懂。用指标引领激励，充分发挥调动各单位《安规》“学、考、用”的主观能动性，着力营造全员学安规、守安规浓厚氛围。开展安全法规制度考试，进一步规范各级管理人员现场安全履职。

【安全隐患排查整治】2016 年，深化隐患“全覆盖、勤排查、快治理”工作格局，出台《安全隐患排查治理过程考核实施意见》，采取“两单一表”、重大隐患“挂牌督办”、月度信息曝光、班组隐患公示等有效措施，推动安全事故防范和处置关口前移。全年排查整治各类隐患 2.19 万余条，落实隐患治理资金 1.29 亿元。深刻吸取陕西“6·18”主变烧损事故、江西丰城电厂“11·24”特大事故教训，扎实开展“三查三强化”安全专项行动、重大施工安全隐患排查等工作，督促各单位制定行动方案，细化工作措施，紧密结合电网迎峰度夏（冬）、施工风险管控，切实抓好输电线路“三跨”隐患、站用交直流电源隐患、电缆通道隐患、防误闭锁隐患、防群伤群亡事故隐患治理，确保安全稳定局面。

【产业及集体企业安全管理】借鉴电网及建设施工风险管控成功经验，制定四川省电力公司《发电、煤矿、化工企业安全风险预警管控实施意见》，扎实推进产业安全风险预警预控，有效防范发电、煤矿、危化品企业安全风险。规范开展集体企业安全监督检查，及时发现和治理集体企业安全薄弱环节和安全隐患。组织石龙桥煤矿开展《煤矿安全规程》对照排查完善、安全质量标准化查评工作，增强煤矿安全生产保障水平。

【安全教育培训】2016 年，四川省电力公司认真贯彻国家电网公司安全工作部署，将加强安全教育培训作为强化本质安全的关键一环，增强“人”的安全能力。落实制度保证，规范安全教育工作，增强安全法规制度学习和应用的内驱力。强化“双到位”，抓好安全生产“关键少数”。开展安全法规制度考试，进一步规范各级管理人员现场安全履职。坚持“双提升”，管住安全生产“最大多数”。强化指标引领激励，充分发挥调动各单位《安规》“学、考、用”的主观能动性，着力营造全员学安规、守安全浓厚氛围，有效促进现场安全生产工作。

（童庆刚）

应急管理

【概况】2016 年，在“十三五”开局之年，应急中心切实落实应急职能管理，重点加强对应急体系建设中带有全局性、战略性的问题研究，深化应急体系建设规划，狠抓科技创新，丰富应急文化发展内涵，以“锤炼基础能力、履行管理职责”为目标，努力推进应急标准化管理，实现应急管理、救援、培训和研究能力新提升。

【应急值班和信息报送制度】该中心严格执行 24 小

时应急值班，及时受理应急有关来电、来函事宜，及时传达应急处置指令，圆满完成各节假日、“防汛”、“迎峰度夏安全生产”、“G20 峰会保电”、“公司违章监督举报平台”等重要时期的各项值班任务；保持与省政府和各市州公司应急指挥分中心等应急值班室实时沟通，确保预警信息和各类突发事件信息的及时收集、汇总和发布。

【应急预案体系建设与管理】贯彻落实《国家大面积停电事件应急预案》和《国家电网公司大面积停电事件应急预案》，印发了《国网四川省电力公司关于落实国家电网公司大面积停电事件应急预案宣贯修订工作方案的通知》，全面开展预案宣贯和学习；受四川能源监管办委托和四川省电力公司统一安排，牵头组织起草了《四川省大面积停电事件应急预案》，并积极配合省经信委开展预案评审。

【健全防震减灾部门横向协同机制】深入分析2016年四川省地震灾害发生趋势及地质灾害风险，研究落实防范措施，制定《国网四川省电力公司 2016 年防震救灾工作意见》，会同安监、运检、基建等部门，针对 39 个重点区域防震减灾工作召开了专题会议，研究制定了《2016 年四川省电力公司重点区域防震救灾工作总方案》和《防震救灾专业子方案》，进一步明确了各专业部门防灾减灾职责划分范围和应急处置流程，细化了应急处置分工，落实了应急队伍、物资、装备等应急保障，完善了横向协同的防震救灾协作处置体系。

【标准化演练模块应用】2016 年，应急演练工作计划，围绕电网迎峰度夏、防洪度汛、防地质灾害、防大面积停电等重点工作，以标准化演练模块为基础，开展了“2016 年四川电网迎峰度夏反事故演习”“2016 年防灾救灾综合应急演练”及“跨市在建扩建工程协调联动演练”等大型应急演练 3 场，参与人数达 1050 人次；各市（州）、县供电公司开展应急演练 639 场，参与人数达 19203 人次；中心移动变电站开展了应急响应启动、移动站停送电操作、移动站车载平台拉练等演练 16 次。

【视频反违章工作】中心根据四川省电力公司检修计划和施工安排，对有工作的变电站、施工现场等常态化开展视频反违章督察工作。抽查现场工作票，复验工作票工作内容、安全措施和工作票手续履行等情况，拓展了视频反违章工作内容和深度，发现上报并纠正生产现场违章行为 122 起，进一步巩固了生产现场安全防线。

【加强应急培训　提高综合素质】2016 年，中心共承办不同层次的应急培训班 65 期，培训 3394 人，培训量达到 14742 人•天，培训总体满意率 99.95%。此外，3 次选派教练到重庆公司、阿坝公司、甘孜公司等地指导应急培训工作，受到一致好评。同时，为提升中心应急基干队伍综合素质，开展了为期一周的“内训师 TTM”和“礼仪”专项培训，分两批选送队员到国家地震应急搜救中心参加“全国省级地震救援队技术骨干（中级）”培训班；派出 5 名应急队员参加民航飞行总局 AOPO 无人机协会驾驶考试取证。截至 2016 年年底，中心 6 人取得高山向导证书，4 人取得 PETZL 工业救援绳索技术国家一级认证，进一步提升了中心救援队员专业水平。

【应急装备运维管理和标准化体系建设】应急中心认真分析和总结应急照明、应急发电、应急通信等装备在日常和应急状态的运维管理方法和经验，大力推进《国网四川省电力公司特种装备运维技术标准》编制工作，完成了《国网四川省电力公司应急装备配置标准（试行）》编制，并发各单位征求意见，为公司应急装备的运维管理规范化、标准化奠定基础；完成了 35 千伏移动变电站运行规程、操作手册、检修导则等规范编制，完善了移动站管理制度和工作流程，为建设全电压、全系列应急保供电体系提供有力支撑；加快新技术、新设备和新理念的融合，挖掘现有装备潜力，开发了无人机喷火除障技术，并在攀枝花供电公司成功实施，开辟了带电除障新方法。

3 月 13 日，国网四川电力应急中心送派 4 名应急救援队员到国家地震紧急救援训练基地，进行为期两周的省级救援队技术骨干（中级）培训　（王　彬　摄）

【科技创新】编制了中心“十三五”发展规划，分析了应急体系建设所面临的新形势，针对应急体系当前发展中的重点和难点问题，进一步明确发展方向、定位和战略重点，形成科学发展新目标；完成国网总部管理科技项目“输电通道地质灾害监测、评估、预警及现场应急处置技术研究”和省管科技项目“震灾后电网次生地质灾害监测预警及抢险救援技术研究”的调研、方案制定、数据采集等工作；按照资产全寿命周期管理“领先型”体系创建第二次工作推进会要求，完成中心资产管理体系深化应用课题，将安全效能成本综合最优、风险管理、协调管理、LCC 模型应用融入课题中，完成中心“领先型”阶段资产全寿命体系建设资料的汇编材料工作，开展现状评价、目标、过程管控、合规性评价、审核、管理评审等资产管理工作；结合大面积停电预案，开展“电网大面积停电事件情景构建及应急处置推演关键技术研究”和“电力应急响应处置技术标准体系研究及模拟推演示范应用”,形成全球能源互联网新环境下的应急管理理论、技术发展思路和实施路径。

【深化应急文化内涵】全面贯彻从严治党要求，加强基层党组织建设，严格落实党的选举制度，按时完成省电力公司党委成员换届和中心党委及支部党委换届选举工作；扎实开展“两学一做”专题学习教育，组织全体党员学习新《党章》《条例》《准则》，严格按要求推进四个专题的学习讨论，开好专题民主生活会和专题组织生活会；认真落实“一岗双责”，强化监督考核，对 2015 年度党员干部党风廉政建设的情况进行了考评，严格落实谈话和廉政约谈制度；编制、发布了《国网四川省电力公司电力应急中心干部交流管理办法》等 10 项干部管理办法，进一步强化了中心干部管理；开展了“三亮三比”、“促和谐、爱邻里、讲文明”雷锋月和“青春光明行”为主题志愿服务活动等主题活动，参加了省电力公司“党规党纪印我心”知识竞赛，增强党组织的凝聚力。

【增强应急保障效力】狠抓内部管理，以审计和资产全寿命周期管理为契机，通过自查与交叉检查，全面梳理人财物的管理。制定了中心供应商管理规定，对各处推荐的近 300 家供应商进行了资质及供货能力审查，建立了中心供应商库，规范中心采购管理，提高项目实施效率；严格审计报告提出的问题和不足，制定整改措施，逐一落实，进一步加强工程项目及事项性成本运维项目管控，做到职责范围明确具体，程序规范可行；加强可控成本和月度现金流预算执行监督和管控，确保中心资金使用合理、合规、合法；推进人资专业化管理，科学分解指标，细化考核。通过中心组学习、普法讲座、安全规程考试、网络考试等形式，大力推进职工知法、懂法、用法。

（王　彬）

农电管理

【概况】2016 年，四川省电力公司成立了以总经理石玉东为组长的新一轮农村电网改造升级工作领导小组，建立健全各级领导组织机构。印发《新一轮农网改造升级工程实施方案》，全面强化工程建设管理。建立双周工作例会和每周通报制度，及时解决问题，高效推进工程建设。制定农网工程专项检查工作方案，按照分级负责的原则，组织开展专项督查活动，实现督查覆盖率“三个 100%”。

全年累计完成 2015 年新增农网改造升级和 2016 年改造升级项目投资 83.9 亿元。井井通电、小城镇(中心村)项目共下达三批投资计划 51.53 亿元，10 千伏及以下项目累计开工 1683 个。完成低电压治理项目投资 38.6 亿元，治理农村“低电压”60.23 万户，全面完成国家电网公司下达的 147 万户治理任务。狠抓农网工程质量，2016 年评选命名 9561 项优质工程，优质工程率达到 95%；组织评选公司农网“五十佳工程”，其中 3 个项目被评为国家电网公司“百佳工程”。

【施工现场安全管控】2016 年，制定农网工程反违章工作方案，采取四川省电力公司抽查与地市供电公司互查相结合的方式，采用“四不两直”方式开展现场安全督查，全年共巡查施工现场 79 个，发现和整改问题 194 项，覆盖所有地市供电公司，确保了农网工程现场施工安全可控能控在控。制定农网工程现场安全监督管控系统管理办法，严肃系统应用考核，有力促进系统应用落地。全年累计完成 10970 条施工计划、1102 支施工队、4383 名施工人员归档管理，接入现场安全管控终端 2329 台。通过系统应用，有效增强施工人员安全意识，施工作业规范性得到进一步提高。

【提高工程项目物资精准供应水平】2016 年，四川省电力公司制定下发 2016 年农网改造升级工程项目物资配送里程碑计划和项目开竣工时序表，地市供电公司按周细化落实本单位物资配送方案，确保物资供应节点清晰，责任明确。建立农网工程项目物资供应“周计划、周协调”工作机制，按周统计物资实际到货进度，及时协调解决物资供应过程中的各类问题，做到工程项目物资到货精准管理。全面强化合同履约管理，联合物资部多次对供货滞后厂家开展约谈，及时终止供货能力不足厂家，确保工程项目物资及时供应。认真开展2017年农网项目协议库存提报，提前完成2017年50%项目的物资采购，为项目按时实现开工奠定基础。

【推进农网工程项目后期工作】216年，四川省电力公司组织开展“加快推进农网工程后期工作专项行动”，建立工作进度周报制度，实时跟踪工作进度，及时协调该公司相关部门进行计划调整，确保工程结算程序合规。全年累计完成12个年度177个批次工程项目资金清算工作。2014年农网工程顺利通过省发改委整体验收。

顺利完成多项内外部审计和项目督查的迎审迎检工作，针对审计组在农网工程项目计划、招投标、建设管理、后期工作等方面提出的问题和建议，农电部多次沟通、交流，大部分问题的解释均得到审计组的认可，有效减少了纳入审计报告的问题，且无原则性问题。对纳入审计报告的问题已组织整改完毕。

【优化农网设计组织方式】2016年，四川省电力公司结合工作实际，对国网典设和标准物料进行优化和精简，建立该公司统一的标准化图纸数据库、标准化物料数据库、标准化定额预结算数据库，全面提升设计标准化水平。运用互联网思维，研究开发农网项目储备软件和现场勘察手机APP，全面优化农网项目需求编制的工作组织方式，把前端现场勘察收资工作交于熟悉现场的供电所人员，市（州）供电公司专业设计人员在此基础上开展项目需求编制的优化工作，大幅提高项目需求编制效率。此项工作得到了国网运检部高度认可并在国网系统推广应用，国家电网公司寇总将其作为典型经验向国家能源局局长努尔汇报，得到努尔高度评价。

【理顺农电管理体制】2016年，四川省电力公司牵头制订53家全资子公司向分公司改革工作方案，编制下发各专业工作指引，成功克服不同所有制企业之间吸收合并的法律障碍，开创省内先例。与省国税局共同确定以“系数分配法”分配税款，保障各地财税收入基本不变，获取属地政府支持，打破县供电公司体制转变僵局。将完成体制转变的县供电公司一并纳入2016年输配电定价成本监审和测算范围，为实现县公司与省级电网同价的目标奠定基础。通过科学设计，有力组织，全面规范、高效地完成“子改分”工作。

完成乐山沐川电力公司等6家单位上划工作。组织研究富顺供电公司国有化路线，为下一步全资上划打下基础。持续推动盐源县供电公司改制工作，力争尽早实现控股。完成罗江供电公司自然人股权收购，实现该公司全资化。

【开展星级乡镇供电所创建工作】2016年，四川省电力公司按照国家电网公司星级乡镇供电所创建工作部署，积极组织专业部门和基层单位研讨宣传贯彻国网《星级乡镇供电所建设工作的指导意见》，完成公司一至四星级供电所的首次分类评定，编制下达2016年年度的28个供电所五星级创建计划。通过统一规范标准、监控主要指标、定期通报进度、现场指导工作、开展模拟考评等多种形式全力推动各单位的创建工作。经国家电网公司组织考评验收，成都金马、机投、天府正兴、绵阳花荄4个供电所被评为国网系统首批五星级供电所。

【做好“十三五”藏区帮扶的开篇布局】2016年，四川省电力公司组织各专业部门、派援单位、受援单位对“十二五”帮扶情况进行总结，编制印发了公司《“十三五”藏区帮扶工作方案》。组织召开公司藏区帮扶工作会议，提出“十三五”藏区帮扶工作的思路、重点和要求，并组织各相关部门、派援单位拟订了“十三五”帮扶工作措施和进度计划，使帮扶工作进一步切合藏区发展实际，对提升藏区供电企业管理和服务水平起到了良好的促进作用。

【电力扶贫攻坚】2016年，在省委十届六次全会作出集中力量打赢扶贫开发攻坚战的决定后，国网四川省电力公司（以下简称“公司”）迅速贯彻落实，制定“电力助推扶贫攻坚”十大行动计划，提出了“三步走”工作目标。一年多来，该公司紧密结合

盛夏时节，四川省简阳市三合镇民安村山坳里雷暴、大风、酷暑等恶劣天气交替频发。过去的民安村，电网薄弱、线路老化、供电容量小，一到夏季用电高峰，停电便是常有的事。2016年，新一轮农网改造升级工程让村里发生了翻天覆地的变化，为村民生产生活用电提供了可靠保障

全省“四大片区”“五大扶贫工程”等扶贫攻坚行动计划，加快推进贫困地区电网基础设施建设，对口帮扶凉山喜德县和乐山马边县，并定点帮扶乐山马边县高石头村、柏香村、珍珠桥村以及凉山喜德县阿吼村、各则村。2016年实现供区内2094个贫困村退出、87.56万人脱贫。公司被评为省定点帮扶先进单位。

【扶贫措施】建立健全组织机构。制定四川省电力公司扶贫纲领性文件《国网四川省电力公司关于全力实施“电力助推扶贫攻坚”十大行动计划的决定》。成立公司“电力助推扶贫攻坚”工作领导小组，由总经理、党委书记任组长，相关分管领导任副组长，成员为总经理助理和相关部门主要负责人。领导小组统一领导公司“电力助推扶贫攻坚”工作，部署与电力扶贫工作相关的电网规划建设、农网改造、居民同网同价、供电服务均等化、对口帮扶、电力志愿服务等工作，研究解决工作中的重大问题。定期召开扶贫攻坚领导小组会议，定期印发《“电力助推扶贫攻坚”工作简报》。领导小组下设办公室，设置电力扶贫专职岗位。领导小组办公室下设5个专业工作组，形成了5个职能部门按照专业化管理原则分别负责“十大行动”相关工作，其余部门通力配合的良好局面。

反复核查摸清现状。为贯彻落实四川省委关于推进脱贫攻坚同步全面建成小康社会，“不落下一个地区一个民族，不落下一户一人”的重要指示精神，四川省电力公司主要负责人多次带队深入南充、泸州、乐山、凉山等市（州）现场调研督导和推动脱贫攻坚工作，并进一步组织力量对供区内贫困户、贫困村供电现状、脱贫攻坚用电需求、贫困村电网改造需求情况进行再次梳理分析。经反复核查，全省11501个贫困村，其中国网四川电力供区有8536个。经逐村核实，该公司供区内8536个贫困村均已达到《四川省贫困县贫困村贫困户退出实施方案》规定的户户“有生活用电”标准，其中3849个村能满足未来5—10年的生产生活用电需求，4687个贫困村电网需要进一步改造以满足未来新增用电需求，彻底做到心中有数，后续投资方向明确。

提早布局投资规划。结合清理的结果和脱贫攻坚用电需求，该公司规划4年内投资75.94亿元彻底解决贫困地区用电问题，逐年完成720个、2467个、850个、650个贫困村电网改造任务，确保该公司供区内无一户人口因供电问题影响脱贫。为进一步发挥电力行业优势，2016年10月，省政府与国家电网公司签署电网改造升级和机井通电工程合作协议，计划两年内投资94亿元，主要用于6000个小城镇（中心村）电网改造，实现5000眼农田灌溉机井通电，重点改善我省贫困地区农村电网基础设施。

坚持标杆引领示范。四川省电力公司按照“实事求是、因地制宜、突出重点”的原则，以仪陇县及安溪潮村电网改造为电力助推脱贫攻坚工作示范点，2015年以来，累计安排3.27亿元资金对仪陇县实施电网改造升级，新建10千伏线路239.04公里、新增配电变压器672台、新增配变容量85.18兆伏安、新建低压线路2295公里。同时加大安溪潮村电网建设改造力度，户均配电容量达到2.42千伏安，达到国内先进水平。加快省级领导及省直部门对口联系贫困村电网改造进度，该公司供区内66个省领导及省直部门对口联系贫困村中，已有24个村完成农网改造升级，其余42个村已安排资金并全部纳入2016年农网改造升级。供区内其余贫困村电网改造项目均结合当地实际需求，加大建设实施力度，切实满足生产生活和扶贫项目用电需求。

加快理顺投资渠道。2008年以来，国网四川电力全面加快县级供电企业体制改革步伐，为进一步加大县域投资力度奠定了坚实基础。以马边县为例，2009年3月，国网四川省电力公司与马边县人民政府共同出资组建新的供电企业，马边县供电公司正式挂牌成立。马边电网建设投资渠道全面畅通，马边电网骨干网架建设步入快车道。短短8年，马边县境内形成了以220千伏为支撑、110千伏为骨干的坚强电网。截至2016年年底，累计投入电网建设资金6.65亿元，建成6个变电站，确保了马边县的供电需求。加大电网改造力度。投入10千伏及以下农网改造资金2.26亿元，彻底解决马边县1681户无电户用电；通过实施“一户一表”，推广智能电表安装，实现城乡居民用电同网同价。电价从0.85元/千瓦时降到0.457元/千瓦时。

高度重视精准扶贫。2016年以来，四川省电力公司处级以上干部深入一线65人次，走访贫困户，调研贫困村（户）现状，为贫困户脱贫支招。强化示范效应，公司领导带头与贫困户结成帮扶对子11对。帮助贫困村建成现代化生态鸡养殖基地、爱心希望小学、党支部活动室等设施。充分发挥农村党员干部模范带头作用，引到贫困群众勤劳致富。选派公司优秀员工吉布解放挂职阿吼村第一书记，驻村开展帮扶工作，严格落实挂职干部有关待遇，强化动态管理。注重公共服务建设，组织该公司党、团、工会等积极参与扶贫工作。制定帮扶规划和年度计划并认真落实。注重帮扶对象的资源禀赋，因地制宜，支持贫困村发展种植业、养殖业。帮助搭建产业脱贫平台，确定特色药材水果羌活、百合、雪桃种植以及山羊、土阉鸡养殖项目，在技术指导、项目资金、技能培训等方面全面扶持。成立扶贫开发农业公司，抽调干部和员工专职负责农业公司运营。协助驻村干部与当地村民种、养殖合作社对接。实现了“输血式”扶贫到“造血式”扶贫的可持续发展。

【贫困地区供电能力显著提升】按照四川省电力公司制定的供区内“2016 年全面消除农村现存低电压问题、2019 年实现贫困地区农村电网改造全覆盖、2020 年实现贫困地区供电服务均等化”的工作目标，该公司充分发挥专业优势，全年农村电网投资 85.14 亿元，新建和改造 35 千伏及以上变电站 41 座、新增变电容量 1053.5 兆伏安、新建和改造 35 千伏及以上线路 738.32 公里、新建 10 千伏线路 13479.86 公里、新增配电变压器 15665 台、新增配变容量 2272.04 兆伏安、新建低压线路 47880.17 公里，治理农村“低电压” 60.2 万户，该公司供区内农村用户年停电时间和平均电压不合格时间由“十一五”规划的 113.88 小时、332.88 小时分别降至 2016 年的 19.27 小时、39.42 小时，供电质量明显改善，取得了积极成效。

【电力精准扶贫的成效】产业扶贫促发展。2010 年起对口帮扶高石头村，该村人均纯收入从当年 1560 元增长到 2016 年 5400 元。累计向柏香村等 3 个村 118 户贫困户发放鸡苗 5890 只，投资建成占地 120 亩年产 1 万只鸡禽的现代化生态鸡养殖基地，解决当地 6 名贫困群众的就业问题。助力彝兴微信商城正式上线，为贫困户 4000 余只跑山鸡搭建销售平台。安排资金 56 万元，支持阿吼村发展种植、养殖业，搭建产业脱贫平台。

智力扶贫结硕果。建立“扶贫帮扶培训专家库”，27 名当地青年参加电工培训，取得专业技术资格认证，从事电工相关辅助工作。组织技术人员前往帮扶村开办生态鸡养殖技能培训 3 期，受益村民达 120 余人次。积极与团省委爱心组织对接，累计捐资超过 1000 万元，在全省范围内建成“青少年活动中心” 4 所、“川电留守学生之家” 204 所，促进了贫困地区青少年健康成长。

爱心扶贫暖人心。深化电力服务进社区、“包片进村”等活动，架起密切联系群众的“连心桥”，切实解决供电服务“最后一公里”问题，累计开展志愿服务 10 万余人次。2016 年全国第三个“扶贫日”，公司组织两支党员服务队为 60 户彝族村民家庭的老旧线路改造，新装节能灯 300 多盏，改造线路 4000 余米。主动开展各类扶贫捐赠活动，累计捐赠资金 365 万元。统筹安排电力医院送医上门，完成胸片、超声等检查 701 人次，发现病例 34 例，提出诊疗建议方案，改善“因病致贫”的现状。

（冯　晋）

援藏帮扶

【概况】2016 年，国家电网公司成都援藏办（国家电网公司东西人才帮扶办）在国家电网公司、省电力公司的领导和相关公司及部门的支持下，顺利完成了东西人才帮扶、人员培训等各项工作计划和接待服务工作。援藏办荣获国家电网公司“2014－2015 年度对藏人才帮扶先进集体”称号。

【人才帮扶】根据国家电网公司《关于进一步加强和规范国网西藏电力劳动用工管理意见》精神，结合省电力公司小城镇和中心村农网改造升级工程建设情况，2016 年从国家电网公司系统 28 家省电力公司增派了 207 名优秀中青年技术管理骨干进藏开展为期一年和一年半的帮扶工作。其中：对口帮扶西藏代管县公司帮扶人员 196 人，藏中联网工程建设帮扶人员 4 人，农网工程专项帮扶人员 7 人；从国网江苏、浙江、福建、辽宁、吉林、黑龙江电力等六家单位选派 10 名帮扶人员赴蒙东电力开展电网建设专项援助工作。

2016 年，国家电网公司东西帮扶人员总规模达 415 人，其中国网西藏电力帮扶人员 329 人（为国网历年派援最多一年），国网蒙东电力帮扶人员 25 人，国网甘肃电力帮扶人员 15 人，国网青海电力帮扶人员 20 人，国网新疆电力帮扶人员 26 人。

【帮扶调研】受援单位帮扶工作。一是组织完成了国网人资部领导带队调研组一行到川调研对藏人才帮扶工作，召开座谈会，专题听取了国网系统和四川公司对口帮扶省内藏区县公司工作情况和问题的汇报。二是参加国网调研组到西藏相关市县公司和生产、生活场地现场，对企业现状及帮扶受援准备工作进行了座谈调研。三是在蒙东电力召开帮扶人员座谈会，赴蒙东公司受援基层单位调研，现场了解考察帮扶人员工作、生活、环境等情况，收集意见建议。

工作机制和制度办法。为进一步健全和完善对藏人才帮扶工作机制，充分调动派援、受援单位及帮扶人员积极性，提高人才帮扶工作针对性、实效性，一是认真分析前期专题调研成果，结合帮扶工作形势和现状，向总部提出了《加强公司东西人才帮扶工作组织领导和机制建设的建议》。二是参与修订《国家电网公司人才帮扶管理规定》和《国家电网公司内部人力资源市场评价与激励管理办法》，就相关事项提出了修改补充建议和意见。

帮扶需求。进藏参加了由国家电网公司组织召开的西藏新一轮农网改造升级工程专项帮扶对接会。结合国网西藏电力实际和国网河北、山西、山东、江苏、浙江、安徽、福建电力等7个对口帮扶的省电力公司的帮扶工作方案，就西藏新一轮农网改造升级工程专项帮扶工作在人员选派、后勤保障、管理服务等方面提出8个方面的具体要求和建议。

对口帮扶县公司。根据省电力公司“十三五”对口帮扶工作方案和预期工作目标，针对对口帮扶壤塘县公司实际情况，开展管理提升一对一帮扶调研，对壤塘县供电公司管理现状进行了摸排调研，收集归纳急需解决具体问题4项，与相关专业部门进行了沟通协调，明确解决路径。

【帮扶培训】帮扶培训有两个方面：1. 在藏组织召开了国家电网公司2016－2017年度代管县公司对口帮扶人员进藏动员欢迎会暨培训会，对207名帮扶人员进行了高原病预防与应急处理知识和对藏帮扶工作有关规定、进藏注意事项等培训。

2. 协调配合国家电网公司组织6名培训师，进藏举办整定计算培训班，共培训国网西藏电力专业技术骨干60名。

【考评选优】 专项帮扶项目考核和检查督办。一是组织国家电网公司系统30家派援单位完成2014－2015年度99名对藏人才帮扶人员的考核鉴定工作，对国网西藏ERP集中部署项目专项帮扶工作进行了总结，组织国网信通产业集团公司完成7名帮扶人员考核鉴定工作。二是对2015－2017年度管理提升、藏中联网工程、蒙东电网建设、西藏代管县公司、ERP集中部署等专项帮扶项目实施情况进行了检查督办。

帮扶评选表彰。在国家电网公司系统30家单位组织开展了2014—2015年度对藏人才帮扶工作先进集体和先进个人的评选、审核、报批和奖状证书制作工作，国网北京公司等30个单位被评为“国网电网公司对藏人才帮扶工作先进集体”，李阳山等25人被评为“国家电网公司对藏人才帮扶工作先进个人”。

西藏昌都电网已通过川藏联网向华北电网输电7269万千瓦时，输出最大电力达到6.5万千瓦

【常态服务】 加强对帮扶人员帮扶岗位落实、帮扶计划执行、工作生活条件、工作劳动纪律等情况的督查，对帮扶人员反映的节日慰问费、差旅费、防寒装备费等落实情况，对相关派援单位进行了调查了解和督办落实。

每月定期对416名帮扶人员绩效考核等级和生活补助费的计算进行审核，并将《国家电网公司对藏帮扶人员绩效考核及生活补助费发放通知单》寄发公司系统31家派援省电力公司（直属单位），协调相关公司绩效工资和生活补贴费发放，并对异动情况进行及时沟通协调。

有效开展进藏慰问工作。贯彻落实《国网人资部关于进一步明确东西人才帮扶有关事项的通知》，拟定并印发《关于帮扶人员年度节日慰问有关事项的通知》，对各派援单位开展年度节日慰问工作进行了安排部署，对国家电网公司系统33家派援单位开展春节走访慰问活动落实情况进行了督查。

拓展对藏帮扶信息沟通、宣传平台。加强帮扶工作宣传报道，编辑并下发东西人才帮扶工作简报十一期（电子版），编辑总字数30多万字，对东西帮扶人员工作、生活和典型事迹进行了充分报道和展示，激励了士气和工作热情，交流了思想和工作经验，促进了帮扶工作的有效开展。组织协调受援省电力公司搭建帮扶工作宣传平台，西藏、青海等公司在门户网站上开设了“人才帮扶”窗口。

（袁红专、张维平）

电网建设与调度

截至 2016 年年底，四川省电力公司拥有 500 千伏变电站（含开关站）46 座，总变电容量 7490 万千伏安；输电线路 166 条，线路长度 13560.443 公里；220 千伏变电站 221 座，变电容量 7176 万千伏安；输电线路 678 条，线路长度 19308 公里；110 千伏变电站 800 座，变电容量 6600 万千伏安；输电线路 1801 条，线路长度 26348 公里。2016 年，四川电网 500 千伏电网覆盖全省各市州，多层级电网协调发展的格局基本形成。四川电网已从局部电网跃升为联通西北、华中、华东、华北四大区域电网、特高压交直流混联运行的枢纽电网。

电 网 规 划

【主网规划】2016 年，四川省电力公司精心谋划“十三五”发展战略，以国家电网公司发展战略为指引，统筹组织完成公司发展规划编制，明确“十三五”公司发展指导思想、发展思路和目标，为该公司健康发展奠定坚实基础。大力推动特高压电网建设，反复向政府沟通汇报，充分利用全国“两会”等平台宣传发展特高压电网对促进四川清洁能源消纳的重要意义，凝聚社会各界共识，雅中特高压直流工程等项目已纳入国家电力发展“十三五”规划。高效推进政企战略合作协议签订，与全省 20 家地方政府达成一致并顺利签订（拟订）战略合作协议，促进公司电网规划成果落地，为企业争取良好的外部发展环境。积极服务清洁能源健康有序发展，深入研究四川清洁能源尤其是新能源发展状况，做好电网配套工作，引导新能源项目有序开发，通过优化流程，实现电源接入管理水平和服务质量不断提高。全力做好业扩项目接网服务工作，着力构建“一口对外、协同高效、全程管控”的用户接入方案编审精益化管理模式，主动服务重大基础设施建设，及时高效审定成贵铁路、成兰铁路、成都新机场等重点项目系统接入方案。全力推动省内电网“一张网”建设，主动向政府主管部门汇报，争取理解支持，开展公司与地方电网“一张网”整合方案研究，针对地方电网重复建设 220 千伏电网的情况，专题向国家发改委汇报。

【配网规划】高质量完成配网规划工作，科学指导公司配电网发展。积极落实国家能源局配电网建设改造行动计划和国家电网公司加快建设现代配电网工作部署，编制《四川省配电网建设改造“十三五”规划》，通过了国家能源局组织的咨询评估。开展“十三五”新一轮农村电网改造升级规划，完成了中心村电网建设改造、井井通电、贫困村村村通动力电实施方案编制工作。在公司与省政府签署《推进四川省小城镇（中心村）电网改造升级和机井通电工程合作协议》的基础上，组织地市公司与各县级人民政府签署相关协议，积极推进相关工程建设进度。认真开展相关课题研究和培训工作，提升配电网规划工作精益化水平。完成国家电网公司管理咨询项目“基于规划引领的智能配电网发展机制深化运用研究”，顺利通过验收。协调清华大学及相关单位编制完成天府新区能源互联网示范项目申报书，细化项目实施方案。按照国家综合管廊相关政策和要求，研究公司电力管线纳入综合管廊及下地建设的指导意见。组织开展了配电网规划培训工作，宣传贯彻公司配电网规划工作要求。

【建设规模与投资】2016 年 1—12 月，完成电网投资 254.12 亿元，完成年度计划的 100.00%，同比下降 17.91%，其中电网基建投资 238.13 亿元，完成年度计划的 100.00%，同比下降 5.04%。

2016 年年底在建 110 千伏及以上项目 174 个，在建线路 5689.40 公里、变电容量 2868.50 万千伏安。其中，续建 110 千伏及以上项目 118 个，线路 3844 公里、变电容量 2123 万千伏安；新开工 110 千伏及以上项目 56 个，线路 1845.40 公里、变电容量 745.50 万千伏安。

2016 年 1—12 月新开工 110 千伏及以上项目 56 个，线路 1845.40 公里，完成年度计划 100.00%，同比下降 11.95%；开工 110 千伏及以上变电 745.50 万千伏安，完成年度计划 100.00%，同比增长 4.85%。

2016 年 1—12 月投产 110 千伏及以上电网项目 48 个，投产 110 千伏及以上线路 1145.58 公里，完成年度计划 108.26%，同比下降 53.15%；投产 110 千伏及以上变电 641.35 万千伏安，完成年度计划 111.36%，同比下降 43.71%。（刘云平）

电网建设

【概况】2016 年，四川省电力公司基建战线认真贯彻落实公司各项决策部署，坚持依法依规建设，加强标准化、规范化、专业化管理，强化责任落实、统筹协调、过程管控，着力创建优质示范工程，圆满完成各项工作任务，实现了“十三五”规划良好开局。全年完成电网投资 254.12 亿元，110 千伏及以上项目核准 65 项，开工 56 项、线路长度 1846 公里、变电容量 746 万千伏安，投产 48 项、线路长度 1146 公里、变电容量 641 万千伏安；35 千伏项目开工 77 项、线路长度 917 公里、变电容量 46.5 万千伏安，投产 34 项、线路长度 403 公里、变电容量 22.6 万千伏安。工程建设有力推进，安全质量管控有效加强，标准化建设有效深化，工程造价管理不断精益，工程造价管理不断精益，建设管理水平稳步提升。

【500 千伏及以下项目】2016 年，主要建成投运了四川大岗山水电站 500 千伏送出工程、枕头坝一级电站 500 千伏送出工程、四川九江 500 千伏输变电工程等 3 项 500 千伏输变电工程。

主要投运了成都成黄路 220 千伏输变电工程、成都青羊 220 千伏输变电工程、成都北三环至昭觉 220 千伏线路工程、达州宣汉北 220 千伏输变电工程等 4 项 220 千伏输变电新建工程。

建成投运了成都三圣 220 千伏变配套 110 千伏工程、兰渝铁路广元苍溪牵引站 110 千伏供电工程、兰渝铁路广元羊木牵引站 110 千伏供电工程、兰渝铁路广元太公牵引站 110 千伏供电工程、兰渝铁路广元姚渡牵引站 110 千伏供电工程、南充嘉陵南 110 千伏输变电新建工程、成都鹃城 110 千伏输变电工程、巴中南江石板垭 110 千伏变电站 2 号主变扩建工程、乐山峨边牵引站改接至黑竹沟 110 千伏线路工程、德阳旌阳杨嘉 110 千伏变电站扩建工程、眉山仁寿视高 110 千伏变电站扩建工程、达州宣汉方斗 110 千伏变电站扩建、阿坝壤塘蒲西 110 千伏输变电工程、四川南充西充义兴 110 千伏输变电工程、巴达铁路巴中兰草牵引站 110 千伏改接供电工程、巴中通江永安 110 千伏变电站 2 号主变扩建工程、攀枝花红格 110 千伏变电站扩建工程、成都马场 110 千伏输变电工程、成都大丰 110 千伏输变电工程、南充北塔 110 千伏输变电新建工程、宜宾翠屏象鼻 110 千伏输变电工程、达州宣汉北 220 千伏变电站 110 千伏配套工程、成都汉城 110 千伏输变电新建工程、遂宁安居乌木 110 千伏输变电工程、雅安宝兴 110 千伏穆坪变电站重建工程、成都龙桥 110 千伏输变电新建工程、成都三星 110 千伏输变电工程、巴中巴州江北 110 千伏输变电工程、凉山会东红房 110 千伏变电站扩建工程、遂宁船山遂西 110 千伏输变电工程、成都青羊 220 千伏变电站配套 110 千伏线路工程、成都新都工业区 110 千伏输变电工程、宜宾南溪 220 千伏变电站 110 千伏配套工程、成都华阳二 110 千伏输变电工程、成都和平路（五桂桥）110 千伏输变电工程、成都天府新区创新 110 千伏输变电工程、成都天府新区香山 110 千伏输变电工程、成都黄水 220 千伏变电站配套 110 千伏接入工程、成都成黄路 220 千伏输变电配套 110 千伏送出工程、成都书房村 110 千伏输变电新建工程、成都双流 35 千伏变电站升压 110 千伏工程等 41 项 110 千伏输变电工程。

【在建项目】在建 110 千伏及以上输变电工程共 187 项，线路长度 7149.97 公里、变电容量 3174.30 万千伏安。

在建水洛 500 千伏变电站扩建工程、四川绵阳天明电厂 500 千伏送出工程、四川蜀州至丹景第三回 500 千伏线路工程、新都 500 千伏输变电工程、沐川 500 千伏开关站扩建工程、沙坪二级电站 500 千伏送出工程、宣汉 500 千伏输变电工程、川渝第三通道 500 千伏工程、黄金坪、长河坝电站 500 千伏送出工程、巴塘、乡城 500 千伏扩建工程、猴子岩电站 500 千伏送出工程、凉山盐源 500 千伏输变电工程、凉山会东 500 千伏输变电工程、路平至绵阳 500 千伏输变电工程、四川江油 500 千伏输变电工程、四川桃乡 500 千伏变电站扩建工程、四川阿坝马尔康 500 千伏输变电工程等 17 项。

在建 220 千伏项目为成都后子门 220 千伏输变电工程、四川成都北府河 220 千伏输变电工程、成都 220 千伏大圣一二线增容改造工程、成都北三环 220 千伏输变电工程、成都十陵 220 千伏输变电工程、四川成都大源220千伏输变电工程、四川成都东郊220千伏变电站扩建工程、四川成都核桃村220千伏变电站扩建工程、成都太金220千伏双回线路改造工程、成都蓉大220千伏双回线路改造工程、成都红砂220千伏输变电工程、500千伏新都变220千伏配套工程、成都市黄水220千伏输变电工程、成贵铁路四川乐山犍为牵引站220千伏外部供电工程、四川乐山犍为220千伏变电站扩建工程、四川乐山金仓220千伏输变电工程、乐山沐溪500千伏变电站扩建220千伏配套工程、乐山龚嘴、铜街子220千伏线路改接工程、西成客运专线四川广元剑门关牵引站220千伏外部供电工程、四川德阳南华π入云绣—丰谷西线220千伏线路工程、四川兰渝铁路广元牵引站220千伏外部供电工程、雅安黄岗220千伏变电站扩建工程、成昆复线四川攀枝花南牵引站220千伏外部供电工程、成昆复线四川攀枝花盐边牵引站220千伏外部供电工程、成昆复线四川攀枝花米易东牵引站220千伏外部供电工程、四川攀枝花回龙沟220千伏输变电工程、阿坝黑河塘220千伏输变电工程、阿坝汶川220千伏开关站扩建工程、阿坝红原220千伏输变电工程、绵阳江油500千伏变电站220千伏送出工程、四川绵阳江油电厂至河西II线220千伏线路改造工程、西成客运专线绵阳青林口牵引站220千伏供电工程、成都秦皇寺220千伏输变电工程、成都九江500千伏变电站220千伏配套工程、达州宣汉500千伏变电站220千伏配套工程、四川达州大竹220千伏输变电工程、凉山会东500千伏变电站220千伏送出工程、凉山普格至西昌南220千伏第二回线路工程、凉山普格至宁南220千伏第二回线路工程、凉山昭觉220千伏输变电工程、凉山冕宁220千伏输变电工程、凉山会东220千伏变电站扩建工程、凉山盐源500千伏变电站220千伏配套工程、凉山盐源大河光伏电站220千伏送出工程、泸州纳溪—震东II回220千伏输变电工程、泸州泰安220千伏输变电工程、泸州杨桥220千伏变电站增容改造工程、宜宾南溪和平220千伏输变电工程、成贵铁路宜宾长宁牵引站220千伏供电工程、成贵铁路宜宾东牵引站220千伏供电工程、宜宾珙县220千伏输变电工程、成贵铁路宜宾屏山牵引站220千伏供电工程、宜宾兴文220千伏输变电工程、成贵铁路宜宾兴文牵引站220千伏供电工程、南充搬罾220千伏开关站扩建工程、南充蓬安220千伏变电站扩建工程、四川南充南隆220千伏输变电工程、西成客运专线广元中子牵引站220千伏供电工程、内江—寿溪桥220千伏线路工程、四川内江资铁220千伏输变电工程、四川广安岳池南220千伏输变电工程、广安新桥（金星）220千伏变电站主变扩建工程、遂宁小于220千伏输变电工程、四川资阳广惠—文峰220千伏线路工程、自贡琵琶220千伏输变电工程、巴中城西220千伏输变电工程等66项。

在建的110千伏项目为营门口110千伏输变电工程、成都高新大源220千伏变电站配套110千伏送出工程、成都十陵220千伏变电站110千伏配套线路工程、金桥35千伏变电站升压110千伏输变电工程、成都城厢110千伏输变电工程、成都金牛北三环220千伏变电站配套110千伏送出工程、成都德源II110千伏输变电工程、成都武青路110千伏输变电新建工程、成都芷泉街110千伏输变电工程、成都永宁110千伏输变电新建工程、成都沙渠110千伏输变电工程、成都金牛天斑110千伏输变电工程、成都东华110千伏输变电工程、成蒲铁路成都蒲江朝阳湖牵引站牵引站110千伏外部供电工程、成蒲铁路成都青羊成都西牵引站110千伏外部供电工程、成蒲铁路成都大邑牵引站110千伏外部供电工程、成都新津110千伏输变电工程、成都毛家湾220千伏变电站110千伏配套送出工程、成都新津牵引站扩容110千伏供电线路工程、成都新园北110千伏输变电工程、成昆铁路扩能乐山夹江牵引站110千伏供电工程、乐山水口110千伏输变电工程、乐山金仓220千伏变电站110千伏送出工程、乐山沐川110千伏变电站增容扩建工程、德阳旌阳德阳110千伏变电站增容改造工程、德阳旌阳垃圾发电厂110千伏送出工程、德阳秋月220千伏变电站配套110千伏线路工程、德阳大塘110千伏变电站增容改造工

2016年3月2日，国网阿坝供电公司抢修马寨线，确保春节期间阿坝州可靠供电　（黄世涛 摄）

程、川藏铁路雅安牵引站110千伏外部供电工程、雅安龙苍沟110千伏输变电工程、雅安名山永兴110千伏输变电工程、雅安石棉姜家沟至下坪110千伏线路工程、雅安汉源干溪坝110千伏变电站扩建工程、雅安荥经至幸福110千伏线路工程、眉山东坡科工园110千伏变电站扩建工程、成昆铁路扩能眉山东坡牵引站110千伏外部供电工程、眉山洪雅洪川110千伏变电站扩建工程、眉山东坡盘鳌垃圾发电厂110千伏送出工程、攀枝花回龙沟220千伏变电站110千伏配套工程、攀枝花大水井110千伏输变电工程、攀枝花攀钢电厂3×10万千瓦机组关停110千伏线路改接工程、阿坝小金220千伏变电站110千伏送出工程、阿坝松潘城关110千伏输变电工程、阿坝汶川白石110千伏输变电工程、阿坝九寨沟隆康110千伏输变电工程、阿坝中查沟110千伏输变电工程、阿坝观音桥110千伏输变电工程、绵阳110千伏变电站3号主变扩建工程、绵阳松仙一线110千伏线路改造工程、绵阳仙人桥110千伏变电站增容改造工程、绵阳青义110千伏输变电工程、成都龙泉驿高桐110(66)千伏输变电工程、成都天府新区秦皇寺220千伏变电站110(66)千伏送出工程、成都龙泉驿红砂220千伏变电站配套110千伏送出工程、成都天府新区麓湖110千伏输变电工程、达州大竹清溪110千伏变电站扩建工程、达州宣汉北至盖家坪110千伏线路工程、达州大竹220千伏变电站110千伏配套工程、达州宣汉东乡110千伏变电站扩建工程、达州达县雷音铺110千伏输变电工程、凉山石门坎110千伏输变电工程、凉山冕宁220千伏变电站110千伏配套送出工程、凉山越西乃托110千伏变电站扩建工程、凉山德昌乐跃110千伏输变电工程、凉山木里110千伏输变电工程、泸州龙山变电站110千伏2号主变扩建工程、泸州古蔺二郎110千伏输变电工程、泸州泸县城北110千伏输变电工程、泸州安富110千伏变电站110千伏增容改造工程、泸州泰安220千伏变电站110千伏配套工程、宜宾江安底蓬110千伏输变电工程、宜宾南溪裴石110千伏变电站扩建工程、宜宾南溪东风110千伏变电站扩建工程、宜宾南溪桂溪110千伏输变电工程、南充仪陇金城110千伏输变电工程、南充阆中河溪110千伏输变电工程、南充南部南隆220千伏变电站110千伏配套工程、南充搬罾220千伏开关站扩建110千伏配套工程、南充南部白云110千伏输变电工程、南充营山三星110千伏输变电工程、兰渝铁路南充牵引站110千伏供电工程、兰渝铁路南充龙桂牵引站110千伏改接供电工程、广元朝天熊家至海螺水泥110千伏线路工程、广元昭化卫子110千伏变电站扩建工程、内江东兴奥体110千伏输变电工程、内江资铁220千伏变电站110千伏配套工程、内江越溪110千伏输变电新建工程、内江碑木西110千伏输变电新建工程、广安永兴110千伏输变电工程、广安水王家110千伏输变电工程、广安邻水石马河110千伏变电站扩建工程、遂宁蓬溪任隆110千伏变电站扩建工程、遂宁船山城市生活垃圾环保发电项目110千伏送出工程、遂宁射洪桃花山110千伏输变电工程、资阳简阳牌坊沟110千伏输变电工程、资阳安岳岳阳110千伏变电站扩建工程、自贡富顺琵琶220千伏变电站110千伏配套工程、自贡仙市220千伏变电站110千伏配套工程、自贡向义至新华110千伏线路工程、自贡代家坝110千伏变电站智能化改造工程、巴中通江周家坝110千伏输变电工程、巴中杨家坝110千伏变电站扩建工程、甘孜泸定田坝110千伏输变电工程、甘孜九龙110千伏输变电工程等104项。

【工程达标和创优】2016年，四川省电力公司完成54项110千伏及以上电压等级工程达标投产，其中500千伏变电站工程2项，220千伏变电站工程5项，110千伏变电站工程16项，500千伏线路工程6项，220千伏线路工程7项，110千伏线路工程18项。

川藏电力联网工程获国家优质工程金质奖，实现公司工程建设领域国家级奖项新突破，填补公司在国家工程类最高奖项空白。

通过达标投产考核的500千伏项目主要有达州宣汉500千伏线路工程、成都九江500千伏变电站工程、甘孜溪古500千伏变电站工程、甘孜溪古变至九龙变500千伏输电线路工程、甘孜枕头坝一级电站至深溪沟水电站500千伏线路工程、雅安大岗山水电站至雅安变双回500千伏输电线路工程、成都蜀州变至尖山变Ⅰ Ⅱ回Π接入九江变双回500千伏输电线路工程、达州变至黄岩变Ⅱ回500千伏输电线路工程。

通过达投产考核的220千伏项目主要有成黄路220千伏变电站工程、广元朝天220千伏变电站工程、自贡仙市220千伏变电站工程、成都青羊220千伏变电站工程、巴中张公220千伏变电站工程、凉山美姑河改接雷波至坪头220千伏输电线路工程、雅安竹马变至下坪变220千伏输电线路工程、内江凉水井变至内江北牵引站220千伏输电线路工程、内江变至内江北牵引站220千伏输电线路工程、资阳资铁变至陈家湾牵引站220千伏输电线路工程、巴中至复兴I、Ⅱ回π入张公变220千伏输电线路工程、攀枝花枣子坪变至银江变220千伏线路工程。

通过达标投产考核的110千伏项目主要有凉山

瑶山 110 千伏变电站工程、甘孜道孚 110 千伏变电站工程、雅安大川 110 千伏变电站工程、泸州邻玉 110 千伏变电站工程、成都羊安Ⅱ110 千伏变电站工程、绵阳园艺Ⅱ110 千伏 变电站工程、甘孜昌台 110 千伏变电站工程、凉山海田 110 千伏变电站工程、泸州关口 110 千伏变电站工程、眉山桂林 110 千伏变电站工程、成都万安 110 千伏变电站工程、凉山尔足变至海田变 110 千伏输电线路工程、甘孜炉霍变至道孚变 110 千伏输电线路工程、雅安金花至中里 T 接大川变、金花至大川 110 千伏输电线路工程、南充蓬安至龙桂牵引站 110 千伏输电线路工程 、泸州玉关变至关口变 110 千伏输电线路工程、南充潆溪变至龙桂牵引站 110 千伏输电线路工程、南充春晖变至南部牵引站 110 千伏输电线路工程、巴中巴达铁路兰草牵引站至兴文变 110 千伏输电线路工程、南充果州变至李渡牵引站 110 千伏输电线路工程、广元岳东变至苍溪牵引站 110 千伏输电线路工程、成都羊安Ⅱ变至邓双变 110 千伏输电线路工程、成都羊安Ⅱ变至何店变 110 千伏输电线路工程、巴中信义变至笔山变π入张公变 110 千伏输电线路工程、广元苍溪变至太公牵引站 110 千伏输电线路工程、成都金堂三星 110 千伏变电站工程、南充嘉陵南 110 千伏变电站工程、阿坝蒲西 110 千伏变电站工程、雅安城厢 110 千伏变电站工程、广元赤化变至太公牵引站 110 千伏线路工程、广元朝天变至姚渡牵引站 110 千伏线路工程、广元三堆变至沐浴北变 T 接至姚渡牵引站 110 千伏线路工程、成都三星 110 千伏变电站工程

【重点工程】达州宣汉 500 千伏输变电工程　变电站正“四通一平”，站内土建完成 55%；线路基础浇筑 193 基(共 193 基，占比 100%)，完成组塔 192 基(共 193 基，占比 99.48%)。放线已完成 55.101 公里，占比 63.20%。

猴子岩电站 500 千伏送出工程　猴子岩一康定 500 千伏线路工程基础浇制浇筑 115 基,占总量的 98%，立塔 108 基，占总量的 92.3%，架设 6.8 公里，占总量的 11.2%；丹巴—康定 500 千伏双回线路π接进猴子岩电站线路工程已于 2016 年 10 月带电运行。

沙坪二级电站 500 千伏送出工程　基础浇筑 129 基，总量的 100%；铁塔组立已完成 105 基，占总量的 81.4%；完成了 3 个区段（沙坪 MJ－N105、N119－N128、N176－N206）的架线施工（共 12.4 公里）。

路平—富乐 500 千伏输变电工程　基础开挖完成 189 基（总共 201 基，占 94.3%），基础浇制完成 187 基（总共 201 基，占 93.03%），杆塔组立完成 86 基（总共 201 基，占 42.79%）。

盐源 500 千伏输变电工程　盐源 500 千伏变电站土建总进度已完成 55% 。盐源—水洛 500 千伏线路工程,基础开挖 5%；二滩—普提Ⅰ回线π入盐源变 500 千伏线路工程开挖 49 基占总数 32.2%，浇筑完成 44 基占总数 28.9%。

会东 500 千伏输变电工程　会东 500 千伏变电站三通一平施工总体形象进度完成 80%；甘泉—会东 500 千伏线路工程基础开挖完成 217 基 80.67%，基础浇筑已完成 213 基占总量的 79.29%。

龙泉（桃乡）500 千伏变电 3 号主变扩建工程土建　工程完成了 50%。

江油 500 千伏输变电工程　变电站“三通一平”施工。南坝—富乐、广元改接入江油变；富乐—广元双回π入江油变 500 千伏线路工程基础开挖完成 7 基（总共 9 基，占 77.78%）,基础浇制完成 5 基（总共 9 基，占 55.56%）

乡城、巴塘扩建工程　巴塘 500 千伏变电站升压扩建工程已完成 500 千伏 GIS 厂房基础、主变组装厂房基础、500 千伏构架基础、主变基础底层施工，完成土建工程量的 30%；乡城 500 千伏变电站升压扩建工程及塘乡 500 千伏线路改接工程由于工程量较小，且后续电气安装及线路改接需配合 2017 年 11 月川藏联网停电解网进行，故 2016 年暂未进场施工。计划 2017 年 3 月进场开展变电土建及线路基础施工工作。

川渝第三通道 500 千伏工程（四川段）　基础开挖完成 247 基（总共 248 基，占 99.6%），基础浇制完成 247 基（总共 248 基，占 99.6%），组塔完成 49 基（总共 248 基，占 19.8%）。

马尔康 500 千伏输变电工程　变电站正在开展征地工作。线路工程已完成线路复测。　（张　烨）

电网调度

【调度机构】四川电力调度控制系统包括四川电力系统内各级调度控制机构和发电厂、变电站、梯级电站集控中心等的运行值班单位。

四川电力系统设置三级调度控制机构，即：

——省级电力调度控制机构，以下简称省调；

——省辖市级电力调度控制机构，以下简称地调；

——县级电力调度控制机构，以下简称县调。

【省电力调度控制中心】四川电力调度控制中心主要负责四川电网调度运行、变电设备运行集中监控、系统运行、调度计划、继电保护、自动化、水电及新能源等各专业管理职责；调度管辖省域内500千伏电网和220千伏主网，直调所辖电厂；承担省域内±660千伏及以下直流站和500千伏交流变电站变电设备运行集中监控、输变电设备状态在线监测与分析业务。内设8个处，分别为调度控制处、调度计划处、系统运行处、继电保护处、自动化处、综合技术处、水电及新能源处、设备监控管理处。截至2016年年底，中心正式员工84人。

【省调的职责和权限】1.接受国调、区域分中心（简称华中网调）的调度管理，接受国调、区域分中心（华中网调）授权或委托的与电力调度相关的工作。

2.负责省电网的安全、优质、经济运行，划分省电网调度管辖范围，对所辖电网及并网电厂实施统一调度管理。

3.负责电网内调度控制运行、调度计划、运行方式、继电保护、调度自动化、水库及新能源调度等专业管理，制定电力系统电力调度、设备监控方面的标准、规程、制度和办法，负责所辖电网二次设备技术监督。

4.负责指挥调度及监控范围内设备的运行、操作及电网的事故处理，参与电网事故调查分析；负责指挥电网调频、调峰及调压工作，负责指挥网间联络线潮流的调度控制。

5.负责组织制定和执行所辖电力系统的运行方式。执行上级调度控制机构下达或批准的网间联络线运行方式。

6.负责所辖电网电力电量平衡、临时交易和检修平衡，负责制定和执行所辖电力系统调度计划。

7.参与所辖电网规划、设计、建设、工程项目审查及设备选型工作。

8.受理并批复新建或改建管辖设备投入运行申请，制定新设备启动调试调度方案并组织实施。

9.参与签订发电厂、地方电网的并网协议和购售电合同，负责签订调度管辖范围内的发电厂、地方电网、用户的并网调度协议。

10.会同有关部门编制《四川电网有序用电预案》《四川电网紧急拉闸限电序位表》，报政府批准后执行。

11.负责所辖水电厂水库发电调度工作，制定水库调度方案。参与主要水电厂发电与防洪、航运和供水等方面的协调工作。

12.负责组织制定全网继电保护及安全自动装置配置的技术方案和调度管辖范围内的整定方案，并督促实施，负责继电保护专业归口管理，负责继电保护专业技术监督，负责继电保护二次设备的大修、技改项目的审查。

13.负责所辖电力系统的安全稳定运行管理。

14.参与制定自动化系统的规划，负责电力二次系统安全防护。

15.负责公司电力调度控制技术装备的运行和管理。

16.负责对本级监控范围内电网运行设备的集中监控。

17.负责四川电力系统调度控制业务中涉及电网通信通道业务的评价。

18.配合电力通信管理部门对四川电力系统的电网调度通信业务的日常运维、事故处理、调查分析。

【省调调度管辖设备范围】四川电网除国调、国调华中分中心管辖外的500千伏系统（含500千伏站内无功补偿设备）。

四川电力系统内220千伏主网架和地区电力系统间220千伏联络线。

四川电力系统内装机容量1万千瓦及以上的发电厂及其送出系统。

国调、国调华中分中心委托调度管辖的设备。

【省调监控设备范围】四川电网500千伏变电站设备（消防、安防、视频系统除外）。四川电网500千伏输电设备。

【地区电力调度控制中心】四川电网设有22个地调，分别是：成都地调、天府地调、德阳地调、绵阳地调、广元地调、资阳地调、内江地调、自贡地调、宜宾地调、泸州地调、乐山地调、眉山地调、达川地调、南充地调、巴中地调、攀枝花地调、广安地调、遂宁地调、阿坝地调、雅安地调、甘孜地调。

【地调的职责和权限】1.接受省调的调度管理，接受省调授权或委托的与电力调度相关的工作。

2.负责所辖电网的安全、优质、经济运行，负责调度控制管辖范围内设备的运行、监控、操作及电网的事故处理。

3.负责所辖电力系统调度控制、设备监控、调度计划、继电保护、调度自动化、水电及新能源等专业管理和技术监督。

4.负责编制和执行所辖电网的运行方式，执行省调下达的运行方式。

5.负责编制并执行所辖电网调度计划。

6.会同有关部门编制本地区电网有序用电预案和本地区电网紧急拉闸限电序位表，报政府批准后执行。

7.负责组织制定和执行所辖电力系统的继电保护方案。

8.受理并批复新建或改建管辖设备投入运行申请，制定新设备启动调试调度方案并组织实施。

9.参与所辖电网发展规划、设计、有关工程项目的审查和设备选型。

10.负责所辖电力系统的安全稳定运行管理。

11.负责所辖水电厂水库发电调度工作，制定水库调度方案。参与主要水电厂发电与防洪、航运和供水等方面的协调工作。

12.负责所辖调度控制自动化设备的运行管理。

13.负责签订所辖发电厂并网调度协议。

14.负责对本级监控范围内电网运行设备的集中监控。

15.负责四川电力系统调度控制业务中涉及电网通信通道业务的评价。

16.配合电力通信管理部门对四川电力系统的电网调度通信业务的日常运维、事故处理、调查分析。

【地调调度管辖设备范围】1.本地区除省调调度管辖外的220千伏系统。

2.本地区110千伏及以下系统。

3.本地区装机容量1万千瓦以下发电厂及其送出系统。

4.本地区与其他地区间的110千伏联络线（由相关地调协商调度）。

5.省调委托调度管辖的设备。

【地调监控设备范围】1.本地区220千伏、110千伏变电站设备。

2.本地区220千伏、110千伏输电设备。

【电网安全经济运行】2016年，四川电网电力生产安全平稳，在省内用电增速放缓的背景下，电力供需总体呈现“丰余枯足”的特点。丰、平水期受近年水电装机快速增长、外送通道没有增加等多重影响，水电消纳矛盾大，富余电量达到前所未有的水平。枯水期省内电力供应总体充裕，其中1－4月受省内发电能力增强、用电需求低速增长等因素影响，水库水位消落困难；11－12月受省内煤矿减产、省外铁路运力紧张等因素影响，电煤供应偏紧、库存不足，按省政府专题会议要求，增加购入西北电网电量，满足用电需求。

2016年，四川电网电力供需总体平衡，未发生拉闸限电，电力供需“丰余枯足”的特征进一步加强，电力供大于求矛盾突出，火电发电利用小时数大幅下降，水电弃水电量逐年增加。

全年用电量较2015年有所增长　主要原因是夏季气温炎热，高温时间长，空调负荷持续时间长，尖峰负荷持续时间增加，最大夏季降温负荷为1113万千瓦，同比增加388万千瓦，降温电量50.86亿千瓦时，同比增加23.65亿千瓦时，8月当月调度口径发受电电量增幅达到18.9%。下半年大工业用电量同比由负转正，尤其是四季度大工业用电同比增幅较大，10月、11月和12月，大工业用电量同比增幅分别达到6.1%、7.7%和12.1%。

电力供应总体充足　原因有三：一是电源装机持续增长，2016年新增装机416.6万千瓦；二是电煤供应总体较好，2016年四川电网电煤供应平稳，未发生缺煤停机，下半年，受省内电煤减产、铁路运力紧张、电煤价格飞涨等因素影响，电煤供应偏紧，火电厂未完成丰存枯用目标，12月，增购西北电量弥补电煤库存不足；三是水电来水较好，2016年全网来水比上年同期基本持平，来水较多年平均水平略偏枯。

1－4月枯水期，由于电力需求低迷，而电源发电能力大幅增加，电力供应十分充裕，为保证水电等清洁能源消纳，火电机组有序安排停机备用，开机容量小，历年火电发电需求最大的1月和3月燃煤机组平均开机容量仅480万千瓦，约占燃煤机组总容量的40%，负荷率仅达到64%，处于最小技术出力边缘，火电发电空间大幅压缩。1－4月购入西北（风电）30万千瓦电力。11－12月电煤供应偏紧、库存不足，增加购西北电力满足用电需求，12月份最大购入电力达到200万千瓦，最大日购入电量0.33亿千瓦时。

丰水期，水电发电能力大增，而用电负荷较低，电力供需形势十分宽松。为尽量消纳水电，外送通道按最大能力送出，火电按最小开机方式运行，但仍未能全额消纳水电电量。从5月初开始发生调峰弃水电量，受来水波动影响，6月、8月两月弃水较少，9－10月用电负荷持续低迷，调峰弃水电量大幅增加，10月底结束大规模弃水，丰水期调峰弃水总量达141.4亿千瓦时，同比增加38%。通过优化水库运行方式、平水期增加外送、科学安排火电开机、调度台日内增量水电外送最大化利用通道等措施，增加水电消纳55亿千瓦时。

迎峰度夏期间，8月上旬之前，用电负荷较低，电力供应形势偏宽松。8月中下旬，全省范围遭遇历史罕见的连续高温少雨天气，发、用电负荷节节攀升，并屡创历史新高，同比大幅增长，电力供应偏紧，水电弃水减少。25日用电负荷达到最大值，26日起盆地气温明显下降，用电负荷骤降，至31日调度口径最大发受电仅2198万千瓦，较25日最大负荷累计下降1321万千瓦。

【节能发电调度成果】2016年，四川电网继续开展节能发电调度试点工作，并严格执行省政府年度发电计划，全力保障风电、水电及其他可再生能源发电优先上网。

全年普通燃煤机组平均发电利用小时为1892小时，四川电网按节能发电调度政策优先调用大容量高效率机组，60万千瓦机组平均发电利用小时为2253小时，30万千瓦机组平均发电利用小时为1755小时，20万千瓦及以下机组平均发电利用小时为631小时。火电机组平均供电标煤耗322.87克/千瓦时，较传统调度方式降低3.21克/千瓦时，相当于节约标煤6.75万吨，减排二氧化碳17.5万吨，减排二氧化硫0.19万吨。

四川电网继续实施替代发电，丰水期（5－10月）实施水火替代发电共计67.6亿千瓦时（其中公用火电51.6亿，自备火电16.0亿千瓦时），增加了水电消纳，按平均煤耗320克/千瓦时测算，相当于节约标煤216.3万吨，减排二氧化碳562.2万吨，二氧化硫6.23万吨。枯水期实施水火替代发电共计23.3亿千瓦时，增加了水电消纳，按平均煤耗320克/千瓦时测算，相当于节约标煤74.6万吨，减排二氧化碳193.8万吨，二氧化硫2.15万吨。

2016年，四川电网通过开展节能发电调度工作，合计节约标煤298万吨，减排二氧化碳774万吨，二氧化硫8.5万吨。

另外，通过清洁水电外送，四川电网为受端省份减少了1287亿千瓦时火电电量，按平均煤耗320克/千瓦时测算，相当于为全社会节约标煤4100万吨，减排二氧化碳10700万吨，二氧化硫119万吨。

【电网统调装机容量】截至2016年12月31日，四川电网全社会口径装机容量9108.2万千瓦，其中水电7245.5万千瓦，火电1642.1万千瓦，风电124.7万千瓦，光伏95.9万千瓦。

截至2016年12月31日，四川电网调度口径装机容量8553.9万千瓦（国调2310万千瓦，西南分中心330万千瓦，省调5246.8万千瓦，地县调667.1万千瓦）。发电厂共2811座（国调6座，西南分中心1座，省调337座，地县调2467座），机组共6251台（国调35台，西南分中心6台，省调816台，地县调5394台）。其中，水电装机共6972万千瓦（国调2310万千瓦，西南分中心330万千瓦，省调3699.0万千瓦，地县调633.0万千瓦），占总容量的81.5%，机组6093台（国调35台，西南分中心6台，省调710台，地县调5342台）；火电装机1362.2万千瓦（省调1333.5万千瓦，地县调28.7万千瓦），占15.9%，机组113台（省调68台，地县调45台）；风电场14座，装机124.7万千瓦，占1.5%，均为省调调度；光伏电站31座（省调24座，地调7座），装机95万千瓦（省调89.6万千瓦，地调5.4万千瓦），占1.1%；自备电厂5座，装机98.9万千瓦，未纳入规模统计。

直接接入220千伏及以上电压等级的国调、西南分中心和省调发电机组477台，总容量7273.2万千瓦，其中火电装机1262万千瓦，水电装机5875.4万千瓦，风电装机105.9万千瓦，光伏装机29.9万千瓦。单机60万千瓦以上机组57台，容量3655万千瓦（国调35台、容量2310万千瓦，省调22台、容量1345万千瓦）。

2016年年末，四川电网发电设备总体情况见表10。

2016年年末四川电网调度口径装机容量统计表

表10　　单位：台/座、万千瓦

	总容量		火电		水电		风电		光伏	
	台数	容量	台数	容量	台数	容量	座数	容量	座数	容量
直调	816	52468.8	68	13335.2	710	36990.1	14	1247.0	24	896.5
成都地调	918	736.8	1	6.0	917	730.8	0	0	0	0
乐山地调	18	3.2	0	0	18	3.2	0	0	0	0
德阳地调	260	670.8	9	45.0	251	625.8	0	0	0	0
雅安地调	164	84.8	0	0	164	84.8	0	0	0	0
眉山地调	1313	1814.5	0	0	1313	1814.5	0	0	0	0
攀枝花地调	151	59.6	0	0	151	59.6	0	0	0	0

续表10

阿坝地调	214	375.8	15	133.5	196	232.4	0	0	3	9.9
绵阳地调	182	455.8	0	0	182	455.8	0	0	0	0
达州地调	183	201.5	4	2.0	179	199.5	0	0	0	0
凉山地调	4	40.4	0	0	4	40.4	0	0	0	0
泸州地调	935	1110.2	1	4.5	932	1065.7	0	0	2	40
宜宾地调	330	134.7	0	0	330	134.7	0	0	0	0
南充地调	4	0.6	0	0	4	0.6	0	0	0	0
广元地调	9	21.0	0	0	9	21.0	0	0	0	0
内江地调	153	126.3	1	6.0	151	118.2	0	0	1	2.1
广安地调	26	61.4	2	12.0	24	49.4	0	0	0	0
遂宁地调	100	79.9	9	60	91	19.9	0	0	0	0
资阳地调	25	105.1	1	12.0	24	93.1	0	0	0	0
自贡地调	25	28.3	0	0	25	28.3	0	0	0	0
巴中地调	7	30.8	0	0	7	30.8	0	0	0	0
甘孜地调	132	76.9	2	6.0	129	68.5	0	0	1	2.4
总计	241	453.1	0	0	241	453.1	0	0	0	0
	总容量		1000/750千伏		500千伏		220千伏		110千伏	
	台数	容量	台数	容量	台数	容量	台数	容量	台数	容量
直调	816	52468.8	0	0	64	19283.4	372	27050.8	380	6134.6
成都地调	918	736.8	0	0	0	0	0	0	918	736.8
乐山地调	18	3.2	0	0	0	0	0	0	18	3.2
德阳地调	260	670.8	0	0	0	0	0	0	260	670.8
雅安地调	164	84.8	0	0	0	0	0	0	164	84.8
眉山地调	1313	1814.5	0	0	0	0	0	0	1313	1814.5
攀枝花地调	151	59.6	0	0	0	0	0	0	151	59.6
阿坝地调	214	375.8	0	0	0	0	0	0	214	375.8
绵阳地调	182	455.8	0	0	0	0	0	0	182	455.8
达州地调	183	201.5	0	0	0	0	0	0	183	201.5
凉山地调	4	40.4	0	0	0	0	0	0	4	40.4
泸州地调	935	1110.2	0	0	0	0	0	0	935	1110.2
宜宾地调	330	134.7	0	0	0	0	0	0	330	134.7
南充地调	4	0.6	0	0	0	0	0	0	4	0.6
广元地调	9	21.0	0	0	0	0	0	0	9	21.0
内江地调	153	126.3	0	0	0	0	0	0	153	126.3
广安地调	26	61.4	0	0	0	0	0	0	26	61.4
遂宁地调	100	79.9	0	0	0	0	0	0	100	79.9
资阳地调	25	105.1	0	0	0	0	0	0	25	105.1
自贡地调	25	28.3	0	0	0	0	0	0	25	28.3
巴中地调	7	30.8	0	0	0	0	0	0	7	30.8
甘孜地调	132	76.9	0	0	0	0	0	0	132	76.9
总计	241	453.1	0	0	0	0	0	0	241	453.1

说明：1. 省调直调自备电厂5座，机组18台，共98.9万千瓦，未纳入上述统计；

2. 国调、西南分调机组41台，共2640万千瓦，未纳入上述统计。

【统调统分电力】2016年，四川电网统调口径累计上网电量1454.6亿千瓦时，同比增长1.87%。其中：水电1185.2亿千瓦时，同比增长6.36%；火电239.0亿千瓦时，同比下降20.7%，风电20.9亿千瓦时，同比增长109%；光伏9.6亿千瓦时，同比增长339%。统调口径累计网供电量1533.2亿千瓦时，同比增加4.0%。

发电可调容量　调度口径最大发电出力6056万千瓦，同比增加525万千瓦，增幅9.5%，发生在8月24日，日最大发电量13.12亿千瓦时，同比增加1.03亿千瓦时，增幅8.5%，发生在8月23日；省调机组日最大发电出力3536万千瓦，同比增加457万千瓦，增幅14.8%，日最大上网电量7.13亿千瓦时，同比增加1.02亿千瓦时，增幅16.8%，均发生在8月25日。

发电设备利用小时数　2016年，四川电网全口径机组平均发电利用小时数为3810小时，同比减少125小时，其中水电机组为4246小时，同比减少12小时；火电机组为2133小时，同比减少555小时；风电为2247小时，同比减少205小时；光伏为1476小时，同比减少52小时。

2016年，国调机组平均发电利用小时数为5123小时，同比增加289小时（全部为水电），西南网调机组平均发电利用小时数为4718小时，同比增加611小时（全部为水电），省调机组平均发电利用小时数为2971小时，同比减少418小时。其中：水电为3408小时，同比减少346小时；火电为1947小时，同比减少552小时；风电为2247小时，同比减少205小时；光伏为1436小时，同比减少95小时。

【电网负荷】2016年，四川电网调度口径最大发受电电力3518.9万千瓦，同比增加464.1万千瓦，增幅15.2%，发生在8月25日，日最大发受电电量7.29亿千瓦时，同比增加1.09亿千瓦时，增幅17.6%，发生在8月24日。统调口径日最高网供用电负荷3283.6万千瓦，同比增加457.2万千瓦，增幅16.2%，发生在8月25日，日最大网供用电量6.46亿千瓦时，同比增加0.98亿千瓦时，增幅17.8%，发生在8月24日；全网空调负荷启动约1113万千瓦。

调度口径最大发电峰谷差1560万千瓦，同比增加58万千瓦，增幅3.9%，发生在8月24日；调度口径最大用电峰谷差1268万千瓦，同比增加163万千瓦，增幅14.8%，发生在8月24日。

【电网频率】（1）频率质量

2016年四川电网频率质量继续保持高水平，全网无50±0.2赫兹越限情况，频率合格率为100%，全网50±0.1赫兹累计频率越限时间0秒，合格率为100%，其中四川累计责任频率越限时间0秒，与2015年情况相同，合格率为100%。

2016年电网最高频率50.08赫兹，发生在11月11日11:54；最低频率49.92赫兹，发生在7月11日12:12。

（2）提高电网频率质量的措施

频率合格率的保证，主要取决于有功功率的平衡，与用电负荷水平、发电备用容量、机组一次调频、AGC调整能力因素密切相关。为进一步提高电网频率质量，采取的主要措施如下：

①严格执行电网运行控制措施，留足稳定裕度和功率备用，制定可能造成频率异常的区内、区外设备故障处置预案，提高四川电网对区内、区外故障抵御能力，减轻对频率的影响程度。

②加强负荷预测、电力电量平衡校核等技术支持手段的应用，提早预测负荷趋势，提前调整开机规模，增加系统运行备用容量；充分利用网间电力通道的输送能力，开展网间电力电量支援和交易，进一步提高省内电力电量平衡水平。

③加强监控和人工干预。通过监视D5000系统、大屏的频率和联络线CPS数值，并充分利用AGC、声光报警系统等技术手段，对频率、联络线功率进行实时监控；根据当前负荷变化特点，提前预判，进行人工干预，保证AGC可调备用容量。

④加强AGC管理，充分利用水库电厂受来水影响相对较小，机组调节能力变化不大的特点，集中督促好二滩、瀑布沟、紫坪铺、亭子口、宝珠寺等水库电厂的AGC运行管理，提高电网频率调节性能。

⑤加强直流配套安控及其通信通道的运行维护，确保直流闭锁等严重故障时，安控系统正确动作切机，维持事故后电力系统的有功功率平衡。

【无功补偿】2016年，四川500－220千伏主网电压监测考核点的电压合格率为100%，同业对标排名第一。

2016年，四川电网500千伏最高电压为542.4千伏，4月16日发生在卡基娃电厂，因月城－木里－乡城水电通道长，线路充电无功大导致卡基娃母线运行电压偏高；500千伏最低电压为518.1千伏，7月11日发生在巴中站，受巴中站主变额定电压限制，亭子口电厂需进相运行维持该母线电压靠下限运行。

2016年，四川电网220千伏最高电压为238.9千伏，1月28日发生在新棉站，因新棉站处于长线路串供末端，负荷较轻时段，运行电压偏高。220千伏最低电压为219.2千伏，8月8日发生在甘孜站，因甘孜站需长期投入较多电抗器补偿线路充电无功，导致母线运行电压较低。

【电厂信息接入】截至2016年12月，共接入厂站651个，其中500千伏变电站46座；220千伏变电站268座；500千伏电厂20座；220千伏电厂147座，110千伏电厂145座；35千伏厂25座。2016年RTU装置退役4套；监控系统新建及改造80套；PMU装置新建9套；电能量远方终端新建设备21套。

2016年，继续推进并网发电机组AGC接入试验，大幅地提升了AGC调节容量。截至2016年年底，新增AGC投运机组114.5万千瓦，其中水电114.5万千瓦，新接入水电站7座。具体见表11。

2016年电厂AGC新接入统计

表11

序号	水电厂	容量/万千瓦
1	飞仙关	5×2
2	古学	4.5×2
3	宝兴	6.5×3
4	小关子	4×4
5	小天都	8×3
6	金银台	4×3
7	硗碛	8×3
总计/万千瓦	114.5	

完成备调系统AGC运维工作，包括飞仙关、古学、宝兴、小关子、小天都、金银台、硗碛等电厂接入备调AGC控制，总调节容量为1145MW，为四川电网2016年主、备调系统切换演练工作的顺利完成提供了坚强的技术保障。

【电网技术装备】2016年，重点开展了省调智能电网调度控制系统功能完善、调度数据网络老旧设备改造、成都等5个地区智能电网调度控制系统建设、16家配电网调度控制系统建设、OMS与PMS互联互通、变电站调控数据交互规范改造、继电保护远方操作试点等工作，截至2016年年底，16家地市单位配电网调度控制系统全面上线应用，OMS与PMS互联互通工作有序推进，电网二次技术装备功能不断完善、各项指标稳步提升。

【电网运行方式】2016年，华中、华北特高压交流联网运行，西南、华中电网超高压交流联网运行。四川电网通过±800千伏锦－苏、复－奉和宾－金直流与华东电网联网运行，通过±500千伏德宝直流与西北电网联网运行；通过川渝500千伏交流通道、川藏220千伏交流通道分别和重庆、西藏昌都电网联网运行。

2016年，四川电网总体平稳运行。枯水期1－4月，火电机组有序安排停机备用，开机容量小，锦苏、复奉和宾金三大特高压直流保持低功率运行，德宝直流从西北电网受电，各外送通道保持较低功率运行，川西断面长期受电。丰水期，水电发电需求大增，为尽量消纳水电，火电按最小开机方式运行，三大特高压直流长期满功率运行，德宝直流送电西北电网，各外送通道压稳定限额送出，川内主要断面送电压力较大，稳定裕度较低。迎峰度夏期间，8月上旬之前，用电负荷较低，电力供应形势偏宽松；8月中下旬，全省范围遭遇历史罕见的连续高温少雨天气，发、用电负荷节节攀升，并屡创历史新高，同比大幅增长，电力供应偏紧，水电弃水减少。

2016年，四川公司始终坚持“安全第一、预防为主、综合治理”原则，围绕保障电网安全稳定运行，不断加大安全风险管控力度，科学合理地制定电网运行方式，有力保证了三大特高压直流及德宝直流长期满功率外送，以及迎峰度夏、度冬、重要节假日保电等工作任务的圆满完成。

【电网稳定】2016年，四川省电力公司认真贯彻国家电网公司和西南分部的决策部署，圆满完成了宾金、锦苏、复奉特高压直流长时间同时满功率外送、保障川藏电力联网工程安全运行、异常持续高温下电网安全度夏等重点工作，实现了四川电网连续35年安全稳定运行。

四川省电力公司在国家电网公司的统一领导

下，进一步加强主网方式管理，积极参加国调中心组织的丰、枯期电网运行联合计算、年度方式分析，深入研究、周密分析、细致梳理，明确电网运行的薄弱环节，辨识电网运行的安全风险，提出电网补强措施和优化工程建设时序的可行性建议。

针对宾金、锦苏、复奉三大特高压直流与川渝外送通道同时长时间满功率外送给电网运行带来巨大的安全压力，保障电网安全运行，四川省电力公司一是加强电网运行特性研究，配合上级调度制定了三大直流与川渝交流断面同时满功率运行控制措施，保障水电最大化外送；二是强化运行管理，编制了《三大特高压直流满负荷运行特殊运行方式》《四川电网迎峰度夏（冬）方案》《丰（枯）水期四川电网稳定运行规定》《G20峰会期间四川电网运行方式》等调度保障方案，从完善预控措施、巩固安控防线等方面提升电网安全保障能力，重点强化安全控制措施落实，夯实特高压直流及交流电网同时满负荷运行的安全基础；三是加强专项隐患排查和设备消缺工作，全面清查了川电东送、交直流协调以及各水电通道等安控系统（装置）的启停、策略表以及重要断面运行控制措施的正确性。从而保障交直流通道满功率安全运行。

针对2016年度运行方式提出的15项重点措施和建议，采取公司办公室督办，省调按月核查完成进度的方式，确保重点工程和技改项目全部得到落实，提高了电网安全运行水平和水电外送能力。其中500千伏川渝第三通道工程已于2016年10月31日开工建设，预计2017年6月投产，届时四川电网交流通道外送能力能得到提高。

强化电网运行风险预警预控，闭环管控电网运行风险。与安监部全力协作，构建专业协同、网源协调、供用协助、政企联动的电网运行风险预警管控工作机制，以全面贯彻“全面评估、先降后控”为原则，编制《四川电网运行风险预警管控工作实施意见》，完善风险评估内容，将电网网架结构、检修调试、设备健康水平和安全生产法规制度等全面纳入风险评估。通过协同防控，实现电网风险全过程管控，严格落实运行措施及相关预案，有效降低了事故风险。全网共发布5级以上检修风险预警487份，未发生因风险预警管控不到位引起的不安全事件，有效调动了公司各部门、各单位及政府、电厂、用户等投入到保障电网安全稳定运行的工作中来，起到了良好的联动效应和保障作用，降低了电网运行风险。

继电保护

【概况】2016年，继电保护及安全自动装置作为电网安全防线对电网的安全稳定运行起到了显著作用。全网220千伏及以上系统保护装置共动作2273次，正确动作2273次，不正确动作0次，正确动作率为100%；220千伏及以上系统共发生故障312次，快速保护动作切除故障312次，快速切除率为100%。故障录波完好率为100%。没有因为继电保护原因造成电网稳定破坏或大面积停电事故，为电网安全稳定运行和设备安全做出了贡献。2016年9月26日19时37分，同塔双回的500千伏九（龙）—石（棉）一、二线发生极为罕见的AC相间跨线故障，由于采用了自适应重合闸技术，两条线路快速跳闸切除故障并重合成功，保证了重要水电送出通道网架结构的完整。

【继电保护的定值和技改】四川省调积极推动继电保护设备技改、大修等项目的落实，全网继电保护装备水平得到明显提升。截至2016年年底，全网（不含电厂及用户）220千伏及以上线路保护光纤化率达到94.86%，保护装置国产化率为99.28%，微机化率为100%，220千伏及以上线路保护、母线保护、变压器保护等双重化率均为100%。

2016年，四川省调共下达定值启用通知单182张，整定并下达定值单746套，按期完成各项基建投运、继电保护技术改造等保护定值整定任务，确保未发生误整定事故。完成《四川电力系统2016年继电保护和安全自动装置整定运行方案》的编制、审核和印发工作。5—6月，开展并完成了全网继电保护定值核对工作，确保了电网迎峰度夏前的保护定值四统一。

【继电保护现场风险管控】2016年，四川省调强化继电保护现场风险管控，提升现场作业安全水平。制定了《四川电网继电保护和安全自动装置现场高风险作业预警管控工作规定（试行）》，将继电保护现场高风险作业按照“月计划、周安排、日管控”的工作机制进行预警发布，防范现场作业“三误”事件发生，降低电网安全风险。制定了《四川电力系统继电保护及安全自动装置巡视检查标准化作业指导书》，建立了每年滚动修编的常态化机制，统一规范全网专业巡视、专项核查、精益化检查工作标准，进一步强化和规范了全网继电保护设备不停电巡视工作。建立了电网安控系统（装置）和安控通道的年度专项运维保障机制，以及安控通道配置图年度更新发布、重要安控现场作业指导书审查、安控年度检验计划编制审查的常态化工作机制，使安控系统（装置）的现场运维工作得以进一步加强。

【隐患排查治理】2016 年，四川省调持续开展隐患排查治理，提升电网抗风性能力。排查治理国调中心通报的家族性缺陷 3 起，涉及缺陷设备共 537 台，在 2016 年内完成全部整改。上报国调中心疑似家族性缺陷 1 起。发现直流控保厂家缺陷 2 起，将整改方案报国调中心，国调予以采纳并组织网内全面排查整改。按照国调中心统一部署，组织开展了网内后备保护配合情况的专项核查，优化线路后备保护整定原则，满足后备保护间的配合要求。

【继电保护专业精益化】2016年，四川省调深入开展继电保护精益化评价工作，提升继电保护专业管理水平。已经全面完成了27座500千伏变电站和134座220千伏变电站的自评价工作，发现问题44202条，平均每站275条，所有问题均制定整改计划。11月底，迎接了国家电网公司专家对500千伏彭祖站、500千伏乡城站、220千伏普格站的精益化复查抽检。12月，各供电公司开展相互的继电保护精益化评价现场检查。为更好地推进继电保护精益化评价工作，省调组织编制了《四川电力系统继电保护及安全自动装置巡视检查标准化作业指导书（试行）》，对评价工作进行了规范，继电保护精益化评价各项要求逐渐融入继电保护各项日常工作之中。

【继电保护远方操作】2016年，四川省调积极开展继电保护远方操作试点，提高继电保护操作效率。选取18座变电站开展继电保护远方操作，大大提升了重合闸投退、定值更改等工作的效率，组织编制《四川电网继电保护远方操作技术实施规范（试行）》以及《四川电网继电保护远方操作运行管理规定（试行）》。

2016年四川省调主动承担国调中心重点任务，积极参与国调中心就地化即插即用线路保护装置试点，完成了在220千伏新雅一线两侧的500千伏新都桥站和220千伏雅江站现场的安装试运行工作。牵头完成了行业标准《3—110千伏继电保护整定计算规程》的修编工作。同时，完成《四川电网继电保护及安全自动装置运行管理规定（2016版）》《四川电网智能变电站继电保护和安全自动装置运行管理规定》等规定编制修编工作，标准建设工作成效显著。2016 年四川省调还组织两期培训班，并会同运检部分 7 个片区对二次班组运维人员开展智能站相关技能知识培训和典型案例、规程规范宣贯，实现 2016 年培训全员覆盖。继电保护、系统运行、自动化专业于 4 月组织“2016 年四川电网并网电厂、高压用户电网技术培训班”，参培人员达 80 余人。

水库调度及新能源管理

【水电装机】截至2016年12月31日，国网省调直调水电装机3699.01万千瓦，占省调直调装机容量的68.4%，共263座。主要情况如下：

按调节性能统计，年及多年调节水电站共13座，装机容量332.44万千瓦，占比9%；季调节水电站共15座，装机容量768.20万千瓦，占比21%；径流式（含日周调节）水电站共235座，装机容量2598.37万千瓦，占比70%。

按流域统计，大渡河流域（含青衣江）装机2050.68万千瓦，电站数97座，是目前省调直调装机比重最大的流域；金沙江流域装机188.75万千瓦，电站数20座；雅砻江流域装机427.38万千瓦，电站数37座；岷江流域装机522.7万千瓦，电站数57座；嘉陵江流域（含涪江和渠江）装机507.1万千瓦，电站数51座。

按电站规模统计，省调直调中型电站居多，共有129座，总装机1534.65万千瓦；大1型电站只有瀑布沟、大岗山、猴子岩和长河坝4座电站，已投产的装机容量为727.50万千瓦；大2型有18座，总装机1066.54万千瓦；小1型有107座，总装机267.17万千瓦；小2型有5座，总装机3.15万千瓦。

【水力发电】2016年，四川省调直调水电发电量1185亿千瓦时，比2015年的1114亿千瓦时（不含二滩135亿千瓦时）增加71亿千瓦时，同比增长6.4%。其中，枯水期（1—4月、12月）371亿千瓦时，占全年发电量31%，日均发电量2.44亿千瓦时；平水期（5月、

11月）195亿千瓦时，占全年发电量17%，日均发电量3.20亿千瓦时；丰水期（6－10月）619亿千瓦时，占全年发电量52%，日均发电量4.05亿千瓦时。

全年省调直调水电最大日发电量5.42亿千瓦时（8月24日），最小日发电量1.62亿千瓦时（2月11日）。省调直调水电日最大发电出力2627万千瓦（8月22日），最小发电出力415万千瓦（2月12日）。

【水库调度的成绩】1.针对2016年丰水期全川来水及气温变化跳跃幅度大，水电发电能力及用电需求预测难度增大的情况，坚持滚动预测来水情况，动态分析来水变化及对发电能力的影响，适时调整水库运行策略，在满足电网用电需求及保障电网安全的基础上，动态优化水库运行方式全力增发减弃，增加四川水电消纳。

2.建立了四川水电消纳月、周、日及实时平衡分析协调机制，定期组织人员研究分析四川水电消纳具体问题和措施，通过动态优化调整锦西、溪洛渡等巨型水库控制方案及开机方式，最大限度地消纳丰期四川富余水电，绿色发展和节能减排成效显著。

3.汛前主动调整水库运行方式，多发水电，保证各大水库在低水位运行，6月末水库总蓄能同比少蓄4.4亿千瓦时。汛中全力保持满负荷外送，加速消落水位，大幅缓解了后期弃水压力，汛末水库总蓄能值45.4亿千瓦时，比2015年同期少蓄1.7亿千瓦时，同时也为11月全网不弃水预留了适当灵活调节空间，以减少平水期弃水。

【新能源装机】2016年，四川省调直调新能源新增装机105.95万千瓦，同比增加97.78%，其中风电4座，51.35万千瓦，光伏电站15座，54.6万千瓦，截至2016年年底，四川电网统调新能源电站38座，装机214.3万千瓦，同比增加98%。其中，风电场14座，装机124.7万千瓦，光伏24座，装机89.6万千瓦，新能源总装机占全省统调总装机容量5246.8万千瓦的4%。全省位于攀西地区的风电场有11座，装机115.8万千瓦，光伏电站18座，装机64.7万千瓦，合计占新能源总装机的84%。通过220千伏电压等级接入的风电场10座，装机105.9万千瓦，光伏电站5座，装机30万千瓦，合计占新能源总装机65%

【新能源发电】2016年，四川省电力调控中心继续全面落实《可再生能源法》，保障风电、光伏的优先调度，无弃风弃光电量，全年共消纳新能源电量30.48亿千瓦时，同比增加143%。其中，风电20.93亿千瓦时，光伏9.55亿千瓦时。丰水期在清洁能源消纳严峻的形势下，仍保障了风电及光伏的全额消纳，丰水期(6—10月)共计消纳新能源电量达10.53亿千瓦时，占新能源全年电量的34%，风电全年利用小时数2243小时，光伏电站利用小时数1436。

【新能源工作成绩】2016年7月，重新修订编制《四川风电场并网运行服务指南》及《四川光伏电站并网服务指南》，对新能源电站并网前的流程进行了梳理、对新能源电站应向各专业提供的资料进行了明确，充分践行国家电网公司“四个服务”的承诺，方便发电企业高效办理入网手续。有力推动了新能源电站的规范化管理。

2016年，在省调控中心领导的指导及各处室的大力配合下，参照华北、西北新能源考核管理实施细则，结合四川新能源电站调度管理的实际情况，完成了《四川风电场及光伏电站并网运行管理实施细则（试行）》的编制，争取在2017年开始全面部署实施。

2016年5月，中国电科院入驻调控中心开始D5000新能源调度与监测模块的安装调试，为保证系统短期及超短期预测数据接入、气象类信息及单机信息顺利接入，水新处编写相关的技术指导资料指导厂家配合数据接入，同时依托模块建设全面梳理了并网新能源电站基础数据、基础信息、基础资料，已并网的38座新能源电站的功率预测数据已全部接入，模块将为2017年新能源调度运行管理提供全面支撑，为新能源发电调度提供科学决策依据。

设备监控

【主要指标】2016年，四川省电力公司系统以指标为导向，全面提升设备监控管理水平。全省纳入大运行体系建设的变电站共计1500座(其中500千伏站45座、220千伏站217座、110千伏站696座、35千伏站542座)，集中监控覆盖率为100%，35—500千伏站监控信息接入量平均为1280条/站，水平优良；年度累积平均告警信号500千伏站为19条/站·日，220千伏站6条/站·日，110千伏站5条/站·日，35千伏站3条/站·日，均较去年继续下降，探索逼近最合理范围；省调人均监控信息量

92条，地县调人均监控信息量6条，监控效率省调为28，地调为10.50，县调为0.72；500千伏变电站断路器 1685 台，实传试验 1540 台，实传率91.39%，35－220千伏变电站断路器34459台，实传试验34459台，实传率100%，全省远方操作共计163991台次，大力提升操作效率、降低人力成本。

【建立大数据平台】 2016年，四川省电力公司作为国家电网公司“一强三优”创新发展行动计划“基于大数据平台的调控数据挖掘研究和试点应用”项目5个试点牵头单位之一，建设四川省电力公司数据中心设备监控应用，夯实调控大数据研究基础。建立平台与省调及22个供电公司EMS（含D5000、OPEN3000、IES500三种型号）III区数据库的直联，实现设备监控告警数据的准实时自动采集；依托数据中心加工形成2015年全省89.6G、5.8亿条告警信息、156.6亿个信息点，通过比对排序、序列挖掘等方法工具研究查找监控设备运行管理的趋势征兆；通过大数据分析技术的手段，从设备监控告警信号的视角开展2016年迎峰度夏（6－8月）期间集中监控运行和设备状态的分析总结；基于数据中心集存的加工数据，通过OMS按需自动获取的方式，在成都公司试点实现了OMS“二十三张”设备监控报表的智能填充。

10月12日，信通公司上报客服口号获“国网最佳口号” （杨　洁　摄）

【信息表管理】 强化设备源端信号规范，提高信息表管理水平。依托自主开发的智能决策系统，前移监控信息标准化和规范化工作，实现监控信息在规划设计、设备选型、安装调试、接入验收、监控运行、检修维护的全过程管理，并在新建500千伏白泉站接入工作中成功落地；依托智能决策延伸OMS新建及改（扩）建信息接入流程在编制、审核环节的节点，严格监控信息表的执行、变更管理；在智能决策完成全省1500座变电站监控信息表（含1914665条原始信号）初始化工作，建立信息表版本一站一档基础台账；通过智能决策收集完善2161套一二次设备监控信息基础数据共计329803条；协同运检、安监、科信专业重点整治变电站站用交直流电源及通信电源告警信息，完成全省范围内545座变电站745项站用交直流电源告警信息及225座变电站769项通信电源告警信息的整改闭环。

【配电网监控信息管理】 完善配网监控信息管理，全面覆盖专业管理范畴。完善配网监控信息管理制度，编制发布《国网四川省电力公司配电网设备监控信息管理规定》；编制配网监控设备典型信息表，对配网设备监控信息进行梳理和规范，对配网设备、监控信息分类、信息描述、告警分级等明确相关要求。

【设备监控台账的应用】 开展OP互联一次设备监控台账的应用，以应用促进数据质量提升。基于设备监控台账实现45座500千伏变电站监控电流限值表自动生成报送；着手开展新投设备集中监控接入、验收许可管理流程与设备台账的关联，将台账的完整性、准确性、规范性作为流程审核的先决条件。

【专业基础管理】 狠抓日常业务工作，夯实专业基础管理。组织开展全省年度专业培训，22个供电公司、省电科院、省检修公司参加，促进专业交流；坚持监控信息缺陷周分析、月管控，全省全年发现监控缺陷共计3344条，处置闭环3032条，处置率90.7%；定期组织召开监控运行分析月度例会，全年形成会议纪要12期分送各部门（单位），梳理排查出102类问题开展专题分析并予以整改；坚持信息接入、调试、验收、移交的会审、会签机制，全年省调共计上线流转流程申请单共计70份，审查、验收信息2441条。 （陶晓丽）

电网通信自动化

【概况】 四川省级智能电网调度控制系统已实现基础平台、实时监控与预警、状态估计、AGC、AVC、水电及新能源监测、雷电监测、调度计划、安全校核、调度管理类等 64 个应用上线运行，2016 年系统总体运行情况稳定，国网同业对标指标排名第一。

2016 年，四川省调着力开展智能电网调度控制系统完善消缺和后续应用推广建设工作。切实推进变电站集中监控应用实用化水平，着重进行智能告警、统计分析功能的开发，完成一体化巡检、频发信号折叠、告警抑制一览表等功能建设；完成国调、华中分中心和四川省调 DTS 互联互通工作；完成 DSA 趋势分析、输变电在线监测、保护远方操作等应用模块建设工作。

四川省调管辖范围内 22 个地区调度，除天府供电公司备调系统未建外，均已建成地调主调及备调系统，县调系统已全部退役。系统具备基础平台、权限管理、数据采集与交换、稳态监控、模型画面维护、系统监视、越限统计、数据记录、控制与操作、无功电压调节等功能。通过 SCADA 平衡计算、多数据源差值比较、地区电网状态估计统一计算等手段，从海量信息中检测异常数据，校核厂站自动化信息准确性，为电网调度控制业务提供有力的技术保障。

2016 年，四川电力调度控制中心开展了基于主配网一体化系统和省、地、县一体化模型数据中心的配网高级应用功能建设，主要完成了小电流接地选线、调配抢一体化 DTS、配网合环操作在线校核的应用功能，为实现配电网中网络重构、负荷转移或设备检修时不停电倒闸操作提供了有力的技术支持，并最大限度减少客户的停电次数，为配调、配抢人员培训学习提供科学手段支撑，提升事故应急的响应能力和处理速度，为指导配网调控运行奠定了坚实的技术基础。

2016 年，四川电网调度自动化建立了基于调度控制云的自动化一体化管理平台，并正式上线运行。该平台以支撑电网运行为核心，遵循公司“三集五大”管理模式，在自动化专业工程管理、运行管理、技术管理等环节充分履行专业管理职责。该平台作为自动化专业管理的基础，从自动化专业实际业务着手，推进各级调控机构主站及厂站端自动化系统、设备基础数据的标准化，是一套适合大运行体系下的调控自动化设备模型库，为自动化专业管理及运行监测类应用提供数据支撑。

2016 年，四川省调积极探索主配网一体化调度控制和故障抢修调度系统关键技术，推进地调配网自动化系统及配网抢修调度指挥系统建设，积极提升配网抢修调度指挥系统实用化水平，本年度新上线配电网调度控制系统 16 套，在线运行系统达到 18 套。

3 月 2 日，全省通信网集中调度监控管理模式试行

（王海涛　摄）

【信息通信系统运行稳定】2016 年，四川电力公司在重点电网工程建设、三大特高压安全运行和经营管理等方面为省电力公司提供了坚强的支撑保障。圆满完成全国“两会”、“G20”峰会重要保障任务；圆满完成数据库 SCN 重大隐患整改；圆满完成公安部“护网 2016”专项网络攻防演习。信息系统安全、运行指标达 100%；“检修合格率”“计划检修率”“检修计划一次审核通过率”达 100%；重要通信业务保障率达 100%；信息系统平均可用率 99.92%；省级通信网通信设备运行率 99.999%。

【提升信息通信安全管理水平】2016 年，编制完成《国家电网公司电力安全工作规程(信息通信部分)》初稿，获得国家电网公司高度评价。编制完成《国家电网公司大面积停电事件信息通信应急处置预案（征求意见稿）》《国家电网公司信息通信应急体系建设指导意见》《信息通信应急物资和备品备件配置标准规范》及《信息通信应急物资和备品备件使用管理办法》，填补了国家电网公司信息通信专业应急管理方面的空白，得到总部信通部的高度肯定，充分体现了公司在应急通信保障方面的领先水平。

【备调系统建设】2016 年，省调已全面完成备调系统建设，21 个地调完成独立备调系统（含 D5000）建设。2016 年，备调系统继续与省调主系统同步接入新投厂站，新增飞仙关、古学、宝兴、小关子、小天都、金银台、硗碛等电厂至备调 AGC 控制，备调总调节容量增至 1551 万千瓦，顺利完成四川电网 2016 年主、备调系统切换长周期演练工作。

【调度数据网和 EMS 网建设】2016 年，四川电力调度数据网得到较大完善和发展，已全面建成国家电力调度数据网（SGDNet）双平面骨干网在四川范围内的节点，省调和部分地调业务系统已完成双平面接入。截至 2016 年年底，四川调度数据网规模达 3470 个节点，110（66）千伏厂站的网络覆盖率达 100%，35 千伏厂站的网络覆盖率达 100%，为电网生产信息传输提供了可靠的传输平台。全川 22 个地调接入网建设已基本完成，22 个地调已将具备业务接入条件的厂站业务接入主备调。

智能电网调度技术支持系统共 11 套（包括 2 套省调系统和 9 套地调系统），SCADA/EMS 应用共有 34 套，包括地调能量管理系统 34 套。

【支撑保障服务优质高效】圆满完成 2016 国家电网公司机动应急通信系统快速响应联合演习、川渝第三通道开工仪式、国网防汛减灾应急视频通信保障和省、备调调度切换演练等重大保障任务。承办四川省电力公司各类电视电话会议 697 场，较 2015 年同期增长 8.3%，服务 200 余万人次，大幅降低省电力公司会议费用开支，提升协同工作效率。

【提升集中监控运行管理质效】2016 年，编制完成《国网四川省电力公司信息通信调度运行工作规范》。建成地市公司通信系统风险预警统一评估体系，实现缺陷检查、评估、处置闭环管理，将 TMS 系统告警压缩率提升至 99.1%，达到运营商级别。采用大数据、物联网、智能分析、智能联动等先进技术，实现对全省通信传输网、数据通信网、信息系统、机房动力环境等实时运行数据的集中监控，有效解决地市公司信息通信专业人员不足的问题，提升信息通信运行效率，为省电力公司系统节约人力成本约 198 人/年。

【统一视频 助力智慧电网生产】2016 年，完成《国网四川省电力公司变电站智能辅助监控系统设计技术规范》等配套标准编制。完成动力环境监测、智能联动、生产设备远程巡视、辅助倒闸等 9 个功能模块试点建设。在 500 千伏尖山变电站和 220 千伏平春变电站成功部署了智能巡检平台试点应用，降低了现场人为事故发生率，提升了标准化作业规范度，为公司探索全新智慧变电站运行管理模式奠定了坚实的基础。

【数据资产服务能力的提升】2016 年，以独创的数据资产业务模型搭建方式完成 8 个业务域、35 个数据模型、178 个子模型的数据梳理和接入，发布 4 期数据目录,为“打破壁垒”实现公司数据共享融合奠定了坚实的基础。作为国网试点单位，开展基于大数据的信息系统用户行为分析，完成 12 套二级部署信息系统的数据采集。完成国网统推大数据平台二期建设及非结构化数据迁移工作。

【敏捷服务能力显著增强】健全信息系统问题处理响应机制，提升受理业务服务质量。2016 年，信息系统客服共受理业务 116165 件，较上年增长 78%，电话及时接通率 100%，弃话率 0%，工单处理及时率 100%。优化客户服务网站，拓展信息通信业务服务渠道，上传典型问题解决案例 688 篇，大幅提升客服效率。积极参与国家电网公司信息客服口号征集活动，获得“国家电网公司信息通信统一客服最佳口号”荣誉和“国家电网公司信息通信统一客服口号优秀组织奖”。

（高　勇、陶晓丽）

国网四川省电力公司检修公司

【企业概况】随着四川 500 千伏电网的快速发展，为了优化资源配置，合理整合资源，充分发挥专业化优势，提升专业化管理水平，实现 500 千伏电网安全、可靠、稳定运行，省电力公司启动了四川超高压电网运检体制改革，四川省电力公司超高压运行检修公司在成都正式成立。按照“总体设计、分步实施、逐步到位”原则，稳步推进，完成了所属 6 个检修中心的组建和业务划转及人员接收工作，改变了四川超高压电网多年来的属地化管理格局，全面推进专业化管理。

2010 年 6 月，为深化专业化改革，四川省电力公司做出了交直流业务整合的重大决策，组建了超（特）高压运行检修公司，这是专业化改革道路上的又一个里程碑，检修公司的业务范围涵盖了交流和直流、超高压和特高压所有的省内骨干电网，步入了发展的快车道。

2012 年 6 月，为全面推进“三集五大”体系建设，在原超（特）高压运行检修公司基础上，组建成立了省检修公司，作为省电力公司“三集五大”体系建设的省级层面支撑和实施机构。

国网四川省电力公司检修公司（以下简称“检修公司”）是国家电网四川省电力公司的直属单位之一，主要负责全省21个地市（州）超特高压输变电设备的生产运维、检修、大修、抢修、带电作业等工作的组织实施。检修公司本部现设置办公室、运维检修部、安全监察质量部（保卫部）、财务资产部、人力资源部、党群工作部（工会、团委）、监察审计部（纪委办公室）7个部门，下辖变电检修中心、输电检修中心，成都、西昌、自贡、南充、绵阳、乐山、雅安7个运维分部，以及特高压交直流运检中心和综合服务中心。截至2016年年底，检修公司运维管理500千伏交流变电站46座，变电容量7538万千伏安，±500千伏换流站1座，容量300万千瓦，输电线路176条，长度15406.748公里（其中2630.124公里藏区线路委托四川送变电公司运维）。检修公司直管和受委托管理的电网资产原值543.05亿元（其中代管国家电网公司资产105.27亿元，代管华中分部资产10.42亿元），超特高压电网规模居国家电网公司系统前茅。

【人力资源】截至2016年年底，全口径用工2328人，其中：国有全民员工1480人，占63.57%；业务外委用工848人，占36.43%。国有全民员工1480人中，管理人员199人，占13.45%；专业技术人员77人，占5.2%；技能类人员1172人，占79.19%；服务类人员32人，占2.16%。硕士研究生及以上学历(含硕士学位)人员共计174人，占11.76%；大学本科学历人员共计951人，占64.26%；大专学历人员共266人，占17.97%；大专以下学历人员共89人，占6.01%。取得专业技术资格人员共有1086人，占检修公司全民职工总数的73.38%。其中高级职称90人，占6.08%；中级职称328人，占22.16%。取得技能等级人员共计959人，占全民职工总数的64.8%。其中高级技师160人，占10.81%；技师494人，占33.38%。

2016年，检修公司进一步深化干部管理，干部整体履职能力有效提升。修订该公司干部管理办法等6项干部管理制度，制度体系更加完善，干部管理更加科学、规范；适时开展干部选拔任用工作，不断充实干部队伍、优化基层班子结构，全年调整干部13名，干部队伍进一步优化；有效开展干部日常考核和年度考核，激励干部履职尽责；严格干部选拔任用流程规定，全面及时完成重大事项请示报告工作，干部监督工作进一步加强；强化干部培训和培养锻炼，推荐到国家电网公司、省电力公司培养锻炼3人，举办干部及管理人员读书班3期、中层履职能力培训班2期，有效提升了干部队伍能力素质。检修公司干部“三龄两历一身份”及干部人事档案专项审核清理工作全部完成，选人用人纪实材料规范完整。

2016年，检修公司创新建立专业技术新星选拔、专家团队建设、跨专业复合型人才培养等新机制，完善优秀专家人才选拔考核等14项人才培养制度；组织实施生产技术、安全监督、人力资源、党政工团等11类242项教育培训项目计划；组织开展2014年度师带徒鉴定考试及2016年72名新进员工师带徒合同签订工作；大力开展员工教育培训，全年投入培训经费370万元，共计培训5817人次，其中自主办班5649人次，外送培训168人次，各项培训计划有序开展，员工素质和技能业务水平大幅提升；主业生产岗位员工持证上岗率100%；有效推进人才评价，提升管理能力，全年检修公司共有221人取得高级专业技术资格和技能等级、27人被评为检修公司级及以上优秀人才、1人荣获中电联电力行业技术能手称号；人才当量密度从2015年年底1.0681提升到2016年年底1.0802。

12月1日，500千伏雅安变电站停电检修现场一角

（司　琴　摄）

【运维检修管理】完成重大保电任务　2016年，检修公司通过精心谋划和周密部署，集中优势人力资源查隐患、控风险、强运维，迎峰度夏期间实现±800千伏锦－苏、复－奉、宾－金三大特高压直流持续满功率安全运行131天，外送功率达2160万千瓦，同时圆满完成G20杭州峰会保电等任务，在确保四川清洁能源大功率外送的基础上充分展示了四川电力的企业形象。

应急抢险工作能力得到检验和提升　2016年，面对愈显突出的自然灾害对电网的影响，检修公司各级应急抢险队伍反应迅速、应对有力，先后成功处置了500千伏普－洪一线等4起绝缘子掉串事故及普—洪二线 51 号、西—锦三线 111 号地质滑坡以及龙王变电站 CT 爆炸起火、丹巴变电站进站公路滑坡等突发事件。

带电作业取得突出成绩　2016 年，首次承接带电作业领先国内的大型科技项目，首次开展±800 千伏特高压线路 V 型绝缘子串带电更换作业，开展了“基于滑轮组功能的吊篮法带电作业进出电场方法改进”“500 千伏输电线路双串绝缘子连接金具更换工具研制”等技术创新，全年累计完成等电位带电作业 90 次，在国内系统排名前列。在 3100 米海拔±800 千伏锦—苏线 68 号塔成功实施了带电作业消缺工作，实现了国家电网公司系统高海拔地区特高压带电作业领域的新突破，对推动高海拔地区电网带电作业具有重要的示范意义。大力推进带电检测工作普及，将所有主设备都纳入检测范围，积极配合国网 2016 年带电检测提升竞赛工作开展，石棉站 1 号主变 201 开关 A 相出线套管导体与静触座接触不良等典型带电检测案例得到了国网充分认可。

拓展无人机应用　积极开展无人机巡检以及进出线档隐患排查，通过无人机成功实现 500 千伏普—洪一线、嘉—沐一线雷击故障精确查找。运用无人机开展 500 千伏蜀—景一线 31 号—33 号地线恢复导引绳展放工作，通过无人机喷火除异物装置对 220 千伏松范西线、500 千伏谭—龙二线导线异物进行了清除，并对检修公司 22 座变电站开展避雷针、避雷线专项无人机巡检，大幅提高了无人机应用的广度及深度。

开展变电运维一体化工作　实现 121 项运维一体化项目全面落地，强化边远变电站运维管理，相关工作受到国家电网公司副总经理栾军高度肯定。完成 500 千伏泉榄一、二线两侧开关继电保护远方操作试点，在新都桥变电站开展了即插即用小型化保护的安装和试运行工作。组织成都运维分部开展变电“五通”试点工作，在国家电网公司中期检查中获得高度评价。开展智能机器人电压制热型设备检测分析研究，试点应用“变电运维智能移动作业巡检平台”，变电站巡检管理质效大幅提升。

提升生产运行指挥管理水平　编制发布了《500 千伏线路直流融冰操作调度运行规定》，进一步规范优化 500 千伏线路直流融冰调度运行管理。2016 年，开展直流融冰 69 条次，同比增加 35 条次，融冰效率大幅提高，有效确保输电线路在冬季覆冰期间的安全运行。进一步优化山火信息和停用重合闸处置流程，快速反应山火险情，及时采取避险措施 27 条次。通过严格执行指标考核、停电计划多部门协同会商等手段，不断提升停电检修计划管理水平。确保全年 194 项年度停电检修计划均按计划完成，年度计划执行率为 100%。

隐患治理工作成效显著　高效完成平高 LW10B-550 型断路器、雷兹 OSKF550 型电流互感器、湖南三电电流互感器、特变康嘉 AGU-550 型电流互感器、SSP-500 型安控装置、站用变低压侧开关脱扣功能、低压电抗器绝缘老化以及丹巴、石板箐、龙王地质灾害等隐患排查治理工作，确保了现场设备安全稳定运行。积极推动通信设备精益化整治工作，以 500 千伏桃乡站为试点，深入开展变电站通信设备精益化整治工作，在德阳换流站迎接国网信通检查中得到高度肯定。

8 月 29 日，检修公司众志成城，确保四大直流输电线路满功率运维工作万无一失。图为整装待发　（王志奇　摄）

项目全过程管控能力不断提升　在检修公司三大项目部管理模式下，编制了设计施工监理考核细则，建立了定期设计联络机制和每月的项目推进协同机制，制定了“暂定总价”管控模式，提高了项目储备质量、里程碑计划及时率、阶段性资金完成率和项目结算规范性。在省电力公司下属供电公司中，年终支出入账指标排名第三位。通过严格落实检修公司三大项目部标准化管理手册的要求，圆满完成±800 千伏锦—苏线及接地极线路抗冰改造等国家电网公司重点改造项目，为三大直流满负荷运维提供了有力保障。

实物资产管理水平显著提高　组织开展 PMS2.0 系统基础数据治理、图形整治、模块应用强化等工作，系统质量和应用覆盖大力提升。作为省电力公司三家迎检单位之一，以高质量的 PMS 系统数据、图形、台账顺利通过了国网 PMS2.0 系统的单轨验收。针对变电站内设备，精细开展一、二次设备账卡物一致性清理，建立有效资产卡 4000 多张，向省电力公司提报固定资产报废 41 项次，办理了五个批次的大修拆除废旧物资的报废批复。

【安全管理】2016 年，公司始终坚持把安全工作放在首位，全力确保人身、电网和设备安全。及时修订了关于交通安全、基层安委会、监察性巡视、安全生产风险金管理等制度，安全管理制度机制进一步健全。将“年统筹、月计划、周安排、日管控”管理穿透到具体的工作和现场，安全工作做到了常抓不懈。通过正负激励，在传递安全压力的同时坚持正面疏导，恢复安全生产工作者的自信心，工作逐步做到了胆大心细，安全工作的内生动力增强。全年共查纠违章 1274 起，违章处罚金额 9.65 万元，安全奖励 249.75 万元。及时处置 500 千伏丹巴变电站进站公路等 5 起严重滑坡隐患，避免酿成大的地质灾害事件。成功处置 500 千伏普－洪一线等 4 起瓷瓶故障、龙王站主变 CT 爆炸起火等突发事件。年度安全生产纪录达到 2504 天。

3 月 17 日，检修公司员工带电更换 500 千伏二－石二线整串玻璃绝缘子　　（荣世权　摄）

强基固本落实责任　在检修公司安全奖惩实施方案、反违章实施方案等一系列成套安全管理制度基础上，制定了基层单位安委会、班组安全日活动管理实施方案、领导干部和管理人员监察性巡查管理规定等安全管理制度，修订安全生产风险金管理办法，确保安全生产责任逐级落实到位。精心编制事故调查范本，指导并严格监督基层单位按照《安全事故调查处理规程》对出现的异常、未遂及八级不安全事件认真调查分析、严肃处理，切实做到各负其责、“四不放过”。

充分发挥安全奖惩激励作用　继续强力开展反违章，年初根据基层单位安全态势及年度工作计划下达部门及基层单位反违章指标，开展违章公示，做到“违章必纠、违章必罚、违章者必受教育”，形成全面、全员、全过程、全方位反违章的工作局面。及时对发现安全隐患避免发生各类不安全事件的人员及实现安全生产长周期相关人员实施安全奖励，真正做到安全生产奖罚对等、奖惩逗硬、及时兑现。电网风险和作业风险得到有效管控。针对电网全接线方式，编制发布《2016 年度电网运行安全风险预警》，加强电网运行风险辨识，明确年度风险管控措施，共发布电网风险预警 39 项。针对检修方式，发布检修风险预警 104 项。编制发布《典型运检作业现场风险等级评估方案》，强化作业现场管理。发布现场作业风险预警 34 项。通过协同防控，严格落实运行措施及相关预案，实现风险全过程管控。

开展 500 千伏变电站精益化安全性评价　制定 500 千伏变电站精益化安全性评价标准，融合 40 余个国家及行业标准，制订 8 大项 64 小项 1400 余条评价内容，建立评价管理办法，对检修公司 10 座变电站开展自评、专家复评，极大地提高了 500 千伏变电站安全管理质效。

加大安全教育培训力度　深化安全论坛、安全警示教育室应用，结合“三学三比”、“青安岗”等活动，大力开展安全大讨论、主题演讲、知识竞赛等安全系列文化活动，每月扎实开展“三种人”月度调考，切实提升安全教育培训质效，检修公司三名员工代表省电力公司参加国家电网公司安规调考成绩优异。

安全高效处置突发事件　切实贯彻落实《国家大面积停电事件应急预案》，逐级修订、逐级评审应急预案并主动联系能监办进行备案，扎实开展防洪防汛、防山火、抗冰等无脚本应急演练，提高应急组织指挥效能和应急队伍的实战能力，及时处置±800 千伏宾－金线 224 号塔、500 千伏二－普一线 313 号塔、东－锦二线 114 号塔、西－锦三线 111 号塔、普－洪二线 51 号塔等严重地质滑坡应急事件。

【科技与信息化】2016 年度，检修公司全年累计申请发明专利 4 项、实用新型专利 20 项、软件著作权 2 项，获得专利授权 10 项。获得国家电网公司群创三等奖 1 项、省电力公司电力科技进步二、三等奖各 1 项、省电力公司工人技术创新一、二等奖各 1 项。首次完成企业管理创新成果推广落地并获省电力公司一等奖。获得省电力公司课题研究成果一等奖 1 项，管理创新成果二等奖 3 项、三等奖 2 项，优秀精益项目一等奖 1 项、二等奖 2 项。获得全国电力行业 QC 成果二等奖、国网 QC 成果三等奖各 1 项，省电力公司 QC 成果一等奖、二等奖各 2 项，1 个 QC 小组被评为四川省优秀质量管理小组。2 篇典型经验成功入选省电力公司内部对标典型经验库。代表国网参加 ITOMS 国际对标，在国际大会上发表

2个专题报告，获得“最佳创新奖”。

【党的建设和精神文明建设】2016年，检修公司党委在省电力公司党委的坚强领导下，紧紧围绕检修公司中心工作，坚持抓班子、带队伍、强作风、树形象，以“两学一做”学习教育为载体，从严执行党内政治纪律，从严强化党组织政治保障，从严管理干部和党员队伍，从严落实党建工作责任制，为检修公司全面完成年度目标任务提供了坚强保障。检修公司荣获省电力公司先进基层党组织、班组建设先进单位、新闻宣传先进单位、新闻应急劳动竞赛二等奖、“五四红旗团委”等多项荣誉。

加强思想建设，发挥政治引领作用“两学一做”全面覆盖。通过集中研学、领导带学等“七学”方式，扎实推进“两学一做”学习教育，各党支部开展集中学习181次、专题讨论94次。举办党组织书记讲党课竞赛，组织“精品党课”巡讲，领导干部和各级党组织书记累计讲党课203人次，开展“人人上讲台，个个讲党课”主题活动，先后有349名党员上讲台、讲党课。完成检修公司15个专业117个岗位合格党员标准制定，激励广大党员以“四讲四有”标准学做结合、知行合一，切实推动党内教育从集中性教育向经常性教育延伸，党员教育向深度、广度拓展。

理论学习扎实有效　坚持政治理论学习，组织党委中心组学习12次，严格“三会一课”，举办学习型党组织讲坛8期，开设党建业务和新党员教育培训班。坚持集中学习与个人自学相结合，深刻领会中共十八届六中全会和全国国有企业党的建设工作会议精神，认真学党章党规，增强广大党员对党的基本理论、路线和纲领的理解。加强对习近平总书记系列重要讲话的学习，深刻理解“四个全面”等治国理政方略，不断增强“四个意识”。

激发党建工作活力　结合“基础管理年”和“管理质效提升年”活动，不断加强党组织建设。坚持与检修公司机构设置同步优化党的组织，动态调整组织设置。圆满完成检修公司7个二级单位党组织和12个基层党支部换届选举工作，成功召开检修公司第一次党代会，选举产生检修公司新一届党委和纪委。严把党员发展质量关，共发展党员10人，按期转正13人。

党建载体更加丰富　紧紧围绕中心工作，结合电网和检修公司发展的新要求，与时俱进，不断增强党建工作的针对性和吸引力，激励广大党员立足岗位干事创业，搭建党员作用发挥平台。通过“三亮三比”“重温入党誓词”等活动载体，把学习、服务、创新有机统一于基层党组织建设，加强“三型党组织”的创建和评价，努力打造坚强有力的基层党组织。安全生产党内问责制度入选国家电网公司党建创新实践经典案例。

制度建设持续完善　修订检修公司《党委议事规则》《“三重一大”决策实施细则》和《“三重一大”决策主要事项》，进一步完善检修公司党委决策制度，规范决策行为。严格执行“三重一大”决策程序、党委议事规则和工作规则，认真落实主要负责人最后发表结论性意见的要求。全年召开党委会26次，审议议题76项；召开总经理办公会16次，审议议题71项，无违规决策和决策失误的现象。

彰显企业文明形象　开展“卓越文化入心•卓越品质化行•卓越品牌塑形”主题活动。举办“微宣微讲”竞赛，用小视角、小故事，展现国家电网公司核心价值观。持续开展“树形评星”活动，稳步推进“最美省检员工”评选活动。展示了149名明星员工候选人的典型事迹，评选出明星员工12名，最美员工5名。举办道德讲堂四期，为检修公司员工提供了精神力量和道德滋养。

品牌建设取得新突破　围绕检修公司重点工作，开展深度源头策划，精心做好“中国能源互联网四川行动”等主题传播，电视作品《特高压担当川电外送主力军》荣获国网系统电视作品新闻类银奖，《战天斗火供电人》荣获国资委第三届“国企好新闻”二等奖。创新品牌传播方式，建立检修公司微信公众号“国网川电检修”，丰富传播载体，提升品牌传播影响力。国网系统媒体上稿量在省电力公司排名第二，国家电网报上稿量在“运检管理创新贡献指数”中排名省电力公司第一。

严格党风廉政建设责任落实　2016年，检修公司组织召开反腐倡廉建设工作会，专题分析党风廉政问题2次，制定年度党风廉政建设工作要点及两个责任任务分工。建立“两个责任”清单式报告机制，约谈12家基层单位党政主要负责人、7个业务部门负责人，组织层层签订党风廉政建设责任书149份，全力促进“两个责任”落到实处。深化廉洁自律教育，扎实推进“清风川电”主题活动，通过旁听法院庭审、邀请专家授课、家庭助廉等方式，抓好全员廉洁警示教育。组织500多人参加党纪党规知识学习和考试，开展检修公司党纪党规知识竞赛。组队参加省电力公司“党纪党规印我心”知识竞赛，以笔试第一的成绩进入决赛并获得优秀组织奖。制作《红包红包不能收》等9部作品，获省电力公司廉洁教育十佳作品2部、优秀作品6部。开展纪委负责人同下级党政主要负责人谈话21人次、任前廉政谈话11人次、节前廉洁提醒300余人次。定期召开协同监督联席会，调整 7 项工作流程，进一步强化职能部门主体责任落实，专题研究合同履约管理等议题 4 项，部署车辆使用费管理等专项检查 6 项，发现问题 56 项，及时下发风险预警 41 条。组织开展食堂管理专项效能监察，督促完善市场调研等 4 大管理机制。开展重要业务领域廉政风险专项排查工作，发现问题风险 182 个，制定防控措施 241 条并督促整改。联合业务部门开展青苗赔偿费专项排查，防控青苗赔偿费使用风险。严肃执纪问责，全年排查处理问题线索 4 件，下发廉政风险防控任务书 5 份，谈话和追责 13 人次，其中提醒、约谈 6 人次，给予政纪处分 3 人次，组织处理 4 人次。

【所属运维分部（中心）】国网四川检修公司下辖变电检修中心、输电检修中心，成都、西昌、自贡、南充、绵阳、乐山、雅安 7 个运维分部和特高压交直流运检中心、综合服务中心。

【变电检修中心】变电检修中心于 2013 年 12 月成立，主要负责特高压交直流运检中心所属换流站的 A、B、C 类检修、省电力公司系统交流 500 千伏变电站变电一次设备 A、B 类检修，全公司通信设备的运维及检修，省电力公司电测仪表校验，智能变电站验收、省电力公司应急抢险等工作。

2016 年，变检中心全年完成停电检修 48 项、不停电检修 38 项、应急抢修 37 次、配合完成一次迁改 6 次；全年共计开展带电检测 93 次，圆满完成公司 45 座变电站带电检测工作，涉及主变 236 台相、高抗 155 相、500 千伏 GIS 间隔 330 个，220 千伏 GIS 间隔 352 个；全年共完成全公司通信 TMS 系统检修计划提报 126 项，通信检修票提报 285 项，独立承担 22 座 500 千伏变电站通信设备精益化提升工作。

截至 2016 年年底，已独立完成 13 座、支援兄弟单位完成 3 座变电站精益化相关工作；克服 500 千伏主变更换零经验、旧附件安装新主变多处存在安装公差等困难，圆满完成彭祖站 500 千伏 1 号主变 C 相本体更换工作，获得公司及省电力公司的肯定与好评；圆满完成德阳换流站 2016 年停电检修工作，首次独立完成 6 台换流变有载调压开关吊芯工作；完成 500 千伏乡城站 5033B 相开关带电检测故障定位、解体见证及消缺工作，是省电力公司首例带电检测技术成功用于 GIS 设备缺陷发现及处理，标志着设备的状态检修由预防性检修逐渐向预知性状态检修过渡。

【输电检修中心】输电检修中心成立于 2012 年 6 月 21 日，主要负责承担全川境内 500 千伏及以上的交、直流输电线路的带电作业、无人机巡视，线路 A、B、C 类停电检修，大修、技改以及迁改项目的监管，全公司应急抢险等工作任务。2016 年，中心共完成 ±800 千伏宾一金线等 34 条线路停电检修，消缺 450 项，完成大修技改项目 7 项；带电作业 90 次（含特高压 3 次），消除严重及以上缺陷 33 项，多供电量 12235 万千瓦时；完成特高压直流带电登杆塔检查工作、带电处理±800 千伏锦－苏线引流板发热严重缺陷和无人机故障查找工作，完成±500 千伏德－宝线及接地极线路全线隐患排查巡视工作，500 千伏泸－复三线、蜀－景一线抢险工作，500 千伏洪－山线 349 号－350 号被盗塔材修补工作，派员参与 500 千伏甘－桥一、二线技改、南－黄一、二线迁改建管工作；无人机巡检完成杆塔精细化巡检 922 基，通道巡检 265 公里，发现缺陷 276 项，其中危急缺陷 14 项；顺利完成 100 公里线路无人机协同人工巡检试点工作、展放架空地线牵引绳工作、在带电线路上喷火除异物工作、线路通道激光雷达和多维度三维成像工作及机器人绝缘子带电检零工作；组织开展该公司 2015 年、2016 年新进输电线路专业共计 38 名员工分别为期一年的集中培训，帮助新员工业务技能得到快速提高。

4 月 29 日，特高压中心党员督察队在德阳换流站年检现场进行安全督查　　（李帅印　摄）

【成都运维分部】成都运维分部成立于 2013 年 12 月 26 日，主要负责成都、天府新区、德阳、资阳等地区的 500 千伏输变电设备运维管理工作。截至 2016 年年底，该分部管辖 500 千伏变电站 10 座，变电总容量 2040 万千伏安；500 千伏输电线路 29 条，线路总长 1431.2 公里，铁塔 2378 基。

2016 年，该分部认真贯彻省电力公司“效益提升年”及公司“基础管理年”“管理质效提升年”活动要求，圆满完成安全生产、党风廉政、经营管理等各项目标任务，累计安全输送电量 550.8 亿千瓦时；安全完成停电检修任务 243 项、操作票 2815 份、操作 50258 项次，办理一种工作票 400 份、二种工作票 1560 份，消缺 364 项，完成大修技改项目 65 个、成本项目 30 个。

该分部自主开发“变电运维智能移动作业巡检平台”和“检修全过程管控 APP”，实现检修现场 11 个关键环节的实时、在线管控，大幅提高工作效率和安全管控水平；在迎峰度夏期间分部所辖变电站主变负荷超过 1100 万千瓦，占全省总用电负荷 1/3 以上，达成都地区总负荷 90%；成功处置龙王站 5011 开关 CT 故障起火、尖山站电抗器起火等紧急事故；首次对变电站开展设备红外连续在线测温，实时监测缺陷发展；对龙王、尖山变电站开展全站绝缘子带电检零，发现零值绝缘子 6 片，开口销缺失 21 处；对 500 千伏线路开展 X 光耐张管检测，发现并及时消除 3 处影响安全的隐患；加大对线路通道及防外破工作的管理力度，与政府部门协同配合，成功处理多处通道树竹“老大难”问题。

10 月 13 日，国网副总经理栾军等一行赴巴塘站检查指导工作　（张正伟　摄）

【西昌运维分部】 西昌运维分部成立于 2008 年 11 月 5 日。截至 2016 年年底，共管辖 500 千伏变电站 9 座，变电容量 1500 万千伏安；所辖输电线路 32 条，线路长度约 2952 公里，其中 500 千伏交流线路长度 2648 公里，±800 千伏锦苏直流线路长度 230 公里，锦－苏直流接地极线路长度 74 公里，极址 1 座。

2016 年，完成了所辖 24 条线路 304 个标准巡视区段防山火监测工作，未发生因山火原因造成的不安全事件；成功处置了 4 起 500 千伏线路绝缘子掉串，完成了 500 千伏西－锦三线和普－洪二线地质灾害抢险工作和 500 千伏城－沐一、二线 56 号至 69 号区段抗冰改造工作，全面提高了所辖设备抵御低温雨雪天气和冰凌灾害的能力；顺利完成了三大直流满功率运维保障工作和 G20 杭州峰会保电工作。圆满完成了输电线路覆冰监测和直流融冰工作，共开展直流融冰 40 次；木里站合闸电阻顺利投入系统运行，为川藏联网提供了又一坚强保障，完成 500 千伏纳日智能站的投运工作，完成了 500 千伏普提、石棉、月城、木里、石板箐主变系统年检，普提 500 千伏 I、II 母线等 8 个母线间隔年检，月－普一线等 13 个 500 千伏线路间隔年检，完成了普－提 3 组高抗刀闸更换，石板箐站主变中性点加装小抗，木里、石棉 GIS 刀闸加装位置指示器，石棉 5021 开关 CT 防爆膜破裂解体，石棉站 1 号主变 201 开关套管发热缺陷解体，橄榄站益榄线间隔安装等 18 项大修、技改工作；完成分部所辖月城、木里、水洛等 6 个变电站的精益化排查整改工作；开工建设了西－锦三线周家坪等 3 座巡检吊桥和昭觉等 4 个巡检站。

【自贡运维分部】 自贡运维分部成立于 2009 年 10 月 28 日，分部管辖 500 千伏变电站 4 座，变电容量 650 万千伏安。直接运维分部在自贡、宜宾、泸州、内江、资阳、遂宁等 6 个地市的 34 条 500 千伏线路，线路总长 2071.835 公里。直接运维 3 条特高压直流输电线路，分别为：±800 千伏复－奉特高压直流线路，线路长度 187.275 公里（另有 79.106 公里接地极线路和一座接地极址）、±800 千伏锦－苏特高压直流线路，线路长度 255.209 公里和±800 千伏宾－金特高压直流线路，线路长度 183.083 公里（另有 101.106 公里接地极线路和一座接地极址）。

2016 年，凝心聚力、攻坚克难，圆满完成三大直流满功率运维保障及 G20 保电任务；专项治理站容站貌，阶段性完成叙府、洪沟等老旧变电站环境综合整治工作；线路通道树竹隐患治理成效显著，所辖输电线路通道风险可控、能控、在控；成立专业团队，研发了保电站管理、车辆管理 APP 等软件并推广应用，管理创新工作初见成效；落实分部岗位动态管理，实时对部分管理岗位进行了调整，激活了员工活力。

【南充运维分部】 南充运维分部成立于 2009 年 6 月 30 日，主要负责南充、广安、达州、巴中、遂宁等 5 个地市内的 500 千伏输变电设备生产运行维护。分部所属 500 千伏变电站 5 座，变电容量为 750 万千伏安；线路 16 条，长度 1099 公里。2016 年，该分部安全顺利完成 40 个变电间隔的首检及年检预试；配合完成了巴中、黄岩、遂宁三站 GIS 设备的带电测试，5 座变电站避雷器阻性电流带电测试，巴中站地网接地电阻测试等工作，完成南充、达州两站共 16 组特变康嘉电流互感器的隐患排查工作。检修线路 11 条次，处理各类缺陷 173 条，接受操作任务 990

余项，正确操作 14379 步，办理工作许可 452 份，保证了全年安全目标的顺利完成。7 月至 9 月，历时近百天，投入人员 870 余次、车辆 360 台次，顺利完成 500 千伏南－黄一、二线迁改工程。继续强化外部施工现场监督，全年累计发送隐患通知书 25 份，处置山火 7 处，有力保证分部线路安全。分部出动 230 余人次，配合完成±800 千伏宾－金线及 500 千伏黄－万一、二线两轮保电巡视、隐患排查工作，为三大直流满功率运行提供有效保障。针对现场工作面临的问题，顺利完成 SF6 开关四通阀的研制工作，并获得 2 项国家级实用新型专利。

【绵阳运维分部】绵阳运维分部成立于 2010 年 8 月 31 日，主要负责绵阳、广元、阿坝州全境以及德阳、遂宁部分地区 500 千伏输变电设备运维工作。管辖 500 千伏变电站 6 座，变电总容量 950 万千伏安；输电线路 14 条（包括德宝直流和直流接地极线路），线路总长 1313.097 公里。2016 年，绵阳运维分部持续强化基础管理工作，针对 16 个岗位建立了岗位职责清单 210 条，清理各级规章制度 167 个，出台相关规定及补充实施细则 28 个；针对茂谭、平武水电送出通道及德宝直流制定了专项预案和保障措施，全年完成三大通道 159.5 亿千瓦时电力输送任务；成功处置谈判长达三年之久的绵阳市安州区花荄镇 500 千伏谭－乐二线 71 号－72 号桉树隐患，成功化解了江油、安县等处电磁辐射和通道砍伐老大难问题；组织完成江油站和马尔康站初设、施工图纸及技术规范书的审查，共提出意见和建议 95 项；扎实开展输变电设备反措排查，共计发现问题近 4000 条，制定了九个方面的整改提升计划；扎实开展输电线路 39 处“三跨”和 9 处重冰区耐张串上扬专项隐患排查，发现并整改缺陷隐患 48 项；自主编制了《PMS2.0 记录录入规范》，保障了数据录入的规范性和准确性。

【乐山运维分部】乐山运维分部成立于 2012 年 6 月 20 日，主要负责乐山、眉山地区内的 500 千伏输变电设备生产运行维护。管辖 500 千伏变电站 4 座，变电总容量 450 万千伏安；输电线路 19 条，总长度 1739.665 公里。2016 年，分部高效完成各项 500 千伏设备运维、检修、消缺、调试工作,整体检修能力稳步提升。利用变电精益化评价细则指导运维检修工作，有效提升了变电专业精益化管理水平；完成各站设备年检、东坡综合自动化改造收尾及东坡、南天 2 号主变、嘉州 1、2 号主变、沐溪站 2 号主变、220 千伏母线及出线扩建工程验收等大型复杂停送电倒闸操作及验收投运；运维专业按照公司发布的 12 次电网运行风险预警，切实编制运维管控方案，落实变电运维管控措施，确保了现场作业、设备及电网运行安全；全年共处理变电设备缺陷 122 条，进一步提升了设备健康水平。完成 500 千伏枕深线首检等共计 10 条 500 千伏线路年度检修工作，完成公司综合计划大修项目 6 个，技改项目 1 个；持续开展 500 千伏布坡四回、普－天线、东－天一二线等 12 条易覆冰线路防冰重点监控区段现场观冰工作；扎实开展线路通道清障工作，政企联动积极宣贯电力设施保护知识，实现了 500 千伏布－坡一二线 353 号－355 号等区段“砍后不复栽”。

【雅安运维分部】雅安运维分部成立于 2008 年 8 月 1 日。截至 2016 年年底，分部管辖 6 座变电站、1 座开关站，变电总容量 868 万千伏安，其中 6 座站址都位于甘孜藏族自治州；管辖 500 千伏线路 12 条，总长为 1370 公里。2016 年，顺利完成 500 千伏大－雅一、二线首检工作，完成自爆绝缘子更换 14 片等消缺工作，并首次发现许继光差保护两侧补偿电流匹配电阻不一致的重大缺陷；首次独立开展龙石线全面停电检修工作，消除绝缘子自爆等电气缺陷 109 处，铁塔螺栓紧固及绝缘子清扫 62 基；安全可靠地完成了新都桥智能变电站 4 台智能终端、18 套合并单元装置的升级工作，并主动承担新都桥智能站小型化国网试点工程的实施，受到了检修公司、省电力公司的一致肯定；开创性地开展了新都桥甘－桥一、二线按 800 千伏绝缘设计的融冰刀闸的调试安装，在安装调试期间发现刀闸卡涩的八级质量事件，被国家电网公司收录为典型八级质量事件；分部加入 58 人次，最长奋战 46 天，保质保量完成了川藏联网配套工程巴塘、乡城站设备全停工作，并结合停电完成乡城 5033 开关局放超标及西开开关隐患处理，保证了川藏联网工程的安全可靠运行。截至 2016 年 12 月 31 日，雅安分部安全运行 1102 天。

【特高压交直流运检中心】特高压交直流运检中心于 2013 年 12 月 9 日正式成立，主要负责±500 千伏德阳换流站的运维管理、永河接地极运行维护、直流三大核心设备年度检修及全站设备应急处置消缺工作。2016 年，通过核查共计发现反措问题及遗留隐患 59 条，形成“德阳换流站反措落实情况排查问题及隐患统计表”，并逐条落实整改；深入推进精益化评价工作，针对 2015 年精益化评价遗留的 2331 项问题逐项核查并整改，除资料类等按国家电网公司要求无须整改的 712 项问题外，其余 1619 项全部整改完成，设备健康水平持续提升；圆满完成德阳换流站本年度两阶段年度检修任务，年检期间共完成例行检修项目 26 项，特殊检修项目 16 项、专项工作 8 项、消缺项目 63 项，隐患治理项目 5 项、技改项目 5 项；大力推进新技术应用，通过加装阀厅红外智能巡检系统消除了阀塔红外测温盲区，并在国网系统内率先研究利用内冷水主泵振动在线监测系统实时监测主泵振动数据，针对数据分析结果，对主泵采取加装限位螺栓、基础找平等措施有效解决了主泵轴封频繁漏水现象，提升了运维工作质效；自主编撰并出版了书籍《德阳换流站》，在检修公司内外普及高压直流技术大有裨益；牵头编写了国网换流站运维检修题库，为国家电网公司换流站运检专业培训提供了有力保障；承担国家电网公司直流“五通一措”标准化管理细则直流光 CT、零磁通 CT 部分编制，总结直流运检经验，规范现场管理，进一步提升标准化管理水平。截至 2016 年 12 月 31 日，德阳换流站实现安全生产 2561 天，累计输送电量 726.96 亿千瓦时。凭借优异的管理成绩，连续五年荣获国家电网公司“红旗换流站”荣誉称号。

【综合服务中心】综合服务中心下设后勤服务中心、物资供应中心、综合科，主要负责公司后勤、车辆、小型基建及非生产性大修项目、消防安防以及物资管理等工作。2016 年，绵阳运维分部生产检修用房项目可研、初设顺利通过国网审核，建设用地、规划许可和报建等工作取得明显进展。西昌运维分部昭觉巡检站项目于 2016 年年底竣工；本部和营门口两个园区功能完善项目顺利推进，极大改善员工办公环境。检修公司 10 个食堂建立“一卡通”系统，实现食堂管理标准化、规范化，《推动食堂管理规范化、精益化、专业化》入选检修公司级对标典型经验。开展该公司重点防火部位及反恐隐患排查，落实整改效果明显。制定车辆管理实施细则，进一步规范派车、维修等管理流程。2016 年 1 月，该公司物资管理职责调整至综合服务中心。全年完成检修公司 322 个大修技改项目和日常运维物资的供应，保障了大修技改项目的顺利完成。报送物资、非物资需求计划 2121 条，计划准确率显著提高。组织物资、非物资非招标采购 30 个批次，评审项目 1284 个。完成洪安乡仓储点标准化建设，通过省电力公司验收。参加省电力公司物资计划调考获得团体第六名。合同签订准确率、及时率、合同结算完成率 100%。牵头建立了公司供应商库，进一步规范非招标采购供应商管控，实现充分竞争，节资效果明显。

（杜先明、余小闯）

四川省电力公司建设管理中心

【企业概况】国网四川省电力公司建设管理中心前身为四川电力超高压建设管理公司，成立于 1988 年 3 月。为加强四川省电力公司电网建设管理，2005 年 10 月，四川省电力公司将四川电力建设(集团)公司更名为四川电力建设管理公司；2008 年 2 月，按照省电力公司超高压建管体制改革要求，更名为四川电力超高压建设管理公司，并明确了四川电力超高压建设管理公司为四川省电力公司的全资子公司，按照与四川省电力公司签订的建设管理委托合同约定，行使 500 千伏及以上工程项目建设管理职能。2012 年，根据国家电网公司“三集五大”体系建设实施方案，四川电力超高压建设管理公司改制为国网四川省电力公司建设管理中心。

【组织机构及人力资源】截至 2016 年年底，该中心本部设置项目前期室、项目管理室、安全质量室、工程技经室、综合室等 5 个职能部室，此外，根据中心负责建管工程建设项目分布情况，设置了成都片区、川北（川南）片区、甘孜（川西）片区、攀西片区、川渝第三通道等 5 个业主项目部和特高压交流、特高压直流 2 个建设项目部。

【工程建设项目】2016 年，共完成基建投资 39.96 亿元。新开工 7 个输变电工程，变电容量 400 万千伏安，线路 1054 公里；投产 4 个输变电工程，变电容量 240 万千伏安，线路 347 公里。完成可研评审项目 5 个，初设审查项目 5 个，取得项目核准 7 个，环保验收完成 5 项，水保验收完成 9 项。完成竣工预结算 11 个，竣工结算 14 个。

【安全质量管理】2016 年，建设管理中心全力推进本质安全建设，深刻吸取丰城“11・24”事故教训，以“三查三强化”“安全生产月”为抓手，深入开展“两赛两提升”活动。规范停、复工管理，制定《工程停（复）工安全管理要求》并实施。开展风险防控工作，发布风险预警通知单，全年完成四级风险作业 13 项、重要三级风险作业 7 项。组织对重大风险作业进行预判，邀请设计、监理、施工、运行等多方面专家对中心四级风险作业方案联合会审。开展春、秋季安全大检查，冬季安全施工专项检查以及安全生产隐患排查治理专项行动，下发隐患整改通知单、安全问题通知单37份，提出安全管理问题、现场隐患255项，已全部完成整改。强化反违章工作，编制并严格执行《安全生产典型违章及反违章工作要求》。加强分包管理，开展月度分包商及分包项目负责人评价。开展地质灾害、防汛隐患排查以及应急准备，落实工程项目部属地应急备案工作。开展新“安规”宣传贯彻，组织全员安规考试。中心荣获省电力公司2016年度安全先进单位。

【工程管理】2016年，建设管理中心编制了输变电工程建设节点计划，实施节点计划刚性管控，按季度监督检查执行情况，确保投产任务提前完成。坚持重点工程协调会联系机制，及时组织召开九江、新都、宣汉、大岗山送出、枕头坝电站送出、沙坪二级送出等重要输变电工程协调会。中心领导定期深入工程建设一线调研，及时掌握工程建设最新动态，协调解决处理重大问题。精心组织工程投运工作，提前邀请运维单位介入开展验收准备。加强停电计划管理，提高停电计划的准确性。巩固国网公司“三通一标”标准化建设成果，积极推动通用设备“四统一”的应用。全年组织设计单位完成各类工程物资需求计划申报934条，上报预算金额10亿元。全面开展施工图预算管理工作，圆满完成国网公司施工图预算管理督查，江油输变电工程被省电力公司评为施工图预算管理样板工程。推行设计变更与现场签证“一月一报一审”制度，提高审核环节的效率，降低了审计风险。

前期工作取得创新突破　2016年，建设管理中心超常规地完成了川渝第三通道500千伏工程核准任务，可研设计与核准专题交叉推进，仅用时4个月便办理完成各项核准支持性批复文件，比常规项目提前12个月完成。落实项目可研初设预审制度，建立属地化长效合作机制。进一步加强初步设计管理，评审计划得到刚性执行。开展施工组织设计和安全措施专题研究，重大项目邀请施工专家和设计单位现场实地踏勘。严格执行设计技术问题沟通汇报机制，对进站道路设计报告进行了专项评估。加强与政府职能部门沟通汇报，与省级主管部门保持紧密联系。积极配合省国土资源厅对《四川省土地利用总体规划（2006－2020年）》中的电网重点建设项目进行补充完善，预留足够的规划用地指标，确保电网项目用地。提前开展水土保持专项监测、现场检查，获得省级行政主管部门表扬。完成川藏联网工程国家水土保持生态文明工程申报及评审，待水利部完成公示后即可颁发国家水土保持生态文明工程奖牌。资阳站降噪工作取得成效，得到环保部、国网公司的肯定。雅中－江西±800千伏特高压直流输电工程项目前期工作进展顺利。

优质精品工程成果丰硕　2016年，建设管理中心川藏联网工程获得国家优质工程金质奖，这是省电力公司电网工程建设获得的最高奖项，填补了国家优质工程奖最高奖项的空白。宣汉至达州500千伏线路工程获得国网公司安全质量流动红旗，工程业主项目部首次获得“示范业主项目部”称号。积极开展标准工艺应用示范工地建设，全面推广应用“标准工艺”，达到100%全覆盖。深化质量通病防治及控制工作，确保强制性条文执行到位，质量通病防治效果以及强制性条文执行情况纳入工程建设考核评价。总结达标创优经验，严格执行国网公司优质工程标准及“否决项”清单的要求，加强对优质工程的检查关，对责任单位进行书面通报并按合同考核。进一步加强输变电工程各阶段验收及质量监督管理，编制实施了《输变电工程验收及质量监督检查主要程序》。加强工程档案管理的前期策划和前端控制，以盐源500千伏变电站新建工程为试点，制定了《盐源500千伏输变电工程档案管理工作方案》。圆满完成了川藏联网工程国家档案局档案专项验收和九江变电站等4个500千伏输变电工程的档案专项验收，以川藏联网工程档案管理实践为基础，组织实施的优秀QC成果获中电建协三等奖。

【经营管理】2016年，建设管理中心扎实开展“效益提升年”活动，制定19项工作任务和73条具体工作措施并全部完成。强化预算管控，积极落实降本增效。全面清理长期遗留项目在建工程余额，对省电力公司直管工程账务中存在的非正常往来款项进行清理，解决事项8个，压降应收款项1476万元。优化人力资源配置，盘活人力资源存量。加强人工成本管控，制定岗位绩效工资制度推广实施工作方案，加强绩效考核管理，提升人力资源效率。加强对通用制度的学习和宣贯，开展制度讲堂活动36期。大力推进全员培训和人才培养，共参加省电力公司及以上培训班60个，自办培训班8个，送培学员420人次。加大创新成果的培育和申报，“以绿色高效为引领的电网企业工程建设管理”获2016年度四川省级企业管理现代化创新成果一等奖。“高原复杂条件下大型电网工程综合管控体系建设”被评为第五届全国电力行业设备管理创新成果一等奖，并获省电力公司2016年度企业管理创新推广应用成果一等奖，中心企业管理创新成果、课题研究成果、精益项目成果分别获得省电力公司三等奖。

【法治管理】2016年，建设管理中心依法治企建设扎实推进，全面推进“三全五依”法治企业建设，风险防控能力进一步提升。全力配合省电力公司巡察工作，对巡察组提出的问题，认真研究方案，落实责任，立行立改，严肃执纪问责。进一步梳理遗留问题和遗留工程，健全内部管理基础制度，用制度约束规范实践。认真贯彻落实民主集中制，坚持“三重一大”集体决策制度，坚持集体审议决策。严格执行非招标采购指南，非招标采购活动进一步规范。上报非物资采购计划283项，计划采购金额16.55亿元。签订各类合同及委托共169个，金额20.2亿元。办理工程款支付310笔，累计付款金额共计16.01亿元。

【党的建设和精神文明建设】2016年，建设管理中心全面加强了领导班子思想政治建设。抓好“两学一做”专题教育，全年召开了12次中心组学习会，重温《党章》《廉洁自律准则》《纪律处分条例》，认真研读《关于新形势下党内政治生活的若干准则》《中国共产党党内监督条例》，积极领会国有企业党的建设工作会议精神，切实提升党员干部的意识形态和世界观、人生观、价值观。加强了党史和革命传统教育，学习先辈先贤、先进典型，牢记党的宗旨，继承发扬党的优良传统。聚焦“忠诚、干净、担当”，教育中心领导干部对党忠诚、廉洁奉公、勇于担当。进一步严肃党内政治生活，规范开展并完成了中心党委换届选举工作。坚决贯彻民主集中制，严格执行“三重一大”集体决策制度，年度召开党委会19次，做到了重大事项集体领导、民主集中、个别酝酿、会议决定。坚持开好民主生活会，对照合格要求进行党性分析，开展批评和自我批评。

有效开展了基层党建工作　落实省电力公司全面从严加强基层党的建设实施方案，搭建“三个平台”，切实发挥战斗堡垒作用。分层实施“两学一做”学习教育，班子成员深入一线宣讲党课，将党章党规、系列讲话作为经常性学习内容融入党员日常学习，搭建党员教育成长平台。通过党建半年、年终考核、协同监督会、专项检查等方式严格落实党内准则条例和党委工作部署，搭建党员监督考核平台。围绕建设一流专业化建管中心目标，深化“创先争优”和服务型党组织建设，设立6个“党员责任区”，77个“党员示范岗”，针对不同岗位的党员，分别制定了7类不同的合格党员标准，开展“三亮三评三比”“两赛两提升”等丰富活动，搭建党组织和党员发挥作用平台。中心3个集体、1个党支部、6名个人受到上级单位表彰。落实党内基层组织选举制度，指导所属8个党支部完成换届选举工作，并通过选举工作加强支部书记队伍建设。建立了中心领导联系各党支部制度，确保支部工作开展全过程的指导到位、监督到位、考核到位。党委建立了中心党工微信群，成立了川电建管微信公众号。通过微课堂、微视频、微图片等方式，第一时间向所有党支部传递党和国家的新政策、网省电力公司的新要求；通过微指导、微反馈、微监督的方式了解掌握党支部各项工作的开展落实情况。

扎实抓好了干部、人才队伍建设　坚持党管干部、党管人才原则，制订《中层干部交流工作管理办法》等10项人事管理制度。严格干部选拔程序，坚持“德才兼备、以德为先”的用人导向，选拔中层后备干部6名，其中正职后备3名，副职后备3名；调整中层干部28人次。结合岗位绩效工资制度改革，着力打造高素质人才队伍。中心现有各类优秀专家人才40人，占职工总数的47%；中、高级职称68人，占职工总数的79%，职工人才当量密度达到1.1616，连续5年超额完成了省电力公司的下达值。

始终筑牢了反腐倡廉防线　中心党委积极履行党风廉政建设主体责任，认真研究部署年度党风廉政建设和反腐败工作，细化和明确“两个责任”清单，通过责任分解、强化督导、严肃问责，确保两个责任落地。认真贯彻党风廉政建设工作要求，扎实开展反腐倡廉工作。在日常监督上下功夫，实践监督执纪“四种形态”。对9名提拔任职的中层干部进行了任前廉政谈话；巡察期间，廉政约谈4人次，批评教育1人次，绩效考核26人次，纠正违规金额1.664万元；巡察后，对省电力公司纪委就巡察问题线索反馈的突出问题集中廉政约谈6名部门负责人。加强中层干部和重点岗位的轮岗交流，2016年重点岗位人员交流10人次。召开党委会研究部署党风廉政建设工作5次；围绕房屋拆迁和选人用人两个专项议题召开协同监督联席会2次，签发整改任务书2份；开展党风廉政建设责任制检查2次。

稳步推进品牌工作与和谐企业建设　注重企业文化传播和落地工作。立足藏区电网建设工作，持续5年打造“电亮藏娃梦”爱心帮扶项目，对康定木雅祖庆学校开展精准扶贫。策划制作的《藏娃寻梦》在“英大传媒2016年度优秀电视作品展评”活动中荣获故事类金奖。与《中国电业》杂志开办“川电建设管理论坛”署名栏目，与《四川工人日报》开展合作，持续展示中心品牌形象。抓好企业精神文明建设，顺利通过省级最佳文明单位的复查验收。建成了川电建管微信公众号，拓宽了企业文化传播途径。定期开展职工思想动态分析，并将分析结果运用到群团建设工作中。规范高效开展工会工作，举办了系列职工喜闻乐见的主题活动，成功选树了1名省电力公司劳动模范，及时开展各类慰问活动，认真听取采纳职工合理意见建议，心系职工，服务职工，受到中心职工的支持与认同。 （吴 迪）

四川电力送变电建设公司

【企业概况】四川电力送变电建设公司创建于1958年5月，系国网四川省电力公司下属的全资子公司，国家电力工程施工总承包一级资质及国家一级承装类、一级承修类、一级承试类企业。公司下设3个输电施工分公司、2个变电施工分公司、调试分公司、应急抢修中心（藏区电网运维分公司）、机具设备分公司，主营输变电工程施工（安装、调试）及运检业务。经过多年不懈奋斗，该公司已成长为具有坚强的电网建设、运维检修和应急抢修能力，拥有丰富的人才储备、统一的企业文化以及现代管理模式的综合型企业。

12月30日，送变电公司职工在甘孜“电力天路”观冰特巡 （曹 颖 摄）

近六十年来，该公司参加并完成了“西电东送”“川电外送”、特高压示范工程、青藏联网、新甘石联网、川藏联网等重点工程建设，在500千伏、750千伏、1000千伏、±800千伏、±1100千伏等各电压等级工程中屡创佳绩，多次荣获国家优质工程奖、国家建筑工程鲁班奖。公司先后被评为全国文明单位、全国模范职工之家、国家电网公司先进集体、国家电网抗灾救灾恢复重建功勋集体、四川省先进企业、国网四川省电力公司先进单位、先进基层党组织。

该公司积极践行和弘扬社会主义核心价值观，国家电网“诚信、责任、创新、奉献”的企业核心价值观，在电网建设、抗冰保电、抗震救灾及灾后重建等急难险重任务中做出了巨大贡献，全面展示了“特别讲政治、特别能吃苦、特别能战斗、特别能奉献”的形象，被誉为“川送铁军”。

【工程建设】2016年，送变电公司完成各电压等级输电线路工程6项（268.4公里），变电站新（扩）建工程15项（变电容量387万千伏安）。按期完成±800千伏灵－绍线、酒－湖线特高压直流线路新建工程，±800千伏宜宾换流站、天山换流站、灵州换流站大修技改工程，500千伏普－洪线、西－锦线抢险技改工程。川渝三通道、宣－达线、猴－康线、甘－会线、沙－南线、榆－潍线、盐源变、会东变、宣汉变等工程按节点目标有序推进，有力保障了省电力公司里程碑计划顺利实施。大力加强标准工艺应用，扎实开展质量监督检查，工程施工整体水平得到持续提升，由送变电公司承建的川藏联网工程获国家优质工程金奖、国网优质工程等多项荣誉，±800千伏双龙换流站获中国建设工程鲁班奖，宣－达线获国网安全管理流动红旗，达－余线、泰安变获省电力公司质量管理流动红旗。

【藏区电网运行维护】2016年，送变电公司承担了藏区电网500千伏至35千伏115条输电线路（6355公里）运维检修和11座220千伏变电站（开关站）检修维护，运维范围覆盖甘孜、阿坝全境，凉山、雅安、成都部分地界，面积26万平方公里；线路平均海拔3500米，最高海拔5000米。送变电公司紧紧围绕“生产管理、风险管控”两个中心，以查隐患、降跳闸率为抓手，持续强化线路“六防”“三跨”综合治理及变电精益化治理，大力推广高海拔无人机飞巡试点及应用，积极备战藏区电网“冰火”防控，联合地方政府、警方加大藏区电网外破隐患防控力度，同步开展重点线路隐蔽工程和关键环节“随工验收”，做实川藏联网等高风险运行线路风险管控，力争将设备故障跳闸、停运率降下去，将藏区运检质效提起来，让整个藏区电网始终保持良好的运行工况。严冬前集中开展“拉网式”冰前隐患排查及检修工作，成功消除重冰区杆塔螺栓松动等300多个隐患缺陷。创新性采用更适合二郎山气候环境的注脂型耐张管代替常规型耐张管，有效解决5基塔32根耐张管鼓包、破裂问题，提升甘－蜀一线抗冰能力。无人机飞巡出动1026架次，累计飞行13511分钟，完成杆塔精细化巡检684基，线路通道巡检484公里，覆冰、防汛、地质灾害勘察等特巡16次，成功发现了289处缺陷。配合中央电视台直播，圆满完成川藏联网停电检修。

【安全生产】2016年，送变电公司全面贯彻落实各级安全工作要求，坚持“安全第一、预防为主、综合治理”的方针，不断深化和提升安全管理，实现了安全生产目标，连续五年荣获省电力公司安全生产先进单位，省级送变电同业对标中安全指标取得满分，排位A段。强化安全生产“月计划、周安排、日管控”工作机制，足额投入和使用安全生产费用，编制并印发《安全规范化管理指南》《安全文明施工标准化实例图册》，不断开阔安全监管思路，持续增强项目安全管理水平。不断深入开展安全警示教育和“说清楚”，持续创新和丰富安全教育培训手段，编制完善“反违章三百条”“电网建设新安规”图文解读版课件，督导各级安全教育宣贯培训到位。强力推行分包人员“五统一”，着力解决分包人员流动频繁等问题。定期发布周安全预警、违章曝光，及时警示和预控安全风险，全面落实“到岗到位”“同进同出”“现场蹲点”等规定，切实把控现场安全风险。严厉查处各类违章和隐患，查处并督促整改违章340项，安全隐患407个。全面深化各项应急管理工作，修编应急预案并成功通过省电力公司、四川能源监管办审查备案，坚持无脚本应急演练，安全有序完成普－洪线、西－锦线、宜宾换流变等应急抢险任务。

【资产经营】2016年，送变电公司以“应对税制改革”“加强资金保障”为抓手，紧紧把握提质增效、依法理财、提升服务三大重点，成功实现“营改增”税制改革平稳过渡，经营质效、风险管控能力进一步提高，资金保障工作规范有序，预算价值引领作用进一步凸显，推动公司经营效益、发展质量和财务监督能力再上新台阶。公司持续挖掘市场潜力，提升市场份额，先后中标宜宾换流站大修、吉泉线、马尔康、江油输变电、川渝三通道等20个标段，同比增长16%。积极响应“一带一路”和国网“走出去”战略，开拓探索巴西美丽山Ⅱ期国际业务。扎

8月24日，普洪抢险完毕，送变电公司全体抢险将士为胜利欢呼雀跃　（向阳　摄）

实开展“效益提升年”活动，推动开展28项“提质增效深化实践”课题研究；按照“分公司管理、子公司运作”思路，做实做强分公司经营实体；深入开展工程前期配合，从源头改善经营环境。

【科技与信息化】2016年，送变电公司依托±1100千伏吉－泉线、±800千伏酒－湖线等重点工程大力推进施工技术创新、群众科技创新、QC活动等技术创新。获专利12项，发明专利3项、实用新型专利9项。获科技成果奖4项，“川藏特殊地质地貌区输变电工程关键技术、装备及工程应用”获国网科技进步一等奖、中电联中国电力创新二等奖，“一种与挖掘机配合使用的土方夯实结构”“一种适用于送电线路测量的存储数显游标卡尺”获省电力公司二等奖，“一种变电站现浇墙体组合钢模及其施工方法”获省电力公司专利奖。4项QC成果荣获省电力公司优秀成果奖，1项成果推荐给国家电网公司。加强网络信息系统运维及信息安全管理，编制并推演《网络信息系统突发事件应急预案》，对全公司638台内、外网计算机终端陆续更换360企业级杀毒软件，保障该公司计算机在桌面终端信息安全考核上100%

达标。

【党的建设和精神文明建设】2016年，送变电公司全面落实从严治党要求，“三个建设”全面加强。扎实开展“两学一做”学习教育，推进“四讲四有”具体化。成功召开该公司第八次党代会，圆满完成换届选举，产生新一届党委委员和纪委委员。加强基层党组织建设，新成立党总支部2个，在20个工程项目和4个运维分部成立党支部或党小组，实现项目党组织全覆盖。大力开展“三亮三比”活动，将党建工作融入项目管理和日常施工。广泛开展学习型党组织建设，举办政工干部培训班，组织党支部书记讲党课，党课案例入选省电力公司12个优秀案例。职工原创歌曲《我想请个假》获全国微影视大赛金奖，多篇报道登上《国家电网报》头版头条，多个原创图文在“国网英大传媒”“国网故事汇”上发布，公司外部形象、员工职业认同感、内部凝聚力持续提升。工会充分发挥桥梁纽带作用和组织优势，关心关爱职工，维护职工合法权益，促进员工素质不断提升。认真落实离退休老同志“两项待遇”，全心全意为离退休员工做好事、办实事、解难事，信访、维稳、保密、后勤等工作成效显著。

（彭少博）

供用电

责任编辑：卓正昌

2016 年，外送电量再创新高，全口径外送 1285.46 亿千瓦时，四川省电力公司净外送 264.35 亿千瓦时，分别同比增长 4.82%、24.26%。

全社会用电量 2101.02 亿千瓦时，成为全国第 8 个突破 2000 亿千瓦时大关的省份。第一产业用电量 13.77 亿千瓦时，同比增长 11.05%。其中农业排灌用电量 3.48 亿千瓦时，同比增长 1.65%。第二产业用电量 1377.36 亿千瓦时，同比增长 1.21%。其中工业用电量 1337.67 亿千瓦时，同比增长 1.23%（轻工业用电量为 162.31 亿千瓦时，同比增长 8.69%；重工业用电量为 1175.36 亿千瓦时，同比增长 0.28%）；建筑业用电量 39.69 亿千瓦时，同比增长 0.79%。第三产业用电量 317.18 亿千瓦时，同比增长 13.95%。其中批发和零售业用电量 84.42 亿千瓦时，同比增长 13.37%。居民生活用电量 392.72 亿千瓦时，同比增长 15.23%。其中城镇居民用电量 231.11 亿千瓦时，同比增长 15.37%；乡村居民生活用电 161.61 亿千瓦时，同比增长 15.04%，乡村生活用电增速略低于城镇居民生活用电。

供 电

【供电设备】截至2016年年底，四川省电力公司拥有500千伏变电站（含开关站）46座，总变电容量7490万千伏安；输电线路166条，线路长度13560.443公里；220千伏变电站221座，变电容量7176万千伏安；输电线路678条，线路长度19308公里；110千伏变电站800座，变电容量6600万千伏安；输电线路1801条，线路长度26348公里。四川电网500千伏电网覆盖全省各市州，多层级电网协调发展的格局基本形成。

【供电技术水平】电网规模不断扩大的同时，供电装备技术水平也大大提升。截至2016年年底，四川省电力公司系统110千伏及以上断路器组合化率达到33.92%、断路器无油化率达到99.58%、继电保护及自动装置微机化率达到100%、变电站综合自动化率达到100%；城市配网方面，电缆化率达43.8%、架空绝缘化率达100%。

【主要技术指标】2016年，四川省电力公司主要技术指标为：城市综合电压合格率99.994，农网综合电压合格率99.550，500（330）千伏及以上精益化变电站比例95.00，20－10千伏城市配网架空线路绝缘化率90.00，4项指标全部处于国家电网公司同业对标排名A段。

【电网负荷】 2016年，省调直调机组上网电量1608.8亿千瓦时，同比增长3.66%；其中：水电发电量1340亿千瓦时，同比增加7.79%；火电237.6亿千瓦时，同比下降19.87%，风电21亿千瓦时，同比增长113.01%；光伏10.2亿千瓦时，同比增长313.67%。

【线损指标的完成】2016年，四川省电力公司线损率完成9.15%，同比降低0.22个百分点，完成国家电网公司年度计划，降幅排国家电网公司并列第三，减少电量损失4.45亿千瓦时，减排二氧化碳13.63万吨；10千伏及以下线损率完成6.35%，同比降低0.65个百分点；“节约电力”指标累计完成13.16万千瓦，“节约电量”指标累计完成5.1644亿千瓦时，“节约电力、电量指标”年度目标完成率分别为155.19%和108.95%，均超额完成国家发改委下达目标计划。

【线损管控】2016年，四川省电力公司紧密围绕降损增效一个中心，坚持统一领导、分级管理、分工负责、协同合作的原则，制定并发布《加强线损管理和降损增效工作方案》，细化降损增效措施，量化目标，明确责任单位、部门和时间节点。以月度、季度线损分析例会为平台，及时发现、协调、解决降损难题，全年共梳理、整改线损管理相关问题40项。

完善线损率指标季度考核机制，逐月通报各单位线损计划执行情况，开展分元件异常整改情况分析，避免指标异常波动。2016年，该公司指标过程管控成效继续向好，季度线损率标准差为1.32%，同比降低0.22。企业负责人关键业绩“线损率”指标考核得分排国网第12名，较2015年提升14位。

开展理论线损计算结果评价，提升各单位理论线损计算分析能力。进一步完善了理论线损计算分析评估标准，规范了线损理论计算的流程及分析深度，突出了线损理论计算对降损的指导作用，对44家市、县公司2016年8月线损理论计算分析报告进行了评价，提升了公司理论线损计算的质量，并获国家电网公司肯定。省电科院“线损分析工作质量”同业对标指标排名由2015年D段提升至B段。

双周通报各单位系统建设情况，并组织召开协同建设例会，强力推进数据融合及功能应用，深入推进基础档案治理，有效解决采集失败、档案关系不清等问题，全面提升数据质量，夯实降损管控新常态。其中公司分管领导亲自主持召开4次协同建设例会，部门领导主持召开8次，共梳理相关问题34项，完成整改26项，其余8项已纳入专业常态管理。

【规范节能管理】2016年，四川省电力公司开展温室气体排放监测，制定并发布《国网四川省电力公司关于加强六氟化硫气体回收及统计管理的规定》，组织开展公司2013－2015年温室气体排放计算工作，编制《2013－2015年温室气体排放报告》，全面掌握公司温室气体排放情况；差异化地下达年度线损率和季度线损率指标，并按季度进行考核；不断加大部门协同工作力度和专业管控，加强对各类指标的动态分析和监控，制定并发布《国网四川省电力公司降损成效后评估管理办法（试行）》，保证了降损措施的落实和降损成效。

【电力需求侧管理】2016年，面对复杂的内外部环境和艰巨繁重的工作任务，认真贯彻落实公司“效益提升年”活动要求，团结拼搏，迎难而上，电力需求侧管理取得显著成效。2016年节能公司累计实现营业收入超1亿元，同比增长24.8%；实现营业收益超2000万元，同比增长5.34%。同时加大节能项目推进力度。持续做好绿色照明改造，共计改造光源14.2万盏；四川明星电力110千伏变电站SVC装置节能改造项目按期完工并投入试运行；成都华侨城、SM广场客户能效诊断服务项目顺利通过验收；全年储备配网节能技改项目24个，项目金额约1亿元，其中10个项目（涉及项目资金5086万元）纳入2017年综合计划。完成《“十三五”节能业务发展规划》的编制工作。按照国家电网公司安排，在2015年5月启动《“十三五”节能服务发展规划》编制工作，组织人员精心编制，确定了2016年至2020年公司节能服务工作总体思路、市场目标、政策策略、技术路线、投入和效益分析，《规划》编写得到总部肯定。

【外送和外购电量】

外送电量　2016年，四川全口径外送电量1286.99亿千瓦时，同比增长4.94%。其中：二滩送重庆45.12亿千瓦时，同比增长25.44%；国调直调大型电站送出977.45亿千瓦时，同比增长6.75%；公司净外送电量264.42亿千瓦时，同比增长24.29%。具体情况见表12：

2016年四川外送电量

表12　　单位：亿千瓦时

项　　目	电量	同比
二滩送重庆	45.12	25.44%
锦屏外送	394.87	1.82%
向家坝外送	289.65	10.71%
溪洛渡外送	292.93	5.21%
国调直调电站送出小计	977.45	6.59%
公司净外送	264.42	24.29%
全口径外送	1286.99	4.94%

外购电及留川电量　2016年，四川外购及留川电量213.13亿千瓦时，同比增长5.71%。其中：购西北17.25亿千瓦时，同比增长68.38%；大型电站留川电量195.05亿千瓦时，同比增长2.28%。见表13：

2016年1—12月外购电及留川电量情况

表13　　单位：亿千瓦时

项　　目	电量	同比
四川购西北	17.25	68.38%
购锦屏官地	136.5	4.11%
购向家坝	39.93	3.82%
购溪洛渡	18.62	-11.88%
大型电站留川电量小计	195.05	2.28%
外购电及留川电量合计	213.13	5.71%

5月12日，四川省副省长甘霖、副秘书长滕中平、四川省电力公司总经理石玉东为四川电力交易中心有限公司成立揭牌　　（曹志刚　摄）

【电量交易的措施】

争得领导支持　顺应改革要求，完成全资子公司交易中心组建公司深入分析交易中心组建模式对水电外送和地方经济发展的影响，主要领导亲自带队向省政府领导及相关部门汇报沟通，得到了省政府的认同。2016年5月12日，甘霖副省长亲自出席了以全资子公司模式成立的四川电力交易中心有限公司揭牌仪式，有力回应了各方关切。

拓展跨省跨区外送市场　促进四川水电消纳

在国家电网公司的大力支持下，四川省电力公司努力克服水电外送通道输送能力限制，特别是受端省市接纳四川水电意愿下降等不利因素影响，采取“长短结合，灵活多变”的交易策略，通过外送市场“空间和时间”两个维度、“长效和应急”两种方式的扩展，最大限度促进了四川水电的外送。2016年该公司净外送电量264.42亿千瓦时，同比增长24.29%。

一是大力拓展省外市场。创新开展四川水电借道西北，经由德－宝、宁－宝直流和特高压交流外送华北，增加丰水期外送交易电量28.32亿千瓦时，使华北成为四川第二大外送水电消纳市场。

二是有效延长外送时间。四川水电外送由丰水期扩展至平水期。在5月、11月平水期，增加送西北和华东短期交易电量36.1亿千瓦时，确保了从11月1日起四川水电基本无弃水发生。

三是积极创新交易方式。受水电企业委托，中心根据通道空余能力，与湖北、河南等省经双边协商，开展低谷双边灵活协议，实现“填空式”送电。送出低谷电量，累计交易6.32亿千瓦时。

创新省内交易品种　支持地方经济发展大局

积极落实省委省政府战略部署，在进一步扩大直购电规模的基础上，通过对重点优势企业进行差异化精准扶持，稳定四川省工业经济发展基础，促进新兴产业加快发展，提高节能减排水平，助力四川水电的消纳。

一是丰富交易品种。主动配合省政府相关部门，围绕直购电交易、留存电量和富余电量三大政策的实施，创新交易品种，完善交易规则，发展和衍生了10个市场化交易品种，丰富了省内市场化交易。

二是扩大参与范围。进一步扩大了电力用户参与直购电交易的范围，参与直接交易的大工业用户由2015年的382家增加到542家，同比增长42%，使更多的企业享受到省政府的用电扶持政策。

三是扶持重点产业。针对省政府关注的重点领域，推出了重点企业、新兴产业和重点园区精准扶持直购电交易，使四川省三家电解铝、两家多晶硅、15家大型钢铁氯碱企业和京东方、西部信息以及攀枝花钒钛产业园区受益。

四是深化替代交易。将自备电厂替代交易时间从丰平水期扩展至全年、替代范围从直供直管扩展至趸售区、替代品种从燃煤扩展至燃气，为节能减排做出突出贡献。

2016年全年省内市场化交易电量452亿千瓦时，降低企业用电成本近60亿元，度电降价幅度约0.133元，降幅排全国第二位。其中直购电交易电量385亿千瓦时，降低企业用电成本约45亿元。

优化交易方式　保证交易的顺利开展　针对汛期来水极不稳定等问题，四川交易中心及时优化交易方式，调整交易方案，缩短交易周期，增加交易频次，最大限度维护了相关各方利益。针对交易计划执行偏差较大等问题，在国网系统率先建立周交易机制，打通了中长期和短期交易的链条，确保交易合同能够得到精确实施，并最大程度调动市场主体参与交易的积极性。2016年共开展周交易9次，实施合同转让871笔，电量45.06亿千瓦时，得到政府、发电企业、电力用户一致好评，为中长期合同执行偏差处理提供了新的思路。

【供电企业】国网四川省电力公司是国家电网公司的全资子公司，主要负责四川境内国家电网的规划建设、运营管理和电力供应，在全省21个市州和1个新区均设有分支机构。2016年年底，直属供电企业分别是：国网四川省电力公司成都供电公司、国网四川省电力公司乐山供电公司、国网四川省电力公司德阳供电公司、国网四川省电力公司雅安供电公司与国网四川雅安电力（集团）股份有限公司合署办公、国网四川省电力公司眉山供电公司、国网四川省电力公司攀枝花供电公司、国网四川阿坝州电力有限责任公司（国网四川省电力公司阿坝供电公司）、国网四川省电力公司绵阳供电公司、国网四川省电力公司天府新区供电公司、国网四川省电力公司达州供电公司、国网四川省电力公司凉山供电公司、国网四川省电力公司泸州供电公司、国网四川省电力公司宜宾供电公司、国网四川省电力公司南充供电公司、国网四川省电力公司广元供电公司、国网四川省电力公司内江供电公司、国网四川省电力公司广安供电公司、国网四川省电力公司遂宁供电公司、国网四川省电力公司资阳供电公司、国网四川省电力公司自贡供电公司、国网四川省电力公司巴中供电公司、国网四川甘孜州电力有限责任公司（国网四川省电力公司甘孜供电公司）

国网成都供电公司

【企业概况】国网成都供电公司成立于1953年，是国家电网公司31家大型重点供电企业之一，担负着成都市20个区（市、县）的供电任务，供电区域13016平方公里，供电客户数共计623.64万户。该公司下辖11个部门、8个业务支撑及实施机构、16个区县供电公司和12个产业单位，全口径劳动用工14607人，管理的离退休职工3644人。成都电网共有35千伏及以上等级变电站341座，总容量5534.07万千伏安，其中500千伏变电站6座，变电容量1340万千伏安；220千伏变电站50座，变电容量1989万千伏安；220千伏输电线路144条，共计2629公里。配电网方面，共有10千伏配电线路1964条、21886公里，地下电缆共计5286.4公里；110千伏及以上电缆276条、944公里，电缆隧道242公里、排名第二（仅次于北京）。该公司先后荣获“全国五一劳动奖状”“全国用户满意服务企业”“全国金牌供电企业”“全国模范职工之家”“中央企业先进基层党组织”“中央企业抗震救灾先进集体”“国家电网公司先进集体”等殊荣；连续四届被中央文明办评为“全国文明单位”。该公司团委被授予“全国五四红旗团委”称号。公司党委作为国家电网公司仅有的四个党组织之一，荣获“中央企业先进基层党组织”称号。公司共产党员服务队受到了习近平总书记的亲临视察和高度评价，荣获国家电网公司“金牌共产党员服务队”光荣称号，成为国家电网公司优秀品牌传播和为民服务创先争优的一面旗帜。

【人力资源】截至2016年年底，成都供电公司劳动用工总人数14607人，其中全民职工6303人，农电员工4440人，其他员工3864人，管理离退休员工3644人。

【电网建设与发展】2016年，成都供电瓮积极开展城市能源互联网“成都实践”，电网规划纳入城市总体规划“一张图”。全力推动成都市委、市政府与省电力公司签订“城市能源互联网战略合作协议”。启动“十三五”电网规划滚动修编，保障重点产业及

11月14日，成都供电公司承担的酒泉—湖南±800千伏特高压直流工程酒泉换流站大件运输项目。图为员工运输酒泉换流站主变行进在冰雪路上　　（曾凌峰 摄）

工业园区发展。全年投资55亿元，均衡投产110千伏及以上输变电项目26项，超里程碑计划16项，新增变电容量354万千伏安，新增线路长度254.55公里。完成电力迁改177个、电网前期24项、大修技改257项、配电网250项。完成首座地下变电站“220千伏后子门变电站”深基坑招标和开工准备。自主研发的智能变电站管控系统和110千伏户外GIS安装典型工艺在国网系统全面推广。三星变电站荣获国家电网公司“创优示范工程”，实现在国家电网公司110千伏示范项目“零”的突破。金堂低电压治理工程荣获国家电网公司配网“百佳工程”称号。

【经营管理】认真开展“效益提升年”和“降本提质增效”工作，制定实施13项子方案、53条保障措施。迎难而上、全力开拓市场，新装增容39.8万户，容量659.2万千伏安。全年完成售电量412.09亿千瓦时，逆势增长37.22亿千瓦时，同比增长9.93%，增速同比提高8.23个百分点，对省电力公司售电量增长贡献率达39.63%。充分发挥电价杠杆作用，引导扩大生产，增加售电量5亿千瓦时。实施电能替代项目30个，替代电量10亿千瓦时。开展业扩办理质量、电费账务管理等7个专项和专案稽查，发现并整改问题15294条。查处窃电违约用电377起，完成14.9万户零度户清理，挽回电量损失801.94万千瓦时，追补电费1339.19万元。完成综合线损率6.01%，同比降低0.33个百分点，少损电量1.45亿千瓦时，增加利润近8000万元。千方百计推行客户购电制和专变远程费控，购电余额同比增加27.8%，全年283.95亿元电费提前4天“颗粒归仓”，实现电费回收100%。盘活550余万元电动汽车电池闲置资产，实现国有资产保值增值。全面开展计量资产清理，利旧电能表16232只。主动作为，接收彭州联邦制药、高新输电电缆通道等优质电网资产30亿元，同比增长6倍，规模为国网大型供电企业第一。流动资产周转率450.51次，同比增长27.8%。启动综合计划三年滚动项目储备，促进电网规划项目全额纳入有效资产。实现模拟子公司利润37.93亿元，省电力公司综合业绩考核排名第一。

【安全生产】2016年，成都供电公司心无旁骛抓本质安全，高质高效完成检修计划3551项，带电作业3543次，检修计划执行准确率86%，创历史最佳。调控操作13余万次，正确率100%。三级安全督察网督察现场11000余处，查处违章2950项，考核单位20个、700余人次。梳理涵盖5个层级、20类岗位的安全职责清单134条，制定提升措施65项。以考促学、以学促用，11883名员工“随时考、随地考”参加安规联网考试。一体化检修变电站24座，作业风险降低90%，停电时间减少50%，检修效率提高1.8倍，变电、输电、配电设备故障率分别同比下降11.1%、

42.5%、29.7%。政企携手开展电力安全隐患排查治理，清理非公司产权光缆2万余公里，消除隐患424处。投资6191万元，安装灭火弹281组、防火槽489只、防火墙824扇，实现输电电缆防火防爆全覆盖。迎峰度夏期间，成都电网供电负荷13次创新高，8月22日全网供电负荷达1103万千瓦、日供电量达2.2亿千瓦时，同比分别增长67%、77%，超出成都电网供电能力160万千瓦。该公司上下18000余名干部员工顽强奋战40余天，全力以赴保设备、保电网、保供电，打赢了这场攻坚战、持久战，创造了迎峰度夏保供电的“成都奇迹”，充分展示了电力铁军精神。全年没有发生任何被考核的不安全事故，荣获全省电力行业及省电力公司“安全生产先进单位”，典型经验受到四川能监办推广并入选省政府《安全生产年鉴》。成都电网连续安全生产4436天。

【农电工作】2016年，成都供电公司全力开展精准扶贫，投入资金600余万元，出动6792人次、1643车次开展春耕旱涝和秋收等专项用电服务。投入2.8亿元，实施4个批次241个项目加快农网升级改造，推动村民脱贫致富。治理低压台区1162个，惠及近6万户农民。开通绿色通道，提供“异地受理、一证办理”服务，做好农村创业用电、“双十一”农村电商集中经营等区域供电。全面落实低保、五保户用电政策，为“两保户”家庭减免电费546.46万元。

【科技与信息化工作】2016年，成都供电公司创新创效氛围浓厚、硕果累累，形成技术创新、管理创新、精益化项目成果104项，比2015年增加9项。“配用电信息融合关键技术、产品开发及规模化应用”荣获2016年度中国电力科学技术进步一等奖，“深化地下电缆安全管控体系”和“债权债务业财协同管理”分别荣获国家电网公司管理创新优秀成果一等奖和三等奖。荣获省电力公司管理创新成果29项、省电力公司工人技术创新奖10项。申请发明专利和实用新型专利15项。7个职工创新工作室获上级命名，24个QC团队获“全国质量信得过班组”“全国优秀质量管理小组”等称号。全流程智能电能表现场维护终端、户表接线检测仪分别获得国家电网公司“青创赛”银奖和“工器具革新奖”。总经理工作报告获评“国家电网公司优秀工作报告”。积极探索研究对标体系，4项建议被国家电网公司优化方案采用。

2016年，成都供电公司迎难而上全力开拓市场、提质增效，全年完成售电量412.09亿千瓦时，逆势增长37.22亿千瓦时，同比增长9.93%，增速同比提高8.23个百分点。图为成都城区营业厅　（曾凌峰 摄）

【市场服务（优质服务）】2016年，成都供电公司倾力服务地铁、天府新机场等重大民生和产业项目建设，73个项目提前送电。千方百计拓展服务渠道，城乡各类缴费点达6200余个，成功上线21个车联网试点营业厅。自我加压、全面突破，“掌上川电”注册119.7万用户，全省排名第一。大力宣传并实现远程购电24.4万笔、3258万元，居民用电更加智能便捷。多措并举、真诚相助，为298家世界500强企业提供高品质供电服务，英特尔公司称赞成都供电质量“全球最佳”。积极争取政府和省电力公司资金1.96亿元，完成806个老旧院落电力改造，5.4万户居民受益。大力开展计量错接线清理314万户，4月以来未发生错接线属实投诉。精心部署，出动10730人次、车辆2840台次、发电车237台次，高质量完成国家领导人在蓉视察、G20财长和央行行长会议、西博会等213项重大保电任务，受到省、市政府多次专门表扬和四川能监办的高度肯定。荣获在蓉央企目标绩效考核第一。

【党的建设和精神文明建设】深入开展“两学一做”学习教育，成功召开公司第一届党代会，完成32个直属党组织、153个党支部的换届选举。公司党委荣获省国资委“先进基层党组织”。隆重召开纪念习近平总书记视察公司共产党员服务队五周年系列活动，公司共产党员服务队由上年的16支、187名队员，壮大到31支、457名队员，建立连心桥“共产党员服务队”总队和六大企业文化教育基地，服务内涵和品质显著提升，荣获国家电网公司“金牌党员服务队”光荣称号。建成国家电网公司一流班组（全国工人先锋号）1个，五星级供电所2个，省电力公司标杆班组10个、先进班组18个，在省电力公司占比近50%，名列国网大型供电企业第一。成功承办国资委班组建设交流会、成都市总工会百万职工技能大赛、省电力公司班组建设推进会等多项大型活动，4项技能比武竞赛被纳入全市重点大赛项目，8个团体和个人夺得桂冠。33名员工在各类竞赛比武中获奖，270余名员工被评为高级职称、省电力公司优秀人才。“三创”争先体系建设入选国家电网公司党建创新实践经典案例集。先进典型引发社会各界强烈反响，吸引系统内外217批次学习交流考察。以文井江供电所优秀事迹改编的歌舞剧《我愿意，谢谢你》登上中央电视台，面向全国展示成都电力人的风采。真诚为老同志办好事、办实事，“文化养老”取得丰硕成果，离退休人员“两项待遇”有效落实。公司交通、保卫、消防、信访、保密等工作都圆满完成目标任务。全年累计在《人民日报》、新华社等中央媒体报道8篇次，省级主流媒体1400余篇、系统高端媒体132篇，良好央企形象、优秀国网品牌享誉内外。

【所属县级供电企业】成都供电公司所属企业分别是：国网成都市高新供电公司、国网成都市新都供电公司、国网成都市温江供电公司、国网成都市青白江供电公司、国网金堂县供电公司、国网都江堰市供电公司、国网成都市郫都供电公司、国网崇州市供电公司、国网彭州市供电公司、国网邛崃市供电公司、国网大邑县供电公司、国网新津县供电公司、国网蒲江县供电公司、国网成都市官仓供电公司、国网简阳市供电公司、国网简阳市简州供电公司。

2016年，成都公司争取政府和省公司筹措资金1.96亿元，完成806个老旧院落电力改造，5.4万户居民受益。图为电力员工正在进行线路改造 （陈 翔 摄）

【国网成都市高新供电公司】国网成都市高新供电公司于1996年12月25日挂牌成立。作为“三集五大”改革后成都市主城区唯一保留的供电公司，公司地处成都市城南核心经济区，供电区域面积269.89平方公里，肩负服务高新区、武侯区、青羊区经济发展重任。截至2016年年底，全口径售电量105.38亿千瓦时，高新供电公司用电客户总户数105.59万户（1055917户）。其中：居民用电客户数近102.58万户（1025774户），低压非居民用电客户数23371户，高压用电客户6772户。现有高危及重要客户数236户，世界500强202家。

截至2016年年底，高新公司供区内220千伏变电站共11座，其中：高新区6座、青羊区3座、武侯区2座，变电容量462万千伏安；110千伏变电站43座，其中：高新区21座、青羊区12座、武侯区10座，变电容量537万千伏安。公司配网运维10千伏公用线路合计117条，总长度614.95公里（其中架空线路338.11公里，电缆276.84公里）。

【国网成都市新都供电公司】新都供电公司成立于1985年8月，坐落于成都市北大门——被誉为“香城宝地”的新都区，属于国网成都供电公司直供直管供电分公司。新都电网属典型受端网络，担负着新都地区以及周边青白江、郫县和金牛部分地区的供电任务。截至2016年12月31日，全网共有变电站20座（220千伏变电站3座，主变容量120万千伏安；110千伏变电站13座，主变容量145.6万千伏安；35千伏变电站4座，主变容量8万千伏安，变电容量共计273.6万千伏安，2016年，新都公司累计完成售电量31.2975亿千瓦时，同比增加9.35%，历史性突破30亿大关。完成售电均价663.21元每千瓦时，实现年度电费回收财务和营销口径“双结零”。完成综合线损率5.97%，较年度计划指标6.4%低0.43个百分点。完成供电可靠率城镇RS3 99.951%，农村RS3 99.932%；城镇电压合格率99.999%，农村电压合格率99.957%。完成智能电表换装45485只，公司智能电表总数达到451122只。

【国网成都市温江供电公司】截至2016年年底，温江全网现拥有220千伏变电站2座、110千伏变电站8座、35千伏变电站2座，变电总容量166.6万千伏安。运行维护10千伏及以上输、配电线路(含专线)162条，全长1830公里。其中：110千伏输电线路18条188公司，35千伏输电线路3条42公里，10千伏配电线路162条1600公里。辖区内城市直供客户7.5万户、农村直供客户20万户。

2016年，完成温江区“十三五”电网规划修编，项目总投资约2.15亿元。储备配农网项目21项，涉及金额3795.8万元。川内首座智能变电站——110千伏任家桥变电站11月顺利建成投运。110千伏万春输变电新建工程 12 月正式开工。220 千伏郭家堰变电站 110 千伏曹柳线开 π 工程 1 月投运。

【国网成都市青白江供电公司】国网成都市青白江供电公司在 2016 年全面接收原金堂供电公司管辖的属于青白江行政区域的 200 平方公里供区后，供区面积达到 378.94 平方公里，供电人数 41.5 万人，担负着青白江城区 2 个街道办（红阳、大弯）和 9 个建制乡镇（大同、祥福、弥牟、龙王、城厢、姚渡、福洪、清泉、人和）区域内工农业生产、人民生活用电的重要任务。

截至 2016 年年底，管辖变电站 12 座，变电总容量 148.73 万千伏安。其中 220 千伏变电站 2 座，变电容量 82 万千伏安；110 千伏变电站 6 座，变电容量 58.6 万千伏安；35 千伏变电站 4 座，变电容量 8.13 万千伏安。

2016 年，该公司完成全口径售电量 23.45 亿千瓦时，增长 5.84%（不含攀成钢、川化）；售电均价 557.72 元/千千瓦时，实现全年电费“双结零”。全年综合线损率 2.12%；城市综合电压合格率为 99.995%，农村综合电压合格率为 99.952%；城网供电可靠率 99.968%，农网供电可靠率 99.939%；截至 2016 年 12 月 31 日，实现安全运行 6776 天，实现安全生产事故、影响和损害企业形象的重大服务事件、企业稳定和廉政建设重大事件“零”目标。

2016 年迎峰度夏期间，成都电网供电负荷 13 次创新高，8 月 22 日，全网供电负荷达 1103 万千瓦写下新纪录。公司上下 18000 余名干部员工昼夜鏖战、顽强拼搏 40 天，全力以赴打赢了这场攻坚战、持久战。图为员工正在变电站为设备“冰块降温”　　（陈红梅 摄）

【国网金堂县供电公司】国网金堂县供电公司系国网成都供电公司直属县公司，成立于 1985 年，担负金堂县 13 个乡镇的供电任务，供电面积约 732 平方公里，供电客户 27.45 万户。

截至 2016 年年底，该公司共辖变电站 15 座，总容量 156.68 万千伏安；其中 220 千伏变电站 2 座，主变 4 台，容量 84 万千伏安；110 千伏变电站 6 座，主变 12 台，容量 64.1 万千伏安；35 千伏变电站 7 座，主变 10 台，容量 8.58 万千伏安。110 千伏线路 14 条总长 174 公里、35 千伏线路 9 条总长 85 公里。10 千伏及以下配网线路 81 条总长 1200 余公里（公用 52 条总长 1100 余公里，专线 29 条总长 150 公里）、低压线路约 6340 公里。公用配电变压器数量 1244 台，总容量 212055 千伏安（其中农村 1126 台，容量 168555 千伏安）。并网的小水电共计 3 座，总装机容量 5595 千瓦（其中玉虹 320 千瓦，绣水 570 千瓦，清江电厂 4705 千瓦）。

2016 年，金堂供电公司完成“十三五”配电网规划滚动修编，开展 2017－2020 年配电网项目储备，涉及城网项目 18 个，农升级（中心村）项目 65 个。促成政府牵头完成金堂县“十三五”电力规划并纳入地方总规、控规中。新建 110 千伏沱源站配套 10 千伏三贤一、二路和淮口站配套 10 千伏淮起一、二路出线工程。

【国网都江堰市供电公司】国网都江堰市供电公司担负都江堰市全境以及彭州市、崇州市部分乡镇的供电，供电面积约 1700 平方公里，供电人口 70 万人。全网 220 千伏变电站 2 座、110 千伏变电站 7 座、35 千伏变电站 11 座，主变总容量 154.34 万千伏安。该公司辖灌口等 18 个供电所，其中都江堰市 12 个供电所，彭州市 6 个供电所。辖千家湾等 5 个径流式电站，总装机容量为 14860 千瓦，年设计发电量 9000 万千瓦时。

2016 年共完成售电量 27.12 亿千瓦时，发电量 9046 万千瓦时，累计综合线损率 6.08%，实现安全生产 4571 天，营销财务电费“双结零”，未发生安全生产事故，未发生影响和损害企业形象的重大服务事件，稳定和廉政实现“零”目标。

2016 年，完成 10 千伏业扩项目和都江堰市经济开发区城市配网项目储备。完成省电力公司下达大修项目 9 项、技改项目 7 项及配网项目 6 项，资金 1504 万元。完成 110 千伏沿江等 4 座变电站的一体化检修工作。

【国网成都市郫都供电公司】国网四川郫县供电有限责任公司，始建于 1982 年。1992 年以前隶属地方电力公司，1992 年移交成都电业局代管，2008

年由四川省电力公司控股，2013年完成股权划转后成为国网四川省电力公司的全资子公司，2016年9月改制为国网四川省电力公司郫县供电分公司。

该公司担负着郫县行政区域437.5平方公里、户籍人口57.52万、常住人口84.02万的居民生活及工农业生产供电任务，用电客户50万户。管辖220千伏变电站1座、110千伏变电站6座、35千伏变电站6座，变电总容量119.32万千伏安；110千伏输电线路8条，总长度33.296公里；35千伏输电线路11条，总长度108.312公里；10千伏线路167条，总长度1440公里；公用配变2384台，总容量117.51万千伏安。

成都西500千伏输变电、沙西220千伏输变电、郫筒110千伏扩建工程按上级要求时间节点完成了相关前期工作任务。110千伏同善桥站、35千伏唐昌站如期竣工投运。在建项目110千伏德源二站和同善桥站35千伏线路工程均按计划有序推进。高度重视配网项目实施，新建和改造10千伏线路86.5公里、低压线路120公里，新增及增容配变28台，整治低电压台区33个，有效提升了电能质量。

2016年，该公司实现售电量逆势突破21.11亿千瓦时，同比增长9.98%；综合线损6.75%，较年度指标降低0.05个百分点；全面完成电费回收双结零；城镇供电可靠率99.961%、电压合格率100%，农村供电可靠率99.758%、电压合格率99.999%，追补电费33.29万元。实现安全生产、优质服务、企业稳定和党风廉政重大事件“零”目标。

【国网崇州市供电公司】国网四川省电力公司崇州市供电公司成立于1980年，担负着崇州市24个乡镇的供电任务，供电区域1089平方公里，供电客户数29.6万户。公司现有35千伏及以上变电站17座，总容量186.1万千伏安。其中：220千伏变电站2座，主变容量78万千伏安；110千伏变电站9座，主变容量94.7万千伏安；35千伏变电站7座，主变容量14.4万千伏安。该公司运维的35千伏及以上线路29条，总长316.3公里，其中110千伏线路16条，总长192.4公里；35千伏线路13条，总长123.8公里；10千伏配网线路141条，总长1941.2公里。该公司辖区域内有上网发电厂70家，以水电为主，总装机容量为75.513兆瓦，年发电量4.24亿千瓦时。

崇州供电公司千方百计开拓售电市场，主动服务重大产业项目全年新装增容高压客户173户、新增容量16.8万千伏安，实现售电量增长1.99亿千瓦时。严格电费回收考核制度，深化电费预警管控，实行负控购电826户，电费回收实现“双结零”。有序推进营配贯通工作，高压一致率97.32%，低压贯通进度99.05%。扎实开展用电检查，追补电量8.09万千瓦时，追补电费36.4万元。开展行政机构电价执行等专项稽查3项，应用量价费损轻量级工具处理断流、失压、零度户等异常758条。建设同期线损系统，输电线路合格率100%。2016年，完成售电量21.53亿千瓦时，同比增长9.4%；综合线损率6.79%。

【国网彭州市供电公司】彭州市供电公司于2016年7月4日完成分公司工商注册登记，成立国网四川省电力公司彭州市供电分公司。该公司主要供电区域为天彭镇、九尺镇、濛阳镇、丽春镇、致和镇、军乐镇、敖平镇、升平镇8个乡镇，供电面积约450平方公里，供电户255207户，其中大工业227户。公司辖区内重要客户10户，其中一级重要客户5户（含高危客户3户），二级重要客户5户。

截至2016年年底，该公司负责运维的变电站共有17座，主变总容量204.2万千伏安。其中220千伏变电站3座，主变容量114万千伏安；110千伏变电站9座，35千伏变电站5座。现变电站综合自动化率、光纤通信覆盖率、无人值班比例、断路器无油化率均为100%。

2016年，该公司共运行维护36条输电线路，总长度为421公里，其中110千伏共21条，长度为278公里，35千伏线路15条，共143公里。该公司供区内有10千伏配电线路128条，总长度1153公里。10千伏配变总台数3188台，总容量125.86万千伏安，其中公变1871台，总容量56.95万千伏安。

5月24日，成都供电公司结合“两学一做”学习教育，积极开展精准帮扶工作，党员服务队品牌再添光彩。图为党员服务队助力贫困户养殖脱贫　　（陈红梅　摄）

在该公司并网的小水电站30座，装机7.5万千瓦。

2016年，该公司完成售电量37亿千瓦时，逆势增长15.38%。完成电能替代量5941万千瓦时，超额完成指标数的198.03%。实现综合线损2.95%，低于全年指标数4.13个百分点。提前实现全年电费回收100%。投运采集设备31825台，专变覆盖率，公变采集成功率，变电站覆盖率、变电站采集成功率，低压剩余金额采集成功率等指标位居成都公司第一名。

【国网邛崃市供电公司】国网四川省电力公司邛崃市供电分公司于1995年划归原成都电业局管理，2006年实行股份制改革，2013年完成地方国有资产无偿划转，由省电力公司全资控股。

邛崃公司担负邛崃市18个镇、6个乡、202个行政村、62个社区的供电任务，供电面积1377平方公里，人口65.68万。邛崃公司运行管理变电站14座，主变容量95.95万千伏安，其中220千伏变电站1座，容量30万千伏安；110千伏变电站5座，容量57.2万千伏安；35千伏变电站8座，容量8.75万千伏安；过境220千伏输电线路6条，总61.3公里；运行管理110千伏输电线路11条，160.22公里；35千伏输电线路15条，176.656公里；10千伏线路108条，1702.7公里；低压配电线路5820公里；在邛崃电网并网运行的小水电站61座，装机容量6.6万千瓦。

截至2016年12月底，完成售电量11.36亿千瓦时。运行智能电表数量261223只，智能电表覆盖率为98.31%、采集覆盖率为99.73%、采成功率为96.7%、剩余金额抄回成功率96.37%；严格业务系统线上流转管控，实现了所有营销业务系统内流转；开通APP“掌上川电”和网上支付功能；委托第三方进行电费代收，进一步拓宽客户缴费渠道；完成各级关口计量装置及配套采集建设工作，采集系统实用化有了大幅度的提升；开通远程购电功能的专变数量126家，进一步丰富专变客户缴费渠道。

成都供电公司精心部署，出动10730人次、车辆2840台次、发电车237台次，高质量完成国家领导人在蓉视察、G20财长和央行行长会议等213项重大保电任务，受到省、市政府多次表扬。图为电力员工于4月21日正在进行保电设备检测　（高　毓　摄）

【国网大邑县供电公司】大邑电网是以国家电网覆盖全地区供电的统一电网，是一个集供、配电为一体的电力企业。公司担负着大邑县20个乡（镇），152个行政村、26万余户居民的供电任务。

该公司前身为大邑县电力公司，1993年8月18日交成都电业局代管，2001年1月实行改制，2008年1月省电力公司控股，2010年更名为“四川大邑供电有限责任公司”，2012年12月更名为“国网四川大邑县供电有限责任公司”。2016年7月6日更名为“国网四川省大邑县供电分公司”。

该公司现有变电站16座，主变压器32台，总容量106.36万千伏安；其中220千伏变电站1座，总容量36万千伏安；110千伏变电站6座，总容量55.3万千伏安；拥有110千伏线路16条，长度195公里；35千伏线路23条，长度187公里。

2016年，新增低压客户1363户，新增高压客户129户。截至2016年年底，大邑县供电分公司共有用电客户数26万户，其中专变客户1287户，总专变容量80.62万千伏安。

2016年累计完成售电量23.82亿千瓦时，比2015年同期增长19.83%，完成年计划20.3亿千瓦时的117%；完成网供电量15.53亿千瓦时，比2015年同期增长26.5%；系统综合线损率6.82%，比2015年同期下降0.2个百分点；电费回收率100%。2016年共回收旧欠电费337万元。积极拓展电能替代，全年实现电能替代3026万千瓦时。

【国网新津县供电公司】国网四川省电力公司新津县供电分公司于2016年7月4日在国网四川省电力公司全资子公司——“国网四川新津县供电有限责任公司”的基础上，按照国家电网公司和国网四川省电力公司“子改分”改革要求成立，系国网四川省电力公司全资分公司。新津电网辖220千伏变电站2座（邓双、徐家渡），总容量66万千伏安，110千伏变电站5座（新津、花桥、文武、何店、清凉），总容量43.15万千伏安；过境输电线路通道维护的220千伏输电线路8条，总长74.8公里，110千伏输电线路4条，总长28.4

公里；新津供电公司自行维护的110千伏输电线路9条，总长79.525公里，35千伏输电线路8条，总长36.433公里，10千伏配电线路52条，总长694.705公里；10千伏专线14条，总长61.864公里；历史最高负荷18.92万千瓦，系统容载比2.28。

全年完成售电量9.6亿千瓦时，同比增长13.65%；售电均价722.7元/千千瓦时；综合线损率7.03%，完成了年初下达计划；电费回收“双结零”。

截至2016年12月31日，公司实现电网连续安全生产6846天。

全年共受理新装增容1473户，报装容量89.42万千伏安，业扩报装服务时限达标率100%。开展采集系统建设及消缺，完成高、低压系统调试共计6394台，上线率100%，其中低压采集成功率95.4%。全年共审核电费967笔，发现错误56笔，退补电费533169.41元。

【国网蒲江县供电公司】国网四川省电力公司蒲江县供电分公司前身为蒲江县电力公司，1994年10月委托乐山电业局代管，成立乐山电业局蒲江供电局。1998年2月蒲江电网转由成都供电，蒲江供电局也划归成都电业局管理。2006年4月改制后成立四川蒲江供电有限责任公司。2013年1月，该公司地方国有股权资产划转给四川省电力公司，成为省电力公司全资子公司。2013年8月，该公司更名为国网四川蒲江县供电有限责任公司。2016年12月，全面完成了“子改分”工作，成为四川省电力公司分公司，更名为国网四川省电力公司蒲江县供电分公司。

蒲江电网共有变电站8座，其中110千伏变电站2座，35千伏变电站6座，总变电容量为23.13万千伏安，有并网小水电站23座，总装机容量为1.275万千瓦。

全年完成售电量3.78亿千瓦时，提前一个月完成了上级下达的目标任务，同比增长12.48%，增速为2010年来之最，同比提高7.74个百分点。深化同期线损管理系统建设，全年综合线损为7.14%，同比下降0.43%。查处窃电违约用电32起，追回电量3.93万千瓦时，完成4056户零度户清理工作，挽回电量损失832万千瓦时，追补电费515万元。千方百计推进客户购电制和专变远程费控，购电制余额比增加25.15%，全年电费回收100%。大力开展电能替代宣传推广工作，全年共完成替代电量151万千瓦时，超额完成上级下达的100万替代指标。现场校验235只表计、校时换表520只，保证了计量准确和正确。

【国网成都市官仓供电公司】国网四川省电力公司成都市官仓供电分公司设立于2016年7月，系四川省电力公司分公司，注册资本1256.5万元。担负着彭州市龙门山脉一带共12个乡镇、87个行政村、667个社的供电任务，供电人口11.02万，供电面积约505平方公里，供区以山区为主。公司现有110千伏变电站1座，2台主变共计8万千伏安；35千伏变电站6座，主变8台共计6.62万千伏安；拥有110千伏线路1条（9.029公里），35千伏线路13条(131.944公里)、用户专线2条(4公里)；10千伏线路41条（450.63公里）；0.4千伏低压线路（648.18公里)；配电台区698个(22.04万千伏安)，其中公变配电台区482个（8.94万千伏安），专变配电台区216个（13.10万千伏安），在什邡市民主110千伏变电站并网。拥有小水电站11处计机组21台，总装机容量4495千瓦。供区内上网小水电站34座，装机50881千瓦。

2016年,全年售电量完成15914.6812万千瓦时，售电收入9844.835万元，综合线损率6.63%，子公司1—8月经营期间亏损1201.08万元，9—12月分公司经营期间亏损1019.28万元，全年模拟子公司利润共计亏损2221.08万元。

【国网简阳市供电公司】国网简阳市供电公司辖区供电面积为483平方公里，供电人口28.82万人，用户共计9.91万户，全年售电量为5.03亿千瓦时，同比增长14.33%。实收电费44331.87万元，电费回收率100%；110千伏及以下综合线损率累计完成2.54%，城市、农村供电电压合格率分别为99.991%、99.960%。

2016年，简阳市供电公司安全生产、电网连续稳定运行5677天。

该公司管辖变电站15座，开关站1座，其中：220千伏变电站3座、110千伏变电站9座、35千伏变电站3座、开关站1座，主变总容量150.3万千伏安；输、配电线路64条，总计1050.066公里，其中：输电线路共计29条。220千伏线路9条，220.694公里。110千伏线路15条，183.119公里。35千伏线路5条，38.607公里。配电线路35条，共计607.646公里；配电变压器1418台，配电容量595025.8千伏安，其中：公变915台，容量205535千伏安。专变503台，容量为389490.8千伏安。配电柱上开关188台。简阳市供电公司辖区电网主要以单环网结构为主。主要是10千伏简磷II线，南供线，南广线，10千伏南科线，简园线，10千伏十红线，简天线，十天I线、10千伏新东II线，十东I线等20条单环网结构，环网率58.82%。架空线路419.569公里，架空绝缘化率12.94%，电缆线路36.278公里。

2016年，新装增容4881笔共91710千伏安。加大采集系统的负荷监测，追补电量24498千瓦时。加强910个台区线损监测力度，线损监测合格率为68.68%，排名成都公司第一。

【国网简阳市简州供电公司】 简州供电公司成立于1965年，现为四川省电力公司分公司，担负着简阳市1756平方公里、45个乡镇、4个街道办、39.64万户用户的供电任务，担负我司供电任务的220千伏变电站有3座，变电总容量90万千伏安；110千伏变电站有8座，变电总容量52.3万千伏安；35千伏变电站9座，变电总容量12.52万千伏安；500千伏线路2条，约56.9公里；220千伏线路9条，共198.316公里；110千伏线路23条，共284.975公里；35千伏线路18条，共150.1公里；10千伏线路133条，共3694.47公里。

全年累计完成售电量7.37亿千瓦时，同比增长10.40%；110千伏及以下综合线损率8.41%；简阳电网最大负荷30.258万千瓦，同比增长21.05%；该公司最大负荷21.799万千瓦，同比增长25.43%；完成各类电网投资3.98亿元；全面完成年度安全生产工作目标；业绩考核居成都公司系统2016年完成“子改分”改制的10个县级供电公司第六位；成功创建“省级最佳文明单位”、“省级科普示范企业”，被评为成都供电公司“2016年度先进基层党组织”和简阳市“2016年度安全生产工作先进单位”“2015-2016年度先进志愿服务组织”“2016年度十大纳税企业”。

【城北客户服务分中心】 国网成都供电公司城北客户服务分中心（以下简称城北分中心）成立于2014年1月16日（成立之初由原来的金牛供电局、青羊供电局和锦江供电局合并而成，2015年5月，将原青羊供电局供区划转至高新供电公司）。

现供电区域包括金牛区、锦江区、成华区全部，包括44个街道办事处（其中金牛区15个、锦江区15个、成华区14个）、291个社区（其中金牛区100个、锦江区91个、成华区100个）。供电面积约279平方公里，共有各类用电客户115万余户，其中：城区低压客户110万余户，10千伏及以上客户4960户；农村用电客户95666户。供区内有10千伏线路623条，变电站47座。

2016年，该中心售电量74.5亿千瓦时，电费51亿元。完成售电量74.66亿千瓦时，同比增加8.57%；售电均价676.7元/千千瓦时；电费回收实现“双结零”；累计线损率4.52%，低于指标0.08个百分点。

2016年，完成2014年1月至2015年6月新上的63个小区共74202只电能表后续服务工作，防止错接线存在。智能表采集覆盖率达到99.75%，专变采集覆盖率达到99.74%，公变采集覆盖率81.02%。智能表采集成功率为91.85%，专变采集成功率为99.39%，公变采集成功率为94.81%。

曾被习近平总书记视察过的成都供电公司“共产党员服务队”，队伍壮大到31支、457人，荣获国网公司“金牌党员服务队”光荣称号，成为国网公司为民服务的一面旗帜。图为党服队员9月2日正在为山村留守儿童的教室安装电灯

（陈　翔　摄）

完成14条35千伏以上大客户专线高压客户表底补录，线损合格率100%；完成900条10千伏线路合格率的调整；完成了2880个低压台区合格率的调整。完成了570个公变台区垃圾档案核实工作；已清理247个台区，清理计划完成率10.61%。

（张　爽）

国网乐山供电公司

【企业概况】 国网四川省电力公司乐山供电公司（以下简称乐山公司），始建于1969年，是国网四川省电力公司下属国家特大一型供电企业，主要担负城区、峨眉山、五通、沙湾、夹江、井研6个直供县和6个趸售公司（国网四川马边彝族自治县供电有限责任公司、国网四川沐川县供电有限责任公司、乐山电力股份有限公司、四川金峨供电有限公司、乐山市金洋电力开发有限公司、四川峨边大渡河电力股份有限公司）的供电任务，以及龚嘴、铜街子、圣达等水电站汇集送出的重要任务。供电区域1.27万平方公里，供电常住人口323万。曾荣获全国五一劳动奖状、全国文明单位、全国电力行业优秀企业、全国“安康杯”竞赛优胜单位、四川省十年扶贫先进单位、国家电网公司先进集体等荣誉称号。

2016年是“十三五”规划的开局之年。面对极其复杂的内外部形势，公司上下精诚团结、攻坚克难、积极应对，围绕“效益提升年”活动主题，不断加快改革发展步伐，持续强化生产经营管理，各项工作扎实推进。完成电网发展投入7.66亿元，新增固定资产11.64亿元；完成售电量106.65亿千瓦时，同比下降11.10%；综合线损率5.63%，低于省电力公司计划0.07个百分点；完成目标利润9456万元，同比下降63.38%；连续安全生产4540天。没有发生造成社会重大影响的优质服务事件，员工队伍保持稳定。

截至2016年年底，乐山公司固定资产原值74.7亿元，拥有220千伏变电站14座，容量435万千伏安；110千伏变电站37座（含控股公司2座），容量273.3万千伏安（含控股公司8.1万千伏安）；35千伏变电站45座(含控股公司7座)，容量47.555万千伏安（含控股公司5.69万千伏安)。220千伏线路51条，长度1547.882公里;110千伏线路90条，长度1039.619公里；35千伏线路100条，长度963.778公里。

7月16日，中央纪委秘书长杨晓超视察马边扶贫工作，参加国网爱心夏令营活动 （文惊涛 摄）

【人力资源】乐山公司本部设置管理部门11个，辖二级业务支撑和实施机构7个、县级供电分公司5个、全资子公司1个、控股公司1个。乐山公司用工总量4524人，其中全民职工1429人，控股公司员工586人，劳务派遣用工85人，农电员工1187人，管理离退休人员1359人。全年完成全口径劳动生产率441154元/人·年，人才当量密度1.0362。

【电网建设与发展】编制完成《“十三五”新一轮农网规划》，与各区县政府签订《小城镇（中心村）电网改造升级工程合作协议》。协助省电力公司完成500千伏雅安送出加强工程等前期工作，取得乐山金口河、冯湾等7个项目核准。协调推进成昆复线、青江新区、通江片区电力迁改工作，完成成贵铁路220千伏州肖线等12条线路迁改。黑竹沟至峨边牵引站110千伏线路工程建成投运。乐山龚嘴、铜街子220千伏线路改接工程等6个项目开工建设。完成220千伏范坝－佛光线路工程建设任务。成功运用“属地化”及“一口对外”协调机制，500千伏沙坪二级电站－南天线路工程等属地协调工作取得实质性突破。举全公司之力，奋力攻坚，圆满完成2011－2015年农网工程项目，有序推进2016年农网工程项目。

【经营管理】启动“效益提升年”活动，制定并落实16类81条措施。落实直购电、富余电量消纳等工业用电激励政策，为客户节约电力成本约6亿元，稳定存量市场。落实川投峨铁水火置换电能替代项目，启动电能替代项目储备及核定工作。强化电费治理工作，运用法律手段，回收其亚铝业、峨边大电等旧欠电费2.61亿元，全年无新欠电费。加大购电制推广，完成206户已投产高风险客户购电功能改造。加快推进客户资产移交工作，完成迁改工程及用户资产移交2.25亿元。修订完善里程碑、对标管理考核办法，开展卓越绩效评价，提升乐山公司运营质效。完成车辆账、卡、物一致性清理工作，推进“营改增”政策落地，沐川公司完成全资子公司改革。乐山公司周转库标准化建设通过省电力公司初评验收。2个精益项目获省电力公司一等奖。

【安全生产】扎实开展“三查三强化”“四个专项”行动，发现问题583项，完成整改549项。圆满完成县公司安全性评价工作。完成安全生产奖惩办法修订工作，健全安全约谈机制，开展问责谈话7次。

强化电网风险管控，发布七级以上风险预警 125 次。安全风险管控机制获国家电网公司、省电力公司高度肯定，入选国家电网公司典型经验。加强设备运维管理，扎实开展隐患排查治理，全年消除一般隐患 694 项，运检专业对标排序名列省电力公司第一名。推进资产全寿命“领先型”创建工作，建立市、县两级应用骨干网络。大力推行新技术应用，在国网系统内率先完成“主配网一体化配网合环操作在线校核”模块试点部署及测试工作。运用单兵作战系统，有效管控分散、零星作业安全。配合省电力公司承接岗位安全风险预控与可视化研究项目，顺利通过国家电网公司验收。圆满完成旅博会、茶博会等重要保电任务。

1 月 22 日夜间至 23 日，乐山市五通桥区遭遇 8 年来最大降温降雪天气，五通桥公司员工奋力抗雪保电，用四天时间战胜“霸王级”寒潮对电网造成的破坏　（刘若明　摄）

【农电工作】2016 年，农网改造升级工程以及井井通电和中心村工程项目共投资 2.26 亿元，198 个项目。国网乐山供电公司供区内剩余的 30 个贫困村全部纳入 2016—2017 年农网改造项目。扎实开展援藏帮扶工作，长期驻藏帮扶人员 9 人，2016 年派出部门进藏进行针对性专业帮扶 21 人次，接纳受援单位送培人员 3 人，完成 24 项部门专业对口帮扶工作，并规范了受援单位各项管理规章制度，顺利完成炉霍县供电公司 35 千伏仁达变电站技改工作，提升了受援单位运维水平，保障藏区安全供电。乐山市三新供电服务有限公司党委获国网四川省电力公司先进基层党组织称号、该公司安全质量监察部获国网四川省电力公司安全生产先进班组称号。

【科技与信息化工作】2016 年，1 个项目荣获省电力公司科学技术进步三等奖；1 个项目荣获省电力公司工人技术创新二等奖，2 个项目荣获省电力公司工人技术创新三等；完成管理创新 5 项，其中 2 个获省电力公司 2016 年度企业管理创新成果二等奖、2 个获三等奖；完成课题研究 3 项，其中 1 个获省电力公司 2016 年度优秀课题研究成果三等奖；1 个 QC 成果获省电力公司一等奖。全面实施创新驱动发展战略，成立网创科技分公司和科技咨询评估委员会，出台《网创科技分公司绩效管理办法》等 7 个管理办法，组建 7 个创新团队，立项孵化 23 项，形成《安全风险管控平台》等成熟产品 4 项。变电巡检移动作业平台受到国家电网公司多个部门高度认可，多个产品通过国网电科院的信息安全测试，与甘肃、宁夏等省电力公司达成购买协议。

【市场服务】各类缴费网点达到 1284 个。“掌上电力”APP 注册用户 12 万户。完成 8.3 万户水电气表“多表合一”采集建设。开通智能电表远程购电下发业务，实现网上缴费购电 18817 笔。推出的大客户服务组合产品，制定《大客户服务精益化管理手册》《大客户服务手册》等 9 套标准，为大客户提供业扩报装、用电分析、监控预警等服务，此模式获得省企业管理创新二等奖。

【党的建设和精神文明建设】成功召开乐山公司第一次党代会，选举产生新一届党委、纪委，指导基层党组织全面完成换届选举工作。深入开展“争创基层服务型党组织”活动，1 个基层党组织成为省电力公司首批基层服务型党组织示范点。开通党建微信公众号，建设“智慧党建”APP 平台，依托“互联网+”新模式，努力实现党建宣传、党员教育、党员管理、党员活动、党员服务五个“智慧化”。以庆祝建党 95 周年为契机，开展“党员+”系列主题活动，以党员公开课、党员有话说、党员宣誓词等多种形式进一步加强党性锤炼。深入开展“两学一做”学习教育。以中心组学习、领导上党课、流动党课、支部联建特殊党课等创新载体，打好“学”的基础。组织党组织书记讲党课 100 余场。设置“党员承诺墙”、开展“每月一星”评选，举办“两学一做”知识竞赛，以“三亮三比”活动，强化“做”的实践。积极选树先进典型，1 人获“四川省优秀共产党员”，1 人获“四川省学雷锋爱岗敬业标兵”、1 人获“四川省国资委优秀共产党员”称号。升级企业文化基地软硬件设施，开展新进大学生培训 45 人次、员工思想教育

360余人次。编制《海棠飘香》系列画册、《品鉴》职工读书心得，多层次展现员工精神风貌。投资建成职工文体活动中心，建成乐山公司首个“妈咪宝贝屋”，创建省电力公司示范职工书屋2个，1个家庭获评四川省“最美职工家庭”。深化精神文明建设，1个基层单位成功创建省级文明单位。实施马边“三位一体”精准扶贫，创新“五步工作法”，对口帮扶高石头村于2016年年底实现全面脱贫。“可持续扶贫精准帮扶马边彝村”被评为国网2014-2015社会责任根植优秀项目。扶贫成效得到中纪委秘书长杨晓超、省纪委书记王雁飞等的充分肯定，人民日报《内部参阅》、《民生周刊》等进行了专题报道，并荣获全国“2016民生示范工程”称号，总经理石玉东代表省电力公司在第四届中国民生发展论坛上做了交流发言。不断提高离退休工作服务和管理水平，乐山公司荣获四川省“敬老文明号”称号。

【所属县级供电企业】乐山供电公司所属供电企业有：国网峨眉山市供电公司、国网乐山市五通桥供电公司、国网乐山市沙湾供电公司、国网夹江县供电公司、国网井研县供电公司、国网四川马边彝族自治县供电有限责任公司、国网四川沐川县供电有限责任公司。

【国网峨眉山市供电公司】国网峨眉山市供电公司成立于1969年12月，供电范围覆盖峨眉山市18个镇（乡），供区面积881.3平方公里，占市域面积的75%；供电人口30余万人，占全市总人口的71%。截至2016年12月底，共有固定资产6.86亿元。变电站13座，其中220千伏站3座，110千伏站5座，35千伏站5座，10千伏开关站2座，总变电容量138.356万千伏安。拥有35千伏线路16条，总长130公里；10千伏线路53条，总长1065公里。2016年，完成售电量22.18亿千瓦时。综合城市电压合格率99.9981%，综合线损4.23%。截至2016年12月31日，该公司连续安全生产4541天。

【国网乐山市五通桥供电公司】国网乐山市五通桥供电公司成立于1971年9月，担负着五通桥区12个乡镇的直供任务，直供面积为465.51平方公里。辖区内共有35千伏变电站7座，变电总容量9.1万千伏安。35千伏输电线路113公里，10千伏线路898公里，低压线路7520公里。供电用户达13.26万户。2016年，完成电网发展投入3153万元，新增固定资产3736万元；完成售电量31.92亿千瓦时，同比增长6.46%，完成年度计划的103.1%；综合线损率4.03%，110千伏及以下降损电量3156万千瓦时；日最大负荷62万千瓦，日最大供电量1414万千瓦时，均创下历史新高。截至2016年12月31日，实现连续安全生产4540天。

【国网乐山市沙湾供电公司】国网乐山市沙湾供电公司成立于1991年，主要担负着沙湾区工农业生产和人民生活的供电任务，供区范围覆盖沙湾区13个镇（乡），供区面积约618平方公里，供电用户7.5万户。截至2016年12月31日，固定资产原值4.92亿元，固定资产净值1.36亿元。营业区内主网共有220千伏变电站3座，110千伏变电站7座，35千伏变电站7座，总变电容量69.92万千伏安。输电线路通道总长度达1343公里，其中220千伏输电线路234.1公里，110千伏输电线路157.8公里，35千伏输电线路110公里，10千伏城网主干线路47.74公里，10千伏农网线路793.45公里。2016年，售电量14.50亿千瓦时，电费销售收入7.8363亿元，连续安全生产达到4551天。2016年完成农村配网项目6个，农网改造升级工程项目9个，完成计划投资约532.2万元，基本实现全区农村电网无低电压目标。打造沫若创新工作室，推动青年创新创效，实现项目储备5项。积极推进“购电制”工作，主动对接区重点项目建设，高效推进老旧在线监测装置更换、智能电表推广、高低压营配贯通、业扩报装清查治理、降损提质增效等重点工作。

5月30日，国网峨眉山市供电公司党员服务队和青年志愿者到沙溪小学开展留守儿童关爱活动　　（李立 摄）

【国网夹江县供电公司】国网夹江县供电公司成立于1998年，供区面积约241平方公里，占全县总面积的32%；供区人口约15万，占全县总人口的43%。截至2016年12月31日，固定资产原值3.668亿元，220千伏变电站1座/30万千伏安，110千伏变电站

3座，总容量18.3万千伏安，35千伏变电站4座，总容量2.69万千伏安，10千伏开闭所1座。220千伏线路9条，总长174.37公里，110千伏线路10条，总长86.29公里，35千伏线路10条，总长86.17公里，10千伏线路34条，总长335.11公里，10千伏公用变压器598台，总长10.08万千伏安。2016年，完成售电量10.42亿千瓦时。实现连续安全生产2896天。农网改造升级工程投资695万元，项目6个。农网供电可靠率为99.74%。

【国网井研县供电公司】国网井研县供电公司成立于1991年，担负着井研全县及市中区、五通、荣县、犍为等县市部分区域42万人的供电任务。该公司共有110千伏变电站3座，变电容量24.3万千伏安，35千伏变电站7座，变电总容量7.52万千伏安，110千伏线路83.5公里，35千伏线路131.6公里，10千伏线路1014.2公里；配电变压器1844台，配变总容量32.944万千伏安，低压线路8206.5公里。2016年，该公司销售电量3.85亿千瓦时，同比增长10.3%。全年共完成城网大修、技改项目8个，基建项目3个，以及2014－2016年度全部农网工程建设。全力开展低压营配贯通工作，完成低压营配贯通用户163483户，贯通率99.93%。同时，积极实施城南配套送出线路新建工程，缓解城网的负荷压力，实现井研城网“手拉手”供电。

6月24日，乐山供电公司党员在“我是党员，向我看齐”横幅上签名 （刘若明 摄）

【国网四川马边彝族自治县供电有限责任公司】国网四川马边彝族自治县供电有限责任公司地处小凉山彝族山区，前身马边县电厂成立于1971年9月，该公司注册资本金1026.58万元，股东共两个，其中四川省电力公司持股93.31%，马边雨华投资有限责任公司持股6.69%。该公司主要经营电力供应，水利电力生产及销售，兼营110千伏及以下送变电工程和小型水电站建设、销售输变电站电工器材、仪表销售等。该公司网内并网水电站38座总装机29.52万千瓦，全为径流式电站，其中自有水电站4座总装机容量6830千瓦；运维管理35千伏变电站6座总变电容量4.625万千伏安，110千伏变电站4座总变电容量17万千伏安，220千伏变电站1座变电容量30万千伏安；35千伏线路232公里，10千伏线路1084公里，低压线路约1300公里。

2016年，公司完成全口径售电量11.02亿千瓦时，公司资产原值13528.39万元，资产总额4873万元，资产负债率187.85%；连续安全运行2921天。实现全年电费回收100%。全年高载能企业用电较去年同期增加17%，圆满完成网上远程购电上线和电能表用户纳入采集，开通分布式电源光伏发电业务3户，总发电功率13千瓦。

【国网四川沐川县供电有限责任公司】国网沐川县供电公司于2010年6月由四川省电力公司正式控股，注册资本为人民币3796.10万元（省电力公司控股97.3%，沐川县财政控股2.7%），2016年转制成国网四川省电力公司全资子公司。该公司是一个集发电、配电、供电为一体的综合性电力企业，主要承担沐川城区和19个乡镇195个行政村和犍为、宜宾等部分村组的供电任务，供区面积约1500平方公里，供电人口约26万人，供电户数8.4万户，其中抄表到户7.7万户。网内并网电站40座，总装机容量为7.349万千瓦，其中公司资产电站4座（三宝石电站、涧溪沟电站、胡溪口电站、龙沱电站），总装机容量为0.715万千瓦；220千伏变电站1座（代管）、110千伏变电站2座、35千伏变电站8座、10千伏开关站4座，变电总容量28.255（含静云15万千伏安）万千伏安;110千伏输电线路4条，总长74.63公里；35千伏输电线路12条，总长148.6公里；10千伏配电线路58条，总长1314.978公里（其中用户产权23.494公里）；10千伏配电台区1898台（其中专变493台，公变1405台），总容量27.2404万千伏安；低压线路4438公里（其中用户产权1782公里）。2008年至2016年年底，沐川县电网实际完成投资3.034亿元，其中10千伏及以下农村电网改造实际完成投资2.21亿元，涉及156个行政村（全县195个行政村，其中整村升级改造68个；另有88个村进行了部分组改造），农网改造率为52%。2016年，公司实现售

电量 2.464 亿千瓦时，同比下降 0.79%；自发电量 3480 万千瓦时，与上年基本持平。　　（方美凤）

国网攀枝花供电公司

【企业概况】 国网攀枝花供电公司成立于 1965 年，与攀枝花市同生共长，是国网四川省电力公司下属的特一型供电企业，担负着攀枝花市 5 个区（县）及周边部分地区近万平方公里的供电任务，供电客户 39 万户。

该公司下设职能部门 11 个，县级供电企业 4 个（国网攀枝花市仁和供电公司、国网攀枝花市西区供电公司、国网米易县供电公司、国网盐边县供电公司，共有农村供电所 21 个），业务支撑和实施机构 7 个，集体企业平台公司 1 个。

攀枝花电网形成以 500 千伏双环网为支撑，220 千伏双环网为骨干，各级电网协调发展的输配电网络，电网下载负荷能力超过 350 万千瓦。拥有变电站、开关站 85 座，变电总容量 816.66 万千伏安，其中 220 千伏变电站 11 座；110 千伏变电站 30 座；35 千伏变电站 36 座；10 千伏开关站 8 座。拥有 35 千伏及以上线路 2512.49 公里，10 千伏配网线路 5523.24 公里。

2016 年，攀枝花公司完成售电量 87.15 亿千瓦时（同比增长 9.7%）；全年应收电费结零；完成固定资产投资 4.47 亿元（同比增长 5. 42%），其中电网投资 4.19 亿元；综合线损率 3.65%（全川最低，同比降低 0.32%）；全员劳动生产率 59.26 万元/人・年（同比增长 7.45%）；对标综合排名位列省电力公司第五位，获省电力公司综合管理标杆单位，安全管理、人力管理、财力管理、物力管理、规划管理获得省电力公司专业管理标杆。业绩考核被省电力公司评定为 A 级；获省电力公司 2016 年度先进单位称号。

【人力资源】 2016 年，国网攀枝花供电公司用工总人数 2879 人，其中国网攀枝花供电公司全民员工 1164 人，全资子公司全民员工 639 人，集体身份员工 248 人，集体企业自聘员工 567 人（含三新公司员工 395 人），劳务派遣及其他用工 261 人。该公司认真贯彻落实国家电网公司、省电力公司干部管理相关要求，明确职责分工、规范决策方式、强化过程监督、注重结果考核，将选人用人工作作为公司经营发展过程中重要抓手。切实做到干部管理过程不闯红线、不越底线。坚持“能力、业绩、品行并重”原则，将“重实干、肯奉献、口碑好、业绩优”的人员进行重点培养，持续关注、多加历练，形成相应制度化、规范化的管理模式，严把选人用人关，打造优良干部队伍，为公司变革创新、科学发展提供有力的组织保证和人才支撑。该公司着重在人才引进、人才培养上下功夫，完善人才后续跟踪机制，着力打造一流人才成长软环境，优秀人才数量和质量全面提升。累计培养国家电网公司级优秀专家 5 人，省电力公司级优秀人才 151 人，26 名双千人才，7 名省电力公司大师工作室成员，多名员工在省电力公司通信技术、带电作业、装表接电、新闻应急等专业竞赛中获得奖项，人才培养工作成效突出，居省电力公司前列。推进“管理优、业绩优、团队优”的“三优”班组管理，公司荣获省电力公司“班组建设先进单位”称号，6 名员工被评为省电力公司优秀班组长。

国网攀枝花供电公司以“精、细、实”为切入点，重视文化建设“实际、实用、实效”。图为该公司进行设备检修
（杨　林　摄）

【电网建设与发展】 2016 年，攀枝花公司科学谋划电网发展，明确公司电网建设“高压输电网络补强”和“大力建设智能配售电体系”的总体思路。认真查找电网薄弱点、仔细梳理项目，确保电网投资质效。快速推进电网建设，回龙沟 220 千伏变电站配套项目等重点工程有序推进；红格 110 千伏变

电站扩建工程等6个基建项目提前投产，新增变电容量15万千伏安，输电线路86公里；妥善组织，按计划推进农网改造，全面消除现存“低电压”问题；2016年，公司共完成电网投资5.11亿元。协调攀枝花市各相关部门完成《攀枝花市人民政府与国网四川省电力公司关于共同建设攀枝花智能电网战略合作框架协议》编制，促进政企合作水平迈向新的台阶。提升技经基础管理，《输电线路工程建场费及青苗赔偿费探讨》获省电力公司技经论文竞赛一等奖。加强监理资料标准化建设，攀枝花监理项目部、攀枝花监理站分别荣获省监理公司“资料创优争先进，规范管理促提升”劳动竞赛三等奖。

【经营管理】 2016年，攀枝花公司深入开展“效益提升年”活动，制定15项任务、73项具体措施，狠抓过程管控，促进公司提质增效。围绕公司开源节流、降本增效目标，深入推进全面预算管理，杜绝财务预算执行重大偏差。稳妥推进“两金”压降，提升资产运营效率；扎实推进营财一体化建设，全年电费、业务费核算质量显著提升。全面清理长期未办理结算工程项目，有效提升投资效益和资产管理水平。提升物资管理效率，公司库存物资金额同比降低13.15%。常态开展量价费损、营销稽查等专题监测，2016年累计追补电量82.82万千瓦时，追补电费及违约金124.77万元。加快智能电表及采集建设，持续推进营配调贯通工作，公司智能电表覆盖率达99.72%，日均采集成功率98.43%，营配数据贯通率98.35%；均居全川第一位。积极拓宽电能替代领域，2016年完成替代电量21.78亿千瓦时。深化与政府“强耦合”协同沟通机制，建立“生产要素保障”基金，全年电费顺利结零。快速推进“三供一业”供配电设施改造移交和用户资产接收工作，已完成6家企业（12.56万户）及100个居民小区改造工作并签订移交框架协议。亏损企业治理工作成效显著，盐边公司顺利实现扭亏。

【安全生产】 2016年，攀枝花公司坚持“五个严防”，咬定“六不发生、三杜绝”安全目标，扎实推进本质安全建设；以“安全日管控”和“班组反违章”为抓手，不断夯实安全管理基础。安全日管控全面覆盖12大专业，全年进行生产作业管控7947项；突出班组在安全生产中的基础、保障作用，开展班组违章自查7532次，发现违章160条次。扎实开展“三查三强化”活动，深化隐患排查治理，全年完成1261项隐患整治。对47座变电站开展状态评估分析，完成3986台设备检修，电网设备运维水平进一步提升。严肃检修计划刚性执行，提高检修计划安排合理性，全年未发生重复停电现象，非计划停运较2015年降低10.3%；加强无功分析和设备管理，AVC动作次数较2015年降低19.7%，管理成效位居省电力公司前列。开展“三跨”隐患排查和专项治理，排查并治理110千伏及以上隐患19处。大力推进无人机飞巡，完成602.5公里线路通道飞巡任务。积极打造区域电力应急战略“高地”，开展各类应急演练82次；加强与政府联动，精准发布地质灾害、山火等风险预警68次。圆满完成“9·19”洪灾等抢险工作，得到了省电力公司、市委、市政府主要领导的充分肯定，被央视朝闻天下、新闻直播间等栏目报道，有效弘扬公司品牌形象。

【农电工作】 2016年，攀枝花公司扎实开展农网工程现场反违章工作。深化应用“农网工程现场安全监督管控系统”，深入开展农网工程安全隐患排查治理。加快电力建设助推精准扶贫，统筹解决贫困地区电网改造问题。已完成17个行政村农网改造，累计投资2728万元，满足脱贫攻坚用电需求。采取“走进去、请出来”藏区人员培训方式，加大关键岗位人才、紧缺人才、骨干人才的培养。2016年该公司再次选派11名援建人员赴甘孜本部、乡城、得荣公司，在阿坝、甘孜人事援建工作的人员达到22名（含援建干部3名）。帮助藏区进一步梳理相关制度和流程，建立完善监督制度、提升制度执行力，形成按制度办事，按制度管人的长效发展模式。

5月12日，国网攀枝花供电公司开展新一轮农网升级改造

（李 莉 摄）

【科技与信息化】 2016年，攀枝花公司建立统一

数据库平台，实现多应用软件、多客户端同时调用数据，增强公司大数据分析能力。创新开展“供应商寄存与成套配送”业务，在不增加库存资金的同时，有效增加库存物资类型和数量。推进卓越绩效自评价工作落地实施，协助省电力公司制定专业评价标准，为公司基础管理平台再添抓手。强化总结提炼，公司人力管理、物力管理2篇典型经验入选省电力公司经验库。创新“1+X”体检模式，在保证常规项目、特种作业项目的基础上，满足了个性化体检需求，员工满意度大幅提升。完成“基于同心圆模式的班组建设管理”等管理创新项目，全年获省电力公司管理创新一等奖1项，二等奖1项，三等奖3项；精益人才数量与项目质量同步提升，获省电力公司优秀精益成果一等奖1项、二等奖1项、三等奖3项；成功申报发明专利4项，实用新型专利7项。推行公司、车间、班组三级创新工作室模式，激发全员创新热情，获省电力公司优秀QC成果一等奖1项，二等奖3项，三等奖4项；变电运维三班“多角度一体式（伸缩式）接地棒的研制”被评为国家电网公司2016年优秀QC成果三等奖。公司还获得省电力公司工人技术创新二等奖2

7月1日，国网攀枝花供电公司积极响应攀枝花市植树活动的号召，组织开展党员义务植树活动

（季　鑫　摄）

项，三等奖2项。

【市场服务（优质服务）】 2016年，攀枝花公司积极转变发展模式，构建市场需求快速传导、整体高效协同响应机制，实现由“传统电力供应商”向“综合能源服务商”转变。创新供电服务手段，确立了“客户导向型”服务工作定位，不断提升优质服务水平。提供14种缴费方式、414个缴费网点，实现城市“十分钟缴费圈”，农村“村村有缴费点”。在主城区成立了5个24小时应急抢修点，在全川率先打造“20分钟抢修圈”，着力消除供电服务“最后一公里”问题。积极打造“信息化、自动化、互动化”的智能配售电网络，更好适应城市转型发展要求。大力推进“新农村、新电力、新服务”农电发展战略，改善农户供电不稳定、低电压等问题。大力推进农村“户户通电”工程建设，全面实现了“户户通电”目标。主动走访攀枝花黄磷、高钛渣、工业硅、钢铁等政府重点支持的“红名单”工业企业，指导客户用好各项电价优惠政策。

【党的建设和精神文明建设】 2016年，攀枝花公司深入学习贯彻中共十八届六中全会精神，坚持党政“同频共振”工作机制，促进“两学一做”与“提质增效”有效融合。启动党员示范工作机制，鼓励党员立足岗位、创先争优。实施“大政工量化考评”管理机制，提升基层党组织工作能动性。创立“规范、创新、普惠、有序、协同”的工建体系，公司工会荣获国家电网公司工会工作先进单位称号。开展全员读书活动，传播先进文化，启迪职工智慧，仁和供电分公司荣获全国工会职工书屋示范点荣誉。打造“三线阳光”品牌建设机制，拓宽传播渠道，有效提升传播影响力。狠抓精神文明建设，凝聚发展合力，公司被省电力公司授予“双十佳文明单位”称号。

【所属县级供电企业】 攀枝花公司所属供电公司有：国网攀枝花市仁和供电分公司、国网攀枝花市西区供电分公司、国网四川省电力公司米易县供电分公司、国网四川盐边县供电有限责任公司。

【国网攀枝花市仁和供电分公司】 国网攀枝花市仁和供电公司成立于2003年，担负着仁和区1727平方公里，26.9万人口的供电任务，用电户10.3万户。截至2016年年底，国网攀枝花市仁和供电公司累计完成售电量23.55亿千瓦时，综合线损率2.78%，电费回收率100%，连续安全生产4214天。全年完成新装低压客户4809户，容量3.7万千瓦，新装、增容高压客户户数78户，容量74525千伏安。

【国网攀枝花市西区供电分公司】 国网攀枝花市西区供电分公司成立于2008年，担负着攀枝花市西区及周边部分地区1376平方公里，总人口约29万的供电任务。截至2016年年底，国网攀枝花市西区供电公司累计完成售电量5.7015亿千瓦时，同比增加3.22%，完成年度计划的103.66%；实现销售收入3.6182亿元，综合售电均价634.60元/千千瓦时。

综合线损率 4.94%；电费回收率 100%，连续安全生产 3123 天。全年营业客户 57138 户，同比增加 2340 户，增长 4.09%。

【国网四川省电力公司米易县供电分公司】原米易县电力公司成立于 1982 年，1997 年改制为米易县电力有限责任公司。2006 年经攀枝花电业局与米易县人民政府多次磋商，四川省电监会核准进行了电力体制改革，于同年 8 月 30 日成立四川米易供电有限责任公司。2013 年年底，经国资委批复，成为四川省电力公司全资子公司，更名为国网四川米易县供电有限责任公司。 2016 年 9 月完成“子改分”，并正式更名为国网四川省电力公司米易县供电分公司，担负着米易县所辖区域的供电任务，是集发、输、配、供为一体的国家电力企业。截至 2016 年年底，该公司安全运行天数 2863 天，全县供电面积 1863 平方公里，供电人口 21.7 万人（其中农村人口 15.2 万人），营业户数 5.45 万户。

【国网四川省电力公司盐边县供电分公司】国网四川省电力公司盐边县供电分公司改制前身为盐边县电力公司，成立于 1983 年 1 月。2008 年 12 月 5 日，盐边县政府委托四川省电力公司对盐边县电力公司进行代管。2011 年 12 月 28 日，盐边县电力公司改制为四川盐边供电有限责任公司，四川省电力公司投资控股 51%，盐边县人民政府持股 49%；2013 年 1 月 1 日，盐边县人民政府将 49%股份无偿划转给国网四川省电力公司，国网四川盐边县供电有限责任公司成为国网四川省电力公司全资子公司；2016 年 7 月 26 日，国网四川盐边县供电有限责任公司改制为国网四川省电力公司盐边县供电分公司，成为国网四川省电力公司的分公司。公司现有固定资产 4.18 亿元；110 千伏变电站 5 座，主变容量 41.5 万千伏安；35 千伏变电站 9 座，主变容量 13.36 万千伏安；110 千伏线路 8 条 185 公里；35 千伏线路 25 条 257 公里，2016 年实现售电量 5.37 亿千瓦时。

（肖　杰、陈兴志、郑景轩）

国网德阳供电公司

【企业概况】国网德阳供电公司成立于 1984 年 6 月，属国网四川省电力公司直属特大一型供电企业。截至 2016 年年底，企业固定资产 53.5 亿元，城市用电营业户数 56.3 万户，农村电营业户数 107.7 万户。该公司本部设有 11 个职能部室和 7 个业务机构，下设广汉、什邡、绵竹、罗江 4 个直管供电公司，代省电力公司管理中江、绵竹、孝泉 3 个子改分县公司全资供电公司和什邡、罗江 2 个控股供电公司。

德阳电网是一个典型的受端网络，95%以上的电力由外部送入，境内的德宝直流±500 千伏德阳换流站是四川电网“丰枯调节、水火互济”的重要枢纽。现德阳电网共有变电站 136 座，其中±500 千伏换流站 1 座，500 千伏变电站 2 座，220 千伏变电站 14 座、110 千伏变电站 75 座、35 千伏变电站 44 座。德阳公司拥有 35 千伏－220 千伏输电线路 249 条，总长 2596 公里。

2016 年，德阳公司同业对标综合排序第三、业绩对标第三、管理对标第二。2016 年全年完成建管电网投资 7.17 亿元；完成并表口径售电量 97.79 亿千瓦时；累计售电均价 548.60 元/千千瓦时；累计应收综合电费 62.53 亿元，电费回收率 100%；综合线损率 5.77%；流动资产周转率 1374.96 次；全员劳动生产率 44.13 万元/人·年；集体企业完成产值 9.35 亿元;同业对标综合排序全川第三。

【人力资源】截至 2016 年 12 月 31 日，德阳公司用工总量 4647 人，其中直供全民 1150 人、子改分县公司和控股县公司全民 701 人、农电 1770 人、集体企业自聘 929 人、劳务派遣 97 人（主业 82 人，集体 15 人）。国网德阳供电公司（含控股）全年完成全口径劳动生产率 441256 元/人·年，人才当量密度达到 1.0362。

2016 年，国网德阳供电公司紧密围绕公司改革发展战略，以提质、降本、增效为主线，落实“五位一体”协同机制建设，持续开展岗位写实和员工动态管理，深化新业务模式下组织结构变革；推进全员激励约束机制改革，强化薪酬福利集约管控；加快紧缺关键人才培养和储备，为实现公司战略目标提供人力资源支撑和保障。

巩固提升“三集五大”体系运转。推进“五位一体”落地与深化应用；有序规范农电组织结构；组织新版劳动定员标准下的定员测算；完成 3 家县公司“子改分”后名称更改、员工劳动合同变更、社会保险登记证变更、信息系统调整等工作。

截至2016年年底，该公司247人取得硕士研究生学历学位，495人取得中、高级专业技术资格，550人取得技师、高级技师职业技能鉴定任职资格，公司人才当量密度持续保持全川领先。公司现有管理期内各类优秀人才共129人，其中：中国电力行业技术能手3人、国家电网公司级优秀人才6人、国家电网公司级技术能手3人、四川省青年岗位能手1人、省电力公司级优秀人才71人、地市公司级优秀人才45人、省电力公司“双千人才”含导师制培养40人、省电力公司“电力雏鹰人才”16人。

积极援藏，全面支持藏区电力事业发展。累计选派36名援藏人员帮扶阿坝、红原、炉霍等藏区，推荐2名优秀科级干部到藏区挂职锻炼，开展营销、规划、工程等专业的定向帮扶。

【电网建设与发展】电网规划　德阳电网是四川电网的重要组成部分，与成都、绵阳、南充、阿坝四个电网相连，担负着德阳市旌阳区、广汉市、什邡市、绵竹市、中江县、罗江县及成都部分地区的供电，并通过±500千伏德一宝直流与西北电网相连。2016年，该公司完成了《德阳电网“十三五”发展规划》《德阳供电公司“十三五”配电网规划》的滚动修编及《2016年德阳电网发展诊断分析报告》的编制。

10月12日，四川省电力公司与德阳市政府签署战略合作协议
（刘　桢　摄）

建设规模与投资　2016年，德阳供电公司全口径投资计划共7.17亿元，占省电力公司的2.6%，投资量在地市公司排名第14。农网、城网和大中型基建（含广元项目）投资占比较高，分别为36%、28%和18%。35千伏及以上电网基建项目共7项，其中续建3项、新开工3项、西成客运专线2017年2月开工，建设主变容量共19.6万千伏安，线路长度193.86公里。

电网投资计划的完成　2016年，德阳供电公司电网建设与改造共下达投资计划为64138.3万元，完成投资59618.3万元。其中35千伏及以上电网基建投资计划为13209万元，完成投资8689万元。

2016年35千伏及以上电网基建项目建设规模为：建设主变容量共19.6万千伏安，线路长度193.86公里（西成客运专线剑门关牵引站220千伏供电工程2017年2月开工）。

2016年，德阳供电公司大中型电网基建项目3项（德阳杨嘉110千伏变电站主变扩建工程、德阳中江永安35千伏输变电工程、德阳中江永兴35千伏输变电扩建工程）按照里程碑计划投产，新增线路长度29.14公里，新投变电容量7万千伏安。新开工大中型电网基建项目2项，分别为德阳广汉大塘110千伏变电站增容改造输变电工程、德阳柏隆至略坪35千伏输变电工程。新开工线路长度为16.92公里，新开工变电容量为12.6万千伏安。

【计划管理】强化计划编制和执行过程管控，提升计划工作质效。规范项目储备管理，严控储备进度，6—11月按月组织开展项目储备分析、检查。对综合计划执行情况进行月度分析并定期通报，确保综合计划按时完成。组织开展2016年综合计划调整和2017年预安排项目建议报告、2017年综合计划建议报告的编制工作。开展公司各季度经济活动分析及春、秋季电力市场分析预测、2016年生产经营计划编制工作。每季组织召开公司经济活动分析会，先后围绕线损管控、综合计划执行等开展专题分析，剖析公司生产经营暴露出的问题并提出有效的解决措施。

【财务管理】2016年，国网德阳供电公司财务工作紧密围绕公司的发展战略和年度目标任务，以降本提质增效为导向，以实时管控为手段，以夯实基础为依托，狠抓规范管理和业务支撑，保持了财务管理工作的优质高效。

将“效益提升”作为德阳公司四个“一把手”工程之首，大力开展“效益提升年”活动，以“统筹协调、增供增收、降本增效、提升管理、监督落实”等五个方面为切入点，分解落实77条具体措施，经营效益大幅提升，目标利润超活动计划40.86%。全面清理长期未办理结算的已竣工项目，积极推进工程后期过程管理，完成148个项目工程竣工决算及转资增固工作，超额完成省电力公司10个清理项目的考核目标。配合省电力公司做好成本监审工作，积极对接地方政府，全力协调取得政府支持认可，统筹推动德阳市各县市区同步推进输配电价改革。2016 年 5 月正式完成营财一体化上线，全面实现营财账务同步以及核算业务市级集约，电费精益化管理水平不断提升。深入开展全资公司子改分工作，8 月底顺利完成“子改分”财务账务切换，全面完成“子改分”单位税收清算及注销，按期完成银行账户注销及工商登记注销。以财务实时管控为重点，常态化抓好同业对标管理，财务管理指标 2016 年度并列全川第一。精心挑选财务人员组织备考战队，集中学习，提高应试能力，公司两人入围省电力公司财务竞赛前二十名。持续开展管理创新工作，“以规范化为导向的财务业财融合管理体系建设与实践”获得 2016 年度企业管理创新推广应用成果三等奖，“过程竣工决算‘一全三化’管理策略创新”课题获得 2016 年度企业管理创新成果三等奖。

【农电管理】2016 年，农电工作紧紧围绕总体目标，统筹协调农网改造升级、大修技改资金、农网运维费使用，及时解决农网低电压问题。投入资金 17444.27 万元，完成治理低电压台区 477 个、解决低电压客户 17125 户。加强农电基础管理，推进农村供电所业务委托工作，加大对供电所人力、物力、财力投入；实施“供电所管理提升”工程，进一步提升农村供电所规范化、标准化管理；强化“三本台账”管理工作，进一步深化“包片进村”和农村“五个一”服务；准确了解用户所关心和反映的各类用电问题，持续提升供电所优质服务水平。德阳什邡 10 千伏回和一路新建工程被评为国家电网公司 2016 年配电网百佳工程。

【审计管理】2016 年，共开展专项项目审计工作 5 项，签证审计 1266 项，提出审计建议和意见 174 条，审计意见采纳率 100%，审计决定完成率 100%。组织工程竣工决算审计 11 批次，累计工程审计涉及项目计划资金达 81968.8 万元，核减工程成本近 600 万元。随着“大监督”体系小组的效力显著，公司与集体企业合署办公初见成效，审计协同监督领域得到了稳步拓展。不断创新审计方式，2016 年共出具在线审计报告 4 份，项目在线审计率达 80%，审计信息化应用得到了有力推进。不断深化审计成果应用，在 2016 年评优事项中，编写的 4 项审计案例 1 项获 2015 年度优秀审计案例国网华中分部（公司）三等奖；1 项获省电力公司二等奖；2 项获省电力公司三等奖。1 项审计项目获省电力公司 2015 年优秀审计项目。1 人获得国家电网公司审计先进个人称号，1 人获得四川省电力公司先进个人称号。国网德阳供电公司获得四川省电力审计 2014－2015 年度审计工作先进单位称号。

【安全管理】2016 年，德阳供电公司认真贯彻国家电网公司和省电力公司决策部署，坚持“提能力、强管控、除隐患、固基础”的安全工作思路，深入开展安全管理提升活动，有效运转全过程安全风险管控体系，创新安全监督方式方法，进一步强化安全管控能力，持续提升本质安全水平，促进公司安全基础更加牢固、管控更加到位，为公司安全发展提供有力保障。强化公司安全生产过程管控，有效运转安全生产内控机制，坚持安全生产“月计划、周安排、日管控”，实行分管生产副职签发第一种工作票，明确临时性生产任务安全管控要求。强化安全教育培训，坚持安全管控人员管控能力和员工“三不伤害”能力提升培训，扎实开展“三种人”《安规》培训调考，实行生产作业人员作业前针对性学《安规》对应条款，提高作业人员安全能力。强化各级安全履责能力和安全工作作风建设，坚持开展“两谈一说”活动，扎实开展“三查三强化”专项行动，深入推进隐患排查治理，规范管理人员到岗到位行为要求，每月开展基层单位安全风险评估。开展安全征文活动，举办班组安全论坛，持续提升安全文化影响力。开展人身伤亡事故、防灾减灾无脚本综合应急演练，加强应急物资管理，不断提升应急保障能力。截至 2016 年 12 月 31 日，安全生产局面持续稳定，连续安全生产 4295 天。

【生产管理】220 千伏标准化线路比例 96%，220 千伏精益化变电站比例 88%，20－10 千伏城市配网架空线路绝缘化率 100%，城市综合供电电压合格率 99.999%，农网综合电压合格率 99.58%，生产技改大修项目完成率 96.42%，输电精益化管理指数 92.7 分，变电精益化管理指数 98.05 分，配电精益化管理指数 94.12 分，配网不停电作业指数 98 分，PMS2.0 应用评价指数 79.98 分。

加强全过程技术监督管控，推行技术监督预告警制度、定期报告制度及技术监督竣工验收制度，实现技术监督工作的全过程、全覆盖；稳步推进变电运维一体，编制运维一体化培训手册、标准化工艺工序卡；开展技术培训，参加技能竞赛，获得团体二等奖的佳绩；建立了 5 个运维一体化标准工器具室，购置一辆变电运维一体化车辆。以设备运维工况为导向，以精益化管理为抓手，编制了大修技改项目储备重点，综合基建、迁改、业扩等业务，统筹项目计划储备，实现了大修技改项目计划管控“四提升”，2016 年“生产大修技改计划精益管理项目”获省电力公司一等奖；强化电压质量管理，核查发布电压监测数据，开展电压质量过程监控，布置385台农网电压质量检测仪，完成配网低电压综合整治，城农网综合电压合格率持续保持省电力公司A段。

深入开展设备隐患排查治理，将变电设备从规划、设计、采购、建设、验收、运检、退役等各个阶段的工作与变电精益化评价相结合，对设备进行全过程监控。重点针对避雷针倒塌、断路器拒动、防雷整治、开关柜发热等开展专项隐患排查治理，共计发现各类设备缺陷和隐患188项，已处理126项，其余未处理的缺陷或隐患均制定了措施加以控制。以深化输电线路“六防”工作为重点，降低线路故障停运概率。建立巡检人员、无人机、视频监控立体化巡检平台，对89处关键山火隐患点及50处外破隐患点开展了全方位监视。开展输电线路综合防雷整治，安装220千伏线路避雷器9组及杆塔二次接地，220千伏线路实现无雷击跳闸目标。完善63基杆塔防鸟害措施整治；应用科技手段监测污秽情况并完成5处污闪隐患整治；开展风偏校核并完成了8处风偏隐患整治，公司35千伏及以上输电线路故障跳闸率同比下降了5.7%；完成了配电防雷、防汛隐患排查整治，排查电缆通道278.5公里，发现并处理隐患79处，配网跳闸率同比下降13%；制定《德阳公司设备带电检测三年规划方案》，通过外委及自测方式重点开展GIS超声波、开关柜地电波局放带电检测，同步推广了SF6气体成像带电检测、紫外带电检测等。共计完成带电检测6543台次，发现并处理设备隐患126项次。成立了技术攻关实验室，开展了“手车柜动静触头接触行程测试研究”“手车开关柜触头对中测试研究”“电容器专项治理研究”三个专项攻关课题，其中研制的手车柜接触行程测试仪和对中测试仪填补了国内手车柜接触行程、对中及压力测试的空白。对辖区范围的35千伏电缆(14段3公里)、110千伏电缆（13段10公里）进行电缆路径查询及影像资料收集，开展辖区范围的电缆故障查找工作12次，参与主网电缆工程及用户电缆工程验收22次；启动“30分钟抢修圈”，新增城北片区抢修服务站点，完成抢修力量整合，全面推广“五个一”抢修模式。

【科技与信息化】2016年，德阳供电公司承担科技项目5项，其中省电力公司管理项目3项（牵头1项、配合2项），群创2项，当年费用73万元。公司强化科技创新项目计划管控和过程督导，季度开展跟踪督促并对检查情况进行通报，协调解决项目执行过程中存在的问题，确保项目保质保量按期完成。

2016年，德阳供电公司1项成果参加国家电网公司科技成果评估与对接，正准备转化；1项成果获省电力公司科技进步奖三等奖；1项专利获省电力公司专利发明奖；获省电力公司工人技术创新奖获一等奖1名、二等奖2名、三等奖1名；20项专利取得专利证书（发明专利6项）、29项专利取得受理通知书（发明专利7项）；72篇论文在省级及以上刊物发表，其中核心期刊5篇；完成17项职工技术创新项目成果发布。

【市场服务】2016年，完成并表口径售电量97.79亿千瓦时，同比增加4.45亿千瓦时，增幅4.76%；累计售电均价548.60元/千千瓦时，同比降低9.37元/千千瓦时；累计应收综合电费62.53亿元，电费回收实现11年双结零；安全、服务零事故；2016年营销业绩与管理指标双第一，营销同业对标综合全省连续五年第一。

截至2016年12月31日，全公司（含子改分公司）综合电费收入625274.31万元，同比增加0.05%，当年电费回收率100%。其中：不含代收基金及附加的销售收入576006.07万元，同比下降0.09%。

2016年实施了计量全业务全过程精益化管理。全面量化8大重点环节的过程管理指标；全面完成

8月5日，德阳用电服务宣传进社区 （刘桢 摄）

计量设备资产信息清理工作，计量资产全寿命周期管理规范率达到99%；建立撤旧设备质量问题分析制度；开展计量资产寿命预测，提升计量资产效率；开展计量投诉、故障抢修、采集建设应用中发现的计量设备质量问题的统计与分析，强化计量问题整

改闭环管理。2016年转变了计量传统的关口运维管理模式，深化了关口计量装置运行状态监控管控，加强了关口计量装置技术监督和隐患排查治理，建立关口运行状态评价机制；建立了关口与采集协同工作机制，提升现场技术服务和业务管控质效；加快推进关口计量装置在线检测与状态评价建设，提升关口智能化运维水平。加快智能电表和采集系统安装调试，实现城区智能电表全覆盖，有序完成15.1万只。加强采集新功能建设，深化采集实用化应用，客户远程购电取得突破，建成市公司层面采集监控管理工作组。实现专变全采集 6270 户，全采集率99.15%；低压采集147.6万户，采集率98.39%；公变采集15496台，采集成功率99.11%，2016年计量同业对标指标管控有力取得了全省排名A段的优异成绩。

重点做好“新增大客户和工业园区落地服务”一把手工程，以建立“业扩三本台账”为主线，搭建与客户用电需求、营销业务办理、电网规划及配套建设三座“连心桥”，以优质超前的服务争取更多新客户；进一步简化业务受理手续，严格执行“一证受理”“首问负责制”和“一次性告知”等相关要求，实行全业务“免填单”服务，推行“一次临柜”，对补（换）卡业务实行“零证办理”，对暂停、恢复等业务实行“预约服务”；进一步简化业务办理手续，全业务全流程实行一个业务章、一个合同章，取消客户投运手续办理，严格执行“集中会商制”和“现场办结制”；严格落实省电力公司业扩出资建设界面新规，理顺业扩各配套工程环节，优化细节

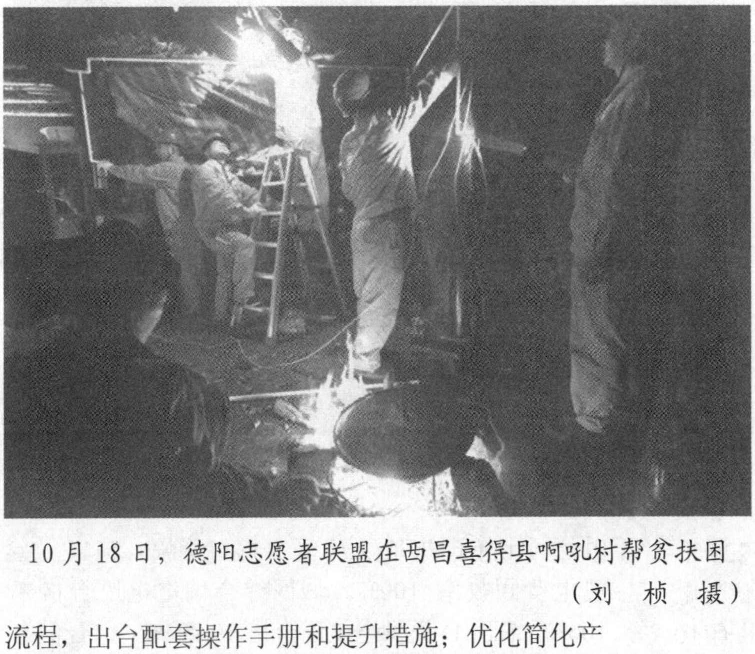

10月18日，德阳志愿者联盟在西昌喜得县啊吼村帮贫扶困

（刘 桢 摄）

流程，出台配套操作手册和提升措施；优化简化产权移交流程，加快移交进度，排查大小不同的“一户一表”居民小区1994个，形成三个排查清册，签订正式移交协议413个，新上小区全部签订移交意向协议；快速推进国有企业“三供一业”移交工作开展，目前清理出的26家企业全部签订框架协议，二重、东电等大型国有企业70%以上居民户数已完成正式移交；严控业务线下流转和业扩时限，2016年是业扩报装政策及业务流程大变革的一年，在变更期间，业务平稳推进，未出现超时业务，业务各环节时限合格率100%；全面落实全流程管控平台，开展全流程管控平台试点工作，配合省电力公司迎接国家电网公司全流程管控平台检查；严格控制辅助决策报表质量，2016年辅助决策业扩报表无扣分项；组织完成新装、增容用户52704户，总计容量105.54万千伏安，其中：高压用户596户，容量46.81万千伏安；低压用户52108户，容量58.73万千伏安。

【党的建设和精神文明建设】“两学一做”学习教育开展中心组学习15次，深入学习习近平总书记系列重要讲话，班子成员研讨发言、讲授专题党课14次。结合十八届六中全会、国有企业党建工作会精神，开展专家辅导讲座，形成理论调研文章、管理创新成果29项，积极推动理论成果转化，“学”的基础进一步打牢。深入开展“三亮三比”和“走基层、解难题、办实事、惠民生”主题活动，引导党员在工作中比业绩、做贡献。对照“四讲四有”要求，制定合格党员标准210条，设立党员示范岗176个。广大党员在“四个一把手”工程、提质增效等重点工作中亮职责、做表率，以实际行动践行合格党员标准，知行合一“做”出成效。

从严治党持续深化 顺利召开公司第一次党代会，选举产生第一届党委委员和纪委委员，基层党组织按期完成换届选举，完成基层书记党建工作专项述职。规范党内政治生活，“三会一课”有效落实，召开组织生活会、党课550余次。构筑坚强堡垒，深化“结对共建”活动，持续做好“支部晋级”，支部活力全面提升。4个集体获评省电力公司“先进基层党组织”。完成党员数据清查，建立“一卡一表”档案。规范党员发展程序，新发展党员19名，预备党员转正21名。创新开展“党员三问”、党课展示等教育活动，党员党性修养和宗旨意识全面增强。举办“两学一做”微宣微讲竞赛，获省电力公司二等奖。深化“党员评星”，落实党员作用发挥“五个一”措施，1672

名在职党员践行公开承诺，获评省国资委优秀党员1名，省电力公司优秀党员5名。强化责任落实，细化党委工作目标分解，制定57项措施，做到党建工作年初有部署、季度有督促、年终有检查，确保党建工作有序推进。与基层党组织签订目标责任书，推动党建工作责任制有效落实。健全完善党团活动室26个，阵地建设持续加强。开展政工队伍专项调研，举办党务工作培训6次，队伍素质能力持续提升。

企业文化　实施卓越文化传播，全面推进文化长廊建设。创作“诚信、责任、创新、奉献”主题绵竹年画，实现核心价值观有形传播。以群众化、实践化、深层化、典型化、活力化为着力点，构建“五化”文化落地新模式，获评省电力公司管理创新成果三等奖。

精神文明　实施以德育企，深入开展特色道德讲堂活动，评选表彰10名“企业好人”，2名员工获评省电力公司“文明新风奖”。3个基层单位建成省电力公司双十佳、省级最佳和省级文明单位，实现县公司省级文明单位全覆盖。建立鲁鹏志愿者联盟，开展“学雷锋纪念日”“国际志愿者日”等主题活动32次，受到市委主要领导高度肯定。

【所属供电企业】德阳供电公司有所属供电公司11家：国网广汉市供电公司、国网什邡市供电公司、国网绵竹市供电公司、国网罗江县供电公司 、国网中江县供电有限责任公司 、国网什邡市供电有限责任公司 、国网德阳市孝泉供电有限责任公司、国网罗江县供电有限责任公司、国网四川省电力公司德阳市绵东供电公司、德阳明源电力（集团）有限公司、德阳市三新电力服务有限公司。

【国网广汉市供电公司】国网广汉市供电公司是国网德阳供电公司的直属公司，其前身是成立于 1962 年的成都供电公司广汉供电所，1984年隶属国网德阳供电公司，供电服务范围包括广汉市 18 个乡镇及中江县古店乡，供电面积584.8平方公里，供电人口61.07万人，用电客户27.3万户。2016年累计完成售电量 22.35 亿千瓦时，同比增加 8.95%；实现销售收入14.56亿元，售电均价601.08元/千千瓦时，电费回收率 100%，综合线损率4.67%，人才当量密度1.0219。辖区内有220千伏变电站2座，110千伏变电站11座，35千伏变电站1座，主变总装容量1571.5MVA。辖区内共有10千伏线路145条，总长度1424.39公里，其中公用线路104条，长度1345.04公里，专线41条，长度79.35公里。辖区内公用配电变压器2049台，总容量43.265万千伏安，其中城网公用配 电变压器205台，总容量 7.58 万千伏安，农网公用配电变压器1844台，总容量35.685万千伏安。2016年，该公司城网综合供电可靠率99.957%,农网用户供电可靠率 99.816%，城市综合电压合格率 99.999%，农网综合电压合格率99.993%。

【国网什邡市供电公司】什邡市供电公司成立于1985年2月，是德阳供电公司直属二级供电机构。担负着什邡市城区及马井、马祖、双盛、禾丰、元石、皂角、回澜、彭州三界8个乡镇、102个行政村的供电任务。2016年公司累计完成售电量14.38亿千瓦时；售电均价 499.57 元/千千瓦时；电费回收率100%；综合线损率为线损率2.89%；辖区内共有35千伏及以上变电站11座，其中：500千伏变电站1座，220千伏变电站2座，110千伏变电站7座，35千伏变电站1座，变电总容量为323.51万千伏安。什邡电网共有10千伏线路66条，共计575.609公里。截至2016年12月31日，该公司已实现连续安全生产4284天。

【国网绵竹市供电公司】国网绵竹市供电公司是德阳供电公司管辖的二级供电企业。供电范围包括绵竹市城区及17个乡镇。企业固定资产4.84亿元。2016年全口径累计完成售电量17.14亿千瓦时，同比增长11.43%；累计售电均价为501.23元/千千瓦时，同比降低 7.66 元/千千瓦时，降幅 1.51%；实现电费回收率 100%。城网综合供电电压合格率100%，农网D类供电电压合格99.994%；综合供电可靠性99.7618%；综合线损率为4.61%。截至2016

12月27日，德阳检修公司二次班安全学习

（刘　桢　摄）

年 12 月 31 日累计连续安全生产 5780 天。

绵竹电网以 2 座 220 千伏变电站为电源和电压支撑，通过 7 座 110 千伏变电站及 4 座 35 千伏变电站，向绵竹市城区及 17 个乡镇，共计 5.54 万户城市用电客户和 15.41 万户农村用电客户供电。该公司供区内共有 220 千伏输电线路 9 条，110 千伏线路 30 条，35 千伏线路 15 条，10 千伏线路 78 条。10 千伏公用配电变压器 2361 台，其中 10 千伏城网配电变压器 315 台，10 千伏农网配电变压器 2046 台。辖区内 10 千伏公用线路总长 1214.9 公里，其中城网 161.0442 公里，农网 1053.8558 公里。10 千伏城网线路绝缘化率 100%，21 条线路全部实现手拉手供电，手拉手供电比例达 100%；农网 57 条线路中 45 条线路实现手拉手供电，手拉手供电比例为 78.9%；全公司城农网线路手拉手供电比例达到 84.6%。

2016 年，国网绵竹市供电公司荣获省电力公司"先进基层党组织"、省电力公司 2014—2016 年度"十佳文明单位"等荣誉。

【国网罗江县供电公司】国网四川省电力公司罗江县供电分公司于 1993 年 7 月组建，担负着罗江县城及 10 个乡镇，以及绵阳安县永河镇的供电任务，供电面积 480 平方公里、供电人口 26 万余人。该公司现有各类用电客户 98791 户，其中大宗用电客户 90 户，供区所属四川省金路树脂有限公司为德阳公司第一大客户。2016 公司完成售电量9.31亿千瓦时；售电均价 493.48 元/千千瓦时；综合线损率为 3.41%；并实现连续 20 年电费回收率、解交率 100%。截至 2016 年 12 月 31 日，实现安全生产 8558 天。

公司电网基本情况：供区内共有变电站 12 座，其中 500 千伏 2 座、220 千伏 1 座、110 千伏 4 座、35 千伏 5 座，220 千伏及以下变电总容量 69 万千伏安。现有 35 千伏及以上输电线路 163.5 公里。罗江配网共有 10 千伏线路 795 条 809 公里，其中主线 44 条（实现手拉手供电 27 条）；低压线路 2650 余公里。配电变压器 1485 台，总容量 28.03 万千伏安。

3 月 20 日，德阳供电公司举办员工广播体操比赛

（刘　桢　摄）

【国网中江县供电有限责任公司】国网四川省电力公司中江县供电分公司前身是德阳电业局中江供电公司，2005 年四川省电力公司 80%控股，2014 年开展股权上划工作成为省电力公司全资子公司，2016 年开展"子改分"工作成为省电力公司县级分公司。2016 年公司完成售电量 8.08 亿千瓦时，同比增长 14.53%，达到历史新高；售电均价（不含税、不含基金）完成 535.24 元/千千瓦时；累计应收电费 5.32 亿元，电费回收率 100%；综合线损率 9.23%，同比降低 0.9%，比年度指标降低 0.82%，实现历史性突破。辖区内有 35 千伏及以上变电站 17 座，其中 220 千伏变电站 1 座，110 千伏变电站 6 座，35 千伏变电站 10 座。35 千伏及以上输电线路 465. 587 公里，其中 220 千伏线路 51.366 公里，110 千伏线路 248.79 公里，35 千伏线路 165. 431 公里，10 千伏线路 3385. 54 公里。截至 2016 年 12 月 31 日，该公司已连续安全生产 3803 天。

【国网什邡市供电有限责任公司】国网四川什邡市供电有限责任公司前身为民营控股的什邡明珠电力有限责任公司，2009 年 1 月改制为四川省电力公司控股的国有控股公司，并由德阳供电公司管理。2015 年 9 月，公司完成全国资改革。

该公司供电区域面积 622 平方公里，约为全市行政区域的 72%，主要分布在山区和沿山区，共有用电客户 79107 户，其中专变用户 400 户，装接容量32.78万千伏安，供电量约占全市用电量的 50%。下辖 15 个变电站，其中 110 千伏变电站 3 个，35 千伏变电站 12 个（变电总容量 51.8 万千伏安），现有 110 千伏线路 7 条共 73 公里，35 千伏线路 23 条共 147 公里，10 千伏线路 54 条共 701 公里。2016 年，该公司实现售电量 7.6 亿千瓦时；售电均价 491.54 元/千千瓦时（不含税）；电费回收率为 100%；综合线损率为 4.02%；该公司累计应收综合电费 3.76 亿元，实收 3.76 亿元，欠费 0 万元，电费回收率 100%，电费解交率 100%。

【国网德阳市孝泉供电有限责任公司】孝泉供电有

限责任公司原为乡镇企业，2001年德阳明源集团控股，2009年省电力公司控股（注册资本500万元，由两大股东组成：省电力公司持股83.49%，绵竹孝德水电公司持股16.51%）。2012年3月，绵竹孝德水电公司将持有股份转让给四川省电力公司，孝泉供电公司成为省电力公司的全资子公司。2016年7－12月，通过省市公司“子改分”，孝泉供电公司完成从省电力公司全资控股工资到德阳市孝泉供电分公司的历史性转变。

该公司现辖供电营业区域110平方公里，担负着德阳市旌阳区孝泉镇、绵竹市孝德镇供电任务，用电户数3.2万户，供电人口约10万人。该公司的主供电源点是110千伏孝泉变电站。备用电源点是绵竹供电有限公司的110千伏麻柳站35千伏柳东线。公司现有35千伏变电站共3座，总容量为3.86万千伏安。公司现有35千伏线路25.34公里,10千伏配电线路244公里，0.38/0.22千伏配电线路610公里，配变508台，总容量9.526万千伏安。供区内有小水力发电站13座在公司并网，总装机2758千瓦。

2016年1－12月售电量完成9148.3479万千瓦时，完成年计划0.95亿千瓦时的96.30%，同比减少6.85%；1－12月购电均价（含税含基金）：393.04元/千千瓦时，同比降低0.68%；售电均价（含税含基金）：644.10元/千千瓦时，同比下降0.90%；供电综合线损率6.10%，比计划数6.20%下降0.10个百分点，同比下降0.04个百分点；电费回收率和解交率100%。2016年，未发生人身、电网、设备事故，未发生交通、火灾事故。已连续安全生产5661天。

11月22日，德阳供电公司志愿者为老人过集体生日

（刘 桢 摄）

【国网罗江县供电有限责任公司】国网四川罗江县供电有限责任公司，其前身为罗江县水电厂，始建于1958年，1999年改制为罗江县星光电力公司，2003年1月与德阳明源电力（集团）有限公司资产重组，成立德阳罗江明源电力有限责任公司。2009年1月，正式被四川省电力公司控股，由原“德阳罗江明源电力有限责任公司”更名为“四川罗江供电有限责任公司”。2013年9月按照省电力公司要求更名为“国网四川罗江县供电有限责任公司”。该公司供区面积57平方公里，辖3个乡镇、9个行政村，供电人口4万余人。2016年11月28日圆满完成民营股本退出工作任务，为实现全资子公司迈出了坚实的第一步。截至2016年年底，该公司注册资本423万元，四川省电力公司占股100%。

该公司拥有10千伏开关站1座，10千伏配电线路78.306公里，0.4/0.22千伏线路66.151公里。10千伏配电变压器203台，总容量89105千伏安。实现供电可靠率99.94%，电压合格率99.997%。现有营业户数1.49万余户，2016年完成售电量6959.35万千瓦时，线损率为5.64%，售电均价546.56元/千千瓦时，全员劳动生产率24.4574万元/人·年，实现电费回收率100%。截至2016年12月31日，累计安全生产5110天。

【国网四川省电力公司德阳市绵东供电公司】国网四川省电力公司德阳市绵东供电公司于2016年7月成立，吸收合并原国网四川绵竹市供电有限责任公司，企业类型为全名所有制分支机构（非法人）。该公司主要供电区域为绵竹市清平乡、天池乡全部区域和拱星镇、汉旺镇、兴隆镇以及东北镇部分行政区域，营业供电面积约360平方公里。截至2016年年底，公司网内现有2×2500千瓦水力发电站1座；110千伏变电站2座，变电容量12.15万千伏安；35千伏变电站6座，变电容量5.82万千伏安；110千伏线路13.331公里，35千伏线路57.337公里。

2016年，该公司完成销售电量3.4亿千瓦时，比2015年同期增长了12.56%，累计实现总收入13999.06万元；综合网损1.9%；农网综合电压合格率99.987%；供电可靠率99.884%；两票合格率、标准化作业执行率、检修计划及抢修工作完成合格率、缺陷处理率均达到100%；大修、技改项目完成率100%，工程竣工决算办结率100%。截至年底实现安全生产4749天。

【德阳明源电力（集团）有限公司】德阳明源电力（集团）有限公司（下称：明源集团）成立于2000年8月，注册资本7000万元。下辖德润电建分公司、广汉电建分公司、绵竹电建分公司、什邡电建分公司、罗江电建分公司等 12 个分公司和德为电力有限责任公司、明瑞物业管理有限公司 2 个子公司，共计 14 个分、子公司，为四川省电力公司主办并授权德阳供电公司代为履行监管职责的集体企业。

2016 年，共签订合同 649 项，金额 4.34 亿元。成功中标成都天府新城 10 千伏万州路线路新建工程、广元赤化至剑门关牵引站 220 千伏线路工程、南充搬罾 220 千伏开关站扩建工程等项目。2016 年，全年在建异地工程项目 19 个。成功获取贡嘎 110 千伏变电站改扩建工程等 3 个项目，实现省外市场“零突破”。截至 2016 年 12 月 31 日，实现连续安全生产 5989 天。

【德阳市三新电力服务有限公司】德阳市三新供电服务有限公司于 2012 年 8 月 20 日正式挂牌成立。公司下辖 7 个分公司，截至 2016 年 12 月 31 日，实现连续安全生产 1588 天。2016 年，该公司完成了农村供电所业务委托工作，全年没有发生人身伤害事故、设备事故、重大火灾事故、负同等及以上责任重大交通事故、负同等及以上责任的农村触电伤亡事故；售电均价、线损率、电费回收率、电压合格率、供电可靠率全部完成上级规定指标。

（伍　盛、刘　桢）

国网眉山供电公司

【企业概况】国网四川省电力公司眉山供电公司(以下简称国网眉山供电公司)于 2001 年 12 月 26 日随眉山建市而成立，是四川省电力公司下属特大型一类供电企业，经营区域覆盖全市一区五县及成都部分地区，供电范围 7390 余平方公里，服务人口 360 余万人。该公司成立以来，把自身的发展与眉山地方经济高速发展相结合，围绕建设电网坚强、资产优良、服务优质、业绩优秀的“一强三优”现代公司的战略目标，不断提升企业综合实力，在为地方经济社会持续快速发展提供可靠能源电力保障的同时，自身也得到了快速发展。该公司先后荣获全国“五一劳动奖状”、全国电力行业优秀企业、全国职工职业道德建设标兵单位、国家电网公司先进集体、省电力公司“四好班子”、“红旗党委”等荣誉称号，并涌现出全国“五一巾帼标兵岗”“四川省劳模”“五一劳动奖章”、国家电网公司劳模等一大批模范人物和先进典型。

8 月 21 日开展变电站特殊巡视

（张雨薇　摄）

2016 年是“十三五”规划开局之年，该公司改革发展极不平凡的一年。面对复杂严峻的形势和艰巨繁重的改革发展任务，公司上下团结一心，坚决贯彻省电力公司和市委、市政府各项决策部署，狠抓效益提升，各方面工作取得显著成绩，实现了“十三五”良好开局。2016 年，该公司完成固定资产投资 6.97 亿元，同比减少 45.82%，其中电网投资 6.36 亿元；完成售电量 73.98 亿千瓦时，同比降低 5.06%；实现营业收入 32.43 亿元，同比降低 7.97%；完成线损率 6.31%；截至 12 月 31 日，眉山电网实现连续安全运行 2852 天。该公司同业对标综合排名位列省电力公司第四名，业绩考核被评为 A 级。眉山公司继续保持“全国文明单位”光荣称号，荣获省电力公司 2016 年度“先进单位”、“先进基层党组织”和 2014—2016 年度“双佳文明单位”等荣誉称号。

【人力资源】国网眉山供电公司有长期职工 1745 人。其中，博士生 2 人，硕士研究生 196 人、大学本科 1287 人、大专学历 178 人、中专学历 41 人；具有高级职称的有 101 人、中级职称的有 282 人、初级职称 808 人。

【安全生产】2016 年，眉山公司本质安全建设扎实推进，各级安全责任压紧压实。深化安全管理提升，建立差异化安全管控机制，制定实施“两谈一说”等 4 项管理办法。深刻吸取西安“6 • 18”、丰城“11 • 24”事故教训，深化“三查三强化”安全专项行动和反措落实专项整治，治理隐患 5179 项。狠抓现场安全管控，“四不两直”查处违章 927 项。预警管控七级及以上电网风险 88 次。成功应对雨雪冰冻、防雷度汛和夏季负荷屡创新高的严峻考验，圆满完成第九届中国竹文化节、第八届东坡泡菜博览会等重大活动保电任务。眉山公司荣获省电力公司 2016 年度安全先进单位称号。

【经营管理】2016 年，眉山公司落实提质增效“三十条”举措，全年新增接电容量 86.67 万千伏安，完成替代电量 1.5 亿千瓦时，促成省内首家化工企业实现煤改电。构建“四位一体”电费风险防控体系，做实“一户一策”预控方案，回收陈欠电费 151.69 万元，当年电费回收实现“双结零”。积极争取一般工商业调价政策，累计减损 900 余万元。深化营销稽查及量价费损在线监测，发现异动 489 项，堵漏增收 46.1 万元。日常非生产成本下降 15%。全年审减各类投资 424 万元。突出抓好降损增效，台区线损合格率同比上升 10.44%，创新技术手段提升效益 516 万元。计量采集成功率 98.5%，营配贯通目标顺利实现。

【电网建设与发展】2016 年，眉山公司固化“十三五”电网规划成果，779 个项目纳入国网规划库，

11 月 20 日，眉山公司农网工程升级改造现场（张雨薇　摄）

促成省电力公司与眉山市政府签订战略合作协议。积极配合川渝第三通道、东坡 500 千伏变电站第三台主变扩建等前期工作，取得项目核准及可研批复 6 项。大力推进小城镇（中心村）、“井井通电工程”建设，完成 268 个中心村、774 眼机井电网改造任务。全面竣工新增农网建设项目，现存“低电压”问题全部消除，农村户均容量提升到 1.64 千伏安。盘鳌垃圾发电厂 110 千伏送出工程等 5 个 35 千伏及以上项目建成投产，新增线路 32.6 公里、变电容量 6.63 万千伏安。桂林 110 千伏新建和视高 110 千伏扩建工程均被评为国家电网公司和省电力公司优质工程。

【优质服务】2016 年，眉山公司开辟供电服务“绿色通道”，甘眉园区供电服务部正式运营服务。大力开展体外循环专项治理，整改问题 290 项次，业扩服务质量明显提升。新增“兼职客户经理”23 名。换装居民智能电表 8.08 万只，智能电表覆盖率达到 96%。积极推广手机 APP 远程购电业务，“掌上川电”注册用户突破 20 万户。全市自收和代收网点达到 2071 个，即时缴费模式初步形成。常态开展供电服务明察暗访，43 个服务窗口实现“零投诉”，共产党员服务队连续十三年实现满意率 100%。主动服务民生改善，老旧小区资产接收、“三供一业”分离改造和“多表合一”集采集抄取得阶段性成果。

【改革创新】2016 年，眉山公司积极落实电改要求，密切多方沟通协调，全力维护正常电力市场秩序。高效完成 4 家县公司“子改分”工作。大力推进集体企业改革改制，注销、合并集体企业 3 户，股权转让 1 户。建立“六位一体”创新管理体系，成立雄鹰创新攻关团队，完成 21 项创新课题研究。健全联合攻关机制，深化与四川大学、华为公司等单位战略合作，建成首张基于两兆的智能光传输网。荣获省电力公司、省企联管理创新成果表彰 14 项，其中一等奖 5 项；“避雷器带电测试引流钳研制”QC 成果获国家电网公司二等奖；《“一乡一品”为地方经济发展定制供电方案》入选国家电网公司社会责任根植项目案例选编。

【三个建设】2016 年，眉山公司扎实开展“两学一做”学习教育，高效完成公司各级党组织换届选举。实施党建工作专项述职评议，基层党建全面加强。“微宣微讲”、支部书记讲党课分获省电力公司竞赛二等奖。创新开展“结对共建连心桥”工作，55 个党支部实现全面共建提升，得到市委书记李静的充分肯定。积极推进党风廉政“一岗双责”季度检查，配合完成省电力公司党风廉政巡察，暴露问题全部有效整改。扎实开展四个专项监督，整改问题风险 28 条。新建共产党员志愿者“心连心”服务站 18 个。仁寿公司党

员服务队正式揭牌。建立干部考核末位警示和集中学习提升机制，提拔交流中层干部 50 名。强化全员培训提升，创新实施班组长“士官计划”，新增国家电网公司优秀人才 1 人，省电力公司优秀人才 2 人。开展“强作风 提质效 创三优”专项活动，本部作风明显改善。以“四心”“八进”“卓越文化进部室”为载体，深入推进“五统一”企业文化落地。创建省电力公司五星班组 8 个；信通运检班、输变电公司实验化验班分别被评为“全国质量信得过班组”“全国优秀 QC 小组”；共产党员服务队被评为省电力公司标杆班组，实现省电力公司标杆班组“零”的突破；公司获评省电力公司“班组建设先进单位”。举办“眉电好声音”“部室大讲堂”“班组大讲堂”等活动，开展“建功新农网 服务新农村”等劳动竞赛，发展“正能量”加速汇集。成功承办省电力公司法治企业知识竞赛，荣获团体二等奖。公司被评为眉山市 2011－2015 年度“法制宣传教育先进单位”。收集落实提案建议 94 条次。落实退休“两项待遇”，严格保密、信访和维稳责任，保证了企业和谐稳定。

【所属县级供电企业】眉山供电公司所属供电企业有：国网四川省电力公司仁寿县供电分公司、国网眉山市彭山供电公司、国网四川省电力公司洪雅县供电分公司、国网四川省电力公司丹棱县供电分公司、国网四川省电力公司青神县供电分公司。

【国网四川省电力公司仁寿县供电分公司】国网四川省电力公司仁寿县供电分公司主要担负着仁寿县境内 60 个乡镇、588 个行政村、167 万人口的工农业生产和人民生活的供电任务，负责依法经营、管理、规划供区电网。该公司现有固定资产总额 18.18 亿元；拥有 35 千伏及以上变电站 25 座，容量 157.06 万千伏安（其中 220 千伏变电站 2 座，110 千伏变电站 9 座，35 千伏变电站 14 座）；35 千伏及以上输电线路 52 条，总长 599.2 公里（不包括 220 千伏线路和用户线路）；10 千伏配变 5674 台（其中公变 4436 台，专变 1238 台），农村低压线路 18839 公里（不含借田）；用电客户 52.3 万户，其中仁寿城区客户 4.7 万余户，农村客户 47.6 万余户。2016 年，该公司全年售电量历史性突破 14 亿大关，达到 14.08 亿千瓦时，同比增长 13.01%，增速位居眉山公司第一；实现销售收入 8.02 亿元，同比增长 9.81%；电费回收率 100%；完成综合线损 9.36%，较考核指标低 0.04%；售电量和销售收入均创历史新高。安全生产稳步推进，截至 2016 年 12 月 31 日，仁寿电网实现连续安全运行周期 5479 天。

【国网眉山市彭山供电公司】国网眉山市彭山供电公司是国网四川省电力公司下属分公司，担负着彭山区凤鸣镇、彭溪镇等 13 个乡镇的供用电管理任务，供电面积 463 平方公里。供区内用电客户 15 万余户，乡、村、农户通电率 100%。管辖变电站及开闭所 16 座，其中 220 千伏变电站 2 座；110 千伏变电站 6 座；35 千伏变电站 4 座，10 千伏开闭所 4 座，变电总容量 108.12 万千伏安。供区内电源结构合理，较好地满足了彭山区工农业经济发展和城乡人民的用电需求。该公司 2016 年完成售电量 6.3 亿千瓦时，同比减少 4.67%；综合线损率 5.9%，同比增加 0.52%；售电均价 0.6578 元/千瓦时（含税），同比减少 1.69%。全年完成电网投资 9599.97 万元。新增业扩报装容量 3.73 万千伏安。截至 2016 年 12 月 31 日，彭山电网实现连续安全运行 5478 天。

【国网四川省电力公司洪雅县供电分公司】国网四川省电力公司洪雅县供电分公司位于四川省眉山市洪雅县县城，是一个集发、供、输、配、用电于一体的企业，担负着洪雅县 15 个乡（镇）中的 12 个乡（镇）供电任务，供电范围 809 余平方公里，用电户数 87411 户，供区人口 25 万人。该公司现有水电站 4 座，发电装机总容量 27200 千瓦（其中：王关电站 2×6300 千瓦，柳新电站 4×1250 千瓦，石河电站 2×2800 千瓦，高风山电站 2×2000 千瓦）。35 千伏及以上变电站 6 座，变电容量 60.5 万千伏安；35 千伏及以上线路 9 条，总长 121.3 公里。2016 年，该公司完成售电量 4.64 亿千瓦时，同比增长 5.92%；发电量 1.45 亿千瓦时，同比下降 0.73%；线损率 9.87

3 月 22 日，眉山公司职工夜间抗洪抢险

（张雨薇　摄）

%，同比下降 0.33 个百分点；电费回收实现 100%；截至 12 月 31 日，该公司电网实现连续安全运行 3837 天。

【国网四川省电力公司丹棱县供电分公司】国网四川省电力公司丹棱县供电分公司于 2016 年 7 月 5 日成立，是四川省电力公司所属分公司，经营区域覆盖全县五镇两乡，供电范围 448.9 平方公里，服务人口 16.36 余万人。截至 2016 年 12 月 31 日，该公司拥有 110 千伏变电站 3 座(丹棱站、何场站、木林站)，主变 5 台，容量 21.3 万千伏安；35 千伏变电站 2 座（杨场站、中隆站），主变 3 台，容量 2.43 万千伏安；110 千伏输电线路 16.309 公里；35 千伏输电线路 77.932 公里；10 千伏及以下配电线路 5082.17 公里，专公变 1111 台 19.402 万千伏安。丹棱电网形成了以三座 110 千伏变电站为支撑，以 35 千伏及以上输电线路为骨干网的双电源供电格局。用户数为 6.39 万户，其中居民用户 5.66 万户，大工业用户 80 户，2016 年公司售电量为 4.84 亿千瓦时，综合线损率为 4.72%。

【国网四川省电力公司青神县供电分公司】国网四川省电力公司青神县供电分公司坐落在眉山市南部青神县城东振兴路，担负着青神境内 10 个乡（镇）、153 个村、979 个经济社及周边地区乐山市区、眉山、井研、夹江、仁寿等县部分村社的供电任务。现有 110 千伏变电站 2 座（兰店站、青竹站），总容量 14.3 万千伏安；35 千伏变电站 2 座（罗坝站、穆家埂站），总容量 1.6 万千伏安。公用配电变压器 794 台，总容量 15.55 万千伏安；辖区内有 110 千伏线路 4 条，线路长度 70.69 公里；35 千伏线路 4 条，线路长度 30.69 公里；10 千伏配电线路 24 条，线路长度 794 公里。2016 年，该公司完成电网建设投资 1.25 亿元，供电量 3.58 亿千瓦时，售电量 3.12 亿千瓦时，全网综合线损率为 5.25%，实现电费回收率和解交率 100%。未发生生产性人身、电网、设备、火灾、交通事故，截至 2016 年年底，实现连续安全生产 5377 天。

（税秀花）

国网四川雅安电力（集团）股份有限公司

（国网雅安供电公司）

【企业概况】国网四川雅安电力（集团）股份有限公司前身为西康康裕公司雅安水力发电厂，成立于 1942 年，2008 年年底公司由国网四川省电力公司控股管理，现为国网四川电力特一型企业。该公司集发、供电于一体，电网规模居全省第五位，承担着雅安市六县两区的供电任务，供电面积 1.53 万平方公里，拥有供电客户 63.5 万户。公司本部设 11 个职能部门、8 个业务支撑机构，下辖 8 个县级供电公司，其中：国网雅安电力（集团）公司雨城供电公司为雅电集团分公司，国网四川荥经县供电有限责任公司、国网四川雅安市名山供电有限责任公司、国网四川天全县供电有限责任公司、国网四川汉源县供电有限责任公司、国网四川芦山县供电有限责任公司、国网四川宝兴县供电有限责任公司为雅电集团全资子公司，四川富源电力股份有限公司为雅电集团控股子公司。拥有雅电发电公司、蜀能公司、雨都饭店等 3 个专业化公司和集体企业科元公司。

10 月 18 日，雅安首条纯电动在线快充公交示范线开通仪式上，雅安市委副书记、市长兰开驰充分肯定雅电集团的电力保障工作　（熊德兵　摄）

国网四川省电力公司雅安供电公司成立于 2005 年 12 月 23 日，系省电力公司的分公司，主要负责省电力公司在雅资产的建设、运行、维护和管理，负责对雅电集团进行电量趸售和结算。2009

年3月起，雅安公司领导班子和员工以整体对口援建的方式，到雅电集团任职、工作，参与雅电集团的经营管理，雅安公司所属电网设备的运行、维护工作委托雅电集团实施。雅安公司下设8个职能部门、2个业务支撑和实施机构，无直管供电公司等二级单位。

截至2016年年底，雅安电网拥有500千伏变电站2座，变电容量375万千伏安，500千伏线路18条共计2265公里。公司（雅电集团和雅安公司）所辖35千伏及以上变电站101座，主变容量616万千伏安，其中：220千伏变电站9座，主变容量264万千伏安；110千伏变电站40座，主变容量312万千伏安；35千伏变电站52座，主变容量40万千伏安。管辖35千伏及以上输电线路共计2988公里，其中：220千伏线路459公里，110千伏线路1192公里，35千伏线路1337公里。10千伏配变台区7563个，10千伏线路5728公里。雅安电网位于“九石雅”水电送出通道，网内小水电分布广泛，是一个典型的有源网络。网内并网电站643座、装机容量185万千瓦，其中雅电集团自有电站32座、装机容量14.06万千瓦，分布于四县一区（荥经县、汉源县、宝兴县、芦山县、雨城区），装机容量在4000千瓦以上的电站有11座。

2016年，雅电集团完成全口径售电量86.36亿千瓦时，同比增长4.13%；完成固定资产投资5.76亿元；综合线损率5.69%，同比下降0.04个百分点；实现营业收入24.86亿元；利润总额超额完成年度目标；上缴税金3.8亿元，同比增加23.78%；资产负债率74.63%，同比下降1.56个百分点；流动资产周转率4.07次。业绩考核和同业对标分列省电力公司系统第12位和第16位。全年未发生受省电力公司考核的安全、服务、稳定、廉政事件。

【人力资源】截至2016年年底，雅安公司（雅安公司和雅电集团）全口径用工总量4044人（含石棉县政府派遣1人），离退休退职人员1065人。按用工形式划分，长期职工3467人，劳务派遣577人。员工平均年龄为43岁。该公司全口径劳动生产率40.63万元/人·年；人才当量密度0.9092，同比提升0.024，“三无”人员全面消除。

2016年，雅电集团充分发挥教育培训“一中心两基地”作用，全年举办培训班462期，参培人员达9500余人次，342人实现学历、职称或技能等级提升，队伍综合素质得到有效提升。竞赛调考实现新突破，获得团体奖项4个，4名员工受到表彰，其中1人取得国家电网公司调考第四名的优异成绩。

【电网建设与发展】2016年，雅安公司紧密结合雅安经济社会发展需求，编制完成《雅安市“十三五”新一轮农村电网改造升级规划》。加强重点项目属地协调，500千伏雅安送出加强工程项目前期进展顺利。提前开展前期工作，110千伏雨城严桥输变电工程等8个项目取得核准批复。电网灾后恢复三年累计建成项目106个、完成投资11.6亿元，顺利实现“三年基本完成”目标。严控电网建设进度和质量，名山110千伏永兴输变电工程等7个项目开工建设，黄岗220千伏变电站扩建工程等10个项目竣工投运，川藏铁路雅安牵引站110千伏供电工程进展顺利。完成发输变电设备大修项目45个、技改项目57个、配网建设改造项目4个。天全公司生产调度综合楼等8个小型基建项目竣工投运。

【经营管理】2016年，雅安公司积极应对经济下行和工业结构转型升级压力，扎实推进“效益提升年”活动，多措并举提升经营效益。努力增供扩销，完成业扩报装容量88.8万千伏安，同比增长24.6%。大力实施电能替代，完成电能替代电量1500余万千瓦时，超过年度目标2.1倍。加强自有电站运维管理，自发电量达6.32亿千瓦时，同比增长15.15%。强化经济调度，约1.84亿千瓦时电量由上网转为网内消化。加强电费风险防控，电费回收实现“双结零”。强化线损精益化管理，线损电量同比减少2260万千瓦时。着力开展“量价费损”异动监测和营销稽查，挽回经济损失189.51万元。加强亏损企业治理，汉源公司实现政策性扭亏为盈，发电公司减亏

4月13日，国网雅安电力（集团）公司员工迁建线路，为雅康高速建设提供服务保障　　（汤小强　摄）

89.16%。加快低效发电资产处置，关停电站 2 座、挂牌 1 座。加快推进汉源瀑电迁复建电力资产移交，完成主网资产入账 1.31 亿元。强化资金集约化管理，置换高息贷款 1.26 亿元，外部银行贷款规模同比减少 1.37 亿元，财务费用同比减少 1016 万元。加大物资盘活利库管控，库存余额压降 224.36 万元，同比压降 31.5%。集体企业加强市场开拓与债权回收，实现营业收入 4.8 亿元，同比增长 12.15%；应收账款周转率 4.4 次，同比增长 3.53%。

11 月 15 日，国网雅安电力（集团）公司员工正在对新棉 220 千伏变电站实施综合自动化改造。图为 HGIS 设备安装现场　　（汤小强　摄）

【安全生产】2016 年，雅安公司扎实推进本质安全工作，认真落实各级安全责任，确保了安全生产平稳态势，实现安全生产 2191 天。制定“三种人”、外协施工队伍等安全管理制度，落实“两措”计划 96 项，安全生产保障体系进一步健全。深入开展“三查三强化”专项行动，整治安全隐患和缺陷 1700 余项；全面完成 220 千伏新棉站技改及 17 座变电站集中检修，设备停电天数减少 90%，本质安全水平稳步提升。落实属地安全监管责任，加大作业现场安全督查和违章曝光力度，严肃查处各类违章 2000 余项，安全监督管理进一步加强。严格执行施工作业“月计划、周安排、日管控”，强化作业过程关键环节控制，现场安全管控水平有效提升。开展军企联动防灾减灾、备调切换、通信应急等实战演练，成功应对雪灾、石棉山体滑坡等 5 次电网灾情，应急处置能力不断增强。公司安全警示教育室建成投运。圆满完成李克强总理视察雅安等重大保电任务 17 次，得到市委、市政府领导充分肯定。全年未发生受省电力公司考核的人身、电网、设备、水电、交通、消防、信息安全责任事故。

【农电管理】2016 年，雅安公司全力攻坚农网、中心村、井井通电改造工程，完成农网改造升级工程共 2 批次 784 个项目建设。扎实开展 2016—2017 年小城镇（中心村）、机井通电改造工程前期工作，做好 2017 年农网改造升级工程项目的储备。开展农配网施工现场检查 26 次，加大问题的曝光、处罚力度，增强施工人员安全意识，有效预防安全事故的发生。全力配合地方政府做好贫困村供电保障，截至 2016 年年底，全市 261 个贫困村中，该公司供区内 250 个贫困村的生活用电已全部达到政府脱贫要求，其中 155 个贫困村能满足未来 5 到 10 年的生活用电增长需求。着力提升供电所管理水平，荥经新添供电所获得国家电网公司四星级乡镇供电所称号。

【科技与信息化】2016 年，雅安公司引入新技术、新设备，首次对 80 座变电站运行设备进行带电检测，首次开展变电站无人机巡检。坚持科技驱动创新，山区农网典设创新成果荣获国家电网公司经研体系科技进步二等奖。全年获得省电力公司科学技术进步奖 1 项、企业管理创新奖 4 项、优秀课题研究奖 3 项、精益项目奖 1 项。完成信息网络边界改造，公司至省电力公司的带宽平台提升至 10G，网络设备整体性能和可靠性明显提升。完成 IMS/TMS 基础资源自查清理，IMS/TMS 系统和 ERP 系统账卡物对应率达到 100%，系统数据更加规范、完整。

【优质服务】2016 年，雅安公司全力服务雅安重点工程建设，完成电力迁改、永临用电等项目 905 个，得到市领导的高度肯定。优化业扩报装流程，开通园区报装“绿色通道”，园区用户接电时限“减半”。积极落实富余电量等优惠政策，3.19 万户工、商业用户得到实惠。大力推进智能电表及用电采集系统建设，新增智能电表 17.48 万只，专公变用电信息采集接入 1.16 万户。积极拓展“互联网+营销服务”应用，开通网上报装业务，完成网上购电金额 58 万元。治理农村“低电压”3.82 万户，全市低电压问题得到有效解决。有序推进供配电资产接收和居民小区移交，与 7 家中央企业签订“三供一业”分离移交协议，地方国有企业移交工作正式启动。积极推进“多表合一”建设，完成清江国际小区试点 433 户用户的采集接入。加强明察暗访，曝光并查处供电服务问题 57 起。

【党的建设和精神文明建设】2016 年，雅安公司党的建设不断加强。扎实开展“两学一做”学习教育，组织微宣微讲、党课展示和“三亮三比”等系列活动27次。严格落实党建工作责任，首次组织基层党组织书记抓党建工作专项述职、纪委书记集中述职。完成7个二级党委（党总支部）、29个党支部换届。扎实开展党员组织关系“五核五看”工作，高质量发展党员13名，严肃处置不合格党员3名。对13个部门和4家单位主要负责人进行党风廉政建设约谈，全面掌握“两个责任”落实中的突出问题，及时化解经营管理中的廉政风险。精神文明建设成果丰硕。总结提炼精神文明建设成果，顺利通过“省级最佳文明单位”验收。加强形势任务教育，举办发电系统专题宣讲等活动32次。加强企业文化传播，微电影《万家灯火为谁红》荣获四川省第二届职工微电影大赛优秀奖，“4·20”灾后重建三周年等主题宣传成效明显。大力开展留守学生关爱活动，500余名留守学生受益，定点扶贫的名山秦场村“川电留守学生之家”顺利建成。组织开展节日慰问等活动，关心关爱一线职工2300余人次，慰问帮扶困难职工、劳模83人。离退休“两项待遇”有效落实。未发生影响公司形象与声誉的信访稳定事件。保密工作获雅安市“优秀”评价。

【所属县级供电企业】雅电集团下辖8个县级供电公司：国网雅安电力（集团）公司雨城供电公司、四川富源电力股份有限公司、国网四川荥经县供电有限责任公司、国网四川天全县供电有限责任公司、国网四川汉源县供电有限责任公司、国网四川雅安市名山供电有限责任公司、国网四川宝兴县供电有限责任公司、国网四川芦山县供电有限责任公司

【国网雅安电力（集团）公司雨城供电公司】国网雅安电力（集团）公司雨城供电公司（以下简称雨城公司）成立于2010年1月，是国网雅安电力（集团）公司下属分公司性质的二级单位，主要负责雨城区城区及19个乡镇共17.4万户电力客户供电服务工作。

截至2016年年底，雨城公司运维管理220千伏变电站2座、110千伏变电站6座、35千伏变电站3座，总变电容量113.78万千伏安。运维管理220千伏线路14条，共长225.6公里、110千伏线路17条，共长224公里、35千伏线路12条，共长93.75公里、10千伏线路80条，共长821.59公里、低压线路4063公里。

2016年，雨城公司完成网内售电量6.14亿千瓦时，同比增长3.6%；线损率7.47%，同比降低0.25个百分点；电费回收率100%。

2016年，新安装变压器197台，新增容量4.39万千伏安，新建10千伏线路156.37公里。接收南方公司用户7100户，有效解决九龙水库施工用电质量和可靠性问题。

【四川富源电力股份有限公司】四川富源电力股份有限公司（以下简称富源公司）成立于1982年，前身为石棉县电厂，2012年并入国网雅安电力（集团）公司，系国网雅安电力（集团）公司控股公司，目前总资产3.63亿元。供电区域覆盖全县16个乡镇98个村共4.116万户用户，其中大宗工业用户69户，供区面积2679平方公里，供电人口12.3万人。

截至2016年年底，富源公司运维管理220千伏变电站3座、110千伏变电站11座、35千伏变电站8座，总变电容量159.735万千伏安。运维管理220千伏线路234公里、110千伏线路258公里、35千伏线路244公里、10千伏线路1170公里，供电台区507个。全网调度管理165座并网小水电站，总装机容量48万千瓦。

10月18日，国网雅安电力（集团）公司员工服务中国西部第一条纯电动公交线路用电　　　　（熊德兵　摄）

2016年，富源公司完成售电量22.49亿千瓦时；综合线损率2.75%；电费回收率100%；上缴税金及附加6490.23万元，同比增长32.18%。

【国网四川荥经县供电有限责任公司】国网四川荥经县供电有限责任公司（以下简称荥经公司）成立于1984年，前身为荥经县电力公司，2010年并入国网雅安电力（集团）公司，现为国网雅安电力（集团）公司全资子公司，总资产2.64亿元。供电区域覆盖全县21个乡镇中的17个乡镇93个村共6.14万户用户，其中大宗工业用户109户。供区面积1132.61平方公里，供电人口13.5万人。

截至2016年年底，荥经公司运维管理220千伏变电站1座、110千伏变电站4座、35千伏变电站12座，总变电容量76.22万千伏安。运维管理110千伏线路161.2公里，35千伏线路349.85公里，10千伏线路557.39公里，供电台区662个。全网调度管理162座并网小水电站，总装机容量24.9万千瓦，其中自有资产水电站8座，总装机容量4.326万千瓦。

2016年，荥经公司完成售电量13.80亿千瓦时，综合线损率4.93%；电费回收率100%；上缴税金及附加5716万元，同比增长15.16%。

【国网四川天全县供电有限责任公司】国网四川天全县供电有限责任公司（以下简称天全公司）成立于1996年，前身为天全县电力有限责任公司，2010年并入国网雅安电力(集团)公司，系国网雅安电力（集团）公司全资子公司，总资产1.93亿元。供电区域覆盖全县15个乡镇136个村共5.8万户用户，其中大宗工业用户169户，供区面积2400平方公里，供电人口近16万人。

电进悬崖村，照亮脱贫路。图为11月16日，国网汉源县供电公司员工前往古路村彝家村寨开展供电服务

（汤小强　摄）

截至2016年年底，天全公司运维管理220千伏变电站1座，110千伏变电站3座，35千伏变电站3座，总变电容量64.33万千伏安。运维管理110千伏线路49.35公里，35千伏线路115.86公里，10千伏线路611.64公里，供电台区726个。全网调度管理78座并网小水电站，总装机容量44.91万千瓦。

2016年，天全公司完成售电量9.91亿千瓦时，同比增长32.49；综合线损率3.25%；上交税金及附加3384.95万元，同比增长2.49%。

该公司加快电网建设步伐，完成220千伏天全变电站、110千伏沙坪、始阳变电站3个灾后重建项目建设，农网升级改造10千伏线路163公里，低压线路324.7公里，变压器141台、容量2.271万千伏安。

【国网四川汉源县供电有限责任公司】国网四川汉源县供电有限责任公司（以下简称汉源公司）成立于1964年，前身为汉源水电厂，2003年并入国网雅安电力（集团）公司，系国网雅安电力（集团）公司全资子公司，公司总资产2.57亿元。供电区域覆盖全县30个乡镇210个村共11.6652万户用户，其中大宗工业用户174户，供区面积2382平方公里，供电人口32.9万人。

截至2016年年底，汉源公司运维管理220千伏变电站1座，110千伏变电站4座，35千伏变电站9座，总变电容量66.17万千伏安。运维管理110千伏线路152.72公里，35千伏线路223公里，10千伏线路2025公里，供电台区2082个。全网调度管理81座并网小水电站，总装机容量8.42万千瓦，其中自有资产水电站8座，总装机容量2.15万千瓦。

2016年，汉源公司完成售电量7.32亿千瓦时，同比增长14.39%；电网投资14337万元；综合线损率15.44%；上缴税金及附加2893.89万元。

【国网四川雅安市名山供电有限责任公司】国网四川雅安市名山供电有限责任公司（以下简称名山公司）成立于1958年，前身为名山电厂，2001年成为国网雅安电力（集团）公司控股公司，2011年成为国网雅安电力(集团)公司全资子公司。公司总资产1.89亿元。供电区域覆盖全区9镇11乡共11万户用户，其中大宗工业用户97户，供区面积614.27平方公里，供电人口28万人。

截至2016年年底，名山供区内有变电站12座，其中220千伏变电站1座，110千伏变电站5座，35千伏变电站6座，主变总容量943兆伏安。运维管理110千伏线路68.076公里、35千伏线路105.81公里、10千伏线路960.67公里，10千伏配变2123台。全网调度管理并网电站20座，总装机容量1.78万千瓦。

2016年，名山公司完成售电量93404万千瓦时；综合线损率5.30%；电费回收率除移民欠费外实现100%；上缴税金及附加1110万元。

【国网四川宝兴县供电有限责任公司】国网四川宝

兴县供电有限责任公司（以下简称宝兴公司）成立于 1998 年，其前身为宝兴县电力公司，2004 年并入国网雅安电力（集团）公司，现为国网雅安电力（集团）公司控股公司。该公司供电区域覆盖全县 3 镇 6 乡 55 个村，共 2.6 万户用户，其中大宗工业用户 82 户，供区面积 3114 平方公里，供电人口 5. 87 万人。

截至 2016 年年底，宝兴公司运维管理 220 千伏变电站 1 座，110 千伏变电站 6 座，35 千伏变电站 6 座，总变电容量 69.34 万千伏安。运维管理 110 千伏线路 142.53 公里，35 千伏线路 114.53 公里，10 千伏线路 464.21 公里，供电台区 892 个。全网调度管理 36 座并网小水电站，总装机容量 15.68 万千瓦，其中自有资产水电站 3 座，总装机容量 1.79 万千瓦。

2016 年，宝兴公司完成售电量 4.03 亿千瓦时，同比增长 11.95%；综合线损率 8.2%；上缴税金 2074 万元。电费回收率 100%，完成双结零任务。

【国网四川芦山县供电有限责任公司】国网四川芦山县供电有限责任公司（以下简称芦山公司）成立于 1967 年，前身为芦山县国营电厂，2001 年 12 月由国网雅安电力（集团）公司控股管理。该公司供电区域覆盖全县 9 个乡镇 46 个村共 5.18 万户用户，其中大宗工业用户 229 户，供区面积 1166 平方公里，供电人口 12. 5 万人。

截至 2016 年年底，芦山公司运维管理 110 千伏变电站 3 座、35 千伏变电站 5 座，总变电容量 27.96 万千伏安。运维管理 110 千伏线路 151.8 公里、35 千伏线路 150.73 公里、10 千伏线路 436.37 公里，供电台区 1076 个。全网调度管理 38 座并网小水电站，总装机容量 64.52 万千瓦，其中自有资产水电站 5 座，总装机容量 0.79 万千瓦。

2016 年，芦山公司完成售电量 5.49 亿千瓦时；发电量 1323.51 万千瓦时，同比增加 953.39 万千瓦时；综合线损率 6. 75%；电费回收率 100%；上缴税金及附加 1584. 81 万元。（李元源）

国网达州供电公司

【企业概况】国网四川省电力公司达州供电公司始建于 1966 年 8 月，简称国网达州供电公司，是国家电网公司四川省电力公司下属特（Ⅰ）型供电企业。该公司生产调控综合楼及本部办公地址位于达州市通川区金龙大道 296 号。

达州公司主要负责达州境内国家电网的规划建设、运营管理和电力供应，承担了通川区、达川区、宣汉县、开江县、大竹县、渠县和万源市的供电任务。截至 2016 年年底，国网达州供电公司本部设置 13 个部门，其中本部职能部门 11 个，运维检修部与检修分公司合署，营销部（农电工作部）与客户服务中心合署，具有职能管理和实施主体双重职责。下辖达县供电公司 1 个大型县供电公司，万源、宣汉、大竹、渠县、新桥、蒲城 6 个直属供电公司。下设 7 个业务支撑和实施机构。管理 1 家集体企业。截至 2016 年年底，国网达州供电公司运维管辖 85 座变电站，主变 149 台，容量 628.76 万千伏安，均为无人值班站；其中 220 千伏变电站 11 座，主变 22 台，容量 333 万千伏安；110 千伏变电站 33 座，主变 62 台，容量 248.8 万千伏安；35 千伏变电站 41 座，主变 65 台，容量 46.96 万千伏安。35 千伏以上线路 205 条输电线路，共计 3433.585 公里，其中 220 千伏线路 28 条，长度 893.56 公里，110 线路 98 条，长度 1627.654 公里，35 千伏线路 78 条，长度 929.139 公里。形成了以 500 千伏变电站、华蓥山电厂、燃机电厂和东岳电厂为电源点，以 220 千伏环网为骨干，各级电网协调发展，供电可靠性较高的供电网络。国网供区各县（市、区）至少都有一个 220 千伏变电站，110 千伏基本实现了分层分区供电的基本目标，电网网架明显加强，供电能力、供电质量、供电可靠性、自动化水平和抵御自然灾害的能力大幅提升，为达州经济发展提供更加完善和有效能源保障。企业具有较强的电网建设运行和小水（火）电、电力通讯等勘测、设计、施工、安装、检测、调试能力。

截至 2016 年 12 月 31 日，实现连续安全生产 4355 天，没有发生责任考核事故。2016 年达州公司党风廉政保持“零”责任目标，达州公司 2016 年同业对标综合评价排名第 12 位，业绩对标第 8 位，管理对标第 14 位,全面完成各项考核指标，达州公司和电网发展态势良好。

【人力资源】2016 年,达州公司人才当量密度 0.9838，全口径人事费用率 10.54%，人力资源计划执行率 100%。截至 2016 年年底，拥有国家电网公司级优秀技能人才 1 名；国家电网公司级的优秀专家人才后备 1 名；省电力公司级优秀专家人才 25

名、“双千”人才36名；地市级优秀技能人才17 名。2016年，达州公司交流调整干部85人（含机构名称变化）、提拔干部14人（其中新提拔9人），选拔中层正职后备干部12人、副职后备干部39人，选派2人到藏区挂职锻炼、4人到西南分部及省电力公司挂职，对有潜力的年轻骨干上挂市公司14人、下派县公司5人。52名中层管理干部参加省电力公司中干履职能力培训。

在组织机构方面，规范媒体中心、离退休中心等机构设置。完成大竹、渠县公司人员随业务同步协调划转，开展主业、全资县公司间变电运维、配抢专业劳务协作。全年优化人员配置182人次。作为省电力公司“五位一体”45项任务的重点支撑单位，较好完成先进典型申报工作。进一步规范产业布局，优化资源配置，原集体企业清算关闭3家，存续经营4家，达州公司化改制1家，歇业1家，涉及人员668人。规范农电用工管理，完成三新公司机构岗位设置及组聘上岗，编制岗位价值归集方案，新岗位绩效工资体系2016年3月正式运转。顺利完成蓝普公司改革改制相关工作，全面完成2家县公司“子改分”工作。

充分发挥培训分部的作用，全年举办培训 119班次、4501人参训。开展技能人员职业技能鉴定理论考试11场、665人参考，进网作业培训14期、465人参训。职鉴基地顺利通过省电力公司验收。

按退休员工实际居住区域设立辖区县离退休管理分中心和成都、重庆离退休管理分中心，完成住房公积金联名卡、社会保险卡发放，社保管理日趋透明。完成养老、失业、工伤缴费费率下调，企业缴费因之较去年同期下降247.35万元。完成836人的养老金领取资格认证，杜绝社保福利费虚领。兑现退休822人养老金调待、离休2人调待。完成新增退休人员档案初审，退休审批和信息维护录入工作。2016年8月，国网达州供电公司被四川省老龄委认定为四川省第二届“敬老文明号”单位。全年新增退休70人，减员24人。

【电网建设与发展】2016年，科学评估达州电网发展现状，编制《2016年达州地区电网发展诊断分析报告》和《2016年达州电网规划专项安全隐患排查及裕度分析报告》，优化“十三五”配电网建设项目。按照国务院新一轮农网改造升级工作部署，高质量完成各县区《“十三五”新一轮农网升级改造规划》。开展县域城区和园区电网建设专题研究，加快智能电网建设，编制《县域城区和园区“十三五”电网规划报告》和《达州供电公司配电自动化建设实施需求方案》。主动探索电网建设新思路，开展《以提升综合效益为目标的交叉供区配电自动化规划》创新实践。

2016年，电网基建完成8.44亿元，同比下降16.66%，农网改造升级完成3.94亿元，同比增长9.41%。大力开展环保宣传活动，取得2个电网项目环评批复，取得8个电网项目环保验收批复，开展了废旧物质处置和变电站废油处置调查工作。

2016年投产35千伏及以上变电容量49万千伏安、线路108公里。宣汉北220千伏输变电工程、宣汉北220千伏变电站110千伏配套工程、方斗110千伏变电站扩建工程、东乡110千伏变电站扩建工程、土主35千伏变电站增容改造工程、堡子35千伏变电站扩建工程和土主35千伏变电站1号主变增容改造工程竣工投产，宣汉500千伏变电站220千伏配套工程、大竹220千伏输变电工程、雷音铺110千伏输变电工程、大竹220千伏变电站110千伏配套工程、双龙35千伏输变电工程、陈家35千伏输变电工程、葫芦35千伏输变电工程、三墩35千伏输变电工程、桥湾35千伏输变电扩建工程、大竹观音35千伏输变电扩建工程和长石35千伏输变电扩建工程稳步推进。加大地方协调力度，继续将110千伏及以上电网工程项目建设纳入市政府重点建设项目，将35千伏电网工程项目建设纳入县政府重点建设项目。三个项目部建设取得实效，通川北 220千伏变电站扩建工程、魏兴110千伏变电站扩建工程荣获国家电网公司优质工程，达州—余家II回220 千伏线路工程荣获省电力公司项目管理流动红旗。“宣汉-达州500千伏线路工程”获得国家电网公司示范业主项目部、常规线路工程（500－750千

8月19日，达州供电公司成立50周年系列纪念活动之一“一起走过的日子”座谈会　　（何 健 摄）

伏)“安全质量管理流动红旗”。

【经营管理】2016 年完成售电量 62.80 亿千瓦时，同比降低 1.94%,累计线损率 4.20%，与计划持平。2016 年实现售电收入 34.85 亿元，同比降低 1.46%。全额回收达钢集团 2015 年陈欠电费 8117.71 万元，降低公司流动资产余额，两金压降成效明显。扎实开展亏损企业治理，两户全资子公司全部实现扭亏为盈。加快推进低效股权资产清理，完成四川蓝普电力工程设计咨询有限公司股权处置吸收合并工作，处置低效无效资产及库存物资 63.62 万元。强化营改增政策沟通宣贯，切实降低企业税负 2000 万元。2016 年运监中心逐步实现对达州公司主营业务、核心资源、关键流程的在线监测，定期发布运营监测结果。课题研究项目“探索运监业务在县级供电企业的延伸”获省电力公司二等奖。

全年实现替代电量 2.36 亿千瓦时，完成率 528%。智能表安装覆盖率 95.95%，用电信息采集接入率 99.23%。查处窃电、违约用电 50 起，追补电费、违约金 39.42 万元。严格落实达州公司拟定的里程碑计划，实现公变公线贯通率 98.83%，专变贯通率 99.81%，专线贯通率 100%，低压户变关系一致率 99.94%，基本实现电网信息同源管理。全面完成“子改分”工作，整体进度在全省电力公司名列前茅。

开展理论线损计算、分析工作，在省电力公司综合评价名列第一，达州公司同期线损系统建设进度位列省电力公司前列。高效开展卓越绩效评价，提炼上报典型经验 16 篇，其中 3 项入选省电力公司典型案例库。深入推进精益项目实施，5 个精益项目分获省电力公司一、二、三等奖，取得公司历史最好成绩。

5 月 19 日，达州供电公司在渠县经开区进行一年一度的应急演练（何 健 摄）

全年共完成审计项目 52 项，提出审计建议和意见 176 条，签证审计 2328 项，审计覆盖率 100%。大力开展任期审计、工程项目审计、财务专项检查、农网维护费等重点领导和关键环节的审计监督。深化审计成果应用，编纂形成《国网达州公司审计问题整改实施细则》，全面落实问题整改销号制度，确保整改问题“件件有回声”，健全了审计问题整改问责机制。坚持创新驱动，推动内审理论创新管理工作。承担省电力公司“1+1”精益化管理项目“审计问题整改精益化管理”，获省电力公司二等奖；与运监中心完成了“运审协同管理体系构建与实践”管理创新项目，获省电力公司三等奖；做好自主课题研究项目，完成“电网企业购买社会中介审计服务风险的预防研究”课题研究项目工作。

紧紧围绕省电力公司藏区帮扶工作重点，积极“人才援藏、项目援藏、技术援藏、管理援藏”，重抓落实。2016 年选派 12 名专业技术人员（新桥公司 4 人，蒲城公司 8 人）定点对口帮扶阿坝壤塘、甘孜色达公司，覆盖受援单位企业管理、生产运维、营销管理、无电地区电网建设等专业；达州公司本部运检、规划、建设、营销农电、财务、通信等专业部门和单位选派专业人员 12 人次赴藏区实地调研、帮扶，帮助受援单位提升生产经营管理水平。

【安全生产】2016 年，达州公司以班组和现场安全管控为重心，强化安全风险防控，严肃到岗到位的执行，以法治安，以规强安，牢牢坚守安全生产底线，持续提升达州公司安全质量管理水平，确保电网安全稳定运行和电力可靠供应。建立健全达州公司安全生产业绩考核激励机制。制定达州公司“兼职驾驶员管理考核实施指导意见”,确保电力生产建设和运输保障任务顺利完成。制定达州公司“对严重影响电力设施安全的客户实施中断供电内部工作程序指导意见”，规范配网工程安全管理。开展 2016 年质量监督专项活动，全面提升达州公司电网建设监督管理工作。开展达州公司 2016 年“安全生产月”和“安全生产万里行”活动，提升全员安全素质。开展“三查三强化”专项活动，采取有力有效防范措施，遏制事故苗头，确保安全生产稳定局面。狠抓“月计划、周安排、日管控”制度的刚性执行，坚持安全生产周评制度，对达州公司作业现场进行全覆盖检查，对违章现象进行通报、曝光和考核。全年发布安全巡查通报 35 期，有效保证作业安全。组织开展安全知识考试，2885 名员工参考，提高员工安全生产意识。2016 年，城市供电可靠率 RS3

为 99.9644 %，农网供电可靠率 RS3 为 99.9464%；资产全寿命周期管理综合绩效为 0.23。

深化“互联网+安全管控”技术应用，实现作业现场实时智能管控。完善反违章工作激励约束机制，动态评价部门、基层单位反违章工作绩效，提升反违章工作水平。提炼大型线路施工现场安全风险管控成功因素和管理实践，形成以现场风险预控为核心理念，安全组织、安全保证和异地监督为手段的大型线路施工现场安全管理办法，推动集中检修等大型线路作业模式化、标准化，提升大型线路施工现场安全管理水平和保障能力。推进达州公司防汛及地质灾害隐患排查工作，限时督促整改治理。全年共有 31 项应急演练项目。达州公司应急指挥中心高效应对“5 •6”雷暴雨灾害、“6 •4”风灾、“6 •23”雷暴雨灾害、“8 • 7”风灾的各项应急预警、响应及处置工作。

发布技术监督预（告）警单 10 份，上报疑似家族性缺陷 2 份，确保技术监督各项标准的有效落地；严格按技术监督、反措规程验收，确保设备“零”缺陷投入系统运行；把好设备出厂关，有效提高入网设备质量。制定达州公司带电检测推进项目作业实施方案，把 44 个变电站划分六个片区，分片区开展工作。通过送检、现场检测等手段，开展 220 千伏芭蕉变电站输变电工程金属监督工作。

落实架空线路“六措施”，规范“六防”治理，开展线路标准化建设，将变电站精益化转变为常态化，做到“逢停电必精益”，稳步推进变电站设备隐患排查治理。强化配网运维管控模块应用，完成配网单线图 322 张，配网系统详图 8 张，达州公司 PMS2.0 配抢配调单轨验收顺利通过国家电网公司验收。

8 月 23 日，达州供电公司党员服务队冒着酷暑在金山社区抢修事故电缆 （何 健 摄）

【农电工作】2016 年农网改造升级完成 3.97 亿元，同比增长 110.20%。2016 年建设的农网改造工程两个批次计划总投资 39671 万元，项目 298 个。累计完成投资 39671 万元，投资完成率 100%，现场已完工项目 298 个，完工率 100%。

2016 年，达州公司在省电力公司农电部专业牵头指导下，具体实施重点精益化项目——“基于互联网思维的农网工程全过程管理精益提升”项目，在省电力公司评比中获得一等奖。该项目将“互联网思维”引入农网工程管理，通过精益课题，整合应用 3 个智能化软件系统，组织开发 2 个系统功能模块，并配套了相应的使用指导手册及培训课件合计 20 余份，形成一套完善的管理成果。

达州公司将获得专利成果的“基于移动作业平台的网络数据电力资产清理系统”项目转化为工作实践，并代表省电力公司成功在国家电网公司科技成果评估会中发布，被国家电网公司科技部推荐参加国资委举办的“2016 中央企业熠星创新创意大赛项目”。在 2017 年 1 月顺利通过国资委初赛进入复赛，是全省电力公司唯一进入复赛的专利成果转化项目。

【科技与信息化工作】公司信息、通信网络为达州公司所有生产、办公有关的信息、通信业务提供通道支撑。2016 年，达州公司信息通信系统总体运行情况良好，内、外网系统、纳入考评的业务系统、通信光缆、SDH 传输系统、PCM 系统及行政、调度交换系统等安全、稳定、可靠运行。达州公司技术创新成果突出。荣获一项国家实用新型专利（实用新型名称为：一种散热机柜）。积极参加 2016 年信息通信专业竞赛及调考，荣获国家电网公司个人第三名的成绩。

截至 2016 年年底，达州公司共有信息通信站点 194 个，达州公司所辖范围内在运光缆共计 303 条(不含电厂和跨市光缆)，共 3075.194 公里。220 千伏变电站光纤覆盖率 100%，双光纤覆盖率 100%；110 千伏变电站光纤覆盖率 100%，双光纤覆盖率 91%；35 千伏变电站光纤覆盖率 100%；营业厅（所）光纤覆盖率 100%。信息系统内、外网采用全光纤、1G 带宽组成综合数据网，在运桌面终端及网络设备近 4000 套。2016 年通过带宽提升项目实施，新建光缆 175 公里，新增 80 套网络设备。

在国家电网公司、省电力公司 2016 年“信息安全攻防演练”中，达州公司高度重视，主动运维、预防运维，严格要求、落实责任、加强监控，多措并举、快速响应、防护到位，顺利通过信息攻防演练，切实保障了公司网络信息安全。结合通信光缆施工实际工作，完成一项 QC 小组创新成果（课题名称：缩短飞车出线架设 ADSS 光缆的时间，通过改进施工工艺，飞车出线施工光缆的时间平均缩短 23%以上），获省电力公司 QC 创新成果一等奖，省电力公司已推荐参加国家电网公司 QC 创新成果评选，同时组织员工编写科技论文在国家电网公司主流期刊发表。

【市场服务】全力做好直购电及富余电量等市场交易政策的全流程服务，完成优惠电费 18 户，优惠电量 10.79 亿千瓦时，优惠电费 0.96 亿元。全年电费及自备电厂收费月均水平指标值 100%，全省同业对标排名第 1。针对供区高危和重要电力客户开展用电安全专项检查活动，检查客户 126 户.次，排查一般安全隐患 118 条，重大安全隐患 38 条。完成 5 次节假日常规供电服务保障工作，4 次省级考试、2 次临时演出及 5 次军工重大科研保电任务。按期完成中低压营配贯通工作，贯通合格率达 99.9%。

全面完成在各县（市、区）园区设立供电服务网点工作，更好满足园区客户服务需求，提高市场响应速度，主动拓展占据市场。开展窗口人员技能提升培训、组织服务劳动技能竞赛，全员服务意识不断加强。推进窗口标准化建设，规范营业厅功能设置和环境建设，营业厅实现 Wi-Fi 全覆盖。强化高危重要客户安全管理，对 124 户高危重要客户实施供电电源和自备应急电源核实工作，出具用电检查结果通知书 86 份，提出隐患整改意见 113 条。

推广网上业务受理工作，掌上川电、掌上电力等多渠道发办理业务。切实做好掌上电力 APP 的推广应用，通过 APP 发起购电交易 12602 笔，购电金额 142 万元，初步形成线上线下、立体多维的交费网络。推广“掌上川电”手机 APP 运用，注册客户数 21 万户,办理购电业务 27779 笔，客户购电金额 356 万元。大力开展第三方电费代收，代收网点突破 1000 个。值守达州市“阳光政务”热线，解决群众用电难题。加强 95598 业务管理，编制《营销农电工作简报》，强化服务指标分析，客户投诉举报信息按时办结回复率 100%。开展行风明察暗访，严肃责任追究，行风建设和服务水平不断提升。

达州供电公司职工文化建设亮点纷呈，图为 2016 年 1 月 27 日举办的职工文化成果展　　（何　健　摄）

全面开展业扩全流程平台建设应用，大力治理线下流转。积极应对市场，开展业扩结存压降专项行动，积极推进资产移交工作。完成成都铁路局达州供电段、西安铁路局安康供电段等 7 家单位的“三供一业”移交框架协议签订。居民小区供配电设施移交方面，公司抄表到户小区总共 404 个，签订移交意向协议的小区数量总共 329 个，开展资产评估 209 个，完成资产入账居民小区 37 个。积极推进业扩配套，达州公司全年批复 26 个 10 千伏业扩配套项目，合计金额 1202.91 万元。

【党的建设和精神文明建设】“两学一做”学习教育扎实有效　以“学”为基础，开展专题学习教育 301 次、“四讲四有”专题讨论 197 次，领导干部和党组织书记带头讲党课 187 次，举办公司“微宣微讲”竞赛，组织劳动模范先进事迹巡回报告 6 场，开展重温入党誓词、公开服务承诺、主题党日、慰问老党员等建党 95 周年系列活动，党员干部思想作风受到深刻洗礼。以“做”为关键，实施“两学一做”四核查，清理整顿软弱涣散党组织，制定“四讲四有”党员标准，促进党员干部严格对标达标。以“优”为目标，立足岗位开展“三亮三比”、“党员示范岗”、“党员责任区”等活动，举办党员技术技能练兵比武。一名共产党员先进事迹在省电力公司“两学一做”学习教育巡回宣讲中获得好评。

从严建设基层党组织　胜利召开达州公司第一次党代会，明确达州公司党委今后四年的工作思路和目标任务，选举产生新一届达州公司党委和纪委。全面完成 106 个基层党组织换届选举，首次对 10 个基层党组织书记抓党建工作进行专项述职评议。强化党建工作责任，建立党建管理“五项制度”，实现党建工作的“计划、考核、交流、选树、推广”闭环。强化党委中心组理论学习，达州公司党委全年集中学习 13 次，举办中层干部读书班，课题“国有企业党组织在依法治企中的作用”获省电力公司优秀研究成果三等奖。集中开展基层党组织综合考评，抓好党费清理和收缴规范。加强党员教育，全年共发展党员 10 人。深化创先争优，各级党组织和广大党员在实现提质增效工作目标、抗击“6·4”特大风灾等急难险重任务中充分发挥战斗堡垒和先锋模范作用， 3个基层党组织、3名党员受到省电力公司表彰。完成共产党员服务队与配网抢修业务的全面整合，达州公司7支共产党员服务队全年参与重大保电工作80余次，抢修抢险排除故障5400余次，志愿帮贫扶困630余人次，受到省、市领导高度赞扬和人民群众广泛赞誉。

推进卓越文化建设　举办达州公司成立50周年企业文化成果展，召开“一起走过的日子”主题座谈会。开展“建设卓越文化·追求卓越品质”教育实践活动，达州公司“铸模路·国网魂”文化长廊获省电力公司示范文化长廊，达县公司和宣汉公司营业班获省电力公司企业文化建设示范点。深化创先争优，实施“铸模工程”，涌现了“四川敬业奉献好人”陈茂军、“四川省岗位学雷锋敬业标兵”涂向阳等先进典型。举办“三亮三比我奉献”等主题道德讲堂，打造达州公司示范道德讲堂，达县公司通过省级文明单位考评验收，大竹公司获省电力公司“十佳”文明单位。大力推进6个贫困村、897户贫困户精准扶贫工作；蒲城公司对口帮扶的宣汉县樊哙镇高台村通过省委、省政府组织的第三方评估组验收，成为达州市首批“脱贫摘帽村”。

群团工作凸显活力　广泛开展群众性技术练兵和技术创新活动，5项职工QC创新成果受到省电力公司表彰。举办“青工技术讲课”竞赛，组建青年安全生产巡查队，深化关爱留守儿童、金秋助学等志愿服务，达州公司“红杜鹃”零距离关爱留守儿童志愿服务项目分获第三届中国青年志愿服务大赛铜奖、四川赛区金奖及达州市十佳志愿服务项目，李进峰获“达州市十大杰出青年”。

严格落实党风廉政建设责任制，加强落实情况监督检查及年度考评，督促落实“两个责任”。强化党风廉政建设问题整改，制定针对性整改措施145条，整改完成率100%。深化廉洁教育，开展“清风川电”主题教育活动，组织关键岗位人员“廉规”考试，常态开展“六种廉课”，组织2次“旁听庭审”警示教育，不断提高干部员工拒腐防变意识。扎实开展廉政约谈，揭示问题风险，明确工作要求。按季召开廉政风险分析会及协调监督联席会，督促基层单位问题整改。立项实施“农网升级改造工程建设管理”效能监察，提出监察建议32条，避免经济损失7.25万元，督促建章立制4项。加强非招标采购现场监督，不断规范非招标管理。抓好“四风”问题整治复查，防止问题反弹。组织召开年度行风监督座谈会，组织开展行风明察暗访，挂网通报情况5期，整改完成率100%。严肃执纪问责，全年查处上级转办投诉举报3件。加强对外沟通协作，承办达州市重点行业单位预防职务犯罪工作第二次联席会，公司党风廉政建设及预防职务犯罪工作得到社会各界一致肯定。

深化品牌塑造，实施提质增效、精准扶贫、达州公司成立50周年、“红杜鹃”志愿服务、“铸模工程”等专题传播，在行业内外媒体发布新闻稿件1040篇。创作完成歌曲《无悔的选择》、MV《我是巴山红杜鹃》、微电影《回家》等艺术作品，微电影《回家》荣获第四届亚洲微电影艺术节三等奖，并在《国网故事汇》展播。达州公司获省电力公司新闻宣传先进单位。完善新闻应急管理制度，健全24小时舆情监控机制，正确处置和有效应对包括集体企业改革改制重大舆情在内的多起新闻危机事件和负面舆情，最大程度维护了企业形象和声誉。

【达州公司所属供电企业】达州公司所属供电企业有：国网达县供电公司、国网大竹县供电公司、国网宣汉县供电公司、国网万源市供电公司、国网渠县供电公司、国网新桥供电公司、国网蒲城供电公司。

【国网达县供电公司】国网达县供电公司成立于1994年3月28日，2013年7月1日由四川省电力公司达州达县供电局更名为国网四川省电力公司达县供电分公司，简称国网达县供电公司。2015年6月25日，经国家电网公司批复升格管理，成为国网四川省电力公司达州供电公司下辖大型县级供电企业。该司承担着达川区30个乡镇302个村、达川区部分城区和化工园区的供电任务。2016年，该公司成功应对“2·4”雪灾、“5·7”洪灾、 “6·4”“8·7”风灾。已建成变电站13座（其中220千伏变电站3座、110千伏变电站5座、35千伏变电站5座），变电总容量140.52万千伏安。线路69条，1448.374公里（其中220千伏线路4条133.133公里，110千伏线路14条204.4公里，35千伏线路6条99.381公里，10千伏线路45条1011.46公里）。2016年完成售电量12.28亿千瓦时，同比减少1.19亿千瓦时（因新桥公司9月起改制，本年度9—12月未记入电量），下降8.84%，完成调整后售电量指标12.22亿千瓦时的100.57%；售电均价474.97元/千千瓦时（含税），同比上升2.26%；“掌上川电”APP绑定智能电表4.1万余户；综合电费回收率100%。

【国网大竹县供电公司】国网大竹县供电公司始建于1966年9月，2013年7月1日由大竹供电局更名为国网四川省电力公司大竹县供电分公司，简称国网大竹县供电公司，主要担负大竹地区的供电任务。大竹电网是达州电网的南大门，公司负责国网区域内大竹10千伏及35千伏线路运行维护工作，负责大竹、渠县全部以及广安市、达川区部分110千伏及以上线路巡视工作，负责大竹、渠县电网调度工作，负责大竹、渠县12座变电站35千伏及以下检修维护工作。35千伏及以上在运线路共计30644.336公里（其中220千伏线路7条247.536公里、21条110千伏线377.77公里、2条35千伏线路19.03公里）。截至2016年12月31日，累计完成并表口径售电量8.5087亿千瓦时，完成达州公司下达的各项考核指标。截至2016年12月31日，实现连续安全生产6412天。

【国网宣汉县供电公司】2016年，国网宣汉县供电公司累计完成并表口径售电量12.52亿千瓦时，综合电费收入6.31亿元，综合线损率2.4%，电费回收率完成100%，售电均价489.41元/千千瓦时。截至12月31日，实现连续安全生产7152天。

该公司所辖35千伏以上变电站14座，主变22台、总容量85.825万千伏安。35千伏以上输电线路28条、总长479.34公里。10千伏线路32条、总长643.44公里，配变839台、总容量17.96万千伏安。

【国网万源市供电公司】始建于1970年，2013年7月1日由万源供电局更名为国网四川省电力公司万源市供电分公司（简称国网万源市供电公司）。担负着万源市22个乡镇154个行政村、26万人口的工农业、军工、电铁及城乡生活供电任务。该公司负责管理维护35千伏变电站6座,主变9台，总容量5.92万千伏安。35千伏及以上送电线路30条，总长度557.864公里（其中：220千伏线路2条/106.1公里，110千伏线路14条/308.191公里，35千伏线路14条/143.563公里）。10千伏线路45条，总长1048.214公里，变压器台数1162台，总容量26.6万千伏安，低压线路2595公里。

2016年，累计完成售电量4.47亿千瓦时，销售收入2.78亿元，电费回收率、解交率100%，应收电费余额继续结零；售电均价623.13元/千千瓦时；综合线损率4.60%，完成年度5.00%目标任务。截至12月31日，实现连续安全生产9322天。

【国网渠县供电公司】国网四川省电力公司渠县供电分公司成立于2013年12月25日，简称国网渠县供电公司。公司在渠县境内已建成运行变电站8座，其中：220千伏变电站2座、110千伏变电站4座、35千伏变电站2座，主变容量96.95万千伏安。220千伏线路4条，总长156.209公里，110千伏线路20条，总长383.721公里，35千伏线路23条，总长214.105公里，10千伏线路19条305.9589公里。主要承担着三座电铁牵引站、大型水泥、工业园区等工业用电以及渠县东区新城、临巴、天星、卷硐片区的居民及非居民供电任务。

公司所辖有临巴、天星、卷硐3个供电所。供电涉及临巴镇、天星镇、三汇镇、卷硐乡等14个乡镇、521个社，供电客户34197户，其中10千伏及以上专变客户151户，低压居民及非居民客户34046户。专变客户运行受电设备容量50.26万千伏安，低压客户装接容量28.37万千瓦。2016年，公司全年完成售电量7.04亿千瓦时，累计线损率为2.45%。

3月26日，达州供电公司举办无人机培训，引进新技术为电力安全生产保驾护航　　（何　健　摄）

【国网新桥供电公司】国网新桥供电公司始建于1994年3月，2012年12月成为四川省电力公司全资子公司，由国网达州供电公司代为管理，2013年7月1日由四川新桥供电有限责任公司更名为国网四川达州市新桥供电有限责任公司，2016年7月，由省电力公司全资子公司改为省电力公司的分公司，更名为国网四川电力公司达州市新桥供电公司。公司位于达州市达川区翠屏街道汉兴街728号。公司担负着达县南城南北干道以东城区及达川区麻柳、亭子、石梯、石桥、堡子等33个乡镇343个行政村60万人口、堰坝化工园区和杨柳配套工业园区20余家大宗工业客户的供电任务。客户20.062万余户，供电面积1075.4公里，供电辖区内乡、村户通率达到100%。2016年，公司售电量为3.66亿千瓦时，线损率为8.5%，电费回收率100%。截至2016年12月31日实现连续安全生产2341天。

截至2016年12月31日，该公司有110千伏变电站3座，主变5台，容量20万千伏安，最大负荷9.2万千瓦。35千伏变电站10座，主变18台，容量13.325万千伏安。辖区内110千伏线路4条，总长81.205公里，35千伏线路9条，总长144.521公里。10千伏线路57条，总长1192.95公里，其中城市配网11条，总94.00公里，农村配网46条，总1168.508公里，380－220伏低压线路6975.596公里。配电变压器1642台，总容量3.66万千伏安。公司直管小水电站5座，装机容量6630千瓦。联营小水电站5座，装机容量2720千瓦。年均发电量约2200万千瓦时。

【国网蒲城供电公司】国网蒲城供电公司地处达州市东部州河流域上游宣汉县境内，公司本部位于宣汉县东乡镇王家坝滨河路80号，其前身是1981年5月由宣汉县政府成立的宣汉县小水电联营公司，于1984年6月更名为宣汉县电力公司，1992年5月更名为宣汉县电力总公司，1998年8月由达州电力实业公司注资后，改制更名为宣汉弘盛电力有限公司，并由达州电业局代管；2009年1月省电力公司通过农网工程投入注资，实施改制重组，更名为四川宣汉供电有限责任公司，由省电力公司控股、达州电业局代为管理。2012年，省电力公司通过收购少数股东权益，完成了民营资本退出，成了省电力公司的全资子公司，更名为国网四川宣汉县供电有限责任公司。2016年，为贯彻落实国务院关于国企改革“瘦身健体提质增效”政策精神，通过吸收合并，成为省电力公司的分公司，于2016年9月更名为国网四川省达州市蒲城供电分公司（简称国网蒲城供电公司）。公司主要担负着全县46个乡镇、408个村，共计101万人口的供电任务，供电客户33.27万余户，供电面积 3630平方公里，供电范围覆盖全县83%的面积。

该公司现有7座小水电站。供电区域内共有110千伏变电站2座，容量12万千伏安；35千伏变电站11座，容量11.07万千伏安；110千伏线路3条，共96.3公里；35千伏线路19条，共268公里；10千伏配电线路87条，共3593.9公里；10千伏以下配电线路 18932 公里；配电变压器3076台，容量36.78万千伏安。

2016年共完成售电量8.41亿千瓦时，综合线损5.05%（计划5.1%）。售电均价0.5787元/千瓦时，较上年增加0.0188元/千瓦时，增长3.37%。

（王智民、林静玉）

国网绵阳供电公司

【企业概况】国网绵阳供电公司（以下简称绵阳公司）成立于1975年，是国网四川省电力公司直属的特大一型企业，是绵阳境内最主要的电网规划、建设、运营和电力供应企业。

绵阳公司设本部职能部门11个，业务支撑和实施机构7个，下辖江油、游仙、梓潼、安州、北川、盐亭6个县级供电公司，主办集体企业——绵阳启明星集团有限公司。截至2016年年底，该公司用工总量4985人，资产总额63.09亿元。公司供电区域包括绵阳市涪城区、游仙区、安州区、江油市、梓潼县、北川县、盐亭县，与三台县、平武县有趸售关系，拥有电力客户168.28万余户。2016年，公司完成售电量77.14亿千瓦时，同比增长7.45%；同业对标综合排名省电力公司系统第一，企业负责人业绩考核为A级。

绵阳配电网规模位居四川第二，是四川电网在川西北地区的重要组成部分，通过500千伏变电站和多回500千伏线路构成的主网架接入四川主网，已形成较完善的220千伏环网。截至2016年年底，公司拥有35千伏及以上变电站120座，变电容量865.96万千伏安，输电线路264条，线路长度4042.44公里；全网最高负荷182.5万千瓦（2016年8月22日）、最大日电量3458万千瓦时（2016年8月22日），实现连续安全生产4370天。

近年来，该公司立足于服务党和政府工作大局、服务发电企业、服务电力客户、服务社会发展，各项工作成绩显著，为绵阳经济社会发展和人民幸福生活做出了积极贡献。公司先后获得第四届全国精神文明建设工作先进单位，全国模范职工之家，国务院国资委及国家电网公司抗震救灾先进集体，国家电网公司先进集体、国家电网公司文明单位，四川省安全文化建设示范企业、四川省模范劳动关系和谐企业、四川省工人先锋号，国网四川省电力公司先进单位、先进基层党组织、红旗党委、四好班子、安全先进单位、双十佳文明单位等多项荣誉。

【人力资源】截至2016年年末，绵阳公司用工总量为4985人，其中长期职工2059人（直供直管1570人，控股公司489人），劳务工37人（直供直管），农电工1537人（直供直管1444人，控股公司93人），集体职工300人，集体企业直签合同用工1052人，用工总量比2015年年末减少1246人。

长期职工平均年龄43.71岁，研究生及以上学历133人，大学本科学历858人，大学专科学历692人，中专及以下学历376人；高级职称150人，中级职称336人，初级职称881人；高级技师89人，技师928人，高级工133人，中级工及以下132人。

【电网建设与发展】2016年，绵阳公司积极对接绵阳市发展规划及产业布局，优化完善《绵阳电网"十三五"规划》和《绵阳智慧电网建设方案》，电网发展成效受到市政府主要领导充分肯定。落实省电力公司与绵阳市政府签订战略合作协议，该公司与长虹、九洲、绵投集团等多家企业建立合作关系，外部发展环境持续优化。电网投资11.58亿元，同比增加3.58%，完成高新区配套、马角坝牵引站线路、盐亭富驿35千伏变电站等改造工程，投产变电容量4.15万千伏安、输电线路96.58公里。安州公司通过国家电网公司100个配电网标准化建设改造示范县验收。累计安装智能电表156.38万只，覆盖率达到92.41%。新建投运12个充电桩。"电亮幸福美丽乡村"农网改造升级工程劳动竞赛获省、市总工会高度评价。

11月23日，国网绵阳供电公司运用智能机器人进行变电站巡检，以科技促企业提质增效　　（杨　佳　摄）

【经营管理】2016年，绵阳公司扎实开展"效益提升年"活动，效益意识明显增强。安州、北川、盐亭三家县公司首次实现扭亏为盈，减亏3400万元。落实税收优惠政策，积极应对"营改增"，节约税金2793万元。完成电能替代1.2亿千瓦时，超额完成年度计划。严格落实高风险客户"一户一策"，电费回收率100%。深化在线运营监控，挽回经济损失408万元。强力推进废旧物资处置，库存积压物资同比降低26%。办公费同比下降15%，车辆使用费同比下降13%。编制完成《公司"十三五"发展规划》，明确发展战略、目标和实施路径。开展业务数据治理"双百行动"，管理基础有效夯实。持续优化绩效管理体系，推广实施一线员工工时积分同价计酬机制。开展审计发现问题整改情况"回头看"，完成问题整改427个。发布《查处窃电行为法律指引》，举办反窃电违约用电专项培训，省内首家编制《员工行为规范》。实施资产全寿命管理领先型体系建设，受到国家电网公司检查组充分肯定。

【安全生产】2016年，绵阳公司牢固树立"五安三制"理念，压实安全责任，安全风险管控机制不断完善。扎实开展"安全管理提升""三查三强化""双月亮剑"等安全专项活动，全面推广安全管控系统和移动APP，消除各类隐患2037项。常态化开展安全巡查，发现违章466例，反违章工作质效综合评价位列省电力公司第一位。安规竞赛调考综合排名省电力公司第一名。优化电网运行方式，推进低电压、"卡脖子"问题治理，成功应对负荷7次、日电量10次创历史新高的供电考验。狠抓输电线路"六防"治理、"配网管理提升"专项工作，35千伏及以上线路跳闸率下降22%，配网线路跳闸率下降41%。严控"非计划停电"和"临时停电"，线路重复停电得到有效整治。外力破坏事件同比降低60%。举行12项大型应急演练，完成安州地震、北川山体滑坡、广元白龙湖沉船等突发事件现场处置应急支援，应急保障和管理水平得到提升。圆满完成第四届科博会等重大保电任务177次。

【农电工作】2016年，绵阳公司开展县域电网深度规划，农网规划覆盖供区所有乡镇。与各县市区（三台、平武县除外）签署农网改造升级合作协议，大力推进小城镇（中心村）电网改造升级、村村通动力电和"机井通电"工程，"十二五"农网升级改造工程受到国家发改委专项稽查组充分肯定。全力实施"电力助推扶贫攻坚"十大行动，184个贫困村电网实现改造升级，北川县开坪乡凤阳村农网改造升级成效获省长尹力高度肯定。加强标准化供电所建设,实施班组"四定"管理，花荄供电所获评班组建设最高荣誉“国家电网公司一流班组”“国家电网公司五星级乡镇供电所”。积极开展对口帮扶阿坝松潘、若尔盖供电公司，选派高素质技术、管理人员进藏464人次，接纳藏区人员38人，援助各类物资1080.32万元，精准对接藏区电力和管理需求，圆满完成年度帮扶目标任务。

【科技与信息化】2016年，绵阳公司论文发表4篇，专利申请10项，圆满完成年度目标任务。鼓励引导群创氛围，职工文化、技术创新成果丰硕，公司两项创新项目分别获评省电力公司2016年工人技术创新一、二等奖；积极搭建创新平台，参加省电力公司ＱＣ成果发布，荣获一等奖2项、二等奖4项。2016年管理创新成效显著，年度6个重点项目全部获奖，其中一等奖1项，二等奖3项，三等奖2项。接受技术标准实施评价体系建设验收，获国家电网公司、省电力公司高度评价。制定公司《三年精益战略发展规划》，提升精益化、标准化管理，全年共实施精益项目11个，精益项目总获奖数量在省电力公司系统内排名第一。

9月21日，绵阳供电公司员工为第三届中国科技城科技博览会开幕保电　（杨　佳　摄）

【市场服务（优质服务）】2016年，绵阳公司创新推行“卓越电管家”供电服务新模式，配置“电管家”543名，行风满意度测评排名省电力公司系统第二。主动对接园区政府，全力做好京东方、全市交通攻坚大会战等重点项目供电服务工作。落实业扩报装新政，建立业扩报装“4S”服务平台。实行客户投诉无差别考核，责任性投诉同比下降26.88%。全面推广网上购电远程下发，充值用户52656户，交易金额486.37万元。推进水电气“三表合一”，累计接入用户10300户并实现信息采集传递，受到国家发改委需求侧检查组高度肯定。开展用户供配电资产移交工作，532个小区签订移交协议，预计接收客户资产3.07亿元。加大向政府汇报力度，争取政府资金960万元，改造老旧小区8个。

【党的建设和精神文明建设】2016年，绵阳公司认真宣贯落实中共十八届六中全会和全国国有企业党的建设工作会议精神。扎实推进“两学一做”学习教育，组织开展4个专题学习研讨，两级班子、支部书记讲授专题党课217次，“基层党组织书记讲党课”“微宣微讲”分别荣获省电力公司一等奖、三等奖。成功召开公司第一次党代会。加强基层党支部建设，接收农电党员515人，“一所一支部”覆盖率达88.7%。扎实推进“清风绵电”主题活动，“党纪党规印我心”知识竞赛荣获省电力公司一等奖。完成省电力公司党风廉政建设巡察迎检，全面整改反馈问题。信访举报案件同比下降47%。大力实施素质提升工程，939人学历、职称和技能等级实现提升，新增省电力公司级及以上优秀人才4人、“电力雏鹰”3人。建成本部道德讲堂和企业文化长廊，北川公司、客服中心等企业文化示范点建设深入推进，游仙公司通过省级最佳文明单位验收测评。实施“精彩绵阳”主题策划，5次登上中央电视台、人民日报社等国家级媒体，“卓越电管家”“电力小绵羊”品牌形象深入人心。大力推动青年创新创效，一个项目获国家电网公司青创赛铜奖。建设职工文化体育活动中心，女子乒乓球队蝉联省电力公司“五连冠”，并勇夺市第六届运动会团体冠军。加强信访和舆情管控，全年未发生影响公司形象的重大事件。离退休、后勤保障工作全面加强。2016年，该公司系统113个单位（集体）、118名个人受到市级及以上表彰。

【所属县级供电企业】所属县级供电企业有6家：国网江油市供电公司、国网绵阳市游仙供电公司、国网梓潼县供电公司、国网绵阳市安州供电公司、国网四川省电力公司北川羌族自治县供电分公司、国网盐亭县供电公司。

【国网江油市供电公司】江油供电公司始建于1962年10月，该公司担负江油市40个乡镇以及平武、北川等部分地区供电任务，供电面积约3100平方公里，供区人口约110万。现有营业户数368990户，其中专变客户3108户（含大工业客户189户），低压客户365882；供电营业网点18个(其中城区2个，农村16个)。辖区内有35千伏及以上变电站27座，总容量203.475万千伏安。城区配变170台，容量5.912万千伏安；农村配变3415台，容量34.13万千伏安；35 千伏线路 16 条，总长度 231.17 公里；10 千伏线路 114 条，其中城网线路 41 条，总长度 333.95 公里；农网线路 73 条，总长度 2468.25 公里，低压线路 11984.53 公里。

2016 年完成售电量 19.56 亿千瓦时，同比上升 6.19%，完成年计划的 102.43%；目录均价 590.03 元/千千瓦时，同比下降 6.91%；线损率 5.80%，低于下达指标 0.12 个百分点；城网供电可靠率 99.97%，农村供电可靠率 99.91%；电费回收率 100%；完成各类项目资金 9743.17 万元，上缴税金 4989.48 万元。全网最高负荷 40 万千瓦，最大日电量 701.9 万千瓦时。

【国网绵阳市游仙供电公司】国网绵阳市游仙供电公司始建于 1994 年 12 月 26 日，是四川省电力公司委托绵阳供电公司代管的二级机构，省电力公司县级一流供电企业，省电力公司首批“县级供电公司企业文化建设示范点”，四川省省级最佳文明单位。该公司负责辖区内 35 千伏及以下输变电设备的运行维护检修工作，担负着中国工程物理研究院（九院）、游仙区、仙海风景区、绵阳市经开区以及三台县 6 个村、梓潼县 3 个村社的供电任务，供电面积 1163 平方公里，供电营业户数 26.8 万户，用电人口

8 月 3 日，绵阳供电公司卓越“电管家”在芙蓉汉城小区服务　（杨　佳　摄）

约 52 万人，辖区内拥有中国工程物理研究院（九院）、624 航空城、川北监狱以及富乐山国际酒店等高危及重要客户 20 户。

【国网绵阳市安州供电公司】国网安县供电公司始建于 1985 年，隶属于国网绵阳供电公司；2016 年，公司全面完成县级供电公司“子改分”改制工作，原国网四川安县供电有限责任公司予以注销，国网四川省电力公司绵阳市安州供电分公司于 6 月 29 日正式成立，两公司对外统称“国网绵阳市安州供电公司”。国网绵阳市安州供电公司是安州区境内最主要的电网规划、建设、运营和电力供应企业。公司现设管理部室 8 个、业务支撑和实施机构 2 个、班组 10 个、供电业务部 8 个。公司供电区域包括安县 18 个乡镇及相邻的北川、江油部分地区。供电面积 1150 平方公里。截至 2016 年年底，公司辖区内有变电站 18 座，10 千伏开关站 1 座，主变总容量 1096.4 万千伏安，输电线路 18 条，长度 197 公里。全网最高负荷 14.26 万千瓦，最大日电量 281 万千瓦时。

2016 年，该公司多措并举实现电费回收结零，收回拖欠电费 3.6 万元，追补计量差错电费 34.68 万元。截至 2016 年 12 月 31 日，该公司连续安全生产 5460 天。

【国网梓潼县供电公司】国网梓潼县供电公司成立于 1967 年，该公司担负着梓潼县 32 个乡镇、1 个经济开发区以及游仙区、江油市、盐亭县等部分地区供电任务，供电总面积 1442.32 平方公里，供区人口 38.58 万人。辖区内有 110 千伏变电站 4 座，35 千伏变电站 5 座，10 千伏开关站 1 座。35 千伏电压等级容载比为 1.65，城市地区户均容量为 2.31 千伏安，农村地区户均容量为 1.13 千伏安。公变 2057 台（城网 191 台，农网 1866 台），总容量 17.713 万千伏安。35 千伏线路 8 条，总长 143.35 公里。10 千伏线路 40 条，总长 1924.12 公里。低压线路 8918.15 公里。

【国网四川省电力公司北川羌族自治县供电分公司】国网四川省电力公司北川羌族自治县供电分公司位于北川羌族自治县，成立于 2008 年，该公司承担北川行政区域全部 23 个乡镇的供用电业务，供电营业区面积 3084 平方公里，供电人口 24 万人。

截至 2016 年年底，该公司有变电站 11 座，其中 110 千伏变电站 2 座（110 千伏北川变电站为全国首座智能变电站），变电容量 18 万千伏安；35 千伏变电站 9 座，变电容量 7.468 万千伏安；35 千伏及以上送电线路 229.74 公里 ；10 千伏线路 51 条，共计 1185.24 公里；10 千伏配电变压器 1864 台，总容量 32.643 万千伏安；低压线路约 4352 公里。北川新县城全部实行电缆化供电，电缆线路 9 条，全长 43.35 公里。 全年完成售电量 3.7868 亿千瓦时；线损率 4.53%；电费回收率 100%。截至 2016 年年底，实现连续安全生产 3271 天。

【国网盐亭县供电公司】 国网盐亭县供电公司的前身是四川省盐亭县电力有限责任公司，于2007年1月12日改制成为国网四川省电力公司控股并委托国网绵阳供电公司管理的县级控股公司。该公司现有110千伏变电站2座，主变4台，总容量19万千伏安；110千伏线路4条，线路总长135.42公里，均与主网220千伏佳桥变电站相连。35千伏变电站11座，主变17台，总容量7.82万千伏安；35千伏线路12条，线路总长151.353公里。配电变压器3366台，总容量35.98万千伏安；10千伏公用线路70条，线路总长2367.58公里。农村低压网络1万余公里。2016年，完成售电量2.7亿千瓦时，同比增长15.77%，完成下达目标任务的110.27%；综合线损率11.30%，同比下降0.98个百分点。截至2016年12月31日，该公司实现连续安全生产3641天。

（杨　佳）

国网天府新区供电公司

【企业概况】 2014年10月，天府新区获批为国家级新区，为进一步对接国家级新区建设，做好优质服务工作，国家电网公司同意设立国网天府新区供电公司。国网四川省电力公司天府新区供电公司（简称天府新区公司）成立于2014年12月29日，按地市供电企业管理，该公司下辖双流、龙泉驿2家县级供电公司，供电范围主要包括成都市龙泉驿区、双流区及天府新区成都直管区的37个街道和乡镇，供电面积1588平方公里，服务人口196.98万人。截至2016年年底，天府新区主业电网共有35千伏及以上变电站37座，总容量304.99万千伏安，其中110千伏变电站26座，容量288.35万千伏安，35千伏变电站11座，容量16.64万千伏安。35千伏及以上架空输电线路62条，总长544.91公里，其中110千伏架空输电线路43条，总长381.28公里，35千伏架空输电线路19条，总长163.63公里。35千伏及以上电缆线路46条，总长152.954公里，其中110千伏电缆线路33条，总长111.78公里，35千伏电缆线路13条，总长41.174公里。在建及2017年新开工35千伏及以上电网项目共计20个（含用户出资项目），包括220千伏项目6个，110千伏项目13个，35千伏项目1个，总变电容量232.2万千伏安。其中由天府新区公司建管的项目共计12项，包括220千伏项目3项，110千伏项目8项，35千伏项目1项。

2016年，天府新区公司累计完成售电量87.38亿千瓦时，同口径同比增长14.72%，规模和增长率均居全省第五名。

【人力资源】 截至2016年年末，天府新区公司拥有员工1887人（全民员工627人；自聘员工372人，其中主业岗位229人，集体企业岗位143人；农电员工888人）。研究生及以上学历196人，大学本科学历480人，大学专科学历567人，中专及以下学历644人；高级职称64人，中级职称172人，初级职称679人；高级技师38人，技师266人，高级工323人，中级工及以下519人。该公司有各级各类优秀人才50人，其中全国电力行业技术能手1人，四川省青年岗位能手1人，国家电网公司优秀专家人才后备3人，四川省电力公司优秀专家人才12人，入选四川省电力公司“双千人才”24人，入选四川省电力公司“电力雏鹰”9人。

【电网建设与发展】 2016年，天府新区供电公司高效推动规划项目落地，提前完成110千伏兴隆等输变电工程项目核准，进一步加大天府新区主网项目储备。积极推进大林500千伏变电站前期工作，取得直管区管委会支持，仅用8个月的时间，全面完成大林500千伏变电站选址、选线，配合省建管中心完成可研编制和国网审查。快速响应市场变化，完成供区内增量配电市场调查及项目计划报告的编制，梳理出潜在增量区域14个，总投资规模约7.39亿元。与属地政府签订协议，取得对“中心村”“井井通电”农网改造升级工程建设的支持。稳步推进重点工程建设，九江配套220千伏送出工程取得重大进展，220千伏隆兴变电站改造工程按期完工并恢复送电，兴侯南北线π入九江变220千伏线路工程顺利建成投产。该公司首次独立建管的华阳二输变电工程安全优质高效建成投产。成都供电公司移交的4项超长工期项目均取得重大突破，其中双流升压顺利建成投产，红砂、东华、金桥升压等3项工程实现“破冰”开工。

【安全生产】 2016年，天府新区供电公司以“安全基础夯实年”为中心，深入开展“三查三强化”

"秋季安全大检查""安全生产大检查"等安全专项行动，坚持依法依规抓安全，落实各级安全责任。大力开展隐患排查治理工作，排查电力设施隐患202项、防误闭锁隐患29项，并落实闭环管控措施。开展"安全作业典型示范现场"活动，督察各类作业现场815个，发出督察卡、提示卡125张，纠正违章159项。完成1500余人次安规普考及115人次安规调考，全面覆盖"三种人"等关键岗位。积极应对简阳泥石流滑坡灾害，及时抢修恢复供电，科学制定有效措施，顺利完成迎峰度夏期间保供电工作。落实专项资金，开展公司总体预案和专项应急预案修编及在政府主管部门备案工作，组织送培应急救援队伍人员51名，开展7场次、共计527人次参加的各类应急演练活动，并组织开展公司电网"迎峰度冬"无脚本反事故应急演练。

【经营管理】2016年，天府新区供电公司围绕"增收节支、降本增效、监督保障"三个维度，确定"效益提升年"19个方面92项具体措施，全力增供促销、降本增效。有机结合"量价费损"和"营销稽查"，监测疑似异动14465项，发出工单244份，追补电量262.57万千瓦时，追补电费214.38万元，及时挽回公司经济损失。对直管区电能替代潜力客户进行走访宣传，完成电能替代电量1.95亿千瓦时。建立标准成本项目储备管理机制，审查项目218项，审减金额3000万元，有效杜绝了无效投入。加强废旧物资管理，及时报废处置原值7447.56万元的积压物资。积极推进老旧院落户表改造，累计完成4个院落752户改造。将"五位一体"协同管理思路与业扩报装业务实践深度融合，促进业务管理再提升。建立同业对标管理体系，制定同业对标考核实施意见，加强指标过程监控，围绕公司营销转型探索开展供电所同业对标指标体系建设工作。2016年，该公司全口径劳动生产率60.0082万元/人·年，居全省第二，全口径人工成本投入产出效率指数29.41%，居全省第一。

【科技与信息化】 2016年，天府新区供电公司共有群创项目4项；完成专利申请5项2016年科技项目1项，2017年将开展科技项目2项。运行管理方面，该公司首次采用D5000系统成功接入配网终端，是国网首批建设完成的地市公司，同时也是第一批具备主配调控一体化功能的智能电网调控系统。2016年，圆满完成了全公司近2000台桌面终端及附属设备、20余台服务器及100余台网络安全设备的日常维护工作，保障了公司信息中心机房配电系统、空调、UPS、防火等动环设备的安全稳定运行，保证所有信息设备信息安全"零事故"。

【市场服务】 作为四川省电力公司营销转型试验田，2016年天府新区供电公司全面开展"7+2"深化工程，完成业扩方案辅助生成、停送电信息精准送达等七项实用化提升工作，打造正兴创新转型示范窗口，获得国家电网公司和省电力公司领导一致好评。全力推行末端营配业务融合的网格化管理模式，受到客户广泛好评。正兴供电所代表省电力公司接受国家电网公司五星级供电所创建检查，受到考评组高度评价。夯实营销配网基础，做好创新转型支撑，持续开展营配调贯通及采集建设，全口径智能电表覆盖率98.90%，居全省第三名，全口径采集接入率99.12%，并在全省率先采用"电信光纤"建设采集远程通信网络，完成"多表合一"1492户集中采集试点。便民服务，积极推广"掌上川电"APP应用，全年完成注册用户数17.53万户，37.52万客户已具备网上购电缴费功能。圆满完成G20财长会议、习近平总书记视察西部战区等121项重大保电任务，实现"零故障、零差错、零闪动、零投诉"目标，为新区发展提供了安全稳定的电力保障。

【党的建设和精神文明建设】 2016年，天府新区供电公司开展"两学一做"学习教育，举办"四讲四有"党委中心组专题研讨和支部专题学习，开展"三亮三比 争做迎峰度夏排头兵"活动。召开公司第一次党员代表大会，选举公司第一届"两委"委员。完善公司集体企业党组织设置，确保基层党组织全覆盖。举办庆祝建党95周年歌咏比赛、红色观影等系列纪念活动。推进企业文化传播落地，大力培育企业核心价值观，评选表彰"最美员工"10人。开展"百姓电工"主题传播，通过官方微信公众号策划传播公司品牌形象。落实精神文明建设规划，成功创建为"省级最佳文明单位"。坚持开展本部作风建设活动，全力打造卓越本部。

【所属县级供电企业】国网天府新区供电公司所属县级供电企业有：国网成都市双流供电公司、国网成都市龙泉驿供电公司。

【国网成都市双流供电公司】国网双流县供电公司成立于1991年，原名成都电业局双流供电局，2013年更名为国网双流县供电公司。2014年天府新区成立后，国网双流县供电公司先后于2014年及2015年初经历了两次供区、人员及业务划转，并于2015年6月，国网双流县供电公司升格为大型县级供电企业。现有新供区面积497.25平方公里，辖208条10千伏配电线路，长度1596公里，变压器5056台，现客户数达37.28万户。2016年，累计完成售电量

33.53 亿千瓦时，较 2015 年累计同期提高 9.7 个百分点，全年综合线损率 5.01%，累计售电均价 676.8 元/千千瓦时，电费回收率 100%。

【国网成都市龙泉驿供电公司】国网成都市龙泉驿供电公司前身为龙泉驿供电局，成立于 1988 年，担负了龙泉驿区 12 个乡镇街办以及成都（国家）经济技术开发区的供电服务工作；现有供区面积 556 平方公里，现有供电客户 35 万户，营业网点 9 个，服务人口约 68 万。2016 年完成售电量 32.66 亿千瓦时，同比增长 14.19%；售电均价 663.76 元/千千瓦时；110 千伏及以下片区线损率 4.42%，同比降低 1.29 个百分点；电费回收率 100%；龙泉电网最大负荷达 68.77 万千瓦，最大日电量达 1380.83 万千瓦时。

（刘清宇）

国网宜宾供电公司

【企业概况】国网四川省电力公司宜宾供电公司前身为宜宾供电局，成立于 1978 年，是省电力公司下属的特二型供电企业，承担着宜宾市两区八县中的两区一县（翠屏区、南溪区、江安县）的供电任务，直供面积 4680 平方公里，总营业户数 75 万余户。趸售长宁县电力公司及四川能投控股的屏山县、兴文县、高县、筠连县、宜宾县、珙县电力公司。该公司下设 11 个职能部室，7 个业务支撑和实施机构，5 家县级供电企业。各类用工总量 2907 人（全民 881 人、地方全民 349 人，农电用工 814 人，其他用工 863 人）。公司固定资产原值 43.18 亿元，35 千伏及以上变电站 62 座，总容量 536.6 万千伏安；35 千伏及以上输电线路 127 回，线路长度 2328 公里。

4 月 21 日，宜宾供电公司领导班子到调控中心指导工作

（王青青　摄）

2016 年，面对复杂严峻的内外部环境和艰巨的改革发展任务，该公司上下认真落实国家电网公司和省电力公司决策部署，在攻坚克难中砥砺前行，在应对挑战中聚力发展，实现了“十三五”规划良好开局。完成固定资产投资 4.26 亿元，其中电网投资 4.22 亿元；售电量 50.8 亿千瓦时，完成省电力公司下达指标的 100.79%；完成电费回收考核指标；实现综合电费收入 28.14 亿元，同比下降 6.17%；线损率 5.36%，同比上升 0.48 个百分点；全口径劳动生产率 43.15 万元/人·年，同比增长 7.32%。公司和电网保持科学健康发展态势，全面实现年度各项生产经营目标。

【人力资源】2016 年，宜宾公司推进“三集五大”体系再提升，深化“五位一体”要素比对和典型应用。调整城区营配业务管理模式，配电运检实现实体县公司运作。优化调整农电管理模式，农电专业与三新公司实行合署办公。依托内部人资市场平台，在全省范围率先实施跨地市单位劳务协作。制定完善 8 个干部管理配套办法，交流中层干部 30 名，推选 21 名助理员挂职锻炼。加强员工教育培训，开展各级各类培训 94 期次、1.15 万人次，63 人取得技师资格，64 人专业技术资格得到提升。

【电网建设与发展】2016 年，宜宾公司对接落实地方发展战略和区域发展重心，完善宜宾电网“十三五”发展规划。协助省电力公司争取成贵铁路供电工程实施主体，艰难推动“4+2”工程前期工作。与南溪区、江安县签订战略合作协议，推动省电力公司与市政府开展战略合作。与能投股份公司就供区划分、交跨施工达成协议。投运 35 千伏及以上输变电工程项目 9 个，变电容量 47.3 万千伏安、线路 29.2 公里。省内首座模块化建设试点工程——110 千伏天顺站、该公司建管首座 220 千伏智能变电站——云台站顺利投入系统运行，叙府一南溪 220 千伏线路工程、南溪 220 千伏变电站 110 千伏配套工程分获省电力公司质量、安全管理“流动红旗”。积极推进绕城高速、新机场等 7 项区域性、总投资约 7.6 亿元的电力设施迁改项目，启动公司历史上最大规模的电力迁改工程——220 千伏白沙站整体搬迁工程。“多表合一”信息采集接入 3400 户，累计安装智能电表 67.6 万只、覆盖率 89.5%。

【经营管理】 2016 年，宜宾公司深入开展“效益提升年”活动，千方百计增供扩销，多措并举降本增效。严格落实“一户一策”方案，推广购电装置安装 267 户，电费回收风险得到有效防控。强化营销稽查和“量价费损”监测监控，追补电量、电费 68.6 万千瓦时、60.5 万元。加强数据质量管控，营配调实现全面贯通。积极推进法治企业建设，狠抓责任落实、制度执行、问题整改和监督检查，保障公司健康发展。开展常规、动态审计监督服务，完成经济责任审计 2 项、集体企业收支审计 4 项，完成工程结算、决算审计 454 项，审减资金 1007 万元，保证资金支出合理，过程管理规范。实行审计问题整改“回头看”督办销号机制，整改突出问题 25 项。积极推动业财融合，凭证电子化和营财一体化顺利上线。加强物资风险防控机制建设，严格规范非物资非招标采购。开展电网运营效率监测实践，定期发布经营管理和核心资源指标情况，查找异常问题，实时监控运营动态。

【安全生产】2016 年，宜宾公司落实特高压三大直流及近区设备的隐患排查、特殊巡视、交叉巡视和蹲点值守，保障了三大直流满负荷安全运行和杭州

11 月 17 日，宜宾供电公司总经理陈强指导宜宾县城北新区线路迁改工作　　　　（陈　刚　摄）

G20 峰会可靠供电。扎实开展“三查三强化”安全专项行动，持续强化本质安全。成功应对迎峰度夏用电负荷 3 次刷新历史纪录的严峻考验，电网运行平稳可靠。全力推进资产全寿命“领先型”创建，代表省电力公司接受并通过国家电网公司监督评价。实行违章记分制，设立反违章举报平台，全年查处违章 232 次。加强安全隐患“排查建档—措施制定—整治反馈”闭环管控，治理隐患 1196 项。10 千伏系统纳入电网运行风险管控体系，预警预控全覆盖。清理核查配电网故障切除设备 521 套，完成不停电倒换负荷 102 次。多方协调沟通汇报，有效应对处置能投股份公司与南方电网联网风险。整合现有安全监督力量，组建安全巡查大队。修订评审市县 33 个应急预案体系，参加省级防震救灾演练和四川电网联合反事故演习获好评。公司荣获省电力公司“安全先进单位”和“安全生产特殊贡献单位”。

【农电管理】2016 年，宜宾公司认真落实市委、市政府“精准扶贫”工作部署，积极开展“精准扶贫 全面小康”扶贫工作。定点帮扶南溪区大坪乡石松村和江安县怡乐镇青龙村，落实送温暖和助学资金 15 万余元，开展爱心助学行动，推进助学扶贫，建成“川电留守学生之家”。积极与市相关部门、当地乡政府和村委会沟通，落实具体举措帮助村民克服当前困难。大力推进与民生工程息息相关的电网改造和建设，高质量完成农网改造升级项目 377 个，小城镇（中心村）、机井通电项目全面开工，城镇、农村电网供电质量不断提高。

【精益转型】 2016 年，宜宾公司以价值实现为导向，推动建立“目标定位、指标引领、价值驱动、问题导向、全员参与、持续改善”精益建设格局。成立精益转型组织机构，制定 5 项配套实施意见。以电网核心价值为基础，绘制核心价值流图，梳理关键业务 24 项，明确公司级 KPI 指标 10 个、部门级 KPI 指标 25 个。推进“精益六件事”实施落地，周计划工作平台、问题池上线运行，员工大讲堂、“小精益·微创新”扎实开展，7 人获得绿带资格认证。优化全员绩效管理体系，探索流程评估、内部核算模式，强化绩效对工作业绩支撑。打通专业数据壁垒，整合数据资源，研究设立数据中心，建立大数据分析机制。

【改革创新】2016 年，宜宾公司把握历史机遇，扎实推进省电力公司“一张网”战略部署，成立电力体制改革领导小组，积极配合省电力公司、市政府开展资料收集、改革方案制定，大力宣传电源侧“一盘棋”、电网侧“一张网”、需求侧“一同价”发展理念，助推“一张网”达成共识。全面完成集体企业改革改制、全资县公

司“子改分”和全资设计公司清理退出，组建乐山城电宜宾四维分公司，挂牌成立西星科技咨询公司宜宾代理处。推广实施一线员工工时积分同价计酬机制，完成“子改分”县公司岗位薪点工资制度改革。2 项成果获全国电力行业信息化成果二等奖、三等奖，精益项目、管理创新、课题研究项目成果获省电力公司一等奖 1 项、二等奖 3 项、三等奖 2 项。

【市场服务】2016 年，宜宾公司贯彻执行业扩新政，积极拓展售电市场，新增接电容量 50.3 万千伏安。大力推动电能替代，完成替代电量 8.28 亿千瓦时，居省电力公司第三位。组合运用优惠电价政策，完成直购电、富余电量 8.41 亿、0.27 亿千瓦时。加快推进客户资产产权移交，接收 154 个小区、21 个非小区客户配电设施，增加资产 3.5 亿元。促请政府明确改造方案和出资比例，老旧弃管小区改造取得实质进展，稳步推进 812 厂、五粮液集团等国有企业“三供一业”改造移交。与移动、通服公司签订战略合作协议。大力推广“掌上川电”手机 APP 等线上渠道，实现客户随时随地办电和交费。设立临港、阳春坝工业园区供电服务点，建立园区专属客户经理制度，开辟园区业扩报装及配套电网建设项目“绿色通道”，快速响应园区客户用电需求。圆满完成十八届六中全会、中高考等重要保电任务 103 次。

【党的建设和精神文明建设】2016 年，宜宾公司落实全面从严治党要求，扎实推进“两学一做”学习教育，深入开展“三亮三比”和“讲规矩、转作风、作表率”主题活动，营造争做“四讲四有”合格党员良好氛围。严格执行党的基层组织选举条例，严明党的政治纪律和政治规矩，尊重和保障党员民主权利，全面完成党组织换届选举工作。严格落实“两个责任”，约谈 15 个单位、9 个部门主要负责人。积极配合省电力公司完成党风廉政建设巡察，制定问题清单，整改销号 46 个问题。“四风”问题整治情况“回头看”工作获国家电网公司监察局和宜宾市纪委肯定。深化品牌传播，市级及以上媒体新闻上稿 1635 条次。公司分别荣获省电力公司、省国资委“先进基层党组织”，共产党员服务队荣获“四川省岗位学雷锋先进集体”，培训分中心荣获“四川省职工教育培训示范点”，杨云荣获“四川省五一劳动奖章”。公司荣获省电力公司“班组建设先进单位”，团委连续三年荣获宜宾市“五四红旗团委”，江南公司成功通过省级文明单位创建验收。

【所属县级供电企业】该公司所属县级供电企业有：国网宜宾市江南供电公司、国网宜宾市江北供电公司、国网宜宾市南溪供电公司、国网江安县供电公司、国网宜宾市南屏供电公司

【国网宜宾市江南供电公司】国网宜宾市江南供电公司成立于 2001 年 8 月，位于宜宾市南岸西区外江路，担负着宜宾市六县一区（翠屏区、长宁县、兴文县、江安县、珙县、高县、宜宾县）的部分地区供电任务，现有各类用电客户 14 万余户。该公司现有开闭所 5 座、环网柜 141 台、分支箱 166 台，城网配电变压器 468 台、农网变压器 1013 台，10 千伏线路总长 103 公里。截至 2016 年 12 月 31 日，公司未发生中断安全生产纪录的考核事故，实现连续安全生产 5401 天。2016 年完成售电量 16.62 亿千瓦时，10 千伏及以下综合线损率 5.53%，城市供电可靠率 99.9272%，电费回收实现“双结零”。

【国网宜宾市江北供电公司】国网宜宾市江北供电公司位于宜宾市翠屏区岷江北岸安阜街道广厦西路 1 号，紧邻五粮液集团，担负着宜宾市江北片区厂矿企业、翠屏区 10 个乡镇、办事处、宜宾县 1 个乡镇以及临港经济开发区、五粮液工业园区、翠屏新区、象鼻工业区的供电任务。该公司辖区拥有 10 千伏城市配电线路 214 公里，城市配电变压器 186 台。2016 年公司全年售电量累计完成 8.07 亿千瓦时，累计综合线损率完成 4.30%，售电均价 539.08 元/千千瓦时，电费回收完成达到 100%，电压合格率 99.9519%；供电可靠率 99.9289%。截至 2016 年 12 月 31 日，公司实现连续安全生产 4915 天。

11 月 3 日，宜宾公司建管的首座 220 千伏智能变电站（云台站）投运　　（张　博　摄）

【国网宜宾市南溪供电公司】国网宜宾市南溪供电

公司前身为南溪供电站，成立于1962年，随着电力企业发展变革于1993年成立南溪供电局，2013年7月更名为国网宜宾市南溪供电公司。该公司位于宜宾市南溪区长江大道西段，担负着南溪区、江安县、长宁县及翠屏区部分区域的供电任务，其中直供南溪区16个乡镇（167个行政村）和翠屏区高店镇、沙坪顺南片区，供电面积约692平方公里。公司现有客户128821户。该公司现有10千伏公用配电线路904.48公里（其中城市配网54.2公里，农村配网850.28公里），10千伏公用配电变压器1448台（其中城网配变354台，农网配变1094台），公用配变总容量30.75万千伏安。2016年公司完成售电量13.37亿千瓦时，同比增长6.73%。截至2016年12月31日，公司实现连续安全生产天数2992天。

【国网江安县供电公司】国网江安县供电公司于2008年1月由原地方国有电力公司改制为省电力公司控股公司，2013年1月改制为省电力公司全资子公司，2016年7月改制为省电力公司的分公司。公司担负着江安县18个乡镇和长宁县竹海镇部分村组的315个行政村的供电任务，供电客户16.2万户。公司现有110千伏变电站1座、35千伏变电站8座，110千伏输电线路1条，长28公里，35千伏输电线路7条，长124公里，10千伏配电线路42条，长1022公里，10千伏配变2041台。2016年，公司完成售电量2.89亿千瓦时，综合线损率12.44%，电费收入1.8亿元，电费全额回收，实现连续安全生产天数3275天。

【国网宜宾市南屏供电公司】国网宜宾市南屏供电公司前身为南溪县水电局下属企业“南溪县电力公司”，南溪区政府于2008年12月与省电力公司签订代管协议，省电力公司从2010年10月起实施人、财、物全面代管，并于2012年1月改制上划为省电力公司的全资子公司，启用名称“国网四川宜宾市南溪供电有限责任公司”。2016年公司实施“子改分”，全面调整为分公司运作模式，启用名称“国网四川省电力公司宜宾市南屏供电分公司”。供区主要涉及南溪区、翠屏区共13个乡镇179个行政村，供电客户6.8万余户，供电面积约500平方公里。该公司现有35千伏变电站6座，主变容量3.95万千伏安，35千伏输电线路5条，长50.87公里，10千伏配电线路16条，长676.5公里，10千伏配变1176台，配电容量9.46万千伏安。2016年，该公司完成购电量7544.55万千瓦时，比上年同期增长4.83%；完成售电量6780.72万千瓦时，比上年同期增长7.91%；综合线损率为11.2%，比上年同期下降1.49%，实现连续安全生产1249天。（周泽明）

国网阿坝供电公司
（国网四川阿坝州电力有限责任公司）

【企业概况】国网四川省电力公司阿坝供电公司（以下简称阿坝公司）是国网四川省电力公司直属的特一型供电企业。国网四川阿坝州电力有限责任公司（以下简称州公司）是省电力公司控股的市州级供电企业，与阿坝公司按两块牌子、一套人员运作，州公司下辖全资县级子公司11个，供电面积7.1万平方公里，承担全州70余万人生产生活供电任务。2016年，该公司企业负责人业绩考核列省电力公司第14位，进入B段，创历史最好成绩。

截至2016年年底，阿坝公司拥有220千伏变电站11座（包括1座开关站），变电容量270万千伏安；110千伏变电站22座，变电容量84.93万千伏安；35千伏变电站78座，变电容量44.36万千伏安。220千伏线路31条，线路长度858.64公里；110千伏线路28条，线路长度1013.97公里；35千伏线路108条，线路长度2137.11公里。

2016年完成并表口径售电量89.09亿千瓦时，同比增长10.02%，营业总收入21.64亿元，实现盈利3065.06万元，线损率4.55%，同比下降0.37个百分点。截至12月31日，实现连续安全生产4112天。

【人力资源】截至2016年年底，阿坝公司全民在册员工88人。州公司系统共有各类用工1638人，其中：本部全民在册人员250人，阿坝公司支援到州公司工作的86人，兄弟单位援藏人员66人，劳务派遣人员41人。11家县级子公司全民在册员工1168人，劳务派遣人员27人。2016年，该公司进一步转变县公司发展方式，汶川等3家公司试点“三集五大”体系建设和薪酬改革。加强全员培训和人才培养，全面消除了“三无”人员，241人提升职业技能等级和专业技术资格，人才当量密度提高4.61%；取得省电力公司配网不停电作业技能竞赛、全球能源互联网知识竞赛团体三等奖，两名员工代表省电力公司参加国家电网公司竞赛调考并获优异成绩。大力推进各级优秀人才选拔推荐，拥有省电力公司优秀人才6名，新入选雏鹰计划2人。圆满完成106名高校毕业生的引进工作，24名“三定生”学成归来，公司人才储备成效明显。

7月12日，阿坝州召开全州电网建设推进会，政企联合加快州内电网建设（黄世涛　摄）

【电网建设与发展】2016年，促成州政府与省电力公司签订战略合作协议，争取省电力公司“十三五”在阿坝州电网投资规划规模超百亿元。提请州政府召开全州电网建设推进会，与3个县政府签订战略合作协议。成兰铁路5个220千伏牵引站供电工程通过可研审查，九寨沟隆康110千伏输变电工程等2个项目取得核准，500千伏马尔康、220千伏红原输变电工程前期工作克服困难有序推进。开工35千伏及以上输变电工程6项，投运7项。加快汶马高速电力建设，迁改2条110千伏线路。完成鲁能中查沟风景区临时供电及古尔沟温泉小镇项目供电。

【经营管理】该公司扎实开展“效益提升年”活动，强化经营诊断分析，深入研究购售电结构，优化购销策略，加强营销基础管理和财务资金集中管控，努力挖潜增效。专项治理亏损企业，10家县公司实现账面扭亏。完成州内一般工商业电价归并调整。推进居民电价归并，工作思路和方案取得州发改委认可。积极争取财税政策支持，置换逾期贷款，县公司减免利息及罚息878万元。执行自发电业务3%优惠税率，降低税赋1023万元。强化往来账和资金管理，“两金”压降51.62万元。积极争取富余电、直购电等政策，增加售电2.83亿千瓦时，助力全州工业复苏。积极开拓市场，业扩新装、增容29.6万千伏安。严格落实电费回收责任，降低大工业客户欠费风险，回收陈欠电费1640.49万元。开展线损治理专项行动，县公司综合线损率同比下降3.52个百分点。开展大客户用电专项检查，查处多起违规用电问题。营配调数据贯通整体进度98.05%，居省电力公司第一位。

【安全生产】2016年，阿坝公司扎实开展“安全管理提升”活动和“三查三强化”专项行动，全面落实安全责任。坚持安全例会制度，强化重点工作风险分析和预控。积极落实反违章工作，排查“三本台账”问题3268项，整改2123项。加强业务外包和工程分包管理，严格施工计划和作业组织管控。有效防控安全风险，治理隐患808项。组织安全培训2500余人次，本质安全水平得到提升。严格执行“月计划、周安排、日管控”制度，强化电网、检修和建设风险预警管控，全年发布各类风险预警38个。开展变电专业精益化评价，推行线路标准化作业。加强输配电设备运维，35千伏及以上设备故障跳闸率下降18.14%。推进老旧输变电设备改造，29座110千伏及以上变电站实现无人值守。

【农电工作】2016年，阿坝公司完成“中心村”电网改造升级和机井通电工程专项规划并组织实施。大力彰显央企社会责任，积极争取资金，继续加大州内农网升级改造建设投资，2016年投资计划2.89亿元。完成2016年第一批及新一轮农网改造升级工程，治理低电压台区575个，有效改善1.7万户、6万余人用电质量，助力精准扶贫。自州公司成立以来，州公司供区内1072个行政村中已有905个行政村电网得到改造，改造率达到84.42%

【科技与信息化工作】2016年，阿坝公司申请专利4项，其中“一种故障报警IT运营平台”“一种网络监控预警系统”“一种无线网管系统”实用新型专利已获授权。完成“研究岩石地质条件下降低接地电阻的方法”“110千伏及以下电压电磁环网对阿坝地区县域电网可靠性提高研究”“智能变电站继电保护自动测试技术研究”3个科技项目验收，全面开展“新一代智能变电站全数字可视化仿真培训系统研究”科技项目工作。破解二台山、水磨片区电力通信孤网运行难题，信息通信支撑能力切实增强。

【市场服务（优质服务）】2016年，阿坝公司不断加强营业窗口的规范化建设，优化服务流程，完善服务标准，将优质服务的要求贯穿到营销工作的每一个环节，确保对客户的承诺一一兑现，确保优质服务的内涵不断得以发展和丰富。加强窗口明察暗访和监督检查，及时发现纠正违规服务行为，确保“首问责任制”“一口对外”“限时办结”等服务要求落到实处。建立健全优质服务协同配合工作机制，成功实现阿坝地区“95598”工单的派发、处理、回复全过程管理。

【党的建设和精神文明建设】2016年，阿坝公司以全面从严治党为指导，深入开展“两学一做”专题教育，全面从严治党向基层党组织延伸。持续推进党的建设、企业文化建设和队伍建设，确保了安全生产、经营管理、党风廉政建设等目标任务的圆满完成。加强党员教育，支部书记带头讲党课。强化组织建设，22个基层党组织完成换届选举。开展“三亮三比”主题活动，命名55个党员示范岗、18个党员示范区。开展“协力执行做表率”本部作风建设活动，打造风清气正员工队伍。选树劳动模范8名，“援建之星”“最美员工”等先进典型25个，示范引领作用充分彰显。深化民主管理，切实关爱职工。班组建设成效显著，创建8个四星级班组。精心策划“电力长征”点亮牧民新生活等主题传播，积极彰显责任央企形象。扎实推进精神文明建设，成功创建“四川省省级最佳文明单位”。

11月29日，阿坝公司开展电缆头制作培训，提升技术技能水平

（袁斌斌　摄）

【所属县级供电企业】阿坝公司所属供电企业有11家：国网四川马尔康县供电有限责任公司、国网四川理县供电有限责任公司、国网四川汶川县供电有限责任公司、国网四川壤塘县供电有限责任公司、国网四川松潘县供电有限责任公司、国网四川金川县供电有限责任公司、国网四川黑水县供电有限责任公司、国网四川小金县供电有限责任公司、国网四川阿坝县供电有限责任公司、网四川红原县供电有限责任公司、国网四川若尔盖县供电有限责任公司。

【国网四川马尔康县供电有限责任公司】国网四川马尔康县供电有限责任公司成立于2011年7月，在册员工164人，担负着全市14个乡（镇）、105个村，1.5万余户，5.6万余人的生产生活供电任务。网内有松岗、热足电站两座发电站，总装机2.39万千瓦。110千伏变电站5座，主变6台，变电容量为15.4万千伏安；110千伏线路5条，线路长度135.38公里；35千伏变电站5座，主变6台，变电容量45.2万千伏安；35千伏线路7条，线路长度223公里；10千伏线路31条，线路长度413公里；完成自发电量1.7亿千瓦时，完成售电量2.66亿千瓦时。2016年，该公司完成主辅分离，挂牌成立四川嘉盛电力建设有限责任公司马尔康分公司。

【国网四川理县供电有限责任公司】国网四川理县供电有限责任公司成立于2011年7月，担负着全县13个乡（镇）、81个行政村，7800余户，4.5万余人的生产生活供电任务。网内有板子沟、三道桥、维关、打色尔一级、打色尔二级、卡子电站、漆树坪、农家乐、甲司口、9座上网小水电站，总装机4.39万千瓦。代为运维110千伏变电站2座，主变3台，变电容量8.51万伏安。拥有35千伏变电站5座，主变6台，变电容量3.4万千伏安，35千伏线路19条，线路长度183.1公里；10千伏线路25条，线路长度489.09公里。2015年完成购电量2.24亿千瓦时，售电量1.97亿千瓦时。

【国网四川汶川县供电有限责任公司】国网四川汶川县供电有限责任公司成立于2011年7月，在册员工129人，担负着全县7个乡（镇）、74个村，1.9722万余户万余户，8.9万余人的生产生活供电任务。拥有35千伏变电站6座，主变11台，变电容量8.14万千伏安，110千伏线路2条，线路长度14.13公里；35千伏线路19条，线路长度175公里；10千伏线路40条，线路长度462公里。2016年完成售电量4.21万千瓦时。

【国网四川壤塘县供电有限责任公司】国网四川壤塘县供电有限责任公司成立于2011年7月，在册员工30人，担负着全县9个乡（镇）、47个村，10000余户，4万余人的生产生活供电任务。拥有章光发电站一座，总装机 1140 千瓦；110 千伏变电站 2 座，主变 2 台，变电容量 6.30 万千伏安，110 千伏线路 2 条，线路长度 148 公里；35 千伏变电站 4 座，主变 4 台，变电容量 1.105 万千伏安，35 千伏线路 5 条，线路长度 111 公里；10 千伏线路 14 条，线路长度 407 公里。2016 年完成自发电量 558.07 万千瓦时，完成售电量 4000 万千瓦时。

5 月 6 日，开展壤塘县蒲西 110 千伏变电站验收

（黄世涛 摄）

【国网四川松潘县供电有限责任公司】国网四川松潘县供电有限责任公司于 2011 年 7 月成立，在册员工 126 人，担负着松潘县 20 个乡（镇）、142 个村，2 万余户，8.5 万余人的生产生活供电任务。另有小河片区委托平武县供电公司供电，毛尔盖片区由国网黑水县供电公司供电。拥有云屯、鸳鸯桥、虹桥关、金苍坪 4 座发电，总装机 6700 千瓦；拥有 35 千伏变电站 10 座，主变压器 14 台，变电容量 7.595 万千伏安，拥有 35 千伏及以上输电线路 14 条，线路长度 235 公里，10 千伏线路 25 条，线路长度 910 公里。2016 年，公司完成售电量 13681.4 万千瓦时，完成发电量 3168.8 万千瓦时，电费回收率 100%，首次实现电费清零。

【国网四川金川县供电有限责任公司】国网四川金川县供电有限责任公司成立于 2011 年 7 月，在册员工 106 人，担负着全县 22 个乡（镇）、109 个村，1.8 万余户，7.4 万余人的生产生活供电任务。拥有万林、独松二级、阿科里、卡撒 4 座发电站，装机容量 4600 千瓦；110 千伏变电站 1 座，变电容量 4 万千伏安；35 千伏变电站 3 座，变电容量 2.205 万千伏安；拥有 35 千伏线路 5 条，线路长度 136.9 公里；10 千伏线路 29 条，线路长度 1012.8 公里；配电变压器台区 747 个，变电容量 5.265 万千伏安。2016 年完成自发电量 2589.37 万千瓦时，完成售电量 1.03 万千瓦时，营业收入 3080.69 万元。

【国网四川黑水县供电有限责任公司】国网四川黑水县供电有限责任公司成立于 2011 年 7 月，担负着全县 17 个乡（镇）、124 个村，20,895 余户，6 万余人的生产生活供电任务。拥有德石窝、仁头沟、谷汝、红岩、麻窝等 5 座发电站，总装机 5405 千瓦；110 千伏变电站 2 座，主变 2 台，变电容量 6 万千伏安，110 千伏线路 2 条，线路长度 16.8 公里；35 千伏变电站 5 座，主变 8 台，变电容量 1.95 万千伏安，35 千伏线路 8 条，线路长度 131 公里；10 千伏线路 19 条，线路长度 398 公里。2016 年完成自发电量 3010 万千瓦时，完成售电量 5140 万千瓦时。

【国网四川小金县供电有限责任公司】国网四川小金县供电有限责任公司成立于 2011 年 8 月，担负着全县 14 个乡，3 个镇，126 个行政村，8 万余人的生产生活供电任务。拥有 110 千伏变电站 2 座，变电容量 14 万千伏安，110 千伏线路 6 条，线路长度 80.49 公里；35 千伏变电站 8 座，变电容量 4.485 万千伏安；35 千伏线路 15 条，线路长度 176.82 公里；配变 721 台，变电容量 7.058 万千伏安；10 千伏线路 33 条，线路长度 871.451 公里。管理水电站 2 座，总装机 5300 千瓦；完成自发电量 0.25 亿千瓦时，售电量完成 4.12 亿千瓦时。

【国网四川阿坝县供电有限责任公司】国网四川阿坝县供电有限责任公司成立于 2011 年 7 月，担负着阿坝县行政区域内 2 个镇、17 个乡、2 个牧场，87 个行政村，2.62 万户，约 6.79 万人的生产生活供电任务。拥有 110 千伏变电站 2 座，主变压器 3 台，变电容量 9.45 万千伏安；35 千伏变电站 6 座，变压器 6 台、变电容量 1.775 万千伏安。拥有 110 千伏线路 2 条、线路长度 73 公里；35 千伏线路 7 条、线路长度 282 公里；10 千伏线路 19 条、线路长度 722.54 公里；10 千伏变电台区 544 台、变电容量 6.5301 万千伏安；0.4 千伏线路总长 714.72 公里。2016 年完成售电量 4889.1247 万千瓦时。

【国网四川红原县供电有限责任公司】国网四川红原县供电公司成立于 2011 年 7 月，担负着全县 11 个乡（镇）、36 个村，1.44 万余户，4.6 万余人的生产生活供电任务。有发电站 1 座（刷经寺电站），装机容量 200 千瓦；110 千伏变电站 3 座，主变 4 台，变电容量 7.33 万千伏安；35 千伏变电站 6 座，主变

6台，变电容量1.86万千伏安，35千伏线路186.29公里；10千伏线620.29公里。2016年完成自发电量31.2万千瓦时，完成售电量3495.74万千瓦时。

【国网四川若尔盖县供电有限责任公司】国网四川若尔盖县供电有限责任公司成立于2015年7月，供电区域面积10437平方公里，承担着全县2个镇、15个乡、2个牧场，7.8万余人的生产生活供电任务。拥有发电站两座（巴西电站、热尔电站），总装机3760千瓦；110千伏变电站3座，主变4台，变电容量11.1万千伏安，110千伏线路3条，线路长度247.5公里；35千伏变电站4座，主变4台，变电容量1.145万千伏安，35千伏线路8条，线路长度282.299公里；10千伏线路21条，线路长度749公里。2016年完成自发电量1684.8万千瓦时，完成售电量7136.27万千瓦时。截至2016年12月31日，公司实现连续安全生产520天。（姜和平）

国网凉山供电公司

【公司概况】国网凉山供电公司始建于1974年，是国网四川省电力公司直属的特一型供电企业。下设职能部门13个、直供直管公司2个（国网凉山州安宁供电公司、国网木里县供电公司）、业务支撑和实施机构7个。2005年2月至2016年，公司先后控股了喜德、会理、德昌、越西、雷波、宁南、甘洛、会东、木里、布拖和盐源等11个县级供电公司。该公司现用工总数4304人，其中母公司全民员工596人。固定资产原值78.69亿元，在全省各地市供电单位中位列第三，是2010年20.08亿元的3.92倍。运维线路分布全州16县（市）。供区面积49300余平方公里，占全州面积60114平方公里的82%，供电人口约400万人，约占全州人口511万人的78.28%，年售电量64.45亿千瓦时，占全州全社会售电量97.2亿千瓦时的87.7%（含四川西昌电力股份有限公司2016年售电量20.8亿千瓦时）。

6月29日，国网四川省电力公司总经理石玉东（前排右一）与时任凉山彝族自治州州长罗凉清在成都签署战略合作协议（曹志刚　摄）

截至2016年年底，凉山公司拥有220千伏变电站14座，变电容量375万千伏安，线路长度2748.96公里；110千伏变电站32座，变电容量209.05万千伏安，线路长度2962公里；35千伏变电站103座，变电容量86.115万千伏安，线路长度3032.5794公里；10千伏线路长度约12000公里。

【人力资源】截至2016年年底，凉山公司有直供直管全民职工596人，具有研究生学历48人，占8.05%；本科学历390人，占65.44%；专科学历112人，占18.79%；中等职业教育学历33人，占5.54%；高中学历8人，占1.34%；初中及以下学历5人，占0.84%。直供直管单位具有高级职称83人，中级职称163人，初级职称204人；具有高级技师35人，技师117人，高级工50人，中级工104人，初级工3人。生产技能岗位双师型人才7人。国网四川省电力公司专家人才12人。2016年，该公司人才当量密度完成0.9245，同比2015年0.9047提高2.19%。其中直供直管单位人才当量密度完成1.0626，同比2015年1.0453提高1.65%。

2016年，该公司（含全资、控股单位）全员劳动生产率460448元/人·年。

【电网建设与发展】2016年，凉山公司开展110－220千伏前期工作项目22项（其中储备计划15项），取得110－220千伏电网项目可研批复4项，取得核准批复3项。开展35千伏项目前期工作16项，完成可研上报10项，取得可研批复7项；完成雅中－江西±800千伏直流输电工程及其500千伏配套工程、盐源500千伏输变电工程、会东500千伏输变电工程等项目属地协调工作，确保省电力公司重点建设项目顺利推进。完成了凉山州《中心村及农村机井通电2016-2017实施方案大纲》编制工作、2016年凉山州电网发展诊断分析报告及图表编制工作。促成凉山州政府与省电力公司签订了战略合作协议，首次明确凉山220千伏及以上"一张网"建设由省电力公司主导推进，凉山"一张网"建设目标已写入凉山州第八次党代会工作报告和2017年凉山州政府工作报告。积极落实省电力公司"一张网"发展战略，规划了昭觉、金阳220千伏变电站及其配套新建项目并纳入电网规划。

5月19日，凉山电网2016年厂网联席会召开，总结了2015年凉山电网总体运行情况，对2016年凉山电网运行方式进行介绍　（蒋志明　摄）

2016年，凉山公司完成基本建设投资8.69亿元，35千伏及以上新开工项目12项、投产项目8项，10千伏及以下农网项目新开工189项，小型基建新建项目21项、续建项目17项，新建、续建项目竣工10项。美姑河改接雷波至坪头220千伏线路工程、瑶山110千伏变电站工程、尔足至海田110千伏线路工程、海田110千伏变电站工程等5个单项工程获得国家电网公司优质工程。西昌至瑶山110千伏线路工程获得省电力公司"优质工程"称号。编制的《四川凉山地区35千伏输变电工程造价分析报告》获省电力公司优秀造价成果一等奖、中价协优秀造价成果二等奖。

【经营管理】2016年，凉山公司全面贯彻落实"效益提升年"活动工作精神，回归企业本质属性，以安全、质量、效益、效率为中心，既积极开源造血，千方百计开拓市场，争取有利政策，又深挖内部潜力，从严管控成本，提升投入产出水平，实现发展质量和经济效益双提升。2016年，该公司售电量完成64.44亿千瓦时，完成下达计划63亿千瓦时的102.3%，同比增长5.04%。售电收入30.70亿元，同比降低3.03%。税收5.7亿元。线损率7.88%，较省电力公司下达计划8.26%低0.38个百分点。综合电费回收率100%，应收电费余额保持为零。

【农电工作】2016年，凉山公司累计完成2015年农网新增工程投资7744万元，完成省电力公司下达2016年农网改造升级工程13071万元投资目标，建成10千伏线路164公里，配电容量4.505万千伏安。制定星级供电所创建方案，落实星级供电所创建工作，打造马道供电所争创省电力公司四星级供电所。深入开展"电力助推脱贫攻坚"工作，2016年该公司电力扶贫专项投资1.5亿元，保障了该公司供区内559个2016年省、州脱贫村、30420户贫困户、116208人贫困人口生活用电。完成国网木里县供电公司"子改分"工作及德昌县供电公司、喜德县供电公司的全资上划工作。

【安全生产】2016年，凉山公司创新电网安全管控策略，首次促成了凉山州政府组织召开全州厂网联席会议、电网安全工作会议，明晰政府、电厂、用户各方主体责任，达成电网安全事关全域发展的战略共识，形成政府、电网、电源、用户四方安全管理协同机制。促成凉山州人大组织开展电力执法调研，梳理电网运行风险及电源侧、用户侧隐患，督导国家涉电法律和地方电力法规执行。州经信委出台《凉山州电力企业信息披露规定（试行）》《凉山电力系统并网发电厂运行管理考核实施细则（试行）》，政府电力安全管理履责力度空前加大，电网安全环境有效改善。完善专业联动机制。突出协同配合，扎实开展"三查三强化"和安全隐患排查暨建设施工专项行动。制定安全业绩排序管理办法，拓展和延伸监督体系建设。建立分包队伍评价机制，加强施工现场安全监督，基建、农电管理水平不断提升。强化安全巡查和反违章，全年巡查139次，查处违章125项。应用无人机、在线监测装置等科技手段，通过强化接地、差异化防雷改造，220千伏线路跳闸率下降39.83%。完成输电线路智能巡检平台规划，弥补人工和无人机巡线盲区。加强通道清理，实现山火零跳闸。购置应急救援船，推进木里水上应急通道建设。圆满完成G20峰会保电，累计完成103次卫星发射保电。2016年，该公司荣获省电力公司"2016年度安全先进单位"荣誉称号。

【科技与信息化】2016年，凉山公司承担科技项目1项，累计资金完成8.8万元，全年完成发明专利申请2项，实用新型专利申请5项，圆满完成省电力公司下达的指标。

2016年，该公司完成电能量采集装置、油样在线监测接入技术支持。完成备用华三网管服务器上线、光放实验、变电站千伏M接入、STS设备上线安装及调试、桌面即时通平台推广及部署、数据保护安全系统客户端SG-UDP安装部署。完成全网核心层、汇聚层路由器（H3C SR6608）软件版本升级、I6000系统上线及台账调整、各基层单位（县公司）网络及桌面运维的技术支持、咨询。配合保密办开展保密检查软件安装使用。完成省级骨干传输网光传输设备巡检工作。支援省检修公司完成500千伏月城变智能巡检机器人信息安全检查。配合省信通公司、雅安公司、攀枝花公司完成跨区域光缆段测试及业务倒换工作；完成±800千伏复—奉、锦—苏、宾—金三大直流迎峰度夏通信运维保障工作。

【市场服务】2016年，凉山公司积极响应国家电改政策，努力拓展售电市场，简化业务流程，延伸出资界面，开展以客户需求为导向的转型工作，完成业扩报装新增用电容量217.66万千伏安，同比增长254.40%。全面落实四川省直购电、留存电量和富余电量等优惠政策，因地制宜开展县级区域小水电富余电量消纳政策，最大程度保障了现有存量市场，积极拉动了新增市场，达到了用电企业、电网企业、发电企业和政府四方共赢的目的，全年实施优惠电量37.92亿千瓦时。强化内部管理，严格落实电费回收责任，深入开展营销大普查和反窃电行动，挽回经济损失2.17万元。完成7次西昌卫星发射、国家和省级领导精准扶贫现场调研和2017年春晚西昌分会场等重大活动的保电任务。狠抓营配调贯通工作、优质服务明察暗访等工作，服务手段、渠道不断完善，服务水平不断提高。全力推进智能电表推广，完成19.30万户智能电表换装工作，有效促进了智能用电生活进万家。

【党的建设和精神文明建设】加强党的建设。推进学习型党组织建设，以党委中心组学习为引领，扎实开展“两学一做”学习教育，认真学习《党章》《条例》《准则》和系列讲话，以“三亮三比”树立合格党员标尺，干部、党员党性修养和宗旨意识不断增强。落实党内基层组织选举制度，完成了两级党组织的换届选举工作，同时优化了基层13个党委、2个党总支部、50个党支部机构设置，完善同级纪委组织机构，选强配齐了纪委书记，实现了党的基层组织全覆盖。加强精神文明建设。坚持为民服务宗旨，加强党员服务队建设，组织公司党员服务队，联合成都、德阳公司党员服务队为喜德县阿吼村128户农户免费进行了表后老旧线路改造，获得阿吼村群众一致好评。推进文化品牌传播，拍摄了纪录片《危险职业之高山巡电》、专题新闻《老殷：巡线三十年，徒步六十万公里》，公司主要参与支持的文化成果集《五彩凉山》出版。全力助推精准扶贫工作。创新“发展模式”，公司“精准扶贫”实现有力开局。先后4次与凉山州扶贫局，喜德县委、县政府召开脱贫攻坚座谈会，确定了将阿吼村打造成四川省“美丽乡村”的共同目标。全力实施“支部共建、产业共进、文明共创”扶贫举措，形成了“公司领导定户、基层党组织包片、党员干部包人”的三级结对帮扶模式和“公司+合作社+农户+电商”的产业发展模式，成立了丽火现代农业公司，指导阿吼村等成立了农民养殖合作社。该公司脱贫攻坚工作得到了凉山州委、州政府和省电力公司的肯定。

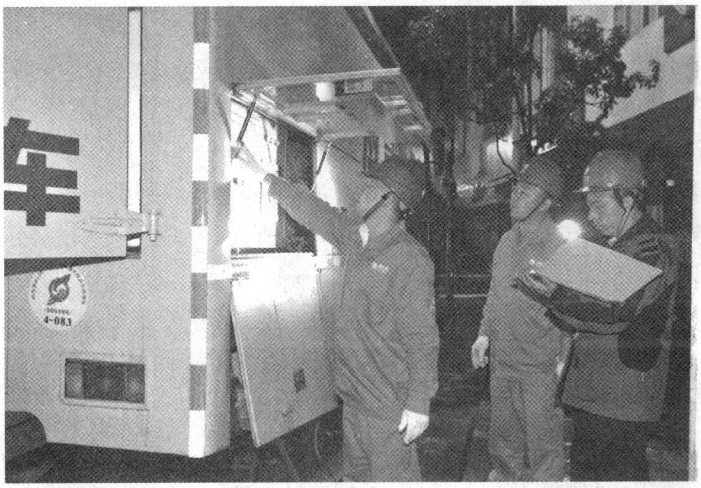

8月6日00：40，国网凉山供电公司圆满完成“第100次”卫星保电工作任务　（蒋志明　摄）

【所属县级供电企业】所属供电企业有：国网凉山州安宁供电公司、国网喜德县供电公司、国网越西县供电公司、国网德昌县供电公司、国网会理县供电公司、国网雷波县供电公司、国网宁南县供电公司、国网甘洛县供电公司、国网会东县供电公司、国网木里县供电公司、国网布拖县供电公司。

【国网凉山州安宁供电公司】国网凉山州安宁供电始建于2003年10月。下设马道供电所等6个供电所，承担供电面积3339平方公里，43个乡（镇）、201个行政村的电力供应与维护管理。2016年年末，该公司拥有10千伏线路42条，全长1458公里。2016年，该公司售电量完成40.81亿千瓦时，同比下降5.74%；销售收入完成198896.46万元，同比下降12.74%；线损率11.675%，同比下降0.725百分点；售电均价完成487.41元/千千瓦时；电费回收100%，应收电费余额为零。截至2016年12月31

日，该公司连续安全生产 1466 天。

【国网喜德县供电公司】国网四川喜德县供电有限责任公司始建于 2005 年 2 月。下设光明、红莫、两河口等 3 个供电所，承担全县 2206 平方公里，24 个乡（镇）、170 个行政村的电力供应与维护管理。截至 2016 年年底，固定资产原值 5569. 646846 万元(净值 1868.203532 万元)。

2016 年末，该公司拥有 35 千伏变电站 9 座，变电容量 7.615 万千伏安，线路 9 条，全长 140.429 公里；10 千伏线路 42 条，全长 859.291 公里。

2016 年，该公司售电量完成 19964.37 万千瓦时，同比下降 3.72%；销售收入完成 7305.6 万元, 同比下降 13.17%；线损率 10.79%，同比增长 6.62 百分点；购电均价完成 227.80 元/千千瓦时，同比下降 11.72%；售电均价 365.18 元/千千瓦时，较去年减少 39.22 元/千千瓦时，降低 9.70%；电费回收 100%，应收电费余额为零，亏损 1439.57 万元。截至 2016 年 12 月 31 日，该公司连续安全生产 2823 天。

【国网越西县供电公司】国网越西县供电公司始建于 2007 年 12 月。下设普雄、中所、新民、乃托、申果等 5 个供电所，承担全县 2256.47 平方公里，40 个乡（镇）、289 个行政村的电力供应与维护管理。截至 2016 年年底，固定资产原值 13038.59 万元，净值 5544.61 万元。

2016 年年末，该公司拥有 110 千伏变电站 2 座，110 千伏线路 3 条，全长 31.634 公里；变电容量 100 兆伏安；35 千伏变电站 9 座，变电容量 64.55 兆伏安，35 千伏线路 15 条线路，全长 164.289 公里；10 千伏线路 43 条，全长 897.47 公里。

2016 年，该公司售电量完成 4.81 亿千瓦时，同比增长 7.21%；销售收入完成 1.80 亿元, 同比增长 2.68%；线损率 5.15%，同比增长 2.79 个百分点；购电均价完成 220.00 元/千千瓦时，同比下降 13.18%；售电均价完成 373.10 元/千千瓦时电费回收 100%，应收电费余额为。亏损 147.10 万元。截至 2016 年 12 月 31 日，该公司连续安全生产 3292 天。

【国网德昌县供电公司】国网四川德昌县供电有限责任公司始建于 2007 年 8 月。下设德州供电所等 7 个供电所，7 个供电营业网点，承担全县 21 个乡镇 137 个行政村的电力供应与维护管理。现有供电客户 77000 余户。截至 2016 年年底，该公司拥有固定资产原值 1.83 亿元。

2016 年年末，该公司拥有乐跃二级电站和狮子山电站两个径流式自备发电站（总装机容量 8500 千瓦）。供电线路北至凉山州西昌市，南至攀枝花市米易县，年供电量 3 亿多千瓦时。该公司现有 110 千伏中屯变电站 1 座（容量为 6 万千伏安）、35 千伏变电站 8 座（容量为 8.285 万千伏安）、110 千伏输电线路 10 条 131.873 公里、35 千伏输电线路 11 条 133. 453 公里、10 千伏配电线路 25 条 727.623 公里、0.4 千伏及以下低压配电线路 5625.377 公里、公司辖区内共有 814 个台区变压器（容量 11.198 万千伏安）、系统内并网电站 55 座（机组 122 台，总装机容量 9.964 万千瓦）。

2016 年，该公司自发电量 3528.90 万千瓦时，同比下降 16.51%。供电量 3.82 亿千瓦时，同比上升 2.59%。售电量完成 3.5 亿千瓦时，同比上升 2.8%。损率 8.17%，同比下降 2.04 个百分点。销售收入 1.51 亿元。利润总额 82.11 万元。截至 12 月 31 日，该公司连续安全生产 3418 天。

【国网会理县供电公司】国网四川会理县供电有限责任公司始建于 2007 年 4 月。下设红旗供电所、鹿厂供电所等 6 个供电所，承担全县 4527 平方公里，55 个乡(镇)、303 个行政村的电力供应与维护管理。截至 2016 年年底，固定资产原值 2.45 亿元。

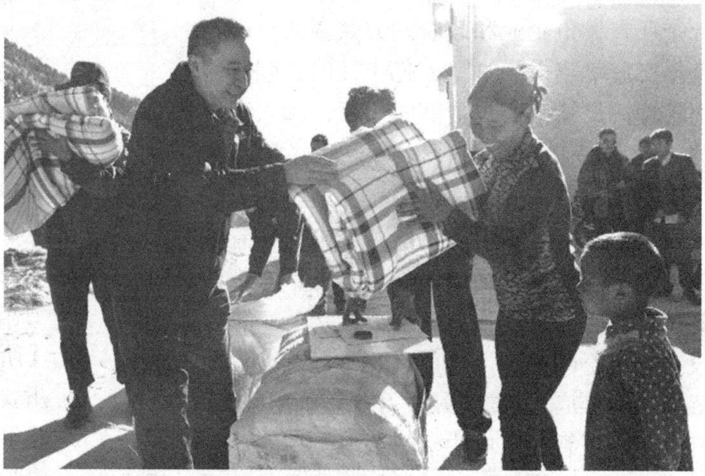

11 月 21 日，国网四川省电力公司“走基层 送温暖”活动在凉山州喜德县光明镇阿吼村拉开了序幕，国网凉山供电公司党委书记杨荣为贫困户发放棉衣棉被（蒋志明　摄）

2016 年年末，该公司拥有 110 千伏变电站 4 座，变电容量变电容量 35.15 万千伏安，线路 11 条，全长 298.795 公里；35 千伏变电站 11 座，变电容量 17.845 万千伏安，线路 24 条，全长 341.69 公里；10 千伏线路 66 条，全长 2155.63 公里。

2016 年，该公司售电量完成 7.07 亿千瓦时，同比增长 6.48%；销售收入完成 3.70 亿元（万元），同比增长 3.93%；线损率 18.11%，同比增长 4.13 百分点；购电均价完成 325.74 元/千千瓦时，同比下降 10.27%；售电均价完成 606.70 元/千千瓦时；电费回收 100%，应收电费余额为零，亏损 612.12 万元。截至 2016 年 12 月 31 日，该公司连续安全生产 3081 天。

【国网雷波县供电公司】国网四川雷波县供电有限责任公司始建于 2012 年 4 月。下设职能部门 8 个，其中本部职能部门 6 个，分别为综合管理部、发展建设部、财务资产部、安全监察质量部（保卫部）、人力资源部、电力调度控制分中心。设业务机构 2 个，分别为运维检修部、营销部；设集体企业 2 个，即西昌电力工程公司雷波分公司、凉山州三新供电服务有限公司雷波分公司；设乡（镇）供电所 7 个，分别为锦城供电所、黄琅供电所、永盛供电所、马颈子供电所、上田坝供电所、卡哈洛供电所、西宁供电所。承担全县 2932 平方公里，48 个乡（镇）、281 个行政村的电力供应与维护管理。截至 2016 年年底，固定资产原值 1.4053 亿元，净值 0.8039 亿元。

2016 年年末，该公司拥有 110 千伏变电站 2 座，线路 3 条，全长 63.406 公里；变电容量 116 兆伏安；35 千伏变电站 10 座，变电容量 77.9 兆伏安，线路 13 条，全长 212.8453 公里；10 千伏线路 46 条，全长 1054.954 公里。

2016 年，该公司售电量完成 9.33 亿千瓦时，同比增长 26.26%；销售收入完成 2.86 亿元（不含税），同比增长 21.55%；线损率 2.80%，同比下降 42.97 百分点；购电均价完成 208.23（不含税）元/千千瓦时，同比下降 5.98%，较全年计划 216.77（不含税）元/千千瓦时低 8.54 元/千千瓦时；售电均价完成 306.92（不含税）元/千千瓦时，较全年计划 320.52（不含税）元/千千瓦时低 13.6 元/千千瓦时；电费回收 100%，应收电费余额为零，实现利润 1700 万元。截至 2016 年 12 月 31 日，该公司连续安全生产 366 天。

10 月 17 日，扶贫日，四川电力（凉山、成都、德阳）共产党员服务队在阿吼村开展以“扶贫济困、奉献爱心，点亮彝村、传递文明”为主题的电力线路升级改造活动，解决村民安全用电之忧 （蒋志明 摄）

2016 年度，该公司“帮扶建房团队”荣获中国电力传媒集团“十佳公益团队”称号，公司荣获“国网凉山供电公司安全业绩突出单位”称号；公司董事长、总经理吴贵琼先后荣获“四川省岗位学雷锋敬业标兵”“感动凉山十大杰出人物”“凉山州妇联三八红旗手”等荣誉称号；公司员工肖长春荣获“国网四川省电力公司先进生产工作者”称号；另有 17 人荣获上级公司各类荣誉称号。

【国网宁南县供电公司】国网四川宁南县供电有限责任公司始建于 2012 年 8 月 8 日。下设景星、松新、华弹、竹寿、白鹤滩等 5 个供电所，承担全县 1667 平方公里，25 个乡（镇）、125 个行政村的电力供应与维护管理。截至 2016 年年底，固定资产原值 2.04 亿元（净值 1.32 亿元）。

2016 年年末，该公司拥有 110 千伏变电站 2 座，线路 2 条，全长 47.808 公里；变电容量 80 兆伏安；35 千伏变电站 6 座，变电容量 178.05 兆伏安，线路 13 条，全长 105.012 公里；10 千伏线路 44 条，全长 1127 公里。

2016 年，该公司售电量完成 4.1 亿千瓦时，同比增长 10.11%；销售收入完成 1.89 亿元，同比增长 3.9%；线损率 4.7%，同比下降 1.29 个百分点；购电均价完成 221.35 元/千千瓦时，同比下降 4.54%；售电均价完成 460.92 元/千千瓦时；电费回收 100%，应收电费余额为零，实现利润 68.06 万元。截至 2016 年 12 月 31 日，该公司连续安全生产 1606 天。

【国网甘洛县供电公司】国网四川甘洛县供电有限责任公司始建于 2014 年 2 月。下设新市坝、田坝、吉米、普昌、阿兹觉、玉田、海棠等 7 个供电所，承担全县 2155.94 平方公里，28 个乡（镇）、227 个行政村的电力供应与维护管理。截至 2016 年年底，固定资产原值 22427.71 万元（净值 8737.34 万元）。

2016 年年末，该公司拥有 110 千伏变电站 2 座，变电容量 19 万千伏安，线路 2 条，全长 83.77 公里；35 千伏变电站 6 座，变电容量 5.79 万千伏安，线路 6 条，全长 86.01 公里；10 千伏线路 30 条，全长 1165.8

公里。

2016年，该公司售电量完成5.7286亿千瓦时，同比增长26.61%；销售收入完成1.6097亿元(不含税)，同比增长22.98%；线损率12.12%，同比下降2.41百分点；购电均价完成183.4元/千千瓦时，同比下降3.15%；售电均价完成281.01元/千千瓦时，同比降低2.73%；电费回收100%，应收电费余额为零，亏损1367.35万元。截至2016年12月31日，该公司连续安全生产2528天。

【国网会东县供电公司】国网四川会东供电有限责任公司始建2013年10月。下设参鱼供电所等9个供电所，承担全县3227平方公里，20个乡（镇）、318个行政村的电力供应与维护管理。截至2016年底，固定资产原值2.77亿元（净值1.39亿元)。

2016年年末，该公司拥有110千伏变电站2座，线路3条，全长36.818公里；变电容量12.15万千伏安；35千伏变电站10座，变电容量8.315万千伏安，线路16条，全长233.258公里；10千伏线路49条，全长1760公里。

2016年，该公司售电量完成42442.7867万千瓦时，同比增长0.87%；销售收入完成18805.86万元，同比增长（下降）1.05%；线损率10.34%，同比下降0.63%；完成购电均价(含税）252.49元/千千瓦时，同比下降9.07%，售电均价完成511.75元/千千瓦时；电费回收100%，应收电费余额为零，实现利润1188.02万元。截至2015年12月31日，该公司连续安全生产1141天。

【国网木里县供电公司】国网四川木里县供电有限责任公司始建于2014年12月，并于2016年9月1日正式在分公司模式运行，更名为国网四川省电力公司木里县供电分公司。下设瓦厂等3个供电所，承担全县9042平方公里，23个乡（镇）、88个行政村的电力供应与维护管理。截至2016年底，固定资产原值4428.08万元(净值2045.59万元)。

2016年年末，该公司拥有110千伏变电站1座，线路1条，全长79.016公里；变电容量1.25万千伏安；35千伏变电站9座，变电容量3.395万千伏安，线路9条，全长232.152公里；10千伏线路29条，全长1261.924公里。

2016年，该公司售电量完成0.944亿千瓦时，同比增长28.37%。销售收入0.67亿元，同比增长28.36%。线损率13.33%，同比增长1.91百分点。购电均价完成276.55元/千千瓦时，同比增长4%。电费回收100%，应收电费余额为零，亏损106.49万元。

【国网布拖县供电公司】国网四川布拖县供电有限责任公司于2014年12月。下设特木里、交际河等5个供电所，承担全县1685平方公里，30个乡(镇)、190个行政村的电力供应与维护管理。截至2016年年底，该公司产权内固定资产原值1383万元（净值657万元)。

2016年年末，该公司拥有110千伏变电站1座，线路1条，全长79.5公里；变电容量4万千伏安；35千伏变电站7座，变电容量2.845万千伏安，线路12条，全长205公里；10千伏线路30条，全长635公里。

2016年，该公司售电量完成1.01亿千瓦时，同比增长14.27%；销售收入完成3070万元，同比增长13%；线损率10%；购电均价完成176.74元/千千瓦时，同比增加5%；售电均价完成331.88元/千千瓦时；电费回收100%，应收电费余额为零，亏损388万元。截至2016年12月31日，该公司连续安全生产733天。

（张文有、叶久德）

国网内江供电公司

【公司概况】 国网内江供电公司成立于1978年，是国网四川省电力公司直属的特二型国有全资供电企业，供电面积4388.72平方公里，供电人口426.84万，营业户数124.46万户。该公司现设置11个职能部门，7个业务支撑机构，下辖威远、隆昌、东兴、资中4个直供直管县级供电企业。2016年，公司完成售电量43.05亿千瓦时，电费回收率100%。截至2016年12月31日，该公司固定资产原值49.84亿元，内江电网最大负荷121.25万千瓦，最大日电量2267.02万千瓦时，实现连续安全生产4420天。现管辖35千伏及以上变电站68座，主变117台，变电容量429.33万千伏安。其中，220千伏变电站7座，主变14台，变电容量198万千伏安；110千伏变电站24座，主变45台，变电容量186.05万千伏安，35千伏变电站37座，主变58台，变电容量45.28万千伏安。共有35千伏及以上输电线路155条，共计线路长度2045.851公里，其中：220千伏线路840.505公里，110千伏线路585.838公里，35千伏线路619.508公里。作为区域重要枢纽，内江市境内有1座省检修公司管辖的500千伏内江变电站，第二座500千伏站（内江东）已完成选址。

2016年，内江公司在四川省电力公司的坚强领导下，以"固本强基、改革创新、提质增效"为中心，认真贯彻落实省电力公司各项决策部署和工作要求，紧紧围绕市委、市政府做出的实现"两个率先""三个基本建成"，全面推进幸福美丽内江建设，以安全生产为基础，以经济效益为中心，以优质服务为宗旨，深入推进依法治企和管理提升，融入新常态，适应新变革，凝心聚力、求实奋进，全面提升企业素质，确保了企业持续健康稳定发展，为内江经济社会发展和民生改善做出了积极的贡献。

10月18日，内江供电公司与三县两区人民政府签署小城镇（中心村）电网改造升级和"机井通电"合作协议

（罗国强　摄）

该公司连续三届保持"全国文明单位"称号，连续四年被评为省电力公司"安全生产先进单位"，荣获"全国五一劳动奖状""全国精神文明建设工作先进单位""全国模范职工之家""四川省五一劳动奖状""品牌建设先进单位"等数十项荣誉，涌现出"全国工人先锋号""全国总工会职工书屋示范点""四川省最佳文明单位""四川省青年文明号""第七届四川省青年优秀志愿组织"等先进集体，以及全国电力行业技术能手、四川省第七届劳动模范、"四川省十大最美志愿者""国家电网公司农网营销服务岗位技术能手"等先进个人。

【人力资源】 2016年，内江公司加强集体企业规范管理，为集体企业薪酬改革打好基础，完成内江电力勘察设计院清理整合工作。清理和规范公司营销系统各类劳动用工管理，规范公司农电委托业务和工程业务。组织开展员工年度薪档动态调整，开展一线员工积分定额考核，修订《绩效管理实施细则》，建立新员工培养锻炼期绩效考核机制，出台《新员工培养锻炼期绩效考核实施细则》。完善公司干部管理制度体系，修订《国网内江供电公司中层干部管理办法》等6个制度办法，完成干部人事档案专项审核，审核、认定公司103名现职干部的干部人事档案，补充相关材料215份。

【电网建设与发展】 2016年，内江公司电网发展科学谋划。主动对接地方政府，联合编制修订电网规划，修编《内江电网"十三五"发展规划》，编制《内江市农村电网改造升级"十三五"规划》，启动《内江市电力设施落地专项规划》编制工作。对外协调不断加强。市、县（区）各级政府分别成立电网建设领导小组，统筹协调电网规划建设，67项电网建设重点任务、27个电网建设困难问题纳入市政府年度目标考核重点督办，保障项目实施。项目前期扎实开展。完成500千伏内江东站、220千伏蟠龙站选址，启动500千伏内江东输变电工程等项目前期工作10项,为内江电网发展奠定良好基础。重点工程有序推进。按计划推进内江资铁220千伏输变电工程及其110千伏配套线路工程、越溪110千伏输变电工程、小城镇（中心村）35千伏输变电等重点工程项目。小型基建取得进展。公司营销用房主体结构已完工，隆昌公司石碾供电所已竣工,其余小型基建项目按计划推进。农网项目有效落地。2015年计划与新增农网改造升级1295个项目全面完成；小城镇（中心村）电网改造升级和"机井通电"工程建设全面启动，总投资3.64亿元，惠及全市229个小城镇、193口农田灌溉机井。完成重点市政工程建设线路迁改工作。完成了绕城高速公路沱江大桥建设涉及110千伏永平、永三线迁改，完成了乐贤开发区道路建设涉及的110千伏高马线、永三线、35千伏马万线迁改等一批迁改工程；加快推进绕城高速公路建设、西林大桥南北侧下穿隧道建设等重点市政工程建设涉及线路迁改工作。按计划推进内江市高新西区（白马）、经济开发区（城西）、乐贤工业园区（城南新区）的高压输电线路迁改，消除园区内电力设施安全隐患，促进园区快速健康发展。做好战略合作协议签订工作。该公司主动对接市发改委、市政府办，拟订了四川省电力公司与内江市人民政府《关于加快内江电网发展，推进“幸福美丽内江”建设战略合作框架协议》，顺利推进内江市人民政府、国网四川省电力公司“十三五”战略合作协议签订工作，推进双方的深入合作，支持内江市实现“两个率先”“三个基本建成”的奋斗目标，也为公司“十三五”期间的发展奠定良好基础。

【经营管理】 2016 年，内江公司经营效益稳健提升。公司“效益提升年”活动稳步实施，取得明显成效。预算管理不断深化。统筹调配财力资源，严控非生产性支出，保障重点项目投入。促进综合计划与全面预算融合，重点关注项目预算的立项、审批和执行。项目后期切实加强。召开工程建设和后期工作推进会，跟踪各项目实时动态，按月通报项目实际发生值和所处节点，规范决算办理流程和时限，及时形成有效资产。供给侧改革实现突破。促成市政府出台“三供一业”、电动汽车充电服务收费标准等相关政策性文件，在内江经开区和隆昌工业园区新设供电服务网点，深化与工业企业的和谐供用电关系。增供扩销成效明显。主动服务政府招商引资，简化新装增容报装手续和流程，提供高效便捷电力供应保障与服务，大力实施页岩气“以电代油”等电能替代工作，公司售电量增加 7525 万千瓦时。电费回收控制有力。严格电费回收责任制落实与考核，促成市政府出台客户用电的购电制文件，对专变客户强力推行全费控、全采集；落实电费高风险企业“一户一策”，有效化解电费回收风险。线损管理全面提升。推进同期线损管理系统建设，台区采集覆盖率 96.10%，台区线损可自动统计率 95.01%，全年线损率 6.82%，下降 0.34 个百分点。运营监控取得实效。强化营销稽查，开展量价费损等重点监测，挽回电量损失 30.54 万千瓦时。电网资源大幅优化。稳步推进老旧小区供配电设施改造与资产接收工作，有效化解合表居民用电矛盾，与 129 个小区签订供配电设施无偿移交协议，最大限度使用配网资源。规范管理持续加强。大力推进配抢一体化、营财一体化，深化“五位一体”应用，持续推动“三集五大”体系巩固提升。

【安全生产】 2016 年，内江公司深入开展以“严格制度执行、深化风险管控、夯实基础管理、强化安全保障”为主要内容的安全管理提升活动，保持严抓严管态势，有效防控了各类安全风险，保证了电网安全运行和持续可靠供电，保持了公司安全生产局面的总体稳定。切实加强电网运行安全管理及缺陷隐患排查治理。适时调整电网运行方式，分析评估电网运行风险点、薄弱点，落实电网补强措施。扎实开展安全大检查、三查三强化、反措排查等活动，全年累计消除设备缺陷 229 项，消除安全隐患 345 项，确保了电网安全稳定。不断强化设备运行维护。坚持以设备缺陷管理为中心，严格执行“两票三制”，全年执行倒闸操作票 6280 张，安全操作 48329 次。持续开展“清树障，保畅通”百日专项行动，共清理树障 1148 处。健全完善风险预警管控工作机制。2016 年，公司各级发布电网、输变电施工、运检作业风险预警共计 188 项，严格实施管控，有效防范了安全事故发生。持续加强作业现场安全防控及反违章工作力度。严格落实“月计划、周安排、日管控”工作规定，坚持将应急抢修以外的所有现场作业纳入管控计划，各级领导干部和管理人员切实到岗履责，全年共管控计划作业 8975 项，保障了现场作业安全有序。着力加强反违章教育培训，全年累计巡查作业现场 5258 个，共查处各类违章 1252 起，规范了作业现场行为。推进电力设施保护政企协作联动。积极协调政府对电力设施外部隐患纳入督办和年度安全目标考核，政企协作成效显著。持续深化应急管理，严格执行保电方案。开展电网联合反事故演习、重大地质灾害应急响应等各类演练 40 余次；圆满完成第七届大千龙舟经贸文化节、四

6 月 3 日，内江公司全力建设 220 千伏资铁智能变电站
（蒲志平　摄）

川（内江）第二届川南电商博览会等重大保电工作37次，应急保障能力不断提升。成功处置“1·23”冰雪灾害、“7·26”地震雷雨大风、“7·31”雷暴雨等自然灾害，成功应对迎峰度夏期间内江电网罕见的持续高温大负荷和迎峰度冬、春节假期电网运行考验，供电保障能力进一步加强。截至2016年12月31日，公司实现连续安全生产天数突破4420天。

1月24日，公司员工抗雪抢修受损的10千伏线路
（王冕　摄）

【农电工作】 2016年，内江公司积极推进星级供电所创建。公司近年来持续投入供电所基础设施建设资金，新修供电所3个，扩建1个，因无房和无法满足工作需求拟需新建10个，修缮2个。按照星级供电所建设标准逐年申报项目资金，逐步完善供电所基础设施。2016年，组织专业部门完成公司18个供电所的示范供电所评比工作，评出综合、安全生产、运维检修、线损、营销服务共5类示范供电所9个。扎实开展企业文化进供电所活动。积极开展企业文化进供电所活动，完成2016年企业文化进供电所项目7个。精准扶贫工作成效显著。公司对口帮扶的隆昌县渔箭镇石庙子村、东兴区郭北镇亢家村，深入实施精准扶贫“三一法”（一村一方案、一社一台账、一户一对策），创新推广“四位一体”（基础扶贫+产业扶贫+智力扶贫+爱心扶贫）造血式扶贫模式。落实公司本部党员志愿者结对帮扶贫困户49户，用特殊党费7790余元为其购买棉絮等生活必需品；公司青年志愿服务队募捐3000余元爱心物资情暖空巢老人和留守儿童100余人次；募捐爱心基金1.4万元作为贫困户小型致富项目启动资金。公司全面完成了2016年对口帮扶的11户贫困户脱贫任务，得到了社会各界的一致好评。

【科技与信息化工作】 2016年，内江公司开展即时通信系统的推广应用。根据国家电网公司“十三五”信息化深化应用的相关要求，公司开展了即时通信系统的推广应用，完成全体员工账号的注册及应用，在省电力公司范围内率先完成推广任务，有效提升了公司信息化应用水平。组织开展了信息通信调度运行竞赛，促进了各专业人员对于信息通信知识的学习。取得了良好的成效。安装调试变电站无线专网。公司对辖区内具备条件的65个变电站安装了无线专网，在省电力公司7家试点单位中率先完成无线专网建设试点任务。开展国家电网公司专家组信息系统应用调研工作。开展了国家电网公司专家组信息系统应用问题调研现场工作会，梳理和提取了在信息系统应用中发现的各类问题及实际需求50余条，为国家电网公司信息化深化应用推进工作做出了积极贡献。加强保密管理，提高桌面终端信息安全管控水平。公司采用系统推送、手动安装等方式，对所有内网桌面终端安装了统一数据保护客户端，执行率达到100%，有效提升了企业信息安全水平。

【市场服务（优质服务）】 2016年，内江公司设立供电服务网点。公司在国家级内江经开区、省级隆昌经开区设立了供电服务网点，提供政策咨询、技术支持等专属客户经理服务，实现园区客户不出园区办理用电业务。积极降本增效，完善费控手段，促进效益提升。公司作为全省远程智能电表费控功能的试点单位，已完成6.5万户的远程智能电表费控功能，建立了远程智能电表实现费控功能的相关制度。多措并举增供扩销，拓展公司售电市场。推广实行“业扩直通车”，开辟业务绿色通道，快速、高效推进页岩气开采、“中石化广西钻井分公司用电项目”等重点项目供电事宜，确保了页岩气东区35千伏变电站成功投运和燃气钻井开采工程顺利用电。积极落实直购电、富余电等优惠政策，减轻企业成本支出，稳定了公司存量售电市场。深化应用互联网+供电服务模式。积极推广“掌上川电”“掌上电力”APP应用注册和功能应用推广，大力推广“掌上购电”，已成功注册“掌上川电”“掌上电力”APP 142372户，实现网上购电远程下发、业扩报装网上申请、业务办理进度跟踪查询、停送电信息精准推送、微信服务应用、支付宝、银联、电e宝接入等服务。首创供电营业厅“母婴室”，有力提升电网品牌形象。公司在供电营业厅建立了四川电力首个供电营业厅“母婴室”，方便了客户哺乳需求，深受社会各界好评。建立“电力快车”服务模式。将电脑、打印机、智能电表等设备集中在一台移动车辆上，整合业扩报装人员、安装人员，真正实现了现场勘查、供电方案答复、合同签订、装表接电、开卡“五位一体”的业扩报装服务模式，提高了业扩服务效率。

【党的建设和精神文明建设】 2016年，内江公司“两学一做”学习教育深入开展。坚持学做结合、全员覆盖，“上下联动”推进“两学一做”学习教育，做到学习教育抓在日常、严在经常。组织党员领导干部、党支部书记联系实际讲党课，教育党员干部坚定政治信仰和理想信念，切实增强“四个意识”。公司领导班子坚持带头学习，围绕4个专题研讨发言，开展党委中心组学习14次，带头讲党课8场，推动全体党员将党章党规和系列讲话“走心”“入脑”。开展“党员示范岗”“党员责任区”“三亮三比”等主题活动，将学习教育与中心工作紧密结合，推进“四讲四有”具体化。领导干部分片对口联系244个贫困村，深化电力助推脱贫攻坚，当好践行社会责任的先锋模范，得到了地方党委政府和社会各界的高度评价。班子成员深入开展交心谈心，相互提出批评建议，认真查摆问题，为专题民主生活会的高质量召开奠定了坚实的基础。通过学习教育，党员干部的“党性之魂”更加牢固，“精神之钙”更加丰富，学习氛围更加浓厚，成效得到上级充分肯定。党的建设全面加强。认真贯彻中共十八届六中全会和全国国有企业党的建设工作会议精神，严格落实省电力公司《关于全面从严加强基层党的建设的意见》。严明党的政治纪律和政治规矩，圆满完成公司党委和纪委换届选举工作。开展基层党组织书记工作约谈和提醒谈话56人次、党建专项述职评议14人次，“主责”意识不断增强。制定公司《党建工作专项业绩考核实施细则》，评比表彰先进党支部3个、党员和党务工作者73人。严把入口关，发展新党员8名，组织各类党员教育培训5期123人次，党员队伍整体素质有效提升。深化服务型党组织建设，共产党员服务队服务范围从中心城区延伸到区县，被评为省电力公司“十佳共产党员服务队”和“基层服务型党组织示范点”。

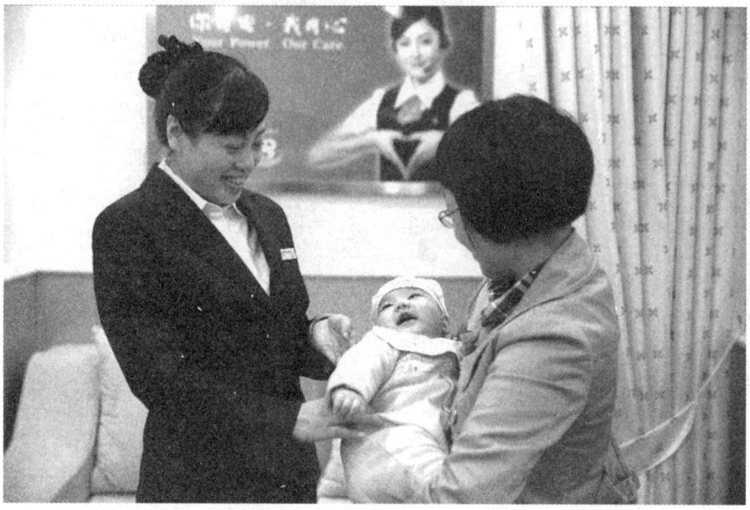

11月2日，全省首个供电营业厅“母婴室”在内江对外开放　　（罗国强　摄）

【所属县级供电企业】 2016年，内江公司所属县级供电企业4个，分别是国网四川省电力公司资中县供电分公司、国网四川省电力公司隆昌县供电分公司、国网四川省电力公司威远县供电分公司、国网四川省电力公司内江市东兴供电分公司。

【国网四川省电力公司资中县供电分公司】 国网四川省电力公司资中县供电分公司成立于1974年7月，担负着资中县城区及21个乡镇的工农业生产和人民生活用电的供电任务，供电面积930平方公里，直供电人口85万，营业户数24.58万户，趸售客户1户（资中龙源电力公司）。该公司现管辖35千伏至220千伏变电站12座（其中：220千伏站1座，110千伏站4座，35千伏站7座），变电总容量661.1兆伏安。共有35千伏至220千伏输电线路32条，共计546.3公里（其中：220千伏线路8条254.6公里，110千伏线路11条167.9公里，35千伏线路13条123.8公里）。2016年，该公司完成售电量8.73亿千瓦时，同比增长3.69%，电费回收率100%。

【国网四川省电力公司隆昌县供电分公司】 国网四川省电力公司隆昌县供电分公司成立于1978年11月，担负着隆昌全县工农业生产及人民群众的生活用电、成渝电气化铁路供电和向成渝两地及泸州输电的任务，管辖35千伏至220千伏变电站13座，其中220千伏站1座，110千伏站5座，35千伏站7座，变电总容量70.91万千伏安；管辖35—220千伏输电线路29条，总长292.291公里；10千伏配电线路73条，全长1793.56公里；该公司资产配电变压器2463台，总容量29.85万千伏安。2016年，该公司完成售电量7.136亿千瓦时，同比增长10.18%，电费回收率100%。

【国网四川省电力公司威远县供电分公司】 国网四川省电力公司威远县供电分公司成立于1987年1

月，原属国网自贡供电公司管辖，2002 年 1 月，划归国网内江供电公司管辖。该公司主要担负着威远大部分地区和自贡、眉山以及内江市市中区部分地区(严陵镇等 14 个镇全部，高石镇等 3 个镇的大部分，新店镇 6 个村，内江市市中区朝阳镇 1 个村，自贡大安区 1 个村、自贡荣县东兴镇全部和墨林乡 1 个村，眉山仁寿县汪洋镇 1 个村)的供电任务。公司直供用电客户 24.15 万户，供电人口约 74.65 万人。

该公司现有 35 千伏及以上变电站 17 座，主变 31 台，主变容量 111.24 万千伏安。其中，220 千伏变电站 2 座，110 千伏站 5 座，35 千伏站 10 座。220 千伏线路 5 条 114.84 公里，35－110 千伏线路 32 条 315.941 公里，10 千伏线路 69 条 1720.83 公里，低压线路 1.3 万公里。在 10 千伏网络中，有城网线路 19 条 77.13 公里，配变 463 台，配变容量 195455 千伏安；农村线路 50 条，共计 1643.7 公里，公用配变 2112 台，配变容量 25.91 万千伏安，用户专变 757 台，配变容量 16.213 万千伏安。2016 年，公司完成售电量 12.54 亿千瓦时，同比上升 11.91%，电费回收率 100%。

【网四川省电力公司内江市东兴供电分公司】网四川省电力公司内江市东兴供电分公司成立于 1991 年 12 月，2013 年 5 月由国网内江市东兴供电公司更名为国网四川省电力公司内江市东兴供电分公司。供电面积 1181 平方公里（包括东兴区 28 个乡镇和资阳安岳县两个村），供电人口达 88.6 万人，供电户数 20.0244 万户。供区内有 35 千伏至 220 千伏变电站 15 座，其中，其中：220 千伏站 1 座，110 千伏站 5 座，35 千伏站 9 座，总容量 73.43 万千伏安。2016 年完成售电量 6.6256 亿千瓦时，同比增长 24.03%，电费回收率 100%。

（刘进、刘彬、张光平）

国网广元供电公司

【企业概况】国网四川省电力公司广元供电公司成立于 1984 年，是国家电网公司下属特大型Ⅱ类供电企业，担负广元市七县区 107 万户电力客户供电任务，供电面积 1.63 万平方公里，供电人口 315 万，负责依法运营、管理、规划、建设广元电网。被授予“全国文明单位”，先后荣获“全国五一劳动奖状”、“全国模范职工之家”、国务院国资委党委“抗震救灾先进基层党组织”、四川省“优秀诚信企业”、国家电网公司“抗震救灾先进集体”、“文明单位”、“五四红旗团委”等荣誉。该公司设 13 个职能部门，7 个业务支撑和实施机构，辖青川、朝天、旺苍、剑阁、昭化、苍溪 6 个全资县供电公司。截至 2016 年 12 月末，该公司全口径职工总数 3455 人，其中：全民 748 人、全民其他 888 人、主业农电 810 人、控股农电 398 人、集体 84 人、集体直签 295 人、社会劳务派遣 232 人。至 2016 年 12 月份，全网共有变电站 85 座/603.72 万千伏安（500 千伏 1 座、220 千伏 7 座、110 千伏 27 座、35 千伏 50 座），35 千伏及以上输电线路 172 条/3358.9767 公里；10 千伏及以下配电线路 1.17 万公里，10 千伏配电变压器 1.16 万台/141.7675 万千伏安。光纤长度 4193 公里。

10 月 18 日，公司召开中共共产党员国网广元供电第一次代表大会

（李世佳　摄）

2016 年完成售电量 47.63 亿千瓦时，综合线损率 7.45%。

【人力资源】 2016 年，广元公司强化干部选拔交流，调整干部 4 次 30 人；优化全员激励约束机制，推行全口径岗位绩效工资制度和一线员工工时积分同价计酬机制，加快各类人才培养和储备，积极拓展专业管理广度和深度。完成 4 家全资县公司“子改分”工作，实施“子改分”公司岗位绩效工资改革；规范营销业务外包和劳动用工管理。鼓励员工提能创效，104 人取得中级以上专业技术资格。开展全员履职培训，举办各类培训、考试 83 期。加强优秀人才选拔，50 名员工入选公司优秀人才库；强化员工培养锻炼，积极做好“上挂下派”、藏区支援等工作。深化电力“微课堂”管理，突出重大决策、业绩考核等重要业务交流学习。竞赛调考取得 12 项省电力公司及以上奖励，宋希平获得国家电网公司专业调考第一名，廖文辉、钟于获得省电力公司技能竞赛一等奖。

【电网建设与发展】2016 年，广元公司主动对接全市发展战略，编制“十三五”新一轮农网改造升级规划和全市旅游景区电力规划。推进输变电工程项目建设，全年新（扩）建变电站 4 个，新增变电容量 4.52 万千伏安，新建线路 49.8 公里。投运兰渝铁路羊木牵引站供电工程，开工建设西成客专广元中子牵引站供电工程和第一批中心村 35 千伏项目。以打通服务群众“最后一公里”为目标，全面实施弃管小区供配电设施改造，全力做到组织协调、资金管控和宣传保障“三个到位”，惠及 9457 户、3.7 万人。深入推进智能电网建设，全年完成智能电表安装 14.3 万只，基本实现专公变采集系统安装全覆盖、全采集。

8 月 4 日，国网广元供电公司对 220 千伏袁家坝变电站Ⅰ号主变进行大修，保障迎峰度夏期间电网安全稳定运行

（李世佳　摄）

【经营管理】2016 年，广元公司全面推进创新管理，获省部级管理创新三等奖 1 项，省电力公司级管理创新、调研课题、QC 成果及精益项目一等奖 4 项、二等奖 4 项、三等奖 13 项，5 名员工获精益绿带资格认证。开展固定资产清理，建设可移动式资产盘点系统。实施基建大修、营销农电等遗留工程项目整治，有效防范业务管理风险。积极推进非生产性大修和小型基建项目建设。全面开展营配数据清理贯通，基本实现高（中）压设备全面贯通，推动营销生产业务无缝衔接。发扬“三千精神”，完成广铝及其他企业电费旧欠电费回收 1.24 亿元。积极开拓电力市场，新装增容 6.13 万户、101.447 万千伏安；完成电能替代 4960 万千瓦时；“多表合一”集采集抄 5176 户。深化“五费”治理，挽回经济损失 33.28 万元。

【安全生产】2016 年，广元公司以强化本质安全工作为主线，完善“月计划、周安排、日管控”措施，扎实开展“三查三强化”等专项行动，全年排查治理安全隐患 831 项；出台《安全法规制度考试管理办法实施意见》，分层分级常态化开展安全培训、竞赛调考。持续保持高压态势，查处违章 348 人次，开展安全约谈 8 次；狠抓风险预警管控，发布风险预警 94 项；强化政企、警企合作，加强电力设施保护。切实提升运检能力，规范配网项目管理，配合省电力公司编制《城市配网建设与改造项目管理办法》；实施带电作业 412 次，不停电作业率同比上升 15 个百分点；一停多用、综合检修，有效降低设备重复停电次数；积极应用无人机巡检、记忆合金智能垫片等新技术、新设备；加强停电检修计划管控，停电计划完成率同比提升 2.6 个百分点。圆满完成重要保电，成功应对冬季负荷屡创新高的严峻考验，完成春节、白龙湖沉船事故处置等重要保电任务。

【农电管理】2016 年，广元公司加大配电网改造力度，全力推进农网改造升级和井井通电、中心村工程。建设 10 千伏线路 828 公里，配电变压器 1363 台，配电容量 10.15 万千伏安，低压线路 5514 公里，改造行政村 195 个，惠及农户 3 万户，户均容量达到 1.6 千伏安/户，有效解决用电“卡脖子”问题，满足农村生产生活用电需求。有序实施农电用工规范管理，完成县级三新公司组织机构搭建、劳动合同转签和人员组聘上岗工作。全力助推项目扶贫，完成 73 个贫困村电力设施改造，圆满完成市上年度脱贫攻坚任务；精准实施对口帮扶，帮扶启动新山村跑山鸡养殖产业，带动当地新农业发展；派驻新山村“第一书记”，推动扶贫工作形成常态，全年完成 11 户脱贫摘帽。

【科技与信息化】2016 年，广元公司加强科技管理，开展研究开发和知识产权申报，1 项科技项目、2 项群创项目顺利通过验收，申报专利 7 项，获得授权专利 7 项。开展青年创新创效实践，整合信息资源池，试点办公“云桌面”，启动重点工作任务管控系统 APP 开发和电子派工单项目建设。信息通信安全运行指数达到 100%，全省排名并列第一。组织技术攻关，实现思科会议系统—V2 软视频的互联互通；研制“户外光缆熔接平台”，解决当前光缆熔接现场环境条件简陋、工作人员劳动强度大等问题，提升了熔接效率。在省电力公司范围内率先进行企信推广运用，得到省电力公司高度肯定，全面加强公司信息安全和保密工作的力度。制定 TMS 系统标准化作业指导书，清理系统站点 174 座、通信设备 531 台、通信业务 793 条，提高通信运维智能化水平。

10 月 20 日，国网广元供电公司举办 2016 职工篮球比赛，丰富公司职工业余文化生活 （李世佳 摄）

【优质服务】2016 年，广元公司根植“三电”服务理念，积极服务望江坪风电场等企业电源接入和项目建设，推动清洁能源发展；完成 192 个小区和广旺集团转供电区域无偿移交协议签订。创新供电服务模式，推广“掌上电力”远程购电，深化营配贯通成果应用，开展“营配一体化”供电服务网格化管理。完善中心城区 30 分钟抢修圈建设，抢修时间平均缩短 15 分钟；推行业扩新政，高、低压用户报装时间分别缩短23天和4天。积极服务重要客户，实现全市 5 个重点园区供电服务网点全覆盖，强化辖区内电力规划、设施迁改、抢修抢险等服务；开展全市旅游景区电力规划，做好涉电重点项目对接。切实提升群众满意度，坚持纠建并举，查处行风建设及优质服务投诉举报 16 件，开展明察暗访 10 次，处理相关责任单位 10 个；一对一走访两代表一委员 163 人次。

【党的建设和精神文明建设】2016 年，广元公司扎实开展“两学一做”学习教育和“共荣奋进”形势任务教育；成功召开公司第一次党代会，圆满完成 69 个基层单位党组织换届工作；开展基层党组织书记抓党建工作专项述职评议，建立党员“一卡一表”。深入开展廉政风险排查和治理工作，查摆整改问题 258 个，制定措施 274 条。加强品牌传播，新山村精准扶贫登上人民日报《民生周刊》；举办青年论坛等系列活动，不断激发青年员工活力，搭建开发重点工作任务系统等平台，营造浓厚创新奋进、和谐稳定的企业文化氛围。共产党员服务队获广元市 2016 年度优秀志愿服务组织奖；《坚守救援现场 电亮生命之光》获省电力公司文明新风奖；公司荣获四川省“敬老文明号”和“全国敬老文明号”殊荣。

【所属县级供电企业】广元供电公司所属供电企业有原有8家，2016年“子改分”撤销和国网四川剑阁县供电有限责任公司，成立国网四川省电力公司广元市昭化供电分公司、国网青川县供电公司、国网广元市朝天供电公司、国网苍溪县供电公司、国网四川省电力公司旺苍县供电分公司、国网四川省电力公司剑阁县供电分公司。

【国网四川省电力公司广元市昭化供电分公司】国网四川省电力公司广元市昭化供电分公司成立于 1981 年 4 月，为广元县水电局下属“广元县电力公司”，事业单位编制。1989 年划归元坝区管理，2003 年 7 月四川省电力公司代管，成立“广元电业局元坝供电公司”，实行“两块牌子一套人马”和“自主经营、依法纳税、独立核算、自负盈亏”的管理模式。2012 年 8 月成为省电力公司全资子公司。2013 年 9 月 16 日，该公司更名为“国网四川广元市昭化供电有限责任公司”。2015 年 8 月，公司本部搬迁全广元市昭化区元坝镇长滩河路中段 22 号。2016 年公司“子改分”成立“国网四川省电力公司广元市昭化供电分公司”。

截至 2016 年 12 月 31 日，该公司承担昭化区 29 个乡镇（212 个村）的供用电管理任务，供电面积 1400 余平方公里，供电人口 23.9 万，供电客户数 78753 户。供区现有 110 千伏变电站 1 座，容量 4 万千伏安，35 千伏变电站 7 座，容量 6.04 万千伏安，35 千伏输电线路 8 条，长 126.195 公里，10 千伏配电线路35条，共长1467.11公里，配电台区1878个，容量15.238万千伏安，低压线路8810.8公里，总资产1.24亿元。

2016年完成售电量5573.194万千瓦时。截至2016年12月31日，实现连续安全生产3453天。

【国网青川县供电公司】国网青川县供电公司成立于1993年6月，是国网广元供电公司的直属供电公司。下辖乔庄、黄坪、三锅石、姚渡、沙洲、骑马、乐安、木鱼、板桥、竹园10个供电所。供电区域覆盖27个乡镇，供电面积2100平方公里，供电人口181927人，客户64232户。青川县境内共有110千伏变电站4座，变电容量32万千伏安，35千伏变电站3座，变电容量1.89万千伏安；管辖35千伏线路5条，共计82.322公里，10千伏线路25条，共计988.90公里，10千伏配变1270台，配变容量15.382万千伏安。

2016年全年完成售电量1.80亿千瓦时，电费回收100%；完成110千伏及以下线损率10.33%，10千伏及以下线损率10.19%。截至2016年12月31日，连续安全生产3012天。

【国网广元市朝天供电公司】国网广元市朝天供电公司是国网广元供电公司直属供电企业，地处广元市朝天区，于2001年1月成立。主要担负朝天区6镇19乡及宝成铁路广元至略阳段电力供应任务，供电面积1620平方公里，供电人口21万余人，用电客户约6.1万户。该公司下辖中子、羊木、曾家、大滩、麻柳、陈家、沙河7个供电所。运维管理35千伏变电站5座，容量3.15万千伏安，35千伏线路7条，长91.479公里，10千伏线路24条，长1480.38公里，配变1556台，容量16.275万千伏安。全年实现售电量11917.52万千瓦时，同比增长8.41%，电费回率100%，解交率100%，综合线损率12.54%。截至2016年12月31日，公司连续实现安全生产4616天。

【国网苍溪县供电公司】国网苍溪县供电公司是国网四川省电力公司分公司。该公司辖9个供电所、3座水电站。担负全县39个乡镇约80万人的供电任务，供电营业面积2330平方公里，供电营业窗口11个。辖区内220千伏变电站1座，主变2台，变电容量36万千伏安；110千伏变电站2座，容量15.15万千伏安；35千伏变电站12座，变电总容量12.6万千伏安；110千伏线路10条，线路总长253.59公里，35千伏线路19条，线路总长221.97公里。10千伏线路71条，总线路长度2379.87公里，10千伏配变3365台容量40.39万千伏安；220伏农村配网线路11876.15公里。

2016年全年售电量5.38亿千瓦时；综合线损率为9.56%；电费回收率100%；主业在岗员工劳动生产率16.29万元/人，同比增长了0.39%。截至2016年年底，连续安全生产2952天。

国广元供电公司驻朝天区羊木乡新山村第一书记杨齐国帮助贫困村村民拓展农副产品销售渠道，上门收购农副产品　　（李世佳　摄）

【国网四川省电力公司旺苍县供电分公司】2016年8月，国网四川省电力公司吸收合并并注销国网四川旺苍县供电有限责任公司，成立国网四川省电力公司旺苍县供电分公司，该公司为国网四川省电力公司广元供电公司下属供电企业，成立于1997年12月28日，下设东河、普济、五权、嘉川、龙凤、张华、三江、东凡、白水等9个供电所，主要承担旺苍县12镇15乡281个行政村和磨岩社区广元市苍溪县1镇2乡15个行政村2个社区、巴中市南江县2个村的供电任务，供电面积2150平方公里。受广元利泰电力建设有限公司委托，管理广元利泰电力建设有限公司旺苍分公司、广元浩源水电有限责任公司；受广元市三新供电服务有限公司委托，管理广元市三新供电服务有限公司旺苍分公司、广元市三新供电服务有限公司洪江分公司。

该公司辖区内共有变电站30座（含开闭所），其中公用变电站18座，用户变电站12座。公用变电站中220千伏变电站1座，容量27万千伏安；110千伏变电站3座，容量24万千伏安；35千伏变电站13座，主变16台，容量10万千伏安，10千伏开闭所1座。用户变电站中110千伏变电站5座，35千伏变电站7座。辖区内有110千伏输电线路8

条，线路长度118.11公里；35千伏输电线路17条，线路长度216.6公里；10千伏线路54条，线路长度1987.4公里，低压供电线路长度10334公里。

2016年，该公司35千伏及以下供电量2.84亿千瓦时，售电量2.52亿千瓦时，同比增长16.51%；售电均价682.76元/千千瓦时；线损率11.41%；收缴电费2.7亿元，其中35千伏及以下电费1.72亿元，110千伏电费0.98亿元，旧欠回收87万元，电费回收率:100%。

【国网四川省电力公司剑阁县供电分公司】国网四川省电力公司剑阁县供电分公司是由原国网四川省电力公司剑阁县供电分公司吸收合并国网四川剑阁县供电有限责任公司而成。公司辖59个乡（镇），供电面积3200平方公里，供电人口70余万，用电客户23万余户。共有110千伏变电站4座，容量30.3万千伏安，35千伏变电站11座，容量9.63万伏安；110千伏线路215.53公里，35千伏线路273.62公里，10千伏线路2816.78公里，0.4千伏线路2382.87公里，0.22千伏线路14884.01公里；配电变压器3654台，容量40.769万千伏安，其中公变2641台，容量17.094万千伏安，专变1013台，容量23.675万千伏安。

截至2016年年底，该公司完成销售电量32702.7万千瓦，完成大综合线损11.9%。公司实现安全生产周期5268天。

（沈志平、李世佳）

国网泸州供电公司

【企业概况】国网泸州供电公司成立于1981年10月，是隶属于国网四川省电力公司的特二型供电企业，担负着泸州市三县三区供电任务，供电面积9821平方公里，供电人口422万人；另承担合江县川天华公司及季节性趸售贵州省赤水市的供电任务。

国网泸州供电公司共设11个职能部门，7个业务支撑和实施机构，1个直供直管县级供电公司（国网四川省电力公司泸县供电分公司），3个县级供电分公司（国网四川省电力公司泸州市纳溪供电分公司、国网四川省电力公司叙永县供电分公司、国网四川省电力公司古蔺县供电分公司），1个全资县供电公司（国网四川泸县供电有限责任公司）。公司用工总量4655人，其中全民员工2822人、农电用工1101人、集体企业用工732人；另有离退休人员1520人。

11月10日，四川泸州供电公司员工在220千伏杨桥变电站吊装1号主变套管 （古 春 摄）

泸州供电公司固定资产42.08亿元，35千伏及以上变电站87座，主变145台，总变电容量561.47万千伏安，35千伏及以上线路167条，共2568公里。±800千伏复－奉线、锦－苏线、宾－金线三大直流线路过境泸州，线路长296.89公里，占四川境内线路总长的35%；杆塔共计586基，占四川境内杆塔总数的33%。泸州公司负责运维保障辖区内杆塔354基、线路178公里。

2016年，泸州公司完成固定资产投资12.5亿元，其中电网投资12.2亿元，新增35千伏及以上线路64.4公里、容量840兆伏安；售电量58.8亿千瓦时，同比增长13.9%；最大日负荷和日电量8次刷新历史纪录，分别达到139万千瓦、2836万千瓦时，同比增长19%和27%；售电均价451.48元/千千瓦时（不含税、基金）；营业收入净额26亿元，同比增长13.4%；电费回收达到100%；并表口径线损率8.58%；全口径劳动生产率34.56万元/人·年；供电企业业绩考核排名全省第七名，同业对标排名第十一名；泸州公司实现十年安全长周期，影响和损害企业形象、队伍稳定的重大事件实现“0”目标，全面完成省电力公司下达的各项考核目标。截至2016年12月31日，电网连续安全生产3825天。

2016年，泸州公司坚决贯彻省电力公司决策部署，坚持量质并举、突出精益管理、奋力攻坚克难，各项工作取得了显著成效。先后荣获省电力公司“安全生产特殊贡献单位”“物力集约化管理先进单位”等荣誉称号，该公司系统共56个集体、87名员工受到上级表彰，其中1名员工荣获“全国电力行业技术能手”称号；11项管理创新、3项QC成果荣获省电力公司奖项，并新创4个五星级班组、18个四星级班组。

8月12日，因某单位野蛮施工，引起枫林丽景小区箱变及10千伏泸体线故障。国网泸州供电公司紧急抽调精兵强将120余人，顶着30多度的高温，彻夜抢修受损电缆

（古　春　摄）

【电网建设与发展】2016年，泸州公司促成泸州市政府与省电力公司签订“十三五”战略合作协议，推动市政府常务会通过《加快推进泸州市“十三五”电力工作实施方案》，并争取到政府电力建设资金补贴1432万元。主动承接编制泸州国家高新区、沱江新城新型城镇化配电网专项规划，与泸州长江经济开发区签订电力保障合作协议。500千伏泸州东站通过国家电网公司可研审查，3项工程获得核准。创纪录完成12.2亿元电网投资，35千伏及以上项目续建2项、开工7项、投产5项；完成1.2亿元城市配网改造；竣工2015年327个农网项目，开工2016年项目159个，投资完成超过80%。110千伏邻玉站等4个工程被命名为国网和省电力公司优质工程，220千伏泰安站等2项工程获省电力公司质量流动红旗，110千伏二郎站列为国网智能变电站模块化建设示范工程。

【经营管理】2016年，泸州公司扎实开展“效益提升年”活动，深化经济活动分析，单位电网投资增售电量提升至9.37千千瓦时/万元。主动服务煤气化、金象科技等36项政府重点项目，新增接电容量132.9万千伏安，完成替代电量1.4亿千瓦时，售电量增幅居省电力公司前列。开展“量价费损”、营销稽查专项监测，挽回经济损失251万元，收缴陈欠电费81万元，首次在当年内做到电费“双结零”。实现35千伏及以上分压、分元件同期线损管理，古叙小水电供区线损专项治理下降14.6个百分点。强化工程财务全过程管控，完成52个项目后期清理，32个项目决算转固。非生产性支出降低9.1%，“两金”压降完成年度目标。物资平衡利库273万元，废旧物资处置回收资金375万元。4家县公司全部完成扭亏目标，减亏3643万元。集体企业实现产值9.8亿元、利润2148万元。

【安全生产】2016年，泸州公司压实压紧各级安全责任，实施2016年安全工作意见15条，分解安全责任清单105项。制定安全专项业绩考核方案，树立安全工作正确导向。完善泸州公司巡查大队、15个基层单位巡查分队两级督查体系，查纠违章1015项，1.4万余个作业现场得到有效管控。扎实开展“三查三强化”专项行动，治理设备隐患1269项，预警管控各类风险156次。严抓工程项目质量监理，督促问题整改619项。政企警企协作创建平安电力，全年外破下降31.6%。组织2190人次安规调考，持续提升全员安全意识和技能。开展防灾减灾6项综合应急演练，圆满完成三大直流满功率外送、G20峰会、市党代会等19次重大保电任务。

【资产管理】2016年，泸州公司全面导入资产全寿命周期管理“全、融、控”理念，建立覆盖市、县、班组的三级联络网，编制资产管理三级运行手册，搭建微信在线学习考试平台，体系建设实现全员参与。试点运行市检修公司和县级供电公司模式。坚持“规划建设与存量资产、设计采购与技术经济性、运检策略与安全服务、退役处置与资产再利用”四个最优，推进资产管理与专业工作相融合。分专业开展现状诊断，识别2236项内控风险，完成21项业务审核、486项合规性评价，主网资产设备对应率100%。总结资产管理深化应用成果18项，其中“基于全寿命周期管理的电网规划方案比选方法研究”作为管理创新报送国家电网公司。代表省电力公司迎检资产管理体系“领先型”创建，顺利通过国家电网公司专家组现场验收。

【优化体制机制】2016年，泸州公司推进“三集五大”体系再提升，完成省电力公司下发15类、19个问题整改。深化“五位一体”应用，梳理45项重点任务清单，总结提炼10个典型经验。全省第6家完成三个县公司“子改分”工作。泸县供电有限责任公司全资上划取得国资委批复。完成集体企业7家子公司压减和7项参股股权清理任务，回购广东金南方公司股权。正式运行集体企业会计核算中心，实现财务集约化管控。与泸州高投、许继电气合资组建“泸州华恒智能电力科技有限公司”，搭建参与增量配电等新业务领域经营平台。促成纳溪区政府成立安富北辰配电公司改革领导小组，加快改制进程。

【从严治企】2016年，泸州公司组织党风廉政建设巡察、内外部审计和“四风”问题整改“回头看”，以及工程建设、废旧物资、资金安全等6项专项监督检查，整改问题89项。修订“三重一大”决策实施细则，规范各级决策行为。落实业务部门监督主体职能，开展分包管理、废旧物资等4项协同监督。完成69项、29.8亿元审计任务，审减投资3457万元。建立泸州公司物资供应商库，非招标实现全程管控，集中采购13批次、3.4亿元，集体企业工程物资在线采购率以及目录物资集采率达到84%。处置县公司“子改分”历史遗留问题17项。严肃查办信访举报16件，19名干部员工受到责任追究。积极参与《泸州市物业管理条例》等3项地方立法研讨，成功处理法律纠纷案件14起，切实维护公司合法权益。

【市场服务（优质服务）】2016年，泸州公司制定园区服务指导意见和实施方案，成立高新区客户服务分中心，上门服务江阳钢铁等23家重点客户，主动参与酒业园区等10千伏及以上客户资产故障抢修196次，赢得用户高度赞誉。结算31家企业直购电、富余电量16.9亿千瓦时、优惠电费8793万元。“掌上电力”APP注册12.5万户、缴费328万元，客户缴费更加便捷。智能电表换装达到121万只，覆盖率提升至82%。“多表合一”采集建设实现零突破，签订5家在泸央企“三供一业”分离移交、329个居民小区配电设施意向移交协议。改造老旧居民楼779栋1.4万户配电设施，江阳纳溪交叉供区8个乡镇9.6万人实现同区域同价，完成2万户7.8万人易地扶贫搬迁供电保障，1106个存量低电压台区全部改造完毕。走访812名省市级“两代表一委员”和429名客户代表，落实意见建议147条。主动参与“阳光政务”、“网络问政”，行风和优质服务工作获政府及社会各界点赞。

【党的建设和精神文明建设】2016年，泸州公司紧扣全面从严治党要求，扎实推进“两学一做”学习教育。深入开展“清风川电”主题活动，严格落实“两个责任”，多种形式宣贯学习《准则》和《条例》。圆满完成泸州公司“两委”、73个基层党组织以及22个基层工会换届选举。规范党费收缴和管理使用。加强干部培养和梯队储备，提拔、交流中层管理人员48人次。开展全员各级各类培训252期、1.5万人次，264人提升技能等级和技术资格，人才当量密度达到0.9969。组织精准扶贫、迎峰度夏等6个主题传播活动，积极彰显泸州公司品牌形象。积极落实离退休人员“两项待遇”，依法依规化解信访问题，和谐发展氛围日益浓厚。

10月21日，四川泸州供电公司员工到龙马潭区天立春天花园小区，宣传推广网上购电业务　（古　春　摄）

【所属县级供电企业】国网泸州供电公司下设1个直供直管县级供电公司（国网四川省电力公司泸县供电分公司），3个县级供电分公司（国网四川省电力公司泸州市纳溪供电分公司、国网四川省电力公司叙永县供电分公司、国网四川省电力公司古蔺县供电分公司），1个全资县供电公司（国网四川泸县供电有限责任公司）。

【国网四川省电力公司泸县供电分公司】国网四川省电力公司泸县供电分公司成立于1996年8月，是直属县级供电公司，担负着对泸县七个乡镇供电任务，供电范围515平方公里，供电人口37万人、用电客户88120户。截至2016年12月底，全公司管辖 110 千伏变电站 2 座，35 千伏变电站 4 座，主变容量：17.565 万千伏安；10 千伏配电线路 27 条，长度 664.59 公里。2016 年，完成售电量 1.5 亿千瓦时，售电均价 546.91 元/千千瓦时，售电收入 8868.32 万元，电费回收率 100%。综合线损率 12.95%。

【国网四川省电力公司泸州市纳溪供电分公司】国网四川省电力公司泸州市纳溪供电分公司成立于 2001 年 1 月 18 日，2014 年 1 月股权划转后成为四川省电力公司全资子公司；2016 年 9 月 1 日，正式成为国网四川省电力公司分公司。该公司主要担负着纳溪城区及 12 个乡镇，合江县、江安县、叙永县部分乡镇供电任务，供电面积 1335.6 平方公里，客户 16.7 万户。固定资产原值 2.53 亿元，拥有 35 千伏及以上变电站 13 座，总容量 78.95 万千伏安；35 千伏及以上线路 23 条，共长 502 公里；水能发电厂 1 座，年发电量约 1600 万千瓦时。2016 年，该公司完成售电量 5.8 亿千瓦时，营业收入 3.38 亿元，综合线损率 8.53%。

【国网四川省电力公司叙永县供电分公司】国网四川叙永县供电分公司成立于 2005 年 12 月 14 日，2014 年股权划转后成为四川省电力公司全资子公司；2016 年 9 月 1 日，正式成为国网四川省电力公司分公司。该公司主要担负叙永县的供电任务，现拥有 35 千伏及以上变电站 16 座，总容量 73.93 万千伏安。110 千伏线路 12 条，长度 192.667 公里；35 千伏线路 13 条，长度 154.6913 公里。2016 年，完成固定资产投资 1.9 亿元，其中电网投资 1.85 亿元；售电量 4.68 亿千瓦时，同比增长 14.44%；最大日负荷和日电量双双创新高，8 次刷新历史纪录，分别达到 10.766 万千瓦、202.3 万千瓦时，同比增长 8.97%和 18.3%；售电均价同比增长 3.36%；营业收入 3.47 亿元，同比增长 18.28%；电费回收达到 100%；并表口径线损率 20.97%。截至 2016 年 12 月 31 日，电网连续安全生产 4036 天。

【国网四川省电力公司古蔺县供电分公司】国网四川省电力公司古蔺县供电分公司成立于 2001 年 4 月 18 日。2016 年 9 月 1 日，成为国网四川省电力公司分公司。该公司担负着古蔺县社会与经济发展及人民群众生产生活供电任务，供电面积 3180 平方公里，供电人口 83 万余人。该公司管辖 220 千伏变电站 1 座，220 千伏线路总长 107.477 公里；110 千伏变电站 3 座，110 千伏线路总长 140.996 公里；35 千伏变电站 10 座，35 千伏线路总长 199.11 公里。发电厂总装机 3855 千瓦。现已形成以 220 千伏冯冲湾变电站为中心的 110 千伏环网供电格局，最高负荷达 11 万千瓦，日供电量达 183 万千瓦时，年供电量约 4.8 亿千瓦时。截至 2016 年 12 月 31 日，该公司连续安全生产 6484 天。

【国网四川泸县供电有限责任公司】国网四川泸县供电有限责任公司成立于 2012 年 12 月 13 日，2016 年 12 月 27 日完成合资上划工作，成为四川省电力公司下属全资子公司。该公司主要担负着泸县县城、泸县 15 个镇和龙马潭区 5 个乡镇工农业生产及人民生活用电，供电面积 1532 平方公里，供电总人口达 94.95 万，供电户数 270184 户。共有 110 千伏变电站 2 座，35 千伏变电站 11 座，1 座 35 千伏开关站，1 座 10 千伏开关站，35 千伏主变总容量 17.53 万千伏安；35 千伏线路 28 条，总长 257.376 公里。

2016 年，该公司完成售电量 5.44937 亿千瓦时，线损率 11.22%；售电均价为 0.67609 元/千瓦时，电费回收率完成 100%。截至 2016 年 12 月 31 日，实现连续安全生产 1479 天。（赵亮宇）

国网南充供电公司

【企业概况】国网南充供电公司成立于 1979 年 7 月 1 日，最初承担着南充及广安、巴中地区供电任务，经 1996 年南充—巴中、1998 年南充—广安两次分家后，现担负着南充市 9 个区（市、县）的供电任务，供区面积 1.25 万平方公里，系国有特二型供电企业。公司设有 13 个职能部门，7 个业务支撑和实施机构，所辖 8 个县级分公司（仪陇、阆中、营山、南部、蓬安、高坪、西充、嘉陵），1 个四川电网备调中心，1 家集体企业平台公司。该公司现有固定资产原值为 71.21 亿元，拥有 35 千伏及以上变电站 128 座（其中 220 千伏变电站 9 座，110 千伏变电站 32 座，35 千伏变电站 87 座），变电总容量 596.485 万千伏安；拥有 35 千伏及以上输电线路 255 条，总长度 3582.35 公里。

2016 年，南充公司全年完成售电量 54.95 亿千瓦时，同比增长 12.42%，增速列全省第六位；综合线损率 8.73%（并表口径），同比下降 2.24 个百分点，较省电力公司下达年度计划目标 10.6%下降 1.87 个百分点；电费回收与解交率 100%；同业对标综合对标列省电力公司第十三名，前进五位，进步幅度居省电力公司第二位。企业负责人业绩考核列省电力公司第八名，前进三位。

2016 年，南充公司荣获了省电力公司安全生产、营销工作、审计工作、纪检监察、品牌建设先进单位，公司党委荣获四川省国资委和省电力公司“先进基层党组织”，公司团委荣获国家电网公司和四川省“五四红旗团委”；蓬安公司荣获省电力公司“双十佳文明单位”，高分通过省文明办“最佳文明单位”验收，两家县公司顺利通过“四川省文明单位”验收；调控中心调度班荣获国家电网公司“一流班组”，成为公司首个省电力公司“标杆班组”，3 个基层班组荣获国家电网公司“先进班组”，6 个基层班组荣获省电力公司“先进班组”。

7 月 20 日下午，南充供电公司举行 2016 年南充电网迎峰度夏联合反事故演习，电力调度控中心、变电运维室、输电运检室、配电运检室、阆中公司、南部公司、仪陇公司等单位参与演习　　（钟　桦　摄）

【人力资源】截至 2016 年 12 月 31 日，南充公司全口径用工总量为 6190 人。全民员工 4024 人，其中直属单位 619 人，县公司 3405 人；农电员工 1612 人，其中直属单位 534 人、县公司 1078 人；集体企业员工 554 人，其中直属单位 470 人，县公司 84 人。加强干部队伍培养，全年 3 批次提拔及交流中层干部 78 人。深化人力资源市场建设，优化人力资源配置 248 人。分类实施全员素质提升计划，公司 849 名员工提升了学历、职称和技能等级，人才当量密度同比提高 1.8%。加强各类人才培养，选拔推荐管理、技术和技能专家人才 8 名，组织 46 名中层干部和 65 名班组（站）长参加中干和班组长履职能力轮训。实施人才强企发展战略，强化队伍素质提升，引进高校毕业生 41 人。组织各类培训办班、送培、考试 173 期次，参培参考 12811 人次。制定了 2016—2018 年人才当量密度提升计划，实现技能提升 415 人、专业技术资格提升 159 人、学历提升 275 人。

【电网建设与发展】2016 年，南充公司科学规划电网发展，完成“十三五”农网及中心村、村村通动力电、机井通电三个专项规划，完成高坪区下中坝等 9 个片区规划编制。全力推进项目前期工作，取得 35 千伏及以上项目可研批复 6 个、核准批复 11 个，配合完成了南部 500 千伏输变电工程选址工作。开工 35 千伏及以上输变电工程 15 项，按期投产 35 千伏及以上输变电工程 9 项，提前竣工投运南隆 220 千伏输变电工程 1 项，超额完成全年电网建设里程碑任务，北塔 110 千伏变电站和南隆 220 千伏变电站工程获得省电力公司安全管理流动红旗。完成农网改造投资 3.85 亿元，新建与改造 10 千伏线路 521 公里、低压线路 3083 公里，完成 274 个村的农网改造任务。加快营销项目实施，完成新推广智能电表配套采集建设投资 2.86 亿元，完成采集上线 57.72 万户，全市智能电表覆盖率达到 85.73%。

【经营管理】2016 年，南充公司大力开展“两降两规范、一清一提升”六个专项行动，降线损增加效益 3900 万元，追补电费及违约金 721.62 万元，非供电质量类投诉同比下降 25.6%。积极拓展市场，全年新投业扩容量 184.3 万千伏安，集体企业纯客户市场签约额达到 5.14 亿元。强化全面预算管理，实现账面利润增长 23.8%，消费性费用支出同比压降 7.1%，“两金”同比压降 83.14%。积极争取电价和税收政策，县公司一般工商业电价调整政策带来效益年均增加 142 万元，恒通公司和设计公司享受西部大开发政策税收优惠 1570 万元。推进亏损企业专项治理，全面实现仪陇、嘉陵公司扭亏目标。充分盘活库存物资，物资利库金额累计达 2040.5 万元，库存较年初压缩 57%。集中清理和处置废旧物资，收回残值 368.2 万元。

【安全生产】2016 年，南充公司坚持安全工作“抓早、抓小、抓严、抓实”，制定了安全生产责任追究实施意见，安全生产责任全面落实。扎实开展“三查三强化”等专项行动，制定落实本质安全工作方案，实施了农电人员集中上班，完成所有220千伏线路和52条110千伏线路标准化建设，安全生产基础管理不断强化。深入开展隐患排查治理，处理隐患658项，处理率100%。完成120个大修技改项目，完成县公司网络覆盖和带宽提升项目，35千伏

9月30日上午，时任南充市市委副书记、副市长、代市长吴群刚，率市消防、安监及顺庆区相关人员组成的检查组深入国网南充供电公司110千伏北湖变电站进行节前安全大检查（龙爱明 摄）

及以上输电线路跳闸率下降35.71%。制定了电网运行风险预警管控和农配网作业风险管控实施意见，风险管控工作获得国家电网公司高度肯定。狠抓反违章工作，累计处理违章344起。成立应急基干队伍，开展应急演练30次，成功应对负荷、电量屡创新高的挑战。截至2016年12月31日，南充公司连续安全生产5014天。

【农电工作】 2016年，南充公司稳步推进县公司“子改分”工作，按照省电力公司总体实施方案要求，明确工作进度计划，提前开展风险评估、预判，提出风险控制措施，开展各环节的专题培训及热点解答，积极主动对接各县域党委、政府，争取“子改分”工作支持力度，保证该项工作的平稳推进；目前，除营山、南部公司因历史遗留问题暂不能进行子公司清算关闭外，其余各县公司均已成为省电力公司分公司。按照省电力公司星级供电所建设要求，以核心指标为目标导向，以星级供电所建设为抓手，持续推进供电所管理水平提升，加强专业部门协同配合，组织相关职能部门现场进行指导和评估，出台国网南充公司星级供电所建设实施细则，明确各项工作要求，有效促进各县分公司、供电所管理水平稳步提升。认真落实2016年度援藏计划，创新帮扶措施，按照“联合作业”的新思路，以实操代培训，现场加课堂的培训方式，加强互动交流和“一对一”的演示，并先后派遣13名技术骨干参与技能、技术援建，有效提升了受援单位员工业务技能水平。

【科技与信息化】 2016年，南充公司获得省电力公司科技进步奖2项，工人技术创新奖3项，授权实用新型专利6项，发明专利3项，两项典型经验入选省电力公司同业对标典型经验库，8项QC成果获得省电力公司优秀QC成果奖，5项精益项目获得省电力公司优秀精益项目成果奖，1项管理创新项目荣获省电力公司管理创新课题奖。大力实施网络覆盖和带宽提升一期工程，按期完成架设光缆879公里、71座变电站、114个供电所（营业厅）通信设备、数据网设备安装调试，实现光纤通信及综合数据网络100%覆盖，为生产、营销和经营管理各大业务深化应用提供了基础和保障，35千伏及以上输电线路跳闸率同比下降35.71%，每月推送主要经济技术指标完成数据，实现数据共享，进一步提升工作效率。加强备调信息通信系统及机房运行维护管理，有力保障系统可靠运行，四川电网主备调年度无脚本演练顺利进行，提高了电网调度的可靠性和抗灾能力。

【市场服务】 2016年，南充公司增强主动服务意识，积极对接全市重点项目和重要客户，及时跟踪、快速响应客户用电需求，鑫达新材料、阆中双瑞等重要客户提前通电投产。不断规范服务行为，出台了业扩报装全流程工作规范及考核细则，开展了市县两级业扩业务全回访，明令规定了农网工程表后线改造“零收费”要求，张贴“服务连心卡”“付费明白卡”“安全提示卡”118万张，客户满意度显著提升，“电力片警”服务模式成为国家电网公司经验交流案例。广泛开展服务大走访活动，共走访“两代表一委员”、政府部门、城乡居民客户等22万户，及时发现解决客户用电问题968个。持续推进便民电力服务设施建设，新增邮政报刊亭、ATM自助终端、移动POSS代收、支付宝、微信等缴费方式，全市各类缴费网点达2342个，缴费方式达14种，“掌上川电”APP应用，注册用户达27.6万户。充分整合配网抢修资源，实行抢修、咨询业务合一，缩短了故障抢修时间，进一步提升了抢修服务工作时效。通过聘请公司第五届行业作风监督员，“阳光政务热线”值守等工作，不断加强行业作风建设社会监督力度。全年完成重要保供电任务258次，获

得市委、市政府三次通报表扬。

【党的建设和精神文明建设】坚持依法从严治党，全面推行党委委员"一岗五责"，有力促进党委主体责任落实。深入开展"两学一做"学习教育，各级领导班子成员讲党课80余次，基层党组织书记讲党课和"微宣微讲"均获省电力公司三等奖。成功召开公司第一次党代会，顺利完成公司党委和基层党组织换届选举。实施党建工作可视化对标管理，开展党组织书记抓党建工作述职评议，蓬安公司党委成功创建为省电力公司基层服务型党组织示范点。出台党员行为"十条禁令"，全面推进"三亮三比"主题活动，党员先锋模范作用充分发挥。建立了各级领导干部大走访工作机制，认真落实离退休"两项待遇"，新创建3个健康食堂，努力为职工和离退休老同志创造更好的生产生活条件，保证了企业和谐稳定发展。党风廉政建设基础上台阶，扎实开展"清风川电"教育活动，全员廉洁自律意识明显提升，配合省电力公司开展党风廉政建设巡察，加大对违纪违规行为、"四风"问题的查处力度。加强精神文明建设，以"幸福南电"为主题，开展"新年送健康·生日送祝福"、"爱在南电·幸福瞬间"摄影展、"书香川电·品质生活"读书会、"悦读书·越青春"征文赛、职工文艺成果展示、"攻瑰书香·家庭文化建设年"等系列活动，依托文体协会，举办职工篮球运动会、职工羽毛球比赛、女职工啦啦操比赛等活动，丰富了职工业余文化生活；组织网络文明传播志愿者利用各类新媒体平台广泛开展网络文明传播活动，积极传递正能量，公司网络文明传播志愿者龙爱明在四川文明网与中国文明网"文明中国"微信矩阵成员联合开展的"我的家庭故事"第四季"一张老照片"征文比赛二等奖，公司员工贾雨果参加全国青年员工技能大赛，获全国第十七名，全省第三名。

南充公司各级人员奋战迎峰度夏　　　　（龙爱明　摄）

【所属县级供电企业】南充市现有8个县级分公司，具体概况如下：国网四川省电力公司南部县供电分公司、国网四川省电力公司阆中市供电分公司、国网四川省电力公司仪陇县供电分公司、国网四川省电力公司蓬安县供电分公司、国网四川省电力公司营山县供电分公司、国网四川省电力公司西充县供电分公司、国网四川省电力公司南充市高坪供电分公司、国网四川省电力公司南充市嘉陵供电分公司。

【国网四川省电力公司南部县供电分公司】国网四川省电力公司南部县供电分公司始建于1947年，2016年7月改制成为四川省电力公司分公司。该公司担负着南部县71个乡镇、2个街道办事处、1个工业集中区、1115个村，43万用户的供电任务，供区面积2229平方公里。该公司下辖16个供电所，1座小水电站。公司拥有16座35千伏变电站，容量为29.99万千伏安；35千伏线路36条291.806公里，10千伏线路136条3537公里。

2016年，全年完成网供电量8.56亿千瓦时，同比增长15.16%；综合线损率8.60%，同比下降0.9个百分点。日最大负荷21.081万千瓦，同比增长30.9%；日最大电量412.539万千瓦时，同比增长29.56%。

【国网四川省电力公司阆中市供电分公司】国网四川省电力公司阆中市供电分公司前身系1948年成立官私合营的阆中县光明灯泡厂。2016年8月，公司被国网四川省电力公司吸收合并，更名为国网四川省电力公司阆中市供电分公司。该公司供区面积1716.5平方公里（占全市91.4%），供电辖区32.46万户数。公司拥有35千伏变电站17座，容量为19.39万千伏安，35千伏线路24条206.973公里，10千伏线路119条2264.6公里。公司辖16个生产（服务）班组，12个供电所，6座小水电站。

2016年，该公司实现网供电量6.03亿千瓦时(售电量5.6亿千瓦时)，完成年度计划的110.24%，同比增长13.74%；综合线损率7.09%，较年度计划的7.17%下降0.08个百分点；电费回收率100%。

【国网四川省电力公司仪陇县供电分公司】国网四川省电力公司仪陇县供电分公司始建于1951年，2016年7月成为四川省电力公司分公司。公司辖12个直属班组，17个农村供电所。供电范围包括仪陇县 56 个乡镇和阆中市 2 个乡镇，928 个行政村，供电面积 1830 平方公里，用电客户 35 万户。仪陇境内建有 220 千伏变电站 1 座，主变容量 30 万千伏安；110 千伏变电站 3 座，主变容量 20.15 万千伏安。公司资产总额 2.9 亿元，拥有 35 千伏变电站 12 座，变电容量 12.735 万千伏安，35 千伏线路 239.6 公里；配变总容量 32.953 万伏安，10 千伏线路 2582.4 公里，低压线路 15493 公里。小水电站装机容量 1220 千瓦。

2016 年，公司全年完成售电量 4.91 亿千瓦时，同比增长 19.05 %。实现综合线损率 7.26%，低于年初计划指标 0.42 个百分点。电费回收率 100%。各项年度考核指标全面完成。安全生产实现 3 个百日安全周期。

【国网四川省电力公司蓬安县供电分公司】国网四川省电力公司蓬安县供电分公司成立于 2004 年，系四川马回电力股份有限公司和南充恒通电力有限责任公司共同投资组建的有限责任公司。2016 年 6 月成为国网四川省电力公司的分公司。该公司辖 1 个集体企业（四川南充恒通电力有限公司蓬安分公司）,1 个分公司（南充三新供电服务有限公司蓬安分公司），10 个供电所、10 个专业班共 20 个生产单位。现有 110 千伏变电站 2 座，主变容量为 13.45 万千伏安；35 千伏变电站 6 座，主变容量为 7.69 万千伏安；110 千伏线路 3 回，总长度 44.38 公里，35 千伏线路 15 回，总长度 124.13 公里，10 千伏线路 73 回，总长度 1683.58 公里。供区涵盖蓬安县境内及顺庆区渔溪乡全部用户，供区人口约 73 万，供电客户 24 万户。

2016 年全年完成售电量 33717 万千瓦时，同比增长 11.00%，完成综合线损率 6.96%，同比下降 0.64 个百分点，位列全市所有县公司第一名；实现电费回收率 100%；全司安全生产保持平稳态势。

【国网四川省电力公司营山县供电分公司】国网四川省电力公司营山县供电分公司原系一家发供一体的电力企业，其前身为营山县电厂，成立于 1952 年 10 月，2016 年 9 月，成为四川省电力公司分公司。该公司有发电站 6 座，装机容量 10220 千瓦。全县现有 2 座 110 千伏变电站，容量为 15 万千伏安，35 千伏变电站 15 座，容量 13.54 万千伏安；35 千伏线路 21 条，共计 206.57 公里；10 千伏线路 89 条，共计 1761.92 公里。辖区内尚有 15 个村未实施农网改造。已实现抄表到户 100%，换装智能电表 28 万只。

2016 年，共完成发电量 1993.684 万千瓦时，同比下降 31.52%；完成供电量 38507.6675 万千瓦时，同比增加 17.84%；完成售电量 35061.3618 万千瓦时，同比增加 19.14 %；累计综合线损率 8.95 %，同比下降 0.99 个百分点。

【国网四川省电力公司西充县供电分公司】国网四川省电力公司西充县供电分公司始建于 1958 年，2016 年 12 月，成为四川省电力公司分公司。担负着西充 44 个乡镇，688 个行政村的供电任务，供区面积 1108 平方公里，用电总户数 21 万余户。该公司拥有两座 110 千伏变电站，即杨家桥站和中岭站，变电容量 16 万千伏安，现有 8 座 35 千伏无人值班变电站，变电容量 12.93 万千伏安，35 千伏线路 11 回，长度 94.649 公里，10 千伏线路 1875.35 公里，智能电表用户 21 万。

2016 年完成销售电量 3.18 亿千瓦时，同比增长 19.38%，综合线损率 7.30%，比市公司下达指标低 1.52 个百分点；电费回收率 100%，解交率 100%；日最大负荷 10.13 万千瓦，同比增长 38.96%，日最大电量 186.32 万千瓦时，同比增长 36%。实现连续安全生产 4872 天，圆满完成市公司下达的主要业绩指标。

【国网四川省电力公司南充市高坪供电分公司】国网四川省电力公司南充市高坪供电分公司是一家集电力生产、销售、电力输送以及电网统一规划、建设、调度和运行管理等业务的全民所有制分支机构（非法人）。公司前身为南充县电厂，属地方国有企业，于 1987 年 5 月成立。2016 年 7 月，成为国网四川省电力公司的分公司。担负着高坪、嘉陵、顺庆三区 40 个乡镇，498 个村，19 余万用户的供电任务,供区面积 1093 平方公里。公司下辖 9 个供电所、9 个 35 千伏变电站和 1 个发电站。

该公司拥有 9 个 35 千伏变电站，变电容量 11.72 万千伏安，35 千伏线路 160.31 公里，10 千伏线路 1454.17 公里；2016 年，完成售电量 2.89 亿千瓦时，同比增加 13.34%；综合线损率 9.86%，电费回收与解交率实现 100%；全年没有发生重特大电网、设备、火灾事故、负同等责任及以上的重特大交通事故，杜绝了人员责任的一般及以上设备、电网事故，所辖线路与设备运行稳定，继续保持了安全生产的平稳态势。

【国网四川省电力公司南充市嘉陵供电分公司】国网四川省电力公司南充市嘉陵供电分公司是由原南充县西阳寺水力发电站发展起来的一个小型地方电力企业。2016 年 7 月，电力体制改革，成为国网四川省电力公司南充市嘉陵供电分公司，同年 11 月，原国网四川南充市龙蟠供电有限责任公司注销。该公司供电面积 212 平方公里，供电范围包括嘉陵区 13 个乡镇、133 个行政村，供电用户 3.8 万户，供电人口 13 万。拥有水力发电站 1 座，总装机容量 500 千瓦；拥有 35 千伏变电站 2 座，总容量为 1.945 万千伏安，35 千伏线路 56.376 公里，10 千伏线路 287.34 公里。

2016 年全年完成售电量 3031.18 万千瓦时，同比增长 29.64%，综合线损率 9.38%，电费回收率为 100%。截至 2016 年 12 月 31 日，实现连续安全生产 4674 天。

（王含果、罗小虎）

国网自贡供电公司

【企业概况】国网自贡供电公司（下称自贡供电公司）属四川省电力公司特二型企业，前身为川南供电公司自贡供电所。1978 年撤销川南供电公司后，成立自贡供电局。1993 年更名为自贡电业局。1980—1996 年期间，先后并入川南电业局、川南送变电工程处、自贡电力电容器厂、川南电力调度分局 4 家处级单位。2013 年更名为国网自贡供电公司。2001 年和 2009 年，辖区内威远供电局、500 千伏洪沟变电站先后划转至内江电业局及超高压运检中心。

自贡公司现担负着自贡市四区两县 4000 多平方公里和内江市威远县部分区域的电能供应、电网建设和运行管理任务。公司本部设 11 个职能部室，辖 8 个直属二级单位（1 个直管县级供电企业，7 个业务支撑和实施机构），有全资分公司国网四川省电力公司自贡市荣州供电分公司，控股国网四川富顺县供电有限责任公司。截至 2016 年年底，自贡公司固定资产净值 22. 9 亿元。有 35 千伏及以上变电站 55 座，变电容量 389.385 万千伏安（其中富顺供电有限责任公司发电站 2 座、变电站 15 座，变电容量 25.25 万千伏安）；35 千伏及以上输电线路 123 条，长度 1529.33 公里（其中富顺供电有限责任公司 23 条，长度 218.206 公里）；城市配网 6－20 千伏配电线路共 145 条，长度 1016.32 公里；县域电网 10 千伏配电线路共 199 条，长度 5790.24 公里（含全资子公司）。

1 月 6 日，国网自贡公司总经理姚建东带队，到通航工业园区现场办公，开启公司“园区服务专项行动”

（文 莉 摄）

【人力资源】 截至 2016 年年底，国网自贡供电公司劳动生产率从 35.47 万元/人·年增加到 37.28 万元/人·年，增长 5%。人才当量密度由 1.0086 上升到 1.0262，增长 1.74%。全口径用工总量为 3773 人，其中：直供直管单位国有长期职工 1186 人，农电工 756 人；国网荣州供电分公司国有长期职工（其他）90 人，农电工 179 人；国网富顺县供电有限责任公司国有长期职工（其他）581 人，农电工 325 人；集体企业职工 251 人，集体聘用职工 62 人，集体企业劳务派遣人员 340 人，集体企业返聘人员 3 人。离退休职工 2195 人，其中：直供直管单位 1412 人，国网荣州供电分公司 46 人，国网富顺县供电有限责任公司 240 人，集体企业 497 人。

【电网建设与发展】 2016 年，自贡市召开了 2016 年全市电力工作会，国网四川省电力公司与自贡市政府签订战略合作协议，双方确定建立战略合作伙伴关系，在战略上相互认同、在发展上相互支持、在工作上携手合作，共同推进和加快自贡电网建设。国网四川省电力公司电源侧“一盘棋”，电网侧“一张网”，需求侧“一同价”发展理念得到自贡市认可，确立在“十三五”规划期间，投入约 23 亿元，新建（扩建）变电容量约 116 万千伏安，输电线路约 1200 公里，建成“以 500 千伏为支撑、220 千伏为骨干、110 千伏及以下配电网络分布合理”的坚强自贡电网，为满足自贡经济社会发展提供可靠电力保障。完成“十三五”电网规划修编。开展东边湾等 4 个 35 千伏及以上输变电工程前期。新开工向华线等 3 个输变电项目。投产新桥等3个输变电工程，完成110条线路、30座变电站的大修技改。完成80%的220千伏、50%的110千伏线路标准化整治。城网绝缘化率100%，拉手率达92%。220千伏天成变电站、4个110千伏线路单项工程获“国网输变电优质工程”称号。220千伏琵琶变电站在建工程获省电力公司2016年“安全管理流动红旗”，实现了“十三五”规划良好开局。

5月16日，自贡沿滩板仓工业园，3名线路检修工，在高约20米的铁塔上娴熟的进行高空架线工作

（周　艳　摄）

【经营管理】截至2016年年底，自贡供电公司完成售电量29.63亿千瓦时，同比增加9.21%，线损率9.37%，完成投资6亿元。流动资产周转率487.27次。企业负责人业绩排名居省电力公司第九，实现大幅提升。对标综合排名跃居省电力公司第九，创6年来最好成绩。扎实开展“效益提升年”活动，制定目标任务14项、措施65条，可控成本同比下降9.02%，降本增效成效明显。提高项目精益管控水平，资金项目化率提升58%，执行偏差率下降11%。规范项目后期管理，核算、决算项目1291个，竣工决算完成率100%，转增固定资产6.2亿元。提升电网经济运行管理水平，计划检修执行率提升8%，线路停电次数下降10%；带电作业1730次，同比增加15%，减少损失电量310万千瓦时；停运轻载主变46台·次，节约成本30余万元。落实对口帮扶措施82项，富顺县公司管理水平不断提升。加大亏损企业治理力度，荣州公司减亏572万元。创建全川首个“图数治理五星级供电所”，配电运检精益管理在系统内发挥示范作用。实施精益项目20个，培养带级人才25名，财务、档案、媒体等5个项目获省电力公司奖项。

【依法治企】自贡供电公司坚持依法从严治企，通用制度宣贯有效落地。加大关键领域、重点环节的监督和管控，完成专项审计23项，项目竣工决算审计1069个，提出审计建议228条。全面梳理陈欠电费，起诉36家欠费企业并胜诉，核销22家企业的历史欠费。创新运用法治思维及方式，足额追回“僵尸企业”——鸿化公司陈欠电费5375万元，实现十三年来陈欠、当年电费首次“双结零”。依法催收形成“自贡经验”，省电力公司通报表扬并全文转发公司的“电费催收情况报告”。理顺集体企业“三会一层”法人治理结构，健全管理制度56项。公司28名三级人大代表、政协委员积极参政议政，《自贡市〈四川省物业管理条例〉实施办法》纳入立法，法治环境不断改善。

【安全生产】2016年，自贡供电公司持续弘扬“挑刺”文化，扎实推进本质安全建设，各级安全责任有效落实。理顺配网调控职责界面和业务流程，实现配网调控管理全覆盖。优化违章负面清单管理及退出机制，淘汰6家不合格分包商。创新安全分析机制，在违章次数较多的基层单位召开现场会。探索“互联网+安全”模式，建立12个“日管控”微信群。制定《农村意外人身事件处理办法》，农村用电安全管控能力进一步增强。开展“富顺县大面积停电”等演练16场次，应急处置能力持续提升。成功应对夏季负荷屡创历史新高的严峻挑战，“白+黑”“5+2”特巡、测温和故障抢修7790次，实施“零点行动”15次，打赢了“迎峰度夏”攻坚战。完成“自贡灯会”等115次重大保电任务。自贡供电公司被自贡市授予“119消防先进单位”、评为“2016年度国家安全人民防线建设先进单位”，获省电力公司年度“安全生产先进单位”荣誉称号。截至2017年1月21日，连续安全生产4489天。

【农电管理】2016年，自贡供电公司大力开展农网工程建设，狠抓农网工程现场安全管理，按期完成了2015年及以前五个批次的农网工程后期工作，全面完成2016年农网工程建设投资1.75295亿元，新建及改造10千伏及以下线路196.73公里，新增配变428台，容量6.311万千伏安，低压线路1201.32公里。成功实现国网四川富顺县供电有限责任公司资产国有全资化，完成了省电力公司构建“一张网”的战略布局。

深化农电体制改革，三新公司不断完善内控机制建设，农电工作扎实推进，农电队伍呈现新面貌。

【科技与信息化工作】2016 年，自贡供电公司 3 个管理创新成果分别获省电力公司一、二、三等奖。科技项目——“电力光缆遥控放线滑车成套装置”获国家电网公司推广。完成富顺地区光缆敷设 10.9 公里，实现富顺县公司本部、黄葛灏站及 35 千伏怀德站等 8 个站点光缆覆盖，富顺地区光缆覆盖率达到 32%。开展卫星通信月度应急演练 12 场次，强化了应急响应处置能力。推进基础设施建设,完成国网自贡市荣州供电公司光缆敷设 65 公里，实现荣县片区通信光缆全覆盖。结合保密工作责任制要求，将信息安全纳入年度全员安规考试，常态化开展信息安全培训。与基层单位签订《信息安全目标责任书》,发出各类“信息安全预警”及“信息通信安全整改通知书”19 份，签署网络安全责任书 17 份，保持了信息安全事件“零发生”。

【市场服务（优质服务）】自贡供电公司坚持与客户打造“发展共同体”的理念，推进运营、管理、服务全流程转型，客户多元化需求得到满足。开展“电网+”专项行动，建立园区服务站和固定办公点 7 个、“定制化”服务 580 次，大幅提升了园区服务水平。新增代收网点 412 个，10 分钟缴费圈建设不断完善。“掌上川电”APP 注册 13.58 万户，客户体验不断改善。安装专变预购电系统 875 套,防范电费欠费能力不断增强。营配贯通率 99.68%，智能电表换装率达 96.12%，采集接入率达 99.33%，均位于省电力公司系统前列。完成电能替代 7000 万千瓦时，建成成自泸高速富顺服务区充电站 2 座。完成客户产权资产摸底排查，接收客户线路 27 条、变电站 2 座。与水务集团、燃气公司试点推进“三表合一”建设。成功承办“全省国有企业‘三供一业’分离移交暨老旧小区改造现场推进会”，分离移交项目 8 个，全面完成三年改造 204 个老旧小区目标任务。老旧小区改造经验在全省推广，被写入省电力公司“服务经济社会发展白皮书”和国家电网公司“2015 年社会责任报告”。公司在全市 12 个公共服务单位的行风社会评价中再次获得第一，实现了“三连冠”。

【党的建设和精神文明建设】2016 年，自贡供电公司全面落实从严治党要求，扎实开展“两学一做”学习教育，“微平台、微党课、微宣传”精准发力，“党员示范岗”先进事迹在《国家电网报》头版刊登。开展“清风川电”等教育活动，持之以恒抓作风建设，干部员工纪律规矩意识切实增强。全面接受省电力公司巡视检查，对反馈的问题，举一反三，落实整改。新发展党员 10 名，预备党员转正 11 名。打造供电所企业文化示范点 6 个，编制企业文化丛书 7 册。完成精准扶贫年度目标。编制“十三五”班组建设规则，承办省电力公司职工创新成果巡展。打造“摄影工作室”等 4 个职工文化阵地。新闻宣传策划能力进一步增强，《喜报、喜报再喜报！》成为员工美谈，《520 一支玫瑰转怒为笑》作为省电力公司唯一舆情案例，入选国家电网公司年度品牌修复案例集。团青工作荣获省部级荣誉 4 项。离退休“两项待遇”落实有力，公司荣获“四川省敬老文明号”荣誉称号。精神文明建设不断深化，连续三届被省电力公司评为“双十佳文明单位”，荣获省电力公司“2014—2016 年度文明单位”称号。

职工企业文化成果展示

1 月 28 日晚，自贡供电公司举行“携手迈向新征程”职工文化成果展示 （曾 林 摄）

【集体企业改革与发展】2016 年，自贡供电公司积极应对电力体制改革，稳妥推进组织架构、业务流程和绩效激励“三个再优化”。集体企业平台公司成功增加“电力供应”经营范围。深化“五位一体”协同机制建设，承办省电力公司绩效管理川南片区工作会，“一线员工工时同价机制”落地实施。推进省电力公司“一张网”建设，完成富顺县公司资产国有全资化改革，成功实现真正意义上完整的自贡电网。成立国网自贡市荣州供电公司，提前 73 天完成县公司“子改分”。克服多次改革困难，圆满完成设计院改革改制，成立乐山城电自贡分公司。集体企业处置股权投资 15 项，依法转让盛玉拓能公司股权。集团公司取得电力工程施工总承包资质。翔能公司取得在国家电网公司参与 220 千伏铁塔投标的资格。

【所属县级供电企业】国网自贡供电公司所属县级供电企业有 3 家，分别是国网荣县供电公司、国网自贡市荣州供电公司和国网富顺县供电有限责任公司。

【国网荣县供电公司】国网荣县供电公司担负着荣县、宜宾、威远部分地区 1320.11 平方公里的供电任务，供电人口约 65 万人。供区内，供区内有 220 千伏变电站 1 座，110 千伏变电站 2 座，35 千伏变电座 7 座，总容量 577.6 万千伏安；输电线路 63 条，其中 220 千伏线路 5 条、110 千伏线路 5 条、35 千伏线路 9 条、10 千伏线路 44 条，线路总长 1843.3 公里。完成售电量（含金龙、趸售）5.4 亿千瓦时，同比增长 1.17%，农业生产、非居照、居民、商业等用电分别同比上升 34.56%、13.67%、19.25%、13.22%。完成售电收入 3.16 亿元，成功收回 2014 年及以前欠费 60 余万元，核销呆坏账 80 余万元。110 千伏及以下综合线损率为 6.483%，比 2015 年同期的 5.673%高 0.81 个百分点。截至 2016 年年底，供区内有大宗工业用户 66 户，普通工业用户 3554 户，城镇照明用户 218788 户（含农村居民照明用约 151716 户），城镇商业用户及其他 24702 户，农业生产 727 户。

【国网自贡市荣州供电公司】 2016 年，按照国网四川省电力公司“子改分”工作要求，四川荣县供电有限责任公司于 2016 年 10 月顺利完成改制，更名为国网四川省电力公司自贡市荣州供电分公司，简称为国网自贡市荣州供电公司。截至 2016 年年底，国网自贡市荣州供电公司完成售电量 9382.88 万千瓦时（全年指标：8800 万千瓦时），同比增加 685.29 万千瓦时，增长率 7.8%。完成售电收入 7196.6183 万元，同比增加 152.1851 万元，增长率 2.16%。电费回收率 100%。完成综合线损率 12.85%（全年计划指标：12.95%），同比降低 0.76%。完成可控成本 525 万元（全年指标 526 万元），同比减少 19 万元。

【国网富顺县供电有限责任公司】国网富顺县供电有限责任公司（下称富顺县公司）于 2015 年 12 月底挂牌成立，属国网四川省电力公司控股县级供电企业。富顺县公司在沱江河有径流式水电站两座，总装机容量 3.16 万千瓦（含 1 台机组技改增容），年发电量 2 亿千瓦时左右，黄葛灏水电站增效扩容改造项目完成投资 2170 万元，电站 1 号机改造完成实现单机 4000 千瓦出力。富顺县公司依托 4 个 110 千伏变电站和 16 个 35 千伏变电站（含 1 个开关站）构成主干电网；拥有 110 千伏线路 7.964 公里，35 千伏线路 215.288 公里，10 千伏线路 1856. 31 公里，配电变压器 3702 台。富顺县公司供电区域主要位于富顺县境内，并辐射周边市县的部分地方，共 30 余乡镇，总供电面积 1350 平方公里，供电人口 120 余万人，供电户数 32 万余户。2016 年，富顺县公司实现国有全资化，实现自发自供电量 21281.4 万千瓦时，销售电量 51,196.9 万千瓦时，售电均价 0.6915 元/千瓦时（含税基金），综合线损率 13.39%，供电可靠率 99.14%。 （邹　庆）

国网广安供电公司

【企业概况】国网四川省电力公司广安供电公司（原名广安电业局）成立于 1998 年 4 月，2013 年 7 月 1 日更名为国网四川省电力公司广安供电公司，简称国网广安供电公司，主要供电区域为广安市及重庆合川部分地区，供电面积 3887 平方公里，供电户数 70 余万户，是国有特二型企业。广安公司现有员工 2076 人，其中长期员工 1319 人。广安公司设置 13 个职能部门、7 个业务支撑实施机构以及 4 个县级供电企业。2016 年，售电量实现 37.97 亿千瓦时，固定资产原值达到 37.15（34.55）亿元。广安公司管理的 35 千伏及以上变电站 50 座，变电容量 312.875 万千伏安；35 千伏及以上输电线路 1624.37 公里。多年来，广安公司先后获得了全国文明单位、全国模范职工之家、全国职工职业道德建设先进单位、四川省“五一劳动奖状”、四川省最佳文明单位等一系列荣誉。

【人力资源】截至 2016 年 12 月 31 日，广安公司全口径用工总量为 2076 人，其中全资控股单位用工总量为 1882 人，集体企业用工总量为 194 人（含民生公司派遣员工 82 人）。在全资控股单位中，主业长期职工共计 481 人，其中主业岗位 395 人，支援集体 74 人，交流控股公司 8 人；业务外委员工即原主业岗位劳务 125 人，农电工 322 人；武胜公司 481 人，邻水公司 473 人（其中农电工 116 人）。全资控股单位员工平均年龄为 41.65 岁；从专业技术等级看，其中获得高级职称 101 人，中级职称 176 人，初级职称及以下1605人；从职业技能等级看，其中高级技师34人，技师474人，高级工及以下1374人；从学历水平看，其中硕士研究生及以上79人，大学本科1031人，大学专科320人，中专及以下452人。

坚持以制度框架体系建设为基础，严格执行省电力公司及广安公司干部管理各项要求，扎实有序开展干部管理日常工作，全面加强干部队伍建设，坚持“德才兼备、以德为先”的选人用人标准，加大干部交流力度，全年共选拔科级后备干部60名，其中，正科级后备干部16名，副科级干部44名，调整中层干部38人，为广安公司持续健康发展提供了强有力的人才支撑和组织保证。

2016年，广安公司全口径人才当量密度1.021，较2015年（1.0072）增长0.0138 。修妍等4人获得省电力公司优秀技能专家人才称号；张文丽获得省电力公司《全球能源互联网》知识竞赛个人二等奖，广安公司获得优秀组织奖；物力集约化管理专业调考获得团体第二名；《电力安全工作规程》调考，其中线路、变电和建设专业个人成绩突出，名列前茅，线路和变电专业获得团体第一和第三的好成绩。271人报名参加职业技能鉴定，其中中级工62人、高级工41人、技师104人，高级技师23人。36人通过中级工、20人通过高级工、68人通过技师鉴定，10人将参加高级技师评审。

【电网建设与发展】2016年，迅速贯彻省电力公司“三个一”电力发展理念，致力推动“一张网”思路在广安公司落实、在社会形成共识。不断优化电网发展环境，年初国家电网公司与市政府进行电力建设座谈，打造广安“送变电之乡”品牌；年底省电力公司与市政府签署战略合作协议，推进广安智能电网建设；广安公司与各区市县政府签订《共同推进小城镇（中心村）电网改造升级和“机井通电”工程合作协议》。有续推进电网前期工作，岳池南220千伏变电站工程取得核准批复。全年电网建设开工11项，竣工投产6项，新增主变容量15万千伏安，新建35千伏及以上输电线路153公里；完成电网大修技改、城市配网和业扩配套项目建设115项、1.14亿元。

【经营管理（提质增效）】2016年，广安公司全力压降各项非生产性支出，差旅费同比下降44.78%，会议费下降25.16%。创新开展提质增效巡回诊断，邻水有限公司、武胜公司全部完成扭亏目标。线损管理月分析、季考核，闭环管理，综合评估，同期线损管理系统建设成果评估、华蓥公司的全电压等级同期试点均排名全省第二。完成2座仓库标准化建设，库存物资集中调拨和利库634条次、601万元，库存周转率提升至5次/年；实施反窃电与查处违约用电专项行动，挽回损失44万余元；以营财一体化为支撑，推进营销实时费控，“一户一策”催收电费，当年电费全部结零。实施直购电、富余电方案，结算电量5.53亿千瓦时；大力实施电能替代，完成沪蓉高速4座快速充电站的建设，协助发电企业关停2台落后煤电机组，实现电能替代1.68亿千瓦时。组建市场拓展部，建立“3+3”客户经理模式，对77个A级市场终端进行巡访联系，有效维护公司“存量”市场。取得“三表合一”政府支撑性文件，超额完成建设任务。

12月27日，省公司与广安市政府签订战略合作协议

（张　飞　摄）

【安全生产】2016年，广安公司安委会定期研究重大事项，制订安全生产“日管控”及施工安全风险管控等工作制度，下发预控措施118条。深刻汲取西安“6·18”和丰城“11·24”事故教训，扎实开展“三查三强化”等专项工作，消除各类问题和隐患965个。强化风险分析，发布风险预警53份，保证电网安全；强力管控作业现场安全，累计巡查施工现场815个，查处违章行为为421起、追究连带责任113人，并实施网站曝光、强化警示效果。及时完善各类应急预案，开展应急演练48次，成功应对

“1·23”雪灾、极端高温天气，完成44项三级及以上重大活动保电工作。

【农电工作】2016年，广安公司全年完成农网改造升级和机井通电工程投资158项、1.77亿元，全面完成供区内30330户低电压治理工作，积极助推电力精准扶贫，确保贫困偏远地区可靠供电。1项农网改造升级工程荣获国网广安公司2016年度配电网百佳工程。组织开展供电所“三维对标、夺旗争星”，建立供电所“基础评价+业绩评价+管理评价”三维对标模型，引入正向激励和负向激励机制，并纳入评比考核，广安公司供电所在电费回收率、配网运行、营销服务规范、业扩报装服务规范指标等关键指标管理得到了有效提升。多措并举推动广安公司星级供电所创建，开展《评价规范》宣贯培训，定期组织各级专业人员到所指导，着力推进代市供电所创建国网五星级供电所。

1月23日，广安公司员工奋力抗击雪灾，保证百姓用电
（唐　捷　摄）

【科技与信息化工作】2016年，广安公司优化提升“三集五大”体系建设，加快营配调贯通，实现PMS2.0系统单轨运行，代市供电所通过图数治理五星级验收；资产全寿命周期管理体系建设达到“领先型”标准。持续加大创新力度，上报29个课题研究、管理创新、精益化和QC成果项目，23个项目获奖、其中6个为一等奖，“以提高运营效率为目标的供电企业流动资产精益管理”项目已完成全省模块推广，《“六维一体”模式高效助推同期线损系统建设》入选省电力公司内部对标典型经验；新增精益带级人才79人。

【市场服务（优质服务）】2016年，广安公司积极宣传服务理念和文化，提高员工服务意识、责任意识和纪律意识；严厉查处每一起投诉事件，加大投诉责任追究和重复投诉事件问责考核力度。开展“3+3”活动贴近客户一线，开展业扩回访后评估，开展“两代表、一委员”走访活动。增加用电业务受理渠道（如营业厅柜台、自助、95598电话、手机APP等），实行用电业务办理“一证受理”“首问负责制”和“一次性告知”，对低压客户实行“免填单”服务。积极推行“掌上川电”APP应用，及时处理客户的网上购电申请，实时监控网上购电信息下发情况，保证客户正常购电、用电。

【党的建设和精神文明建设】2016年，广安公司落实从严管党治党要求，扎实开展“两学一做”学习教育和“三亮三比”主题活动；成功召开广安公司第一次党代会，圆满完成基层党组织换届选举；理顺党组织关系，党员日常教育管理更加科学。强化党风廉政建设，教育为先，开展“清风川电”专题活动，预防为主，实现廉政约谈全覆盖；治理为要，发现并整改问题35个，问责干部16人。97名干部定点联系、精准扶贫，215户贫困户全面脱贫；职工文艺展演获得省电力公司好评，参加“书香三八”读书征文获全国一等奖，健康食堂建设更加优化，职工更加满意。未发生影响广安公司形象与声誉的信访、维稳、保密、舆情等事件。典型选树成效明显，广安公司取得省部级及以上集体（个人）荣誉7个，再添一个劳模创新工作室。广安公司首次被评为省级“守信用重合同”企业，入选广安市年度“守信红榜”。

【所属县级供电企业】广安公司所属供电企业有：华蓥市供电公司、邻水县供电公司、邻水县供电有限责任公司、武胜县供电公司。

【华蓥市供电公司】国网四川省电力公司华蓥市供电分公司成立于1991年6月14日，原名“四川省电力公司广安华蓥供电局”，2013年7月1日起更名为“国网四川省电力公司华蓥市供电分公司”，简称“国网华蓥市供电公司”。供电范围包括华蓥市、岳池县及重庆合川区的部分地区。供电面积510平方公里，直供17个乡镇、街道办事处，206个村、1178个社、11.05万余用电户、用电人口36.5万人。村社通电率100%。

该公司是四川省电力公司直属供电企业，年售电量6.9亿千瓦时，220千伏变电站1座、110千伏变电站4座、35千伏变电站4座，主变压器18台，变电总容量为69.12万千伏安。35千伏及以上输电线路225公里，10千伏配电线路779.84公里，共有配电变压器1669台。

【邻水县供电公司】国网邻水县供电公司隶属于国家电网公司，是国网四川省电力公司广安供电公司下属供电企业，位于广安邻水县，地处川东北地区，属深丘地带。供电范围为邻水县城部分区域和高滩、坛同、子中、华云、甘坝等5个乡镇，供电面积800平方公里，覆盖105个村，345个社，5.43万余户（其中专变114户），供电人口20万人，村通电率100%，户通电率100%。

7月13日，G42沪蓉高速岳池站电动充电桩建成投运

（谢疏涛　摄）

该公司现有10千伏公用线路14条，总长338.61公里；配电变压器637台，总容量13.27万千伏安（其中公变516台，容量10.22万千伏安；专变变压器121台，总容量3.05万千伏安）；0.4千伏线路803.133公里。

【邻水县供电有限责任公司】国网四川邻水县供电有限责任公司前身为邻水县地方电力公司，成立于1984年12月。2002年改制为四川邻水启明星电力有限公司，2006年再次改制为四川邻水供电有限责任公司，由国网四川省电力公司控股经营（其中：国网四川省电力公司持股90.24%，泸州鑫福矿业集团持股9.76%）。该公司于2013年6月更名为国网四川邻水县供电有限责任公司。公司供电营业面积1691平方公里，辖41个乡镇456个行政村，供电人口93万人，用电户数28.26万户。村、社通电率100%。

该公司电网以35千伏输电网络与110千伏邻水变电站、牛背山变电站、丰禾变电站、幺滩变电站并网运行。网内现有变电站12座，其中：110千伏变电站2座，容量14万千伏安（丰禾、幺滩），35千伏变电站10座，容量13.77万千伏安。110千伏线路2条，共长42.54公里，35千伏线路14条，总长136.26公里，10千伏主干公用线路68条，总长1921公里，0.4千伏线路3798条，共长12260公里，配变台区2464台，容量43.7万千伏安(公变1941台，专变523台)。2016年售电量4.699亿千瓦时。

【武胜县供电公司】国网武胜县供电公司是国网四川省电力公司的分公司，其前身是武胜县电力公司，属武胜县地方国有企业。1995年10月由南充电业局代管，1998年广安电业局成立后由广安电业局代管。2000年12月，公司改制更名为“四川武胜启明星电力有限公司”。2005年10月，四川启明星电力公司与四川省电力公司签订了《股权转让协议》，公司成为省电力公司的控股公司，更名为“四川武胜供电有限责任公司”。2012年11月，广安众托投资有限责任公司与四川省电力公司签订了《股权转让协议》，公司成为省电力公司的全资子公司。2013年8月，按照国家电网公司统一要求，公司更名为“国网四川武胜县供电有限责任公司”。2016年7月，公司由省电力公司的全资子公司改为分公司，更名为“国网四川省电力公司武胜县供电分公司”。

该公司供电范围为武胜县行政区域以及岳池县、合川区、蓬溪县等部分行政区域，供电面积960平方公里，包括515个村，31个乡镇，5113个社，24万余户。村通电率100%，户通电率100%。

截至2016年12月31日，该公司有110千伏变电站4座，总变电容量24.75万千伏安；35千伏变电站9座，总变电容量12.25万千伏安；现有110千伏线路13条，总长185.319公里；35千伏线路13条，总长144.998公里；10千伏线路76条，总长1785公里，共计配变容量453960千伏安。2016年最高负荷14万千瓦。

（舒苹珂）

国网资阳供电公司

【企业概况】国网四川省电力公司资阳供电公司成立于2001年12月26日，是国网四川省电力公司下属特一型供电企业，也是资阳境内唯一的电网运营和电力供应企业，承担着保障安全、经济、清洁、可持续电力供应的重大使命。该公司供电面积5757平方公里，供电人口350余万人，资产总额29.3亿元。该公司下辖乐至、安岳、雁江供电分公司3家县级供电企业。资阳电网处于四川省中部，是连接川南、川北、成都电网的重要枢纽。资阳电网现有500千伏变电站1座资阳站，变电容量1500万千伏安；220千伏变电站4座，变电容量117万千伏安；110千伏变电站16座，变电容量103.75万千伏安；35千伏变电站26座，变电容量29.74万千伏安；220千伏线路17条，线路长度350.81公里；110千伏线路32条，线路长度386.09公里；35千伏线路40条，线路长度482.41公里。资阳电网已经形成以500千伏为支撑、220千伏为骨干、各级电网协调发展，供电可靠性较高的供电网络。

10月30日，资阳川渝三通道开工仪式现场，雷开平、石玉东、周喜安三位领导共同开启启动装置

（王红鑫　摄）

2016年，资阳公司完成售电量29.28亿千瓦时，同比增长11.59%。并表口径线损率8.77%，同比下降0.18个百分点。公司全年完成各类电网投资13.33亿元，同业对标综合排名第六，持续保持历史最好水平。企业负责人业绩考核取得A段第四名，实现了历史新突破，公司继续保持良好发展态势。

【人力资源】截至2016年年底，用工总量3005人，有各级党组织13个。规范领导干部、关键岗位轮岗交流制度，全年调整干部32人次，完成岗位交流230人次，有效盘活人力资源存量。开展中层干部到基层班组蹲点活动，加强领导干部深入基层及一线体验。选派2名中层干部到藏区挂职锻炼，选派16名员工进入藏区电网运维帮扶。搭建青年员工成才平台，创立20个青年管理和技术创新团队。建立大学生培养常态机制，共选派两批46人次大学生挂职班组长岗位。开展自主培训1659人次，选送员工外出培训学习911人次，其中厂处级3人次，中干47人次、内训师89人次、供电所长30人次、生产人员履职147人次、其他综合管理类595人次。人才当量密度提升至1.0176，较2015年提升2.38个百分点，队伍整体学历、技术资格、技能等级提升。参加省电力公司各类竞赛调考12次，“竞赛调考成绩”获得5530分，同业对标指标排名第十一位，较2015年进步了9名。8名员工获得省电力公司优秀人才称号。班组建设成效显著，获省电力公司班组建设先进单位，5个班组获省电力公司先进班组称号。公司在“全球能源互联网”“装表接电”等劳动竞赛获优异成绩。公司员工蒋小康获得“四川好人”称号和“见义勇为”嘉奖，被评为2016年度“感动资阳人物”。

【电网建设与发展】2016年，资阳公司完成牌坊沟110千伏输变电工程、岳阳110千伏变电站扩建工程主体工作，强力推进220千伏棉普新建线路工程等遗留工程建设。政企联动落实资金4168.52万元，有效推进老旧合表小区电气设施改造。率先完成市政府下达民生工程，得到市委书记、市长高度评价。全力保障川渝第三通道500千伏线路工程，确保项目于10月31日正式启动。有序开展220千伏孙家坝变电站GIS改造工作，完成广惠至文峰220千伏线路工程、安岳110千伏石板变电站扩建工程前期核准工作，启动安岳文化220千伏输变电工程可研工作。完成“安全用电示范镇”和“安全用电示范县”建设的项目规划工作。电网规划科学开展。配合省电力公司完成“一张网”建设前期调研工作。开展简阳供区划转后电网诊断分析和“十三五”电网规划调整工作。优化小型基建项目标准化建设与配置，形成乡镇供电所典型设计方案。

【经营管理】2016 年，资阳公司深化新型供电企业公共关系的运用，促成省电力公司与资阳市签订战略合作协议，公司先后与安岳县、乐至县、雁江区政府部门召开电力工作专项推进会，固化对口联系和沟通协调机制。扎实开展“效益提升年”活动，累计增加公司效益 1182.69 万元。完成 10 条典型高损线路的整治和电网运行方式优化降损研究，实现节约电量 620.31 万千瓦时。“三公”费用压减 2.24%，各类计划预算执行率达 100%。加快新技术推广应用，实现替代电量 1.38 亿千瓦时。集体企业效益稳步提升，累计收回工程欠款 1.31 亿元，欠款回收率达 51.5%，库存物资率下降 57.81%，市场占有率提升 11%，工程成本率下降 12%，圆满完成 2016 年既定目标。高效完成简阳供区划转工作，实现了移交工作平稳有序、业务无缝衔接。快速推进“子改分”工作，3 家全资子公司按时导入分公司模式运转。

5 月 27 日，安岳周礼镇东林村，资阳公司农网“百日攻坚”行动中新架 10 千伏线路　　（郑大令　摄）

【安全生产】2016 年，资阳公司扎实推进“本质安全提升年”各项工作，创新构建安全生产“五大体系”，建立以安全业绩为核心的员工职业生涯发展激励和考核机制。严格执行“四不两直”全覆盖，累计巡查作业现场 970 处，查处违章施工现场 348 处，违章行为 563 次，共计罚款 151260 元。实现风险预警“全方位覆盖、全过程闭环”管控，组织开展“大面积停电事故应急处置联合演练”，有效提升公司整体安全管控水平。全年共发布电网风险预警 68 份、落实防控措施 298 项，平稳度过 8 月极端高温天气（最大供电负荷 93.4 万千瓦），保障了全年资阳电网的安全稳定。强化警企协作，在全省率先建立电力系统立体化治安防控体系，打造雁江迎接、保和供电所等标准化“电力警务工作站”示范点。全年开展不停电作业 336 次，完成各级保电任务 90 余次。公司荣获 2016 年度省电力公司先进单位，并被资阳市人民政府评为 2016 年度安全生产目标考核“优秀单位”。

【农电管理】2016 年，资阳公司开展农网工程“百日攻坚”专项行动，完成 2015 年新增农网改造项目和 2016 年第一、二批农网改造升级工程，治理了 3163 个农村“低电压”台区，整治危及安全的小方杆、手摸杆 1.2 万根。制订了全省第一部安全用电村建设及技术标准，完成 10 个安全用电村的建设。完成小城镇（中心村）电网改造升级、“井井通电”工程、城市配网项目储备。开展总路漏保的清理整治，实现辖区内全覆盖。完成三新公司 1071 名农电工导入和规章制度建立，进一步规范农电组织模式、用工方式。

【科技与信息化工作】2016 年，资阳公司深化应用资产全寿命周期管理体系，完成了对市县两级资产业务的梳理和贯通。扎实推进营配调数据清理，高压侧贯通率 99.89%，低压侧贯通率 99.03%。快速推进 PMS2.0 系统建设，输电、变电、配电图形审查通过率达 100%。该公司“基于物联网和无源技术的金属氧化物避雷器在线监测系统”项目获省电力公司 2016 年科学技术进步奖一等奖，电力智能客服机器人获省电力公司青创赛二等奖。获省电力公司管理创新、精益项目、课题研究共 15 个奖项，其中一等奖 6 项，二等奖 4 项，三等奖 5 项。获工人技术创新奖 1 项，申报发明专利 2 项和实用新型专利 5 项。1 个班组获四川省质量信得过班组，1 个 QC 小组获四川省优秀 QC 小组，2 人获四川省质量管理先进个人。

【市场服务】2016 年，资阳公司为资阳南骏汽车等 30 余家客户制定降低用电成本措施，大工业用电实现逆势增长 6845.62 万千瓦时，增长率 8.49%。严格落实电费回收“一户一策”风险防控措施，实现全年电费回收 100%，完成全年售电收入 18.82 亿元目标。实行专属客户经理制，完成各级工业园区战略合作协议签订，与 116 个乡镇、2018 个村社签订供电服务合作协议，全面推行社区经理制便民措施。

全面推广“掌上川电”APP，累计绑定用电客户142870户，实现网上远程购电22807户。完成雁江区城乡居民同网同价工作，为用户节省电费1504万元，惠及23万户城乡居民。加大内外监督力度，邀请市纠风办、行风监督员走进施工现场，积极走访地方“两代表一委员”，公司行风工作得到市纪委书记高度肯定，有望在2015年“万人评风”活动排名第二基础上实现新突破。开展以客户体验为导向的新型服务模式探索，创新制定智能营业厅建设方案。累计安装运行智能电表106万只，全市智能电表覆盖率达100%。完成168个居民小区公用配电设施产权移交协议签订和现场实物确认工作。与资阳市质监局签订战略合作协议，加强与水、气公司协作，实现“多表合一”2614户，公司荣获2016年资阳市诚信计量示范单位。

【党的建设和精神文明建设】强化各级党组织管党治党责任落实，制定了23项党风廉政建设工作重点和100项任务分工。积极构建大政工网格化管理模式，落实各级领导干部定点联系基层党支部制度；扎实开展“两学一做”专题教育活动，获省电力公司“两学一做微宣微讲”竞赛一等奖。举办基层党组织书记讲党课竞赛活动，深化“三型”党组织建设。扎实推进“清风川电”主题教育，荣获省电力公司“党纪党规印我心”知识竞赛优秀组织奖。圆满完成省电力公司第三巡察组党风廉政迎检工作，认真整改所有反馈事项，确保公司风清廉洁氛围。在所有班组（供电所）打造文化墙、“红细胞”角，开设“红细胞”大讲堂9期，建成“红细胞”文化长廊，雁江供电公司、客户中心营业班获评省电力公司首批企业文化建设示范点。精心策划农配网“百日攻坚”等主题宣传活动，公司获省电力公司2016年度新闻宣传先进单位。持续实现公司无重大红色舆情目标，获省电力公司“新闻应急”竞赛团体二等奖好成绩。创新性开展“红细胞”进校园0公里志愿关爱行动，排查安全隐患211处，建立10个校园“红细胞”爱心书屋，评选“‘红细胞’月度明星”22名，组织召开2016年“红细胞”联盟年会，联盟成员单位发展至22家，“红细胞”工程入选国家电网公司社会责任根植项目蓝皮书，资阳市委将其纳入未来五年工作规划予以深入推广。“红细胞”品牌社会影响力和公认度明显提升。

5月31日，省公司比赛现场，资阳公司在省电力公司“两学一做”微宣微讲竞赛中荣获竞赛一等奖　（任红英　摄）

【所属县级供电企业】2016年，资阳公司所属供电企业有：国网四川省电力公司资阳市雁江供电分公司、国网四川省电力公司乐至县供电分公司、国网四川省电力公司安岳县供电分公司。

【国网四川省电力公司资阳市雁江供电分公司】国网四川省电力公司资阳市雁江供电分公司于2016年7月4日注册成立，属国网四川省电力公司分公司。公司原属地方电力企业，从1948年的小火电厂发展至今，已历经近70年。2001年11月，原资阳市雁江区电力集团公司由国网四川省电力公司资阳公司代管；2006年12月改制为国网四川省电力公司控股公司（国网四川省电力公司控股51%，雁江区人民政府委托出资人参股49%）；2013年1月，该公司地方国有股权全部无偿划转国网四川省电力公司，公司改制为国网四川省电力公司全资子公司后，更名为国网四川资阳市雁江供电有限责任公司；2016年由国网四川省电力公司全资子公司改制为分公司。

该公司主要承担雁江区大部分城区和雁江区农村除碑记镇以外的供电任务，主供区面积1563.5平方公里，占雁江区面积的95.8%。截至2016年年底，雁江电网共有9座35千伏变电站，主变15台，容量为11.08万千伏安；35千伏线路13条，共长133.833公里，共有10千伏线路99条，共长2241公里，10千伏开关站4座，10千伏公用配变42.7万千伏安，低压线路14571公里。

【国网四川省电力公司乐至县供电分公司】国网乐至县供电公司是乐至县境内唯一的供电经营企业，始建于1950年。1998年由内江电业局代管，2001年由资阳公司代管，2010年由省电力公司控股，更名为“四川乐至供电有限责任公司”。2014年更名为“国网四川乐至县供电有限责任公司”，纳入省电力公司全资管理，2016年9月，完成“子改分"，更名为国网四川省电力公司乐至县供电公司，肩负着乐至县工农业生产和生活用电使命。

截至2016年年底，该公司资产总额达到8.7千万元，售电量3.5亿千瓦时。乐至电网是一个典型的受端网络，现有220千伏变电站1座，主变2台，总容量30万千伏安；220千伏线路4条，总长度约51.73公里；110千伏变电站4座，主变7台，总容量24.6万千伏安；110千伏线路7条，总长度约95.277公里；35千伏变电站7座，主变8台，总容量3.57万千伏安；35千伏线路10条，总长度约110.71公里；10千伏开关站1座；现有10千伏线路62条，总长度约1791公里，农村低压线路1.56万公里；公变约2200台，总容量3004万千伏安。电网覆盖率达100%，村、社、户通电率100%。截至2016年年底，实现连续安全生产4632天。

【国网四川省电力公司安岳县供电分公司】2016年7月4日，国网四川省安岳县供电有限责任公司更名为国网四川省电力公司安岳县供电分公司，成为省电力公司50家分公司之一。县域内共有1座220千伏变电站，主变2台，总容量27万千伏安；110千伏变电站5座，主变7台，容量27.15万千伏安；35千伏变电站11座，主变17台，变电总容量10.47万千伏安。220千伏线路4回，长100.664公里；110千伏线路8回，长130.014公里；35千伏线路14回，长218.543公里；10千伏公用出线82回，长3798.406公里，其中农网线路65回，长3656.92公里、城网线路17回，长141.48公里；公用配变4570台容量52.43万千伏安；低压电网线路22970.8公里。

2016年，该公司完成购电量67042.86万千瓦时，同比增长11.81%；完成售电量59631.51万千瓦时，同比增长10.46%；完成综合线损11.05%，同期上升了1.45个百分点，售电均价0.6325元/千瓦时（不含李家供电所），电费回收率100%。截至2016年12月31日，公司实现连续安全生产4617天。

（左一丁、熊梅）

国网遂宁供电公司

【企业概况】国网四川省电力公司遂宁供电公司成立于2005年8月，是国网四川省电力公司下属国有特（II）型供电企业，承担遂宁市三县两区供电任务。设有11个职能部门：办公室、发展策划部、财务资产部、安全监察质量部(保卫部)、建设部(项目管理中心)、审计部、人力资源部、党群工作部(工会、团委)、监察部(纪委办公室)、运营监测(控)中心、市电力调度控制中心；7个业务支撑及实施机构：运维检修部(检修分公司)、营销部(农电工作部、客户服务中心)、电力经济技术研究所、信息通信分公司、物资供应中心、培训分中心、综合服务中心；下属1个集体企业（遂宁江源电力开发总公司），管理四川省电力公司下属2个县级全资供电公司（国网四川大英县供电有限责任公司、国网四川蓬溪县供电有限责任公司）、1个控股县级供电公司（国网四川明珠集团有限责任公司）。

2016年，遂宁公司认真贯彻省电力公司和市委、市政府决策部署，面对电力需求增速放缓、产业结构调整加速、改革改制发展任务艰巨的具体实际，积极转变发展理念，正确把握关键决策，全力提升质量效益，全面完成年度目标任务，实现了"十三五"规划良好开局。

2016年，遂宁公司完成并表口径售电量36.28亿千瓦时，同比增长4.75%；营业收入11.72亿元，同比增长8.57%；资产总额18.16亿元，同比增长20.16%；综合线损率4.33%，同比降低0.26个百分点。完成电网投资6.04亿元，同比增长10.26%；新投变电容量22.52万千伏安、线路120.64公里。该公司全年未发生人身重伤及以上事故；未发生重大电网、设备事故；未发生恶性误操作、误调度事故；未发生水电厂垮坝事故；未发生本企业负同等及以上责任的重大交通、火灾事故；未发生有人为责任的一般电网、设备事故；未发生负主要责任且有重大影响的供电不安全事件；未发生损害公司形象的重大事件；年度党风廉政建设责任目标全面完成。

【人力资源】2016年，遂宁公司领导班子职数为7人，由总经理兼党委副书记何永祥、党委书记兼副总经理苏旭燕、纪委书记兼工会主席曾俊杰、生产副总经理向建兵、副总经理兼总工程师李江、总会计师李忠林、经营副总经理姚晓峰组成。

截至2016年年底，该公司主业用工总量3823

人，其中在岗员工2962人，不在岗861人。本部员工257人，县公司员工3566人；大专及以上人员2739人，其中博士生1人，研究生65人，本科生1446人，大专生1227人；全员劳动生产率32.91万元/人·年。

2016年，遂宁公司人力资源工作坚持以科学发展观为指导，树立“服务于公司发展战略、服务于企业生产经营、服务于员工成长”的理念，大力实施人才强企战略，为企业的改革发展提供人才支持和智力保障。不断加强干部队伍建设，完善干部管理机制，通过多种形式挂职锻炼和轮岗交流，让年轻干部在艰苦岗位、复杂环境、重大任务中得到培养锻炼；制定工资制度改革、岗位层级和价值归级方案、套改测算方案、岗位绩效工资制度实施办法等，薪酬分配实现了与岗位价值、绩效贡献、能力素质挂钩，岗位价值体系得到了规范统一，畅通了岗位价值、业绩贡献和专家人才多纬度的员工收入晋升通道，“三集五大”新模式与薪酬绩效管理体系得到有效对接。

8月15日，遂宁供电公司职工正在遂西线路组塔施工

（王春芝　摄）

2016年，新取得高级技师21人、技师117人、高级工13人。新取得副高级职称21人、中级职称79人、初级职称86人，选拔优秀人才33人，进一步提高公司人才储备。

【电网建设与发展】 2016年，遂宁公司积极落实地方发展战略和区域发展重心，完善遂宁电网“十三五”发展规划。完成220千伏小于输变电工程、任隆110千伏扩建工程前期工作。建成投运110千伏输电项目2个、35千伏输变电项目3个、技术改造变电站3座。新开工110千伏输变电工程2个，35千伏输变电工程7个；新开工变电容量15.89万千伏安、线路62公里。全面完成2015年新增农网工程建设任务，2016年农网改造升级工程投资1.47亿元，新（改）建10千伏线路192公里，新（改）建配变台区362个，改造低压线路1059公里。

累计安装智能电表44.43万只。农网改造升级和“低电压”专项治理成绩显著，有效改善1.03万户居民用电质量。“多表合一”试点实现突破。“掌上川电”APP绑定客户数超过8万户，实现网上远程购电5318户。“农网40分钟抢修圈”、服务快速响应中心等“客户用电满意工程”效果明显。

截至2016年年底，遂宁电网有500千伏变电站1座，变电容量150万千伏安；220千伏变电站5座，变电容量141万千伏安；110千伏变电站32座，变电容量250.55万千伏安；110千伏及以上线路73条，共1200余公里。系统内发电装机容量26.322万千瓦，其中水电装机25.122万千瓦，火电装机1.2万千瓦，遂宁公司严格按照优先调度清洁能源的原则，保证水电充分发电，未发生弃水情况。

【经营管理】 2016年，遂宁公司落实市委、市政府“稳增长”政策措施，主动服务重点项目和招商引资企业。落实省电力公司“效益提升年”活动要求，制订“降本提质增效”28项措施。通过市场端少停快供；“子改分”中，高水平处置股权；经营管理中，控成本、挖潜力等，累计增加效益8372万元。优化电网运行方式，变电设备故障率降低7.35%；110千伏及以上输电线路雷击跳闸率降低45%；配网设备故障跳闸率降低50%；深化线损分析和问题整改，管理线损状况得到有效改善。强化电费回收责任落实，逐户制定风险预控方案，加大电费回收和资金到账核查力度，专题向地方党委政府沟通汇报电费回收事宜，连续11年实现电费回收“双结零”；开展营业大普查，追补电费51.45万元。从严从紧控制成本，“三公”费用压减20.15%。规范物资非物资非招标采购，严格执行物资风险防控和履约监督制度。落实富余电量消纳政策，促使企业增加用电量7367.58万千瓦时；努力拓展电能替代范围和领域，完成替代电量5484.90万千瓦时。优化购电结构，强化电费回收管控，狠抓营销稽查，规范营业收费行为，大力拓展缴费渠道，服务水平稳步提升。

【安全生产】2016 年,遂宁公司全年预警管控五级及以上电网风险 23 次，平稳度过极端高温天气。开展电网运行大数据分析和调控子系统在县调的应用，推进运检信息化建设和网络宽带提升，实现 PMS2.0 配抢、配调等功能全覆盖、供电所、35 千伏及以上变电站光纤全覆盖。深刻汲取丰城“11·24”等事故教训，开展“三查三强化”专项行动、安全生产大检查及全员安全警示教育，排查治理各类安全隐患 500 余处；巡查作业现场 7219 处，查处各类违章 1685 起，处罚 455 人次。编制《安全生产典型违章 300 条》画册，获省电力公司肯定并出版推广。开展应急演练，增强突发事件应急处置能力；圆满完成春节、两会、中高考、国际物流发展大会等重要保电任务。公司连续 7 年被评为省电力公司安全生产先进单位。

【科技与信息化】2016 年,遂宁公司强化信息通信保障工作，实现信息通信系统事故“零”目标；开展基础设施、信息、通信专业特巡，力保信息通信系统“零”隐患。编制 2016 年度遂宁电力通信网运行方式,为全年信息通信运维工作提供有力支撑。推进运检信息化建设，实现 PMS2.0 配抢、配调等重要功能点全覆盖。推进县公司网络覆盖与带宽提升工作,实现 35 千伏及以上变电站与供电所光纤全覆盖。综合数据网建成三核心双环网自愈结构，110 千伏级以上变电站与供电所实现综合数据网全覆盖；组织编制了信息通信网“十三五”发展规划与传输网优化方案,通信网络结构会更加坚强。开展通信电源专项整治、仁和中继站通信电源满足 N-2 要求，通信基础设施运行更加可靠；开展通信电源信号上传，220 千伏及以上变电站通信电源实现 7×24 小时实时监控。补充完善信息通信应急预案并开展针对性演练，开展应急通信系统异地月度例行演练，有效提升应急保障能力。落实保密和网络信息安全管理制度，采取有力措施，确保传递、应用、维护全过程信息安全。

【市场服务】2016 年,遂宁公司完成新装增容 38434 户，新增容量 48.09 万千伏安，同比增长 37.4%。多措并举，打赢全网供电负荷和电量八（次）创新高的迎峰度夏攻坚战。高低压营配贯通工作在全省始终保持领先水平；扎实推进营销业务线上集成，线上办理各类业务超过 1.6 万笔；建成沪蓉高速遂宁服务区 2 个充电站并接入车联网平台；完成 232 个居民小区公用配电设施产权移交；累计安装智能电表 44.43 万只；“多表合一”试点实现突破。“掌上川电”APP 绑定客户数超过 8 万户，实现网上远程购电 5318 户。“农网 40 分钟抢修圈”、服务快速响应中心等“客户用电满意工程”效果明显。

【党的建设和精神文明建设】2016 年,遂宁公司以全面从严治党为主线，扎实开展“两学一做”学习教育，自觉把党建工作作为企业生存发展“根”和“魂”，努力发挥好国企“六个力量”。落实党建工作责任制，开展党建工作专项述职评议、党支部季度考核，开启党建“项目化管理”模式，实施“党员积分制”，推进服务型党组织建设。成功召开公司第一次党代会，完成各级党委纪委换届选举。严明纪律规矩，修订完善干部培养、管理、监督和班子建设等 10 项制度；完成科级干部档案数据核对、清理和完善。继续深化“上挂下派”等机制，着力市县人才融合培养。深化企业文化示范点、先进典型库、学习型团队等创建活动，志愿服务活动效果明显，全国文明单位创建工作按计划推进。公司荣获“全国五一劳动奖状”、四川省志愿服务优秀集体，省电力公司先进基层党组织、双十佳文明单位、班组建设先进单位等荣誉称号。

9 月 19 日，遂宁供电公司员工正在进行智能电表换装
（王春芝　摄）

【创新实践】2016 年,遂宁公司密切关注电力体制改革有关动向，主动向市委、市政府汇报遂宁电力发展的成功经验，国家电网统一的规划建设、统一的调度运行、统一的供电服务、统一的品牌文化得到社会各界广泛认同。完成蓬溪、大英两家县公司“子改分”任务并实现平稳过渡。99 名员工驻扎藏区帮扶，这些员工服从大局、不畏艰难，争当先锋，为藏区电网安全、制度建立、专业提升、人才培养做出了贡献。该公司劳务协作典型经验成功入选“国

家电网公司人力资源内部市场运营优秀实践案例库”。2016 年，公司荣获省电力公司级以上表彰奖励 20 项；“基于快速响应的农村供用电故障抢修服务管理”荣获 23 届全国企业管理创新二等奖；“大型供电企业价值流管理”获中国质量协会质量技术奖；“接地装置收纳架研制”获国家电网公司 QC 成果三等奖；5 项成果获省电力公司一等奖。

【所属县级供电企业】遂宁供电公司所属供电企业有：国网四川明珠集团有限责任公司、国网四川四川省电力公司大英县供电分公司、国网四川省电力公司蓬溪县供电分公司。

【国网四川明珠集团有限责任公司】国网四川明珠集团有限责任公司是四川省电力公司控股县级发、供电企业，下有四川明珠水利电力股份有限公司和金华水电有限责任公司两个控股子公司。该公司以水力发电、电网运营为主，兼营水电工程设计、安装、检修以及变压器制造、销售和建筑施工等多种产业。供电客户 38. 77 万户，2016 年售电量 14.66 亿千瓦时。电费回收率达 100%。全年富余电量消纳优惠电量 5941.37 万千瓦时，完成电能替代 856.7 万千瓦时。

【国网四川四川省电力公司大英县供电分公司】国网四川四川省电力公司大英县供电分公司是国网四川省电力公司的分公司。主要负责大英全县电网规划、输变电设施建设、运行、维护、管理及电力供应等，供电面积 703 平方公里，供电客户 16 万户。2016 年售电量 4.07 亿千瓦时。

2016 年，该公司完成 110 千伏赵家坝变电站前期科研编制；22 个中心村的立项、可研等编制工作结束；35 千伏永乐变电站如期投运；红旗桥 35 千伏输变电增容改造工程和 35 千伏莱河线改造工程顺利开工；10 千伏青中线、青梨线、青马线、温葫线、温石线、温桥线 6 条线路改接完工；35 千伏玉峰、河边站电容器大修改造工作圆满完成；投资 286 万元的 2016 年 3 个 10 千伏城网建设项目竣工；完成 2015、2016 年两个批次 62 个农网改造项目；2017 年农网、生产大修技改、配网、营销等共计 3548 万元的项目储备顺利落实。

【国网四川省电力公司蓬溪县供电分公司】国网四川省电力公司蓬溪县供电分公司是国网四川省电力公司的分公司，主要负责蓬溪全县电网规划、输变电设施建设、运行、维护、管理及电力供应等，供电面积 1251 平方公里，覆盖全县 495 个行政村，供电客户 22.35 万户。

该公司拥有水力发电装机 9 台，容量 0.872 万千伏安；220 千伏变电站 1 座，变电容量 15 万千伏安；110 千伏变电站 4 座，变电容量 27.15 万千伏安；35 千伏变电站 9 座，变电容量 8.25 万千伏安。该公司年售电量 3.0 亿千瓦时。全年实现利润总额 2911. 4 万元；完成投资 3980 万元、8.32 万只智能电表换装和调试上线工作；积极推进营配调贯通及 PMS 数据清理，13 座变电站、69 条线路、2710 台配变、222652 只低压表计贯通率均为 100%，开展高线损、零负线损清理，专项整治 35 个零负线损、238 个高线损台区，提升线损合格率 20 个百分点；强化电费电价管理，对全县 135 家专变客户推行智能费控装置，成功投运 71 家。

11 月 23 日，遂宁公司启动“电亮乡村”劳动竞赛

（王春芝　摄）

（赵　炯）

国网巴中供电公司

【企业概况】国网四川省电力公司巴中供电公司是国网四川省电力公司的直属分公司，国有大一型供电企业，全国文明单位、全国“五一劳动奖状”获奖单位。该公司于1995年8月4日成立筹备处，1998年8月26日正式挂牌成立；承担着为巴中市经济社会发展提供安全、可靠供电的重要使命；供电服务区

域覆盖巴州、恩阳、通江、南江、平昌等全市五区县（含巴中经开区），供电面积1.23万平方公里，供电户数119.43万户。

2016年，国网巴中供电公司荣获中华全国总工会2016年度"职工书屋"称号；被评为巴中市"2015年度岗位学雷锋先进集体""2016年度创建和谐劳动关系先进单位""巴中市第四次党代会安全保卫工作先进集体""国网四川省电力公司2016年度安全生产先进单位"。该公司所属国网巴中市巴州供电公司荣获中华全国总工会2015年度"职工书屋"称号，国网平昌县供电公司被评为国家工商行政管理总局"2014－2015年度守合同重信用企业"。以舍己救人英勇牺牲员工彭大权为题材创作的微电影《望山》荣获四川省精神文明建设办公室2015年度"道德力量·第四届四川省道德模范公益微电影创作活动"三等奖，该公司员工作品获中国能源研究会2016年度"农村用电安全公益宣传作品创意大赛优秀奖"。

2016年，全年电网最高负荷60.5万千瓦，首次突破60万千瓦大关，同比增长20.76%；并表口径售电量23.52亿千瓦时，同比增长12.48%；营业净收入14.5亿元，同比增长8.86%，三项指标均创历史新高。实现账面利润2.99亿元，同比增长436.87%。电费回收率100%，预收电费比例167.91%。完成并表口径线损率10.86%，同比降低0.11个百分点，较省电力公司计划低0.84个百分点。

3月31日，巴中公司农电管理提升工作现场会在恩阳雪山供电所召开

（黄超 摄）

国网巴中供电公司现设13个职能部门、7个业务支撑和实施机构、4个县级分公司和1个县级供电服务中心，全口径用工总量4289人。全市共有变电站87座，其中500千伏变电站1座、220千伏变电站4座、110千伏变电站17座，35千伏变电站65座；35千伏及以上线路共计2508.87公里，其中220千伏线路12条548.45公里、110千伏线路38条859.79公里、35千伏线路89条1100.62公里。

【人力资源】2016年，国网巴中供电公司积极助力维护企业队伍稳定，该公司系统员工队伍呈现出团结和谐、积极向上、追求卓越的良好精神风貌，公司本部和国网平昌县供电公司、国网通江县供电公司共3家单位同时荣获"巴中市创建和谐劳动关系先进单位"，这在巴中市历年评比活动中属首次。启动"五位一体"深化应用工作，持续巩固提升"三集五大"体系建设成效，制定了公司2016年"三集五大"体系建设和"五位一体"深化应用工作任务清单并组织实施。结合省电力公司干部管理制度框架和公司实际，修订完善了领导干部管理等10余项管理制度。细致分解年度人工成本预控计划，科学下达了公司系统各级各类用工人工成本计划。积极开展藏区援助帮扶，选派4人援助藏区。推进一线员工工分同价计酬机制推广工作，先后开展3次现场培训和答疑，稳步做好工分绩效兑现工作，促进基层一线工作质效稳步提升。

【电网建设与发展】2016年，国网巴中供电公司结合巴中市经济社会发展实情，高质量完成了"十三五"配电网改造等系列规划。不断加强汇报沟通，成功争取地方政府坚定不移推进小水电供区移交国网，顺利接收5家小水电企业供区。完成110千伏及以上电网项目核准4项，城西220千伏、周家坝110千伏输变电工程成功列入2017年投资计划，促请市政府召开城西220千伏输变电工程现场工作会，为重点项目建设扫清障碍。全年完成固定资产投资10.59亿元，新开工35千伏及以上输变电工程4项，建成投运基建项目8个，新增变电容量23.6万千伏安、输电线路50.7公里。张公220千伏变电站等4个工程荣获国家电网公司优质工程命名，水宁35千伏变电站等3个工程荣获省电力公司优质工程命名，中心城区新投运的重要电源支撑点江北110千伏变电站工程荣获省电力公司"质量管理流动红旗"竞赛优胜项目称号。

【经营管理】2016年，国网巴中供电公司深入开展"效益提升年"活动，全年实现增收625.84万元、节支4444.54万元。严控可控成本，全年压降可控成本1000万元，"三公"经费同比下降24.17%。大力推进“两金”压降，余额存量较预算值压降 94.8 万元。开展物资“清仓利库”协同监督，处置积压物资 178 万元。营财一体化系统如期上线，实现营财数据在线集成。深入开展“量、价、费、损”专项监控，成功追补电量 116.01 万千瓦时，成功收取南威、海螺两家水泥公司备用费和可再生能源基金 333 万元，实现自备电厂收费“零”突破。利用线损降损节约电量 290 万千瓦时。构建多部门协调、多专业联合实施的扭亏机制，县公司全部完成亏损治理目标。全力打好“供区保卫战”，新增报装容量 8.75 万千伏安。大力推进电能替代，完成油改电、电制茶项目 9 个，建成 2 个充电站共 8 个充电桩，完成替代电量 3482 万千瓦时。参加国网、省电力公司审计项目 3 个，省电力公司纪检巡察 2 次。配合省电力公司开展专项审计 3 项，并组织开展自查自纠，整改问题 53 条。强化资金安全规范管理，开展

7 月 17 日，巴中公司开展电网迎峰度夏应急演练

（符　光　摄）

资金专项检查回头看，整改落实问题 9 项。

【安全生产】2016 年，国网巴中供电公司全面深化全员安全培训，安规普考实现全覆盖。深入贯彻“两个规范”要求，预警管控各类风险 200 余项。开展“三查三强化”、“反措”自查、安全大检查等专项行动，全年查处违章 1898 起。“五级”隐患排查治理不断深化，累计排查整治隐患 787 项。深化大检修体系建设，完成了 119 项变电运维一体化移交。强化输电“六防”整治，220 千伏线路跳闸率下降 33%。在全川创新开展“主备调一键切换”、二次安全防护系统与主备调切换融合应急演练，促请市政府出台了《巴中市大面积停电事件应急预案》。完成县公司、集体企业安全性评价，基层基础安全管理得到加强。强化分包安全管理，建立外来分包队伍、技工黑名单清退机制。全年排查治理外破隐患 11 处，完成 220 千伏张一复一、二线等重要线路树竹清理，配合召开了全市电力设施保护工作会。强化车辆管理，国网车辆管理平台全面启用。全年未发生被考核的不安全事件，获评省电力公司“安全生产先进单位”。安全管理力度全面加强、运检水平大幅提升，连续安全生产超过 4900 天。

【农电工作】2016 年，国网巴中供电公司积极推动实施市政府电力扶贫专项规划，为全市脱贫攻坚提供强有力的电力要素保障，全力打好农网扶贫攻坚战。建立了农网工程管理督导帮扶、周例会机制，强力推进农网工程实施。按照时间节点倒排工期，投资 5.6 亿元的 2015 年新增农网工程 1105 个项目、投资 5.4 亿元的 2015 年低电压整治工程 461 个项目和投资 2.37 亿元的 2016 年农网改造升级工程 126 个项目按期全面完工，投资 1.27 亿元的小城镇（中心村）电网建设、“井井通电”工程等 3 批次 182 个项目有序稳步推进。巴中恩阳 10 千伏恩阳镇松梁村 4 社台区低电压治理工程等三个工程入围省电力公司 2016 年度“农网五十佳工程”。全力做好易地扶贫搬迁、居民聚居点建设等电力保障，完成配套设施建设和迁建项目 132 个，为全市 215 个贫困村顺利“摘帽”提供了坚强电力保障，受到市委、市政府充分肯定。6 个供电所被省电力公司评为图数治理五星级供电所。规范农电用工管理，三新公司实现实质化运作。

【科技与信息化工作】2016 年，国网巴中供电公司深入推进科技创新，完成发明专利（申请）2 项，实用新型（申请）6 项。积极争取省电力公司 2017 年科技项目储备，“基于互联网+的智能红外检测平台技术研究”项目成功获批 2017 年科技储备项目。以“推广标准化成果，抓好标准执行和评估”为原则，广泛开展技术标准实施评价并顺利完成技术标准自评价。推进变电站无线专网试点建设，实现 81 座 35 千伏及以上变电站无线网络全覆盖，为变电生产现场巡视、检修等移动作业微应用提供了网络技术支撑。在全省率先开展应急卫星通信便捷站创新改造，成功应用于融冰现场通信指挥，取得良好应用效果。持续提升信息通信技术支撑能力，完成基层单位网络覆盖和带宽提升建设，实现公司直属 56 个营业厅所的光纤全覆盖。成功开展国网企信、即时通信系统试点应用，顺利构建即时通信交流互动平台，提升了公司系统办公效率。

【优质服务（优质服务）】2016 年，国网巴中供电

公司认真贯彻落实业扩新政，简化业务流程，报装时间平均缩短5.86天。完成智能电表换装12.84万只，全市智能电表覆盖率达91.29%。深化PMS2.0应用与营配调数据清理，高压侧贯通率99.85%，低压侧贯通率99.95%。“三表合一”工作取得突破，签署战略合作协议7份，接入气表1945户、水表133户。清理上报备案“三供一业”分离移交项目18宗，清理需纳入改造的老旧小区56宗，签订客户资产无偿移交协议246宗，评估客户资产价值2.046亿元，实现财务入账18宗2480万元。推广配网带电作业，实施带电作业1479次，减少停电23402户。开展政、企、商大型主题活动6次，与2家电器商家开展战略合作，深度挖掘市场潜力。拓展服务渠道，建立各类缴费网点5367个，完成“掌上川电”和“掌上电力”注册绑定20.41万用户，远程购电金额246万元。做好城乡“两保户”免费用电基数兑现工作，减免电费725万元。倾力服务市政重点工程和民生项目，圆满完成各类保电任务161次，受到地方党委、政府和社会各界高度赞誉。

【党的建设和精神文明建设】2016年，国网巴中供电公司成功召开公司第一次党代会，完成103个基层党组织换届选举。推动落实“两个责任”，1人荣获省电力公司“勤廉兼优”好员工。成功创建省级最佳文明单位、省级文明单位各1个。加强志愿服务队建设管理，公司荣获市“岗位学雷锋先进集体”，巴中巴州党员服务队被省文明办评为“岗位学雷锋先进集体”。夯实班组细胞建设，加强班组先进典型选树，涌现出全国“工人先锋号”、省“五化五强”班组、国网先进班组各1个，市“工人先锋号”4个，省电力公司先进班组4个、优秀班组长2人。关爱职工，强化“面心实”活动，全年访贫问苦464人次，发放慰问金145万元，1个集体获得省“创建和谐劳动关系先进集体”、3个单位获得市“和谐劳动关系先进单位”称号。职工文化持续繁荣，新创全国职工示范书屋1个，多个兴趣小组自主活动水平实现提升。积极构建良好公共关系，加强与地方党委、政府主动汇报和密切沟通，积极协调省电力公司与市政府战略合作协议签订事宜，公司系统5名干部员工当选市人大代表并积极履行参政议政职能，组织省市新闻媒体集中报道工作亮点，该公司社会影响力进一步提升，发展环境进一步优化。

5月9日，巴中公司电力志愿者为留守老人讲解用电常识　　（祝中华　摄）

【所属县级供电企业】所属供电企业有：国网巴中市巴州供电公司、国网平昌县供电公司、国网通江县供电公司、国网南江县供电公司、恩阳供电服务中心。

【国网巴中市巴州供电公司】国网四川省电力公司巴中市巴州供电分公司（简称国网巴中市巴州供电公司）是国网四川省电力公司下属县级供电企业，属中型企业。该公司前身为成立于1952年的巴中县电厂；1981年8月成立巴中县电力公司；1998年12月由国网巴中供电公司代管；2006年3月，该公司实施增资扩股改制，成为国网四川省电力公司的控股子公司；2014年1月，公司地方国有股权整体上划，成为国网四川省电力公司的全资子公司；2016年9月，该公司通过吸收合并方式改制为国网四川省电力公司的分公司。

该公司供电区域涵盖巴州区（含巴中经开区）全部行政区域，供电面积1359平方公里，供电人口77万，营业客户27.11万户，其中城区客户10.38万户、农村客户16.73万户，户通电率100%。公司供区内现有小水电装机容量1.02万千瓦；500千伏变电站1座，220千伏变电站1座，110千伏变电站5座，35千伏变电站11座；35千伏线路215公里，10千伏线路2121.37公里，10千伏以下线路1.2864万公里。同时，公司还承担了恩阳区的电网调控和35千伏及以上电网的运行维护工作。

2016年，全年完成自发上网电量3280万千瓦时；完成供电量5.66亿千瓦时，同比增长10.27%；完成售电量5.15亿千瓦时，同比增长10.70%；实现综合线损9.04%，同比下降0.45个百分点；完成含税售电均价736.57元/千千瓦时，完成售电收入3.79亿元；上缴税金2115万元；省、市公司下达的亏损治理目标全面完成。

【国网平昌县供电公司】国网平昌县供电公司始建于1953年，2006年3月正式由四川省电力公司控股，更名为四川平昌供电有限责任公司，2013年7月更名为国网四川平昌县供电有限责任公司，2014年1月成为四川省电力公司全资子公司，2016年8月底，完成“子改分”业务切换，正式成为国网四川省电力公司分公司。该公司承担着43个乡镇107.1万人口的供电任务，供电面积2229平方公里，供电户数23.74万户，市场占有率、户通电率100%。2016年供电最高负荷12.54万千瓦，全社会用电量4.3亿千瓦时，同比增长7.96%。

2016年，全县有220千伏变电站1座，110千伏变电站4座，35千伏变电站16座。110千伏线路11条235公里，35千伏线路25条287公里，10千伏线路90条3260公里，10千伏以下线路3.21万公里。

2016年，完成售电量4.288亿千瓦时，同比增长7.96%；综合线损率9.72%，同比上升1.09个百分点；含税售电均价731.16元/千千瓦时，同比降低14.85元/千千瓦时；营业收入净额2.72亿元，同比增长5.83%；电费回收率100%；完成省电力公司下达的目标利润。

全年新增报装容量14.53万千伏安，完成电能替代31万千瓦时。累计核查零电量用户3.82万户，查处违约用电和窃电行为47起，追补电费10.95万元。完成28个小区供配电设施资产移交接收工作；偿还银行贷款2990万元，财务费用同比减少89.5万元，物资库存额压降30万元，降幅18.7%。

【国网南江县供电公司】国网南江县供电公司成立于1982年，1998年12月被巴中电业局代管，2003年7月进一步理顺代管体制，进入实质性代管。2006年3月经南江县人民政府与四川省电力公司共同改制，成为四川省电力公司的控股公司。2013年改制成为国网四川省电力公司全资公司。2014年5月“三集五大”体系建成运营。2016年7月20日，完成“子改分”工商注册，2016年12月25日，分公司模式正式运营。

该公司供电面积约2251平方公里，供电区域占全县总面积的65%，供电人口46万余人，有35个乡镇、348个村、1644个社，供电户数16万余户；供电量占全县的85%。2016年，该公司已接收6个小水电供区，除该公司供区外，南江县境内尚有9个独立的小水电供区，与南江供电公司形成趸售关系。该公司现有220千伏变电站1座，容量30万千伏安；110千伏变电站3座，容量20.15万千伏安；35千伏变电站16座，容量15.485万千伏安；35千伏及以上线路共计555.174公里。其中220千伏线路52.5公里；110千伏线路7条180.80公里；35千伏线路23条276.77公里；10千伏及以下配电线路8916.14公里，配电变压器2583（含专变617台）台，容量43.33万千伏安。水电站1座，装机总容量2400千瓦时。

2016年完成供电量5.85亿千瓦时，占年计划的109.06%，同比增长18.69%；售电量5.48亿千瓦时，占年计划的110.63%，同比增长19.12%；综合线损率6.46%，比年计划下降1.34个百分点，同比下降0.33个百分点；售电均价（含税）691.81元/千千瓦时，占年计划的96.54%，同比下降24.83元/千千瓦时。

7月1日，巴中公司举行“电力先锋”表彰大会

（祝中华　摄）

【国网通江县供电公司】国网通江县供电公司于1998年由国网巴中供电公司代管；2006年3月，公司改制成为四川省电力公司的控股县级供电公司；2014年完成全资子公司改制；2016年8月改制为国网四川省电力公司分公司。公司共设8个职能部门、3个业务支撑和实施机构、15个供电所。

截至2016年年末，该公司现有小水电站1座，装机容量9800千瓦；县内220千伏变电站1座，容量15万千伏安；110千伏变电站3座，容量22万千伏安，110千伏线路7条195公里；35千伏变电站15座、变压器24台，容量16.65万千伏安，35千伏线路20条332.1公里。10千伏线路82条3153.07公里，配电变压器3112台，容量32.778万千伏安。0.4千伏及以下线路1.68万公里。用电客户数24.63万户，智能电表客户22.97万户，占比93.26%，户通电率100%。

2016年，完成售电量3.3亿千瓦时，同比增长4.48%；实现营业收入2.194亿元，同比增长2%；实现不含税售电均价635.98元/千千瓦时，同比下降20.28元/千千瓦时；完成综合线损率13.31%，同比下降0.08个百分点；电费回收率、解缴率100%。

【恩阳供电服务中心】国网巴中供电公司恩阳供电服务中心是隶属国网巴中市供电公司的内设二级机构，负责恩阳新区所辖区域的电力保障和供电服务工作，已纳入县级供电公司管理和运作。2013年12月13日组建成立，2014年3月10日正式全面运转。恩阳供电服务中心供电区域涵盖恩阳新区全部行政区域，供电面积1156平方公里，辖3个街道办事处、24个乡（镇）、437个村（居）委会、2538个（村）居民小组，供电人口62万，营业客户17.4万户，其中城区客户11870户、农村客户162130户，户通电率100%。现有小水电站4座，装机容量2090千瓦；110千伏变电站1座容量7.15万千伏安；35千伏变电站6座容量6.39万千伏安；110千伏线路2条84.06公里；35千伏线路9条131公里；10千伏线路40条1580.67公里；10千伏配变2078台容量22.327万千伏安；10千伏以下线路10353公里。

机构人员情况：中心机关本部内设7个职能部门、2个业务支撑机构，下设7个乡镇供电所，另有集体企业2个。定编355人，现实际在岗员工339人，平均年龄44.5岁。

2016年完成供电量2.2亿千瓦时，较2015年同比增长16.19%；完成售电量2.02亿千瓦时，较2015年同比增长16.82%；完成综合线损8.64%，较2015年同期下降了0.5个百分点；全年上缴税金523.48万元。

（祝中华、符 光、黄 超）

国网甘孜供电公司

【公司概况】 国网四川省电力公司甘孜供电公司（简称甘孜公司）成立于2006年1月，是隶属于省电力公司的以输电和售电为主的分公司，现有长期职工277人。国网四川甘孜州电力有限责任公司（简称州公司）成立于2012年3月20日，下辖全资县级子公司17个（除德格县和海螺沟景区），是省电力公司控股的市州级供电企业，现有各类员工2312人，其中全民（其他）2161人，劳务派遣用工151人。按照一套人马、两块牌子、管理高度融合的原则，甘孜公司人员整体无偿支援州公司。

2月1日，甘孜州委书记刘成鸣一行调研慰问甘孜公司共产党员服务队 （黄 丽 摄）

2016年，该公司扎实开展“两学一做”学习教育，狠抓经营管理提升，稳步推进电网建设，不断夯实发展基础，持续加强“三个建设”，实现公司健康快速发展。

2016年，甘孜公司完成电网投资10.69亿元，投产10千伏及以上线路1405公里；线损率23.35%，较2015年同期下降4.3个百分点；售电量13.56亿千瓦时，同比增长38.81%。全面完成省电力公司下达的各项考核指标，实现扭亏为盈目标，全年未发生受考核的安全生产、优质服务、队伍稳定和党风廉政事件。

2016年，甘孜公司荣获甘孜州“民族团结进步创建活动示范单位”、四川省电力工会“先进分工会”等称号，多名员工荣获国家电网、省部级表彰。

【人力资源管理】2016年，甘孜公司设立10个职能部门、7个业务支撑和实施机构，10个职能部门分别是办公室、发展策划部、人力资源部、财务资产部、建设部（项目管理中心）、安全监察质量部、审计部、监察部（纪委办公室）、党群工作部（工会、团委），电力调度控制中心。7个业务支撑和实施机构分别是经济技术研究所、运维检修部（检修分公司）、营销部（农电工作部、客户服务中心）、信息通信分公司、物资供应中心、培训分中心、综合服务中心。运维检修部与检修分公司合署，营销部（农电工作部）与客户服务中心合署，具有职能管理和实施主体双重职责。

2016年，通过党政分设、州县公司间干部交流任职等方式，优化了基层单位领导班子结构。全年，甘孜公司党委共调整干部3批68人，其中新提拔任用干部20人，副提正14人，新提拔副职6人。更新了后备干部库，加强后备干部培养。完成省电力公司第一批次援藏科级干部援建期满考核工作和第二批次援藏干部需求提报、接收工作。完成州县公司全员组聘上岗工作，县公司全部完成岗位绩效工资制度改革。深入开展劳务协作和对口帮扶，逐步缓解公司结构性缺员问题。加强学习教育培训，本部建立了周学习制，采取集中培训、送教上门、冬季集中培训等方式全面提升干部队伍素质。主办培训35期，参培1056人，甘孜公司领导带队送教上门12次，参培129人。不断提升员工队伍素质，211人取得相应专业岗位准入资格、352人取得在职学历、129人实现职称晋级，全面消除剩余64名“三无”人员，人才当量密度迅速提升，增长水平达到省电力公司平均增长水平的7倍。

2月23日，甘孜公司员工抗雪保电现场

（黄丽 摄）

【电网建设与发展】2016年，甘孜公司重点抓好项目规划管理工作，自主完成新一轮“十三五”农网升级改造规划、村村通动力电、小城镇中心村规划，重点梳理规划库中项目，清除冗余项目，无建设必要项目等。启动甘孜来马110千伏输变电工程，保障格萨尔机场安全可靠供电。积极拓展德格供区，助力甘孜公司电网侧“一张网”布局。严格按计划开展前期工作，完成丹巴220千伏变电站地质灾害评估、泸定桃子坪至沙嘴改接幸福线路新建工程可研工作，启动中心村在内的5个35千伏项目30余项前期专题要件办理工作，助推甘孜公司基建项目顺利实施，完成年度计划。

强化过程管控，完成建设投资10.69亿元，按期竣工投运3项基建工程，全面完成省电力公司年度建设目标。完成281个贫困村改造，电力扶贫攻坚得到州委州政府的高度评价。泸定田坝110千伏变电站新建工程首获省电力公司项目管理流动红旗，35千伏洛若变电站成为省电力公司“模块化建设”试点工程，10千伏丹巴三木扎村工程、巴塘苏哇龙村工程被评为省电力公司年度“农网五十佳工程”，甘孜公司电网建设管理水平得到显著提升。

【经营管理】2016年，甘孜公司按照“降损、理价、多发、节用、细算”的工作思路，深入开展“提质增效”活动。2016年，16家县公司线损率同比大幅下降，降幅最大达26.97个百分点。保持电费回收高压态势，加大旧欠催收，追回旧欠电费300余万元，全年电费回收率100%，圆满完成公司目标。加强营销基础管理，规范抄核收流程，落实电费电价政策，挽回损失近200万元。通过水电站增效扩容项目，提高自有电站发电能力，全年增发电量5022万千瓦时，节约购电成本904万元。完成5.8万只智能电表及配套采集建设，计量关口管理逐渐系统化、规范化。成功处置各县公司长期贷款本息合计1.08亿元，增加利润8536.45万元。开展县级供电公司关键业绩指标对标工作，用管理推动降损，用降损促进管理。2016年，甘孜公司效益显著提升，州公司首次实现盈利，各县公司基本实现收支平衡，15家县公司实现利润增长，其中5家公司实现盈利，全面解决了多年困扰县公司的运营资金短缺发展难题。

【安全生产】2016年，甘孜公司高度重视安全生产工作，全面落实省电力公司2016年安全生产工作实施意见各项工作部署，通过强化建章立制、夯实安全基础，加强风险管控，加大监督考核等方式，努力提升公司本质安全水平，顺利完成年度安全生产目标，荣获四川省电力公司2016年安全生产先进单位和四川电力行业安全生产先进单位。

健全安全管理组织体系，建立三级安全网络，强化安全监督例会平台作用，全面推行“电力安全工作日日记”，组织签署安全责任书，强化安全责任落实。加强作业风险管控，按照“月计划、周安排、日管控”的要求，将生产、基建、农电、营销等各种生产活动纳入公司安全生产例会平台统筹管控，严肃生产作业计划管理，加强电网运行、运检作业和施工作业风险预警管控，细化管控要点和防范措施，确保责任到人，管控到位。加强不安全因素分析管理，定期召开不安全事件分析会，按照“四不放过”原则，针对各类不安全事件，还原过程，查究原因，深刻剖析不安全因素，严肃责任追究，加强警示教育，有效维护公司安全稳定局面。深入开展反违章活动，坚决遏制习惯性违章，重点将“保命”意识贯穿于整个反违章工作，针对各类生产作业，制定巡查计划，加大巡查力度和频次，及时查纠违规违章行为，全年共开展安全巡查91次，发现问题309项，发出整改通知书84份。深入开展安全大检查和隐患排查整治，积极开展“安全管理提升”活动，“三查三强化”活动和电力安全大检查活动，提高各基层单位和一线班组的安全管理基础，分专业逐层级常态开展隐患排查治理，全年共排查治理安全隐患386条。加强用电安全宣传及电力设施保护，通过组织《安规》普考、“三种人”资格认定，“安全月”活动、“安全在我心中”演讲比赛、冬季安全培训等工作，提高全员安全意识和安全技能。加强应急管理，全面理顺管理流程，夯实基础，修编各类应急预案，强化应急演练和培训，加强灾害预警信息管理，有效应对新龙温泉、得荣冻谷电厂山洪泥石流，康定“2·21”雪灾、理塘“9·23”地震等自然灾害，确保人员生命安全，得到国家电网公司和省电力公司的充分肯定。

【农电工作】 2016年，甘孜公司按期完成甘孜州2015年共计5个批次的城、农网项目建设工作，完成计划投资5.2亿元，涉及甘孜州17个县。新建10千伏线路721.1公里，新增配变525台，容量15.262万千伏安，新建低压线路972.7公里，改造户数8763户。提前完成2016年甘孜州农网改造升级项目，完成计划投资4693万元，新建10千伏线路129.8公里，新增台区61台，新建低压线路129.6公里，改造户表1954户。首次实现甘孜州农网项目未跨年度竣工投运。

甘孜公司结合星级供电所创建工作，进一步提升供电所管理服务水平，对各县公司供电所办公条件、人员配置、管理体系进行了全面摸底排查。各县公司开展了供电所全面自查，各供电所对照考评规范进行了自查自纠，提出了改进措施。结合自查情况，公司对满足条件的供电所开展了星级供电所创建工作，不定期到供电所开展现场检查指导，并邀请帮扶兄弟单位开展短期帮扶。2016年，该公司成功创建“三星级”供电所2个，“二星级”供电所1个，“一星级”供电所8个。

2016年，244名援建单位帮扶人员帮助公司建立管理制度161项；举办各类培训班196期；开展隐患排查470次，发现隐患1194项，整治隐患904项；开展检修、技改工作115次；预试定检变电站10座，水电站8座；开展用电检查236次，查处窃电、漏电及违约用电243起，追补电费144.24万元。

【科技与信息化】 2016年，甘孜公司首次开展项目建成后环评、水保验收工作，全年完成康定新城、乡城等12个110千伏输变电工程环评、水保验收工作，顺利通过省、州相关部门验收批复。甘孜公司科技项目成效显著，1篇论文获全国新技术三等奖、8项技术取得专利。

8月11，晶甘孜公司积极为甘孜州“三节”保电

（黄 丽 摄）

2016年，完成省调对电力调度自动化主站系统实用化验收工作，全面落实电网工控系统整治。完成5座220千伏变电站及本部数据中心机房蓄电池在线监测信号集中监控，核心站点通信电源管控能力进一步提高。完成30座变电站的二次安防加固、110千伏电压等级变电站纵向加密装置改造，进一步提升自动化系统抵御外部网络入侵的能力。完成地区光传输网220千伏甘孜站传输设备新增工作，实现1+1运行方式，甘孜北部片区传输通道可靠性实质性提高。完成国家电网公司“护网•2016”信息安全攻防演练防御各项工作，信息网络安全防御能力有效提升。按计划开展全州应急通信演练，全年共计开展卫星子站联调联试17次，卫星电话测试20次，全面提升了应急通信系统处置能力和非常规情况下的通信保障能力。年内地区调度支持系统一次性通过省电力公司专家组验收、并获得公安部信息系统等级保护认证，系统建设取得阶段性成果；

与中国移动、中国电信签署“资源置换协议”，为东南片区互联、三个区域互通提供保障条件，同时节约成本开支达50万元，助力公司“降损增效”。甘孜公司在省电力公司信息通信专业竞赛中取得全体第五的佳绩，4名员工全部入选省电力公司调考集训队，位列全省第三；3名员工一次性通过国家注册信息安全专家认证考试，成功获取国家认证信息安全领域最高执业资格。

2016年，甘孜公司各类信息系统运行情况良好，未发生信息安全事件，未发生因系统故障引发的电网事件，未发生违规外联及信息系统泄密事件，信息安全工作整体情况良好。

【市场服务（优质服务）】2016年，甘孜公司积极拓展第三方代收业务，与农行甘孜州分行、邮储甘孜州分行开展第三方代收电费合作，在全州17个县公司设置了29台24小时自助缴费机，拓宽用户缴费渠道。在17个县公司推广“掌上川电”APP注册，完成注册10741户，方便用户及时查询用电信息，掌握停电公告。圆满完成甘孜州艺术节等重大保电任务290余次。做好停送电信息发布工作，累计发布停电信息439条。

开展明察暗访3次，检查10个县公司，重点督查业扩办理“三指定”、业扩工程中“吃、拿、卡、要”的违纪行为。开展营业普查行动，加强对县公司业务的管控，保证业务高效、准确。对行风测评提出的问题进行自查自纠，强化对营业厅的管理工作，努力提升营业厅现场管理水平，持续增强员工服务意识，规范服务行为。

【党的建设和精神文明建设】2016年，甘孜公司按照国家电网公司党组和省电力公司党委安排部署，充分结合自身实际，扎实开展了“两学一做”学习教育。认真制定了《“两学一做”学习教育施方案》，做到了“规定动作”不走样、“自选动作”有特色。学习教育中，配发书籍2000余册，组织讲党课20余场次，开展学习研讨78次，发布掌上微党课18条次，开展“掌上微组织生活”33次，搜集意见建议129条，制定整改措施129项。甘孜公司选送的“弘扬长征精神　做藏区合格党员”在省电力公司讲党课比赛中获第四名、三等奖，“我的康定情歌”在省电力公司微宣微讲比赛中获第十名、优秀奖，优秀党员王安全先进事迹“一个人的电站”在省电力公司进行了巡回宣讲。

2016年，甘孜公司认真履行党委的主体责任，开展了基层党组织书记述职评议，选好配齐了基层党组织负责人，消除了“党政一肩挑”。加强党员教育管理，2016年共发展党员17名，培养入党积极分子52名。开展了党员组织关系梳理排查，建立了“一卡一表”，完善了各类台账。实施“党建计划工作制”，开展对“三会一课”、发展党员等基础工作的督导，组织各基层党组织书记讲党课，进一步强化了党组织作用发挥。开展了“提质增效快　党员走在前”“三亮三比”等10余项主题活动，在变电站投运攻坚、抗击泥石流等急难险重任务中，党员突击队、先锋队充分发挥了先锋模范作用。

2016年，甘孜公司结合藏区实际，扎实开展了《企业文化手册》宣贯、庆祝甘电成立十周年、文化宣讲等活动，集中选树宣传先进典型，强化了文化传播。开展文化示范点建设，促进文化进基层、进班组、进站所，姑咱供电所成功创建成省电力公司企业文化建设示范点。打造了微电影《爱》、文学作品集《行走基层情如歌》等文化精品。加强文明单位建设，实现了公司系统“县级文明单位”全覆盖，1家县公司被评为省电力公司“双十佳文明单位”。围绕中心，强化品牌树形，甘孜公司全面完成省电力公司下达的新闻外宣目标任务，全年累计在内外部发布稿件3200余篇，多篇报道在央视、《中国电力报》上刊播，获得了省电力公司新闻应急竞赛“拼搏奖”。

4月15日，甘孜公司在田坝110千伏变电站举行“党员突击队”授旗仪式

（黄　丽　摄）

2016年，甘孜公司突出人本关怀，群团工作有声有色。组织开展了职工文化成果展示、“为青春点赞　为劳动喝彩”故事分享、“电力杯”男子篮球赛、劳动技能竞赛等20余项活动。1家县公司获得“甘孜州五一劳动奖状”、2个班组获得“甘孜州工人先锋号”等荣誉；建成了公司首个“五星班组”；建成了县公司首个党群共建多功能活动室；甘孜公司团委被评为四川省五四红旗团委；公司1名员工被评

为四川省电力公司“杰出青年岗位能手”；该公司志愿者服务工作被评为甘孜州共青团系统 2016 年项目工作贡献奖；该公司 1 个团支部被评为甘孜州五四红旗团支部；公司 1 名员工被评为“国家电网公司劳模”。

【所属县级供电企业】所属县级供电企业有：国网四川康定县供电有限责任公司、国网四川泸定县供电有限责任公司、国网四川九龙县供电有限责任公司、国网四川丹巴县供电有限责任公司、国网四川甘孜县供电有限责任公司、国网四川巴塘县供电有限责任公司、国网四川石渠县供电有限责任公司、国网四川炉霍县供电有限责任公司、国网四川得荣县供电有限责任公司、国网四川理塘县供电有限责任公司、国网四川雅江县供电有限责任公司、国网四川乡城县供电有限责任公司、国网四川稻城县供电有限责任公司、国网四川新龙县供电有限责任公司、国网四川色达县供电有限责任公司、国网四川白玉县供电有限责任公司、国网四川道孚县供电有限责任公司

【国网四川康定县供电有限责任公司】 2007 年 10 月，康定电力公司同泸定电力公司联营重组成立甘孜藏族自治州电力有限责任公司，2013 年 4 月成立国网四川康定县供电有限责任公司，成为由国网四川电力控股管理的县级供电企业，担负着康定市 21 个乡（镇）、240 个村、3.6 万户、12.9 万多人的生产生活供电任务。拥有 110 千伏变电站 4 座，变电容量 1.76 万千伏安；35 千伏变电站 6 座，总容量 7.115 万千伏安；拥有 110 千伏线路 4 条，全长 123.7 公里；35 千伏线路 18 条，268.31 公里；10 千伏输配电线路 47 条，957.89 公里；配电变压器台区 1095 个，低压线路 1200 公里。2016 年，完成售电量 4.2 亿千瓦时，同比增长 17.51%；售电均价 433.41 元/千千瓦时（含税含基金），同比减少 5.29 元/千千瓦时；综合线损 22.65%。

【国网四川泸定县供电有限责任公司】国网四川泸定县供电有限责任公司成立于 2013 年 4 月，是国网四川电力控股的县级供电企业，担负着泸定县 5 个乡（镇）、62 个行政村，0.9 万多户、4 万多人的生产生活供电任务。泸定电网于 2006 年并入省网，现有 110 千伏变电站 1 座，变电容量 5 万千伏安；35 千伏变电站 3 座，代管 35 千伏沙湾变电站一座，变电容量 6.565 万千伏安；110 千伏线路 2 条，全长 59.564 公里；35 千伏线路 9 条，全长 106 公里；10 千伏线路 20 条，全长 199.4547 公里；配变台区 366 台，容量 11.901 万千伏安；低压线路 1200 公里。2016 年，完成售电量 1.754 亿千瓦时，同比增长 39.51%；售电均价 448.63 元/千千瓦时（含税含基金），同比减少 75.93 元/千千瓦时；综合线损 20.59%。

【国网四川九龙县供电有限责任公司】国网四川九龙县供电有限责任公司成立于 2007 年 12 月，是国网四川电力控股的县级供电企业，担负着全县 2 镇 16 个乡，65 个村，265 个村民小组，6.3 万人的供电任务。九龙电网现有自备小水电站 2 座，装机容量 1400 千瓦；35 千伏变电站 11 座（其中 35 千伏上团、八窝龙变电站尚未投运），变电总容量为 5.555 万千伏安；9 个供电营业所（其中，4 个供电营业所同时兼变电站工作职责）；35 千伏输电线路 13 条，全长 246.016 公里，形成了以 35 千伏石－九输电线路为骨干的地方输配电网络，覆盖 14 乡 2 镇，10 千伏线路 29 条 626.68 公里，10 千伏配电变压器 307 台、3.095 千伏安、低压线路长度 1052.76 公里，全县最大用电量 1.235 万千瓦,供电总户数 16291 户。2016 年，完成售电量 6056.75 万千瓦时，同比增长 40.64%；售电均价 455.47 元/千千瓦时（含税含基金），同比减少 38.89 元/千千瓦时；综合线损 25.62%。

【国网四川丹巴县供电有限责任公司】国网四川丹巴县供电有限责任公司成立于 2011 年 7 月 8 日，是国网四川电力控股的县级供电企业，担负着丹巴县辖 1 镇 14 乡、181 个村，16745 户，6.1 万多人的生产生活供电任务。2016 年 1 月丹巴电网临时通过 35 千伏丹－章线在国网四川省电力公司丹巴 500 千伏变电站并入大网，以解决丹巴县冬季用电难问题。现有水电站 13 座，总容量 8.05 万千瓦，其中丹巴公司自备电站 1 座，装机 0.203 万千瓦；35 千伏变电站 4 座，变电容量 2.23 万千伏安；35 千伏线路共 8 回，全长 145.1 公里；10 千伏线路 18 条，全长 560 公里；配电台区 626 台，总容量 7.692 万千伏安。2016 年，完成售电量 4346.23 万千瓦时，同比增长 3.09%；售电均价 500.22 元/千千瓦时（含税含基金），同比增加 87.25 元/千千瓦时；综合线损 25.88%。

【国网四川甘孜县供电有限责任公司】国网四川甘孜县供电有限责任公司成立于 2012 年 3 月，是国网四川电力控股的县级供电企业，担负着全县辖 5 个片区、22 个乡（镇）、220 个行政村、7633 多户的生产生活供电任务。全县共有水电站有 8 座，总装机 9695 千瓦。拥有 35 千伏变电站 6 座，总容量 5.27 万千伏安；拥有 35 千伏变电站 5 座，总容量 2.25 万千伏安；拥有 35 千伏线路 8 条，226.18 公里；10 千伏输配电线路 23 条，369.68 公里；配电变压器台区 593 个，变电容量 7.8 万千伏安；低压线路 1154 条，全长 577 公里。2016 年，完成售电量 5347.42 万千瓦时，同比增长 18.04%；售电均价 445.86 元/千千瓦时（含税含基金），同比减少 26.24 元/千千瓦时；综合线损 36.87%。

【国网四川巴塘县供电有限责任公司】国网四川巴塘县供电有限责任公司成立于 2012 年 7 月，是国网四川电力控股的县级供电企业，担负着全县辖 18 乡 3 镇、123 个村、12000 户、5.3 万多人的生产生活供电任务。巴塘电网 2014 年 12 月并入省网，现有 7 座小水电站，装机容量 1.025 万千瓦；拥有 35 千伏变电站 8 座，变电容量 3.53 万千伏安；35 千伏线路 21 条，全长 294.883 公里；10 千伏线路 34 条，线路总长 867.8 公里，配电台区 415 台，容量 4.8 万千伏安；低压线路 1294.06 公里。2016 年，完成售电量 5887.68 万千瓦时，同比增长 73.82%；售电均价 435.04 元/千千瓦时（含税含基金），同比增加 13.08 元/千千瓦时；综合线损 26.72%。

【国网四川石渠县供电有限责任公司】国网四川石渠县供电有限责任公司成立于 2012 年 10 月，是国网四川电力控股的县级供电企业，担负着石渠县 23 个乡（镇、场）、302 个行政村、25525 户、9.7 万多人的生产生活供电任务。石渠电网于 2012 年 10 月并入省网，现有水电站 1 座，装机 0.64 万千瓦；拥有 35 千伏变电站 9 座，变电容量 3.26 万千伏安；35 千伏线路 11 条，全长 390.42 公里；10 千伏线路 34 条，支线 355 条，线路总长 2206.297 公里，配电台区 756 台，容量 8.721 万千伏安；低压线路 1935.13 公里。2016 年，完成售电量 3969.09 万千瓦时，同比增长 58.87%；售电均价为 474.88 元/千千瓦时（含税含基金），同比减少 54.87 元/千千瓦时；综合线损 32.77%。

1 月 13 日，甘孜公司员工王安全获得“感动甘孜十大最美好人”称号颁奖现场

（黄　丽　摄）

【国网四川炉霍县供电有限责任公司】国网四川炉霍县供电有限责任公司成立于 1989 年 5 月，2011 年转由国家电网公司代管。2012 年 5 月改制后更名为四川炉霍供电有限责任公司；同年，更名为国网四川炉霍县供电有限责任公司，是国网四川电力控股的县级供电企业，担负着炉霍县 15 乡 1 镇、171 个行政村、14721 户、4.6 万多人的生产生活供电任务。炉霍电网于 2014 年 12 月并入省网，现有水电站 5 座，装机容量 4610 千瓦；35 千伏变电站 9 座，变电容量 2.41 万千伏安；35 千伏线路 12 条，全长 188.641 公里；10 千伏线路 24 条，全长 487 公里；配电台区 428 台，配电容量 5.18 万千伏安；低压线路 1268.7 公里。2016 年，完成售电量 4254.91 万千瓦时，同比增长 35.19%；售电均价 537.55 元/千千瓦时（含税含基金），同比增长 43.78 元/千千瓦时；综合线损 20.86%。

【国网四川得荣县供电有限责任公司】国网四川得荣县供电有限责任公司成立于 2014 年 3 月，是国网四川电力控股的县级供电企业，担负着得荣县辖 1 镇 11 乡、127 个村、5655 户、2.65 万多人的生产生活供电任务。得荣电网于 2015 年 1 月并入省网，现有水电站 3 座，总装机 3000 千瓦；35 千伏变电站 5 座，变电容量 1.57 万千伏安；35 千伏线路 9 条，全长 144.847 公里；10 千伏线路 16 条，全长 554.01 公里；配电变压器 337 台，容量 4.15 万千伏安。2016 年，完成售电量 4314.63 万千瓦时，同比增长 20.44%；售电均价（含税含基金）447.31 元/千千瓦时，同比减少 71.55 元/千千瓦时；综合线损 20.57%。

【国网四川理塘县供电有限责任公司】国网四川理塘县供电有限责任公司成立于 2014 年 2 月，是国网四川电力控股的县级供电企业，担负着理塘县辖 1 镇 23 乡、208 个村、15291 户、7.06 万多人的生产生活供电任务。理塘电网于 2014 年 12 月并入省网，现有小水电站 12 座，装机 10935 千瓦；拥有 110 千伏变电站 1 座，变电容量 4 万千伏安；35 千伏变电站 6 座，总容量 2.88 万千伏安；拥有 35 千伏线路 7 条，229.628 公里；10 千伏输配电线路 47 条，831 公里；配电变压器台区 379 个，变电容量 5.563 万千伏安；低压线路 826 公里。2016 年，完成售电量 4940.17 万千瓦时，同比增长 14.5%；售电均价（含税含基金）453.56 元/千千瓦时，同比降低 49.89 元/千千瓦时；综合线损 26.93%。

【国网四川雅江县供电有限责任公司】国网四川雅江县供电有限责任公司成立于 2013 年 4 月，是国网四川电力控股的县级供电企业，担负着雅江县 17 个乡、113 个村、1 个居委会、128 个村民小组、12393 户、5.3 万多人的生产生活供电任务。雅江电网于

2012年1月并入省网，拥有35千伏变电站11座，变电容量3.446万千伏安；小型水电站6座，总容量4765千瓦；拥有35千伏线路6条，全长291.18公里；10千伏线路29条，716公里；配电台区267台,总容量22815千伏安;低压线路747.9公里;2016年，完成售电量4730.75万千瓦时，同比增长81.13%；售电均价为526.95元/千千瓦时（含税含基金），同比增加61.89元/千千瓦时；综合线损26.25%。

【国网四川乡城县供电有限责任公司】国网四川乡城县供电有限责任公司成立于2013年4月,是国网四川电力控股的县级供电企业，担负着乡城县辖1镇11乡、89个村民委员会、130个村民小组、7480户、3.2万多人的生产生活供电任务。乡城电网2014年10月并入省网，下辖1座水电站(麻拉水电厂)，装机4000千瓦；拥有35千伏变电站5座，变电容量2.445万千伏安；拥有35千伏线路6条，198公里；10千伏输配电线路17条，406公里；配电变压器台区380个，变电容量4.35万千伏安；低压线路634.2公里。2016年，完成自发电量13870.11万千瓦时；售电量2672.28万千瓦时；售电均价（含税）525元/千千瓦时；综合线损22.72%。

【国网四川稻城县供电有限责任公司】国网四川稻城县供电有限责任公司成立于2011年7月,是国网四川电力控股的县级供电企业，担负着稻城县14乡（镇）、124个行政村、8347户、3.41万多人的生产生活供电任务。稻城电网于2014年11月并入省网,拥有110千伏变电站2座,总容量12万千伏安,线路总长221公里；拥有35千伏变电站8座，总容量4.275万千伏安；水电站1座，装机2500千瓦；拥有35千伏线路10条，总长297.9公里；10千伏输配电线路22条，627公里；配电变压器台区317个，变电容量5.074万千伏安；低压线路1216公里。2016年，完成售电量4808.39万千瓦时，同比增长23.34%；售电均价为574.92元/千千瓦时（含税含基金），同比增长8.51元/千千瓦时；综合线损23.94%。

【国网四川新龙县供电有限责任公司】国网四川新龙县供电有限责任公司成立于2013年3月,是国网四川电力控股的县级供电企业，担负着新龙县辖12个乡镇、92个村、7220户、2.97万多人的生产生活供电任务。新龙电网于2014年11月并入省网，现有水电站3座，装机5020千瓦；拥有35千伏变电站5座，总容量2.115万千伏安；拥有35千伏线路5条，336.5公里；10千伏输配电线路19条，385.56公里；配电变压器台区318个，变电容量3.53万千伏安；低压线路285.25公里。2016年，完成售电量2316.8万千瓦时，同比增长15.7%；售电均价471.93元/千千瓦时（含税含基金），同比增长23.98元/千千瓦时；综合线损25.51%。

【国网四川色达县供电有限责任公司】国网四川色达县供电有限责任公司成立于2012年6月,是国网四川电力控股的县级供电企业，担负着色达县辖2镇15乡、134个村、15218户、5.3756万人的生产生活供电任务。色达电网于2014年12月并入省网，现有小水电站3座，装机1.18万千瓦；拥有35千伏变电站8座，总容量4.04万千伏安；拥有35千伏线路10条，404.6公里；10千伏输配电线路29条，900.729公里；配电变压器台区414个，变电容量5.2843万千伏安；低压线路1298.61公里。2016年,完成售电量5190.4万千瓦时,同比增长67.88%；售电均价515.33元/千千瓦时（含税含基金），同比降低7.11元/千千瓦时；综合线损27.31%。

【国网四川白玉县供电有限责任公司】国网四川白玉县供电有限责任公司成立于2012年12月，是国网四川电力控股的县级供电企业，担负着白玉县17个乡（镇）、156个村、12262户、5.7万多人的生产生活供电任务。白玉电网于2014年11月与主网并网运行，现有发电站2座，总装机2720千瓦；拥有110千伏变电站2座，变电容量8万千伏安；35千伏变电站6座，总容量3.47万千伏安；拥有35千伏线路9条，320.18公里；10千伏输配电线路24条，1328公里；配电变压器台区411个，变电容量5.35万千伏安；低压线路763公里。2016年，完成售电量6184.1万千瓦时，同比增长67.88%；发电量1207万千瓦时；售电均价406.3元/千千瓦时，同比降低15.26元/千千瓦时；综合线损25.83%。

【国网四川道孚县供电有限责任公司】国网四川道孚县供电有限责任公司成立于2013年5月,是国网四川电力控股的县级供电企业，担负着道孚县22个乡（镇）和2个居民委员会、160个行政村、1.5万余户、5.58万多人的生产生活供电任务。道孚电网于2015年8月并入省网，现有水电站4座，装机5260千瓦；拥有35千伏变电站8座，总容量2.51万千伏安；拥有35千伏线路7条，195公里；10千伏输配电线路27条，896公里；配电变压器台区486个，变电容量4.325万千伏安。2016年，完成售电量3600.66万千瓦时，同比增长10.86%；售电均价558.35元/千千瓦时（含税含基金），同比降低2.9元/千千瓦时；综合线损23.14%。

（李　飞）

用 电

【概况】2016年，售电市场竞争激烈，欠费风险继续增大，电力体制改革逐步深入。在严峻的市场环境面前，营销系统干部员工在四川省电力公司的正确领导下，主动作为，各项工作取得明显成效，完成售电量1673.75亿千瓦时，同比增长6.04%；当年电费全部结零，陈欠电费回收5.02亿元；业扩净增容量完成1720万千伏安，同比增加26.65%。

【完成效益提升年目标】2016年，营销部认真贯彻落实省电力公司“效益提升年”活动要求，加强电费回收管理，积极增供促销，努力降本增效，推动省电力公司效益水平稳步提升，支撑了公司健康稳定发展。

发扬“三千”精神 促进电费回收 四川省电力公司通过法院起诉、股权冻结、土地及输变电设备等不动产抵押等法律手段，共计回收欠费5.02亿元，较计划多回收1.32亿元。乐山供电公司通过法律手段，冻结其亚铝业20亿元股权，回收欠费2.48亿，实现结零目标；广元供电公司驻厂催收，争取政府支持，落实发电企业让利政策，回收广元铝业1.18亿陈欠电费；达州、自贡、雅安供电公司采取资产抵押、政府土地收储、土地财产保全等方式，完成陈欠电费结零任务。各单位严格落实电费回收“一把手”负责制，利用一切可利用的资源，采取一切可采取的手段，大力推进购电制防范电费风险，实现了当年电费的结零目标。

坚持多措并举 实现市场拓展 在低迷的市场环境中，四川省电力公司售电量逆势突破，主要得益于该公司灵活的电价刺激策略和电能替代推广。2016年，公司主动引导售电市场化政策，利用直购电平台，推行新的铝硅电战略合作，即维护了公司利益，又稳定了铝硅用电市场，实施直购电380亿千瓦时，同比增加76.74%；严格控制留存电量实施范围，既稳定了阿坝铝厂和眉山铝业用电市场，也降低公司购销价差损失1.3亿元。该公司深化电能替代，拓展增量用电市场，扩展自备替代时间和范围，进一步降低自备替代企业增加购网电量成本；成都、眉山供电公司主动作为，拓展电能替代领域，在电锅炉和餐饮行业“以电代气”方面取得突破进展。经过努力，该公司全年实现替代电量42.23亿千瓦时，同比增加7.14%。2016年，该公司投运10座充电站，初步形成环成都充换电服务圈、沪蓉高速四川段快充网络。

8月11日下午，成都市人大代表荣克霞在成都供电公司相关人员陪同下到省计量中心，参观了解计量新技术，并与计量中心交流座谈 （周 岩 摄）

强化业务管理 堵漏节支增收 省客户服务中心开展大工业客户电价策略核查，全年共计查找差错电费1144万元。各单位对中小规模高耗能企业和私营企业等开展反窃电专项整治，追回电费180万元，收取违约金350万元。省计量中心完善技术方案，调整时钟超差电表48.2万只，规范掌机电费信息下载流程，避免了潜在的电费风险；集中统一管控拆回智能电表，维修利旧电能表5.1万只,节约金额1020万元。节能服务公司加大节能项目推进力度，营业收入突破一亿元，营业收益超2500万元。

【维护公司利益】2016年，省电力公司注重沟通协调，加强政策引导。跟踪售电侧改革进程，加强政策影响分析，提出针对性策略，多渠道反馈公司建议,促请省政府在改革方案中采纳公司的关键建议。该公司编制改革政策要点解读和工作指导，各单位加强政策宣贯，强化与地方政府和客户的沟通，避免出现突破改革基本框架的举措。德阳、广元等7家单位，增强市场意识，主动对接政府，与属地省级及以上工业园区签订战略合作协议，避免增量配电市场无序发展。

【巩固配网优势】 2016年，省电力公司所属各单位积极开展客户建设公用供配电设施的产权接收，全年接收10千伏开关站580座，接收10千伏电缆和架空线路1163公里，签订移交协议居民小区数量达5267个。成都供电公司接收客户建设公用开关站416座，起到了较好的示范作用。各单位加强与地方政府沟通，争取出资渠道，将102家国有企业纳入供电分离改造移交，涉及改造项目414个，涉及用户40.8万户。攀枝花、眉山、雅安公司已经取得地方政府支持性文件，落实了市属国有企业供电分离改造资金来源；德阳公司严格管控改造进度，完成4.3万户的分离改造，改造进度已达77%。各单位严格落实公司工作要求，建立电网受限项目负面清单，加强内部专业协同，落实园区业扩“绿色通道”，2015年通过业扩报装增加公司售电量12亿千瓦时，争取效益2.7亿元。

【提升工作质效】2016年，坚持过程管控，夯实管理基础。各单位加强营销、运检等部门协同，严格落实省电力公司拟定的里程碑计划，实现公变公线贯通率98.65%，专变专线贯通率98.05%，低压户变关系一致率99.56%，基本实现电网信息同源管理。全面清理营销业务系统内的虚拟变压器和台区，治理异常台区1.97万个。攀枝花公司在营配贯通工作中，强化数据质量，为营销转型奠定基础；雅安芦山供电公司通过数据治理，10千伏及以下线损率下降了5.05个百分点；德阳、绵阳、广安公司切实抓好台区数据清理和采集全覆盖，所属32个供电所台区线损合格率超过85%。

【提升服务质量】 2016年，针对热点投诉，该公司设立供电服务“曝光台”，定期发布分析报告、检查通报和典型案例，起到了很好的警示作用。切实做好“掌上电力”APP的推广应用，通过APP发起购电交易87万笔，购电金额8506万元，初步形成线上线下、立体多维的交费网络。天府、德阳、绵阳等公司，认真落实省电力公司要求，切实开展APP推广运用，推广任务完成率名列前茅。该公司系统强化高危重要客户安全管理，对2226户高危重要客户实施供电电源和自备应急电源核实工作，出具用电检查结果通知书1187份，提出隐患整改意见1788条。

【推进“三表合一”】 2016年，省电力公司比上年新增智能电表468万只，累计完成2504万只，覆盖率88.5%；上年新增用电信息采集495万户，累计覆盖2469万户，覆盖率87.2%。围绕“三表合一”采集建设，各单位加大与地方政府和水、气表企业的沟通，确定采集接入试点小区226个，实施户数13.4万户，居全国前列；乐山公司共计完成“三表合一”采集接入户数8.3万户，占省公司接入户数的62%。

【同业对标排名提升】 2016年，营销对标10项指标中，四川公司6项进步，3项持平，仅1项退步，总体排名较去年提升9名。特别是电费回收，超额完成陈欠电费回收任务，避免了被置入E段的不良后果；此外，台区线损和营配贯通指标，各单位落实数据治理责任，加强异常数据监控，两项指标最终排名A段，高于预期。

（鲁　健）

增供扩销

【增供促销概况】2016年，四川省电力公司完成省内全口径售电量1673.75亿千瓦时，同比增长6.04%。

从2016年整体用电情况来看，第一产业用电量13.77亿千瓦时，同比增长11.05%；其中，农业排灌用电量3.48亿千瓦时，同比增长1.65%。

第二产业用电量1377.36亿千瓦时，同比增长1.21%。其中，工业用电量1337.67亿千瓦时，同比增长1.23%（轻工业用电量为162.31亿千瓦时，同比增长8.69%；重工业用电量为1175.36亿千瓦时，同比增长0.28%）；建筑业用电量39.69亿千瓦时，同比增长0.79%。

第三产业用电量317.18亿千瓦时，同比增长13.95%。其中，批发和零售业用电量84.42亿千瓦时，同比增长13.37%。

居民生活用电量392.72亿千瓦时，同比增长15.23%。其中，城镇居民用电量231.11亿千瓦时，同比增长15.37%；乡村居民生活用电161.61亿千瓦时，同比增长15.04%，乡村生活用电增速略低于城镇居民生活用电。

总体来看，2016年，宏观经济呈现“总体平稳，稳中向好”的态势。售电市场主要呈现以下特点：

一是前低后高的走势，下半年月均增幅达 10.81%；二是三季度居民、商业电量较上年净增 34.67 亿千瓦时，是拉动公司三季度售电增长的主要动力；三是四季度大工业售电市场年末翘尾较上年同期净增电量 18.28 亿千瓦时，有效提高公司四季度售电增速。

【增供促销的措施】 2016 年力体制改革逐步深入，售电市场竞争激烈。在严峻的市场环境面前，公司充分利用市场化机制，开创增供扩销工作新局面。一是在工业替代领域，基本实现自备电厂能替代全替代，年替代规模稳定在 30 亿千瓦时；向省能源局争取到将“成绵乐”经济带上 6 个地市纳入 2017 年四川锅炉煤改电示范区域；争取中石油川南页岩气气井钻探全部用电，年替代电量可达 7000 万千瓦时。二是在商业办公领域，发挥电蓄冷技术与低谷电价结合优势，在大型建筑体领域积极推广，替代电量超 3000 万千瓦时；结合四川餐饮特点，形成“无火”火锅推广亮点，全省近两万家火锅店已有 5400 多家实现“以电代气”，年用电量 5 亿千瓦时以上。三是在交通运输领域，持之以恒开展机载 APU 与地勤车辆“油改电”，促成双流机场 50 座登机桥使用桥载电源，170 余辆地勤车辆中已有 100 台改为电动车，累计替代电量 3600 万千瓦时。四是在农业生产领域，结合四川农业大省特点，加快农网改造和同网同价工作，努力推进制茶、烤烟、机井“以电代煤”和“以电代油”，累计替代电量 3377 万千瓦时。

（鲁　健）

电费回收

【电费回收概况】 2016 年，国家经济仍处于旧动力下降、新动力未及的过渡阶段，经济下行压力较大。同时，政府加大产业结构调整力度，对落后、淘汰型企业进一步实施差别电价，以钢铁、煤炭、电解铝、水泥为代表的高载能行业经营普遍困难，加上各级政府为维护社会稳定和帮助企业解困，四川省电力公司电费回收困难大、阻力多，存发生新欠电费的风险。四川公司通过加强电费风险防控，综合施策强化电费回收，完成 5.02 亿元旧欠电费回收目标，实现当年电费回收率 100%。

【电费回收的举措】 2016 年，四川省电力公司采取了一系列有效措施，确保了电费回收：

一方面，综合施策强化电费回收，完成 5.02 亿元旧欠电费回收目标。一是坚持依法催收，通过强制公证、法院起诉、股权冻结、财产保全、产品质押等多种法律途径，保障公司权益。二是积极争取政府支持，通过签订战略合作协议、政府国资平台担保、城市附加费垫付等方式，收回广元铝业、达钢等企业旧欠电费。三是充分运用市场化手段，将直购电、富余电量、留州电量等电价扶持政策与欠费缴纳情况挂钩，督促用户按计划缴纳旧欠电费。四是创新旧欠电费回收方式，借鉴国有商业银行债权处理方式，请求市政府及国土部门同意将抵押土地由“划拨”变为“出让”，通过政府国资平台土地收储，实现资产变现快速回收欠费。五是采取灵活精准的停电措施，视客户群体特点，制订不同的“分区+限时”停电方案，如将厂区生产与居民生活用电进行剥离，对高危客户采取办公和辅助生产分区停电，对舆情风险高的采取高峰时段暂停停电。

另一方面，认真落实电费回收的各项措施，实现当年电费回收率 100%。一是坚持电费回收市（县）公司主体责任，坚持“一把手”负责制和“分级”负责制，坚持过程管控，加大考核力度。二是保持电费回收高压态势，执行电费回收“工作例会”和“说清楚会”等制度，严肃责任追究。三是严格落实“一户一策”方案，对高耗能和高污染行业客户，以及月均电费在 10 万元及以上客户，全部实行“一户一策”，根据风险级别及时调整“一户一策”措施。四是积极推行购电制，大力推行费控装置，定期跟踪督促购电制推广进度，从本质上解决欠费问题。

（鲁　健）

电能计量

【计量集约化建设】2016年，省计量中心建筑面积16500平方米综合运维楼和实验楼投入运行。至此，省计量中心60亩园区全部建成投运，总建筑面积共31500平方米，建成环境与设备一流、研发能力突出的实验室群，智能表、采集终端、通信模块、低压计量箱、计量封印、电子标签等检测能力得到进一步提升。顺利获得CNAS实验室认可证书和三标认证，保障了计量工作的合法依规和持续发展。联合四川省质量技术监督局承办"5·20"世界计量日活动，邀请多名人大代表、政协委员、市民代表走进计量中心，近距离了解电力计量在智能电网、智慧城市、智能生活等环节中担当的角色，以及国网四川省电力公司建立的公开、公平、公正的省、市、县三级计量体系，体验智能计量在居民生活、经济发展、城市建设等方面发挥的重要作用，展示了电能计量服务社会、服务客户的形象，受到一致好评，展示了省计量中心良好的对外形象。

【智能电能表推广应用及用电信息采集系统建设】2016年累计完成计量器具集中检定636.8024万只、统一配送633.5164万只，全年累计完成智能电表换装472.6526万只。截至2016年年底，全省电力公司运行智能电能表2573.8957万只，接入采集2550.1243万只，智能电能表采集接入率99.08%，全省日均采集成功率和剩余金额召测成功率分别达到98.45%和97.28%。完成全省并网电厂采集全覆盖，实现统调电厂月度交易电量自动计算和非统调电厂上网电量日监控分析。积极推动采集功能的深化应用，在线监测应用累计处理问题工单207.2586万条，本年累计发现窃电127户次，追补电费及违约使用电费约264.5773万元，取得了良好的管理效益和经济效益；"掌上川电"远程充值成功深化应用，累计远程购电65.6895万笔，远程下发成功率96.11%。有序高效推进"多表合一"采集建设工作，累计采集接入13.2846万户，完成国网下达计划的157.21%。

5月19日，四川省质量技术监督局和国网四川省电力公司联合组织开展"5·20"世界计量日活动，邀请多名人大代表、政协委员、市民代表走进国网四川省电力公司计量中心，近距离了解电能计量体系，体验智能计量在居民生活、经济发展、城市建设等方面发挥的重要作用　　（周　岩　摄）

【计量资产全寿命周期管理】完成智能电能表定样检测18批，批次合格率100.00%。供货前全性能试验19批，批次合格率100%。到货后抽样验收性能试验270批，合格270批，批次合格率100%。完成8个批次的采集终端供货前性能检测，完成10个批次的通信模块供货前性能检测，完成6个批次的通信模块到货后抽样性能检测。开展省公司协议库存计量箱供货前定样性能试验4轮，测试样品数量共计249台。完成21个供应商200余个不同型号低压电流互感器的定样检测。

【关口计量智能化】全面梳理关口运维管理职责和流程界面，统一推行关口过程标准化管理，积极探索面对新型计量管理的关口运维精益化转型，以管理规范化、技术标准化、运维智能化、服务互动化为管控目标，凝心聚力、力求创新，全面打造适应新型计量管理的可靠、规范、高效、智能的关口运维体系。以理顺"三集五大"后关口管理体系、规范业务流程为基础，全面贯彻关口技术标准体系，积极开展状态检验、在线监测、趋势预测、状态轮换、关口运维APP应用等试点，推行并网电厂线上化服务和快速响应机制，强化市州供电公司业务支撑，建立起了全过程、多维度、智能化的新型关口运维体系。

【科技创新】计量中心承担的"超大型发电站（厂）

并网关口互感器检测调试技术研究及应用”项目成果荣获2016年度电力建设科学技术进步二等奖；“基于综合参量的电容式电压互感器（CVT）在线监测系统”和“一种基于采样值报文传输故障模拟技术的数字化电能表可靠性测试系统及方法”分别荣获2016年中国仪器仪表学会科学技术三等奖和科技成果奖；“Field Integral Dectecting System Of Three-Phase Electric Energy Measuring System Of Electric Distribution Network（配电网三相电能计量系统现场整体检测系统）” 荣获英国专利局授权，实现了计量中心成立以来在省部级科技奖项和国际专利上的重大突破。此外还荣获2016年省公司科学技术进步奖一等奖1项，二等奖2项，三等奖2项；中电联信息化成果二等奖1项；中电联职工技术成果三等奖1项；申请国家专利23项；授权国家专利18项；申请国际专利1项；在中文核心及以上级别期刊发表论文10篇；参与了5项国家标准、5项电力行标、2项团体标准和6项国网企标的修制定工作。

（鲁 健）

业扩报装

【客户容量】2016年，四川省电力公司完成各类新装增容186.05万户，比上年增加72.62万户，其中新装或增容的大工业客户数为1979户，比上年增加609户。非普、农业、非居民、居民、商业、趸售电力公司等客户的业扩完成数为185.85万户，比上年增加72.55万户。完成新装增容容量为3819.45万千伏安，比上年增长801.25万千伏安，同比增幅26.55%。其中，大工业客户新装或增容的容量为811.18万千伏安，比上年增加336.37万千伏安，同比增幅70.84%；非普、农业、非居民、居民、商业、趸售等客户新装或增容的变压器容量为3008.27万千伏安，比上年增长465.15万千伏安，同比增加18.29%。公司2016年各类新装增容客户业扩完成户数和容量与2015年同期比较，分别详见表14、15。

四川省电力公司2016年各类客户业扩完成户数同期比较

表14 （单位：户）

类别	大工业	非普	农业	非居民	居民	商业	趸售	合计
2015年	1370	10603	6458	6063	1067121	42558	126	1134301
2016年	1979	24396	19731	16793	1694538	102884	158	1860480
同比增幅	44.45%	130.09%	205.53%	176.98%	58.80%	141.75%	25.40%	64.02%

四川省电力公司2016年各类客户业扩完成容量同期比较

表15 （单位：万千伏安）

类别	大工业	非普	农业	非居民	居民	商业	趸售	合计
2015年	474.81	255.78	10.97	173.77	1368.37	545.09	189.14	3018.2
2016年	811.18	432.69	37.58	173.79	1656.34	531.99	175.88	3819.45
同比增幅	70.84%	69.17%	242.54%	0.01%	21.04%	-2.40%	-7.01%	26.55%

【主要工作】加强制度建设，形成业扩报装管理制度体系。先后制定《业扩报装全业务全流程管理办法》《业扩供电方案编制实施意见》《业扩报装法律指引》等11项规章制度，全面规范业扩报装管理。

建立业扩报装工作提升会制度。每月由公司分管领导组织召开专题会议，对业扩报装工作存在的问题，督促整改提升。

减少用电申请资料，简化业务流程，缩短办电时间。一是实行“一证受理”，客户只需提供营业执照或有效身份证明即可申请用电。二是大幅减少客户需提交的过程资料，电力企业已存档的有效资料无须重复提交。三是简化业务流程，加强内部协同，提高办理效率，尽量减少客户参与和配合办电的环节，缩短办电周期。

延伸供配电设施出资界面，减少客户投资。一是对省级及以上工业园区，不论电压等级，将供电设施出资界面延伸至客户红线内。二是其他高压客户按照“就近接入”原则接入电网，分界点（含开断设备及其他附属设备）及之前的供电设施由电力企业出资。三是低压客户，电能表及之前供电设施全部由电力企业出资。

深入推进园区业务“绿色通道”。一是在省级及以上工业园区设立供电服务网点52个，对园区内客户提供专属客户经理服务，力争客户不出园区办理用电业务。二是下放管理权限，减少管理层级，缩短办理时限，部分业务环节时限按常规“减半”执行，有效提高办理速度。三是建立园区客户服务台账，强化服务过程跟踪，提升客户感知。

全面开展业扩报装后评估工作。采取现场检查、电话回访、信函回访等多种方式，重点治理“线下流转”“三指定”、乱收费等业扩突出问题，并将业扩报装纳入公司纪检专项巡察内容，2016年共完成对22个地市公司的现场检查、34012户电话回访、办理信函回访单18374份，完成明察暗访情况通报10期，形成典型案例20个。

开展“线下流转”专项整治行动。一是全力推进业扩全流程信息公开与实时管控平台建设，业扩报装全流程信息在公司系统全面公开并实现线上实时管控。二是大力开展“线下流转”专项整治行动，对发现“线下流转”的，在公司系统“供电服务曝光台”进行曝光，并在企业负责人绩效、同业对标考核中严格兑现。

多渠道、全流程信息公开。一是拓宽电子信息渠道，全面推广网上智能营业厅、“掌上电力”手机APP、微信公众号等电子渠道，开通网上申请、办理功能。二是客户提交用电申请后第一时间提供“一次性告知书”，告知业务办理流程、办理时限、注意事项等内容。三是在业务办理过程中，客户可通过供电营业大厅、“95598”热线服务电话、网上营业厅、手机APP、微信、移动终端等多种渠道实时查询用电相关信息。四是送电后，第一时间发放业务办理信函回访单，由客户对用电服务进行评价，并通过电话回访进行满意度测评。

（鲁 健）

市场服务

【概况】2016年，四川省电力公司深入贯彻落实国家电网公司供电服务工作部署，坚持“你用电、我用心”，以客户为导向，主动适应售电侧改革新形势，深化“为民服务六件实事”，开展供电服务突出问题整治，进一步夯实供电服务基础，强化跨专业服务协同，大力实施服务创新，严格规范服务行为，着力提升服务品质，切实增强市场竞争力，持续提高供电优质服务水平，取得了丰硕的工作成果，获得了社会各界广泛赞誉。

【搭建服务“连心桥”】 2016年，省电力公司在城市地区持续开展“电力服务进社区”服务。详细制定了“电力服务进社区”各项服务内容、业务流程及时限要求。由社区客服经理负责处理社区用电咨询、业务受理、用电纠纷协调、投诉举报、故障处理等工作，同步建立了用电需求、服务质量、用电问题等社区服务“三本台账”，定期对居民小区物管或社区办事处进行走访、交流，收集、反馈、帮助客户协调服务范围内的用电需求和用电困难。同时，在社区的公示栏、宣传栏等显著位置张贴“连心岗”公示牌，对居民用电客户、社区居委会、小区物管和业主委员会发送“连心卡”，在居民住宅集中的社区（片区），聘请当地声望较高的人员担任民意代表，及时反馈居民客户对于供电服务的需求。已在全省12513个社区开展“电力服务进社区”（其中敏感小区516个），配置社区客户经理2956人（专职433人），“电力服务进社区”覆盖客户数量965.94万户（含在地方政府民政部门登记在册的军烈属、残疾人、“五保户”、孤寡老人等特殊客户5.92万户）。公司系统设置用电“连心岗”6.65万个，发送用电“连心卡”249.66万张，开展电力知识宣传活动3.24万次，免费发放各类用电宣传资料301.27万份，义务组织或参加志愿者服务活动6959次。累计走访居民小区2.34万个·次，走访客户72.7万户·次，受理及处理各类用电业务咨询数量9.13万件，累计收集各类问题 2.45 万件，用电问题一次解决率达 94.73%；征求客户意见和建议 1.17 万条，清楚答复客户意见和建议 1.13 万条，客户用电意见和建议回复率 96.58%。

总裁　在农村地区推广“包片进村”活动。“包片进村”活动以县公司为责任主体推行“包片”，涉及全川 166 个县，1363 个农村供电所。将“进村”细化为：市公司“服务乡镇”、县公司进村、供电所进台区和员工进农户四个层级，主要采用“看、听、抽、问、查”等方式详细掌握乡镇供电所内部管理和客户服务情况，查找和解决农电管理难题。各市（州）供电公司共成立督察组 136 个，负责“包片进村”的组织领导；县公司成立以领导班子成员任组长的 773 个工作小组，采取片区包干等形式，到供电所蹲点住勤，掌握第一手材料；乡镇供电所逐个台区清理“低电压”情况，排查梳理设备安全隐患；供电所员工对辖区内农户进行深入的走访，“进各家各户”掌握客户实际需求。分类建立“客户服务、电网设备、供电所建设”问题“三本台账”，明确问题的责任主体,落实问题整改，变“客户找”为“找客户”，变属地解决问题为各级协同解决问题，实现收集问题 100%真实、反映问题 100%录入。各市（州）公司督察组共检查、指导供电所 4882 次，完成了对供电所工作检查的全覆盖，走访供区行政村 2.25 万个（约占供区总行政村的 90%）、走访客户 157.44 余万户。

【低电压台区治理】 2016 年，省电力公司落实资金计划，明确治理目标任务。分解下达 2016 年农村“低电压”治理工作目标 59 万户，其中 2015 年新增农网升级改造资中共有农村低电压治理项目 31.23 亿元，解决电压台区 7345 个，解决低电压客户 50.43 万户；2015 年低电压治理技改项目二批共计 0.98 亿元，解决低电压台区 321 个，解决低电压户数 1.4 万户。剩余台区全部纳入公司 2016 年农网升级改造项目解决。

加快治理项目现场实施，低电压治理取得明显效果。组织单位认真加强施工组织，加快已下达项目计划的低电压治理项目实施，部分地区农网实际供电能力得到一定提高，低电压问题基本消除。截至 12 月底，全省共完成农村“低电压”治理 62 万户，超额完成年度目标治理任务，累计完成治理低电压 151 万户，超出计划目标 3 万余户。

加强农村“低电压”治理工作考评。根据国网公司营销部和省电监办转发的涉及农村低电压投诉工单，定期分析低电压治理成效。要求各单位认真核实投诉产生的具体原因，对照低电压治理项目进行核实，凡是已纳入治理项目的，将严肃进行考核，未纳入项目储备的优先纳入各类项目储备计划，切实降低优质服务压力。

【进一步方便客户交费】形成多种交费渠道　2016 年，省电力公司为居民客户主要提供了公司自有渠道和代收交费渠道：通过公司自有渠道交纳电费，主要交费方式有供电营业柜面交费、自助终端交费、“掌上电力”、“电 e 宝”等。通过金融机构、非金融机构等第三方代收电费，与该公司建立代收电费业务合作共有 36 家，其中金融机构 15 家，非金融机构 21 家，2016 年代收笔数为 6619.52 万笔，代收金额 1562697.63 万元，代收笔数同比增加 11.94%，缴费金额同比增长 34.99%。

交费时间 24 小时覆盖　大力推行自助终端建设，方便客户 24 小时购电。据统计，2016 年自助终端交费笔数为 7287.02 万笔，电费金额为 1699796.85 万元，占比分别为 52.39%、52.10%。加强夜间或其他时间段应急售电服务渠道建设，如 24 小时供电营业厅、工行等部分金融机构的自助缴费机、红旗超市 24 小时营业点等。

【创新服务升级】推进线上 APP 应用　2016 年，省电力公司推出故障报修、购电交费、低压业扩受理等功能，实现供电服务线上线下业务有机融合。截至 2016 年年底，四川公司“掌上电力”APP 累计注册用户达 262 万户，位列国网系统第一。积极开展营业厅免费 WI-FI 建设,在所辖 1403 个供电营业厅（含直供直管、全资、控股单位）建设免费 WI-FI 覆盖热点，极大方便了前往营业厅办理业务的客户免费注册、体验“掌上电力”APP、电力微信公众平台、“95598”智能互动网站和国网商城等电子化互动服务。在天府公司试点建设“互联网+电力服务”体验营业厅，加快业务线上化转移，丰富供电服务功能，推广网上购电远程下发、停送电信息精准发布、故障辅助定位等精益化服务。实现“客户导向型和组织扁平化、服务线上化、运营数字化、业务跨界化”要求，促进供电服务转型，不断提升客户体验。

加快创新转型研究　四川省电力公司抽调全公司优秀骨干人才，组建专门的创新转型工作团队，全力开展营销创新转型的前瞻性研究与落地实施工作，以营销创新转型为龙头不断加快新的服务型企业构建。对内加快业务体系创新转型，适应新技术发展和客户需求升级。对外拓展服务增效渠道，应对电力体制改革和国家经济转型。

升级创新服务手段 2016年，省电力公司完成线上化服务和定制化服务的设计开发，力争本年实现全部营销业务的线上化。建设客户服务的“入口管控平台”，对客户服务的全部触点进行管理，对客户进行精准画像和服务需求分析。推动“95598呼叫服务2.0”升级，实现客户呼叫服务的线上化，全面支撑APP、微信公众号、网站等线上客户的互动服务。加快客户服务快响体系建设，推广天府公司“台区客户经理制”，实现客户现场服务与企业管理的末端融合。深化数据分析能力，建立数据分析模型，开展客户用电行为、服务质量投诉、服务资源匹配度等全景分析，并将数据分析工作固化到业务运行中，建立起“数据洞察客户需求，引导营销运营”的工作模式。

【严格规范业扩报装】强化组织领导 确保政策落地 成立省公司业扩报装工作提升领导小组，建立了业扩报装工作提升会制度、月度通报机制、月度协调机制和问题定期反馈机制。定期收集、整理、通报和协调解决基层单位在业扩报装工作中存在的热点、难点问题。加快推进业扩报装进度，最大限度满足客户用电需求。

细化管理标准 加强业务指导 先后下发《关于印发进一步加强业扩报装管理要求的通知》《业扩供电方案编制实施意见》《业扩配套电网建设项目管理实施意见》等管理办法，进一步加强对基层单位的业务指导，营造干净的业扩报装环境，努力为客户提供省钱、省时、省力、省心、阳光的业扩报装服务。

简化业扩手续 提升服务效率 对居民客户推行“现场查勘、方案制定、合同签订、装表、开卡售电”等“五位一体”工作方式，缩短接电时间。对高压客户取消保护定值校核、客户设备调度命名编号审批、停送电计划等流程，缩减办电环节。对园区客户提供更“绿色”的服务。取消省级及以上园区110千伏及以上客户的接入方案编制环节；将省级及以上园区35千伏业务下放至县公司办理；压缩办理时限，查勘派工、供电方案答复、竣工验收等业务时限，按其他客户业务时限“减半”执行。

优化出资界面 增强市场竞争力 坚持“就近接入”原则，尽量向客户延伸电网出资界面：对一般的高压非专线客户，电网延伸到客户用地规划红线旁的第一基公用杆塔（或环网柜）；对新增省级及以上园区、已有省级及以上园区的新增客户以及县、市级优质园区，实行直供到户，将电网延伸至客户用地规划红线内。对低压客户，表计及以前供配电设施由公司出资。2016年共计安排资金计划14亿元，分解下达8.25亿元，全力满足业扩配套工程需求。

深化专业协同 提高协同效率 建立供电方案、业扩电网配套工程方案“一体化”审查机制。低压客户现场确定供电方案和业扩电网配套工程方案，并现场与客户签订“供电方案确认单”；10千伏客户定期召开“业扩方案审查会”，将供电方案、业扩电网配套工程方案同步审查，并现场形成会议纪要，提高审查效率。

8月1日至6日，计量中心互感器技术室技术人员奔赴凉山州木里县，按照“三查三强化”安全专项行动要求开展现场工作，顺利完成了500千伏木里变电站和布昌、卡卓水电站的互感器现场检测工作　（王　豪　摄）

全面治理线下办理问题 2016年4月起，启动了为期三个月的业扩“线下办理”突出问题专项整治行动，通过电话回访、现场抽查、问题现场核查、客户投诉举报等方式，对线下办理开展全面整治。推广“互联网+业扩”服务体系，从源头杜绝线下办理。实现网上营业厅和“掌上川电”APP全省统一受理业扩业务，推行业扩报装移动作业，实现业扩受理环节在线管控。

强化工作评估 严肃责任追究 完成全部22家地市公司业扩后评估工作，建立电话回访和信函回访制度，重点对“时间一致性”“线下流转”“三指定”“乱收费”等问题进行回访，发现问题限期整改。对发现的突出问题通过“供电服务曝光台”进行曝光，并在同业对标和企业负责人年度绩效关键业绩指标严格兑现考核。

【推行综合抢修】建设30分钟配网故障抢修圈 实现网格化抢修 在国网公司45分钟抢修到达时间规定的基础上，充分考虑各地市地势区域特点、人员居住结构以及交通情况，通过调整和增加抢修驻点，在市级城市配网提出年内完成打造“30分钟抢修圈”工作目标并积极推进配网抢修“网格化”管理。按照抢修半径小于4公里的范围增加城市地区永久和临时抢修驻点，保证30分钟抢修圈的覆盖布局，缩短故障抢修半径，提升抢修反应速度。同时安排下达运检事项性成本，用于支持各单位30分钟抢修圈驻点建设，并针对性编制了抢修业务外委操作指导原则，确保抢修圈建设取得实效。截至2016年12月底，全省地市城市地区30分钟抢修圈的驻点由原有25个增加至51个，建设完成率100%，抢修效率大幅提升。

整合配网抢修资源 实现综合抢修 四川省电力公司刘勇总带队，组织运检、营销、人资、政工等部门，赴成都、德阳、眉山等基层单位开展实地调研，充分听取一线配网抢修管理模式调整的意见和建议，积极整合运检、营销抢修队伍资源，在现有配网抢修班配备电能表抢修人员，实现表计故障抢修业务移交整合。当配网故障抢修涉及低压表计故障时，做到一支队伍快速抢修，加快换表复电，提升抢修服务水平，减少客户故障停电时间，增强客户满意度。2016年，全省市级城区抢修班组（除成都公司外）已全面完成营配末端抢修业务融合。同时，推进共产党员服务队（已有28支）与配网抢修班的资源整合，制定下发了《国网四川省电力公司配网抢修班（共产党员服务队）管理规定》和《国网四川省电力公司配网抢修班与共产党员服务队联合值班故障抢修管理规定》，分两步走推进整合工作，规范两种方式下抢修班组工作职责，加快实现“一支抢修队伍”的服务原则。

制定配网典型故障抢修方案和抢修人员规范用语 制定下发《配网典型故障抢修方案》，包括电缆、环网柜、箱变、柱上变压器等8类配网主要设备，规范了现场抢修人员配置、工器具配置和现场抢修流程，在确保人身安全的前提下，快速完成故障抢修。制定下发《配网故障抢修服务规范用语》，规范抢修人员与客户沟通交流方式，提升客户感知，展示良好企业形象，避免不必要的客户投诉。

【有效减少停电时间】提高停电计划性 四川电力公司副总经理刘勇、总工程师石俊杰、副总工程师李镇义均高度重视停电计划管理工作，亲自指导重大停电安排，审定主网设备停电计划，确保电网风险可控、能控，尽量避免重复停电、无序停电和延迟送电，尽可能减少用户停电时间。该公司进一步加强了停电检修管理，精心协调、科学安排，通过建立停电窗口期、强化停电计划多部门协同、优化停电计划安排、督促施工单位提前协调落实准备工作、强化停电工期和检修质量管理等措施，保证了停电计划的刚性执行和停电工作的有序开展，基本实现了电网计划检修、业扩接入工程、电网建设改造、客户设备接入的“四联动”，110千伏及以上供电网络非计划停电和重复停电现象得到有效控制。

强化配网停电计划执行。一是推行综合检修，编制下发《国网四川省电力公司配网方式计划管理规定》（川电调控〔2016〕29号），规范配网停电计划管理，避免随意停电对结构薄弱的配网造成进一步的网架削弱。建立分析评价考核机制，严控非计划停电、重复停电和延时送电。二是统一配网调控管辖范围，实现10千伏设备（含配变）全范围纳入调度管理。规范配网停电计划管理，引导客户将业扩接入工作纳入月度计划，在A类及A+类地区将400伏停电计划纳入调度备案管理。三是加强检修管控，在工作实施环节通过周密的现场勘查，制定科学合理的施工方案；在施工前全面落实前期准备，规范施工组织，实行标准化作业，减少停电时间，

9月22日，计量中心团委及计量中心各分工会组成的志愿服务队到甘孜州乡城县热打乡下洼村，开展爱心帮扶活动，在冬季来临之际，为藏区贫困儿童送去毯子、棉被等御寒过冬物资 （殷善锋 摄）

并对延时送电事件采取典型案例分析，从计划安排、检修组织、现场作业等环节采取针对性措施，详细规范了调度、运维、检修各专业所承担的工作任务，使各专业分工更明晰，促进了各专业横向协同，实现了对停电检修全过程各环节的“三定”（定人、定责、定时间）。

加大带电作业的覆盖面　将不停电作业指标纳入绩效评价指标体系，促进不停电作业化率持续提升，并逐步实现地市公司全部四类配网不停电作业项目和六个电缆不停电作业项目应用。在中低压客户送电环节优先采用带电作业方式，公司系统严格实行“能带不停”现场作业工作要求，最大现度减少停电。同时，主动收集用户停电需求，统筹安排电网检修计划，严格审核对外停电工作方案，大力推广带电作业等手段，大幅减少了对大用户的停电时间。不完全统计，2016年各供电公司开展110千伏及以下设备带电作业 22000 次以上，同比增长11.7%。其中售电量最大，用户最多的成都供电公司 2016 年停电检修工作平均耗时同比降低约 1 小时，停送电操作平均耗时同比降低约 0.2 小时，倒闸操作效率同比提升 8%，检修工作按时完工率同比提升 18%，直接缩短对外停电时间约 1200 小时，提高售电量约 336 万千瓦时，按照售电均价计算，创造经济价值约 204 万元。

【提高营销安全服务水平】 重视高危及重要客户安全服务工作　2016 年制定了《高危及重要客户用电安全管理工作指导意见》，明确了工作内容、工作要求。深入排查高危及重要客户安全供用电工作中的薄弱环节，全面落实“服务、通知、报告、督导”四到位工作，建立健全客户安全专项档案，不断完善“一户一档”资料，建立完善缺陷隐患台账管理制度，对排查出的重大隐患，落实责任和人员，实行跟踪督办，主动为客户提供技术支持，持续督促客户落实整改措施，有效遏制重特大供用电安全事故发生。

认真开展隐患排查　一是完成了高危及重要客户的定级与备案。2016 年，公司按照有关要求，对供电区域内的 2226 户高危和重要电力客户再次进行了梳理、甄别、定级，并上报国家能源局四川监管办公室备案。二是完成了供电电源配置情况的专项排查。此次专项排查发现双（多）电源供电客户1060 户，双回路供电 126 户，双电源配置率 53.28%，单电源供电 1040 户，共计出具《用电检查结果通知书》1187 份，提出隐患整改意见 1788 条。三是完成了客户用电设施安全隐患的排查与督促治理，开展客户抗电压扰动用电安全核查和告知工作，共排查客户用电设施安全隐患 2352 条，针对发现的客户隐患，出具了用电检查结果通知书，督促客户进行整改。四是开展成电力用户频率波动适应性调查，对电网频率敏感的石油、化工、电子、军工、冶金、煤炭、制药、纺织、光纤、机械制造、精密加工等402 户企业进行了调查，并建立了相应数据档案。

强化营销现场作业安全　通过组织开展“春季安全生产督查”、安全生产“三查三强化”等督导检查，重点对业扩报装、智能电表推广和用电信息采集装置安装等工程施工作业现场安全按月进行管控排查，对存在的隐患制定切实可行的整改方案，限期整改，通过严格施工、验收、接电、送电等关键环节风险控制，进一步规范了作业流程和行为，强化了施工作业组织和现场安全措施落实，杜绝了营销人身伤亡事故的发生。

完善重要保电和应急服务响应机制　为提高国网四川省电力公司快速、有序、高效开展重要保电事件客户侧应急处置工作能力，公司结合实际制定

10 月 27 日，计量中心第一党支部的成员正在成都龙泉驿区万兴环保发电厂的升压站里开展现场技术服务工作

（艾　兵　摄）

了《国网四川省电力公司重要保电事件（客户侧）处置应急预案》，为全省重要政治活动及社会经济发展提供优质用电保障。2016 年，公司圆满完成习近平主席视察西部战区、四川省 G20 财长与央行行长会议保电、第十六届西博会保电等特别重要保供电任务;同时还完成了四川省 2016 年第四季度重大项目集中开工仪式保电等 206 次重大保电任务。

完成迎峰度夏有序用电安全服务工作　2016年迎峰度夏电网压力巨大，为维护电网安全运行，全力保障广大居民正常用电，按照“保电网安全、保民

生用电”的原则，营销部按照政府批复的有序用电方案，在8月16日至25日期间对成都部分区域实施有序用电措施，采取工业企业错峰避峰的方式让电于民：累计参与错避峰企业23205户次，日最大错避峰企业5021户次（出现在8月25日）；日最大错避峰负荷73.76万千瓦（出现在8月25日）；累计避峰电量4527.58万千瓦时，日最大避峰电量1386.69万千瓦时（出现在8月24日）。迎峰度夏期间，经过精心准备和周密策划，先后组织召开客户座谈会30余次，走进社区320个，涉及居民小区2500余个，涉及客户50万户，发放《致市民朋友的一封信》节电宣传资料25万余份。通过持续落实有序用电措施，与广大电力客户共同渡过了酷暑难关。

【电力市场交易信息的公开】国网四川省电力公司认真践行“四个服务”宗旨，按照国家电网公司规定，每月10日前通过电力交易网站向各交易主体发布月度信息，每季度通过省经信委召开的信息披露会、国家能源局四川监管办公室召开的厂网联席会，同时利用四川电网调度日报、电力交易大厅服务业务、电力生产电话例会、公司文件、联络员QQ群等方式向市场不同主体开展信息公开工作。

【提升服务水平 和谐厂网关系】一是持续推进新投发电厂（机）并网交易协调工作机制建设。1—12月，交易大厅共受理发电企业新机并网业务共计255台机，并与38家新投电厂建立新机并网服务对接。二是建立电厂档案和结算台账，持续完善市场主体基础信息。1—12月，建立电厂交易结算用户档案302家，建立结算台账296家，建档率实现100%。收集并完善四川电力市场主体基础信息资料310家。三是利用省级交易平台开展自备电厂停发替代年度交易、直购电（精准扶持）年度挂牌交易等各项交易的组织工作。1—12月，公司通过四川交易平台发布交易挂牌公告21次，参与交易的发电企业共计1875厂次，用电企业共计565家。四是积极推动电业局与新投电厂核对购电模型，并在交易系统中建模。1—12月，共新增购电模型45个，维护模型121厂次。

另外，四川电力交易中心有限公司成立以来，交易大厅业务量激增。1—12月，交易大厅共计接待来访、来电近4.2万次，业务量同比增长86%；维护交易联络员信息820人次，同比增长192%；通过短信平台发布信息共计6409条；新注册交易平台市场成员及机组共计596个，同比增长96%；代办市场成员CFCA证书808家，同比增长411%。

（鲁　健）

营销业务质量管控

【营销业务质量】2016年，四川电力公司坚持过程管控，夯实管理基础。2016年是公司营配调贯通攻坚克难的一年，各单位加强营销、运检等部门协同，严格落实省公司拟订的里程碑计划，实现公变公线贯通率98.65%，专变专线贯通率98.05%，低压户变关系一致率99.56%，基本实现电网信息同源管理。全面清理营销业务系统内的虚拟变压器和台区，治理异常台区1.97万个。攀枝花公司在营配贯通工作中，强化数据质量，为营销转型奠定基础；雅安芦山供电公司通过数据治理，10千伏及以下线损率下降了5.05个百分点；德阳、绵阳、广安公司切实抓好台区数据清理和采集全覆盖，所属32个供电所台区线损合格率超过85%。

【堵漏节支增收】 2016年，由省电力公司营销部组织、省客服中心具体实施，对14家地市公司315千伏安及以上的大工业客户开展了定价策略核查，下发疑似问题工单1266笔、确认问题数232笔、查处差错电费1144万元。对全省39.18万只就地费控商业用户电表的电价准确性进行核查，其中召测成功电表数16.14万只，对发现的5.75万只问题电表进行了限时整改。各单位对中小规模高耗能企业和私营企业等开展反窃电专项整治，追回电费180万元，收取违约金350万元。省计量中心完善技术方案，调整时钟超差电表48.2万只，规范掌机电费信息下载流程，避免了潜在的电费风险；集中统一管控拆回智能电表，维修利旧电能表5.1万只,节约金额1020万元。节能服务公司加大节能项目推进力度，营业收入突破1亿元，营业收益超2500万元。

（鲁　健）

国网客户服务中心

【概况】国网四川省电力公司客户服务中心（原四川省电力公司供电服务中心）于2012年6月组建成立，按照省公司相关要求，在原有“95598”呼叫及网络服务、110千伏及以上业扩报装工作、电力市场分析预测、重要客户差异化服务等职责基础上，增加了电改及营销转型政策研究、行风建设和供电服务监督、营销业务质量管控、营销信息系统应用维护、并网电厂与非统调电厂管理及舆情和视频监控等职责，充分发挥了多级支撑功能。

【人力资源】客户服务中心设六部室，分别为：综合室、“95598”客户服务室、大客户服务室、“95598”运营管理室、技术支持一室和技术支持二室。2016年，中心用工总量182人，其中管理及专业技术人员56人，平均年龄36.1岁，全部为本科及以上学历，其中，研究生及以上学历28人（含博士3人），高级职称21人。“95598”外包人员115人，平均年龄29岁。

【经营管理】2016年是“十三五”规划开局之年，面对经济下行压力加大、电力体制改革不断深化、营销创新转型全面推进等形势，中心上下齐心协力，坚决贯彻省公司决策部署，紧密围绕“效益提升年”降本提质增效主题，认真落实公司营销总体工作思路，全面发挥“大营销、大服务、大监督”支撑作用，完成了中心年初既定的各项目标任务，“95598”服务热线共派发工单85.1万笔，呼出电话28.4万个，工单接派及时率99.75%，处理满意率99.72%，优质服务评价指数99.30%，受理“掌上电力”业务52.59万笔，少数民族电话4万余个。供电服务分析报告合格率、业务支撑水平和省级接派及时率均达100%，处于国家电网公司A段，指导地市公司完成“95598”指标申诉632次，有效避免了指标考核。业扩报装业务办理受理220千伏和110千伏跨地市新装增容业务48笔，装见容量423.2万千伏安，“业扩服务时限达标率”实现100%。营销业务质量管控专项任务完成率100%，业务管控确认稽查成效3082.81万元，已完成增收电费1266.47万元。营业网点视频监控及网络舆情监控发现营业厅不规范行为936次，较去年同期下降了18.89%，累计监测网络舆情1647条，较2015年同期增长194.63%。企业负责人业绩考核取得科研教培和专业公司第6名，较2015年上升4名，实现了“十三五”规划良好开局。

【“95598”服务】2016年，客户服务中心积极应对迎峰度夏、度冬，与南中心保持实时联动，科学调度座席运营班次，共启动应急小组36班次、540人次，圆满完成保电任务。开展直派业务专题培训23期，收集交叉供区等差异化信息386条，开展贯通性测试、割接应急演练和系统验证3次，邀请国网南中心专家实地调研指导工作并建立有效沟通机制，顺利完成“95598”故障报修直派市（县）工作。严控投诉属实性复核，未发生被国家电网公司认定的属实性认定错误及典型案例。

【业扩报装】2016年，客户服务中心积极推行“两横一纵”集团化业扩体验式服务，大力实施“双客户经理”制，积极参与市场竞争，主动服务京东方、成贵铁路等省市重点项目，以优质的服务和科学合理的供电方案，受到客户和政府的高度肯定，预计年增加电量1.2亿千瓦时，增加电费收入7000余万元，为该公司售电量增长、市场占有率的提高和“三个一”格局的构建做出了贡献。开展业扩后评估工作形成典型案例21个，上报专题报告25份，并在“供电服务曝光台”进行了通报。

【电力市场及政策研究】2016年，客户服务中心通过优化预测方法、拓宽信息渠道、提升地市公司预测能力等手段，短期电力市场预测准确率大幅提升，推动市场拓展指标在网省公司同业对标排名提升7位。主动适应电改新形势，前瞻性开展竞争性售电领域参与策略研究，挖掘市场潜能，为该公司最大限度争取有利电改政策提供了重要支撑。开发直购电客户实时监测工具，严控执行电量偏差，确保直购电合同严格执行，有效维护了公司利益。编制《公司十三五电能替代规划》，督促地市公司推进电能替代项目储备和实施，完成电能替代电量44.93亿千瓦时，完成国网下达指标的109.6%。

【科技与信息化】2016年，客户服务中心做好营销信息系统同步配置、数据迁移备份、接口配置调整，圆满完成全省53家县公司“子改分”信息系统调整工作，开展营销信息系统升级和功能完善43次，清理 SG186 系统游离数据 23.65 亿条，完成历史数据迁移，释放数据存储空间 5.2T，CPU 占用率下降 10%，系统性能大幅提升。

【营销业务管控】2016 年，客户服务中心认真落实公司“效益提升年”活动要求，“网格化稽查”系统提前上线运行，实现“业务全面覆盖、异常自动判别、问题精准定位”，基于“量、价、费、损”的营销业务质量管控更加智能高效。完成第三、四批大工业客户定价策略专项核查，以及全省高压客户首次抄表异常、智能电表退费异常等 9 个主题核查，完善“日跟踪、周通报”工作机制，开展全省旧欠电费情况实时监控，督促协助地市公司回收旧欠电费共计 5.41 亿元。

【服务监督】2016 年，客户服务中心积极参加公司安全检查和党风廉政巡查，高质量开展行风满意度测评，“95598”电话测评 8962 个，提取工单 70.75 万笔，“两代表一委员”信函测评发放 1709 封，收集测评有效样本 3454 个、意见建议 1314 条，测评满意度较 2015 年提升 0.62%。协助省公司优服办建立供电服务曝光台，对典型案例和习惯性违章等及时点名曝光，编写典型案例 105 个，曝光典型案例 30 件，全面涵盖用电营业、客户服务、供电质量、电网建设、停送电等五类业务的问题，共 19 个地市公司因服务违章被曝光。完成对 22 个地市公司的明察暗访工作，检查了 33 个县级公司、34 个供电所、32 个营业厅，走访客户 352 户，发现的问题通过监察部在公司网站通报。每月上报《供电服务月报》和《监察简报》，积极发挥服务质量“晴雨表”和网情民意“风向标”作用，为公司纠风和行风建设提供了坚强支撑。

【党建宣传】 2016 年，客户服务中心“两学一做”学习教育扎实开展。深入落实中共十八届六中全会和全国国有企业党的建设工作会议精神，以“七彩服务铸亮连心桥”为载体，将党的建设全面融入中心工作，深入开展“三亮三比”主题活动，有力推进“四讲四有”具体化。强化“七彩先锋·四个一”活动效果，通过中心组学习、支部讨论和微信推送等立体学习方式，引导全体员工真学、真做，领导干部带头撰写学习心得，组织开展全员“党规党纪印我心”知识竞赛，以“扬清风·七彩护航”活动为抓手，党风廉政建设“两个责任”严格落实到位。“七彩服务推动企业文化落地实践”入选 2016 年国家电网公司党建实践创新案例，中心员工获得省公司党内统计工作全优报表先进个人表彰。

【队伍建设】2016 年，客户服务中心选拔优秀人才到省公司培养锻炼、借用、借调人员共 6 人，占中心总人数 11%，按程序开展关键岗位交流 8 人次，提拔干部 2 名，培养后备干部 5 名，精益带级人才 2 名，向省公司推荐后备干部 3 名，雏鹰人才 1 名，为公司和中心发展提供了人才支撑。组织“七彩讲堂”活动 6 次、“青年说”活动 2 期，解读政策谈感想，破解难题谈思路，为青年员工干事创业搭建起良好沟通平台。编排《爱在国网》歌舞剧，展示了中心员工良好的精神面貌。积极参加竞赛活动，“微宣微讲”“新闻应急”竞赛分别荣获省公司三等奖，Smartpower（基于数据驱动的客户互动服务和商业价值发掘）项目荣获国家电网公司青创赛铜奖，并作为优秀项目发布，得到国家电网公司主要领导的高度肯定。

【品牌传播】2016 年，客户服务中心创新开展科普基地进社区、进校园活动，持续开展“七彩阳光”主题活动，中心成立至今，“阳光使者”前往温江第一社会福利院开展志愿活动 25 次，前往阿坝雅都乡中心小学助学 14 次，“e 管家”走进社区和“科技活动周”开展为民服务活动 9 次，使“善小”卓越实践落到实处。配合四川省环保厅进行电力辐射科普宣传，联合四川电视台、成都电视台等多家媒体宣传“节约用电”“安全用电”，充分发挥了科普基地传播科技、普及知识的重要职能。中心员工参加全国科普讲解大赛获优秀奖。LED 大屏展示受到成都市委宣传部表扬，智能电网展示得到省委常委、省纪委书记王雁飞，省国资委党委书记、主任徐进的高度肯定。中心精神文明建设成效得到四川省文明办的高度评价，高分成功创建为四川省文明单位。

（左　为、王靖棋、杜姝瑶、李　博）

地方电力

责任编辑：李燕辉

四川省地方电力的主体是农村中小水电及其配套电网，地方电力已成为四川电力工业的重要组成部分；服务“三农”的重要力量；支持地方经济发展的基础产业；为促进四川省为民致富、财政增收、生态保护、民族团结、社会稳定、地方经济可持续发展起到了积极作用。

在长期的地方电力建设中，已形成了科教、勘测、规划、设计、施工、质检、量值传递、技能鉴定、安全生产、经营指导、文明窗口建设等行业管理和综合服务体系。

2016 年，全省地方电力新增装机 28 万千瓦，完成地方电力发电量 195 亿千瓦时。

四川省地方电力局

【年度概况】2016年，四川省地方电力新增装机容量28万千瓦，完成地方电力发电量195亿千瓦时。

【狠抓农村水电安全生产运行】按照水利部、省政府和省水利厅的部署和安排，地方电力延伸工作重心，注重抓源头、严规章，开展了全省农村水电安全生产大检查，对各地各级担负农村水电安全生产监督职责的水行政主管部门安全监管履职情况、已建和在建农村水电站及其配套电网安全生产情况进行了检查。

【认真做好农村水电安全生产标准化管理工作】为推进农村水电安全生产标准化工作，制定了《四川省农村水电安全生产标准化达标评级实施办法（暂行）》（川水发〔2016〕18号），相继确定了6家标准化评审机构，在四川省“十二五”农村水电增效扩容改造项目中开展标准化评审工作。全省完成45座电站的标准化达标评级工作。

【严格地方电力工程质量监督】在省水利地方电力建筑质检中心站和省地方电力机电质检站的大力配合和支持下，采取检查施工现场、查阅质量记录资料、听取现场工作人员介绍的方法，对地方电力工程开展了严格的质量监督并提出了具体的意见和建议。截止年底，已对全省新增的18个中、小型水电站工程及增效扩容电站装机容量2.5万千瓦以上的21座电站实施了政府质量监督，并对增效扩容改造项目出具了相关阶段验收质量监督意见，对3个110千伏输变电工程及部分35千伏农网改造项目进行了质量监督。

【全力推进增效扩容改造工作进度】一是全面完成了“十二五”农村水电增效扩容改造项目绩效评价工作。根据统计，四川省农村水电增效扩容改造已完工项目276个，改造后装机容量达62.09万千瓦，年均发电量达32.69亿千瓦时；已完工、未验收项目12个，改造后装机容量达2.99万千瓦；未完工项目11个，改造后装机容量达4.05万千瓦。改造完成后，全面消除了电站的安全隐患，取得了较好的经济效益、生态效益和社会效益，达到了方案批复的既定目标。基本完成18个省级审批增效扩容改造项目的完工验收工作。开展了“十二五”农村水电增效扩容改造总结工作，挖掘强农惠农典型。

二是根据财政部、水利部《关于继续实施农村水电增效扩容改造的通知》（财建〔2016〕27号）要求，开展了“十三五”农村水电增效扩容前期工作，编制完成了《四川省农村水电增效扩容改造实施方案2016-2019》，并通过了水利部、财政部的备案审查。“十三五”规划期间，四川省农村水电增效扩容改造共涉及96条河流，实施项目310个，其中增效扩容改造150个，河流生态改造160个，修复减脱水河段37.15公里；建设生态流量泄放闸孔125处，建设生态堰坝16个，增设监控措施144台（套），新增生态机组2台，容量1000千瓦；增效扩容改造后装机容量达58.99万千瓦（59万千瓦），新增装机容量12.82万千瓦，新增年发电量8.7亿千瓦时；改造总投资18.67亿元，其中中央财政奖励资金7.68亿元，项目自筹10.98亿元。截至2016年，财政部、水利部已预拨四川省3.361亿元预励资金用于项目建设，上述资金已全面下达到各项目。

【做好水电新农村电气化和小水电代燃料建设后期工作】一是组织和指导各地全面完成了“十二五”规划期间24个水电新农村电气化县验收和总结工作，认真挖掘代燃料和电气化项目典型，做好了四川省小水电代燃料示范县建设和电气化典型培育工作，增强了先进典型的示范、引导作用。

二是以现场服务的形式继续推进2009—2015年小水电代燃料续建项目，加快已完工、未验收项目的验收准备工作，督导落实已验收项目代燃料电站的运行及实施方案的落实情况。甘孜州乡城县已全面完成了项目区改造，基本完成全国代燃料示范县创建工作，并完成了当年全县3镇9乡3775户（占全县农户的100%）代燃料户代燃料补贴。

【积极开展水利扶贫工作】为贯彻落实2015年中央扶贫开发工作会议关于“大力扶持贫困地区农村水电开发”的精神，组织并进行了项目情况初步调查，形成了《四川省“十三五”农村小水电扶贫工程实施方案》(初稿)，涉及国家级扶贫县范围内项目148个，总装机容量157.86万千瓦。严格筛选了条件较好的农村小水电扶贫工程试点区域，召集相关地区政府、主管部门和部分项目业主代表进行座谈，指导其编制完成了试点实施方案并上报水利部。

【协助做好农网升级改造工作】完成了农网改造升级项目2016年度建议计划编制和审查工作，协调组织相关部门对四川省地方电力农网完善工程进行了督导检查。2016年农网改造升级工程下达计划投资28亿元，实际完成工程投资5.6万元，占下达计划的20%。

（游元奎）

四川省水电投资经营集团有限公司

【企业概况】四川省水电投资经营集团有限公司(以下简称四川省水电集团)成立于2004年12月，是经四川省人民政府批准成立的国有独资大型一类企业，负责投资、经营、管理省级地方电力国有资产，是四川省地方电力系统农网、城网、缺电县、无电地区电力建设项目的总业主。公司注册资本28.2818亿元。

2011年2月21日，四川省政府组建四川省能源投资集团有限责任公司(简称四川能投)，公司整体划入“四川能投”，成为其全资子公司。截至2016年年底，四川省水电集团资产总额520亿元，净资产总额144亿元。拥有参控股公司37家，其中：全资子公司7家。分别为四川能投售电有限责任公司、四川省水电投资经营集团普格电力有限公司、四川省水电集团金阳电力有限公司、四川省水电投资经营集团美姑电力有限公司、四川省水电投资经营集团万源市龙源电力有限责任公司、四川金纬电网建设有限公司、四川省水电集团百事吉物业管理有限公司。

控股子公司16家。分别为四川能投发展股份有限公司、四川金鼎产融控股有限公司、四川省水电投资经营集团永安电力股份有限公司、四川昭觉电力有限责任公司、四川省水电投资经营集团资中龙源电力有限公司、四川省水电投资经营集团渠县电力有限责任公司、四川省水电投资经营集团德格格萨尔电力有限公司、四川省水电投资经营集团青川电力有限公司、泸州玉宇电力有限责任公司、四川省平武电力(集团)有限公司、四川省水电投资经营集团开江明月电力有限公司、四川省水电集团大竹电力有限公司、华蓥市地方电力有限责任公司、成都金堂江源电力有限公司、四川金翔置业有限责任公司、四川金禾盛投资有限公司。

参股公司14家。分别为四川能投新城投资有限公司、四川能投电力开发有限公司、四川爱众发展集团有限公司、四川广安爱众股份有限公司、达州电力集团有限公司、四川西昌电力股份有限公司、四川大渡河电力股份有限公司、乐山市金洋电力开发有限责任公司、四川星辰水电投资有限公司、嘉陵江亭子口水利水电开发有限公司、内江兴隆村镇银行股份有限公司、绵竹浦发村镇银行有限责任公司、宜宾市商业银行股份有限公司、川财证券有限责任公司。

【发展规划】2016年，四川省水电集团完成了“十三五”发展规划的修编，确定了“十三五”总体发展目标。到2020年，四川省水电集团将完成“1212”经营目标，即合并总资产将突破1000亿元，净资产将突破200亿元，营业收入将突破100亿元，营业利润将增长到2位数。

【生产经营】2016年，在省委、省政府和省国资委、四川能投的坚强领导下，四川省水电集团积极应对用电市场低迷、经营管理压力加大等诸多困难，全体干部职工迎难而上、抢抓机遇，圆满完成了四川能投下达的考核目标，为促进全省经济平稳增长做出了积极的贡献。全年完成发电量17.76亿千瓦时，同比增长5.03%；供电量68.58亿千瓦时，同比增长4.28%；综合线损率10.95%，同比降低0.3个百分点；实现营业收入54.23亿元，同比增加3.28亿元；实现利税15.9亿元，同比增加0.5亿元；实现净资产收益率5%，成本费用利润率15.40%。公司系统未发生一般及以上等级有责人身伤亡事故、设

能投水电集团总部大楼　（能投水电集团提供）

备（电网）事故和环保事故，未发生Ⅱ级以上有责突发事件，未发现重大安全隐患。

【项目建设】2016年，四川省水电集团争取到政策性投资计划28亿元，涉及10个市州的30个县(区)，共27个110千伏项目、30 个35千伏及以下项目。截至2016年年底，完成了2013年度、2014年度农网及无电项目总体验收以及资料档案整理，完成了2015年第一批农网项目省级法人验收。2015年新增农网项目累计完成工程投资48.37亿元，占该批次投资计划的96.57%，已基本完成实物工程量。2016年第一批农网完成工程投资3.75亿元，占该批次投资计划的 13.4%。加强项目储备工作，重点储备电网发展急需、社会经济效益显著的项目，经省发改委审查并储备农网项目投资20亿元。

同时，集团其他项目投资建设进展顺利。冬瓜山电航工程全年完成投资1.64亿元，顺利进入“二枯”施工，预计2017年11月首台机组投产发电。达州市铁山国家级森林公园项目前期工作有序开展；莲花湖片区安置房项目顺利通过竣工验收并收回全部投资收益。

【无电地区电力建设】

2016年4月1日，国家能源局发布《关于公布全面解决无电人口用电问题先进单位和先进个人名单的通知》(国能新能〔2016〕67号)，四川省水电集团获得“全面解决无电人口用电问题先进单位”的殊荣，田强、周科被评为“全面解决无电人口用电问题先进个人”。统计显示，自2005年以来，四川省水电集团累计投入无电地区建设资金11.73亿元，共解决了涉及全省14个县、9.68万户、37.17万无电人口的用电问题，极大地改善了大凉山彝区、甘孜藏区、大巴山革命老区的基础设施和生活生产条件，为边远山区和少数民族地区群众脱贫致富做出了积极贡献。

12月20日，四川省水电投资经营集团有限公司第二次代表大会隆重召开，曾勇代表水电集团党委作报告　　（能投水电集团提供）

【产权改革】2016年，本着“务实灵活”的原则，四川省水电集团通过政策性重组与市场化并购等多种方式，努力推进农网资产确权和县级电网企业改制重组工作。与峨边县人民政府、大渡河电力公司达成和解，实现农网资金确权并签订了增资扩股协议，四川省水电集团成为大渡河电力公司第二大股东。顺利完成成都金堂江源电力公司产权改革并控股该公司。有序推动冕宁县安宁电力公司产改工作并取得了实质性突破。

【人力资源】2016年，四川省水电集团开展所属各公司三项制度改革“回头看”督导整改，促进了企业内部规范化管理和历史遗留问题的逐步解决，所属各公司新建规章制度34个、修订36个，整改完成问题46个，“回头看”工作得到了省国资委、四川能投的充分肯定。

加强领导班子和员工队伍建设，做好领导人员的选拔任用、优化配置工作。2016年，集团推荐或任免本部及所属企业中层管理人员共计37人次，其中提拔任职5人。大力实施全员素质提升工程，组织开展各类培训211次，参加四川能投和上级单位以及各类培训机构组织的培训42次，全集团参加培训的员工共计6737人次。

【安全生产】持续夯实安全生产管理基础。深入开展安全生产标准化达标建设，开江公司被评为电网标准化二级达标企业，金阳、德格公司被评为电网标准化三级达标企业，华蓥、昭觉、金纬等3家公司正按照达标工作计划时间节点有序推进。大力开展安全教育培训，举办了2期安全监督管理培训，配合四川能投开展站所长安全培训，参训人员275人。组织施工管理人员、特种作业人员开展专项安全培训，累计参训人员800余人。

不断完善应急预案体系建设。针对2016年防汛工作的严峻形势，修编完成了22个综合及专项应急预案，及时开展应急演练，落实应急抢险措施，做好督导检查，进一步提升了所属各公司的安全生产和应急管理水平。在2016年7月九寨沟特大泥石流灾害中，金纬公司平武项目部人员成功组织避险，确保了现场施工人员和当地村民的人身安全，得到了上级领导和社会各界的充分肯定。

全面贯彻落实安全生产责任体系“五落实五到位”规定。2016年，先后组织开展了4次安全生产大检查及各种安全督查，有效促进了所属各公司安全隐患的排查治理。累计发现一般安全隐患1617处、已整改1617处，管理类问题429个、已整改429个，整改率达到了100%。

【党建和企业文化】2016年，四川省水电集团认真贯彻落实中共十八届五中、六中全会和省委十届九次会议精神，以及全国和全省国有企业党的建设工作会议精神，认真开展省委巡视反馈问题整改工作，制定整改方案，落实整改措施，进一步加强风险防控，防范廉洁风险，提升集团依法治企水平。成功召开了四川省水电集团第二次党代会，选举产生了新一届党委、纪委，凝聚各方推动集团“十三五”改革发展的正能量。扎实推进“两学一做”学习教育，组织了100余人党务干部参加专题培训，创建了19个共产党员示范岗、6个示范团队、2个示范单位，开展了形式多样的学习教育，真正使“两学一做”深入基层、深入人心、取得实效。深入推进“服务型党组织”示范点建设，“双争”活动成效显著，全年累计开展党员志愿服务次数680次，完成急难险重任务2822件，为职工群众办好事实事1625件。认真贯彻落实省委省政府精准扶贫决策部署，选派驻村干部49人，帮扶贫困村16个、1120户，捐赠扶贫资金50.18万元、物资价值75.55万元，切实履行好国有企业社会责任。成功筹办2016年度职工技能竞赛，努力提升职工专业技能水平。开展庆祝建党95周年摄影比赛，展现集团改革发展成就。组织集团首届“十佳优秀青年”评选活动，树立青年先进典型，激发干事创业激情。

（刘　岢）

四川省水电投资经营集团
永安电力股份有限公司

【企业概况】四川省水电投资经营集团永安电力股份有限公司（以下简称永安公司）始建于1948年，公司总部坐落于四川省三台县北坝镇北泉路11号。1993年经省体改委批准改组为定向募集股份有限公司，是水利部建立现代企业制度试点企业、四川省能源投资集团有限责任公司和四川省水电投资经营集团有限公司控股公司、四川水利电力产业集团成员企业。

永安公司注册资本24416.76万元，拥有总资产20.76亿元，净资产8.76亿元；水力发电站3处，水电装机总容量9.18万千瓦；110千伏变电站8座，35千伏变电站15座；10千伏线路3808.74公里，低压配电线路11504公里。在岗员工1339名。公司主营水力发电、供电；种养业；批发、零售五金、交电；下设子公司经营：水电工程、工业及民用建筑工程施工及安装，房地产开发，水电物资供应。已形成集电力生产与供应、水电工程设计及安装和综合经营为支柱的水电产业一体化的水利电力股份制企业。

能投水电集团职工技能竞赛在永安公司举办

永安公司是三台县的龙头企业，水利部十强和“百龙工程”企业，先后荣获“全国精神文明建设先进单位”“全国优秀县电网”“水利部部级先进企业”

“四川省优秀企业”“四川省安全文明生产双达标企业”“四川省地电行业十强企业”“四川省电力行业最大规模和最佳效益双十佳企业”等近百项殊荣。

【历史沿革】永安公司前身为厂部设在芦溪镇的三台县永安电厂。而永安电厂又是由新中国成立前兴建的明台电厂和20世纪60年代初建设发展起来的永安电站于1965年7月合并而成的。位于三台县城郊的涪江柳林滩明台电厂始建于1944年冬，总装机容量180千瓦（3×60千瓦），是四川省较早兴建的水电站之一。1948年6月20日，该站第一台机组投产发电，正式成立了明台电灯公司。1949年12月29日，三台县城解放，12月31日，解放军军代表进驻明台电厂，实行军事接管。1950年7月，三台县人民政府将官商合办的明台电厂改造为国营企业，从此拉开了三台县水电建设事业的序幕。1958年扩建机组至280千瓦。

1962年，中共四川省委在西南计划会议上将开发涪江、建设永安电站列为四川省利用大江大河引水发电的骨干工程之一。1月5日，永安电站工程正式开工，年内3×250千瓦水轮发电机组相继建成发电。1964年至1965年，永安电站一期扩建3×1250千瓦水轮发电机组相继建成发电。1965年3月23日，永安电站至三台县城35千伏输电线路架通，城关35千伏变电站建成投入运行，永安电站和明台电厂并网运行；7月1日，永安电站和明台电厂合并为永安电厂，统一经营，统一核算，统一管理，县内发电总装机容量达4500千瓦。1978年3月1日，永安电站第二期扩建3×3200千瓦机组工程开工，至1983年9月建成发电。1993年股份制公司设立募集资金对永安电站3×3200千瓦和3×1250千瓦机组实现增容技改，改造为3×4000千瓦机组和3×1600千瓦机组，当年完工投产。1993年末，永安电厂达到了现在装机容量1.68万千瓦的装机规模。

三台县“十二五”农村电气化建设通过上级验收

1992年7月，由三台、盐亭两县共同筹资1.47亿元修建的、兼有发电、航运、灌溉等综合效益的文峰电航工程全面竣工投运，电站装机容量为3万千瓦（3×1万千瓦），库容3000万立方米，具有日调节能力，设计年发电量1.66亿千瓦时。

1997年9月，永安公司与华能公司成都分公司等合股修建华能明台电站（3×1.5万千瓦），工程总投资5.15亿元。该电站年设计发电量达到2.27亿千瓦时，并入国网销售，永安公司按投资比例进行分红。

1998年10月，根据三台县委、县政府安排及农电体制改革需要，永安公司整体吸收合并了三台、盐亭县联办的文峰电厂，基本形成了供用电网络纵贯全县城乡，拥有一定稳定自发电能力的发供一体的地方电力企业，开启了三台地方电力发展的新篇章。

【安全生产】永安公司坚持贯彻“安全第一、预防为主、综合治理”的安全工作方针，制度性推进安全标准化推广工作。2016年，紧扣安全生产、施工安全等工作重点，抓紧抓实各环节安全管理，全年安全生产形势总体平稳，未发生一起人身、设备责任事故。一是狠抓宣传教育，提高安全意识。坚持以例会、小组学习为主要形式，以安全生产月、安全生产活动日为契机，广泛开展安全“五进”，实现了安全宣传教育深拓展、全覆盖、重实效。二是加强事故预控，推行风险管理。根据四川省水电集团公司统一安排，推进开展了配电网生产设备安全风险评价工作；全面落实安全检查、安全标识悬挂、工器具校验更换、应急演练等防范性工作，严格“两票三制”，重治“三乱三违”，重点加大“三线搭挂”、裸线隐患整治力度，全年整治较大安全隐患22处。三是狠抓施工安全。制定了《关于进一步加强电力建设施工安全监督管理工作的通知》；以能监办农网安全质量专项检查整改为契机，全面梳理了永安公司在建工程施工安全管理方面的问题与不足，健全并完善了管控制度、措施，进一步加大了对施工单位监管、奖惩力度，全年查处各类违章、违规行为20余起，共处罚金6.8万元。

【发电生产】2016年，涪江三台段最大流量为3310

立方米/秒，平均流量为195立方米/秒，同比增加11立方米/秒，为发电生产创造了有利条件。永安公司通过加强同三江、明台及上游小水电站的联系，做好水情、气象信息搜集、预测工作，在科学研判水情的基础上，充分利用三个发电厂阶梯出力的特点，合理调蓄库容，科学平衡网内负荷，经济制订运行方式，努力实现了多发少损。

【供电经营】因受2016年夏季持续高温天气影响，网内负荷增长较快，特别是居民用电负荷急剧攀升，供电形势比较严峻。永安公司一是按照“先生活、后生产”的原则，落实错峰、避峰措施，全力保障了稳定、可靠供电。但年内仍发生了两起大面积停电事故，造成了一定影响。二是狠抓线损管理。认真做好计量装置现场校准、用电监察、巡检维护、线路清障等工作。2016年，全面完成了广电各类户外设备核查清理工作，调试终端设备246台、检定计量器具40492支，追补电费185.7万元。三是根据四川省水电集团公司要求，开展了用电收费、用电安全和用电服务专项检查，进一步规范了供、用电管理。四是实施集约增效，电网智能化建设取得显著成效。2016年，城区（北坝）集控站成功投运，北部集控站亦即将投运；光纤远程抄表项目试点取得突破性进展，智能表普及率进一步提高，为全网集抄、集控打下了坚实基础。五是贴近用户需求，强化优质服务。继续拓展便民缴费渠道，逐步将电信代收点拓展到了大型场镇，截至2016年，共计安装ATM机11台、POS机101台，拓展农行、电信代收点982个；认真抓好用户咨询、业务查询、信访回复等优质服务工作，全年共受理业务咨询及查询6000余件、故障报修60余处，实现服务事项办结率100%、优质服务满意率100%。六是严格执行国家电价政策，搞好政策宣讲，顺利完成了暂停丰枯浮动后的电价调整及电费返还工作。七是根据四川省水电集团公司统一安排，积极推进并开展了输配电价测算试点工作。

【农网升级改造工程】2014年EPC项目工程造价审计正在进行，10千伏及以下项目工程造价审计已完成；2015年项目工程造价审计已完成；2015年新增项目已基本完工；2016年项目投资计划已取得四川省发改委批复，计划投资9329万元，已完成投资1847.72万元，其中：35千伏及以上项目管理人员已到位，正在开展施工图设计，10千伏及以下项目已开工建设。

【冬瓜山电航工程】在四川省能投、省水电集团及县委、三台县政府的领导下，工程指挥部、项目部积极稳妥地推进工程建设，工程进展顺利。2016年完成投资1.64亿元，已累计完成投资3.97亿元，占总投资计划的38.11%，其中：招标工作接近尾声，仅剩消防系统采购和厂房屋顶施工工程招标工作正加快推进；全年征地60.715公顷，已累计征地154.22公顷；工程“一枯”“一汛”施工全面完成，“二枯”施工有序启动，其中：八孔泄洪冲沙闸按期完工，左右岸防洪堤施工按期进场，机电金结施工顺利推进。

【永安电厂增效扩容工程】在总结文峰电厂增效扩容工程项目经验基础上，2016年启动了永安电厂增效扩容工程（批复文件已取得），计划投资7799.41万元，新增装机容量5800千瓦。项目前期工作顺利推进，其中：项目初设审查、复核批复、招标方案批复等工作已完成，电气一次设备采购和监理招标已挂网，主机及附属设备采购合同正在草拟，电气二次设备采购、新增主厂房及机电设备安装、渠道整治、尾水渠整治等标段正在进行招标技术条件书编制。相关部门严格按照四川省能投、省水电集团相关规定开展工作，确保工程按既定时间节点稳步推进。

【企业管理】经四川省水电集团公司同意，5、6月相继召开了2015年度董事会、股东大会。在2013年制度汇编基础上，深入推进行业对标工作，重点完善企业内控制度和规程规范体系，全面完成招投标、物资采购、财务管理等资金、权力密集环节共计10余个制度、办法的制订工作。

经过充分调研、严密论证和多轮校对、修改，按照“政策性、全局性、前瞻性”原则，完成了永安公司“十三五”发展规划编制工作，从业态结构设计、基本建设、企业管理等十一大方面明确了永安公司未来五年的奋斗目标、发展方向、战略举措。

加强职工培训教育，强化人才队伍建设。2016年，组织、参与培训41次。员工技能发展取得突出成果，在四川省水电集团第一届职工技能竞赛和十九届涪江流域技术比武论坛中均取得了可喜的成绩；严格执行国家政策规定，加强“五险一金”缴费管理，2016年职工个人缴费基数实现了固定化，减少了误差率；根据三项制度改革回头看相关要求，进一步规范了工资发放管理流程，实现了所有工资统一打卡发放。

加强对建安公司、永电物资公司的风险管控和业务指导，推动其强化市场导向、深化内部改革，抓好业务拓展。2016年，建安公司实现产值5960万元，利润10万元；永电物资公司实现销售收入1200万元，利润60万元。

（龚美红）

勘测设计

责任编辑：李燕辉

2016 年，在四川省从事电力勘测设计的单位主要有：中国电建集团成都勘测设计研究院有限公司、中国电力工程顾问集团西南电力设计院有限公司、四川省水利水电勘测设计研究院、四川电力设计咨询有限责任公司、四川省电力设计院、中国水电十局设计院等以及各地区电力设计院所（公司）；还有招投标进入四川水电勘测设计的华东勘测设计研究院、中南勘测设计研究院、西北勘测设计研究院、贵阳勘测设计研究院、北京勘测设计研究院、长江水利委员会设计院等单位；民营设计单位有四川省清源工程咨询有限公司等。他们承担着整个四川电力系统发展的规划设计、大中小型电站、超高压输变电工程及通信工程的可行性研究设计、各种工程项目的工程地质、地形测量、水文气象的勘测任务。一年间，各勘测设计单位都取得了长足发展，设计水平、设计能力都得到很大程度地提高，为四川省国民经济发展及四川电力生产建设和电力灾后恢复重建做出了重大贡献。

特别是巨大型水电站工程的设计、±800 千伏特高压送出工程的设计均达到世界先进水平，展现了四川电力勘测设计队伍的新水平。

本篇仅刊载中国电建集团成都勘测设计研究院有限公司、中国电力工程顾问集团西南电力设计院有限公司、四川省电力设计院、四川电力设计咨询有限责任公司内容。

中国电建集团成都勘测设计研究院有限公司

【公司概况】成都勘测设计研究院有限公司（简称成都院）其历史可以追溯至1950年成立的燃料工业部西南水力发电工程处，正式建制于1955年，拥有成都与温江科研、办公场所22.9万多平方米。成都办公区位于风景秀丽的浣花溪畔，毗邻历史人文胜迹青羊宫、杜甫草堂。薪火相传的60多年里，成都院始终秉承“贡献国家、服务业主、回报社会”的价值理念，致力于实现人与自然、社会的和谐发展，服务全球清洁能源与基础设施、环境工程建设。

国家能源局局长努尔·白克力调研成都院设计的西藏扎囊变电站工程

成都院是中国电建集团直属的国家级大型综合勘测设计科研企业，业务覆盖能源、水利、水务、城建、市政、交通、环保等全基础设施领域，涵盖规划、勘察、设计、咨询、总承包、投融资、建设运营、技术服务等全产业链；持有工程设计综合甲级、工程勘察综合类甲级、工程造价咨询、工程监理、水土保持、水文水资源调查评价、建设项目环境影响评价、污染治理设施运行服务、地质灾害治理设计勘查与施工、环境污染防治工程、对外承包工程等34项资质证书及发电业务许可证。建立了质量、职业健康安全、环境管理体系。

成都院2014年成功跨入中国电建特级子企业行列，2016年资产规模达120亿元，新签合同超过110亿元，各项经济指标保持稳健增长势头，营业收入、利润和经济增加值均创历史新高。

成都院高精尖人才众多，拥有全国勘察设计大师（3人）、国家新世纪百千万人才计划、国家监理大师、享受国务院政府特殊津贴专家、全国优秀科技工作者、四川省工程勘察设计大师、四川省突出贡献的优秀专家。

60多年来，成都院完成了西南及西藏地区100余条大中型河流的水力资源普查和复查，普查的水能资源理论蕴藏量占全国54.4%；承担雅鲁藏布江、金沙江、大渡河、雅砻江、嘉陵江等流域和河段的开发规划，水利枢纽和水电站规划约350座，总装机容量约2.1亿千瓦，约占我国可开发水力资源的39%，居行业首位；勘察设计并建成发电的羊湖、映秀湾、龚嘴、铜街子、沙牌、瀑

成都院总工王仁坤（中）当选全国工程勘察设计大师、首届“中国大坝杰出工程师”

布沟及中国20世纪投产的最大水电站二滩、装机容量位居世界第三的溪洛渡、世界第一高拱坝锦屏一级水电站等大中型水电站；正在从事前期勘察设计的水电站约30座，装机容量2000万千瓦；正在建设的水电站15座，装机容量1500万千瓦，涉及长河坝、两河口、双江口等世界级大型水电站。2016年，溪洛渡水电站拿下“菲迪克工程项目杰出奖”，瀑布沟水电站荣获詹天佑大奖。

成都院形成了“产学研”相结合的科技创新体系，拥有国家能源水能风能研究分中心、高混凝土坝研发分中心、大型地下工程研发分中心，博士后工作站、四川省首批院士工作站，成都院-IBM智慧流域研究院、法国达索-成都院工程数字化创新中心、绿色城市科技与产业化中心、城市地下空间开发利用工程中心等智慧平台。2008年，成都院被认定为国家级高新技术企业；2012年，被认定为第五批国家级创新型试点企业；2013年，被认定为四川省创新型示范企业；2015年，成功获评国家级企业技术中心。

成都院依托重大工程建设，坚持科技创新，取得了大批科技成果并得到推广应用。“高坝坝基岩体稳定性评价及可利用岩体质量研究”“碾压混凝土拱坝筑坝配套技术研究”“中国数字水电”等数十项成果处于国际或国内领先水平。先后编制并发布国家和行业技术标准106项，成为水电行业技术标准编制的主力军。共获得国家级、省部级奖励540余项，其中国家科技进步奖25项（一等奖2项）、国家级“四优”奖25项。连续多年稳居“全国勘察设计综合实力百强单位”和工程设计企业TOP60强前列。

成都院签署哈萨克斯坦巴丹莎二期10万千瓦风电项目委托实施协议

成都院在保持传统业务优势的同时，从专注水利水电、新能源等领域，全面拓展到交通、建筑、市政及水环境、水务、岩土工程、数字工程、环境工程、移民工程代建、设备成套供应等多元业务领域，构筑可持续发展的全产业价值链，形成了工程勘测设计、工程总承包、投资及资产运营“三大产业”格局。

成都院从2003年开始进军总承包业务市场，先后承担水电、水利、交通、市政、水环境、集控改造、移民代建等各种类型的总承包业务，项目管理水平大幅提高，逐渐形成“以设计为龙头的总承包”品牌优势。成功建成四川首个风电项目德昌一期示范风电场，世界最大山地光伏项目群首期工程万家山光伏电站，开启了川藏能源结构调整的关键一步。中标两河口库区移民代建工程设计施工总承包项目，为国内库区代建制规模最大的总承包项目。投资业务推动构筑全产业服务链作用日益显著，截至2016年年底，参、控股公司30家，拥有发电权益容量245万千瓦；城市污水处理及工业废水BOT项目9个，污水处理能力近26.1万吨/日。

成都院坚持国际优先发展战略，积极对接“一带一路”倡议，努力打造“出海”能力，业务范围遍布亚洲、非洲、欧洲、南北美洲、大洋洲等60余个国家或地区，控股哈萨克斯坦水利设计院，参股欧亚电力有限公司，成功建设格鲁吉亚卡杜里、越南洛富明、哈萨克斯坦玛依纳等项目；承担中亚五国可再生能源规划和塞拉利昂国家水电规划；开展南亚最大污水处理厂EPC项目、越南国家风电示范项目富叻风电EPC项目，承担科特迪瓦最大的水电站——苏布雷勘测设计和机电设备成套任务。经过十多年经营、探索和实践，积累了丰富的国际工程勘测设计与施工总承包经验。

成都院坚守“诚信、负责、卓越”企业精神与“服务、关爱、回报”企业价值观，勇于承担中央企业的社会责任和义务，在水电工程抢险、堰塞湖整治、次生灾害防治、帮扶救助、精准扶贫等方面做出积极贡献，荣膺“中央企业先进集体”“中央企业先进基层党组织”“全国五一劳动奖状”“全国用户满意企业”“四川省最佳文明单位”等30多项称号。

【机构设置】

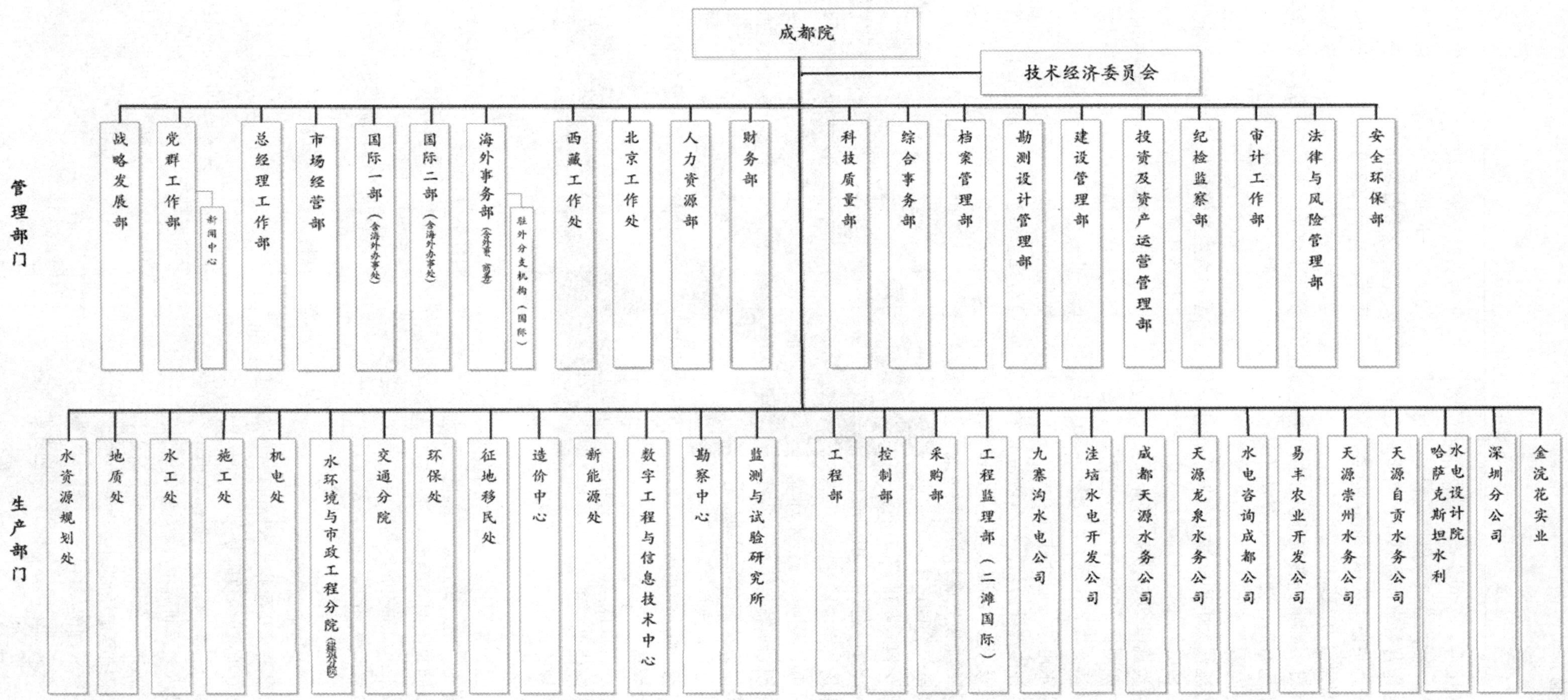
成都院
技术经济委员会
管理部门
战略发展部
党群工作部
新闻中心
总经理工作部
市场经营部
国际一部（含海外办事处）
国际二部（含海外办事处）
海外事务部
驻外分支机构（国际）
西藏工作处
北京工作处
人力资源部
财务部
科技质量部
综合事务部
档案管理部
勘测设计管理部
建设管理部
投资及资产运营管理部
纪检监察部
审计工作部
法律与风险管理部
安全环保部
生产部门
水资源规划处
地质处
水工处
施工处
机电处
水环境与市政工程分院
交通分院
环保处
征地移民处
造价中心
新能源处
数字工程与信息技术中心
勘察中心
监测与试验研究所
工程部
控制部
采购部
工程监理部（二滩国际）
九寨沟水电公司
洼埝水电开发公司
成都天源水务公司
天源龙泉水务公司
水电咨询成都公司
易丰农业开发公司
天源崇州水务公司
天源自贡水务公司
哈萨克斯坦水利水电设计院
深圳分公司
金沅花实业

【经营业绩】2016 年，公司生产经营保持平稳增长态势，营业收入、新签合同、资产总额、合同收款均创历史新高。运营效率保持稳定。营业收入利润率为 11.64%；资产负债率为 70.96%；总资产报酬率为 6.9%；保值增值率为 117.03%。

【产业结构】通过不断巩固传统业务市场，加速调整相关多元化市场布局，公司业务结构不断优化，发展基础不断稳固。

成功签订各流域大中型电站年度勘察设计支付协议，中标西南地区在建装机规模最大的黄联关风电 EPC 项目（建设规模 205 兆瓦）等；稳步推进长河坝、猴子岩、两河口、双江口、叶巴滩、加查、硬梁包等水电站技施项目工作，努力推进孟底沟、楞古、牙根二级水电站等前期项目工作，完成雅砻江流域风光水互补清洁能源示范基地规划工作。

先后签订雅安大兴新城及湿地综合整治工程 EPC 项目、彭山区青龙镇先锋村顺河坝土地一级开发整理建设项目总承包合同，中标泸州市医教园区 PPP+EPC 模式基础设施项目、成都地铁 18 号线设计项目等；积极培育水资源与环境市场。完成成都市水生态环境整治及西昌市“四河一海”水环境综合整治等前期规划工作；签订江西抚州抚河流域生态保护及综合治理项目总体规划及可行性研究合同等。

国际市场多点布局，深耕核心区域。紧跟国家“一带一路”战略，布局海外市场营销新格局。积极探索国际项目的属地化分包和国际化采购模式，取得成本降低、质量合规的良好效果，实现如期建成并顺利移交目标。

【财务管理】加强预算管控，推进“两金”管理，压降非生产性开支，提升资产运营质量；加强资金管理，加快资金回笼，创新融资手段，备足融资工具，降低财务成本；加强税收筹划，用好税收政策，有效化解“营改增”税制改革风险；精简财务制度，简化审批流程，推进网上审批，提升财务服务水平和财务管理效率，促进业财融合。

【科技管理】承担国家及行业技术标准项目 126 项，完成专利申请 220 项，获得政府专利资助 56.2 万元；获批设立集团首个、全国第四个省部级地下空间规划设计与建设技术工程研究中心（实验室），院士（专家）工作站获评“2016 年全国示范院士专家工作站”；3 项重大科技成果经鉴定达到国际领先水平；荣获第十六届全国质量奖入围奖。

【信息化建设】牵头承担国家“863”计划课题“虚实融合动态演化技术”和国家发改委“云计算与大数据安全应用示范”项目；所承担的国内首个流域级工程全生命周期数字化平台——数字雅砻江上线运行，基于 5DBIM 设计施工一体化的猴子岩智慧机电上线交付，三维设计持续深入推进。荣获工程勘察设计行业“十二五”规划期间实施信息化建设先进单位，全球可再生能源储量评估与市场前景分析大数据平台入选中国“互联网+”行动百佳实践案例。

【安全生产管理】深入开展安全生产标准化建设，强化境外项目安全管理，严格落实安全生产“一岗双责”制，推进安全生产信息化建设，有效杜绝安全生产责任事故的发生。获得“中央在川和省属重点企业安全生产工作先进单位”和“四川电力安全生产先进集体”荣誉。

【党建工作】注重思想建设，扎实开展“两学一做”学习教育；加强组织建设，对中组部要求的“八项重点任务”开展专项检查与整改落实；从严监督管理干部，坚持“党管干部”原则，开展选人用人“一报告两评议”，加强了干部监督管理；加强党风廉政建设，深耕细作廉洁教育，着力开展审计、监察、监督及专项治理工作，加大执纪问责力度；强化宣传，丰富宣传手段，制作的专题片获全国职工微影视大赛金奖；公司工会、团委结合自身实际，开展了各有特色、富有成效的工作，群团工作取得新突破；切实履行社会责任，积极开展技术援助、精准扶贫、捐资助学、志愿服务等活动，派出 2 名精准扶贫驻村第一书记，帮助对口帮扶对象南充高坪区万家乡邵家坪村提前实现整体脱贫。

成都院举行庆祝建党 95 周年大会

成都院为适应新常态、迎接新挑战，加快实现有质量、有效益、可持续发展目标，为谋求进一步发展，着力战略转型，创新驱动，提出二次创业，奋力向“具有全球竞争力的质量效益型国际工程公司”目标前行。（邱云、芦军）

【2016 年典型工程节选】

一、孟底沟水电站

工程概况

孟底沟水电站是雅砻江中游七级开发方案中的第五个梯级，上游与楞古梯级衔接，下游与杨房沟梯级衔接。枢纽区位于四川省甘孜藏族自治州九龙县与凉山彝族自治州木里藏族自治县交界的雅砻江干流上，孟底沟水电站的开发任务主要为发电，并促进地方经济社会发展。

孟底沟采用坝式开发，坝型为混凝土双曲拱坝，最大坝高 198 米。电站装机容量为 240 万千瓦，安装 4 台混流式水轮发电机组，单机容量 60 万千瓦。

工程筹建期占直线工期 18 个月，准备期 26 个月，主体工程施工期 82 个月，完建期 9 个月。建设征地涉及人口 170 人、房屋面积 3.5 万平方米、土地 0.173 公顷、文物古迹 9 处。孟底沟水电站地处高山峡谷地带，地形地质条件较好，装机规模大，工程技术条件成熟，水库淹没损失小，环境方面也不存在制约工程开发的因素，工程开发建设条件优良。

工程进展情况

2016 年，成都院以“依法依规，科学合理，有序推进”为总体工作思路，全力推进可研和可研设计优化工作，设计优化工作通过 9 个月全专业积极努力、按时提交可研报告（11 月内审稿）、成果对比分析报告、内审后修改报告和其他相关专题、科研及试验报告，共完成报告 80 余本，图纸 1500 余张。2016 年，孟底沟项目已全面完成可研阶段勘探试验工作，可研优化大部分勘探试验已完成。完成库区稳定性与影响区界定、岩体工程地质分类及物理力学参数选取、坝区地下水径流特征及岩体渗透特性、枢纽区工程边坡稳定性研究专题报告、危险源调查，完成《孟底沟水电站孟底沟水电站施工导（截）流设计专题报告》和《孟底沟水电站施工导（截）流水力学模型试验报告》。完成了《孟底沟支沟（热水沟）泥石流防治及孟底沟沟水处理工程专题设计报告》（咨询稿）、《张牙沟泥石流防护及沟水处理工程专题研究报告》（咨询稿）等专题报告。

成都院勘测设计的溪洛渡水电站荣获菲迪克杰出项目奖

孟底沟水电站可研阶段施工总布置规划专题报告获 2016 年电力行业优秀工程咨询成果二等奖。枢纽数字化应用获第二届中国电力工程数字化设计（EIM）大赛优胜奖。

（薛云飞）

二、白水江玉瓦水电站总承包工程

工程概况

玉瓦水电站是白水江干流（大录—青龙桥段）水电规划“一库七级”开发方案中的第二级电站，工程位于四川省九寨沟县境内，采用引水式开发。主要由首部枢纽、引水系统、地面厂房等建筑物组成，装机容量 4.9 万千瓦。首部枢纽拦河闸坝最大高度 14.5 米，坝顶高程 2020.5 米；引水隧洞全长 14289.0 米，地面厂房内装 2 台、单机容量为 2.45 万千瓦水轮发电机组。

本工程引水隧洞、压力管道和调压室等地下工程占比高，地质条件复杂，多为陡倾角薄层岩体，与洞轴线交角小，多处地下水丰富，施工过程中不确定因素多，投资控制和工期控制难度较大。

工程于 2012 年 10 月通过四川省发改委核准，总投资为 85451.1 万元，后经深化设计后，将投资总额降为 66414.3 万元，2013 年 10 月获开工建设的批复。

建设管理过程

成都院从总承包项目部中独立出设计项目部，实行内部模拟分包，强化各自责任；成立了玉瓦水电站咨询管理项目部，沟通协调参建各方；对制约主体工程开工的前期交通工程采用内部总承包的管理模式。

2014 年是工程开局年，项目部主要目标是完成前期交通工程、临时辅助工程、施工支洞工程、主洞开挖支护不少于 3360 米。2015 年是工程关键年，项目部着重围绕闸坝封顶、地下工程开挖完成不低于 70%、主厂房封顶等内容开展管理工作。在闸首、引水隧洞、厂房等工程部位采取了月进度奖励机制。2016 年是工程攻坚年，要求土建主体工程全部完工，机电设备安装调试完成。

项目进展

2014年4月16日主体工程正式开工，2016年6月引水隧洞开挖全线贯通，2016年12月主体工程完工；2017年3月完成首部蓄水、输水系统充放水实验和放空检查，机组安装调试全部完成，具备投产发电条件。

主要施工项目形象面貌如下：2016年4月开始机电设备安装，2016年6月引水隧洞开挖全线贯通，引水隧洞、跨绕纳沟管桥、调压室及压力管道土建工程、压力钢管安装工程、安全监测工程及支洞封堵工程全部完工。首部枢纽土建工程、金属结构安装工程、安全监测工程全部完工，12月通过蓄水验收。

项目管理经验

（1）以设计为龙头，充分发挥成都院设计优势和技术沉淀，全方位开展方案优化，全过程进行动态设计。

（2）细化地下工程围岩类别划分标准，准确划分围岩类别，为工程投资控制奠定基础。

（3）精细化动态管理，严格过程管控，以现场管控为重点，快速决策、及时处理施工过程中出现的问题。

（4）确定合适的考核标准，采取月进度激励机制和劳动竞赛，提高生产效率。

（5）与施工分包商紧密合作，参建各方融为一体，形成设计、施工、现场管理一体化模式。

（阎士勤、李科）

三、印度尼西亚Poso-1水电站

1.工程概况

Poso-1水电站位于印度尼西亚东部苏拉维西岛中央中苏拉维西省Poso湖下游Poso河上，Poso-1水电站距离Poso港约45公里，距离中苏拉维西省省会帕卢（Palu）约235公里。

电站分两期开发，一期装机2×3万千瓦，二期再增加装机2×3万千瓦，总装机容量为12万千瓦。Poso-1水电站采用低闸引水式开发，主要建筑物包括闸坝、右岸取水口、引水钢管、钢制调压塔、压力钢管、地面厂房等。Poso-1水电站的业主为印尼Kalla Group集团下属的PT Poso Energy公司。

2.工程进展情况

项目勘测设计过程

Poso河三个梯级的可研报告均由日本咨询公司在20世纪80年代完成，Poso-2水电站由业主在可研报告的基础上进行了基础设计和详细设计。成都院于2010年开始介入Poso河流域的水电设计咨询工作，于2010年完成了Poso-2水电站的相关咨询工作。2016年6月4日，PT Poso Energi公司在雅加达与成都院签订了Poso-1水电站闸坝及取水口详细设计合同，包括闸坝及取水口详细设计，引水发电建筑物详细设计复核，闸坝及取水口详细设计（印尼大坝安全委员会审查配合），现场设计咨询等四个部分。完成并提交相关设计报告、计算报告、技术要求共27份，2016年7月完成并提交报告且于同月通过评审。成都院从2015年12月起开始开展现场咨询工作，至2016年年底累计已完成6人/月现场咨询任务。

项目现场实施进展情况

主要施工项目形象面貌如下：坝址区导流明渠于2016年3月开挖、衬护完成并开始过流；闸坝及取水口一期基坑已开挖完成并完成相应的边坡支护；左岸重力坝、1—3号泄洪闸、冲沙闸、鱼道、消力池及海漫正在进行混凝土浇筑施工，计划于2017年6月完成混凝土施工及闸门安装调试并过流；引水明钢管正在进行边坡及基础开挖施工；钢制调压塔已完成开挖施工和基础混凝土浇筑；压力钢管正在进行基础开挖施工；地面厂房正在进行基础及后边坡开挖施工，厂房尾水渠已完成混凝土浇筑。

（张公平）

四、雅安大兴河道及湿地综合整治工程

1.工程概况

雅安大兴河道及湿地综合整治工程位于雅安市雨城区大兴镇和姚桥新区境内的青衣江河道上。工程所在河段上游为大兴水电站，下游为水津关水电站。

雅安大兴河道及湿地综合整治项目是成都院通过市场竞争得到的第一个EPC水环境治理项目。2016年11月29日，成都院与雅安发展投资有限责任公司正式签订《雅安大兴河道及湿地综合整治工程（滚水坝）EPC项目总承包合同》，合同工期自2016年10月30日开始计，总工期177天。11月20日，建设项目部正式进场开工。

雅安大兴河道及湿地综合整治工程建设项目为恢复雅安大兴区域青衣江河段的水生态综合整治工程，该综合整治工程主要包括两道景观坝、库区防渗处理、河床溶蚀通道处理、大兴大桥基础防护、库区河道清理。大兴河道综合整治工程的重点是在上游大兴电站有限的生态下放流量基础上，通过采取经济合理的工程措施，解决近3公里长河道已形成的多处溶洞封堵及库区防渗问题。

主要工作内容：

（1）勘察设计：所有土建及金属结构工程的初步设计和招标、技施阶段的勘察、设计；（2）土建施工：上下游两道景观坝、库区上下游两岸防渗处理、河床溶蚀通道处理、大兴大桥基础防护、库区河道清理；（3）金属结构施工：气盾坝有关的金属结构采购制作和安装。

工程进展情况

该工程2016年完成情况如下：

（1）二级景观坝：围堰闭气完成。基坑排水完成。（2）防渗墙复勘孔施工：防渗墙复勘孔已全部完成。（3）外部采购黏土使用自卸车运至二级坝围堰进行闭气。（4）一级景观坝完成第一块右岸坝体混凝土浇筑，正在进行其余坝段的开挖和施工排水，气盾坝段和溢流坝段开始钢筋制安工作。（5）灌浆施工：钻机检修，摆放灌浆泵，浆站搭建完成。（6）气盾坝厂家预埋件全部到货，一级坝盾板及气囊全部到货，二级坝盾板及气囊供货量达70%。

成都院设计的藏区最大的水电站——两河口水电站心墙开始填筑　　（韩雪娇）

五、孟加拉达舍尔甘地污水处理厂

工程概况

达舍尔甘地（DASHERKANDI）污水处理厂位于孟加拉国首都达卡市郊Dasherkandi区Gojaria河的东侧，污水处理规模为50万立方米每天，主要处理Desherkandi、Hatirjheel、Gulshan、Banani、Badda等地区的污水，以消除目前生活污水对Balu河的污染。

工程由厂外污水提升泵站（6立方米每秒）、污水输送干管（长4.8公里）、污水处理厂（平均流量50万立方米/秒，峰值流量60万立方米/秒）及污泥焚烧系统组成，项目施工期为36个月，运维12个月。

2016年，成都院组织完成项目的实施策划、采购策划和初步设计报告并进行了设备比选、当地建筑材料调研、项目BIM设计、土建及安装分包商选择、污泥焚烧系统分包商选择等工作。2016年12月向业主提交了工程初步设计报告。

项目进展

该项目是成都院在孟加拉国的第一个工程总承包项目，在与中国水电工程顾问集团有限公司签订委托实施协议之前，就已经开始了工程的筹建准备工作。

设计：委托达卡理工大学（BUET）完成了进厂污水水质的复核；完成厂外提升泵站和污水干管的地勘工作；完成厂区基础处理方案的比选，推荐采用内夯扩孔桩的基础处理方案；完成污泥焚烧系统比选，选定污泥喷雾干燥+回转窑焚烧工艺；提交业主技术建议书和技术规范（业主要求）的修订稿。在上述重点工作完成的基础上，正式向业主提交了工程初步设计报告。

采购：根据项目总承包合同，对业主提供的设备供应厂家进行调研，并根据考察结果，结合成都院设备合格供应商名单，完善了设备采购厂家名单并提交业主审核。同时，根据初步设计报告完成了采购策划，并开始了厂外提升泵站水泵的采购招标。

施工：根据项目特点，完成了项目的分标规划，整个工程的施工分污水处理厂土建及安装工程和污泥焚烧系统两个标段进行招标，其中污泥焚烧系统标包括设计、设备采购和安装施工。

2016年10月14日，中国进出口银行与孟加拉国财政部经济关系局（ERD）签订了该项目的贷款协议；11月21日，中国水电工程顾问集团有限公司与达卡市水务局（DWASA）签订了本项目的EPC合同补充协议。

（何学仁）

六、两河口水电站建设征地移民安置代建工程总承包项目

工程概况

两河口移民安置代建工程总承包项目是成都院最大合同金额的EPC项目，位于高海拔的藏区，具有专业领域广、分项工程多、协调难度大、施工干扰多、安全环保风险高、人文社会环境复杂等特点和难点。项目主要包括复建道路XV02线（雅江县至道孚县）密贵沟至瓦日乡段、库周交通恢复工程、道孚县4座寺院新址基础设施（仅含对外连接道路及外部供水）、集镇复建工程、输变电复建工程、两河口水电站库区复建桥梁工程砂石加工系统建设及运行等。

工程进展情况

2016年，与成都院签订分包合同的单位陆续进场开展前期工作。为加强现场管理，项目部建立了分标管理、责任到人的管理制度，设立了标段长对各标段施工现场进行蹲守式管理；为保证施工稳步推进，项目部及时进行计量结算；为保证施工质量，项目部设立了试验室对各类原材料进行按时检测。

2016年，密瓦段Ⅰ标项目营地基本具备入住条件，施工便道完成相关测量和布线工作；密瓦段Ⅱ标下拖特大桥6号主墩、7号主墩墩身0—6米段已具备浇筑条件，涵洞累计完成两座，共18.5米；密瓦段Ⅲ标明线路基毛路全部完成；密瓦段Ⅳ标哈格达沟特大桥2号主墩墩身累计完成5米，哈格达沟特大桥3号主墩墩身混凝土浇筑累计完成4.75米；密瓦段Ⅴ标扎拖特大桥4号、5号主墩第一仓已具备浇筑条件； 密瓦段Ⅵ标明线路基毛路开挖累计完成4070米；密瓦段Ⅶ标明线路基毛路开挖累计完成2750米，仲尼隧道开挖支护累计完成270米；密瓦段Ⅷ标明线路基开挖累计完成7487米；木绒特大桥2号承台已浇筑完成，3号主墩承台浇筑已完成，4号主墩承台钢筋制安完成50吨；红顶特大桥1号主墩桩基浇筑剩余6根，2号主墩桩基检测全部完成；洛古大桥2号、3号主墩承台浇筑完成。

成都院设计的锦屏一级水电站大坝获“最高的大坝”吉尼斯世界纪录

2016年11月1日，成都院两河口总承包项目部获得“四川省重点工程劳动竞赛先进集体”及“四川省重点工程劳动竞赛优秀建设者标兵”称号。

（李德彬）

2016年成都院建设项目列表

表16

序号	类别	项目名称	项目建设情况说明	备注
	水电			
1		玉瓦水电站	主体工程全部完成	续建
2		亚让水电站	工程收尾及专项验收	已完工
	新能源			
3		西昌风电一期黄水风电场	1月全部机组并网发电	已完工
4		西昌风电一期洼垴风电场	1月全部机组并网发电	已完工
5		德昌风电四期德州风电场	已于6月移交业主	已完工
6		德昌风电五期黄家坝风电场	已于6月移交业主	已完工
7		西昌风电二期黄联关风电场	风机基础混凝土浇筑基本完成	2016年新启动
8		越南富叻风电场	已移交业主	已完工
9		援古巴太阳能电站	已完成场地平整	2016年新启动
	市政及房建			
10		内江白马园区安置还房项目	主体结构封顶率90%	续建
11		达州市长田新区建设项目	大尖子隧道右洞贯通，杨柳垭隧洞完成开挖60%	续建
12		剑阁县普安市政项目	项目前期工作	2016年新启动
13		西藏米林基地项目	米林基地主体结构已封顶	2016年新启动

续表 16

序号	类别	项目名称	项目建设情况说明	备注
14		高海拔宇宙线观测站项目	观测基地道路、分洪渠、辅助楼施工	2016 年新启动
15		眉山先锋土地开发整理项目	已组建项目机构	2016 年新启动
16		泸州医教园区基础设施项目	已组建项目机构	2016 年新启动
	水务			
17		孟加拉达卡达舍尔污水厂	合同已生效，分包合同谈判、技术文件等准备工作	前期
	库区移民安置及灾害治理			
18		老沟水库	完成跨沟引水工程招标工作	续建
19		得妥集镇移民安置项目	房建主体结构全部完成	续建
20		章古河坝移民安置项目	完成章古山土地整理及外部供水	续建
21		矮子店综合防治项目	已全部完工	已完工
22		两河口库区移民复建项目	各大桥主墩施工，隧道、明线路基开挖支护	续建
23		汉源野猪塘地灾治理项目	已完工，新增灾民回迁场坪、造地等项目施工	续建
24		丹巴格宗移民代建项目	索龙沟机耕桥桥墩施工	2016 年新启动
25		硬梁包移民代建项目	安置点移民对接、设计方案调整等前期准备工作	2016 年新启动
26		雅安大兴河道治理项目	气盾坝、防渗墙施工	2016 年新启动
	公路交通项目			
27		汗牛公路项目	已基本完工	已完工
28		雨洒河连接路项目	目前暂停工	续建
29		猴子岩莫玉通村公路项目	已完工	已完工
30		莫玉大桥左岸库周交通项目	已基本完工	已完工
31		时济村对外交通项目	对外交通大桥桥墩施工	续建
	其他			
32		苏布雷机电成套设备项目	已完成所有设备的发货运输	续建
33		西藏沃卡集控改造项目	已完工	已完工
34		双江口心墙料供应项目	已组建项目机构	2016 年新启动

注：(1) 项目共计 34 个，其中已完工 11 个，续建项目 12 个，2016 年新启动项目 11 个。

(2) 其他收尾项目共 23 个。

（王蔚楠）

中国电力工程顾问集团西南电力设计院有限公司

【公司概况】

1. 单位简介

中国电力工程顾问集团西南电力设计院有限公司（以下简称西南院或公司）成立于1961年，是首批获得国家工程设计综合甲级资质的国家级高新技术企业。

作为我国电力工程服务行业的“排头兵”和“国家队”，西南院在百万千瓦级超超临界燃煤机组、核电常规岛、洁净煤发电、空冷机组、特高压交直流输变电等勘察设计前沿技术方面具有国内领先优势。在国内20多个省、市、自治区和东南亚、中东、非洲、欧洲等20多个国家和地区先后完成了1000余项发、送、变电工程勘测设计，30余项工程总承包、工程建设管理等项目。公司还承担了多个省和直辖市的电力市场分析、电能消纳研究工作，参与了全国电源电网规划、西电东送、青藏联网、川藏联网、电力产业结构优化升级等电力发展规划研究工作。

2月2至3日，公司召开2016年工作会议暨十届六次职工代表大会

近十年来，西南院连续入选美国工程新闻记录(ENR)中国工程设计企业60强、全国工程勘察设计企业勘察设计收入50强、工程项目管理百强、工程总承包完成合同额百强，荣获四川省和成都市百强企业等荣誉称号。

2. 本年度内机构设置

西南院治理结构采用直线职能制和事业部制相结合的形式，下设职能管理部门、生产经营部门、辅助生产部门以及全资子公司。

职能管理部门：总经理工作部、人力资源部、企业发展与法律事务部、财务部、生产经营管理部、质量技术管理部、党委工作部、安全生产管理部、监察审计部、公司工会、综合管理部、采购部、离退休工作部。

生产经营部门：发电工程分公司、电网工程分公司、勘测工程分公司、系统规划中心、工程技术经济中心、总承包分公司、国际工程分公司、非电业务开发部。

辅助生产部门：档案管理中心、印制出版中心、服务管理中心。

全资子公司：中国电力建设工程咨询西南有限公司、中国电力建设工程咨询环境工程有限公司、四川省江电建设监理有限责任公司、成都贝斯特数码科技有限责任公司。

3. 职工队伍

截至2016年年底，西南院职工人数为1502人，拥有国家级和省级设计大师9名，教授级高级工程师163人，高级工程师510人，工程师312人。

4. 企业的主要任务

作为国有企业，西南院的主要任务是实现保值增值。该院在上级单位的领导下，积极承揽电力规划研究、咨询、评估与工程勘察、设计、服务、工程总承包、监理及相关专有技术产品开发等业务，通过公司拥有的精湛的技术、优质的服务、科学的管理，致力于为政府部门、金融机构、投资方、发展商和项目法人提供电力工程一体化的解决方案，努力为能源产业科学发展做出贡献。

在实现快速发展的同时，西南院积极履行社会责任，在抗冰保电、抗震救灾、抗洪抢险、社会主义新农村建设等方面还承担了一定的工作。

5. 主要生产经营指标完成情况

2016年全年签订合同66.98亿元，实现营业收入19.05亿元，实现利润2.31亿元，所有者权益13.42亿元，经济增加值（EVA）1.45亿元。

6. 资产状况

西南院注册资本为6亿元。2016年年末，资产总额达32.63亿元。

【公司“十三五”发展规划】

1.指导思想

全面贯彻党和国家的路线、方针和重大战略部署，以中共十八大和十八届历次全会、中央经济工作会议和全国国有企业党建工作会精神为指引，大力践行“创新、协调、绿色、开放、共享”五大发展理念，坚持以《中国能建中长期战略发展纲要》、《中电工程中长期战略与“十三五”发展规划》为指引，以集团公司“全球能源、缔造未来”为使命，以“行业引领、国际一流”为愿景，以打造创新驱动、最具综合竞争力国际工程公司为战略定位，深入贯彻落实“深化改革创新发展、高端技术引领发展、融资投资驱动发展、提质增效精益发展、新兴业务协同发展、海外业务集约发展”六大总体发展策略，加快传统业务转型升级与新市场拓展，全面构建与国际工程公司相适应的管理体制机制。

2.企业愿景

行业引领、国际一流。

3.战略定位

打造创新驱动、最具综合竞争力的国际工程公司。

科技创新：具有前瞻性的科研与技术创新能力，完善的科技管理体制和技术研发体系。始终围绕产业政策、行业发展方向和工程技术应用，提升自主知识产权和重大核心技术的生产力转化，实现技术商品化。熟悉并掌握世界前沿技术，实现技术标准国际化。深化主营业务信息化建设与应用，借助互联网与大数据，培育客户新需求，构建方便、友好的数字化服务平台。

管理创新：具有现代企业的治理与管理能力。进一步完善法人治理，逐步建立适应国资管理规范的现代企业经营管理模式。提升项目经营管理能力，加强项目开发及履约全过程的精细化、信息化管理。进一步提高优质资产的形成能力，优化产业结构和资本结构；强化全面预算管理，使各主要业务板块的营业收入与利润贡献达到协调统一。

商业模式创新：具有面向多元化客户市场提供一体化解决方案的能力。客户更加多元化，围绕多元化客户、多层次需求提供一体化工程项目解决方案及全生命周期运营管理服务，可持续发展能力显著增强；业务更加多元化，以勘察设计为龙头向产业链上下游延伸，形成高端咨询、工程总承包、产业投资、运维服务等相关多元化产业格局；商业模式更加多元化，依托集团公司投资平台，综合运用融资撬动、控股投资、参股投资等方式切入新能源、节能环保等战略新兴市场并取得实质性突破，以PPP模式在非电领域落地一批重特大项目。

国际化：具有国际市场的自主经营与履约能力，依托集团公司国际市场管理平台，深耕境外重点国别市场，形成能够响应多市场领域、多项目运作的管理需要。借助CEEC CPECC品牌影响力，实现国际市场与业务的属地化程度显著提升，海外雇员占比稳步增长，海外市场营业收入与利润贡献度持续提升。

8月11日，越南海阳2×60万千瓦燃煤电厂工程三大主机设备订货合同签字仪式在公司多功能厅举行。中国电力工程顾问集团有限公司党委常委、副总经理薛丹峰出席签字仪式

综合竞争力工程公司：具备综合能力，能够依托自身资源、整合公司内外部资源，对项目前期策划、规划咨询与设计、投融资、工程建设、运营维护等各环节要素进行组织、集成与优化；具备对工程项目进行全过程、全生命周期有效管理的核心能力；以标准引领、技术驱动、资本撬动为主要手段，具有经营方式国际化、技术装备现代化、项目管理科学化、业务范围多元化等主要特征；实施一流管理，能够在管理模式、资源组织、机构设置、设计技术、项目管理等方面具备与国际知名工程公司竞争的综合实力；具备熟悉和掌握国际标准并具有良好的风险管控能力。

【重大电力体制改革】2016年，西南院制定了关于清理整顿组织机构和完善法人治理结构专项工作方案，对全资子公司的产权关系、经营状况、人员状况和法人治理结构情况进行了清理。

按照集团公司要求，及时调查了解、征求意见，完成了关于参与混改及职工持股试点意向的报告。

【2016 年实施的重大举措】为确保在“十三五”规划期间全面完成集团公司下达的各项经营业绩考核目标，确保建设具有国际竞争力的工程公司取得成效；确保加强党的领导、完善公司治理融合发展、增强硬实力与提高软实力同步发展、提升公司效益与维护职工利益统一发展，公司实施了以下改革发展新举措：

在运营理念上，主动适应经济发展新常态，把保增长摆在更加突出的重要位置，强化转型升级工作的组织领导和有效管控，进一步加强合同执行梳理和工程结算管理工作，促进利润来源多元化。

北京西 1000 千伏变电站

在业务开发上，加强对国家产业结构调整政策研究，准确把握“十三五”电力供给侧结构性改革、电力工业转型和发展方式转变的方向，提高市场开发的针对性。

在战略规划工作上，公司全面实施了“十三五”发展规划的编制工作。

在企业基础管理上，公司新设立了非电业务开发部、采购部、质量技术与安健环管理部。

在经营业务上，公司新增售电业务并加强了产业投资力度，参股投资了华电福新广州能源有限公司。

在国外项目管理上，大力推动国外总承包工程标准化建设，适时发布了针对越南海阳项目的属地化组织方式、运作模式。

【2016 年取得的重大成就】在中国能建和中电工程的正确领导下，公司以生产经营为中心，着力稳增长、谋发展、抓改革、促创新、重管理、强党建，各项工作保持良好的发展局面。

1. 以市场为导向开拓多元业务

多措并举确保传统勘察设计咨询业务保持稳定份额。公司发电业务积极抢占节能减排市场先机，同时加强与五大发电公司、神华公司、各省市能源投资公司以及民营投资公司联系，积极开拓新市场，取得了 40 余项前期项目委托，多渠道稳定发电业务份额。公司积极参加国家电网公司和南方电网公司组织的投标项目，中标并签订了雅中至江西、陕北至湖北±800 千伏直流输电工程、张北可再生能源柔性直流电网示范工程、乌东德电站送电广东广西特高压多端直流示范工程、川渝第三通道、西藏电网、新疆电网、云南电网等多个项目。上述项目为公司勘测设计业务的稳定增长奠定了基础。

积极开拓总承包和新能源业务。先后组织了河北遵化、内蒙古京能双欣、成都高新西区分布式能源、玉门东镇光热发电项目、合肥空港天然气分布式能源站等总承包项目投标。中标并签订了成都高新西区分布式能源站工程 EPC 总承包项目，以及西藏扎囊民信 2 万千瓦光伏电站、西藏羊易地热电站、华电广州增城燃气冷热电三联供等项目的勘察设计合同。

国际业务取得新订单。公司围绕“一带一路”沿线国家和地区着力开拓市场，积极开展柬埔寨电网规划工作。中标并签订了印尼芝拉扎三期、越南沿海二期、土耳其西玛、华西能源塞内加尔、印度比罗德和巴新萨、波黑巴诺维奇等一批发电项目。凭借公司良好的服务能力和项目业绩，公司成功入选印尼国家电力公司超临界燃煤电厂工程技术咨询服务供应商短名单，成为唯一入选的中国公司。

非电及投资等新业务逐步实施。公司努力开拓非电市场，以中国能建和成都市政府签订的战略合作协议为契机，密切跟踪成都市相关基础设施建设项目；开展了售电业务注册工作，实现了华电广州增城燃气冷热电三联供项目参股投资。

2. 以切实过程管控保障生产组织

2016 年以来，公司各生产部门任务繁重，通过超前策划、统筹协调以及抓好过程管控，确保了各项目的安全质量进度。

国外发电工程顺利推进了越南海阳、越南升龙、印尼芝拉扎电厂三期、吉利普多二期、印尼棉兰等“一带一路”沿线国家电厂项目的施工图设计，确保了印尼芝拉扎二期机组如期投产。公司设计的首个欧洲电站—波黑斯坦纳瑞燃煤电站顺利竣工投运，这是中国企业在欧洲独立设计和施工的第一个火电总承包项目，是“一带一路”早期取得的重要成果。

国内发电工程完成了神华江西九江、中电投黔西二期等项目施工图设计，顺利推进了神华四川天明电厂、华电芜湖二期、中煤平朔、广西华磊热电等一系列项目的勘测设计工作，确保了华润六枝电厂、华电奉节电厂等机组如期投产。

公司承担了国家电网公司和南方电网公司10余项特高压电网工程和30余项常规电网项目勘测设计任务。顺利推进了昌吉至古泉±1100 千伏特高压直流输电工程，滇西北至广东、扎鲁特至青州、锡林郭勒盟至泰州±800 千伏特高压直流输电工程，山东±800 千伏临沂换流站等项目勘测设计工作。公司牵头设计的北京西 1000 千伏变电站顺利投运，得到了国家电网公司的高度赞誉。公司凭借综合实力和项目履约能力，在南方电网公司设计承包商评价中排名第一。

3. 以规范化运作推进依法治企

公司积极推进内控与风险管理。2016 年度，公司接受了国资委监事会集中重点检查和境外国有资产检查，对检查中发现的缺陷公司迅速整改并及时完善相关制度。

进一步加强法律风险排查，严控重大案件发生，全年没有发生法律纠纷案件，各类经济合同、规章制度、重大决策的三项审核率保持 100%。

继续实施全面预算管理，做好了各类费用核算和财务报告等基础工作，加强了资金资产管理、成本费用管控工作。以成立采购部为契机，进一步规范了采购流程。

通过了安全生产标准化一级企业达标评审，健全了责任考核机制，严格责任追究，切实提升了公司的本质安全水平。全年没有发生安全、质量、环保事故。

【2016 年取得的重要经验】加快转变市场领域。公司认清了电力行业周期性下行的严峻形势，国内电力行业发展由突飞猛进到逐步降温，电力供需形势由基本平衡转为总体宽松，火电投资已经出现行业过剩的明显迹象，公司加快了技术创新与产品升级，跟随产业结构调整趋势，部署创新驱动与适度多元发展战略。积极开展电力业务的延伸，努力探索非电市场领域，探索新的增长点：利用公司专业配置齐全，技术力量雄厚的优势，在传统勘察设计工作的基础上，开展了项目建设的延伸服务或非电领域的专业服务。

加快转变业务结构。公司着力巩固传统电力勘测设计：持续增强电力勘测设计传统业务的核心优势；深入发展总承包业务：深入广泛发展总承包业务，做好现有总承包项目，积累总承包业绩，积极采取多种协同经营方式，不断推进总承包业务深入发展，积极开拓单项总承包业务，不断延伸总承包业务范围。

加快转变增长方式。公司顺应国家资本项下对外开放发展趋势，主动融入全球经济一体化、要素资源配置市场化、资源属性资本化进程，以资本为纽带抢抓特许经营权、资产、技术、人才等发展要素资源，以跨国并购实现属地化发展的新方式，加快转变增长方式，推进产融结合、协同发展。

6 月 6 日，公司首次设计的欧洲电站——波黑斯坦纳瑞 1 台 30 万千瓦燃煤电站工程顺利完成 720 小时可靠性运行

加快转变海外布局。公司抢抓“一带一路”开放发展机遇，加大力度开拓海外市场，进一步加强了与原有窗口公司的深度合作，不断扩充新型窗口资源并建立新合作关系，深入开展与境外公司的合作，深耕国别区域市场，加大直接走出去的步伐。

【公司承担的主要工程项目】

1. 公司承担的总承包项目

神华四川江油煤电一体化新建工程：该项目是四川省第一个百万千瓦等级煤电机组的发电厂，由公司和天津电建联合总承包，开创了以设计为龙头的“设计+施工”EPC 总承包组合模式。

越南海阳 2×60 万千瓦燃煤电厂：该项目是我国“一带一路”中的重要项目，是中电工程在海外投资规模最大的项目，是中国公司迄今为止在越南投资项目中单笔投资金额最大的项目，也是公司承担的第一个海外 EPC 项目。

2. 公司承担的勘测设计项目

印尼芝拉扎三期1×100万千瓦燃煤电厂：该项目是中国企业在印尼正式开工建设的第一个百万千瓦级电站项目，项目将全部使用中国电站设备和技术标准，是中国技术和中国标准“走出去”的又一典范。

昌吉至古泉±1100千伏特高压直流输电工程：该项目是目前世界上电压等级最高、输送容量最大、输送距离最远、技术水平最先进的特高压输电工程。

北京西1000千伏特高压站：该站为河北南部电网首座特高压变电站，是蒙西—天津南1000千伏特高压输变电工程输电通道上的重要枢纽站，也是公司承担设计的第二个1000千伏特高压交流变电站。

华电奉节电厂

【科技创新】2016年，公司继续围绕“特、高、核、新、信”技术发展方向，持续加大科技投入，巩固公司在高参数、大容量、超超临界发电技术、高海拔和特高压交直流输变电技术等领域具有的优势地位，共获得各级科学技术奖32项，其中省部级（行业）奖17项；获专利48项、软件著作权14项、专有技术5项；获四优奖28项；获优秀工程咨询成果奖22项。

【环境保护】西南院积极推进环境保护工作，结合工程项目开展节能减排活动。全年未发生环境影响事故。

【绿色发展】在坚持绿色发展方面，公司加强对分布式能源及多能互补、太阳能开发、智慧城市等新兴业务的技术储备工作，弥补了技术短板，提升了公司的竞争力。

【扶贫工作】作为国有企业，公司积极参与社会公益事业，在扶贫济困、捐资助学等方面继续履行社会责任，为社会奉献爱心。2015—2016年，按照四川省国资委的工作部署，公司共捐赠36.87万元用于四川省凉山州脱贫攻坚工作。按中电工程统一部署，向广西西林贫困地区小学捐赠电脑40余台。

【党建工作】2016年，在上级党组织的正确领导和公司行政的大力支持下，公司党委始终坚持围绕公司生产经营中心工作，落实从严治党主体责任和党风廉政建设主体责任，深入开展“两学一做”学习教育，以专题教育工作为契机，加强思想建设和作风建设；充分发挥三个作用，进一步提升基层服务型党组织建设；坚持党管干部，进一步规范干部队伍建设；构建和谐企业，进一步夯实公司改革发展的各项基础，较好地完成了党建工作各项目标任务，有力地促进和保障了公司生产经营改革发展各项任务的完成。

2016年，公司系统规划中心党支部荣获“四川省国资委先进基层党支部”称号，两名职工分别荣获“中央企业优秀共产党员”“四川省优秀共产党员”荣誉称号。

【廉政建设】西南院党委、纪委认真落实党风廉政建设主体责任和监督责任，严格执行“三重一大”决策制度。开展了领导干部约谈工作，进一步强化了党风廉政建设责任。持之以恒地落实“中央八项规定”精神，认真开展“四风”问题整治情况“回头看”工作，开展了形式多样的反腐倡廉教育，进一步增强了党员干部廉洁自律意识。

（黄　旭）

非集团公司（院）

四川省电力设计院

【单位概况】2016年，四川省电力设计院（以下简称设计院）以中共十八届六中全会、省委十届八次全会精神、全省水利工作会议精神为指导，以科学发展观统领全局，深入贯彻省水利厅党组“以稳求进、以进求快、以快求好”的指示精神，坚定信心，凝聚力量，明确市场总体目标和战略定位，逐步建立起长期稳定的市场，同时建立了与院发展规划相适应的管理制度，走出了一条符合院情、自强不息的科学发展道路。实现了“十二五”规划收官。

四川省电力设计院成立于1958年8月，坐落在中国历史文化名城成都浣花溪，是全国建院最早的电力勘察设计院之一，也是国家首批甲级电力设计院之一。具有中华人民共和国住房和城乡建设部颁发的电力行业甲级工程设计证书、工程勘察甲级证书、工程咨询单位资格甲级证书、建设项目水资源论证资质乙级证书、水土保持方案编制资格甲级证书、工程监理企业资质乙级证书、建筑工程设计乙级证书等资质，还持有“开展对外经济技术合作业务”的资质。

达州分布式能源站项目审查

该院获得了中电联（北京）认证中心有限责任公司颁发的质量管理体系认证证书。2011年，该院依据GB/T 19001—2008、GB/T 24001—2004和GB/T 28001—2001标准建立了三标合一的整合管理体系并发布实施，通过产品实现的过程控制，做到了管理的科学化、制度化、规范化，不仅以顾客需求为关注焦点，还使员工、社会和其他相关方满意，承担起该设计院肩负的社会责任。

该院主要从事业务：电力工程勘测设计、电力系统规划设计、新能源发电工程设计（风力发电、太阳能发电、生物质发电含垃圾发电等）、技术咨询服务、水土保持设计、水资源评价、民用建筑设计、工程总承包及电力工程建设监理等业务。

截至2016年12月31日，全院人员为541人（在册和退休），其中在职职工241人，外聘47人。各类专业技术人员225人，占在职职工总数的80%，高级职称86人，占在职人员的30%；中级职称77人，占在职人员的26%；初级职称30人，占在职人员的10%；全院拥有博士2人，硕士14人，本科学历123人，大专学历73人，大专及以上人员占在职职工总数的83%。拥有全国一级注册建筑师、一级注册结构工程师、注册电气工程师、注册岩土工程师、注册咨询工程师、注册公用设备工程师（动力、给排水、暖通）、注册造价工程师、注册监理工程师、注册测绘工程师、注册建造师等各类注册师共49人，为知识密集型、智力服务型单位。

设计院拥有生产办公面积8489.7平方米。技术装备精良，设计手段先进，在工程设计过程中，已普遍、广泛采用计算机辅助设计。设计院配有1000兆以太网交换机的计算机网络及30多种各类设计应用软件，拥有用于网络数据及文字、绘图处理系统计算机300多台，联想、DELL、华硕、IBM等计算机系列便携式计算机百余台；此外，配备有全站仪、地球信息GPS系统、光电测距仪以及OCE—9700数字化大型工程复印/绘图/出版/、DOCU Scan C1500大幅面扫描仪、晒图机、胶装机、切纸机等先进的测绘、印制出版等配套设备。全院已建立综合管理信息系统，各类信息的查询、生产成品统计、设计产品的生产过程等均已实现了网络资源共享，信息化多功能网络化系统等新技术手段在设计院的日常工作中已得到广泛的应用。

【经营业绩】建院50多年来，设计院完成的设计项目遍及全国20多个省、自治区和直辖市及巴基斯坦、土耳其、伊朗、越南、印度尼西亚、东帝汶、尼日尔、尼泊尔、蒙古、哈萨克斯坦、毛里求斯、洪都拉斯、秘鲁等国家。先后承担发电工程250多项，送、变电工程800多项，水土保持方案编制300多项，监理工程200多项，以及发电、输电线路和变电站建设项目EPC总承包工程10余项，其他工程数十项。先后承担了巴基斯坦卡诺特发电厂设计、引进俄罗斯机组的山东南定热电厂、印度尼西亚Kuala Taijung 2×135兆瓦燃煤电厂工程、750千伏西宁变电站增容扩建及其配套工程水土保持方案编制等设计。经过50多年的发展和工程实践，设计院在火力发电、送电、变电的勘测设计，劣质煤发电和烟气脱硫技术的研究、应用，城市及厂矿企业的供热设计，循环流化床锅炉电站设计等方面积累了丰富的经验，赢得了广大用户的好评。

1979年以来，设计院曾先后获得国家级、省部级、厅级优秀设计奖38项，获省级优秀咨询奖8项，获国家、省部级优秀科技成果奖14项，2000年获四川省勘察设计先进单位，2005年获四川省咨询行业先进单位一等奖，2006年获全国质量安全管理先进单位，2007年获中国电力行业企业文化建设工作先进单位，2009年3月获成都市文明单位称号，2010年11月获中国电力规划设计协会颁发的“AAA级”信用等级评价，2010年12月、2011年8月，分别获得四川省住房和城乡建设厅和四川省建设法制协会颁发的“建设领域诚信守法示范单位”“建设领域诚信守法模范单位”的荣誉称号，2011年11月获得首届“四川省勘察设计行业企业文化建设表扬奖”，得到了顾客的认同和好评。2009—2015年，设计院连续获荣获“四川省水利厅2012度水利政务信息先进单位”称号。2012年，“乡城500千伏输变电工程水土保持方案报告书”荣获四川省工程咨询协会2012年度四川省优秀工程咨询成果三等奖。2013年，四川省住房和城乡建设厅颁发了东帝汶DILI 150千伏/20千伏变电站新建工程二等奖。2015年2月分别获得四川省住房和城乡建设厅颁发的东帝汶MANATUTO 150千伏/20千伏变电站新建工程二等奖、东帝汶HERA-MANATUTO 150千伏送电线路工程二等奖等。

20世纪60年代，设计院利用流化燃烧原理，通过了在小锅炉改造中的试验研究，从1969年开始改造、推广应用流化床锅炉以提高煤种的适应性。当时全国没有一家锅炉厂生产这种炉型，也没有一个设计院设计过。为了满足厂家要求，设计院大胆进行了研究、改造试验后将成果应用于工程。曾自行设计了一台流化床锅炉，由锅炉厂进行制造，再在工程设计中选用；也曾帮助锅炉厂以厂家的名义设计、制造后供选用，并取得应用的成功。先后改造设计了省内外共100余台小型链条锅炉为流化床锅炉，从而推动了流化床燃烧技术的发展。

20世纪70年代，设计院在多个工程的取水设计中采用了底栏栅取水方案的新技术。这一技术在山区缺水地区修建电厂具有实用价值。尤其在枯水期，能最大限度地取到所需的水量，从而满足了电厂补充用水要求。

在四川省万县“东方红电厂”进洞工程设计中，成功地设计出取用长江水的瓶式深井取水泵房，该井深达40米，为全国第一个瓶式深井取水工程。

在火力发电厂碎煤机室采用布袋除尘器新技术方面，设计院从前期工作、设备制造到系统设计以及运行测试研究，历时几年，经专家对江油电厂碎煤机室布袋除尘进行测试鉴定后，该项成果已在电厂中推广应用，使已建成的电厂碎煤机室工作环境条件大为改善，并可回收精煤。

20世纪90年代以来，设计院涉足新能源和可再生能源利用（太阳能发电、风力发电、生物质发电含垃圾发电等）的研究，积累了技术资源和人才资源，先后参与和承接了四川省新能源和可再生能源的工程建设规划、可行性研究、工程设计和四川省甘孜州、阿坝州、凉山州的55座太阳能发电工程的监理等工作，以及其他地区的可再生能源利用的咨询工作，多次参与全国性和国际性的关于新能源和可再生能源的会议，为四川省新能源和可再生能源的开发利用奠定了坚实的基础。

2005年，由设计院总承包的西藏玉龙铜矿110千伏总降站工程是我国海拔最高（4500米）、运行条件最恶劣的变电站之一，已超过国家规程规范的应用范围（规程规范只对海拔≤4000米的有相应规定），在技术方面通过大量的调研和计算，对绝缘配合、长线路工频过电压、深冻土、高土壤电阻率接地等方面进行了有益的探索并取得了一定的实际经验，对今后类似工程的建设具有借鉴意义。

【组织机构及人员概况】

组织机构图

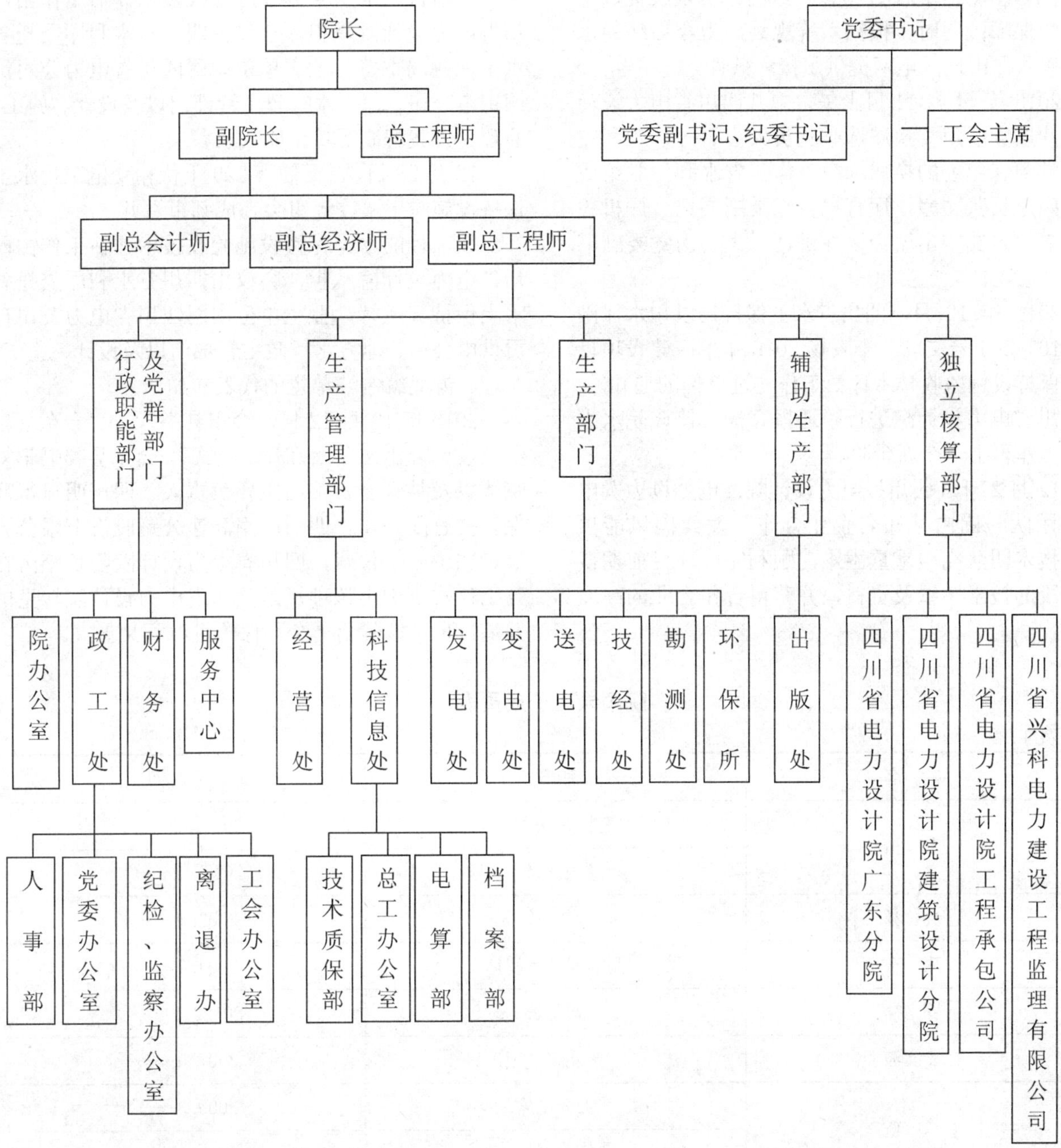

【设计成果与获得的荣誉】2016 年 1 月 6 日，四川省工程咨询协会授予四川省电力设计院编制的《南充市嘉陵区 40MW 天然气分布式能源工程项目申请报告》2015 年度四川省优秀咨询成果二等奖。

2016 年 1 月 6 日，四川省工程咨询协会授予四川省电力设计院编制的《盐亭盈基 2×15 兆瓦生物质发电工程项目申请报告》荣获 2015 年度四川省优秀咨询成果三等奖。

2016 年 1 月 6 日，四川省工程咨询协会授予四川省电力设计院编制的《宜宾红安生物质发电工程项目申请报告》2015 年度四川省优秀咨询成果二等奖。

2016 年 7 月 10 日，盘南煤电气化一体化生态工业基地煤电铝热电联产动力车间项目顺利完成初步设计初版文件，并顺利出版。该工程规模为 2×35 万千瓦超临界机组+1×2.5 万千瓦高温高压机组，是四川省电力设计院的第一个此等级、此规模的火力发电机组设计项目。

2016 年 7 月 28 日，由四川省电力设计院变电处设计的腾冲自治 110 千伏变电站新建工程通过了保山电力股份有限公司的竣工验收。

该变电站的建成将结束腾冲市北部片区没有110千伏电源点的现状，为该区域的经济发展提供了可靠的保障；同时，根据系统规划，为今后缅甸水电站接入保山地区电网提供了接入条件。

2016年11月11日上午，中共四川省电力设计院第八届党委纪委换届选举党员大会召开，顺利完成了党委、纪委的换届选举工作。省水利厅党组成员、副厅长张文彪，厅直机关纪委副书记、厅机关团委书记封艾宁出席会议并讲话。大会由党委副书记龚文波主持。

2016年12月，四川省水土保持局以川水保函〔2016〕504号文《关于表扬2016年生产建设项目水土保持设施验收技术评估工作先进单位的通知》，对四川省电力设计院进行了通报表扬，使该院水土保持工作再上一个新台阶。

12月27日，四川省电力设计院发电处风力发电技术团队与国内某知名企业合作开发泰国风能项目。技术团队克服重重困难，顺利完成项目前期谈判阶段的技术图纸及资料，并获得合作企业的高度认可。

12月28日，泸州泸县220千伏输变电工程水土保持设施竣工验收评审会在成都市召开。

该项目的水土保持设施验收技术评估工作由四川省电力设计院承担，会议由四川省水利厅委托省水土保持局主持，业主单位国网四川省电力公司泸州供电公司、地方水行政主管部门以及设计、施工、监理、方案编制等单位的代表参加。

12月28日，自贡仙市220千伏输变电工程水土保持设施竣工验收评审会在成都市召开。

该项目的水土保持设施验收技术评估工作由四川省电力设计院承担，会议由四川省水利厅委托省水土保持局主持，业主单位国网四川省电力公司自贡供电公司、地方水行政主管部门以及设计、施工、监理、方案编制等单位的代表参加。

2016年12月12日，会东县举行了“会东县生活垃圾无害化处理项目开工仪式”。会东县委书记刘晓博以及县政府各部门主要负责人、四川明日得环保科技有限公司、四川成渝高速公路股份有限公司等参加了开工仪式，四川省电力设计院院长李涛在开工仪式上指出该项目是四川省电力设计院转型的开端，也是该院第一个环保项目，意义重大。

院领导班子成员表

表17

姓　名	职务	任职时间
李　涛	院长、法人、	2011.10——
	党委书记	2016.12——
吴　猛	副院长	2002.1——
燕　东	保留副处级待遇	2004.4——
罗　衡	副院长	2012.12——
龚文波	党委副书记	2007.5——
徐　健	工会主席	2009.3——
	纪委书记	2013.1——
何永德	总工程师	2007.9——

（刘　敏）

四川电力设计咨询有限责任公司

【公司概况】四川电力设计咨询有限责任公司（以下简称川电设计咨询）的前身是1979年7月组建的四川省电力局设计处（1981年后更名为西南电业管理局设计处）。1983年8月，经水利电力部批准，在原设计处基础上成立了西南电业管理局电力设计院。单位名称随着主管局名称的更换相应易名，1989年更名为四川电力工业勘察设计院。2001年8月，面对即将到来的电力行业体制改革，在全国电力设计甲级企业中率先成功实施了全面改制，成立了四川电力设计咨询有限责任公司；2010年年初，按上级要求，经重组整合，成为四川省电力公司全资子公司。2011年年底，根据国网企业主辅分离改革及电力设计、施工企业一体化重组改革要求，整体划转至中国电力建设集团有限公司。2013年，公司注册资金增至3亿元。2016年，面对严峻的国内外经济形势和繁重的改革发展任务，川电设计咨询全体员工砥砺前行、迎难而上，全面完成生产经营目标和工作任务，全年新签合同额63.27亿元，实现营业收入25.2亿元，实现利润1.99亿元；安全生产及党风廉政建设工作目标受控、在控，保持了“0”目标。

川电设计咨询总经理侯磊（左一）带队开展来宾大电网勘测设计外业春季安全大检查（曾智　摄）

【荣誉成果】2016年，川电设计咨询连续第十一次进入全国勘察设计行业总承包百强企业名单，获得“四川省五一劳动奖状”，由电建集团B级企业晋升为A级企业。获各级各类优秀工程设计、咨询、总承包、科技进步奖等65项，其中：“西藏昌都电网与四川电网联网500千伏输变电工程”获国家优质工程金质奖，“丹巴500千伏输变电工程”获勘察设计行业优秀工程项目管理奖铜奖，“米易500千伏变电站新建工程”等4个项目获电力行业“四优”一等奖；“非水可再生能源合理开发规模与布局研究报告”获电力行业优秀工程咨询成果一等奖，“茨巫一乡城220千伏线路新建工程”获国网公司优秀输变电工程设计一等奖，“科特迪瓦约普贡Ⅱ225千伏变电站工程数字化设计应用”获中国电力工程数字化设计（EIM）大赛变电工程第二名，“二滩一普提Ⅰ回线路π接进盐源变500千伏线路新建工程测量”获四川省优秀测绘工程金奖；“新一代智能变电站设计关键技术研究”获中国电建科学技术奖一等奖，“火力发电厂新型取水技术研究”等2个项目获电力建设科学技术进步奖二等奖。

【组织结构及人员状况】公司下设20个部门(分公司)，组织机构图如下：

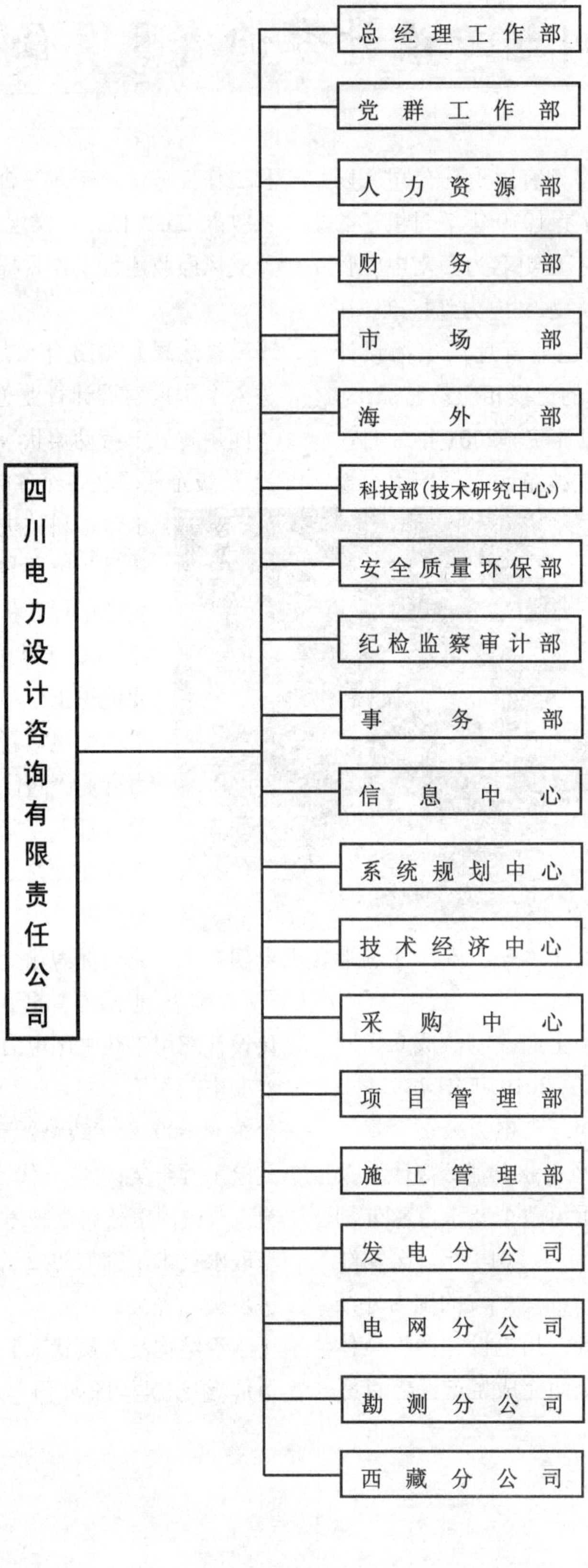
四川电力设计咨询有限责任公司
总经理工作部
党群工作部
人力资源部
财务部
市场部
海外部
科技部（技术研究中心）
安全质量环保部
纪检监察审计部
事务部
信息中心
系统规划中心
技术经济中心
采购中心
项目管理部
施工管理部
发电分公司
电网分公司
勘测分公司
西藏分公司

截至 2016 年 12 月，公司职工人数 560 人，平均年龄 37.3 岁。具有大学本科及以上学历人员 523 人，占比 93.39%。公司共有中高级职称人员 412 人，占比 73.57%，其中教授级高级工程师 47 人，高级职称 186 人(不含教高)，“四川省勘察设计大师”2 名；拥有电气、建筑、结构、咨询、设备、岩土、建造、监理、安全、环评等各类注册师 191 人次。

党支部 11 个（含 1 个退休党支部），党小组 24 个，党员总数 400 人，在职党员 349 人，退休党员 51 人，预备党员 6 人。

【转型发展步调统一】在两个五年规划交替之际，基于外部形势变化和自身实际，川电设计咨询制订并完成了“十三五”发展规划，明确了战略定位：“以电力工程设计咨询技术和工程技术为基础，以投融资能力为支撑，以项目管理能力为核心的质量效益型工程公司，成为电力工程总承包业务领域的优势企业”。持续推进战略宣贯，进一步凝心聚力、共谋发展；制订市场营销、科技、信息化、人力资源、财务及投融资管理等子规划；以规划为先导，分解行动计划到年度工作目标，加强执行、监督、考核。

川电设计咨询党委书记周千波（左一）带队检查慰问陕北—湖北 ±800 千伏特高压直流线路工程外业勘测设计现场

（韩丰远　摄）

【多元经营成效显现】2016 年，积极应对市场形势，加强营销方式创新、体系建设和能力打造，国内新签合同额同比提升，部分重点区域经营进入良性循环，海外营销基础逐步夯实，经营结构和布局更趋合理。

分级分类分层经营逐步深入，各级市场主体活力进一步释放，各类业务营销呈现较好发展态势。勘测设计业务持续巩固，全年签订合同额 4.33 亿元；总承包市场取得较好业绩，全年新签总承包合同额 54.12 亿元；基础设施市场进展积极，实现非电合同额 4.82 亿元，新签青白江老工业区周边道路提升改造和成都市邛崃、蒲江土地增减挂钩等项目。

重点客户和区域市场营销亮点突出。充分发挥在特高压领域的优势，中标雅中—江西、陕北—湖北直流特高压线路和雅中换流站 B 包。为四川各行业主管部门和在川能源企业提供高质量的技术支持与服务，取得多个电网和新能源项目，中标铁路电力线路，确保了较高的川内市场占有率。厚植西藏市场并斩获佳绩，全年新签合同额突破 12 亿元，首次取得藏区新能源项目且累计合同额超过 10 亿元。依托贵州兴义，辐射黔桂区域，获得广西百色、来宾等优质电网总承包项目，全年新签合同额约 18 亿元。海外业务开发稳步推进，推进营销网络的搭建，经营渠道实现拓展；获得苏丹输变电项目和印尼东加里曼丹煤电咨询项目，新签国际业务合同额 6.5 亿余元。

新能源业务较快增长。公司加大了新能源，尤其是光伏项目的市场开发力度，依托技术、资金、管理优势，积极对接相关投资方，采用多种商业模式，新签新能源项目合同额 30.34 亿元。其中，前期咨询及勘测设计项目共 17 个，保持了省内市场优势地位；光伏电站总承包项目共 10 个，累计合同额同比增幅较大，并一举实现了公司在农光互补领域和省外光伏总包项目零的突破。

新兴业务发展态势良好。公司发挥投资的抓手作用，参股炉霍、攀煤大宝鼎光伏电站及兴义万峰电力等；抓住川贵藏等地电网建设改造发展机遇，配网业务发展迅猛，新签合同额 1.08 亿元；进军气电及天然气分布式能源市场，参与编制四川省“十三五”天然气分布式能源规划，取得广东清远、宜宾南溪项目设计合同。

【履约能力稳步提高】坚持以客户价值和需求为导向，重视履约与合同风险管控，实现企业经济效益与品牌价值同步提升；大力建设与工程公司相适应的项目管理体系，总承包项目设计、采购、施工一体化管控能力明显提高。

开展技术优化，推进数字化设计平台开发运用，保障了各重点勘测设计任务和一批总承包项目的顺利推进。精心组织策划，酒泉－湖南、上海－庙山东等特高压项目进度满足业主要求，准东—华东线路重冰区直线塔实验获得好评。推进 PDMS 三维设计等软件的深度开发和应用，开展了独山、乐山福华煤电项目和一批太阳能、风电及分布式能源项目的设计咨询。克服高原环境困难，有序推进西藏各类勘测设计项目90项，完成公司至今承接的、条件最艰苦、地形最复杂、外业安全风险最大的金桥送出工程勘测设计工作。优化资源配置，针对工期紧、人手缺的情况，采用集中封闭设计等方式，保证了一批输变电送出工程和光伏总承包项目的设计质量与进度。

强化总承包项目管控，对重大项目采用单列项目制，全面实现电网工程及新能源总承包管理系统上线运行，项目管控的维度和力度进一步提升。在国内光伏指标下达时间较晚、承接项目实施难度大、安排集中的情况下，不断优化管理模式，完成新能源总承包合同额近10亿元；完善实施方案，加强过程控制，会东、炉霍等一批光伏项目和鲁基风电送出项目按期投运；克服高寒缺氧、工期紧张、施工强度高等不利因素，保证了西藏岗巴、浪卡子等光伏项目的质量与进度；克服环境资源不利条件，解决了变电技术难题，苏布雷水电站输变电工程成为科特迪瓦第一个在合同期内完成的能源项目；加强项目实施策划的指导性作用，百色输变电和贞丰电厂总承包项目高效推进；邛崃、蒲江土地增减挂钩和渠县文峰山项目进展顺利。

【安全质量管理常抓不懈】持续强化安全“红线意识”，推进依法治安，落实安全生产“四个责任体系”；持续健全安全排查机制，在江西丰城电厂“11.24”事故发生后，高度重视并全面开展安全自查；加强应急管理，组织安全取证培训和地灾、消防等应急演练；加强交通安全管理，加装工程车辆GPS定位系统；强化海外安全管理，制定《海外总承包项目安全风险管理指南》，科特迪瓦等海外项目安全监管能力获得提升；优化“职业健康、环境保护、节能减排”三项业务管理工作，在电建集团年度安全生产和“三项业务”考核中获得好评，未发生任何受考核的安全事故或事件。

持续完善“三标一体”管理体系文件，顺利通过换证审核；创新开展质量管理体系教育培训和考试，坚持做好勘测设计和总承包项目的定期监督检查；通过推进设计有关工作标准化、模板化，各专业每月开展质量分析、制定预防措施，将质量问题和风险消除在前端；推行总承包质量亮点工程、施工工艺示范及设备监造，做到“全过程参与、阶段性检查、环节性把关”；积极推动QC活动开展，获各类QC奖18项，首次获得全国优秀QC小组奖。

【科技引领水平不断提升】深入推进产学研合作，与西南交通大学联合建立“研究生工作站”，探索人才培养、科学研究、学术交流深入合作的新途径；发挥“技术研发中心”和“四川省企业技术中心”职能，结合业务需求精选课题，全年共开展科技项目64项，其中电建集团科技项目4项、国网公司科技项目9项，完成科技投入7646万元，科技投入比为3.03%；加强科技项目过程管理，逐项开展立项评审、年中检查、结题验收，提高研究水平；全年共获得各类科技成果奖9项，发明专利4项，实用新型专利22项，电力行业专有技术3项，工法1项，著作权10项；公司论文在高水平期刊的采纳率大幅度提升，外刊发表论文157篇，其中核心期刊论文40篇，被《科学引文索引》收录论文5篇，《工程索引》收录论文16篇。

与中远物流有限公司签署战略合作协议　　（王淇　摄）

【人力资源管理有序推进】为支撑企业转型升级，进一步推动组织架构优化，完善各条块职能；推进人力资源改革研究，探索岗位序列发展通道的优化方案；加强教育培训的导向性和计划性，组织开展项目管理后备人才集训、商务谈判、干部自主选学课堂等内外部培训；深化员工岗位关键绩效考核，修订《员工绩效考核管理办法》，重点改进项目人员绩效考核体系。

丰富人才培养开发方式，稳步推进五支人才队伍建设；搭建核心人才胜任力素质模型及评价中心框架体系，试点编制项目经理岗位模型；加速培养、引进紧缺人才，通过社会招聘、高校招录、内部转岗培养等方式，充实了勘测设计、项目管理等人才队伍；重视干部选拔和人才交流，提拔干部2人，组织内部交流、援藏、外借人员15名；提供优质平台，营造良好氛围，鼓励、促进员工成长成才，全年获评股份公司优秀项目经理5名、四川省优秀青年工程勘察设计师1名，新增中级及以上职称69人，新增各类注册师17人次。

【规范运转能力逐渐增强】制度建设逐渐深入。推进对内部现行规章制度及（非三标）管理标准的系统梳理分类，完善制度建设流程，全年修编规章制度33项。

财管融资能力持续提升。健全财务管理制度体系，建立提高会计基础工作质量的长效机制；转变财务管理理念，积极推进“两金”管控；深入研究、落实“营改增”相关政策，完善税务管理机制；坚持投资预算效益优先和资金保障原则，着力提高公司投资风险管控能力；加强投融资能力建设，拓展融资渠道和金融资源储备，公司所获授信额度提升至42.5亿元。

总承包的大秦农业光伏15万千瓦电站及送出工程（王光勋　摄）

信息化建设稳步向前。建立企业私有云平台，开通并使用电话会议系统，实现电网及新能源总包项目全部在项目管理系统上线运行和发电总包管理系统的开发，三维数字化建设和应用成效显现，完成保密和信息安全专项整治工作。

法律及风险管控进一步加强。编制完成法治企业建设实施细则和“七五”普法实施方案；积极稳妥处理法律纠纷案件；推行统一合同文本34份，完成法律审核900余份，审核率达100%；推进风险管控与经营管理工作的融合，加强风险内控体系建设。

资质管理有序开展。测绘资质晋升甲级，完成地质灾害治理工程设计甲级、建设项目环境影响评价乙级、工程造价咨询企业乙级等资质延续。

采购管理规范务实。编制“招标采购管理”等制度，加强采购策划和供应商资源整合，开展设备质量回头看活动，使质量控制意识和能力获得提升；全年共完成总承包项目设备材料采购金10.32亿元，完成采购合同金额9.42亿元。

审计监督作用进一步发挥。制定总承包项目经济效益审计及配合规定等制度，完成贵州兴义、雄村工程的审计检查和安谷水电站工程专项审计。

档案工作基础有力夯实。数字档案馆基本实现在线收集、同步归档等各项功能；归档勘测设计成品9368卷、各类原始文件1027卷，原始文件的归档率达98%以上。

后勤服务质量整体提升。完善后勤制度和服务体系，规范物资申领、车辆保障等程序，保障服务范围延伸到各项目部；完成新办公楼房产、土地权属办理，已取得旧办公楼房产证，土地证办理有序推进，满足集团改制要求。

【党建创造价值进一步彰显】扎实推进党的建设各项工作，开展“两学一做”学习教育，推进“党员先锋”等选树典型相关活动；严抓党建主体责任，完成党委委员增补和3个支部换届选举；借助微宣微讲和党建云，深化形势任务宣传教育；“三严三实”专题教育整改措施全部落实；高标准选贤任能，统筹抓好干部队伍建设。

严格落实“一岗双责”，加强重大决策管控，坚持民主集中制，认真执行“三重一大”决策机制；多措并举加强对反腐倡廉责任制及工作落实的内部控制，进行反腐倡廉工作专题研究。完善“大监督”体系，信息公开、总承包工程效能监察和采购监督有序开展。落实集团要求开展自查自纠，开展违规分包工程专项治理。

继续提升引领发展的软实力，做好企业文化故事的征集并编辑成册；再次获评电建集团优秀记者站，企业微信公众平台影响力进入央企二级企业排名前1%；深入开展布拖县精准扶贫，工作成效被省国资委、中国电力规划设计协会推广宣传。推进关爱体系建设，开展“正能量项目部”“优秀勘测设计作品秀”等活动，丰富员工的文化生活；关心关爱退休老同志，和谐稳定的氛围进一步形成。

【工程项目完成情况】2016年，川电设计咨询累计完成勘察设计、环评、水保、地灾和总承包等项目共计700余项；完成勘测设计合同额再次突破3亿元，总承包合同额24亿元；工程合格率为100%，工程达标投产率为100%，优质工程率为100%。

四川电力设计咨询有限责任公司2016年完成的　　主要工程项目见表18。

国内主要勘测设计项目一览表

表18

序号	工程名称	公司承担的具体工作内容
1	重庆材料 3×670 吨/小时 CFB 锅炉及配套热电机组工程	可研、初设、施设、竣工图
2	南海长海发电有限公司#2 锅炉无油点火技术改造项目	可研、初设、施设、竣工图
3	钼铜多金属资源深加工综合利用项目	初设
4	新疆奎山宝塔石化有限公司 800 万吨/年重油制烯烃芳烃及配套循环经济综合利用项目 2×35 万千瓦 热电联产新建工程	初设、施设、竣工图
5	印度尼西亚苏门答腊 2×15 万千瓦 SUMSEL （苏姆赛尔）-5 坑口燃煤电站	初设、施设、竣工图
6	独山金锰材料循环经济工业园热电联产项目	初设、施设、竣工图
7	四川省乐山市福华通达农药科技有限公司盐磷化工循环产业热电系统扩能技改项目	初可、可研、初设、施设、竣工图
8	印尼苏拉威西镍铁工业园项目电厂 2×6.5 万千瓦一期工程	初设、施设
9	江门国电盛唐燃气分布式能源项目	可研、初设、施设
10	清远燃气分布式能源项目	可研、初设、施设
11	广元市朝天区马头岩风电场工程	初可、可研、施设、竣工图
12	小金县美兴 5 万千瓦并网光伏电站工程	可研、初设、施设、竣工图
13	会理县爱民乡 3 万千瓦光伏电站工程	初设、施设、竣工图
14	小金县大坝 5 万千瓦并网光伏电站工程	初设、施设、竣工图
15	浪卡子县大有浪卡子镇 5 万千瓦并网光伏电站工程	初设、施设、竣工图
16	准东-华东±1100 千伏特高压直流输电线路工程（彭家南-刘沟村西南）	初设、施设
17	酒泉-湖南±800 千伏特高压直流输电工程(窝坑东南-天鹅抱蛋南)	初设、施设、竣工图
18	上海庙－山东±800 千伏特高压直流输电线路工程（李家榛子崖西南-山东换流站）	初设、施设、竣工图
19	锡盟－泰州±800 千伏特高压直流输电线路工程（口埠镇东北-西吕家庄）	初设、施设、竣工图
20	雅中－江西±800 千伏特高压直流输电工程（雅中换流站）-海口梁子东北）	可研、初设、施设
21	陕北-湖北±800 千伏特高压直流输电线路工程（许尖-牛家地坪）	初设、施设
22	泰州 1000 千伏变电站工程（设计监理）	施设
23	雅中-江西±800 千伏特高压直流输电工程（雅中±800 千伏换流站）	初设、施设
24	巴塘－雅安－重庆－绵阳－德格－巴塘、雅安－绵阳 1000 千伏特高压交流工程线路和成都变、铜梁变、绵阳变	可研
25	布拖 500 千伏变电站新建工程	可研、初设、施设
26	新津 500 千伏变电站新建工程	可研、初设、施设
27	马尔康 500 千伏变电站新建工程	施设

续表 18

序号	工程名称	公司承担的具体工作内容
28	江油 500 千伏变电站新建工程	初设、施设
29	盐源 500 千伏变电站新建工程	初设、施设
30	十陵 500 千伏变电站新建工程	初设、施设
31	色尔古 500 千伏变电站（马尔康）间隔扩建工程	初设、施设
32	路平 500 千伏变电站（富乐）间隔、富乐 500 千伏变电站（路平）间隔扩建工程	可研、初设、施设
33	遂宁 500 千伏变电站主变扩建工程	初设、施设
34	叙府 500 千伏变电站间隔（布拖）扩建工程	初设、施设
35	木里 500 千伏变电站间隔（盐源）扩建工程	初设、施设
36	盐源 500 千伏变电站间隔（布拖、木里）扩建工程	初设、施设
37	二滩—普提线路Ⅱ入盐源变 500 千伏双回线路新建工程	施设
38	龙王－新都 500 千伏双回线路新建工程	施设
39	马尔康－色尔古双回 500 千伏线路新建工程	可研、初设、施设
40	水洛－盐源 500 千伏双回线路新建工程	初设、施设
41	路平－富乐 500 千伏双回线路新建工程	初设、施设
42	盐源－布拖 500 千伏双回线路新建工程	可研、初设、施设
43	布拖－叙府 500 千伏双回线路新建工程	可研、初设、施设
44	木里-盐源 500 千伏线路新建工程	可研、初设、施设
45	猴子岩－康定 500 千伏线路新建工程	初设、施设
46	色尔古-茂县Ⅲ回 500 千伏线路工程	初设、施设
47	万峰湖 220 千伏变电站新建工程	初设、施设
48	龙广 220 千伏变电站新建工程	初设、施设
49	约普贡Ⅱ225 千伏变电站扩建工程（新增）	施设
50	苏布雷变电站—塔阿波变电站 225 千伏线路工程	施设
51	塔阿波变电站—约普工Ⅱ变电站 225 千伏线路工程	初设、施设
52	色尔古—红原 220 千伏双回线路新建工程	初设、施设
53	羊湖—多林Ⅱ回 220 千伏线路新建工程	初设、施设
54	郑屯—普平 220 千伏双回线路新建工程	初设、施设
55	龙广—普坪 220 千伏双回线路新建工程	可研、初设、施设
56	者保—弄瓦 220 千伏双回线路新建工程	初设、施设
57	者保-潞城 220 千伏双回线路新建工程	初设、施设
58	雄村铜矿 110 千伏变电站新建工程	可研、初设、施设
59	下五屯 110 千伏变电站新建工程	可研、初设、施设
60	察雅 110 千伏变电站新建工程	初设、施设
61	郑屯—下五屯 110 千伏线路新建工程	可研、初设、施设
62	日喀则工业园 110 千伏变电站新建工程	施设
63	谢通门—雄村铜矿 110 千伏双回线路新建工程	初设、施设

公司承担的主要国内总承包项目一览表

表 19

序号	项目名称	规模	备　注
1	西藏工字弄水电站送出工程		已投运
2	广西石梯 110 千伏变电新建工程		在建
3	云南小黑江回龙山水电工程 110 千伏送出工程		在建
4	凉山州喜德县鲁基风电场 220 千伏输变电工程		已投运
5	广西左右江革命老区电力扶贫项目营协议至百色 220 千伏输变电工程		在建
6	贵州省兴义市郑鲁万工业园配套 220 千伏、110 千伏输变电新建工程		三期在建
7	贞丰县工业园热电联产动力车间项目	2×35 万千瓦	在建
8	甘孜州炉霍县贡唐岗光伏本体及送出总承包	5 万千瓦	已投运
9	凉山州会理县龙泉光伏电站总承包	5 万千瓦	已投运
10	凉山州布拖县包谷坪并网光伏电站总承包工程	5 万千瓦	已投运
11	凉山州会东县汇明光伏本体及送出总承包	3 万千瓦	已投运
12	贵州大秦农业光伏一期光伏电站项目总承包	3 万千瓦	在建
13	西藏岗巴光伏电站总承包	2 万千瓦	在建

境外项目一览表

表 20

序号	工程名称	国家	建设地点	建设规模	公司承担的具体工作内容	目前已完成情况
1	苏布雷水电站送出工程	科特迪瓦	科特迪瓦苏布雷	370 公里	科特迪瓦苏布雷到阿比让的 386 公里 225 千伏输电线路以及苏布雷等三个变电站的改扩建	已带电试运行

（王　淇）

基建施工

责任编辑：李燕辉

2016 年，四川省境内的主要电力建设施工企业分为两大类。

第一类是基地在川的电力建设公司：中国水利水电第五工程局有限公司、中国水利水电第七工程局有限公司、中国水利水电第十工程局有限公司、四川省水利电力工程局、四川电力建设二公司、四川电力建设三公司、四川电力送变电建设公司等。

第二类是基地不在川的施工队伍。这里仅记载了基地在川的电力建设施工企业。

各电力建筑施工企业在激烈的电力市场竞争中积极开拓国内国际电力市场和非电力市场，加强市场营销，抓好在建工程，重合同、守诚信，确保了安全生产和工程质量，加强了经营管理，坚持科技进步与创新，不断提高施工管理水平和员工队伍素质，着力打造精品电力工程，创造出良好的经济效益和社会效益。

中国水利水电第五工程局有限公司

【企业概况】中国水利水电第五工程局有限公司（以下简称水电五局或公司）隶属于中国电力建设集团有限公司，是水利水电工程施工总承包特级、水利行业甲级设计资质企业、具有对外承包工程经营权的国家高新技术企业。

水电五局现有国内工程项目 150 多个，海外工程项目 9 个，股权投资项目 29 个；涉及水利、水电、铁路、公路、市政、基础处理、工业与民用建筑、房地产开发、输变电、建筑装饰装修、设计、监理、试验、职业教育、物业、物流等多个领域。2016 年，全年实现市场营销 214.70 亿元，实现营业收入 138.23 亿元，实现利润 3.22 亿元,公司市场营销、营业收入等主要指标均超额完成电建集团考核指标，名列前茅。

【年度荣誉】2016 年度，水电五局荣获科技创新先进企业、四川省水力发电工程学会第七届先进集体、全国电力建设优秀施工企业、全国优秀施工企业、2014—2015 年度四川省建筑业优秀企业、企业信用等级质量检测类 AAA、企业信用等级施工类 AAA、全国工程建设质量管理小组活动优秀企业、四川省模范劳动关系和谐企业、全国“安康杯”竞赛优胜单位、四川省“安康杯”竞赛优秀组织单位；公司工会荣获四川省总工会 2015 年度工会工作目标考核一等奖、工会领导班子考核一等奖、工会财务工作考核二等奖、四川省 2016 年寻找“最美家庭”活动先进集体、中华全国总工会 2015 年度市级工会财务工作先进单位；水电五局政研会荣获国务院国资委 2015—2016 年度中央企业思想政治工作课题研究成果三等奖；水电五局《五局时代》报荣获成都市记协 2016 年“优秀企业报”；公司团委荣获共青团四川省委五四红旗团委、中央企业团工委、电建集团五四红旗团委；一分局荣获中央企业团工委青年文明号，一分局党委荣获电建集团党委 2014—2015 年度先进基层党组织，一分局团委荣获中央企业团工委中央企业系统 2015—2016 年度全国青年文明号；二分局、五分局、制造安装分局荣获 2015 年度全国“安康杯”竞赛优胜单位；三分局荣获共青团四川省委青年文明号，三分局党委荣获电建集团党委 2014—2015 年度先进基层党组织；职教中心荣获四川省总工会职工教育培训示范点；一分局绩溪抽水蓄能电站 C1 标项目部荣获 2015 年度全国“安康杯”竞赛优胜班组，一分局重庆江习三分部项目及项目团支部荣获电建集团团委五四红旗团支部，一分局喜儿沟水电站发电厂房及引水系统工程荣获中国电建优质工程奖；二分局峨米项目荣获四川省总工会职工（农民工）文化驿站示范点，二分局成雅项目党支部荣获四川省国资委党委职工书屋示范点；三分局阿尔塔什项目荣获中华全国总工会职工书屋示范点；四分局大邑总承包部荣获四川省总工会职工书屋示范点，四分局青白江房建项目部荣获四川省工程建设系统优秀质量管理小组一等奖；五分局微电影《筑梦中原》荣获四川省第二届职工微电影大赛优秀奖，五分局向家坝项目荣获四川省总工会工人先锋号；制安分局仙居项目部荣获 2015 年度全国安康杯竞赛优胜班组，制安分局长河坝机电安装项目部 QC 小组、制安分局溧阳项目部拦污栅栅槽安装 QC 小组、制安分局第一水工机械厂 QC 小组荣获四川省工程建设系统优秀质量管理小组一等奖，制安分局第二水工机械厂 QC 小组、制安分局溧阳项目部座环打磨 QC 小组荣获四川省工程建设系统优秀质量管理小组二等奖；科研设计咨询公司土工环刀 QC 小组荣获全国工程建设优秀质量管理小组一等奖，科研设计咨询公司预应力铜筒 QC

荣获“全国市政金杯示范工程”和“国家优质工程”奖 的郑州市北三环路快速化工程 （张利 摄）

小组荣获四川省工程建设系统优秀质量管理小组一等奖，科研设计咨询公司钢绞线QC小组、科研设计咨询公司精密水准尺QC小组荣获四川省工程建设系统优秀质量管理小组二等奖；国际公司乌干达卡鲁玛尾水隧洞项目部荣获2015年度四川省“安康杯”竞赛优胜班组，乌干达卡鲁玛尾水隧洞项目部QC小组荣获四川省工程建设系统优秀质量管理小组二等奖；郑州农业路项目荣获郑州市建筑施工安全生产标准化示范项目、全国工程建设质量管理小组二等奖、河南省工程建设质量管理小组一等奖，郑州市陇海路快速通道工程（BT项目）荣获2016年度中国电建优质工程奖，郑州陇海路第十、十一项目部荣获安全文明工地；郑州市三环路快速化工程北三环（南阳路-中州大道）BT项目桥梁工程（其中二标段）荣获2015年度全国市政金杯示范工程、2015年度河南市政金杯奖工程、2015年度河南市政优良工程、2016—2017年度国家优质工程奖、2016年度中国电建优质工程奖；四川建筑装饰设计工程有限公司荣获2015年度四川省“安康杯”竞赛优胜单位；两河口一二·五联合体荣获四川省总工会“五一劳动奖状”和先进班组、浙江省总工会工人先锋号和先进职工之家；南水北调焦作1段1标输水干渠工程、喜儿沟水电站发电厂房及引水系统工程、罗塞雷斯大坝加高工程、天府新区兴隆湖生态水环境综合治理工程、成都天府新区红星路南延线工程、十陵青龙湖湿地一期工程、中国水电美立方工程荣获2016年度中国电建优质工程奖；青龙湖项目部荣获四川省国资委系统先进集体；加查项目部荣获四川省总工会工人先锋号，加查项目党总支荣获电建集团党委2014—2015年度先进基层党组织；《小苹果》健身操荣获四川省健身操协会全国广场舞大赛四川片区健身操（徒手组）比赛一等奖，全国健身操协会亚洲大众体操节暨第五届全国全民健身操舞大赛全国总决赛“技术动作比赛一等奖”“综合表现特等奖”。

四川省“再造一个都江堰”重点水利工程小井沟水利枢纽

（刘先华　摄）

【领导班子】至2016年年末，水电五局现任领导班子成员为：执行董事、总经理、党委副书记贺鹏程，党委书记、副总经理刘光，副总经理吴高见（兼总工程师）、宁俊云、张邯涛、杜相如、刘庆东（兼总经济师）、孙玉林、李峥、贺祝，总会计师张安福，党委副书记兼纪委书记、监事刘忠长，工会主席林静峰。

【机构设置及队伍状况】2016年，水电五局总部机关设有15个部室，有11个公司属二级单位，直属项目部（施工局）5个，公司下属子公司5个。

截至2016年年底，水电五局有员工8000人；各类专业技术人员2262人。专业技术人员中，教授级高级工程师45人，高级专业技术人员382人，中级专业技术人员1386人，建造师374人（其中一级建造师138人，二级建造师236人），中国水电建设集团专业技术带头人1人。

【市场营销】2016年，水电五局持续完善高端营销、自主营销、全员营销、区域营销“四位一体”的营销体系及配套激励机制，不断创新商业模式和营销方式，横向深耕各业务板块，扩大市场份额，纵向拓展产业链，提高一体化集成能力。多板块联动、多产业协同的市场布局和业务结构布局进一步优化，发展基础进一步夯实。

市场规模持续扩大。坚持“精、优、强、稳、活”的市场营销总方针，推动五大业务板块协同增长。一是国内传统业务继续巩固提升。签约岷江犍为航电枢纽工程、福州市江北城区山洪防治及生态补水工程、精河一级电站发电引水系统施工Ⅱ标等项目。二是国际业务市场布局进一步优化。不断完善国际业务营销、管控与支撑体系，在深耕赞比亚、科特迪瓦等传统优势国别的基础上，积极开拓“一带一路”沿线国家新业务、新市场。签约实施了塞尔维亚绕城公路、赞比亚214公里公路、赞比亚下凯富峡水电站、南苏丹朱巴电网改造工程等项目。三是基础设施业务稳步拓展。紧紧围绕国家和地方“十三五”规划，不断加大与地方政府和社会资源的合作力度，创新营销模式，签约成都地铁18号线、中开高速公路、峨米铁路等项目。四是水环境业务取得较大突破。以武汉市水环境市场为突破口，中标实施了武汉南湖综合整治工程、东湖港综合整治工程等水环境治理项目。五是投融资业务稳健发展。全年，累计完成投资 6.93 亿元，实现投资收益 4581.70 万元，拉动施工总承包合同 33.08 亿元。推动了剑门关站前广场、夹江县和谐四号保障性住房、向阳桥水库等 PPP 项目的签约实施。六是相关多元业务市场竞争力进一步提升。设计咨询、物业管理、装饰工程、商贸物流、高速公路运营管理、职业教育等多元业务充分利用公司全产业链优势和品牌优势，遵循市场规律，积极调整营销策略，树立互联网营销思维，市场竞争力和对公司市场规模的贡献逐步提升。业务结构持续优化。认真贯彻落实“两个优先”发展战略，国内基础设施业务市场营销额首次突破百亿元。国际业务和基础设施业务共计实现签约 167.02 亿元，占市场营销总额的 77.79%，并在产值和利润方面对公司的贡献稳步提升，市场结构优化明显并带动了业务结构的合理优化。

【改革创新】2016 年，水电五局始终将改革创新作为引领企业发展的强大内驱动力，全面释放发展活力和改革红利。科学整合内部资源。将设计院划归科研咨询公司，成立了科研设计咨询公司，将输变电公司划归制安分局，提升了产业链集成效益，放大了聚合效应。组建了华东、华中两家区域公司并明确了区域公司市场开发和项目监管两大核心职能，区域布局进一步优化。深化“三项制度”改革。组织开展了公司所属单位部分领导班子副职岗位公开竞聘，70 余人报名参加，进一步完善了重视战略导向和业绩能力导向的干部选聘任用机制。出台了公司《领导人员管理暂行规定》《项目经理管理办法》及《专业师序列领导人员评聘管理办法》，对领导干部实行分级、分序列管理，细化了项目经理和专业技术人才职业发展通道，建立了更加规范的干部管理、选任、考评机制。完善了“营改增”模式下劳务派遣人员的用工管理，规避了用工风险。严格按照“双挂、双效”预算办法，对各单位采取薪酬预算管理，并加强了薪酬发放过程控制和动态监管，对增长过快的单位及时预警。去社会职能化改革有序推进。各生活基地按照公司统一部署、结合自身实际，在用足用好各地优惠政策的基础上，积极推动“三供一业”移交工作取得新进展。昌平基地用电改造工程顺利完成，三河基地供暖移交改造工程顺利推进、供水移交全面完成。三堆、岳城等地国拨土地移交工作推进顺利。

【基础管理】2016 年，水电五局以制度化、流程化、规范化、信息化管理为抓手，不断提升管理水平，管理效益充分彰显。制度流程进一步完善。各业务系统从制度流程本身的适宜性、有效性、可操作性出发，对现行各项管理制度、工作流程分别进行了梳理和完善，并持续加强了执行力要求，提高了管理的制度化、科学化水平。职能部门管控能力进一步加强。两级机关职能部门从细处着手、从小处抓起，切实履行管理职责，服务基层、服务生产经营的意识和水平均有所提高。管理体系持续有效运行。对 7 家二级单位机关总部和近 90 个项目部开展了管理体系内部审核工作，开出不合格项 88 项，观察项 359 项。针对所发现的问题督促受审核单位进行整改闭合，并对整改效果进行了验证，提升了规范化管理水平。风险管控力度进一步加大。公司及各单位风险防控意识持续增强，防范各类风险的能力不断提升。法务系统全面介入公司经济合同审核及重大项目、重大事项的法律审核。审计系统全年完成 80 项审计工作，发现问题 622 个，提出审计意见或建议 578 条。监察系统完成立项 36 个，提出整改意见 170 余条并积极督导整改。质量管理成效进一步显现。荣获 2016 年度全国工程建设质量管理小组活动优秀企业，毛尔盖水电站大坝枢纽工程及锦屏二级水电站拦河闸坝枢纽工程分别荣获“天府杯”金奖及四川省用户满意工程。郑州北三环（南阳路-中州大道）BT 项目桥梁工程获 2016 年度全国优质工程奖、中国市政工程金杯奖。瀑布沟水电站荣获第十四届中国土木工程“詹天佑”大奖，是获此殊荣的唯一水电工程。

溧阳抽水蓄能电站上下水库远眺　　（刘聪　摄）

【项目管理】2016 年，水电五局将项目作为提质增效的实施点和落脚点，不断加强项目前期策划、技术优化、过程控制、变更索赔的全过程指导和管控，项目经营水平、创效能力不断提升。在建项目整体履约情况良好，重大项目关键节点如期完成。长河坝水电站大坝工程提前合同工期 4 个月全线填筑到顶，初期下闸蓄水任务顺利完成，变形渗透情况良好，受到行业专家和业主的高度赞誉。阿尔塔什大坝沙砾料填筑提前 4 个月完成年度施工任务，为实现后续节点目标奠定了良好基础。从江航电枢纽顺利通过验收并被评定为优良工程。国内单机容量最大的抽水蓄能电站——仙居抽水蓄能电站实现“一年四投”，全面投入商业运行。公司首个 EPC 总承包风电项目—海阳九龙山风电场首批机组并网发电。江习高速公路项目关键性控制工程——四面山特长隧道右幅提前贯通。泸州国道 321 线改建工程提前半年通车、郑州市农业路西三环互通立交主线提前贯通，向地方和公司递交了满意答卷。成都地铁 4 号线二期工程提前实现全线“车通”，为全线开通试运行创造了良好条件。赞比亚穆巴拉—纳孔德公路顺利通车，受到赞比亚总统的高度赞誉。科特迪瓦苏布雷水电站提前 8 个月实现二期过流。

【质量安全】2016 年，水电五局进一步完善安全生产管理制度，落实“党政同责、一岗双责、失职追责”“四个责任体系”要求；通过监督检查、专项整治、交叉检查等方式，加强了安全生产过程管控；狠抓隐患排查治理、应急处置、责任追究等重点环节，夯实安全生产基础；通过“PRP”建设提升安全生产信息化建设，以安全生产标准化“回头看”迎检为切入点，梳理在建项目安全生产标准化达标创建工作，现场安全管控有明显提升。一年来，水电五局质量管理成果显著：公司获 2016 年度全国工程建设质量管理小组活动优秀企业； 公司 49 个 QC 成果分别荣获52项国家级和省部级优秀质量管理小组成果奖。公司承建的毛尔盖水电站大坝枢纽工程及锦屏二级水电站拦河闸坝枢纽工程荣获四川省建设工程优质工程金奖（天府杯）及四川省用户满意工程；郑州北三环（南阳路-中州大道）BT 项目桥梁工程获 2015 年度中国市政工程金杯奖。

【设备物资管理】水电五局 2016 年主要设备完好率为 91%，利用率为 80%，设备物资集中采购率为 75%。技术装备率为 8.07 万元/人，动力装备率为 58.44 千瓦/人，装备生产率为 24.59 元/元。

举办了公司 2016 年度设备物资管理培训班和材料会计提高班，培训了 56 名设备物资从业人员和 71 名在岗材料会计；组织 87 名特种设备使用人员参加四川省技术监督局组织的起重机械安全管理（A5 证）取证培训班；组织 3 名特种设备使用人员参加电建集团及国家质检总局组织的特种设备安全管理负责人（A1 证）取证培训班；完成 2016 年度公司起重机械安拆作业人员资格证件年审工作。

【人才引进与教育培训】2016 年，水电五局坚持“充分盘活内部资源，合理控制校招规模，适当扩大社会成熟人才招聘，不断提高引进人才素质”的总体思路，抓好人才引进工作。完成了 280 名新入职员工的报到与分配系列工作，同时全面展开了 2017 届毕业生招聘，在行业重点院校签约 230 余名应届毕业生，通过专业招聘网站、猎头公司等渠道招聘社会成熟人才，引进公司亟须、紧缺的 30 余名人才，为公司发展提供了人才保障；组织一建考前培训、项目经理培训、总工程师培训等 40 余期培训班，累计培训员工 3600 余人次；组织 176 人参考一级建造师；完成一级、二级建造师初始、延续注册及变更共计 106 人；组织 156 人参加水利部“五大员”网络继续教育；组织 217 人参加建设部“九大员”考试；完成了专业技术资格及技师、高级技师的申报、审核、评认定工作，143 人取得中级专业技术资格，47 人取得高级专业技术资格，20 人取得高级技师资格，86 人取得技师资格；全年送培公司高层、后备干部、管理技术人员 106 人次参加了电建集团组织的培训，进一步提升了干部的领导力意识和综合管理能力。

国内工程项目

【综述】截至 2016 年年底，水电五局共有在建工程项目（标段）131 个。年内在建项目关键节点工期如期实现。

1 月，中牟县汽车产业集聚区和风路、富康路通过竣工验收，郑州市农业路快速通道工程中州大道互通立交主线桥通车；3 月， G108 国道青白江段改扩建工程 B 段主体工程施工全面结束；4 月，重庆梁忠高速公路第四标段内所有路基工程成功交验，浙江仙居抽水蓄能电站 37.5 万千瓦抽水蓄能首台机组并网发电，两河口水电站西地隧道顺利贯通，木瓜溪水库工程双曲拱坝浇筑到顶，山东海阳九龙山风电场主体工程全部完工，春堂坝水电站下闸蓄水；5月，石济客运专线二标段辛集东特大桥贯通，成都地铁4号线二期全线洞通；6月，溧阳抽水蓄能电站首台机组成功启动，成都市青白江区弥牟镇城乡统筹拆迁安置房（二期）工程18号楼、19号楼主体结构封顶，都柳江航电枢纽工程一期单位工程通过验收，郑州市陇海路快速通道工程BT项目第九标段中州大道互通立交工程全部通车，泸州国道321线改建工程（港城大道）提前半年实现全线通车；7月，郑州市农业路快速通道工程中州大道立交全部通车；8月，深圳北山牛场边坡整治工程提前33天完工；9月，长河坝水电站大坝工程提前合同工期四个月全线填筑到顶，川藏铁路成雅段站前二标金鸡关1号隧道贯通，乐沙城际生态大道五标段实现通车；10月，金寨抽水蓄能电站下水库导流泄放洞顺利贯通，深圳玉律渣土场整治工程提前合同工期36天全部施工完成，长河坝水电站初期下闸蓄水；11月，小井沟水利枢纽工程建设完成投入供水运行，川藏铁路成雅项目青岗山隧道提前17天顺利贯通，仙居抽水蓄能电站3号机组正式移交商业运行，郑州市农业路西三环互通立交主线贯通，深圳玉律渣土场整治工程顺利通过竣工验收；12月，重庆梁忠高速公路全线正式通车，浙江仙居抽水蓄能电站4号机组正式投入商业运行，仙居抽水蓄能电站“一年四投”投产目标圆满实现，长河坝水电站2号机组转子顺利吊装就位，深圳北山牛场边坡整治工程顺利通过竣工验收，渝蓉高速公路成都二绕至省界段建成通车。

【重要项目】成昆铁路峨眉至米易段扩能工程站前工程（EMZQ-11）

成昆铁路峨眉至米易段扩能工程站前工程EMZQ-11标位于四川省凉山州境内，线路经过一市一县，三镇三乡；始于冕宁县，终于西昌市，经过漫水湾镇、沙坝镇、月华乡、琅环乡、樟木箐乡和安宁镇。本标起讫里程DK392+825.24～DK422+376.49，线路长度为29.551公里。

本标主要建设内容：桥梁、隧洞、路基、站场、涵洞、迁改、改移道路、过渡接口工程等，其中框架桥1座，全长11.52延长米，中桥6座，全长530.67延长米，大桥6座，全长1452.9延长米，特大桥6座，全长10827.63延长米，钢筋混凝土框架涵1222.16横延米，钢筋混凝土盖板箱涵157.21横延米，站场路基1600延长米，隧道7座，全长3183米，区间路基11946.41延长米。

合同金额：121218.5426万元。

合同工期：2016年4月1日—2018年8月31日。

西藏自治区雅鲁藏布江加查水电站大坝土建及金属结构安装工程

加查水电站是雅鲁藏布江干流中游桑日至加查峡谷段规划5级电站的第5级，位于西藏自治区山南地区加查县城上游约5公里，距上游梯级藏木水电站约8.5公里，距下游梯级冷达水电站约26公里。

本工程为二等大（2）型工程，坝址控制集水面积158035平方公里，占我国境内全流域面积240480平方公里的65.7%，坝址处多年平均流量为1020立方米每秒。正常蓄水位高程3246.00米，相应库容2662万立方米，调节库容523万立方米，校核洪水位高程3246.56米，死水位高程3242.00米，河床式厂房内安装3台、单机容量为12万千瓦发电机组，总装机容量36万千瓦。

本合同工程项目及其工作内容：基础处理工程、土石方开挖及边坡支护、混凝土工程、土石填筑、金属结构安装工程、钢衬制作与安装工程、给排水及消防工程、钢结构制作安装工程等。

主要工程量：土石方开挖273.8079万立方米；土石填筑152.10万立方米；混凝土95.86万立方米；帷幕灌浆17251米；固结灌浆12280米。

合同金额：90905.2741万元。

合同工期：2015年10月25日—2019年12月31日。

岷江犍为航电枢纽主体工程土建II标施工

岷江犍为航电枢纽工程位于四川省岷江干流下游河段，是岷江下游河段（乐山－宜宾）航电规划中的第三个梯级，其上游为东风岩航电枢纽工程，下游为龙溪口航电枢纽工程。

犍为航电枢纽总库容为2.27亿立方米，总装机容量为50万千瓦，为河床式水电站，闸坝式挡水建筑物，III级船闸（单级）通航1000吨级船舶，工程等级为二等，工程规模为大（2）型。本标段枢纽建筑物有：发电厂房、左岸接头重力坝、鱼道、左岸护坡、左岸G213国道改建等，施工导流项目有一期二段导流围堰。

本合同施工范围及施工内容主要包括：320米高程以下江心滩开挖、发电厂房、左岸重力坝及储门槽坝段（含基础灌浆及处理）、左岸护坡、左岸鱼道等。

主要工程量：土石方开挖474.5905万立方米；土石方填筑359.5662万立方米；混凝土70.3795万立方米；钢筋制安37543.25吨。

合同金额：82853.8017万元。

合同工期：2016 年 2 月 20 日—2020 年 12 月 31 日。

福州市江北城区山洪防治及生态补水工程东线工程施工

福州市江北城区山洪防治及生态补水工程总体布局为：通过截洪枢纽收集山洪，再由隧洞排入闽江；通过泵站取水，再由隧洞输送到城区上游各相关水库及补水河道。两者工程任务范围均为江北城区且输（排）水走向皆沿城区外围布置。根据福州市地形，拟沿福州市江北城区西、北、东面周边兴建隧洞，并在城区周边沿线山边沟溪兴建截洪坝及山洪排泄支洞，通过城区上游的浦口（西面）及下游魁岐（东面）隧洞出口，将所拦截的山洪直接排入闽江；平时利用排洪隧洞及已建水库作为改善内河水系水质的引水通道并调蓄库，兴建生态补水提水泵站及补水工程管路系统。汛期将福州市江北城区 50 年一遇的大部分山洪外排闽江，平时引闽江水改善内河水质，工程既有防洪排涝作用，又具有改善水环境的功能。

工程的主要建设内容为：工程排洪及补水的主线路总长为 29.92 公里、截洪枢纽工程、补水工程。

本合同施工范围及施工内容主要包括：登云水库南进水口、魁岐出水口、东线排洪补水主洞（登云水库南控制闸至魁岐出水口为东线），可溪、东山、鳝溪、埠兴泉头截洪枢纽，东山补水管道及支洞，登云、东山、埠兴、魁岐施工支洞及各进出水口、截洪枢纽施工导流工程等。

新疆“三峡工程”阿尔塔什大坝枢纽工程填筑（王强　摄）

主要工程量：土方开挖 31.27 万立方米；石方开挖 77.49 万立方米；混凝土 18.79 万立方米；钢筋制安 10344 吨；锚杆 108548 根；回填灌浆 38890 平方米；固结灌浆 45490 米；

合同金额：42241.4246 万元。

合同工期：2016 年 4 月 27 日—2020 年 4 月 27 日。

成蒲铁路大邑站点周边市政基础设施配套工程项目融资建设（第二次）

成蒲铁路大邑站点周边市政基础设施配套工程建设地点位于成都市大邑县晋原镇，建设内容包括站点周边道路、广场、公交客运站房（南侧配套商业及综合体工程）、跨线桥、地面停车场、各类管线、照明、绿化以及其他配套基础设施建设。其中南侧配套商业及综合体工程位于成蒲铁路大邑站南侧、规划三路西侧、高速辅路北侧，南北长约 55 米，东西长约 330 米，总用地面积约 1.97 公顷，建筑占地面积 9826.82 平方米，总建筑面积 13182.17 平方米，其中地上建筑面积 12789.15 平方米，地下建筑面积 393.02 平方米。绿化率 10.77%，建筑密度 49.78%，容积率 0.65。

合同金额：15632.0213 万元。

合同工期：2016 年 2 月 10 日—2016 年 10 月 6 日。

四川雅砻江两河口水电站库区复建县道 XV02 线密贵沟至瓦日乡段 VII 标施工

两河口水电站库区复建县道 XV02 线密贵沟至瓦日乡段 VII 标路线起点位于四川省甘孜州道孚县，起点高程 2892.47 米，起点桩号 K85+770.00，止于道孚县仲尼乡折多沟上游阶地，止点高程 2954.98 米，止点桩号 K93+080.00，全线在道孚县境内，路线全长约 7.31 公里，其中隧道 2 座，长 1429 米，占标段路线长的 19.55%；大、中桥梁共 3 座，长 515.5 米，占标段路线长的 7.05%；明线长 5.3655 公里，占标段路线长的 73.40%。

主要工程量：土方明挖 13.2072 万立方米，石方明挖 31.7669 万立方米，石方洞挖 9.9504 万立方米，土石方填筑 0.6581 万立方米；钢筋制安 2339 吨；路基防护与排水、桥涵、隧道等浆砌石 3.476 万立方米；级配碎石垫层铺筑 1.2516 万立方米；水泥稳定级配碎石基层铺筑 0.9094 万立方米；沥青混凝土面层铺筑 0.1513 万立方米。

合同金额：13731.1103 万元。

合同工期：2016 年 2 月 1 日—2018 年 4 月 30 日。

盐亭县市政基础设施及安置房建设工程项目融资建设

本项目包括盐亭县桂花街市政道路工程、盐亭县石岭二号安置点二期建设项目、盐亭县梓江左岸月园段堤防建设工程、盐亭县第二污水处理厂管网建设工程四个子项目。

盐亭县桂花街市政道路工程项目的建设地址：四川盐亭县云溪镇三义村；建设内容：沥青混凝土道路（含雨污网、两跨泄洪暗涵、人行道、路灯、绿化、亮化、交通标志等）建设，长 796.4 米、宽 30 米。

盐亭县石岭二号安置点二期工程项目建设地址：四川盐亭县云溪镇石岭村；建设内容：石岭二号安置点二期房屋建设工程，总建筑面积：65000 平方米，以及道路、管网、路灯等附属设施建设。

盐亭县梓江左岸月园段堤防建设工程项目建设地址：四川盐亭经济开发区上月园社区、下月园社区、蒙子社区；建设内容：梓江石龙段堤防至麻秧大桥段建设生态附坡石渣河堤约 4.5 公里，设计洪水频率为 1/20。

盐亭县第二污水处理厂管网建设工程项目建设地址：四川盐亭经济开发区上月园社区、下月园社区、蒙子社区。建设内容：梓江 3 号桥至第二污水处理厂承插式钢筋混凝土污水管网及其配套检查井建设，总长度为 20 公里。

合同金额：56500 万元。

合同工期：2016 年 1 月 1 日—2017 年 12 月 31 日。

剑阁县西成客专剑门关站站前广场片区建设 PPP 项目

剑阁县西成客专剑门关站站前广场片区建设 PPP 项目位于四川省广元市剑阁县，建设区域为剑门关站站前广场片区。片区项目公共资产包括“1+3”配套市政基础设施项目，即：站前广场、站前广场配套市政道路、温泉路、西成客运剑门关站站前广场片区建设用地场平工程等四部分。

合同金额：49900 万元。

合同工期：2016 年 7 月 5 日—2017 年 12 月 31 日。

东湖港综合整治工程

东湖港综合整治工程位于湖北省武汉市。东湖港是大东湖项目水网连通工程的重要渠道，其北起落步咀闸，南至东湖，渠道全长 4700 米，控制走廊宽度为 100—140 米，设计上开口宽度 48 米，设计流量 30 立方米/秒。主要建设内容包括渠道整治、桥梁改建及沿渠景观绿化等。东杨港主要连接杨春湖和东湖港，建设内容包括长约 445 米的明渠清淤、护岸整治等。

主要工程量：混凝土 3.3955 万立方米；水泥 4845 吨；钢筋 2202.63 吨；鹅卵石 0.1217 万立方米；中粗砂 2.9673 万立方米；块石 6.2871 万立方米；碎石 0.5896 万立方米；花岗岩面砖 1.7505 万立方米。

合同金额：40421.445301 万元。

合同工期：2016 年 8 月 15 日—2017 年 9 月 18 日。

雅安综合客运枢纽建设项目 2 标段

雅安综合客运枢纽建设项目位于四川省雅安市雨城区姚桥镇，建设内容包括站点周边道路、站前广场、长途客运站房、地面停车场以及其他配套基础设施建设。项目总用地面积约 12.87 公顷，房屋建筑总面积 68804 平方米，其中长途客运站 2595 平方米、站前地下室 28713 平方米、配套用房 12548 平方米、过街地道 1586 平方米等；市政工程：站前城市广场 35608 平方米，市政匝道长 778 米（桥梁 332 米），市政道路长 1321 米等。

合同金额：28274.5687 万元。

合同工期：2016 年 10 月 8 日—2017 年 12 月 31 日。

南国置业·泛悦城市广场项目二期一标段建筑工程总承包工程

南国置业·泛悦城市广场项目位于成都市成华区，地块东临昭觉寺横路（成都市 2.5 环），西临川陕路，紧邻地铁 3 号线驷马桥站口，南临规划道路。

泛悦城市广场项目二期工程分为 6#楼街区商业、7#楼街区商业、8#楼商业裙楼及公寓、9#楼商业裙楼及公寓以及相应地下室，总建筑面积约 118509 平方米，其中：地上公寓 35274 平方米，地上商业 19440 平方米，地下室 57095 平方米。

主要工程用材料：钢材 9789 吨；干混砂浆 4278.4 吨；商品混凝土 8.1625 万立方米；砌体材料 1.1005 万立方米。

合同金额：23000.7632 万元。

合同工期：2016 年 1 月 10 日—2018 年 10 月 30 日。

南国置业·泛悦城市广场项目一期二标段建筑工程总承包工程

南国置业·泛悦城市广场项目位于成都市成华区，地块东临昭觉寺横路（成都市 2.5 环），西临川陕路，紧邻地铁 3 号线驷马桥站口，南临规划道路。

泛悦城市广场一期二标段主要包括：1#楼、2#楼住宅、商业裙楼以及相应地下室，总建筑面积 137710.66 平方米，其中：地上建筑面积约 86421.57 平方米，地下建筑面积 51289.09 平方米。

本工程承包范围为发包人提供的标段施工图纸范围中的所含全部结构工程、建筑工程、装饰工程（包含标准层电梯前室装饰工程）、土方回填工程（基坑肥槽回填）、室内给排水工程、电气工程、通风空调系统采购及安装工程（仅限住宅）、入户门（含单元门）采购及安装工程、防火门采购及安装工程、铝合金门窗采购及安装工程、塑钢门窗采购及安装工程、空调百叶采购及安装工程、栏杆栏板采购及安装工程、幕墙工程（玻璃幕墙或石材墙面等）、防水工程、信报箱采购及安装工程、人防工程、弱电智能化系统工程等。

合同金额：22569.0298万元。

合同工期：2016年3月20日—2017年10月10日。

【黔江区罗家堡水库枢纽工程】罗家堡水库位于重庆市黔江区马喇镇境内，为一座具有农业灌溉和供水等综合效益的中型水利工程。坝址控制集雨面积为25.7平方公里（其中引水口以上集雨面积11.4平方公里），水库总库容1073.3万立方米，设计灌溉面积0.17万公顷。

水库工程等别为Ⅲ等，挡水建筑物为沥青混凝土心墙石渣坝，最大坝高30.7米。

本合同主体工程主要项目：挡水坝工程，泄洪工程，引水工程，取水工程，灌溉工程，放空管和生态放水管，管理区，上坝道路，金属结构设备及安装工程，机电设备及安装工程等。

主要工程量：土方明挖160.72万立方米；石方明挖1.7万立方米；土石方填筑369.264万立方米；混凝土4.3205万立方米；钢筋制安285吨。

合同金额：13513.9685万元。

合同工期：2016年10月21日—2019年6月20日。

三峡新能源四川省冕宁铁厂乡风电场（7万千瓦）工程道路和风机基础工程、吊装工程

冕宁铁厂乡风电场工程位于四川省凉山州冕宁县境内，场址中心距冕宁县城约40公里，海拔2900～3600米。风机主要沿一条南北走向和两条东西走向的山脊布置，拟设计安装35台、单机容量为2000千瓦的风力发电机组，总装机容量7万千瓦。

工作范围：道路和平台、风机基础、风机和塔筒安装工程等。

合同金额：5391.47万元。

合同工期：2016年8月30日—2017年3月31日。

国际工程

【综述】2016年，水电五局国际公司奋力前行，开拓创新，提质增效，强化履约，着力提升国际经营能力，紧扣国家“一带一路”战略布局和公司重点开发的国际业务领域，积极拓展国际新市场、新业务，国际业务发展进一步呈现出平稳、较好态势，实现了“十三五”规划的良好开局。在建项目科学受控，履约整体良好，尾工项目收尾进展有序可控。苏布雷水电站项目1#机安装调试满足提前发电要求，2#、3#机组安装工作进展正常，提前发电目标可控。乌干达卡鲁玛项目提前完成尾水隧洞开挖任务，后续混凝土衬砌进度总体受控，施工质量多次获得业主和监理好评，并得到母体公司——电建集团的表扬；摩洛哥片区拉巴特绕城高速公路、拜本高速公路、丹肯高铁项目，埃塞片区阿利亚产卡65公路、阿达玛二期风电，苏丹上阿特巴拉C1-B标等尾工项目全面完工。优化国际业务市场布局，拓展高端国别市场。以色列克卡夫哈亚邓抽水蓄能电站项目在签订提前开工协议的基础上，与业主最终谈判达成正式合同，至此，标志着公司首次进入全球高端工程承包市场，为公司争得提升和展示国际业务能力

赞比亚芒古—塔博公路项目通车　　（黄珍　摄）

的宝贵机会；不断完善国际业务营销、管控与支撑体系，在深耕赞比亚、科特迪瓦等传统优势国别的基础上，签约了塞尔维亚贝尔格莱德绕城高速公路项目，赞比亚214公里公路、赞比亚下凯富峡水电

站、南苏丹朱巴电网改造工程等项目；获得中国对外援助成套项目总承包资质。市场开发深度推进，做实国际业务多元化。先后参与了乌兹别克斯坦泵站项目、秘鲁圣加旺 III 水电站项目、埃塞俄比亚阿依撒风电项目、科特迪瓦圣格如波水电站项目、乌干达 Kyambura 水电站项目、乌干达 BRT 快速公交专线项目、乌干达 132 千伏 Mirama-Kabale 输电线路及配电工程、贝宁都戈比斯水电站项目等的前期追踪及可行性研究工作。2016 年，埃塞俄比亚阿依撒风电项目正在进行资格预审，乌干达 Kyambura 水电站项目已完成现场考察，贝宁都戈比斯水电站项目已完成申贷可研报告，待报业主审核。

科技管理

【科技创新】2016 年，水电五局科技创新工作始终坚持围绕服务于在建工程项目、企业发展和品牌战略，着力促进公司做强、做优、转型升级，科技创新体系不断完善，科技创新能力持续提高，科技创新成果硕果累累。公司以高分通过知识产权试点单位验收，被评定为“优秀”；再次顺利通过国家高新技术企业重新认定，荣膺“国家级高新技术企业”称号；重大科技专项“300 米级高心墙土石坝关键施工技术”取得了阶段性成果，标志着公司继续领跑高土石坝施工技术，彰显了公司土石坝施工领域“王牌军”的实力； 21 项科技成果通过了鉴定，多项科技成果取得重大技术突破，其中 5 项达到了“国际领先水平”，这批科技成果涉及水电工程、国际业务、基础设施、桥梁工程等多个专业领域，标志着公司在领跑水电工程技术的同时，顺利突破了非水电专业技术领域壁垒，逐步培育出了非水电业务核心技术；新增 84 项国家专利，专利数量突破 300 大关，公司拥有的有效专利数量、发明专利占比均居行业领先水平，科技品牌优势充分彰显； 22 项科技成果获得了省部级科技奖，创下了历年之最，并连续第 7 年获得中国施工企业管理协会科技创新先进企业称号；获得 57 项省部级工法，其中 8 项工法获得申报国家级工法的资格，所获评的省部级工法数量和推荐国家级工法名额在电建集团内均居第一。

【党建工作】2016 年，水电五局全面落实党建责任制，层层签订党建工作责任书，对二级单位责任制落实进行了年中检查；制定了实施基层党组织书记述职制度，逐步解决了基层党建存在的突出问题；党建工作受到四川省国资委党委高度认可和表扬，党建工作考核结果连续两年在川央企中名列前茅。公司连续第八年荣获全国“安康杯”竞赛优胜单位。

全年召开党委中心组（扩大）学习会议 12 次，专题学习会议 10 次；召开党政联席会议 6 次，党委会议 6 次，集体研究“三重一大”决策事项 98 项；持续开展 “四好”领导班子创建，深入开展“两优一先”评选表彰，选出公司第一批 11 个服务型示范党组织并进行授牌表彰。公司 4 个基层党组织、7 个先进个人受到四川省国资委党委和电建集团党委表彰；举办了 2016 年党务暨新闻宣传业务培训班，对 90 余名支部书记和基层党务人员进行了为期五天的集中培训；抓好党员发展，按照省国资委分配指标，新发展党员 45 名；加强反腐倡廉建设，加强基层党风廉政建设和惩防体系建设，组织现场警示教育 13 次，接受教育人员 545 人次；

【“两学一做”学习教育开展情况】2016 年，水电五局党委成立了“两学一做”学习教育领导小组，制订了学习教育实施方案，对学习教育的重点内容、关键环节做了明确要求，自上而下扎实开展学习教育活动。领导带头落实。公司领导班子成员认真落实“一岗双责”，带头示范。党委中心组开展了 3 次集中学习和研讨。13 名班子成员全部指导和参加基层联系点的集中学习研讨，以点带面带动学习教育深入开展。各级党组织负责人讲党课 150 余次，覆盖党员 3300 余人。基层积极响应。公司各级党支部以“三会一课”为基本制度，扎实推进学习教育开展。140 余个党支部全部完成了三次集中学习讨论和创新方式讲党课，组织党员、积极分子 7000 余人次参加电建集团三次网络答题。推动深度融合。公司党委围绕提质增效，开展了“三带三促、亮身份做表率、争当岗位标兵、党员公开承诺”等一系列活动。为促进安全管理提升，深入开展了“安全生产党员争先”主题活动，构建安全生产齐抓共管氛围。公司各项目全面开展“企地共建党旗红”活动，党组织牵头与所在地政府联合开展扶贫帮困、征地拆迁、施工协调等和谐共建活动，为项目健康发展营造良好氛围。载体丰富多样。公司党委编印了《 “两学一做”学习辅导问答》和《学习教育知识卡》，做到全体党员人手一册；在水电五局官网、官微开通学习教育专栏，发布动态 200 余条；在电建集团网站发表动态 12 篇；制作水电五局学习教育简报 10 期。广泛利用新技术。制安分局、科研咨询公司、实业公司等单位党委充分利用“互联网+党建”信息平台，以党建视频交流会、随身课堂、微视频评比等活动，学习教育方式方便灵活，学习教育效果更加突出。创新务实高效。二分局、五分局、华中分公司、江习总包部党组织联合项目所在地政府党委，开展“企地共建”和“企地共学”等活动，为项目经营履约营造良好环境。加查项目部延伸“导师带徒”内涵，以“三带三促”活动，开展“一带一”结对子活动，促学增能。

【企业文化】2016 年，水电五局坚持培育和践行社会主义核心价值观，突出“中国电建”企业文化和品牌建设。提升员工道德修养，广泛开展“道德讲堂”建设活动；广泛开展“文明工程”和“先进生产（工作）者”评选，对 123 个先进个人和集体进行了表彰；通过了四川省“文明单位”复核登记，保持省级文明单位荣誉；承担社会责任，抓好对金阳县“甲谷村”的精准扶贫，提升“造血”功能，重点扶持就业、教育，注重可持续发展，“扶贫日”共捐款 43 万余元，捐衣 1000 余件。

公司新闻宣传部门紧紧围绕生产经营中心任务，为推进公司改革发展提供强有力的舆论支持。开通公司官方微信“五局时代”，推送消息 300 余条，形成“一报一网一平台”的宣传格局。公司网站编辑新闻及照片 3600 余条，网站点击量近百万人次。出版报纸 37 期。为提升企业知名度，在人民网、凤凰网等大型网站发稿 700 余篇。

【群工工作】2016 年，水电五局工会以“围绕中心，面向基层，夯实基础，创新思路，切实提高基层工会活力，增强工会维权和服务水平”为工作主线，积极组织广大职工开展了一系列丰富多彩的文体活动，以活动为载体增强了公司文化的凝聚力。4 月，举办了公司 2016 年职工广场舞大赛，公司属 12 个单位代表队共 200 余名职工参加了比赛；选拔 38 名优秀舞蹈员工进行了为期 1 个月的《扬帆起航》舞蹈集训，公司作为电建集团唯一代表参加了四川省国资委系统先进集体和先进个人表彰会暨“唱响企业之歌·聚力改革发展”五一演唱会演出。5 月，公司在白鹤滩水电站泄洪洞项目组织召开了“重质量，创精品，金沙江畔展风采”劳动竞赛启动大会，开启了为期 4 个月的以“质量、安全”为主要考核指标的竞赛活动；组织排练广场舞《小苹果》，参加了全国广场舞大赛四川赛区选拔赛，最终荣获了大赛成人组徒手健身操第一名，该舞在 9 月举办的亚洲大众体操节暨第五届全国全民健身操舞大赛全国总决赛中获得了 “技术动作比赛一等奖”“综合表现特等奖”；6 月，组织白鹤滩水电站项目部向甲谷村中心校的孩子们捐赠了 659 套校服、100 个书包及大量学习用品（共计 5.5 万元），为孩子们送去了“六一“慰问和祝福；组织制安分局职工范欣言赴美国参加 AWS 焊接大赛、陈雪峰赴北京参加第四届北京嘉克杯国际焊接技能大赛，陈雪峰荣获焊接质量表演赛单项第二名，为电建集团荣获第三届“嘉克杯”国际焊接技能大赛团体银奖做出了巨大贡献；组织公司 400 余名单身青年职工参与四川省单身青年网注册，帮助公司单身职工解决婚恋问题；10 月，联合四川省总工会，先后到公司二分局渝蓉项目、四分局青白江、大邑项目为项目职工开展了“七五普法进工地”活动；组织开展了“爱心陪你过暖冬”冬衣募捐活动，并于彝族新年前夕为公司两个定点精准扶贫村村民送去了冬衣；12 月，组织“凝心聚力 提质增效送文艺下基层”慰问演出团，先后走进江习总承包部、成昆铁路峨米项目、大邑总承包部、成都轨道交通 18 号线 4 个项目，为广大一线职工送去了 4 场精彩纷呈的文化盛宴；举办了公司首届职工微电影大赛，其中优秀作品《筑梦中原》获得了四川省第二届职工微电影大赛“优秀作品奖”和“最具人气奖”第二名。

2016 年，水电五局团青工作以“服务青年成长成才、融入中心创造价值”为理念，以“去四化、强三性、向一线”为指导思想，以加强基层组织建设为抓手，以“青年之家”“青春大讲堂”“青春梦工厂”为载体，开展了 “岗位学雷锋 争做好青年”“青之艺”“青之论”“青之说”“青之声”“青年论坛”及“安全生产，青年争先”“爱上阅读，书写青春”等一系列深入青年的活动，助力青年成长成才，助推公司改革发展。公司团委获国务院国资委、共青团中央“青年文明号”荣誉称号。

（李丹、樊卉、张喜英、丁晓勇）

中国水利水电第七工程局有限公司

【公司资质】中国水利水电第七工程局有限公司（简称水电七局）具有国家水利水电工程施工总承包特级资质、市政公用工程施工总承包一级资质、房屋建筑工程施工总承包一级、机电安装工程施工总承包二级、公路工程施工总承包三级、电力工程施工总承包三级、铁路工程施工总承包叁级和公路路基、隧道、地基与基础处理、土石方工程专业承包一级资质等10余项专业承包资质。公司还具有水利水电专业设计甲级、测绘甲级、水利工程质量检测甲级等设计资质。可承接房屋建筑、公路、市政、铁路、港口与航运、水利水电各类别工程的施工总承包、工程总承包和项目管理业务。公司所属的水工机械厂是国家机械工业重点企业、四川省重大技术装备产业链企业，并先后获得自营进出口权，国家机械产品出口生产基地等资质。公司通过了ISO 9001：2008标准质量管理体系、ISO 14001：2004标准环境管理体系、GB/T28001：2001标准职业健康安全管理体系认证、四川省省级企业技术中心认定、ISO 3834-2国际焊接体系认证。

【主要领导调整及班子成员】水电七局领导班子成员：公司执行董事、法定代表人、总经理兼党委副书记申茂夏，党委书记兼副总经理张桥，党委副书记、纪委书记、公司监事郝国英，副总经理郗举科、向超群、但东、李东林、吴越建、莫永彪、白永生，总会计师张元刚，总工程师向建，工会主席刘劲松。

世界第一高混凝土拱坝(305米)锦屏一级水电站大坝

【队伍状况与组织机构】现有职工10865人。其中，拥有专业技术职称4754人，占公司总人数的43.76%，其中高级职称639人，中级职称1519人，初级职称2596人。注册建造师644人，其中一级建造师264人，二级建造师380人。

水电七局总部包括9大综合管理部门：总经理工作部（信息中心）、党委工作部（组织部、团委）、人力资源部（企业领导人员管理部）、财务产权部、科技部（技术中心）、战略与投资管理部、经营管理部、法律事务部、工会（工会综合办公室）；3大监督部门：监察部（纪委办公室）、审计与风险管理部、安全环保管理部；5大运营管理中心：市场营销中心、项目管理中心、资金管理中心、新闻文化中心、社会职能中心。

水电七局所属二级单位及施工局、项目部共有24个：第一分局、第二分局、第三分局、第五分局、机电安装分局、国际工程公司、城市轨道交通工程分公司、南方分公司、华东分公司、勘测设计院、试验检测研究院、中水电贸易公司、投资分公司、高级技工学校、公司机关车队、成都地铁施工局、向家坝施工局、溪洛渡施工局、锦屏施工局、糯扎渡施工局、亭子口施工局、白鹤滩施工局、南广铁路项目部、成都锦江生态带整治总承包部。

水电七局全资子公司、控股公司12个：夹江水工机械有限公司、成都水电建设工程有限公司、四川久隆水电开发有限公司、四川省昭觉县昭源电力开发有限责任公司、乐山市沙湾新华电力有限公司、成都明珠国际酒店有限公司、成都星宇物业管理有限公司、中电建成都金属机构研发有限公司、中水电七局成都建设有限公司、中水电成都天府新区混凝土工程有限公司、资阳中水电七局项目建设有限公司、中水电七局（武汉）建设有限公司。

水电七局国际项目机构：巴基斯坦分公司、马其顿区域经理部、各驻外代表处、马其顿MS高速公路项目、马其顿KO高速公路项目、巴基斯坦卡洛特水电项目、巴基斯坦PKM高速公路项目、巴基斯坦塔贝拉水电项目、巴基斯坦卡西姆火电项目、巴基斯坦特瑞穆水电项目、巴基斯坦渠道标水电项目、尼泊尔上马蒂水电项目、尼泊尔那苏瓦卡里水电项目、菲律宾考斯瓦根火电项目、马来西亚吉马火电项目、马来西亚厦门大学海外分校项目、马来西亚万捞高架项目、马来西亚曼戎火电项目、马来西亚胡鲁水电项目、苏丹上阿特巴拉水利枢纽项目、墨西哥奇瓜森二期水电项目。

【主要经营指标】2016年，水电七局实现营业收入203.07亿元，实现利润8.55亿元，公司国内外在建工程合同存量787.6亿元。其中：国内水利电力191.6亿元，占比24.3%；国内非水电业务225.9亿元，占比28.7%；国内制造业10.4亿元，占比1.3%；国际工程359.7亿元，占比45.7%。公司全员劳动生产率为186.56万元/人•年，同比增长5.33%。截至2016年年底，水电七局国内在建工程207个，年末资产总额291.99亿元。

【新建北京至张家口铁路DK149+873～DK190+887.28区段站前工程JZSG-8标】新建北京至张家口铁路位于北京市西北、河北省北部，线路起自北京北站，经北京市海淀区、昌平区、延庆县，跨官厅水库，河北省怀来县、下花园区、宣化区，西迄张家口南站，新建正线全长约174公里。本项目铁路等级为高速铁路，设计行车速度具备条件路段250千米每小时，昌平至下花园北段基础设施按350千米每小时标准设计。公司承担JZSG-8标段，本标段工程起止里程DK149+873.0～DK190+889.30，正线长度33.38公里。标段起点位于宣化县顾家营镇大堡子村，途经宣化区侯家庙乡、河子西乡、张家口市经开区、桥东区等地，止于张家口市桥东区。合同造价：19.9046亿元。本标段合同总工期46个月，计划开工日期为2016年3月26日，计划竣工日期为2019年12月31日。2016年度完成：隧道工程上台阶开挖1116.31米，下台阶开挖942.1米，仰拱铺底516.7米，二次衬砌282米，明洞开挖45米，斜切式洞门90米。桥梁桩基132150米，承台浇筑23036.2立方米，墩台身浇筑9521.1立方米。路基土石方开挖100.06万立方米，软基处理CFG桩182米，水泥搅拌桩95米，柱锤冲扩桩588066米。整体履约情况良好。

【新建蒙西至华中地区铁路煤运通道土建工程MHTJ-18标段】2016年度主要完成：路基土石方开挖3235152.7立方米，土石方填筑692517立方米，方山1#隧道上台阶进洞1065米，方山1#隧道二衬500米，方山2#隧道上台阶进洞215米，红土岭隧道进口上台阶进洞1728米，红土岭隧道进口二衬415米，红土岭隧道出口上台阶进洞511.8米，红土岭隧道出口二衬250米，桥梁桩基1767根，承台/扩大基础191个，墩台114个，涵洞3327.8横延米等。

【新建成都到贵阳铁路乐山至贵阳段站前工程CGZQSG3标段】2016年标段（桥梁86座、隧道13座、涵洞46座、路基99段）主体工程均已完工；主要完成路基土石方开挖5.66万立方米，填筑36.06万立方米，路基附属混凝土8.56万立方米；桥梁连续梁混凝土530.39立方米，桥梁桩基421米，承台混凝土3784.19立方米，墩台身混凝土20740.19立方米，桥梁附属土石方7.87万立方米，桥梁附属混凝土3.51万立方米；隧道726.45双延米；涵洞86.43横延米，整体履约情况良好。

【新建铁路西安至成都客运专线西安至江油段（四川省境内）站前工程施工总价承包XCZQ-3标段】年度完成隧道工程全部水沟电缆槽、洞口边仰坡防护、调平层以及中心水沟浇筑等。桥梁工程剩余桩基浇筑、承台浇筑、墩身浇筑、桥遮板安装、栏杆安装、声屏障安装、接触网基础浇筑以及防水层浇筑3806米，剩余防水层浇筑641米。路基工程剩余开挖、填筑、边坡防护、截排水沟施工、电缆槽安装、接触网基础浇筑以及防护栅栏200米、路基封闭层1200米，剩余线路防护栅栏单侧500米，路基封闭层400米。完成年计划的146.76%，整体履约情况良好。

【新建深圳至茂名铁路江门至茂名段DK133+223-DK388+868.29站前工程JMZQ-5标段】2016年度按时完成路基底层填筑及新平里大桥及连系梁施工，提前39天完成那龙河特大桥水中墩施工，新屋隧道提前30天于2016年7月1日完工，五林宫隧道提前120天于2016年7月2日完工，和乐隧洞于2016年11月11日完成。总体履约情况良好。

【深圳市城市轨道交通三期工程7号线7302标BT项目】已通车，施工过程中多次受到深圳地铁公司及电建指挥部的表彰，荣获深圳市地铁集团的“突出贡献奖”并获得2016年度中国电建优质工程奖。

【成都地铁4号线二期工程【西延线】项目】2016年底主体工程、附属工程施工均已完成并通过验收。

【成都轨道交通18号线工程】全线线路长约61.86公里，共设置9座车站，其中8座地下站，1座地面站，平均站间距6.5公里。土建施工共分1-7标段，公司主要承担土建1标、土建2标及土建5标施工任务。土建1标包含1站2区间，即火车南站站，车站为地下二层岛侧结合站台，车站总长665米，车站总建筑面积33686平方米，车站共设置7座出入口，1个消防紧急出入口及两组、共8个风亭。区间为火车南站站～环球中心站区间、环球中心站～世纪城站区间，其中左线区间总长度4483米，右线区间总长度5062米（含机场快线540米，在吊出井处与右线合并），火环区间设1盾构吊出井、1中间风井。土建2标包含2站1区间，环球中心站、世纪城站、世纪城站～麓山站区间（6.3公里）。土建5标为龙泉山隧道施工，龙泉山隧道位于地铁18号线天府新站～三岔湖站区间，为越岭瓦斯隧道，采用双洞分修方案（线间距30米），矿山法施工，右线隧道全长9695米，左线隧道全长9657米。全隧共设2座斜井。隧道穿越龙泉山含油气构造，不良地质情况为浅层天然气，隧道划分：进口、1#斜井、2#斜井为高瓦斯工区，出口为低瓦斯工区。隧道最大埋深275米，最小埋深44米，全隧纵坡采用人字坡。18号线管片供应采取温江厂与新津厂联合供应方案，温江厂主要供应1.5米左右转弯环，约10573环，新津厂主要供应1.8米直线环，约26329环。工期总目标：2018年12月完成车站、区间土建工程，实现“洞通”；2019年1月完成轨道铺设，实现“轨通”；2019年9月底，完成全线系统联调；2020年1月1日试运营。土建1标于2016年4月19日开始进行围护桩施工，主要施工内容：火车南站始发段围护结构、桩基加固、基坑开挖施工，4期AB围挡内围护桩、桩基加固施工，节点主体结构施工，节点以西通道围护结构、桩基加固、基坑开挖施工，火孵中间风井围护结构施工，年度总体进度计划完成。土建2标：锦城广场站正在进行围护桩及冠梁、土方开挖施工，世纪城站正在进行围护桩及冠梁施工，其中世海区间2#风井正在进行土方开挖施工，海昌路站盾构场地始发的建设工作正在紧张施工中，目前台车已下井，超额完成年度计划。土建5标各工作面施工进展顺利，履约受控。2016年10月9日，温江管片厂试生产18号线管片，10月22日，新津管片厂试生产18号线管片。

【深圳市前海市政配套土建预留工程Ⅰ土建5121标工程】2016年完成情况：桂湾站围护结构、基坑开挖及主体结构全部完成；顶板回填开挖累计完成25150米；轨顶风道开挖累计完成8段，F出入口围护结构全部完成，基坑开挖累计完成1580立方米，F出入口底板开挖累计完成1段，B出入口钻孔桩开挖累计完成12根，D出入口钻孔桩全部完成；2号风亭组钻孔桩开挖累计完成29根；9号线前湾站钻孔桩开挖累计完成809根，止水帷幕开挖累计完成2348根，冠梁开挖累计876米，基坑开挖累计完成176640立方米，钢支撑开挖累计完成444根，主体结构底板开挖累计完成20段，中板及负二层侧墙开挖累计完成18段，顶板及负一层侧墙开挖累计完成18段，轨顶风道开挖累计完成6段；5号线前湾站围护结构、基坑开挖、底板及侧墙负三层-1、电缆夹层及侧墙负三层-2、设备层中板及侧墙负二层-1、站厅层中板及侧墙负二层-2全部完成。顶板及负一层侧墙开挖累计完成5段；前湾公园站围护结构、基坑开挖、主体结构全部完成。顶板回填开挖累计完成6500立方米，轨顶风道开挖累计完成4段， 2号风亭组钻孔桩全部完成；桂前区间新增土体加固、袖阀管注浆全部完成；管片生产开挖累计完成491环；前区间新增土体加固全部完成，右线盾构掘进全部完成。履约基本受控。

【深圳市城市轨道交通5号线南延线工程5122-1工区】2016年计划完成16775万元，实际完成19626万元，完成年度计划的117%。具体情况如下：赤湾站完成基坑土石方开挖39270立方米，累计完成车站基坑土石方开挖183000立方米；区间风井累计完成土石方开挖15363立方米，完成区间正线隧道开挖初支1079延米，累计完成开挖初支1919延米；区间斜井完成区间正线隧道开挖初支892延米，累计完成开挖初支903延米；大南山站完成地下连续墙浇筑9幅，累计完成地下连续墙75幅。总体履约情况良好。

国内首个百万千瓦级整体EPC项目——杨房沟水电站截流

【武汉市轨道交通21号线一期土建施工部分BT项目（第三标段）】基本完成年度计划。主要进行各区段的桥梁桩基、承台、墩身、梁体施工，车站及附属结构施工，倒水河车辆段地基加固与处理、箱涵、房建、钢结构等项目施工，至年末累计完成桩基施工2631根，承台481个，墩柱完成352个，简支梁完成243孔，连续梁完成25联。完成倒水河车辆段土方开挖254361立方米，土方回填531687立方米，钢结构加工4498吨等。2016年9月20日按时完成了所有车站主体结构土建施工。

【茅洲河流域（宝安片区）水环境综合整治项目】 设计采购施工项目总承包一标段（工区）茅洲河流域（宝安片区）水环境综合整治工程共划分为10个施工标段，本标段为一标段。本标段位于深圳市宝安区松岗街道行政区，工程内容主要包括松岗街道燕川村片区、松岗街道塘下涌工业片区、松岗街道塘下涌村片区、松岗街道洪桥头片区雨污分流管网的施工以及松岗水质净化厂再生水补水工程的施工。合同金额：106500万元。本标段合同总工期11个月，计划开工日期2016年7月，计划竣工日期2018年5月。2016年完成情况如下：完成路面破除36308米，累计完成42645米；完成管道支护27696米，累计完成40370米；完成管道开挖38771米，累计完成44508米；完成管道安装40788米，累计完成45813米；完成管沟回填37837米，累计完成管沟回填42161米；完成路面恢复14293米，累计完成路面恢复14293米；完成检查井1320座，累计完成1468座；完成沉井现浇5座，累计完成11座；完成立管改造19557米，累计完成51907米。

【深圳市茅洲河界河综合整治工程（设计采购施工项目总承包EPC）】 本年度计划产值为25000万元，实际完成34055万元，完成年度计划的136.2%，具体情况如下：钻孔灌注桩累计完成165194.2米（9281根），土方开挖累计完成349418立方米，堤身回填累计完成12740立方米，结构混凝土累计完成14160.8立方米，高压旋喷桩累计完成129316米（8874根），挤密碎石桩累计完成204900米（17075根），抛石护脚施工累计完成44250立方米，涵闸围护桩累计完成7977米，铁塔保护桩累计完成1888米。履约情况良好。

【成都天府新区锦江生态带整治项目（一期）融资建设项目】 截至2016年年底，锦江一期32个分部工程全部通过验收，对其中6个分部工程进行了工程移交，还有四个分部工程（道路、照明、交安、通信、电力隧道等）正在组织验收。

【成都城投集团“北改”第二批重大基础设施项目（凤凰山高架桥及底层道路施工项目）】 全线工作内容除征地拆迁影响段及业主单位要求暂不实施的项目外，其他施工内容全部完成，具备工程验收条件。按业主单位要求，待其他标段施工完成后统一组织竣工验收，年度总体履约情况良好。

【四川成都天府新区汉州路北段等8个项目融资建设】 2016年，汉州路项目主要进行清表、临建设施布设、施工及生活宿舍修建、道路、雨污管道、管涵、桥梁、综合管廊、河道护岸浇筑、水闸安装等施工。其中除厦门路西段（大安南路—益州大道）由于征地拆迁影响未施工完成外，其余工程道路、排水、交安、照明、电力等专业工程全部完成。分部工程均一次性验收合格，正在进行竣工验收。在2016年项目攻坚年劳动竞赛中获得施工单位年终考核第一名的佳绩。

【锦江生态带整治项目（二期）锦江桥梁建设　云龙湾大桥投资建设】 云龙湾大桥位于锦江云龙湾，为南北走向，基本与锦江呈正交。工程起点里程为K4+448.000，终点里程为K5+567.000，全长1119米，工程内容为桥梁、道路、交安、照明、管线、景观等。主桥一跨跨越锦江水面，孔跨布置为（30+80+205+80+30）米自锚式悬索桥，全长428.35米，主跨跨度205米，桥宽48.5米。引桥布置沿益州大道下地，北岸引桥全长118.325米，南岸引桥全长58.325米，均采用预应力混凝土箱梁。引桥按双向八车道设计，桥面宽31.5米，整幅修建。南北两岸引道长分别为81.71米和122.49米。合同金额：52786万元。本标段合同总工期24个月，计划开工日期为2016年12月，计划竣工日期为2018年11月，为2016年年底新开工项目。

【乐山青江新区基础设施BT项目】 瑞祥路A段（南北段），瑞祥路C段，宝莲路，凤山街，瑞晗路，三苏路，高坝路，嘉祥路，百福路，百禄路，春华路二期，苏稽截污干管，景区道路改造工程、万达广场场平工程已征地拆迁，区域施工进度基本满足形象进度要求。其中万达广场场平工程已验收完成；三苏路竣工验收已完成，正在进行移交工作；嘉祥路、百福路、百禄路、春华路二期项目已完工，已进入竣工验收阶段。在建的瑞祥路A段（南北段）、瑞祥路C段、凤山街、宝莲路、瑞晗路、苏稽截污干管、景区道路改造工程按计划正常开展施工，完成年计划的102.04%，整体履约情况良好。

【达州市长田新区基础设施项目投融资和施工总承包建设】 2016年，长田大道、景观大道、4条次干道、政企业服务中心等完成土石方开挖145.97万立方米，土石方回填96.67万立方米，景观大道桥梁施工完成，长田大道及景观大道正在进行路面层施工。政务中心地基施工基本完成。均按时或提前完成年度计划目标，履约情况良好。

【四川资中县城北水资源综合开发利用工程——水库联网输水工程、城北水厂新建工程】 2016年度水库联网工程完成钢管安装20.89公里，隧洞开挖8.68公里，隧洞衬砌2.09公里，过水堰21处，跨河架管8处，按计划完成全年施工任务，施工过程中多次受到业主等单位嘉奖。

【资阳市雁江区朝阳花园棚户区改造项目】 本年度

完成 1#楼主体结构、二次结构施工，外墙抹灰完成 80%，外墙瓷砖完成 50%。完成 2#楼主体结构施工、二次结构施工。3#楼 5 层主体结构施工完成，5#楼 5 层主体结构施工完成，7#楼 5 层主体结构施工完成。4#、6#、8#、10#楼主体结构施工完成。9#楼第 4 层主体结构施工完成。11#～16#楼主体结构施工完成。17#楼第 1 层主体结构施工完成。18#楼主体结构、二次结构施工完成。19#楼主体结构施工完成，二次结构完成 62%。20#楼主体结构、二次结构施工完成。21#楼主体结构、二次结构施工完成。22#楼主体结构、二次结构施工完成。23#楼主体结构施工完成、二次结构及外墙抹灰瓷砖施工完成 66%。靠山侧挡土墙完成混凝土浇筑 58%。整体履约情况良好。现场质量、进度、安全管理受到业主单位表彰。

【泛悦城一期建设项目施工招标 2、3 标段】由武汉洺悦房地产有限公司开发的泛悦城一期二标段工程施工总承包工程，总建筑面积约 21.1 万平方米，包含：2、3、5#住宅楼（ 建筑面积约 52000 平方米）；7、8#住宅楼（ 建筑面积约 33000 平方米）；地下室（建筑面积约 7.72 万平方米）。三标段工程包括 9#住宅楼（ 建筑面积约 41356.5 平方米）；三层 9 班幼儿园（建筑面积约为 1940 平方米）；四层物业管理用房（建筑面积约 706 平方米）。合同金额：49015 万元。2016 年完成 7#楼至十四层顶板钢筋绑扎安装，2#楼至十层楼板浇筑，3#楼五层剪力墙钢筋绑扎安装，8#楼至四层顶板钢筋绑扎安装，5#楼至三层顶板钢筋绑扎安装，整体履约情况良好。

深圳地铁 7 号线地铁隧道工程

【西藏日喀则新区（樟木新镇）公共服务及基础设施建设项目、日喀则市各县(区)“4·25”灾后重建特殊小城镇二期建设项目】新区（樟木新镇）项目位于日喀则市桑珠孜区西郊，与国道 318 和日喀则市郎热路相邻，总建筑面积为 39638.83 平方米，公共服务设施有学校、医院、政府、幼儿园等工程，大部分平方米框架结构；附属设施工程包括市政道路 5 条，总长度 4491.95 米；设备购置及安装工程 1 项。“4·25”灾后重建特殊小城镇二期建设项目属于“4·25”尼泊尔地震灾后重建项目，项目建设总工期 365 天。本项目为市政工程，包含：吉东路工程(324.362 米)、美多当仟新区工程(道路 3019.631 米)、外环路工程（道路 772.108 米)、吉隆大道工程（1129.074 米)、新建两座水厂(吉隆镇水厂 2750T/D 和帮兴区水厂 4400T/D)、水厂工程给排水（铸铁管 17754.3 米，混凝土管 22899 米)、电力工程(电缆入地 10.94 公里)、立面改造工程(公建 44 幢、民建 66 幢)、牌坊工程 1 座，2#商业楼工程 1 幢，综合景观工程（广场 18300 平方米、沥青混凝土 33458 平方米、绿化 3320 平方米)、居委会基础设施工程(道路 519.2 米)和设备采购项目等 20 个单项工程。合同金额：109006 万元。

【雅砻江杨房沟水电站设计施工总承包】2016 年度完成左岸危岩体处理 10 处，左岸坝肩边坡开挖至高程 2235 米，左岸坝肩高程 2310 米以上边坡Ⅰ区支护全部完成，左岸坝肩高程 2280—2310 米Ⅰ区浅层支护全部完成，Ⅱ区浅层支护完成 50%，Ⅲ区浅层支护完成 30%。进水口边坡开挖至高程 2132 米，尾水出口边坡开挖至高程 2060 米。右岸危岩体已完成处理 8 处，右岸坝肩边坡开挖至高程 2245 为。右岸坝肩高程 2275 米以上边坡锚杆、锚索施工完成，喷混凝土施工准备启动。主副厂房工程通风兼安全洞、进厂交通洞、进风洞开挖支护完成，主副厂房第Ⅰ、Ⅱ层开挖完成，第Ⅰ层浅层支护完成，第Ⅰ层锚索钻孔全部完成。升压变电工程主变排风洞、主变进风洞、主变顶层连接洞开挖支护完成，主变室第Ⅰ、Ⅱ层开挖完成；第Ⅰ层浅层支护完成；第Ⅰ层锚索钻孔全部完成，开关站施工支洞、出线上平洞开挖支护完成。尾调通风洞、厂房上层汇水洞、尾调连接洞、尾闸连接洞开挖支护完成，尾调室第Ⅰ层开挖支护全部完成；第Ⅱ层Ⅱ-1 区开挖支护完成 166 米；第Ⅰ层锚索钻孔全部完成。尾调中层及下层施工支洞、尾水系统 1#施工支洞开挖支护完成，2#施工支洞开挖支护完成 100 米， 3#施工支洞开挖支护完成 30 米。压力管道工程引水下平洞施工支洞、1#～4#压力管道下平段上半洞开挖支护完成，进水口施工支洞开挖支护完成 140 米。2016 年 11 月 1 日大江截流完成，11 月上游围堰填筑到高程 1996 米、下游围堰填筑到高程 1988 米。12 月，上游围堰防渗墙墙体浇筑完成 1600 平方米，下游围堰防渗墙墙体浇筑完成 600 平方米。提前实现大江截流重大里程碑目标，全面完成 2016 年年度目标，履约情况良好。

【白鹤滩水电站左岸引水发电系统土建及金属结构安装工程】引水系统完成引水上平段下层、引水下平段下层剩余开挖支护，完成①～⑧引水竖井开挖支护共 649 米，完成①～⑧引水上弯段岩台梁混凝土浇筑，完成①～⑧引水上平洞渐变段衬砌混凝土施工，完成进水口 C3、C3-1、F17 不良地质体换填处理，完成进水塔塔体部分混凝土浇筑，完成进水口高程 734.1—744.1 米反坡混凝土浇筑 47 仓，完成拦沙坎混凝土浇筑等。厂房系统完成厂房上、下游岩锚梁、吊顶支撑柱混凝土浇筑，完成厂房第Ⅳ1～Ⅵ1 层开挖支护，第Ⅵ2 层开挖支护完成 200 米，完成顶拱安全检查台车安装，完成电缆廊道开挖支护和衬砌施工等。主变洞完成第Ⅳ、Ⅴ层开挖支护。置换洞完成 1#、2#置换洞剩余二期回填混凝土浇筑及灌浆施工，完成 2#置换施工支洞新增回填混凝土施工。尾水系统完成尾水管检修闸门室岩锚梁混凝土浇筑，完成①～④尾水管检修闸门室闸门井高程 645.5—641 米开挖支护，完成⑥尾水管检修闸门室闸门井高程 645.5—642 米开挖支护，完成⑦尾水管检修闸门室闸门井高程 645.5—639 米开挖支护，完成⑧尾水管检修闸门室闸门井高程 645.5—632 米开挖支护，完成①～⑧尾水连接管、尾水扩散段第Ⅰ层开挖支护，完成①～⑧尾水连接管第Ⅱ层、⑦～⑧尾水扩散段第Ⅱ层开挖支护等，整体履约良好。

泸州 S308 线公路赤水河特大桥

【立洲水电站】2016 年 8 月，3 台机组并网发电，施工基本完成。

【果多水电站大坝土建及金结安装工程】2016 年 12 月，最后两台机组顺利实现并网发电目标，主体施工完成。

【长河坝水电站泄洪放空系统及中期导流洞工程】2016 年 1#泄洪洞进水塔塔体混凝土浇筑至顶高程 1697 米，启闭机排架混凝土浇筑完成，事故门启闭机安装调试完成，油泵房墙体砌筑完成，永久护栏及永久钢梯安装完成，电缆沟临时钢盖板施工完成；2#、3#泄洪洞进水塔浇筑至顶高程 1697 米，启闭机安装及调试完成，油泵房及配电房装修施工，电缆沟临时钢盖板施工完成，永久护栏及检修钢梯安装完成；1#、2#、3#泄洪洞洞身衬砌全部完成；放空洞进水塔塔体浇筑至顶高程 1697 米，事故门、检修门启闭机安装调试完成，油泵房装修施工，放空洞至配电房电缆安装完成；放空洞洞身衬砌全部完成；放空洞出口挑坎浇筑至顶高程 1503.43 米，中期导流洞洞身衬砌全部完成；2#泄洪洞出口挑坎下部护坡浇筑至护坦高程，挑坎表观气泡处理施工；1#泄洪洞挑坎洞脸混凝土浇筑完成，贴坡混凝土浇筑完成，3#泄洪洞出口挑坎表观气泡处理施工，边坡排架拆除完成；消能防冲及雾化区石渣挖运，雾化 B 区边坡防护网施工；中期导流洞临时封堵混凝土浇筑完成，正在进行永久封堵混凝土施工。完成年计划的 145.09%，2016 年 11 月 29 日电站顺利实现下闸蓄水，圆满实现年度阶段性建设目标，整体履约情况良好。

【大渡河猴子岩水电站引水发电系统工程】2016 年主要进行了压力管道、地下厂房、尾调室、尾水洞、尾水出口、进水口、开关站、主变室、深孔泄洪洞剩余项目施工。其中，2016 年 5 月 15 日完成 3#主变室向机电标交面，5 月 31 日完成尾调室混凝土浇筑、进水口土建施工，6 月 15 日完成 1#机组土建施工，6 月 30 日完成尾水洞土建施工，9 月 12 日完成压力管道封堵，10 月 30 日完成尾水出口装饰施工，完成年计划的 128.39%，整体履约情况良好。

【四川天全锅浪跷水电站大坝枢纽工程施工】2016 年均按时或提前完成了业主下达的“大干 100 天”劳动竞赛各项节点目标，9 月 2 日，砂石拌和系统顺利带负荷生产，具备砂石骨料供应条件。

【四川大渡河双江口水电站大坝工程】双江口水电站位于四川省阿坝州马尔康市和金川县境内，电站采用坝式开发，水库正常蓄水位高程 2500 米，总库容 27.32 亿立方米，装机容量 200 万千瓦。拦河大坝采用砾石土心墙堆石坝，坝顶高程 2510 米，最大坝高 312 米（不含 2 米厚基座）。中标金额：307860

万元。本合同招标计划为2016年9月1日进场，2024年11月30日工程全部完工，总工期为99个月。该工程于10月30日开工，进行了上下游围堰混凝土过流面板拆除施工，得到业主嘉奖，总体进度受控。

【金沙江金沙水电站厂坝土建及安装工程】金沙水电站位于金沙江干流中游末端的攀枝花河段上，上距观音岩水电站28.9公里，下距银江水电站21.4公里。坝址位于四川省攀枝花市西区新庄大桥上游约1公里处，离攀枝花中心城区和成都的直线距离分别为10.3公里和750公里。金沙水电站由河床式发电厂房、泄洪闸及挡水坝等建筑组成，电站装机容量为56万千瓦（4×14万千瓦），坝顶总长392.5米，最大坝高66米，金沙水电站的主要开发任务为发电，兼有供水、改善城市水域景观和取水条件，以及对观音岩水电站的反调节作用等。金沙水电站采用“左厂右泄”布置格局，即左岸布置电站建筑物，右岸布置泄洪、导流设施。合同金额：98026.0168万元。本合同工程总工期64个月，从2016年9月1日开始至2021年12月31日完成。其中，2020年7月31日，1#机组72小时试运行完成。2016年主要进行二期围堰施工及左岸边坡开挖施工，2016年12月21日完成二期截流预进占，总体履约受控。

【观音岩水电站厂房土建、机电及金属结构安装工程】2016年5月24日，最后一台机组（5#机）顺利进入72小时试运行，并于5月27日移交大唐观音岩水电开发公司。

【雅砻江桐子林水电站机电及金属结构安装工程】2016年3月22日，最后一台机组发电。

【京昆高速公路复线重庆至广安段（重庆境）BOT项目】路基及桥梁工程于4月完成交面；控制性工程——华蓥山隧道进行上、下台阶开挖支护，仰拱衬砌回填及二衬浇筑施工。12月24日隧道右线顺利贯通。华蓥山隧道开挖提前52天完成年度目标，履约情况较好。

【四川雅砻江杨房沟卡拉水电站上铺子沟砂石加工系统工程】2016年度砂石系统运行良好，能够满足电站建设需要，1—12月生产供应成品骨料71.514万吨，顺利完成年度生产任务。

【四川金沙江乌东德水电站下白滩砂石加工系统和左岸混凝土生产系统工程】2016年度砂石、混凝土系统运行良好，能够满足电站建设需要，1—12月生产供应成品骨料125.81万吨，生产供应混凝土47.7万立方米，顺利完成年度生产任务。

【国道321线纳溪至泸县、省道308线合江至泸州一级公路改建工程新建路段BT项目】提前12天完成沥青混凝土摊铺工作，全线完工并具备通车条件，总体履约受控。

【四川省雅安至康定高速公路项目路基土建施工（C8标段）】本年度完成路基工程除始阳互通外，其他路基段基本成型。桥梁工程下部构造除天全大桥5#、6#墩外，其余桥梁工程下部构造均完成。隧道工程二衬已完成，右洞混凝土路面已浇筑完毕。路基工程完成84.6%以上，桥涵工程完成82.7%，隧道工程完成90.3%，完成年计划的117.15%，整体履约情况良好。天全长大隧道双线安全、质量零事故，天全隧道左洞于7月17日顺利贯通，取得全线长大隧道第一个双洞贯通。

南水北调工程通水

【浙江瓯飞工程瑞安垦区与南金公路连接线道路PPP项目（万松东路延伸工程二期）】瓯飞工程瑞安垦区与南金公路连接线道路工程（万松东路延伸工程二期）西起滨海大道、东至东海大道，西起桩号K0—013.847，东至桩号K4+730，全长约4.74公里，标准路幅宽60—70米，其中滨海大道—东海六道路段宽76米，分南北两幅，中间为前埠浦河，东海六路—东海大道段道路宽60米。双向8车道（设置辅道形式），为城市主干道、设计车速为50公里每小时，新建14座桥梁。中标金额：86091万元。本合同计划于2016年7月开工，2019年6月完工。由于征地问题，未正式下发开工令，目前只进行了前期施工准备工作。

【国电大渡河沙坪二级水电站机电设备及金属结构安装工程】2016年年底主要完成工作：厂房尾水门

机安装，厂房进水口检修闸门安装，厂房尾水事故闸门安装，泄洪闸弧形工作闸门安装，液压启闭机安装以及上述相关电气设备安装，公共照明系统安装，GIS 室桥机安装，1#主变压器基本安装完成，1#机组安装完成工作量约 80%。

【海南琼中抽水蓄能电站机电设备安装工程】2016 年 9 月 21 日，3#机座环蜗壳吊装完成。已完成 3 台机组尾水肘管安装、3 台机组座环蜗壳安装、1#机组定子叠片、主厂房屋顶网架安装等。项目整体施工进度有序受控。

【成都地铁 4 号线二期工程 110 千伏主变电所系统集成及施工总承包】主所完成了第一回大学城 110 千伏主变电所至 220 千伏鱼凫变电站的所有工作并已带电投运，现已进入临时运行阶段；外电通道完成电缆沟挖掘 6400 米，C30 混凝土浇筑 9600 立方米，排管安装 6400 米，砖井砌筑 128 口并已通过验收；顶管工作井开挖两口，顶管顶进及挖方 131 立方米，共计挖方 739 立方米，浇筑 236 立方米，回填工作井 2 口，回填量为 384 立方米，顶管灌浆 86 吨；江安河河道及工作井挖方 393 立方米，C30 混凝土浇筑 68 立方米，钢筋绑扎 1.3 吨。2016 年底工程已接近收尾阶段。

【中国电建成都地铁 4 号线二期工程机电安装与装修 A、B 标】A 标施工进度总体受控，常规机电安装工作已基本完成，各站单机调试工作已基本完成，目前万盛站及凤溪河站正在进行接口调试，杨柳河站全功能测试已经完成并实现“三权”移交。B 标年度计划产值 11714.0 万元，实际完成 12397.3 万元，完成率为 105.8%。2016 年主体工程进行了光华公园站、涌泉站、凤凰大街站、马厂坝站动力照明工程、给排水及消防工程、通风空调工程的安装调试和设备区、公共区、出入口、风井风道轨行区的装修施工，安装与调试包含智能照明、环控系统、区间疏散、照明配电箱等系统，装修包含地面花岗岩石材铺贴、人防门等的单机、接口、联动测试。2016 年均按时或提前完成年度节点目标，履约良好。

国际项目

【巴基斯坦塔贝拉四期】本年度发电厂房、开关站区域土建标履约正常，该工程电站取水口、发电厂房、压力钢管安装和开关站区域土建施工进度均按照新赶工节点目标稳步推进。

【马其顿 MS 高速公路】路基工程完成约 30 公里，桥梁完工 15 座，沥青混凝土完成 7.548 万立方米，km17+000-km26+537）主体工程提前 22 天完工，三标主线段（除 km45 互通）沥青底层摊铺完成。项目在质量、安全和进度方面业主/工程师感到满意，工程履约状况良好。

【马其顿 KO 高速公路】路堑开挖完成 71%，14 座桥梁处于建设进程中，关键线路上的 2 座特大桥陆续开工，自营段隧洞开挖进尺 1806.4 米，沥青混凝土完成 8725 立方米。2016 年 5 月 1 日 km17+607 大桥首个 0#块（3#墩）按期开工，2016 年 6 月 20km9+105 大桥首个 0#块(2#墩)按期开工。

【厦门大学马来西亚分校一期工程】2016 年该项目进入移交高峰年，2016 年完成第二阶段 D4 学生宿舍，D6 餐厅交面验收，完成第三阶段 D2/D3 两栋学生宿舍交面验收并陆续投入使用，满足了学校办学需要。2017 年 1 月底完成第四阶段 A4&A5 两栋教学楼及相邻停车场、运动场/芙蓉湖的交面验收工作，A1、A2、A3 行政楼正在进行扫尾工作施工，3 月可实现全面交付给校方投入使用。本项目工程履约总体受控。

【卡西姆火电项目】#1 机主厂房、集控楼、除尘控制楼等土建工作全部完成，主产房 A 列外构建筑、升压站区域土建、上部钢结构安装工作完成，化水区域及海水淡化区域土建完成 90%，全厂给排水、雨污水、含油废水和水消防管道等地下管网按计划有序进行，各部位工程进度满足业主要求。按期实现本年度各项重大节点目标，工程履约状况良好。

【卡洛特电站项目】本工程临建工程标段进展顺利，所承建的临建项目：炸药库完工，油库完工， 1#、2#索道桥具备通车条件，1-1#、4#公路路基形成，具备通车条件，场内公路工程 2 标完工。主体工程标段、导流洞进出口边坡开挖支护符合进度要求，导流洞上半洞开挖支护共计完成 300 米。工程总承包方对项目总体进展较为满意，工程履约总体受控。

党群工作

【党的组织建设】2016 年，水电七局党委共有基层党委 17 个、党总支 26 个，党支部 175 个，党员 5669 人，其中在岗党员 3736 人，离退休党员 1722 人，发展党员 55 人。2016 年，公司党组织认真学习党的十八届五中、六中全会精神和全国国有企业党的建设工作会议精神，切实履行全面从严治党主体责任，着力做好“价值党建、责任党建、活力党建”三篇文章，以“两学一做”学习教育为抓手，抓好“学”“做”“促”三个关键环节，固本培元、凝魂聚力，各级党组织和党员干部主动作为、强化担当，积极投身公司改革发展实践，实现了党建工作与生产经营的较好融合，党建工作的引领力、推动力不断增强，为公司集团化发展提供了坚强保证。

【坚持思想建党，不断强化“四个意识”】一是理论学习、调查研究和重点工作推进“三位一体”。 二是大力开展各层次党课教育。三是推进党员教育多样化。聚智办好“七彩大讲堂”，推动领导干部上讲台。

马来西亚 500 千伏输变电线路

【坚持压实责任，推进重点工作落地】一是强化责任意识，全面实施党委书记述职评议制度，强化各级党组织书记的主责主业意识和各级领导干部的“一岗双责”责任，以上率下抓落实；二是加强班子建设；三是强化干部队伍建设；四是强化问题导向；五是试行基层党建工作交底制度。

【坚持夯实基础，推进基层组织建设】一是继续推进党支部书记（副书记）专职化；二是规范党内政治生活，“三会一课”、双重组织生活等更为规范；三是认真做好党组织关系排查、党费清缴、违规违纪党员处理、党员档案管理等专项基础工作；四是注重标准规范；五是提升党务工作者能力素质。

【坚持创新载体，推进党建工作释放活力】一是组织开展了“六大集中攻坚行动”；二是组织开展集体党课、走访慰问老党员和困难党员等“七个一”系列主题活动；三是扎实开展党建创新课题研究，用专业思维推动党建理论与实践相融合。

【坚持标本兼治，深化落实“两个责任”】 一是强教育和严制度同步；二是抓重点和抓日常并重；三是严惩戒和早预防结合。

【坚持文化引领，推进乐成文化扎根】一是大力推动“乐成文化”扎根；二是加强精神文明建设；三是强化新闻宣传，聚人心立品牌。

【坚持党建带群建，推进公司和谐稳定】一是深化民主管理，推进和谐企业建设；二是坚持党建带团建，凝聚青春智慧和力量，助力公司集团化建设。开展“青年创客”活动，打造“青春梦工厂”；开展青年论坛活动，打造青年价值展示平台。

【反腐倡廉建设责任制】2016 年，公司修订下发了《党风建设和反腐败工作责任制实施细则》和《党风建设和反腐败工作责任制考核评价办法》，党委委员分别带队对二级单位开展了党风建设和反腐败工作责任制的半年检查和年终考核，各单位责任制执行情况良好，全年公司各层级签订反腐倡廉建设责任书共计 1479 份。

【反腐倡廉教育】年初公司制定下发了《2016 年反腐倡廉教育工作安排意见》，明确了教育任务，公司年内开展了形式多样化的反腐倡廉教育活动，主要有：在项目经理、支部书记培训班以及新入职员工培训中，公司纪委都作了廉洁文化专题授课；公司纪委做为参建施工单位代表，在南方电网调峰调频公司组织召开的蓄能电站参建单位“廉洁工程”共建座谈会上进行了廉洁风险防控工作的经验交流，获得业主和各方的广泛认可与好评；及时转发中央、地方和电建股份公司各类违纪违法案件通报，部署开展了“对照集团巡视发现问题自查自纠”工作，以案施教，对标自省；组织了 103 名领导干部和关键岗位人员赴四川省法纪教育基地接受现场教育，增强领导干部法律意识和廉洁意识。

【"三重一大"决策制度】在"三重一大"总体要求、基层执行和流程管理等方面，公司均出台了具体制度。公司总部建立了"三重一大"工作联系人制度，各业务部门和会务部门指定专人负责"三重一大"有关记录和决策情况的登记与报送。2016 年，公司总部"三重一大"决策事项共计 73 项，过程规范、信息完整。

【强化执纪监督】根据公司《督查工作制度》，2016 年公司完成了对一分局和成都金属结构研发中心项目部的督查工作，成效明显，得到了公司党政主要领导的高度认可；年内还选取了原六分局乐山清江项目部和成都轨道工程分公司进行了"三重一大"制度执行情况的监督检查，并针对所存在的不足之处提出了整改意见；加强专业系统监督，联合经营管理部对 5 个工程项目开展了工程分包专项检查；按照《招标监督实施细则》要求，总部监察部共参与招标监督 51 项，其中工程分包 13 项，设备物资采购 38 项；开展了领导人员特定关系人违规分包工程专项治理工作，涉及正在履约的合同项目 247 项，共有 1011 名领导干部或项目班子成员做了签字背书。

【纪检监察队伍建设】总部及二级单位共计 14 名纪委书记严格执行纪委书记在班子分工中不分管其他工作的要求，坚持聚焦反腐倡廉建设主业；严格落实《二级单位纪委书记、副书记、监察机构正职提名考察办法》，把政治过硬、忠诚干净担当的干部选拔到纪检监察队伍中来；举办纪检监察业务培训班，提升干部综合素质；公司共有派驻纪检监察员 141 名，公司纪委加大了对各项目部派驻纪检监察员的教育与管理，切实督促其履职尽责。

【工会工作】2016 年，水电七局工会连续第 14 年获得四川省总工会评比的"四川省 2016 年度工会工作目标考核一等奖"和"四川省 2016 年度工会领导班子考核一等奖"。

一是履职尽责深化职工民主管理。增补职工代表、征集办复 18 项职工代表提案，召开十六届三次职代会暨 2016 年工作会，依法签订了《2016 年工资专项集体合同》。及时召开了两次职代会联席会，审议通过了《项目职能部门和两级总部岗位工资调整方案》《公司集团化改革方案》和《提高职工内部退养标准方案》。

二是践行"两学一做"慰问帮扶困难职工送温暖。在公司党政统一领导下，筹措资金 6258460 元，慰问 13488 人次的离退休、在职困难职工和伤残人员及遗属等，进家入户走访救助 4746 户生活困难职工家庭。为职工办理补充医疗保险。组织在岗职工"捐献一日工资、奉献一片爱心"，共捐款 1548074.88 元，救助因病因灾致困职工 116 名。151000 元"金秋助学"资助困难职工子女 64 名圆了升学梦，特别慰问劳模 97 人次，实现了困难职工帮扶工作常态化。

三是围绕公司发展大局，开展劳动竞赛推进经济技术创新。拨付 86 万元工会专项经费在四川白鹤滩水电站、成都地铁 18 号线和深圳茅洲河界综合治理等 20 个重点工程项目工地掀起"比、学、赶、超"劳动竞赛，涌现出 56 项职工群众性经济技术创新成果。

四是评先树模，涌现出了一批先进集体和个人。机电安装分局荣获"四川省国资委系统先进集体"，三分局、杨房沟总包部辅助工区被评为"四川省劳动竞赛优胜单位"，二分局长河坝项目部荣获四川省重点工程建设劳动竞赛"先进集体"称号，二分局黄金坪项目部、夹江公司金属结构制造分厂被命名为"四川省工人先锋号"，城市轨道工程分公司成都地铁项目部测量队被评为四川省"五化五强"班组；机电安装分局桐子林项目部电气班女职工蔡春芳荣获"全国五一劳动奖章"，国际工程公司巴基斯坦卡洛特项目部土建施工队职工黄忠荣获"四川省五一劳动奖章"，锦江生态治理项目部女职工邹会均荣获"四川省五一巾帼标兵岗"，一分局职工唐杰伟荣获"四川省国资委系统先进个人"，成都地铁 4 号线二期工程土建 6 标盾构一队职工周鸿源被评为"四川省劳动竞赛先进个人"。

（朱隐、程慧玲、林兆广、贺省民、李莉、杜志明）

巴基斯坦特瑞穆拦河坝修复升级工程

中国水利水电第十工程局有限公司

【企业综述】中国水利水电第十工程局有限公司（以下简称“中国水电十局”）隶属于中国电力建设集团股份有限公司（简称中国电建集团），是具有水利水电工程施工总承包特级资质的国有大型施工企业。2016年底，企业注册资本金12.2443亿元人民币，在册固定职工人数4607人。中国水电十局总部机关地址为成都市金牛区十二桥路7号。

2016年，中国水电十局以加快企业转型升级、提升企业品质为重心，围绕实现国际化百亿企业建设目标，狠抓保市场、保订单、促发展工作，持续提升在建项目履约能力，深入推进标准化建设，以特色和品质立足市场，保持经营规模、盈利能力的稳步增长，实现营业收入73.86亿元，实现市场开发125亿元，其中国际市场开发额为55亿元。资产总额94.03亿元。

中国水电十局在中国电建集团股份有限公司2016年度84家子企业分级工作和2016年度子企业综合实力评价排名中进入A级企业行列，综合实力位列第18位。荣获全国及四川省“安康杯”竞赛优胜单位称号。获得“四川省高新技术企业”和“企业信用评价AAA级信用企业”认证，继续入选“四川100强”企业，继续获得省级“守合同重信用企业”荣誉称号。中国水电十局承建的南水北调SG09标工程项目、桃巴高速公路工程项目获得中国电建集团“优质工程奖”，宝兴水电站枢纽工程项目获得四川省“天府杯”金奖，老挝南立1-2水电站工程项目获得2014-2015年度国家优质投资项目奖（施工单位）。

【历史沿革】中国水电十局的前身是狮子滩水力发电工程局，始建于1954年8月1日，隶属燃料工业部水力发电建设总局领导，地师级单位。1958年8月狮子滩水力发电工程局由四川省长寿县转移到灌县，改名为四川省紫坪铺水电工程局。1960年初，因紫坪铺水库停建，四川省紫坪铺水电工程局改称四川省水利电力厅第一工程局，隶属四川省水利电力厅。1960年底，四川省水利电力厅第一工程局交国家水利电力部所属，改称水利电力部四川水力发电工程局，隶属水利电力部水利水电建设总局。

由于紫坪铺水电站和鱼嘴水电站两个工程相继下马。7000多人的四川省水力发电工程局中的一部分职工成建制调往重庆市九龙坡火电站，一部分人员支援大洪河水电站、大竹乌木滩水库、广安四九滩水电站。四川省水力发电工程局机关分为两部分，一部分随1000多人的主力队伍赴石棉建设南桠河石棉矿电站。石棉矿电站建成后，1965年移师冕宁建设磨房沟水电站，编成水利电力部磨房沟水电工程处（县团级），修建了冕宁磨房沟水电站。留在岷江上游紫坪铺和白沙公社的四川省水力发电工程局的另一部分机关人员及职工，加上在内江地区招收的3500名新工人于1966年8月1日被整编为中国人民解放军基建工程兵建字0061支队（简称61部队），承建映秀湾水电站。1972年，61部队奉命调往湖北三三0工地，留川的1000多人组成四川省水电工程大队，交四川省电力局领导，隶属四川省电力局（县团级）。奉命调往湖北三三0工地的61部队人员后来改编为武警水电一、三总队。

1975年6月11日，水利电力部磨房沟水电工程处与四川省水电工程大队合并成立了四川省水电工程局（县团级），隶属四川省电力局。四川省水电工程局机关地址为灌县白沙公社。1979年，工程局机关从灌县白沙公社搬至阿坝州汶川县映秀镇。

1981年10月7日，电力工业部将四川省水电工程局和水电机电安装处合并划归水电建设总局直接领导，四川省水电工程局改名为电力工业部第十水电工程局，地师级单位，工程局机关地址为汶川县映秀镇。1982年，国家水利部、电力部合并为中国水利电力部，电力工业部第十水电工程局改称水利电力部第十工程局。

1988年9月，水利电力部第十工程局总部机关从汶川县映秀镇搬迁到都江堰市蒲阳路164号。1992年8月，“水利电力部第十工程局”更名为“中国水利水电第十工程局”。2008年4月工程局改制，“中国水利水电第十工程局”更名为“中国水利水电第十工程局有限公司”。

2008年“5.12”四川汶川地震后，2008年6月，中国水电十局总部机关主体搬迁至成都市金牛区十二桥路7号（总部机关社会保险工作部、资金管理部、人力总站及离退休管理办公室、档案室、信访办公室以及中国水电十局二级单位仍留都江堰市蒲阳路164号）。

【公司资质】中国水电十局具有建筑业企业资质：

水利水电工程施工总承包特级、建筑工程施工总承包一级、水利水电机电安装工程专业承包一级、钢结构工程专业承包一级、市政公用工程施工总承包一级、水工金属结构制作与安装工程专业承包一级、输变电工程专业承包一级、地基基础工程专业承包一级、公路工程施工总承包二级、机电工程施工总承包二级、消防设施工程专业承包二级、港航设备安装及水上交管工程专业承包二级、水工金属结构制作与安装工程专业承包二级、输变电工程专业承包二级、电力工程施工总承包二级、建筑机电安装工程专业承包二级、矿山工程施工总承包三级；所具有的设计资质：工程设计水利行业水库枢纽专业甲级、工程设计水利行业引调水专业甲级、工程设计水利行业灌溉排涝专业甲级；所具有的勘察资质：工程勘察水文地质勘查专业乙级、工程勘察工程测量专业乙级、工程勘察岩土工程专业乙级。监理资质包括工程监理水利水电工程专业乙级、工程监理市政公用工程专业乙级。

中国水电十局取得了GB/T19001-2008/ISO9001：2008标准质量管理体系、GB/T24001-2004-ISO14001：2004标准环境管理体系、GB/T28001-2001标准职业健康安全管理体系认证。中国水电十局承建的伊朗塔里干水利枢纽工程、中国河南燕山水库枢纽工程先后获国家鲁班奖。

【队伍状况与机构设置】截至2016年年底，中国水电十局在册职工为4533名，其中，硕士研究生19人，本科学历1525人，大专学历850人。具有初级以上技术职称的职工2353人。中国水电十局机关机构设置为：总经理办公室、企业发展部、党委工作部（含公司团委、史志办公室、新闻中心）、人力资源部、财务部、资金管理部、市场开发部、工程管理部（技术中心）、经营管理部、信息化管理部、安全环保管理部、设备物资管理部、法律与风险管理部、审计部、社会保险工作部、人力总站及离退休管理办公室、纪委办公室（监察部）、工会办公室、国际公司。中国水电十局二级单位和直管项目部有：一分局、二分局、三分局、机电安装分局、基础工程分局、勘测设计院、基地建设管理处（佳馨物业管理公司）、老挝公司、中东区域经理部及海外公司直管各工程项目部、毗河工程总承包部。

【主要领导调整及班子建设】2016年中国水电十局领导班子成员为：执行董事（法定代表人）、总经理兼党委副书记何其刚；党委书记兼副总经理陈勇；监事、党委副书记、纪委书记靳山；副总经理余明川、陈茂（兼总工程师）、涂建湘、张长万、巨荣文、胡湛军（兼总经济师）、何开平；总会计师王全军；工会主席陈顺清（2016年3月改任副局级咨询）。

【经营业绩】实现营业收入73.86亿元，比2015年66.35亿元增长11.31%。其中，国内完成38.66亿元，国内业务占比52.34%；国际完成35.2亿元，国际业务占比47.66%。市场开发实现新签合同金额125亿元。其中，国内完成70亿元（水电完成26.46亿元，非水电完成43.54亿元），国内市场开拓势头良好；国际业务中标55亿元。国内外合同存量295.57亿元，同比增长18.54%。

【新签合同】2016年，中国水利水电第十工程局有限公司中标108个项目，新签合同金额112.15亿元，其中国内70亿元，国际42.15亿元。2016年新签的主要工程项目有：华能新疆亚曼苏水电站厂区枢纽工程施工3.13亿元 、喀双隧洞工程KS9勘探实验洞施工1.59亿元、四川省天全河胜利水电站土建工程1.43亿元、西藏大古水电站左右岸坝肩工程2.44亿元、成安渝高速公路四川段工程建设项目剩余工程7.28亿元、古瓦水电站首部枢纽工程施工标8.07亿元、红岭灌区工程东干渠土建施工第Ⅳ标段工程1.86亿元、达州长田新区市政基础设施建设工程7.85亿元、京昆高速公路复线重庆至广安土建工程第一分部施工项目补充合同2.47亿元、西昌市小庙乡袁家山村棚户区改造建设项目7.54亿元、成凉工业园区统规统建村民安置区A地块一期项目2.98亿元、西昌市海南乡棚户区拆迁安置点建设项目2.16亿元、西昌市小庙乡泸川天王山大道东地块棚户区改造安置点工程建设项目12.21亿元、盐边太阳坡3.5万千瓦设施农业光伏发电项目1.96亿元、老挝南欧江三级水电站土建、金属结构及机电设备安装工程9.43亿元、老挝南欧江四级水电站土建、金属结构及机电设备安装工程5.85亿元、新建铁路磨丁至万象线铁路工程项目施工V标段12.32亿元、南俄4水电站C3C4标段7.14亿元、缅甸L矿采矿剥离合同及补充协议7.09亿元。

【资产状况】公司2016年度资产总额939381.98万元,相比年初增加16.72%。主要指标如下：货币资金321327.18万元，应收账款239151.06万元,预付账款84242.75万元，其他应收款71342.29万元，存货115300.85万元(其中已完工未结算92346.67万元、原材料 18904.07 万元),公司固定资产原值179787.55万元，固定资产净值35572.03万元，长期股权投资21359.70万元。

公司2016年度负债总额：789727.22万元，相比年初增加18.62%。主要指标如下：长期借款88，500万元，应付账款239171.44万元，预收账款338328.86万元（其中执行建造合同形成128050.65万元），应付股利12611.28万元，其他应付款67968.27万元。

公司 2016 年度所有者权益 149,654.76 万元，相比年初增加 7.63%。实收资本 82,443.00 万元。

管理创新

【组织机构建设】2016 年，中国水电十局紧紧把握国家“十三五”规划发展机遇，坚持“百亿企业”发展战略不动摇，一是完成了 7 个二级单位的整体换届，开展了机关中层干部的民主测评，并对两级机关进行了定岗定员。二是在老挝区域经理部的基础上组建成立“中国水电十局老挝公司”。三是对十局机关部门职能进行了梳理优化：国际公司只保留国际市场开发的职能，后勤保障及管理职能划归设备物资部；强化法律风险意识，将风险管理职能和法律事务管理职能合并，成立法律与风险管理部；加强统筹，强化宣传导向，将新闻宣传职能从信息中心划归至党委工作部。

【全面风险管理与内部控制】2016 年，中国水电十局风险管控主要开展了以下工作：一是以逐层推进的问卷调查法从风险事件发生的可能性和发生后影响程度的重大性两个方面对风险排序列出需要重点关注的十大高风险领域，并绘制了风险地图进行风险分析；二是选取了国内外 13 个项目（区域部）全面实施公司层面的风险评估分析与内部控制工作；三是组织了公司内部控制自我评价工作，形成了《2016 年度内部控制自我评价报告》；四是制定了《中国水利水电第十工程局有限公司风险内控管理评价考核细则(暂行)》；五是配合中天运审计事务所完成了内部控制审计工作。

【人力资源管理】2016 年，中国水电十局下发了《关于提拔正科级以上干部需经公司党政联席会议批准的通知》，进一步规范了选人用人工作程序；下发了《关于对执行年薪制领导人员工资发放管理规定的通知》，进一步规范了领导人员工资发放管理；制定了《中国水利水电第十工程局有限公司员工职业资格证书管理办法》及《中国水利水电第十工程局有限公司员工培训教育管理办法》，规范了职业资格证书的管理和培训教育工作，提高了职工获取各项资格证书的奖励水平，为打造学习型企业、提升职工能力、培养各类专业技术人才提供了制度保障；为了进一步深化干部人事制度改革，解决因工作需要或二级单位领导班子整体换届后退出领导岗位的领导干部工作及待遇问题，制定了《中国水利水电第十工程局有限公司管理顾问管理暂行规定》；为进一步深化干部人事制度改革，盘活干部资源，优化干部人员结构，大力培养年轻同志走上各级领导岗位，充分发挥各级干部的传、帮、带作用，修订了《中国水利水电第十工程局有限公司领导干部退岗管理规定》。

【安全管理】 2016 年 12 月 24 日，中国水电十局经水利部安全生产标准化评审委员会审定并于 12 月 24 日公示结束后，正式取得了水利安全生产标准化达标一级单位。

【财税资金管理】2016 年，中国水电十局财税资金管理主要开展了以下工作：一是组织“营改增”实施工作，制订十局“营改增”实施办法细则，积极与地方税务部门进行沟通，搭建“营改增”税控系统，为十局“营改增”的实施提供保障。二是先后参与了与四川公司合作投资的西藏光伏项目谈判，对西昌 PPP 项目的投融资方案进行了多次研讨，针对十局参股路桥彭州项目、受让电建地产股权等投资事宜，财务部多次与股份公司相关部门进行沟通并进行了书面报告。三是开展了十局 2016 年产权管理及登记自查工作，完善了产权系统数据，产权资料归档根据股份公司产权管理制度，制订了十局产权管理办法，保证了十局产权的清晰、合规。

【法务管理】2016 年，中国水电十局共审核各类经济合同文件 23 份，涉及合同金额约 45.95 亿元，出具书面法律审核意见 9 份，参与重要投资项目跟踪服务 4 个，参与合同谈判并发表法律意见 6 次。2016 年新发生法律纠纷案件共 14 件，同比下降约 6.7%，涉诉标的约 801.82 万元，同比下降约 9.3%，案件涉及分包合同、承揽合同、买卖合同、财产损害赔偿及劳动争议等纠纷，其中以南水北调材料买卖合同纠纷案件相对较为集中。截至 2016 年年底，新发生法律纠纷案件已有 11 件结案，中国水电十局成功避免和挽回损失约 334.87 万元。新疆恰甫其海南岸干渠八标建设工程施工合同纠纷案经多方努力，最终中国水电十局与新疆伊犁河流域开发建设管理局于 2016 年 1 月 16 日达成调解协议，使该重大历史遗留案件得到妥善圆满地解决，并为中国水电十局重新进军新疆水利市场扫清了障碍，至此，中国水电十局重大历史遗留案件基本得到解决。

【信息化建设】2016 年，一是新建铜头项目、达州长田项目、西昌房建项目、西藏知不拉铜矿项目 4 个 VPN 网络，在公司网站和 6 个二级单位网站部署了“360 云防护”；二是将勘测设计院、基础工程分局网站从外面服务商转移到公司服务器上运行，对网站进行了统一管理；三是按照股份公司召开的保密与信息安全专题会议精神，对在用 OA 服务器上的全部数据进行了备份，删除了在用服务器上的敏感文件。2016 年，公司已顺利召开视频会议 50 余次，重大会议充分发挥了视频会议系统作用，将会议在 31 个国内外重点项目部进行了视频直播。

【质量、环境、职业健康安全管理体系】四川三峡认证有限公司审核组于 2016 年 11 月 24 日至 12 月 16 日对公司质量、环境、职业健康安全管理体系进行了监督审核。外审组对公司的质量、环境、职业健康安全管理体系运行给出的评价是：公司领导重视体系的运行、保持和持续改进工作，建立了明确的管理方针目标，为管理体系的建立、实施和改进提供了较充分的各类资源。方针、目标得到了较好实现，管理体系运行正常、有效。审核组的审核结论：质量、环境、职业健康安全管理体系予以保持注册资格。

【工程管理】2016 年，中国水电十局工程管理坚持以完美履约管理为主题，以相关方满意为目标，对新中标项目进行技术策划，对在建项目的技术、进度、质量等工作进行现场检查、督促和指导。坚持强化综合项目管理系统在各分局和项目部的推广应用，涵盖技术、质量、进度、环境、职业健康安全、合同管理、人力资源管理、财务管理、设备物资管理等基础数据的上线管理，使各级领导能够及时掌握在建项目施工情况，查找问题、分析原因，及时协调解决，确保工程施工顺利进行。

【工法及专利】2016 年，中国水电十局编写的《双护盾掘进机(TBM)机头脱困施工工法》《大直径双护盾硬岩掘进机长隧洞施工工法》获 2015 年度四川省级工法；《面板混凝土全机械化快速施工工法》获得 2016 年度中国电力建设工法。2016 年授权发明专利 13 项：堆石坝混凝土面板施工钢筋输送安装车、密封管连接件、压力回填式弹性埋管施工方法、压力回填式管连接结构、半包覆式密封管接头、压力回填式管道的制作方法、复合型弹性防腐管、应用于圆洞内的无轨门机、管连接组件、地表浅埋式管连接结构、压力回填式管连接件、包覆式管接头、复合防腐管的制作方法；授权实用新型专利 2 项：面板堆石坝混凝土面板施工全线段面板自动修抹机、用于电缆的自动收线装置。截至年底，中国水电十局共有有效实用新型专利 65 项，发明专利 15 项。

【创优工程及科技成果】中国水电十局承建项目“面板混凝土机械化施工配套设备研制与应用”获得 2016 年度中国水力发电科学技术进步三等奖；与成勘院、西南交大等 5 家单位成立了“城市地下空间工程实验室”；参与国家重点研发计划“城市地下空间综合体高性能结构体系性能与设计理论研究”申报。

【高新技术企业】完成了对 2015 年度“TBM 施工不良地质洞段研究”等 11 项科研项目加计扣税审计工作，加计扣税为中国水电十局免税 217 万元，加高新技术企业免税共计成功免税 877.8 万余元人民币；完成对 2015 年高新技术企业复查工作；完成 2016 年度 72 个科研课题的立项，其中 51 项课题完成研发，经审核验收已经顺利结题，另外 21 项课题在继续研发进行中。本年度完成科研任务 2.38 亿元，2016 年度高新技术企业及加计扣税共计为中国水电十局免税将突破千万元大关。

国内主要工程 国内水电项目

【春堂坝水电站厂房项目】春堂坝水电站位于四川省小金县境内，为引水式电站，电站枢纽建筑物由首部枢纽、引水系统、调压井、厂房等组成。总装机容量 5.4 万千瓦。中国水电十局承建：引水隧洞（7+750～13+054.2）段，调压井、压力管道、厂区枢纽的所有土建、原型观测设备的采购及安装，金属结构的制造及安装、机电及电气设备安装、7 号～10 号渣场防护、调压井边坡的安全防护和道路硬化、加固施工以及为完成本包工程所需的所有临时工程等。合同签订日期为 2012 年 7 月 26 日，合同金额 21684 万元，合同工期 32 个月，工程开工日期为 2012 年 9 月 1 日。2016 年完成合同金额 5223.2 万元，累计完成合同金额 20，698.4 万元。

【龙洞水电站厂房项目】龙洞水电站位于四川省康定县境内的大渡河右岸一级支流瓦斯河上，为低闸引水式电站。电站枢纽建筑物由首部枢纽、引水系统、地下厂房等组成。电站装机容量16.5万千瓦。中国水电十局承建：引水隧洞[（引）5+130～（引）5+375.115段]、气垫式调压室、压力管道、主副厂房及安装间、尾水连接管、母线洞、主变室及尾闸室、进厂交通洞、排风洞、排水廊道、尾水隧洞、尾水暗渠、明渠及出口边坡、出线场及排风洞边坡、封堵、永久安全监测、水土保持与环境保护、建筑与装修、消防供水及给排水系统、金属结构和水轮发电机组的安装施工。合同签订日期为2013年7月3日，合同金额1.6579亿元，合同工期34个月。进场日期为2013年7月29日。2016年完成合同金额5806万元，累计完成合同金额1.5084亿元。

【亚曼苏水电站厂区枢纽工程】亚曼苏水电站工程是托什干河流域水电规划“2库11级”中的第9级和第10级两级水电站经过优化合并的一级水电站。电站位于新疆阿克苏地区乌什县亚曼苏乡境内。电站为径流式电站，采用引水式开发，厂内安装3台单机容量为7万千瓦和1台单机容量为3.4万千瓦的水轮发电机组，总装机容量为24.4万千瓦。中国水电十局承建：主、副厂房及GIS开关站、尾水池、尾水渠、尾水渠交叉建筑物（渡槽及交通桥）及永久进厂公路等。合同签订日期为2016年4月16日，合同总金额31353万元，合同工期32个月。2016年共完成产值7987万元，累计完成产值7987万元。

四川资阳毗河供水一期工程项目　（马川江　摄）

【新疆KS9勘探试验洞工程项目】新疆KS9勘探试验洞工程隧洞总长为283.393公里。中国水电十局承建：S2竖井、8.04公里主洞及S9进场道路。S2竖井桩号为248+800，主洞桩号245+153～253+193。合同签订日期为2016年3月24日，合同金额为1.5944亿元，合同工期为48个月；工程开工日期为2016年4月1日。2016年完成合同金额1618万元，累计完成合同金额1618万元。

【四川天全胜利水电站灾后重建土建工程项目】四川天全胜利水电站灾后重建土建工程项目为胜利水电站灾后重建工程，计划紧邻已建胜利水电站取水口左岸上游新建进水口，在原溢流坝顶安装气动盾形闸门抬高正常蓄水位1.5米引水发电，非溢流坝坝顶加高至高程735.8米，在已建引水系统左侧新建有压引水隧洞和调压井及压力管道，靠近原厂房左侧修建地面厂房，增加2×2万千瓦的机组。中国水电十局承建：新建进水口工程；已建胜利电站首部枢纽加高加固工程；引水隧洞工程；调压井工程；压力管道工程；主副厂房、尾水渠及升压站工程等。合同金额1.43278亿元，合同工期：27个月。首批人员、设备进场日期为2016年3月2日，2016年8月1日正式开工。2016年完成合同金额1642万元，累计完成合同金额1642万元。

【然乌沟水电站工程项目】然乌沟水电站工程位于四川省甘孜州境内，坝址位于然乌乡境内，距乡城县36公里，厂址位于硕曲河畔洞松乡境内，距县城30公里。有乡城—香格里拉的省级公路及城乡公路相通。然乌沟水电站工程主要由然乌沟主坝、日木沟引坝、引水隧洞、调压井、发电厂房及升压开关站工程组成。中国水电十局承建：引坝工程、主坝工程、压力管道工程、发电厂房工程、升压开关站工程。合同签订日期：2013年10月20日，合同金额：8750.0818万元，进场日期：2013年8月6日，合同工期：2013年8月10日至2016年2月26日。进场日期：2013年6月7日。2016年完成合同金额3219.93万元。累计完成合同金额1.261216亿元。

【固滴水电站厂区枢纽工程项目】固滴水电站位于水洛河中游水洛乡其拉村下游4公里的峡谷段，坝址距木里县城231公里，采用一洞三机联合供水方式，安装水轮发电机3台，单机容量为4.6万千瓦，总装机容量为13.8万千瓦。多年平均发电量为5.928亿千瓦时。中国水电十局承建：引水隧洞（桩号引9+500.00～引10+832.87）、调压井（含上室）、压力管道、地下厂房、尾水洞、尾水出口及相关的交通工程等土建工程、金属结构安装及有关临时设施等。合同签订日期：2013年9月25日，合同金额2.08401亿元。合同工期：2013年11月1日至2016年9月30日。2013年10月下旬进场，2013年11月1日正式开工。2016年完成合同金额7684.8万元，累计完成合同金额1.34674亿元。

【四川天全锅浪跷水电站厂房工程项目】天全锅浪跷水电站系青衣江一级支流天全河梯级开发中的龙头水库，位于四川省雅安市天全县紫石乡境内，距县城 37 公里，为单一发电工程。电站装机 3×7 万千瓦。中国水电十局承建：引水隧洞、调压井、压力管道及电站厂房等。合同金额：2.2956 亿元；合同签订日期为 2015 年 4 月 3 日；合同工期：2015 年 1 月 1 日至 2018 年 12 月 31 日。进场时间：2015 年 3 月 16 日；监理下发开工令时间为 2015 年 4 月 5 日；2016 年完成合同金额 6430.8 万元，累计完成合同金额 7068.22 万元。

【苏洼龙水电站业主营地项目】金沙江上游苏洼龙水电站业主营地位于西藏自治区芒康县索多西乡索多村金沙江右岸 2 号公路左侧，距苏洼龙水电站大坝约 0.5 公里。中国水电十局承建：房建工程；室外工程及为完成本合同工程所需的临时工程和临时设施的修建、运行维护与拆除。合同金额 3222 万元；合同签订日期：2015 年 9 月 14 日；合同工期为 2015 年 7 月 20 日至 2016 年 7 月 19 日，共计 365 日历天。进场日期：2015 年 10 月 21 日。2016 年完成合同金额 3729.61 万元，累计完成合同金额 3729.61 万元。

【博瓦水电站厂区枢纽工程项目】博瓦水电站位于四川省凉山彝族自治州木里县境内，为金沙江左岸一级支流水洛河干流额斯至捷可河段一库十一级中的第八个梯级电站。电站装机容量为 3×5.6 万千瓦，首部拦、蓄水建筑物为闸（坝），最大闸（坝）高 27 米。中国水电十局承建：厂房枢纽工程、8#支洞及其控制的主洞（13+195—14+188.66）工程、8#岔洞、压力管道、调压井工程、地下厂房工程、GIS 楼、进厂公路工程、施工临时交通工程以及本标相应的其他临时设施工程等。合同金额为 1.88520567 亿元；合同签订日期：2015 年 7 月 8 日；合同工期为 2015 年 7 月 1 日至 2018 年 9 月 30 日；进场时间：2015 年 7 月 1 日；开工时间：2015 年 7 月 19 日。2016 年完成合同金额 5182.58 万元，累计完成合同金额 5182.58 万元。

【引汉济渭黄金峡水利枢纽前期准备工程施工 II 标项目】引汉济渭工程黄金峡水利枢纽前期准备工程施工Ⅱ标位于陕西省汉中市佛坪县境内，本标段主要建筑物包括左岸 1#公路路基以上坝肩开挖工程、场内道路工程和弃渣场防护工程建设与管理三项。中国水电十局承建：左岸 1#公路路基以上坝肩边坡开挖支护、左岸 3#公路、左岸 5#公路、场内出水池道路、良心沟弃渣场防护工程以及戴母鸡沟弃渣场防护工程。合同金额 1.4 亿元，合同工期：2015 年 9 月 15 日—2017 年 5 月 31 日；签订合同日期：2015 年 9 月 29 日；进场时间：2015 年 9 月 12 日；开工时间：2015 年 10 月 25 日。2016 年完成合同金额 6525.3 万元，累计完成合同金额 7326.3 万元。

【大古水电站项目】大古水电站位于西藏自治区山南地区桑日县境内，工程区距桑日县城公路里程约 43 公里。电站装机容量为 66 万千瓦，电站枢纽建筑物由挡水建筑物、泄洪消能建筑物、引水发电系统及升压站等组成。中国水电十局承建：左岸坝肩开挖及支护工程(含左岸近坝处理工程)、右岸坝肩开挖及支护工程(含右岸近坝处理工程)、左岸上坝公路工程、右岸交通洞部分工程。上坝交通洞（桩号 K0+715.00 至 K0+739.60 段）、尾水平台交通洞（桩号 K0+110.00～K0+133.10 段）隧道工程及安全设施的施工。合同金额：右岸交通洞 5114 万元，左右岸坝肩工程：2.44183 亿元。合同工期：右岸交通洞工期 17 个月 ；左右岸坝肩工程工期 15 个月 。签订合同日期：右岸交通洞为 2016 年 4 月 20 日；左右岸坝肩工程为 2016 年 9 月 15 日。进场时间：右岸交通洞 2016 年 6 月 1 日；左右岸坝肩工程 2016 年 7 月 12 日。右岸交通洞工程 2016 年完成合同金额为

西昌 PPP 项目　　　　（马川江　摄）

1638.9 万元，累计完成合同金额 1638.9 万元；左右岸坝肩工程 2016 年完成合同金额为 4289.9 万元，累计完成合同金额 4289.9 万元。

【古瓦水电站首部枢纽工程项目】古瓦水电站首部枢纽位于四川省甘孜藏族自治州乡城县境内。中国水电十局承建：混凝土面板堆石坝工程、溢洪洞土建及金属结构安装工程、导流放空洞施工支洞工程、导流放空洞土建及金属结构安装工程、进水口土建及金属结构安装工程、引水隧洞 1#-2#施工支洞土建及金属结构安装工程、引水隧洞(隧)0+000.00-(隧)4+533.00 工程、生态电站引水工程及压力钢管的采购、制作及安装、生态电站厂房土建、金属结构及机电安装工程、首部枢纽场内公路工程、过坝交通洞工程、放空洞交通洞工程、坝区边坡处理工程、

料场无用层清除及防护工程、渣场防护工程等项目。合同金额为 8.0748 亿元，合同工期 51 个月。进场时间：2016 年 8 月 1 日。合同开工时间：2016 年 10 月 31 日。完工时间：2021 年 1 月 31 日。签订合同日期：2016 年 10 月 11 日。2016 年完成合同金额 967.8 万元，累计完成合同金额 967.8 万元。

【富流滩船闸改扩建工程船闸制造项目】富流滩枢纽位于渠江下游广安市岳池县罗渡镇河段，是渠江航道四川段七级航运梯级规划自上而下的最后一级梯级，上游与四九滩电站尾水衔接，下游尾水与嘉陵江草街航电枢纽回水重叠。工程开发任务以发电为主，结合航运。正常蓄水位高程 213.8 米，相应库容 2.07 亿立方米，调节库容 830 万立方米，具有日（周）调节性能，电站装机容量为 3.9 万千瓦。中国水电十局承建输水廊道进水口拦污栅、检修平板阀门、检修叠梁闸门、人字形工作闸门、平板工作阀门、浮式系船柱。合同金额为 1281.54 万元。2016 年度主要完成产值 300 万元，累计完成产值 1281.54 万元。

【木里河上通坝水电站闸门（拦污栅）制造项目】木里河上通坝水电站位于四川省甘孜州理塘县麦洼乡和凉山州木里县唐央乡境内的木里河干流上，为低闸引水式电站，其为木里河干流（上通坝至阿布地）水电规划开发的第一级电站。电站装机 3 台，单机容量 8 万千瓦，总装机容量 24 万千瓦。工程主要由首部枢纽、引水系统、厂区建筑物等组成。工程的开发任务主要为发电并兼顾下游生态环境用水要求。电站坝址距木里县城约 224 公里，距西昌市约 470 公里。2016 年度主要完成产值 100 万元，累计完成产值 1156.0186 万元。

【潼南航电枢纽工程厂房、泄水闸金属结构采购（一标包）项目】涪江干流梯级渠化潼南航电枢纽工程位于重庆市潼南县境内的涪江下游河段，东南距重庆市约 120 公里。本项目航道等级为内河Ⅴ级，通航船舶为 300000 公斤。水库正常蓄水位高程为 236.50 米，相应库容 1571 万立方米，总库容 2.19 亿立方米。电站厂房为河床式厂房，布置于枢纽左岸，主机间共布置 3 台灯泡式贯流机组，总装机容量 4.2 万千瓦。中国水电十局承建：泄水闸和电站厂房两部分的部分闸门、拦污栅、拦污排及相关埋件等的详图设计、制造以及所需材料和部件的采购、工厂组装、检测、防腐、包装、运输、工地交接、保险、指导现场安装调试、全部技术文件的提供以及保证期内的技术服务等。合同工程量为 181 万公斤，合同金额为 1513.94 万元。2016 年 12 月 31 日最后一批厂房前沿拦污栅制造完成。2016 年度主要完成产值 400 万元，累计完成产值 1513.94 万元。

【潼南航电枢纽工程船闸金属结构制造项目】潼南航电枢纽工程是涪江干流重庆市境内的第 2 个梯级，坝址位于潼南县城涪江大桥下游约 3 公里处，是一座以航运为主、兼顾发电、修复涪江干流潼南县城段水生态系统综合利用功能的航电枢纽工程，水库正常蓄水位高程为 236.50 米，相应库容 1571 万立方米，总库容 2.19 亿立方米。电站总装机容量 4.2 万千瓦。中国水电十局承建：船闸工程的工作闸门、检修闸门等的详图设计、制造，以及所需材料和部件的采购、工厂组装、检测、防腐、包装、运输、工地交接、保险、指导现场安装调试、全部技术文件的提供以及保证期内的技术服务等。合同工程量为 77.4 万公斤，合同金额 618.15 万元。工程 2016 年度主要完成产值 618.15 万元，累计完成产值 618.15 万元。

【固滴金结项目】固滴水电站位于水洛河中游麦日乡俄西村下游 4 公里的峡谷段，系水洛河干流水电规划梯级开发电站之一，安装水轮发电机 3 台，单机容量 4.6 万千瓦，机组安装高程为 2161.8 米。总装机容量为 13.8 万千瓦。中国水电十局承建引水隧洞（桩号引 9+500.00～引 10+832.87）、调压井（含上室）、压力管道、地下厂房、尾水洞、尾水出口及相关的交通工程等土建工程、金属结构安装及有关临时设施等。该工程于 2013 年 10 月 8 日签订合同，固滴金结合同金额为 1429.09 万元。合同预计开工日期 2013 年 11 月 1 日，要求完工日期为 2016 年 8 月 31 日。2016 年度主要完成产值 617 万元，累计完成产值 617 万元。

【洞松水电站机电安装工程项目】洞松水电站位于甘孜州西南部，距州府康定市 488 公里，距省会成都 853 公里。电站总装机容量为 18 万千瓦。该电站主体工程建筑物主要分为大坝枢纽、引水系统、厂区枢纽三部分。厂区枢纽由地面式厂房、GIS 开关站、副厂房及生活区等组成。中国水电十局承建洞松水电站全厂、调压井及首部的机电设备安装工程和压力管道及金属结构安装工程。合同工期 18 个月，机电安装工程合同金额为 1267 万元，压力管道及金属结构安装工程金额为 800 万元。

【曲堆水电站机电、金结项目】曲堆水电站改扩建工程位于四川省乡城县然乌乡境内，距然乌乡距离 5.8 公里。曲堆水电站的主要开发任务为水力发电，装机 1.5 万千瓦。枢纽建筑物由首部枢纽、引水系统和厂区枢纽三部分组成。中国水电十局承建机电安装、试验、金结安装及制造、启闭设备采购。主要工程量为 3 台（套）水轮发电机组及相应电气设备的安装；厂用电、电缆及升压站系统的安装；厂房桥式起重机的安装；闸门制作及安装各45吨；压力管道制作及安装各67.5万公斤；启闭设备采购及安装10台套；水电十局于2014年3月28日签订合同，合同金额为21，789，209元，2016年主要完成产值1100万元，累计完成产值1505万元。

【然乌沟水电站机电、金结项目】四川省乡城县然乌沟水电站工程坝址位于然乌乡境内，距乡城县36公里。然乌沟水电站由首部枢纽、引水系统、发电厂房等建筑物组成。然乌沟水电站主厂房内选用两台CJ325-L-150/4×9，SF11-10/2860机组，容量为2×1.1万千瓦。中国水电十局承建机电安装、试验、金结安装及制造、启闭设备采购。水电十局于2014年3月28日签订合同，合同金额为1981.7095万元，2016年主要完成产值600万元，累计完成产值750万元。

【大岩洞压力钢管制安工程项目】大岩洞水电站位于金沙江一级支流牛栏江中游大岩洞至大坪子河段，是牛栏江中游河段十级水电梯级开发中的第二级。电站采用引水式开发方式，以发电为主要开发目标。电站安装3台、单机容量为2.8万千瓦的水轮发电机组，总装机容量8.4万千瓦，装机年利用小时数为4561小时，年发电量3.8312亿千瓦时。所含工程项目中的压力钢管制作安装、生态流量管制作安装由中国水利水电第十工程局承建，于2016年4月签订合同，合同金额为929.219357万元，合同开工日期为2016年6月1日，完工日期为2016年12月31日。2016年度主要完成产值536万元，累计完成产值536万元。

【龙洞水电站厂房项目】龙洞水电站位于四川省康定县境内的大渡河右岸一级支流瓦斯河上，为低闸引水式电站。电站枢纽建筑物由首部枢纽、引水系统、地下厂房等组成。电站装机容量16.5万千瓦。中国水电十局承建：气垫式调压室钢罩、压力钢管、厂房钢结构、尾水闸门的金属结构安装，消防供水及给排水系统、电气一次系统、电气二次系统、水力机械辅助设备及管道系统、桥式起重机系统、通风空调系统和水轮发电机组的安装施工。合同金额3447万元，合同工期：2013年8月至2016年6月。进厂日期为2015年3月25日。2016年完成合同金额2218万元，累计完成合同金额2840万元。

【四川华能小天都水电站】该电站位于四川省甘孜藏族自治州康定县境内，为瓦斯河干流梯级开发的第二级。其上游紧连龙洞梯级，下游与冷竹关梯级相接。闸首上行约26公里至州府康定，厂房下行约33公里至泸定，经天全、雅安至成都，公路里程约315公里。318国道沿瓦斯河右岸通过，连接本工程闸首及厂房，直达成都与康定，对外交通方便。华能小天都水电站现装机容量为24万千瓦，装设3台、单机容量为8万千瓦的机组，额定水头为358米，额定转速428.6转每分钟，每台水轮机的进水钢管上都设置一台球阀。

【春堂坝水电站】电站位于四川省小金县境内的沃日河上，为引水式电站，电站为沃日河干流日尔—春堂坝段梯级规划开发的第四级。该电站为具有日调节水库的引水式电站。电站装机3台，单机容量为1.8万千瓦，总装机容量5.4万千瓦。截至2016年12月，合同内结算1580万元，合同内剩余未结算金额为110万元，包括：工程量未结算10万元；钢板调差100万元。截至到2016年12月，合同外结算171万元。合同外剩余未结算计划约为512万元。包括：新增工程量（配合业主1#、3#机组一次调频）约为30万元；剩余变更约为88万元；索赔约为200万元。

【洪口电站机电设备安装】洪口电站位于通江县洪口乡境内的月滩河上游3公里的高家湾处，距通江县城约70公里，为通江县境内月滩河梯级开发的第一级龙头电站。主要水工建筑物有重力坝、引水隧洞、调压井、压力管道及地面厂房等，装机容量为2×1.2万千瓦，最大水头78.6米，最小水头52.6米，额定水头68米，设计引用流量为44立方米/秒，多年平均发电量为8891万千瓦时。开工日期为2015年12月25日，完工日期为2016年10月24日。

【巨亭水电站机电设备安装项目】巨亭水电站位于陕西省宁强县境内的嘉陵江干流上，坝址位于宁强县巨亭镇上游约5公里，枢纽建筑物由左右岸重力副坝，河床泄洪闸、左岸发电厂房及开关站组成。巨亭水电站工程安装2×1.6万千瓦和1×1万千瓦灯泡贯流式机组，电站正常蓄水位高程为599米，总库容3265万立方米。中国水电十局承建：金属结构的制造及安装、机电及电气设备安装。截至2016年12月底，金属结构制造及安装已经完工，合同总金额3259.84万元，合同工期：总工期为15个月；工程开工日期为2012年10月15日。2016年完成合同金额165.93万元，累计完成合同金额3316.26万元。

【去学水电站金结安装项目】去学水电站位于定曲河最大支流硕曲河干流上，工程区处于四川省甘孜藏族自治州（以下简称甘孜州）得荣县境内，而水库库区大部分（约15公里长）位于云南省迪庆藏族自治州（以下简称迪庆州）香格里拉县境内。中国水电十局承建压力管道、尾水金属结构安装。主要工程量为：压力钢管安装，工程量为145.5024万公斤，尾水事故闸门埋件安装，工程量为40622公斤，尾水事故闸门门叶安装，工程量为49212公斤。2016年度主要完成产值1500万元，累计完成产值2000万元。

国内非水电项目

【毗河供水一期工程第一施工分部项目】毗河供水一期工程施工第一分部项目由中国水电十局承建，施工范围包括成都、资阳地区，跨区市（县）分别为新都区、青白江区、金堂县、简阳市，工程包括：荀家滩取水枢纽工程、荀家滩取水枢纽防洪堤工程、总干渠桩号一0+000～一45+848段，另外还包括工程范围内施工期临时安全监测、水土保持与环境保护、建筑与装修、消防供水及给排水系统、金属结构和水轮发电机组的安装施工。本施工段合同金额为10.7323亿元，合同工期为48个月。进场日期为2014年5月，开工令确认开工日期为2015年4月28日。2016年完成合同金额1.25734亿元，累计完成合同金额1.50442亿元。

【毗河供水一期工程第二分部工程项目】都江堰灌区毗河供水一期工程第二施工分部工程位于金堂县及简阳市境内，中国水电十局二分局承建：总干渠桩号45+558—67+243段；简资分干渠15.14公里；石钟支渠8.41公里；简阳支渠8.96公里；其他相关配套工程以及完成以上全部工程的其他附属工程。中标金额8.3796亿元，总工期历时48个月。合同签订日期：2014年4月，2014年5月12日第二施工分部组织人员设备进场施工。2015年4月28开工，2016年完成合同金额1.7907亿元。累计完成合同金额2.5692亿元。

【毗河供水一期工程第三施工分部工程项目】毗河供水一期工程第三施工分部工程项目由中国水电十局三分局承建：包括总干渠段和云合支渠段，总干渠长34.728公里，云合支渠长11.46 公里。合同工期48个月，实际开工日期为2015年4月28日，合同总价为6.77895835亿元。2016年度完成产值1.6659亿元，累计完成产值3.8098亿元。

【毗河供水一期工程第六施工分部工程项目】中国水利水电第十工程局有限公司基础工程分局承建：毗河供水一期工程第六施工分部，包括蟠书补水渠、书永分干渠、千佛分干渠、龙台支渠、云峰支渠等，合同金额5.48亿元，合同工期为2015年4月28日-2019年4月27日。截至2016年年末，本工程累计结算产值6800万元。

【毗河供水一期工程施工第七分部工程项目】毗河供水一期工程施工第七分部工程项目由中国水电十局承建，包括：新安分干渠上段（桩号26+404以前段）、中兴支渠、东禅支渠及其以下斗渠、农渠等田间工程。其中渠道总长度为54.94公里。合同金额为3.14亿元，合同工期为48个月。进场日期为2014年8月15日，开工令确认开工日期为2015年4月28日。2016年完成合同金额4770万元，累计完成合同金额6830万元。

成安渝高速项目　　　　（马川江　摄）

【西藏知不拉铜多金属矿项目】西藏知不拉铜多金属矿位于西藏自治区墨竹工卡县西南约20公里处，由露天采场、采矿工业场地、选矿工业场地、排土场、尾矿库、炸药库、加油站、总仓库、生活区、供电系统、供水回水系统及水源地、环保安全设施及其他辅助设施等组成。中国水电十局承建：知不拉南、北采场、拉姆加古露天采场、驱龙（2号、7号、8号山头）采场矿石、废石的采剥、运输；采区内出矿、排土道路修筑以及承包商相关的配套临时设施建设等。合同签订日期为2015年6月25日，合同金额为19.7亿元，合同工期为60个月。2015年6月人员开始进场，开工日期为2015年7月1日。2016年度主要完成合同金额1.69997亿元。累计完成合同金额 1.90391 亿元。

【西藏林芝米林派镇至墨脱解放大桥农村公路一期工程Ⅰ标项目】西藏林芝米林派镇至墨脱解放大桥农村公路一期工程Ⅰ标位于米林派镇大峡谷景区，路线起点从景区大门外约 100 米的雅江鱼村饭店附近接现有岗（嘎）—派（镇）旅游公路，至松林口 3.55 公里附近高程现有道路，采用特长隧道穿越多雄拉山，终点至多雄拉隧道出口。中国水电十局承建：标段路线起点桩号为 K0+000.00，止点桩号为 K13+615.00，路线总长为 13.615 公里，其中包括特长隧道 4.4 公里 1 座，小桥 38 米 1 座。合同签订日期：2014 年 6 月 23 日，合同总金额 2.5374958 亿元，合同工期 885 日历天，2014 年 6 月 16 日进场。2016 年完成合同金额 1.10346 亿元。累计完成合同金额 1.95764 亿元。

【天府新区兴隆湖生态水环境综合治理第二标段项目】天府新区兴隆湖项目位于成都天府新区兴隆镇南侧，是天府新区“三纵一横一湖”的重大基础设施项目之一。中国水电十局承建：二标工程内容主要有湖区场平工程、景观驳岸工程、7 米宽滨湖景观步道工程（长 9.3 公里）、25 米宽环湖市政道路工程（长 8.2 公里）、放空闸工程、副坝工程和道路桥梁工程。合同金额 6.849 亿元；合同签订日期：2012 年 11 月；合同工期为 2013 年 11 月 21 日至 2015 年 5 月 31 日，共计 18 个月。开工时间：2013 年 11 月 21 日；2016 年完成合同金额 1223.8 万元，累计完成合同金额 6.21574 亿元。

西藏 TBM 项目　　　　（马川江　摄）

【海南红岭灌区工程东干渠土建施工第Ⅳ标项目】位于海南省海口市，工程桩号 90+558～118+913 段是重兴分水闸进口首端段至 2#倒虹吸进口首端段，全长 28.355 公里。中国水电十局承建：渠道总长 28.3 公里，其中包括渠道工程施工、暗涵座，隧洞座，渡槽座等共计 75 座建筑物。合同工期：36 个月，合同金额：1.85760195 亿元。2016 年度完成产值 4747 万元，累计完成产值 4747 万元。

【梅子箐水库扩建工程闸门制造项目】攀枝花市西区梅子箐水库扩建工程是一项以农业灌溉为主，兼顾人畜饮水等综合利用的中型水利工程。工程设计总灌面面积 0.29 万公顷，其中增加灌面 0.24 万公顷，改善灌面 0.05 万公顷。中国水电十局承建：梅子箐水库取水洞工作及检修闸门等的制作。合同工程量为 23.1 万公斤，合同金额 154 万元。工程于 2016 年 1 月 20 日完成首批三洞桥水库冲沙闸工作及检修闸门门槽制造；2016 年 10 月 31 日最后一批闸门制造完成。2016 年度主要完成产值 154 万元，累计完成产值 154 万元。

【渝蓉高速公路四川段土建第二项目】渝蓉高速四川段起于成都绕城高速公路与成（都）洛（带）路交汇处，止于四川与重庆交界处的安岳县忠义乡观音桥，建设里程 174.539 公里。中国水电十局承建：成安渝高速四川段 K2+470 至 K174+539 桩号范围内的路基工程、桥涵工程（除预制梁生产及吊装）、隧道工程等工程的建设施工，合同金额为 7.28346859 亿元，开工日期为 2016 年 7 月 15 日，合同工期为 10 个月（其中资阳段 7 个月，成都段 10 个月）。2016 年完成合同金额为 4.97889 亿元，累计完成合同金额 4.97889 亿元。

【乐山青江新区项目基础建设 BT 项目】乐山市青江新区基础设施 BT 项目估算总造价约 29.4 亿元，包含 18 条道路工程约 17.3 亿元，8 个景观工程约 6.8 亿元，2 个房建工程约 5.3 亿元。中国水电十局承建：太白路，凤洲路，陆游路，岑参路，嘉瑞大道，鹅塘路，春华路西段，通棉路共 8 条道路和 1 个长青路下穿隧道的建设，共长 17.16 公里，合计总价约 7.4 亿元。太白路开工日期 2013 年 11 月 15 日，完工日期 2014 年 9 月 15 日，工期为 10 个月。嘉瑞大道开工日期 2013 年 12 月 28 日，完工日期 2015 年 6 月 30 日，工期为 18 个月。2016 年度完成产值 1.6389 亿元，累计完成产值 5.5089 亿元。

【成彭、汉彭路改造项目】成彭高速公路彭州入城段改造工程：成彭高速公路彭州入城段改造工程起于彭州与新都交界处，止于成彭高速与牡丹大道交叉口，全长约 2.758 公里(K18+560-K21+317.98)，全线采用一级公路技术标准，建设总工期为 2 年。汉彭路彭州入城段道路改造工程：汉彭路彭州入城段道路改造工程线路起于 K0+000(位于成绵复线高速九尺收费站附近)，止于 K3+006.091(牡丹大道和汉彭路交叉路口)，全长约 3.006 公里，全线采用一级公路技术标准，建设总工期为2年。2016年度完成产值1.69246亿元，累计完成产值3.98807亿元。

【达州长田新区基础设施建设项目】该项目位于达州市经济开发区及达川区，项目施工线路全长约10公里。大尖子隧道项目进出口均位于达州市经开区，出口位于梨树坪水库方向，工程项目全长1.35公里。其中隧道段长0.472公里。经开大道项目起点位于经开区七河路，与大尖子隧道工程相接，终点位于经开区斌郎乡金银村，与规划中的主干道相交；工程线路全长7.151公里；其中一期工程3.218公里；二、三期工程3.933公里。总合同金额为6.1130亿元，合同工期36个月。2016年度完成产值1.4215亿元，累计完成产值1.4215亿元。

【重庆渝北至四川广安高速公路土建一分部（二期）工程】工程起于渝北区柏杨湾，与重庆市金山大道（原规划城市“四纵线”）连接，终点止于重庆绕城高速。中国水电十局承建：高速公路全长约3.614公里，主要结构物为大桥2座（先简支，后连续T梁桥计长1.271公里）、绕城高速跨线桥1座（先简支，后连续T梁桥计长151.4米）、互通式立交一座（新建4条匝道及3条既有匝道改造）、盖板涵6座、箱涵1座、改移道路框架桥4座。合同工期：2016年4月1日至2017年12月31日，合同总额2.47022121亿元。2016年度完成产值1.0279亿元，累计完成产值1.0279亿元。

【开茂水库库区枢纽工程】开茂水库库区枢纽工程位于四川省绵阳市北川县安昌镇开茂村。开茂水库的开发任务是以向北川新县城及周边乡镇、安县县城生活供水和北川—山东产业园区、安昌工业园区、永安—香泉工业园的生活、生产供水以及安江、安绵、安昌河灌区灌溉供水为主，兼顾灌区人畜供水要求。中国水利水电第十工程局有限公司基础工程分局承建：主坝及1#～5#副坝工程、左、右岸山脊防渗工程、溢洪道工程、放空洞工程、供水隧洞工程等。合同签订于2013年1月6日。中标合同总金额：1.96亿元。总计划工期：880天。项目人员进场日期：2012年12月25日，2016年完成合同金额：0.88亿元。

国外主要工程　国外水电项目

【南欧江流域二、五、六级电站】南欧江二、五、六级水电站是中国电建集团海外投资公司在老挝以BOT模式进行全流域投资开发的七级电站中的第一期。二级电站位于老挝中北部琅勃拉邦省境内南欧江下游河段上，五级、六级水电站位于老挝丰沙里省境内。南欧江流域一期水电站九台机组总装机容量为54万千瓦，年平均发电量为22.23亿千瓦时，年利用小时数分别为：二级12159.18小时，五级8785.10小时，六级9082.24小时。一期电站运行小时数分别为：二级7101小时，五级3896小时，六级4319小时。安全运行天数为：二级为206天，五级为433天，六级为440天。南欧江流域一期二级、五级电站由中国水利水电第十工程局施工。六级电站由中国水利水电第十工程局安装分局安装。

【厄瓜多尔科卡科多－辛克雷（CCS）水电站项目】厄瓜多尔科卡科多-辛克雷水电站项目位于南美洲的厄瓜多尔Napo和Sucumbios省境内，距首都基多约130公里。2009年10月5日，中国水电股份有限公司与厄瓜多尔科卡科多—辛克雷公司正式签署CCS水电站EPC总承包合同，合同金额为3.6亿美元。电站总装机容量为150万千瓦，年发电量88亿千瓦时。中国水电十局承建：主要工程含首部枢纽大坝和调节水库、输水隧洞、压力管道、厂房、变压器室、进厂交通洞、电缆洞、尾水洞、开关站及控制楼、到调节水库的进场路、永久运行村等。中国水电十局承建：输水隧洞3公里、部分大坝工程、业主营地、永久道路等。合同金额：3.6亿美元，合同工期：2010年8月—2016年2月。2016完成产值1978万美元，累计完成产值3.3922亿美元。

【老挝南湃水电站项目】南湃水电站位于老挝万象省北部Phoun区，坝址位于南俄河支流南湃河满铺恩村下游。本工程为长引水式电站，主要任务是发电，水库正常蓄水位高程1140米，总库容为2.059亿立方米，装机容量为8.6万千瓦。本工程枢纽建筑物主要由混凝土面板堆石坝、溢洪洞、引水隧洞及发电厂房、尾水系统等组成。合同工期：1280日历天。开工日期为2013年9月1日，竣工日期为2017年2月28日。合同总价8941.3521万美元。2016年完成产值2452万美元，累计完成产值8982万美元。

【印尼加蒂格德水电站项目】JATIGEDE电站工程位于印度尼西亚西爪哇省内。中国水电十局承建：贾蒂格德电站工程按规划分两期建设，一期工程为水库工程，包括大坝、溢洪道、导流洞、灌溉洞及电站引水隧洞前 150 米段的工程建设。二期工程为引水发电工程，包括引水发电系统中的隧洞、上游调压室、压力管道、半埋式厂房、尾水调压室、尾水洞、下游调节堰、金属结构制作、安装，机电设备安装等。合同工期：1308 日历天。开工日期为 2015 年 10 月 2 日，竣工日期为 2019 年 5 月 1 日。合同总价 1.2273896954 亿美元。2016 年完成产值 1208 万美元，累计完成产值 1535 万美元。

【老挝南康 3 水电站站项目】南康 3 水电站位于琅勃拉邦省境内的南坎河干流上，坝址距下游琅勃拉邦市公路里程约 31 公里，装机容量为 2×3 万瓦（6 万千瓦），年发电量 2.4 亿千瓦时。合同总金额 1.27767028 亿美元。中国水电十局承建：厂区枢纽、电站永久设备采购及安装、金结制造及安装工程等施工任务，水电十局分割合同金额 6470.3772 万美元，分割比例为 56.04%；工期：2012 年 12 月 26 日至 2016 年 6 月 25 日。签订合同日期：2012 年 2 月 8 日；进场时间：2012 年 9 月 18 日；2016 年中国水电十局完成合同金额 394.45 万美元，累计完成合同金额 4264.86 万美元。

【老挝南欧江二级水电站项目】南欧江二级水电站位于老挝人民民主共和国中北部琅勃拉邦省境内，电站装机 3 台，总装机容量 3×4 万千瓦，总库容 1.217 $\times 10^8$ 立方米。枢纽主要由左岸非溢流坝段、泄水建筑物、引水发电建筑物、右岸非溢流坝段等建筑物组成。中国水电十局承建：南欧江二级水电站土建、金属结构及机电设备安装工程。合同金额为 6783.84 万美元；合同工期：2012 年 10 月 1 日- 2016 年 10 月 31 日。签订合同日期：2012 年 9 月 30 日；进场时间：2012 年 7 月 3 日；2016 年完成合同金额 1188.27 万美元，其中合同内完成 85.23 万美元，变更新增项目完成 1103.04 万美元,累计完成合同金额 7534.65 万美元。

【老挝南欧江五级水电站项目】南欧江五级水电站项目位于老挝人民民主共和国丰沙里省境内，工程以发电为主，主要建筑物包括混凝土重力坝、坝身进水口及坝后式厂房、坝身溢洪道及消力池、冲沙底孔及泄槽、下游护岸等。电站总装机容量为 24 万千瓦。中国水电十局承建：南欧江五级水电站土建、金属结构及机电设备安装工程。合同金额 1.4817 亿美元，合同工期：2012 年 10 月 1 日至 2016 年 10 月 31 日。签订合同日期：2012 年 10 月 1 日；进场时间：2012 年 7 月 15 日；2016 年完成合同金额 2044 万美元，累计完成合同金额 1.752693 亿美元。

【老挝南俄 3 水电站项目】南俄 3 水电站为老挝境内南俄河干流梯级开发的第 3 级电站，位于老挝中部赛松本省（Xaysomboune）境内。本工程枢纽建筑物主要由混凝土面板堆石坝、左岸 3 孔溢洪道、右岸引水发电系统和地面厂房组成。工程规模为一等大（1）型工程，挡水建筑物混凝土面板堆石坝坝顶高程 729.5 米，最大坝高 210 米，电站装机容量 3×16 万千瓦，保证出力 18.5 万千瓦，多年平均年发电量 23.45 亿千瓦时。合同签订日期：2014 年 7 月，合同工期 72 个月，开工日期：2015 年 11 月 26 日，竣工日期：2021 年 11 月 25 日。合同总金额 12.6 亿美元，2016 年完成产值 1.88011 亿美元，累计完成合同金额 2.5302 亿美元。

【老挝东萨宏水电站项目】老挝东萨洪水电站项目

老挝南欧江 2 级水电站项目　　（朱永　摄）

位于老挝南部占巴塞省,电站总装机 4×6.5 万千瓦，设计最大引水流量为 1600 立方米/小时。中国水电十局承建：厂区枢纽、开关站、22 千伏施工用电、电站永久设备采购及安装、金结制造及安装工程等施工任务，合同总金额 3.200389 亿美元，水电十局分割合同金额约 1.566491 亿美元(未包括暂定项)，合同签订日期：2015 年 10 月 15 日，开工日期：2015 年 10 月 15 日，竣工日期：2019 年 12 月 31 日。2016 年十局完成合同金额 1875 万美元，累计完成合同金额 1945 万美元，为签约合同总额的 12.4%。

【老挝南欧江四级水电站项目】南欧江四级水电站位于老挝丰沙里省（PHONGSALI）境内南欧江中游河段上，为南欧江干流七级开发方案中的第四级（自下而上），电站以发电为主，工程等别为二等大（2）

型工程，电站装机容量 13.2 万千瓦(3×4.4 万千瓦)，总库容 1.416 亿立方米。枢纽主要由左岸非溢流坝段、引水发电建筑物、泄水建筑物、右岸非溢流坝段等建筑物组成。中国水电十局承建：南欧江四级水电站土建、金属结构及机电设备安装工程。合同金额 9065.04 万美元，合同开工日期：2016 年 4 月 8 日，完工日期 2020 年 10 月 31 日。签订合同日期：2016 年 3 月 29 日,进场时间：2016 年 4 月 1 日,2016 年完成合同金额 610.45 万美元，累计完成合同金额 610.45 万美元。

【老挝南欧江三级水电站项目】南欧江三级水电站位于老挝琅勃拉邦省境内上，为南欧江干流七级开发方案的第三级（自下而上），电站以发电为主，工程等别为二等大（2）型工程，主要建筑物由混凝土重力坝、河床式厂房、溢流表孔及消力池、冲沙底孔等组成。电站总装机容量 3×7 万千瓦。中国水电十局承建：南欧江三级水电站土建、金属结构及机电设备安装工程。合同金额 1.459696 亿美元，合同开工日期：2016 年 4 月 8 日，完工日期：2020 年 12 月 31 日。签订合同日期：2016 年 3 月 29 日,进场时间:2016 年 3 月 21 日,2016 年完成合同金额 1203.99 万美元，其中合同内完成 1179.11 万美元，变更新增项目完成 24.88 万美元，累计完成合同金额 1203.99 万美元。

南欧江五级水电站项目　　（朱永　摄）

【老挝南立 1 水电站项目】南立 1 水电站位于老挝万象省北部 PhonHong 区的 Nam Lik 河上,本电站为河床式电站。设计正常蓄水位高程 195.00 米，水库最低运行水位高程 191.50 米，最大坝高 47.67 米，电站总装机容量 2×3.236 万千瓦，为贯流式发电机组。土建合同金额 4666.00 万美元，合同开工日期：2016 年 11 月 1 日，完工日期：2019 年 2 月 28 日。签订合同日期：2016 年 12 月 26 日。进场时间：2016 年 10 月 5 日。2016 年完成合同金额 270 万美元，累计完成合同 270 万美元。

【北本水电站左岸进场公路工程项目】本项目为北本水电站左岸进场公路工程。北本水电站位于老挝北部乌多姆赛省北本县境内，为湄公河规划的第一个电站工程。项目合同范围为：北本水电站左岸坝顶公路 A、B、C 三段和线路上的公路桥梁施工。公路全长 7.199501 公里，计算行车速度为 20 公里每小时，水电十局合同金额约 695.17 万美元,合同签订日期：2014 年 12 月 1 日，开工日期：2014 年 12 月 10 日，竣工日期：2015 年 12 月 9 日，后调整至 2016 年 6 月 30 日。2016 年完成合同金额 435.87 万美元，累计完成合同金额 695.17 万美元，为签约合同总额的 100%。

【南欧江二级水电站机电及金结安装项目】南欧江二级水电站位于老挝人民民主共和国中北部琅勃拉邦省境内，工程主要由泄洪坝段、发电厂房等建筑物组成。中国水电十局承建:南欧二级水电站机电及金属结构的安装。包括泄洪坝段 5 孔泄洪闸门、2 孔冲沙闸门、7 孔固定式卷扬机，发电厂房 3 孔进水口闸门、3 孔尾水闸门等其他部件 535.8 万公斤金属结构安装；发电厂房 3 台（套）4 万千瓦的灯泡贯流式机组及附属设备、厂房发电附属设备、升压站等机电设备安装。工程于 2012 年 9 月 30 日签订合同，合同金额为 659 万美元，合同开工日期为 2012 年 10 月 1 日，完工日期为 2016 年 10 月 31 日。2016 年度主要完成产值 259 万美元，累计完成产值 601.4 万元。

【南欧江五级电站机电金结项目】南欧江五级电站机电金结项目位于老挝人民民主共和国丰沙里省境内，为南欧江规划七个梯级水电站中的第五级。坝址位于南欧江右岸支流南波河（Nam Pok）河口下游约 1.10 公里处。南欧江五级电站装机 3 台（套)、单机额定功率为 8 万千瓦的混流式水轮发电机组及其附属设备，总装机容量 24 万千瓦。机电金结制安工程主要包括：压力管道制作安装，大坝溢洪道、进水口、导流洞、尾水、冲沙底孔金属结构设备安装，水轮发电机组安装、辅机系统、电气一次、二次设备安装、通信系统、消防系统安装等项目施工。合同开工时间：2014 年 5 月 1 日，合同完工时间：2016 年 10 月 31 日；分割合同金额 901 万美元，完工产值825万美元。

【南欧江六级电站金结制作及机电安装项目】南欧江六级水电站位于老挝丰沙里省境内，坝址距丰沙里市公路里程27公里。最大坝高约85米，相应库容4.09×10^8立方米。电站装机容量为3×6万千瓦，中国水电十局承建压力钢管制造运输及机电设备安装工作。机电设备安装工程主要工程量：3台套6万千瓦立式混流式水轮发电机组及其附件安装；两台厂区起重设备安装；230千伏·GIS组合电气设备安装；全厂电气设备安装；建筑消防及火灾报警系统安装。合同金额为612.936万美元，合同开工日期为2013年9月1日，完工日期为2016年10月30日。2016年度主要完成产值84万美元，累计完成产值570万美元。

【南湃水电站机电安装项目】南湃水电站位于老挝万象省北部Phoun区，坝址位于南俄河（Nam Ngum）支流南湃河（Nam Phay）上游峡谷。电站厂房位于南乐克河右岸。本工程主要由混凝土面板堆石坝、溢洪洞、引水隧洞、发电厂房和尾水系统等组成。中国水电十局承建：引水系统压力管道制作安装、大坝及尾水金属结构设备、发电厂房水轮发电机组安装施工。主要工程量为：金属结构设备安装19.6054万公斤，压力钢管制安装2364吨、冲击式水轮发电机组2台及附件，合同总金额为1347万美元。首批安装人员进场日期为2014年11月1日。2016年度主要完成产值712万美元，累计完成产值1276万美元。

【东萨宏水电站金属结构及机电安装项目】东萨宏水电站位于老挝湄公河流域占巴塞省境内巴色市以东大约150公里处，主要建筑物包括两岸混凝土重力堤坝、无闸门非常溢洪道、河中灯泡贯流式发电厂房及左岸敞开式开关站等。电站装机容量为26万千瓦（4×6.5万千瓦），多年平均发电量13.3亿千瓦时。中国水电十局承建4×6.5万千瓦灯泡贯流式机组及其附属设备、金属结构设计、采购、安装。设备采购合同总额为69612579美元，设备安装合同总额为169.943万美元。合同完工日期为2019年12月31日。

【老挝Xe Pian Xe Namnoy水电站项目】Xe Pian Xe Namnoy水电站位于老挝南部阿速坡市近郊，距首都万象约850公里。电站装机容量为42万千瓦。中国水电十局安装分局承建：水轮发电机组、厂内起重设备等设备的预埋及安装工程；开关站、115千伏变电站、230千伏巴色变电所所有的预埋、安装工程；各项工程的检验、试验、调试及验收资料与竣工资料的编制、整理、提交；4台水轮发电机组和其他所安装的设备的试车、可靠性试验及移交给业主、签署验收证书前的所有工作。中国水电十局机电安装分局于2015年5月5日签订合同，合同金额为30980000元，合同开工日期为2015年5月5日，完工日期为2019年2月6日。2016年完成产值154.9万元，累计完成产值681.56万元。

【老挝南亚2水电站项目】南亚2水电站位于老挝勐赛省勐阿县境内的南椏河上，电站主厂房距勐阿县城约18公里，南亚2水电站共安装2台单机容量为0.725万千瓦、型号为SF250-32/4250的混流式水轮发电机组，总装机容量1.45万千瓦，合同总价为79.8万美元，中国水电十局安装分局承建金属结构制作和安装工作。

【老挝Thongkoun2变电站项目】Thongkoun2变电站是北方国际230千伏THLS&115千伏NPTK输变电项目中三个扩建变电站之一，位于老挝Xaisomboun省城以西11公里。中国水电十局承建的安装工程：Thongkoun2变电站原主变间隔、南湃I间隔、南湃II间隔、母联间隔、南立间隔以及中控楼控制、通信系统和站内照明系统的安装施工。2016年9月21日签订分包合同，合同金额为851.764658万元，首批人员进场时间为2016年9月，完工时间为2017年1月14日。2016年度完成产值约298万元，累计完成产值298万元。

国外非水电项目

【缅甸蒙育瓦莱比塘铜矿项目】蒙育瓦莱比塘铜矿设计年产阴极铜10万吨；由破碎筛分系统、堆浸系统、萃取电积系统及附属设施等土建工程和设备安装工程组成。项目距缅甸中北部的经济中心曼德勒(andelay)市约120公里。矿区总面积为32.16平方公里。中国水电十局安装分局承担缅甸蒙育瓦莱比塘铜矿土建及设备安装工程第四标段施工承包合同项目、缅甸蒙育瓦莱比塘铜矿土建及设备安装工程第二标段（安装）施工承包合同项目。四标段于2015年3月1日正式开工，2013年5月30日签订合同，合同金额为325.22万美元。2016年度主要完成产值364.56万美元，累计结算产值819.25万元。二标段截至 2016 年 12 月共计完成了 4 期进度结算，结算总金额为 1162.24 万美元（含材料价，材料为联合采购），净支付总金额为 177.70 万美元。

【缅甸莱比塘铜矿基建剥离和采剥生产外包工程】蒙育瓦莱比塘铜矿项目位于缅甸联邦西北部实皆省南部蒙育瓦镇，距离缅甸第二大城市曼德勒 120 公里。矿带沿北西走向分布 Sabetaung（简称 S 矿）、Sabetaung 南（简称 S 南矿）、Kyisintaung（简称 K 矿）、Letpadaung（简称 L 矿）四个铜矿床。中国水电十局实施的项目为 L 矿项目。项目分为基建期和生产期两个阶段，生产期总服务年限约 32 年，设计年采剥总量约 2705 万立方米，合同额约 7500 万美元每年（不含设备采购）。生产期开工日期为 2015 年 7 月 1 日，结束日期为 2017 年 6 月 30 日。2016 年度主要完成产值约 7537 万美元，累计完成合同金额 2.418084 亿美元。

【缅甸蒙育瓦莱比塘铜矿土建及设备安装工程】蒙育瓦莱比塘铜矿位于缅甸实皆省（Sagaing）蒙育瓦莱比塘，距缅甸中部经济中心曼德勒(mandalay)市约 120 公里。由中国水电十局实施的项目包括：1 号、2 号堆浸场设计面积的三分之二（4.62 平方公里）；溶液沟、溶液池、暴雨池；堆浸场变配电所 8 座；废石场、滴淋及溶液收集输送系统；堆浸场道路及堆浸场周围联络道路。合同签约金额 1.2 亿美元；合同工期为 16 个月。开工日期为 2015 年 1 月 5 日。2016 年完成产值 3448.62 万美元，累计完成合同金额 6145.36 万美元。

【塔克 LCI 水泥厂矿山项目】LCI 水泥厂矿山位于老挝甘蒙省马哈赛县拉康村，距甘蒙省塔克市区 22.5 公里。合同签订日期：2006 年 5 月份；开工日期：2006 年 5 月 26 日，合同工期 20 年。竣工日期：2026 年 5 月 25 日。本合同为单价合同，石灰石开采供应单价为 2.9 美元 1000 公斤，根据油料、美元对人民币汇率、火工产品、人工的变化每季度进行一次调差。2016 年完成合同金额 251.95 万美元，累计完成合同金额 2901.66 万美元。

尼日尔重油电站项目　（沈南　摄）

【尼日尔重油项目】中国水电尼日尔 GOROU BANDA 重油电站项目位于距尼亚美市区 7 公里的 GOROU BANDA 地区，该电站总装机容量为 10 万千瓦，项目总金额为 95004,012 欧元，合同工期 20 个月。本项目为 EPC 项目，由中水负责设计、采购、建设及试运行。中国水电十局于 2013 年 6 月 13 日首批人员进场，2013 年 6 月 30 日签订合同，合同金额为 9500 万欧元；合同开工日期为 2013 年 11 月 6 日。2016 年度主要完成产值 1.023925 亿元，累计完成产值 7.756725 亿元。

专业分局项目

【南国置业泛悦城市广场】南国置业泛悦城市广场由成都泛悦北城房地产开发有限公司投资兴建，位于成都市昭觉寺南路与昭觉寺横路交汇处，拟建项目净用地面积约 7.4 公顷，总建筑面积约 36.31 万平方米。项目由 5 栋 32F 住宅楼、5 栋 2～26F 办公楼、1 栋 2～3F 商业楼及多栋 2～5F 附属商业楼组成，设 2-4 层地下室。中国水利水电第十工程局有限公司承建：基坑支护（旋挖灌注桩、立柱桩、降水井、内支撑、挂网喷混凝土）、土方开挖、地基处理（复合地基、抗浮锚杆）。合同总价约 1.69 亿元。项目部于 2015 年 2 月进场施工。本年度共计完成产值约 2016 万元，累计完成产值约 13266 万元。

【和美盛景二期新居工程】和美盛景二期新居工程位于成都市温江区和盛镇柳岸社区 6、7、13 组。中国水利水电第十工程局有限公司基础工程分局承建：总建筑面积 99537.48 平方米（地下室建筑面积 22447.67 平方米、地上建筑面积 77089.81 平方米），地上由 7 栋建筑组成。投资合同总金额为 2.8 亿元，合同工期 730 天，2016 年完成合同金额 1.443923 亿元。本工程于 2016 年 7 月 26 日通过“市级安全文明标准化示范工地”，于 9 月 30 日通过主体结构验收。

【百花三期新居房建工程】百花三期新居房建工程位于温江区寿安镇。中国水利水电第十工程局有限公司基础工程分局承建：总建筑面积 12.157816 万平方米。建筑结构形式为框架剪力墙结构，工期 20 个月。投资合同于 2015 年 6 月 25 日签订，总金额 3.404 亿元，合同工期 730 天。2016 年完成合同金额 2.2439 亿元，2016 年 7 月 26 日通过“市级安全文明标准化示范工地”，7 月 11 日通过主体结构验收。

【电建地产．洺悦府】由成都岷江海赋投资有限责任公司投资兴建，位于成都市金牛区九里堤北路 52 号。拟建项目建筑总面积约 40.6 万平方米，项目由 8 栋 33 层住宅楼、别墅群和 2 至 6 层附属商业楼组成，设 1-2 层地下室。中国水利水电第十工程局有限公司承建：基坑支护、基坑降止水、土方开挖、地基处理。合同总价约 1.3 亿元。项目部于 2016 年 8 月进场施工。本年度共计完成产值约 4551.23 万元，累计产值约 4551.23 万元。

【南京洺悦府地块四桩基工程】南京洺悦府地块四桩基工程位于江苏省南京市栖霞区迈尧路 611 号。中国水利水电第十工程局有限公司承建：该项目所有主楼桩基及周边基坑支护，施工合同金额 1200 万元，合同工期：2015 年 8 月—2016 年 12 月。截至年末，本工程累计完成产值 1700 万元。

【南京洺悦府地块三桩基工程】南京洺悦府地块三桩基工程位于江苏省南京市栖霞区迈尧路 611 号。中国水利水电第十工程局有限公司承建：C-05/06/12/15/16/20/22 栋、E-02/04 栋及地库桩基。该项目桩基首开区合同金额为 600 万元。合同工期：2015 年 10 月—2016 年 11 月。截至年末，本工程累计完成产值 1000 万元。

【南京中储泛悦广场桩基工程】南京中储泛悦广场桩基工程位于江苏省南京市鼓楼区河路道 1 号。中国水利水电第十工程局有限公司承建：G4#楼、会所及部分基坑支护。该项目主楼桩基合同金额 2000 万元。合同工期：2016 年 5 月—2016 年 7 月。截至年末，本工程累计完成产值 1600 万元。

【武汉泛悦城一期基坑工程】武汉泛悦城一期基坑工程由武汉洺悦房地产有限公司开发，项目位于武汉市洪山区关山大道与珞喻东路交汇处，整个项目占地面积 7.18 万平方米，总建筑面积 32.99 万平方米，基坑开挖深度为 10 米。中国水利水电第十工程局有限公司承建：支护桩 9036 立方米；边坡锚杆 9111 米；边坡挂网喷混凝土 17048 平方米；冠梁 974 立方米；粉喷桩 24244 米；工程桩 5086 立方米；抗浮锚杆 25027 米。本工程于 2015 年 1 月正式签订合同，合同工期为 180 天。项目部于 2015 年 12 月正式进场开始支护桩施工，并于 2016 年 12 月完成一期基坑支护和桩基施工。本年度共计完成产值 3000 万元，累计完成产值 3060 万元。

【武汉洺悦府工程】武汉洺悦府项目位于武汉市汉西三路西侧、古田五路南侧。该项目总建筑面积为 250200 平方米。中国水利水电第十工程局有限公司承建：主楼、地下室桩基础以及基坑支护施工，合同总金额约 1.02 亿元。项目于 2016 年 1 月 1 日开始施工，至 2016 年 12 月完成全部桩基和基坑支护施工。2016 年度共计完成合同产值约 9300 万元，累计完成合同产值约 9300 万元。

【洺悦汇基坑工程】项目位于武汉光谷大道与雄楚大道交汇处。中国水利水电第十工程局有限公司承建：基坑支护施工、3 栋高层住宅地基处理施工、1 栋超高层桩基础施工及两层地下室区域抗浮锚杆施工，其合同总金额 2800 万元。合同总工期 800 天。项目部于 2016 年 3 月 1 日进场开始施工，在 2016 年度累计完成合同产值 1700 万元，累计完成合同产值 1700 万元。

【武汉盛世江城三期项目】位于武汉市三环线以南、红光路以北、银墩路以东、新湾四路以西。中国水利水电第十工程局有限公司承建：该项目主楼 760 根工程桩，24 根塔吊桩，55250 米抗浮锚杆以及支护桩、冠梁、支护锚杆等基坑支护结构的施工任务。合同工期为 300 天，合同总金额 1418.352975 万元。2015 年 6 月 18 日进场，至 2016 年 4 月 8 日完成合同中所有的施工任务，累计完成产值 14183529.75 元，其中 2016 年完成产值 4376940.01 元。该项目结束后，于 2016 年 9 月 15 日签订了《“中国水电•盛世江城”三期项目抗浮锚杆工程分包合同》，合同工期为 2016 年 9 月 20 日至 2016 年 12 月 20 日，合同总金额为 1027 万元。项目部于 2016 年 9 月 17 日进场机械设备，至 2016 年 12 月 12 日完成该合同所有施工任务，累计完成产值 1027 万元。

【成凉工业园区统规统建村民安置区一期工程】项目位于四川省凉山州西昌市安宁镇马坪坝村。项目采用 PPP 模式，总占地面积 22353.82 平方米，总建筑面积为 103647.84 平方米，共分为 2 个地下室，8 栋单体，其中 1#楼、2#楼、3#楼为地上 18 层（地下 2 层）的住宅楼，4#楼、5#楼、6#、7#、8#楼为 4-6 层商业楼。中国水利水电第十工程局有限公司主要负责：施工包括但不限于主体结构、装饰装修、园林绿化、水电安装等设计文件内容，合同金额 2.3

亿元。合同工期 36 个月，计划工期 24 个月。本项目于 2016 年 4 月签订合同，截至 2016 年 12 月，该项目累计完成合同产值 2300 万元。

【西昌市海南乡棚户区拆迁安置点建设工程】项目位于西昌市海南乡缸窑村、古城村、钟楼村、核桃村。项目采用 PPP 模式，其总占地面积约 3.290144 万平方米，总建筑面积为 7.721913 万平方米。中国水利水电第十工程局有限公司主要负责：施工包括但不限于主体结构、装饰装修、园林绿化、水电安装等设计文件内容，合同金额 1.65 亿元，合同工期 36 个月，计划工期 24 个月。本项目于 2016 年 4 月签订合同，于 2016 年 11 月 11 日正式开工建设。截至 2016 年 12 月，该项目累计完成合同产值 250 万元。

【天王山工程】西昌天王山项目位于西昌市小庙乡泸川天王山大道南段东侧，项目总建筑面积为 38.112122 万平方米，其中，地上建筑面积为 25.643214 万平方米，地下建筑面积为 124689.08 平方米，整个项目由 22 栋高层建筑和 3 栋多层建筑组成。中国水利水电第十工程局有限公司为施工总承包方，合同总金额为 91000 万元，合同总工期为 36 个月。2016 年完成合同产值 1157 万元，累计完成产值 1157 万元。

【西昌阳光学校南山校区工程】西昌阳光学校南山校区项目位于四川省凉山州西昌市西郊乡。该项目占地面积为 41149.72 平方米，总建筑面积为 48752.60 平方米。中国水利水电第十工程局有限公司承建：施工范围包括边坡处理、主体结构工程、排洪沟工程、室外总平等。项目于 2017 年 2 月 12 日签订施工总承包合同，合同产值为 2.049 亿元。截至 2017 年 3 月底，项目累计完成合同产值约 3500 万元。

【西昌市小庙乡袁家山村棚户区改造建设工程】项目位于西昌市小庙乡袁家山村袁马路中段烟厂附近，其规划建设用地面积约 3.91 公顷，规划绿化用地面积约 0.42 公顷。总建筑面积约 21.279743 万平方米。中国水利水电第十工程局有限公司承建：地上 1#楼、2#楼、5#楼至 14#楼共 12 栋建筑。建筑层数为地下二层、高层住宅层数为 18—20 层。项目合同施工总工期 1095 日历天，总投资约 5.3 亿元。2016 年度共计完成产值约 2837 万元，累计产值约 2837 万元，计划于 2019 年 6 月完成竣工验收。

【新疆别迭里维护及检修项目】别迭里水电站为新疆托什干河“2 库 11 级”规划开发中的第 8 级，总装机 8 台，总容量为 24.8 万千瓦。电站厂房距阿合奇县城 32 公里。中国水利水电第十工程局承建：别迭里一、二级电站 8 台水轮发电机组及其附属和公用设备、220 千伏联合开关站设备、站内 220 千伏设备及线路、35 千伏备用变电所、10 千伏沿渠直配线、电站从拦河闸等沿渠金属结构及其电气设备的日常维护和定期检修，拦河闸运行，别迭里水电站厂区的卫生保洁。2 台水轮发电机组及其附属设备的 A 级检修。6 台水轮发电机组及其附属设备的 C 级检修。2016 年度主要完成产值 414.6 万元，累计完成产值 1703 万元。

【拉拉山水电站运行维护及检修工程】拉拉山水电站位于四川省甘孜州巴塘县境内的巴楚河中游，为巴楚河干流一库五级开发方案中的第三个梯级电站，装机 2 台，单机容量为 4.8 万千瓦，总装机容量为 9.6 万千瓦，单独运行年利用小时数为 4285 小时。中国水电十局承担首部运行维护、厂房厂区检修维护、水轮发电机组 C 级检修、电气一次设备预试、环境维护管理等工作。2016 完成合同金额为 292 万元，尾工新增工程完成合同金额 18.4 万元，累计完成合同金额 691.2 万元。

【木座水电站检修维护项目】木座水电站位于平武县木座乡火溪河自一里沟口至黑水沟河段，为涪江上游左岸一级支流火溪河上的第三级电站。右岸混凝土重力式非溢流坝段长 61.58 米，坝顶宽 6.5 米，最大坝高 20 米，正常蓄水位海拔 1545 米，装机容量 2×5 万千瓦。中国水电十局主要负责对大坝、厂房所有设备的检修维护工作。

【阴坪水电站检修维护项目】阴坪水电站位于四川省绵阳市平武县西北部涪江上游左岸最大的一级支流火溪河上，为火溪河梯级开发“一库四级”方案中的最下游一级引水式电站。闸址位于木座乡黑水沟下 500 米处，控制集水面积 1103 平方公里；电站为低闸引水式电站，总装机容量 10 万千瓦。电站首部枢纽建筑物从左到右由左岸挡水坝段、泄洪闸、冲沙闸段和右岸取水建筑物等组成。最大坝高 35.5 米，坝长 147.5 米。

【龙安水电站检修维护项目】龙安水电站位于四川省平武县境内，为涪江上游干流梯级开发规划中的第二级电站。电站坝址位于平武县龙安镇曲水村，距县城 3.6 公里，厂房位于古城镇火炬村。坝址控制流域面积 4396 平方公里，占涪江全流域面积的 12.1%。水库正常蓄水位高程 845.50 米，水库面积 0.383 平方公里。电站装机容量为 2×5 万千瓦，保证出力 2.975 万千瓦，年发电量 4.025 亿千瓦时。中国水电十局主要负责对大坝、厂房所有设备的检修维护工作。

【七星水电站检修维护项目】七星水电站位于四川

省绵阳市石码镇，是以发电为主，兼顾城市防洪、交通、土地开发、环境保护、旅游为一体的、具有综合利用效益的水利水电枢纽工程。该枢纽工程主要建筑物有拦河坝、电站厂房等。电站对外交通方便，厂房距绵阳市区15公里，厂内安装两台灯泡贯流式水轮发电机组。电站主厂房内安装2台灯泡贯流式水轮发电机组，总装机容量为2×1.2万千瓦，年发电量1.21亿千瓦时，年利用小时数为5026小时。中国水电十局主要负责对大坝、厂房所有设备的检修维护工作。

【南俄5水电站运行维护项目】南俄5水电站位于老挝北部山区Nam Ngu米河上游支流Nam Ting河上，距离万象300公里左右。工程主要由首部枢纽、引水工程和厂区枢纽三部分组成。电站安装两台混流式水轮发电机组，额定容量2×6万千瓦。中国水电十局老挝南俄5运行维护项目承担：电站厂房、大坝设备设施的日常运行维护、机组年度C级检修、主变压器年度C级检修、辅助设备大修等工作，合同工期：2012年11月23日至2017年11月23日，共计5年。合同金额2558.7076万。2016年完成合同金额517万元，累计完成合同金额2278.84万元。

【柬埔寨甘再水电站运维项目】甘再水电站位于柬埔寨贡布省会城市上游约15公里的甘再河干流上，距首都金边150公里，是柬埔寨国内第一个大型水电站，被洪森首相誉为柬埔寨的“三峡工程”。项目特许运营期44年，其中施工期4年，商业运行期40年。甘再水电站由首部重力坝枢纽（含坝后PH3电站）、PH1引水发电系统、下游反调节堰枢纽（含PH2电站）等组成，装机8台，总装机容量为19.41万千瓦。中国水电十局于2010年4月首批人员进场，2015年5月1日合同期满后续签二期运维合同，合同金额为1090.1807万美元，合同工期为56个月，自2015年5月1日至2019年12月31日。2016年度主要完成产值1739.3万元，累计完成产值3088.9万元。

【安龙总科一期3万千瓦峰值功率光伏电站项目】安龙总科一期3万千瓦峰值功率光伏电站位于贵州省黔西南布依族苗族自治州安龙县普坪镇总科村及钱相街道纳汪村，装机3万千瓦峰值功率。工程主要由110千伏升压站、35千伏集电线路等组成。中国水电十局承建110千伏升压站及35千伏集电线路工程范围内所有建筑安装工程及调试。主要工程量为：箱变安装22台，升压站场地平整16573.2立方米。中国水电十局于2016年10月2日首批人员进场，2016年10月2日签订合同，合同金额为4006495元，合同开工日期为2016年10月8日，完工日期为2016年12月30日。2016年度主要完成产值400.6495万元，累计完成产值400.6495万元。

【册亨板万一期9万千瓦峰值功率光伏电站项目】册亨板万一期9万千瓦峰值功率光伏电站位于黔西南布依族苗族自治州册亨县丫他镇板万村及板其村，装机9万千瓦峰值功率，总投资8亿元，用地面积180公顷。工程主要由110千伏升压站、35千伏集电线路、1#～54#光伏子系统等组成。中国水电十局承建1#～54#光伏子系统（共54个子系统）110千伏升压站及35千伏集电线路工程范围内所有建筑安装工程及调试。中国水电十局于2016年10月2日首批人员进场，2016年10月2日签订合同，合同金额为4818.8905万元。合同开工日期为2016年10月8日，完工日期为2017年4月28日。2016年度主要完成产值2487万元，累计完成产值2487万元。

【大面山风电项目】大面山风电场位于四川省攀枝花市盐边县红格镇与和爱乡境内的山脊地带。该工程分两个施工标段，本标段为施工二标段。涉及的风机机位包括：14#～23#风机、36#～50#风机；涉及风机的风机安装平台、风机基础、箱式变压器基础土建、箱变的安装、风机至箱变动力电缆的敷设等，风机及箱变接地系统；风机吊装、塔筒吊装及风机调试配合、验收及协调等。中国水电十局于2016年4月28日首批人员进场，2016年4月23日签订合同，合同金额为4070.65831万元，合同开工日期为2016年4月1日，完工日期为2017年3月31日。2016年度主要完成产值2187万元，累计完成产值2187万元。

【黄联关风电建筑及安装工程】黄联关风电场位于四川省凉山州西昌市的安宁河谷地区，面积约39平方公里。黄联关风电场建设规模为20.5万千瓦，安装单机容量为2500千瓦风电机组82台，通过8回35千伏集电线路汇集后接入黄水（大德）220千伏升压站，与先期开发的黄水风电场、洼垴风电场所发电能在220千伏母线汇集后统一送出。中国水电十局承建：#1-2集电线路所连机组范围，涉及风电机组20台，装机容量5万千瓦，包括土建施工及设备吊装。合同金额4137万元，合同工期7个月；工程开工日期为2016年8月1日。2016年完成合同金额3100万元，累计完成合同金额3100万元。

【凉山州冕宁县铁厂风电场工程】2016年，勘测设计院中标承建了四川省凉山州铁厂风电场工程，工程位于喜德县鲁基乡，场址中心距冕宁县城约40公里，拟设计安装35台、单机容量为2000千瓦的风力发电机组，总装机容量7万千瓦。2016年10月20日升压站主体土建工程完工；2016年11月30日首台机组具备带电条件；计划完工日期为2017年3月31日。

【渝广高速公路土建第一分部（二期）】2016 年 6 月，勘测设计院中心试验室签订了《京昆高速公路复线重庆至广安（重庆段）第一分部施工项目试验合同书》，负责该标段的常规混凝土配合比设计、日常试验材料检测等常规试验检测项目。

【山东天融临朐风电场工程】山东天融临朐风电场工程位于潍坊市临朐县东南部的沂山镇境内，该项目距临朐县约 35 公里，风电场总装机容量为 4.8 万千瓦，即 24 台单机容量为 0.2 万千瓦风电机组。2016 年，中国水电十局勘测设计院签订了《山东天融临朐风电场工程委托监理合同》，积极开展监理工作。

【Selokromo 水电站设计】Selokromo 水电站是位于印尼 SUNGAI SERAYU 流域上的梯级电站的中间一级电站，为引水式电站，电站装机容量为 1 万千瓦。2016 年，勘测设计院设计处签订该水电站的设计合同。枢纽建筑物主要由首部枢纽、引水建筑物和厂区建筑物等组成。针对项目情况，设计院设计处精心策划，安排人力、物力执行合同履约。

【老中铁路项目Ⅴ标测量项目】老中铁路Ⅴ标起点至万荣隧道出口（DK253+614 至 DK296+480）共计 42.866 公里。承建范围内新建车站 2 个（仅施工土石方），隧道 9 座（总长 21.18 公里），桥梁 11 座（总长 5.11 公里），路基 16.57 公里。合同工期 5 年：2016 年 9 月 15 日至 2021 年 9 月 15 日；土建工程计划于 2019 年 7 月 15（雨季前）完成，技术服务工期为 34 个月。2016 年，勘测设计院测量中心负责该标段所有的测量任务。

【老挝东萨宏水电站】2016 年，勘测设计院签订了《老挝东萨宏水电站项目试验合同》，负责东萨宏水电站现场常规混凝土、土工试验等相关试验检测工作。

【印尼佳帝格德安全监测二期项目】2016 年 10 月，勘测设计院签订了《印尼佳帝格德水电站工程全监测二期项目合同》，全面负责印尼佳蒂格德水电站工程监测仪器和设备的采购、验收、保管、率定、安装埋设；监测设施的施工建造；现场保护；合同期观测及监测资料整编；监测资料分析等。

党群工作

【开展“两学一做”专题教育】2016 年，中国水电十局党委根据《中国电力建设集团（股份）有限公司党委开展“学党章党规、学系列讲话，做合格党员”学习教育实施方案》的要求，为开展好“两学一做”学习教育，制定下发了《中国水利水电第十工程局有限公司“两学一做”学习教育工作计划》，成立了以十局党委书记为组长的“两学一做”学习教育协调领导小组，制定了《“两学一做”学习教育推进表》，从时间、内容、责任部门、完成目标等方面明确了学习教育各阶段的任务。在具体活动中，以《中国水电十局党委在“两学一做”学习教育中开展“共产党员示范行动”的实施方案》等活动专项方案的下发保证了各阶段活动的顺利开展。结合巡视意见和在专题民主生活会和组织生活会中查找出的理想信念模糊动摇，精神空虚迷茫，党员组织观念淡薄、群众观念淡漠、服务意识欠缺等问题，开展了 3 个主题活动，开展了 3 次集中学习讨论活动，十局总经理、党委书记、纪委书记分别做了 3 次主题发言，领导班子成员分别做了交流发言，共计 90 余人次参加了学习研讨，全体班子成员均撰写了 3 次、2000 字以上的心得体会。开展了先进个人事迹报告会、领导干部到基层讲党课、微党课大赛等活动。据统计，各级党组织书记上党课 90 余场、举办参加各类学习报告视频会 4 次、发放《习近平总书记重要讲话文章选编》等各类学习资料 300 余册。

【组织建设】一是为加强党组织书记党建第一责任人的职责，中国水电十局党委印发《党委书记党建工作专项述职评议暂行办法》；二是开展了走访慰问老党员和生活困难党员活动；开展表彰活动，增强党员积极性，在建党 95 周年之际，对经过民主推荐产生的 12 个先进基层党组织，60 名优秀共产党员，18 名优秀党务工作者进行了表彰；三是按照集团有关规定，开展了个人有关事项申报工作，按照程序处理漏报、错报人员 21 人。

【反腐倡廉建设】水电十局党委督促纪委层层签订《反腐倡廉建设责任书》173 份。为了进一步抓好反腐倡廉建设，水电十局纪委组织开展了领导人员特定关系人违规分包工程专项治理；“两金”挂账；国内项目综合效能监察和海外项目综合效能监察工作，发现问题 36 项，提出监察建议 50 条；利用建立的微信公众平台发送廉洁警示短信和八项规定、

“六项禁令”等要求等。另外，加强了反腐倡廉预防教育力度，邀请四川省人民检察院职务犯罪预防处领导开展预防职务犯罪专题讲座。相继给予 5 人党纪政纪处分，其中给予党内警告 2 人，党内严重警告 2 人，降低岗级 1 人。给予组织处理 5 人，其中批评教育或警示谈话 2 人，责令检查或诫勉谈话 1 人，免职 2 人。

【党风廉政建设】2016 年，中国水电十局党委围绕全面从严治党、依法依规治企，把纪律和规矩挺在前面，持之以恒落实中央八项规定精神，强化监督执纪问责，着力将党风廉政建设和反腐败工作向海外和基层延伸。一是强化考核考评机制，签订责任书 173 份，完善责任制考核办法，围绕巡视反馈意见，召开整改联席会议 5 次，整改了 21 方面的问题，修订、新拟制度 24 项，推动“两个责任”全面落地；二是以学促进，进行中心组学习 12 次，公司领导班子讲党课 20 余次，各级党组织书记、普通党员和先进代表讲党课共计 160 余次，参与网络专题学习 2000 余人次，全体党员干部“四个”意识显著增强；三是严抓中央八项规定精神落实，用过节通知、廉洁提醒多形式重申廉洁从业纪律要求，开展监督检查 17 次，梳理问题 12 项，提出整改措施 44 条，纠治“四风”问题得到了扎实推进；四是强化监察，参与“三重一大”决策事项 244 项，参加干部提拔考察 46 人，参加设备物资采购开评标 106 项、工程分包招投标 42 项，实施项目效能监察 23 项，归纳问题 36 项，提出监察建议 50 条，整体廉洁风险防控能力日趋增强；五是运用监督执纪“四种形态”，进行警示谈话、诫勉谈话和日常谈话共 15 人，处理未如实申报个人事项人员 20 人，办结信访举报 6 件，把纪律和规矩挺在前面；六是深化“三转”，退出各类无关主业的议事协调机构，派员接受业务培训，把纪检“监督责任”落实到基层项目，纪检监察队伍整体履职能力持续提高。

【工会工作】2016 年，中国水电十局工会团结广大职工，在服务大局、开展职工劳动竞赛、经济技术创新、加强民主管理、职工人文关怀、维护职工权益等方面积极开展工作，完成了各项任务。2016 年，选树先进典型，弘扬劳模精神，申报省级以上表彰单位和集体 7 个。其中，中国水电十局荣获全国“安康杯”竞赛优胜单位。受省级以上单位表彰的个人 3 人，其中，获四川省“五一巾帼标兵”1 人，获四川省“安康杯”先进个人 1 人。公司摄影、太极拳、乒乓球、羽毛球、篮球、文艺和青年职工联谊协会开展了丰富多彩的相关活动。

【文化建设和对外宣传工作】2016 年，中国水电十局一是进行了新版画册的编辑出版和中文版形象宣传篇的制作。二是在厄瓜多尔西北部地区发生 7.8 级强震时，新闻中心及时推出了《厄瓜多尔强震，公司 CCS 项目部在行动》；9 月 7 日，中央电视台在《焦点访谈》中用大篇幅报道了中国电建在老挝南欧江流域的水电开发和建设，11 月，央视《远方的家》详细报道了公司印尼佳蒂格德大坝项目；11 月，公司厄瓜多尔可卡可多新克雷水电站项目投产发电，国家主席习近平亲赴项目现场和厄瓜多尔总统共同启动发电按钮，水电十局均高度重视并推出相应微信专题策划。三是在成都、都江堰、老挝三地开展了以“老挝 20 周年峥嵘岁月”为主题的征文和图片展活动。

【共青团工作】2016 年，中国十局团委在地处 5500 米海拔极寒地带的西藏知不拉铜矿项目部成立“EL.5550 平台青年突击队”；对 2015 年度公司五四红旗团委（团支部）、优秀共青团员和优秀共青团干部等先进集体和个人进行了表彰；国际公司青年员工王俊的论文“厄瓜多尔 CCS 项目 TB 平方米进洞方案比选、工业广场形成与布置”在成都召开的中国电建西南青年团青年论坛活动暨青春梦工厂“双创”工作交流会上被评为西南青年团青年论坛二等奖；强化服务，持续开展 2016“春雨行动”——职业资格助考服务活动；各分局向公司团委推荐了表现突出的先进团组织、优秀团干部和优秀团员；老挝公司获电建股份“青年文明号”称号；李亮获电建股份“优秀共青团干部”称号；高建平获电建股份“青年岗位能手”称号。

（张贺强、井奇峰、马川江、李林峰、杨平、卢琴之、杨玉生、方学孟、冉少刚、邓军伟、支青、董宗林、周雪琼、周菊兰、陈行、李超、周江梅、陈旭、张倩、金强、胡宇翔、张利梅、李璐、杨瑞英、张雅娟、张连顺）

中国水电基础局有限公司

【企业概况】中国水电基础局有限公司（以下简称水电基础局）始建于1959年，是全球500强——中国电力建设集团有限公司全资子公司，是建筑领域基础处理领域的领军企业。

水电基础局是以建筑施工为主，集投资、科研、设计、勘察、咨询与机具制造为一体的综合型企业。

水电基础局拥有国内一流的基础处理专家和施工队伍，现有员工2000余人，其中技术和管理人员占63%，具有高级以上技术职称的职工近200人，拥有各专业一级建造师证书的职工达100余人；先进设备3000余台（套），资产总额30余亿元，年营业收入30亿元以上。

水电基础局具有水利水电工程施工总承包一级；市政、房建总承包二级；电力工程总承包三级，地基与基础工程、水工建筑物基础处理、堤防工程专业承包一级；地质灾害治理工程甲级、工程勘察甲级、水利工程质量检测甲级、水利水电工程设计、咨询乙级等资质，通过了GB/T19001-2008、GB/T24001-2004、GB/T28001-2011和GB/T50430-2007认证和水利部安全生产标准化达标评审。

【业务与产能】水电基础局在全球近30个国家和国内31个省、自治区、直辖市完成了一大批水利水电工程、水利综合工程、病险水库处理、堤防整治、地质灾害处理和城市轨道交通、高铁、公路、桥梁、房建、核电、环保、新能源、市政工程施工任务，积极进行了科研、试验、咨询和装备制造、相关投融资业务。

水电基础局年综合施工能力具备建造混凝土防渗墙120万平方米；钻孔灌浆200万米；桩基150万立方米；岩土锚固2亿吨米；土石方挖填4000万立方米；混凝土浇筑超过100万立方米；大型隧洞开挖衬砌30公里。

【科技创新】作为天津市高新技术企业，水电基础局不断完善科技创新体系，提升自主创新能力，完成了许多国家级技术攻关课题，掌握和创造了国内领先、国际先进的施工技术和工艺，创造了多项世界纪录，在国内基础处理技术领域始终处于领先水平，是防渗墙、灌浆、高喷等十多项行业标准、技术导则、国家级工法的主编或参编单位。

【获得的荣誉】水电基础局参建的京沪高速铁路工程获得国家科学技术进步特等奖，此外，水电基础局多次荣获鲁班奖、国家优质工程奖、大禹奖、詹天佑奖。先后获得全国“五一劳动奖状”、全国电力建设优秀施工企业、中国企业文化建设优秀单位、全国“安康杯”竞赛优胜单位、中央企业法制宣传教育先进单位、天津银行业AAA级信贷诚信企业称号，连续6年被授予“全国守合同重信用企业”，连续23年被评为“天津市文明单位”。

【主要领导调整及班子成员】2014年2月12日，中国电力建设股份有限公司以《关于刘建发、赵存厚同志职务聘免的通知》（中电建股干〔2014〕10号）决定：“聘任刘建发同志为中国水电基础局有限公司执行董事（法定代表人）、总经理。”2012年6月28日，中国水利水电建设股份有限公司以《关于赵存厚等人职务聘任的通知》（中水电股干〔2012〕34号）决定：“韩伟（兼）、田学良、黄炳福（兼总经济师）、刘建发、肖恩尚（总工程师）、徐方才、雷土祥（总会计师）、彭善民为水电基础局有限公司副总经理、三总师；袁国俊同志为水电基础局有限公司监事”。

2012年7月，中共中国电力建设集团有限公司委员会以《关于韩伟等同志任职的通知》（中电建党〔2012〕94号）决定“韩伟同志任水电基础局有限公司党委书记；袁国俊同志任水电基础局有限公司党委副书记、纪委书记、工会主席。”

西藏旁多水利枢纽防渗墙施工现场

【队伍状况与组织机构】水电基础局拥有国内一流的基础处理专家和高素质的建筑施工队伍，现有员工2109人，其中管理人员1393人，操作人员716

人；公司领导9人，高级管理人员5人，中层管理人员195人（正处级46人，副处级92人，高级主管57人），主管级299人。公司具有本科及以上学历的职工1076人，具有初级以上职称的职工1205人，取得各类执业资格239人，持有职业技能等级资格证书的职工536人（技师及以上330人），取得各类特种设备作业证355人次。

公司按照“精简、统一、效能、权责一致”的原则设置内部管理机构。公司本部设在天津市武清区，下设9个二级公司、4个子公司、1个控股公司，本部设有17个职能部门。

水电基础局三公司

基础局三公司是中国水电基础局有限公司下属的一个具有独立财务核算的实体，拥有独立的人力资源、设备资源。机关设在四川成都天府新区华阳，现有职工399名。基础局三公司参与了三峡、小浪底、向家坝、溪洛渡、天生桥、南水北调、田湾河、黄金坪、沙湾电站、安谷电站、瀑布沟电站、冶勒电站、毛滩电站、泸定电站、长河坝电站、西藏旁多电站、西藏加查水电站、西藏雅砻电站等众多国内大中型水电工程的地基及基础处理施工任务。三公司历来是基础局防渗墙施工的王牌军，以擅于承担“急、难、险、重” 防渗墙施工而享誉全国，所施工的防渗墙曾在多个历史时期创造并保持了最深、最薄、最厚、施工强度最大等多项国内纪录（其中在旁多电站以防渗墙201米的成槽深度创造了新的世界及国内记录），并在核电、房建市政、矿山等领域具有众多良好的地下连续墙施工业绩。近年来，三公司转型升级，不断拓宽市场及业务领域，在华东区域承建了大量房建、市政工程项目，在核电市场承建了广东岭奥、台山、阳江等核电项目，获得了多项国家专利。三公司在灌浆（年施工能力30万米）、桩基（年施工能力40万米）、高喷（年施工能力50万平方米）、振冲（年施工能力40万米）、强夯、边坡治理、土石方工程、混凝土结构、房建及市政地基基础工程等领域具有国内一流的施工能力及技术优势。施工足迹遍布祖国大江南北，远赴东南亚、西亚及非洲等图。

三公司主要领导及联系人：

经　　理：石　峰

党委书记：李文书

市场经营合同部主任：何　桓

联系电话：02885642153、02885642110

【经营业绩】2016年，基础局积极转变经营理念，主动适应建筑市场形势变化，抢抓国家三大战略、四大板块和水利基础设施、PPP投资建设机遇，着力增强两级市场营销主体能力，不断深化与各类社会资源合作，积极创新营销方式和商业模式，市场规模和质量稳步提升，市场经营取得可喜成绩。全年国内新签合同96份，合同总额42.94亿元，完成股份公司下达指标的122.69%。

国际市场营销能力不断增强。营销体系不断完善，紧跟国家“一带一路”战略，市场布局基本涵盖东南亚、南亚区域。业务范围不断拓展，以传统基础主业为突破口，加快相关多元发展，业务涉及基础桩基、地基改良、民用建筑、工业厂房、金属结构、道路桥梁、海工码头及污水处理等领域。2016年国际业务新签合同13.18亿元，完成股份公司下达指标的120%。

2016年，中国水电基础局有限公司实现营业收入38.65亿元，同比增长13.84%；全年实现利润1.71亿元，同比增长10.01%；新签合同额56.12亿元，同比增长27.6%，保持了良好的发展态势。

【科研技术】2016年，基础局加大了科研投入，依托在建项目，加强了科技攻关进程，在巨厚粉细砂层防渗墙、复杂地形PCCP管、高原高海拔沥青混凝土心墙、地下连续墙专用环保泥浆、湖泊生态流域治理、180米级防渗墙、箱涵混凝土施工、缺陷预防和修复处理等领域形成了一批新的核心技术，提升了公司核心竞争力，获得省部级科技奖1项、集团科技进步三等奖1项，评选出以城市湖泊水环境治理和保障技术、潮汐条件下围堰覆盖层帷幕灌浆快速施工技术为代表的公司科技进步奖14项；加强专利研发与知识产权保护，获得专利授权20项，其中发明专利15项，取得了历史性突破，初步形成了以发明专利为核心、实用新型专利为辅助的专利保护模式；认真做好规范、工法的编写工作，《水利水电工程高喷灌浆施工技术规范》《灌浆记录仪校核规程》等一批规范规程已报批，集团《水利水电施工技术全书·地基与基础工程卷》已具备出版条件。公司荣获天津市科技百强高新技术企业。

【项目履约】2016年度，基础局共有191个在建工程

（其中海外项目33个），分布在国内29个省、市、自治区及海外9个国家，工程质量、安全生产、进度基本受控，项目履约率为100%。

基础局在建项目履约情况良好，工程质量、安全、进度、成本全面受控。其中，西藏结巴水库、加查水电站等项目克服高寒、缺氧等高原恶劣自然条件，通过科学组织，合理调度，优化资源配置，顺利完成了年度各项施工任务；云南红石岩项目克服复杂的地质条件和施工环境，在堰塞堆积体上顺利完成了首个防渗槽孔浇筑，工程进展顺利。上海金泽水库、南京项目群等项目科学组织、精心施工，不断适应并融入华东区域建筑行业，施工效果良好，进度、质量、安全可控，受到业主方的好评，为进一步开拓后续市场奠定了基础。基础局强化核电市场的开拓，在已完成的阳江核电平堤水库防渗工程、阳江核电DT廊道的基础上，又承接了广东太平岭核电项目，根据业主工期安排积极组织开展工程建设。

2016年度，基础局共收集到顾客满意度调查表43份、工程回访记录48份、贺信（表扬信）8封，回访记录对基础局所承建的工程项目均做出了积极评价。2016年顾客满意度平均得分98.35分（最高得分100分、最低得分95分）。

【三公司在建工程】2016年，基础局三公司以项目策划、成本管理和履约监管为重点加强全过程管控，全面提升公司经营质量和效益。全年在建项目履约良好，企业品牌形象持续提升，顾客满意度平均得分98.35分。

基础局承建的西藏结巴、加查，广东阳江核电、惠州核电，华东区域的上海金泽、南京项目群，四川境内的双江口、长河坝、东谷河、雅安，云南红石岩，马来西亚沙巴等项目顺利实施、履约良好，巩固了基础局在基础处理行业的领先优势。2016年共计完成顾客满意度调查21份，综合得分97.48分。工程回访21份，调查率100%，履约情况良好。

西藏区域工程

【西藏加查水电站工程】位于西藏山南地区加查县，海拔3200米，交通不便、高寒缺氧、地方保护政策对工程施工的干扰较大。公司承担的施工任务主要包括左岸“三通一平”防渗墙工程、右岸“三通一平”一期纵向围堰防渗墙工程、导流明渠出口下游岸坡防护防淘墙工程、导流明渠上游段右岸边坡加固处理工程、左岸坝肩防渗帷幕灌浆工程，累计合同金额约2.4亿元。

基础局承建的加查水电站右岸导流明渠出口防淘墙工程完成造孔12000余平方米，成墙8200余平方米，顺利实现了业主要求的度汛目标。此外，公司还承建了导流明渠上游段右岸边坡加固处理工程。

加查项目是基础局的重点项目，全体职工在高寒缺氧的环境中攻坚克难，创新管理，多次圆满地完成节点任务，获得了业主的赞誉。导流明渠出口段防淘墙的设计工艺非常复杂，属于国内少有。基础局充分利用公司专家团队的优势，制定了合理可行的施工组织方案，圆满完成了施工任务，开创了在地质条件复杂、施工场地狭窄等不利条件下框格式防淘墙施工先例。项目部研发的复合黏土粉固壁材料获得第七届全国电力职工技术成果三等奖。项目防渗墙工程在2016年全国质量监督总站检查中得到了高度评价。

【西藏山南地区江北灌区结巴水库工程】位于西藏中南部山南地区乃东县境内的雅鲁藏布江左岸一级支流旺曲河上游丁拉沟上。

西藏结巴水库项目施工　（邬天蓉　摄）

结巴水库工程的开发任务以灌溉与供水为主，兼顾生态保护，主要是解决下游4026.07公顷土地的灌溉水源问题。结巴水库建成后，每年可向江北工业区水厂远期（2020年）新增供水规模2万立方米/天，解决该地区长期存在的供水量不足问题，同时承担保证下游河道内生态环境需水的任务。

工程项目及其工作内容为坝体填筑工程（不含防渗心墙）、溢洪道工程、库区公路改线工程、坝体内外部观测设备及安装工程、水情自动测报系统及安装工程、临时工程、水土保持措施工程、环境保持措施工程等。

2016 年，西藏结巴水库坝基处理振冲工程施工克服了高原地区严寒缺氧、超标洪水、不良地质条件等困难，依据设计要求，保质保量地完成了所有施工任务，为 2017 年大坝填筑打下了坚实的基础。

四川境内工程

【雅安大兴河道及湿地综合整治工程（滚水坝）】位于雅安市雨城区的大兴镇和姚桥新区境内，是集防洪、环境保护、旅游为一体的综合整治工程。由于河道中的部分河段存在因钙芒硝矿溶蚀形成的、沿层面溶洞渗漏通道，造成渗漏通道上方的薄层状粉砂质泥岩在自重力作用下产状变陡，同时导致大兴大桥下游泥岩地层在河床表部产生多处塌陷。工程区范围内普遍分布的钙芒硝矿已形成多处溶洞，对大兴电站、大兴大桥、该河段左岸已建防洪堤等建筑设施的安全运行造成了严重威胁，存在较大的安全隐患。大兴河道综合整治工程的重点是在上游大兴电站有限的生态下放流量基础上，通过经济合理的工程措施，解决近 3 公里长的河道已形成的多处溶洞的封堵及库区防渗问题，并对大兴大桥基础、左岸已建防洪堤、右岸大兴尾水渠等进行有效防护，以保证该区域建筑物长期安全运行，同时形成水景观、改善人居生态环境。

红石岩堰塞体施工　　　　（侯月珂　摄）

工程合同内容主要包括两道景观坝（1 级景观、2 级景观坝）、库区防渗处理、河床溶蚀通道处理及大兴大桥基础防护、对河床中局部出露正常蓄水水面的区域进行清理，对局部不规则的岸线进行适当的清理、顺直等。

【四川大渡河双江口水电站现场固结及帷幕灌浆试验工程】施工内容包括：全部临建工程、所需钻孔及灌浆施工、抬动变形观测及灌浆试验成果提交等。

本次灌浆试验分为固结灌浆试验及帷幕灌浆试验，为了保证试验的指导性，试验场地选择在地形和地质条件代表性强、施工边界条件相似、试验施工干扰相对较小的区域，灌浆试验分为三个试验区。

【东谷河国如水电站工程】位于四川省甘孜藏族自治州丹巴县，该公司自 2012 年 6 月进场后先后承建了国如水电站首部枢纽、厂区枢纽工程以及东谷水电站挡水工程。国如水电站装机容量为 48 兆瓦，装 2 台立式水轮发电机组（混流式），闸顶高程 2517 米，设计水头 276 米，引水线路长 3.914 公里，电站于 2015 年 2 月投产发电。东谷水电站装机容量为 75 兆瓦，装 3 台立式机组（混流式），闸顶高程 2225.5 米，设计水头 174.5 米，引水线路长 9.012 公里，电站 2016 年处于在建期。

国如水电站首部枢纽工程的施工内容主要包括：左右岸边坡开挖及防护、右岸挡水坝、上游铺盖、左岸进水口、河道疏浚、灌浆和渣场治理等，工程均已完工。

国如水电站厂区枢纽工程施工内容主要包括：主副厂房、GIS 楼、压力管道下平段、镇墩、尾水渠、后边坡开挖及防护、消防水池、S303 复建公路厂区段和附属工程等。均已完工。

东谷水电站挡水工程施工内容主要包括：左右岸挡水坝、左岸进水口、护坦及闸室底板修复、大坝防渗墙、河道疏浚、左右岸坝肩帷幕灌浆、左坝肩护岸挡墙和上游铺盖等。处于在建期。

【长河坝水电站灌浆工程】长河坝水电站为大渡河梯级开发中的第 10 级电站，位于四川省甘孜藏族自治州康定县境内。大渡河为不通航河流，工程区距铁路较远，公路有省道 S211 线从工程区通过并在瓦斯河口与国道 G318 线相接，周边有成都、雅安、眉山、乐山等重要城市。

长河坝水电站系大渡河干流水电规划“三库 22 级”开发中的第 10 级电站，上接猴子岩电站，下游为黄金坪电站。坝址控制流域面积 56648 平方公里，占全流域面积的 73.2%，多年平均流量为 843 立方米/秒。

2016 年，基础局承担了右岸高程 1520 米灌浆平洞延长段帷幕灌浆工程，左岸坝区高程 1460 米深孔帷幕灌浆工程、新增固结灌浆、新增加强浅孔灌浆，右岸高程 1460 米新增加强浅孔灌浆，压力管道检测以及所有检查孔的施工任务。

【红石岩堰塞湖整治工程枢纽】该工程等级属Ⅱ等大（2）型，堰塞体为 1 级建筑物，泄洪建筑物、电站进水口为 2 级建筑物，发电建筑物为 3 级建筑物，次要建筑物为 3 级。校核洪水位高程 1208.06 米，总库容 1.85×10^{8} 立方米；正常蓄水位高程 1200 米，相应库容 1.41×10^{8} 立方米。总装机容量为 20.1 万千瓦（3×6.7 万千瓦）。

堰塞体整治工程主要工程量为：混凝土防渗墙 30782 立方米、帷幕灌浆 34705 米、土石方 1075859 立方米、混凝土 60767 立方米、钢筋 1124 吨、砌石 8639 立方米、锚杆 4939 根。

该项目是由李克强总理亲批的国家重点工程，水利部委托云南省水利厅直接管理，是副部长刘林重点关注的项目，受到外界的广泛关注。项目设计方案为世界首例，其为将地震后山体崩塌形成的堰塞体作为大坝坝体，“变害为利、变废为宝”的设计思路为首创，工程具有相当大的挑战性，需要高度重视全过程方案的实施和质量控制。防渗墙施工技术难度大，在如此大体积的山体崩塌巨石中建造130米深的防渗墙属于世界上前所未有的先例，钻孔工效的提高、孔斜的控制、成槽的质量都是极大的难题。

核电项目

【广东阳江核电工程】位于广东省阳江市阳东县东平镇与台山市北陡镇两行政区交界处的响水河上，总库容 2574.4 万立方米，属中型水库，工程等别为Ⅱ等，设计洪水标准为 100 年一遇洪水设计，2000 年一遇洪水校核。针对大坝渗漏情况，为有效解决大坝渗漏问题，基础局承担了广东省阳江核电站平堤水库防渗灌浆工程，设计防渗灌浆工程量为 63696 米，其中坝体过渡料钻孔灌浆工程量 39127 米，第四系覆盖层钻孔灌浆工程量 3990 米，全风化岩层钻孔灌浆 14162 米，强风化、弱风化岩层钻孔灌浆工程量 6417 米，最大灌浆深度约 90 米。

基础局承建的阳江核电厂 DT 廊道及附属工程为 1-6#机组 500 千伏厂内架空线改为 GIL 母线的配套工程，包括主厂区 DT 廊道土建工程、DT 廊道通风、排水系统、GIL 管道母线围护结构工程等。

2016 年，阳江核电项目部精心策划，严格管理，完成 DT 廊道及附属工程、阳江平堤水库工程等六项工程，巩固了公司核电市场。

【广东太平岭核电厂】位于广东省惠州市惠东县黄埠镇境内的红海西北湾，距惠州市约 73 千瓦，距惠东县城约 40 千瓦，距黄埠镇约 6 千瓦。太平岭核电厂一期工程石瓮水库供水工程主要任务是向太平岭核电项目提供施工用水，采用单条 HDPE 管道（DN400）输水，管道长度约 7 公里，自石瓮水库取水，在水库水坝附近设置一级取水管理房，通过取水管理房输水至泵站、抽至储水池后自流至 C 点蓄水池。其中储水池高程为 170 米，容量 1000 立方米，泵房高程为 50 米。

根据设计标准，蓄水池、取水泵房、输水管道等主要建筑物为Ⅰ级建筑；次要永久建筑物为进泵房道路、管养公路及泵房附属设施，为Ⅲ级建筑。

华东区域

【黄浦江上游水源地金泽水库 C1 标（取水闸）工程】位于上海市西南、青浦区金泽镇黄浦江上游太浦河北岸，西距太浦闸约 57 公里，东至松浦大桥约 40 公里。水库因地制宜利用现有两个湖荡“李家荡、乌家荡”作为水库库区主体，通过适当扩挖围护形成，总库容 910 万立方米。

主要功能：归并西南五区取水口，实现集约化供应原水的目标，满足近期 351 万立方米每日的供水要求，供水保证率达到 97%；改善原水水质；提高应对突发污水事故的能力以及提高水源水质保护的能力。

工程设计标准：金泽水库工程等别为Ⅱ等，水库堤坝及取水闸等主要建筑物级别按 2 级水工建筑物设计。

本工程 JSK-C1 标范围：引水河桩号 C0+000.00～C0+216.00，工程范围内所有建筑物及土建金属结构、电气埋件安装部分。

主要工程内容：新建取水闸一座，净宽 28 米，三孔布置（7 米+14 米+7 米）；新建太浦河防汛道路交通桥一座（5 跨，跨径：20 米+20 米+22 米+20 米+20 米）；新建清污机工作桥一座（三联，总长度为 148.8 米）；新建水文水质测亭一座（位于太浦河）以及取水闸配电及控制室等设施。

2016 年 12 月，金泽项目如期完成全部施工内容，保证了业主通水目标。施工中，项目部以创建上海市文明工地为载体，狠抓管理，确保质量，彰显文化，力创上海市标杆工程。金泽水库工程被评为 2016 年度上海市重大工程“文明示范工程”荣誉称号。

【浙江青田水利枢纽临时围堰防渗工程】位于瓯江干流中下游青田城区段，坝址位于瓯江干流与支流四都港汇合口，坝（闸）址以上集水面积约 13810 平方公里。工程任务为改善瓯江青田城区段水环境、发电、航运及稳定江道等综合利用。工程等别为Ⅲ等，电站属小（1）型电站。

南京海赋尚城施工现场　　（刘付　摄）

项目采用固化灰浆防渗墙和套阀管灌浆相结合的施工工艺。青田水利枢纽围堰防渗工程地质条件复杂，工期非常紧张。施工中，受潮汐影响破坏，在动水变幅区域陆续出现渗漏通道，灌浆难度极大。基础局青田项目部积极开展技术攻关，成功研制出双液塞和混合器，采用拔管灌浆工艺灌注双液浆，自行设计灌浆结束标准和起拔时间，保证了施工效果及工程质量，提前完成了业主节点目标任务，获得业主方的高度认可。

【南京项目群】2016 年，基础局在南京先后承接了泛悦中心基坑围护、铭悦府、金茂府河西街试桩工程、海赋尚城、泛悦城市广场等 5 个项目施工任务，是公司在南京市中心承接的房建基础处理工程，合同甲方为中国电建南京区域公司。

5 个项目均以桩基施工为主，包括旋挖桩和抗浮锚杆等。5 个项目板块地质情况均不同，包括泥土层、淤泥沙层等各类地层，施工中旋挖难度较大，工期紧，桩基深约 20—80 米，桩型为 60、70、80、100、120 厘米不等。

南京泛悦中心项目位于南京市秦淮区龙蟠中路东侧、象房村路南侧、扇骨营路北侧。工程拟建 10 层办公楼 2 栋，50 米高公寓 1 栋，3 栋建筑由 4 层商业裙房相连，下设 2 层整体地下车库。基础局承担深基坑施工。工程地下室 3 层，开挖深度 12.9 米，基坑开挖面积为 17455 平方米，基坑周长 515.8 米。基坑支护结构：采用 φ1200@1400 钻孔灌注桩+φ850@1200 三轴搅拌桩止水，桩身混凝土设计强度等级 C30。水平支撑：采用二道混凝土水平支撑。基坑安全等级为一级，侧壁重要性系数为 1.1。

南京海赋尚城 B 地块工程：位于南京主城区东北部经五路以东，燕山路以南，神农路以北。该项目包括地上 7 栋 31—33 层住宅楼（楼下设 1 层地下室）及 5 栋 2 层裙楼商业服务网点，楼间空地下设 2—3 层人防地下室。基础局承建内容包括 3#—7#楼及商铺桩基、地下车库抗拔锚杆。该工程项目征地拆迁困难、施工场地狭窄、环保要求高、施工标准高、地质条件复杂、工期紧、任务重、交叉作业。

【大空港新城区截流河综合治理工程——先行启动段工程】该片区主要规划作为深圳市国际会展中心建设用地，会展中心及配套设施主要范围为北至规划沙福河，南至规划重庆路，东至福园二路，西至规划海滨大道，南北最大距离约 3 公里，东西最大距离约 1.3 公里。国际会展中心展馆分两期建设。按照一期工期要求，截流河主体工程建设满足不了会展中心开工建设要求。因此项目部根据会展中心建设要求，提出了该项目的建设需求。该项目仍在大空港新城区截流河综合治理工程范围内，但其作为先行启动段工程实施。

合同主要内容为：开挖玻璃围涌导流明渠，将玻璃围涌上游水流导流至西海堤外，导流明渠接玻璃围涌箱涵出口，沿规划设计的截流河南段中间布设，出西海堤后，在西海堤和沿江高速中间带顺西海堤往北接入原玻璃围涌出海口段。穿西海堤修建挡潮箱涵一座，出过玻璃围涌堤外路修建管涵恢复交通。

国际市场

【马来西亚沙巴国际会展中心（SICC)】沙巴国际会展中心坐落在 Jesselton 滨海发展项目尾端，两面环海，紧邻主干道 jalan tun fuad Stephen，占地面积约 15 英亩，是沙巴州政府致力于打造国际旅游和会展活动胜地的标志性工程。整个会展中心占地面积约 52556 平方米，主要分为两部分：一部分是主楼，建筑面积 65484 平方米，另外一部分是附属的地下停车场和广场， 地下停车场面积为 70980 平方米，主楼高 37 米，从下到上分为地下一层、地面层、地上一层、地上二层、屋面层，每层楼高 6 米，楼面高程分别为 3.5 米、9 米、14.5 米、20 米、24.5 米，屋面高程从 24.5 米开始分为两层楼面，屋面楼顶高程为 37 米。工程主体为混凝土框架结构，屋顶结构为桁架钢结构及彩钢铝塑板屋面，屋顶呈船型结构。

基础局主要承担的施工任务包括基坑回填抽水完成后的施工临时道路和施工临时平台及临时设施的修建、旋挖灌注桩的施工、基础桩基承台的施工、主体混凝土结构施工、屋顶钢结构及屋面施工，包括材料的报批、施工图提交，材料加工、运输及现场安装。

【马来西亚亚庇会展城 1A 期桩基工程】亚庇会展城项目位于 Jesselton 滨海发展开发区，紧邻主干道 jalan tun fuad Stephen，单面临海，与亚庇旧码头相接，交通十分便利，该项目是由马星集团和沙巴州政府联手打造的综合性商业旅游中心，公司承建的综合商业开发楼桩基工程属于该项目第一期工程的基础工程，包括 3 个单元，由三栋五星级酒店组成。

工程主要施工内容为旋挖灌注桩，包括直径 600 毫米的桩基 35 根、900 毫米的桩基 191 根、1000 毫米的桩基 24 根、1200 毫米的桩基 206 根、1500 毫米的桩基 26 根，共计 482 根，总钻孔量为 14842 米（其中基岩钻孔量为 2792 米)，混凝土浇筑量 14809 立方米，钢筋笼制安 712 吨。桩基工程分为两个施工区，一区共计有 273 根灌注桩，二区共计有 209 根灌注桩。

马来西亚沙巴会展中心施工全景　　（马远鹏　摄）

【党建和精神文明、企业文化建设】2016 年，基础局各级党组织认真学习贯彻中共十八届五中、六中全会精神，扎实开展“两学一做”学习教育，全体党员干部的政治理论水平得到提高，党内政治生活不断规范。干部任用、“三重一大”集体决策、党员管理、组织建设更加科学有效。颁布了《企业文化手册》，公司标准化建设进一步完善。召开了第二届新闻宣传工作会，“中国基础”微信号正式上线启动，公司内质外形建设得到加强。纪委持续推进“三转”，运用好“四种形态”，保驾护航作用明显。金秋助学、困难帮扶、职工体检等帮扶关爱形成常态；组织开展了第二届青年论坛和杰出青年评选活动，青年职工素质得到充分展示，群团组织的职责发挥和桥梁纽带作用进一步凸显。

（贾　艳）

非集团公司

四川省水利电力工程局

【企业概况】四川省水利电力工程局成立于1963年4月，初成立时单位名称为四川省水利厅水利工程处，1979年12月扩建为四川省水利建设工程公司，1991年7月更名为四川省水利电力工程局。

四川省水利电力工程局是国家水利水电工程施工总承包一级企业，能承担国内外大中型水利水电工程的土建、机电设备安装、金属结构非标准件制作和安装、地基处理以及水利水电、工业与民用建筑工程设计，工业与民用建筑、公路、铁路、机场、桥梁、码头、爆破与拆除等工程的建设施工，享有水利水电境外工程和境内国际招标工程承包及所需设备、材料出口和外派工程所需劳务的经营权。通过了ISO 9001：2008标准质量管理体系、ISO 14001：2004标准环境管理体系、GB/T28001：2001标准职业健康安全管理体系认证。2016年被水利部评为全国水利建设市场主体AAA级信用单位。

【组织机构】四川省水利电力工程局属综合性国有建筑施工企业，致力于建立高效统一的运作组合，并以此整合资源，优化配置，构建与时俱进、功能完备的组织体系，为企业加快发展提供组织保证。按照《党章》和群团组织章程建立了局党委、纪委、工会、团委等党群组织。内设机构除机关13个职能处室外，下设6个综合工程处、机械化施工处、机电安装处、地基工程处、机械厂、国际工程公司、鑫宏工程公司、西川基础工程公司、川南工程公司、建筑工程公司、物资供应公司、劳动服务公司、职工医院、技术经济咨询公司、川江实验室。在美丽的沱江之滨资阳市和风景绮丽的都江堰市建有完善的办公场所和后方基地，在重庆、昆明、深圳、西宁、兰州、乌鲁木齐等市设有办事机构。

【职工队伍】全局中层以上管理干部104人，邬清富任局长、党委书记。截至2016年年底，全局有职工4285人（含离退休职工），有各类高、中、初级专业技术人员，中高级技术工人、技师，各专业注册类人员900余人，享受国务院政府津贴专家4人，省部级劳模11人，全国水利技术能手3人，2016年度第二批全国水利行业首席技师1人。

始终坚持“人才兴企、人才强企”的理念，着力于提升员工素质，近年来，相继开展了技能大赛、实效执行力培训、项目经理研修班、技术研讨会等多层次、多形式业务技能培训，仅2016年就组织开展了600余人次的专业技术和业务技能培训，培训内容涉及基层党建、政策理论、PPP项目、营改增、安全生产标准化、特种作业、职业技能鉴定、三类人员取证及继续教育等业务技能，为企业的长远发展夯实了人才根基。

“文明工地”知识竞赛

【经营能力】四川省水利电力工程局在54年的改革发展历程中，坚持以科学发展观统领全局，秉持“科学管理、精心施工、质量优良、用户满意”的质量方针和“建好一项工程、赢得一方信誉、树立一座丰碑、发展一地经济”的经营理念，大兴科技兴局、人才强企战略，拥有先进的管理理念、雄厚的技术实力、先进的机械装备和丰富的施工经验，在大型综合性水利水电工程、高土石坝（水库）、大型水利水电工程闸坝、高大（跨度）渡槽、高速公路路基和高等级公路、大型和特大型交通桥、桥梁吊装、各类基础处理和中小型水电站的土建施工、机电设备安装调试、大型金属结构制作和安装等方面具有明显的优势。拥有大中型施工机械设备1568台(套)，年施工能力：土石方挖填1000万立方米；混凝土浇筑100万立方米；隧洞开挖衬砌8000延米；金属结构制安装10000吨；中型水轮发电机组安装5台。年施工总产值达20亿元以上。

【工程项目】建局以来，除在四川、重庆、云南、贵州、青海、甘肃、新疆、陕西、江西等省、市、自治区承担施工任务外，工程业务还拓展到索马里、贝宁、老挝、缅甸、苏丹、厄瓜多尔、尼泊尔、埃塞俄比亚等国。已建成四川邛崃玉溪河引水工程、都江堰改扩建工程、南充市升钟水库一期主体工程、绵阳市武都引水一期主体工程、绵阳沉抗水库、洪雅瓦屋山电站及城东电站、宜宾张窝电站、高县来复电站及月江电站、雅安大兴电站、云南省横江流域撒鱼沱等5座梯级电站，青海省门源县东旭电站和寺沟口电站及民和县享堂峡电站、绵阳武都电站、绵阳三江水电综合工程、达州宣汉河道特大山体滑坡疏浚工程、108国道Y段及W2段、绵阳科学城公路隧道、绵阳三江公路大桥、泸州黄桷坝水库、紫坪铺水利枢纽左岸场内主干道公路工程A标段、索马里贝来特温至布劳一级公路（四车道）、贝宁马兰湾电灌站、重庆市江北国际机场、原苏丹麦洛维灌溉项目、老挝色萨拉龙灌溉项目等国内外各类工程项目600余项，所建工程荣获省、部、市、厅级优质工程奖、施工奖、科技成果奖近百项，享有良好的市场信誉。2016年的在建工程有江西龙头山航电枢纽工程、毗河引水工程、宜宾蟠龙湖水库、云南省彝良县柳溪水电站、云南省盐津县燕子坡水电站、甘肃迭部九龙峡水电站、雅安铜头引水工程、武都引水工程西梓干渠、缅甸勐瓦水电站、厄瓜多尔TP水电站以及西昌木里县水洛河固地、新藏、博瓦水电站等工程项目。

【社会责任】四川省水利电力工程局是一支具有光荣传统的队伍，始终秉承“辛苦我一家、幸福千万人”的企业精神，54年来，转战南北，百战历练，为保护人民生命财产安全，为国家水利水电事业做出了巨大贡献。当灾情发生时，工程局尽履国企职责，勇挑重担，全方位阐释为人民服务的宗旨。在2005年宣汉特大山体滑坡河道应急疏浚抢险中，在2008年“5·12”汶川大地震抗震救灾中，在2010年汶川映秀和绵竹清平特大山洪泥石流灾害应急排险中，工程局广大干部职工在历次大小应急抢险和应急治理排险中，始终站在抗震救灾、抗洪抢险第一线，舍小家为大家，冒着生命危险冲锋在前，哪里灾情最重，哪里群众最需要，就出现在哪里，战斗在哪里。“工人先锋号”“党员先锋队”“青年突击队”的旗帜高高飘扬在抢险最危险的前沿，彰显了水利干部职工不畏艰险、敢打敢拼的风采，被誉为四川“水利铁军”。

【党的建设】始终坚持“融合、推进，务实、创新”的党建工作理念，坚持“抓自身、强基础”“抓主线、强队伍”“抓融合、强发展”“ 抓保障、强服务”的工作思路，党的建设深度介入企业加快发展，找准党建在企业生产经营中心工作中的切入点，充分调动一切积极因素为推动发展提供有力保证。2016年，重点围绕开展“两学一做”学习教育强化党员干部职工的作风建设，推动落实全面从严治党要求，在服务企业改革发展稳定工作中发挥好党组织的战斗堡垒作用和党员的先锋模范作用，营造了推动企业加快发展的良好政治生态。

2016年4月29日，工程局召开了“两学一做”学习教育动员大会，对全局“两学一做”学习教育做出动员部署。学习教育期间，全局广大党员认真落实“三会一课”，党员干部带头参加中心组学习和支部组织生活会，带头讲党课，带头学习研讨，带头查摆问题，在班子民主生活会上带头开展批评和自我批评，带头抓好整改落实，既向先进典型学，又开展反面警示教育，以实际行动为全局党员做出表率，在“学”深 、“悟”透、“做”实、“立”标上下功夫。2016年度，全局5个先进基层党组织、7个党风廉政建设优秀单位、29名优秀共产党员、5名优秀党务工作者和一批党员“示范岗”“示范单位”“示范团队”受到了各级党委表彰，合格党员的标尺和新时期党员的先进形象被树立起来，凝聚起“做合格党员、当干事先锋”的正能量。

【廉政建设】始终把党风廉政建设作为“政治主业”，做到两手抓两手硬。年初，工程局党委与中共资阳市委、水利厅党组签订了《落实党风廉政建设主体责任书》，局党政班子成员、局属各单位党政主要负责人与局党委签订了《落实党风廉政建设主体责任书》，层层落实“第一责任”和“一岗双责”，层层传导廉政责任压力，形成一级抓一级、层层抓落实的责任体系。在局党委会、党政班子会上，坚持把党风廉政建设和反腐败工作融入企业改革发展各项工作中，同研究、同部署、同安排、同检查、同考核。

同时，发挥好纪委的监督作用，强化执纪问责，做到有责必问，有错必究，真正发挥党风廉政建设责任制的震慑力，确保“项目安全、资金安全、干部安全、家庭安全”。强化源头治理，2016年，对局属各单位“制度建设、法人结算、三重一大决策、材料采购、项目安排”等开展综合大检查，对查出的问题限期整改；坚持党务、厂务公开，增强民主管理的透明度，让全体党员和干部职工享有知情权、参与权和监督权，保持了企业廉洁高效运行。

【群团建设】坚持“党建带群建”的工作方针，认真贯彻落实中央、省委党的群团工作会议精神，认真执行局党委印发的《关于加强新形势下党建带工建、团建、妇建工作的实施意见》，高度重视新形势下党的群团工作，按照“政治性、先进性、群众性”要求谋划群团工作，加强对群团工作的领导，充分发挥工青妇等群团组织在联系职工群众中的桥梁纽带作用。创新开展“岗位学雷锋、争做好职工”、创建学习型组织、争做知识型技能型职工、青年文明号、青年岗位能手、巾帼建功、劳动竞赛、安康杯竞赛、文明工地、安全生产标兵、平安创建等主题实践活动，在争创活动中培育选树先进典型，发挥榜样的引领示范作用，2016 年度，29 名先进生产（工作）者、12 名工会先进个人、7 个基层工会工作先进单位、4 个平安创建优秀单位、6 个厂务公开工作先进单位、7 个安康杯竞赛先进单位、4 个文明工地等先进集体和先进个人受到通报表彰，在全局形成了“比学赶帮超”的争创氛围。

【民生保障】持续开展“走基层、解难题、办实事、惠民生”活动，积极宣传党和国家的方针政策、单位的改革发展思路和制度规定，引导广大职工主动适应新常态，理解、支持和积极参与企业的改革发展；创新工作机制，坚持开展党内激励、关怀、帮扶活动，帮助生活困难的党员和老党员解决好实际困难；听取职工呼声，认真处理好职工群众来信来电来访，解决好职工群众关心的热点难点问题；着力改善一线职工的工作生活环境，解决好生产一线职工的生活、居住、看病、饮水、通讯等困难，逐步提高职工待遇和生活质量；深入开展先进疗休、健康体检、夏送清凉、冬送温暖、金秋助学、结对帮扶、困难救助等活动，增强广大职工对企业的认同感和归属感。

绵阳三江水电站闸坝工程

按照上级党委部署深入开展扶贫攻坚活动，2016 年，派驻资阳市安岳县玉丰村驻村干部 1 名，全局 40 名党员干部“一对一”落实了帮扶贫困户，全年用于开展扶贫攻坚、帮扶救助、走访慰问的活动资金近 100 万元。

【文化建设】在企业文化与精神文明建设中，四川省水利电力工程局坚持用“科学的理论武装人，正确的思想引导人、高尚的精神塑造人、先进的文化培育人”，通过职工文艺会演、企业文化研讨、先进职工疗休、离退休职工座谈以及羽毛球、乒乓球、篮球、体操比赛等文化活动，不断增强职工队伍的向心力和凝聚力。

加强文化阵地建设，在施工一线生产单位建立较规范的党组织活动阵地，设置宣传栏、板报、墙报等宣传窗口；加强职工书屋、职工之家建设，有条件的单位和项目部修建体育健身等职工群众文化娱乐场所，丰富一线职工的业余文化生活；扩大局《水利建设者》报、局网的舆论宣传导向作用，大力宣传报道重点工程开工、重要技术攻关、重大应急抢险、关键节点突破、先进典型事迹、各级领导关怀等事件，以及在物质文明与精神文明建设领域取得的丰硕成果，增强企业文化宣传的感染力和渗透力，扩大企业的社会影响力。

【企业荣誉】曾荣获全国施工企业设备管理优秀单位、全国质量安全管理先进单位、全国水利建设先进单位、全国重质量守诚信讲信誉百家优秀建筑企业、全国百家安全文明施工先进单位、全国防汛抗旱先进集体、全国“抗震救灾　重建家园‘工人先锋号’”、全国农林水利系统“劳动关系和谐企业”、四川省工程质量信得过单位、四川省建筑业最佳企业、四川省“安康杯”竞赛活动优胜企业、四川省抗击特大山洪泥石流灾害先进单位、国道 213 线都汶路抢通保通工作先进集体、四川省水利抗震救灾先进集体、四川省防汛抗旱先进集体，连年被授予 AAA 级守法诚信单位和守合同重信用企业，连续 10 年被省工商局评为“省级守合同重信用企业”。2016 年度，所承建的四川省通济堰灌区续建配套与节水改造渠首取水改造工程荣获中国水利行业优质工程“大禹奖”。（夏永红）

四川二滩国际工程咨询有限责任公司

【公司概况】四川二滩国际工程咨询有限责任公司（以下简称二滩国际）成立于1995年，由成都院与四川省工程咨询研究院共同出资组建。

二滩国际拥有国家住房和城乡建设部工程监理综合资质、水利部甲级监理资质、设备监理单位资格、人民防空工程建设监理资质、商务部对外承包工程资质以及国家发改委甲级咨询资质，获得了质量、环境、职业健康安全（QEOHS）管理体系认证证书。2009年，公司通过首批四川省“高新技术企业”资格认证。

二滩国际是国内最早承担水电开发项目建设咨询的专业化服务公司，公司成立之初即承担了中国最大的FIDIC合同条件的涉外水电站——二滩水电站全过程的建设监理工作以及竣工验收、合同结算、合同争议的最后处理等。公司不仅承担国内大型水电站建设监理咨询服务，如龙滩、构皮滩、溪洛渡、锦屏二级、长河坝、黄金坪、白鹤滩等，还积极参与国际水利水电工程建设，如：格鲁吉亚卡杜里，缅甸密松、勐瓦，老挝南欧江梯级，乌干达伊辛巴等国外水电工程的监理咨询服务，全面掌握了涉外工程建设的管理经验，培养了一批具有丰富涉外工程监理咨询经验的专业人才。近年来，业务从水电拓展到水利、新能源、市政、建筑、交通、地铁等全基础设施领域。

【机构设置】二滩国际治理结构由董事会、监事会和总经理层组成，分别履行公司战略决策职能、纪律监督职能和经营管理职能。公司组织机构除总经理、党总支书记、副总经理、总工程师和工会主席外，还设置副总经济师、总经理助理、财务总监、法律顾问、安全生产委员会、技术委员会、党群工作部、总经理工作部、市场开发部、安全环保部、资源部、项目管理部、财务部等岗位和职能部门。公司业务通过设立项目部、事业部的模式完成实施。

【人员构成】2016年，二滩国际已由成立之初的146人发展到798人。其中：具有高级职称142人，中级职称199人，初级职称202人；高级咨询师23人次，总监理工程师84人次,全国注册咨询工程师9人次，全国注册监理工程师114人次，全国注册一级建造师22人次，全国注册造价工程师11人次，全国注册安全工程师26人次，全国注册设备监理师13人次，专业设备监理师10人次，水利部注册监理工程师158人次，水利部注册造价工程师27人次，人民防空监理工程师49人次，交通运输部（公路工程）监理工程师执业资格6人次。

【经营范围与取得的效益】二滩国际的经营范围包括：水利水电工程、输变电工程及相关工程建设监理，一般工业与民用建筑工程、市政公用工程、交通工程建设监理，工程技术咨询服务，工程项目管理服务。2016年，完成建设监理、技术咨询和项目管理服务等业务约17000万元。

【经营与市场开拓】2016年，该公司在新疆自治区的水利工程监理方面继续扩大；市政工程监理业务在成都市轨道交通项目方面继续得到巩固。在移民监理方面得到拓展，承接了金沙水电站、回龙山水电站的移民综合评估；承接了萨尔托海水利枢纽的勘测设计技术咨询；承接了成都地铁6号线施工监理；承接了古瓦水电站、拉哇水电站前期工程、双江口水电站泄洪系统、金沙水电站厂坝土建及机电安装工程、引额供水二期输水工程喀双段等水利水电工程的建设监理任务。

【科研工作】2016年度，公司参加了两个国家技术标准的编写，其中推荐性国家标准《建筑施工机械与设备盾构机安全要求》已完成送审稿的编写；推荐性国家标准《泥水平衡盾构机》已完成征求意见稿的编写工作。

【技术实力建设】参加各协会、团体技术交流活动。2016年度，公司参加12次有关研讨会、学术交流会并提交了14篇交流论文，其中5篇收入相关学术交流论文集。

组织公司技术蓝本的编写。组织编制完成《项目管理规划范本》；

组织编制完成二滩国际工程“测量专业技术指南”。

组织公司内部技术交流。2016年9月，公司在成都院温江办公区举办了以“项目管理”为主题的技术交流会，共征集交流材料20篇。

组织公司技术总结。2016年5月，公司集成近15年特大型水电工程监理服务中取得的经验、技术及相关成果13个专业、共计80篇优秀论文，编订形成《二滩国际论文集2》。

2016年6月，以锦屏二级水电站引水隧洞工程监理实践为主题，公司组织完成《锦屏二级水电站

工程总结　施工监理篇》。

【内控体系建设】2016 年，公司结合管理实际，积极开展规章制度梳理、修订、完善工作，全年新制订、修订 20 余项管理制度，构建了较为科学完善的内部管理制度体系。

2016 年，公司与专业公司合作启动了“PM＋项目开发”，开展项目管理信息系统建设和应用。

【项目管理】二滩国际对所承担工程项目服务的管理主要实行的是以工程项目为中心工作的项目管理体制。各事业部/项目部（监理部）设置项目经理、总监理工程师等岗位，项目经理是代表公司实施具体项目管理的授权委托代理人，总监理工程师是完成项目服务合同的执行负责人，公司对所服务工程项目的建设管理工作加强过程管控并进行严格的综合绩效考核。

【安全生产管理工作】2016 年，二滩国际坚持“关爱健康、珍视生命”的企业安全理念，探索创新安全管理方式方法，制定了《二滩国际职业健康安全管理制度宣贯方案》等安全管理和监理制度，对 30 多个在建项目的安全生产责任落实、制度执行情况进行督导，以过程考核替代年终考核。利用“直播平台”这一全新的培训方式，实现了总部和现场项目部同步开展安全教育培训。2016 年，通过网络直播开展了“职业健康知识专题学习”和“工程监理安全责任与法律风险”两次培训，共有 300 多人次参加。建立了安全管理微信平台，现场发现隐患后，及时将隐患照片发至微信平台。建立了一套完整的安全生产管理数据信息库，将所有安全生产管理活动以数据信息模式录入计算机，便于信息的交流和检索。

【核心优势】

1.整体管理

2016 年，二滩国际获得水利部和中国水利工程协会联合发布的2016年中国水利建设市场主体信用评价 AAA 信用等级。

2.国内外项目管理

2016 年，在国内外的咨询监理业务中，二滩国际由传统的 DBB 监理业务模式发展到项目管理、EPC 模式下总承包人的咨询及监理、EPC 模式下发包人的项目管理及监理等模式。

3.风电及光伏项目咨询监理

2016 年来，先后实施了四川省凉山州雪山风电场工程（总装机容量 8.5 万千瓦）、四川省凉山州绿荫塘风电场工程（总装机容量 7.75 万千瓦）、四川省凉山州铁厂乡风电场(总装机容量 7 万千瓦)，贵州白云区白云风电场（总装机容量 7 万千瓦）项目等共计 20 余万千瓦装机的咨询监理工作。

4.水利工程咨询监理

公司成立以来，先后完成了山西万家寨引黄入晋、四川紫坪铺、广西百色、宁夏水源工程等水利枢纽工程的建设咨询监理，目前正从事新疆努尔水利枢纽、新疆沙尔托海水利枢纽、陕西引汉济渭等水利枢纽工程的建设咨询监理工作。

5.工程技术及管理

高拱坝

该公司正在监理的白鹤滩水电站坝高 289 米，总装机容量 1600 万千瓦，为世界已建、在建装机规模第三、双曲混凝土第三高拱坝。

高堆石坝

该公司正在监理的长河坝砾石土心墙堆石坝（坝高 240 米、深厚覆盖层处理约 170 米）是国内最高深厚覆盖层砾石土心墙堆石坝；猴子岩水电站面板堆石坝（坝高 223.5 米）为国内第二高面板堆石坝；锅浪跷混凝土面板堆石坝（坝高 186.3 米）为国内第三高面板堆石坝。

工程智能控制

该公司在长河坝及黄金坪堆石坝工程智能控制技术建设中，实现了堆石坝填筑碾压过程和料源及上坝运输实时监控、运输车自动加水与监控，大坝施工信息现场 PDA 采集、大坝安全监测信息动态管理系统、设计信息可视化管理、工程施工过程三维可视化仿真分析、灌浆信息采集与分析、大坝综合工程信息的集成与动态管理、大坝建设视频监控等分模块的功能。

【党群工作】2016 年，按照成都院党委的工作部署，紧紧围绕监理部（二滩国际）的转型升级、生产经营和发展，全面落实“党要管党，从严治党”的方针，坚持“一岗双责”和“把纪律挺在前面”，不断加强党风廉政建设和职业道德建设，切实发挥党组织的核心作用和党员的先锋模范作用。认真开展“两学一做”学习教育，坚持以学促做，边学边改，切实用党章党规、系列讲话武装头脑，指导实践，推动本职工作。组织学习中共四川省国资委纪委关于 10 起国有企业违纪违法典型案件、警示教育片《四风之害》《永远在路上》，坚持勤政和廉洁诫勉谈话，切实履行“一岗双责”。积极支持和鼓励有条件的项目部开展“职工之家”建设，建立阅览室和职工活动室。积极支持分工会组织开展劳动竞赛、班组建设、文化体育活动等。关心党员和员工生活，切实开展“帮贫济困”活动。充分发挥基层团支部的作用，积极支持和鼓励青年员工立志岗位成才。

2016年监理的工程项目

表21

序号	工程区域	行业领域	项目名称	规模
1	国内	水电	白鹤滩水电站	总装机1600万千瓦
2			溪洛渡水电站	总装机1386万千瓦
3			锦屏二级水电站	总装机480万千瓦
4			猴子岩水电站	总装机170万千瓦
5			长河坝水电站	总装机260万千瓦
6			黄金坪水电站	总装机85万千瓦
7			马马崖水电站	总装机55.8万千瓦
8			枕头坝水电站	总装机72万千瓦
9			玉瓦水电站	总装机4.9万千瓦
10			飞仙关水电站	总装机10万千瓦
11			锅浪跷水电站	总装机21万千瓦
12			民治水电站	总装机10.5万千瓦
13			塔勒德萨伊水电站	总装机8万千瓦
14			萨里克特水电站	总装机8万千瓦
15			尼勒克一级水电站	总装机24万千瓦
16			安谷水电站	总装机77.2万千瓦
17			巴拉水电站前期	总装机73.86万千瓦
18			硬梁包水电站前期	总装机120万千瓦
19			金沙水电站	总装机56万千瓦
20			瓦村水电站	总装机23万千瓦
21			回龙山水电站	装机容量11.3万千瓦
22			拉哇水电站	总装机200万千瓦
23			古瓦水电站	总装机20.54万千瓦
24			双江口水电站	总装机200万千瓦
25		水利	亭子口水利枢纽工程	总装机110万千瓦
26			引汉济渭TBM米岭南段工程	主洞18.275公里
27			三河口水利枢纽工程	总装机6.4万千瓦
28			黄金峡水利枢纽工程	总装机12万千瓦
29			上石盘电航综合枢纽工程	总装机3万千瓦
30			奴尔水利枢纽工程	总装机0.62万千瓦
31			宁夏中南部城乡饮水安全水源工程	输水线路总长74公里
32			老沟水库	总库容2122万平方米
33			新疆萨尔托海水利枢纽工程	总装机2.76万千瓦
34			新疆引额供水喀双段工程	隧洞长283公里
35		基础设施	成都地铁#3、#5、#6、#7线工程	
36			武汉“盛世江城”房建二、三期工程	总建筑面积39万平方米
37			南佛公路工程	公路全长55.6公里
38			黄码公路工程	公路全长104公里
39			西藏派墨农村公路一期工程	
40			西藏林芝成都院米林基地工程	
41			攀枝花沿江快速通道工程	
42			构皮滩水电站通航建筑物工程	通航规模500吨
43			龙滩水电站通航建筑物工程	通航规模500吨
44			巧家县“8·3”地震灾后重建工程	
45			屏山移民代建工程	

续表 21

序号	工程区域	行业领域	项目名称	规模
46			格宗移民安置工程	
47			得妥移民集镇安置工程	
48		新能源	大面山风电场	总装机 4.6 万千瓦+光伏 0.2 万千瓦 p
49			会东绿荫塘风电场	总装机 7.75 万千瓦
50			三台一期风电场	总装机 4.95 万千瓦
51	国外	水电	乌干达伊辛巴水电站	总装机 18.32 万千瓦
52			厄瓜多尔 TP 工程	总装机 25.44 万千瓦
53			南欧江一级水电站	总装机 18 万千瓦
54			南欧江二级水电站	总装机 12 万千瓦
55			南欧江四级水电站前期	总装机 13.2 万千瓦
56			南欧江五级水电站	总装机 24 万千瓦
57			南芒 1 水电站	总装机 6.4 万千瓦
58			南塔河#1 水电站	总装机 16.8 万千瓦
59			南俄 3 水电站	总装机 48 万千瓦
60			勐瓦水电站	总装机 6 万千瓦

【2016 年度重点工程项目】长河坝水电站工程：主体工程现场主要施工项目基本结束，大坝填筑已于 9 月 11 日达到了设计 1697 米的坝顶高程，2016 年 12 月 20 日，水库已蓄水至 1620 米高程。

黄金坪水电站工程：各项工作均在业主要求的时间内完成，总体进度满足年进度计划要求。

猴子岩水电站工程：12 月 13 日蓄水至库死水位高程 1802 米，顺利实现工程蓄水目标。

宁夏水源工程：总体进度满足年进度计划要求，顺利地实现了自治区政府下达的年度通水目标任务。

玉瓦水电站工程：主要进行首部枢纽主体工程及附属工程施工并通过了蓄水阶段验收，总体进度满足年进度计划要求。

成都地铁 3 号线、7 号线工程：7 月 31 日，成都地铁 3 号线开通试运营。7 号线提前完成业主规定的节点工期，同时也成为全线首个完成全部工程实体质量验收的标段。

老挝南欧江一级水电站工程：主体工程于 2016 年 4 月 8 日开工；8 月 16 日业主营地工程开工；11 月 8 日纵向围堰第一仓混凝土浇筑。总体进度满足年进度计划要求。

老挝南芒 1 号水电站工程：7 月 24 日大坝防浪墙混凝土浇筑完成，10 月 1 号、2 号、3 号机依次完成 72 小时试运行并投入商业运行，总体进度满足年进度计划要求。

老挝南塔河 1 号水电站工程： 10 月 27 日大坝填筑至设计高程 456.85 米，按期完成合同目标，总体进度满足年进度计划要求。

（黄佳含）

设备制造

责任编辑：卓正昌

四川是一个电力设备制造能力较强的省份，主要的制造企业有：中国东方电气集团有限公司及所属的东方电气股份有限公司、东方锅炉股份有限公司、东方汽轮机有限公司、东方电机有限公司、东方阿海珐核泵有限责任公司，中国电建成都电力金具总厂、中国水利水电夹江水工机械有限公司等，具有水电、火电、核电、风电、送变电、水工机械多类设备生产制造能力。

中国东方电气集团践行“创新、协调、绿色、开放、共享”发展理念，东方电气集团积极发展大型清洁高效能源，拥有“核电、火电、水电、气电、风电、太阳能”全产业研制能力，可批量研制100万-175万千瓦等级核电机组、100万千瓦等级超超临界火电机组、100万千瓦等级水轮发电机组、重型燃气轮机设备、风电设备、太阳能电站设备、大型环保及水处理设备、电力电子与控制系统、新能源电池及储能系统、智能装备等产品。

中国电建成都电力金具总厂是我国西南地区唯一齐备可锻铸铁类、锻件类、铜铝类、铸铁类电力金具生产许可证和自营进出口经营许可权的企业。英国国家电网公司NG全球合格供应商，国家安全生产二级认证企业。“全”牌系列金具产品畅销全国各省市、自治区，工程业绩遍及美洲、亚洲、欧洲、非洲的30多个国家及地区。

中国东方电气集团有限公司

【企业概况】中国东方电气集团有限公司（简称东方电气集团）是中央确定的涉及国家安全和国民经济命脉的国有重要骨干企业之一，属国务院国资委监管企业，是全球最大的发电设备制造和电站工程总承包企业集团之一，已连续13年发电设备产量位居世界前列。至2016年年底，员工总数 22375 人。

东方电气集团起步于20世纪50年代末期，通过几代人坚持不懈的奋斗，孕育出极富时代特征的“大三线建设精神”“东汽精神”和“求实、创新、人和、图强”的企业精神；用跌宕起伏的创业发展史铸就了中国民族工业走向世界的灿烂辉煌，以“中国装备，装备中国；中国装备，装备世界”的气概铸就了中国装备制造业的“国之重器”。

创新驱动发展，东方电气集团是国家首批创新型企业、国家技术创新示范企业、国家级企业技术中心、国家能源大型清洁高效发电设备研发中心、海外高层次人才创新创业基地，拥有国家重点实验室、院士工作站、博士后科研工作站，建立了以中央研究院为核心的面向未来产业新技术、共性技术以及面向市场的企业产品研发多级创新体系，助推企业可持续发展。

践行“创新、协调、绿色、开放、共享”的发展理念，东方电气集团积极发展大型清洁高效能源，拥有“核电、火电、水电、气电、风电、太阳能”全产业研制能力，可批量研制100万 -175万千瓦等级核电机组、100万千瓦等级超超临界火电机组、100万千瓦等级水轮发电机组、重型燃气轮机设备、风电设备、太阳能电站设备、大型环保及水处理设备以及电力电子与控制系统、新能源电池及储能系统、智能装备系统产品。

紧密围绕“一带一路”建设，东方电气集团大力拓展海外市场，大型装备产品和服务出口到近70个国家和地区，创造了中国发电设备出口史上若干个第一，连续22年入选ENR全球250家最大国际承包商之列。

东方电气集团将秉承“共创价值、共享成功”的宗旨，以李克强总理嘱托集团“打造中国的GE”为宏愿，努力建设具有国际竞争力的世界一流重大技术装备制造与服务优秀供应商，以绿色动力驱动全球经济发展。

【主要经济指标】2016 年，东方电气集团的主要经济指标如下：

发电设备 3033.81万千瓦；
新增专利 372项；
营业收入 370.37亿元；
科技投入 15.26亿元；
纳税总额 30.44亿元。

【生产、建设、管理中的重大举措】2016年7月26日，东方电气集团召开“逆势求进 创新求变”年中工作会上，提出了“以新发展理念为引领，把转方式、调结构”作为东方电气振兴发展的重中之重，着力调整产品结构，创新体制机制，强力抢占技术、市场、服务三个制高点，逆势求进，走出“十三五”改革发展的新路子。

聚焦“12345”战略。东方电气集团为应对严峻内外部形势，集团公司新班子确定了“逆势求进、创新求变、转型升级、做强做优”的发展思路，明确了“12345”战略。

实现装备制造的中国梦。2016年，东方电气集团打造中国的GE，成为具有国际竞争力的世界一流重大技术装备及服务优秀供应商，实现能源装备制造的中国梦，为世界提供动力，为人类带来光明。

4月26日，国务院总理李克强（左二）视察东方电气，寄语“要争做中国的GE” （单位网站图片）

开拓两个市场 统筹两种资源。大力开拓国际、国内两个市场；统筹协调国际、国内两种资源。

抢占技术、人才、服务三个制高点。2016年，东方电气集团强化技术引领，重点提升设计、制造、系统集成等各个环节的关键技术，形成全产业链、全价值链、全供应链技术领先的新格局。落实人才战略，完善激励机制，激发干事创业活力，增强东方电气对各类人才的吸引力。创新体制机制，转变服务模式，升级服务手段，增强服务产业的利润创造能力，使服务产业成为新的利润增长点。

推动四个转变 打造四个百亿产业。推动四个转变：一是转变发展思路。要更加突出“质量立企、创新强企、做强做优”。二是调整结构。即做强发电设备制造主业，提高核心竞争力；做好成长产业，培育新的经济增长点；做大服务产业，推进向制造服务型企业转型。三是创新商业模式。打造“实体经济+虚拟经济+共享经济”模式，按照“制造+服务+金融+智能制造和互联网+”的商业模式进行拓展和转变。四是转变管理方式。推动“集团化运作、产业化经营和精益化生产”。打造四个百亿产业：在做强做优水、火、核、气的基础上，打造新能源（风电、太阳能光伏、光热等）、国际板块（国际工程、国际贸易等）、现代服务业（电站、金融等）和新兴成长产业（分布式能源、海洋装备、储能等）四个百亿产业。

践行五大理念 实施五大工程。践行“创新、协调、绿色、开放、共享”五大发展理念。实施“深化改革工程，科技创新工程，质量立企工程，成本领先工程，管理提升工程”五大工程。

【产品制造及海外工程项目建设】 2016年，东方电气集团全年总计74台火电机组通过168小时试运行，34个风电项目1138台机组出质保期。巴西杰瑞电站22台7.5万千瓦世界单机容量最大的贯流式机组成功投运。委内瑞拉中央电厂6号火电机组、福清3号核电机组、东莞两台燃机机组相继投入商业运行。

海外工程项目建设有序推进。埃塞俄比亚吉布3水电站10×18.7万千瓦项目实现全部投运，创造了水电工程建设史上的新纪录。越南海防二期项目取得机组最终验收证书。波黑斯坦纳瑞电厂提前45天取得初步验收证书，该项目是中国—中东欧16+1合作框架下第一个竣工投产的项目。瑞典布莱肯四期风电项目14台机组全部通过266小时试运行，具备初步移交条件。

【市场开拓取得实效】 国内市场开拓　2016年，东方电气集团火电市场份额总体稳定，大中型火电市场占有率30%以上（其中：锅炉42%、汽轮机34%、电机39%）。核电市场持续保持国内领先（常规岛50%、核岛主设备40%），签订CFR600示范快堆汽轮发电机组供货合同，中标国核廉江核电项目一期工程1号机组反应堆压力容器、蒸汽发生器，示范快堆蒸汽发生器技术设计及试验验证项目。燃机中标华能东莞F4项目，保持25%市场占有率。水电中标巴基斯坦卡洛特4台18万千瓦混流式项目。风电取得中电建黄联关项目20万千瓦等一批重要订单。进军海上风电，签订福建兴化湾0.5万千瓦海上风电项目。电站服务方面：汽轮机通流改造、升参数改造等诸多项目结硕果——中标国电投黔东60万千瓦汽轮机通流改造项目，签约华能临河30万千瓦升参数及灵活性改造示范项目。

国际市场开拓。2016年，东方电气集团风电、太阳能电站总承包取得新突破。签订印尼卡尔腾2×10万千瓦火电项目，印尼佳蒂格德2×5.6万千瓦水电项目，马尔代夫柴油机发电及海水淡化项目。签订古巴赫拉杜拉二期5万千瓦风电项目、俄罗斯乌里扬诺夫斯克14×0.25万千瓦风电项目，进入拉美、俄罗斯市场。签订埃塞俄比亚12万千瓦风电EPC总承包项目，是东方电气在海外的第一个风电总承包项目。签订泰国2.3万千瓦太阳能电站总承包项目，实现了太阳能电站海外总承包零的突破。

【产品研发】 主导产品研发成果显著。2016年，东方电气集团完成郓城百万千瓦630℃二次再热示范项目方案评审，该项目代表“十三五”常规火电技术最高水平。托克托电厂亚临界60万千瓦汽轮机、常熟电厂超临界60万千瓦汽轮机通流新技术改造后，实测汽轮机热耗优于合同保证值，达到国际先

8月26日，新一届国务院国有重点大型企业监事会进驻东方电气集团　　（单位网站图片）

进水平。完成35万千瓦空冷汽轮发电机研制及型式试验，各项技术指标达到研发目标。杰瑞贯流式7.5万千瓦水轮发电机组研制及应用荣获四川省科技进步特等奖。完成自主三代核电华龙一号蒸汽发生器研制，按计划推进华龙一号及CAP1400常规岛主设备汽轮机和发电机研制。开展5万千瓦燃机整机压气机性能试验，推进1-4级透平高温叶片和原型机研制工作。海上0.5万千瓦风电机组优化设计及现场改造获得成功。自主研发的0.2万千瓦风电机组电控系统获得批量应用。

新技术新产品研发应用取得突破。2016年，东方电气集团燃料电池备用电源通过工信部泰尔试验室检测，获得市场通行证。50千瓦燃料电池动力电堆完成研制，与蜀都客车联合研发的燃料电池汽车成功参展西博会。兆瓦级钛酸锂电池储能项目通过国家“863”专家组验收，在内蒙古通辽风场示范运行测试。推动智能制造，数字化车间建设正在东方汽轮机、东方电机稳步推进。

【质量管理】2016年，东方电气集团围绕“重执行、实责任、见成效”的质量工作方针，以提升体系运行有效性为目标开展质量工作。出台进一步加强质量管理工作十条决定。组织开展“质量万里行”，走访华能安源、大唐抚州等10个电厂。开展以“贯彻质量立企理念提升供给质量”为主题的“质量月”活动，东方电气集团产品质量总体受控。

【企业改革】2016年，东方电气集团推进管理提升，提高管理效率。启动部分资产注入上市公司工作，为后续“一体化管控”、压缩管理层级奠定了基础。加快结构调整，整合市场资源。对市场开发、项目执行和售后服务资源进行整合，增强扩展职能，配齐配强资源，形成集团市场合力。加强集团国际业务资源统筹协调，对集团驻外机构、境外子公司及境外电站服务业务管理模式进行了优化调整。加大改革力度，“僵尸及特困企业”处置工作稳妥推进。激发活力，“三项制度”改革再上新台阶。继续推进企业瘦身健体，采取优化组织结构和业务流程，严格定岗、定编、定员。结合推动无效、低效资产退出，精简机构和依法规范劳务用工管理，采取分流安置、鼓励社会就业、实行内部退养、严格劳动合同管理、清退劳务用工等多种方式分流安置富余人员。

【主业技术】2016年，东方电气集团自主研制成功三代核电“华龙一号”蒸汽发生器。福清核电5号机组是我国具有自主知识产权的三代核电技术“华龙一号”全球首堆示范工程。东方电气承制的全球首台“华龙一号”ZH-65型蒸汽发生器顺利通过出厂水压试验。

水电机组研制创造多个世界纪录　由东方电气研制的巴西杰瑞电站22台7.5万千瓦贯流式水电机组全部成功投运。杰瑞水电站输出电能稳定供给巴西当地电网，有效缓解能源紧缺问题，促进当地经济社会的快速发展。杰瑞水电站每年的发电量，相当于每年可以节约396万吨标准煤，减少二氧化碳排放量987万吨。

启动研发更加清洁高效超高参数百万千瓦二次再热示范机组　东方电气研发制造的国内首台超超临界二次再热66万千瓦机组在江西华能安源电厂投运，标志着东方电气新一代高效、清洁燃煤机组取得了全新突破。为持续提升燃煤机组的升级，东方电气启动了100万千瓦等级35兆帕/615℃/630℃/630℃二次再热主机技术研发，该技术于2016年通过了中国国际工程咨询公司组织的评审会。

完成5兆瓦优化型海上风力发电机组技术升级　对0.5万千瓦江苏如东项目样机进行技术升级改造，技术改造和升级后的0.5万千瓦优化型海上风力发电机组，于2016年8月23日并网运行，机组运行逐步稳定，连续数月可利用率高达95%以上，机组成熟度和技术水平已经具备初步商业化的基础。

重型燃气轮机研制迈出新的步伐。2016年6月23日，东方电气与三菱日立电力系统公司，签订M701F5燃机技术转让协议暨M701J燃机技术转让框架协议。

【科技创新】2016年，东方电气集团落实中央创新驱动发展战略，突破关键核心技术，提升核心竞争力。水电方面，“巨型贯流式水轮发电机组关键技术研究及杰瑞机组研制”项目获得四川省2016年科技进步唯一特等奖。核电方面，推进核电华龙一号、CAP1400重大专项产品研制，预计2017年基本完成主设备制造和型式试验，取得市场竞争优势。光伏方面，实现单晶硅PERC电池全面量产（PERC:背钝化高效电池简称），转换效率提升至21.7%,保持国内一流水平；新投产高效叠瓦组件转换效率19%,达到全球领先水平。燃气轮机方面，加快5万千瓦燃气轮机自主研制，完成压气机、燃烧室和透平高温叶片三大关键部件试验。火电方面，重点突破66万千瓦、100万千瓦超超临界汽轮机性能指标；开展66万千瓦超超临界CFB（循化流化床）锅炉研制；完成630℃超高参数二次再热100万千瓦超超临界机组关键技术研发及示范应用。加快新技术产业化步伐方面，实现燃料电池备用电源形成小批量生产能力。推动智能制造、“互联网+”与装备制造的协同融合，实施榆能横山100万千瓦火电机组健康智慧管理示范项目，推进数字化电厂技术研究及应用。

知识产权图（截至 2016 年年底）

【环境保护】2016 年，东方电气集团秉持“环境友好”社会责任理念，东方电气严格遵守《环境保护法》《大气污染防治法》等法律法规及环境管理体系要求，修订完善了环保管理制度，落实重要环境因素的相关防范控制措施，定期开展环境监测，组织环保专项检查，环保设备设施有效运行，废水、废气等污染物达标排放。

严格遵守《中华人民共和国固体废物污染环境防治法》《废弃物管理办法》等法律、制度要求，做好固体废物收集、贮存、处置工作。危险废物均交有资质的单位回收处理，其余固体废物交由废品回收单位回收利用，生活垃圾交由环卫公司处理。在生产制作过程中排放的污染物均严格按照国家规定进行申报，并按时缴纳排污费，全年未发生环境污染事件，未收到群众投诉意见。

排放示意图

【绿色发展】燃机节能减排效益。2016 年，东方电气集团在国内投运的先进 F 级燃气-蒸汽联合循环机组效率在 59.0%左右，东方电气制造的 M701J 机组效率高于 61.0%，达到世界先进水平。

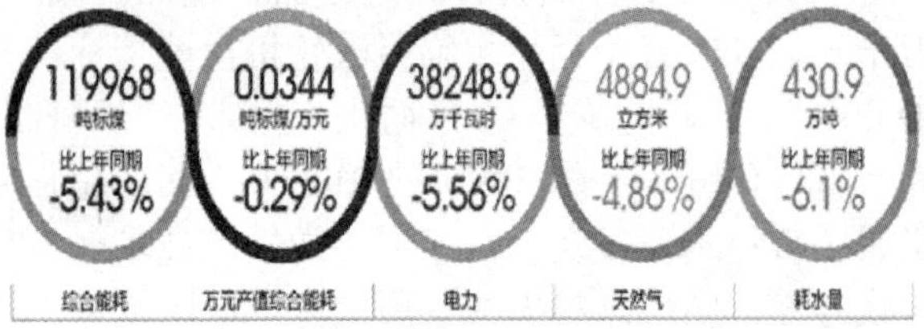

2016 年能耗总量

水电节能减排效益。国内单机容量最大的仙居 37.5 万千瓦抽水蓄能电站 4 台机组全部投运，每年可节约标煤约 15 万吨，减少二氧化碳排放约 30 万吨，可具备消纳风电、太阳能等可再生能源 450 万千瓦能力。

核电节能减排效益。东方电气研制的 100 万千瓦级核电机组成功投运 3 台，每年可减少煤耗共计约 12299 万吨，减排二氧化碳 32220 万吨，二氧化硫 105 万吨，氮氧化物 92 万吨。

风电节能减排效益。东方电气 2016 年产出风力发电机 283 台，总容量 59.25 万千瓦，每年可节约标准煤约为 43 万吨，减少二氧化碳排放量约为 86 万吨，节能降耗效益约为 8.2 亿元。

【综合节能改造】光煤互补联合循环。山西国金电力有限公司 2 号机组顺利投运，该项目采用东方电气集团研发设计的 0.1 万千瓦塔式太阳能光热与 35 万千瓦超临界循环流化床燃煤机组联合循环技术，这是截至 2016 年年底中国首个将塔式太阳能光热发电技术与传统燃煤发电技术进行“光煤互补”实现联合循环发电的项目。

电站改造降耗减排。2016 年，东方电气集团完成大唐托克托 60 万千瓦升参数改造项目，也是国内 60 万千瓦高效亚临界机组完成综合升级改造后首台改进型达标机组投产。

环保设施改造减排。东方电气集团完成华美热电 CFB 锅炉项目脱硝、湿除装置的改造，进一步巩固国内火电环保市场。自主研发设计的 CFB—SNCR 脱硝装置，以及湿式静电除尘器等产品，有效促进了大型火力发电厂清洁燃烧、节能减排，提高了资源利用率水平。完成常熟 2 号机组的通流改造，三缸效率都得到提升，最终热耗小于 7594 千焦/千瓦时，达到世界先进水平。

【扶贫工作】贯彻落实中央要求，实施精准扶贫。选派扶贫专职副书记、副县长、驻村第一书记定点帮扶壤塘县、吉县、昭觉县，开展扶贫工作。实施产业扶贫，加快凉山州风电装备制造项目建设；加强资源禀赋研究，开发昭觉风电、太阳能光伏项目。开展昭觉县东方电气希望小学捐资助学活动、壤塘县滞销农产品助销、山西吕梁山区农特产品走进东方电气等活动。东方电气 3 名定点扶贫干部荣获 2016“感动山西”特别奖。

【党建工作】全集团共有 16 个基层党委，303 个党总支、党支部，11431 名党员（在岗党员 7682 名）。认真贯彻落实中共十八届六中全会和全国国有企业党建工作会议精神，扎实推进“两学一做”学习教育。落实全心全意依靠职工群众办企业的方针，组织开展“提质增效、攻坚克难、建言献策”活动，共收集意见建议 1596 条。

【廉政建设】聚焦监督执纪问责，以高度政治责任感全力完成巡视整改任务。对中央巡视、中央纪委驻国资委纪检组和四川省纪委移交的 214 件问题线索已全部办结，挽回直接经济损失 3000 余万元。开展“两个集中”专项监察，拿回了实实在在的效益。自 2015 年下半年巡视整改以来，全集团累计实现采购成本降低 20.67 亿元，平均降本比例 6.02%。

【荣誉资质】

ENR 2016 年全球最大 250 家国际承包商第 107 位；

世界品牌实验室“中国 500 最具价值品牌”第 127 位；

中国机械工业主营业务收入百强企业第 10 位；

第 11 届亚洲品牌盛典—2016 年亚洲品牌 500 强排行榜第 113 位。

东方电机有限公司

【企业概况】东方电气集团东方电机有限公司（简称：东方电机）成立于 1958 年，是中国东方电气集团有限公司的全资核心子企业，是全球发电设备、清洁能源产品和服务的主要供应商。

该公司主要从事水轮发电机组、热能发电机（燃煤、燃气、核能）、风力发电机、交（直）流电机、电站控制系统及军工产品的研发、设计、制造和服务。总部位于四川德阳；占地面积 115 公顷；资产总额 146 亿元。作为国家级高新技术企业，东方电机建成了四川省大型清洁发电技术工程实验室，设有全国示范院士专家工作站，拥有专业技术人员约 2000 人、工程院院士 2 人、国家级专家 5 人、享受政府特殊津贴专家 32 人。

五十余年来，东方电机通过自主创新和科研攻关，形成了水、火、核、气、风“多电并举”的产业发展格局，核心技术和研发能力达到世界先进水平。拥有行业最高端、最齐全的产品品种。包括：50 万－100 万千瓦巨型混流式、3 万－7.5 万千瓦大型贯流式、30 万－37.5 万千瓦大型抽水蓄能等水电机组，60 万－130 万千瓦燃煤、40 万－48 万千瓦燃气、第三代核电华龙一号及 EPR175 万千瓦等汽轮发电机，0.2 万－0.6 万千瓦各型风力发电机等。

该公司已建立高效的生产制造体系、科学的质量保障体系和完善的售后服务体系，源源不断地为客户提供高品质的产品和服务。截至 2016 年年底，东方电机累计产出发电设备达 4.5 亿千瓦。产品遍布全国 31 个省、市、自治区，约占全国总装机容量的 30%；并出口到美国、印度、越南、巴西、委内瑞拉等 30 多个国家和地区。

【组织机构】组织机构图

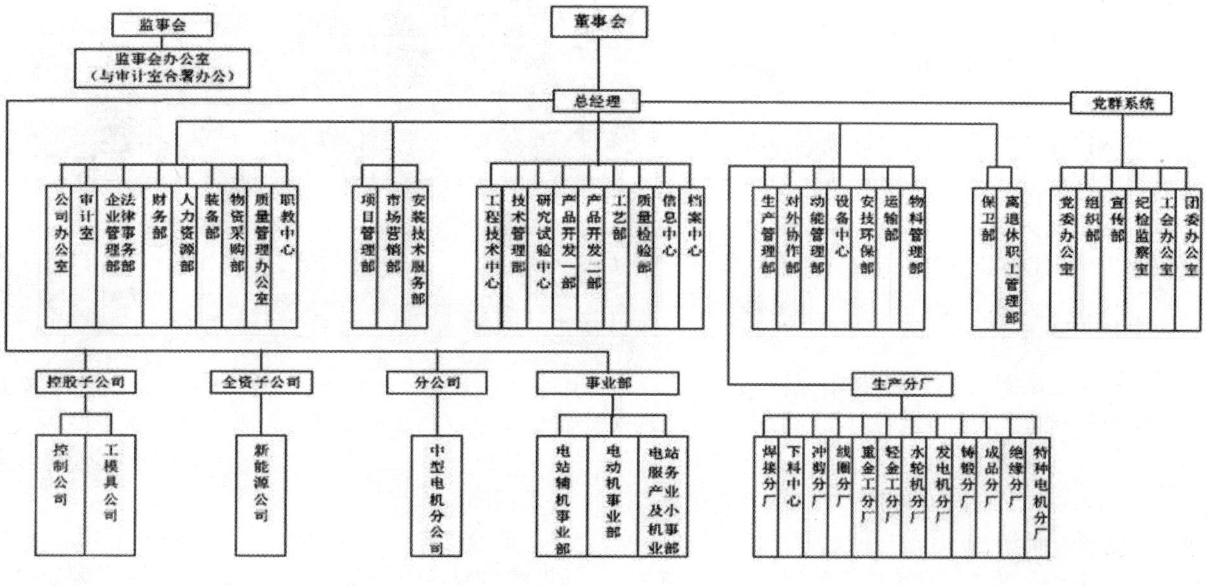

东方电气集团东方电机有限公司组织机构图

【科研开发】东方电机以国家能源战略为主线，以绿色、低碳为目标，不断进行产品和技术创新，形成了以水、火、核、气、风多电并举，电动机、特种电机、控制设备和辅机共同发展的技术能力和产业格局，主导产品技术达到了国际先进水平，跨入了国际发电设备高端领域。

科技投入与科研基础设施建设。科技投入是技术创新的物质基础，是技术持续发展的重要前提和根本保障。东方电机科技投入逐年提高，“十二五”规划期间较“十一五”规划期间的科研投入增长近2倍。世界先进水平的水力试验台、推力轴承试验台、大电机试验站、超速试验站、特种电机试验站，新能源试验站、中型电机试验站、电动机试验站、控制设备试验站等确保了新技术新产品的可靠试验。水力技术研究、强度振动研究、通风技术研究、轴承技术研究、冷却技术研究、绝缘材料与结构研究、焊接技术研究、永磁材料应用研究、计量检测、理化试验、无损检测、几何量检测等关键核心技术研究实验室的不断优化，保证了新技术研发的层出不穷。2000吨高速重载推力轴承试验台、大容量主泵水润滑轴承试验台、蒸发冷却大型试验台、气体及流体传热通用试验台等一批新型科研设施的建成并投入使用，进一步提高了东方电机科研开发能力和水平，为自主创新提供了坚实的物质基础。

技术创新体制与机制建设。东方电机遵循创新驱动的发展思路，强化技术创新对企业发展的支撑和引领作用，在持续推进技术创新的同时，不断完善技术创新体制与机制的建设，产品研发技术管理进一步完善，知识产权管理更加规范，创新激励机制不断优化，创新活力进一步激发，人才培养取得长足进步。东方电机拥有企业科研博士后工作站和院士专家工作站，已有多名来自清华大学、华中科技大学等的博士携带成果顺利出站。同时，东方电机广泛开展国际技术交流和国内“产学研用”合作，与中科院电工所、清华大学、中国农业大学、华中科技大学、西安交通大学、重庆大学等全国知名高校院所和集团公司中央研究院建立了合作关系，并建成了“华中科技大学—东方电气集团东方电机技术研究中心”

科技成果。葛洲坝17万千瓦轴流转桨式水轮发电机组获国家科技进步特等奖，其11.3米的转轮直径至今仍是世界之最；具有完全自主知识产权的40万千瓦李家峡蒸发冷却机组获国家科技进步二等奖；仙游30万千瓦抽水蓄能机组研制获四川省科技进步一等奖；自主研制的溪洛渡77万千瓦混流式、三峡地电70万千瓦蒸发冷却机组、巴西杰瑞7.5万千瓦贯流式机组等一系列机组运行性能达到世界最好水平；100万千瓦巨型水电机组，绩溪、敦化超高水头抽蓄机组的研制，将再树行业新标杆，使东方电机水电产品技术站稳世界前沿。

30万千瓦汽轮发电机获国家优质产品金奖；60万千瓦汽轮发电机获国家科技进步一等奖；EPR175万千瓦“世界最大单机容量核能发电机制造成功”荣获“中国十大科技进展新闻”。红沿河、方家山、宁德等多台核能发电机成功投运，使东方电机稳居核电半壁江山，国家重大专项产品CAP1400、“华龙一号”核能发电机的开发，使东方电机率先实现核能发电机的自主化研制，成为目前国内核能发电机品种最齐，规格最全的厂商，东方电机热电产品技术进入世界先进行列。

0.25万千瓦永磁直驱机组、0.2万千瓦电励磁直驱、0.23万千瓦高速永磁等风力发电机产品实现自主开发和批量制造，0.25万千瓦直驱机组成功进入国际市场，东方电机风电产品技术跃上新台阶。

华龙一号主泵电机、CAP1400核电站循环泵电机、国内最大功率2.5万千瓦变频异步电动机等一批行业最高水科的电动机研制成功。东方电机电动机产品技术迈进高性能、高可靠性市场领域。

自主开发的筒型阀全数字集成式电液控制系统填补了行业空白；成功研制GES6000励磁系统、HGS型调速系统、东方第三代换热元件、主变水冷却器。东方电机控制和辅机产品技术实现新突破。

智能制造、增材制造、绿色制造、虚拟制造等前沿技术的推广与应用，为东方电机产品制造提供技术保障。

3月2日，由东方电机设计制造的国内单机容量最大的抽水蓄能机组——仙居电站2号机组正式进入总装阶段

（单位网站图片）

截至2016年10月，东方电机共获得各级各类科技进步奖349项，其中国家级10项、省部级122

项。拥有授权专利256件，其中发明专利56件。

科技信息化建设。经过多年信息化建设工作，东方电机建立起了较为完善的信息化基础设施，完成虚拟化与云计算、计算机灾备系统、网络建设与管理等基础建设工作。完成信息安全体系建设，显著提高了业务保障能力和信息安全水平。信息系统建设和应用工作取得显著成效，开展了PLM、ERP、MES、门户、KOA、三维设计、CAE研发仿真、CAM数控加工、质量信息等系统建设，初步实现从研发设计到生产经营到加工制造的业务集成，提高了企业的产品开发能力、产品设计质量和制造水平，增强了企业的市场应变能力。

东方汽轮机有限公司

【企业概况】东方汽轮机厂（简称东汽）始建于1966年，隶属于中国东方电气集团，是我国从事电站动力设备和新能源领域研发与制造的国有大型骨干企业、我国最大的发电设备制造企业之一和四川省重大技术装备龙头企业，名列全国机械工业企业百强。

2006年12月，改制成为东方汽轮机有限公司、东汽投资发展有限公司，2008年，“5·12”汶川特大地震使东汽绵竹汉旺基地全部损毁，企业整体搬迁至四川省德阳市高新技术产业园区，新东汽于2010年5月10日全面竣工投产。

五十多年来，东汽历经了艰苦创业、创新发展、体制改革、“5·12”汶川特大地震、金融危机及灾后重建等重要时期和坎坷，几代东汽人培育起“人和”文化和“东汽精神”，一路披荆斩棘、开拓奋进，使东汽从无到有、由弱变强，最终成长壮大为年工业总产值超过百亿元，核心制造能力达3000万瓦的中国电力设备制造业领军企业。

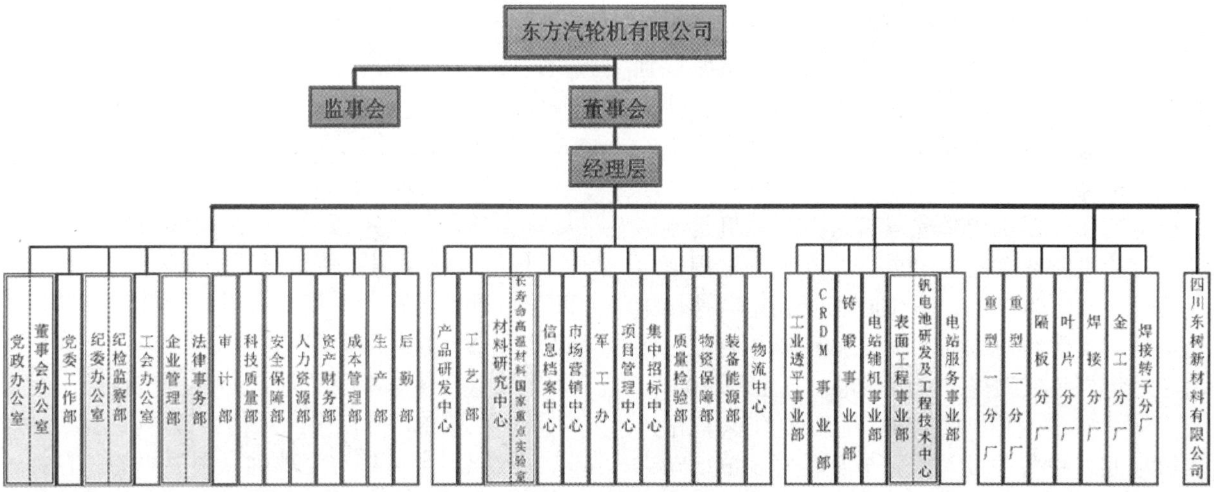

东汽产品种类涵盖火电、核电、气电、工业透平、电站辅机及新能源等多个领域。产品遍及亚洲、非洲、南美、中东、欧洲等20多个国家和地区。

【“十三五”规划目标】通过产业发展、市场布局和能力提升，保持适度规模，实现稳健发展。“十三五”规划期末，煤电、核电、气电等主导业务和产品核心技术取得阶段性突破，质量水平、成本水平取得实质性提升；透平、改造、服务产业成长和商业模式创新取得重大突破；公司主导业务市场国际化取得新的进展；主导产品竞争力和市场地位稳中有升；主营业务的盈利能力和持续发展能力显著增强。同时，通过国际化的持续推进和资源调整，基本形成国内、国外两个市场的支撑与互补，实现主要汽轮机产品及燃气轮机产品的国内市场占有率35%以上，国际市场业务规模占比不低于35%的目标。

【制造能力】东汽拥有19个加工中心，配备主要加工设备达2000余台，其中精大稀设备500余台，引进国外大型设备近200台，数控化率为86%。实现了大型静子、转子叶片、核心透平加工设备和中小件关键部件加工的数控化，以及PDM、CAPP、ERP等系统集成，完全能满足火电、核电、燃气轮机、风电、工业汽轮机、船用汽轮机等产品的加工。目前制造能力已经达到世界领先水平。

东汽拥有成熟的 CAD、CAE、CAM 系统的应用实现装备数字化，使企业得以高效运行，实现技术和业务过程的高度控制，形成了一个先进的生产制造体系。

该公司配备了各种测量设备约十万台件，尤其无损检测设备、几何量及光学测量设备的配备在汽轮机行业处于领先地位，具备检测公司各类产品零部件参数的能力。

【研发能力】东汽不断加大科研资金的投入和基础试验设施建设，建立起了从工艺试验、产品研发到基础研究,多层次、全范围的技术研发平台,拥有风机整机试验台、风电叶片静力试验台、转子高速动平衡试验台、多级透平试验台、轴承试验台、油系统试验台、蠕变持久试验机等一批行业领先的实验设备，完成了核电焊接转子研制中心、重型燃气轮机转子研制中心的建设，并培养造就了一支优秀的科技人才队伍，具备了强大的产品研发能力。

【产品结构】

火电。东汽主导产品——火电汽轮机，具有冷凝、空冷、供热等多种类型或组合的完整产品系列，机组功率和参数从 5 万千瓦等级高压汽轮机发展到百万等级超超临界汽轮机，并拥有成熟可靠、性能先进的空冷、供热技术及完整的辅机配套，处于国内领先地位。

核电　东汽是国内最先具有百万核电机组制造业绩的汽轮机制造企业。1996 年，东汽与法国阿尔斯通公司合作，为岭澳一期 100 万千瓦全转速核电汽轮机提供了大约 40%的部件。2005 年 4 月，东汽作为主承包方，又赢得了岭澳核电二期工程 100 万千瓦半转速核电汽轮机的供货合同。近年来，东汽加大核电制造设备的投入，完全具备研制单机功率达到 170 万千瓦的 EPR 堆型第三代核电汽轮机以及中国第三代具有自主知识产权—CAP1400 核电机组的能力。

燃机。东汽燃气轮机产品综合本地化率达到 70%以上，实现了包括燃机转子、压气机动静叶片及燃烧室的国产化制造和维护。东汽已投运 18 台机组，从制造质量到售后服务水平均获得了良好的市场口碑。

工业透平。东汽拥有包括给水泵汽轮机及 0.5 万-5 万千瓦等各类汽轮机,产品广泛应用于纯发电,热电联供、余热利用、差压利用、垃圾发电、生物质能发电、工业驱动等各个领域，年产各类工业汽轮机 200 余台。

电站配套产品

表 22

序号	功率等级	机组类型
1	各种功率	电站汽轮机 DEH 系统；电站 DCS 系统；工业管网控制系统
2	5-100 万千瓦	汽轮机凝汽器；核电站汽轮机凝汽器
3	5-100 万千瓦	汽轮机低压加热器；核电站汽轮机低压加热器
4	0.36-0.96 万千瓦	与 30 万千瓦、100 万千瓦汽轮机配套的驱动锅炉给水泵汽轮机

电站配套。东汽的电站控制系统是与东汽同步发展起来的。服务范围已经全方位覆盖所有电站控制领域。包括火电厂、水电厂、联合循环电厂、风力发电厂、垃圾电厂、水处理厂、天然气管网、工业炉窑等等的控制和优化。

东汽在各类电站凝汽器、低压加热器辅机系统和给水泵小汽轮机的开发制造上极具实力。在引进德国巴克杜尔公司大型换热器技术的基础上，经过再开发和自主创新，已有多种具有自主知识产权的电站凝汽器和低压加热器辅机产品在国内外成功运行。

其他产品：船用汽轮机；各类工业驱动汽轮机；大型精密齿轮及减速器等等。

【质量服务】质量保证。东汽始终秉承“持续改进，打造精品”的质量理念。自 1978 年开始推行全面质量管理（TQM），实施了《大型电站汽轮机质量保证手册》《质量管理和质量保证手册》。东汽设有独立的质量管理机构、质量检验机构和计量测试机构，建立了完善的质量管理体系。并通过 ISO 9001:2008 国际质量与体系双重认证，始终严格按照质量管理体系标准要求，开展生产工作。公司以质量为中心，以企业职工全员参与为基础，狠抓思想、目标、体系、技术四大管理要领，使企业一直处于一种高效、严格的生产状态，确保产品质量。

服务保证。东汽开创的“24 小时服务精神”已经延伸为“终身服务，全方位全过程服务，超前超值服务”,“终身先进竭尽所能为客户创造最大价值”是东汽坚定的服务信念。为实现终身服务、全方位服务的理念，做好对用户的服务承诺，东汽电站服务事业部通过技术交底，监装服务，满意度调查与用户之间的信息交流，大修服务、机组安装，备件储备提供等服务内容，以强有力的人力储备、资源储备及技术储备作好售后服务的稳固保障。

东方锅炉股份有限公司

【企业概况】东方锅炉股份有限公司（简称东方锅炉）是中国东方电气集团有限公司（简称东方电气）下属核心企业。东方电气是中国发电设备研发设计制造和电站工程承包特大型企业，是中央确定的涉及国家安全和国民经济命脉的国有重要骨干企业、国务院国资委监管企业。

东方锅炉注册地位于四川省自贡市，研发营销服务中心位于四川省成都市，是中国一流的火力发电设备、核电站设备、环保设备、电站辅机、化工容器、煤气化等设备的设计供货商和服务提供商。

东方锅炉建立于1966年，经过50余年的发展，已形成了以自贡为注册地，辐射成都、德阳、嘉兴、深圳，多产业、多地域分布的格局。东方锅炉秉承社会、企业、员工和谐统一的核心价值观，坚持“24小时服务”精神和“一次干好”质量观，致力于为世界能源及环境保护提供先进装备和一流服务。

东方锅炉研制的35万－130万千瓦等级超临界、超超临界直流锅炉，5万－66万千瓦等级燃油气锅炉，5万－66万千瓦等级循环流化床锅炉，30万－66万千瓦等级“W”火焰锅炉，核电站设备，电站高压加热器、低压加热器、除氧器，电站烟气处理设备，化工容器，煤气化设备，太阳能光热发电设备等产品居世界先进水平，并拥有电站烟气脱硫、脱硝工程总承包资质。东方锅炉拥有国内一流的研发团队和管理团队，有博士后科研工作站、院士工作站，有集产品研发、设计于一体的技术中心。作为国家高新技术企业，东方锅炉拥有国家级“清洁高效燃烧技术工程试验中心”“高温高压材料及焊接工程实验室”和“清洁燃烧与烟气净化四川省重点实验室”，拥有国家级核电焊接考培中心，拥有经国家CNAS认证的材料研究中心，拥有A级锅炉设计、制造许可证，A1、A2、A3类压力容器设计、制造许可证，民用核安全设备制造许可证，美国ASME锅炉、压力容器及核电产品的NB、S、U、U2、N、NPT、MO、NS授权证书及制造钢印，ISO 9001质量管理体系认证证书，环境污染防治工程甲级设计证书等。

没有永恒的产品，只有更新的追求。东方锅炉近百项填补国内火电、核电、环保、化工容器技术空白的重大新产品、新技术，记录着东锅人志存高远，追求卓越的历史。35项技术获国家级科技进步成果奖；98项成果获省、部级科技进步成果奖。

传承民族工业血脉，弘扬“求实、创新、人和、图强”的企业精神，东方锅炉成就了中国装备，装备中国；中国装备，装备世界的梦想。截至2016年12月31日，已累计研发制造完工电站锅炉3.26亿千瓦，累计完成电站辅机16.86万吨，产品辐射全国28个省、市、自治区，国内市场占有率达30%，并出口到29个国家和地区。

站在与世界先进技术比肩的高度，东方锅炉始终坚持以客户需求为导向，以品质诚信赢得市场，秉承“终身服务、终身先进”的全生命周期服务理念，竭诚为国内外广大客户提供技术领先、质量优良、服务一流、绿色环保的能源和环保装备。

【组织机构】东方锅炉组织机构图

东方电气集团东方锅炉股份有限公司

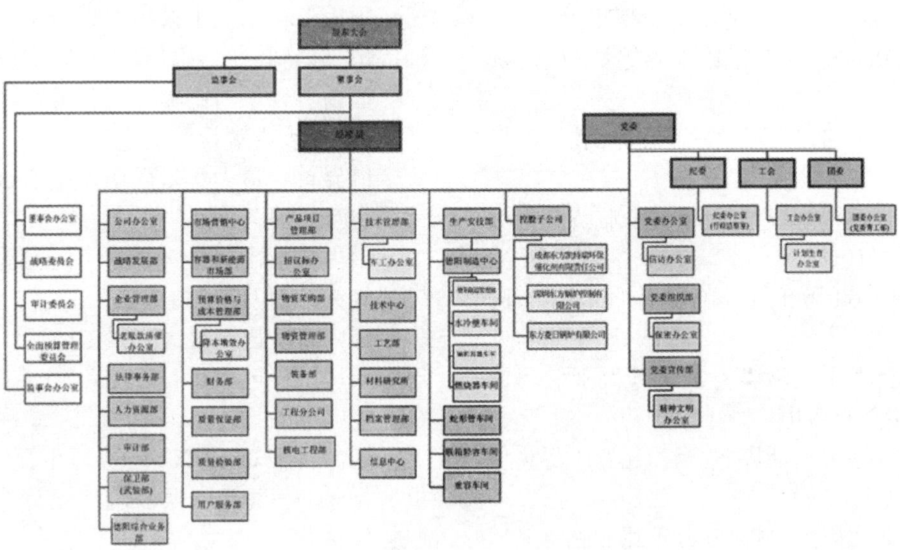

【技术创新】

煤粉锅炉

世界首批100万千瓦等级高效超超临界锅炉–神华万州电厂、神皖安庆电厂；新一代100万千瓦高效一次再热超超临界机组（28MPa，600℃/620℃）研发及工程应用获中国电力建设科技进步奖二等奖。

世界首台100万千瓦超超临界空冷机组锅炉–华电灵武电厂。

国内首批100万千瓦超超临界机组锅炉–华电国际邹县电厂；获国家优质工程金奖；超超临界100万千瓦火电重大装备研制与产业化项目获国家科技进步奖二等奖。

国内第二批100万千瓦超超临界机组锅炉–国电北仑电厂，获国家优质工程金奖。

国内首台掺烧印尼褐煤的103.6万千瓦超超临界机组锅炉–华能海门电厂。

东方锅炉首台出口燃用褐煤的66万千瓦超临界锅炉–印尼芝拉扎电站。

东方锅炉首台出口印度的66万千瓦半超超临界机组锅炉–印度科瑞希纳电厂。

东方锅炉首台66万千瓦高效超超临界机组锅炉–信发集团茌平信源电厂。

东方锅炉第二代66万千瓦超临界“W”形火焰锅炉–国电南宁电厂。

东方锅炉首台66万千瓦超超临界机组锅炉–大唐宁德电厂。

国内首台出口燃无烟煤62.2万千瓦亚临界“W”形火焰锅炉–越南沿海一期电厂。

东方锅炉首台60万千瓦超临界“W”形火焰锅炉–华电珙县电厂，获机械工业科技进步奖一等奖。

国内首台国产化示范60万千瓦超临界机组锅炉–华能沁北电厂；获国家科技进步奖一等奖。

国内首台出口60万千瓦超临界锅炉–土耳其EREN电厂。

东方锅炉首台出口60万千瓦亚临界锅炉–印度纳伽道纳电厂。

东方锅炉首台燃无烟煤60万千瓦亚临界W形火焰锅炉–大唐金竹山电厂。

东方锅炉首台60万千瓦亚临界锅炉–国电大同电厂。

东方锅炉首台燃用高碱煤的35万千瓦亚临界锅炉–新疆东方新希望自备电厂。

东方锅炉首台燃用无烟煤30万千瓦亚临界W型火焰锅炉–阳泉电厂。

国内首台出口燃用无烟煤30万千瓦亚临界W型火焰锅炉–越南海防电厂。

国内首台30万千瓦亚临界自然循环汽包锅炉–邹县发电厂；获国家质量金奖，是我国发电行业第一块金牌。

CFB锅炉

您的位置：首页 > 技术创新 > CFB锅炉

内江白马电厂世界首台60万千瓦超临界循环流化床锅炉
（单位网站图片）

东方锅炉自主研制的世界首台60万千瓦等级超临界CFB锅炉–四川白马循环流化床示范电站。

东方锅炉自主研制的世界首台35万千瓦等级超临界CFB锅炉–山西国金电力有限公司。

东方锅炉自主研制的国内首台30万千瓦等级亚临界CFB锅炉–广东宝丽华电力有限公司。

东方锅炉自主研制的国内首台13.5万千瓦等级CFB锅炉–江苏大屯矸石电厂。

油气锅炉

国内首台出口中东最大容量66万千瓦亚临界燃油锅炉–沙特拉比格电厂。

国内首台出口南美最大容量60万千瓦亚临界燃油气锅炉–委内瑞拉中央电厂。

世界首台最大容量燃用奥里油60万千瓦亚临界锅炉–湛江奥里油电厂。

国内首次出口最大容量4×32.5万千瓦亚临界燃油气锅炉–伊朗阿拉克电厂。

国内首次出口最大容量21万千瓦燃油气锅炉–巴基斯坦古杜电厂。

核电产品

国内首台CFR600型60万千瓦钠冷快中子增殖反应堆钠–空气热交换器总体设计及试验验证研发服务项目。

国内首套100万千瓦等级压水堆核电站核岛稳压器、蒸汽发生器、硼注箱、安注箱、核岛主设备重型支承设备–广东岭澳一期核电站。

国内首台CPR1000型108万千瓦压水堆核电站核岛稳压器、蒸汽发生器、硼注箱、安注箱、核岛主设备重型支承、反应堆压力容器顶盖吊具等设备–广东岭澳二期核电站。

世界首台AP1000型125万千瓦先进非能动压水堆核电站应急可居留系统空气存储包–山东海阳核电站。

世界首台AP1000型125万千瓦先进非能动压水堆核电站稳压器支撑–浙江三门核电站。

世界首台AP1000型125万千瓦先进非能动压水堆核电站蒸汽发生器支撑–浙江三门核电站。

世界首台HPR1000型108.7万千瓦压水堆核电站安注箱、硼注箱–福建福清核电站。

国内首台HTR–PM型20万千瓦高温气冷堆核电站燃料卸料装置–山东石岛湾核电站。

国内首台CNP1000型108万千瓦压水堆核电站蒸汽发生器重型支承–福建福清核电站。

东方锅炉首套CPR1000型108万千瓦压水堆核电站反应堆控制棒驱动机构抗震支承、通风罩组件、电缆托架及电缆桥设备–广西防城港核电站。

东方锅炉首台65万千瓦等级压水堆核电站核岛反应堆冷却剂支承、反应堆冷却剂系统主管甩击限制器–海南昌江核电站。

东方锅炉自主设计研发配CPR1000型核电机组常规岛高压加热器、低压加热器和辅助蒸汽转换系统集成平台–宁德核电站和防城港核电站。

电站辅机

东方锅炉自主研发100万千瓦超超临界二次再热高压加热器设备(包含单、双列方案)，双列方案应用于神华国华广投北海电厂工程。

100万千瓦超超临界单列高压加热器被四川省经济和信息化委员会、四川省财政厅认定为2015年度四川省重大技术装备国内首台（套）产品。

东方锅炉首台自主研发的1000NW蛇形管式高加–国投南阳电厂。

国内首台自主设计研发的100万千瓦超超临界单列高压加热器设备–六横电厂。

东方锅炉首台第二代高压加热器产品–绥中电厂100万千瓦机组。

东方锅炉首台自主设计研发的100万千瓦超超临界机组4支座大跨距无头式除氧器–北仑电厂。

东方锅炉首台自主设计研发的采用小流量喷嘴100万千瓦超超临界机组有头式除氧器及水箱设备–邹县电厂。

国内首台66万千瓦超超临界二次再热高压加热器设备–安源电厂。

东方锅炉首台自主设计研发具有国际先进水平的60万千瓦超临界机组高加–湘潭电厂。

东方锅炉首台配60万千瓦亚临界空冷机组单体式低加–大同电厂。

东方锅炉首台配50万千瓦亚临界空冷机组倒置立式高压加热器、低压加热器设备–神头电厂。

国内首台自主研发采用小流量喷嘴的带供热工况30万千瓦无头式除氧器–白杨河电厂。

环保产品

东方锅炉首台自主开发的100万千瓦机组SCR烟气脱硝装置–华能海门电厂。

东方锅炉首台100万千瓦海水脱硫–神华国华印尼爪哇7号电厂。

东方锅炉首台自主设计66万千瓦湿式静电除尘器–邹平一电三厂。

东方锅炉首台自主开发60万千瓦机组海水烟气脱硫装置–土耳其BIGA电厂。

东方锅炉首台自主设计60万千瓦机组SCR烟气脱硝装置–华电长沙电厂。

东方锅炉首台自主设计33万千瓦湿式静电除尘器（EPC）–恒兴电厂。

东方锅炉首台自主研发的30万千瓦循环流化床锅炉机组SNCR脱硝装置–徐州徐矿电厂。

东方锅炉首台自主设计30万千瓦机组SCR烟气脱硝装置–广州恒运电厂。

国内首台自主开发的SNCR烟气脱硝装置–广州黄埔电厂30万千瓦机组EPC改造项目。

国内首台自主研发30万千瓦机组海水烟气脱硫装置–厦门嵩屿电厂。

东方锅炉首台自主开发的20万千瓦煤粉锅炉机组SNCR+SCR混合脱硝装置–大唐保定电厂。

东方锅炉首台自主开发的13.5万千瓦煤粉锅炉机组SNCR+SCR混合脱硝装置–罗定电厂。

东方锅炉首台自主设计的F级燃气余热锅炉SCR烟气脱硝装置–华能北京热电厂。

东方锅炉首台燃烧脱硫除尘一体化环保岛项目–陕能麟游项目。

气化炉

国内单炉投煤量最大的山西潞安煤制油项目2×3250吨/天壳牌废锅流程气化炉。

国家高灰熔点煤气化“863”示范项目、国内首套多喷嘴对置式粉煤水冷壁气化炉–贵州开阳投煤量1000吨/天气化炉。

国内首套内件国产化壳牌废锅流程气化炉–山西同煤广发项目投煤量2700吨/天气化炉。

国内首套新型惠生–壳牌下行水激冷流程气化炉示范项目–南京惠生投煤量1000t/d气化炉。

国内首套投煤量3000吨/天级多喷嘴对置式水煤浆气化炉工业示范项目–兖矿内蒙古荣信项目气化炉。

太阳能光热

国内首个塔式光热发电与超临界CFB锅炉机组联合循环项目–山西国金电厂。

国内首套0.15万千瓦槽式HTF全套主设备–大唐天威（甘肃矿区）0.15万千瓦太阳能热发电试验示范项目。

国内首台自主设计研发“兆瓦”级直接产过热汽塔式水工质吸热器–北京延庆1兆瓦太阳能热发电试验电厂。

电站服务

鸭河口1号、2号30万千瓦炉燃烧系统改造。

太仓60万千瓦炉旁路烟道改造。

马鞍山3号、4号炉MGGH系统自主设计研发制造。

盘南60万千瓦炉旁路烟道改造。

安阳电厂30万千瓦炉提参数改造。

希铝2、9、10号炉低温省煤器改造。

左权60万千瓦超临界炉燃烧系统改造。

恒运30万千瓦 8号炉燃烧系统及增容改造。

湛江电厂30万千瓦 1号–4号炉改烧烟煤及增容改造。

宝鸡第二发电厂3、4号机组、邢台国泰发电有限责任公司10、11号机组EPC总承包汽机回热系统高加改造。

华能玉环电厂一期机组、安阳电厂宽负荷高效回热系统辅机改造。

【获得的荣誉】

2016年，东方锅炉“电站环保一体化解决方案”荣获第四届中国能源装备十大年度创新产品称号。

2016年，东方锅炉“100万千瓦超超临界单列高压加热器研制”荣获中国机械工业科技进步二等奖。

2016年,东方锅炉荣获“中国机械制造工业企业安全生产先进单位”称号。

2016年,东方锅炉荣获“四川省模范劳动关系和谐企业”称号。

（颜海英、唐　曼、卓正昌）

非集团公司（厂）

中国电建成都电力金具总厂

【企业概况】成都电力金具总厂成立于1958年10月，系世界500强中国电力建设集团有限公司下属全资企业，全国电力金具标准化委员会成员单位，国内电力金具制造行业骨干企业。是我国西南地区唯一齐备可锻铸铁类、锻件类、铜铝类、铸铁类电力金具生产许可证和自营进出口经营许可权的企业，ISO 9001质量体系、ISO 14001环境管理体系、OHSAS 18001职业健康安全管理体系认证企业，英国国家电网公司NG全球合格供应商，国家安全生产二级认证企业，四川省高新技术企业，四川省省级先进企业，四川省“重合同，守信用”企业，四川省省级技术中心，四川省文明单位，成都市龙泉驿区纳税大户。工厂位于成都经济技术开发区（国家级）的西南电力金具生产基地，占地132亩，建筑面积33000平方米，软硬件设施居于国内先进水平，年生产能力超3万吨，年销售收入超7亿元。工厂主营1000千伏交流、±1100千伏直流及以下输电、变电、光纤光缆金具的设计、制造、销售，特别是在高海拔重冰区、大跨越及大截面导线系列金具的设计、制造方面具有独特优势，处于国际领先水平。“全”牌系列金具产品畅销全国各省市、自治区，工程业绩遍及美洲、亚洲、欧洲、非洲的30多个国家及地区。近年来，工厂积极向新能源及新兴领域产业拓展，为广大客户提供电气化铁路、地铁接触网零部件，风力发电、光伏发电设施，高速公路交安设施等产品设计、生产和安装服务，取得了良好的市场业绩。

通过不懈努力，近年来，企业保持了良好的经营状况，工厂软硬件设施、销售收入、产值、产量名列行业前列，企业综合实力处于国内同行业领先水平。

【组织机构及人力资源】领导班子

刘　杰：厂长、党委副书记

王继华：党委书记、副厂长

熊维持：副厂长兼总工程师

明　凌：副厂长

向　勇：副厂长

鲜　力：副厂长

付　强：副厂长

肖　聪：副厂长

陈华明：副厂长

罗雪成：副厂长

杨奇辉：党委副书记、纪委书记

组织机构：

工厂下辖2个全资子公司，14个直属部门、6个生产车间。按职能划分：

全资子公司：成都铁塔厂、四川启明星电力装备制造集团有限责任公司

直属部门：销售公司、海外事业部、非传统产业部、研究所、生产部、安全环保部、项目部、质检计量部、厂长办公室、党群工作部、人力资源部、纪监审计部、财务部、后勤部。

生产车间：锻压车间、铜铝车间、模具车间、准备车间、光纤变电车间、配送中心。

人力资源：

截至2016年12月31日，该厂共使用劳动力314人，其中主业在岗298名，不在岗16人（包括退养4名，外借10名，停薪留职2名），劳务人员6名。

人员岗位类别

表23

序号	岗位类别	人员数量	比重%
1	经营者	11	3.5
2	管理人员	89	28.1
3	党群工作者	3	1
4	专业技术人员	47	14.9
5	技能操作人员	150	47.5
6	其他人员	16	5
合计		316	100

人员年龄结构

表 24

序号	年龄层次	人员数量	比重%
1	55 岁以上	16	5
2	51-54 岁	46	14.6
3	41-50 岁	157	49.7
4	36-40 岁	23	7.3
5	35 岁及以下	74	23.4
合计		316	100

人员学历结构

表 25

序号	岗位类别	人员数量	比重%
1	研究生及以上	14	4.4
2	大学本科	114	36.1
3	大学专科	81	25.6
4	高中、中专、技校	88	27.9
5	初中及以下	19	6
合　　计		316	100

人员技术技能等级

表 26

人员分类	专业技术资格					技能鉴定等级		
	合计	高级	中级	初级	高级技师	技师	高级工	中级工以下
数量	316	25	50	38	8	124	29	3
比重	100	7.9	15.8	12	2.5	39.3	9.2	1

截至 2016 年年底，离退休职工总数 494 人，其中：离休人员 4 人，退休人员 490 人（其中：退职人员 10 人）。

【资产重组】2016 年 12 月 28 日，为提高资源配置效率，优化产业布局，提高企业核心竞争力，经中国电力建设集团有限公司第一届党委常委会第二十五次会议暨第十六次全面深化改革领导小组会议研究决定，对成都电力金具总厂和成都铁塔厂实施重组整合。本次重组以 2016 年 6 月 30 日为基准日，中国电力建设集团有限公司将持有的成都铁塔厂的产权以净资产方式划入成都电力金具总厂，成为成都电力金具总厂的子公司，不再列入中国电力建设集团有限公司（委托中国电力建设股份有限公司）直接管理的企业名单。成都电力金具总厂作为出资人和主管单位，对成都铁塔厂进行全方位管控，并对重组后的成都电力金具总厂进行现金增资。重组后的成都电力金具总厂注册资金核定为 4 亿元，职工人数 2005 人，其中在职职工 771 人、离退休职工 1239 人。

【“十三五”规划】根据国务院国资委和中国电力建设集团有限公司“十三五”发展工作思路和目标要求，该厂明确了未来五年的重大发展战略和主要工作任务，为今后五年建设发展提供了根本指导原则和决策依据。

战略方针。做精做实传统产业，建成一流金具企业

努力开拓新兴产业，实现成都金具再造

战略目标。力争到 2020 年年末实现“2111”目标，“2”即到 2020 年年末销售收入达到 20 亿元，“1”即非传统业务销售收入达到 10 亿元，“1”即综合实力达到国际金具企业前 10 名，“1”即员工人均年收入达到 16 万元。

战略实施。为了确保战略目标的实现，该厂将采用“三步走”战略：第一步，发展期：2016—2017 年为发展期，做精做实传统产业，努力开拓新兴产业。第二步，成熟期：2018—2019 年，基本达到国际一流金具企业标准，非传统业务全面扩展。第三步，稳固期：2020 年，建成一流金具企业，实现成都金具再造。

【资产经营】2016 年是“十三五”发展规划的开局之年，成都电力金具总厂认真贯彻“五大发展理念”，坚定不移围绕“做精做实传统产业，建成一流金具企业；努力开拓新兴产业，实现成都金具再造”的战略方针，以年初制定的计划为工作核心，在国有企业整体面临发展困境、增长乏力的形势下，工厂保持了良好的发展势头，社会效益和经济效益取得明显成效。根据中国电力建设集团有限公司综合实力评价，2016 年，该厂继续保持为中国电力建设集团有限公司 B 级企业，综合实力评定名列集团装备制造板块第 2 名，实现了“十三五”规划良好开局。

截至 2016 年年底，资产总额 79072 万元，负债总额 41687 万元，资产负债率为 52.7%。

2016 年度主要指标完成情况

表 27

指标名称	单位	2015 年	2016 年	比较值
工业总产量	吨	14040	17294	23.2%
工业总产值（不含税现价）	万元	27420	33638	22.7%
销售收入	万元	66014	66767	1.1%
利润总额	万元	6172	5048	-
新签合同(含税现价)	万元	68974	70228	1.8%

【市场营销】传统市场。2016 年，该厂牢牢抓住特高压工程和农配网建设改造“一高一低”的市场需求，在“国家电网公司集中批次招标和专项招标”中，继续保持行业内合同中标量的优势地位，稳居同行业前列。该厂是国内唯一一家参与了已建和在建所有特高压工程建设的金具厂家。该厂紧跟国家电网改造步伐，农配网金具市场占有率持续增加，农配网市场由 2012 年的 3 个网省公司，扩大到 2016 年的 25 个网省公司，形成了配网金具系列化、标准

成都电力金具总厂巴西美丽山±800 千伏输变电线路两项试验—地线悬垂握力及拉断力试验、耐张串电晕及无线电干扰试验在中国电科院和业主 Anderson 见证下完成，为工程串型金具履约供货扫清了所有技术障碍

（单位网站图片）

化、规范化，在全国配网市场中占据重要地位。铁附件市场由 2013 年的 3 个省扩张到 2016 年 18 个省。在电网系统以外市场取得突破，2016 年 4 月，中标中国石油化工集团铁附件项目，正式成为中石化集团的合格供应商。

海外市场。2016 年，该厂国际业务新签合同金额 7936 万元，较 2015 年同比增长 14.08%。新开发孟加拉、墨西哥、喀麦隆、苏丹等国家的市场。1 月成功中标 220 千伏安哥拉 SK 输变电项目线路金具及变电金具供货合同，这是继 2015 年成功完成该国 400 千伏主干网络供货后取得的又一成果，该厂一跃成为近年来在安哥拉市场最大金具供应商。6 月，该厂作为中国国家能源局与缅甸电力部签署电力物资援助协议的电力物资援助单位，圆满完成全部 890 吨电力抢险物资的生产和供货，服务国家战略需要，履行了中央企业责任，扩大了企业国际影响力。作为唯一一家代表中国特高压技术“走出去”的中国金具企业，该厂承担供货的巴西±800 千伏美丽山直流输电工程一期全面进入金具安装放线阶段，全牌金具成为真正意义上进入巴西特高压市场的中国产品，树立了中国金具品牌和形象。2016 年 11 月，该厂在完成英国国家电网 3 年框架协议履约后，通过英国电网 8 年长期框架协议初步审核，扩大了 3 大类总计 160 个产品的资格认证，标准着该厂产品贯标国际主流标准的成功，确立了该厂在国际高端市场的领先地位，为该厂进一步开拓国际高端业务奠定了坚实基础。

近年来，该厂积极响应中国电建集团国际化发展战略，加快推动企业转型升级，成为积极实践中国制造企业“走出去”的践行者，国际业务形成规模。截至 2016 年年底，该厂国际业务新签合同总计 2.8 亿元，营业收入 1.95 亿元，年出口额达到 300 万美元以上，国际业务覆盖四大洲 36 个国家/地区。

非传统市场。2016 年，该厂高速铁路接触网、城市轨道交通及光伏发电等非传统市场完成销售收入 4608 万元,新签合同 6781 万元。完成 160 千米/小时及 200–250 千米/小时高速铁路接触网零部件产品的挂网运行，作为取得铁路行业认证的关键环节，对该厂全面进入铁路市场具有重要意义。以“联合投标体”的方式成功获得成都地铁四号线二期工程和十号线一期工程接触网零部件产品供货合同，成为国内第三家具备两条城市轨道接触网零部件供货业绩的厂家，为该厂独立参与城市轨道交通建设提供了业绩支撑。获得申请中国铁路总公司认证产品《行政许可、CRCC 产品认证》目录所需的全套铁路接触网零部件型式试验报告，型式试验报告的获得有效检验了该厂的自主研发、生产、检验实力。新能源市场领域获得重大突破，中标四川省电力咨询公司贵州省大秦安龙光伏农业科技大棚兴隆一期 30000 千瓦光伏支架项目供货合同，为工厂进一步开拓新能源市场领域奠定基础。首次突破主要靠中国电建集团内部市场获取订单的局面，中标葛洲坝集团武汉轨道交通 27 号线管片螺栓供货项

目，逐步向外部市场扩展。

启明星公司监造业务。2016 年，启明星公司营业收入 1450 万元，完成年度计划 121.85%；利润总额 79 万元，完成年度计划 101.73%，新签合同额 1300 万元。业务涉及网省公司达到 8 个、水电开发公司 1 个，业务市场大幅拓展。首次获得与国网福建电力设备监理公司、四川环网物资有限责任公司的监造合作业务；继续开拓中国电科院、四川省电力公司、甘肃省电力公司年度设备、材料监造业务市场。取得了西藏藏中与昌都电网联网工程和川藏铁路拉萨至林芝段供电工程设备监造、福建省电力公司农配网物质供应商资格核实两项具有重要意义的工程项目。

【生产管理】2016 年，该厂承接工程特点为特高压工程及重点工程数量继续增加，特高压方面有 1000 千伏蒙西—天津南工程、1000 千伏榆横—潍坊工程、1000 千伏内蒙古锡盟—胜利、±800 千伏山西晋北—江苏南京、±800 千伏锡盟—泰州、±800 千伏 V 巴西美丽山、±800 千伏滇西北 7 条特高压线路同时进行。农配网工程增幅较大，且交货期集中，订单哑铃状分布较 2015 年更加明显。该厂调整生产组织方式，应对市场变化，根据工程订单情况，对重点工程常用原材料施行预估采购，对生产加工各工序进行产能评估，对瓶颈产品、工序，在工程中标后提前与销售公司、研究所确认数量及生产用图，接到工程开工通知后便开始批量生产，相关应对策略实施后，生产时间普遍较以往提前近 2 个月时间，为工程产品顺利交付打下了坚实基础。

2016 年，该厂累计完成工业总产量 17294 吨，工业总产值 33638 万元，分别完成年度目标的 133.03%和 140.16%，创历史新高。其中锻件金具完成 9518 吨，铜铝金具完成 45317 吨，光变金具完成 789 吨，防震锤完成 952 吨。

【安全工作】2016 年，该厂与部门、部门与职工个人逐级签订 2016 年安全生产目标责任书，形成纵向分级管理、横向分工负责、职责明晰的安全管理责任体系。全面推进安全生产责任体系、安全技术管理体系、安全生产实施体系、安全生产监督体系“四个责任体系”和职业健康、节能减排和环境保护“三项业务”建设。2016 年，围绕“强化安全发展观念，提升全民安全素质”这一主题，以多种形式，开展突发事件应急培训和演练、查找身边的安全隐患活动、安全日常督查、“安全生产合理化建议”征集、“安全宣传咨询日”、争创无“三违”（违章指挥、违章操作、违反劳动纪律）、无工伤、无事故“三无”班组竞赛等系列活动，增强员工安全生产意识，做到不安全不生产，措施不落实不生产，隐患不处理不生产，从源头防控生产事故风险，确保安全意识融入常态。立足生产一线抓好安全隐患排查及问题整改，加强重点领域特别是特种设备安全监控，突出用电、用气、起重、旋转等设备以及高温、易燃、易爆等区域的监控。2016 年 1 月，该厂通过了四川省安全生产监督管理局组织的二级安全生产标准化企业达标复评。6 月，顺利通过中国电力建设集团有限公司安全巡视组安全工作考核。

2016 年，该厂全年未发生重大设备和人身伤亡事故，无职业病发生、无火灾、治安、刑事案件发生。

【产品质量】2016 年，该厂全年未发生较大质量事故，为加强质量管理，该厂采用严卡两端的把控方式，即严格产品与材料入厂检验、产品出厂检验两个环节，将质量隐患控制在内部，确保产品质量稳定。根据工厂实际情况，编制了一套适用于工厂的《产品检验标准化手册（试行）》，用于指导和规范产品检验，使整个检验工作规范化、标准化、流程化。加强质量管控培训，先后开展了三次全厂范围的质量培训工作，进一步提高员工质量意识。2 月，该厂顺利通过生产许可证到期换证复查，取得了锻件类、铝铜铝类、铸铁类金具生产许可证；3 月，该厂顺利通过了中质协质量保证中心质量、环境、职业健康安全管理体系认证复评工作。

11 月 17 日，第十八届中国国际高新技术成果交易会在深圳正式拉开帷幕，在本次高交会举办的中国智慧能源·智造创新峰会上，该厂研制设计的智能电网预绞式间隔棒荣获智造创新银奖。（单位网站图片）

【成本管理】2016 年，在控制采购成本方面，该厂注册了权威的材料价格网站（钢之家），即时关注物资采购市场行情波动，把价格主动权控制在手中，做到采购价格紧随市场行情变化，如在年初对常用黑色原材料采购过程中，定购钢板、圆钢类 3000 吨，且均在春节前原材料低点完成锁价，面对春节后原材料价格的快速增长，节约采购成本超过 200 万元，同时也为 2016 年的生产供货打下坚实基础。对批量较大的原材料和成品采购以及设备，该厂常态化的利用中国电力建设集团有限公司集采平台实行集中采购，规避采购风险，优化采购流程，缩短采购时间。对常用物资该厂逐步采取框架模式减少询价和下单次数，2016 年，框架产品从原来的 80 个扩大至 310 个，框架周期由季度扩大至 1 年，不仅降低了采购价格，同时大大提高了采购效率。2016 年该厂成品采购单价较 2015 年同期下降幅度达 9.55%，最高达 41%，在产值产量均有大幅增加的情况下实现了采购资金的下降，采购成本控制卓有成效，外购品无论从质量稳定性还是从履约及时性均明显好于 2015 年同期，为该厂顺利履约提供了保障。

【科技创新】2016 年，该厂“±800 千伏特高压直流工程 1250 平方毫米导线配套金具研制”获中国电力建设集团有限公司科学进步奖一等奖；“川藏特殊地质地貌区输变电工程关键技术、装备及工程应用”项目获得国网四川省电力公司科技进步奖特等奖。10 月，该厂获得四川省第二十一批省级企业技术中心；12 月，获得 2016 年第二批四川省高新技术企业认定。全年该厂新获授权知识产权专利 11 项，其中发明专利 3 项，实用新型专利 8 项。截至 2016 年年底，该厂共获得授权专利 73 项，其中实用新型专利 68 项，发明专利 4 项，外观专利 1 项。

编制完成 110 千伏国网通用设计产品选型手册及产品图册，实现生产与配送直接选型发送，缩减冗长流程，提高生产效率。自主研制的世界最高等级±1100 千伏级特高压输电线路串型和配套金具金具成功通过国家权威机构中国电力科学研究院检测认证。紧跟电网转型发展方向，研制了新型防舞动系列金具，有效将舞动频发地区的线路振幅从 5 米减小到 2 米，增加了输电线路安全运行的保障性。

自主设计完成了成套 160 千米/小时和 200 千米/小时时速等级的柔性、刚性铁路接触网系统产品，制定了全套产品的研发方案，搭建了权威的检测平台，使该厂在研发接触网方面具备国内先进水平，奠定了该厂发展新兴产业的良好基础。按照光伏电站设计规范等相关国家标准，该厂建立了一套科学合理的光伏支架研发体系，包括理论计算、产品设计及制造、检测及配送等方面，成功为西南地区首个农业光伏项目提供了理论模型建立、力学校核、平面布置、关键零部件设计及安装等方面的技术支持，为该厂新能源产业发展奠定了坚实基础。

在巴西美丽山±800 千伏直流线路工程中，该厂第一次自主设计完成了整体电气布置方案，第一次完成整体防振方案设计，第一次按国际电工委员会（IEC）标准对金具进行了大幅减重优化，通过该工程该厂实现了从提供单一金具产品向提供系统化的电力金具解决方案转变，使营销、设计、生产水平都达到了一个新的高度，由单一的制造型企业转变成为集研发、设计、供货、服务为一体的综合型国际化企业，有效提升了产品国际竞争力，进入了国际主流供应商序列。

11 月，该厂携自主研发的智能电网、轨道交通接触网零部件等一系列智能产品参加了在深圳举行的有“中国科技第一展”之称的第十八届中国国际高新技术成果交易会，在高交会期间由中国智慧能源产业联盟与中国电建装备研究院共同主办，并同期举行的 2016 中国智慧能源·智造创新峰会上，该厂研制设计的智能电网预绞式间隔棒荣获智造创新银奖。

【人事制度改革及绩效管理】2016 年，该厂坚持“合法合规，控制总量，优化结构，计划审批，检查考核”的原则，规范劳动用工管理，优化劳动用工策略，调整劳动用工结构，健全劳动用工退出机制，实现人力资源优化配置，逐步建立起用工制度科学化、用工机制市场化、用工管理规范化的劳动用工体系，实现劳动用工的集约化、专业化和标准化管理。深化薪资改革，制定了《成都电力金具总厂 2016 年工效挂钩考核办法及人员分流方案》，以工作任务、工作质量、工作效率为考核要素，调整车间计件工资核算体系，细化各工序计件单件标准。鼓励员工多劳多得，实施公平合理的机制体制，根据生产任务与工作效率，合理拉开分配档次，实现员工的收入与企业效益挂钩。

【党群工作及精神文明建设】2016 年，该厂党委围绕中心，服务大局，聚焦主业主责，坚持“把方向、管大局、保落实”，充分发挥党委政治核心和领导核心作用，全面落实管党治党责任，努力把党的政治优势、组织优势、群众工作优势转化为企业改革发展优势，为实现工厂持续健康发展提供坚强保障。

思想建设。按照中国电力建设集团有限公司党委统一部署和要求，4 月起，该厂党委坚持突出正常教育，坚持以学促做，学用结合，在全体党员中扎实推进了“两学一做”学习教育开展。按照学习教育计划安排，该厂党委坚持以党支部为基本单位，以“三会一课”为基本形式，以落实党员日常教育管理制度为基本依托，建立“学习+生产”联合推进、“党员+职工”联动共学、“线下+线上”联通促学为主要内容的“三加三联”学习机制，落实“领导带党员、支部带班组、党员带职工，促改革、促创新、促发展”“三带三促”工作要求，该厂领导班子成员以上率下、以身作则，带头讲党课、带头学习、带头谈认识讲体会，充分发挥引领示范作用，加强对所联系基层党支部学习教育开展全覆盖、全过程的督促指导，坚持问题导向，组织党员带着问题学，针对问题改，在学习中对标查找发现问题，在解决问题中深化学习，检验实效。严格执行《中国共产党廉洁自律准则》和《中国共产党纪律处分条例》，严格党的纪律，严肃党内生活，按规定召开专题组织生活会，扎实开展党员评议，教育引导全体党员不忘初心，继续前进，自觉按照“讲政治、有信念,讲规矩、有纪律,讲道德、有品行,讲奉献、有作为”“四讲四有”标准，努力做合格党员、当干事先锋，以党员先锋模范行动和优秀的工作业绩，推动工厂提质增效、转型升级、改革发展不断取得新成效。2016 年，2 个基层党支部和 2 名党员受到上级党委表彰；2 个基层党支部和 16 名党员受到工厂党委表彰。

党组织建设。该厂党委结合实际，将原合署办公的综合管理部按工作职能进行了拆分，按要求成立了独立的党群工作部和纪检审计部，强化对党建工作的组织领导。落实中国电力建设集团有限公司“两学一做”学习教育第二督导组督导意见，充实了专职党务人员，保证了党委工作部门岗位职能齐全，人员配备到位。根据工厂部门设置情况，对 9 个直属基层党支部所属部门进行了整合调整，确保组织全覆盖。对各基层党支部书记进行了调整交流，加强了党务工作力量。指导基层党支部根据支部党员情况，重新对党小组进行了划分。强化党建考核评价机制建设，该厂党委制定出台了《党建工作责任制实施办法》，细化了党建工作责任清单，突出业绩导向，坚持定量与定性、集中考核与日常检查考核相结合的原则，建立起刚性管用的党建考核评价机制，实现党建工作责任制由单项考核向整体评价转变，确保“党的建设同步谋划、党的组织和工作机构同步设置、党组织负责人及党务工作人员同步配备、党建工作同步开展”“四同步”要求落实，“体制对接、机制对接、制度对接和工作对接”“四对接”目标实现，促进了该厂整体党建工作水平的提升。

2016 年，该厂党委把工厂改革发展的重点难点作为加强和改进基层党组织建设的切入点和突破口，结合中心工作，在全厂开展了“迎战特高压，党员争先锋”主题活动。该厂各基层党支部以“党员公开承诺”和“岗位建功争先锋”为主要内容，围绕工厂承接的重点特高压线路工程履约，动员组织全体党员紧密结合生产工作实际，针对岗位职责，对自己的学习、工作提出具体目标和实现手段，对加强自身建设、优质高效地完成工作任务做出公开承诺。以“带头学习提高，争当岗位技能先锋；带头遵规守矩，争当安全质量先锋；带头履职尽责，争当干事创业先锋；带头严于律己；争当廉洁自律先锋；带头弘扬正气，争当文明诚信先锋”“五带头，五争当”，带动广大职工以出色的工作成效和工作业绩，推动工厂各项建设事业实现新跨越，为工厂提质增效、改革发展提供了有力支撑和坚强保障。

干部人才队伍建设。该厂党委将“全面从严”要求贯穿干部的选拔、使用、培养、考核、监督等全过程，坚持“注重品行，崇尚实干、鼓励创新、注重能力、群众公认”的用人导向，坚持标准，规范程序，严把干部选拔任用的“动议、考察、决策、任用”四个关键环节，坚持民主、公开，2016 年提拔任用中层干部 6 人，交流调整中层干部 8 人。坚持把党务工作经历作为选拔任用干部的重要条件，注重把优秀的生产经营骨干放到党务工作岗位培养，注重从优秀党务干部中选拔干部，经党委研究，2 名中层干部由行政岗位交流到党务岗位，担任专职党支部书记，2 名行政正职兼任党支部书记，1 名专职党支部书记兼任行政职务，有效加强了党务力量。改进完善人才选、用、育、留机制，适应企业发展需要，进一步完善人才培养体系，2014 年，该厂与四川大学签订了“共建工程实践中心协议”，以企校联合制定培养计划，产、学、研结合的模式，加强校企在教学实践和科技成果转化方面的无缝对接，建立“能力建设＋知识探究＋人格养成”三位一体的人才培养体系，实现工厂与高校资源互补，探索高校与企业共同培养实践型人才的培养运行机制，使工厂与国内著名高校形成良好的合作关系，扩大工厂在社会的知名度，也为企业选拔优秀人才提供便捷通道，达到校企双赢的目的。至 2016 年底，20 名四川大学学生通过该计划培养顺利毕业走向社会，5 名品学兼优的优秀实习生与工厂签约，工厂成功实现了人才迅速发掘与培养的新模式。

作风建设。2016 年，该厂党委严格落实中国电力建设集团有限公司关于贯彻落实中央“八项规定”

精神加强和改进工作作风的有关规定和要求，坚持勤俭办企业的方针，严格执行预算管理制度，精简各类会议文件，控制各项费用开支。2016年，全年业务招待费同比下降39.5%，费用支出和精文简会成效明显。该厂党委持续加强作风建设，认真开展“回头看”，强化“四风”整改长效机制建设，紧盯“四风”新形式、新动向，聚焦职工群众反映强烈的突出问题，制定出台了《负责人履职待遇、业务支出管理办法》，修订完善了《差旅费管理实施细则》，坚决执行公务用房、因公出国、公务用车、公务接待规定，加大制度规章执行检查和工作督办力度，推进“四风”整治制度化、规范化、长效化、常态化，进一步在工厂形成重实际、讲实话、办实事、求实效的良好风气，努力以作风建设新成效推动企业改革发展。

党风廉政建设和反腐败工作。2016年，该厂党委认真履行党风廉政建设党委主体责任和纪委监督责任，规范权力运行体制机制，坚持按照《党委议事规则》和《工厂工作规则》参政议事，全年召开党委会20次，党政联席会29次，该厂重大事项全部经会议研究，集体决策确定，确保了决策的科学化、民主化。该厂纪委贯彻落实好《中国共产党廉洁自律准则》和《中国共产党纪律处分条例》，认真用好监督执纪“四种形态”，深入推进廉洁风险防控机制建设，通过日常督查、专项检查、暗访巡查等方式，抓好事前预防，强化强化制度执行监督检查，督促基层单位落实党风廉政建设和反腐败工作任务。2016年围绕产成品占用资金和应收账款资金“两金”挂账大项目、提质增效工作、信息公开、安全隐患整改落实情况开展效能监察，有效促进了财务管理、物资采购等环节的监督，规范了企业行为，取得了良好的经济效益和管理效益。该厂纪委坚持运用常态教育、定期监督、惩戒问责等方式，针对重大节日、重要活动等重要节点，持之以恒正风肃纪，全面从严加强纪律建设，坚决把纪律和规矩挺在前面，严肃执纪问责，使各级干部受警醒、明底线、知敬畏。2016年，对3名违反个人有关报告事项的党员中层干部按照《中国共产党纪律处分条例》给予了组织处理，其中2名党员干部被暂缓提拔任用。

群、团组织。该厂坚持全心全意依靠职工办企业，2月，在召开的四届十八次职工代表大会上，该厂工会代表全厂职工与厂行政签订了新一轮的《成都电力金具总厂集体合同》和《成都电力金具总厂劳动安全卫生专项集体合同》《成都电力金具总厂女职工权益保护专项集体合同》《成都电力金具总厂职工工资集体协议》，依法维护企业与全体职工的合法权益，努力构建和谐稳定的劳动关系。2016年，该厂工会围绕中心工作，在职工中开展“积极作为勇担当，提质增效促发展”、“我为提质增效献一策”等主题活动，与厂团委联合举办了“提质增效，创新发展，青年担当”为主题的青年论坛活动。紧跟工厂发展的需求，从解决生产技术难点、提高产品质量和工作效率等方面着手，助推工厂提质增效，确保全面完成年度各项目标任务。该厂团委加强思想政治引领，充分发挥“青年文明号”的引领带动作用，在全厂团员青年中深入开展“感恩”教育、“忠于岗位、忠诚企业”教育等主题活动，促进青年健康成长，引导和激发广大青年职工主动参与到企业转型升级的战略规划之中，立足岗位建功立业。2016年，该厂研究所被四川省人力资源和社会保障厅、共青团四川省委命名为四川省青年文明号，1名青年被中国电力建设集团有限公司团委评为了青年岗位能手。健全助困帮扶体制机制，完善重大疾病和特困职工档案，坚持以“温暖、关心、帮扶”为内容，深入开展“送温暖”活动，全年该厂组织看望慰问生病住院职工17人次，帮扶重大疾病、生活困难职工32人次，发放帮扶资金9万元，为企业创造了和谐稳定的良好发展环境。

成都铁塔厂

【概况】成都铁塔厂始建于1958年，是中国电力建设集团有限公司所属装备制造成员企业成都电力金具总厂下属具备独立法人资格的二级企业。工厂位于四川省成都市双流区西南航空港，占地307亩，总建筑面积10万平方米，注册资本1.6亿元，资产14.5亿元。

【生产设备】成都铁塔厂配备有300毫米大角钢自动化生产线，2400吨折弯机，一级环形自动焊接和西南地区最大的热浸镀锌生产线等国内最先进的各类大、中型钢结构生产设备437台（套）。拥有先进的光谱分析仪、超声波探伤仪等各类检测试验设备42台（套）。年生产能力：角钢塔15万吨，钢管塔（钢管杆）2万吨，钢结构产品3万吨，热浸镀锌20万吨。该厂具有较强的铁塔、钢管杆（塔）的设计放样和加工制造能力。

【经营范围】该厂主要经营输变电铁塔、通讯铁塔、钢管塔（杆）、砼电杆、变电站构支架的设计、生产、销售、安装；新能源钢结构、建筑钢结构、高速公路钢结构、市政及城市轨道交通钢结构、电力金属结构等设计、生产、销售、安装；电力、市政交通设施的铁附件、螺栓、电线电缆、配电箱（柜）等加工、销售、安装；热浸镀锌。通过了GB/T19001-2008质量管理体系、GB/T24001-2004环境管理体系和GB/T28001-2011职业健康安全管理体系认证。

【组织机构】工厂下设18个二级机构，其中职能管理部门9个，车间业务部门9个。现有职工457人；其中，经营管理人员43人，专业技术人员133人，技能人员239人。配有专业质量检验人员16人，全程对原材料、产品工艺流程、生产加工流程实施监控，全面确保产品质量。

【品牌打造】工厂是国家电网公司、南方电网公司的重要供货商，四川省工业企业500强，成都市工业企业100强和成都市制造业100强。凭借多年来出色业绩表现和优良信誉，过硬的产品质量和强大的加工制造能力，“银角”牌铁塔连续多次获得四川省人民政府授予的“四川名牌产品”，并获得“中国电建优质产品奖”。先后获得“四川省省级文明单位”“放心产品示范单位”“用户满意企业”“用户满意产品”“用户满意服务”等多项荣誉。

近两年来，在±1100千伏“昌吉—古泉”直流，1000千伏“淮南上”、“浙北—福州”，±800千伏“上海庙—山东”，以及750千伏西北联网和500千伏“川藏、青藏、藏中联网”交流等国家标志性输电线路工程中，均有成都铁塔厂提供的产品。同时，工厂加大了海外市场的开拓力度，产品远销埃塞俄比亚、尼日尔、老挝、喀麦隆等国家和地区。

（叶　旭）

中国水利水电夹江水工机械有限公司

【企业概况】中国水利水电夹江水工机械有限公司（以下简称公司）创建于1966年，是中国水利水电第七工程局有限公司的全资子公司。夹江水工是根据国家的战略布局，在西南地区建立的、为水利水电工程提供施工设备和永久设备的专业制造商，是国家级“守合同重信用”公示企业，国家机械工业重点企业、全国100家最大金属制品企业之一、国家水电金属结构出口专业基地，四川省重大技术装备产业链企业。

夹江水工机械有限公司总部位于成都市西南127公里成昆铁路线上的夹江县城，拥有5个生产基地，形成了川内川外、国内国外的国际化战略布局，其中夹江生产基地约43万平方米，彭山生产基地约9万平方米，西藏生产基地林芝约13万平方米，德阳生产基地约2万平方米，老挝仙坪生产基地约3万平方米，夹江水工机械有限公司对五个基地实行生产管理统一、质量标准统一、售后服务统一。

夹江水工机械有限公司总资产约9亿元，职工总人数1000人，各种生产检测专业设备1000余台套，具备机械加工、热处理、焊接、装配、检测计量和包装发运等配套齐全的先进生产装备和年产6万吨金属结构的制造能力。通过ISO 9001质量管理体系认证、OHSAS 18001职业健康安全管理体系、ISO 14001环境管理体系、ISO3834-2国际焊接体系和美国ASME锅炉和压力容器焊接标准。公司坚持自主科技创新的技术发展理念，形成了强大的综合技术创新体系，是国家级高新技术企业、四川省认定的企业技术中心，部分产品获得全国科学大会奖、国家发明奖、国家科技进步奖、国家级重点新产品、省级技术创新奖等省部级以上20余项荣誉，“夹江水工”商标连续12年获得“四川省著名商标”称号。

在国内，公司为各大流域水电站制造了40余万吨金属结构件和4000余台套专用机电设备，并在铁路、石油、风机、市政设施、煤矿等产品制造及电站检修业务、机电安装等领域取得了较好业绩；在国际市场上，公司产品远销加拿大、哥斯达黎加、智利、科特迪瓦、巴基斯坦等36多个国家，形成了以设计、制造、安装一体化总承包各种机电金属制品和设计制造国际高端机电金属制品的两大领先优势。

2016年，该公司完成销售总额6.03亿元，完成工业总产值5.08亿元，新增合同9.04亿元，该公司国内外在建工程合同存量14.1亿元。其中：国际在建合同金额5.12亿元，占比36.3%；国内水利水电及其延伸业务合同金额 7.32 亿元，占比 51.9%；非水电业务合同金额 1.66 亿元，占比 11.8%。该公司全员劳动生产率 61.2 万元/人•年。截至 2016 年年底，该公司执行 68 个项目 148 个产品的制造和安装，年末资产总额 9.46 亿元。

【领导班子】截至 2016 年年底，该公司领导班子由 9 人组成，分别是公司执行董事、法定代表人、总经理兼党委副书记徐绍波，党委书记兼副总经理曾文，党委书记副书记、纪委书记、工会主席程胜华，副总经理郭峰、谢勇、米嘉、周建平、闫军、杜强，总工程师曾文（兼），总经济师谢勇（兼）。

【队伍状况与组织机构】截至 2016 年年底，夹江水工机械有限公司在册职工 979 人。其中，拥有大专以上学历 398 人，占公司总人数的 40.6%，其中教授级高工 4 人，高级职称 34 人，中级职称 121 人，初级职称 185 人；高级技师 28 人，技师 186 人，高级工 235 人，各类注册执业资格人员 28 人。

该公司总部职能部门 16 个：总经理工作部（法律事务部、信息中心）、党群工作部（党委办公室、工会、团委、企业文化中心、新闻中心）、人力资源部、市场开发部、国际工程部、经营管理部、财务管理部、设备物资部、生产管理部（成品配套办公室）、设计研究院、技术研发中心、技术工艺部、安全环保部、质量管理部、审计监察部（纪委办公室）、社会职能中心。

3 月 14 日，由夹江公司设计并制造的巴基斯坦苏勒曼奇修复项目的主坝启闭机和底泄水启闭机通过了出厂验收（冯瑞红　摄）

该公司所属分公司、分厂 8 个：眉山分公司、德阳分公司、西藏林芝分公司、检修及售后服务分公司、金属结构制造分厂、机电设备制造分厂、非水电制造分厂、电气分厂。

该公司直管国际项目部 7 个：巴基斯坦真纳项目部、巴基斯坦尼杰项目部、巴基斯坦塔贝拉项目部、巴基斯坦小水电项目部、巴基斯坦苏勒曼奇项目部、巴基斯坦特瑞穆项目部、老挝仙坪项目部。

【市场开发】2016 年，夹江公司不断强化市场营销体系建设，不断加大结构优化和业务布局，市场营销取得较好的成果。在国内传统水利水电及延伸业务方面，公司积极参与国家重大水利水电项目竞标，主动发挥夹江水工品牌优势，新中标项目具有“单个合同额较大，同规格、同类型产品批量多”等特点；检修业务取得长足进展，产品后续服务取得重大突破，占新增合同 0.8%。在国际工程业务方面，继续实施国际业务优先发展战略，深耕“一带一路”重点国别市场，加大营销力度，传统国别得以巩固，国际业务产品覆盖 39 个国家，国际业务“朋友圈”不断扩大。在非水电业务方面，充分发挥夹江水工品牌优势和专业制造优势，以装备制造为核心，以大金结为着力点，在市政及基础设施钢结构、风电、盾构机等方面取得丰硕成果，新增合同大幅提升，继首次签约海瑞克两台盾构机的制造和组装外，成功签订铁建重工 8 台盾构机的制造合同，首次获得世界跨度最大的拉林铁路藏木特大桥制造合同，首次进入风机塔筒制造市场，取得了黄联关、凉水泉风电塔筒制造，进一步彰显了“夹江水工”的品牌实力和综合竞争能力。

中标津巴布韦卡里巴南岸水电站扩建工程卷扬式启闭机及清污机采购项目。2016 年 1 月 18 日，夹江水工机械有限公司签订津巴布韦卡里巴南岸水电站扩建工程卷扬式启闭机及清污机采购合同，合同金额约 1298 万元。本项目是公司在成功交付使用赞比亚韦卡里巴北岸水电站扩建工程启闭机设备后的合同延续，证明了业主对夹江水工产品的肯定和质量的认可。

中标尼泊尔那苏瓦卡里水电站金属结构制造工程采购项目。2016 年，公司签订尼泊尔那苏瓦卡里水电站金属结构制造工程采购项目，合同金额约 1189 万元。

中标巴基斯坦特瑞穆拦河坝修复及升级改造项目。2016 年 5 月 31 日，夹江水工机械有限公司中标巴基斯坦特瑞穆拦河坝修复及升级改造项目。主要工作包括：所有金属结构、启闭机、电气设备及通讯系统的设计、制造、运输、安装及运行和维护，具体包括：主坝启闭机和闸门37台套、底泄水启闭机和闸门14台套、渠首启闭机和闸门15台套、新建坝段启闭机及闸门16台套，此外还包括整个坝段的桁架加固工作及以钢格栅走台板的更换工作。该项目是公司深耕巴基斯坦市场以来第四次中标的大型大坝的修复和改造项目。截至2016年年底，在巴基斯坦水电市场的大坝修复和改造项目中，仅有夹江水工一家具有改造和修复的大坝相关经验，并且得到了巴方水利灌溉署的极大肯定和认可，JHMC（夹江水工品牌的英文缩写）品牌影响力明显。本项目合同金额约11,717万元。

中标巴基斯坦卡洛特水电工程压力钢管瓦片、导流洞封堵闸门和启闭机设备采购合同。2016年8月31日，夹江水工机械有限公司签订巴基斯坦卡洛特水电工程压力钢管瓦片、导流洞封堵闸门和启闭机设备采购合同，合同金额约4540万元。此项目是夹江公司继中标巴基斯坦NEELUM-JHELUM水电站项目后的又一水电项目，证明夹江公司不仅在拦河坝改造和修复上的成功，更证明了夹江公司作为专业水工设备生产制造的专业水平得到了巴基斯坦水电开发署的认可。

中标巴基斯坦卡洛特水电工程门式启闭机设备采购合同。2016年12月8日，夹江水工机械有限公司签订巴基斯坦卡洛特水电工程门式启闭机设备采购合同，合同金额约2089万元。本合同是夹江公司一年内连续中标的本项目的第2个合同，也用事实证明了业主对夹江公司的信赖。

中标赞比亚下凯富峡5×15万千瓦水电站项目设备导流洞卷扬式启闭机采购合同。2016年10月31日公司签订赞比亚下凯富峡5×15万千瓦水电站项目设备导流洞卷扬式启闭机采购合同，合同金额约354万元。此合同为本项目的第一个启闭机设备采购合同，为本项目后续闸门及启闭机合同的签订奠定了基础。

中标金沙江乌东德水电站地下电站和导流洞移动式及固定卷扬式启闭机设备采购项目。2016年5月10日，夹江水工机械有限公司签订金沙江乌东德水电站地下电站和导流洞移动式及固定卷扬式启闭机设备采购项目，合同金额约3880万元。

标四川省红鱼洞水库及灌区工程水库枢纽工程金属结构设备制造及采购项目。2016年5月19日，夹江水工机械有限公司签订四川省红鱼洞水库及灌区工程水库枢纽工程金属结构设备制造及采购合同，合同金额约3011万元。

中标拉林铁路藏木特大桥制造、总拼、安装施工合同。2016年4月7日，夹江水工机械有限公司签订拉林铁路藏木特大桥制造、总拼、安装施工合同，合同金额约4998万元。

中标四川省凉山州西昌市黄联关风电场风力发电机组塔筒制造及服务合同。2016年8月26日，夹江水工机械有限公司签订四川省凉山州西昌市黄联关风电场风力发电机组塔筒制造及服务合同，合同金额约7303万元，塔筒共计42套，分五段，每套重量240吨。这是公司迈进清洁能源市场打响的第一炮。

中标大唐广元凉水泉风电场工程塔筒采购合同。2016年8月31日公司签订大唐广元凉水泉风电场工程塔筒采购合同，合同金额约2329万元。

中标大藤峡水利枢纽工程左岸泄水坝段弧形工作闸门及埋件采购项目。2016年9月12日，夹江水工机械有限公司签订广西大藤峡水利枢纽工程左岸泄水坝段弧形工作闸门及埋件项目合同，合同金额约13997万元。包含11套弧门，支撑大梁不分段单件重230吨，弧门单重715吨，复合板加工，此项目为公司成立以来单标最大的金属结构制造项目。

中标新疆阿尔塔什水利枢纽工程金属结构闸门设备II标采购合同。2016年12月26日，夹江水工机械有限公司签订新疆阿尔塔什水利枢纽工程金属结构闸门设备II标采购，合同金额为6455万元。这是公司参建新疆维吾尔自治区“三峡工程”的第二单设备，其中包含发电进水口4.5×74-4/74米拦污栅9套、发电进水口4.5×63-6/74米平面滑道挡水门9套、2号深孔泄洪洞5.5×8-130米平面链轮事故闸门1套、2号深孔泄洪洞5.5×5.5-130米偏心铰弧形工作闸门1套。

【设备管理】截至2016年年底，夹江水工机械有限公司拥有设备1107台套，其中：金属加工设备590台，起重设备66台。公司始终重视设备管理工作，按《夹江水工机械有限公司设备能源管理考核办法》进行考核和奖惩，促进了二级单位提高设备管理责任心，切实加强了自身设备日常维护保养工作，每月通过《设备物资管理月报》，当月将设备检查情况、二级单位考核情况等在每个月的月报中进行通报。2016年设备完好率达到了97.94%以上，利用率达到了91.44%。公司特别强化特种设备安全管理，根据设备的类别制定各类操作规程、保障措施和应急预案，建立健全各类设备台账，实现设备的动态管理，坚持做到持证上岗，专人管理档案，每年按集团公司的统一部署，组织开展了设备物资安全管理自查自纠整治活动。通过对公司设备安全管理工作的宣传和监督以及各单位对辖区内的设备物资安全情况的检查及整改，公司设备保持事故零发生。

【产品制造】2016 年，夹江水工机械有限公司完成了柬埔寨桑河、巴基斯坦苏勒曼奇、埃塞俄比亚吉布III、津巴布韦卡里巴、苏丹罗赛雷斯及长河坝、去学、沙坪、里底、卡拉贝利等 30 多个项目的履约，全年完成综合产量 49511 吨（含国外安装），同比增长 42%。这一年，公司完成市政房屋钢结构——中电建金属结构研发中心钢连廊制作安装及整体提升，创下房屋钢结构新业绩；完成了辽宁三三两台盾构机的修复，首次承制的成都地铁 18 号线盾构机的制造和组装得到海瑞克高层的充分认可；完成了国内最大直径的构皮滩 500 吨级升船机卷筒加工任务；公司首次进入风机塔筒制造市场为契机，取得了黄联关、凉水泉风电塔筒制造；巴基斯坦真纳项目取得了业主工程师颁发的竣工证书，巴基斯坦尼杰项目部安装的世界用料和结构最复杂的三套弧门成功开启；老挝第一个海外车间建成投产，完成 S690QL的 800 兆帕高强钢岔管的制造安装，技术达到国际领先水平。

11 月 20 日，夹江公司工会在眉山分公司召开女职工工作座谈会，夹江公司工会副主席陈俊率领各分工会女工委员、巾帼标兵代表等共二十余人参加了此次座谈会。夹江公司副总经理兼眉山分公司负责人米嘉出席本次会议

（杨　莉　摄）

柬埔寨桑河二级水电站金属结构闸门设备制造。柬埔寨桑河二级水电站，主要包括溢洪道检修闸门、溢洪道弧形工作闸门、主厂房 160 吨/160 吨/16 吨 1 号桥机、GIS室 16 吨桥机设备总重量 2943.51 吨。该项目从 2015 年下半年陆续投产，严格按专项进度要求组织生产，并在 2016 年 7 月全部完成验收后发往工地。

地铁建设通用门桥机设备制造。2016 年，夹江水工机械有限公司完成各类门机、桥机 35 台套。由于行业的特殊性从合同的签订到交货生产周期非常短。公司在前期项目策划上采取了利用社会资源和企业自身资源相结合的模式确保了产品的交货及工地现场安装。

加拿大莫斯卡特二期项目金属结构制造。2016 年，夹江水工机械有限公司承担的加拿大莫斯卡特二期项目设备制造，是中国电建集团首个国际高端制造项目，该项目不但在制作标准上严格执行国际标准ISO3834-2 体系和美国ASME压力容器标准规范，而且采购、制造的每块材料、每个零件和生产过程的全追溯性，具有制作难度大、工期短、标准要求高等难点。该项目包括进水口拦污栅（含抓梁）、12 套、进水口检修门（含抓梁）1 套、进水口定轮门 12 套、尾水叠梁门（含抓梁）4 套、尾水止水门及埋件 1 套，工程总重量 3045.4 吨。2016 年 1 月开始投产，为了较好履约该项目，成功切入国际高端制造，公司在内部成立独立运行的组织机构，建立了公司到项目部，再到生产一线的垂直管理模式，并在管理上较好实现制作流程的全控制，实现了在 2016 年按照合同要求陆续交货的重大节点，奠定了公司水电产品国际高端制造市场的领先地位。

凉水泉、黄联关风电塔筒项目。该项目是夹江水工机械有限公司进入风力发电市场的新产品，18+42 套总重量 13519.14 吨。为了确保合同履约满足产品进度及质量要求，公司在前期项目策划上采取了利用社会资源和企业自身资源相结合的模式确保了产品的交货。全年完成 22 套塔筒的制作，完成制作重量 5210.34 吨。

【经营管理】2016 年，夹江水工机械有限公司以管理创新为抓手，推进提质增效和管理提升，完善了二级单位经营业绩考核办法，全面推行经济责任制考核，加强成本核算与控制;全力推行分包商分类分级管理，加强合同交底、项目实施和分包策划。积极把握原材料市场信息，有效规避价格上涨风险；提升特大型设备、专业设备利用率，做好设备维修保养，清理库存积压物资，设备物资集采率超过 90%。

【财务管理】2016 年，夹江水工机械有限公司坚持现金为王，全面加强财务资金管理和财务基础工作。加大应收账款清理催收力度，严控资金风险，以进出口银行的低成本融资替换部分商业贷款，降低财务费用；加强对国外项目的资金、会计核算和税收筹划，降低海外项目财务风险；根据上级公司的整体部署，完成蜀源公司的注销清算工作。进一步制定完善备用金和茶旅费的管理，对职工借支差旅费、备用金等借款在报账时间上作了规定，制定处罚措施，避免了借款长期不归还的现场发生。

加强公司各种票据管理，确保每笔业务支付规范，手续完善。这些财务手段和财务制度的有效执行，提高了公司财务管理水平，财务核算的及时性，确保了公司财务工作和资金的安全完整、规范管理。

【安全管理】2016 年，夹江水工机械有限公司认真落实安全生产工作总体部署，开展安全工作大检查和隐患排查治理，深化安全“四个体系”建设，完善安全制度体系，加强对分公司和国外项目部的安全风险防范，构建两级安全管理体制，通过了三体系换证审核，加强安全文化建设，开展安全生产资格证书取证培训，通过省安监局安全生产标准化二级达标评审。在省总工会主办的安全工程技术人员技能比赛中，该公司童亮瑜取得个人第一名，并摘得“四川省五一劳动奖章”。老挝项目部积极加强安全管理，被韩国SK公司及现场各单位视作安全生产管理模范单位，树立了夹江公司在海外的安全管理良好形象。公司连续三年获上级公司安全生产考核“优秀”单位。

【质量管理】2016 年，夹江水工机械有限公司持续深化“质量信得过”和“信用评价”工作，该公开发布质量信用报告，取得超大型拦污栅生产资质和建筑行业钢结构专业承包三级资质；通过ISO 3834-2 焊接体系的复审，建立质量责任可追溯制度，强化以产品质量为重点的各项基础管理工作，产品质量保持稳定，获第三届乐山市政府质量奖，“SJ牌电站闸门、启闭机”连续十一次蝉联“四川省名牌产品称号”。

【科技创新】2016 年，夹江水工机械有限公司以科技创新为龙头，以《中国制造 2025》为核心，以“互联网+制造”为目标，用好“三新”技术，提升轻量化、自动化、智能化设计能力，全年完成 45 个工程项目设计，首次自行设计塔四偏心铰弧门液机，不断提升超高扬程桥机的设计能力。不断加大设计优化，在卡拉贝利、杨家湾、乌东德等产品设计中，优化成效显著。结合市场需求，在光伏发电、隧道掘进、地铁施工、安全设施等领域的研发试制取得突破，成功研制地铁管片全液压专用吊具，填补了该型设备国内空白。与此同时，推进“产学研”相结合的科技开发模式，以国家高新技术企业和省定企业技术中心为平台，与科研院所合作，做好支撑企业结构调整和转型升级，申报的“大型升船机主提升系统制造关键技术研究及应用”获省科技厅立项，获 100 万元资金支持，“一种新型大回转比电站起重机研制”项目通过省经信委最终评审，获 132 万元资金支持；国内最小圆弧轨道的向家坝 2000 千牛/2-800 千牛坝顶门机和世界最大起重容量的巴基斯坦NJ项目 2×6000 千牛液压启闭机通过省经信委验收，重装项目“弧面加工+不锈钢复合面板”超大型弧门设备研制申报通过初审。共获得 9 项专利授权，首次获得 2 项发明专利，2016 年年末累计有效专利 38 项。

【党组织建设】2016 年，该公司党委按照“三同时”原则，紧跟企业经营实际按照区域化原则及时调整党支部，并对任期届满基层党支部委员会进行了换届改选，撤并 2 个党总支部，3 个部党支部，新成立 2 个党支部，持续推进支部书记和副书记专职化，切实将党建工作融入中心，工作效能不断提升。截至 2016 年年底，公司党委共有党支部 13 个，党员 740 人，其中在岗党员和离退休党员各占一半，全年共发展党员 3 人，转正 3 人。

该公司党委在上级公司党委的领导下，深入贯彻中共十八大、十八届三中、四中、五中、六中全会和习近平总书记系列重要讲话精神以及公司两会精神，以“两学一做”学习教育为党建工作核心，抓好思想理论武装为主线，创新党建工作载体为抓手，充分发挥“三个作用”，为夹江公司打造专业领先、创新发展的质量效益型装备制造企业提供坚强的思想、政治和组织保证。

【工会工作】2016 年，夹江水工机械有限公司金属结构分厂荣获“四川省工人先锋号”荣誉称号，眉山分公司机加班荣获“四川省‘安康杯’竞赛优胜班组”，童亮瑜荣获“四川省五.一劳动奖章”。

一年来，在工会工作中：一是加强劳动保护，维护职工合法权益。在 4 个车间安装了 5 台带净水机的开水炉；投入“送清凉”经费 8.7 万元；按照夹江公司《集体劳动合同》的约定，分夹江、成都、林芝三地开展了对 924 名在岗职工的健康体检工作，受到广大职工欢迎。

二是创新劳动竞赛方式，助推企业生产经营。公司各二级单位结合生产项目履约实际，分别组织开展了“加拿大莫斯卡特二期闸门制作”“巴基斯坦塔贝拉产品制作”“构皮滩升船机超大卷筒加工组装”等劳动竞赛活动。同时，夹江公司积极参加了“四川省 26 家重装企业十三五劳动竞赛”。申报的“巴基斯坦塔贝拉水电站四期扩建水工闸门项目”和“加拿大莫斯卡特水电站闸门项目”被列为四川省劳动竞赛的示范项目。

三是技能比赛真抓实干，提升职工技能素质。举办了历时 2 个月的“ S690QL 高强钢焊接培训”，近 30 名电焊工自愿报名参加了二轮培训和考试。经过培训和考试，金结分厂徐斌在四川省总工会举办的电焊工对抗表演赛中荣获三等奖。9 月，夹江公司职工童亮瑜获得 “四川省五一劳动奖章”。

四是困难帮扶精准有效，解决职工实际问题。持续完善困难职工档案，通过开展送温暖和困难帮扶工作，累计为 92 人次困难职工（含退休）共发放帮扶救助款 14.59 万元；积极开展“金秋助学”和“捐一天工资，献一片爱心”活动；两级工会积极开展送温暖活动，2016 年共走访慰问伤病职工 80 余人次，为 987 名在岗职工发放生日贺卡和蛋糕卡；向春节期间坚守在工作岗位的国外各项目部职工发送慰问品 2 万余元；联合夹江县人民医院举办健康专题讲座，为 60 余职工义诊。

五是拓展企业传统文化，推动乐成文化落地。组织开展迎春拔河比赛、环厂登山越野活动和春节游园活动；“三八妇女”节期间，组织女职工开展跳绳比赛、读书征文和春游活动，眉山分公司宋翠红的《别了，橡树旅馆》荣获全国第四届“书香.三八”征文比赛三等奖；在夹江基地生活区安装健身器械 20 余套，5 月工会购买了篮球架、乒乓球台、羽毛球、拳击等体育器械送往新建成开工的林芝金属结构厂，为坚守高原的职工创建文化驿站；在建厂 50 周年之际，工会联合相关部门组织本单位职工、家属和退休老同志利用业余时间，近百人自编、自导、自演了联欢晚会，成功创刊《新视界》季刊，发布《员工手册》。

六是强化工会组织建设，打好职代会工作基础。完成各二级单位分工会委员会的调整和换届改选工作。截至 2016 年年底夹江公司现有二级分工会 12 个。改选、健全了夹江公司女职工委员会，及时召开年度女工工作座谈会；按有关规定做好工会经费管理和收支工作。年底，按照上级工会要求，工会经审会完成了近三年工会经费收支情况的审计检查工作。

（程敏强）

物资物流与多元化经营

责任编辑：曾逸农

电力行业的物资物流管理，是根据电力生产、建设、经营、改革和发展的需要而配置的，它涵盖物资物流的专业规划管理、物资采购管理、招投标管理、物资的统计与分析管理、物资财务与稽核管理、物资的配送、运输等，为电力的改革和发展，为科学管理物资物流迈出了可喜的一步。

电力行业多元化经营是随着市场经济推进，多种经济成份并存而发展起来的，参与市场竞争的一种经营模式。电力行业的多元化经营企业已成为一支具有一定实力的经济力量。

长江三峡设备物资有限公司

【企业概况】长江三峡设备物资有限公司（简称三峡设备公司）是中国长江三峡集团公司全资子公司，前身为宜昌三峡工程设备有限公司，成立于2000年9月30日，注册资本5000万元，现有员工470余名，是中国物流与采购联合会常务理事单位、中国水利电力物资流通协会会员单位。

该公司在承担三峡集团多个大型水电工程设备物资供应管理的过程中，逐步形成了仓储管理、机电设备商务代理及应急采购、设备物资合同执行、起重运输及重大件码头管理、成品油与火工品特许经营五大板块特色业务，在三峡集团工程建设、电力生产和枢纽运行中发挥了重要作用。2004年，通过职业健康安全体系认证，2007年，通过质量管理体系认证，2013年获得质量、环境、职业健康安全"三标一体"认证证书；同年被中国电力企业联合会评为AAA级（最高级别）电力行业信用企业；2014年，被中国仓储服务质量评鉴委员会评为"中国仓储服务金牌企业"。

【经营范围】2016年11月8日，经该公司股东中国长江三峡集团公司研究决定，长江三峡设备物资有限公司增加经营范围"代理报关、报检；货物及技术进出口服务；国际货物运输代理及咨询服务；国际船舶代理、国际集装箱仓储、装卸"，并办理了营业执照变更。

三峡设备公司经营范围变更为：机械设备（不含九座以下乘用车）、电子产品、建材、化工产品（不含危险化学品）、金属材料、机电产品、润滑油、自动化办公设备、五金交电、通信器材销售及代理；商务服务；仓储服务；物业管理；新产品开发及技术咨询服务；工程设备销售、租赁、维修；货运装卸搬运服务；道路普通货运、大型物件运输（四类）、货运站经营；汽油、柴油零售（限取得许可的分支机构经营）；代理报关、报检；货物及技术进出口服务；国际货物运输代理及咨询服务；国际船舶代理、国际集装箱仓储、装卸。

【年度经营情况】三峡设备公司2016年度经营绩效目标已顺利完成。实现营业收入21,151万元，完成预算目标值100.72%；利润总额5013万元，同比增长0.9 %，超过考核目标值0.26%；成本费用率77.31%，同比增加0.06个百分点，优于考核目标值3.69个百分点；劳动生产率27.5万元/人•年，同比增长8.82%，超过考核目标值19.57%；资产总额19825万元。顺利实现质量安全"双零"目标。

【改革发展】2016年，三峡设备公司主要领导先后赴大唐、国电、华电等集团所属物资公司调研，考察部分物流行业新三板上市企业，学习交流市场化运作经验，形成调研报告向集团公司领导建言献策；根据集团公司统一部署，主动思考，积极谋划，精心准备建议方案并按要求报送，推动公司改革发展工作取得阶段性成果；公司领导走访集团公司福建分公司、建设管理公司、长江电力等兄弟单位商谈合作，取得重要进展。

该公司根据三峡集团公司指导意见，结合公司发展实际，经过深入调研、集思广益编制形成公司"十三五"发展规划，明确了公司"十三五"总体目标。即：围绕集团公司主业创新发展模式，打造专业化、全覆盖的物流服务模式，以永久机电设备和物资商务代理合同执行业务为龙头，以仓储管理为基础，集成重大件起重运输、民爆器材和油料采购供应、重大件码头管理运行等多项业务，提供一体化的专业物流服务。将公司服务范围由现在的水

白鹤滩水电站对外交通工程葫芦口—白鹤滩金沙江大桥

（陈旋　摄）

电工程建设、电力生产、枢纽运行，拓展到集团公司新能源板块和国际板块，跟进服务集团“海外三峡”和“风光三峡”战略。

【生产经营】一是重点工程设备物资供应保障有力。2016 年，该公司共执行物资采购合同 57 个，向乌东德、白鹤滩、向家坝、溪洛渡等工程 40 个施工子项目，调拨钢材、水泥、粉煤灰等主要物资达 93.2 万吨；共执行施工设备采购合同 23 个，设备到货合计 174 批次，1.2 万吨；安全供应炸药近 0.8 万吨、雷管 275 万发、导爆索 357 万米。同时严把物资现场交验和核销两个关键环节，报验各类物资 5877 批次，检验出不合格粉煤灰、水泥 1297 吨，全部予以退货处理，保障了原材料质量。受托管理的两座工程油库全年实现油料出入库 6.2 万吨；自主经营的两座加油站销售成品油 496.3 万升，完成销售额 2,861 万元。优秀的团队创造优异的成绩，公司乌东德项目部物资分部综合业务班、向家坝项目部物资分部综合业务班双双被集团公司和金沙江流域水电工程劳动竞赛委员会授予“金沙江水电工程建设先进班组”光荣称号，乌东德项目部物资分部综合业务班同时被云南省总工会授予“云南省工人先锋号”光荣称号，白鹤滩项目部彭强被评为集团公司“2016 年度杰出员工”。

二是设备管理和仓储物流业务稳健运营。2016 年该公司重大件设备场内吊装运输安全无事故，完成吊装总量 7.2 万吨，运输总量 0.5 万吨，受托管理的起重运输设备全年安全运行 1.1 万台时；负责监管的白鹤滩 9 台布料机和 2 台胎带机安全运行 2.52 万台时，累计浇筑 25.2 万立方米，满足了工程进度的需求。向家坝、溪洛渡、乌东德、白鹤滩四个项目永久机电及三峡、向家坝升船机设备出入库总量达 992 批次、7.3 万箱件、1.22 万吨；工程建设和枢纽运行仓储完成物资出入库 3.2 万吨；电力生产仓储完成物资出入库 5 万余项、出入库金额达 2.3 亿元；配合长江电力处置机组增容改造各类废旧设备 73 项，金额达 1437 万元，以优质服务满足了集团公司工程建设和电力生产所需。

【市场开拓】2016 年，三峡设备公司外部市场开拓成效显著。通过市场竞争，获取合同总价逾 2100 万元的上海福伊特水电设备有限公司乌东德左岸机组设备公路运输项目。主动出击，获取向家坝坝后电站桥机运输项目、白鹤滩高强钢板运输配套服务及起重装卸设备外租等业务。

专业化服务链条进一步覆盖延伸。一是选派 3 名员工进驻巴基斯坦卡洛特项目，为其提供设备物资管理服务。已试运行 KLTPMS 物资管理子系统，并初步构建了 EPC 总承包管理模式下的设备物资管理流程。二是成立长龙山项目工作组，承担该电站业主统供物资供应管理职能，现已完成钢材、水泥、粉煤灰等工程主材的招标、合同签订等工作。三是创新服务举措，打通“最后一公里”，完成三峡电厂 1044 个品种、61702 项生产物资的精准配送，物流配送业务迈出关键一步。四是选派 4 名骨干人才分赴集团公司巴基斯坦巴风一期、几内亚苏阿皮蒂水电站、塞内加尔 AMT 高速公路等海外项目轮岗，储备国际业务人才。

【质量安全】2016 年，该公司质量安全环境管理体系有效运行，重点危险源和重要环境因素总体受控，未发生质量安全环境考核责任事故。全年投入质量安全经费 424 万元，组织各类质量安全培训 700 余人次，组织质量安全检查 147 次，发现并消除隐患 259 项，隐患整改率 100%；全面加强特种设备及车辆安全管理，设备完好率达到 99.8%，组织 14 次各类应急预案演练，有效预防各类事故的发生；积极开展“三标”管理体系内部审核和管理评审，顺利通过外部复审并取证。

【科技创新】该公司 2016 年，注册开展 16 个 QC 小组活动，10 项发明和实用新型专利及 2 项三峡标准（《大型履带式起重机操作保养规程》和《伸缩式皮带输送机操作保养规程》）获得集团公司科技创新成果奖；参与编制水电行业标准《水电水利工程仓储运行规程》，并形成阶段性成果。

在集团公司有关单位的大力支持下，出台二维码应用功能需求方案，推动实现二维码与工程管理信息系统（PMS）的无缝对接；联合集团公司信息中心、三峡高科，实现集团公司危化品数字化管理系统和乌东德水电站综合物资信息管理子系统上线应用；分别在乌东德工程油库和主要拌和系统，安装运行了油库储油罐液位报警系统和磅秤信息采集系统；深度参与了由白鹤滩工程建设部牵头组织的“工程物资调度与流向微信管理平台”设计开发工作，该平台实现了物资流向和调度的全过程管理。公司连续第 8 年被评为集团公司信息化工作先进单位，联合开发的向家坝工程管理信息系统（XJBPMS）磅秤信息采集子系统荣获集团公司优秀信息化建设项目二等奖，乌东德项目部王座、白鹤滩项目部班淑萍两人被评为集团公司信息化工作先进个人。

【党的建设】三峡设备公司党委坚决贯彻执行党的各项路线、方针、政策，认真落实中央和三峡集团公司党组各项重大决策部署。深入开展“四项清理排查”，夯实了党建工作基础。精心组织“两学一做”学习教育，高质量完成各项规定动作，高标准开展系列自选动作，撰写的征文荣获集团公司组织征文“一等奖”。加强党的思想建设，坚持理论中心组学习制度，全年共组织12次党委集体学习和63次党支部集中学习，党委委员及各党支部书记均讲授专题党课。坚持党管干部方针，选拔调整主管层级以上干部25人次，选人用人程序进一步规范，满意度得到提升。

【廉政建设】三峡设备公司党委、纪委认真落实抓党风廉政建设的“两个责任”，领导班子成员将“一岗双责”履行到位；公司党委向各党支部、各部门（单位）颁发了党风廉政建设责任书；坚持开展反腐倡廉宣教日、宣教月活动；认真贯彻民主集中制，严格执行“三重一大”决策制度。公司纪委聚焦监督执纪问责主业，运用“四种形态”，坚持抓早抓小，切实把纪律和规矩挺在前面。建立常态化全覆盖监督机制，加强重点事项和关键环节的监督，最大限度降低廉政风险。抓好集团公司党组巡视组巡视反馈问题整改，22项问题全部按要求完成了整改追责。严肃认真查办违纪违规案件，给予党纪政纪处分3人次，一般性惩戒措施48人次，保持了纪律审查的高压态势。

（吴玉婷）

国网四川省电力公司物资分公司

【企业概况】国网四川物资公司是四川省电力公司下属分公司，主要为省公司系统电力生产建设提供物资供应及配送服务。

公司现有在职正式员工177人，离退休员工221人。设立10个职能部门（办公室、党群工作部、人力资源部、财务部、物资计划部、物资采购部、物资供应部、招标工作部、合同管理部、质量监督部），2个中心（仓储配送中心、供应商服务中心），1个公司（国网四川招标公司），委托管理1个集体企业（四川环网物资有限责任公司）。

公司历经了46年的发展历程。1971年，四川省电力工业局供应公司成立，先后改为西南电管局供应公司、四川电力物流集团公司、四川电力物资公司。2013年6月，更名为国网四川省电力公司物资公司。2016年3月，按照国网公司“三集五大”体系建设的统一要求，改制为国网四川省电力公司物资分公司。

公司职能为：主要负责省公司物资一体化采购平台与仓储配送体系的建设；负责省公司所需物资的催交催运、配送仓储、移交验收、现场服务；负责所辖仓库仓储物资管理和库存储备物资的配送；负责库存物资和应急储备物资的日常管理；负责开展物资核算工作，配合省公司物资结算工作；负责在招标人委托的范围内组织招标活动并提供相关服务；负责配合省公司编制物资需求计划及供应商管理；负责实施省公司废旧物资处置。

【主要业务】2016年，是“十三五”规划开局之年。公司坚持以中共十八届五中全会精神为指导，认真执行国网公司、省公司各项决策部署，公司上下积极应对困难增多、风险加剧的严峻形势，有力有效促改革，从严从实抓管理，持之以恒强基础，重德重绩强作风，各项工作有新突破，继续保持了持续向好的发展态势。全年，公司完成招标金额63.85亿元，非招标金额0.82亿元；召开采购合同集中签约会议14次，签订合同7735份，合同金额97.79亿元。对43项输变电工程59个子工程项目进行了配送服务，配送物资金额11.5亿元。在安全生产和党风廉政建设方面实现“0”目标。

【物资管理】

（一）物资保障供应能力进一步增强。

1.重点工程物资保障有力。密切跟踪、周密部署，合理督促供应商优化生产，有力保障工程物资及时供应。全年协调处理23个地市公司涉及低电压治理工程、农配网改造、无电地区等300多个工程的500多项问题。川渝电网第三通道500千伏工程共248基铁塔已到82基，跨成安渝高速段线路物资已按计划到达现场。藏中联网工程共计2500基铁塔，其中第一批铁塔（总量的10%）已到达指定中转站。

2.应急机制逐渐完善。进一步总结川藏联网等重点工程物资供应经验，以常态化的物资调配机制和信息系统为支撑，充分发挥职能作用，逐步建立起卓有成效的应急响应机制。2016年9月26日，接攀枝花公司应急物资需求请求，公司迅速响应，高效完成了25台10千伏变压器，8千米架空绝缘导线，2.032吨钢芯铝绞线，1吨镀锌钢绞线实物调拨，满足现场应急需求。及时完成了甘孜公司“11·22”康定地震应急抢险物资协调、组织、供应及后续的服务工作。

3.仓储标准化建设有序推进。以“三年行动计划”为指引，夯实物资仓库基础建设。一是按照标准化指导意见，将库存物资分区摆放规范堆码。二是坚持永续盘点与季度盘点相结合，开展账卡物“一致率”清理，清理出积压物资共计1253.7万元。三是积极推进平衡利库，提高库存资源利用效率。全年共计出库208笔，金额1202.24万元。

（二）物资支撑能力进一步提升

1.计划审查力度进一步加强。按照省公司下达批次计划，组织物资及非物资需求计划的收集、整理及集中审核，核查清理地市公司采购策略数据，通过省公司物资管理平台系统，实现物资计划管理的动态跟踪。全年共审核物资计划62批次，估算金额165.37亿元，计划合格率99.2%；审核非物资计划48批次，估算金额109.47亿元，计划合格率94.85%。

2.物资集中采购进一步规范。严格应用电子商务平台，实现流程统一、过程受控、全程在案、结果公开、永久追溯的电子化招标采购。完善电子评标室功能，实现电子评标室可视可听远程监控。逐步构建外部专家参与评标的常态化机制，全年完成了4个招标批次的异地评标工作，每批次选用60%以上异地专家，有效降低了专家被“公关”带来的廉政风险，取得了积极的成效。

3.合同签订程序进一步明晰。严格按照招投标结果签订合同，认真执行“两单一协议”合同变更要求，完善合同变更发起、审核及审批流程，保证物资合同重大变更有据可查、永久追溯、依法合规。建立非正常合同重大变更责任追溯机制，实行物资合同重大变更“说清楚”制度，进一步提升物资合同管理水平。

4.质量监督管理进一步加强。完成抽检计划5297条，抽检计划完成率100%。下达实施110千伏设备监造计划53条。对23个物资类别2903家次供应商进行了绩效评价，供应商评价信息准确率100%；对20家供应商进行了不良行为处理的公示，供应商不良行为处理结果公示率100%；对39个物资类别248家次供应商进行了资质核实，生成了一纸证明112家。

【经营管理】2016年，公司不断夯实基础，提升服务水平，强化廉政建设，公司经营管理持续向好。

1.全面深化依法从严治企。印发公司《2016年普法和全面依法治企工作要点》，组织企业法治建设知识竞赛、全国百家网站、微信公众号法律知识竞赛，将法治宣传教育工作推向纵深。印发《2016年规章制度编制计划》，新增及修订规章制度17项，实现通用制度“一贯到底”。持续推进档案规范化管理工作，历时两年完成川藏联网工程档案整理移交，获得项目部好评。顺利通过省公司档案工作年度考核评价，首次被评为规范级单位，取得新的突破。

2.深入开展“效益提升年”活动。一是制订了“效益提升年”活动具体实施细则，加强宣传力度，进一步增强效率效益观念，树立过紧日子的思想。二是强化内部管控，加强重点开支管控，压缩消费性支出规模。公司2016年非生产性支出较2015年下降11.27%，“三公经费”较2015年下降8.72%。三是扎实开展“两金”压降工作。全面清理债权债务存量挂账，严格控制往来款项增量，采取催交、抵扣等多种方式对应收账款进行回收，全年收回长期挂账应收账款182万元。及时清理处置毁损、呆滞、废旧存货，完成“两金”压降目标。四是加强财税工作，获得西部大开发所得税退税6425.13万元。

3.全力提升对标排名。针对2015年对标指标排名靠后的情况，公司深入剖析原因，找出差距，迎头追赶。一是增强主动意识，优化管理方式，规范工作流程，强化基础管理，提高管理精度和工作效率。与省公司物资部共同研究拟定了《物资对标指标管控方案》，进一步明确了职责任务。二是加强监控预警，每月28日进行指标预警分析，提交分析报告，加大整改落实，配合省公司加强对地市公司考核。三是加强与国网物资信息系统运维组的联系沟通，确保考核数据的准确性。2016年对标排名有较大幅度提升。

4.全力推进审计服务三个全覆盖。一是全力推进预算执行审计监督全覆盖，促进资金使用的提质增效。二是全力推进经济责任审计服务全覆盖。通过任前告知、任期审计、离任审计、整改回访，实现干部经济责任履行情况链式监督，促进干部依法履职、廉洁奉公。三是全力推进专项资金审计全覆盖。开展涉及“三公经费”等事项专项审计，促使“八项规定”“十项禁令”内化于心、外化于行。

5.强化人力资源及干部人事管理。新建、修订公司《中层干部管理办法》等7个干部人事管理制度，公司《岗位绩效工资制度实施细则》等5个人力资源管理制度。有序开展教育培训，提升员工素质，全年培训员工153人次。加强人才选拔，5名员工专业技术职称和岗位等级获得提升；1名科级干部圆满完成两年期援藏工作，荣获“优秀”考核等级；1名青年员工成功入选2016年度省公司“雏鹰计划”；公司2016年人才当量密度1.054，完成省公司下达的考核指标，创历史最好水平。

【“子改分”工作】一是按照省公司要求，细化完善了改制工作方案，加强法律支撑和审计把关，稳步推进各环节工作。已完成分公司运营、宏源公司清算关闭和招标公司产权上移工作。二是对未完成合同进行深入分析，分门别类，有针对性采取中止、转签等形式，邀请供应厂商协谈，确保工作正常履行。三是深化公司各部门信息集成与工作衔接，完成了 ERP 系统应用的适应性调整及上线工作，确保了公司各项业务的平稳过渡。

【管理创新】公司高度重视自主创新，围绕公司中心工作和生产经营、管理的重点、难点问题，积极开展技术创新、管理创新、服务创新、机制创新，持续提升公司管理水平，建立了徐畅劳模创新工作室，形成了一批创新性突出、效益性显著的优秀成果。其中“藏区电网建设物资供应采购保障体系建设”获省公司管理创新成果一等奖，“基于效率与合规平衡导向的采购策略优化实践”获省公司管理创新成果二等奖，“提升配送物资 ERP 系统入库及时性”项目获得省公司优秀 QC 成果三等奖。

【党建和精神文明建设】扎实推进“两学一做”学习教育。以领导干部带头讲党课、专题讲座、网上专栏、宣传展板等形式，推动党员干部理论水平不断提高。开展党员“微”讲堂，推动党员党性意识不断增强。开展“三亮三比”活动，成立川渝第三通道临时党支部和党员突击队，充分发挥党支部堡垒作用和党员先锋模范作用。

党的建设全面加强。顺利召开公司党员大会，选举产生了公司新一届“两委”委员，完成 5 个党支部换届选举工作。坚持“三会一课”制度，开展支部“1+1”党员互助活动，签订党员帮带协议书，结合各支部业务特点做出承诺并上墙公示，广泛接受党员群众监督。

群团活力不断激发。组织开展职工篮球、乒乓球、羽毛球比赛，计算机、汽车驾驶操作和消防安全技能竞赛，“电亮微心愿”“学雷锋”“提质增效青年当先”等团青素质拓展等活动，不断增强公司凝聚力。关心关爱离退休员工，认真落实“两项待遇”，强化信访维稳工作，化解矛盾，营造企业和谐稳定氛围。

（丁妍文）

四川科锐得实业集团有限公司

【企业概况】

四川科锐得实业集团有限公司（以下简称集团公司）是国网四川省电力公司（以下简称省公司）层面的集体企业经营平台（即平台企业），由省公司层面集体企业资本平台四川格瑞德资产管理公司（即平台企业出资人）于 2010 年 11 月筹资 1 亿元人民币设立。集团公司成立六年来，通过兼并重组、收购整合，形成了电网建设、通信自动化、咨询及招标代理、文化传播、节能服务、物流、辅助业务、房地产、投资、设计监理、汽车租赁、金融服务等十二大产业板块，发展成为了以产权为纽带，旗下涉及 13 个全资子公司、4 个分公司、4 个控股公司、3 个参股公司、1 个代管公司的集体企业集团。

5 月 25 日，国网四川省电力公司党委书记、副总经理潘敬东（左三）调研金沙阳光公司房地产开发项目

（科锐得集团提供）

2016 年，集团公司认真贯彻落实省公司集体资产监督管理委员会的统一部署，紧紧围绕省公司发展战略和集团公司“打造四川电网优质服务商”发展目标，坚持“以人为本，科技支撑，文化制胜”理念、“以电为纲，瘦身健体，做精做优，走内涵式发展道路”战略、“强基础，重管理，提素质，增活力，上水平”的工作思路，以“效益提升年”活动为抓手，对外实

施以“五环一链”（以招标、设计、施工、监理、运维为五环，串起集团电网建设产业链）为核心、“两极四翼”（“两极”指两个利润增长极：高端实业、金融创新；“四翼”指四个创新发展重点：科技项目、新兴媒体、新兴产业、资本运营平台建设）为突破的产业结构调整，规范各项管理，强化依法治企，各项工作有序推进，经营业绩稳步提升，不断推动公司健康持续发展。截至2016年年末，集团公司资产总额为44.78亿元（格瑞德公司合并口径+四川电力实业总公司合并口径，下同），年末净资产总额为11.59亿元，全年实现营业收入22亿元，利润总额1.89亿元，全面完成省公司下达的年度经营指标。2016年度业绩考核在省公司系统排名位居前列，连续三年处于A段。

2016年，集团公司先后获得“2015年度国家电网公司集体企业管理工作先进集体”，省公司“2014—2016年度十佳文明单位”“2014—2015年度红旗党委”“创建和谐劳动关系先进单位”“2016年度安全生产先进单位”等多项表彰和荣誉。2016年10月，集团公司顺利通过第四届省级文明单位验收。蜀能公司参与承建的“川藏联网”工程获得2016—2017年度国家优质工程金质奖。

【人力资源】

2016年，集团公司依据国家相关法律法规、政策和公司整体发展战略，完成公司《“十三五”人力资源规划》编制工作，明确2016—2020年公司人力资源工作的总体目标、重点任务和主要措施。继续稳妥推行集体企业改革改制人员安置工作，维护员工队伍稳定：完成了通信公司吸收合并自动化公司、医疗投资公司清算关闭的人员安置工作；完成了通能公司242人的成建制转入工作。按照扁平化、集约化要求，完成新设机构的组织设置和人员编制工作，指导各单位规范本部机构设置和人员编制，同时集团本部成立了二级机构人力资源服务中心和招标管理中心，进一步加强公司集约化管控体系建设。按照“人岗匹配、人事相宜”的总体思路，开展了本部员工组聘工作，并指导蜀能公司、通信公司、西星公司等单位开展岗位、岗级的标准化设置，加强各单位岗位管理。通过加强考勤管理和坚持低端通用类业务外包等措施，强化员工管理和用工规范管理。为进一步加强公司人工成本管控，根据公司各单位经营效益、人员增减、特殊奖励等调整因素，审核并下达各单位年度工资计划；同时逐步完善公司福利相关制度，正式印发《福利管理办法》，进一步统一福利项目，明确福利列支标准，优化福利项目管理流程，实施业务规范。修订绩效考核和表彰奖励相关制度，优化绩效考核机制和指标体系，完善表彰奖励机制，提升绩效管理激励效能。结合公司经营生产实际需求，适时举办各类技术、管理培训，大力开展专业技术资格、职业技能等级鉴定工作，同时做好紧缺人才培养和储备，以确保公司相关资质需要。

截至2016年12月，集团公司全口径实际从业人员总数为3955人。其中，主业借工569人，集体38人，直签1706人，劳务派遣用工943人，任务期限用工517人，其他用工182人。其中，研究生106人，本科1293人，大专1204人，中专208人，高中456人；高级职称160人，中级职称412人，初级职称1473人；高级技师14人，技师182人，高级工286人，中级工695人，初级工98人。

【安全质量管理】

2016年，集团公司深入贯彻“安全为纲、管理为先”的工作思路，按照“有制可依、落实职责、督导检查、整改闭环”的安全工作步骤，以《2016年安全生产工作意见》为指南，在总体安全目标框架下逐级签订安全目标责任书，有效落实“一岗双责”，并围绕“安全工作思路”这条主线，有序开展各项安全管理工作。对所属各单位实行差异化管理模式，按照“谁管理、谁负责”，“谁受益、谁负责”的原则，落实安全责任和安全管理要求。组织开展在建工程信息月报、作业信息周报、每月安全质量月报、安全风险预警分析、电力事故信息上报、领导干部到岗到位等系列日常安全管理工作，有效提升安全管理质效。在现场安全管理工作中，集团公司根据各二级单位作业类型难以统一的特点，通过安全生产大调研、大讨论、安全管理建言献策等方式，对安全管理及作业现场提出了“四步”安全管理方法，应用成效明显。针对作业点施工进度、安全生产季节性特征等实际工作情况，及时进行安全风险分析、预警和管控，通过“触击灵魂”的安全技术交底，提高员工安全意识。按照省公司《安全生产反违章工作实施细则》相关要求，集团公司安全生产反违章工作由集团公司领导亲自安排部署，全员参与，执行重奖重罚，有效促进了公司的安全文明生产。按省公司的统一安排和部署，组织开展了春季、秋季及各类节假日安全检查、两会期间安全检查、集体企业专项检查、安全工器具调研、“安全生产月”活动、“三查三强化”安全专项行动等系列安全活动和专项行动，安全管理本质水平不断提升。

2016年，集团公司未发生任何安全事件（故），圆满实现了安全生产目标和经济指标，荣获省公司“安全生产先进单位”称号。

【资产经营】

2016年，集团公司继续深入开展人财物集约化管控，不断强化依法治企和规范管理。扎实推进财务制度体系建设，以完善制度与强化执行为重点，保证制度落实到位。持续强化集团全面预算管理和预算执行的刚性，引导各项业务规范有序发展，提升财务管控整体水平。切实强化应收账款管理与考核，加强催收力度，努力压降应收账款余额，提高资金使用效率，降低资金损失风险，确保集团经营成果积累保障。加强对涉税业务研究与指导，强化税收管理与筹划，促进持续健康发展。会计核算中心开展集中核算深化应用，优化业务流程，建立信息通报制度促进有效沟通。集体企业资金管理中心负责组织实施“省级资金池”运作，实现全省范围内资金的归集和统一运作，为省公司系统集体企业发展提供持续动力和资金保障并取得显著的经济效益和管理效益。稳妥推进电子采购平台的上线运行相关工作。推动全省集体企业资金信息系统建设，为财务资金领域的依法治企提供了科学化、精益化管控手段。

5月，国家电网公司副总经济师、西南分部主任、藏中联网工程总指挥王抒祥（右二）调研蜀能公司参与承接的“藏中联网”工程施工现场　　（蜀能公司提供）

集团公司以“十三五”发展规划编制为引领，谋划公司发展定位及目标，提出了以“五环一链”为核心、以“两极四翼”为突破的产业发展方向。对接国网产融结合战略，开展了科锐得互联网统一运营平台建设（基础及代收电费）专项工作，同时以服务“供应链金融”为主旨，嵌入小额贷款业务，全资设立了小额贷款公司。互联网金融平台建设工作稳步推进，依托小额贷款公司业务，打造面向电力系统和社会公众的互联网金融业务。按照省公司通知精神，积极开展集体企业参股投资项目清理处置工作。开展集团公司资本运营研究，积极拓展集团新业务，开发市场新领域。

集团公司积极参与省公司“新形势下集体企业支持电网主业发展课题”研究，负责的“集体企业资金池管理实践推广项目”获省公司管理创新成果（推广项目）三等奖，参与的“集体企业资金集中管理系统”获中国电力企业联合会“2016年度电力行业信息化优秀成果”三等奖。多级信用评级体系构建和全面风险管控体系建设成效显著，作为典型经验在国网公司系统内通报。

【科技与信息化工作】

2016年，集团公司高度重视科技创新及信息化工作，积极响应国网公司信息化建设总体目标，根据企业自身情况，为企业业务转型需要开展了“科锐得资金系统”和“招投标系统供应链互联网P2B模块”项目建设，并顺利通过省公司电科院安全测评，在完成第三方软件安全测评后推出上线，正式开展面向社会运营；持续开展“集体企业业务应用平台”系统的完善和深化应用，通过电子化手段实现人资、财务、物资的集约化管理；建设完成集团公司外部门户网站，面向社会、对外宣传集团公司的企业文化和企业形象；加强信息安全管理，全面清理公司所属企业的自建系统建设情况，按照省公司信息安全督察要求组织公司所属企业开展信息安全自查自检，落实公司信息安全管理目标，完成公司信息安全考核任务。

集团公司所属企业多个项目获得科技创新成果。成都城电电力工程设计有限公司获得“一种季节性冻土厚度的测量装置及其测量方法”等13项专利，“面向智能变电站的新型SCD图形化配置与设计工具研发”等获得省公司科技进步三等奖，在技术期刊发表论文12篇；四川蜀能电力有限公司获得“输变电工程施工现场管理系统”“输电导线铝股自动化切割装置”“一种静液传动绞磨”3项发明专利；四川通源电力科技有限公司申报的“川藏高海拔地区输变电设备关键试验技术研究”项目，荣获2016年电力建设科学技术进步三等奖；四川科锐得电力通信技术有限公司“地市网络控制室信息通信集中监控技术支撑系统”获得省公司科技进步三等奖，在技术期刊发表论文4篇；四川腾兴电力科技有限责任公司“一种变电站用接地线”获得实用新型专利，“隔离开关状态测试工具—机构操作力测试系统”项目获得省公司科技进步二等奖，在技术期刊发表论文3篇。

【党的建设和精神文明建设】

2016年，集团公司扎实开展“两学一做”学习教育，深入学习中共十八届六中全会精神，切实提升党员干部“四个意识”。深化党员理想信念教育，纪念建党95周年暨红军长征胜利80周年系列活动取得实效。持续加强党的建设，严格党内政治生活制度，开展党员组织关系清查，指导具备条件的基层党组织按规范程序完成了换届选举。惩防并举，深化党风廉政建设，制定《党风廉政建设主体责任清单和监督责任清单》，分解落实党风廉政建设和反腐倡廉具体责任目标92项，推进监督执纪“四种形态”深入运用，组织集中约谈和当面约谈23人次，实现廉政约谈全覆盖，开展廉洁微课堂13期、廉洁提醒7次，有效筑牢反腐倡廉思想防线。加强企业文化建设，秉承“以德育企”理念，把文明单位创建作为加强企业精神文明建设的重要载体，顺利通过了省级文明单位的测评检查。积极传播国网品牌正能量，四川科锐得文化传播有限公司全程参与制作的省公司文艺节目《谢谢你，我愿意》晋级央视《直通春晚》，并在“直通春晚颁奖盛典”上获最佳创新奖，有两部作品分获英大传媒2016年度优秀电视作品金奖、银奖。深入开展创先争优，立足岗位选树先进，首次组织评选集团公司劳模，成立“劳模创新工作室”，充分发挥先进典型的示范引领作用。稳步推进和谐企业建设，持续深化民主管理，扎实开展劳动竞赛，切实开展一线慰问，不断丰富员工文化生活，健全扶贫帮困常态机制，积极营造良好的和谐发展氛围。

【分公司】

1.四川科锐得实业集团有限公司营销服务分公司

四川科锐得实业集团有限公司营销服务分公司成立于2012年9月，下设计量、应急、“95598”三个项目部，本部设办公室、营销部两个职能部门，并按照“事业部制”建制管理建设事业部、医疗事业部和职鉴事业部，现有员工225人。主要负责从事“95598”呼叫及网路服务辅助业务、省级计量集中检定（检测）辅助业务、应急值班和应急辅助业务、职业鉴定业务、医疗辅助业务及电网建设辅助管理业务，并积极响应电力体制改革拓展新能源以及售电业务。

2.四川科锐得实业集团有限公司建设分公司

四川科锐得实业集团有限公司建设分公司（以下简称建设分公司）于2012年7月成立，主要从事电力工程、送变电工程及通信自动化工程管理、设计咨询、施工、安装调试、建立；电力自动化设备、信息系统软硬件产品设计、研发、销售及提供技术服务；机电设备及配件、办公设备销售等业务。

建设分公司本部设办公室、财务部、项目管理部3个部门，下设11个业务组。拥有中级及以上专业技术职称的工程技术人员22人，其中具有建造师、造价师等各类国家执业资格的16人。

2016年，建设分公司依托多年工程建设管理经验，发挥人才优势，以高度的责任心和服务意识，安全、优质、高效完成了省公司建设管理中心各项外委业务，为建设管理中心圆满完成各项业务提供了坚强的支撑。

3.四川蜀能电力有限公司成都蜀达分公司

四川蜀能电力有限公司成都蜀达分公司（以下简称蜀达分公司）于2012年6月成立，经营范围主要包括电力生产、机电设备安装工程、送变电工程、销售建筑材料、建筑机械及设备租赁、项目投资、国内劳务派遣、停车场服务、物业管理等。2016年，蜀达分公司续建工程有110千伏成都永宁输变电工程、220千伏昭化—广元牵引站双回Ⅱ标段、单回Ⅱ标段线路工程、500千伏甘蜀一线N33塔改造工程，新建工程有川渝第三通道500千伏工程（四川段）施工2标。截至2016年年底，成都永宁输变电工程温江北—永宁110千伏线路工程、甘蜀一线N33塔改造工程已竣工投运，昭广线单、双回线路工程已完成竣工验收，成都永宁输变电工程鱼凫—永宁线路工程、川渝第三通道500千伏工程（四川段）施工2标正在进行施工。在省公司2016年输变电工程流动红旗竞赛中，220千伏昭化—广元牵引站线路工程荣获省公司线路工程安全管理流动红旗。

4.四川蜀能电力有限公司电网运维分公司

四川蜀能电力有限公司电网运维分公司（以下简称运维分公司）于2013年2月成立，经营范围包括承接国网四川检修公司非核心业务外委及零星社会化委托业务。业务范围覆盖全川，在成都、绵阳、自贡、西昌、雅安、南充、乐山等地设有班组。

运维分公司设置工程项目部、综合管理部、安全监察质量部。下设3个变电检修班、3个输电检修班、14个地区变电班和10个地区线路班和1个综合服务班。截至2016年年底，运维分公司共有各类员工299人。

2016年，通过公开招标方式中标2016年国网四川检修公司输变电业务外委项目，并按计划进行合同履约，为四川500千伏输变电设备的安全稳定运行提供了必要支撑。此外，通过公开招标、竞争性谈判等方式承接国网四川检修公司大修、技改配合施工项目131个，承接变电站用户委托运维220

千伏间隔19个，承接变电站用户间隔改扩建施工项目14个。

【所属子公司】

1.四川科锐得文化传播有限公司

四川科锐得文化传播有限公司（以下简称文传公司）是科锐得集团全资子公司，成立于2011年4月，注册资本3000万元。具备装饰装修三级资质，是建筑装饰装修工程质量管理体系、职业健康安全管理体系、环境管理体系认证企业。文传公司主营业务涵盖了省公司自办媒体业务，以及省公司系统新闻宣传策划、采访报道、广告设计、代理及发布、企业形象宣传和VI设计制作，书籍、画册设计制作、印刷，媒体、户外广告发布，多媒体展示厅建设，电视专题片拍摄制作，重要活动策划布展，营业厅装饰装修等。

2016年，全年收到省公司各部门、各单位来稿共2.3万篇，在省公司内外网站累计编发稿件9230篇，编发《国网川电手机报》280期、“国网川电”微信公众号60期，出版《四川电业》杂志6期，制作视频节目《新闻直通车》71期、《网事面对面》8期、《记者观察》6期、各类影视专题片70部、新闻专题报道850余条（部）。及时向《国家电网报》、《国网手机报》、国家电网公司网站等国网媒体平台推送稿件，在省公司第四季度开始评比的上稿量和外联品牌贡献度中排名第一。围绕“提质增效”等省公司中心工作，文传公司积极开展策划并进行采访报道700余次，记者“走基层”采写新闻80余次，在省公司网站开设“效益提升”“两学一做”“迎接党代会”专栏，对省公司重点工作进行持续报道。围绕“精准扶贫”，在内外重要媒体重要版面刊发重要文章，新闻作品在国家电网公司评比中分别获得新闻类金奖和银奖。特别策划了“四川清洁能源全国优化配置成效卓著”“中国电力作协重走长征路光明行”四川采风活动等重点报道。2016年8月23至24日，中央电视台新闻频道对川藏联网工程投运三年来首次停电检修中的难点工作进行现场直播，此次直播充分展现了川藏联网运维艰辛场面和工程惠民利民的重要作用，助力国家电网品牌公益形象宣传。文传公司拍摄制作的公益形象片《爱的光芒》，在国家电网公司首次针对系统内征集电视形象公益片活动中，受到国家电网公司领导、专家的一致好评。在省公司工会、外联部指导下，文传公司全程参与省公司文艺节目《谢谢您，我愿意》《来电了》等的筹备、排练、制作，并积极推动节目亮相央视，历时三个月，节目成功晋级并在“直通春晚颁奖盛典”上获最佳创新奖。

2016年，文传公司共承接项目276项，完成项目260余项，完成率85%以上，客户满意率为95%，高效、圆满完成了四川省政府、国家电网公司和省公司大型重点活动的现场布展和宣传策划报道。全年累计出车795次，安全行驶13万公里，未发生被上级单位考核的安全事件，连续三年被评为集团公司安全生产先进单位。

2.四川蜀能电力有限公司

四川蜀能电力有限公司（以下简称蜀能公司）成立于1994年，原为四川电力送变电建设公司多经企业，2012年5月由科锐得集团全资收购，注册资本7107万元，资产总额约5.36亿元。蜀能公司具有输变电工程专业承包一级资质、电力工程施工总承包贰级资质和电力设施一级承装（修、试）类许可资格，是工程建设施工组织质量管理、职业健康安全管理、环境管理三体系认证企业。业务涵盖输变电工程、电力工程、建筑机械及设备租赁等。

蜀能公司本部设综合管理部、人力资源部、安全监察质量部、工程管理部、市场经营部、财务资产部等6个部门。下设成都蜀达分公司、电网运维分公司、送电和建安工程各项目部及调试作业班、机械作业班。公司现有员工262人（不包括蜀达、

6月23日，国网四川省电力公司总经理、党委副书记石玉东（前排右三）调研科锐得集团公司　　（科锐得集团提供）

运维），有一级建造师22人、二级建造师56人、注册安全工程师5人。

二十多年来，蜀能公司已在省内、外建成35—

500 千伏输电线路 4600 余公里（500 千伏线路 1100 公里），110—500 千伏变电站 130 余座（500 千伏变电站 20 余座），500 千伏川藏联网、新都桥—甘谷地线路等 37 项工程获得国家电网公司“优质工程”奖，新都桥 500 千伏变电站获得电力行业优质工程奖、安装之星奖、国家优质工程奖。500 千伏新甘线路工程、220 千伏雪峰—广元线路等 7 项工程获得国网公司、华中公司、网省公司项目管理流动红旗。通过成功参与重要工程建设和圆满完成急难险重任务，全面提升了公司的电网建设施工管理能力，在业内树立了良好的企业品牌形象。

2016 年，蜀能公司电力工程施工总承包三级资质成功升二级资质。在市场开拓极其困难形势下，公司及时调整市场拓展思路，坚守省内市场的同时，寻找省外市场，拓展低电压等级市场，中标 500 千伏马尔康变电站、110 千伏西藏八宿、察雅等 6 个标段。

2016 年，蜀能公司全年承担工程建设 14 个，其中线路工程 8 个，变电工程 6 个。安全建成江西 500 千伏潭洪线路、220 千伏南溪变电站等 9 个新建（改扩建）工程，投运 500 千伏线路 140 余公里、220 千伏线路 40 余公里、变电容量 1206MVA。有序推进藏中联网、500 千伏左贡开关站等重点工程，获得了上级及有关单位的高度肯定。蜀能公司获评省公司安全生产先进集体。3 项施工工艺创新成果获 2016 年度省公司优秀 QC 成果奖，同时取得电力行业 QC 成果奖 2 项、工法成果奖 1 项。江西潭洪线夺得国网公司项目管理流动红旗；川藏联网工程先后获得中国电力优质工程奖、国家优质工程金质奖，李雪红获得优质工程突出贡献者荣誉称号。

3. 四川科锐得电力通信技术有限公司

四川科锐得电力通信技术有限公司（以下简称通信公司）为科锐得集团全资子公司，成立于 2011 年 1 月。2016 年 5 月，按照《国网四川省电力公司关于四川格瑞德资产管理公司集体企业改革改制实施方案的批复》（川电体改〔2015〕7 号）文件要求，完成与四川科锐得电力信息自动化技术有限责任公司的吸收合并。吸收合并后，延用“四川科锐得电力通信技术有限公司”名称，并承接两公司全部业务，注册资本 4000 万元，具备电子与智能化工程专业承包二级资质和通信工程施工总承包三级资质，是中质协 ISO 9000、ISO 9001 质量管理体系认证企业。

通信公司主营业务范围涵盖通信系统工程、电力自动化系统工程、计算机网络系统工程、视频监控及安防系统工程、继电保护系统工程、信息系统工程。具备产品开发、加工制造、工程施工、咨询服务等完善的生产经营体系，拥有电能量采集主站管理系统、电能量采集终端、继电保护终端管理系统、节能调度综合数据采集终端、电力系统时钟同步等多项产品，具有 10 项软件著作权和 5 项实用新型专利。

通信公司设综合部、安质部、财务部、党群部、工程部、市场部 6 个职能部门以及通信系统工程中心、信息自动化工程中心、研发中心、生产中心等 11 个中心，下设四川科锐得电力通信技术有限公司运行维护分公司，现有员工 362 人。

2016 年，通信公司坚持立足电力信息通信自动化市场，服务电网发展的理念，积极进行市场开拓，切实做好支撑服务保障工作。全年累计完成省调调度数据网接入项目 40 个，省网二次安防项目 44 个，地网二次安防项目 55 个、地区数据网项目 51 个，接入系统通信工程项目 28 个、电站通信维护项目 22 个。完成四川电力交易中心大屏支撑系统工程、国网四川省电力公司管培中心大屏系统改造等多项重点工程。

2016 年，通信公司荣获国网四川省电力公司先进集体，四川科锐得实业集团有限公司先进单位、安全生产先进单位、先进基层党组织等荣誉称号。

4. 四川环网物资有限责任公司

四川环网物资有限责任公司（以下简称环网公司）成立于 2004 年 1 月，由原四川电力物资公司出资组建。2012 年 11 月由科锐得集团全资收购，注册资本 800 万元，现有职工 139 人，资产总额 4326 万元。环网公司围绕省公司电网建设发展承担与物资供应保障相关的货物二次运输、装卸、配送，仓储中转等业务，主要完成省公司 220 千伏及以上新（扩）建电力工程项目普通电力物资的综合配送服务。具有交通运输管理部门颁发的道路运输经营许可证，质量监督管理部门颁发的设备监造（乙级）资质，四川省安监局颁发的国家安全生产企业二级资质，同时也是国际质量管理、职业健康安全管理、环境健康三大体系认证企业。

环网公司自成立以来，除了参加电网常规建设各项工程物资运输、装卸业务外，近年来先后参与了“新甘石”工程、“电亮藏区”工程、“川藏联网”工程、“电力天路”工程、川渝电网第三通道工程、藏中联网工程等重大项目的重要物资综合配送服务。先后获得多项表彰和荣誉，受到相关单位及各级领导的充分肯定和高度评价。

5. 四川通源电力科技有限公司

四川通源电力科技有限公司（以下简称通源公司）成立于 2010 年 12 月，2012 年 10 月由科锐得集团全资收购，注册资本 2700 万元。主要经营送变电类电力工程调试、电力设施承试、水利水电工程、工程管理服务、软件和信息技术服务、专业技术服务、科技推广和应用服务业、商务服务业等。具有“承装（修试）电力设施二级承试类”资质、“电力工程调试单位能力资格甲级”资质，可承担750千伏及以下电网工程调试业务。具备独立开展500千伏及以下智能变电站新建、改建、扩建二次调试、500千伏及以下主变、GIS、接地网、互感器等特殊试验的能力，基本具备开展光伏电站电能质量、功率控制等并网检测能力。获得中国质量认证中心颁发的质量管理、环境管理、职业健康安全管理体系认证证书，并具备物业管理三级资质。

截至2016年年底，通源公司设置有综合部、财务部、市场经营部、电网技术工程部、后勤服务部、物业服务部、车辆管理部、信息运维部、设备物资质量检测部、产品开发及推广技术部10个部门，用工总量214人。

7月7日，国网四川省电力公司总工程师石俊杰调研科锐得集团公司承接的成贵铁路220千伏州佛一线迁改工程施工现场

（科锐得集团提供）

2016年，通源公司安全保质完成500千伏新都站、丹景站、龙王站以及220千伏南溪站等16座变电站新建、改扩建的调试、改造及投运工作，全面参与省内首座220千伏新一代智能站资铁站出厂联调；及时发现220千伏仙市站GIS设备安装不到位、威钢220千伏主变局放超标等设备缺陷，为电网安全稳定运行保驾护航；加快步伐拓展专业新领域，圆满完成白乌、树堡、万家山等7座光伏、风电站并网检测，以及映秀湾水电调度自动化系统建设、关州水电站水调自动化系统技术服务；全面介入四川首座电动汽车充电站沪蓉高速淮口服务区的充电系统性能检测，主动参与四川电网谐波监测平台改造项目，充分挖掘技术潜能，拓宽专业技术新领域。推进工程实践向科技成果转化，结合近年来开展的“川藏联网”“电力天路”工程建设，围绕高寒冻土区接地参数测试、高海拔变压器局放故障定位等现场工作，研究出符合高海拔地区的输变电设备关键试验技术和故障诊断方法，总结申报的“川藏高海拔地区输变电设备关键试验技术研究”项目，荣获2016年电力建设科学技术进步三等奖，实现公司在高水平科技创新领域“零的突破”。

6.四川腾兴电力科技有限责任公司

四川腾兴电力科技有限责任公司（以下简称腾兴公司）是2007年7月成立的民营股份制公司，注册资本244.2万元。2012年6月由科锐得集团全资收购，作为承接国网四川省电力公司技能培训中心外委业务的服务商。腾兴公司现拥有物业管理三级、建筑装饰装修二级、食品流通许可证、安全生产许可证等资质。公司经营范围包括商务服务业、国内劳务派遣、职业技能培训、物业管理、商品批发零售、租赁业、工程咨询、建筑装修装饰工程、园林绿化工程、工程设计、计算机服务业等。

腾兴公司承接的外委业务主要包括后勤综合服务项目、培训辅助服务项目、培训定点采购项目等。对外培训业务主要包括焊接培训以及职业技能考前培训等。2015年开始，腾兴公司积极开展集体企业培训业务，并依托技培中心打造培训软硬件设施，着力建成集体企业培训平台。

7.四川翠月湖园林工程有限责任公司

四川翠月湖园林工程有限责任公司（以下简称园林公司）前身为都江堰翠月湖园林工程有限责任公司，成立于2003年3月，为原四川电力疗养院下属多经企业。2012年6月由科锐得集团全资收购，注册资本200万元。园林公司具备城市园林绿化企业叁级资质、国家物业管理三级资质。经营范围覆盖园林、景观、绿化工程的设计、施工及管理；酒店管理；物业管理；室内外装饰装修；种植、销售、租赁花卉及盆景；计算机系统集成；计算机网络工程设计及安装维护；销售建辅建材（不含危险化学品）零售预包装食品等多种经营业务。

园林公司下设综合管理部、酒店管理部和工程部，现有员工366人，其中主业借工人员15人，直签人员7人，劳务派遣员工344人。

2016年，园林公司全年承接工程项目11项，养护项目5项，租摆2项，服务类项目298项，综合服务满意率98.11%。完成国网四川管培中心后勤综合服务外委业务、省公司生产运营综合楼绿化养护、遂宁宾馆花园套房园林绿化工程、计量园区二期应急检定室外通道铺装及绿化完善施工工程等项目，工程质量获得各单位广泛好评。

2016 年，园林公司荣获科锐得集团公司 2016 年度先进集体、安全生产先进集体、先进基层党组织、工会工作先进集体；国网四川管培中心 2016 年度先进党支部等多项荣誉。园林公司党支部自主研发的党课参加省公司基层党支部书记讲党课活动获得优异成绩。

8. 成都科锐得节能服务有限公司

成都科锐得节能服务有限公司（以下简称节能服务公司）是科锐得集团全资子公司，成立于 2012 年 12 月，注册资本 6000 万元。经营范围包括节能技术推广服务、节能技术咨询；合同能源管理；销售、租赁机械设备；充电设施建设、维护、运营；火力发电、水力发电、风力发电、太阳能发电、生物质能发电；电力供应；建材、五金交电、电气设备批发；网上贸易代理。于 2013 年通过国家发改委、财政部节能服务公司第五批备案（2013 年 28 号公告）。主要涉及的业务领域包括节能服务及电能替代、新能源产业、售电业务及电动汽车产业。已经掌握的节能技术包括能效诊断、LED 绿色照明技术、余热余压发电技术、矿热炉无功补偿技术、配电网综合节能降损技术以及冰（水）蓄冷空调技术。

节能服务公司设置市场策划部、技术工程部、财务资产部与综合管理部 4 个部门，用工人数 9 人，其中主业借工 4 人，集体企业聘用职工 2 人，劳务派遣用工 3 人。

节能服务公司成立以来主要开展了两项重点业务：一项是合同能源管理项目投资，2012 年 12 月，节能服务公司以合同能源管理方式同成渝钒钛科技有限公司合作建设成渝钒钛资源综合利用 50MW 余热发电项目，该项目总投资 1.94 亿元，年发电量为 36544 万千瓦时，年节能量折合 120595 吨标准煤。另一项是长期股权投资，2014 年 6 月，节能服务公司、攀枝花网源电力建工程公司、林洋电子股份公司共同出资组建了四川睿能新能源有限责任公司（以下简称睿能公司）。睿能公司注册资本金 5000 万元，节能服务公司占 41%股份。睿能公司主要从事攀西分步式光伏建设，截至 2016 年年末，实现光伏发电装机 1825kWp（其中 1075kWp 于 2016 年 1 月并网）。

9. 四川金沙阳光房地产开发有限责任公司

四川金沙阳光房地产开发有限责任公司（以下简称金沙阳光公司）成立于 2005 年 3 月，于 2012 年 12 月由科锐得集团全资收购，注册资本 5000 万元，为三级资质房地产开发企业，可承担 15 万平方米以下的住宅小区，以及与以其投资能力相当的工业、商业、公共建筑、基础设施项目的开发建设，并可在全省范围内承担房地产开发业务。

金沙阳光公司本部由办公室、财务部、计划发展部三个部门组成。下属有成都西部金沙鹭岛房地产开发有限责任公司、成都惠能房地产开发有限公司、都江堰金沙阳光房地产开发有限公司 3 个全资子公司。拥有从业人员总数 47 人，其中主业借工 9 人，直签 20 人，劳务派遣用工 18 人；具备专业技术职称的员工 27 人，其中高级职称 5 人，占比 19%；中级职称 14 人，占比 52%；初级职称 8 人，占比 30%。

2016 年，金沙阳光公司实施了“泓坊河畔”园区风貌整改、开展了“泓坊河畔商业项目”租售、完成了“金沙·鹭岛”一期二批次工程前期方案设计优化、继续开展了“金沙·鹭岛”项目车位销售及产权办理等工作。

2016 年，金沙阳光公司荣获集团公司“2016 年度工会工作先进集体”“2016 年度党纪党规映我心知识竞赛优秀组织奖”“2016 年度人力资源专业知识竞赛优秀组织奖”“2016 年度物资采购专业知识竞赛优秀团体奖”等荣誉。

10. 四川鸿海工程建设咨询有限公司

四川鸿海工程建设咨询有限公司（以下简称鸿海公司）为科锐得集团全资子公司，成立于 2003 年 6 月。经营范围主要包括工程监理、招标代理，以及造价咨询、信息咨询、工程技术咨询服务，工程项目管理。持有电力工程监理乙级、房屋建筑工程监理乙级企业资质，通过了 ISO 9001、ISO 14001、OHSAS 18001 三体系认证。在四川省内、云南、西藏、贵州、新疆均有监理项目开展。

鸿海公司本部设置有综合管理部、安全监察质量部、工程部、市场部 4 个部门。鸿海公司坚持“严格监理、公正执业、持续改进”理念，切实加强现场管控，通过与业主负责人的定期或不定期的沟通交流，了解业主对监理工作的满意程度和意见，及时要求相关监理项目部改进工作。加大对监理项目部的巡视检查，发现问题及时整改，实现了对所有监理工程的安全、质量、进度的可控、能控、再控，现场未发生安全质量事故及廉政事件，得到了业主的一致好评。

2016 年，鸿海公司积极开展监理市场拓展，分别在巴中、眉山、达州、遂宁、西昌等地区新辟市场，同时积极跟踪系统外的客户项目，参与了发电集团的水电送出项目建设。

11. 四川科锐得天府置业有限公司

四川科锐得天府置业有限公司（以下简称天府置业公司）为科锐得集团全资子公司，成立于 2015

年8月，注册资本5000万元。经营范围包括：房地产经纪；建筑装饰装修工程设计、施工；计算机硬件研发、销售、租赁、技术服务；机电设备及配件、办公设备销售、租赁；企业管理咨询服务；广告设计、制作、代理发布（不含气球广告及固定形式印刷品广告）；新能源技术研发、技术推广等。天府置业公司主要负责“成都天府智能电网及能源互联网研发中心”项目的建设管理工作。

12. 四川通能电力科技有限公司

四川通能电力科技有限公司（以下简称通能公司）成立于2005年5月，注册资本300万元。2016年3月由科锐得集团全资收购，是一家电力高新技术公司，是集电力科技开发、火电技术培训及承运、产品制造、基建调试、电力技术服务为一体的高新技术企业。公司具有火电工程甲级调试资质、化学清洗“A”级资质、金属喷涂一级资质、咨询业甲级等多项资质，通过了QEH（ISO9001、14001、28001）质量体系认证。通能公司经营范围包括技术推广服务；发电机组、仪器仪表、计量设备的检测、安装、调试、研制及维修；环境检测；水、煤、油的化验分析；物业管理；销售；机械设备、五金交电及电子产品，化工产品（不含危险品）、建材，金属材料（不含稀贵金属）；基础软件服务；机械加工；餐饮企业管理服务等。

通能公司下设开发部、市场物资部、人力资源部、财务部、工程技术服务部（调试和运行）、总经理工作部6个部门以及锅炉室、汽机室、电气室、水机室、热工室、化环室、金属室7个专业室。截至2016年年底共有员工235人。

通能公司依托自身的技术力量和四川省电力工业调整试验所的技术沉淀和支持，服务电力领域，在海内外积极开拓电力技术市场，先后承接了印尼龙湾、越南海防、越南沿海3期等7台300MW级机组承运及人员培训，印度提隆达等5台660MW级超临界机组调试，以及国内数百项水、火发电机组的调试、试验、技改等技术服务项目，获得了海内外用户的好评。公司在循环流化床机组调试，DCS改造，机组节能降耗测评等前沿技术方面拥有雄厚实力，并逐渐成长为国内外具有相当市场竞争力的一支运行、维护队伍。

13. 四川科锐得小额贷款有限公司

四川科锐得小额贷款有限公司（以下简称小贷公司）为科锐得集团全资子公司，于2016年3月获得监管审批，2016年8月注册成立，注册资本3亿元。主要从事贷款发放（不含委托贷款）及相关咨询活动，经营范围覆盖全川。

小贷公司设立信贷业务部、风险管理部、审计稽核部、综合管理部四个部门，现有员工9名，其中主业借工3人，直签4人，劳务派遣1人，其他借工1人。

小贷公司切实把握当前国家鼓励金融市场发展的机遇，积极契合省公司“产融结合”及“全球能源互联网”战略，按照集团公司以“资本运营、高端实业”为重点的“十三五”规划和“互联网+能源+金融”战略，坚持“业务发展与内控管理并举，提质增效与外部协同并举，传统业务与科技创新并举”的经营策略，充分发挥在位优势，高度重视依法治企，强化各项内控管理，着力打造供应链金融服务平台。

8月16日，四川省政府金融办公室副主任程永革（右）、国网四川省电力公司总会计师杨桂荣（左）为科锐得小额贷款公司成立运营揭牌　（小贷公司提供）

2016年，小贷公司完成对全川各地市供电局和集体企业平台公司的上门拜访营销，梳理摸排各企业目前的经营状况、融资架构及后续融资需求，与26家独立法人公司初步达成了业务合作意向。截至2016年12月31日，小贷公司完成对外授信总额度2.03亿元，成功投放贷款三笔，共计1500万元，贷款余额1300万元，待放款客户12户，待放款金额1.73亿元，均为系统内单位融资；与兴业银行成都分行就个人贷款业务开展合作，中介业务初见成效，供应链融资项目正在积极酝酿中。

【控股公司】

1.四川西星电力科技咨询有限公司

四川西星电力科技咨询有限公司（以下简称西星公司）前身为西南电力科技咨询开发公司，成立于1986年1月，于2007年1月改制并更名为四川西星电力科技咨询有限公司。2011年3月，由科锐得集团控股60%成为科锐得集团的控股公司。2014年增资扩股后，注册资本为1500万元，科锐得集团持有70%股份。

西星公司主要从事电力工程规划设计、项目后评价、技术咨询、造价咨询服务及招标代理业务。具有工程招标代理甲级资质、工程咨询甲级资质、工程造价企业咨询乙级资质、电力行业工程造价咨询单位甲级资质、中央投资项目招标代理机构乙级资质。公司自成立以来，完成了大量输变电工程招标代理、造价咨询、电网规划、城市配电网规划、电厂接入系统、用户供电方案、电力项目专题调研、管理咨询项目，有多项成果分别获得四川省优秀咨询成果一、二、三等奖。

西星公司下设综合部、财务部、招标一部、招标二部、工程咨询部，另设有德阳、绵阳、自贡、内江、广元、南充、西昌、宜宾、甘孜等9个招标代理处，2016年年末用工总量79人。2016年，招标一、二部共完成招标代理项目1693个；各代理处共完成项目1705个；完成各类工程咨询项目61个。

2.成都城电电力工程设计有限公司

成都城电电力工程设计有限公司（以下简称城电设计公司）前身为成都电业局电力勘察设计院，组建于1954年。随着体制改革的不断深入，于2002年8月挂牌成立成都城电电力工程设计有限公司。2013年11月，由科锐得集团全资收购。2016年，按照省公司对区域设计公司的整合要求，城电设计公司对川西北片区德阳、绵阳、资阳、雅安、阿坝、甘孜等地设计业务进行整合，并以四川科锐得实业集团有限公司、德阳明源电力（集团）有限公司等7家集体企业平台公司为股东进行增资扩股和股权结构调整，调整后注册资本8000万元，科锐得集团持有60%股份。

城电设计公司是国家甲级电力工程勘察设计单位，专业从事电力工程勘察设计、工程咨询、工程施工、送变电工程项目总承包及建管服务业务。具有60余年从事送变电工程勘察、工程设计、工程咨询及工程总承包经验。目前执有中华人民共和国住房和城乡建设部颁发的电力行业（送电工程、变电工程）专业甲级设计资质、工程勘察专业类（工程测量）甲级资质；国家发改委颁发的工程咨询（火电专业）甲级资质；四川省建设厅颁发的工程勘察专业类（岩土工程、水文地质）乙级资质、电力行业（新能源发电）乙级资质；四川省住建厅颁发的工程造价咨询乙级资质；获得中国质量认评中心颁发的ISO9001：2000质量管理体系认证证书；上海质量体系审核中心颁发的GB/T24001-2004/ISO14001：2004环境管理体系认证证书和GB/T28001-2001职业健康安全管理体系认证证书。

城电设计公司下设质量档案部、市场营销部、财务部和综合服务部4个职能部门和规划系统部、工程总承包部、技术经济部、技术咨询部、变电设计部、输电设计部、工程勘察部、配网部8个专业部门，并在川西北属地成立有分公司，现有员工151人，在册专业技术人员101人，其中国家注册造价工程师12人，全国建设工程造价员7人，注册咨询师（投资）20人、注册电气工程师13人，一级注册结构工程师3人，注册岩土工程师1人，一级注册建造师4人，二级注册建造师12人，二级注册结构工程师1人，二级注册建筑师2人。高级职称20人，中级职称46人，初级职称72人。

城电设计公司成立以来完成的主要项目有：①技术咨询项目：电网规划、电力送出系统规划、接入系统规划、接入系统安全稳定分析等30余项；编制110—500千伏可行性研究报告230余项。②工程勘察设计项目：500千伏变电站改造、线路迁改等6项；220千伏变电站新建、改扩建工程180余项；110千伏变电站新建、改扩建工程300余项；35千伏变电站新建、改扩建工程320余项；新建、改建220千伏线路1090余公里；新建110千伏送电工程5500余公里；35千伏送电工程1200多公里及10千伏配电工程800多项。

城电设计公司在工程勘察设计工作中积极采用新技术、新工艺。四川省首个智能化变电站、地下变电站、电动汽车充电站以及电力隧道多状态监控系统等新技术的探索和运用，受到省公司和各方业主的高度评价。组织编制的省公司、成都电业局的多部典型设计方案及“十一五”“十二五”城网及农网规划，取得了较好的经济效益和社会效益。十多年来，先后荣获中国电力规划设计协会、四川省工程咨询协会、国家电网公司、四川省住房和城乡建设厅及省公司大小奖项百余次。

3.四川启明星投资发展有限责任公司

四川启明星投资发展有限责任公司（以下简称启明星投资公司）于2004年7月成立，注册资本2亿元。2013年8月，由科锐得集团出资收购其43.72%股权实现相对控股。该公司经营范围为：项目投资；销售铝及制品；进出口业；送变电工程施工、变电站（所）土建施工、城乡电网改造及建设、电力工程安装调试、检修、运行维护、输变电工程咨询服务。启明星投资公司内设办公室、财务部、市场部3个职能部门，现有员工6人。

启明星投资公司持有四川启明星铝业有限责任公司股权20090万元，股权比例为30.65%，为该公司第二大股东。持有眉山启明星铝业有限责任公司股权7020万元，股权比例为30%。下设四川启明星投资发展（老挝）有限责任公司，负责老挝铝土矿投资开发业务。

4.四川蜀科汽车租赁有限公司

四川蜀科汽车租赁有限公司（以下简称蜀科公司）是在国家电网公司规范和加强集体企业用车管理，提高车辆管理集约化、标准化水平，提高车辆利用效率，降低企业经营成本的背景下，于2013年8月经省公司批准成立。蜀科公司是一家以工程领域“皮卡车、越野车”为主，企事业商务用车为辅，主要开展车辆租赁及相关业务的股份制企业，注册资本为3578.61万元，由四川科锐得实业集团有限公司、四川蜀电集团有限公司、攀枝花网源电力建设工程公司、自贡电力建设集团有限公司、宜宾远能电业集团有限责任公司、绵阳启明星集团有限公司6家股东单位联合出资设立，由四川科锐得实业集团有限公司持股26.52%相对控股。

截至2016年年底，蜀科公司共有各类专业人员13名，可经营车辆达670台，全年实现营业收入3200万元。2016年荣获集团公司“先进单位”称号。蜀科公司在四川省电力系统及社会租赁的业务范围进一步扩大，在工程领域用车已具备一定实力，且有较强的抗风险能力。

【参股公司】

1.成都鲁能压缩天然气有限责任公司

成都鲁能压缩天然气有限责任公司成立于2001年1月，注册资本3000万元，科锐得集团占股30%。经营范围为：主营压缩天然气经营；五金交电化工（不含化学危险品）销售；农牧产品销售；商业贸易；信息咨询；起重机械和电站附属机械销售。经营期限为45年，取得了所有主营业务所需的证书。该公司在成都市二环路周边先后建成投产经营5座CNG加气站。

2.自贡翔能电力设备制造有限公司

自贡翔能电力设备制造有限公司其前身为自贡翔能铁塔设备制造厂，于2013年5月改制后，由自贡电力建设集团有限公司、自贡裕鑫投资管理公司、四川科锐得实业集团有限公司共同出资设立，注册资本6006万元，科锐得集团占股16.65%。主营业务为：220千伏及以下输电铁塔、铁附件、定型金具、钢结构件和塔型建筑物、对外承接金加工、热浸镀锌以及相关检测业务、高低压开关柜、电能计量柜、计量箱以及各种动力配电屏、配电箱的制造；建材、化工原料、化工产品（不含危化品及易制毒品）、电气设备安装、维修、劳务服务、机电产品的维修、代购代销、静电喷型业务。现有生产资质：220千伏及以下输电线路及铁塔附件的生产许可证，高、低压开关柜设备等6个单元的生产证书。

3.黑水冰川水电开发有限责任公司

黑水冰川水电开发有限责任公司成立于2004年，注册资本8000万元，科锐得集团占股3.06%。该公司主要进行水电开发、生产、销售，现主要运营竹格多水电站，其装机容量2×40MW，设计多年平均年发电量3.79亿千瓦时。该电站于2006年5月投产发电。

【代管公司】

四川电力实业总公司(以下简称电力实业公司)于1984年7月成立，注册资本2400万元。成立之初系经西南电业管理局批准成立的西南电力实业股份有限公司，后更名为西南电力实业总公司，1992年11月经四川省电力工业局批准更名为四川电力实业总公司。主营业务范围为机电设备安装工程；送变电工程；电力工程；水利水电工程等。现拥有四川省安全技术防范工程设计、安装、维修、营运一级；电力承装（修、试）二级；机电安装总承包二级；送变电专业承包二级；机电设备安装专业承包二级；建筑智能化专业承包二级；水利水电施工总承包三级；市政公用工程总承包三级；电力工程总承包三级；环保工程专业承包三级；电子工程专业承包三级；城市及道路照明工程专业承包三级等资质，系通过“三体系”认证和符合GB/T50430-2007《工程建设施工企业质量管理规范》的企业。

电力实业公司设有8个职能部（室），在川内设有多个项目管理部，现有员工100余人，其中，一级建造师5名。

电力实业公司承建的社会影响较大的工程项目包括：成都地铁3号线一期工程110千伏主变电所系统集成与施工总承包项目 110千伏送电线路工程、成都地铁3号线一期工程110千伏红牌楼南主变电所房屋建筑及电气安装工程、成都地铁3号线一期工程110千伏主变电所系统集成与施工总承包110千伏对侧间隔改扩建及通信系统、控制中心与数据中心改造工程、攀枝花银石220千伏线路工程、宜宾叙府—南溪220千伏线路工程Ⅰ标、阿坝镇江关220千伏变电站110千伏配套工程、甘孜巴塘110

千伏输变电工程、凉山冕宁220千伏变电站110千伏配套送出工程、雅安雨城、资阳乐至、安岳、雁江、甘孜泸定、丹巴、乡城、广元旺苍、南充仪陇、南部、凉山德昌智能电表和农网改造工程等。

电力实业公司自成立以来，历年均实现了资产的保值增值目标，实现了安全生产"零"事故目标，承建项目优质率100%，用户满意率100%，受到了各级管理部门及业主方的一致好评。公司先后荣获中国AAA级信用企业，四川省"先进安装企业"，成都市、区"纳税先进企业""社会治安综合治理先进单位""安全生产工作模范单位"等多项荣誉。

（胡　兵）

英大泰和财产保险股份有限公司四川分公司

【总公司概况】英大泰和财产保险股份有限公司（以下简称公司）是由国网英大国际控股集团有限公司等27家国有大型骨干企业发起设立，经中国保监会批准设立的一家全国性股份制财产保险公司。公司注册资本金31亿元，总部设在北京，于2008年10月28日获准开业。

2016年，公司拥有北京、陕西、湖北、上海、辽宁、山东、河南、江苏、四川、湖南、广东、河北、浙江、青岛、大连、山西、福建、黑龙江、内蒙古、宁波、安徽、厦门、深圳、天津、重庆、江西等26家区域分公司，荆州 、榆林、临沂、潍坊、烟台、鞍山、锦州等151家中心支公司、105家县级支公司，网络基本覆盖全国。

公司业务经营范围包括：财产损失保险；责任保险；信用保险和保证保险；短期健康保险和意外伤害保险；上述业务的再保险业务；国家法律、法规允许的保险资金运用业务；经中国保监会批准的其他业务。

英大泰和财产保险股份有限公司是国家电网公司直属金融单位，是一家全国性保险公司，负责承保国网系统内的各类保险业务，提供风险管理、理赔服务、防灾防损、保险培训等工作。

【股东单位】

序号 No.	股东单位	Shareholders
01	国网英大国际控股集团有限公司	State Grid Yingda International Holdings Cooperation .,Ltd
02	中国电力财务有限公司	China Power Finance Co., Ltd.
03	国网上海市电力公司	State Grid Shanghai Municipal Electric Power Company
04	国网湖北省电力公司	State Grid Hubei Electric Power Company
05	国网辽宁省电力有限公司	State Grid Liaoning Electric Power Co.,Ltd
06	国网陕西省电力公司	State Grid Shaanxi Electric Power Corporation
07	国网北京市电力公司	State Grid Beijing Eectric Power Corporation
08	国网河北省电力公司	State Grid Hebei Electric Power Corporation
09	国网山西省电力公司	State Grid Shanxi Electric Power Corporation
10	国网山东省电力公司	State Grid Shandong Electric Power Corporation
11	国网江苏省电力公司	State Grid Jiangsu Electric Power Company
12	国网浙江省电力公司	State Grid Zhejiang Electric Power Corporation
13	国网安徽省电力公司	State Grid Anhui Electric Power Corporation
14	国网福建省电力有限公司	State Grid Fujian Electric Power co.,Ltd
15	国网湖南省电力公司	State Grid Hunan Eectric Power Company
16	国网河南省电力公司	State Grid Electric Power of Henan
17	国网四川省电力公司	State Grid Sichuan Electric Power Corporation
18	国网黑龙江省电力有限公司	State Grid Heilongjiang Electric Power Co.,Ltd
19	国网冀北电力有限公司	State Grid Jibei Electric Power Co.,Ltd
20	国网天津市电力公司	State Grid Tianjin Electric Power Corporation
21	国网江西省电力公司	State Grid Jiangxi Electric Power Corporation
22	国网重庆市电力公司	State Grid Chongqing Electric Power Corporation
23	国网吉林省电力有限公司	State Grid Jilin Electric Power Co.,Ltd
24	国网甘肃省电力公司	State Grid Gansu Electric Power Corporation
25	国网宁夏电力公司	State Grid Ningxia Electric Power Corporation
26	国网新源控股有限公司	State Grid Xin Yuan Company.,Ltd
27	内蒙古电力（集团）有限责任公司	Inner Mongolia Power(Group)Co.,Ltd

【组织架构】

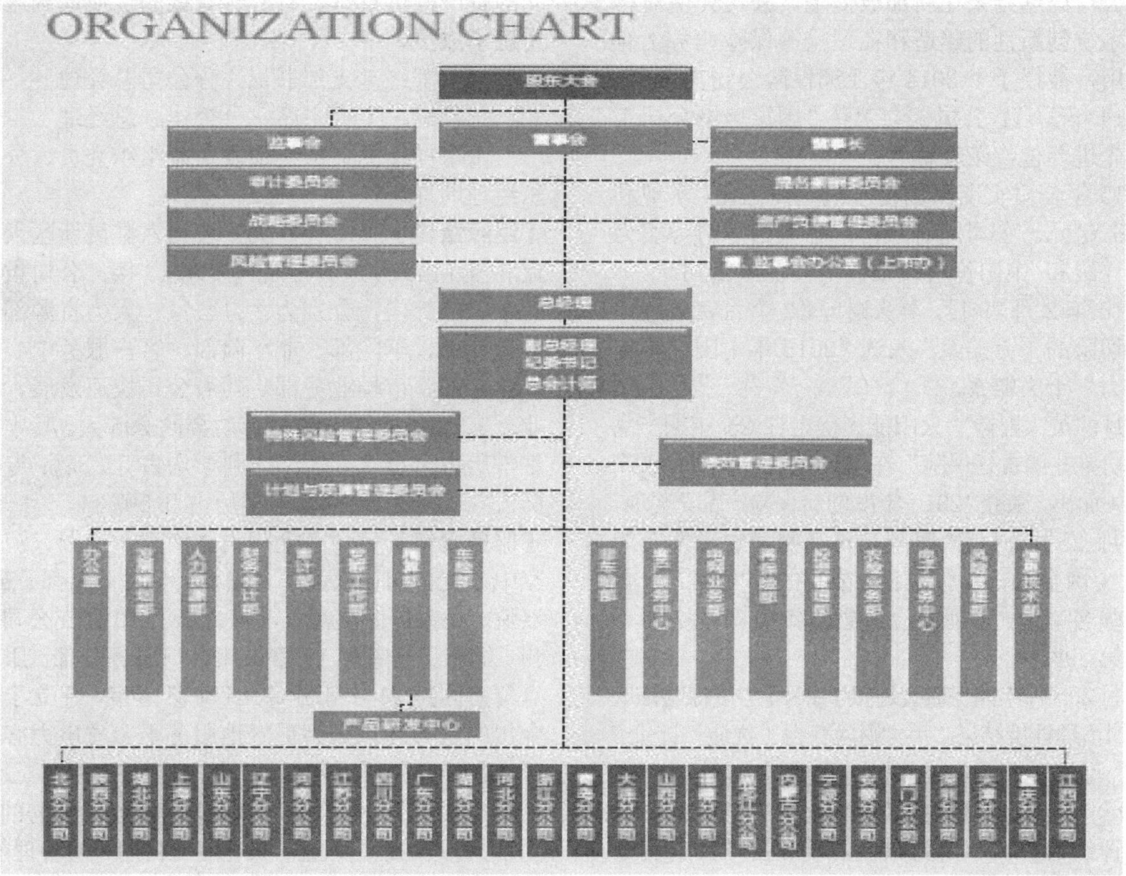

【技术、经济力量】2009 年，公司实现保费收入 6.49 亿元、利润 1056 万元，实现了第一个完整经营年度盈利的目标，成为自保监会对非寿险业务各项准备金评估和计提做出明确规定以及新会计准则实施后，第一家在开业后第一个完整经营年度实现当年盈利的财产保险公司，打破了保险公司成立 3—5 年不盈利的常规，创造了保险行业的奇迹。

2010 年，公司保费收入 17.56 亿元，资产总额 31.55 亿元，利润总额 3,112 万元，年末偿付能力充足率 436.40%。

2011 年，公司保费收入 30.16 亿元，资产总额 49 亿元，利润 2.91 亿元，同比增长 836%，实现公司成立后连续三年经营盈利的目标，年末偿付能力充足率 482.71%。

2012 年，公司保费收入 50.15 亿元，实现利润 3.16 亿，年末偿付能力充足率 288.56%。

2012 年 8 月，中央财经大学“保险公司竞争力评价研究”课题组在 2012 年发布的中国财产险公司综合竞争力排名中，英大泰和财产保险股份有限公司在中国 46 家财产保险公司当中，超过多家中资及外资同业公司，以优秀的竞争力位列第五位。

2013 年，公司保费收入 66.77 亿元，同比增长 33.13%，其中，市场业务 45.83 亿元，同比增长 61.27%；实现利润 3.58 亿元，同比增长 13.3%，业务发展超过行业平均增长水平。年末偿付能力充足率 232.65 %

2013 年，中国保监会《关于通报分类监管评价结果的函》中，公司连续两个季度被评价为分类监管 A 类公司。《2013 中国保险公司竞争力评价研究报告》中发布全国 47 家财险公司中，公司综合竞争力排名第五位；其中，盈利能力排名第五位，资本管理能力排名第 11 位，经营能力竞争力排名第 22 位，风险管理能力竞争力排名第 25 位，业务发展潜力竞争力排名第四位。

2013 年，公司凭借对电网理赔系统的创新性建造和在理赔等保险业务上的有效应用，成为唯一一家获得 2013 年度亚洲保险公司典范奖的保险公司。

2014 年，公司保费收入突破 65 亿元大关，达到 65.12 亿元；实现利润 3.89 亿元，同比增长 8%；实现投资收益 4.61 亿元，同比增长 50%。年末偿付能力充足率 238.41%

2014 年 由中国精算研究员权威发布的综合性年度研究报告《2014 中国保险公司竞争力评价研究报告》对外公布，在全国 49 家财险公司中，英大财险综合竞争力排名第七位。

2014 年 3 月，国际知名研究和咨询机构 Celent

公司面向亚洲金融保险行业举办的信息技术领域优秀保险公司评选结果在新加坡揭晓。公司凭借对移动车险系统创新性的建造和在理赔等保险业务上有效的应用，被授予了 2014 年亚洲保险公司典范奖。

2014 年 3 月，公司工会荣获“国家电网公司工会工作先进单位”荣誉称号。

2015 年公司实现保费收入 65.12 亿元，实现利润 3.89 亿元。公司同时获得：惠誉国际财务实力“A-”评级和 中国价值成长性十佳保险公司。

2016 年 2 月 29 日，英大财险“2 个月完成港口建工一切险的千万赔案”入选“2015 年中国保险年度影响力”十大赔案。

4 月，英大财险“太阳能光伏组件 25 年期产品质量及功率补偿责任保险”在 35 款创新保险参选产品中脱颖而出，荣获“2015 年度创新保险产品”奖项。

8 月 25 日，英大财险公司在网易财经发布的《2015 中国金融 500 强报告》公布的年度中国金融业 500 强名单中，名列保险企业排名第 62 位，榜单总排名第 393 名。

11 月 30 日，中国保监会通报了 2015 年度保险法人机构公司治理评价结果，英大财险获得“优质”评价。

12 月 16 日，国际著名评级机构惠誉国际（Fitch）发布权威评级报告，确认英大财险公司财务实力评级为“A-”，评级展望稳定，公司具有良好发展前景。

【四川分公司概况】四川分公司是英大财险首批设立的省级分公司之一，自 2010 年 10 月开业经营以来，始终秉承“诚信、责任、创新、奉献”的核心价值观，为国网系统内外的 5 万多名车主、1500 亿元的资产提供省时、省心、省钱的优质周到服务。

【班子成员】

朱　滨：党支部书记、分公司总经理

张颖皓：工会主席、分公司副总经理

田永祥：党支部纪检委员兼组织委员、分公司总经理助理

【组织结构】2010 年 7 月，公司入驻高新区天府大道北段 1480 号拉德方斯大厦东 13 楼。公司设置有 8 个职能部门，分别为：办公室、人力资源部、财务会计部、车险部、非车险部、客户服务中心、电网业务部、市场业务部。随着公司快速发展，已开业分支机构 15 家，签订劳动合同 295 人。其中研究生学历占全员 2.37% ；本科学历占 52.88%；专科学历占 35.25%；专科以下学历占 9.50%。

【服务网络】公司在全川设立南充、德阳、泸州 3 家中心支公司，都江堰、崇州、金堂、新都、彭州、双流、龙泉驿、温江、邛崃、营山 10 家支公司，达州、绵阳、巴中等 15 家市州客户服务分部。服务网点覆盖四川 21 个市州、181 个县区市，建立了遍布全川的服务网点，为更好地服务于全省电力客户和市场客户奠定了基础。

【公司优势】公司拥有强大的股东实力、优秀的管理团队、先进的经营理念；具有专业化的风险管理能力、精益化的综合服务能力、差异化的产品开发能力。英大泰和财产保险股份有限公司以“一流的服务质量、一流的工作效率、一流的公司信誉”为宗旨，保证各项业务稳步发展，树立了良好的社会形象。

【组织架构】

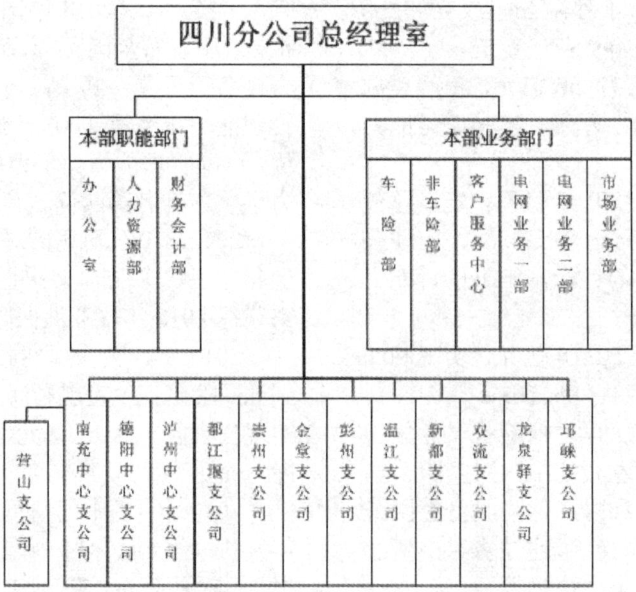

【分公司重大承保】2016 年，在英大财险四川分公司全体工作人员的共同努力下，齐心协力克服承保

过程中的各种困难，顺利完成了以下几个重点单位的承保工作。

一、电力系统单位

（一）国网四川省电力公司

2016年一季度，英大财险承保了国网四川省电力公司电网财产一切险、电网机器损坏险、建筑工程一切险、电网供电责任险，保险标的为其下属的各个地市州电力公司和直属单位的固定资产和工程物资等，保险金额为2117.00亿元。

（二）国网重庆市电力公司

2016年一季度，英大财险承保了国网重庆市电力公司电网财产一切险、电网机器损坏险、电网供电责任险，保险标的为其下属的各个地市电力公司和直属单位的固定资产和工程物资等，保险金额为1549.58亿元。

（三）国网甘肃省电力公司

2016年二季度，英大财险承保了国网甘肃省电力公司电网财产一切险、电网机器损坏险、电网供电责任险，保险标的为其下属的各个地市电力公司和直属单位的固定资产和工程物资等，保险金额为800.09亿元。

2016年四季度，英大财险承保了国网甘肃省电力公司刘家峡水电厂的环境污染责任保险，累计赔偿限额为320万元。

（四）中国华电集团公司

2016年三季度，英大财险和平安财险共同承保了中国华电集团公司财产保险一切险、机器损坏险、建筑工程一切险，保险标的为其下属直属单位的机器设备和固定资产等，保险金额为92.18亿元。

二、其他单位

（一）攀钢集团有限公司

2016年三季度，英大财险和人保财险共同承保了攀钢集团有限公司财产保险一切险、雇主责任险、公众责任险，保险标的为其下属直属单位、所属全资子公司、控股子公司、分公司、改制企业固定资产等，保险金额为118.24亿元。

英大财险四川分公司坚持“服务第一，客户至上”的理念，在工作过程中始终将客户服务放在第一位，“用心沟通、真诚服务”，让客户感受到英大财险四川分公司的无限关怀。

【重大理赔】

车险重大理赔

车险报案号:R07440522201600O249，被保险人：高军

出险经过：2016年10月12日15时许，高军驾驶标的车，车牌号川AE1R31，在四川省成都市金堂县S2巴中高速82KM处行驶，与杨忠洪驾驶的川A67DU7发生碰撞，导致双车及路产受损的交通事故。

公司接到报案后第一时间与被保险人联系，立即赶到现场进行查勘工作，前往事故现场进行勘察，拍摄现场照片，了解事故经过。后续到交警队了解事故情况及责任划分情况，经调查事故经过与报案情况相符，标的驾驶员无酒驾或疲劳驾驶嫌疑。三台县公安局交警大队出具事故认定书，标的车驾驶员高军违反《道交法实施条例》第四十七条规定：机动车超车时，应当提前开启左转向灯、变换使用远、近光灯或者鸣喇叭；在没有道路中心线或者同方向只有1条机动车道的道路上，前车遇后车发出超车信号时，在条件许可的情况下，应当降低速度、靠右让路；后车应当在确认有充足的安全距离后，从前车的左侧超越，在与被超车辆拉开必要的安全距离后，开启右转向灯，驶回原车道。经交警部门判定：高军承担本次事故全部责任，杨忠洪无责任。

标的车推定全损，一次性定损60000元，另有施救费1300元；三者车推定全损，一次性定损667600元，另有施救费1800元；三者护栏定损金额2610元。标的在公司投保第三者责险100万元(含不计免赔)。三者车未提供交强险保单，交强险赔付2000元，剩余部分由三责险赔付731210元。共计赔付733210元。案件于2016年11月11日结案支付。

非车险重大理赔

2016年7月14日，四川省甘孜州丹巴县章谷镇丹巴变电站因暴雨造成变电站进站道路积水且下沉，道路、护坡、堡坎严重受损，损失金额2920万元。

公司接到报案后立即成立了专案组，于2016年8月4日，赴丹巴变电站进行了查勘，查勘过程中由站内运行人员参与。由于损失巨大，事故发生后，为了解事故发生的原因，委托四川省地质工程勘察院，并邀请地质（滑坡）专家赴现场进行查勘。经过对本次事故原因的综合分析，具体分析情况如下：本次事故并非单一原因，而是在多种因素的共同作用下造成，主要涉及的原因有降雨、地形地质、施工扰动等因素。分公司根据受损标的情况编制了《国网四川省电力公司检修公司500KV丹巴变电站进站公路修复工程初步设计估算书》，预算金额共计29204501.09元，由于本次事故受损道路损坏严重需要加固处理，按照修复方案预算总金额的40%进行核定，经与四川省国家直属检修公司沟通协商后，确定此次事故最终赔付1168.18万元。该案于2016

年12月27日结案支付。

【依法治企】2016年，分公司将合规管理作为各项工作的重中之重，加强合规文化建设，营造合规管理氛围。分公司于年初根据业务发展、合规风险现状以及外部环境尤其是监管要求的变化，针对分公司本部及13家分支机构制定了“2016年度合规工作计划”，确定了2016年度合规管理目标。在年内的合规管理工作开展中，采取了相应的具体步骤和行动，实施了相关内容，有效识别了分公司面临的合规风险，并及时予以控制和整改。

2016年，分公司在合规管理工作中取得了一定的成绩。分公司全年未受到行政处罚；无司法案件发生；无高管及员工违规、违纪情况发生；经营在合规基础上平稳发展。

【教育培训】分公司一直紧抓教育培训工作不放，以满足公司的业务发展需要。公司首先从各部门、各机构的培训需求出发，制定了年度培训计划，并与各部门协同合作保证了各项培训计划的顺利实施。根据不同培训对象，公司制定了具有针对性的培训重点。

针对新入职员工，注重应知应会、行业风险意识、诚信从业、职业道德和基本岗位技能方面知识的学习；针对优秀核心业务人员，注重培养人员的管理领导能力、沟通协作能力和分析决策能力。针对保险行业特性，对全员持续贯彻诚信从业、合规经营的理念，让企业逐步向学习型企业转变，保证在市场竞争中不断提高竞争力。

（一）重视行业内培训，提升专业素质

2016年5月、9月，分公司先后组织人员参加了中国保险行业协会开展的专业能力认证培训项目，这两次培训的人员范围是公司车险查勘定损岗位。分公司共有48人次通过本次专业能力培训认证，进一步提高了车险查勘定损人员队伍的整体素质，加强核保、理赔条线人员专业技能。

（二）注重核心业务，打造优秀队伍

为客户提供高效、优质的服务，离不开专业条线工作人员的支持。核心业务人员的专业能力和工作效率，很大程度上决定了客户的满意度。分公司本年度对核赔、核保岗位的人员提供了学习资料，采取理论学习指导实际工作的方法进行培训，有效提高了相关工作人员的专业素质。

（三）强化风险意识，确保合规发展

分公司始终坚持“风险为本”的工作理念，按照相关行业与总公司的要求定期对全体员工进行职业道德与职业规范培养，组织了风险管理、反洗钱等培训，提高员工诚信从业和遵守行业自律的意识。在此基础上，分公司一直遵循“不踩红线，合规经营”的原则，及时学习、解读新的法律法规，提升内部的法律法规建设，为企业的长期良性发展奠定了基础。

（四）打破常规，主动提供培训

2016年度分公司在培训方面的突破之一就是走出职场，有满足自我培训到位客户提供培训。2016年12月，分公司的多家下属支公司以进一步规范理赔服务管理，提升电网业务风险管控水平、保险服务能力和客户满意度，增强国网公司系统各单位保险管理人员电网风险防范知识，促进公司电网业务理赔工作持续健康运行为出发点，开展了一系列电网业务属地客户培训工作。

这一系列内容的培训充分体现了分公司对国家电网相关财险业务的重视，也增进了与相关人员的沟通和交流，为业务发展起到了极大的推动作用。

【党的建设】加强制度机制建设，有效规范组织运行

分公司党支部坚持开展学习型党组织建设，积极健全组织生活，坚持“三会一课”制度，研究制定党员学习计划，按时组织开展“两学一做”学习活动。比如分公司党总支通过召开支部党员大会组织收看了庆祝中国共产党成立95周年大会实况直播，并贯彻学习习近平总书记“七一”重要讲话精神；顺利召开支部委员换届选举大会，并推选出分公司新一届的党支部书记、纪律检查兼组织委员和宣传委员人选。

加强学习机制建设，提高党员学习能力

分公司党支部从5月起，坚持每周组织党员开展“两学一做”学习，学习党章、党史和习近平总书记一系列讲话，学习中共十八大以来的会议精神，学习新时期党的路线、方针、政策，学习党和国家领导人的重要讲话，紧密的同公司经营结合起来，着力提高党员的政治素养和业务素质。与此同时采取灵活多样的方式，大力宣传学习的重要性，教育党员牢固树立终身学习的理念，促使党员提高学习兴趣，增强学习欲望。

【廉政建设】反腐倡廉建设重点工作情况

分公司始终把党风廉政建设工作作为重点工程，把责任制的全面落实贯穿到党风廉政建设和反腐败各项工作之中。一是完善了以分公司朱滨总经理为组长的党风廉政建设工作领导小组，及时调整充实了党风廉政建设领导机构，组织召开专题会议，分析研究党风廉政建设各项工作。二是进一步明确了党员领导干部廉政建设工作责任。严格落实党风廉政建设责任制，党组统一领导，班子成员各负其责。坚持把党风廉政建设作为党的建设的重要内容，

纳入领导班子、领导干部目标管理体系，与业务工作一起部署、一起落实、一起检查、一起考核，把党风廉政建设责任制发展同步考虑、同步部署、同步实施。

注重教育和提高干部职工廉洁自律意识

分公司加强思想道德教育，提高干部职工的廉洁自律意识，是做好党风廉政建设工作的基础，分公司始终把加强思想道德教育，提高干部职工的廉洁自律意识作为做好党风廉政建设和反腐败斗争工作的基础。不断加强学习，督促干部职工采取集中学习和个人自学相结合的方式，充分利用中心组学习，定期和不定期学习，以会代学等机会，组织班子成员，干部职工开展对新《党章》、《廉政准则》、十八大精神、中央“八项规定”、干部纪律“十严禁”和干部作风“十不准”等有关知识的学习，不断提高干部职工的廉洁意识和增强其拒腐防变的能力。

落实“监督责任”和执纪问责情况

分公司紧紧围绕“监督、执纪、问责”三大主责主业，做好“三个转变”，努力提升监督执纪和创新履职能力。一是着力转变工作方式，积极探索灵活多样的监督形式，由被动应对向主动作为转变，由关门办公向开门执纪转变，努力做到不越位、不缺位、不错位。二是着力转变工作作风，全面加强纪检监察队伍的办事能力、党性修养，增强自我净化、自我完善、自我革新、自我提高能力，带头遵守各项党纪规章制度，树立“纪检铁军”的良好形象。

落实中央八项规定精神和反对“四风”情况

分公司多次组织党员学习和深刻领悟中央政治局“八项规定”具体内容，并要求每一位党员干部将规定的内容熟记于心，充分认识到规定的精神要旨，在工作中严格按照规定的要求，从自身做起，从实际工作做起，身体力行，在改进工作作风、密切联系群众等方面狠下功夫，求真务实，真抓实干，真心实意地为群众服务。同时，分公司健全完善规章制度，进一步规范干部工作行为。健全完善相关管理制度，如值班制度、考勤制度、请销假制度、工作日志制度、责任追究制度、工作督查制度、干部考核制度、党员领导干部问责制度等，为工作人员工作行为规范做出明确的要求。

【文化建设】积极组织员工参加羽毛球比赛。2016年10月，分公司工会为丰富员工业余文化生活，组织员工参加了总公司工会举办了2016年“英大财险杯”羽毛球比赛，本届比赛由总工会羽毛球协会举办，系统内近100名选手参赛，初赛分四大赛区进行选拔，最后共40名选手进入在北京举行的全国总决赛。

顺利完成团支部换届升级。2016年3月9日，英大财险四川分公司进行了团干部述职考评暨团青座谈会。会议采取了圆桌会议的形式，由分公司团支部书记主持，按照先委员后书记的顺序进行述职，并且邀请了分管领导与各部门35岁以下的优秀青年代表参加。

会议在完成了团支部干部考评工作之后，对以前的团青工作进行了总结，对未来的工作展开了热烈讨论，对团青工作的设想及团青建设具有指导意义。

3月18日，经共青团英大泰和财产保险股份有限公司委员会批复，四川分公司团支部改建为团总支，并顺利完成了新一届委员及书记的换届及下属3家中心支公司团支部书记、委员的选举工作。

走向一线，志愿服务客户。2016年3月，英大财险四川分公司团总支参与了电网业务部和客户服务部共同组织的服务客户车辆免费检测活动。本次活动是团总支走向一线服务客户的良好开端，让广大青年员工更全面地了解了公司的业务和客户群体的需求，同时树立了青年积极向上的良好形象。

共筑青春梦，同跑健康步。2016年5月4日，为弘扬“五四”精神，增强英大财险四川分公司团总支的凝聚力、向心力，提高分公司青年的拼搏意识、健康意识，展现分公司青年“青春、健康、向上”的精神风貌，特进行“共筑青春梦，同跑健康步”活动。本次活动有50多人参加，跑步活动中，大家彼此相互鼓励，又努力超越，既增进了员工之间的交流和感情，也增强了大家的身体素质，活动整体效果良好，在欢快愉悦的气氛中圆满结束。

坚持不懈，努力超越。在英大泰和财产保险股份有限公司2016年度的“五四”表彰大会暨先进事迹报告会上，四川分公司获得肯定。四川分公司团总支荣幸地被评选为国家电网公司2015年度五四红旗团支部与英大泰和财产保险股份有限公司2015年度“五四红旗团支部”，充分体现了国家电网公司和英大财险总公司对四川分公司团青工作的认可。

分公司团总支不断发展壮大，为了推进青年工作发展，以党建带团建，不断进取不断学习。在引导青年方面做到理论学习与精神生活双提高，把握青年员工的思想动态，关心青年的工作和生活，立足青年、服务青年。

【经典诉讼案例分析】

案例：尽早调查打击虚假证据

案情简介：

2016年3月14日8时13分，杨×驾驶川A189Q0小型轿车在青白江区成南路二绕高架桥处与余××搭载韦××驾驶超标电动自行车发生碰撞，造成两车受损，余××和韦××受伤的交通事故。经青白江区交通警察大队现场查勘和调查，仅出具了事故证明，未划分事故责任。

事故发生后，余××被送往金堂县第一人民医院住院治疗，分公司安排调查人员前往核实其工作和居住情况，了解到她一直居住在农村，出险之前约半年未务工，一直在家照顾丈夫和儿子，余××的女婿在询问笔录上签字为证。2016年8月31日，分公司收到法院传票，得知余××起诉英大财险四川分公司，并且制作虚假证据证明其在城镇务工，企图按照城镇标准索要更多赔款。分公司委托外聘合作律师出庭，在庭审中出具了询问笔录，申请余××女婿接收询问，当场揭穿了余××的谎言，余××不得不承认事故发生前未在城镇务工，法院据此按照农村标准判决。针对被抚养人生活费，分公司代理律师根据证据抗辩其丈夫和儿子均不符合被抚养人法定标准，法院同意我司观点，对此项不予认可。另外，公司代理律师抗辩余××在本次事故中存在明显过错，于是法院最终判决公司承担同责50%赔偿比例。综上，本案减损高达17万多，按照责任比例计算后实际减损13.6万余元。

案件评析：

本案的最大争议焦点在于伤者的赔偿标准，根据最高人民法院规定，道路交通事故中受伤人员是农村户籍，如果在城镇长期务工和居住，可以按照城镇标准进行索赔。国内劳动合同签订的情况混乱，法院也极少对民事案件证据的真实性进行调查，导致有的农村户籍伤者为了得到更多利益，在部分不良律师的蛊惑和帮助下制作虚假证据，骗取更多的赔偿金。保险公司需要在第一时间固定证据，对争议焦点进行调查核实，尽量取得书面证据，在理赔中占据主动。如果拖延至伤者与不良律师接触，将会出现串供和伪造证据的情况，那时再去取证将很难查明真相，更不可能取得有效书证。因此在伤人案件中，尽早调查是减少不必要损失的有效手段，保险公司应在此方向加大力度，才能更好地剔除水分，减少损失。

（房　芳）

国网四川省电力公司综合服务中心

【单位概况】国网四川省电力公司综合服务中心（简称中心）成立于2012年6月，根据“三集五大”实施方案，该中心是省公司原会计集中核算中心、本部离退休服务中心、社保中心、新闻中心等单位整合组建的二级单位。因业务需要，中心各处室分别在公司生产运营综合楼、规划设计综合楼和启明公寓办公。2016年根据工作需要，原中心媒体业务主任调离中心，中心不再负责公司媒体业务相关工作。中心编制85人，中心实际到岗72人。

中心是分公司性质的业务支撑机构，内设财务资产部、综合管理部、人力资源服务部3个职能部门、12个业务处室。分别承担21家在蓉直属单位及子公司、省公司500千伏及以上直管工程、省公司集中采购物资的会计集中核算和财务监管、财务稽核和内控评价等工作，公司本部517名离退休职工的日常管理与服务工作和本部党委337名离退休党员党建工作，公司系统近10万员工社保年金管理及人力资源支撑相关业务等3个业务板块的支撑服务工作。

【财务支撑业务】

财务效益提升成效显著　2016年，国网四川服务中心按照省公司“效益提升年”活动总体要求，围绕“开源节流、提质增效”主线，以强化制度执行刚性、提升业务支撑能力为抓手，研究制订实施细则，定期跟踪和督促任务推进情况，精准定位降本增效关键入口，全力推动中心和集中核算单位降本提质增效工作。通过强化成本预算控制、规范增值税专用发票取得等节约措施，全年可控成本总额、严控单项费用（包括三公经费）未超年度预算，非生产性支出未产生浪费。集中核算单位总体节余可控成本预算6575.97万元，占预算的6.54%；通过强化往来资金实时监控，减少资金占用，节约资金成本约580万元。会计集中核算任务完成率、财务服务满意率均达到100%。

会计基础管理不断夯实　国网四川服务中心结合财务管理新规定及在实际工作中发现的问题，对会计集中核算业务指南进行了再次修订，并通过内网门户网站发布。在发布77类经济业务报销要求的同时，整理发布政策依据和相关制度，提供19类常用文档下载，明确基本业务办理流程。新版业务指南信息更加丰富、使用更加便利，实现了服务对象全覆盖。截至2016年，国网四川服务中心连续4年发布会计集中核算业务指南，对指导核算单位业务办理、规范会计基础、强化财务监督起到了重要作用。

所得税和营改增圆满完成　2016年，税制改革涉及两项工作：一是直属单位企业所得税由省公司集中汇算、申报、缴纳改由各单位单独申报和缴纳；二是全面推行营改增政策，给费用报销、发票领购、认证、抵扣以及申报、缴纳等一系列工作带来巨大变化。为确保税制改革顺利过渡，国网四川服务中心及时收集最新政策法规、公告及相关解读、国网公司税务工作要求，及时发布“营改增财税业务注意事项”、“营改增”涉及业务部门7个方面、33个办理要点，用以指导各单位规范涉税业务办理，确保税务工作顺利过渡。

财务专业服务质效持续提升　一是充分利用省公司电子短信平台，及时反馈退单原因，有力提高财务业务办理效率。二是定期反馈预算执行情况，主动为集中核算单位“把脉”，查找业务管理中存在的缺陷并提出管理建议，为核算单位防范经营风险保驾护航。三是克服缺员压力，积极派出22人次（527人.天）参加省公司2015年决算报表审核、省公司审计部、监察部、财务部组织实施的对外审计、党风廉政巡察、资金安全专项检查、实时稽核规则建设，以及输配电价格成本监审等专项工作。派出人员认真履行工作职责，坚持廉洁自律，圆满完成各项工作任务。除此之外，国网四川服务中心还主动配合各核算单位认真开展账卡物清理、资金安全自查和多项内外部审计、检查、巡察，扩大专管员派驻范围，协助核算单位开展日常财务管理、提供咨询服务。国网四川服务中心对省公司和集中核算单位财经工作的服务支撑作用凸显。

【离退休支撑业务】

“两项待遇”依法依规落实　一是在政治待遇上严格执行党和国家有关离退休政策，有效落实老干部政治学习、组织生活、阅读文件、通报情况、参观考察和参加重大活动等制度，让老同志共享公司改革发展成果。二是在经济待遇上严格按政策落实老干部经济待遇，保障老同志既得利益不受影响。坚持开展节日走访、生日慰问、特困人员和孤寡老人慰问等工作。及时按月发放生活补贴，报销离休干部医药费。落实11位退休军转干部困难补助政策，落实离休干部提高生活待遇和提高待遇级别政策。完成老同志年度健康体检，有效提高大病和特殊慢性疾病退休人员医疗保障水平。

老年文化活动丰富多彩　中心高度重视并积极倡导推进“文化养老”。结合红军长征胜利80周年的历史节点，组织摄影协会举办“我们相册里的红色记忆”照片展活动，先后在离退休活动中心、管培中心和公司本部大楼展出，获得广大离退休老同志和本部员工好评。强化离退休服务宣传工作成效，拓展信息宣传平台。活动宣传稿件和老同志书法作品在《国家电网报》刊登，实现了老同志书画作品在《国家电网报》上发稿零的突破。

活动安全组织保障有力　随着离退休人员队伍不断壮大，组织老同志外出活动的责任与风险压力越来越大。中心通过加强对汽车租赁公司资质的严格审查，完善活动方案和应急预案，实行对80岁及以上老同志和家属进行安全风险告知并签订安全责任承诺书等措施，保障了“三八”节、春游、秋游及老领导省外疗休养、参加四川省中老年合唱比赛、承办省直机关门球比赛等重要活动的顺利开展。

【人力资源支撑业务】

年金投资经营业绩保持平稳　2016年，在外部投资环境极端不利的情况下，加强对投资管理机构的监督管理，积极协调投资管理机构加强优质稳定类资产的配置力度，新增资金投资优质万能险产品、中电财协议存款等收益率具有市场竞争力的投资品种，配置了一批收益优势明显的低风险资产。使年金平均年收益率达到3.91%，收益率排名位居国网系统前列。

社保提质增效工作取得显著成绩　一是落实费率优惠政策，取得明显效益。积极落实全省基本养老保险单位费率下调1%的政策，并于2016年5月起全面执行，剔除缴费封顶基数上升的因素，公司省本级养老保险费全年节约2700万元，切实降低公司成本。二是补充医保集约化实现全覆盖。平稳有序实施县公司补充医保集约化工作，及时下达100家县公司44763人补充医保集约化批复，归集划转县公司补充医保资金1.3亿元。全面开展第三方机构进驻现场报销理赔工作，督导和跟踪服务质效，以高效优质服务取得县公司广大员工支持和认可。

“五位一体”建设持续深化　协助公司制定年度工作方案和45项任务清单，实施“1+1+1”模式，全方位指导和跟进工作推进。组织开展全员要素比对，协助编制比对方案，建立通报制度，督导比对进度，完成4.8万多名员工近5万条意见建议收集反馈。编制专项工作方案，引用国网公司顶层设计成果，开展标准作业程序构建。

内部人力资源市场建设运营稳步推进　积极完善内部市场机制建设，编制完成公司内部市场建设方案、实施细则、操作手册等，进一步规范市场建设运行。协助公司完成内部市场年度人员配置计划编制，参与人才帮扶、劳务协作等重点工作的调研、实施、推进。开展信息平台运行维护，加强计划报送、流程配置、完成情况的全面监督与管控。全年完成配置单数2292条，实现人员流动3461人次。

（孙　尧）

科教文卫

责任编辑：曾逸农

2016 年，四川电网企业、发电企业、电力设计、建设、施工企业、电力设备制造企业全力加快技术进步、技术创新的步伐，注重以产、学、研、用紧密结合的方式，联系生产、建设、施工和科研实践进行科技创新，同时不断地加快科技成果向生产力的转化，取得了丰硕的成果。

四川电力企业向科技要质量，以科学增效益，在电力改革和发展中，让科技引领电力行业可持续发展。

四川电力科技、教育、文化卫生工作包含两个方面：一方面，专业科教文卫单位坚持改革创新，推进科技进步，努力为电力生产建设服好务；另一方面，各发电企业、电网企业、施工企业、电力设备制造企业结合生产建设实际开展科技攻关，取得了丰硕成果。

国网四川省电力公司电力科学研究院

【单位概况】国网四川省电力公司电力科学研究院（以下简称电科院）成立于1952年，前身是西南电业管理局中心试验室，曾为全国六大电力试研院(所)之一。“三集五大”体系建设后，电科院成为国网四川省电力公司技术支撑机构，主要支撑省公司“大运行”“大检修”，服务“大规划”“大建设”“大营销”及特高压智能电网建设等，负责四川电网的技术监督、技术研发、技术服务和技术信息等，为四川特高压智能电网建设与发展提供坚强技术保障。

电科院已通过质量、环境、职业健康安全管理体系认证、实验室认可、资质认定，拥有中电建协电力工程调试单位特级资格证书、AAA级信用企业证书、能监办一级承装（修、试）电力设施许可证和司法鉴定许可证，为国网公司智能变电站调试资格现场调试A级资格认定合格单位、智能变电站调试资格系统动模试验资格认定合格单位，为电力技术服务提供了资质能力保障。获得“全国实施卓越绩效模式先进企业”“中国工程建设诚信典型企业”“全国电力建设优秀调试企业”“四川省知识产权优势培育企业”“国家电网公司科技工作先进集体”“国家电网公司溪洛渡左岸-浙江金华±800 千伏特高压直流输变电工程先进单位”“省级文明单位”“四川省民族团结进步模范集体”和“国网四川省电力公司红旗党委”等荣誉称号。

电科院建有“电力互感器运行性能”1个国网实验室，“输变电设备极端环境运行与检测技术”1个国网联合实验室，“智能电网”“人工智能”“电力系统广域测量与控制”3个四川省重点实验室，“四川电网防雷试验基地”“中国电科院信息安全实验室四川分中心”2 个国网公司重点实验室分实验室，“电网控制保护新技术”“电力环境监测治理评价”“过电压与接地技术”3个省公司重点实验室和22个院实验室，覆盖电力各专业领域。创建以“甄威”等领衔专家命名的1个国网公司劳模创新工作室示范点、2个省公司劳模创新工作室、3个省公司大师工作室和3个院专家工作室；建成“电网设备地震及其次生灾害评估预警及防护技术”1 个国网科技攻关团队，“大电网分析与控制技术”“输电线路防灾减灾关键技术”2个省公司科技攻关团队和20个院科技攻关团队。

电科院主要承担并圆满完成川藏联网工程、青藏直流联网工程±400 千伏拉萨换流站、锦屏—苏南±800 千伏直流输电工程裕隆换流站和溪洛渡—浙西±800 千伏直流输电工程宜宾换流站调试和技术监督任务，顺利完成国网首座110千伏北川智能变电站、省内首座220千伏绵阳东智能变电站、省内首座500千伏路平智能变电站调试任务；参与“复奉直流”“新甘石”“电力天路”等重点建设工程。现已全面掌握±800 千伏换流站调试技术，具备1000千伏特高压交流站的全站调试能力。

7月13日，电科院苏少春带队视察并慰问灵州换流变电站现场调试技术人员 （简梦迪 摄）

【人力资源】

1.领导班子

2016年3月14日，免去郭蓉萍国网四川电科院院长、党委副书记职务，由省公司另行安排工作；任命苏少春为国网四川电科院院长、党委副书记。

截至 2016 年年底，四川电科院领导班子成员为：

苏少春、杨子辛、张星海、陈缨、罗涛、常晓青、朱清代、何朴

2.机构设置

电科院设有六部三中心，分别为：办公室、人

力资源部、党群工作部（工会、团委）、监察审计部（纪委办公室）、发展安监部、科技部（技术服务中心）、电网技术中心（信息通信技术中心）、设备状态评价中心（物资质量检测中心）和综合服务中心。此外，还建有国网四川省电力公司院士工作站、博士后工作站及研究生工作站，以及国网首家、国内授权范围最广的四川电力科学研究院电力司法鉴定中心。

10月9日，电科院带电检测仪器检验平台迎接国网公司验收
（简梦迪　摄）

3.人员现状

截至2016年底，电科院有员工总数305人,其中：国网优秀专家人才9人，国网专业领军人才1人，省公司优秀人才28人；博士研究生35人，硕士研究生123人；科研技术人员180人，40岁及以下人员占59%；中、高级技术职称204人；精益黑带3人，精益绿带人才5人，QC诊断师1人；人才当量密度1.2205。

【科研设备】

2016年电科院新增科研设备有：

运检特高频局部放电检测仪

运检特高频局部放电定位仪

运检超声波局部放电检测仪

运检超声波局放带电检测仪校验平台

运检特高频局放带电检测仪校验平台

输电运检移动作业终端

运检绝缘油析气性测试仪

2M测试仪

【科技开发成果】

电科院荣获省政府科技进步奖4项、国网公司科技进步奖5项（牵头4项，参与1项）、省公司科技进步奖13项（其中一等奖6项）、中电建协科技进步奖4项（其中一等奖1项），中国电力科学技术奖4项，获奖数量较2015年增长16.5%，创历史最好成绩。加强与知名院校的合作，首次参与国家重点自然基金项目，获批2017年四川省科技项目立项7项（其中牵头3项）、国网科技项目立项18项（其中牵头4项），取得较好成绩。

电科院正式发布IEEE 1893（直流输电线路及接地极线路参数测试导则）国际标准，申报3项IEEE标准和1项IEC标准，成功召开CIGRE B3.42工作组第3次国际会议，院多人获IEEE管理推进特别贡献奖和标准编制突出贡献奖。牵头及参与编制5项国家标准、5项行业标准和3项地方标准，成功发布国内首个电力司法鉴定地方标准，电科院荣获中电联2015-2016年度电力标准化工作先进集体。

电科院完善科技创新体系，梳理命名22个院级实验室，编制3个省政府重点实验室发展规划，与计量中心共同管理电力互感器运行性能国网实验室。获批“电网设备地震及其次生灾害评估预警及防护技术国网科技攻关团队”，实现四川公司零的突破。协助省公司完成国网技术标准创新基地建设和技术标准辨识，两项工作顺利通过国网验收。

【技术监督与服务】特高压支撑屡创佳绩。电和科院圆满完成“三特一超”换流站年检技术监督、技术服务、带电检测和运维保障，连续三次获评国网运行分公司特高压直流换流站年检工作先进集体；国网运行分公司先后两次向省公司发来感谢信，就电科院技术支撑工作给予表扬。在国内首次开展直流接地极并联间隙大电流熄弧能力试验，为接地极线路绝缘配置提供技术支撑。选派青年技术骨干全程参与±800千伏灵绍特高压直流工程出厂联调和系统调试，开创省级电科院跨地域支撑特高压直流工程建设先例。建设特高压直流控保实验室，初步构建的基于PSCAD的直流输电仿真平台已达工程应用精度。“特高压直流输电换流阀晶闸管级单元紧凑型综合检测系统的设计与实现”获国网运检业务群众创新实践活动三等奖。

大运行支撑全面深入。电科院优质完成2018—2019年四川电网安全稳定分析，提出的27项建议被省公司纳入2017、2018年技改储备。完成川渝第三通道、渝鄂背靠背、雅中直流等重点工程分析及各类专题研究80余项。分析并解决500千伏猴子岩、长河坝等大型电站接入引发甘孜电网严重过电压的安全隐患。排查并发现220千伏及以上规划电网安全隐患32项。搭建新能源控保系统功能及性能检测平台，完成省内首次新能源电站AVC/SVG并网检测，发现并整改问题30余项。开展省内首座高速公路电动汽车充换电站和首台车载大型储能设备并网检测，编制《四川省电动汽车充电基础设施电能质量管理办法》并提交省经信委。开展新一代智能变电站示范工程（220千伏资铁站）出厂集成测试和现场调试，制定省公司调度自动化系统资产移交方案，完成资产移交和调度自动化实验室D5000主站技术改造；推进即插即用就地化保护装置实验室工厂化检测；解决变电站远动数据刷新缓慢、通信频繁中断等疑难问题，全力支撑电网安全运行。

大检修支撑持续深化。电科院完成省公司电网运检智能分析管控系统（一期工程）建设，大屏版顺利上线并在7个单位试点应用；支撑国网总部电网运检智能分析管控系统建设，得到国网高度肯定。综合推进电网防灾减灾，完成在线监测装置专项治理、典型地质灾害隐患点监测装置安装和冰区、雷区等五图修订，针对性制定融冰预案并开展24小时覆冰预警。建成带电检测仪器检验平台并通过国网验收，通过带电检测发现并指导消除22项重大设备缺陷，省公司220千伏及以上GIS放电类故障发生率从0.24%下降为0.07%。强化全过程技术监督，修订国网全过程技术监督精益化管理评价细则，完成7项家族缺陷认定，分析处理27项设备故障并提出整改建议46条，在省内首次开展220千伏GIS现场冲击耐压试验，成功指导省内首次输电线路带电水冲洗，创新编制设备腐蚀防护技术规范及标准作业指导卡并开展培训，500千伏广都变电站竣工验收和防腐专项技术监督工作获国网肯定。协助省公司妥善处理雅安天全电磁环境影响投诉和大岗山水电站送出工程环保拆迁纠纷，利用盲样比对提升基层单位油化检测能力，SF6处理中心完成选址和设备采购。

【企业管理】电科院顺利完成“子改分”营业执照变更，在省公司六五普法考评中位列直属单位第一。编制并发布综合计划全过程管控手册，实现综合计划三级管控。扩容非招标采购评审专家库，建立采购跟踪管控机制，大幅降低采购流标率。创新固定资产全寿命周期信息化管理，有效提升固定资产账、卡、物对应率。编制办公区物业管理考核办法，推进家属区“三供一业”分离移交，物业服务更加精细。突出问题导向，开展主业财务收支审计和“四个专项”审计自查，完成省公司对电科院原负责人经济责任审计。制定院对标指标评价考核实施细则，深化对标指标分析和分类重点管控，实现省公司对标典型经验零的突破。发布多管理体系整合文件（第三版），获中电建协2016年度QC成果奖一等奖1项，省企协管理创新一等奖1项，省公司管理创新一等奖3项、优秀QC成果一等奖1项和精益成果一等奖1项，省级电科院卓越绩效评价体系入选国网首届卓越管理典型案例库。入围第四届四川质量奖最终评审环节，连续三年蝉联全国实施卓越绩效模式先进企业并获得特别奖，荣获全国优秀电力调试企业、中国工程建设诚信典型企业和全国电力建设诚信典型企业，取得中电建协电力工程调试特级资质。

【党的建设和精神文明建设】电科院突出从严治党主线，深入开展“两学一做”专题学习和“三亮三比”主题活动。精心筹备并顺利召开院第一次党员代表大会，圆满完成院“两委”和支部换届改选。

9月13日，电科院举办“放歌金秋 祝福祖国”文艺演出

（董汉彬　摄）

深化创先争优、社区共建，全面规范党费管理，完成“三分类三升级”自查并整改落实，全面提升基层党建工作水平。认真落实“两个责任”，开展主业及集体企业车辆管理、供应商库动态管理协同监督和非招标采购管理效能监察，进一步提升院依法治企水平。严肃执纪问责，践行四种形态，按期完成省公司党风廉政巡查问题整改。

电科院制定院优秀人才年度考核细则，加强优秀人才选育，新增国网优秀专家人才4名，省公司精益带级人才3名和电力雏鹰3名。建立竞赛调考激励机制，获省公司全球能源互联网、法治企业建设知识竞赛团体三等奖，党群技能竞赛个人一等奖，实现历史突破。获批成立省公司院士工作站，2名博士后分获中国博士后科学基金资助和四川省政府博士后研究基金资助，3 名博士后与高校合作的项目获国家自然科学基金项目立项，1 篇博士后论文被国际大电网会议 2016 年年会选录为优选主题报告论文，博研站高端技术人才培养和科技创新成效突出。编制和修订 9 项干部管理制度，高质量完成中层干部“三龄两历”核查，开展专家讲堂、干部读书班等多样化培训，提升干部履职能力。创新“四级”后备干部推荐机制，进一步优化后备干部队伍质量。

深化企业文化示范点建设，加大典型选树，组织开展“微宣微讲”“职工文化成果展示”“职工创新大赛”“高压专业技术比武”等活动，举办各类协会活动 180 余次，企业凝聚力进一步增强。在省公司及以上媒体发布稿件 367 篇，《电科侠》获得省公司微电影大赛二等奖。认真落实离退休“两项待遇”，创新开展专项 EAP 建设，稳妥推进并顺利完成集体企业改革改制，企业保持和谐稳定。院党委获评省公司红旗党委、团委获评国网公司五四红旗团委，曹永兴被授予 2016 年国网劳动模范称号。

【存在的主要问题】电科院目前试验场地不能满足发展需要，制约了电科院对省公司技术支撑能力的持续提升，急需加快“特高压基地”等基础设施建设。随着特高压属地化管理的推进，急需加快培养特高压技术专家人才队伍，做好技术、装备及人才储备，需要得到省公司大力支持。

（彭　灿）

中国电建集团成都勘测设计研究院有限公司监测及试验研究所

【企业概况】中国电建集团成都勘测设计研究院有限公司监测及试验研究所（以下简称监试所）是成都院承担水电工程安全监测、材料、岩土、水工模型试验等传统监测、试验研究及新材料、新技术研发的专业处室，全面负责本专业的组织、管理和技术开发与应用等工作。

截至 2016 年年底，监试所全所在岗员工 94 人，劳务派遣及协议人员 134 人。设置综合管理部、市场发展部、计划合同部、工程管理部、材料室、岩工室、水工室、监测技术室、西藏及国外项目部、两河口项目部、长河坝项目部、三江流域项目部、金沙江流域项目部共十三个科室。在 94 名在职员工中，教授级高工 17 人，占 18 %，高级职称 38 人，占 40%，中级职称 20 人，占 22%。初级职称及以下 19 人，占 20%。

监试所办公场所总占地约 90 亩，拥有包括两个 10500 平方米的水工模型大厅及各类试验室共计面积 30000 余平方米，其中恒温面积 700 余平方米，拥有试验仪器设备近 1000 台（套），固定资产原值 4000 余万元。

【经营业绩】2016 年度，监试所综合项目结算产值约为 4161.62 万元，完成专业项目收款 10565.06 万元，合计完成产值 1.47 亿元。年度内累积完成 62 项专业项目合同，新签合同额 9510.7 万元。

1. 承担综合项目

主要承担了孟地沟水电站、楞古、牙根二级、桐子林、锦屏一级、玉松、米林、林芝、加查、嘎堆、阿青、藏木、双江口、猴子岩、长河坝、叶巴滩等 27 个水电工程项目，涉及大渡河、金沙江、雅砻江、雅鲁藏布江、木里河、涪江、岷江、白水江、美姑河等多个流域。

2. 专业项目

分别与各业主签订雅砻江中上游水电工程混凝土材料优选级应用研究合同、官地抗磨砂浆、环氧砂浆、混凝土采购合同、长河坝水电站大坝填筑质量第三方检测合同协议、四川化工天瑞矿业有限公司 200 万吨 1 年磷矿采选项目施工质检技术服务合同、锦屏二级水电站外部变形监测合同、锦屏一级水电站大坝安全监测工程合同、锦屏二级水电站 C3 标原型观测、锦屏一级、二级水电站工程安全监测自动化系统建设合同、四川省雅砻江官地水电站金厂坝滑坡体坝变形体永久检测项目、雅砻江两河口电站大坝和泄洪建筑物系统工程安全监测项目、瀑布沟水电站移民安置场地工程安全监测、雅砻江官地水电站大坝及边坡、库区金厂坝变形观测合同、甲西水电站左岸高线过坝公路隧道进口段变形安全监测合同、瀑布沟水电站移民安置场地工程安全监测、木里河沙湾电站 2015 年度运行期工程安全监测服务项目合同书、瀑布沟水电站库区库周地质灾害隐患排查及监测服务、沙坪二级水电站监测施工合同、沙坪二级水电站监测施工合同等。

3.承担科研项目情况

成都院或电建集团公司科研项目立项及完成情况

表28

序号	项 目 名 称	立项时间	完成情况
1	泄洪消能建筑物高韧性抗冲磨修补防护材料	2016	
2	水电工程大坝混凝土运行状态使用寿命调研及对策措施的研究	2016	

部分生产性科研项目

表29

序号	项目名称
1	水工大坝混凝土永久保温防渗材料的研究（P14912）
2	大体积混凝土抗裂剂的研发（P23014）
3	高拱坝温控防裂关键技术研究与实践（PC1814-03）
4	高弹性抗冲磨砂浆材料研发（P27115）
5	石粉表面改性技术研究与应用（P27215）
6	泄洪消能建筑物高韧性抗冲磨修补防护材料研发（P32716）
7	高拱坝筑坝技术（PC4516）
8	高地震烈度区坝基砂层抗液评价与工程影响研究（P14212）
9	超高土石坝堆石料蠕变特性研究（P14312）
10	大中型水电工程土石方调运规划及渣场容量研究（P22714）
11	长河坝水电站汤坝防渗土料掺配利用研究（P23114）
12	高土石坝筑坝关键技术及深厚覆盖层利用（PC0214）
13	GNSS 高精度基线解算及组网联合平差在监测中应用研究
14	智慧型流域梯级水电站安全应急平台建设
15	基于 LoRaWan 的广域物联网技术研究及工程应用实践
16	工程岩土物理力学参数研究

【专业发展情况】监试所涵盖专业范围主要包括：岩石力学试验研究、土力学试验研究、材料试验研究、水力学模型试验与数值模拟及原型观测、工程监测及资料反馈分析及工程质量检测等。

1、水库影响区安全稳定综合监测系统研究。

（1）多源监测信息的采集。通过 GNSS 监测技术，利用溪洛渡水电站水库岸坡已实施的 GNSS 测点远程无间断实时监测现场岸坡的外部变形数据；利用溪洛渡水电站水库岸坡已实施的内部固定测斜仪，远程采集岸坡内部变形监测数据；利用已实施的溪洛渡水电站水库岸坡雨量计，远程采集岸坡的降雨监测数据；

（2）监测信息的整合、分析。通过岸坡变形机理和地质条件，结合岸坡内部深部变形、GNSS 监测外部变形与滑坡边界条件变化（降雨量、库水位）对比分析成果，对岸坡变形特征分类；根据岸坡变形特征分类成果，提出水库岸坡变形破坏的预警指标，并确定其主要的控制指标；提出各岸坡变形破坏控制指标的阈值，然后进行分级处理，并根据分级成果形成岸坡的预警分级模型；根据上述成果，最终完成水库影响区安全稳定综合监测系统；为了更好的应用水库影响区安全稳定综合监测系统，开发《水库影响区安全稳定综合监测信息平台软件》。

2、过鱼设施研究。我国对建设项目进行生态环境保护与物种资源保护已进入法制化阶段，过鱼设施作为一种保护水生物种资源的工程措施，其重要性日益增强，常用的过鱼设施包括鱼道和升鱼机。结合加查、牙根二级、老木孔等水电站开展模型试验和数值模拟研究，结合藏木水电站开展原型观测研究，对鱼道和升鱼机的水力学特性进行分析，解决过鱼设施的水力学难题，总结过鱼设施的设计方法。

3、流场数值模拟。数值模拟具有信息完整、无比尺效应、无仪器干扰、变方案快等优点，已在水电工程中得到广泛应用。结合加查、老木孔、色拉龙等水电站，开展鱼道、天然河道、溢流表孔等流场的三维数值模拟，将原型观测数据、模型试验结果和数值模拟成果进行对比分析，拓宽数值模拟的应用范围，使数值模拟技术为工程设计服务。

4、原型观测。原型观测可为设计提供反馈资料，为工程运行提供数据支持，具有重要的作用。近年来，原型观测已逐渐引起业主的重视，潜在业务量较大。2016 年，在原型观测方面取得了突破，中标了藏木水电站闸门动力学原型观测项目，目前已完成排沙廊道工作闸门的观测工作；联合昆明院完成了大岗山水电站泄洪洞水力学原型观测工作。2017 年，完成了民治水电站调压室应力原型观测工作，目前正在开展长河坝水电站水力学及动力学原型观测工作。

5、水环境综合整治。在城市化快速推进过程中，河流受城市建设影响越来越大，水环境问题日益突出。为改善河流水环境污染问题，水环境综合整治项目陆续上马，市场前景广阔。在水环境综合整治项目中，水动力学及水质模型试验是重要一环，结合茅洲河流域水环境综合整治工程，对河道污染物模拟、河口潮汐过程模拟、复杂河网模拟的相似性、污染水体的置换等主要技术问题进行研究。

6、GNSS 高精度智能变形监测系统研究。根据国内目前水电开发阶段的特点，后水电时代电站运行监测地位越来越突出，以前人工外部变形观测成本高，效率低的模式亟待更新。GNSS 高精度智能变形监测系统能更有效解决电站运行成本问题，且极大提高人员安全问题。GNSS（全球卫星定位系统）自八十年代中叶投入民用后，已广泛地在导航、定位等各领域应用，尤其在测量界的控制测量中起了划时代的作用。由于 GNSS 自身特点，在高山峡谷中监测容易造成精度损失问题，成都院技术专家通过对实际工程研究，提出通过学习周边环境剔除误差对精度影响问题，对 GNSS 在（工程）变形监测中的基准设计、图形结构强度设计、观测时段的设计、监测周期的设计等方面作一探讨，着重提出一套在数据预处理过程中，利用连续观测、分历元进行数据预处理的方法，提出一套利用 GNSS 技术进行高山峡谷区域工程变形观测的智能化系统。

7、生态混凝土研究。随着水环境治理力度的加大，各地政府加大投入，生态混凝土将广泛采用，对目前植被型多孔混凝土存在的问题，如混凝土内部 pH 过高、植被次年复生率低等进行研究，探索解决改善方法，已开发一种具有防浪冲刷、自然排水透水（反滤）、植物生长良好、同时具备有一定强度的生态混凝土。研究生态混凝土将是我国混凝土材料向环保型材料发展的重要方向。

8、两河口心墙土料冬季冻融机理及防控体系研究。本课题研究内容覆盖了冬季土料冻融机理理论体系，土料物理力学特性参数，现场气象土温监测以及冬季施工工艺等方面内容，为达到深度研究的目的，充分利用参建各方自身优势技术力量，并联合了国内唯一世界知名的冻土研究机构中科研寒旱所，对本课题进行开展研究。主要研究：两河口冬季土料冻结特性、规律及识别研究;冬季土料含水率及压实特性变化研究;土料现场受冻融后力学及渗透特性研究;冬季土料防控施工措施研究;大坝心墙区、反滤区、过渡区、堆石区气象及土温监测.

9、开展数值反演计算与工程安全预测分析工作研究。依据长河坝水电站大坝工程，将参数反演与结构正算相结合，利用试验、检测数据做为基础数据，利用监测数据为结果，进行结构反演计算参数，再利用反演计算参数进行结构正算与安全预测。

【管理及科研工作】

管理工作　监试所通过狠抓设计管理、项目管理、人才培养、安全生产管理等内部管理，使监试所各专业得到稳步发展。

2016 年修编、完善并出版了《监测及试验研究所管理办法》、《质量手册（2016 版）》、《程序文件（2016 版）》等内部管理制度文件，确保计量认证体系（CMA）和三体系文件在本部门有效运行。

科研情况

2016年监试所独立承担院内科研项目及完成情况

表30

序号	项目名称
1	水工大坝混凝土永久保温防渗材料的研究（P14912）
2	大体积混凝土抗裂剂的研发（P23014）
3	高拱坝温控防裂关键技术研究与实践（PC1814-03）
4	高弹性抗冲磨砂浆材料研发（P27115）
5	石粉表面改性技术研究与应用（P27215）
6	泄洪消能建筑物高韧性抗冲磨修补防护材料研发（P32716）
7	高拱坝筑坝技术（PC4516）
8	高地震烈度区坝基砂层抗液评价与工程影响研究（P14212）
9	超高土石坝堆石料蠕变特性研究（P14312）
10	大中型水电工程土石方调运规划及渣场容量研究（P22714）
11	长河坝水电站汤坝防渗土料掺配利用研究（P23114）
12	高土石坝筑坝关键技术及深厚覆盖层利用（PC0214）
13	GNSS高精度基线解算及组网联合平差在监测中应用研究
14	智慧型流域梯级水电站安全应急平台建设
15	基于LoRaWan的广域物联网技术研究及工程应用实践
16	工程岩土物理力学参数研究

2016年监试所承担院内其他专业科研项目及完成情况

表31

序号	课题
1	梯级挡水建筑物试验及资料整理
2	水电水利工程钻孔土工试验规程 征求意见
3	“四川省城市水环境治理工程技术研究中心”立项报告编写
4	《城市地下空间综合体高性能结构体系性能与设计理论研究》子题-综合体高性能结构体系健康监测与评估关键技术研究及工程试点/示范

2016年行业标准＼规程规范编写＼修订

表32

序号	项目名称
1	水电工程土工试验、岩石试验中美标准对照研究（补充完善 S20615）
2	水电水利工程钻孔土工试验规程（S11514　）
3	水电工程土工试验、岩石试验中美标准对照研究（S20615 补充完善）
4	可再生能源工程勘察基本术语标准
5	水电行业技术标准体系课题研究

监试所 2016 年获得的专利

表 33

序号	专利名称	专利类型	专利号
1	带休息池的竖缝式鱼道	实用新型	201620446708.4
2	施工支洞布置结构	实用新型	201620719983.9
3	一种鱼道回旋上升段休息池	实用新型	201620218373.0
4	岩体表面二次应力测试仪器	实用新型	201620559420.8
5	迂回型鱼道回旋上升段休息池	发明	201610162694.8
6	岩体表面二次应力测试仪和岩体表面二次应力测试方法	实用新型	201620559420.8
7	水工混凝土高强保温材料的制备方法	发明	201610790085.7
8	水工混凝土高强保温材料	发明	201610792567.6

中国电建集团成都勘测设计研究院有限公司专家工作站

【院士/专家工作站】

2011 年 12 月，成都勘测设计研究院获批成为四川省首批十家院士（专家）工作站设站单位之一。院士工作站成立以来，引进了谢和平、陈厚群、陈祖煜、钟登华、王光谦、王浩 6 位院士、电子科技大学教授周涛及其 46 位专家团队，与院内包括 2 名全国勘察设计大师、6 名四川省勘察设计大师在内的 49 位技术人员共同组成工作站创新团队，涉及岩石力学、岩土工程、水工结构、数字工程、智慧流域、大数据等多学科领域，结合企业自身发展需要开展产学研合作研究。

截至 2016 年 12 月，合作项目 9 项，经费共 1815 余万元，取得了具有较高理论水平和工程技术支撑价值的系列科研成果，对提升企业创新能力、培养高层次人才、加快科技成果转化等方面发挥了十分重要的作用。

2016 年，成勘院院士（专家）工作站因历年来科技创新成效突出被授予“全国示范院士工作站”荣誉称号。此次获奖是该公司院士工作站建设所获最高荣誉。

【博士后工作站】2003 年 12 月，成都院获批成立博士后科研工作站。博士后工作站主要依托企业承担的重大工程实践，招收各相关领域的优秀博士进站开展研究工作，在解决工程技术难题、提升技术能力的同时，培养技术创新人才。2006 年至今，成勘院先后有 16 名博士陆续进站，其中 9 名博士后顺利出站。2016 年公司引进两名博士进站。

【国家认定企业技术中心】2015 年，“中国电建集团成都勘测设计研究院有限公司技术中心”成功获批为“国家认定企业技术中心”，2016 年获授牌，标志着成都院技术中心的建设取得重大突破并进入新的阶段。

按照“一集团一中心”的国家认定企业技术中心管理原则，“中国电建集团成都勘测设计研究院有限公司技术中心”成为“中国电力建设股份有限公司技术中心”分中心，将同等享有多方面的优惠政策和资金支持。国家和地方政府相关部门将在企业技术中心创新能力建设专项、科技专项计划等方面给予资金支持，并对在合理数量范围内进口国内不能生产或者性能不能满足需要的科技开发用品，免征进口关税和进口环节增值税、消费税，以引导和鼓励企业加大技术创新投入，加强自主创新，促进国家认定企业技术中心的建设和发展。

（吉华伟）

国网四川省电力公司电源技术中心
（四川省电力工业调整试验所）

【单位概况】业务范围及资质。国网四川省电力公司电源技术中心（四川省电力工业调整试验所）创建于二十世纪五十年代，是长期从事各类发电机组项目、送变电工程项目及输配电网工程项目调试工作的电力科技企业；现主要从事各类火力发电和水力发电机组的调试及性能试验、各类型送变电站基建调试、各类火电厂及水电站电力技术监督和技术服务以及诸如生物质能发电、风力发电、太阳能发电和核能发电等新能源发电项目的调试等业务。

四川省电力工业调整试验所（以下简称调试所）作为三标体系认证企业（质量管理体系、环境管理体系和职业健康安全管理体系），现具有特级发电类工程调试资质和特级送变电类工程调试资质；电力承试一级许可资质；化学设备清洗资质；锅炉压力容器检测资质；四川电力工业发电用煤检测资质；是四川电力技术监督中心和技术服务高端平台。从2007年年底至今，调试所的主营业务已覆盖全川电力系统发电厂侧生产技术、基建技术部分和电网基建调试部分。调试所目前具有调试100万千瓦发电机组和调试±800千伏直流送变电工程、1000千伏交流送变电工程的资格，凝聚了一大批作风过硬、技术能力在国内极具知名度的发电专业、电网专业优秀工程技术人员，在发电侧和电网侧都肩负关键业务。

调试所始终坚持“求实创新，优质服务，顾客满意”的宗旨，竭诚为电力行业和全社会服务。调试所坚持注意在全面提高服务水平的前提下，根据服务对象的不同需求以及服务内容、服务场所等差异，一丝不苟提供个性化服务，实行精细化施工管理，在行业内树立起良好的企业形象。

2016年度，在国网四川省电力公司（以下简称国网四川公司）的正确领导下，调试所全体职工以安全生产、优质服务为抓手，坚定不移地把着力打造企业核心竞争力、积极构建企业多元化经营体系，切实拓宽企业生存发展空间作为企业管理的首要任务，坚持以市场为导向，以发展保稳定，不断完善企业规章制度，规范企业管理，在生产经营、党风廉政建设等方面取得全面进步，圆满完成各项生产、经营指标，企业目标管理再上新台阶。

组织机构。为了适应市场经济的需要，调试所不断改进经营机制和完善生产经营机构，加强各项管理工作。调试所现设有5部10室（办公室、党群工作部、人力资源部、财务资产部、市场经营部、安全生产技术部、锅炉室、汽机室、水机室、电气室、热工室、金属室、化学环保室、涉网安全技术监测室、新能源技术室），下辖国网四川省电力公司大坝安全监察中心、四川省电力工业锅炉压力容器检验中心、电力工业四川发电用煤质量监督检验中心，并直管经营业务与主业相辅相成的四川通能电力科技有限公司。

中国驻波黑大使慰问项目现场人员　　（彭林　摄）

调试所机关本部设在成都市梨花街50号办公区，部分专业部室和专业化公司设在成都市青华路24号办公区。

【人力资源】在人力资源方面，调试所2016年进大学毕业生6人（均为硕士研究生），现有正式职工173人（高级职称71人、中级职称64人、初级职称23人），退休人员66人，所级领导7人，外聘员工近300人，拥有一大批在国内同行业中知名度较高的各类专业技术人员，技术力量雄厚。

【科研设备】为了进一步拓展企业主营业务和加强科研能力，使用企业自有资金新添置各专业试验设备，陆续拓展了各专业科室新试验项目。这些仪器设备的投入使用，大大提高了调试所电网基建调试以及开展发电企业机组锅炉、汽机、发电机、热工性能考核试验及机组热力试验等业务的能力，同时还增强了调试所开展高压电气试验、机组并网前检测试验等业务的能力。

【科技开发成果】2016年度，管理及科技开发成果显著。团委完成“以加强队伍建设为目标的团青工作增效管理探索”课题1项；生产管理获国家行业级奖项1项，省公司科技进步奖1项；申请国内实用新型专利1项，发表研究4项，并被SCI收录。圆满完成国网直流部下达的调相机分系统调试作业指导书、整套启动调试大纲、隐患排查手册、运行维护手册及工程分系统调试标准、整套启动调试标准、运行维护标准及设备检修标准等专业手册、技术标准的编制工作，获国网直流部、中国电科院领导及行业专家的高度肯定与积极评价，企业科技创新体系不断完善。

波黑STANARI电厂远景　　（彭林　摄）

【安全生产】2016年度，调试所安全生产工作继续保持“零事故”的优异成绩。按照“全覆盖、零容忍、严执法、重实效”和“三个不发生”的原则，深入开展“抓基础、控风险、防事故”安全生产检查活动，重点抓细抓实国内外工程项目全过程安全管控，严格执行安全技术规程和标准，有的放矢修改完善安全管理制度，进一步落实各级安全责任，有效控制了安全风险，全年未发生电网、设备、火灾事故；未发生人身死亡、恶性操作、重特大交通事故；未发生有重大影响的不安全生产事故；未发生不稳定突发事件和泄密事件；无因违法违纪而受到追究事件发生，圆满完成了国网四川公司下达的安全责任考核目标。进一步增强全体员工的安全意识，强化各级安全责任，夯实安全工作基础，全面排查整治事故隐患，有效控制安全风险、防范各类安全事故的发生，确保调试所安全生产长治久安。特别是在2016年，伊斯坦布尔恐怖袭击事件中，调试所临危应变，对波黑项目启动了应急预案及相应的紧急防范机制，及时调整人员进返场线路，切实保障了我单位驻波黑人员及设备、财产的安全。

【技术监督与服务】调试所重视搞好国内技术服务、技术监督的同时，积极拓展“一带一路”沿线国家电力市场，树立中国电力调试技术标杆。“一带一路”沿线的许多发展中国家电力需求旺盛、能源设施投资需求大，却面临本土设备企业技术有限、进口依赖度高，这为中国电力行业带来了广阔的“走出去”前景。2016年，调试所新签国际工程技术总承包、技术咨询服务合同中，“一带一路”国家占海外项目合同总量的71%。积极与印度兰科集团、印度阿达尼集团、美国福斯特惠勒集团等国外大型集团公司建立战略合作关系，同时与东方电气、中信集团、哈尔滨工程集团公司、四川机械进出口公司、四川电力勘察设计咨询公司等国内大型总包商深度合作，发挥调试所在调试及性能考核试验上的核心技术优势、技术水平，为总包方提供了大量的专业技术支持，得到总包方的充分信任与高度评价，签署了大量海外工程项目。

调试所正在实施的境外工程项目达十余个，足迹遍布欧洲、非洲、南美洲、东南亚等世界各地。其中就包括哥伦比亚GECELCA3号燃煤电站项目调试及性能试验，波黑斯坦纳瑞（STANARI）1×300MW CFB燃煤电站（1×300MW THERMAL POWER PLANT STANARI）机组调试、性能试验及验收，老挝HONGSA3x626MW燃煤电站项目高压试验、印度维达尔巴（Vidarbha）2×660MW燃煤机组技术服务项目、印度巴班迪（Babandh）2×660MW燃煤机组技术服务项目、印度安鲁普尔（Anuppur）2×600MW燃煤机组技术服务项目等技术监督与服务等项目。在这些项目实施的过程中，调试所始终坚持“求实创新，优质服务，顾客满意”的宗旨，竭诚做好各项服务工作，与合作伙伴建立了更深层次的战略服务关系。

【效益提升初见成效】面对复杂的经济形势和恶劣的市场环境，调试所上下按照年初确定的工作思路，克难攻坚、拼搏奋进，各项工作取得新进展。新签合同额达1.48亿元（人民币），同比增长19%。实现合同收入 1.16 亿元（人民币），同比增长 7%，企业发展态势良好。

调试所深入开展“效益提升年”活动，提质增效理念落地生根。扎实做好经济活动分析和专项监测，形成常态机制。突出效益导向，启动综合计划三年滚动项目储备。积极向省公司财务部汇报、沟通，清理回收历史账款，扎实推进效益提升工作。圆满完成省公司“两金压降”任务指标，并实现全年盈利。积极探索海外新兴市场，中标哥伦比亚 G3.2-300MW 循环流化床调试及性能试验、运行维护与培训项目，美洲市场再添佳绩。扎实开展工程创优工作，调试所调试的四川白马 600MW 循环流化床项目荣获国家优质工程奖。

【改革创新】深入研究调试所体制改革有关问题，采取密集沟通、反复汇报、多渠道宣传等方式，全力争取理解支持。全面接收国网四川省电力公司大坝安全监察中心的行政、技术职能，并组建专家组充实中心技术监察力量。配合四川省发改委、能源局完成我省主力火电发电机组节能降耗规划方案及各专项方案制定，并组建专项工作组，负责开展全川主力火电发电机组节能降耗指标专项检测工作。积极拓展新能源电厂业务范畴，配合做好川内新能源机组并网调试相关工作。平稳推进集体企业改革改制，圆满完成四川通能电力科技有限公司、四川电力建设技术开发中心压减任务。

【企业管理】调试所全面推进“三全五依”法治企业建设，风险防控能力进一步提升。强化专业管理和短板分析，通过召开专项分析会等多种形式提升工作业绩。及时修制订差旅费报销管理办法、中层干部外出请假报告管理办法等管理规定，持续优化内控管理模式。细化物资采购作业流程和防控要点，强化采购全过程管控。加强房产和车辆管理检查，整改隐患 3 处。组织内部“三公”费用自查及“四风”问题整治“回头看”，管理规范性不断提升，为生产经营提供了上升保障，调试所 2016 年度再次被评为“全国优秀调试企业”。

【“三个建设”】调试所深入开展“两学一做”学习教育，组织优秀共产党员和先进青年评选、红色主题观影等一系列纪念建党 95 周年系列活动。举办《中国共产党廉洁自律准则》、《中国共产党纪律处分条例》专题学习，积极组织参加党规党纪知识竞赛，扎实推进“清风川电”主题活动。强化干部监督，完善管理制度体系。规范职员职级序列，持续拓展员工成长空间。组织职工参加省公司开展的文化、体育活动，促进职工文化共建共享。2 个集体和 6 名员工分别荣获省公司“先进集体”、“职工模范之家”、“先进工作者”、“优秀共青团干部”等荣誉称号。

【生产、经营及改革发展中面临挑战】市场形势不容乐观，人力资源储备问题突显。受国内火电机组投产计划锐减、新能源上网计划未达预期、省外市场地方区域性保护政策制约市场准入等政策及市场波动影响，调试所想在原有市场的基础之上提升业务份额非常艰难，虽然短期内市场业务短缺的被动局面不会出现，但从长远来看，固有市场萎缩不可避免，立足企业核心技术优势，坚持以市场发展方式为导向，依托电网体系支撑寻找新的业务增长点才是调试所未来谋划发展的重要方向。应积极转变思想，变被动为主动，积极寻找电网侧支撑性业务，在巩固原有市场的基础之上，努力开拓新兴市场领域。2016 年，调试所调试与性能试验、技术监督与服务、承运等业务齐头并进，项目点多面广，工程技术人员调配面临巨大压力，人力资源储备问题突显，急需解决好职工队伍年龄梯队建设等人力资源结构性缺口问题。

扩大电网侧业务覆盖，积极转变企业发展方式。四川省电力公司总经理石玉东与党委书记潘敬东，在 2016 年春节后先后调研调试所，对调试所在海内外取得的工作成绩给予了高度评价，并对如何做好电网支撑工作提出了宝贵建议。调试所领导班子群思群议、科学决策，根据调试所的实际情况与国网公司、省公司“十三五”发展规划，提出了“保市场、抢先机、勤汇报、齐动员”的发展理念。一方

大唐三门峡电厂 168 小时试运圆满成功现场（叶建彬　摄）

面重点跟踪国网公司调相机建设、省公司调度涉网电厂检测等重点工作开展情况，务求在“十三五”期间全面介入相关工作，为调试所电网侧业务建立新的增长点，夯实机网协调业务职能，有效提升调试所与电网业务紧密度。另一方面，密切与省发改委、能源局、环保厅等政府行政部门的联系，切实做好川内大坝安全监察、川内主力火电机组节能降耗检测等工作，并以此为契机，务实拓宽调试所职能与市场业务份额。

抓住改革机遇，紧跟电力体制改革时代步伐。四川省电力体制改革试点工作将于 2017 年开始正式实施，四川电力交易中心已于 2016 年组建完毕，由社会混合体形式联合组建、实施，其交易实施配套文件已全部完成并报国家发改委通过备案。应理性看待这一转变，充分利用自身的技术优势，抓住改革发展的历史机遇，参与到电力体制改革建设工作中去，为调试所尽早明确企业定位，实现转变企业发展方式，开创“十三五”发展新局面而努力奋斗。

提升内控管理水平，为企业发展提供保障。调试所在生产经营、改革发展等方面任务繁重，企业发展处于攻坚期，迫切需要建立健全内控管理机制，加快提升法律风险防范能力。省公司将 2017 年定为“管理提升年”，而调试所的内控管理水平距国网公司、省公司的相关要求还有较大差距。调试所各部室、公司要切实提高内控管理能力，为企业发展提供上升保障，有效规避经营活动中的潜在风险。深化依法治企，提升内控管理水平是调试所“十三五”规划期间的重要任务，广大干部员工一定要认清形势，迎难而上，出色完成本职工作，为调试所实现新的更大发展贡献力量。

（杨星、王亮、杨远方、刘晓荣）

四川中鼎科技有限公司

【企业概况】四川中鼎科技有限公司成立于 2006 年 4 月，注册资金 5360 万元，公司拥有一批长期从事水力发电领域科研、生产及服务的专家和员工队伍，装备了国内一流的试验设备和仪器仪表。2007 年公司为了适应国内水电建设大发展的需要，投资 2600 万元在成都市武侯区武兴四路 11 号建成了 7800 平方米的研发大楼和专业实验室以及 2200 平方米的生产调试车间和高压试验大厅。

四川中鼎科技有限公司创立十多年来，一直致力于水力发电企业的全过程服务。秉承“技术以创新为导向，服务以客户为中心，生存以质量为根本，发展以人才为源泉”的理念，为水力发电、新能源发电企业提供从 500 千伏及以下电气设备各类交接验收试验到发电设备的性能考核试验、年检预试、特殊试验、机械设备性能试验；水电站、风力发电站和太阳能光伏电站新机投运验收试验及继电保护检定试验、安装调试、设备检修、故障诊断及技术改造等生产全过程的专业技术服务。

【获得荣誉】中鼎科技公司经过多年的努力获得了国家高新技术企业认证；取得了国家能源局四川监管办公室颁发的《承装（修、试）电力设施许可证》【一级承试类、四级承修类、四级承装类】；通过了质量、环境、职业健康“三标一体”的体系认证；取得由国家工商总局认定的“重合同守信用企业”荣誉。

中鼎科技公司是四川电力企业协会副会长单位，是中国电力建设企业协会会员单位；获得了四川省人民政府颁发的第十届、第十一届“科研设计服务”类四川服务名牌称号及第十二届“科技服务”四川服务名牌称号；获得四川省科技咨询行业经营资格证书（甲级）；获得四川省质量技术监督局的“质量信誉等级 AAA”证书；取得了电子式电能表、测量用电流互感器、测量用电压互感器、压力表四个方面的计量授权证书【川计授（2016）0010 号】；与中国测试技术研究所（四川中测电子科技有限公司）进行合作，开展四川地区电力行业计量检定、检测、校准业务等；连续两年荣获四川省工商行政管理局颁发的省级“守合同、重信用”企业证书；荣获成都市经济和信息化委员会颁发的“成都市生产性服务业示范企业”证书；获科技型中小企业技术创新基金立项证书；获得“天府新谷杯”创新创业大赛创新组优秀奖；连续两年获得四川省咨询行业先进单位。

【员工队伍】中鼎科技公司现有工程技术人员及管理人员 121 人，其中具有大专及以上学历的 112 人。具有教授级高级职称 5 人，高级职称 19 人、中级职称 24 人、初级职称 37 人。已取得国家能源局四川监管办公室电工进网作业许可证 60 人，其中：电缆专业 10 人，高压试验专业 14 人，继电保护专业 8 人，高压类 28 人。取得了电力行业电力人员电力用油、气检验证书 3 人，电力设施施工企业安全管理人员证书 2 人，四川省电力安装工长证书 6 人，四川省电力专职安全监督员证书 4 人，四川省安全生产培训证书 7 人，四川省电力专职质检员证书 1 人，四川省电力专职预算员证书 1 人，取得了“工业铂铜热电阻” 计量检定证书 2 人，“一般压力表”计量检定证书 2 人，“电压表、电流表”计量检定证书 3 人，探伤执业注册证书 1 人，取得省级注册高级咨询师 15 人，注册咨询师 14 人。取得了成都市质量技术监督教育培训中心颁发的首席质量官证书 1 人。

四川中鼎科技公司专利技术

表 34

序号	申请日	证书号	发明名称	授权日期	类别	颁发单位
1	2008-6-17	ZL200810044719.X	水电机组黑启动能力验证的试验方法	2010-11-24	发明专利	中华人民共和国知识产权局
2	2008-6-17	ZL200810044718.5	水电机组一次调频性能的试验方法	2010-6-9	发明专利	中华人民共和国知识产权局
3	2009-5-19	ZL200910302436.5	水位自动控制方法	2011-1-19	发明专利	中华人民共和国知识产权局
4	2009-12-30	ZL200910312639.2	电力变压器绕组连同套管试验参数的确定方法	2012-5-30	发明专利	中华人民共和国知识产权局
5	2010-4-27	ZL201010156857.4	电厂优化运行系统	2012-3-21	发明专利	中华人民共和国知识产权局
6	2010-1-7	ZL201010300095.0	自动发电控制系统的调试试验方法	2012-5-23	发明专利	中华人民共和国知识产权局
7	2011-12-26	ZL200910312547.4	大电容量试品谐振耐压试验系统及耐压试验方法	2012-10-10	发明专利	中华人民共和国知识产权局
8	2011-12-26	ZL201110440299.9	一种水电机组负荷调整试验方法	2013-11-6	发明专利	中华人民共和国知识产权局
9	2015-12-7	ZL201510885413.7	水电站引水系统动态特性参数原型试验方法	2016-11-30	发明专利	中华人民共和国知识产权局
10	2008-6-24	ZL200820063924.6	水力机组测温仪	2009-5-20	实用新型	中华人民共和国知识产权局
11	2009-5-19	ZL200920303306.9	电量采集系统	2010-3-31	实用新型	中华人民共和国知识产权局
12	2010-4-27	ZL201020171580 年 8	自动发电控制的 AGC 控制装置	2011-1-19	实用新型	中华人民共和国知识产权局
13	2011-12-26	ZL201120549737 年 0	一种水轮发电机组状态参数测试系统	2012-8-29	实用新型	中华人民共和国知识产权局

四川中鼎科技有限公司电气部业绩（部分）

表 35

序号	工程名称	装机容量/电压等级	实际开工时间	实际完成时间
1	卡基娃水电站 4 号变压器交接试验、GIS 交流耐压试验	500 千伏	2016 年 1 月	2016 年 1 月
2	溪洛渡右岸电站电容式电压互感器交流耐压、线路融冰试验	500 千伏	2016 年 1 月	2016 年 3 月
3	麒麟寺水电站 2 号变压器中性点交流耐压和局部放电测量试验、电缆交流耐压试验	110 千伏	2016 年 1 月	2016 年 1 月
4	茶布朗水电站 1-4 变压器交接试验、接地网试验	220 千伏	2016 年 1 月	2016 年 1 月
5	春厂坝水电站 1、2 号变压器交接试验、GIS 交流耐压试验、接地网试验、线路参数测量	220 千伏	2016 年 3 月	2016 年 6 月
6	万和水电站预防性试验	220 千伏	2016 年 3 月	2016 年 6 月
7	成都大功率机车检修段工程基地 1、2 号变压器交接试验	220 千伏	2016 年 3 月	2016 年 3 月
8	桐子林水电站线路绝缘子瓷瓶探伤试验	220 千伏	2016 年 3 月	2016 年 5 月
9	天龙湖水电站接地网试验	220 千伏	2016 年 3 月	2016 年 4 月
10	金龙潭水电站接地网试验	220 千伏	2016 年 3 月	2016 年 4 月
11	晴朗水电站电气预防性试验	220 千伏	2016 年 4 月	2016 年 4 月
12	毛尔盖水电站电气预防性试验	220 千伏	2016 年 4 月	2016 年 4 月
13	太平驿水电站 GIS 交流耐压试验	220 千伏	2016 年 4 月	2016 年 4 月
14	北外水电站 1、2 号变压器局部放电测量试验	110 千伏	2016 年 4 月	2016 年 4 月
15	浙江仙居水电站 3、4 号变压器交接试验、GIS 交流耐压试验	500 千伏	2016 年 4 月	2016 年 4 月
16	黄金坪生态水电站 1、2 号变压器中性点交流耐压和局部放电测量试验、GIS 交流耐压试验	110 千伏	2016 年 5 月	2016 年 5 月
17	海涯寨水电站变压器交接试验	110 千伏	2016 年 5 月	2016 年 5 月
18	马熊沟水电站变压器交接试验、接地网试验、断路器交流耐压试验	110 千伏	2016 年 5 月	2016 年 5 月
19	大金坪水电站电气预防性试验	220 千伏	2016 年 5 月	2016 年 6 月
20	洪一水电站电气预防性试验	220 千伏	2016 年 5 月	2016 年 6 月
21	猴子岩水电站 3、4 号变压器交接试验、GIS 交流耐压试验、三、四回电缆交流耐压试验	500 千伏	2016 年 5 月	2016 年 10 月
22	江西洪屏水电站 3、4 号变压器交接试验	500 千伏	2016 年 5 月	2016 年 6 月
23	鸭嘴河水电站电气预防性试验	200 千伏	2016 年 6 月	2016 年 8 月
24	民主水电站接地网试验、线路参数测试	110 千伏	2016 年 6 月	2016 年 7 月
25	民治水电站 1-3 号变压器交接试验、GIS 交流耐压试验、两回电缆交流耐压试验、接地网试验	200 千伏	2016 年 8 月	2016 年 9 月
26	三埡河二级水电站电气预防性试验	110 千伏	2016 年 8 月	2016 年 9 月
27	长河坝水电站 3、4 号变压器交接试验、GIS 交流耐压试验、第四回电缆交流耐压试验、接地网试验	500 千伏	2016 年 9 月	2016 年 12 月
28	黄金坪水电站电气预防性试验	500 千伏	2016 年 10 月	2016 年 10 月
29	南桠河水电站 1 号变压器绕组变形检测、2 号变压器局部放电测量试验	220 千伏	2016 年 10 月	2016 年 10 月
30	去学水电站接地网试验	220 千伏	2016 年 10 月	2016 年 10 月
31	三峡右岸水电站 15B 变压器局部放电测量试验	500 千伏	2016 年 10 月	2016 年 10 月
32	巴青水电站变压器交接试验、接地网试验	200 千伏	2016 年 11 月	2016 年 12 月
33	纳瓦水电站变压器交接试验、接地网试验	200 千伏	2016 年 11 月	2016 年 12 月

四川中鼎科技有限公司机试部业绩（部分）

表36

序号	工程名称	装机容量/电压等级	实际开工时间	实际完成时间
1	茶布朗水电站增容改造后机组性能试验	7.2万千瓦×4/220千伏	2016年3月	2016年3月
2	民治水电站机组新机启动性能试验	3.5万千瓦×3/220千伏	2016年1月	2016年12月
3	卡基娃水电站1、2、3、4号机组参数试验	11万千瓦×4/500千伏	2016年3月	2016年3月
4	黄金坪水电站4号机组发电机参数试验	20万千瓦×4/500千伏	2016年4月	2016年3月
5	自一里电站发电机温升及通风试验	6.5万千瓦×2/220千伏	2016年6月	2016年6月
6	古学水电站发电机性能试验	4.5万千瓦×2/220千伏	2015年7月	2016年6月
7	黄丹水电站1、2、3号机组温升试验	1.6万千瓦×3/110千伏	2016年7月	2016年7月
8	溪古电站1、2、3号机组发电机性能试验	8.3万千瓦×3/220千伏	2016年7月	2016年7月
9	黄金坪水电站发电机性能试验	20万千瓦×4/500千伏	2015年9月	2016年8月
10	金窝水电站机组增容改造后号机组进相、温升、效率、参数试验	14万千瓦×2/500千伏	2016年8月	2016年8月
11	宜昌葛洲坝电站发电机性能试验	12.5万千瓦×1917万千瓦×2/220千伏	2016年5月	2016年10月
12	观音岩发电机性能试验	60万千瓦×5/500千伏	2016年12月	2016年12月
13	龚嘴、宝珠寺等10个站黑启动试验	/	2016年2月20日	2016年4月
14	立州电站1、2、3F稳定性、振区、一次调频及参数率定	11.5万千瓦×3/220千伏	2016年7月21日	2016年7月、8月
15	长河坝水电站 4 号机组新机启动运行稳定性试验	65万千瓦×4/500千伏	2016年12月23日	2017年1月
16	毛尔盖水电站 1 号机组进水球阀动水关闭试验	12万千瓦×3/500千伏	2016年12月7日	2016年12月
17	猴子岩水电站4号机组动平衡试验	65万千瓦×4/500千伏	2016年12月1日	2016年12月

四川中鼎自动控制有限公司

【企业概况】四川中鼎创立二十多年来，致力于水力发电企业的全过程服务。秉承“产品以创新为导向，服务以客户为中心，生存以质量为根本，发展以人才为源泉”的理念，为水力发电企业提供从智能监测仪表、自动化元件、自动控制装置及全站计算机监控系统等系列产品到发电设备的性能考核试验、安装调试、设备检修、年检预试、故障诊断及技术改造等生产全过程的专业技术服务。

四川中鼎位于成都市武侯新城科技园区，占地10亩，通过引入多元化的战略投资，组建了四川中鼎自动控制有限公司、四川中鼎科技有限公司、四川中鼎智能科技有限公司等专业化公司。四川中鼎已建成7800平方米的研发大楼和专业实验室、2200平方米的生产调试车间和试验大厅。拥有一流的研发服务队伍、一流的检测试验设备和完善的现场测试技术。专家咨询委员会汇集了水电行业各专业的高级、教授级高级工程师十五名。四川中鼎立足于蓬勃发展的水力发电事业，矢志开拓进取，始终与各水力发电企业保持一致的创新动力和良好的合作关系，为客户赢得机遇、创造价值，得到了国内外用户的广泛赞誉。

【经营业绩】四川中鼎自动控制有限公司是四川中鼎科技有限公司的全资子公司，是专业致力于水电站计算机监控系统、水力机组振动摆度监测与保护系统、电站辅机自动测控系统、电站闸门自动控制装置、水轮机主阀液压控制装置和各类智能仪器仪表等的研发生产及专业检测并成套提供适用于水电站环境的自动化元件的专业化高科技实业公司。迄今为止，已有包括二滩、锦屏一级、锦屏二级、向家坝、溪洛渡、官地等在内的三百多个国内外水电站业绩。

为提高水电站自动化水平，适应“无人值班（少人值守）”的运行要求，公司研制了系列水电站自动测控系统（装置）等高科技产品。许多产品获得了相关部门的科技成果奖，并拥有三十多项专有技术和自主知识产权；其技术与产品的应用为水电站的“无人值班（少人值守）”提供了可靠的技术保障。

【专业技术能力】四川中鼎自动控制有限公司现有资产 3951 万元，年产值 3500 万元；现有员工 52 人，其中硕士 4 人，具有各类专业技术人员 32 名。拥有众多高精尖的专业检测设备。

公司 2006 年取得 ISO9001：2000 认证，2008 年获得了“高新技术企业证书”；其辅机及公用设备控制装置被水电水利规划设计总院和中国电能成套设备有限公司列入“水电工程主要机电设备推荐厂家名录”。

公司自主生产的产品：

1、机组和辅助设备自动化元件成套

2、ZDJK2004 型水电站计算机监控系统

3、ZDITV 系列水电站工业电视系统

4、CMS8000 型水力机组振动摆度监测与保护系统

5、ZPOPC 系列油压装置自动测控系统

6、ZLPC 系列集水井自动测控系统

7、ZWSPC 系列技术供水自动测控系统

8、ZTCPC 系列主变冷却自动测控系统

9、ZKJPC 系列空压机自动测控系统

10、ZGPC 系列闸门自动测控系统

11、ZBVPC 系列水轮机主阀液压控制装置

12、ZDZK-Ⅲ(C)-1 电脑转速测控仪

13、ZDZK-CC 齿盘转速测控仪

14、ZDSWCK 系列温度巡测仪

15、ZDSJ 系列水位测控仪

以上产品均拥有多项专利技术和自主知识产权，并在众多水电站中投入运行，获得用户一致好评。

四川中鼎自动控制公司专利技术

表 37

序号	申请日	证书号	发明名称	授权日期	类别	颁发单位
1	2008 年 6 月 17 日	ZL200810044721.7	闸门开度测量方法	2010 年 1 月 13 日	发明专利	中华人民共和国知识产权局
2	2008 年 6 月 17 日	ZL200810044720.2	水轮发电机组振动保护的实现方法	2011 年 7 月 6 日	发明专利	中华人民共和国知识产权局
3	2009 年 12 月 17 日	ZL200910311672.3	辅机设备智能监控方法	2011 年 9 月 28 日	发明专利	中华人民共和国知识产权局
4	2013 年 3 月 22 日	ZL201310093582.8	水电站机械液压过速保护装置仿真试验台及试验方法	2015 年 6 月 10 日	发明专利	中华人民共和国知识产权局
5	2013 年 3 月 26 日	ZL201310099070.2	水电站油压装置自动补气系统及补气方法	2015 年 4 月 15 日	发明专利	中华人民共和国知识产权局
6	2008 年 6 月 17 日	ZL200820063822.4	闸门开启控制仪	2009 年 4 月 22 日	实用新型	中华人民共和国知识产权局
7	2008 年 6 月 17 日	ZL200820063823.9	闸门开度测量装置	2009 年 4 月 22 日	实用新型	中华人民共和国知识产权局
8	2009 年 5 月 14 日	ZL200920303169.9	水力机组集中制动控制装置	2010 年 5 月 19 日	实用新型	中华人民共和国知识产权局
9	2013 年 3 月 26 日	ZL201320140855.5	一种用于水电站油压装置的自动补气阀	2013 年 8 月 21 日	实用新型	中华人民共和国知识产权局

续表 37

序号	申请日	证书号	发明名称	授权日期	类别	颁发单位
10	2013 年 3 月 22 日	ZL201320135191.3	水电站机械液压过速保护装置仿真试验台	2013 年 8 月 28 日	实用新型	中华人民共和国知识产权局
11	2013 年 3 月 26 日	ZL201320140877.1	水电站油压装置自动补气系统	2013 年 8 月 21 日	实用新型	中华人民共和国知识产权局
12	2013 年 5 月 14 日	BS.13500491.8	ZDSWCK 系列温度巡测仪专用芯片	2013 年 9 月 13 日	集成电路布图设计登记证书	中华人民共和国知识产权局
13	2013 年 5 月 14 日	BS.13500490.X	水电机组油压装置自动补气控制芯片	2013 年 9 月 13 日	集成电路布图设计登记证书	中华人民共和国知识产权局
14	2013 年 5 月 14 日	BS.13500488.8	闸门高度仪自动测控芯片	2013 年 9 月 13 日	集成电路布图设计登记证书	中华人民共和国知识产权局
15	2013 年 5 月 14 日	BS.13500489.6	CMS8000 型水力机组振动摆度监测与保护自动测控芯片	2013 年 9 月 13 日	集成电路布图设计登记证书	中华人民共和国知识产权局
16	2013 年 5 月 14 日	BS.13500518.3	ZDZK-C-1 齿盘转速测控芯片	2013 年 9 月 13 日	集成电路布图设计登记证书	中华人民共和国知识产权局

四川中鼎自动控制有限公司业绩（部分）

表 38

序号	工程名称	装机容量/电压等级	实际开工时间	实际完成时间
1	卡基娃及上通坝水电站机组及辅机自动化元件（装置）和仪表设备采购	3×8 万千瓦	2014.5	2016.4
2	四川省大渡河长河坝水电站辅机及公用系统控制设备与自动化元件采购	4×65 万千瓦	2015.1	至今
3	四川省白水江玉瓦水电站机组及辅机自动化元件和仪表设备	2×2.45 万千瓦	2015.7	2017.6
4	国网西藏电力有限公司沃卡发电公司沃卡一级和沃卡三级水电站水力机械改造设备采购及安装工程	3.04 万千瓦	2015.1	2016.9
5	紫坪铺电厂辅机控制系统改造	4×19 万千瓦	2015.12	至今
6	科特迪瓦苏布雷水电站工程辅机及公用系统控制设备与自动化元件	27 万千瓦	2016.5	至今
7	越南达科民 3 水电站机组及辅机自动化元件&全厂辅机监控系统设备	6.3 万千瓦	2016.1	至今
8	沃卡一级和沃卡三级水力机械第二次补充采购设备合同沃卡一级和沃卡三级水力机械第二次补充采购设备合同	3.04 万千瓦	2016.1	2016.12

续表 38

序号	工程名称	装机容量/电压等级	实际开工时间	实际完成时间
9	黄金坪水电站辅机控制及其附属设备采购合同 补充协议	85 万千瓦	2016.11	至今
10	四川省白龙江玉瓦水电站工程项目公用及机组辅助设备控制系统	2×2.45 万千瓦	2016.12	至今
11	四川省甘孜州九龙县溪古水电站调压井水位传输系统设备采购及安装	3×8.3 万千瓦	2016.9	至今
12	清风岭电站控制柜采购	0.375 万千瓦		至今
13	埃塞俄比亚吉布 3 水电站辅机控制系统及附属设备采购和技术服务补充	10×18.7 万千瓦	2016.5	2016.1
14	凤滩主变冷却器控制系统采购	81.5 万千瓦	2016.7	至今
15	藏木水电站消力池廊道抽排水设备采购合同	6×8.5 万千瓦	2016.8	至今
16	越南宝林 3 水电站机组和辅机自动化元件采购和技术服务	2×2.53 万千瓦	2016.7	至今
17	贵州红枫梯级辅机改造	2 万千瓦	2016.9	至今
18	四川兴鼎电力有限公司晴朗水电站 1 号机组振摆系统设备改造振摆	6 万千瓦×3	2016.11	至今
19	棉花滩水电厂主变改造项目合同	60 万千瓦	2016.12	至今
20	九电总厂电气及自动化元件采购合同	52.5 万千瓦	2016.11	2017.4
21	天龙湖电厂 1 号机组测温保护屏升级改造项目	18 万千瓦	2016.12	至今
22	天龙湖电厂 3 号机组测温保护屏升级改造项目	18 万千瓦	2016.12	至今
23	天龙湖电厂 2 号机组球阀控制系统 PLC 升级改造项目	18 万千瓦	2016.12	至今
24	金龙潭电厂 2 号机组测温保护屏升级改造项目	18 万千瓦	2016.12	至今
25	大渡河黄金坪水电站辅机及公用系统控制设备与自动化采购	85 万千瓦	2015.3	至今

（杨　艺）

国网四川省电力公司技能培训中心
四川电力职业技术学院

【单位概况】国网四川省电力公司技能培训中心与四川电力职业技术学院（以下简称“中心（学院）”）是国网四川省电力公司分公司性质的二级单位，属国网四川省电力公司层面的教育培训机构，集员工培训、高职教育、职业鉴定、科研咨询等功能于一体。是国网技术学院成都分院，国网公司输配电线路带电作业实训基地、信息运维实训基地、电网设备状态检测培训基地，主要承担省公司系统专业技术人员、技能人员的培训和职业技能鉴定任务，以及国网公司新员工培训、国网公司高技能人才培训等工作。2006年，培训中心与四川电力职业技术学院合并，实行“一套人马，两块牌子”的运行模式，四川电力职业技术学院是省公司所属的一所专科层次的全日制普通高等学校，业务上属教育厅领导。学院前身是1917年，在重庆创办的“四川省立高级工业职业学校”，是全国唯一一所电力类国家示范性高等职业院校，全日制在校学生1850人，其中藏区职业教育班学生435人（四川藏区325名，西藏地区110名）。中心（学院）占地面积843亩，固定资产总值4.21亿元。

【人力资源】 截至2016年12月底，中心（学院）全民员工441人，专职培训师（教师）126人，研究生以上学历专职培训师（教师）比例达66.67%。全民身份职工中有376人取得了专业技术职务资格，占中心（学院）职工总人数的85.26%，其中有高级专业技术职务资格的为143人（正高5人，副高138人），占全民员工总人数的32.42%；具有中级专业技术职务资格的为183人，占41.5%；取得初级专业技术职务资格的为50人，占11.34%。

【技术装备】 拥有先进实用的综合性技能实训基地，是国网技术学院成都分院、国网公司信息运维实训基地、电网设备状态检测培训基地等国网公司层面的培训基地，是4家同时具备国网公司级输电和配电培训资质的基地之一。其中：特高压实训线段建设工程项目顺利通过验收，在西南地区率先开展了特高压线路带电作业技能培训。水电运维基地课程开发成果通过验收，填补了省公司生产岗位履职能力培训中水电运维相关专业培训的空白。

【自身业务工作开展情况】 2016年中心（学院）全口径培训量（培训、职鉴考核、继续教育）达274466人天，同比增长2.8%。培训质量满意率97.7%，综合服务满意率95.3%。荣获“四川省五一劳动奖状”，“全国敬老文明号”等荣誉称号。2016届毕业生合格率99.62%，就业率95.62%，62.15%的学生签约国有企事业单位。全国计算机一级考试通过率为55.69%，大学英语三级考试通过率为54.51%。完成8个“四川省教育厅高等教育人才培养质量和教学改革项目”的结题工作。中心（学院）师生在全国、四川省技能竞赛中荣获6个一等奖、7个二等奖、5个三等奖。圆满完成17项公司竞赛调考的承办工作，其中国网公司2项，西南分部1项，为四川省电力公司在多项竞赛调考中勇夺佳绩提供了强大的智力支撑和后勤服务。率先在国内电力系统培训机构编制完成《培训安全评价标准》被省公司授予“2016年度安全先进单位”。

【科技成果】 学院完成6个发明专利申请和10个实用新型专利申请。完成17项中电联、省公司研究项目，其中12项成果分别荣获中电联、省公司科技进步和管理类研究课题一、二、三等奖。

【党的建设和精神文明建设】 学院全面、深刻地学习、贯彻中共十八届六中全会精神，立足公司和中心（学院）改革发展实际，扎实开展了“两学一做”学习教育活动。胜利召开了第一届党代会，圆满完成了基层党支部换届选举。严格党员管理教育，完善党员管理系统数据库。夯实党支部建设，充分发挥基层党支部的战斗堡垒作用。结合督查、巡查的问题出实招，切实履行“两个责任”。

国家乒乓球队走进川电（张凯川 摄）

【面临的挑战】 培训师、教师数量、素质难以适应新形势。培训规模不断攀升，全部专职培训师已满负荷工作，仍不能完全满足逐年增长的培训需求。各培训室普遍存在专职培训师缺额较大、技能水平较弱、能力提升缓慢、前沿专业覆盖较少等问题。

随着特高压直流输电、新能源接入微网等新知识、新技术的应用，中心的实训资源还不能适应电网发展新业务、新技术的培训需求，实训基地与现场需求存在相当的差距，达不到企业对生产一线人员培训的要求。

（章志刚、蒋聪）

四川水利职业技术学院

【单位概况】四川水利职业技术学院成立于1956年，60年来，学院在水利部的亲切关怀和省委教育工委、省水利厅党组的坚强领导下，恪守“禹脉传承，厚德励志”校训，立足四川、面向西部、依托水利、服务社会，培养了5万余名技术骨干和管理中坚力量。学院现有占地854.3亩，建有羊马新校区、都江堰老校区和双合实训校区三个校区，建筑面积26万余平方米，资产总值近8亿元，在校全日制学生11000余人。

【年度荣誉】2016年，学院被评为全国高等职业院校服务贡献50强院校；学院下派“精准扶贫”干部被中共德格县委评为优秀第一书记；学院积极组织师生参加各类大赛获得多项荣誉，荣获2016年全国职业院校信息化教学大赛一等奖，国家级奖项39人次，省级奖励40人次，技能人才培养得到社会高度认可。

【人员机构】学院下设七系一部两中心，开办专业涵盖水利、水电、建筑、测绘、地质、资源环境、水产、酒店、财务、物流、安保等行业。其中，水利部、四川示范（重点）专业6个，省级精品专业1个，形成了以工科专业为主，综合类专业和边缘学科并行，省级重点专业为骨干、院级重点专业为基础的专业建设体系。学院现有教职工550余人，副高级以上专业技术人员140余人（含正高级职称8人），享受国务院政府特殊津贴专家、四川省青年学术带头人、中国水利职教新星、中国水利职教名师4人。

【党建工作】学院党委认真履行党建工作主体责任，把党建工作摆在突出位置，全面落实党建工作责任制，将党建工作纳入年度目标考核，制定出台党支部工作方案，对基层支部工作提出明确要求和考核意见。一系列严的举措让广大党员干部受到教育，推动学院党风政风持续向好，得到了职工群众的一致肯定。2016年，学院党委被评为省直机关“共产党员示范单位”及全省水利系统“先进基层党组织”，党群党支部被评为全省教育系统“先进基层党组织”。

【60周年校庆】2016年11月，学院本着“文化传承、整合资源、凝聚人心、展示形象、推进发展”的原则办好校庆活动，筹备校庆晚会、校庆音乐会、大校园年会、校友分享会等20余项系列活动，收到社会各界、校友捐赠的现金300余万元，图书、仪器设备等物品29件总价值约260万元。原水利部党组副书记、副部长、水利部参事咨询委员会主任矫勇，四川省人民政府副省长王铭晖，原水利部党组成员周保志，以及水利部人事司副司长孙高振，四川省委教育工委书记、教育厅厅长朱世宏，省水利厅党组书记、厅长胡云，成都市委常委谢瑞武等领导悉数到学院视察指导，3000多名校友、200余家兄弟单位、兄弟院校和社会各界到校祝贺，对学院60年办学成就充分肯定，对学院未来发展寄予厚望。中国水利报、四川日报、四川电视台、四川水利报等省内外近30余家主流媒体、200余家网络媒体全方位、多角度地向校内外展现了60周年校庆隆重、热烈、喜庆、祥和的盛大场面。

【“两学一做”学习教育】学院制定专门的党员学习计划，将规定动作和创新活动相结合，建立了专题网站和宣传专栏，邀请专家讲授党史、红军长征、十八届六中全会宣讲、廉政文化等专题报告，围绕学习主题开展集中学习，对照“四讲四有”标准，把党员的先锋形象树起来。基层支部每月至少开展两次支部活动并报送简报，月底考核通报，推动党员干部的学习教育向经常性常态化延伸。“两学一做”专题网站创建至今，点击突破1.5万人次，30余条“两学一做”经验被四川日报、中国水利网、四川教育网、四川水利网和水利厅、教育厅简报刊载。

【诊改与ISO 9000质量体系结合】学院以职业院校教学工作诊断与改进为抓手，坚持问题导向，根据教育部、省教育厅文件精神，编制完成《四川水利职业技术学院内部质量保证体系诊断与改进工作实施方案》，聚焦内部质量保障体系和机制建设，组织全院说课大赛和骨干教师教学诊改专题培训，进一步提升了教师的教学业务水平。学院结合ISO 9000质量管理认证标准体系，从目标、标准开始，建立“网络化全覆盖、纵横联动的质量改进螺旋”，逐步形成质量意识清、质量目标明、质量管理严、质量责任强的学校质量文化，使“诊改工作”真正成为学院生存发展、履行职能和担当使命的内生动力。

【师资队伍建设】2016年，学院教师新晋正高级职称6人次。制定了《教师业务培训管理办法》，组织开展信息化教学能力培训；组织67名干部职工赴浙江大学进行了为期七天的“办学与管理创新”高级研修班培训学习；组织62名教师到宁波职业技术学院开展为期10天的素质提升培训；组织各系（部）开展能力提升培训，全年参培教师共300余人次，学院在水利部首次水利职业院校专业带头人评选中有1人入选。

【教育教学改革】2016年度，学院完成6个四川省教学改革项目的结项工作，立项中国水利教育协会水利职业教育教学成果奖项目4个，立项院级教改项目30项，完成三个省级重点专业建设，新申报2个专业，成功申报全国水利行业高技能人才培养基地；新增省级精品资源共享课1门，院级3门；参加第二届“河海杯”水利行业现代数字教学资源大赛，获特等奖1项，二等奖1项，优秀奖3项；出色完成了四川省职教周、西部国际博览会等布展工作。学院院长被聘为全国职业教育集团化办学工作专家组专家（全国31人，四川入选2人）。四川水利职业教育集团集团化办学案例并入选《全国职业教育集团化办学典型案例汇编（2016年）》。四川水利职教大校园管理委员会深化产教融合，成效显著，2个事例入选水利职业教育产教融合典型案例，成功申报全国水利行业高技能人才培养基地。

【科研工作】本年度学院教师在四川省教育厅、四川省教育发展研究中心等科研基地成功申报立项9个新项目，院级科研项目立项31个项目，在各级各类公开刊物发表论文141篇，其中核心期刊论文20篇，15篇论文获得各级各类奖项；成功申报实用新型专利2项。2016年，学院获得成都市高职中专教育学会11项奖励，并获得优秀论文组织奖，中国水利教育协会一个一等奖、两个三等奖，中国职业教育学会一个一等奖。

【招生与就业工作】2016年，学院报到新生3615名，报到率在全省高职院校居于前列。在做好招生工作的同时，学院持续做好对毕业生就业工作的指导和服务，巩固和拓展就业市场，切实落实毕业生就业“一把手”工程，毕业生初次就业率稳中有升，促进持续发展。

【特色校园文化】学院坚持立德为本，树人为要，充分利用四川省蜀水文化研究基地、四川省文联创作培训基地、四川中共党史教育基地落户学院的功能优势，积极开展水文化、党史教育入课堂活动，连续五年举行新年音乐晚会，开展书法摄影展、戏剧进校园、春季运动会、社团文化艺术节等文化惠民活动。同时，积极加强群团工作，充分发挥团委会、学生会作用，调动学生和志愿者参与积极性，开展雷锋纪念系列活动、“五四”青年活动月、“七一”向党的生日献礼系列活动、“一二·九”爱国爱校爱家系列活动，切实加强学生理想教育、信念教育、“三观”教育、爱国主义、集体主义和社会主义教育，以丰富多彩和健康向上的校园文化生活为引导，传递青春正能量，实现文化育人。

【社会服务】学院积极担负起高校的社会责任，全面完成《全省水利人才队伍建设“十三五”规划》《全省水利系统廉政文化指导意见》《甘孜州水利人才队伍建设“十三五”规划》《理县2016—2020年水利扶贫实施方案》编制起草工作；承办了四川省水利系统廉政文化建设培训班；完成了向家坝灌区北总干渠征地范围土地调查；完成专业技术培训600人次，并取得了较好的培训效果；成功承办了2016年四川省高职院校测绘技能大赛；整合校内资源，成立李冰继续教育学院，归口实施面向全省乃至全国水利行业的在职培训与继续教育。

（刘斯琴）

国网四川省电力公司管理培训中心

【单位概况】国网四川省电力公司管理培训中心（中共国网四川省电力公司党校）是国网四川省电力公司于2010年组建的企业内部非营利性职业教育培训机构，是公司党校所在地，属于国网四川省电力公司分公司性质的二级单位。中心以企业管理培训为主，主要针对公司经营类、管理类和部分技术类岗位实施专业培训。党校作为省公司党委的重要部门，主要承担党建理论研究、领导干部、后备干部及党务专业管理人员理论教育培训等工作。作为国网四川省电力公司“智桥大学”建设的培训实施机构，下设领导力、行政、人文、人力资源、物资、规划等6个学院，主要负责培训教学管理、培训后勤保障以及网络学习平台培训数据维护建设等工作。

国网四川管培中心（以下简称中心）始终立足于国网四川省电力公司发展大局，以构建企业大学为目标，以培养适应“十三五”电网发展战略要求的高素质干部队伍和专业人才队伍为宗旨，大力开展管理人员教育培训工作。结合电网发展实际，建立完整、系统、具有电力特色的培训课程体系，自主开发特色培训课程，中心成立至今，共完成各类培训班及会议 1000 余个，培训学员及参会代表 37 余万人天，在培育高素质、复合型管理人才方面做了卓有成效的工作。同时，中心还承担省公司系统内一类会议及部分二类会议的接待及公司廉洁教育、集中评标等相关工作。

国网四川管培中心具备了 500 余人规模的会议接待能力，客房床位数达 576 个，餐厅座位数达 800 个。中心从功能上分为北部培训区和南部会议区。北部培训区设有研修室、电教室、报告厅、阅览室、培训教室等现代化培训教学设施。南部会议区设有会场、公司廉洁教育基地和电子评标室，并配有运动场馆，可同时进行网球、篮球、羽毛球、乒乓球等球类运动。中心不断整合公司系统内部培训资源，创新培训管理方式，建立一支满足不同层次培训需求的优秀内训师队伍，同时，加大网络学习平台建设力度，于 2013 年，建成了数字化校园系统，实现了培训管路、会议接待各类资源的数字化管理。

《换个角度看问题》自主研发课程亮相中层干部班（唐若莹　摄）

面向未来，中心将紧紧围绕公司发展大局，以构筑现代企业学习体系为主线，朝着“建设一流企业大学，培养一流电力人才”的目标迈进，为国网四川省电力公司实现“十三五”规划期间发展目标提供思想支撑、人才支撑和智力支持，为公司教育培训事业做出新的更大贡献。

【人力资源】管理培训中心 2016 年度，原有职工 105 人，其中包括领导 5 人。年末职工人数 110 人，其中领导 5 人，当年新进大学毕业生 6 人，退休 1 人，调入 1 人，调出 1 人。

职工队伍现状：职工队伍现状：经营者 5 人，管理及技术人员 59 人，服务类人员 46 人。硕士研究生 10 人，大学本科 65 人，大专 18 人。高级职称 12 人，中级职称 24 人。技师 10 人，高级工 29 人。人才当量密度 1.0058，人才引进指数 1，平均年龄 39.9 岁。

人员培训情况：全年中心内部组织专项培训 38 班次，3238 人次；各部门外送培训共 52 班次，1957 人次，合计教育经费 17.46 万元。中层及以上管理人员培训费 4.67 万元，35 人次；中心骨干员工培训费用 5.65 万元，45 人次；中心内训师培训费用 2.89 万元，55 人次。另外送公司组织的专项培训 71 班次，99 人次。全面完成了 2016 年教育培训计划。

【技术装备】信息发布心痛 2 套，大屏显示系统 2 套，扩声系统 13 套，中控系统 3 套，信息查询系统 1 套，会议系统 3 套，多媒体显示系统 3 套，会议录播及监控系统 1 套。数字化校园 1 套（含：教学策划、教学管理、后勤保障功能），同声传译 1 套，数字网络扩声系统 1 套，演出音响 1 套，舞台灯光 1 套，公广系统 1 套，音频矩阵系统 1 套，信息采集与后期制作 1 套，LED 大屏显示系统 1 套。

【自身业务】2016 年，是中心认真贯彻落实省公司 2016 年工作会议精神，紧紧围绕“1350”年度工作目标，凝心聚力、开拓进取的一年。中心承办培训班 209 个、17447 人次、75886 人天，管理人员培训任务完成率 100%，培训质量满意率 98.09%；承接各类会议 81 个、9769 人次、30691 人天，综合服务满意率 98.11%。全年承接各类班、会议共计 298 个，27213 人次、106577 人天。全面完成省公司下达的各项工作任务。中心 2016 年度企业负责人业绩考核排名位列省公司科研教培和专业公司第 4 名，实现了冲击第一方阵的既定目标。

【安全生产】中心安全生产基础不断夯实。扎实开展“安全管理基础提升年”活动，制定专项工作方案 2 个，新增和修编安全管理规范性文件 5 项，为活动开展提供坚强制度保障。加强隐患排查综合治理，按照“三清晰”管理要求（设备台账清晰，管理权责清晰，运行状况清晰），全年共排查治理设施设备缺陷 75 项，隐患 140 起。加大反违章力度，发现并整改各类违章行为 107 起。强化安全教育培训，出台《国网四川省电力公司管理培训中心典型违章 100 条》，提升员工防范意识和辨识能力。组建基干应急队伍，开展“防洪度汛应急演练”“灭火救援与应急疏散”等专项演练，有效提升应急处置实战能力。强化内部治安防范，升级消防中控室监测控制系统，完善应急照明设施，加设围墙防盗护栏和监控设备，不断提升人防、技防能力。2016 年，中心实现安全生产“零”事故目标。

【经营管理】中心开展“效益提升年”活动，中心质效提升成果突出。严格成本预算管理，全年实现利润-8130.89 万元，减损 1488.69 万元，可控成本执行准确率达 99.2%，高效完成公司下达的财务指标。有效管控车辆使用费、维修费等可控项目，全年开支车辆使用费 48.22 万元、车辆维修费 43.2 万元，较 2015 年同比下降 20%和 8.72%。实施纳税统筹，减轻赋税负担，流转税较 2015 年同比减少 207.44 万元。强化能耗管控，加装计量装置，实时价量比对分析，及时采取有效措施，人均消耗水电费较去年同比下降 27.12%。开展固定资产清理工作，制定《国网四川省电力公司管理培训中心植物管理实施细则》，实现资产有效管理全覆盖。开展库存物资有效利用，清理库房 22 个，建立标准库房 2 个，再利用库存物资 15830 件，降低库存物资余额 16 万元。创新建立业绩指标“三区两线”（双高区、警戒区和双低区）分析模型，直观反映业绩指标进退情况，促进各部门对业绩指标进行精细化管理。2016 年中心年度企业负责人业绩考核以总得分 105.81 的好成绩进入 A 段，1 项管理创新课题荣获省公司二等奖，3 项精益化项目分别荣获省公司二等奖 1 个，三等奖 2 个。

【品牌传播】中心开展“品牌建设提升年”活动，中心品牌影响力不断增强。注重先进典型选树，营造“比、学、赶、帮、超”氛围，两名职工先进事迹在省公司“寻找最美一线员工”专栏登载。《国网四川电力新入职员工集中培训》相关报道在《国家电网报》上登载。一名职工在全国第四届“书香三八”读书活动中获全国优秀奖。中心“风雨三十年”老照片展的整体策划及宣传，受到员工好评。注重价值引领，强化新媒体传播，中心全年在“川电家园”“川电青年”等公司层面微信平台发布稿件近 20 篇，精心策划的《省公司 2016 年新进高校毕业生集中入职培训班》“迎新季”报道连续三期占据公司“川电青年”微信公众号头条。以“为智慧点灯”为主题，集中反映中心“十二五”培训成果的《四川电业》增刊，“闪亮登场”在公司 2017 年工作会上，管培品牌形象进一步彰显。优化完善舆情管控体系，有效防范和处置舆情风险。2016 年，中心未发生一件影响公司和中心声誉的舆情事件。

【培训管理】完成中心“十三五”规划的编制工作，明确“十三五”期间发展理念、发展目标和重点工作任务。着力专业课题研究，完成两项国网公司级研究课题，研究成果已在国网系统范围内推广应用。分类进行课程设置，提升培训绩效，处级班突出前沿需求和高端引领；中青班以“专题授课——团队研讨——案例实践”为主线，突出党校培训特色，党课所占课时比例达到 62.5%；青干班突出理论学习为主导，全面提升学员“会说、会想、会写、会做、会管理”的能力。发挥智力支撑作用，为公司重要班、会邀请著名学者授课，受到公司好评。首次主动承接公司“管理人才评选”工作，获得公司相关部门充分肯定。高度重视“智力”援藏工作。针对阿坝公司、甘孜公司干部队伍的具体情况，开展培训业务输出，中心三次派人进藏开展培训需求

中心员工提升“积极领导力”培训 （肖琼 摄）

调研，与阿坝公司达成干部培训合作协议，促进公司人才强企战略的有效延伸。创新移动学习形式，建成中心“翠月直通车 APP”在线评估模块，实现线上学习与线下学习的有机结合。

【锻造服务品牌】中心夯实“五心服务”基础，丰富“感动文化”内涵。全力做好公司培训、会议的服务保障工作，顺利完成省公司“三会”、年中工作会、省国资委会议、省政协老同志疗养、国网公司招投标服务和国网离退休老同志健康休养等重要服务保障工作，获得国网公司级、省级感谢信 9 封。推广 SOP 显性管理，积淀优质服务案例 15 个。强化后勤保障整体功能提升，积极构建“大后勤”格局，严格执行项目管理制，高效完成全年维修和信息项目 51 个；积极推进“智慧校园”建设，优化中心 4G 网络，升级改造无线 WiFi，实现学员宿舍、教学

场所全覆盖。

【依法治企】中心开展法律课题研究，为公司完成《地市（县）供电公司岗位制度手册》编制提供支撑。新增和修编中心非国网通用制度11项，确保制度实用、管用、能用。发挥非招标管理源头把关作用，采购方案审查率100%。推广使用国网公司通用合同，合同法律审查率达100%。加大对集体企业的监管力度，规范集体企业与主业的管理关系、人员关系。中心组队参加省公司法治企业建设知识竞赛荣获团体一等奖和优秀组织奖，省公司组队参加国网公司法治企业建设知识竞赛，中心一名职工作为主力队员获得个人二等奖。

中心顺利通过“四川省文明单位”复查验收和“省级最佳文明单位”的创建　　（张珀源　摄）

【科技成果】按照四川省电力公司企协的总体安排，扎实推进管理创新和课题研究工作，2016年完成并向省电力公司推荐管理创新成果4项、课题研究成果3项，其中管理创新成果“企业内训师培养路径管理”获得省公司2016年度企业管理创新成果二等奖。精益化项目“中层干部履职能力培训项目管理精益提升”获得省公司 2016 年精益项目成果二等奖，精益项目“员工践行国网核心价值观评价精益管理”和“非招标活动法律保障精益提升”获得省电力公司2016年精益项目成果三等奖。

【党的建设和精神文明建设】中心深入落实中共十八届六中全会和全国国有企业党的建设工作会议精神，着力加强党的建设。深入开展“两学一做”学习教育，创新微宣微讲党课展示，开展中层干部讲党课活动24期，园林公司党支部党课《从毛泽东诗词追溯党的革命史》被推荐至省公司参加党课案例展示活动，受到一致好评。积极筹备“两委”换届工作，顺利完成“两委”换届选举。加强纪检、审计监督，深化审计成果应用，开展由纪检、审计、财务、物资、项目5个专业联合的“五位一体挑刺”行动，发现并整改问题423个，形成价值材料3份。丰富职工文化生活，开展“铭记历史，感恩企业”主题系列活动，举办员工综合服务技能大赛和内训师讲课劳动竞赛，不断提升职工岗位价值。加强道德文化建设，开办“道德讲堂”4期。强化干部管理，修编干部管理相关制度8个，完成新一轮后备干部选拔。注重员工素质提升，倡导员工岗位成才，中心人才当量密度从0.9962提升到了1.0058，实现了“1”的突破。团青工作成效明显，志愿服务活动规范有序，团青动态位居“川电青年”微信平台点击量第四名。2016年，中心被全国总工会评为“全国职工教育培训示范点”，顺利通过“四川省最佳文明单位”验收，经营保障团支部获国家电网公司“五四红旗团支部”荣誉称号，中心党委首次荣获省公司先进基层党组织荣誉称号。“员工践行国网核心价值观评价精益管理”项目，被列为国网公司企业文化评价重点项目。

【面临的挑战】一是经营管理压力剧增。随着电力体制改革措施进入落地实施阶段，中心成本、收入、投资等都将受到严格监管，这对广大干部员工的思想观念和中心运营模式、管理机制、业务流程等将带来深刻影响，传统思维习惯和工作方式必须因时而变、因势而变。虽在去年开展了“效益提升年”活动，取得了一定的成效，但仅靠一次活动还无法补齐管理、经营中存在的短板。经营管理压力加大，降本提质增效必将成为中心发展中的新常态。

二是依法治企任务艰巨。中心作为企业内设培训机构，处在改革的前沿，是政府监管、社会监督的热点。近年来，中心依法治企建设成效明显，但在各种检查、审计以及中心开展的“挑刺”行动中，仍然发现诸多问题，折射出中心在管理中还存有薄弱环节，依法治企工作始终是中心长期和艰巨的任务。

三是核心业务短板突出。在总结中心干部培训方面好经验、好做法的基础上，充分认识到自身在党性教育的主课占比、党校科研咨政水平、专业人才队伍建设、信息化教学水平等方面存在的较大差距，找准在党校作用发挥上存在的不足，以“抓铁有痕、踏石留印”的精神不断改进提升已迫在眉睫。

（丘东懿、徐岚岚）

四川电力医院

【单位概况】四川电力医院1985年正式成立，是国网四川省电力公司分公司性质直属单位，非营利性医疗机构，主要承担省公司系统内员工健康管理、高原工程生命保障、职业卫生管理、应急医疗保障、电力社区卫生服务及日常医疗业务等工作任务，2013年12月正式挂牌“国家电网公司高原病防治中心”。2016年2月5日，四川省卫计委下发了《四川省卫生和计划生育委员会关于公布2015年医院等级评审与复查结果的通知》（川卫办发〔2016〕26号），四川电力医院被评定为“二级甲等”医院。

四川电力医院是四川省、成都市基本医疗保险定点医院。2013年10月8日迁入东风路17号新址，新院区占地面积21亩，建筑面积14000平方米，设临床科室15个（含34个专业），开放床位100张。医院先后成为“华西医大附一院网络协作医院”、卫生部“骨质疏松症诊疗技术协作基地”，四川省骨科医院（成都体育医院）医疗协作单位，成都市第二人民医院医疗技术协作单位，与四川省内多家知名医院及机构建立医疗学术交流平台。初步形成学科门类齐全、具有品牌特色的综合性医院。

2016年，医院完成门诊业务量6.62万人次，病床使用率31.5%；流动资产余额427.8万元，营业总收入9618万元，同比增加6130万元，增长175.74%；实现利润-2698万元，较上年减亏60.12%。

【人力资源】截至2016年年底，医院共有员工210人，其中全民员工92人，业务委托用工118人，其中硕士研究生14人，大学本科107人，共占用工总数的57.6%；高级职称28人，中级职称67人，共占用工总数的45.2%。

【技术装备】医院配备专用体检车、国内首台移动式高原箱装式加压舱、固定式高压氧舱、双源CT、3.0核磁共振、数字化口腔全景机、双能骨密度检测仪等先进医疗设备。

【业务工作开展情况】2016年，是四川电力医院努力奋进、创新突破的一年，也是成果丰硕的一年。医院以科学发展观为指导，围绕公司中心工作，为医院持续健康发展奠定了坚实基础。藏中联网工程建设中，医院首次以乙方身份承担医疗保障工程，确保了阶段性生命医疗保障“三零”目标的实现

【安全管控】开展“本质安全”建设工作和“安全管理提升”活动，各级安全责任压紧压实，落实安全工作“问责”机制。按照“三查三强化”安全专项行动的要求，通过医疗、院感、护理质量检查，节日安全检查，行政查房等方式，查处整改安全隐患29例，隐患整改率100%。强化安全风险管控，分析安全管理中的薄弱环节，完善各类专项应急预案，开展专项应急演练24次，全院应急演练3次。强化医疗核心制度监管执行，发现并整改各类问题349个。加强安全知识培训。开展“4·15”国家安全法宣传教育活动，针对重点区域开展消防安全演练，结合藏中联网交通特殊要求开展交通安全培训，医院全年共组织开展11次各类安全专题培训。加大安全管理力度。强化危险源规范管理，对精神类、麻醉类、放射性等特殊药品实行专人保管。加强对病案的监控与管理，在病案室新增监控装置及保险柜。强化信息网络安全管理，建设网络与信息安全监测预警控制平台，组织开展信息网络安全专项行动，参加国网公司信息安全攻防演练，梳理网络安全隐患与薄弱事件，全年完善整改11项。组织保密安全大检查，完成保密工作整改16项。为公司重点

藏中联网工程日常巡诊

工作提供医疗安全支撑，圆满完成公司应急演练、“三会”等多项会议、活动的医疗保障任务，全年共派出医疗人员131人次外出保障74次。2016年，医院未发生医疗责任事故和各类恶性误操作事故，有1名个人、2个集体获得省公司安全生产先进个人和先进集体荣誉称号。

【强化质量管理】医院建立完善的医疗、护理质量管理体系，制定医疗、护理质量管理和持续改进实施方案及配套制度、考核标准、质量指标。全年共修订79个专业制度、2个操作流程。组织完成“三基”竞赛，在院医务人员参与率100%。开展不同生化仪对比试验及结果分析，开展生化项目批间及批内的精密度评价，医院在卫生部临床检验中心组织的2016年全国室间质量评价（能力验证）中，得到同行认可。提升医疗实力。与华西医院、省医院等医疗协作单位开展了医疗协作及进修送培业务，为系统内员工和住院患者建立了双向转诊及会诊绿色通道。承办并圆满完成成都市医疗继续教育培训7次，医院的知名度得到提升。2016年，3名护士取得了专科护士证书，1名医生获得医院首张“国际疾病分类编码资质证书”，内科主任何清华成为成都市内分泌医疗质量控制中心市级专家组成员。科研项目顺利开展。《高原电网建设与运维医疗卫生保障标准》通过国家电网公司技术标准审查，即将发布成为国网公司技术标准。完成“电力作业场所职业卫生检测服务”精益化项目及“高原电网运维人员体力劳动强度分级探索”管理创新课题。与华西合作的科研项目（四川省骨质疏松质量控制及考核标准调查研究）顺利完成了第二期科研工作。

【医疗保障基础夯实】高原临床医学专家长驻林芝全程指导现场医疗保障工作。全线4台高压氧舱全部投入使用。前线医院与后方保障通力合作，采购保障药品、耗材153种，配置救护车12辆，并配备了DR、心电图、生化仪等一批先进的医疗设备和充足的氧气瓶，确保了医疗保障工作的需要。医疗保障措施完善。工程现场保障医院相继制定并下发《藏中联网工程医疗保障实施方案》《藏中联网工程参建人员健康档案管理办法》等方案办法，完善了医疗保障“四个责任”“四个到营地”措施。创新构建出“点穴式”、微信平台、面对面培训等“三位一体”业务培训体系，为文明服务、优质服务提供了人才、技能支撑。医疗保障全面覆盖。严把参建人员上线体检关，确保参建人员建档比例100%；建立覆盖全线的三级医疗保障体系，在工程建设沿线设32个医疗站，实现了50公里、2小时医疗保障覆盖，参建人员救治率达到100%。2016年藏中联网医疗保障共服务参建人员15000余人，救治病人18378人次，确保了阶段性“三零”目标的实现。

【降本提质增效工作逐步深入】医院深入开展“效益提升年”活动，制定效益提升活动实施细则，确保提质增效工作落到实处。加强医疗成本管理。加强对仪器设备的管理，降低维护费用，提高仪器、药品利用率，全年清理滞销药品16个品种，退回医药公司药品金额6.3万元。集中报损将过期急救箱（车）配备药品，避免药品的浪费和遗失。加强成本管控。严格预算管控，实行可控成本预算分解，将责任落实到部门科室；加强人力资源管理，严控人工成本，提高劳动生产率；制订《四川电力医院差旅费管理办法》，严格出差管理，规范审批流程，严控食宿、交通工具乘坐标准。2016年共节约可控成本89.67万元。积极拓展效益增长点。做好藏中联网工程医疗保障项目管理，严把费用列支关口，藏中联网工程医疗保障成为医院2016年，增效重点工程。积极拓展体检范围，成为西藏公司员工定点体检单位。按“二甲”要求调整医疗收费标准，规范药品结构，拓展医疗服务范畴，检验、康复、健康体检等项目有了新扩展。医院员工的服务意识，市场意识，竞争意识，效益意识均有提高。2016年

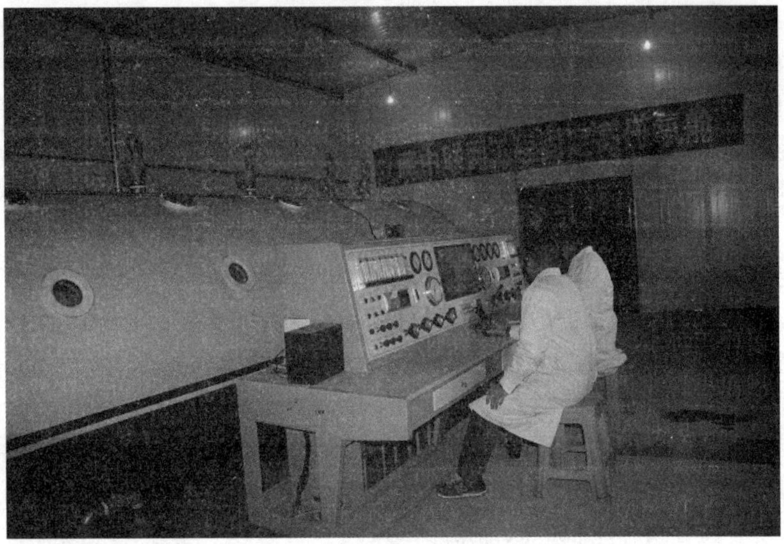

藏中联网工程固定高压氧舱

较上年度减亏 4927 万元。

【优质服务】医院的健康管理服务不断深化。2016年，医院体检服务 18366 人次。开展高原工作人员专项体检，筛查出不适宜上高原人员 600 余人。开展重大疾病提示和健康回访，全年共发现潜在重大疾病 683 人次，回访 4000 余人次，并实现体检人员在院诊疗的无缝对接。开展健康咨询活动，通过电话、短信平台进行健康咨询、指导，以信息化方式延伸服务内涵，公司离退休人员 396 人通过平台接受了健康咨询、评估和指导。开展健康知识普及工作，为公司本部、应急中心等单位进行各类健康讲座 31 次。开展藏区健康帮扶工作，院领导两次带队进入藏区为甘孜公司 17 家县公司员工进行高原病预防、心理健康知识普及，开展的现场诊疗、血压监测、心理咨询等服务受到藏区员工的欢迎。医疗护理服务不断优化。在住院部开展优质护理服务，从基础护理、专科护理、安全管理、护理人员管理、护士长工作管理等方面进行月度评价；做好入院病人宣教、住院病人健康教育、出院病人康复指导工作，健康教育覆盖率 100%；开展病人个性化护理服务，开展病患出院随访工作，患者满意度达到 99.02%。职业卫生技术服务逐步完善。共完成 13 座变电站的现场检测工作，检测工频电磁场及噪声作业点共计 500 余个，出具检测报告 29 份，充实了变电站职业卫生检测基础数据。组织公司系统各基层单位参加职业卫生管理培训，牵头建立省公司职业卫生工作交流平台，完成《国家电网公司职业卫生管理办法》《国家电网公司职业卫生技术规范》等规章制度的任务分解和技术指导；接受并通过了四川省质量技术监督局的评审，获取了检验检测机构资质认定证书。通过内部管理体系转版运行、外部监督指导等不断提高职业卫生管理水平。坚持履行社会责任。组织青年志愿者走进社区，为留守儿童进行健康体检。开展“爱牙日”“爱眼日”“健康中国科普助力”等义诊活动，义诊 373 人次，发放资料 214 份；到贫困地区仪陇县、阆中市开展“精准扶贫”活动，为 323 名村民开展健康体检，受到了当地群众的一致好评。

【综合管理持续优化】医院依法治企不断深化。全面推进法治企业建设，大力开展“法律进医院”活动，梳理排查存在的法律风险，开展专项培训，制定、落实风险防范措施。有序推进“七五”普法工作计划，提升全院法治意识。加强通用制度培训，严格执行制度落地“最后一公里”工作要求，落实制度管理全覆盖。聘用专业律师团队服务医院法治建设，优化外聘律师服务内容，建立内外结合、优势互补的普法骨干队伍。开展“四风”问题整治情况和 2011-2015 年审计发现问题整改“回头看”工作，确保对账销号、不留死角；组织全院开展风险点排查，梳理分析潜在的薄弱环节 96 项，逐一制定落实防控措施，有效提升风险防控能力。人力资源管理不断加强。持续推进“三集五大”体系巩固提升和高效运转，开展“五位一体”全员要素比对工作，分专业、分层级摸底医院缺员现状，员工实行动态管理。加强员工技能培训，部门科室内部培训 124 次、院级培训 37 次，同比提升 9% 。全年组织开展 7 次网络大学学习及考试，540 人次参加，考试通过率 100%。制定医院绩效管理奖惩标准，树立了“鼓励创新与争优、考核敷衍与懈怠”的导向，营造上下一盘棋、共同争佳绩的良好氛围。干部队伍建设不断强化。全面开展“四好”领导班子创建活动，强化中层干部的全闭环管理流程。组织中层干部专项培训，全面完善现行干部管理制度体系。组织全体干部签订党风廉政建设责任书和党风廉政建设承诺书，完善“一岗双责”机制，重大节日实行廉政警示；深化“红线”制度宣讲、强化领导干部的干事干净理念。基础管理不断夯实。结合省公司 2016 年度党风廉政专项巡察，提出 41 条整改措施，新建、修订、完善制度 14 项，促进了医院规范化管理水平的提升；进一步加强医院非招标采购管理，规范合同审核流程，降低采购风险；进一步提升综合业务水平，医院在省公司保密考核评价中名列直属单位前茅，参加省公司办公室业务调考获公司团体第七名。集体企业平稳改制。集体企业在规定时限内完成税务注销、工商注销等系列工作，顺利完成清算关闭，确保了改制过程中员工队伍稳定。顺利完成医院外委业务的无缝转接，确保了工作的正常运行。

【科技成果】2016 年，医院组织编写的《高原电网建设与运维医疗卫生保障标准》通过国家电网公司技术标准审查，即将发布成为国网公司技术标准。完成“电力作业场所职业卫生检测服务”精益化项目及“高原电网运维人员体力劳动强度分级探索”管理创新课题。与华西合作的科研项目“四川省骨质疏松质量控制及考核标准调查研究”顺利完成了第二期科研工作。

【党的建设和精神文明建设】医院党建工作有效加强。2016 年，全面开展“两学一做”学习教育活动，组织全体党员学党章，开展支部书记讲党课活动，召开了党支部书记抓党建工作专题述职评议和座谈会，全面夯实广大党员思想基础。认真总结党委、纪委5年来的工作，圆满完成“两委”换届工作。清理医院党员党组织关系，调整优化党支部党员分布。成立藏中联网工程医疗保障党支部，加强了医疗保障工作的组织领导。廉政建设扎实有效。完善惩防机制，严格监督问责，党风廉政建设取得实效。认真开展“清风川电”系列主题教育活动，积极组织“党纪党规印我心”等竞赛活动，做到人人参与，不留死角。着力提升信访稳定综合治理能力，依法依规化解信访苗头，保持和谐稳定局面。文化建设内容丰富。依托藏中联网医疗保障，开展“四微创作”，在省公司及以上媒体发稿124篇，其中《国家电网报》季度上稿5篇，位居省公司直属单位前三甲。推动职工文化建设，深化民主管理，开展劳动竞赛，组织志愿者服务、健步走等活动，职工文化活动丰富多彩。开展节日、生日员工慰问活动，传递企业温暖；做好离退休“两项建设”，落实“两项待遇”，顺利开展新春团拜会及春游活动，走访慰问、看望生病住院离退休老同志共16人次。2016年医院通过了四川省精神文明单位复审。

（仲　冬）

协会学会

责任编辑：曾逸农

2016年，在四川电力行业中，各电力协会、学会围绕四川电力生产、建设和发展，积极献言献策，主动作为，为企业服好务，为提高四川电力企业管理水平和推动四川电力大发展起到了积极的桥梁与纽带作用。

四川电力系统的协会、学会，属于全省性的、有较大影响的主要有四川省电力行业协会、四川省水力发电工程学会、四川省电机工程学会。这三个协会、学会坚持“立足行业、服务企业、联系政府、沟通社会”。在政企之间、厂网之间、设计施工制造企业、大专院校之间搭起一座交流，沟通桥梁，为四川经济社会发展作出了新的贡献。

四川省电力行业协会

【概况】2016年，是“十三五”规划发展开局之年，更是电力改革攻坚之年，四川省电力行业协会认真贯彻省委、省政府工作部署，认真贯彻落实全省“两会”精神，在省级有关部门的关心指导下，紧紧围绕四川电力发展主线，以创新、协调、绿色、开放、共享五大发展理念为统领，以构造和谐电力企业为出发点，深入分析研判电力发展和改革面临的新形势、新任务和新机遇，坚持“立足行业、服务企业、联系政府、沟通社会”，全面激发“五个平台”活力。在政企之间、厂网之间、设计施工制造企业、著名院校之间搭建起一座交流、沟通桥梁，为四川电力事业科学、和谐、持续发展提供动力，为四川经济社会发展做出了新的贡献。

【召开理事长联席会共商发展大计】2016年2月，四川省电力行业协会召开了“四川省电力行业协会理事长联席会暨全省电力行业2016年工作座谈会”。

四川省副省长刘捷出席了会议并作重要指示。省政府副秘书长罗治平，省发改委副主任、省能源局局长雷开平，省经济和信息化委员会副主任李曙光，国家能源局四川监管办公室副专员何淑兰等政府领导应邀出席了会议。行业协会理事长单位、副理事长单位的领导、行业协会秘书长、副秘书长参加会议。国网四川省电力公司党委书记潘敬东、副总经理陈云辉及相关部门负责人应邀出席了会议。

会议肯定了协会在过去一年中所作出的努力，面对复杂形势和艰巨任务，在省委、省政府坚强领导和省级有关部门大力指导下，积极克服经济下行带来的巨大压力，共同推动全省电力事业迈上新高度。

理事长石玉东指出，行协要在加强自身建设、引进专业人才、组建专家智库等方面做出积极努力，当好参谋与助手，发挥桥梁和纽带作用，加强电力企业的协调沟通，促进全行业凝聚发展共识，增强发展合力，实现电力行业的共同发展。

电力行业作为关系经济发展和社会稳定的基础产业，必须把握发展新机遇、应对改革新挑战，齐心协力、攻坚克难，推动行业科学和谐、持续健康发展，千方百计减少弃水，准确把握能源发展趋势变化，推动电力体制改革落地，共同维护行业秩序和稳定。

【主办四川电力行业经营与发展研讨会】2016年6月，由协会主办的“四川电力行业经营与发展研讨会”在成都召开，协会理事长单位、副理事长单位领导齐聚一堂，对当前四川电力经营与发展中遇到的困难和问题做了交流发言。

针对近年来，弃水电量仍呈逐年增长趋势，极大影响了各发电企业的经营效益。四川电网售电量和资产规模排名靠前，但利润指标排名靠后，与电网发展水平和电网规模不匹配，电力企业经营发展困难。若无新增川电外送通道，2017—2020年，四川省“窝电”问题将更加严重，各年最大弃水电量将达300亿—450亿千瓦时，且在发展过程中已暴露出部分电源与其配套的电网送出工程投产进度不同步的问题，阻碍了四川省电力的健康发展。

协会听取了各副理事长单位的意见，石玉东提出三点建议：一是积极呼吁国家层面赞同“西电东送”的重要性，全力打通四川清洁能源打捆外送通道，促进四川水电在全国范围优化配置；二是优化四川清洁能源发展，构建市场化、长效化消纳机制，着力解决省内电力产能过剩的矛盾；三是积极开拓新兴市场，增加交易品种，呼吁政府相关部门出台相关补偿机制，推动电能替代等项目。

根据协会理事长单位和各副理事长单位的意见和建议，最终形成共识，由行业协会牵头，继续组织在川电力企业就会议的内容进行深层次，不同层面的研讨，最终完善形成了《四川电力产业发展思考》报告，行协发挥第三方平台作用，做好与各级政府、媒体、社会公众沟通工作，把研究出的好的成果传播出去，为电力行业发展营造好的氛围和环境，共同推进行业科学和谐、持续健康发展。

【举办了“全球能源互联网”专题讲座】在“第十四届四川国际电力产业博览会”召开期间，行协同时举办了“全球能源互联网”专题讲座，讲座邀请全球能源互联网办公室专家主讲，协会理事长单位和副理事长单位组织技术人员积极参与，共有包括国网四川公司的检修公司、应急中心、经研院、电科院等多家单位超过300多名专业人士参加了此次讲座。讲座围绕全球能源互联网的发展、构建、综合效益以及全球能源互联网对四川电网建设和清洁能源消纳的作用，解读了电力行业前沿技术和发展趋势，助力各电力企业把握商机。

【开展了四川电力产业现状调查及研究课题】面对四川经济发展“新常态”下电力行业发展的新形势、新特点。针对四川全社会用电量增幅下降、特别是工业用电量大幅下降，发电量、上网电量、发电设备利用小时减少、富余水电消纳难度大等全行业重大问题，协会组织专家调研完成的《四川电力产业现状与发展研究》的课题报告，得到了石玉东的高度肯定，并要求在上一年课题基础上，继续求真务实、发挥好行协的平台作用。秘书处结合今年四川电力产业存在的问题、具备的优势和潜力，深入分析制约四川电力发展的主要因素和存在问题，从政策机制、规划设计、投资建设、研发制造、经济运行等方面又针对性地提出了符合“四川省电力产业做大、做强、走出去”战略的思路和建议。并将形成的《四川电力发展思考》报告，呈报省政府供决策参考。报告获得了四川省政府的高度重视，副省长王宁作了“省发改委、能源局并利民、开平同志：务请重视报告所提建议，一方面积极向国家汇报争取支持，另一方面在省级权限范围内有针对性研究解决办法，出台一些缓解的具体政策”的重要批示。

【开展了新形势下电网企业服务四川经济社会模式的研究】受历史遗留因素影响，四川省电网企业众多，各企业的电网建设标准、设备运维标准、服务水平参差不齐，差异极大；各企业存在电网重复建设现象严重、上级调度指令执行不畅等问题。在电力体制改革放开增量配电网的新形势下，增量配电网属于市场竞争性领域，各企业为了追求投资效益，可能存在对电网建设、运维投资不足，对经济社会发展造成重大影响。因此，怎样规范管理存量电网？以什么样的标准建设、运维、管理增量配电网？避免出现美国加拿大大停电、印度大停电等重大电网事故的发生，避免凉山昭觉县“悬崖村”天价电、金阳县贫困村按每灯每月收费不合理的乱收费现象继续存在，从而更好地服务四川省经济社会的发展。协会继续发挥政府和企业之间的沟通协调平台作用，牵头组织开展了《新形势下电网企业服务四川经济社会模式的探讨》研究工作，形成了《新形势下电网企业如何更好服务四川经济社会发展》报告，供有关部门参考决策使用。

【开展了新形势下售电侧改革的研究】行业协会利用第三方平台的作用，结合新电改要求和前几年研究成果，继续深入研究新形势下售电侧改革对电网企业传统经营模式可能带来的威胁，探讨电网企业提升服务水平应对策略。通过对配网市场的调查，分析现状及主要问题，提出巩固配网市场存量、开拓增量、参与售电侧混合经济探索的建议，对电网制定经营和发展策略具有重要意义。

【发挥协会统计职能共享行业数据信息资源】四川省电力行业协会秘书处按照省经信委、省统计局、中国电力企业联合会的要求承担了四川电力行业统计工作，按月报表、年报表完成了四川电力建设、电力生产的统计工作。全面完成了报中电联、省经信委、省统计局的统计报表，并向会员单位共享了行业统计数据资源，为政府和会员单位提供了有参考价值的服务项目，并极参加省经信委组织的电力调度信息披露会，学习传达政府相关政策数据信息，推进统计软件的升级工作，为政府和会员单位提供更全面、更有参考价值的统计数据。

【发挥参谋助手作用】针对当前电力行业发展所面临的问题，行业协会主动联系政府，定期参加政府有关部门的信息披露会、能源供需形势分析会、电力发展相关的咨询会等，积极学习全国能源工作会议、四川省电力工作会议精神，并不定期的拜访电力行业相关的专家学者，参与行业热点难点问题调研，参与专题课题的论证，积极为四川省电力体制改革建言献策，为政府当好参谋助手。

【全面发挥协会刊物网站】协会努力搭建信息共享平台，完成了《四川电力》刊物和“协会网站”的信息收集、整理、编辑、审稿、发布工作。重点报道了国家特别是四川省的电力重大事件以及四川省电力行业动态和基层电力发展、新能源发展、智能电网等内容。及时传达了国家的相关政策、方针，大力宣传了国家相关职能部门、协会理事单位、会员单位、相关电力企业，为四川电力发展所做的努力和贡献。

协会的宣传内容不仅涉及我国电力和四川电力的重大事件和重点信息，还大量报道基层事迹，宣传基层电力工作人员对四川电力发展所做的贡献。旨在服务政府、服务行业、服务会员单位、服务社会，努力打造行业文化，打造行业核心价值体系。

【举办电力产业博览会推动行业科技创新】由省经信委指导，行业协会和国网四川省公司等十余家副理事长单位联合主办了“第十四届四川国际电力产业博览会”。本届展会以“能源互联网时代的智能电力”为主题，有100多家企业参展，国内外知名企业汇聚一堂，现场展示了智能电网、自动化仪器仪表、智能建筑电气、电线电缆、电力应急装备、电力巡检无人机、电力新能源等领域的最新产品和技术。展出面积10000平方米，专业观众超过8000人次。展会在西南地区电力行业极具影响力，已经成为西部及国内电力行业交流合作的重要平台。

【积极同中电联保持沟通】2016年，在协会领导的带领下，行协全方位加强同中电联的联系，积极争取中电联的指导和业务支撑。借助中电联的号召力和影响力，共同推动四川电力行业的健康发展。

协会领导多次赴中电联进行了专题工作汇报，行协的工作也得到了中电联的高度重视和肯定。在与中电联不断的汇报沟通和交流探索中，双方达成了共识，建立起了四川行协动态信息报送制度。通过信息报送制度，使中电联能够第一时间掌握四川电力企业的重要信息，也让协会获得了可供参考学习的中电联改革工作动态。11 月，行协秘书处协同四川监管办陪同中电联规划发展部相关领导到川调研，就四川电力体制改革的情况和所面临的相关问题对四川的部分电力企业进行了深入的调查研究。并针对协会正在开展的“新形势下电网企业服务四川经济社会模式的研究”课题与协会领导做了深入的了解和探讨。

通过这些努力，让中电联加深了对四川电力产业现状的了解。中电联也表示今后将在组织调研、培训、国际标准制订、产品鉴定等方面与四川电力行协的联手，加强沟通指导，密切加强合作，统筹协调，共同努力，使行业协会的地位越来越显著，作用越来越突出，共同提升行业协会的价值和影响力，更好地为会员提供服务。

【加大与其他各级行协的交流活动力度】加强对地市行协的指导工作。为了解地市行协的发展现状，研讨地市电力行协的发展方向，行协相关部门对绵阳、内江、南充等地市行协进行了走访调研，了解他们在电改新形势下，存在的困难和问题，收集他们成功的经验，并对四川电力产业发展相关问题做出调研和梳理。

【积极同科研院所、著名高校联系互动】2016 年，行协在构建专家智库的支撑作用方面做了大量工作，分别同四川电科院、四川大学、西南交大、华北电力大学、清华大学四川能源互联网研究院建立联系、达成了共识。各院校专家学者都对行协提出的在川电力企业发展过程中一些共性的课题表示出了浓厚的兴趣。

通过多次不同层面的探讨，行协同华北电力大学教授曾鸣对“四川电力公司在新电改环境下的应对策略”课题共同形成了初步的研究大纲。清华大学四川能源互联网研究院邀请国内知名学者专家在清洁能源、分布式电网、石墨烯电池、氢燃料电池等多个新能源新技术领域，与行协内部不同层级的会员单位进行了探讨，收效显著。行协的平台作用也得到了进一步的发挥和各单位的认同。

（四川电力行协）

四川省水力发电工程学会

【单位概况】四川省水力发电工程学会（以下简称学会）是依法登记的法人社团，是四川省科学技术协会和中国水力发电工程学会的组成部分，成立于 1981 年 5 月，是各省、区最早成立的水电学会之一。学会先后在西南电管局、四川省电力局、四川省电力公司固定挂靠，后由于电力体制改革，厂、网分开，2006 年，经第六次会员代表大会决定，学会采取轮流挂靠模式，每届时间为 5 年。2016 年 12 月 26 日，学会召开第八次会员代表大会，进行了换届选举。经民主投票，选举产生了学会第八届理事会，理事会成员 85 人，常务理事 52 人。第八届理事长为涂扬举，严军为第八届常务副理事长兼秘书长。第八届学会支撑单位为国电大渡河流域水电开发有限公司。

学会设有学术、科普 2 个工作委员会和学报编委会；有规划、地勘、水工、水机、施工、运行、工程造价、环境保护 8 个专业委员会；下设 14 个分会及 46 个会员单位，涵盖了四川省水电行业设计、施工、发电、咨询、科研院所、大专院校、电力设备、行业管理等主要单位。现有个人会员 3597 名，专家委员会专家 386 人。

学会现办有一刊一网，由学会主办的《四川水力发电》杂志是面向国内、外公开发行的水电专业学术性双月刊，是中国电力优秀科技期刊、四川省优秀期刊、四川省质量一级期刊。“四川水力发电网站”是学会的门户网站，是四川水力发电行业的信息交流与传递平台。

【学术活动】2016 年，学会举办学术交流活动 2 次，交流人数 270 余人，交流论文 257 篇，出版论文集 2 辑。

学会以在建电站为依托，召开一年一度的学术交流会，表彰 2014—2015 年度优秀论文。11 月 16 日，“四川省水力发电工程学会 2016 年学术交流会暨 2014—2015 年度优秀论文表彰会”在石棉县召开，近 100 位专家和代表参加会议，6 位专家在会议上做专题报告，征集论文 126 篇，印刷论文集 200

册。会上对2014—2015年度优秀论文进行了表彰，为获奖代表颁发了证书。与会代表赴田湾河水电站进行了现场调研。

2016年9月20—22日，“2016年云、贵、川、桂、湘、粤、青七省(区)水力发电工程学会水电站运行管理及检修技术研讨会”在成都市召开。本次活动由云南、贵州、四川、广西、湖南、广东、青海七省（区）水电学会共同主办，四川学会承办。福建、江苏学会应邀参加会议。共170余人参会。收集交流论文131篇，并编印了论文集，7篇论文在大会上交流。会议以大会论文交流、专业小组研讨、电站实地考察等形式进行。会后，参会代表赴紫坪铺电站进行了考察。

【服务会员】学会深入了解基层会员单位和会员的需求，5月9—11日，学会秘书处、四川水力发电杂志社赴乌东德电站进行了为期3天“走基层”活动，对乌东德电站进行了实地走访，同电站相关人员进行了座谈，了解了电站的建设情况。通过杂志和网站积极报道宣传清洁能源、绿色水电。

为推动四川省水电科技进步，提高我会会员学术论文水平，2016年开展了“2014—2015年学会优秀论文评选活动”。共收到14个会员单位及地勘专委会推荐论文176篇，评选出一等奖3篇、二等奖5篇、三等奖12篇、优秀论文20篇。学会对获奖论文进行了表彰奖励。

【编辑出版《四川水电“十二五”》】“十二五”规划期间，四川水电迎来了历史性的大发展时期，溪洛渡、向家坝、锦屏一、二级、瀑布沟等巨大型水电站全部建成发电，勘测设计、基建施工、建设管理创造了多项中国第一，世界第一，展现了中国水电建设的高水平。为了记录这一时期四川水电建设发展成就，四川水电学会开展了“十二五”规划期间四川水电成就出版物的工作，并于2016年11月顺利出版发行。

【组织建设】根据学会章程，按时召开常务理事会、理事会研究、审议学会重要事项。按期召开秘书工作会，安排、总结学会工作。4月29日，在成都召开秘书长(联络员)工作会议，对2016年学会工作进行了安排。按《章程》每年召开两次常务理事会、一次理事会。4月22日，召开七届七次常务理事会暨七届六次理事会议，审议学会2015年工作报告、2015年财务收支情况报告；审议通过七届理事会部分组成人员变更；审议通过第八届挂靠单位并审议了换届领导小组组成人员名单；审议通过第八次会员代表大会代表及第八届理事会理事候选人产生办法及名额分配方案。

积极参加上级单位组织的培训。为适应新形势下社会组织的发展、规范和服务需要，秘书处参加了省民间组织管理局与社会组织促进中心组织的培训班，学习社会组织内部管理、社会组织评估制度、社会组织能力建设等方面内容。

【科普活动】学会联合四川大学水利水电学院于12月16日在四川大学举办“2016年李冰杯‘水与争锋’水利水电知识竞赛”。四川大学水利水电学院、西华大学能源与动力工程学院、西昌学院工程技术学院、四川电力职业技术学院、四川水利职业技术学院等5所院校相关专业组成的代表队参加了本次知识竞赛的角逐，200余名学生观战。西华大学能源与动力工程学院代表队最终获得本届竞赛的一等奖；四川大学水利水电学院、四川电力职业技术学院代表队获得二等奖；四川水利职业技术学院、西昌学院工程技术学院代表队获得三等奖。

【会刊、网站】《四川水力发电》全年编辑出版8期，其中正刊6期，增刊2期。每期约148页，约刊发稿件400篇、250万字，约发行32000册，传播交流四川水电科学技术和水电运营管理的新情况、新经验，反映四川水电建设面貌。选编具有较高水电科技技术水平和管理水平，能够体现四川水电建设新水平，对广大读者有启示、借鉴作用的文章，包括经验介绍、探索方法、披露问题、总结教训的文章；随时关注在建重点水电工程情况，开展在建重点水电工程报道；对水电建设单位、施工单位、设计院进行组稿约稿和现场采写，对省内在建重点水电工程建设进行专项报道；对各水电建设管理单位的重大事项进行报道，为会员单位服务；对水电管理单位、业主单位、施工单位等单位领导进行访谈，在期刊上刊载。开展“记者走基层采访”活动，到乌东德水电站采访。

“四川水力发电.cn”网站一直坚持为水电行业发展服务的办网宗旨，积极、负责任地传递水电行业信息，围绕学会、专委会开展的主要活动进行系统报道。

（杨　桦）

四川省电机工程学会

【单位概况】四川省电机工程学会（SICHUAN SOCIETY FOR ELECTRICAL ENGINEERING）成立于1958年，在四川省民政厅登记注册，受四川省科学技术协会的业务指导和监督管理，是中国电机工程学会所属的独立省级学会。会员分布在全川电力、电机、机械、学校系统等48个单位。现有会员4310人，其中高级会员108人。省学会下设电力系统智能化、电力系统规划、发电技术、高压技术、自动控制、自动化及计算机应用、理论电工、电气制造和新能源、城市供用电九个专业委员会；科普、学术、咨询、组织四个工作委员会；一个《四川电力技术》期刊编辑委员会；四川大学、西南交通大学、西华大学三个分会；四川省启能电力工程咨询公司、四川工信科技技术评估有限责任公司电机工程二个分中心。

国网四川省电力公司是学会的理事长单位，副理事长单位有中国华能集团公司水电有限公司、国电四川发电有限公司、中国华电集团公司四川公司、中国电力工程顾问集团西南电力设计院、东方电气集团中央研究院、四川大学电气信息学院、西南交通大学电气工程学院、国家电投四川公司、电子科技大学自动化工程学院九家；48家常务理事单位。

针对学会人员变化较大的现状，学会对现有会员进行了部分调整，积极发展新会员，进一步增强了会员队伍专业人员力量，扩大了学会的社会影响力，壮大专业技术人员队伍。通过发展，2016年新增会员117人。

【学会工作】在日常工作和具体事务上，学会根据常务理事会的部署，按规定按时参加年检，提供年检材料真实、可靠、齐全。

积极筹措和管理活动经费，根据民政局的规定标准，合理收取和有效使用会费，使每一分钱的会费都发挥最大的作用，保证了社团活动得以顺利地开展。

按照常务理事会的要求，每年接受指定审计机构的财务审计。

秘书处认真履行职能，督促专工委会、分会积极开展学术活动，建立有效的工作机制。

为企业和高校提供技术咨询服务，组织专家通过现场巡查、调研和评价等形式，开展技术咨询和服务工作。2016年，完成了“国网四川省电力公司检修公司变电站精益化安全性评价服务”、“国网四川省电力公司建管范围川西、川南、川北、甘孜、成都片区在建工程”安全质量巡查20余次；完成国网四川省电力公司县级供电企业安全性评价20多项；完成了明星电力股份有限公司“国网四川省电力公司技能培训中心温江校区实训基地安全管理标准化评价服务”等咨询项目。贯彻“安全第一，预防为主，综合治理”的方针，发挥了智力优势和专业技术特色，得到大家的欢迎和相关部门的肯定。

【交流活动】聚焦行业新科技、热点和难点的学术交流活动。学会围绕能源互联网、绿色电力、节能减排、“十三五”智能电网规划、特高压技术等主题开展了多种形式的学术活动，聚焦行业新科技、热点和难点的学术交流。主办各种学术讲座、组织撰写学术论文、承接和参与国际和国家标准编制共组织学术交流39场，参加人数3000余人，交流论文650余篇。

科普活动丰富多彩。编撰、出版专业电力科普书籍4部，分别编印5000册《农村安全用电手册》，4000册《智能电网科普知识手册》《电磁与环境科普知识手册》，积极筹备出版彝汉双语《安全用电知识读本》。设计、绘制电力科普宣传海报。内容包括智能电网、安全用电、节能环保等主题X展架10幅、喷绘海报30幅、手绘海报120幅。多次在校园、社区、边远山区、农村等地举办电力科普海报展。

打造精品科技期刊，为学术交流提供便捷渠道。学会主办的《四川电力技术》期刊，是服务会员的重要载体。2016年，编辑部共收到投稿270余篇，刊登了123篇文章，全年正常出版6期，其中，基金项目、科技项目的论文发表，提升了期刊的含金量，推进了期刊发展。

按照学会章程和相关规定，四川省电机工程学会召开了第八次会员代表大会，完成学会换届工作。出席这次大会的会员代表145人，特邀代表3人，他们代表了全川正努力工作在各个岗位的4310名会员参加了会议，选举产生了学会新八届理事会。

四川省电机工程学会第八届理事会第一次会议上，经过无记名投票选举了第八届理事会常务理事75名。刘勇当选理事长、10人当选副理事长，王平当选副理事长兼秘书长。会议一致通过8人当选副秘书长。

（赵红梅）

人物及单位荣誉

责任编辑：卓正昌

本年鉴的《人物及单位荣誉》栏，主要采用表格方式，收录四川电力行业主要电力企事单位2016年年底前任职的党政主要领导、三总师，省部级及以上的劳动模范、先进工作者名单和各单位获省部级及以上的荣誉，因公殉职的英雄人物。

四川主要电力单位行政领导人

表 39

单位名称	姓　名	职　务	任职时间
四川省电力公司	石玉东	总经理	2015. 11—
	潘敬东	副总经理	2015. 11—
	李　华	副总经理	2012. 12—
	褚艳芳	副总经理	2014. 11—
	董京营	副总经理	2012. 05—
	刘　勇	副总经理	2013. 09—
	陈云辉	副总经理	2013. 09—
中国电建集团成都勘测设计研究院有限公司	黄　河	执行董事兼总经理	2016.11—
	郝元麟	副总经理（兼）	2013.08—
	王仁坤	副总经理	2013.08—
	赵雄飞	副总经理	2013.08—
	贺昌林	副总经理	2013.08—
	王劲夫	副总经理	2013.08—
	王寿根	副总经理	2014.09—
	章建跃	执行董事兼总经理	2013.08—2016.11
中国电力工程顾问集团西南电力设计院有限公司	郝群岩	执行董事 总经理	2016. 03- 2015. 02-
	李　蕾（女）	副总经理（兼）	2004. 04-
	蔡约超	副总经理	2014. 04-
	王　强	副总经理	2010. 09-
	孟小奇	副总经理	2012. 04-
四川省电力设计院	李　涛	院长、法人	2011. 10—
	吴　猛	副院长	2002. 01—
	罗　衡	副院长	2012. 12—
四川电力设计咨询有限责任公司	侯　磊	执行董事、总经理	2014.04—
	周千波	副总经理	2008.02—
	孟祖进	副总经理	2001.08—2016.08
	钟小平	副总经理	2003.09—
	李邱林	副总经理	2010.11—
	李　晔	副总经理	2015.06—
中国三峡建设管理有限公司	樊启祥	董事长	2015. 12—
	陈文斌	董　事	2015. 12—
	彭　冈	董　事	2015. 12—

续表 39

单位名称	姓　名	职　务	任职时间
中国三峡建设管理有限公司	洪文浩	董　事	2015.12—
	孙长平	董　事	2015.12—
	张世保	董　事	2015.12—
	杨宗立	董　事	2015.12—
	汪志林	董　事	2015.12—
	王毅华	董　事	2015.12—
	姚元军	董　事	2015.12—
	张成平	董　事	2015.12—
	吴海斌	监事会主席	2015.12—
	张传红	监　事	2015.12—
	洪文浩	总经理	2015.07—
	孙长平	副总经理	2015.12—
	吴质斌	副总经理	2015.12—
	王世平	副总经理	2016.03—
	龚德宏	副总经理	2015.12—
	於三大	副总经理	2015.12—
	曾国顺	副总经理	2016.12—
中国三峡建设管理有限公司向家坝与溪洛渡工程建设部	王毅华	主　任	2016.04—
	王　毅	副主任	2016.04—
	陈正云	副主任	2016.04—
	车公义	副主任	2016.04—
	廖建新	副主任	2016.04—
中国三峡建设管理有限公司白鹤滩工程建设部	汪志林	主　任	2014.12
	樊义林	副主任	2012.07—
	何　炜	副主任	2012.07—
	罗荣海	副主任	2014.12—
	陈文夫	副主任	2016.11—
中国三峡建设管理有限公司乌东德工程建设部	杨宗立	主　任	2014.11—
	周　宇	副主任	2014.1—
	王义锋	副主任	2014.11—
	周绍武	副主任	2014.11—
	姚汉光	副主任	2014.12—

续表 39

单位名称	姓　名	职　务	任职时间
中国长江电力股份有限公司向家坝水力发电厂	王建忠	厂长	2012.04—
	陈健国	副厂长	2016.07—
	周家明	副厂长	2012.04—2016.03
	刘明闪	副厂长	2012.04—
	梅雪东	副厂长	2012.11—
	白　平	副厂长	2016.12—
中国长江电力股份有限公司溪洛渡水力发电厂	冉毅川	厂长	2015.01—
	王东林	副厂长	2015.01—
	鲁结根	副厂长	2012.11—2016.11
	杨兴斌	副厂长	2012.11—
三峡金沙江川云水电开发有限公司	谢　峰	执行董事	2016.08—
		总经理	2016.08—
	徐　斌	副总经理	2016.11—
	王建忠	副总经理	2016.08—
	冉毅川	副总经理	2016.08—
三峡金沙江云川水电开发有限公司	樊启祥	董事长	2015.01—
	杨明光	副总经理	2013.03—
	林宝尧	副总经理	2013.03—
长江三峡设备物资有限公司	程永权	执行董事	2015.03—
	熊志刚	总经理	2011.09—
	郑良成	副总经理	2014.012—
	刘铁兵	副总经理	2011.010—
	蔡肇斌	副总经理	2015.08—
国电大渡河流域水电开发有限公司	谢长军	董事长	2016. 08—
	涂扬举	总经理	2014. 03—
	何仲辉	副总经理	2013. 12—
	王春云	副总经理	2004. 04—
	胡　卫	副总经理	2008. 11—
	王存福	副总经理	2011. 05—
	严　军	副总经理	2012. 04—

续表 39

单位名称	姓　名	职　务	任职时间
国电大渡河流域水电开发有限公司	周业荣	副总经理	2013. 12—
雅砻江流域水电开发有限公司	陈云华	董事长	2015.01—
	祁宁春	总经理	2015.01—
	张肇刚	副总经理	1998.11—2016. 07
	吴世勇	副总经理	2008.03—
	毛学工	副总经理	2008.03—
	王继敏	副总经理	2014.04—
	王宏亮	副总经理	2015.08—
中国华电集团公司四川公司	罗小黔	执行董事、总经理	2014. 10—2016. 11
	钟国东	副总经理	2014. 10—
	蒋晓明	副总经理	2014. 10—
	刘建云	副总经理	2016. 6—
	周其平	副总经理	2015. 11—
华电金沙江上游水电开发有限公司	胡贵良	总经理	2014. 10—
	段　伟	副总经理	2014. 10—
	黄　辉	副总经理	2014. 10—
	侯建刚	副总经理	2015. 07—
华能四川水电有限公司	冉　群	董事长	2015. 12. 1—
	赵明川	总经理	2015. 12. 1—
	王雄志	副总经理	2007. 8. 1—
	钏毅民	副总经理	2014. 7. 1—
	付维平	副总经理	2015. 12. 31—
	张文学	副总经理	2016. 9. 28—
国电四川发电有限公司	陈武生	执行董事、总经理	2016.01—
	黄张豪	执行董事、总经理	2014.03—2016.01
	张成龙	副总经理	2016.05—
	高　建	副总经理	2006.12—2016.01
	陶　宏	副总经理	2016.05—

续表 39

单位名称	姓　名	职　务	任职时间
国电四川发电有限公司	许保卫	副总经理	2008.11－2016.05
	付　军	副总经理	2012.09－
	覃明东	副总经理	2016.12－
大唐四川发电有限公司	潘　明	执行董事、总经理	2016.08－
	黄　宇	副总经理	2013.12－
	杜兆祥	副总经理	2013.12－
	梁　勇	副总经理	2016.08－
国家投资集团四川电力有限公司	石四存	执行董事、总经理	2012. 03－
	李厚新	副总经理	2014. 12－
	周庆葮	副总经理	2012. 03－
	魏　毅	副总经理	2013. 12－
	谭本刚	副总经理	2016. 06－
中电建水电开发集团有限公司	荣其富	董事长、法人代表	2015. 06－
	杜学泽	总经理	2015. 07－
	职小前	副总经理	2015. 10－
	张跃涛	副总经理	2006. 10－2016. 12
	罗朝国	副总经理	2007. 03－
	杨建明	副总经理	2007. 03－
	刘万海	副总经理	2010. 08－
	杨　清	副总经理	2015. 10－
	刘运华	副总经理	2015. 10－
四川省能源投资集团有限责任公司	曾　勇	董事长	2016. 09－
	张志远	董事长	2009. 03－2016.09
	熊　林	董事、总经理	2016.09－
	罗　毅	总经理	2009.03-2016.09
		副董事长	2007.01－2016.09
	段兴普	副董事长	2016.12
		副总经理	2005.08
	陈　涛	董事	2012.09－
		副总经理	2014.06－
	李书健	副总经理	2014.06－
	杨厚君	董事	2014.06－

续表 39

单位名称	姓 名	职 务	任职时间
四川省能源投资集团有限责任公司	刘 毅	副总经理	2014.06—
	陈地良	副总经理	2014.06—
	王 恒	副总经理	2014.06—
	李 勇	副总经理	2015.06—
神华四川能源有限公司	刘志强	董事长	2015—
	蒋国俊	总经理	2015—
	何丽娜	副总经理	2015—
	季明彬	副总经理	2015—
中国水利水电第五工程局有限公司	贺鹏程	执行董事、总经理	2012. 04—
	刘 光	副总经理	2012. 04—
	吴高见	副总经理	2008. 09—
	宁俊云	副总经理	2008. 09—
	张邯涛	副总经理	2008. 09—
	杜相如	副总经理	2008. 09—
	孙玉林	副总经理	2013. 11—
	李 峥	副总经理	2013. 11—
	贺 祝	副总经理	2014. 09—
	刘庆东	副总经理	2014. 09—
中国水利水电第七工程局有限公司	申茂夏	执行董事、总经理	2011. 11—
	张 桥	副总经理	2014. 09—
	郗举科	副总经理	2004. 11—
	向超群	副总经理	2005. 09—
	但 东	副总经理	2006. 12—
	江瑞俊	副总经理	2007. 11—
	李东林	副总经理	2012. 07—

续表 39

单位名称	姓　名	职　务	任职时间
中国水利水电第七工程局有限公司	吴越建	副总经理	2013.11—
	莫永彪	副总经理	2014.09—
	白永生	副总经理	2016.12—
中国水利水电第十工程局有限公司	何其刚	执行董事、总经理	2015.07—
	陈　勇	副总经理	2012.07—
	陈　茂	副总经理	2012.07—
	余明川	副总经理	2005.09—
	涂建湘	副总经理	2005.09—
	张长万	副总经理	2010.01—
	巨荣文	副总经理	2012.07—
	胡湛军	副总经理	2012.07—
	何开平	副总经理	2015.07—
中国水电基础局有限公司	刘建发	执行董事、总经理	2014.02—
	韩　伟	副总经理	2012.06—
	田学良	副总经理	2012.06—
	黄炳福	副总经理	2012.06—
	徐方才	副总经理	2012.06—
	彭善民	副总经理	2012.06—
	石　峰	总经理助理、西南总部总经理、三公司经理	2013.09—
四川大唐国际甘孜水电开发有限公司	熊　雄	总经理	2015.02—
	陆　杰	副总经理	2015.05—
	谢卓健	副总经理	2013.04—
	赵树峰	副总经理	2013.01—
	高凤川	副总经理	2015.05—
	周　浪	副总经理	2012.10—
四川省港航开发有限责任公司	贺晓春	董事长	2007.06—
	赖忠泉	总经理	2012.10—
	金代勇	副总经理	2009.02—
	杨　军	副总经理	2008.09—
	曹　文	副总经理	2014.09—
	罗宗全	监事会主席	2014.09—

续表 39

单位名称	姓　名	职　务	任职时间
四川省能投风电开发有限公司	李昌伟	董事长	2014.01—
	何　勇	总经理	2014.03—
	梁小兵	副总经理	2011.11—
	周　莹	副总经理	2011.11—
	毛明珠	副总经理	2014.03—
四川川投燃气发电有限责任公司	张华端	董事长	2016.06—
	张华端	总经理	2014.08—
	冯　毅	副总经理	2013.12—
	何京江	副总经理	2013.12—
	梁红兵	副总经理	2016.06—
四川省紫坪铺开发有限责任公司	李　洪	董事长	2016.08—
		总经理	2001.03—
	宋彦刚	常务副总经理	2001.07—
	由丽华	副总经理	2006.05—
九寨沟水电开发有限责任公司	唐荣斌	董事长	2015.1—
	向　东	总经理	2014.12—
	潘　杰	副总经理	2005.8—
	欧俊峰	副总经理	2015.2—
	顾本华	副总经理	2015.2—
四川省水电投资经营集团永安电力股份有限公司	刘　毅	董事长	2010.5—
	李亚林	总经理	2010.5—
	陈来军	副总经理	2010.5—
	张　敏	副总经理	2010.5—
	李登峰	副总经理	2010.5—
	李代军	副总经理	2013.6—
四川省能投攀枝花水电开发有限公司	何　林	董事长	2016.04—
		总经理	2012.12—
	黄永贵	常务副总经理	2016.04—
	黄　强	副总经理	2012.12—
	贾蕴翔	副总经理	2012.12—
	黄　刚	副总经理	2014.05—

续表 39

单位名称	姓 名	职 务	任职时间
成都电力金具总厂	刘 杰	厂长	2014.04—
	王继华	副厂长	2010.01—
	熊维持	副厂长	2006.01—
	明 凌	副厂长	2014.04—
	向 勇	副厂长	2013.06—
	鲜 力	副厂长	2014.04—
	付 强	副厂长	2014.04—
	肖 聪	副厂长	2016.12—
	陈华明	副厂长	2016.12—
	罗雪成	副厂长	2016.12—
	雷晓锋	副厂长	2013.06—2016.12
四川省水利电力工程局	邬清富	局长	2003.04-
	董蜀良	常务副局长	2004.07-
	黄永沾	副局长	1997.11-2001.02
			2002.08-
	杨泽林	副局长	1997.11-
	袁 斌	副局长	2011.10-
四川省电力行业协会	石玉东	理事长	2016.02—
	石俊杰	常务副理事长	2016.02—
	涂扬举	副理事长	2015.02—
	施晓川	副理事长	2016.02—
	荣其富	副理事长	2016.02—
	伍康定	副理事长	2010.05—
	徐广渊	副理事长	2012.02—
	罗 毅	副理事长	2015.02—
	冉 群	副理事长	2015.02—
	罗小黔	副理事长	2015.02—
	陈云华	副理事长	2013.05—
	陈武生	副理事长	2016.02—
	郝群岩	副理事长	2015.02—
	章建跃	副理事长	2012.02—

续表 39

单位名称	姓　名	职　务	任职时间
四川省电力行业协会	潘　明	副理事长	2016.02—
	胡贵良	副理事长	2015.02—
	石四存	副理事长	2014.01—
	凌廷亮	秘书长	2012.02—
	文　曹	常务副秘书长	2015.08—
	卿三红	副秘书长	2015.08—
	黄　志	副秘书长	2015.08—
	赵光银	副秘书长	2010.05—
	易本胜	副秘书长	2013.05—
	陈华明	副秘书长	2010.05—

四川主要电力单位党群领导人

表 40

单位名称	姓　名	职　务	任职时间
四川省电力公司	潘敬东	党委书记	2015.11—
	石玉东	党委副书记	2015.11—
	李　华	党委常委	2015.11—
	褚艳芳	党委常委	2015.11—
	董京营	党委常委	2015.11—
	杨桂荣	党委常委	2015.11—
	周　群	纪委书记	2013.07—
		党委常委	2015.11—
	刘　勇	党委常委	2015.11—
	左宇龙	工会主席、党委常委	2015.11—
中国电建集团成都勘测设计研究院有限公司	郝元麟	党委书记	2013.07—
	黄　河	党委副书记(兼)	2016.11—
	刘四平	党委副书记、纪委书记、工会主席	2013.07—
	章建跃	党委副书记	2012.02—2016.11
中国电力工程顾问集团西南电力设计院有限公司	李　蕾（女）	党委书记	2014.04—
	丰玉祥	党委副书记兼纪委书记	2014.04—

续表 40

单位名称	姓　名	职　务	任职时间
四川省电力设计院	李　涛	党委书记	2016.12—
	龚文波	党委副书记	2007.05—
	徐　健	工会主席	2009.03—
		纪委书记	2013.01—
四川电力设计咨询有限责任公司	周千波	党委书记	2008.02—
	侯　磊	党委副书记	2014.04—
	田　洁	党委副书记、纪委书记、工会主席	2010.11—
中国三峡建设管理有限公司	孙长平	党委书记	2015.12—
	洪文浩	党委副书记	2015.12—
	张世保	纪委书记	2015.12—
中国三峡建设管理有限公司向家坝与溪洛渡工程建设部	王　毅	党委书记	2016.04—
	王毅华	党委副书记	2016.04—
	车公义	纪委书记	2016.04—
中国三峡建设管理有限公司白鹤滩工程建设部	樊义林	党委书记	2014.12—
	汪志林	党委副书记	2014.12—
	张坤华	纪委书记	2014.12—
中国三峡建设管理有限公司乌东德工程建设部	周　宇	党委书记	2014.11—
	杨宗立	党委副书记	2014.11—
	袁廷敏	纪委书记	2016.04—
三峡金沙江川云水电开发有限公司	徐　斌	支部书记	2017.02—
	赵　蕊	支部委员	2017.02—
	雷振环	支部委员	2017.02—
中国长江电力股份有限公司向家坝水力发电厂	王建忠	党委书记	2012.05—2016.07
	王建忠	党委副书记	2016.07—
	陈健国	党委书记	2016.07—
	徐斌	党委副书记、纪委书记、工会主席	2012.05—2016.11
	周家明	党委委员	2012.05—2016.03
	刘明闪	党委委员	2012.05—
	梅雪东	党委委员	2013.03—
	白平	纪委书记	2016.12—
	宋晶辉	党委委员	2015.03—2016.11
中国长江电力股份有限公司溪洛渡水力发电厂	关杰林	党委书记	2012.02—201604
	王东林	党委副书记、纪委书记	2015.01—2016.04
		党委书记	2016.04-
	冉毅川	党委委员	2015.03—2016.04
	杨兴斌	党委委员	2012.04—
	陈　辉	党委委员	2015.03—
	李天智	纪委书记	2016.04-

续表 40

单位名称	姓　名	职　务	任职时间
长江三峡设备物资有限公司	郑良成	党委书记	2014.12－
	熊志刚	党委副书记	2011.10－
	张军仁	纪委书记	2015.08－
国电大渡河流域水电开发有限公司	何仲辉	党委书记	2013.12－
	涂扬举	党委副书记	2014.03－
	王春云	党委委员	2004.04－
	胡　卫	党委委员	2008.11－
	王存福	党委委员、工会主席	2011.05－
	严　军	党委委员	2012.04－
	周业荣	党委委员	2013.12－
	李仕堂	党委委员	2014.03－
	高廷源	党委委员、纪委书记	2015.09－
雅砻江流域水电开发有限公司	陈云华	党委书记	2002.07－2015.08
			2016.07－
		党委副书记	2015.08－2016.07
	张肇刚	党委书记	2015.08－2016.07
	祁宁春	党委副书记	2015.08－
	王宏亮	工会主席	2003.12－2016.06
	罗崇伸	党委副书记	2016.08－
		纪委书记	2015.08－
		工会主席	2016.06－
中国华电集团公司四川公司	罗小黔	党组书记	2014.10－2016.3
	钟国东	党组书记	2016.03－
	王小红	纪检组长、工会主席	2015.04－
华电金沙江上游水电开发有限公司	胡贵良	党组书记	2014.10－
	段　伟	党组副书记	2014.10－
华能四川水电有限公司	冉　群	党委书记	2015.12.1－
	赵明川	党委副书记	2015.12.1－
	王雄志	党委委员	2007.8.1－
	熊文武	党委委员	2016.3.28－
	钏毅民	党委委员	2014.7.1－
	付维平	党委委员	2015.12.31－
	李小联	党委委员、纪委书记	2016.3.29－

续表40

单位名称	姓　名	职　务	任职时间
华能四川水电有限公司	张文学	党委委员	2016.9.28—
国电四川发电有限公司	张成龙	党委书记	2016.05—
	高　建	党组书记	2014.03—2016.01
	陈武生	党委副书记	2016.01—
	黄张豪	党组副书记	2014.03—2016.01
	陶　宏	党委委员	2016.05—
	许保卫	党组成员、工委主任	2006.12—2016.05
	付　军	党委委员	2012.09—
	袁溢涛	党委委员、纪检组长	2014.07—
	杨　卫	党委委员	2015.09—
	覃明东	党委委员、工会主席	2016.12—
国家投资集团四川电力有限公司	李厚新	党组书记	2014.12—
	石四存	党组副书记	2014.12—
	张　伟	纪检组组长、工委主任	2015.04—
中电建水电开发集团有限公司	职小前	党委书记	2015.10—
	荣其富	党委副书记	2015.10—
	杜学泽	党委副书记	2015.07—
	李宏伟	党委副书记	2015.06—
		纪委书记	2015.06—
		工会主席	2015.06—
大唐四川发电有限公司	潘　明	党委副书记	2016.8—
	黄　宇	党委委员	2016.8—
	杜兆祥	党委委员、纪检组长	2016.8—
		工会主席	2013.12—
	姚立三	党委委员	2016.8—
	梁　勇	党委委员	2016.8—
四川省水电投资经营集团有限公司	曾　勇	党委书记	2016.09—
	张志远	党委书记	2009.03—2016.09
	熊　林	党委副书记	2016.12—
		党委委员、纪委书记	2010.08—2016.09

续表 40

单位名称	姓　名	职　务	任职时间
四川省水电投资经营集团有限公司	罗　毅	党委副书记	2009.03—2016.09
	陈　涛	党委副书记	2016.12—
		工会主席	2012.09—
	段兴普	党委委员	2007.02—
	李书健	党委委员	2016.12—
	刘　毅	党委委员	2016.12—
	吴　毅	党委委员、纪委书记	2016.12—
神华四川能源有限公司	刘志强	党委书记	2015—
	蒋国俊	党委副书记	2015—
	杨　强	党委副书记、纪委书记、工会主席	2015—
中国水利水电第五工程局有限公司	刘　光	党委书记	2012.04—
	贺鹏程	党委副书记	2012.04—
	刘忠长	党委副书记、纪委书记	2014.09—
	林静峰	工会主席	2014.11—
中国水利水电第七工程局有限公司	张　桥	党委书记	2014.09—
	申茂夏	党委副书记	2011.11—
	郝国英	党委副书记、纪委书记	2011.06—
	刘劲松	工会主席	2014.11—
中国水利水电第十工程局有限公司	陈　勇	党委书记	2015.07—
	何其刚	党委副书记	2015.07—
	靳　山	党委副书记、纪委书记、公司监事	2011.01—
	陈顺清	工会主席	2004.05—
中国水电基础局有限公司	韩　伟	党委书记	2012.07—
	刘建发	党委副书记	2012.07—
	袁国俊	党委副书记、纪委书记、工会主席	2012.07—
	李文书	三公司党委书记	2011.01—

续表 40

单位名称	姓　名	职　务	任职时间
四川省水利电力工程局	郭清富	党委书记	2004.03-
	代　勇	党委副书记	2014.03-
		工会主席	2004.03-
	王裕明	纪委书记	2014.08-
四川大唐国际甘孜水电开发有限公司	赵子昂	党委书记	2013.01－
	田永生	纪检组长、工会主席	2013.01－
四川省港航开发有限责任公司	贺晓春	党委书记	2007.06－
	赖忠泉	党委委员	2012.10－
	金代勇	党委委员	2009.02－
	杨　军	党委委员	2008.09－
四川省港航开发有限责任公司	潘荣伟	党委委员	2014.06－
	罗宗全	党委委员	2014.09－
	曹　文	党委委员	2014.09－
	谢敬远	党委副书记、工会主席	2014.07－
	袁　野	党委委员、纪委书记	2016.01－
四川省紫坪铺开发有限责任公司	李　洪	党委书记	2002.07－
	黄振武	党委副书记	2007.07－
		纪委书记	2006.05－
	王　萍	工会主席	2014.06－
四川川投燃气发电有限责任公司	张华端	党委书记	2014.08－
	姚　欣	党委副书记、纪委书记	2015.04－
四川省能投风电开发有限公司	李昌伟	党委书记	2014.01－
	何　勇	党委副书记	2013.07－
	梁小兵	党委委员、纪委书记	2013.07－
四川省水电投资经营集团永安电力股份有限公司	刘　毅	党委书记	2010.05－
	李亚林	党委副书记	2010.05－
	袁　玲	党委副书记	2010.05－
		纪委书记	2010.04－
	胥维龙	工会主席	2010.05－

续表 40

单位名称	姓　名	职　务	任职时间
四川省能投攀枝花水电开发有限公司	何　林	党委书记	2016.03
	黄永贵	党委副书记	2016.04
	练诗元	纪委书记、工会主席	2016.04
九寨沟水电开发有限责任公司	向东	党支部书记	2013.5—
成都电力金具总厂	王继华	党委书记	2010.01—
	刘　杰	党委副书记	2014.04—
	杨奇辉	党委副书记、纪委书记，工会主席候选人	2016.12—
	邓明洲	党委副书记、纪委书记	2014.04—2016.12

主要电力单位总工程师、总经济师、总会计师

表 41

单位名称	姓　名	职　务	任职时间
四川省电力公司	杨桂荣	总会计师	2014.11—
	石俊杰	总工程师	2013.09—
中国电力建设集团成都勘测设计研究院有限公司	王仁坤	总工程师（兼）	2004.07—
	余　挺	总工程师	2012.08—
	陆元务	总会计师	2012.12—
中国电力工程顾问集团西南电力设计院有限公司	毛永龙	总工程师	2014.06—
四川省电力设计院	何永德	总工程师	2007.09—
四川电力设计咨询有限责任公司	詹宗东	总工程师	2003.09—
	汪　莉	总会计师	2014.03—
中国三峡建设管理有限公司	林志民	总会计师	2015.12—
中国长江电力股份有限公司向家坝水力发电厂	余维坤	总工程师	2016.11-
	宋晶辉	总工程师	2015.01—2016.11.28
中国长江电力股份有限公司溪洛渡水力发电厂	张　舸	总工程师	2016.06-
	陈　辉	总工程师	2015.01—2016.05
国电大渡河流域水电开发有限公司	李仕堂	总会计师	2014.03—
	高林章	总经济师	2012.02—
雅砻江流域水电开发有限公司	姚　勇	总会计师	2010.09—
	陶卫国	总经济师	2010.09—
	王雅军	生产总工程师	2010.09—
	郭绪元	基建总工程师	2016.04—

续表 41

单位名称	姓　名	职　务	任职时间
中国华电集团公司四川公司	冯　荣	总会计师	2014. 10—
华电金沙江上游水电开发有限公司	杜静芝	总会计师	20015. 07—
华能四川水电有限公司	熊文武	总会计师	2016. 3. 28—
国电四川发电有限公司	杨　卫	总会计师	2015.09—
中电建水电开发集团有限公司	罗朝国	总会计师(兼)	2006. 10—
	杨　清	总工程师(兼)	2009. 09—
大唐四川发电有限公司	姚立三	总会计师	2008. 04—
	王连华	总工程师	2016. 08—
国电投四川电力有限公司	张　玮	财务总监	2016. 10—
四川省能源投资集团有限责任公司	刘鸿川	总会计师	2011. 08—
	邵　兵	总经济师	2014. 12—
四川省水电投资经营集团有限公司	陈　涛	总经济师	2010. 01—
	田学农	总工程师	2014. 06—
	陈　明	总会计师	2015. 07—
中国水利水电第五工程局有限公司	吴高见	总工程师	2008. 09—
	刘庆东	总经济师	2008. 09—
	张安福	总会计师	2014. 09—
中国水利水电第七工程局有限公司	张元刚	总会计师	2005. 09—
	向　建	总工程师	2008. 09—
中国水利水电第十工程局有限公司	陈　茂	总工程师	2003. 06—
	王全军	总会计师	2008. 06—
	胡湛军	总经济师	2012. 07—
中国水电基础局有限公司	肖恩尚	总工程师	2012. 06—
	黄炳福	总经济师	2012. 06—
	雷土祥	总会计师	2012. 06—
	毛建新	三公司总工程师	2016. 10—
	曹建华	三公司总经济师	2012. 06—
	陈光普	三公司总会计师	2016. 06—
四川大唐国际甘孜水电开发有限公司	刘伟萱	总会计师	2015. 05—
	张小春	总工程师	2015. 11—

续表 41

单位名称	姓 名	职 务	任职时间
四川省港航开发有限责任公司	潘荣伟	总工程师	2014.06—
四川川投燃气发电有限责任公司	饶 明	总会计师	2016.07—
	蔡 宏	总工程师	2016.06—
四川省能投风电开发有限公司	倪 敏	总会计师	2014.03—
四川省紫坪铺开发有限责任公司	邓良胜	总工程师	2004.09—
四川省水电投资经营集团永安电力股份有限公司	李耀军	财务总监	2014.6—
九寨沟水电开发有限责任公司	苟方忠	总会计师	2015.2—
成都电力金具总厂	熊维持	总工程师	2014.04—
四川省水利电力工程局	汪辉德	总工程师	2004.07-

劳动模范、先进生产(工作)者

表 42

单位名称	姓 名	称 号	授予单位	授予时间
一、全国劳动模范和各类奖章获得者				
（一）全国劳动模范				
中国水利水电第七工程局有限公司	蔡春芳	全国五一劳动奖章	中华全国总工会	2016.05
（二）全国五一劳动奖章获得者				
中国水利水电第五工程局有限公司	范欣言	全国五一劳动奖章	中华全国总工会	2016.04
（三）省五一劳动奖章获得者				
四川省电力公司	胡 刚	五一劳动奖章	四川省总工会	2016
	魏大军	五一劳动奖章	四川省总工会	2016
	杨 云	五一劳动奖章	四川省总工会	2016
	陈绪平	五一劳动奖章	四川省总工会	2016
	鲜红兵	五一劳动奖章	四川省总工会	2016
中国三峡集团长江三峡发展公司	刘国平	五一劳动奖章	云南省总工会	2016.06.17
中国三峡集团向家坝工程建设部	高 鹏	五一劳动奖章	云南省总工会	2016.06.17
中国三峡集团乌东德工程建设部	彭作为	五一劳动奖章	四川省总工会	22016.06.28
中电建集团成都勘测设计研究院有限公司	廖明亮	五一劳动奖章	四川省总工会	2016.11
	李 阳	五一劳动奖章	四川省总工会	2016.03
	伍小玉	五一劳动奖章	四川省总工会	2016.02

续表 42

单位名称	姓 名	称 号	授予单位	授予时间
国电大渡河流域水电开发有限公司	许 剑	五一劳动奖章	四川省总工会	2016.01
	靳 波	五一劳动奖章	四川省总工会	2016.01
雅砻江流域水电开发有限公司	商长松	五一劳动奖章	四川省总工会	2016. 04
	王金国	五一劳动奖章	四川省总工会	2016. 10
	李 元	五一劳动奖章	四川省总工会	2016. 10
中国水利水电第五工程局有限公司	任 明	五一劳动奖章	四川省总工会	2016. 04
	左 峰	五一劳动奖章	四川省总工会	2016. 12
中国水利水电第七工程局有限公司	黄 忠	五一劳动奖章	四川省总工会	2016. 05
	童亮瑜	五一劳动奖章	四川省总工会	2016. 12
四川大唐国际甘孜水电开发有限公司	熊 雄	五一劳动奖章	四川省总工会	2016. 02
	孙红武	五一劳动奖章	四川省总工会	2016. 02
	麦先春	五一劳动奖章	四川省总工会	2016. 02

（四）其他奖章获得者

单位名称	姓 名	称 号	授予单位	授予时间
国电四川公司	张 蓉	国电特级奖章	国电集团公司	2016.04.27
中国水利水电第五工程局有限公司	曹国义	火车头奖章	全国铁路总工会	2016. 03
中国水利水电第七工程局有限公司	段广荣	火车头奖章	全国铁路总工会	2016

二、全国先进生产工作者

单位名称	姓 名	称 号	授予单位	授予时间
国电大渡河流域水电开发有限公司	代华琼	全国三八红旗手	中华全国妇女联合会	2016. 02. 29
	林 川	中央企业技术能手	国务院国资委	2016.03.04
	彭 勇	中央企业技术能手	国务院国资委	2016.03.04

三、省部级劳动模范

四川省能源投资集团有限责任公司	崔庆红	劳动模范	四川省总工会	2016. 07
	龚春华	劳动模范	四川省总工会	2016. 07
四川大唐国际甘孜水电开发有限公司	熊 雄	劳动模范	中国大唐集团公司	2016.01

四、部（省）级先进工作者

单位名称	姓 名	称 号	授予单位	授予时间
中电建集团成都勘测设计研究院有限公司	李亚农	五一巾帼标兵	四川省总工会	2016. 03

续表 42

单位名称	姓　名	称　号	授予单位	授予时间
四川电力设计咨询有限责任公司	张国钦	国家优质工程金质奖突出贡献者（西藏昌都电网与四川电网联网 500 千伏输变电工程）	中国施工企业管理协会	2016.12
中国三峡建设管理有限公司	尹思全	杰出员工	中国三峡集团公司	2016
	陈　李	先进个人	中国三峡集团公司	2016.12
	王克祥	杰出员工	中国三峡集团公司	2016
雅砻江流域水电开发有限公司	佘海涛	技术能手、青年岗位能手	中央企业团工委	2016.08
	李志力	先进工作者	国投集团	2016.01
	胡应德	先进工作者	国投集团	2016.01
	李民希	先进工作者	国投集团	2016.01
	商长松	先进工作者	国投集团	2016.01
	孙　福	先进工作者	国投集团	2016.01
	张　健	先进工作者	国投集团	2016.01
国电大渡河流域水电开发有限公司	张本领	先进个人	中国国电集团公司	2016.02.18
	康箭英	巾帼建功标兵	中国国电集团公司	2016.03.23
	王勇飞	先进个人	四川省人民政府安全生产委员会办公室	2016.04.11
	林俊松	先进个人	四川人力资源和社会保障厅、省国资委	2016.04.20
	代华琼	先进个人	中国国电集团公司	2016.04.25
	陶春华	先进个人	中国国电集团公司	2016.04.25
	郭文波	先进个人	中国国电集团公司	2016.04.25
	孙艳景	先进个人	中国国电集团公司	2016.04.25
	张庆杨	先进个人	中国国电集团公司	2016.04.25
	周　科	优秀共青团员	中国国电集团公司团委	2016.04.18
	金　星	优秀共青团干部	中国国电集团公司团委	2016.04.18
	吴双江	优秀员工（国电一级奖章）	中国国电集团公司	2016.06.27
	李月娟	优秀员工（国电一级奖章）	中国国电集团公司	2016.06.27
	丁　凯	优秀员工（国电一级奖章）	中国国电集团公司	2016.06.27
	严映潮	优秀员工（国电一级奖章）	中国国电集团公司	2016.06.27

续表 42

单位名称	姓　名	称　号	授予单位	授予时间
国电大渡河流域水电开发有限公司	刘　钊	优秀员工（国电一级奖章）	中国国电集团公司	2016.06.27
	王　俊	优秀员工（国电一级奖章）	中国国电集团公司	2016.06.27
	瞿启清	优秀员工（国电一级奖章）	中国国电集团公司	2016.06.27
	朱益军	优秀共产党员	四川省国资委	2016.06.27
	罗治华	优秀党务工作者	四川省国资委	2016.06.27
	唐　勇	先进个人	中国国电集团公司	2016.10.08
	魏爱臣	先进个人	中国国电集团公司	2016.12.01
	刘应湘	先进个人	中国国电集团公司	2016.12.01
	侯永宽	先进工作者	中国国电集团公司	2016.12.01
华电金沙江上游水电开发有限公司	刘慧萍	巾帼建功标兵	中国华电集团公司	2016
华能四川水电有限公司	杜鹏侠	先进个人	中国华能集团公司	2016
	李　建	先进个人	中国华能集团公司	2016
	任　伟	青年岗位技术能手	中国华能集团公司	2016
中电建水电开发集团有限公司	周少森	先进个人	中国电力建设股份有限公司	2016.03
	周　卫	先进个人	中国电力建设股份有限公司	2016.07
	颜　铭	优秀管理人员	中国电力建设股份有限公司	2016.02
	张永锋	息化先进个人	中国电力建设股份有限公司	2016.06
国家投资集团四川电力有限公司	汪　涛	先进个人	国家电力投资集团公司	2016.01
四川省水电投资经营集团有限公司	田　强	先进个人	国家能源局	2016.03
	周　科	先进个人	国家能源局	2016.03
中国水利水电第五工程局有限公司	李　霞	五一巾帼标兵	四川省总工会	2016.04
	范欣言	全国青年岗位能手	共青团中央	2016.05
	张永川	工会积极分子	中国电力建设集团（股份）有限公司	2016.05
	吴晓杉	先进工会工作者	中国电力建设集团（股份）有限公司	2016.05
中国水利水电第七工程局有限公司	邹会均	五一巾帼标兵	四川省总工会	2016.06
中国水利水电第十工程局有限公司	何其刚	先进个人	四川省政府	2016.04
	马丽琼	先进个人	四川总工会	2016.02
	张勇军	五一巾帼标兵	四川总工会	2016.03
	陈顺清	先进工会工作者	中国电建集团工会	2016.05
四川省能源投资集团有限责任公司	李昊东	先进个人	四川省总工会	2017.04

续表 42

单位名称	姓　名	称　号	授予单位	授予时间
五、其他先进				
单位名称	姓　名	称　号	授予单位	授予时间
中国电建集团成都勘测设计研究院有限公司	章建跃	享受国务院政府特殊津贴人员	人力资源和社会保障部	2016.12
		全国优秀企业家	中国企业联合会、中国企业家协会、中国企业管理科学基金会	2016.05
	崔中涛	优秀共产党员	中共四川省委	2016.06
	郝　敏	先进个人	四川省人社厅、四川省国资委	2016.04
中国电力工程顾问集团西南电力设计院有限公司	马全涛	四川省优秀共产党员	四川省委组织部	2016
四川电力设计咨询有限责任公司	何佑华	先进个人	国家能源局四川监管办	2016.02
	张　平	先进个人	国家能源局四川监管办	2016.02
	孙　周	先进个人	四川省人力资源和社会保障厅、四川省国有资产监督管理委员会	2016.04
	李　超	优秀共产党员	中共四川省国有资产监督管理委员会	2016.06
	王小泽	优秀党务工作者	中共四川省国有资产监督管理委员会	2016.06
	卿　凌	先进个人	国网四川电力建设定额站	2016.12
	黄　洋	先进个人	国网四川电力建设定额站	2016.12
	曾　智	优秀管理人员	中国电力建设股份有限公司	2016.02
	莫　骏	优秀共产党员	中国电力建设股份有限公司党委	2016.06
	南　方	优秀共产党员	中国电力建设股份有限公司党委	2016.06
	何　斌	优秀项目经理	中国电力建设股份有限公司	2016.11
	黄祥纹	优秀项目经理	中国电力建设股份有限公司	2016.11
	刘洪刚	优秀项目经理	中国电力建设股份有限公司	2016.11
	张国钦	优秀项目经理	中国电力建设股份有限公司	2016.11
	王　钢	优秀项目经理	中国电力建设股份有限公司	2016.11
	王光勋	优秀项目经理	中国电力建设股份有限公司	2016.12
	谢　玲	工会积极分子	中国电力建设股份有限公司工会委员会	2016.05
	郑士普	青年岗位能手	共青团中国电力建设集团有限公司委员会	2016.05

续表 42

单位名称	姓　名	称　号	授予单位	授予时间
中国三峡集团公司向家坝水力发电厂	刘明闪	先进个人	国家能源局四川监管办	2016.01
	贾敬礼	先进个人	国家能源局四川监管办	2016.01
	凌德贵	先进个人	国家能源局四川监管办	2016.01
国电四川发电有限公司	曾玉和	优秀员工	中国国电集团公司	2016.06
雅砻江流域水电开发有限公司	王　栋	优秀建设者	四川省总工会	2016.10
	胡应德	优秀建设者	四川省总工会	2016.10
	苟开海	优秀建设者	四川省总工会	2016.10
	黄亮升	优秀建设者	四川省总工会	2016.10
	孙贵金	优秀建设者	四川省总工会	2016.10
	张贵科	优秀建设者	四川省总工会	2016.10
	张东明	优秀建设者	四川省总工会	2016.10
	杨仕耀	优秀建设者	四川省总工会	2016.10
	薛宇锋	优秀建设者	四川省总工会	2016.10
	施召云	优秀建设者	四川省总工会	2016.10
	谭海涛	优秀建设者	四川省总工会	2016.10
	何丰前	优秀建设者	四川省总工会	2016.10
	谢国权	先进个人	四川省国资委	2016.04
华能四川水电有限公司	钏毅民	先进个人	国家能源局四川监管办	2016
	黄守全	“四优”共产党员	中国华能集团公司	2016
	朱学富	先进个人	国家能源局四川监管办	2016
	毛奇清	“四优”共产党员	中国华能集团公司	2016
	谢江红	优秀党支部书记	中国华能集团公司	2016
	李卫南	优秀共青团员	中国华能集团公司	2016
	王兆明	优秀共产党员	四川省国资委	2016
	唐振宇	先进个人	国家能源局四川监管办	2016
	王乒纪	先进个人	国家能源局四川监管办	2016
	代龙龙	先进个人	国家能源局四川监管办	2016
	林春树	先进个人	国家能源局四川监管办	2016
	康　林	先进个人	国家能源局四川监管办	2016
	刘　伟	先进个人	国家能源局四川监管办	2016
	罗云江	先进个人	国家能源局四川监管办	2016
	何虎昌	先进个人	国家能源局四川监管办	2016
	梁存邵	先进个人	国家能源局四川监管办	2016
	叶盛	先进个人	国家能源局四川监管办	2016

续表 42

单位名称	姓　名	称　号	授予单位	授予时间
中电建水电开发集团有限公司	孙宝强	先进个人	国家能源局四川监管办	2016.02
	陈永清	先进个人	国家能源局四川监管办	2016.02
	彭小东	先进个人	国家能源局四川监管办	2016.02
	袁向东	先进个人	国家能源局四川监管办	2016.02
	杨建明	先进个人	国家能源局四川监管办	2016.02
	张红林	先进个人	国家能源局四川监管办	2016.02
	彭小东	先进个人	国家能源局四川监管办	2016.02
	赖真明	先进个人	国家能源局四川监管办	2016.02
	韦文君	先进个人	国家能源局四川监管办	2016.02
	薛玉林	先进个人	国家能源局四川监管办	2016.02
	温洪林	先进个人	国家能源局四川监管办	2016.02
	曾建伟	先进个人	国家能源局四川监管办	2016.02
	龙命雄	先进个人	国家能源局四川监管办	2016.02
	陈永清	先进个人	国家能源局四川监管办	2016.02
	袁向东	先进个人	国家能源局四川监管办	2016.02
	白加林	先进个人	国家能源局四川监管办	2016.02
	骆志明	先进个人	国家能源局四川监管办	2016.02
	余　建	先进个人	国家能源局四川监管办	2016.02
	孙保强	先进个人	国家能源局四川监管办	2016.02
	孔志刚	先进个人	国家能源局四川监管办	22016.02
	杨　清	先进个人	四川省安委会办公室	2016.03
	薛玉林	先进个人	国家能源局四川监管办	2016
	温洪林	先进个人	国家能源局四川监管办	2016
	安启龙	先进个人	四川省人民政府安委会	2016
	王方俊	优秀共产党员	中国电力建设集团有限公司	2016.06
	周　卫	优秀党务工作者	中国电力建设集团有限公司	2016.06
	马俊超	优秀共产党员	四川省国资委党委	2016.06
	周卫	优秀党务工作者	中国电力建设集团有限公司党委	2016.07
	刘　亮	先进个人	四川省档案局	2016.12
	刘运华	先进人物	国家能源局	2016.03
	刘元秀	四川水力发电年鉴 2016 年度优秀工作者	四川省电力行业协会	2016.12
华电金沙江上游水电开发有限公司	杜光远	优秀共产党员	四川省国资委	2016
	贾忠奇	先进个人	国家能源局四川监管办公室	2016
	余良权	先进个人	国家能源局四川监管办公室	2016

续表 42

单位名称	姓　名	称　号	授予单位	授予时间
四川省水电投资经营集团有限公司	郑远宁	先进个人	国家能源局四川监管办	2016.02
	何德强	先进个人	国家能源局四川监管办	2016.02
	唐　翀	先进个人	国家能源局四川监管办	2016.02
	刘永中	先进个人	国家能源局四川监管办	2016.02
	王平春	先进个人	国家能源局四川监管办	2016.02
中国水利水电第五工程局有限公司	陈长贵	“安康杯”竞赛优秀个人	四川省总工会、四川省安全生产监督管理总局	2016.07
	李　艳	优秀党务工作者	四川省国资委党委	2016.06
	郑劲远	优秀共产党员	四川省国资委党委	2016.06
	马　良	优秀党务工作者	中国电力建设集团（股份）有限公司党委	2016.06
	梁岗伟	优秀党务工作者	中国电力建设集团（股份）有限公司党委	2016.06
	陈长贵	优秀党务工作者	中国电力建设集团（股份）有限公司党委	2016.06
	赵云飞	优秀共产党员	中国电力建设集团（股份）有限公司党委	2016.06
	周建刚	优秀共产党员	中国电力建设集团（股份）有限公司党委	2016.06
	谢和平	优秀建设者	四川省总工会	2016.11
	胡帅军	优秀建设者	四川省总工会	2016.11
	王森荣	优秀建设者	四川省总工会	2016.11
	干海勇	优秀建设者	四川省总工会	2016.11
	张显为	优秀建设者	四川省总工会	2016.11
	杨　涛	优秀建设者	四川省总工会	2016.11
	陈昌喜	优秀建设者	四川省总工会	2016.11
	巫世奇	优秀项目经理	中国电力建设集团（股份）有限公司	2016
	姚　峰	优秀项目经理	中国电力建设集团（股份）有限公司	2016
	张曙光	优秀项目经理	中国电力建设集团（股份）有限公司	2016.12
	胡开明	先进个人	国家能源局四川监管办	2016.02
	吴高见	优秀总工程师	中国建筑业协会	2016
	张喜英	优秀学会工作者	四川省水力发电工程学会	2016
	左峰	优质工程突出贡献者	中国施工企业管理协会	2016.04
	袁幸朝	先进个人	中国施工企业管理协会	2016
	谢　伟	优秀项目经理	中国施工企业管理协会	2016
	徐　念	全国工程建设质量管理小组活动卓越领导者	中国施工企业管理协会	2016

续表 42

单位名称	姓　名	称　号	授予单位	授予时间
中国水利水电第五工程局有限公司	巫世奇	优秀项目经理	中国电力建设企业协会	2016
	姚　峰	优秀项目经理	中国电力建设企业协会	2016
	程景忠	优秀指导教师	四川省职业院校技能大赛组织委员会	2016.04
	崔小雪	优秀指导教师	四川省职业院校技能大赛组织委员会	2016.04
中国水利水电第七工程局有限公司	罗卫平	优秀个人	四川省总工会、四川省安全生产监督管理局	2016.11
	熊晓勇	最美贴心人	中国电建股份公司工会	2016.05
	何丽芹	工会积极分子	中国电建股份公司工会	2016.05
	唐杰伟	先进个人	四川省国资委	2016.05
中国水利水电第十工程局有限公司	胡湛军	先进个人	中国施工企业管理协会	2016.09
	张贺强	先进个人	中国施工企业管理协会	2016.09
	何凤	先进个人	四川省人力资源和社会保障厅	2016.04
	张世平	优秀建造师	中国电力建设企业协会	2016.05
	曾　建	优秀项目经理	中国电力建设企业协会	2016.11
	林伟明	优秀项目经理	中国电力建设企业协会	2016.11
	皮晶敏	优秀项目经理	中国电力建设企业协会	2016.11
	李友谊	优秀项目经理	中国电力建设企业协会	2016.11
	夏万禄	优秀项目经理	中国电力建设企业协会	2016.11
	张　倩	优秀统计工作者	中国电力建设企业协会	2016.09
	李　亮	优秀共青团干部	中国电力建设集团股份公司团委	2016.09
	刘　洪	优秀共产党员	中共四川省国有资产监督管理委员会	2016.06
	夏万禄	优秀党务工作者	中共四川省国有资产监督管理委员会	2016.06
	杨志才	优秀共产党员	中国电建集团股份公司党委	2016.06
	陈廷康	优秀共产党员	中国电建集团股份公司党委	2016.06
	向　东	优秀党务工作者	中国电建集团股份公司党委	2016.06
	李建康	优秀党务工作者	中国电建集团股份公司党委	2016.06
	高建平	青年岗位能手	中国电建集团股份公司团委	2016.05
中国水电基础局有限公司	石　峰	优秀项目经理	中国电力建设股份有限公司	2016.11
	李文书	优秀工作者	天津市城乡建设委员会	2016.03

续表 42

单位名称	姓　名	称　号	授予单位	授予时间
四川大唐国际甘孜水电开发有限公司	陈国泉	优秀建设者	四川省总工会	2016.02
	姚文燚	优秀建设者	四川省总工会	2016.02
	杨国友	优秀建设者	四川省总工会	2016.02
	郝才伟	优秀建设者	四川省总工会	2016.02
	刘少文	优秀建设者	四川省总工会	2016.02
	张　明	优秀建设者	四川省总工会	2016.02
	毕　波	优秀建设者	四川省总工会	2016.02
	陈　明	优秀建设者	四川省总工会	2016.02
	魏宏杰	优秀建设者	四川省总工会	2016.02
	冯　曦	优秀建设者	四川省总工会	2016.02
	赵　霞	优秀共青团干部	共青团云南省委	2016.04
成都电力金具总厂	王笑瑜	优秀共产党员	中共中国电力建设集团有限公司委员会	2016
	帅　伟	优秀管理人员	中国电力建设集团有限公司	2016
	李万莉	先进工会工作者	中国电力建设集团有限公司工会	2016
	廖建萍	工会积极分子	中国电力建设集团有限公司工会	2016
	杨　杰	青年岗位能手	共青团中国电力建设集团有限公司委员会	2016
	姚建忠	优秀共产党员	中共四川省国有资产监督管理委员会	2016
	叶　旭	四川电力年鉴优秀工作者	四川电力年鉴编纂委员会、四川省电力行业协会	2016
四川省能源投资集团有限责任公司	郭　勇	十大经济影响力人物	“榜样中国·2016 四川十大经济影响力人物”大型评选活动评委会	2016.12
	张志远	信息化建设突出贡献人物	四川省企业联合会、企业家协会	2016.08
四川省能投风电开发有限公司	何　勇	优秀企业家	四川省企业联合会	2016
神华四川能源有限公司	彭卫红	先进个人	省国资委	2016
四川省港航开发有限责任公司	方正雨	先进个人	四川省交投集团	2016.12
	刘晓蕾	优秀党员	四川省交投集团	2016.12
	秦　东	优秀党员	四川省交投集团	2016.12
	郭立新	优秀党员	四川省交投集团	2016.12
	郭　峰	优秀党员	四川省交投集团	2016.12
	张红兵	优秀党员	四川省交投集团	2016.12

续表 42

单位名称	姓　名	称　号	授予单位	授予时间
四川省港航开发有限责任公司	温志敏	优秀党务工作者	四川省交投集团	2016.12
	扈小燕	优秀党务工作者	四川省交投集团	2016.12
	潘荣伟	先进个人	国家能源局四川监管办	2016
	魏大伟	先进个人	国家能源局四川监管办	2016
	侯小石	先进个人	国家能源局四川监管办	2016
	蒲　挺	先进个人	国家能源局四川监管办	2016
	李进博	先进个人	国家能源局四川监管办	2016
	陈　林	先进个人	国家能源局四川监管办	2016
	邵长春	全国交通基础设施重点工程劳动竞赛先进个人	中国海员建设工会全国委员会	2016
四川省紫坪铺开发有限责任公司	杨　宁	先进个人	四川省“三电”保护工作联席会	2016.01
	周旭明	先进个人	国家能源局四川监管办	2016.02
	何　伟	先进个人	国家能源局四川监管办	2016.02
	唐跃武	先进个人	国家能源局四川监管办	2016.02
	许小明	先进个人	四川省政府安委会	2016.03
	伍　凤	先进个人	四川省国资委、四川省人社厅	2016.04
	姚朝顺	先进个人	四川省政府安委会办公室	2016.10
	马　峻	《四川电力年鉴》优秀工作者	四川电力年鉴编纂委员会、四川省电力行业协会	2016.03
	李　浩	先进个人	成都市公安局	2016.05
四川川投燃气发电有限责任公司	蒋戎戟	优秀党务工作者	川投集团	2016.06
	向　黎	优秀党员	川投集团	2016.06
能投攀枝花水电开发有限公司	何　林	优秀企业家	四川省企业联合会、四川省企业家协会	2016.05
	杨　华	优秀党务工作者	中共四川省国有资产监督管理委员会	2016.06
	何开朝	先进个人	国家能源局四川监管办	2016

六、大师和专业人才

单位名称	姓　名	称　号	授予单位	授予时间
中国电建集团成都勘测设计研究院有限公司	王仁坤	全国工程勘察设计大师	住房城乡建设部	2016.12

续表 42

单位名称	姓　名	称　号	授予单位	授予时间
中国电力工程顾问集团西南电力设计院有限公司	王　劲	电力勘测设计大师	中国电力规划设计协会	2016
	曹卫东	电力勘测设计大师	中国电力规划设计协会	2016
	吴怡敏	四川省杰出青年工程勘察设计师	四川省勘察设计协会	2016
	谭光杰	四川省杰出青年工程勘察设计师	四川省勘察设计协会	2016
	伍文城	四川省优秀青年工程勘察设计师	四川省勘察设计协会	2016
	张华伦	中国能建 2016 年度工程技术专家	中国能源建设集团	2016
	任家驰	中国能建 2016 年度工程技术专家	中国能源建设集团	2016
	曹卫东	中国能建 2016 年度工程技术专家	中国能源建设集团	2016
	王　劲	中国能建 2016 年度工程技术专家	中国能源建设集团	2016
	余　熙	中国能建 2016 年度工程技术专家	中国能源建设集团	2016
	余　波	中国能建 2016 年度工程技术专家	中国能源建设集团	2016
	付焕兴	中国能建 2016 年度工程技术专家	中国能源建设集团	2016
	李国荣	中国能建 2016 年度工程技术专家	中国能源建设集团	2016
	张晋宾	中国能建 2016 年度工程技术专家	中国能源建设集团	2016
	余　熙	集团公司特级专家	中国电力工程顾问集团	2016
	许　泳	集团公司专家	中国电力工程顾问集团	2016
	许　华	集团公司专家	中国电力工程顾问集团	2016
	李世柏	集团公司专家	中国电力工程顾问集团	2016
	曹松涛	集团公司专家	中国电力工程顾问集团	2016

七、各类获奖者

单位名称	姓　名	获奖名称	授奖单位	授奖时间
中电建集团成都勘测设计研究院有限公司	王仁坤	首届中国大坝杰出工程师奖	中国大坝工程学会	2016.01

续表 42

单位名称	姓　名	称　号	授予单位	授予时间
国电大渡河流域水电开发有限公司	涂扬举	“推动创新文化落地 建设智慧大渡河水电”论文荣获国有企业创新文化研讨会论文征集活动优秀奖	国务院国资委	2016.07.19
		科学技术进步一等奖	中国国电集团公司	2016.09.22
	张国智	在省国资委系统“两学一做”作表率，执纪为民建功业征文和演讲比赛活动中荣获演讲比赛优秀奖	四川省国资委	2016.11.08
	周业荣	科学技术进步一等奖	中国国电集团公司	2016.09.22
	李攀光	科学技术进步一等奖	中国国电集团公司	2016.09.22
	贺玉彬	科学技术进步一等奖	中国国电集团公司	2016.09.22
	尤　渺	科学技术进步一等奖	中国国电集团公司	2016.09.22
	张祥金	科学技术进步一等奖	中国国电集团公司	2016.09.22
	陶春华	科学技术进步一等奖	中国国电集团公司	2016.09.22
	何红荣	科学技术进步一等奖	中国国电集团公司	2016.09.22
	钟青祥	科学技术进步一等奖	中国国电集团公司	2016.09.22
	王建平	科学技术进步一等奖	中国国电集团公司	2016.09.22
	黄炜斌	科学技术进步一等奖	中国国电集团公司	2016.09.22
	周新春	科学技术进步一等奖	中国国电集团公司	2016.09.22
	孙尔军	科学技术进步一等奖	中国国电集团公司	2016.09.22
	邹祖建	科学技术进步一等奖	中国国电集团公司	2016.09.22
	李　佳	科学技术进步一等奖	中国国电集团公司	2016.09.22
	朱永国	科学技术进步二等奖	中国国电集团公司	2016.09.22
	张顺高	科学技术进步二等奖	中国国电集团公司	2016.09.22
	张学彬	科学技术进步二等奖	中国国电集团公司	2016.09.22
	徐奴文	科学技术进步二等奖	中国国电集团公司	2016.09.22
	李红心	科学技术进步二等奖	中国国电集团公司	2016.09.22
	李治国	科学技术进步二等奖	中国国电集团公司	2016.09.22
	石岩林	科学技术进步二等奖	中国国电集团公司	2016.09.22
	严　波	科学技术进步二等奖	中国国电集团公司	2016.09.22
	胡艺川	科学技术进步二等奖	中国国电集团公司	2016.09.22
	王　峻	科学技术进步二等奖	中国国电集团公司	2016.09.22
	林　丹	科学技术进步二等奖	中国国电集团公司	2016.09.22
	严　军	科学技术进步二等奖	中国国电集团公司	2016.09.22
	姚福海	科学技术进步二等奖	中国国电集团公司	2016.09.22
	吕鹏飞	科学技术进步二等奖	中国国电集团公司	2016.09.22
	李桂林	科学技术进步二等奖	中国国电集团公司	2016.09.22
	赵连锐	科学技术进步二等奖	中国国电集团公司	2016.09.22

续表 42

单位名称	姓　名	称　号	授予单位	授予时间
国电大渡河流域水电开发有限公司				
	廖　勇	科学技术进步二等奖	中国国电集团公司	2016.09.22
	吴　楠	科学技术进步二等奖	中国国电集团公司	2016.09.22
	梁普利	科学技术进步二等奖	中国国电集团公司	2016.09.22
	郭金婷	科学技术进步二等奖	中国国电集团公司	2016.09.22
	钱　冰	科学技术进步三等奖	中国国电集团公司	2016.09.22
	周胜辉	科学技术进步三等奖	中国国电集团公司	2016.09.22
	张庆杨	科学技术进步三等奖	中国国电集团公司	2016.09.22
	沈洪涛	科学技术进步三等奖	中国国电集团公司	2016.09.22
	耿清华	科学技术进步三等奖	中国国电集团公司	2016.09.22
	胡　强	科学技术进步三等奖	中国国电集团公司	2016.09.22
	张　冬	科学技术进步三等奖	中国国电集团公司	2016.09.22
	严映峰	优秀合理化建议奖获奖	中国国电集团公司	2016.09.22
	万　欣	优秀合理化建议奖获奖	中国国电集团公司	2016.09.22
	段　伟	优秀合理化建议奖获奖	中国国电集团公司	2016.09.22
	熊　飞	优秀合理化建议奖获奖	中国国电集团公司	2016.09.22
	毕　海	优秀合理化建议奖获奖	中国国电集团公司	2016.09.22
	张海滨	优秀合理化建议奖获奖	中国国电集团公司	2016.09.22
	邹　磊	优秀合理化建议奖获奖	中国国电集团公司	2016.09.22
	王恩重	优秀合理化建议奖获奖	中国国电集团公司	2016.09.22
	苏　雷	优秀合理化建议奖获奖	中国国电集团公司	2016.09.22
	蔡银辉	优秀合理化建议奖获奖	中国国电集团公司	2016.09.22
	向文平	优秀合理化建议奖获奖	中国国电集团公司	2016.09.22
	万震宇	优秀合理化建议奖获奖	中国国电集团公司	2016.09.22
	刘　鹤	优秀合理化建议奖获奖	中国国电集团公司	2016.09.22
	汤　琦	优秀合理化建议奖获奖	中国国电集团公司	2016.09.22
	郑正勤	优秀合理化建议奖获奖	中国国电集团公司	2016.09.22
	朱永国	优秀合理化建议奖获奖	中国国电集团公司	2016.09.22
	徐　成	优秀合理化建议奖获奖	中国国电集团公司	2016.09.22
	石岩林	优秀合理化建议奖获奖	中国国电集团公司	2016.09.22
	张　旭	优秀合理化建议奖获奖	中国国电集团公司	2016.09.22
	罗立云	年轻干部培训班优秀学员	中国国电集团公司	2016.11.23
	罗立云	“加强和改进集团公司教育培训工作的思考”小组荣获年轻干部培训班最佳成果奖	中国国电集团公司	2016.11.23
	谢　斌	全国电力系统工会工作理论研究会开展的“新常态.新思路”主题征文活动中被评为全国电力行业优秀论文	全国电力系统工会工作理论研究会	2016.01.20

续表 42

单位名称	姓　名	称　号	授予单位	授予时间
国电大渡河流域水电开发有限公司	赵　攀	全国电力系统工会工作理论研究会开展的“新常态.新思路”主题征文活动中被评为全国电力行业优秀论文	全国电力系统工会工作理论研究会	2016.01.20
	王　霞	全国电力系统工会工作理论研究会开展的“新常态.新思路”主题征文活动中被评为全国电力行业优秀论文	全国电力系统工会工作理论研究会	2016.01.20
	张　康	″幸福国电″摄影作品大赛艺术类二等奖	中国国电集团公司	2016.12.16
	梁　江	″幸福国电″摄影作品大赛纪实类三等奖	中国国电集团公司	2016.12.16
	冉开金	″幸福国电″摄影作品大赛纪实类三等奖	中国国电集团公司	2016.12.16
	张　燕	″幸福国电″摄影作品大赛纪实类三等奖	中国国电集团公司	2016.12.16
	李向阳	″幸福国电″摄影作品大赛艺术类三等奖	中国国电集团公司	2016.12.16
	沈定斌	四川省“创新创效金点子”合理化建议二等奖	四川省经济技术部	2016.12.22
	黄会宝	四川省“创新创效金点子”合理化建议二等奖	四川省经济技术部	2016.12.22
	江德军	四川省“创新创效金点子”合理化建议二等奖	四川省经济技术部	2016.12.22
	何红荣	四川省“创新创效金点子”合理化建议二等奖	四川省经济技术部	2016.12.22
	钟青祥	四川省“创新创效金点子”合理化建议二等奖	四川省经济技术部	2016.12.22
	刘金全	四川省“创新创效金点子”合理化建议二等奖	四川省经济技术部	2016.12.22
	贺玉彬	四川省“创新创效金点子”合理化建议三等奖	四川省经济技术部	2016.12.22
	邹祖建	四川省“创新创效金点子”合理化建议三等奖	四川省经济技术部	2016.12.22
	王甫志	四川省“创新创效金点子”合理化建议三等奖	四川省经济技术部	2016.12.22
	刘钊	四川省“创新创效金点子”合理化建议三等奖	四川省经济技术部	2016.12.22
	薛守宁	四川省“创新创效金点子”合理化建议三等奖	四川省经济技术部	2016.12.22
	黄天文	四川省“创新创效金点子”合理化建议三等奖	四川省经济技术部	2016.12.22
	周业荣	四川省“创新创效金点子”合理化建议三等奖	四川省经济技术部	2016.12.22
	任泽民	四川省“创新创效金点子”合理化建议三等奖	四川省经济技术部	2016.12.22

续表42

单位名称	姓　名	称　号	授予单位	授予时间
国电大渡河流域水电开发有限公司	严映峰	四川省“创新创效金点子”合理化建议优秀奖	四川省经济技术部	2016.12.22
	万　欣	四川省“创新创效金点子”合理化建议优秀奖	四川省经济技术部	2016.12.22
	段　伟	四川省“创新创效金点子”合理化建议优秀奖	四川省经济技术部	2016.12.22
中电建水电开发集团有限公司	张高宏	党建思想政治课题研究优秀成果奖	中国电力建设股份有限公司	2016.04
	杨天亮	科学技术奖一等奖	水利部长江水利委员会	2016.06
	张冰雪	科学技术奖一等奖	水利部长江水利委员会	2016.06
	顾　轩	实用新型专利	国家知识产权局	2016.11
	卢东明	实用新型专利	国家知识产权局	2016.11
中国水利水电第五工程局有限公司	杨玉银	优秀论文二等奖	四川省水力发电工程学会	2016
	江万红	优秀论文三等奖	四川省水力发电工程学会	2016
	车维斌	优秀论文三等奖	四川省水力发电工程学会	2016
	骆红兵	优秀论文优秀奖	四川省水力发电工程学会	2016
	兰昌志	优秀论文优秀奖	四川省水力发电工程学会	2016.11
	杨玉银	优秀论文二等奖	四川省水力发电工程学会	2016
	江万红	优秀论文三等奖	四川省水力发电工程学会	2016
	刘新星	西南青年团青年论坛一等奖	中国电力建设股份有限公司团委	2016.11

单位荣誉（2016）

表43

国网四川省电力公司

序号	获奖名称	获奖单位	授奖单位
1	全国五一劳动奖状	国网遂宁供电公司	中华全国总工会
2	四川五一劳动奖状	国网四川技培中心	四川省总工会
3	四川五一劳动奖状	国网成都供电公司都江堰市供电公司	四川省总工会
4	全国五一劳动奖状	国网甘孜供电公司	中华全国总工会
5	四川五一劳动奖状	国网四川省电力公司建设管理中心	四川省总工会
6	四川五一劳动奖状	国网凉山供电公司	四川省总工会
7	四川五一劳动奖状	国网四川省电力公司物资公司	四川省总工会

续表 43

序号	获奖名称	获奖单位	授奖单位
8	国资委系统先进集体	国网德阳供电公司二次系统检修班	四川省国资委

中国三峡建设管理有限公司

序号	获奖名称	获奖单位	授奖单位
1	中国三峡集团 2016 年度红旗班组	白鹤滩工程建设部安全监测分中心	中国三峡集团公司
2	中国长江三峡集团公司 2016 年度“红旗班组”	乌东德工程建设部技术管理部（综合安全监测中心）	中国三峡集团公司
3	四川省工人先锋号	中国三峡集团乌东德工程建设部泄洪洞项目部	四川省总工会
4	云南省工人先锋号	中国三峡集团物资设备公司乌东德项目部物资分部综合业务班	云南省总工会
5	云南省工人先锋号	中国三峡集团溪洛渡工程建设部综合管理部	云南省总工会
6	四川电力安全生产先进集体	向家坝电厂	国家能源局四川监管办公室
7	四川电力安全生产先进部门	向家坝电厂运行部	国家能源局四川监管办公室
8	“全国大型水电厂（站）劳动竞赛先进单位”	向家坝电厂	中国能源化学工会
9	全国青年安全生产示范岗	向家坝电厂运行部运行二值	国家安全监督管理总局
10	中国电力企业联合会水力发电分会第六届先进会员单位	向家坝电厂	中国电力企业联合
11	第五届“全国电力行业设备管理创新成果奖特等奖”	《基于专业技术管理的设备缺陷全过程控制》	中国设备管理协会
12	第二届全国设备管理创新成果一等奖	《关于“专业技术组在缺陷管理中的‘第三方监管’实践”》	中国设备管理协会
13	第二届全国设备管理创新成果二等奖	《800 兆瓦水轮发电机组滑环系统实现免维护、绿色运行的创新优化》	中国设备管理协会
14	全国电力行业质量信得过班组	向家坝电厂电气维修部保护分部	中国水利电力质量管理协会
15	全国电力行业 QC 小组活动优秀企业	向家坝电厂	中国水利电力质量管理协会
16	“中国招标采购理论与实践学术交流会”征文三等奖	《一次招投标采购典型失败案例的剖析与研究》	中国招标投标协会
17	（第八届）全国电力职工技术成果三等奖	《向家坝左岸电站机组水导轴承下甩油环改造》	中国电力企业联合会
18	（第八届）全国电力职工技术成果三等奖	《新型顶盖与座环密封在巨型水电机组上成功应用》	中国电力企业联合会

国电大渡河流域水电开发有限公司

序号	获奖名称	获奖单位	授奖单位
1	政务信息工作先进单位	国电大渡河流域水电开发有限公司	四川省国资委

续表 43

序号	获奖名称	获奖单位	授奖单位
2	《生命线上的担当》获全国党员教育电视片观摩交流活动三等奖作品	国电大渡河流域水电开发有限公司	中共中央组织部
3	集团公司先进单位	国电大渡河流域水电开发有限公司	中国国电集团公司
4	中央在川和省属重点企业安全生产工作先进单位	国电大渡河流域水电开发有限公司	四川省人民政府安全生产委员会办公室
5	电力行业企业文化建设示范单位	国电大渡河流域水电开发有限公司	中国电力企业联合会
6	五星级企业	国电大渡河瀑电沟水力发电总厂	中国国电集团公司
7	五星级企业	国电大渡河龚电水力发电总厂	中国国电集团公司
8	五星级企业	国电大渡河大岗山水电开发有限公司	中国国电集团公司
9	五星级企业	国电大渡河枕头坝建设有限公司	中国国电集团公司
10	五星级企业	物资大渡河配送公司	中国国电集团公司
11	五星级企业	国电大渡河猴子岩水电开发有限公司	中国国电集团公司
12	五星级企业	国电大渡河沙坪水电建设有限公司	中国国电集团公司
13	文明单位	国电大渡河枕头坝水电建设有限公司	中国国电集团公司
14	文明单位	国电大渡河沙坪水电建设有限公司	中国国电集团公司
15	四川省五一巾帼标兵岗	国电大渡河检修安装有限公司机试班	四川省总工会
16	全国电力行业设备管理创新成果奖	国电大渡河瀑电沟水力发电总厂	中国电力设备管理协会
17	四川省国资委系统先进集体	国电大渡河猴子岩水电开发有限公司	四川人力资源和社会保障厅、省国资委
18	“国电楷模”选树活动被提名的先进集体	国电大渡河库坝中心监测处监测二班	中国国电集团公司
19	工人先锋号	国电大渡河瀑电沟水力发电总厂运维四值	中华全国总工会
20	青年文明号	四川革什扎水电开发责任有限公司	中国国电集团公司团委
21	青年文明号	国电大渡河枕头坝水电建设有限公司运维三值	中国国电集团公司团委
22	五四红旗团委	国电大渡河沙坪水电建设有限公司团委	中国国电集团公司团委
23	五四红旗团委	国电大渡河瀑电沟水力发电总厂运维一值团支部	中国国电集团公司团委
24	五四红旗团支部	国电大渡河检修安装有限公司龚站检修项目部团支部	中国国电集团公司团委
25	先进单位（国电一级奖状）	国电大渡河大岗山水电开发有限公司	中国国电集团公司
26	先进单位（国电一级奖状）	国电大渡河瀑布沟水力发电总厂	中国国电集团公司
27	《生命线上的担当》荣获“成都航空”杯首届四川省国有企业职工微影视大赛三等奖	国电大渡河流域水电开发有限公司	四川省国有资产监督管理委员会
28	共青团工作述职优秀单位	国电大渡河流域水电开发有限公司团委	中国国电集团公司团委

续表 43

序号	获奖名称	获奖单位	授奖单位
29	“大型流域水电开发企业思想政治工作的实践与思考”荣获四川省政研会 2015 年优秀研究成果二等奖	国电大渡河流域水电开发有限公司	四川省思想政治工作研究会
30	先进基层党组织	国电大渡河检修安装有限公司党委	四川省国资委
31	先进基层党组织	国电大渡河沙坪水电建设有限公司第三党支部	四川省国资委
32	先进基层党组织	国电大渡河检修安装有限公司党委	四川省委员会
33	“中央企业先进基层党组织标杆”称号	国电大渡河瀑布沟水力发电总厂党委	中国国电集团公司党委
34	“十二五”科技创新先进单位	国电大渡河流域梯级电站集控中心	中国国电集团公司
35	科学技术进步组织奖(获奖项目：大渡河下游梯级电站群变尺度预报调控一体化技术研究及实施)	国电大渡河流域水电开发有限公司	中国国电集团公司
36	在省国资委系统“两学一做”作表率，执纪为民建功业征文和演讲比赛活动中荣获优秀组织奖	国电大渡河流域水电开发有限公司	四川省国资委
37	党内统计全优报表企业党组织	国电大渡河流域水电开发有限公司	四川省国资委
38	法制宣传教育先进单位	国电大渡河沙坪水电建设有限公司	中国国电集团公司
39	“中央在川企业财务与经济信息联系工作”表现突出	国电大渡河流域水电开发有限公司	四川省国资委
40	生产建设项目水土保持工作先进单位	国电大渡河流域水电开发有限公司	四川省水土保持局
41	四川省青年文明号	国电大渡河猴子岩水电开发有限公司计划合同处	四川省人力资源和社会保障厅办公室

雅砻江流域水电开发有限公司

序号	获奖名称	获奖单位	授奖单位
1	全国“安康杯”竞赛活动示范单位	雅砻江流域水电开发有限公司	中华全国总工会、国家安全生产监督管理总局
2	全国工人先锋号	雅砻江流域水电开发有限公司锦屏水力发电厂检修部保护二班	中华全国总工会
3	能源软科学研究优秀成果二等奖	雅砻江流域水电开发有限公司“新常态下中国水电可持续发展政策研究”	国家能源局
4	第三届“中国梦•劳动美”全国职工微影视大赛金奖(宣传类)	雅砻江流域水电开发有限公司微电影《雅砻江上的青春》	中华全国总工会、电影局、国资委新闻中心、求是影视中心、中国妇女发展基金会
5	四川省五一劳动奖状	雅砻江流域水电开发有限公司两河口建设管理局	四川省总工会
6	四川省五一劳动奖状	雅砻江流域水电开发有限公司杨房沟建设管理局	四川省总工会
7	四川省工人先锋号	雅砻江流域水电开发有限公司二滩水力发电厂综合办公室计划合同组	四川省总工会
8	四川省模范劳动关系和谐企业	雅砻江流域水电开发有限公司	四川省人力资源和社会保障厅、四川省总工会、四川省企业联合会、企业家协会、四川省工商业联合会
9	四川省重点工程劳动竞赛先进班组	雅砻江流域水电开发有限公司两河口建设管理局工程技术一部	四川省总工会
10	四川省重点工程劳动竞赛先进班组	雅砻江流域水电开发有限公司两河口建设管理局工程技术二部	四川省总工会

续表43

序号	获奖名称	获奖单位	授奖单位
11	四川省重点工程劳动竞赛先进集体	雅砻江流域水电开发有限公司四川二滩实业发展有限责任公司两河口分公司	四川省总工会
12	四川省五一巾帼奖状	雅砻江流域水电开发有限公司二滩水力发电厂综合办公室计划合同组	四川省总工会
13	省级安全文化建设示范企业	雅砻江流域水电开发有限公司两河口建设管理局	四川省人民政府安全生产委员会办公室
14	国投集团先进集体	雅砻江流域水电开发有限公司	国投集团
15	国投集团班组建设优秀单位	雅砻江流域水电开发有限公司	国投集团
16	国投集团班组建设示范单位	雅砻江流域水电开发有限公司二滩水力发电厂	国投集团
17	国投集团标杆班组	雅砻江流域水电开发有限公司二滩水力发电厂保护班	国投集团
18	国投集团标杆班组	雅砻江流域水电开发有限公司锦屏水力发电厂保护二班	国投集团
19	国投集团标杆班组	雅砻江流域水电开发有限公司二滩水力发电厂运行二滩组	国投集团
20	水力发电科学技术奖特等奖	雅砻江流域水电开发有限公司锦屏一级复杂地质特高拱坝建设关键技术研究与应用	中国水力发电工程学会
21	中国电机工程学会科技进步一等奖	雅砻江流域水电开发有限公司“超300米高拱坝混凝土优质快速施工关键技术研究及应用”	中国电机工程学会
22	发电企业“十二五”信息化成就奖一等奖	雅砻江流域水电开发有限公司	电力信息化专业协作委员会
23	电力建设科技进步一等奖	雅砻江流域水电开发有限公司“超深水位变幅水力自升降拦漂工程关键技术研究与应用”	中国电力建设企业协会
24	电力建设科技进步二等奖	雅砻江流域水电开发有限公司“百米级深厚覆盖层防渗帷幕灌浆技术”	中国电力建设企业协会
25	电力行业信息化优秀成果一等奖	雅砻江流域水电开发有限公司“雅砻江流域智能化电力生产管控平台”	中国电力企业联合会
26	电力行业信息化优秀成果二等奖	雅砻江流域水电开发有限公司“水电站群大坝安全集中管理平台”	中国电力企业联合会
27	四川水力发电科学技术奖一等奖	雅砻江流域水电开发有限公司“雅砻江桐子林水电站在山区河流复杂地形地质条件下的施工导流工程及基础处理技术”	四川水力发电工程学会

中国华电集团公司四川分公司

序号	获奖名称	获奖单位	授奖单位
1	全国五一劳动奖状	华电四川发电有限公司宝珠寺水力发电厂	全国总工会
2	全国工人先锋号	理县星河电力有限责任公司理县电厂运行一值	全国总工会
3	四星级发电企业	理县星河电力有限责任公司	中国华电集团公司
4	三星级发电企业	华电四川发电有限公司宝珠寺水力发电厂	中国华电集团公司
5	三星级发电企业	四川广安发电有限责任公司	中国华电集团公司

续表 43

序号	获奖名称	获奖单位	授奖单位
6	四川省先进基层组织	中共华电四川发电有限公司宝珠寺水力发电厂委员会	中共四川省委
7	四川省五一劳动奖状	四川华电木里河水电开发有限公司	四川省总工会

国电四川发电有限公司

序号	获奖名称	获奖单位	授奖单位
1	集团公司先进单位	国电四川发电有限公司	中国国电集团公司
2	法治工作先进单位	国电四川发电有限公司	中国国电集团公司
3	财务人员从业知识调考优秀单位	国电四川发电有限公司	中国国电集团公司
4	四川电力年鉴工作先进单位	国电四川发电有限公司	四川电力年鉴编纂委员会、四川省电力行业协会
5	第七届学会工作先进集体	国电四川发电有限公司	四川省水力发电工程学会
6	先进党组织	国电达州发电有限公司党委	国电四川公司党委
7	法制宣传教育先进单位	国电四川电力股份有限公司	中国国电集团公司
8	先进基层党组织	国电四川电力股份有限公司党委	四川省国资委

华电金沙江上游水电开发有限公司

序号	获奖名称	获奖单位	授奖单位
1	2015—2016 年度文明单位	华电金沙江上游水电开发有限公司	中国华电集团公司
2	能源软科学研究优秀成果二等奖	华电金沙江上游水电开发有限公司	国家能源局
3	安全生产先进单位	苏洼龙分公司（昌波分公司）	中国华电集团公司
4	先进基层党组织	苏洼龙分公司（昌波分公司）党委	四川省国资委
5	四川电力安全生产先进集体	苏洼龙分公司（拉哇分公司）	国家能源局四川监管办公室

华能四川水电有限公司

序号	获奖名称	获奖单位	授奖单位
1	先进企业	华能四川水电有限公司	中国华能集团公司
2	先进企业	四川华能涪江水电有限责任公司	中国华能集团公司
3	先进集体	华能四川水电有限公司财务部	中国华能集团公司
4	先进集体	四川华能康定水电有限责任公司安生部	中国华能集团公司
5	“四强”党组织	四川华能太平驿水电有限责任公司安生党支部	中国华能集团公司
6	“四强”党组织	四川华能嘉陵江水电有限责任公司安生党支部	中国华能集团公司
7	五四红旗团支部	四川华能泸定水电有限公司团支部	中国华能集团公司
8	电力安全生产先进集体	华能四川水电有限公司	国家能源局四川监管办公室
9	电力安全生产先进集体	四川华能太平驿水电有限责任公司	国家能源局四川监管办公室
10	电力安全生产先进集体	四川华能康定水电有限责任公司	国家能源局四川监管办公室
11	电力安全生产先进集体	四川华能涪江水电有限责任公司	国家能源局四川监管办公室
12	四川省国有企业先进基层党组织	四川华能嘉陵江水电有限责任公司安生党支部	四川省国资委

续表 43

序号	获奖名称	获奖单位	授奖单位
	四川省水电投资经营集团有限公司		
序号	获奖名称	获奖单位	授奖单位
1	全面解决无电人口用电问题先进单位	四川省水电投资经营集团有限公司	国家能源局
2	四川省电力安全生产先进集体	四川省水电集团大竹电力有限公司	国家能源局四川监管办
3	四川省青年文明号	四川省水电集团百事吉物业管理有限公司能投项目部客服中心	四川省人社厅共青团四川省委
	中国电建集团成都勘测设计研究院有限公司		
序 号	获奖名称	获奖单位	授奖单位
1	全国五一劳动奖状	中国电建集团成都勘测设计研究院有限公司	中华全国总工会
2	四川省五一劳动奖状	成都院黄金坪水电站设计代表处	四川省总工会
3	全国五四红旗团支部	成都院地质处团总支	共青团中央
4	获国家认定企业技术中心授牌	中国电建集团成都勘测设计研究院有限公司	国家发展改革委 科技部 财政部 海关总署 国家税务总局
5	国际咨询工程师联合会（FIDIC，菲迪克）2016 年杰出项目奖	溪洛渡水电站	国际咨询工程师联合会（FIDIC，菲迪克）
6	全国职工微影视大赛金奖	中国电建集团成都勘测设计研究院有限公司	全国总工会宣传教育部、国家新闻出版广电总局电影局、国务院国资委新闻中心
7	全国守合同重信用企业	中国电建集团成都勘测设计研究院有限公司	国家工商总局
8	“勘察单位 AAA 级”、“设计单位 AAA 级”和“咨询单位 AAA 级”信	中国电建集团成都勘测设计研究院有限公司	水利部
9	国家水土保持生态文明工程	西藏昌都电网与四川电网联网输变电工程	水利部
10	四川省重点工程劳动竞赛先进集体	两河口移民工程总承包项目部	四川省总工会
11	四川省“五化五强”班组称号	玉瓦水电站总承包项目部	四川省总工会
12	四川省工人先锋号	监理部（二滩国际）黄金坪项目部	四川省总工会
13	四川省五一劳动奖状	成都院黄金坪水电站设计代表处	四川省总工会
14	四川省重点工程劳动竞赛先进集体	成都院长河坝水电站设计代表处	四川省总工会
15	工程勘察设计行业‘十二五’期间实施信息化建设先进单位	中国电建集团成都勘测设计研究院有限公司	中国勘察设计协会
16	第十六届“全国质量奖入围奖”	中国电建集团成都勘测设计研究院有限公司	中国质量协会
17	全国实施卓越绩效模式先进企业特别奖	中国电建集团成都勘测设计研究院有限公司	中国质量协会
18	全国示范院士专家工作站	中国电建集团成都勘测设计研究院有限公司	中国科学技术协会
19	全国电力行业实施卓越绩效模式先进企业	中国电建集团成都勘测设计研究院有限公司	中国水利电力质量管理协会
20	“AAA 级信用企业”	中国电建集团成都勘测设计研究院有限公司	中国企业联合会
21	“水利水电勘察 AAA+级”、“水利水电设计 AAA+级”和“水利水电咨询 AAA+级”	中国电建集团成都勘测设计研究院有限公司	中国水利水电勘测设计协会
22	中国 AAA 级信用企业	中国电建集团成都勘测设计研究院有限公司	中国合作贸易企业协会、中国企业改革与发展研究会、中国企业信用评价中心

续表 43

序号	获奖名称	获奖单位	授奖单位
23	电建集团会计学会年度课题组织奖	中国电建集团成都勘测设计研究院有限公司	中国电建集团
24	中国电建优秀工程奖	双河水电站	中国电建集团
25	中国电建优秀工程勘测设计奖	锦屏一级水电站工程勘察	中国电建集团
26	中国电建优秀工程勘测设计奖	溪洛渡水电站工程勘察	中国电建集团
27	中国电建优秀工程勘测设计奖	藏木水电站工程勘察	中国电建集团
28	中国电建优秀工程勘测设计奖	官地水电站工程设计	中国电建集团
29	信息化先进集体	成都院数字工程与信息技术中心	中国电建集团
30	中国电建年度先进工会	成都院工会	中国电建集团
31	落实反腐倡廉责任制先进单位	中国电建集团成都勘测设计研究院有限公司	中国电建集团
32	中国电建集团公司“安全生产优秀项目部”	白水江玉瓦水电站总承包项目部	中国电建集团
33	四川省实施卓越绩效模式先进企业	中国电建集团成都勘测设计研究院有限公司	四川省质量协会
34	四川省实施卓越绩效模式先进企业特别奖	中国电建集团成都勘测设计研究院有限公司	四川省质量协会
35	四川省企业信息化建设先进单位	中国电建集团成都勘测设计研究院有限公司	四川省企业联合会、四川省企业家协会
36	四川省国资委系统先进集体	成都院征地移民处	四川省政府国有资产监督管理委员会
37	省级生产建设项目省级水土保持生态文明工程	万家山光伏电站总承包项目部	四川省水利厅
38	中央在川和省属重点企业安全生产工作先进单位	中国电建集团成都勘测设计研究院有限公司	四川省政府安委会
39	省级卫生先进单位	中国电建集团成都勘测设计研究院有限公司	四川省爱国卫生运动委员会
40	四川省国资委系统先进集体	征地移民处	四川省人社厅、四川省国资委
41	四川电力安全生产先进集体	中国电建集团成都勘测设计研究院有限公司	国家能源局四川监管办
42	成都市勘察设计企业和施工图审查机构 AAA 级企业信用等级	中国电建集团成都勘测设计研究院有限公司	成都市城乡建设委员会

中国电力工程顾问集团西南电力设计院有限公司

序号	获奖名称	获奖单位	授奖单位
1	2016 中国工程设计企业 60 强	中国电力工程顾问集团西南电力设计院有限公司	建筑时报
2	企业信用等级证书	中国电力工程顾问集团西南电力设计院有限公司	中国电力规划设计协会
3	成都百强企业	中国电力工程顾问集团西南电力设计院有限公司	成都企业联合会 成都市工业经济联合会
4	成都服务业百强企业	中国电力工程顾问集团西南电力设计院有限公司	成都企业联合会 成都市工业经济联合会
5	四川百强企业	中国电力工程顾问集团西南电力设计院有限公司	四川省企业联合会 四川省企业家协会
6	四川百强企业	中国电力工程顾问集团西南电力设计院有限公司	四川省企业联合会 四川省企业家协会
7	2016 年度中国电力优质工程奖 （重庆神华万州电厂 2×1050MW 新建工程）	中国电力工程顾问集团西南电力设计院有限公司	中国电力建设企业协会

续表 43

序号	获奖名称	获奖单位	授奖单位
8	国家高新技术企业	中国电力工程顾问集团西南电力设计院有限公司	四川省科学技术厅 四川省财政厅 四川省国家税务局 四川省地方税务局
9	2016-2017 年度国家优质工程金质奖 （重庆神华万州电厂 2×1050MW 新建工程）	中国电力工程顾问集团西南电力设计院有限公司	中国施工企业管理协会
10	2016-2017 年度国家优质工程金质奖 （西藏昌都电网与四川电网联网输变电工程）	中国电力工程顾问集团西南电力设计院有限公司	中国施工企业管理协会
11	2016-2017 年度国家优质工程金质奖 （浙北-福州特高压交流输变电工程）	中国电力工程顾问集团西南电力设计院有限公司	中国施工企业管理协会
中电建水电开发集团有限公司			
序号	获奖名称	获奖单位	授奖单位
1	四川电力安全生产先进集体	毛尔盖水电有限公司	国家能源局四川监管办
2	“守合同重信用”企业	四川松林河流域开发有限公司	中华人民共和国国家工商行政管理总局
3	“先进工会分会”	四川松林河流域开发有限公司工会委员会	中国电力建设股份有限公司工会委员会
4	四川省五四红旗团支部	克州新隆能源开有限公司 第二团支部	共青团四川省委
5	先进基层党组织	四川盐源甲米河水电开发有限公司第二党支部	四川省国资委党委
四川电力设计咨询有限责任公司			
序号	获奖名称	获奖单位	授奖单位
1	四川省五一劳动奖状	四川电力设计咨询有限责任公司	四川省总工会
2	四川省国资委国有企业先进基层党组织	四川电力设计咨询有限责任公司勘测党支部	中共四川省国有资产监督管理委员会
3	电力工程定额工作先进集体	四川电力设计咨询有限责任公司	电力工程造价与定额管理总站
4	全国电力行业优秀影视作品二等奖（宣传片）	四川电力设计咨询有限责任公司	中国电力传媒集团
5	时代变革企业	四川电力设计咨询有限责任公司	《中国勘察设计》杂志社、中国桥梁网、天强管理顾问
6	锐意变革先锋企业	四川电力设计咨询有限责任公司	《中国勘察设计》杂志社、中国桥梁网、天强管理顾问
中国水利水电第五工程局有限公司			
序号	获奖名称	获奖单位	授奖单位
1	科技创新先进企业	水电五局有限公司	中国施工企业管理协会
2	第七届学会工作先进集体	水电五局有限公司	四川省水力发电工程学会
3	全国电力建设优秀施工企业	水电五局有限公司	中国电力建设企业协会
4	全国优秀施工企业	水电五局有限公司	中国施工企业管理协会
5	四川省建筑业优秀企业	水电五局有限公司	四川省建筑业协会
7	企业信用等级质量检测类 AAA	水电五局有限公司	中国水利工程协会
8	企业信用等级施工类 AAA	水电五局有限公司	中国水利工程协会
9	全国工程建设质量管理小组活动优秀企业	水电五局有限公司	中国施工企业管理协会
10	四川省模范劳动关系和谐企业	水电五局有限公司	四川省人力资源和社会保障厅、四川省总工会、四川省企业联合会、四川省工商业联合会

续表 43

序号	获奖名称	获奖单位	授奖单位
11	四川省“安康杯”竞赛优秀组织单位	水电五局有限公司	四川省总工会、四川省安全生产监督管理总局
12	四川省工会工作目标考核一等奖	水电五局有限公司工会	四川省总工会
13	四川省工会领导班子考核一等奖	水电五局有限公司工会	四川省总工会
14	四川省工会财务工作考核二等奖	水电五局有限公司工会	四川省总工会
15	四川省寻找“最美家庭”活动先进集体	水电五局有限公司工会	四川省总工会
16	市级工会财务工作先进单位	水电五局有限公司工会	中华全国总工会
17	2015－2016 年度中央企业思想政治工作课题研究成果三等奖	水电五局政研会	国务院国资委
18	成都市记协 2016 年“优秀企业报”	《五局时代》	成都市记协
19	五四红旗团委	水电五局有限公司团委	共青团四川省委
20	五四红旗团委	水电五局有限公司团委	中央企业团工委
21	五四红旗团委	水电五局有限公司团委	中国电力建设集团（股份）有限公司团委
22	青年文明号	水电五局有限公司一分局	中央企业团工委
23	2014－2015 年度先进基层党组织	水电五局有限公司一分局党委	中国电力建设集团（股份）有限公司党委
24	先进基层党组织	水电五局有限公司一分局党委	中国电力建设集团（股份）有限公司党委
25	中央企业系统 2015－2016 年度全国青年文明号	水电五局有限公司一分局团委	中央企业团工委
26	全国“安康杯”竞赛优胜单位	水电五局有限公司二分局	全国总工会、国家安全生产监督管理总局
27	青年文明号	水电五局有限公司三分局	共青团四川省委
28	2014－2015 年度先进基层党组织	水电五局有限公司三分局党委	中国电力建设集团（股份）有限公司党委
29	四川省“安康杯”竞赛优胜单位	水电五局有限公司五分局	四川省总工会、四川省安全生产监督管理总局
30	四川省“安康杯”竞赛优胜单位	水电五局有限公司制安分局	四川省总工会、四川省安全生产监督管理总局
31	职工教育培训示范点	水电五局有限公司职教中心	四川省总工会
32	全国“安康杯”竞赛优胜班组	水电五局有限公司一分局绩蓄电站 C1 标项目部	全国总工会、国家安全生产监督管理总局
33	五四红旗团支部	水电五局有限公司一分局重庆江习三分部项目团支部	中国电力建设集团（股份）有限公司团委
34	中国电建优质工程奖	水电五局有限公司一分局喜儿沟水电站发电厂房及引水系统工程	中国电力建设集团
35	五四红旗团支部	水电五局有限公司一分局重庆江习三分部项目	中国电力建设集团（股份）有限公司团委
36	职工（农民工）文化驿站示范点	水电五局有限公司二分局峨米项目	四川省总工会
37	先进基层党组织	水电五局有限公司二分局成雅项目党支部	四川省国资委党委
38	职工书屋示范点	水电五局有限公司三分局阿尔塔什项目	中华全国总工会
39	职工书屋示范点	水电五局有限公司四分局大邑总承包部	四川省总工会
40	优秀管理质量小组一等奖	水电五局有限公司四分局青白江房建项目部	四川省建设工程质量安全与监理协会
41	四川省第二届职工微电影大赛优秀奖	水电五局有限公司五分局微电影《筑梦中原》	四川省总工会
42	工人先锋号	水电五局有限公司五分局向家坝项目	四川省总工会

续表 43

序号	获奖名称	获奖单位	授奖单位
43	全国安康杯竞赛优胜班组	水电五局有限公司制安分局仙居项目部	中华全国总工会国家安全生产监督管理总局
44	四川省工程建设系统优秀质量管理小组一等奖	水电五局有限公司制安分局长河坝机电安装项目部 QC 小组	四川省建设工程职工安全与监理协会
45	四川省工程建设系统优秀质量管理小组二等奖	水电五局有限公司制安分局第二水工机械厂 QC 小组	四川省建设工程职工安全与监理协会
46	四川省工程建设系统优秀质量管理小组二等奖	水电五局有限公司制安分局溧阳项目部座环打磨 QC 小组	四川省建设工程职工安全与监理协会
47	四川省工程建设系统优秀质量管理小组一等奖	水电五局有限公司制安分局溧阳项目部拦污栅栅槽安装 QC 小组	四川省建设工程职工安全与监理协会
48	四川省工程建设系统优秀质量管理小组一等奖	水电五局有限公司制安分局第一水工机械厂 QC 小组	四川省建设工程职工安全与监理协会
49	全国工程建设优秀质量管理小组一等奖	水电五局有限公司科研设计咨询公司土工环刀 QC 小组	中国施工企业管理协会
50	四川省工程建设系统优秀质量管理小组一等奖	水电五局有限公司科研设计咨询公司预应力铜筒 QC 小组	四川省建设工程职工安全与监理协会
51	四川省工程建设系统优秀质量管理小组二等奖	水电五局有限公司科研设计咨询公司科研咨询公司钢绞线 QC 小组	四川省建设工程职工安全与监理协会
52	四川省工程建设系统优秀质量管理小组二等奖	水电五局有限公司科研设计咨询公司精密水准尺 QC 小组	四川省建设工程职工安全与监理协会
53	四川省“安康杯”竞赛优胜班组	水电五局有限公司国际公司乌干达卡鲁玛尾水隧洞项目部	四川省总工会、四川省安全生产监督管理总局
54	四川省工程建设系统优秀质量管理小组二等奖	水电五局有限公司国际公司乌干达卡鲁玛尾水隧洞项目部 QC 小组	四川省建设工程质量安全与监理协会
55	郑州市建筑施工安全生产标准化示范项目	水电五局有限公司郑州农业路项目	郑州市城乡建设委员会
56	全国工程建设质量管理小组二等奖	水电五局有限公司郑州农业路项目	中国施工企业协会
57	河南省工程建设质量管理小组一等奖	水电五局有限公司郑州农业路项目	河南工程建设协会
58	中国电建优质工程奖	水电五局有限公司郑州市陇海路快速通道工程项目（BT 项目）	中国电力建设集团（股份）有限公司
59	安全文明工地	水电五局有限公司郑州陇海路第十、十一项目部	河南省住房和城乡建设厅
60	河南市政金杯奖工程	水电五局有限公司郑州市三环路快速化工程北三环（南阳路一中州大道）BT 项目桥梁工程项目（其中二标段）	河南省市政公用业协会
61	河南市政优良工程	水电五局有限公司郑州市三环路快速化工程北三环（南阳路一中州大道）BT 项目桥梁工程项目（其中二标段）	河南省市政公用业协会
62	2016－2017 年度国家优质工程奖	水电五局有限公司郑州市三环路快速化工程北三环（南阳路一中州大道）BT 项目桥梁工程（其中二标段）	中国施工企业管理协会
63	河南省工程建设优质工程	水电五局有限公司郑州市三环路快速化工程北三环（南阳路一中州大道）BT 项目桥梁工程项目（其中二标段）	河南省工程建设协会

续表 43

序号	获奖名称	获奖单位	授奖单位
64	全国市政金杯示范工程	水电五局有限公司郑州市三环路快速化工程北三环（南阳路－中州大道）BT 项目桥梁工程项目（其中二标段）	中国市政工程协会
65	中国电建优质工程奖	水电五局有限公司郑州市三环路快速化工程北三环（南阳路－中州大道）BT 项目桥梁工程（其中二标段）	中国电力建设集团（股份）有限公司
66	四川省“安康杯”竞赛优胜单位	水电五局有限公司建筑装饰设计工程有限公司	四川省总工会、四川省安全生产监督管理总局
67	四川省五一劳动奖状	水电五局有限公司两河口项目一二·五联合体	四川省总工会
68	工人先锋号	水电五局有限公司两河口项目一二·五联合体	浙江省总工会
69	先进职工之家	水电五局有限公司两河口项目一二·五联合体	浙江省总工会
70	先进班组	水电五局有限公司两河口一二·五联合体生产指挥中心	四川省总工会
71	中国电建优质工程奖	水电五局有限公司南水北调焦作1段1标输水干渠工程项目	中国电力建设集团（股份）有限公司
72	中国电建优质工程奖	水电五局有限公司喜儿沟水电站发电厂房及引水系统工程项目	中国电力建设集团（股份）有限公司
73	中国电建优质工程奖	水电五局有限公司罗塞雷斯大坝加高工程项目	中国电力建设集团（股份）有限公司
74	中国电建优质工程奖	水电五局有限公司天府新区兴隆湖生态水环境综合治理工程项目	中国电力建设集团（股份）有限公司
75	中国电建优质工程奖	水电五局有限公司成都天府新区红星路南延线工程项目	中国电力建设集团（股份）有限公司
76	中国电建优质工程奖	水电五局有限公司十陵青龙湖湿地一期工程项目	中国电力建设集团（股份）有限公司
77	中国电建优质工程奖	水电五局有限公司中国水电美立方工程项目	中国电力建设集团（股份）有限公司
78	四川省国资委系统先进集体	水电五局有限公司青龙湖项目部	四川省人力资源和社会保障厅、四川省政府国有资产监督管理委员会
79	工人先锋号	水电五局有限公司加查项目部	四川省总工会
80	2014－2015 年度先进基层党组织	水电五局有限公司加查项目党总支	中国电力建设集团（股份）有限公司党委
81	全国广场舞大赛四川片区健身操（徒手组）比赛一等奖	水电五局有限公司《小苹果》健身操	四川省健身操协会
82	亚洲大众体操节暨第五届全国全民健身操舞大赛全国总决赛“技术动作比赛一等奖”、“综合表现特等奖”	水电五局有限公司《小苹果》健身操	全国健身操协会
83	工人先锋号	水电五局有限公司长河坝施工局	四川省总工会

中国水利水电第七工程局有限公司

序号	获奖名称	获奖单位	授奖单位
1	火车头奖杯	中国水利水电第七工程局有限公司	中华全国铁路总工会
2	中国钢结构金奖	中国水利水电第七工程局有限公司	中国建筑金属结构协会

续表 43

序号	获奖名称	获奖单位	授奖单位
3	企业文化建设标杆单位	中国水利水电第七工程局有限公司	中国文化管理协会企业文化管理专业委员会
4	国际里程碑工程奖	中国水利水电第七工程局有限公司	中国大坝工程协会
5	“最高的大坝”吉尼斯世界纪录	中国水利水电第七工程局有限公司	吉尼斯世界纪录
6	四川省百强企业	中国水利水电第七工程局有限公司	省企业联合会
7	全国守合同重信用企业	中国水利水电第七工程局有限公司	国家工商行政管理总局
8	中国建筑业竞争力200强企业	中国水利水电第七工程局有限公司	中国建筑业协会
9	四川省优质结构工程	水电七局成都地铁4号线二期工程土建1标	四川省城乡建设委员会
10	全国电力行业企业文化建设优秀成果一等奖	中国水利水电第七工程局有限公司	中国电力企业联合会
11	广东省优质结构工程奖	水电七局深圳地铁7号线7302项目	广东省城乡建设委员会
12	四川省国资委系统先进集体	水电七局机电安装分局	四川省国资委
13	四川省工人先锋号	水电七局夹江水工机械有限公司、二分局黄金坪项目部	四川省总工会
14	四川省先进基层党组织	水电七局五分局	四川省委
15	全国工程建设优秀QC成果二等奖	水电七局汉州路项目	中国建筑业协会
16	中国钢结构金奖	水电七局夹江水工机械有限公司	中国建筑金属结构协会
17	银页奖	中国水利水电第七工程局有限公司	中国施工企业管理协会
18	企业文化建设标杆单位	中国水利水电第七工程局有限公司	中国文化管理协会企业文化管理专业委员会
19	中国施工企业管理协会科学技术奖科技创新成果二等奖	水电七局夹江水工机械有限公司	中国施工企业管理协会
20	四川省劳动竞赛优胜单位	水电七局三分局、水电七局杨房沟总包部辅助工区	四川省总工会

中国水利水电第十工程局有限公司

序号	获奖名称	获奖单位	授奖单位
1	四川省“天府杯”银奖	中国水电十局一分局古城水电站厂区枢纽工程项目	四川省安全生产监督管理局
2	股份公司优质工程奖	中国水电十局二分局天府新区兴隆湖项目	中国电力建设集团股份公司
3	四川省“安康杯”优秀组织单位	中国水电十局二分局	四川总工会
4	四川省模范职工之家	中国水电十局二分局	四川总工会
5	四川省“天府杯”金奖	中国水电十局三分局南水北调中线一期工程SG09标	四川省安全生产监督管理局
6	四川省“天府杯”银奖	中国水电十局三分局桃巴高速项目	四川省安全生产监督管理局
7	股份公司优质工程奖	中国水电十局三分局南水北调中线一期工程汤阴1标	中国电力建设集团股份公司
8	四川省安康杯优胜单位奖	中国水电十局基础工程分局	四川总工会
9	鲁班奖（境外）	中国水电十局老挝公司南俄5水电站	中国建筑业协会
10	四川省工程建设系统优秀质量管理小组二等奖	中国水电十局老挝公司老挝南坎2水电站项目部QC小组	四川省安全生产监督管理局
11	四川省工程建设系统优秀质量管理小组二等奖	中国水电十局西藏知不拉铜多金属矿项目部QC小组	四川省安全生产监督管理局
12	四川省工程建设系统优秀质量管理小组二等奖	中国水电十局渝广高速公路项目部QC小组	四川省安全生产监督管理局
13	青年文明号	中国水电十局十局老挝区域经理部	中国电力建设集团股份公司团委
14	工人先锋号	中国水电十局西藏知不拉铜多金属矿项目部	四川总工会

续表 43

序号	获奖名称	获奖单位	授奖单位
15	四川省国资委系统先进集体	中国水电十局缅甸莱比塘采矿项目部	四川省人力资源和社会保障厅
16	国有企业优秀基层党组织	中国水电十局西藏知不拉铜多金属矿项目党支部	四川省国有资产监督管理委员会
17	先进基层党组织	中国水电十局缅甸莱比塘铜矿项目党工委	中国电力建设集团股份公司党委
18	安全生产优秀项目部	中国水电十局乐山清江项目经理部	中国电力建设集团股份公司安全环保部
19	全国“安康杯”优胜单位奖	中国水电十局	中华全国总工会
20	先进基层党组织	中国水电十局基础分局城建工程公司党支部	中国电力建设集团股份公司党委
21	2015 年度落实反腐倡廉建设责任制先进单位	中国水电十局纪委监察部	中国电力建设集团股份公司党委
21	党内统计全优报表优秀报表企业党组织	中国水电十局党委工作部	四川省国有资产监督管理委员会
23	资金管理工作先进单位	中国水电十局资金管理部	中国电力建设集团股份公司资金管理部
24	全国工程建设行业优秀网站	中国水电十局信息化管理部	中国施工企业管理协会
25	全国青年文明号	中国水电十局国际公司	四川省建设工程质量安全与监理协会

四川省能源投资集团有限责任公司

序号	获奖名称	获奖对象	授奖单位
1	中央在川和省属重点企事业单位安全生产工作先进单位	四川省能源投资集团有限责任公司	四川省人民政府安委会办公室
2	三电保护工作先进集体	四川省能源投资集团有限责任公司	四川省电力电信广播电视设施保护工作省级部门联席会议
3	四川省企业信息化建设先进单位	四川省能源投资集团有限责任公司	四川省企业联合会、企业家协会
4	四川省院士（专家）工作站	四川省能源投资集团有限责任公司	四川省委组织部、四川省经信委、四川省国资委、四川省教育厅、四川省科技厅、四川省人社厅、四川省科技协会
5	四川省档案工作先进集体	四川省能源投资集团有限责任公司	四川省人社厅、四川省档案局
6	四川电力安全生产先进集体	四川省能源投资集团有限责任公司生产管理部（安全环保部）	国家能源局四川监管办公室
7	国家天然气分布式能源示范项目	四川能投新都华润雪花啤酒天然气分布式能源项目	国家发改委
8	四川省“五四”红旗团委	四川能投发展股份有限公司	共青团四川省委

成都电力金具总厂

序号	获奖名称	获奖单位	授奖单位
1	中国电力建设集团有限公司科技进步一等奖（±800 千伏特高压直流工程 1250 平方毫米导线配套金具研制）	成都电力金具总厂	中国电力建设集团有限公司
2	中国电力建设集团有限公司财务报告编报工作先进单位	成都电力金具总厂	中国电力建设集团有限公司
3	中国电力建设集团有限公司 2014－2015 年度先进基层党组织	成都电力金具总厂销售公司党支部	中共中国电力建设集团有限公司委员会
4	中国电力建设集团有限公司先进工会分会	成都电力金具总厂准备光变模具分工会	中国电力建设集团有限公司工会

续表43

序号	获奖名称	获奖单位	授奖单位
5	四川省国资委党委先进基层党组织	成都电力金具总厂锻压车间党支部	中共四川省国有资产监督管理委员会
6	四川省青年文明号	成都电力金具总厂研究所	四川省人力资源和社会保障厅、共青团四川省委

四川省港航开发有限责任公司

序号	获奖名称	获奖单位	授奖单位
1	电力安全生产先进集体	岷江公司犍为分公司	国家能源局四川监管办
2	先进基层党组织	金沙公司	四川省国资委
3	全国模范职工小家	金银台公司	中华全国总工会
4	阆中市2016年纳税工作先进集体	金沙公司	阆中市委市政府
5	水电站大坝安全甲级单位	金溪公司	国家能源局大坝安全监察中心
6	全国交通基础建设重点工程劳动竞赛优胜单位	广安承平港务公司	中国海员建设工会全国委员会
7	先进基层党组织	金溪公司	四川省交投集团
8	先进基层党组织	小龙门公司	四川省交投集团

神华四川能源有限公司

序号	获奖名称	获奖单位	授奖单位
1	先进基层工会	神华四川能源有限公司	神华集团工会
2	安康杯优胜单位	神华四川卧龙公司	省总工会

四川省紫坪铺开发有限责任公司

序号	获奖名称	获奖单位	授奖单位
1	四川省“三电”设施安全保护先进单位	四川省紫坪铺开发有限责任公司	四川省“三电”保护工作联席会
2	四川省电力安全生产先进集体	四川省紫坪铺开发有限责任公司水库调度中心	国家能源局四川监管办
3	《四川电力年鉴》工作先进单位	四川省紫坪铺开发有限责任公司	四川电力年鉴编纂委员会、四川省电力行业协会
4	四川省安全生产宣传先进单位	四川省紫坪铺开发有限责任公司	四川省政府安委会
5	四川省“安全生产月”优秀组织单位	四川省紫坪铺开发有限责任公司	四川省政府安委会办公室
6	四川省“安全生产月”先进集体	四川省紫坪铺开发有限责任公司水库调度中心	四川省政府安委会办公室
7	先进基层党组织	四川省紫坪铺开发有限责任公司发电厂党总支	四川省国资委

四川川投燃气发电有限责任公司

序号	获奖名称	获奖对象	授奖单位
1	先进基层党组织	四川川投燃气发电有限责任公司	川投集团
2	工人先锋号	四川川投燃气发电有限责任公司设备管理部点检班	达州市总工会
3	先进基层党组织	四川川投燃气发电有限责任公司党委	达州经开区
4	“安康杯”竞赛优胜单位	四川川投燃气发电有限责任公司	达州市总工会、安监局

四川省能投攀枝花水电开发有限公司

序号	获奖名称	获奖对象	授奖单位
1	市级园林式单位	四川省能投攀枝花水电开发有限公司	攀枝花市城市管理局

续表 43

序号	获奖名称	获奖单位	授奖单位
中国水电基础局有限公司			
序号	获奖名称	获奖对象	授奖单位
1	中央企业法制宣传教育先进单位	中国水电基础局有限公司	国务院国资委
2	先进工会	中国水电基础局有限公司	中国电力建设集团
3	五四红旗团委	中国水电基础局有限公司	中国电力建设集团
4	“守合同重信誉”企业	中国水电基础局有限公司	天津市人民政府
5	全国“安康杯”竞赛活动优胜单位	中国水电基础局有限公司	全国总工会、安全生产监督管理总局
6	电力行业先进鉴定站	中国水电基础局有限公司	电力行业职业技能鉴定指导中心
四川省水利电力工程局			
序号	获奖名称	获奖对象	授奖单位
1	2015-2016 年度中国水利优质工程“大禹”奖	四川省水利电力工程局	中国水利工程协会
2	全国水利建设市场主体 AAA 级信用单位	四川省水利电力工程局	水利部
3	2015 年度省级守合同重信用企业	四川省水利电力工程局	四川省工商行政管理局
4	全国建筑行业优秀企业	四川省水利电力工程局	中国建筑企业协会
5	第七届学会工作先进集体	四川省水利电力工程局	四川水力发电工程学会

附录

责任编辑：卓正昌

本年鉴2017年卷附录主要收录国家、省市关于修志的政策性文件、历届党和国家领导人关于地方志工作的讲话、批示、2016年史、志、鉴信息以及四川省电力工业在1949－2016年间的主要统计数据。

《统计资料》采取分年方式记录了1949－2016年全省发电装机容量、年发电量、供用电量、输变电设备及容量、新增发电能力等数据。

附录一

修编地方志的重要讲话和文件

党和国家领导人对修志工作的重要讲话、指示（摘录）

周恩来对地方志工作的指示

1958年8月9日，周总理在北戴河同北京大学图书馆学系邓衍林教授的谈话中指出："我国是一个文化悠久的大国，各县都有县志。县志中就保存了不少各地经济建设的有用资料，可是查找起来就非常困难。所以，我们除印全国所藏方志目录外，还要有系统地整理县志中及其他书籍中有关科学技术的资料，做到古为今用。"

（摘自《青岛史志》1986年第3期"文献辑要"）

邓小平谈编辑出版年鉴

1979年10月，邓小平在与中国大百科全书出版社负责人谈话中指示："编辑出版年鉴，很有必要，这是国家的需要，四化建设的需要。"

（摘自1992年《中国出版年鉴》"蓬勃发展的中国年鉴出版事业"）

胡耀邦对修志的批示

1979年7月9日，胡耀邦在中共山西临汾市委组织部李百玉关于《〈县志〉应当续订重修》的报告稿上批示："大力支持在全国开展修志工作。"

（摘自《领导人与地方志-郑州市情网》）

习近平在宁德地区地方志工作会议上的讲话

"我来宁德的第一件事，就是要看府志、县志。要马上了解一个地方的重要情况，就要了解它的历史。了解历史的可靠的方法就是看志，这是我的一个习惯。过去，我无论走到哪里，第一件事就是要看地方志，这样做，可以较快地了解到一个地方的山川地貌、乡情民俗、名流商贾、桑麻农事，可以从中把握很多带有规律性的东西。可谓'开卷有益'。"

"修志是一项很有意义的工作。其意义，说通俗一点，就是使我们做一个明白人，'以古为鉴，可知兴替'，对于我们，只有加深对历史的掌握和理解，才能'以古鉴今，鉴古知今'，不重复历史上的错误，才能知道过去人类社会种种事件的发生、发展和消亡的过程。"

（摘自福建省地方志编纂委员会编的《〈修志简讯〉2008年第17期》）

习近平总书记关于地方志工作的重要讲话

2014年2月25日下午（5时30分许），中共中央总书记习近平来到首都博物馆参观北京历史文化展览。指出："搞历史博物展览，为的是见证历史、以史鉴今、启迪后人。要在展览的同时高度重视修史修志，让文物说话、把历史智慧告诉人们，激发我们的民族自豪感和自信心，坚定全体人民振兴中华、实现中国梦的信心和决心。"

习近平的历史观

世界的今天是从世界的昨天发展而来的。今天世界遇到的很多事情可以在历史上找到影子，历史上发生的很多事情也可以作为今天的镜鉴。重视历史、研究历史、借鉴历史，可以给人类带来很多了解昨天、把握今天、开创明天的智慧。所以说，历史是人类最好的老师。

（2015年8月23日，习近平致第二十二届国际历史科学大会的贺信）

李克强总理关于地方志工作的重要批示

第五次全国地方志工作会议于（2014年）4月19日在京召开。中共中央政治局常委、国务院总理李克强做出重要批示，指出："地方志是传承中华文明、发掘历史智慧的重要载体，存史、育人、资政，做好编修工作十分重要。五年来，全国广大地方志工作者执着守望、辛勤耕耘，地方志工作成绩斐然，这项事业呈现良好发展势头。谨向同志们致以诚挚问候！修志问道，以启未来。希望你们继续秉持崇高信念，以更加饱满的热情、以求真存实的作风进一步做好地方志编纂、管理和开发利用工作，为弘扬优秀传统文化、服务经济社会发展作出新的贡献。”

刘延东副总理关于地方志工作的讲话

第五次全国地方志工作会议于（2014 年）4 月 19 日在京召开。中共中央政治局委员、国务院副总理刘延东与部分会议代表座谈。强调：“各地区各部门要认真贯彻落实李克强总理重要批示精神，进一步推动地方志事业的发展和繁荣，为全面建成小康社会和全面深化改革提供历史借鉴和智力支持。”“地方志工作是建设文化强国的有机组成部分。中国有着悠久璀璨的历史，有着百折不挠的奋斗历程。连绵不断地编修地方志是中华民族特有的文化基因，为传承文明与进步发挥了重要作用。广大地方志工作者承担着传承文明、记录历史、弘扬文化、服务社会、借史鉴今、启迪后人的光荣使命。”“要把地方志作为重要的文化基础事业切实抓好。要进一步明确各级政府管理和发展地方志事业的重要职责，发挥地方志工作机构的统筹规划、组织协调、督促指导等职能，提高工作水平。要进一步加强质量管理，运用历史唯物主义观点，深化对地方志工作规律和特点的认识，打造无愧于时代、无愧于人民的精品佳志。要把地方志工作纳入公共文化服务体系建设当中，加快方志馆、地情网站、数据库等基础设施建设，用人们喜闻乐见的方式利用地方志、传播地方志，鼓励和倡导全社会‘读志’、‘传志’、‘用志’，用历史的智慧推进治理体系和治理能力的现代化，为实现中华民族伟大复兴的中国梦作出新的贡献。

（以上 3 条摘引自《人民日报》2014 年 4 月 20 日 01 版）

党和国家领导人与地方志

中华人民共和国成立后，编纂新方志的工作在毛泽东主席的关怀和倡导下开展起来。

1956 年国务院科学规划委员会在制定《十二年哲学社会科学规划方案》时，提出编写地方志的任务，将编修地方志列为 20 个重点项目之一。规划委员会下成立了地方志小组，以加强对修志工作的领导。

1958 年 3 月，中共中央工作会议在成都举行，毛泽东主席一到成都，立即调阅《四川通志》《华阳国志》《灌县志》等志书，并选辑其中部分内容，印发给与会领导，提倡利用地方志提高领导水平，倡议各地编修地方志。

同年 8 月，国务院总理周恩来在《关于整理善本书的指示》中指出：要系统整理县志及其他书籍中的有关科学技术的资料，做到“古为今用”。

10 月，国务院科学规划委员会地方志小组向全国发出了《关于新编地方志的几点意见》。《意见》明确指出：“方志是我国一项独有的文化遗产”，“历代续有编修”，新方志可分为省、市、县、社 4 种，修志的组织应在各省、市、县党委和人民委员会的领导下进行，新方志应贯彻执行厚今薄古的原则等。这是中华人民共和国成立以来，关于地方志编纂原则的第一个纲领性的文件。同时，地方志小组起草了《新修地方志体例（草案）》《县志编纂条例草案（讨论稿）》下发征求意见。到 1960 年，全国已有 20 多个省、自治区、直辖市的 530 多个县建立了修志机构，250 个县完成了志书初稿。至 1966 年，全国有 20 多部志书正式出版，如《湖南省地理志》《北京植物志》《甘肃气象志》，江苏的《泗阳县志》，广东的《惠阳县志》等。

1983 年 4 月，经中央同意，中国地方志指导小组成立，具体负责指导全国的修志工作；指导小组召开了全国首次地方志规划会议，会上草拟并原则通过了《1983—1990 年中国地方志事业发展规划及设想（草案）》和《中国旧方志整理规划实施方案》两个文件。1985 年 4 月 19 日，国务院办公厅以国办发〔1985〕33 号文件，转发了《中国社会科学院关于加强全国地方志编纂工作领导的报告》，要求各地对地方志编纂工作进行检查，进一步加强领导，充实人员，加强队伍建设，切实解决地方志编纂工作中的问题。这个报告经国务院办公厅转发，表明地方志工作已正式纳入各级政府的工作日程，标志着全国修志工作进入一个新的发展阶段。同日，中国地方志指导小组第五次会议讨论通过《新编地方志工作暂行规定》，发各地试行。

为了进一步加强新编地方志工作的领导，1995 年 6 月，在中共中央和国务院的关怀下，由中共中央政治局委员、国务委员李铁映出任中国地方志指导小组组长，中国社会科学院原党组书记、副院长郁文，中国社会科学院党委书记、副院长王忍之和中共中央办公厅副主任、国家档案局局长王刚担任副组长；在指导小组成员中增加了一些省市主管地方志工作的领导和各学科的著名专家学者，充分体现了中共中央和国务院对新编地方志工作的重视和关心。

1996 年 5 月，国务院召开了全国地方志第二次工作会议。李鹏总理在中南海接见全体代表，并做了重要指示："新编地方志是社会主义文化建设事业的一个组成部分，一定要认真做好。"

李铁映同志在会上做了重要讲话，明确指出："修志工作绝不是可有可无的事，而是各级政府的职责，主要是省、市、县三级政府主要领导同志的职责，是两个文明建设的重要组成部分。"因此，要坚持"一纳入"，即把修志工作纳入各地经济社会发展计划和各级政府的任务中。要坚持"五到位"，即领导到位，机构到位，经费到位，队伍到位，条件到位。要坚持党委领导、政府主持、专家修志、三审定稿制度。李铁映同志还指出："方志事业要连绵不断，代代相济"，"一届志书完成之日，就是新一届志书开修之时"。

在这次会议之后，国务院办公厅发出了《关于进一步加强地方志编纂工作的通知》（国办发〔1996〕47 号文件），要求各省、自治区、直辖市人民政府进一步做好地方志编纂工作，为改革开放和社会主义现代化建设服务。《通知》指出：地方志一般分为省、市、县三级，每 20 年左右续修一次。《通知》的发布，极大地鼓舞了全国的地方志工作者，有力地推动了全国地方志事业的发展。

1997 年，中国地方志指导小组根据《通知》精神，对试行多年的《新编地方志工作暂行规定》进行修订，制定出《关于地方志编纂工作的规定》，经国务院领导同意颁布施行。

关于地方志编纂工作的规定

（一九九七年五月八日）

（中国地方志指导小组二届三次会议讨论通过）

第一章　总　则

第一条　根据国务院办公厅《关于进一步加强地方志编纂工作的通知》，为使我国地方志编纂工作制度化和规范化，特制定本规定。

第二条　编纂地方志是一项长期的具有连续性的社会主义文化建设事业，对全面了解和反映我国地情国情，对推进我国两个文明建设，对积累和保存地方文献有重要意义。

第三条　编纂地方志必须以马列主义、毛泽东思想和邓小平理论为指导，坚持实事求是的思想路线，运用现代科学理论和方法，全面真实地反映当地自然和社会的历史与现状，为改革开放和社会主义现代化建设服务。

第四条　编纂地方志应继承我国历代修志优良传统，贯彻存真求实的方针，坚持改革创新，做到思想性、科学性和资料性的统一。

第五条　编纂地方志应延续不断，各级地方志每二十年左右续修一次，各地上届志书完成后，要着手为下届志书续修积累资料。

第二章　组织领导

第六条　中国地方志指导小组从政策上和业务上指导全国修志工作，对修志工作涉及的重大问题及时向党中央、国务院请示报告。中国地方志指导小组负责建立和完善有关规章制度，对各地制定规划提出建议和要求，督促检查各地修志工作，组织交流经验和开展各种学术活动。

中国地方志指导小组设办公室，负责日常事务工作。

第七条　坚持"党委领导、政府主持"的修志体制。各省、自治区、直辖市的地方志编纂委员会及其办公室，负责组织本地区修志工作。地方志编纂委员会办公室应是当地政府直属的具有行政职能的一级单位。设区的市、地区、自治州、盟和县、自治县、旗、不设区的市、市辖区也要有常设的修志机构。各级修志机构的经费列入各级地方财政预算。

各级修志机构的主要任务是：制定规划；开展调查研究，积累资料；组织志书编纂；审定验收志稿；整理旧志；总结和交流修志经验；进行方志理论研究；培训队伍；编纂出版地方年鉴；提供地情咨询服务；编写地情丛书等。

第八条　地方各级政府要配备德才兼备的干部担任领导和主编。地方志专职编纂人员要相对稳定。

要不断提高修志工作者的政治素质和业务素质，在修志队伍中大力倡导“求实、创新、协作、奉献”的敬业精神。编纂地方志要充分发挥老同志的作用，同时通过各种形式对中青年骨干进行培训，努力从高等院校和科研部门输入更多有较高专业水平的青年人才。坚持专职队伍与兼职队伍相结合的方针，吸收各行各业有造诣的专家、学者参加地方志编纂工作。民族自治地方应吸收本民族干部参加。

第九条 地方各级政府要加强对地方志编纂工作的领导，要把这项工作列入政府的议事日程，明确一位领导同志负责，及时协调和解决工作中的问题；要切实保证修志机构的经费和必要的工作条件，定期评聘业务人员的专业技术职务，妥善解决工作人员的生活福利待遇等问题。

第三章 志 书

第十条 编纂地方志主要分三级进行：省、自治区、直辖市编纂的地方志；设区的市、地区、自治州、盟编纂的地方志；县、自治县、旗、不设区的市、市辖区编纂的地方志。

国家部委和军事部门志书的编纂，由其领导部门决定。

第十一条 编纂地方志要加强调查研究，掌握翔实资料，力求观点鲜明正确，材料真实可靠，体例完备严谨，篇目结构合理，内容充分深刻，段落层次清楚，审校严格认真，从多方面采取措施，保证志书质量。

第十二条 首届志书的断限，各地可根据实际情况自行确定；续修志书时，每届志书的下限，力求统一。

第十三条 地方志的体裁，一般应包含述、记、志、传、图、表、录等，以志为主体。图表采用现代技术编制。人物志要坚持生不立传的原则，在世人物的突出事迹以事系人入志。

第十四条 地方志的篇目设置，应合乎科学分类和社会分工实际，突出时代特点和地方特色，做到门类合理，归属得当，层次分明，排列有序，形式上不强求一律。

第十五条 地方志的文体，采用规范的语体文。行文力求朴实、简练、流畅。

志书的篇幅不宜过大，今后续修，字数要相应减少。

第十六条 地方志所采用的资料，包括史料、人名、地名、年代、数据、引文等，务必考订核实，重要的要注明出处。历史纪年，注明公元；地理古名，注明今地。全书要附有索引。

第十七条 各级地方志应严格执行审查验收制度。省、自治区、直辖市编纂的地方志由省级地方志编纂委员会组织专家审查验收，报同级党委或政府批准出版；设区的市、地区、自治州、盟编纂的地方志报省级地方志编纂委员会审查验收，由同级党委或政府批准出版；县、自治县、旗、不设区的市、市辖区编纂的地方志报市级地方志编纂委员会审查验收，经省级地方志编纂委员会审核后，由同级党委或政府批准出版。

第十八条 各省、自治区、直辖市的修志机构负责协调安排本地的志书出版工作。版权、著作权应受到保护。

方志出版社的主要任务是出版各级各类地方志书，为提高志书质量，繁荣志书出版事业服务。

第十九条 各级地方志采用16开本，横排印刷。装帧、版式要力求统一。

民族自治地方，可用汉文和当地少数民族通用的文字出版。

第二十条 各级修志机构，要组织和推动用志；要运用现代化的手段建立方志地情资料库，推向社会，逐步实现信息网络化。

有条件的地区，要建立方志馆。

第四章 附 则

第二十一条 本规定解释权属中国地方志指导小组。

第二十二条 各省、自治区、直辖市的修志机构根据本规定，制定实施细则。

第二十三条 本规定自颁布之日起实施。

中华人民共和国国务院令

第467号

现公布《地方志工作条例》，自公布之日起施行。

总 理 温家宝

二〇〇六年五月十八日

地方志工作条例

第一条　为了继承和发扬中华民族优秀文化传统，全面、客观、系统地编纂地方志，科学、合理地开发利用地方志，发挥地方志在促进经济社会发展中的作用，制定本条例。

第二条　中华人民共和国境内地方志的组织编纂、管理、开发利用工作，适用本条例。

第三条　本条例所称地方志，包括地方志书、地方综合年鉴。

地方志书，是指全面系统地记述本行政区域自然、政治、经济、文化和社会的历史与现状的资料性文献。

地方综合年鉴，是指系统记述本行政区域自然、政治、经济、文化、社会等方面情况的年度资料性文献。

地方志分为：省（自治区、直辖市）编纂的地方志，设区的市（自治州）编纂的地方志，县（自治县、不设区的市、市辖区）编纂的地方志。

第四条　县级以上地方人民政府应当加强对本行政区域地方志工作的领导。地方志工作所需经费列入本级财政预算。

第五条　国家地方志工作指导机构统筹规划、组织协调、督促指导全国地方志工作。

县级以上地方人民政府负责地方志工作的机构主管本行政区域的地方志工作，履行下列职责：

（一）组织、指导、督促和检查地方志工作；

（二）拟定地方志工作规划和编纂方案；

（三）组织编纂地方志书、地方综合年鉴；

（四）搜集、保存地方志文献和资料，组织整理旧志，推动方志理论研究；

（五）组织开发利用地方志资源。

第六条　编纂地方志应当做到存真求实，确保质量，全面、客观地记述本行政区域自然、政治、经济、文化和社会的历史与现状。

第七条　省、自治区、直辖市人民政府制定本行政区域地方志编纂的总体工作规划（以下简称规划），并报国家地方志工作指导机构备案。

第八条　以县级以上行政区域名称冠名的地方志书、地方综合年鉴，分别由本级人民政府负责地方志工作的机构按照规划组织编纂，其他组织和个人不得编纂。

第九条　编纂地方志应当吸收有关方面的专家、学者参加。地方志编纂人员实行专兼职相结合，专职编纂人员应当具备相应的专业知识。

第十条　地方志书每20年左右编修一次。每一轮地方志书编修工作完成后，负责地方志工作的机构在编纂地方综合年鉴、搜集资料以及向社会提供咨询服务的同时，启动新一轮地方志书的续修工作。

第十一条　县级以上地方人民政府负责地方志工作的机构可以向机关、社会团体、企业事业单位、其他组织以及个人征集有关地方志资料，有关单位和个人应当提供支持。负责地方志工作的机构可以对有关资料进行查阅、摘抄、复制，但涉及国家秘密、商业秘密和个人隐私以及不符合档案开放条件的除外。

地方志资料所有人或者持有人提供有关资料，可以获得适当报酬。地方志资料所有人或者持有人不得故意提供虚假资料。

第十二条　以县级以上行政区域名称冠名、列入规划的地方志书经审查验收，方可以公开出版。

对地方志书进行审查验收，应当组织有关保密、档案、历史、法律、经济、军事等方面的专家参加，重点审查地方志书的内容是否符合宪法和保密、档案等法律、法规的规定，是否全面、客观地反映本行政区域自然、政治、经济、文化和社会的历史与现状。

对地方志书进行审查验收的主体、程序等由省、自治区、直辖市人民政府规定。

第十三条　以县级以上行政区域名称冠名的地方综合年鉴，经本级人民政府或者其确定的部门批准，方可以公开出版。

第十四条　地方志应当在出版后3个月内报送上级人民政府负责地方志工作的机构备案。

在地方志编纂过程中收集到的文字资料、图表、照片、音像资料、实物等以及形成的地方志文稿，由本级人民政府负责地方志工作的机构指定专职人员集中统一管理，妥善保存，不得损毁；修志工作完成后，应当依法移交本级国家档案馆或者方志馆保存、管理，个人不得据为己有或者出租、出让、转借。

第十五条　以县级以上行政区域名称冠名的地方志书、地方综合年鉴为职务作品，依照《中华人民共和国著作权法》第十六条第二款的规定，其著作权由组织编纂的负责地方志工作的机构享有，参与编纂的人员享有署名权。

第十六条 地方志工作应当为地方经济社会的全面发展服务。县级以上地方人民政府负责地方志工作的机构应当积极开拓社会用志途径，可以通过建设资料库、网站等方式，加强地方志工作的信息化建设。公民、法人和其他组织可以利用上述资料库、网站查阅、摘抄地方志。

第十七条 县级以上地方人民政府对在地方志工作中作出突出成绩和贡献的单位、个人，给予表彰和奖励。

第十八条 违反本条例规定，擅自编纂出版以县级以上行政区域名称冠名的地方志书、地方综合年鉴的，由县级以上地方人民政府负责地方志工作的机构提请本级人民政府出版行政部门依法查处。

第十九条 违反本条例规定，未经审查验收、批准将地方志文稿交付出版，或者地方志存在违反宪法、法律、法规规定内容的，由上级人民政府或者本级人民政府责令采取相应措施予以纠正，并视情节追究有关单位和个人的责任；构成犯罪的，依法追究刑事责任。

第二十条 负责地方志工作的机构的工作人员违反本条例第十四条第二款规定的，由其所在单位责令改正，依法给予处分。

第二十一条 编纂地方志涉及军事内容的，还应当遵守中央军委关于军事志编纂的有关规定。

国务院部门志书的编纂，参照本条例的相关规定执行。

第二十二条 本条例自公布之日起施行。

四川省地方志工作条例

（2003年7月24日四川省第十届人民代表大会常务委员会第四次会议通过）

第一条 为全面、客观、真实地记述地方区域地情，科学地积累、保存与开发、利用地方文献，发挥地方志的资治、教化、存史作用，根据国家有关规定，结合四川省实际，制定本条例。

第二条 四川省行政区域内各级地方志的编纂和管理工作，适用本条例。

本条例所称地方志，包括地方志书、史书、综合年鉴及相关地情文献。

第三条 地方各级人民政府应当加强对地方志工作的领导，将地方志工作纳入当地经济和社会发展规划。

四川省地方志工作总体规划由省人民政府批准。地方志工作经费列入各级人民政府财政预算。

第四条 县级以上地方人民政府地方志工作机构负责地方志的编纂和管理工作。其主要职责是：

一、起草地方志工作规划，制订编纂方案；

二、组织、指导和检查地方志编纂工作；

三、组织审定入志内容与议定编纂中的重大问题；

四、组织对志书的审查验收。

第五条 地方志的编纂工作应当坚持实事求是的原则，全面、客观、真实、科学地反映当地自然与社会的历史及现状。

第六条 省、市、县三级志书一般每10年至15年续修一次。

第七条 机关、社会团体、企业事业单位应当接受同级地方志工作机构的业务指导与工作督查，完成地方志的资料报送和编写工作。修志任务较重的单位，应当设立专门的修志机构或者配备专职工作人员。

第八条 地方志的专职编纂人员应当具备相应专业知识和学术水平。地方志编纂工作应当广泛吸收有关专家、学者参加。民族地区的地方志编纂工作应当有少数民族人员参加。

第九条 公开出版发行省人民政府总体规划内的省、市、县三级志书，实行审查验收制度。

省级志书由省人民政府组织的机构审查验收，市级志书由省地方志工作机构组织审查验收后，报省人民政府批准出版发行。县级志书由市级地方志工作机构组织审查验收后，报市级人民政府批准出版发行。

以电子出版物形式的省、市、县三级志书，按照前款规定办理。

第十条 在地方志工作中做出突出成绩的单位和个人，由人民政府或者其主管部门给予表彰和奖励。

第十一条 在地方志编纂中，有关部门或者单位拒绝提供有关资料或者提供虚假资料的，由同级地方志工作机构责令限期改正，逾期不改正的，由地方志工作机构提请同级人民政府依法追究其行政责任。

第十二条 地方志泄露国家秘密的，由有关部门依法查处；构成犯罪的，依法追究刑事责任。

第十三条 本条例自2003年10月1日起施行。

《四川省地方志工作条例》实施办法

四川省人民政府令（第 218 号）

《〈四川省地方志工作条例〉实施办法》已经 2007 年 10 月 26 日四川省人民政府第 132 次常务会议通过，现予发布，自 2008 年 1 月 1 日起施行。

省长：蒋巨峰

二〇〇七年十一月十三日

《四川省地方志工作条例》实施办法

第一条　为保障和促进地方志事业发展，全面、客观、系统地编纂地方志，科学、合理地开发利用地方志，根据国务院《地方志工作条例》和《四川省地方志工作条例》，结合四川省实际，制定本实施办法。

第二条　四川省行政区域内各级地方志的组织编纂、管理、开发利用工作，适用本实施办法。

本实施办法所称地方志，包括地方志书、史书、地方综合年鉴及相关地情文献。

第三条　县级以上地方人民政府领导本行政区域地方志工作，将地方志工作纳入当地经济和社会发展规划。

地方志工作所需经费列入本级财政预算。

第四条　县级以上地方人民政府地方志工作机构主管本行政区域内的地方志工作，履行下列职责：

（一）负责执行有关地方志工作的法律、法规、规章和政策，并监督实施；

（二）拟定本行政区域内地方志工作的中长期规划和制定年度计划，并组织实施；

（三）组织、指导、管理本行政区域内地方志书、史书、地方综合年鉴等编纂工作；

（四）搜集、保存、研究地方志文献及其他资料，组织开展旧志整理工作；

（五）组织开发利用地方志资源。制定并实施地方志资源信息管理规范；

（六）其他属于地方志工作机构职责范围内的工作。

第五条　省人民政府制定本行政区域地方志编纂的总体工作规划。县级以上地方人民政府地方志工作机构负责组织编纂以本级行政区域名称冠名的地方志书、地方综合年鉴，其他单位和个人不得编纂。鼓励和支持相关部门和单位编纂部门志、专业志等地情资料。

第六条　承担编纂地方志的部门和单位，应保障工作条件和经费，其编纂人员实行专兼职结合；编纂任务较重的部门和单位的修志工作机构应有专职工作人员。

第七条　地方志编纂人员应当具备相应的专业知识和编纂能力，能胜任所承担的编纂工作。

地方志编纂人员应当忠于职守，保守秘密，存真求实，全面客观地记述有关自然、政治、经济、文化和社会的历史与现状。

第八条　县级以上地方人民政府地方志工作机构应当加强对地方志编纂人员的培训，并吸收专家、学者参与地方志编纂工作。民族自治地方应当吸收本民族人员参加地方志编纂工作。

第九条　编纂地方志应当加强调查研究，做到记述全面、客观、系统，观点正确，资料可靠，数据翔实，体例严谨，结构合理。

第十条　省、市、县三级地方志书每 20 年左右编修一次。新设立的行政区域按照我省地方志工作规划组织编修。

第十一条　县级以上地方人民政府地方志工作机构建立志稿评议制度，组织有关部门和专家、学者对本级地方志书进行评议。

第十二条　公开出版发行的省总体规划内的省、市、县三级地方志书实行审查验收制度。

省级地方志书由省人民政府组织的机构审查验收合格，报省人民政府批准后出版发行。

市级地方志书由省人民政府成立的审查验收机构组织审查验收合格，报省人民政府批准后出版发行。

县级地方志书由市（州）人民政府或者授权机构组织审查验收合格，报市（州）人民政府批准后出版发行。

第十三条　以省、市（州）、县（市、区）行政区域名称冠名的地方志书、地方综合年鉴为职务作品，依照《中华人民共和国著作权法》第十六条第二款的规定，其著作权由组织编纂的地方志工作机构享有，参与编纂的人员享有署名权。

第十四条 县级以上地方人民政府地方志工作机构应当建立地方志资料年报制度，收集、整理省内外相关领域的地方志资料及本地区的各类地方志；对本地区修志过程中形成的各类资料应当妥善保管；可以对有关资料进行查阅、摘抄、复制，有关单位和个人应当提供支持。但涉及国家秘密、商业秘密和个人隐私以及不符合档案开放条件的除外。

地方志资料所有人或者持有人对所提供的有关资料可以获得适当报酬，但不得故意提供虚假资料。

第十五条 机关、社会团体、企业事业单位应当保存、开发、利用相关地方志。

第十六条 县级以上地方人民政府地方志工作机构应当积极开发利用地方志，通过建设方志馆、资料库、网站等方式，加强地方志工作的信息化建设，健全地方志信息资源网。

县级以上地方人民政府地方志工作机构应当开展地情咨询服务活动，利用方志馆、资料库、网站等为公民、法人和其他组织提供地情信息和咨询服务。

第十七条 在地方志工作中做出突出成绩的单位和个人，由县级以上地方人民政府或者有关部门给予表彰和奖励。

第十八条 违反本实施办法第十二条规定，未经审查验收、批准将地方志文稿交付出版的，依照国务院《地方志工作条例》有关规定处理。

第十九条 本实施办法自 2008 年 1 月 1 日起施行。

全国地方志事业发展规划纲要（2015-2020 年）全文

国务院办公厅日前印发《全国地方志事业发展规划纲要（2015－2020 年）》（以下简称《纲要》），明确地方志工作在发展改革大局中的目标任务，推进全国地方志事业科学发展。

《纲要》提出，编修地方志是中华民族优秀文化传统，新中国成立后特别是改革开放以来，经过各地区各有关部门不懈努力，地方志工作取得巨大成就，形成以修志编鉴为主业、各项工作协调开展的事业格局，拓展了方志文化的内涵，为提升国家文化软实力发挥了独特作用。目前，首轮修志结束，第二轮修志进入关键时期，已出版省、市、县三级地方志书 7000 多部，行业志、部门志、军事志、武警志、专题志、乡镇（街道）志、村（社区）志等 2 万多部，地方综合年鉴 1900 多种、1.5 万多部，专业年鉴 1000 多种、7000 多部，以及大量地情文献。这些与旧志及其整理成果，共同构成了一座以国情地情为主要内容并不断丰富的地方志资源宝库。

《纲要》明确，到 2020 年，全面完成第二轮修志规划任务，实现省、市、县三级综合年鉴全覆盖，加快信息化和方志馆建设，做好第三轮修志工作准备，加强对社会修志的指导和管理，基本形成地方志编修体系、理论研究和学科建设体系、质量保障体系、资源开发利用体系、工作保障体系“五位一体”的地方志事业发展综合体系，努力开创地方志事业发展新格局。大力推进地方综合年鉴工作，重视军事、武警及其他各类专业志鉴、民族地区地方志、乡镇村志和地方史编纂工作，编制全国旧志整理规划，编辑旧志联合目录，加强地方志理论研究和学科建设，重视人才选拔、培养和使用，完善地方志质量评议、审查验收制度，严把质量关，加大依法收（征）集地方志资料力度，加快地方志信息化建设步伐，提高地方志资源开发利用水平，扩大学术交流与合作。

《纲要》要求，逐步建立健全地方性法规规章，健全地方志工作机构主导、社会各界有序参与修志编鉴的途径和方式，改善地方志工作条件和图书资料收藏保管条件，建立国家级、省级地方志专家库，挖掘地方志资源的现实价值、历史价值，设计宣传主题，创新宣传形式，推出一批人民群众喜闻乐见、有较大社会影响力的地方志宣传精品。各地区各有关部门要加大组织推动力度，全面提高地方志工作水平，确保全国地方志事业平稳、有序、健康发展。

国务院办公厅关于印发全国地方志事业发展规划纲要（2015-2020年）的通知

国办发〔2015〕64号

各省、自治区、直辖市人民政府，国务院各部委、各直属机构：

《全国地方志事业发展规划纲要（2015-2020年）》已经国务院同意，现印发给你们，请认真贯彻执行。

国务院办公厅

2015年8月25日

（此件公开发布）

全国地方志事业发展规划纲要

（2015-2020年）

为推进全国地方志事业科学发展，充分发挥地方志工作在我国经济社会发展和社会主义文化强国建设中的重要作用，为全面建成小康社会作出更大贡献，根据《地方志工作条例》，结合当前工作实际，制定本规划纲要。

一、发展基础与机遇

编修地方志是中华民族优秀文化传统，历史悠久，连绵不断。新中国成立后特别是改革开放以来，在党中央、国务院正确领导下，经过各地区各有关部门不懈努力，地方志工作取得巨大成就，形成以修志编鉴为主业、各项工作协调开展的事业格局，拓展了方志文化的内涵，为提升国家文化软实力发挥了独特作用。

（一）工作体制机制基本建立。基本形成党委领导、政府主持、负责地方志工作的机构（以下简称地方志工作机构）组织实施、社会各界广泛参与的工作体制;逐步形成将地方志工作纳入各地国民经济和社会发展规划、地方各级政府工作任务，“认识、领导、机构、编制、经费、设施、规划、工作”到位（以下统称“一纳入、八到位”）的工作机制。

（二）法治建设取得新进展。2006年国务院公布施行《地方志工作条例》，各地相继制定和完善地方性法规规章，进一步明确了各级政府对地方志工作的领导责任，加强地方志工作机构履行组织、指导、督促和检查地方志工作的职责，确保地方志工作依法开展。

（三）编修成果不断丰富。目前，首轮修志结束，第二轮修志进入关键时期，已出版7000多部省、市、县三级地方志书，2万多部行业志、部门志、军事志、武警志、专题志、乡镇（街道）志、村（社区）志等，1900多种、1.5万多部地方综合年鉴，1000多种、7000多部专业年鉴，大量地情文献。这些与现存的8000多种、10万多卷旧志及其整理成果，共同构成了一座以国情地情为主要内容并不断丰富的地方志资源宝库。

（四）理论研究逐渐深化。紧密结合修志编鉴实践，积极开展理论研究，已出版各种志鉴理论著作1000多部，发表论文6万多篇，取得显著成果，有力地指导了地方志工作开展，推动了方志学、年鉴学学科建设。

（五）基础设施建设逐步推进。全国已建成国家方志馆1个、省级馆15个、市级馆60多个、县级馆近200个，省级网站26个、市级网站近200个、县级网站470多个，方志工作公共基础设施建设迈上新台阶。

（六）存史育人资政作用日益彰显。通过修志编鉴、开发利用地方志资源，地方志编修已发展成为为国存史的一项重要工作，在记录当代、保存历史、传承文明、发展文化、激发民族自豪感和自信心、推动海内外文化交流合作、提供促进经济社会发展的历史借鉴和智力支持等方面，成绩日益突出、作用日益显著。

目前，全国地方志事业呈现出良好发展态势和前所未有的大好局面，但也存在着制约事业发展的问题，主要是：事业发展不平衡现象比较突出;少数地区和部门对地方志工作重要性认识不够;相关法规规章落实不到位;机构不健全，编制、人员和经费不足;志书质量有待进一步提高;人才队伍青黄不接，人员素质亟待提升;信息化与方志馆建设比较滞后;方志文化的作用有待彰显等。这些问题必须通过科学发展和深化改革，采取有效措施，认真予以解决。

“治天下者以史为鉴，治郡国者以志为鉴。”按照“四个全面”战略部署，党和国家对地方志工作提出了新任务新要求，强调要高度重视修史修志，把历史智慧告诉人们。全国地方志事业迎来重要发展机遇。修志问道，以启未来。地方志工作要适应经济社会发展新形势，明确在发展改革大局中的目标任务，科学规划，积极创新，有序推进地方志事业持续健康发展。

二、指导思想与基本原则

（一）指导思想。全面贯彻落实党的十八大和十八届二中、三中、四中全会精神，按照党中央、国务院决策部署，落实第五次全国地方志工作会议要求，解放思想，实事求是，锐意进取，改革创新，依法全面推动全国地方志事业发展繁荣。

（二）基本原则。

1. 坚持正确方向。坚持走中国特色社会主义文化发展道路，坚持为人民服务、为社会主义服务的方向，通过编修和开发利用地方志成果，为培育和践行社会主义核心价值观提供丰富、优秀的精神文化产品。

2. 坚持依法治志。国家地方志工作机构依法统筹规划、组织协调、督促指导全国地方志工作;省、市、县级地方志工作机构依法履行组织、指导、督促和检查地方志工作职责，加强编纂业务工作。

3. 坚持全面发展。以修志编鉴为主业，统筹兼顾理论研究、开发利用、信息化建设、方志馆建设、旧志整理等工作，实现地方志事业全面协调可持续发展。

4. 坚持改革创新。继承和弘扬中华民族修志的优良传统，认真总结地方志工作的经验教训，深化改革，与时俱进，推动理论创新、制度创新、管理创新、方法创新。

5. 坚持质量第一。坚持存真求实，确保地方志质量。正确处理质量与进度的关系，将精品意识贯穿于地方志编纂出版工作全过程，严把政治关、史实关、体例关、文字关、出版关，编纂出版经得起历史检验、具有鲜明时代特征和地域特色的地方志成果。

6. 坚持修志为用。发挥地方志资源优势，全面提升开发利用水平;拓宽用志领域，提升服务大局能力，为党政机关、社会各界和人民群众服务;加大宣传力度，提高全社会读志用志水平。

三、总体目标与主要任务

（一）总体目标。到2020年，全面完成第二轮修志规划任务，实现省、市、县三级综合年鉴全覆盖，加快信息化和方志馆建设，做好第三轮修志工作准备，加强对社会修志的指导和管理，基本形成地方志编修体系、理论研究和学科建设体系、质量保障体系、资源开发利用体系、工作保障体系“五位一体”的地方志事业发展综合体系，努力开创地方志事业发展新局面。

（二）主要任务。

1. 全面完成第二轮修志规划任务。到2020年，完成第二轮地方志书规划任务，省、市、县三级地方志书全部出版。在抓紧完成第二轮修志任务的同时，全面总结第一轮、第二轮修志工作的经验教训，认真研究第三轮修志的组织管理、运作模式、续修方式等，为启动第三轮修志做好资料收（征）集、队伍培训及理论准备等工作。

2. 大力推进地方综合年鉴工作。到2020年，做到地方综合年鉴由地方志工作机构组织编纂，一年一鉴，公开出版，实现省、市、县三级综合年鉴全覆盖。

3. 重视军事、武警及其他各类专业志鉴、民族地区地方志、乡镇村志和地方史编纂工作。加强对已开展和准备开展志鉴编纂工作的行业、部门、单位等的业务指导和管理。支持民族地区做好地方志编纂工作。指导有条件的乡镇（街道）、村（社区）做好志书编纂工作,做好中国名镇志文化工程、中国名村志文化工程组织编纂工作。具备条件的，可将地方史编写纳入地方志工作范畴，统一规范管理。

4. 深入开展旧志整理工作。编制全国旧志整理规划，编辑旧志联合目录。具备条件的地方应编辑出版历代方志集成，分类整理旧志资料。加强与国内外高等院校、科研院所、公共图书馆、档案馆等单位的交流与合作，开展旧志点校、提要、考录、辑佚等工作。

5. 加强地方志理论研究和学科建设。制定方志、年鉴理论和方志学、年鉴学学科建设规划，建立和完善方志、年鉴理论研究学术规范，力争到2020年形成较为成熟的方志学和年鉴学学科体系。充分发挥方志期刊和各级地方志学会的作用，活跃学术研讨，推动理论建设。加强与相关学科交流合作，开展地方志编纂、地方志事业发展等重要理论问题研究，编写方志学、年鉴学通用教材及各分支学科研究论著。总结历代一统志编纂经验，开展编修一统志的可行性研究。

6. 加强人才队伍建设。重视人才选拔、培养和使用，加强专兼职结合、结构合理的人才队伍建设，培养和引进一批高端人才，建设一支高素质的地方志编修、研究工作队伍，弘扬修志问道、直笔著史的方志人精神。

7.深化地方志质量建设。严格执行《地方志书质量规定》、《地方综合年鉴编纂出版规定》有关要求，制定质量管理、质量监督等规定，完善地方志质量评议、审查验收制度，严把质量关。按照国家有关规定申报设立志书、年鉴及优秀学术成果评比奖励项目，逐步将志书、年鉴纳入国家及地方有关图书奖评比。

8.强化地方志资料建设。加大依法收（征）集地方志资料力度，建立和完善地方志资料收（征）集、保存、管理制度，推行地方志资料年报制度并形成常态机制;运用社会调查、口述史等方法，大力拓展资料收（征）集范围和渠道，建立能够全方位适应地方志编纂、地方志事业发展和方志文化建设需要的地方志资料保障机制。

9.加快地方志信息化建设。按照统一规划、统一标准、分级建设、资源共享、安全保密的原则，制定全国地方志事业信息化发展意见，充分利用已有信息基础设施和数据资源，加快地方志信息化建设步伐，支持民族地区地方志信息化建设。逐步建立地方志全文数据库。应用现代信息技术，加强对不同载体的地方文献收（征）集、保护和开发利用，推动信息标准化工作。实现国家、省、市、县四级地方志资源共享，面向社会提供优质服务。

10.提高地方志资源开发利用水平。加强对地方志资源的深加工，拓宽服务渠道，增强服务功能，创新服务手段，更好地贴近经济社会发展实际，贴近人民群众需要。做好《中国地情报告》、《中国方志发展报告》、《中国年鉴发展报告》编纂工作。发挥地方志资源在地方公共文化服务中的重要作用，利用各类媒体广泛宣传地方志成果，推动方志文化进机关、进农村、进社区、进校园、进企业、进军营，推动城乡方志文化建设，培育地方历史记忆。

11.扩大学术交流与合作。采用多种形式，加强与香港、澳门和台湾地区以及国外的高等院校、科研机构、档案机构与图书馆等单位的学术交流与合作。服务国家文化“走出去”战略，推介一批高质量地方志成果，充分展示地方志的当代价值及永恒魅力，推动方志文化走向世界，增强方志文化影响力。

四、保障措施

（一）法治保障。推动《地方志工作条例》的贯彻落实，逐步建立健全地方性法规规章。加大地方志工作法规规章的宣传、执行力度，定期开展执法监督检查，依法纠正、查处执行不力和违法行为。

（二）制度保障。健全地方志工作机构主导、社会各界有序参与修志编鉴的途径和方式。加强督促检查，健全和完善目标考核责任制、督查通报制，强化责任落实;健全和完善地情资料收（征）集及管理、修志编鉴业务制度和主编（总纂）责任制，确保在篇目设计、资料收（征）集、总纂统稿、志（鉴）稿评议、审查验收、出版发行、报送备案等环节上均有章可循、有序推进，保障志鉴质量。

（三）经费保障。改善地方志工作条件和图书资料收藏保管条件，做好修志、编鉴、出版、科研、开发利用、信息化建设、资料文献保存等工作，加大对民族地区、贫困地区地方志工作的支持力度。地方各级人民政府要将地方志工作所需经费列入财政预算。

（四）队伍保障。建立国家级、省级地方志专家库。探索地方志人才培养、引进等政策和措施，探索将方志学人才培养纳入国民教育体系的方式方法。完善教育培训制度，分级实施对地方志工作机构新任负责人、志鉴主编（总纂）的专项培训，实现修志编鉴人员岗前培训全覆盖、培训工作常态化;与高等院校、科研机构联合开展地方志专业方向研究生教育，举办专业进修班，支持地方志工作人员接受专业继续教育。按照国家有关规定开展先进集体和先进工作者评选表彰活动，建立干事创业的激励机制，营造良好氛围。

（五）宣传保障。利用各级各类新闻媒体，大力宣传地方志工作机构贯彻落实党和国家大政方针的新举措、地方志工作服务经济社会发展的新成绩、地方志工作者投身现代化建设的新贡献。挖掘地方志资源的现实价值、历史价值，设计宣传主题，创新宣传形式，推出一批人民群众喜闻乐见、有较大社会影响力的地方志宣传精品。

五、加强组织领导

地方志工作要坚持和健全党委领导、政府主持、地方志工作机构组织实施、社会各界广泛参与的工作体制，坚持“一纳入、八到位”的工作机制。地方志工作机构设置和人员编制，要与其有效履行职能、顺利开展工作的要求相适应;按照德才兼备原则和专业要求，配齐配强地方志工作机构的领导班子。

各地区各有关部门要结合工作实际，根据本规划纲要要求，制定本地区本部门地方志事业发展规划或实施方案，切实加强分类指导，加大组织推动力度，全面提高地方志工作水平，确保全国地方志事业平稳、有序、健康发展。

军事志事业发展规划由中国人民解放军军事志指导小组制定。

中国地方志指导小组及其办公室要对本规划纲要落实和执行情况进行督促检查。

史、志、鉴信息摘编（2016）

信息方志与数字方志建设工作座谈会在京召开

2016年1月20—21日，中国地方志指导小组办公室（以下简称“中指办”）主办的信息方志与数字方志建设工作座谈会在北京召开。中指组副秘书长兼办公室副主任冀祥德出席会议并讲话，中国社会科学院信息化管理办公室副主任罗文东应邀出席会议并讲话，中指办副主任刘玉宏、邱新立分别主持会议。刘玉宏作会议总结。

（中国地方志指导小组办公室信息处）

《中国方志》报创刊号出版

2016年2月1日，《中国方志》报创刊号出版。《中国方志》报是中国地方志指导小组办公室编印的内部资料性出版物，以打造全国方志人共同的精神家园，传递高层声音，权威解读政策，交流工作动态，宣传先进人物，推介方志成果，传播方志文化，挖掘历史智慧，促进方志开发，扩大方志影响，助力国家公共文化服务体系建设，为提升中国文化走向世界贡献力量为己任，着力打造属于方志人的舆论阵地。

《中国方志》报的出版，填补了自社会主义新编地方志工作开展以来，全国地方志系统没有一份全国性报纸的空白。她的出版，对于贯彻落实《全国地方志事业发展规划纲要（2015—2020年）》，推动全国地方志事业科学发展具有重要意义。

《中国方志》报每月两期，每期四版，四色印刷，面向全国地方志系统发行。

（中国地方志指导小组办公室信息处）

《方志百科全书》编委会第二次全体会议在京召开 《方志百科全书》终审稿通过终审验收

2016年1月19日，《方志百科全书》编委会在京召开第二次全体会议，对全书书稿进行终审验收。会议由中国社会科学院原副院长、中国地方志指导小组原常务副组长、《方志百科全书》编委会主任朱佳木主持，北京市人大常委会原副主任、北京市地方志编委会常务副主任、《方志百科全书》编委会副主任兼主编段柄仁出席并作编纂工作总结。

（《社科院专刊》2016年2月5日总第330期）

“加强修史修志”写入国家“十三五”规划

2016年3月17日晚，经十二届全国人大四次会议、全国政协十二届四次会议授权，新华社在新华网发布《中华人民共和国国民经济和社会发展第十三个五年规划纲要》。规划第十六篇“加强社会主义精神文明建设”之“专栏25文化重大工程”第六项“中华典籍整理”提出：“加强修史修志。”这是继《中华人民共和国国民经济和社会发展第六个五年计划》将“地方史与地方志”列为哲学社会科学重点研究题目之后，再次在国民经济和社会发展五年规划中写明“修史修志”的内容，对推进全国地方志事业科学发展有着非常重要的意义。

“加强修史修志”写入“十三五”规划，是贯彻落实习近平总书记系列重要讲话精神和李克强总理、刘延东副总理重要批示、重要讲话精神的重要举措，充分体现了党中央、国务院对地方志工作的高度重视和殷切期望。同时，这也是全面落实《全国地方志事业发展规划纲要（2015—2020年）》，特别是全面落实“一纳入、八到位”的“一纳入”在国家国民经济和社会发展五年规划层面的重大突破。在大好的发展形势下，全国地方志工作者要以此为新的起点，围绕贯彻落实好《全国地方志事业发展规划纲要（2015—2020年）》这个中心任务，在“十三五”期间全面建成小康社会的决胜阶段齐心聚力，奋发作为，创新发展，努力开创地方志事业发展新局面。

（中国地方志指导小组办公室规划处）

四川省地方志信息化工作培训会在成都召开

2016年3月23日，四川省地方志信息化工作培训会在成都召开，四川省地方志工作办公室党组书记、主任马小彬，中国地方志指导小组办公室（以下简称中指办）信息处处长杨海峰，四川省图书馆特藏部副主任、副研究馆员何先进出席会议。全省市（州）地方志办公室及省地方志办公室共60余人参加培训。

与会人员还参观了四川省图书馆“川图百年展览及新馆”和“旧志典籍陈列室”。

这次培训会不仅从理论上进行讲解，还从实际操作上进行指导说明，对进一步开展全省地方志信息化工作提供了良好的理论和实际指导，得到与会人员的一致好评。

（四川省地方志工作办公室）

盛世修志谱新篇　又是整装待发时
——《四川省地方志事业第十三个五年发展规划（2016—2020年）》获省政府常务会议通过

2016年4月1日，四川省委副书记、省长尹力主持召开省政府第115次常务会议，会议原则通过《四川省地方志事业第十三个五年发展规划（2016—2020年）》（以下简称《发展规划》），为四川省地方志事业发展翻开新的篇章。

国务院《地方志工作条例》《四川省地方志工作条例》《<四川省地方志工作条例>实施办法》颁布实施后，四川省地方志工作呈现出良好发展态势，在推动经济社会发展等方面发挥出日益重要的作用。但同时，还存在着诸如区域间发展不平衡、对地方志工作重要性认识不够、相关法规规章落实不到位、人员和经费不足等一些制约发展的问题。自2014年起，省地方志办公室就开始《发展规划》的调研、起草、征求意见工作。2015年8月，国务院《规划纲要》出台后，遵照省领导批示要求，结合四川实际和当前地方志事业发展的新形势、新任务，省地方志办公室起草了《四川省地方志事业第十三个五年发展规划（2016—2020年）》，对未来五年四川省地方志工作的指导思想和基本原则、总体目标、主要任务、保障措施提出指导性意见。2015年9月，省地方志办公室分别召开全省市（州）志办主任会议和专家学者专题讨论会，听取专家评审意见；同时，广泛征求中指组、省直单位、社会各界意见，对《发展规划》进行进一步修改完善，并进行风险评估和合法性审查。经过多次征求意见和反复修改，于2015年12月将《发展规划（送审稿）》报送省政府审定。

根据《发展规划》的要求，到2020年，四川省地方志工作管理体制机制更加完善，依法治志工作得到加强，第二轮三级志书编修规划任务全面完成，地方综合年鉴编纂出版实现全覆盖，方志馆建设、信息化建设、方志资源的抢救保护与开发利用建设、人才队伍建设加强，全省地方志编修体系、资源抢救与保护开发利用体系、质量保障体系、信息化工作体系、工作保障体系等全省地方志事业可持续发展体系基本形成。

（四川省地方志工作办公室）

“方志出版社成都工作站”正式揭牌

2016年4月19日上午，在四川省凉山彝族自治州西昌市召开的全国地方志基层基础工作会议上，中国社会科学院副院长、中国地方志指导小组常务副组长李培林，四川省人民政府党组成员、省政府资政张作哈共同为“方志出版社成都工作站”揭牌。中国地方志指导小组副秘书长兼办公室副主任、方志出版社社长兼总编辑冀祥德，中国地方志指导小组办公室副主任邱新立，四川省地方志工作办公室党组书记、主任马小彬，中国地方志指导小组办公室和来自31个省区市、新疆生产建设兵团的140余位地方志工作机构代表参加揭牌仪式。

“方志出版社成都工作站”于2016年4月11日由方志出版社批准成立，是为了全面完成国务院办公厅《全国地方志事业发展规划纲要（2015—2020年）》提出的总体目标与主要任务，贯彻落实中国社会科学院院长、中国地方志指导小组组长王伟光关于把方志出版社建成全国地方志专业出版基地的讲话精神，提高图书出版质量、做好志书出版服务，由方志出版社与四川省地方志工作办公室合作设立的。为四川省顺利完成第二轮修志任务、确保志书质量搭建了对接平台，对四川省地方志事业可持续发展，推动方志出版社“一二三四”工程（即建成“一个基地”，实施“两大战略”，推动“三个转变”，建设“四项机制”）的全面实施具有重要的意义。

（方志出版社）

中国地方志学会信息化研究会成立

2016年4月26日下午，中国地方志学会信息化研究会成立大会在贵州省贵阳市召开。中国地方志指导小组办公室副主任、中国地方志学会副会长刘玉宏，中国社会科学院信息化管理办公室副主任罗文东，全国31个省（自治区、直辖市）、新疆生产建设兵团史志机构，以及技术公司的有关代表参加会议。西藏自治区地方志办公室主任汪德军、河南省地方史志办公室主任管仁富先后主持会议。

会议原则通过《中国地方志学会信息化研究会规程（草案）》《中国地方志学会信息化研究会理事会理事、常务理事、会长、副会长、秘书长、副秘书长产生办法（草案）》，并审议《中国地方志学会信息化研究会会员登记办法（草案）》。最终，会议经过充分酝酿、民主协商，推选产生中国地方志学会信息化研究会第一届理事会。

（中国地方志指导小组办公室信息处）

落实总理指示要求　守住根脉服务发展
——四川省地方志办迅速提出工作建议，抓紧任务落实

日前，中国政府网以《李克强夜访成都宽窄巷》为题，报道了李克强总理2016年4月25日夜访宽

窄巷子时，欲在路边书铺购买古人记录宽窄巷子历史的史志类书籍，但店员翻找多本均不是总理所想。他对同行人员提出："你们应该把过去的历史资料、成都志，特别是有关宽窄巷子的历史脉络梳理清楚。""宽窄巷子要有根基，要有历史的脉络。只有守住历史传统的根脉，才能打开面向世界的门窗。""巷子可以窄，造福百姓的思路一定要宽。"

李克强总理的指示和要求强烈增加了作为志者"执笔著信史，彰善引风气"的使命感和责任感。4月28日一早，四川省地方志办公室"闻讯"而动，党组书记、主任马小彬，党组成员、机关党委书记王孝平庚即碰头研究，与成都市地方志办公室等沟通联系，部署落实任务，并迅即向省政府提出落实总理指示、要求的工作建议：由省地方志办公室联合成都市地方志办公室，组织相关历史、地理、旅游等方面的专家学者，采取政府购买社会服务的方式，集中力量，集中时间（半年左右），组织编写一本反映宽窄巷子历史与现状的百科式专著——《走向世界的宽窄巷子》（暂定名）。主要内容包括成都建城简史、宽窄巷子的前世今生、宽窄巷子改造记等。相关项目将根据实际情况，作进一步的深化和拓展。

4月29日上午，为深化思考，细化细节，抓实项目，抓细落实，省地方志办公室组织成都市及五城区志办负责人，特邀宽窄巷子总策划杨健鹰等专家学者齐聚一堂，重温总理指示要求，共同思考，互相启发，形成了进一步做好落实的几点工作共识。

一是抓紧时间，高质量编纂《宽窄巷子图志》《宽窄巷子通览》（书名均为暂定名）等图书、资料，服务市场、读者需要。

二是举一反三，以点带面，立足"人无我有，人有我精，人精我特"，组织力量编纂成都特色历史、文化类丛书，如成都会馆、成都茶馆、成都非遗等，把"最成都"的精神文化成果奉献给广大读者。

三是积极挖掘地域文化优势，重点围绕巴蜀文化、红色文化、藏羌彝文化、抗震救灾精神和感恩文化，加强地方文化资源抢救保护建设与开发利用建设，加快完成省政府部署的《四川当代史》（8卷，400万字）、《四川抗战历史文献》丛书（18卷，1000万字）等重点项目的编纂出版工作。

四是深度开展地情资源开发利用。加紧协调，与省水利厅做好四川江河志，特别是洪涝灾害的历史经验总结；与省住建厅、省旅游局、省环保厅、省林业厅协作做好名村名镇志、自然保护区志相关工作，助推新型城镇化建设和绿色发展建设；与省旅游局合作，做好"互联网＋旅游＋方志（历史、文化）"的相关工作，主动作为，服务中心大局，服务经济社会，服务社会各界文化需要。

（四川省地方志工作办公室）

《汶川特大地震抗震救灾志》出版座谈会在人民大会堂召开

2016年5月12日上午，在汶川特大地震发生八周年之际，由中国地方志指导小组办公室、方志出版社联合组织的《汶川特大地震抗震救灾志》出版座谈会在北京人民大会堂召开。国务委员王勇出席座谈会并讲话。中国社会科学院院长、中国地方志指导小组组长王伟光，四川省委副书记、省长尹力，国务院副秘书长孟扬，中央宣传部副部长、国务院新闻办副主任崔玉英，民政部副部长窦玉沛，人力资源和社会保障部副部长、国家公务员局局长信长星，中国社会科学院副院长、中国地方志指导小组常务副组长李培林，军事科学院副院长、中国地方志指导小组副组长何雷中将，中国地震局副局长赵和平，中央军委联合参谋部作战局副局长曲睿少将，中国地方志指导小组副秘书长兼办公室副主任冀祥德，中国地方志指导小组办公室副主任刘玉宏、邱新立等出席会议。会议由李培林主持。

《汶川特大地震抗震救灾志》共11卷13册、约1400万字，由中国地方志指导小组、国家发展改革委、民政部、人力资源和社会保障部、卫生部、国务院新闻办、中国地震局、解放军总参谋部等部门牵头编纂，方志出版社出版。编纂工作自2008年11月正式启动，2014年11月经国务院批准公开出版，李克强总理还就志书公开出版作出重要批示。该志全景式地展现了中共中央、国务院带领全国各族人民应对特大地震灾害、夺取抗震救灾和灾后恢复重建胜利的历史过程，系统记述了在抗震救灾斗争中积累的成功经验。全书基本体例包括述、记、志、传、图、表、录，各卷依次为《总述》《大事记》《图志》（上下册）《地震灾害志》《抢险救灾志》《灾区生活志》《灾区医疗防疫志》《社会赈灾志》《灾后重建志》（上下册）《英雄模范志》《附录》。

《汶川特大地震抗震救灾志》编委会副主任单位负责人与各分卷编纂人员、指导专家，中国地方志指导小组办公室及各省级地方志工作机构负责人等，约140人参会。

（中国地方志指导小组办公室规划处）

全国地方志优秀成果（年鉴类）审核会议召开

2016年6月17日，全国地方志优秀成果（年鉴类）终审委员会办公室在国家方志馆召开会议，对专家评审小组提名的通报表扬年鉴进行审核。中国地方志指导小组副秘书长兼办公室副主任、全国地方志优秀成果（年鉴类）终审委员会办公室主任冀祥德出席会议并讲话。中国地方志指导小组办公室副主任、全国地方志优秀成果（年鉴类）终审委员会办公室副主任刘玉宏、邱新立出席会议。

冀祥德在讲话中指出，全国地方志优秀成果（年鉴类）评审是全国地方志系统的大事，对推动年鉴事业科学发展具有重要意义，要高度重视，严格标准，扎实推进。审核工作是整个评审工作的重要环节，既要注重年鉴编纂质量，又要把握正确的政治方向，真正选拔出高质量的精品年鉴，发挥通报表扬年鉴在全国的引领示范作用。

会议对评审专家小组提出的宣传图片和内容记述等问题进行研究，对通报表扬年鉴建议名单进行审核。会议决定，对审核方案提交全国地方志优秀成果（年鉴类）终审委员会终审。

全国地方志优秀成果（年鉴类）终审委员会办公室成员参加会议。

（中国地方志指导小组办公室年鉴处）

第一次全国年鉴工作会议在太原召开

2016年7月15日，第一次全国年鉴工作会议在太原召开。中国社会科学院副院长、中国地方志指导小组常务副组长李培林出席会议并讲话，宣读《中国地方志指导小组关于对全国地方志优秀成果（年鉴类）的通报表扬》。中国地方志指导小组副秘书长兼办公室副主任冀祥德主持会议。

李培林在讲话中全面系统地总结了改革开放近40年来尤其是《地方志工作条例》颁布施行10年来全国年鉴工作取得的不凡成绩、积累的弥足珍贵的经验，指出了工作中存在的困难和问题。他指出，10年来年鉴工作的成绩突出表现在三个方面：一是《条例》和《全国地方志事业发展规划纲要（2015—2020年）》的落实逐步深入，年鉴事业发展的保障更加有力；二是年鉴种类数量快速增长，年鉴成果粲然可观；三是质量保障机制逐步健全，年鉴质量不断提升。

李培林强调，要进一步深化《规划纲要》关于年鉴工作要求的认识。一是要从为全面建成小康社会提供智力支持和精神动力的高度认识省、市、县三级综合年鉴全覆盖的意义；二是要从繁荣社会主义文化事业的高度认识年鉴队伍建设的意义。

（中国地方志指导小组办公室年鉴处）

中国地方志学会年鉴研究会成立

2016年7月16日，中国地方志学会年鉴研究会（以下简称年鉴研究会）第三届会员代表大会暨第三届理事会第一次会议在太原召开。中国地方志指导小组办公室原党组书记、年鉴研究会第二届会长田嘉代表第二届理事会作工作报告。中国地方志指导小组副秘书长兼办公室副主任冀祥德出席会议，并代表第三届年鉴研究会理事会发表讲话。湖北省地方志办公室主任、年鉴研究会第二届副会长文坤斗主持会议。

田嘉在讲话中指出，年鉴研究会原名年鉴工作专业委员会，2016年6月改名为年鉴研究会。年鉴研究会第二届理事会自2009年11月组建以来，在年鉴质量建设、理论建设、队伍建设等方面取得了一些成绩，概括起来主要有：配合制定《地方综合年鉴编纂出版规定（试行）》，规范地方综合年鉴编纂出版；开展年鉴质量检查活动，努力打造精品年鉴；狠抓年鉴理论建设，活跃学术气氛；配合举办地方综合年鉴研修班，加强队伍培训工作；加强自身体制建设，努力做好组织保障。他还指出了年鉴研究会工作中存在的一些问题，并就新一届研究会理事会工作提出了建议。

各省（自治区、直辖市）、副省级地方志工作机构，新疆生产建设兵团志办公室，全军军事志指导小组办公室，武警部队政治部编研部，国务院有关部委局史志机构、中央直属企事业单位年鉴编纂部门，以及全国年鉴工作试点单位代表共100余人参会。

（中国地方志指导小组办公室年鉴处）

中国地方志学会方志学研究会正式成立

2016年10月25日，中国地方志学会方志学研究会成立大会在湖南省长沙市召开。中国地方志指导小组办公室主任、中国地方志学会副会长兼秘书长冀祥德，中国地方志指导小组办公室副主任、中国地方志学会副会长邱新立出席会议。根据国家有关规定和《中国地方志学会章程》，成立大会包括开幕式、第一次会员代表大会、一届一次理事会和一届一次常务理事会等会议，湖南省地方志编纂委员会党组书记、副主任易介南和北京市地方志编纂委员会办公室主任陈玲先后主持。长沙市人民政府党组成员、督导李科明出席开幕式并致辞，长沙市地方志办公室主任王习加出席开幕式。冀祥德在开幕式和一届一次理事会上分别讲话。

各省（自治区、直辖市）、新疆生产建设兵团、副省级城市地方志工作机构，全军军事志指导小组办公室、国务院有关部委局史志机构、中央直属企事业单位地方志工作机构，北京大学等高校的领导、专家、学者约100人参加会议。

（中国地方志指导小组办公室方志处）

国务院《地方志工作条例》修改讨论会议在京召开

2016年11月4—5日，国务院《地方志工作条例》修改讨论会议在国家方志馆召开。中国地方志指导小组办公室副主任刘玉宏出席会议并讲话。山西省地方志办公室旧志处处长董剑云、吉林省地方志编委会研究室主任常京锁、江苏省地方志办公室市县处处长陈华、安徽省地方志办公室年鉴处处长黄玉华、山东省地方史志办公室人事秘书处孙杰、四川省地方志工作办公室政策法规宣传处处长熊倩参加会议。中指办年鉴处处长刘永强主持会议。

刘玉宏首先对与会专家表示欢迎。他简要回顾了国务院《地方志工作条例》（以下简称《条例》）出台的背景和经过，强调《条例》颁布实施10年来为地方志工作提供了强有力的法制保障，为规范和保障地方志工作顺利开展发挥了不可替代的重要作用。10年来，在各级党委和政府的高度重视和大力支持下，各级地方志工作者与时俱进，扎实推进地方志法治化建设，取得了较好的成绩。在全面推进依法治国、建设法治政府的大背景下，《全国地方志事业发展规划纲要（2015—2020年）》首次将“坚持依法治志”作为地方志工作的一项基本原则，突出依法治志。随着地方志事业快速发展，《条例》不适应性逐渐凸显，各级地方志工作者迫切需要修订《条例》、甚至进一步立法。中指办顺应形势，高度重视《条例》修订及进一步的地方志立法工作。

会上，与会专家结合自己参与起草、修订本省地方志工作条例的实践经验，对《条例》逐条逐款进行讨论，提出很多有价值的修改意见和建议。下一步，经过研究讨论，要形成《条例》修订意见稿，为推进《条例》修订及进一步立法工作打好基础。

（中国地方志指导小组办公室规划处）

2016年地方志理论研讨会召开

2016年12月9日，由上海市地方志办公室主办、上海师范大学协办的2016年地方志理论研讨会在上海师范大学（徐汇校区）召开。中国地方志指导小组办公室副主任邱新立、上海市地方志办公室主任洪民荣、上海师范大学党委书记滕建勇出席会议并讲话。本次会议是上海地方志系统贯彻落实《全国地方志事业发展规划纲要（2015—2020年）》要求，进一步推动地方志科研和理论研究工作发展的会议。

地方志不仅具有“存史、育人、资政”的重要功能，也是弘扬民族精神、增强民族认同、凝聚民族力量的重要载体。在全球化的今天，地方志是中华民族精神栖居地所在，也是中华民族文化自信的底气所在。在建设中国特色社会主义的伟大实践中，地方志工作是文化强国的基础性工作，也是一项战略性工作。来自全国各地的史志专家、学者围绕地方志理论的传承与创新、年鉴理论的传承与创新、地方史理论的传承与创新等议题，深入交流、共同探讨，集思广益、互相切磋，进一步深化理论认识，总结实践规律，期望更好地提升地方志的学术影响和学术价值，更好地发挥地方志功能，在文化自信的坚守中实现更大的担当。

（上海市地方志办公室）

附录二

四川省电力工业主管机构变更情况

（1950—2016 年）

表 44

时　间	机　构　名　称	管辖范围
1950年3月到8月	先后建立重庆区电业管理局、川西水电公司、川南人民行政公署工业厅电业管理局、西康省水利电力厅	各行政区内的电力企业
1951年2月	西南军政委员会工业部电业管理局（重庆）	云南、贵州、四川三省电力企业
1952年11月	燃料工业部工西南电业管理局	云南、贵州、四川三省电力企业
1955年7月	电力工业部西南电业管理局	云南、贵州、四川三省电力企业
1956年	电力工业部重庆电业管理局	云南、贵州、四川三省电力企业
1957年9月	电力工业部成都电业管理局（由重庆迁成都更名）	云南、贵州、四川三省电力企业
1958年3月	水利电力部四川省电业管理局	四川全省电力企业
1958年8月	四川省水利电力厅	四川全省电力企业
1964年	四川省水利电力厅电业管理局	四川全省电力企业
1965年9月	水利电力部四川省电业管理局	四川全省电力企业
	水利电力部西南电力建设局	西南地区电力建设企业
	水利电力部西南电力修造总厂	西南地区电力修造企业
1971年9月	水利电力部四川省电力局（撤销建设局、修造总厂）	四川全省电力企业
1978年	实行四川电网以省电力局为主的管理体制	四川全省电力企业
1979年2月	电力工业部四川省电力工业局	四川全省电力企业
1981年5月	电力工业部西南电业管理局（保留四川省电力工业局名称）	云南、贵州、四川三省电力企业
1982年3月	水利电力部西南电力管理局	云南、贵州、四川三省电力企业
1983年7月	西南电力管理局（停止使用四川省电力工业局名称）	云南、贵州、四川三省电力企业
1988年4月	能源部四川省电力工业局	四川全省电力企业
1993年3月	能源部四川省电力公司成立，与四川省电力工业局“一套班子，两块牌子”	四川全省电力企业
1998年3月	国家电力公司四川省电力工业局（与国家电力公司四川省电力公司“两块牌子，一套班子”）	四川全省电力企业
2000年2月	国家电力公司四川省电力公司（撤销四川省电力工业局）	四川全省电力企业
2002年12月	国家电网公司四川省电力公司	四川全省国有供电、所属设备制造、电力建设，设计企业和映秀湾水力发电总厂
2003年3月	国家电网四川省电力公司、中国国电集团公司四川分公司、中国华电集团集团四川公司、二滩水电开发有限责任公司、中国华能集团公司四川分公司、中国三峡集团公司金沙江开发公司筹建处、中国水电建设集团四川电力开发有限公司、四川巴蜀电力开发公司公司、国电大渡河流域水电开发有限公司等	省内国有供电企业、各所属发电企业、电源建设项目

续表44

时　间	机　构　名　称	管辖范围
2004年	国家电网四川省电力公司、国电川渝分公司、华电四川发电有限公司、二滩水电开发有限责任公司、四川华能水电开发有限责任公司、中国三峡集团公司金沙江开发公司筹建处、四川巴蜀电力开发公司、国电大渡河流域水电开发有限公司等	省内国有供电企业、各所属发电企业、电源建设项目
2005年	国家电网四川省电力公司、国电川渝分公司、华电四川发电有限公司、二滩水电开发有限责任公司、四川华能水电有限公司、中国三峡集团公司金沙江开发公司筹建处、四川巴蜀电力开发有限责任公司、国电大渡河流域水电开发有限公司等	省内国有供电企业、各所属发电企业、电源建设项目
2006年	国家电网四川省电力公司、国电四川发电有限公司、华电四川发电有限公司、华电金沙江上游水电开发有限公司、二滩水电开发有限责任公司、四川华能水电有限公司、中国三峡集团公司金沙江开发公司筹建处、中国水电建设集团四川电力开发有限公司、四川巴蜀电力开发有限责任公司、国电大渡河流域水电开发有限公司、中国大唐集团四川公司等	省内国有供电企业、各所属发电企业、电源建设项目
2009年	国家电网四川省电力公司、国电四川发电有限公司、华电四川发电有限公司、华电金沙江上游水电开发有限公司、二滩水电开发有限责任公司、四川华能水电有限公司、中国长江三峡集团公司、中国水电建设集团四川电力开发有限公司、四川巴蜀电力开发有限责任公司、国电大渡河流域水电开发有限公司、中国大唐集团四川公司等	省内国有供电企业、各所属发电企业、电源建设项目
2012年	国家电网四川省电力公司、国电四川发电有限公司、华电四川发电有限公司、华电金沙江上游水电开发有限公司、雅砻江流域水电开发有限公司、四川华能水电有限公司、中国长江三峡集团公司、中国水电建设集团四川电力开发有限公司、神华巴蜀电力有限责任公司、国电大渡河流域水电开发有限公司、中国大唐集团四川公司、中电投四川电力有限公司等	省内国有供电企业、各所属发电企业、电源建设项目
2013年	国家电网四川省电力公司、国电四川发电有限公司、华电四川发电有限公司、华电金沙江上游水电开发有限公司、雅砻江流域水电开发有限公司、四川华能水电有限公司、中国长江三峡集团公司、中国水电建设集团四川电力开发有限公司、神华四川能源有限公司、国电大渡河流域水电开发有限公司、中国大唐集团四川公司、中电投四川电力有限公司等	省内国有供电企业、各所属发电企业、电源建设项目
2014年	国家电网四川省电力公司、国电四川发电有限公司、华电国际电力股份有限公司四川分公司、华电金沙江上游水电开发有限公司、雅砻江流域水电开发有限公司、四川华能水电有限公司、中国长江三峡集团公司、中电建水电开发集团有限公司、神华四川能源有限公司、国电大渡河流域水电开发有限公司、中国大唐集团四川公司、中电投四川电力有限公司等	省内国有供电企业、各所属发电企业、电源建设项目
2015年	国家电网四川省电力公司、国电四川发电有限公司、华电国际电力股份有限公司四川分公司、华电金沙江上游水电开发有限公司、雅砻江流域水电开发有限公司、四川华能水电有限公司、中国三峡建设管理有限公司、中电建水电开发集团有限公司、神华四川能源有限公司、国电大渡河流域水电开发有限公司、大唐四川发电有限公司、中电投四川电力有限公司等	省内国有供电企业、各所属发电企业、电源建设项目
2016年	国家电网四川省电力公司、国电四川发电有限公司、华电国际电力股份有限公司四川分公司、华电金沙江上游水电开发有限公司、雅砻江流域水电开发有限公司、四川华能水电有限公司、中国三峡建设管理有限公司、中电建水电开发集团有限公司、神华四川能源有限公司、国电大渡河流域水电开发有限公司、大唐四川发电有限公司、国家电投集团四川电力有限公司等	省内国有供电企业、各所属发电企业、电源建设项目

说明：

2002年12月，厂网分开。四川省电力公司主要管理四川国有电网。同时，从四川省电力公司分离出两个主要发电公司：中国国电集团公司四川分公司和中国华电集团公司四川公司。之后，除二滩水电开发有限责任公司、华能四川水电有限公司和四川巴蜀电力开发公司公司外，相继在川出现各主要电力管理公司。

国电四川发电有限公司：国电四川发电有限公司系中国国电集团公司的全资子公司。成立于2006年12月28日，目前与国电川渝分公司实行"两块牌子，合署办公"的管理模式。2003年5月20日，集团公司在四川设立了国电四川分公司，负责管理除国电大渡河流域水电开发有限公司之外的国电在川企业；2004年4月26日，因管理范围扩大至重庆市，更名为国电川渝分公司。

中国华电集团公司四川公司：中国华电集团公司四川公司成立于2003年3月23日；2004年11月8日，华电四川发电有限公司成立；2006年4月28日，华电金沙江上游水电开发有限公司成立；2007年10月，中国华电集团公司决定整合在川管理关系，中国华电集团公司四川公司、华电四川发电有限公司、华电金沙江上游水电开发有限公司实行"一个机构，三块牌子，合署办公"。2014年10月14日，华电集团委托华电国际电力股份有限公司管理四川分公司，并设立华电国际电力股份有限公司四川分公司，与中国华电集团公司四川分公司、华电四川发电有限公司实行"一个机构，三块牌子，合署办公"。

雅砻江流域水电开发有限公司：二滩水电开发公司始建于1989年，1995年2月改制为二滩水电开发有限责任公司（简称"二滩公司"），由当时的国家开发投资公司、四川省投资集团公司、四川省电力公司三方分别以48%、48%、4%的比例出资组建。注册地为四川省成都市。2010年3月，二滩公司股权发生变化，现股东方为国家开发投资公司和四川省投资集团有限责任公司，出资比例分别为52%和48%。根据国家能源局的要求，经国家工商行政管理总局核准，四川省工商行政管理局审核登记，自2012年11月8日起"二滩水电开发有限责任公司"正式更名为"雅砻江流域水电开发有限公司"。

国电大渡河流域水电开发有限公司：国电大渡河流域水电开发有限公司是中国国电集团公司下属的二级单位，也是中国国电集团公司所属最大的集水电开发建设与运营管理于一体的大型流域水电开发公司。该公司于2000年11月在成都高新区注册成立，公司股东分别为中国国电集团公司系统占90%（其中国电总部占21%、国电电力占69%），四川川投能源股份有限公司占10%。负责大渡河流域水电的流动开发。

四川华能水电有限公司：1990年5月成立中国华能集团公司四川分公司，2004年经中国华能集团批准改制为有限责任公司国有独资，并于2004年7月12日在四川省工商行政管理局注册登记，公司名称为四川华能水电开发有限责任公司，2005年1月26日更名为四川华能水电有限公司。

神华四川能源有限公司：原名四川巴蜀电力开发公司，成立于1993年；2005年10月，更名为四川巴蜀电力开发有限责任公司；2012年3月9日，更名为神华巴蜀电力有限责任公司；2013年4月27日，更名为神华四川能源有限公司。

中国三峡建设管理有限公司：中国三峡建设管理有限公司的前身是中国长江三峡工程开发总公司，总公司于1993年9月27日成立，2009年9月27日更名为中国长江三峡集团公司。国家授权中国长江三峡集团公司开发建设金沙江下游溪洛渡、向家坝、乌东德、白鹤滩四个巨型水电站。2013年1月29日，三峡川云公司在四川省成都市注册成立，负责金沙江下游溪洛渡水电站、向家坝水电站的开发建设和运营管理。2013年1月29日，三峡金沙江云川水电开发有限公司在云南省昆明市注册成立，负责金沙江下游乌东德水电站、白鹤滩水电站的开发建设和运营管理。2015年7月，为进一步强化核心竞争能力，传承与发展三峡工程为代表的大型水电建设管理经验，实施企业"国际化"战略，中国三峡集团系统整合水电开发建设专业技术力量，正式组建成立中国三峡建设管理有限公司。

大唐四川发电有限公司：大唐四川发电有限公司是中国大唐集团公司的全资子公司，2015年5月9日正式挂牌，其前身为中国大唐集团公司四川公司，成立于2006年12月22日。

中电建水电开发集团有限公司：原名中国水电建设集团四川电力开发有限公司，于2006年10月20日在四川成都成立；2014年8月更命为中电建水电开发集团有限公司。

国家电投集团四川电力有限公司：国家电投集团四川电力有限公司是国家电力投资集团公司的全资子公司，于2012年6月25日揭牌成立，命名中电投四川电力有限公司，代表中国电力投集团与地方政府及有关部门进行工作联系，全面负责中电投资集团公司在四川及其周边区域资产的投资、建设、发展和运营管理，承担中电投集团西南区域发展战略和发展布局的重任。2015年6月，中国电力投资集团公司与国家核电技术公司重组组建成立国家电力投资集团公司，中电投四川电力有限公司更名为国电投集团四川电力有限公司。

华电金沙江上游水电开发有限公司：2014年10月23日，中国华电集团公司决定调整在川管理关系，华电金沙江上游水电开发有限公司与华电四川发电有限公司（中国华电集团公司四川公司）分开管理，不再合署办公，华电金沙江上游水电开发有限公司由中国华电集团公司直接管理。

四川大唐国际甘孜水电开发有限公司：四川大唐国际甘孜水电开发有限公司成立于2006年7月，主要负责大渡河流域长河坝、黄金坪两级水电站开发建设和生产运营。从2010起，大唐甘孜公司开始代表大唐国际收购和开发四川境内的中小水电站，并受甘孜州政府委托着手调研开发甘孜州境内的太阳能等新能源。

附录三

统 计 资 料

四川省发电设备装机容量分年度统计
（1949—2016 年）

表 45

年份	发电设备容量（万千瓦）					水、火电比重（%）	
	合计	年增长率（%）	占全国比重（%）	水　电	火　电	水　电	火　电
1949	4.57		2.47	0.18	4.39	3.90	96.10
1950	4.66	1.97	2.50	0.24	4.42	5.20	94.80
1951	5.36	15.20	2.85	0.39	4.97	7.30	92.70
1952	6.60	23.13	3.36	0.57	6.03	8.60	91.40
1953	7.80	18.18	3.32	0.57	7.23	7.30	92.70
1954	10.00	28.21	3.85	0.57	9.43	5.70	94.30
1955	10.80	8.08	3.60	0.76	10.04	7.00	93.00
1956	13.60	25.93	3.50	3.30	10.30	24.30	75.70
1957	18.60	36.76	4.01	7.11	11.49	38.20	61.80
1958	32.29	73.60	5.14	11.88	20.41	36.80	63.20
1959	42.76	32.42	4.48	13.21	29.55	30.90	69.10
1960	66.44	55.38	5.57	15.88	50.56	23.90	76.10
1961	72.07	8.47	5.61	15.90	56.17	22.06	77.94
1962	73.71	2.28	5.65	17.09	56.62	23.19	76.81
1963	75.35	2.22	5.65	17.89	57.46	23.74	76.26
1964	76.66	1.74	5.45	19.52	57.14	25.46	74.54
1965	83.47	8.88	5.54	22.39	61.08	26.80	73.20
1966	98.47	17.97	5.79	23.33	75.14	23.70	76.30
1967	104.67	6.30	5.82	23.33	81.34	22.29	77.71
1968	117.17	11.94	6.11	23.33	93.84	19.91	80.09
1969	128.77	9.90	6.12	24.33	104.44	18.90	81.10
1970	152.40	18.35	6.41	26.40	126.00	17.30	82.70
1971	185.70	21.85	7.56	60.40	125.30	32.50	67.50
1972	218.60	17.72	7.64	81.50	137.10	37.30	62.70
1973	246.90	12.95	7.50	102.00	144.90	41.30	58.70
1974	265.60	7.57	7.16	107.20	158.40	40.40	59.60
1975	289.02	5.87	6.66	127.20	161.82	44.01	55.99
1976	303.96	5.17	6.45	141.03	162.93	46.40	53.60
1977	333.99	9.88	6.49	159.96	174.03	47.89	52.11
1978	361.41	8.21	6.33	177.08	184.33	49.00	51.00

续表 45

年份	发电设备容量（万千瓦）					水、火电比重（%）	
	合计	年增长率（%）	占全国比重（%）	水 电	火 电	水 电	火 电
1979	379.32	4.96	6.02	188.84	190.48	49.78	50.22
1980	396.81	4.61	6.02	200.16	196.65	50.44	49.56
1981	406.20	2.37	5.88	208.30	197.90	51.28	48.72
1982	415.85	2.38	5.75	215.03	200.82	51.71	48.29
1983	444.29	6.84	5.81	231.95	212.34	52.21	47.79
1984	451.00	1.51	5.63	238.45	212.55	52.87	47.13
1985	462.63	2.58	5.31	244.90	217.73	52.94	47.06
1986	504.86	9.13	5.38	264.31	240.55	52.35	47.65
1987	560.59	11.04	5.45	289.81	270.78	51.70	48.30
1988	604.81	7.89	5.24	305.42	299.39	50.50	49.50
1989	657.56	8.72	5.19	320.18	337.38	48.70	51.30
1990	748.97	13.90	5.43	342.74	406.23	45.76	54.24
1991	869.08	16.04	5.74	370.99	498.09	42.69	57.31
1992	956.53	10.06	5.74	408.88	574.65	42.75	57.25
1993	1052.71	10.06	5.76	455.89	596.82	43.31	56.69
1994	1137.59	8.06	5.69	505.43	632.16	44.43	55.57
1995	1215.16	6.82	5.59	559.04	656.12	46.01	53.99
1996	1356.94	11.67	5.74	642.42	714.52	47.34	52.66
1997	1110.74	-18.14	4.37	608.24	502.50	54.76	45.24
1998	1284.09	15.60	4.62	770.59	513.50	60.01	39.99
1999	1600.89	24.67	5.35	1034.37	566.52	64.61	35.39
2000	1709.84	6.81	5.05	1100.83	609.01	64.38	35.62
2001	1790.85	4.74	5.29	1153.15	637.70	64.40	35.60
2002	1799.66	0.50	5.09	1185.46	614.20	65.87	34.13
2003	1841.44	2.32	4.79	1231.10	610.40	66.86	33.14
2004	2028.32	10.15	4.60	1338.29	690.03	65.98	34.02
2005	2245.55	10.71	4.42	1495.96	749.60	66.62	33.38
2006	2717.74	21.03	4.37	1765.27	952.46	64.95	35.05
2007	3185.80	17.22	4.47	1985.67	1188.98	62.32	37.32
2008	3560.17	9.87	4.49	2223.67	1274.10	63.53	36.47
2009	3912.59	11.78	4.48	2676.09	1234.10	68.40	31.60
2010	4327.25	10.46	4.48	3069.64	1257.61	70.49	29.06
2011	4787.47	10.63	4.51	3342.29	1439.62	69.81	30.15
2012	5458.84	14.02		3964.21	1493.02	72.62	27.35
2013	6862.35	25.71	5.51	5266.23	1581.85	76.74	23.05
2014	7874.68	14.76	5.79	6292.91	1547.23	79.91	19.65
2015	8672.88	10.14	5.75	6939.3	1623.87	80.01	18.72
2016	9108.35	5.02	5.53	7245.53	1642.13	79.55	18.03

四川省年发电量分年度统计
（1949—2016 年）

表 46

年份	总发电量（亿千瓦时）	年增长率（%）	占全国比重（%）	水电（亿千瓦时）	火电（亿千瓦时）
1949	1.47		3.41	0.19	1.28
1950	1.25	-14.97	2.75	0.09	1.16
1951	1.47		3.41	0.19	1.28
1952	1.25	-14.97	2.75	0.09	1.16
1953	2.05	64.00	3.57	0.23	1.82
1954	2.49	21.46	3.43	0.28	2.21
1955	3.16	26.91	3.44	0.38	2.78
1956	3.87	22.47	3.52	0.54	3.33
1957	4.50	16.28	3.67	0.55	3.95
1958	6.09	35.33	3.67	0.70	5.39
1959	6.78	11.33	3.51	1.88	4.90
1960	10.73	58.26	3.90	3.22	7.51
1961	24.20	-9.84	5.04	3.57	20.63
1962	20.08	-17.07	4.38	5.07	15.01
1963	19.28	-3.98	3.94	6.61	12.67
1964	22.98	18.72	4.09	7.74	15.15
1965	28.94	26.43	4.28	8.26	20.68
1966	39.05	34.93	4.73	8.28	30.77
1967	39.09	0.10	5.05	9.80	29.29
1968	26.81	-31.41	3.75	9.99	16.82
1969	37.19	38.72	3.96	12.85	24.34
1970	54.09	45.44	4.67	13.14	40.95
1971	77.39	43.08	5.59	16.57	60.82
1972	84.02	8.57	5.51	25.42	58.60
1973	88.39	5.20	5.30	36.52	51.87
1974	86.32	−2.34	5.51	44.25	42.07
1975	107.94	25.05	5.51	51.55	56.39
1976	102.76	−4.08	5.06	45.68	57.08
1977	118.84	15.65	5.32	53.85	65.02
1978	139.30	17.22	5.43	54.78	84.52
1979	156.39	12.27	5.55	64.17	92.22
1980	163.72	4.69	5.45	73.53	90.14
1981	164.08	0.22	5.31	76.61	87.47
1982	171.96	4.80	5.25	82.37	89.59
1983	187.81	9.22	5.34	90.79	97.02
1984	199.86	6.42	5.30	98.10	101.76
1985	221.42	10.79	5.39	109.45	111.97

续表 46

年份	总发电量（亿千瓦时）	年增长率（%）	占全国比重（%）	水　　电（亿千瓦时）	火　　电（亿千瓦时）
1986	236.99	7.03	5.27	111.99	125.00
1987	262.87	10.92	5.29	116.04	146.83
1988	294.02	11.85	5.39	131.52	162.50
1989	326.95	11.20	5.59	146.84	180.11
1990	345.65	5.72	5.56	148.54	197.11
1991	379.58	9.82	5.6	155.06	224.52
1992	419.4	10.49	5.56	168.3	251.1
1993	470.87	12.27	5.63	195.86	275.01
1994	525.18	11.53	5.66	209.54	315.64
1995	575.94	9.97	5.72	245.34	330.6
1996	618	7.3	5.78	268	349.2
1997	491.96	-20.39	4.38	245.12	246.84
1998	475.75	-3.29	4.11	252.88	222.87
1999	492.16	3.45	3.99	303.52	188.64
2000	556.38	13.05	3.75	369.05	187.33
2001	636.47	14.39	4.28	428.38	208.08
2002	735.1	15.17	4.48	456.31	278.79
2003	827.83	12.61	4.33	500	327.82
2004	935.29	12.98	4.28	589.02	346.27
2005	1018.76	10.89	4.12	653.64	365.42
2006	1120.38	9.97	4.07	684.45	435.93
2007	1226.31	9.45	3.76	755.39	450.92
2008	1235.88	7.80	3.66	835.51	400.37
2009	1487.47	20.36	4.14	981.37	505.26
2010	1704.37	14.58	4.03	1139.82	564.55
2011	1857.05	8.98	3.93	1260.68	596.20
2012	2129.49	14.67		1545.20	583.89
2013	2616.99	22.89	4.9	2023.41	592.76
2014	3129.57	19.59	5.64	2578.28	547.19
2015	3208.54	2.52	5.72	2767.44	429.3
2016	3369.84	5.03	5.63	2988.71	349.27

四川省电力公司售电量分年度统计
（1949—2016 年）

表 47

年 份	售电量（亿千瓦时）	年增长率（%）	备 注
1949	0.67	-	
1950	0.58	-13.43	
1951	1.04	79.31	
1952	1.30	25.00	
1953	1.71	31.54	
1954	2.51	46.78	
1955	3.01	19.92	
1956	4.07	35.22	
1957	4.74	16.46	
1958	7.60	60.34	
1959	11.72	54.21	
1960	18.02	53.75	
1961	16.13	-10.49	
1962	13.76	-14.69	
1963	13.43	-2.40	
1964	16.03	19.36	
1965	20.38	27.14	
1966	26.62	30.62	
1967	23.63	-11.23	
1968	16.79	-28.95	
1969	26.88	60.10	
1970	37.24	28.54	
1971	56.97	52.98	
1972	61.48	7.92	
1973	65.06	5.82	
1974	63.32	-2.67	
1975	79.61	25.73	
1976	78.89	-0.90	
1977	93.16	18.09	
1978	108.90	16.90	
1979	122.65	12.63	
1980	127.57	4.01	
1981	127.11	-0.36	
1982	136.73	7.57	

续表 47

年 份	售电量（亿千瓦时）	年增长率（%）	备　　注
1983	147.14	7.61	
1984	157.69	7.17	
1985	169.76	7.65	
1986	176.20	3.79	
1987	184.75	4.85	
1988	201.11	8.86	
1989	219.85	9.32	
1990	231.54	5.32	
1991	248.23	7.21	
1992	266.58	7.39	
1993	299.20	12.24	
1994	331.65	10.85	
1995	361.88	9.12	
1996	387.76	7.15	
1997	324.00	-16.44	
1998	310.00	-4.32	
1999	289.20	-6.71	
2000	337.66	16.75	
2001	378.69	14.26	
2002	476.34	21.03	
2003	539.33	13.22	
2004	616.36	14.27	
2005	708.00	11.49	
2006	795.22	12.32	
2007	912.80	14.78	
2008	871.55	4.65	
2009	969.80	11.27	
2010	1206.16	24.37	
2011	1526.28	16.38	
2012	1543.85	1.15	
2013	1633.12	5.78	
2014	1585.63	3.81	2014年售电量统计口径调整，同比增速按调整后口径进行计算。
2015	1578.36	-0.46	
2016	1673.75	6.04	

注：本表为并表口径统计数据

2016年四川电网发电能力（全口径）统计

表48

单位：千瓦

指标名称	期初	本月止累计新增	本月止累计减少	期末
甲	1	4	5	6
总计	86728803	4799041	444306	91083537
其中：清洁能源	70490099	4497751	325616	74662233
可再生能源	70709099	4574251	325616	74957733
新能源	1316077	1186368	27	2502418
其中：生物质发电	219000	76500	0	295500
分布式电源	124435	30231	27	154639
水电	69393022	3387883	325589	72455315
其中：抽水蓄能				
火电	16238704	301290	118690	16421304
燃煤	13984350	108500	99000	13993850
其中：煤矸石发电	333000	9000	0	342000
燃油				
燃气	1222354	18290	19690	1220954
其中：煤层气	47944	2000	1000	48944
沼气发电				
其他	1032000	174500	0	1206500
其中：余热、余压、余气发电	813000	98000	0	911000
垃圾发电	194000	76500	0	270500
农林生物质发电	25000	0	0	25000
核电				
风电	733500	513500	0	1247000
太阳能发电	363577	596368	27	959918
其中：光伏发电	363577	596368	27	959918
光热发电				
其他	0	0	0	0
地热能				
海洋能				
储能				
其他				
一、6000千瓦及以上	82380965	4523347	294205	86610107
水电	65385495	3150170	194915	68340750
其中：抽水蓄能				
火电	15906840	271790	99290	16079340
燃煤	13793350	108500	83000	13818850
其中：煤矸石	327000	9000	0	336000
燃油				
燃气	1181990	16290	16290	1181990
其中：煤层气	15000	0	0	15000
沼气发电				

续表48

指标名称	期初	本月止累计新增	本月止累计减少	期末
其他	931500	147000	0	1078500
其中：余热、余压、余气发电	714500	72000	0	786500
垃圾发电	192000	75000	0	267000
农林生物质发电	25000	0	0	25000
核电				
风电	733500	513500	0	1247000
太阳能发电	355130	587887	0	943017
其中：光伏发电	355130	587887	0	943017
光热发电				
其他	0	0	0	0
地热能				
海洋能				
储能				
其他				
A、按调度关系分	82380965	4523347	294205	86610107
1.统一调度	75027532	3950737	111000	78867269
水电	60729700	2769900	111000	63388600
其中：抽水蓄能				
火电	13235200	100000	0	13335200
燃煤	12105000	25000	0	12130000
其中：煤矸石发电	270000	0	0	270000
燃油				
燃气	913200	0	0	913200
其中：煤层气	15000	0	0	15000
沼气发电				
其他	217000	75000	0	292000
其中：余热、余压、余气发电				
垃圾发电	192000	75000	0	267000
农林生物质发电	25000	0	0	25000
核电				
风电	733500	513500	0	1247000
太阳能发电	329132	567337	0	896469
其中：光伏发电	329132	567337	0	896469
光热发电				
其他	0	0	0	0
地热能				
海洋能				
储能				
其他				
（1）国家电网公司统一调度	23100000	0	0	23100000
水电	23100000	0	0	23100000

续表48

指标名称	期初	本月止累计新增	本月止累计减少	期末
火电				
核电				
风电				
太阳能				
其他				
（2）分部统一调度	3300000	0	0	3300000
水电	3300000	0	0	3300000
火电				
核电				
风电				
太阳能				
其他				
（3）省电力公司统一调度	48627532	3950737	111000	52467269
水电	34329700	2769900	111000	36988600
火电	13235200	100000	0	13335200
核电				
风电	733500	513500	0	1247000
太阳能	329132	567337	0	896469
其他				
2、非统一调度	7353433	572610	183205	7742838
水电	4655795	380270	83915	4952150
其中：抽水蓄能				
火电	2671640	171790	99290	2744140
燃煤	1688350	83500	83000	1688850
其中：煤矸石发电	57000	9000	0	66000
燃油				
燃气	268790	16290	16290	268790
其中：煤层气				
沼气发电				
其他	714500	72000	0	786500
其中：余热、余压、余气发电	714500	72000	0	786500
垃圾发电				
农林生物质发电				
核电				
风电				
太阳能	25998	20550	0	46548
其中：光伏发电	25998	20550	0	46548
光热发电				
其他	0	0	0	0
地热能				
海洋能				

续表48

指标名称	期初	本月止累计新增	本月止累计减少	期末
储能				
其他				
B、按性质分	82380965	4523347	294205	86610107
1.公用电厂	79781327	4356007	194915	83942419
水电	65385495	3150170	194915	68340750
其中：抽水蓄能				
火电	13333200	105000	0	13438200
燃煤	12203000	30000	0	12233000
其中：煤矸石发电	270000	0	0	270000
燃油				
燃气	913200	0	0	913200
其中：煤层气	15000	0	0	15000
沼气发电				
其他	217000	75000	0	292000
其中：余热、余压、余气发电				
垃圾发电	192000	75000	0	267000
农林生物质发电	25000	0	0	25000
核电				
风电	733500	513500	0	1247000
太阳能发电	329132	587337	0	916469
其中：光伏发电	329132	587337	0	916469
光热发电				
其他	0	0	0	0
地热能				
海洋能				
储能				
其他				
2.企业自备电厂	2599638	167340	99290	2667688
水电				
其中：抽水蓄能				
火电	2573640	166790	99290	2641140
燃煤	1590350	78500	83000	1585850
其中：煤矸石发电	57000	9000	0	66000
燃油				
燃气	268790	16290	16290	268790
其中：煤层气				
沼气发电				
其他	714500	72000	0	786500
其中：余热、余压、余气发电	714500	72000	0	786500
垃圾发电				
农林生物质发电				

续表48

指标名称	期初	本月止累计新增	本月止累计减少	期末
核电				
风电				
太阳能发电	25998	550	0	26548
其中：光伏发电	25998	550	0	26548
光热发电				
其他	0	0	0	0
地热能				
海洋能				
储能				
其他				
C、按管理关系分	82380965	4523347	294205	86610107
国家电网公司	455000	0	0	455000
华能集团公司	2712500	151000	0	2863500
大唐集团公司	2854000	910000	0	3764000
华电集团公司	8326000	567400	0	8893400
国电集团公司	12164500	525000	0	12689500
中国电力投资集团公司	1319000	99000	0	1418000
其他	54549965	2270947	294205	56526707
二、6000千瓦以下	4347838	275694	150101	4473430
水电	4007527	237713	130674	4114565
其中：抽水蓄能				
火电	331864	29500	19400	341964
燃煤	191000	0	16000	175000
其中：煤矸石发电	6000	0	0	6000
燃油				
燃气	40364	2000	3400	38964
其中：煤层气	32944	2000	1000	33944
沼气发电				
其他	100500	27500	0	128000
其中：余热、余压、余气发电	98500	26000	0	124500
垃圾发电	2000	1500	0	3500
农林生物质发电				
核电				
风电				
太阳能发电	8447	8481	27	16901
其中：光伏发电	8447	8481	27	16901
光热发电				
其他	0	0	0	0
地热能				
海洋能				
储能				
其他				

2016年四川电网全社会用电分类统计表

表49

指标名称	用户个数	用户用电装接容量	用电量（万千瓦时）	
	（个）	（千瓦）	累计	上年累计
全社会用电总计	31367783	335659045	20249616	19291943
A、全行业用电合计	2523361	145239006	16489483	15999067
第一产业	207886	2837922	130192	117382
第二产业	580777	92335629	13253640	13146167
第三产业	1734698	50065455	3105651	2735518
B、城乡居民生活用电合计	28844422	190420039	3760133	3292876
城镇居民	10631053	83405272	2248546	1958885
乡村居民	18213369	107014767	1511587	1333991
全行业用电分类	2523361	145239006	16489483	15999067
一、农、林、牧、渔业	207886	2837922	130192	117382
1.农业	75181	1042506	44135	40839
2.林业	2014	71450	3455	2924
3.畜牧业	15344	317276	26488	21114
4.渔业	13739	141456	8302	6077
5.农、林、牧、渔服务业	101608	1265234	47812	46428
其中：排灌	75266	946271	32203	31826
二、工业	497544	80354915	12870020	12762341
轻工业	329630	12176469	1574301	1452657
重工业	167914	68178446	11295719	11309684
（一）采矿业	32614	12009481	863867	889306
1.煤炭开采和洗选业	4686	1452331	145399	158817
2.石油和天然气开采业	1896	4818795	84099	78379
3.黑色金属矿采选业	737	1611958	282147	300395
4.有色金属矿采选业	11334	723885	108134	120903
5.非金属矿采选业	8146	2031101	139518	131037
6.其他采矿业	5815	1371411	104570	99777
（二） 制造业	430101	56827687	9388273	9246703
1.食品、饮料和烟草制造业	270417	5389415	369788	351141
其中：农副食品加工业	81275	1197443	60098	60190
2.纺织业	4925	738231	144536	155625
3.服装鞋帽、皮革羽绒及其制品业	3717	345692	52418	51130
4.木材加工及制品和家具制品业	23583	1693185	178146	163920
其中:轻工业	3953	287906	24072	24601
5.造纸及纸制品业	3526	879313	243604	227133
6.印刷业和记录媒介的复制	4533	260473	29237	27140
7.文体用品制造业	1099	78621	2462	2344
8.石油加工、炼焦及核燃料加工业	3197	1199705	272344	252689
9.化学原料及化学制品制造业	3717	7761396	1632112	1563973

续表49

指标名称	用户个数	用户用电装接容量	用电量（万千瓦时）	
	（个）	（千瓦）	累计	上年累计
其中:轻工业	310	80430	16350	12995
其中:氯碱	104	939489	200013	195451
电石	16	448388	196765	192915
黄磷	24	516230	141213	107735
其中:肥料制造	454	2008876	170334	203357
10.医药制造业	1974	698996	85439	67293
11.化学纤维制造业	409	302496	88186	74378
12.橡胶和塑料制品业	5231	1290135	202402	188531
其中:轻工业	964	170806	27665	27617
13.非金属矿物制品业	23842	8828031	1601872	1517323
其中:轻工业	5228	482486	105080	72708
其中:水泥制造	575	1336896	630368	608087
14.黑色金属冶炼及压延加工业	13774	8376849	2091300	2118966
其中：铁合金冶炼	190	1600046	321957	360549
15.有色金属冶炼及压延加工业	4013	7565081	1101756	1272084
其中：铝冶炼	42	1027775	495476	643090
16.金属制品业	18519	2746438	335788	325329
其中:轻工业	593	228443	58689	64067
17.通用及专用设备制造业	10664	2344212	187442	172404
其中：轻工业	1554	73455	10699	7996
18.交通运输、电气、电子设备制造业	5821	4383512	610112	555156
其中：轻工业	420	256901	161175	131403
其中：交通运输设备制造业	1111	1399737	55897	46808
19.工艺品及其他制造业	24890	1768348	142647	143581
20.废弃资源和废旧材料回收加工业	2250	177558	16681	16561
（三）电力、燃气及水的生产和供应业	34829	11517747	2617880	2626332
1.电力、热力的生产和供应业	24613	10077712	2422185	2441991
其中:电厂生产全部耗用电量	1007	2184651	614618	687675
线路损失电量	19712	756748	1748267	1696864
抽水蓄能抽水耗用电量	41	382041	54	24
2.燃气生产和供应业	2675	339636	60388	58550
3.水的生产和供应业	7541	1100399	135306	125791
其中:轻工业	1118	134457	12253	11503
三、建筑业	83233	11980714	383620	383827
四、交通运输、仓储和邮政业	15966	5678384	414402	356086
1.交通运输业	8171	4733540	378353	325273
其中:城市公共交通	322	360473	39907	36125
管道运输业	106	102645	1869	1950
电气化铁路	185	1490711	83571	96325
2.仓储业	5812	829061	27008	22446

续表49

指标名称	用户个数	用户用电装接容量	用电量（万千瓦时）	
	（个）	（千瓦）	累计	上年累计
3.邮政业	1983	115783	9041	8366
五、信息传输、计算机服务和软件业	118117	1780801	243769	206146
1.电信和其他信息传输服务业	114300	1606795	207870	175242
2.计算机服务和软件业	3817	174006	35899	30904
六、商业、住宿和餐饮业	1198951	17429177	1057632	952109
1.批发和零售业	990723	12161571	821619	729653
2.住宿和餐饮业	208228	5267606	236013	222457
七、金融、房地产、商务及居民服务业	188925	9005222	594276	522080
1.金融业	11204	999357	53815	44869
2.房地产业	21969	4284351	410581	366691
3.租赁和商务服务业、居民服务和其他服务业	155752	3721514	129881	110519
八、公共事业及管理组织	212739	16171871	795571	699097
1.科学研究、技术服务和地质勘查业	12561	3418766	78292	74191
其中:地质勘查业	138	35258	1246	1371
2.水利、环境和公共设施管理业	60107	3035093	193393	172234
其中：水利管理业	2067	195548	13112	11947
其中：公共照明业	18202	798184	42227	43224
3.教育、文化、体育和娱乐业	50622	5332392	224202	192445
其中：教育	9849	1184598	105799	92670
4.卫生、社会保障和社会福利业	14865	1792917	147490	127329
5.公共管理和社会组织、国际组织	74584	2592703	152194	132897

四川电网2016年负荷特性

表50

指标名称	计算单位	2016年	2015年	2016年发生日期	备注
最高发电负荷	万千瓦	3536.00	3404.00	2016-08-25	
最高用电负荷	万千瓦	3264.00	2805.00	2016-08-25	
平均用电负荷率	%	82.81	83.44		
日最大峰谷差率	%	50.22	42.15	2016-02-13	
峰谷差率最大日的最大用电负荷	万千瓦	1748.00	1738.00	2016-02-13	
最大日用电量	万千瓦时	64623.00	54864.00	2016-08-24	
日均用电量	万千瓦时	41886.00	40383.00		
累计最大负荷利用小时数	小时	4697.00	5255.00		
拉电条次	条次	0.00	0.00		
其中：110kV及以上	条次	0.00	0.00		
拉、限电损失电量	万千瓦时	0.00	0.00		
其中：拉电损失电量	万千瓦时	0.00	0.00		
移峰损失电量	万千瓦时	0.00	0.00		

四川省及国网四川省电力公司公用输电线路分年度统计表
（1949—2016年）

表51　　　　　　　　　　　　　　　　　　　　　　　　　　计算单位:公里（回路长度）

年份	合计		500千伏		220千伏		110千伏		35千伏	
	全省	电力公司	全省	电力公司	全省	电力公司	全省	电力公司	全省	电力公司
1949	259.66	-	-	-	-	-	-	-	202.09	-
1950	264.17	-	-	-	-	-	-	-	212.4	-
1951	276.36	-	-	-	-	-	-	-	219.51	-
1952	325.4	-	-	-	-	-	-	-	267.7	-
1953	442.6	-	-	-	-	-	-	-	385.1	-
1954	481.9	-	-	-	-	-	-	-	448.4	-
1955	690	-	-	-	-	-	88.6	-	566.3	-
1956	784.54	-	-	-	-	-	88.6	-	695.54	-
1957	862.32	-	-	-	-	-	89.24	-	773.12	-
1958	1204.2	-	-	-	-	-	303.03	-	1001,2	-
1959	1897.06	-	-	-	-	-	564.2	-	1332.86	-
1960	2208.04	-	-	-	-	-	771.37	-	1436.67	-
1961	2254.21	-	-	-	-	-	771.67	-	1477.54	-
1962	2290.01	-	-	-	-	-	803.97	-	1486.04	-
1963	-	1506.9	-	-	-	-	-	659.77	-	847.13
1964	-	1630.01	-	-	-	-	-	671.07	-	958.94
1965	-	1986.05	-	-	-	-	-	758.77	-	1227.28
1966	-	2972.08	-	-	-	-	-	1377.36	-	1594.72
1967	-	3468.42	-	-	-	-	-	1696.71	-	1771.71
1968	-	3919.46	-	-	-	-	-	1984.5	-	1934.96
1969	-	4398.53	-	-	-	126	-	2189.64	-	2052.89
1970	-	5168.88	-	-	-	184.5	-	2791.02	-	2193.36
1971	-	5639.38	-	-	-	184.5	-	2977.46	-	2477.42
1972	-	6395.81	-	-	-	618.42	-	3220.31	-	2557.08
1973	-	6918.29	-	-	-	790.42	-	3426.45	-	2701.42
1974	-	7522.05	-	-	-	1010.72	-	3564.54	-	2946.79
1975	-	8007.7	-	-	-	1097.77	-	3813.02	-	3096.91
1976	-	8344	-	-	-	1318	-	3723	-	3303
1977	-	8792	-	-	-	1320	-	3892	-	3580

续表 51

年份	合计		500 千伏		220 千伏		110 千伏		35 千伏	
	全省	电力	全省	电力	全省	电力	全省	电力	全省	电力
1978	–	9275.9	–	–	–	1525.5	–	4067.7	–	3682.7
1979	–	9539.25	–	–	–	1516.47	–	4220.34	–	3802.44
1980	–	10100	–	–	–	1874	–	4330	–	3896
1981	–	10724	–	–	–	2096	–	4619	–	4009
1982	–	10999	–	–	–	2196	–	4669	–	4134
1983	–	11328	–	–	–	2199	–	4913	–	4216
1984	–	12404	–	–	–	2804	–	5360	–	4240
1985	–	12989	–	–	–	3207	–	5407	–	4375
1986	–	13391	–	–	–	3468	–	5458	–	4465
1987	–	13827	–	–	–	3610	–	5691	–	4526
1988	–	14231	–	–	–	3695	–	5909	–	4627
1989	–	14579.8	–	–	–	3791	–	6125.8	–	4663
1990	–	15159.97	–	–	–	4043	–	6389.8	–	4727.17
1991	–	15851	–	–	–	4458	–	6603	–	4790
1992	–	16325.8	–	–	–	4810	–	664950	–	4866.3
1993	34790.2	17027.3	–	–	5064.1	4795	9287	7362.8	20439.1	4869.5
1994	37504.4	17585.5	–	–	5252.5	4983.4	10157.1	7611.6	22094.9	4990.5
1995	40250.7	18776.8	70.1	70.1	5619.1	5341	11239.8	8215.3	23321.1	5150.4
1996	42586.5	19183.2	147.7	147.7	5812.9	5530.8	12144.4	8264.9	24481.6	5239.9
1997	34418	15379.5	71	71	4687	4586	9658	6586	20002	4137
1998	38438	18305	924	924	5920	5819	10588	7198	20898	4346
1999	41563	20792	1389	1389	6348	6248	12410	8324	21416	4549
2000	45812	23034	1956	1956	6805	6495	13535	9152	23522	5130
2001	47817	23666	1787	1787	7023	6923	14164	9360	24843	5427
2002	49081	24926	1862	1862	7547	7538	14500.6	10108	25171.3	5716.9
2003	53525.5	26139	2287	2287	8343	7626	15842.9	10349	27052.2	5877
2004	56101.9	26678	2604.5	2604	8231.8	7704	17416.8	10422.76	27848.8	5947
2005	58781.1	27671	2986	2986	8938.5	8119	18227.9	10542	28629.2	6025
2006	54540.11	29073.67	3508.53	3508.53	9899.91	8580.91	16949.09	10833.72	24182.57	6150.51
2007	63327	34332.26	5538.84	5545.51	11920.4	10176.21	18895.82	12151.56	26965.35	6465.66
2008	65243.67	33947.27	5514.17	4045.81	12404.95	10392.38	21040.67	12583.14	26283.88	6925.95
2009	61781.88	36065.6	6880.196	5283.7	12495.32	10915.6	19459.211	13159.01	22947.146	6707.29

续表 51

年份	合计		500 千伏		220 千伏		110 千伏		35 千伏	
	全省	电力公司	全省	电力公司	全省	电力公司	全省	电力公司	全省	电力公司
2010	66674	39785	8016	8016	13607	11404	20891	13554	23895	6546
2011	72711	44675	9190	9123	15196	12962	24388	15107	23673	7218
2012	77733.54	65176.06	9967.61	9702.32	17271.89	15186.23	24958.21	21938.50	24712.57	18349.0
2013	84620.98	73610.98	12193.91	12193.9	18672.79	16142.70	25791.26	22572.26	27051.69	22702.1
2014	89120.60	78469.90	13058.30	13058.3	19599.86	18273.76	27554.55	24445.24	27813.47	22692.6
2015	92994.04	83084.22	13539.3	13539.3	20465.06	19131.27	29177.89	26006.29	28717.36	23312.9
2016	93888.49	83650.03	13555.41	13555.41	20645.42	19224.18	29618.7	26296.82	28974.54	23479.21

四川省及国网四川省电力公司公用变电容量分年度统计表
（1949—2016 年）

表 52　　计算单位：万千伏安

年份	合计		500 千伏		220 千伏		110 千伏		35 千伏	
	全省	电力公司	全省	电力公司	全省	电力公司	全省	电力公司	全省	电力公司
1949	2.02	–	–	–	–	–	–	–	1.9	–
1950	2.55	–	–	–	–	–	–	–	2.43	
1951	2.55	–	–	–	–	–	–	–	2.43	–
1952	3.43	–	–	–	–	–	–	–	2.99	–
1953	4.03	–	–	–	–	–	–	–	3.51	–
1954	9.87	–	–	–	–	–	–	–	9.32	–
1955	20.06	–	–	–	–	–	9.45	–	11.15	–
1956	29.01	–	–	–	–	–	9.45	–	10.56	–
1957	38.87	–	–	–	–	–	12.6	–	26.27	–
1958	60.33	–	–	–	–	–	17.75	–	42.58	–
1959	89	–	–	–	–	–	36.25	–	52.75	–
1960	167.5	–	–	–	–	–	77.85	–	89.65	–
1961	180.86	–	–	–	–	–	84.25	–	96.61	
1962	173.57	–	–	–	–	–	87.8	–	85.77	–
1963	–	74.05	–	–	–	–	–	46.5	–	27.55
1964	–	78.42	–	–	–	–	–	49.66	–	28.77
1965	–	90.98	–	–	–	–	–	58.3	–	32.68
1966	–	109.74	–	–	–	–	–	68.92	–	40.82
1967	–	126.34	–	–	–	–	–	80.67	–	45.67
1968	–	131.12	–	–	–	–	–	85.17	–	48.95
1969	–	143.52	–	–	–	–	–	90.82	–	52.7
1970	–	181.2	–	–	–	–	–	119.12	–	62.08
1971	–	210.54	–	–	–	–	–	140.92	–	69.62
1972	–	246.35	–	–	–	24	–	148.07	–	74.28
1973	–	270.26	–	–	–	33	–	160.12	–	77.14
1974	–	306.98	–	–	–	54	–	173.42	–	79.56
1975	–	352.5	–	–	–	75	–	190.41	–	87.09
1976	–	360.63	–	–	–	75	–	195.01	–	90.62
1997	–	388	–	–	–	84	–	206.66	–	97.34
1978	–	467.63	–	–	–	129	–	229.51	–	109.12
1979	–	509.39	–	–	–	144	–	246.36	–	119.03
1980	–	587.04	–	–	–	186	–	277.82	–	123.22
1981	–	631.62	–	–	–	201	–	306.02	–	124.6
1982	–	656.67	–	–	–	219	–	309.42	–	128.25
1983	–	677.44	–	–	–	219	–	322.2	–	136.24
1984	–	737.54	–	–	–	243	–	355.3	–	139.24

续表 52

年份	合计		500 千伏		220 千伏		110 千伏		35 千伏	
	全省	电力公司	全省	电力公司	全省	电力公司	全省	电力公司	全省	电力公司
1985	–	768.86	–	–	–	264	–	362.8	–	141.77
1986	–	830.77	–	–	–	294	–	368.95	–	149.82
1987	–	941.31	–	–	–	354	–	426.17	–	161.14
1988	–	1019.34	–	–	–	378	–	467.6	–	173.74
1989	–	1123.25	–	–	–	402	–	544.8	–	176.45
1990	–	1248.67	–	–	–	492	–	577.6	–	179.07
1991	–	1350.69	–	–	–	552	–	614.14	–	184.55
1992	–	–	–	–	–	–	–	–	–	–
1993	–	–	–	–	–	–	–	–	–	–
1994	–	–	–	–	–	–	–	–	–	–
1995	2296.92	1884.4	–	–	731.6	731.6	1058.56	925.18	506.76	227.61
1996	2535.28	2084.22	–	–	821.6	821.6	1170.31	1025.78	543.37	236.84
1997	2002.73	1630.01	–	–	627	615	933.86	818.24	441.87	196.73
1998	2355.8	1943.85	150	150	714	702	1016.82	881.48	474.99	210.37
1999	2839.82	2227.56	225	225	814.5	795	1265.5	990.68	534.82	216.68
2000	3147.99	2448.38	225	225	904.5	904.5	1406.4	1079.71	650	239.17
2001	3658.13	2847.18	225	225	1048.5	1029	1653	1291.03	731.63	302.15
2002	4071.52	3238.57	300	300	1168.5	1168.5	1867.33	1503.36	735.69	286.61
2003	4282.61	3418.17	300	300	1240.5	1240.5	1969.51	1588.63	772.64	289.54
2004	4828.06	3606.24	375	375	1278	1278	2259.32	1652	915.74	301.24
2005	5497.14	4013.84	600	600	1398	1398	2495.33	1733.5	1003.82	282.34
2006	5949.29	4463.81	675	675	1599	1599	2657.98	1898.6	1017.31	291.21
2007	7588.15	6392.63	1925	1925	2007	1998	2806.02	2163.55	850.13	306.08
2008	8746.9	7357.83	2350	2275	2340	2316	3147.65	2454.25	909.25	312.58
2009	9820.76	8615.56	2750	2750	2916	2868	3308.63	2673.2	846.13	324.36
2010	12705	11157	3575	3575	3701	3449	3764	3024	895	338
2011	13809.38	12432.28	4525	4525	4225.75	4144.75	4168.91	3414.33	889.72	348.20
2012	16125.30	15767.97	5250	5250	5045.75	5035.75	4863.13	4665.62	966.42	816.60
2013	18737.59	18479.12	6400	6400	5733	5733	5506.08	5349.28	1098.51	996.84
2014	20472.91	20144.24	6850	6850	6414	6399	6015.79	5824.19	1193.12	1071.05
2015	22061.99	21723.38	7390	7390	6981	6981	6422.04	6211.69	1268.95	1140.69
2016	22901.24	22507.9	7490	7490	7260.45	7227.45	6839.89	6597.54	1310.9	1192.91

2016 年四川电网 35 千伏及以上线路情况统计

表 53

指标名称	输电线路				架空线路部分						电缆 部分	
	条数（条）		长度（公里）		条数	杆路长度	回路长度（公里）		其中：紧凑型	其中：大截面	条数	长度
	小计	其中：直流线路	小计	其中：直流线路	（条）	（公里）	小计	其中：同塔双（多）回	（公里）	（公里）	（条）	（公里）
电网总计	5490	4	93888.494	1094.422	5331	82019.601	92326.413	20454.521	156.658	1157.854	924	1562.081
±800千伏	3	3	854.392	854.392	3	854.392	854.392	0.000	0.000	854.392	0	
500千伏	166	0	13555.405		166	9607.901	13555.405	7883.273	156.658	66.180	0	
±500千伏	1	1	240.030	240.030	1	240.030	240.030	0.000	0.000	237.282	0	
220千伏	760	0	20645.422		743	16339.190	20376.354	7993.137	0.000		75	269.068
110千伏	2064	0	29618.704		1943	26536.093	28614.943	4090.104	0.000		351	1003.761
35千伏	2496	0	28974.541		2475	28441.995	28685.289	488.007	0.000		498	289.252
一、国家电网公司	4402	4	83650.032	1094.422	4273	72080.314	82273.794	20229.708	156.658	1157.854	833	1376.238
±800千伏	3	3	854.392	854.392	3	854.392	854.392	0.000	0.000	854.392	0	
500千伏	166	0	13555.405		166	9607.901	13555.405	7883.273	156.658	66.180	0	
±500千伏	1	1	240.030	240.030	1	240.030	240.030	0.000	0.000	237.282	0	
220千伏	688	0	19224.181		675	14969.363	18968.018	7916.112	0.000		68	256.163
110千伏	1723	0	26296.817		1617	23378.174	25414.027	4004.614	0.000		322	882.790
35千伏	1821	0	23479.207		1811	23030.454	23241.922	425.709	0.000		443	237.285
（一）总部	20	3	2857.137	911.339	20	2708.571	2857.137	297.138	0.000	955.595	0	
±800千伏	2	2	671.309	671.309	2	671.309	671.309	0.000	0.000	671.309	0	
500千伏	17	0	1945.798		17	1797.232	1945.798	297.138	0.000	47.004	0	

续表53

指标名称	输电线路				架空线路部分						电缆部分	
	条数（条）		长度（公里）		条数	杆路长度	回路长度（公里）		其中：紧凑型（公里）	其中：大截面（公里）	条数	长度
	小计	其中：直流线路	小计	其中：直流线路	（条）	（公里）	小计	其中：同塔双（多）回			（条）	（公里）
±500千伏	1	1	240.030	240.030	1	240.030	240.030	0.000	0.000	237.282	0	
（二）分部	6	0	661.867		6	588.217	661.867	147.302	0.000		0	
500千伏	6	0	661.867		6	588.217	661.867	147.302	0.000		0	
（三）省电力公司	4375	0	79947.945		4246	68600.443	78571.707	19785.268	156.658	19.176	833	1376.238
500千伏	143	0	10947.740		143	7222.452	10947.740	7438.833	156.658	19.176	0	
220千伏	688	0	19224.181		675	14969.363	18968.018	7916.112	0.000		68	256.163
110千伏	1723	0	26296.817		1617	23378.174	25414.027	4004.614	0.000		322	882.790
35千伏	1821	0	23479.207		1811	23030.454	23241.922	425.709	0.000		443	237.285
（四）外省电力公司	1	1	183.083	183.083	1	183.083	183.083	0.000	0.000	183.083	0	
±800千伏	1	1	183.083	183.083	1	183.083	183.083	0.000	0.000	183.083	0	
二、其他	1088	0	10238.462		1058	9939.287	10052.619	224.813	0.000		91	185.843
220千伏	72	0	1421.241		68	1369.827	1408.336	77.025	0.000		7	12.905
110千伏	341	0	3321.887		326	3157.919	3200.916	85.490	0.000		29	120.971
35千伏	675	0	5495.334		664	5411.541	5443.367	62.298	0.000		55	51.967

2016 年四川电网 35 千伏及以上变电站情况

表 54

指标名称	公用变电站							企业自备变电站			开关站
	普通变电站			换流站							
	变电站	在运变压器	容量	换流站	在运变压器	换流变压器容量	换流容量	变电站	在运变压器	容量	变电站
	（座）	（台/组）	（千伏安）	（座）	（台/组）	（千伏安）	（千瓦）	（座）	（台/组）	（千伏安）	（座）
电网总计	2397	4045	229012440	4	84	29743200	24600000	389	782	17466460	11
±800千伏				3	0	0	21600000				
500千伏	45	87	74900000	0	84	29743200	0				1
±500千伏				1	0	0	3000000				
220千伏	224	441	72604500					27	80	7034160	2
110千伏	846	1577	68398900					161	288	7836700	
35千伏	1282	1940	13109040					201	414	2595600	8
一、国家电网公司	2202	3743	225078960	4	84	29743200	24600000				11
±800千伏				3	0	0	21600000				
500千伏	45	87	74900000	0	84	29743200	0				1
±500千伏				1	0	0	3000000				
220千伏	224	439	72274500								2
110千伏	801	1504	65975400								
35千伏	1132	1713	11929060								8
（一）总部	0	1	750000	4	84	29743200	24600000				
±800千伏				3	0	0	21600000				
500千伏	0	1	750000	0	84	29743200	0				

续表54

指标名称	公用变电站							企业自备变电站			开关站
	普通变电站			换流站							
	变电站	在运变压器	容量	换流站	在运变压器	换流变压器容量	换流容量	变电站	在运变压器	容量	变电站
	（座）	（台/组）	（千伏安）	（座）	（台/组）	（千伏安）	（千瓦）	（座）	（台/组）	（千伏安）	（座）
±500千伏				1	0	0	3000000				
（三）省电力公司	2202	3742	224328960								11
500千伏	45	86	74150000								1
220千伏	224	439	72274500								2
110千伏	801	1504	65975400								
35千伏	1132	1713	11929060								8
二、其他	195	302	3933480					389	782	17466460	
500千伏											
220千伏	0	2	330000					27	80	7034160	
110千伏	45	73	2423500					161	288	7836700	
35千伏	150	227	1179980					201	414	2595600	

2016 年四川电网供电综合情况统计（全口径）

表 55　　　　单位：万千瓦时

指标名称	全部供电			其中：电力企业部分			
	供电量	净用电量	供电最高负荷	供电量	售电量	线损电量	线损率
总 计	20548915.79	18774483.28		19900785.75	18126353.24	1774432.51	8.92
一、跨省（区）电网	0	0		0	0	0	
跨区网损						0	
二、电网合计	20548916	18774483		19900786	18126353	1774433	8.92
1. 主网（省内）	517273			517273		517273	2.60
2. 国网地区合计	20031643	18774483	3264.00	19383513	18126353	1257160	6.49
达州市	556185	528656	146.93	556185	528656	27529	4.95
南充市	602485	549891	164.30	602070	549476	52594	8.74
成都市	4512365	4248993	865.50	4449718	4186346	263372	5.92
绵阳市	836378	773022	182.50	816806	753450	63356	7.76
德阳市	1099130	1039223	184.53	1067433	1007526	59906	5.61
广元市	546477	508128	86.68	521962	483614	38349	7.35
乐山市	1891360	1792403	199.13	1682448	1583491	98957	5.88
自贡市	353311	314759	95.38	350967	312415	38552	10.98
宜宾市	427384	398596	129.74	418919	390130	28789	6.87
内江市	657842	626350	121.20	559915	528423	31492	5.62
泸州市	667180	611967	139.04	655079	599866	55213	8.43
攀枝花市	1141696	1109276	125.24	1022441	990021	32421	3.17

续表55

指标名称	全部供电			其中：电力企业部分			
	供电量	净用电量	供电最高负荷	供电量	售电量	线损电量	线损率
凉山州	1113279	1033679	95.48	1113279	1033679	79600	7.15
巴中市	273945	245294	60.51	273945	245294	28651	10.46
广安市	369483	351491	94.55	326451	308458	17993	5.51
眉山市	837058	785879	150.72	825088	773909	51179	6.20
资阳市	323312	294866	93.44	323312	294866	28446	8.80
遂宁市	436548	406486	106.23	434755	404693	30062	6.91
阿坝州	1033399	988278	109.93	1033399	988278	45121	4.37
甘孜州	172782	121537	37.10	172782	121537	51245	29.66
雅安市	977280	922147	134.40	977280	922147	55133	5.64
天府新区	936975	883939	216.47	933491	880455	53036	5.68

编 后 语

《四川电力年鉴》从 2003 年至今，已经编纂出版 15 卷，一直得到四川省地方志编纂委员会和全省电力单位的大力支持。由省地方志编委员领导和省内主要电力单位领导组成《四川电力年鉴》编纂委员会对年鉴编纂工作进行管理和指导，各入编单位在入编资料、编纂工作上对年鉴编纂出版给予大力支持，在此，一并表示衷心感谢。

2016 年是国家第十三个五年计划的开局之年，四川电力取得了优异的成绩。本年鉴着重记述了四川电力行政管理、电源建设、发电生产、电网建设管理、供用电以及新能源开发和勘测设计、电力施工、设备制造、物资物流与多元化经营、科教文卫等全省电力工业发展情况。

电力行业涉及方方面面，还关系到电力上下游产业，电力离不开各个方面的支持。为全面记载四川电力发展情况，《四川电力年鉴》特增设编纂委员会“特别邀请单位”。

《四川电力年鉴》的编纂工作由编纂委员会下设的年鉴编辑部具体负责。

本卷年鉴在体例上仍然采用条目式进行编纂。编辑工作分工情况是：

栏目名称	责任编辑
框架设计	姚国寿
版面设计	肖　敏
封面设计	曾逸农
编辑说明	姚国寿
特　载	姚国寿
概　况	姚国寿
大事记	卓正昌
电力行政管理	姚国寿
电源建设与发电生产	姚国寿
勘测设计	李燕辉
基建施工	李燕辉
新能源	李燕辉
电网管理与建设	卓正昌
供用电	卓正昌
地方电力	李燕辉
设备制造	卓正昌
物资物流与多元化经营	曾逸农
科教文卫	曾逸农
学会协会	曾逸农

人物及单位荣誉	卓正昌
附　录	卓正昌
编后语	姚国寿
企业风采	曾逸农
总纂通稿	姚国寿

参加本年鉴编纂工作的编辑人员以高度的历史责任感和事业心，一丝不苟地认真编辑、校对、修改、审核书稿，保证了年鉴编纂工作的时间和质量。

值此《四川电力年鉴》（2017 卷）即将出版发行之际，谨向为本年鉴工作付出辛劳的同志和所有关心支持本年鉴编纂工作的领导和同志们表示诚挚的谢意！

《四川电力年鉴》编辑部

2017 年 10 月

四川清洁能源蓬勃发展

金沙江上总装机1600万千瓦，世界第二大的白鹤滩水电站在建设之中

雅砻江两河口水电站大坝心墙填筑现场

大渡河上猴子岩水电站3号机组转子成功吊装到位

四川水电送出工程施工紧锣密鼓

水电建设稳步发展

风电场星罗棋布

中国三峡建设管理有限公司

中国三峡建设管理有限公司（简称中国三峡建设）是全球最大的水电开发企业和中国最大的清洁能源集团——中国长江三峡集团公司（简称中国三峡集团）的二级子企业，是一家为全球客户提供大中型水电工程、抽水蓄能电站、水利工程和公共基础设施等项目全产业链服务的工程投资、建设、管理和咨询公司。公司为国有独资公司，注册资本金20亿元。

中国三峡建设由中国三峡集团最核心的水电开发建设业务发展而来，其历史可以追溯到中国三峡集团前身中国长江三峡工程开发总公司（简称中国三峡总公司）。

截至2015年底，公司已建成水电装机4370.4万千瓦，在建水电装机2692万千瓦。其中，三峡、溪洛渡、向家坝、马来西亚沐若水电站装机规模分别为2250万千瓦、1386万千瓦、640万千瓦万千瓦、94.4万千瓦万千瓦，均已投产发电；在建的乌东德、白鹤滩、巴基斯坦卡洛特水电站设计装机规模分别为1020万千瓦、1600万千瓦、72万千瓦，投产发电后全球装机排名前十位的水电站中，就有五座由中国三峡建设开发建设。

此外，中国三峡建设还广泛参与抽水蓄能电站、风电、光伏电站、公共基础设施等工程项目开发建设，业务范围涉及水利、电力、新能源、交通、市政、设备制造和安装、输变电工程等，工程咨询和监理业务遍布国内外。开发建设了呼和浩特抽水蓄能电站，在建浙江长龙山抽水蓄能电站，承担了北京十三陵抽水蓄能电站监理和北京奥运会国家游泳中心（水立方）、北京市海淀区公租房、金沙江移民专项公路和桥梁工程等项目的建设管理任务，其中参与建成抽水蓄能电站200万千瓦，在建抽水蓄能电站210万千瓦。

中国三峡建设是“中国三峡”品牌的主要传承者，将以科学发展观为指导，全力打造成为世界一流的项目投资、建设、管理和咨询公司，为“中国三峡集团创建国际一流清洁能源集团，让世界共享中国水电建设先进成果，贡献更多清洁能源，建设美好家园”再续新篇章。

2016年4月25日，中国三峡集团副总经理毕亚雄陪同云南省移民领导小组组长张登亮一行考察乌东德新村移民安置点（摄影：吴国亮）

2016年，2月4日，中国三峡集团副总经理樊启祥一行在乌东德工地检查调研（摄影：刘涛）

2016年2月3日，金沙江乌东德水电工程劳动竞赛启动大会（摄影：袁磊）

2016年8月11日，中国三峡集团为乌东德工程建设者“送清凉”（摄影：袁磊）

2016年溪洛渡水电站全景（摄影：王连生）

◀2016年向家坝水电站全景（摄影：高峰）

2016年白鹤滩水电站工程全景（摄影：陈臣）

2016年乌东德水电站工程全景（摄影：袁磊）

雅砻江流域水电开发有限公司

雅砻江流域水电开发有限公司

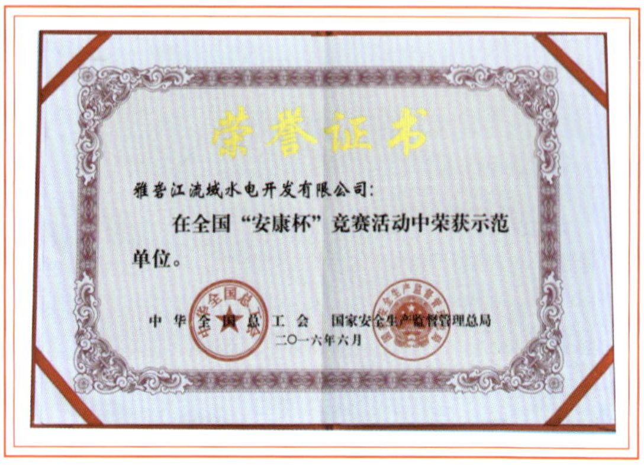

雅砻江公司荣获全国“安康杯”竞赛活动示范单位

雅砻江公司“两学一做”学习教育专题党课会场

国内首个大型水电站EPC合同——雅砻江杨房沟水电站设计施工总承包合同在蓉签订

雅砻江杨房沟水电站大江截流仪式暨劳动竞赛表彰大会

雅砻江流域水能资源开发“第二阶段”战略收官暨清洁能源开发战略媒体恳谈会

桐子林全面投产暨雅砻江流域水能资源开发第二阶段战略胜利收官总结大会

雅砻江两河口水电站大坝心墙填筑仪式暨劳动竞赛表彰大会

雅砻江杨房沟水电站大江截流现场

雅砻江两河口水电站大坝心墙填筑现场

国电大渡河流域水电开发有限公司

2016年3月16日，国务院监事会主席骆玉林、国电集团谢长军在大渡河集控中心调研（摄影：张琦）

2016年10月23日，中国工程院院士潘云鹤、陈纯到公司调研参观库坝安全管理中心（摄影：张琦）

2016年7月30日，国务院国资委党建局参观瀑布沟水电站

2016年7月1日，公司“七一”表彰会暨“两学一做”学习教育推进会（摄影：张琦）

2016年2月24日，向国资委监事会检查组汇报会 （摄影：张琦）

2016年10月26日，涂扬举、何仲辉、王存福到川大锦城学院出席合作签字仪式（摄影：陈舒睿）

2016年10月26日，涂扬举与川大锦城学院校长邹广严进行产学合作交流（摄影：陈舒睿）

2016年12月12日，智慧企业峰会在成都启动（摄影：陈隆祥）

2016年12月9日，大渡河猴子岩水电站库区（摄影：王涛）

2016年12月12日，智慧企业峰会在成都启动授牌仪式（摄影：陈隆祥）

2016年11月11日，猴子岩水电站3号机组转子成功吊装到位 （摄影：王涛）

2016年10月5日，猴子岩水电站大坝面板混凝土浇筑（摄影：王野）

2016年8月30日，猴子岩水电站首台机组转子吊装

2016年7月11日，大渡河沙坪二级水电站航拍（摄影：汪烊）

神华四川公司大楼

北川通口水电厂大坝

工程公司检修现场

江油电厂外景

江油燃煤公司30万千瓦机组

江油燃煤公司500千伏升压站夜景

江油电厂33万千瓦机组

神华四川江油发电厂220千伏升压站

在建工程施工现场

天明100万千瓦机组基建

中国电建集团成都勘测设计研究院有限公司

国家能源局局长努尔·白克力调研成都院设计的西藏扎囊变电站工程

成都院总工王仁坤(中)当选全国工程勘察设计大师、首届“中国大坝杰出工程师”

成都院召开干部大会 黄河任公司执行董事、总经理

成都院举行庆祝建党95周年大会

成都院与老挝发电公司、中国工商银行签订三方战略合作框架协议

成都院签署哈萨克斯坦巴丹莎二期10万千瓦风电项目委托实施协议

成都院荣获全国五一劳动奖状

成都院荣获第十六届“全国质量奖入围奖”

成都院设计的展厅参展西博会

成都院设计的锦屏一级水电站获“最高的大坝”吉尼斯世界纪录

成都院设计的藏区最大水电站两河口大坝心墙开始填筑

成都院设计的猴子岩水电站首台机组投入商业运行

成都院总承包的雅安大兴海绵城市示范项目

成都院设计的成都天府新区兴隆149路综合管廊项目

成都院设计的非洲在建的最大水电站埃塞吉布三级全部投产

成都院勘测设计的溪洛渡水电站荣获菲迪克杰出项目奖

成都院设计的成都地铁18号线三岔湖站及其区间

成都院设计的黄金坪水电站全部投产

成都院设计的长河坝水电站首台机组投入商业运行

成都院总承包的越南富叻一期风电场顺利移交

木坡水电站厂房（摄影： 杨秋桂）

美姑河公司（摄影：吴仕刚）

克州新隆乌恰光伏一电站（摄影：朱天宇）

中电建水电开发集团有限公司

总经理杜学泽赴克州新隆公司调研指导工作（摄影：杨祥慧）

董事长荣其富赴乐山片区调研指导工作（摄影：张兵）

党委书记职小前赴克州新隆公司调研指导工作（摄影：杨祥慧）

克州新隆能源开发有限公司办公楼（摄影：周伟）

安谷水电站坝头大门（摄影：蔡辉）

AAAA标准化检查（摄影：许力文）

“两学一做”中的党员先锋队、青年突击队（摄影：朱天宇）

2016年10月，安谷电站标杆电厂形象面貌改观（摄影：郑大禹）

运行班组操作后认真核对工作票内容（摄影：作者：许力文）

浑水塘光伏电站（摄影： 刘开燕）

安谷水电站厂房（摄影：蔡辉）

西昌风电一期工程全景（摄影：刘开燕）

塔日勒嘎水电站库区（摄影：周伟）

柳洪水电站
（摄影：吴仕刚）

2016年3月7日，四川圣达公司团委为当地葫芦镇小学捐赠“爱心书屋”（摄影：杨怡）

国电四川发电有限公司

3月16–17日，国电集团党组成员、副总经理谢长军到国电四川公司南桠河流域进行调研，详细考察流域各级电站生产运营情况，亲切慰问一线干部员工（摄影：陈庆宏）

5月12日，中电联专职副理事长王志轩到国电金堂公司调研（摄影：黄伟）

6月30日，国电四川公司召开“两学一做”学习教育骨干培训座谈会（摄影：窦月）

12月16日，中国共产党国电四川发电有限公司第一届代表大会第一次会议在成都胜利召开，会议选举产生了公司第一届党委委员和第一届纪委委员。公司系统95名党员代表出席了会议（摄影：窦月）

7月1日，在庆祝建党95周年的特殊日子里，国电四川公司以视频会议形式举办了“知行合一.崇德向善”道德讲堂暨道德模范故事分享会，创新“两学一做”学习教育载体，用身边典型教育身边人，助推党员干部“深学真做”（摄影：窦月）

6月16日，国电四川公司国如水电站通过环保专项验收（摄影：吕尚昆）

12月，国电金堂公司两台60万千瓦机组在川率先全面达到超低排放标准（摄影：黄伟）

4月10日至5月3日，国电四川公司国如水电站开展了1号机组大修，图为大修现场（摄影：吕尚昆）

3月4日，国电金堂公司志愿者到敬老院慰问，传承雷锋精神（摄影：黄伟）

国电金堂公司注重党员发挥作用，开展共产党员技术攻关活动（摄影：黄伟）

8月26日，国电四川公司团委开展金秋助学活动，将精心准备的学习书籍、文具用品和助学金交到岷江公司困难职工张师傅儿子手中（摄影：李汲篷）

3月4日，国电四川公司团委开展“体验环卫工作，感受环卫辛苦，传雷锋精神，扬国电旗帜”学雷锋活动，用实际行动践行雷锋同志“全心全意为人民服务，为了人民的事业无私奉献”的精神内核，展现了国电青年朝气蓬勃、奋发向上的精神面貌（摄影：龙跃）

5月11-12日，国电四川公司2016年职工乒乓球赛在石棉进行，所属各单位职工100多人次参加了角逐，通过“小锻炼”激发了爱岗敬业的“大活力”（摄影：陈庆宏）

国电金堂公司积极开展全面健身活动，提高职工身体素质，锻炼陶冶情操（摄影：黄伟）

中国华电集团公司四川公司

华电四川公司办公大楼

9月29日至30日，中国华电集团公司党组书记、董事长赵建国在成都拜会了四川省委书记、省人大常委会主任王东明和省委副书记、省长尹力，并到华电四川公司调研。

1月27日，四川省发展和改革委员会副主任、党组成员梁武湖到中国华电集团公司四川公司调研，详细了解企业生产经营和改革发展情况。

8月15日至17日，按照四川省委、省政府统一安排，华电四川公司执行董事、总经理罗小黔随四川省委常委、常务副省长王宁一行深入阿坝州金川县蹲点调研督导脱贫攻坚工作。

华电四川公司资产分布

1月29日，国家能源局四川监管办公室党组书记、专员马军杰一行到中国华电集团公司四川公司调研，亲切慰问企业干部员工，详细了解电力生产运营和企业改革发展情况。

7月14日，中国华电集团公司四川分公司与阿坝藏族羌族自治州人民政府在成都签署了《清洁能源开发战略合作协议》。

在第十六届西部博览会上，华电四川公司与四川省内江市，签署清洁能源项目开发合作框架协议，携手拓展内江区域分布式能源业务，助推华电在内江企业转型升级。

1月25日至27日，华电四川公司2016年工作会暨二届三次职工代表大会在成都召开。

11月20日17点30分，木里河公司卡基娃电厂两台0.62万千瓦生态流量小机组，完成72小时试运行，正式投入商业运行。至此，木里河投产机组容量达92.94万千瓦，实现该公司运行装机容量的新突破。

5月21日15时20，华电四川公司首个光伏发电项目——攀枝花分公司西沟灰场第一期2.89兆瓦分布式光伏发电项目顺利竣工，正式进入240小时试运行，标志着四川公司在光伏发电项目上实现“零”突破，成功向新能源产业建设迈出了坚实一步。

11月25日17时33分，四川盐源华电新能源有限公司凉风坳风电场B线共17台风力发电机组全部并网发电，实现华电在川风电“零”突破。

华电金沙江上游水电开发有限公司

2016年9月，中国华电集团公司党组书记、董事长赵建国在苏洼龙调研

2016年5月，国家能源局刘琦副局长在巴塘营地察看金上川藏段电站展板

华电金沙江上游水电开发有限公司成立十周年座谈会

华电金沙江上游水电开发有限公司道德讲堂

2016年5月，国家能源局在巴塘召开金上开发座谈会

苏洼龙电站导流洞施工

叶巴滩电站降曲河排水洞施工

苏洼龙电站下游索桥

苏洼龙电站砂石加工系统

苏洼龙电站导流洞进口施工

220KV叶巴滩变电站全景

大唐四川发电有限公司

8月23日，集团公司董事长、党组书记陈进行在成都，与四川省委副书记、省长尹力进行了会晤。双方就推进集团公司在川清洁能源项目建设、促进四川经济社会快速发展等事宜深入交换了意见。

8月10日，集团公司总会计师、党组成员刘传东到四川公司调研指导工作，并出席公司专题工作汇报会。四川公司执行董事、党组副书记、副总经理（主持工作）潘明，党组成员、副总经理黄宇，党组成员、总会计师姚立三出席会议。

3月24日，大唐四川公司党组副书记、副总经理（主持工作）潘明在西昌会见了凉山州委书记林书成。

8月30日，大唐四川公司执行董事、总经理、党组副书记潘明陪同省委常委、组织部长范锐平，广元市委书记王菲调研督导苍溪县精准扶贫工作。

1月4日，大唐四川公司在本部召开干部大会，宣布公司领导干部调整决定。集团公司党组成员、副总经理栗宝卿出席会议并作重要讲话。大唐四川公司党组书记、总经理刘峰彪，党组副书记、副总经理熊国民、潘明，党组成员、副总经理黄宇，党组成员、副总经理、纪检组长、工会主席杜兆祥，党组成员、总会计师姚立三出席会议。会议由刘峰彪主持。

9月28日，大唐四川公司以视频会的形式召开“大干四季度”活动动员会。会议认真总结了前三季度各项工作开展情况，深入分析了当前面临的形势和困难，安排部署了四季度的重点工作，号召公司系统广大干部员工进一步增强紧迫感和责任感，自我加压，鼓足干劲，全力冲刺，大干四季度，确保全面完成全年各项目标任务。大唐四川公司执行董事、总经理、党组副书记潘明出席会议并作重要讲话。

2月22日，上石盘投产发电仪式在川北公司上石盘电站安装间如期举行。

硕渠电站投产

公司2016年工作会暨职代会

6月29日，大唐凉水泉风电场项目开工仪式于河西街道办事处郑家沟村隆重举行，标志着该公司已核准项目全部开工建设，向打造“广元50万千瓦山地风电基地”的奋斗目标又迈进了坚实一步

国电投四川电力有限公司

2016年12月21日，党组成员、副总经理谭本刚会见国网四川省电力公司人员。

2016年4月11日，集团公司党组成员、副总经理夏忠前往四川公司拟选办公基地进行考察。

石四存拜会国家电网四川公司领导

2016年7月14日，党组成员、副总经理周庆葭、党组成员、纪检组长、工委主任张伟与攀枝花发改委主任覃发树签约。

贵州金元集团股份有限公司于2000年11月6日登记成立，注册资本金6亿元；2002年经贵州省人民政府批准，由有限责任公司整体改制为股份有限公司；2005年4月22日，变更为贵州金元集团股份有限公司，注册资本金20亿元；2008年12月17日，公司向中国电力投资集团公司增资扩股30亿股，注册资本变更为50亿元；2008年12月30日，公司名称变更为中电投贵州金元集团股份有限公司。金元公司成立以来，先后控股组建西电公司、中水公司、西能公司、能发公司、星云公司、发电运营公司、元龙房地产公司等多家子公司。

集团公司党组成员、副总经理夏忠。2016年12月5日前往雅安龟都府电站，2016年12月6日-7日前往四川公司调研。

公司班组成员、本部副总师、各部门及基层单位负责人。

2016年4月16日-4月18日，集团公司总经理助理、水电与新能源部总经理李树雷。

2016年8月25日，国家电投集团四川电力有限公司。

2016年月25日-26日，四川公司直属党委组织机关本部和各基层单位共34名入党积极分子。

2016年工作会议

2016年3月21日-23日，安健环是指安全、健康和环境。安健环管理体系通常指职业健康安全和环境一体化管理体系。

2016年3月30日公司党组书记、副总经理李厚新，党组成员、纪检组长、工委主任张伟参加。

羽毛球活动

10月17日，公司党组书记、副总经理李厚新及本部全体员工。

扶贫工作

华能四川水电有限公司

集团公司副总经理刘国跃在公司调研

集团公司总会计师郭珺明在公司调研

集团公司纪检组长赵建明在公司调研

华能四川公司召开第三次党代会

华能四川公司召开二届二次职代会暨2016年工作会议

华能民治电站投产发电

华能硬梁包水电站开工仪式

四川省水电投资经营集团有限公司

2016年4月20日，地方电力协同发展高峰会议，图为公司董事长郭勇

2016年4月20日，地方电力协同发展高峰会议，图为国家能源局原总工程师吴贵辉

2016年12月20日，承前启后 继往开来——中国共产党四川省水电投资经营集团有限公司第二次代表大会隆重召开

2016年12月21日，省人大常委会副主任彭渝到能投水电集团调研

2016年12月20日，承前启后 继往开来——中国共产党四川省水电投资经营集团有限公司第二次代表大会隆重召开，曾勇代表水电集团党委作报告

2016年12月20日，承前启后 继往开来——中国共产党四川省水电投资经营集团有限公司第二次代表大会隆重召开，投票选举现场

2016年4月20日，地方电力协同发展高峰会议 会议

2016年10月11日，在省水电集团干部大会上，省国资委调整水电集团主要负责人

2016年12月15日，泰国荣邦集团到能投水电集团考察交流，图为水电集团董事长曾勇

2016年12月15日，泰国荣邦集团到能投水电集团考察交流，图为能投集团党委副书记夏公海

2016年12月15日，泰国荣邦集团到能投水电集团考察交流，图为泰国伯速将军

2016年12月15日，泰国荣邦集团到能投水电集团考察交流会现场

职工技能竞赛之一

职工技能竞赛之二

职工技能竞赛之三

2016年7月6日，技能竞赛正如火如荼

2016年7月27日，水电集团金纬公司平武项目部成功避险泥石流灾害 安全有序撤离

中国电力工程顾问集团西南电力设计院有限公司

2016 ENR建筑时报“中国承包商80强和工程设计企业60强”排名揭晓。再次入围“中国工程设计企业60强”，排名第46位。

2016年10月20日，公司十三五规划现场会

2016年5月13日，公司召开“两学一做”学习教育动员部署暨专题党课会。党委书记李蕾作了“两学一做”学习教育动员部署暨专题党课的报告。

2016年5月27日，公司召开2016年安全生产月活动启动会

2016年2月2至3日，公司召开2016年工作会议暨十届六次职工代表大会

6月6日，公司首次设计的欧洲电站——波黑斯坦纳瑞1台30万千瓦燃煤电站工程顺利完成720小时可靠性运行。

2016年8月11日，越南海阳2×600兆瓦燃煤电厂工程三大主机设备订货合同签字仪式在公司多功能厅举行。中国电力工程顾问集团有限公司党委常委、副总经理薛丹峰出席签字仪式

公司设计的北京西1000千伏变电站

公司设计的华电奉节电厂

公司设计的金沙江中游电站送电广西±500千伏直流输电工程

中国水利水电第七工程局有限公司

金沙江上世界第一高混凝土拱坝(305米)锦屏一级水电站大坝

世界最大地下厂房——白鹤滩水电站左岸地下厂房

雅砻江上国内首个百万千瓦级整体EPC项目——杨房沟水电站截流

南水北调工程通水

马其顿MS公路沥青混凝土碾压

西藏建最大金结厂投产

桐子林水电站

成都地铁4号线二期工程西延线隧道全线贯通

深圳地铁7号线地铁隧道工程

马来西亚500千伏输变电线路

马其顿全国最大、最环保、最先进的沥青混凝土拌合站，已生产7万多吨

天府新区成都锦江生态带整治工程.

厦门大学马来西亚分校项目

深圳茅洲河界河整治项目施工

泸州S308线公路赤水河特大桥

巴基斯坦特瑞穆拦河坝修复升级工程

成都地铁18号线锦城广场站

深茂铁路工程建设面貌

资阳市朝阳花园全景

金属结构研发中心大楼

中国水利水电第五工程局有限公司

仙居抽水蓄能电站4号机组定子吊装（摄影：姜如洋）

泸州G321工程提前半年通车（摄影：干九怀）

荣获“中州平安杯”奖的郑州市中州大道与陇海路互通式立交桥（摄影：张利）

石济客专辛集东特大桥（摄影：李仕凯）

全国第二大水电站——白鹤滩水电站泄洪洞远眺（摄影：谭勇）

西藏加查水电站基坑开挖施工（摄影：李从壮）

江习高速观音庙大桥远眺（摄影：何理）

成都地铁4号线盾构区间（摄影：蒲柏慧）

川藏铁路成雅段邓河特大桥远眺（摄影：王爱文）

成都北大门地标性工程——泛悦城市广场房建项目（摄影：潘升）

长河坝水电站下闸蓄水（摄影：田颖娜）

炉霍光伏电厂（摄影：徐庆贺）

长河坝水电站转子吊装（摄影：田颖娜）

科特迪瓦“三峡工程”苏布雷水电站厂房（摄影：张悦）

山东海阳风电场机组安装（摄影：褚晓明）

溧阳抽水蓄能电站厂房（摄影：黄霖）

中国水利水电第十局工程局有限公司

渝广高速项目

中国水电十局申特成功揭幕仪式

老挝南欧江2级水电站项目

渝广高速首片T梁架设成功

厄瓜多尔CCS项目调节水库

成安渝高速项目

新加坡地铁项目

老挝东萨宏项目砂石系统与拌合楼

老挝东萨宏项目厂房全貌